Aktuell '97
Lexikon der Gegenwart

**250 000 Daten
zu den Themen unserer Zeit**

13. Jahrgang

Harenberg Lexikon Verlag

© Harenberg Lexikon Verlag
in der Harenberg Kommunikation
Verlags- und Mediengesellschaft mbH & Co. KG,
Dortmund 1996

Herausgeber: Bodo Harenberg
Redaktion: Christian Adams, Henning Aubel,
Dr. Nils Havemann, Dr. Matthias Herkt, Christine Laue,
Dorothee Merschhemke, Martina Schnober-Sen
Mitarbeiter: Dr. Isabella Ackerl, Brigitte Beier, Martina Boden,
Joachim B. Dettmann, Wieland Eschenhagen, Sybille Fuhrmann,
Simone Harland, Brigitte Lotz, Alexander Merseburg,
Christine Nagel, Dirk Strohmann, Carsten Wember
Lektorat: Dr. Annette Zehnter

Bildredaktion: Klaus zu Klampen
Karten/Grafiken: Dr. Matthias Herkt
Produktion: Annette Retinski
Repro: Artmedia, Dortmund
Druck: westermann druck, Braunschweig
Redaktionsschluß: 15.7.1996
Printed in Germany

ISBN: 3-611-00533-9

Aktuell '97

Benutzerhinweise

Informationselemente

Jedem Stichwort können verschiedene Sonderelemente zugeordnet sein. Auf sie wird mit grafischen Orientierungshilfen hinter der Überschrift des jeweiligen Eintrags hingewiesen:

BILD Ein Bild oder mehrere Bilder illustrieren Begriffe und Ereignisse.

DOK Ganz oder auszugsweise abgedruckte Dokumente vertiefen die damit in Zusammenhang stehenden Informationen.

GLO Glossare geben kurze Definitionen zu den Fach- bzw. Unterbegriffen eines Stichworts.

GRA Grafiken visualisieren das Wissen. Sie erleichtern den Zugang zu komplexen Zusammenhängen.

KAR Karten gewährleisten die schnelle geografische Einordnung.

TAB Tabellen fassen Informationen in konzentrierter Form zusammen. Sie geben systematische Übersichten über Teilbereiche eines Wissensgebiets oder bieten in Form von Ranglisten Einordnungshilfen.

Verweissystem

Auf Begriffe, die den Inhalt eines Stichworts an anderer Stelle des Buches ergänzen, wird am Ende des Artikels mit einem waagerechten Pfeil → verwiesen. Stehen diese Begriffe nicht im A–Z-Teil, wird der Verweis durch einen entsprechenden grafischen Hinweis auf den Fundort im Buch ergänzt. **A-Z** steht für das Lexikon A–Z (wenn im Länderteil auf den A–Z-Teil verwiesen wird), **LAND** für den Länderteil, **ORG** für den Organisationenteil.
Werden Personen in einem Artikel erwähnt, die im Nekrolog **NEK** oder unter den Biographien **BIO** aufgeführt sind, so wird im Fließtext durch den waagerechten Pfeil und das Symbol auf den entsprechenden Buchteil verwiesen.

Sachgruppenverzeichnis zum Lexikon A–Z

Das folgende Sachgruppenverzeichnis ordnet die Stichwörter des Lexikons A–Z nach inhaltlichen Gesichtspunkten.

8

A

Abfallbeseitigung [GRA] [TAB]

Am 7.10.1996 tritt das Kreislaufwirtschaftsgesetz in Kraft, das Industrie, Handel und Verbraucher verpflichtet, nicht wiederverwertbaren Abfall möglichst zu vermeiden.

ZIELSETZUNG KREISLAUFWIRTSCHAFT: Unter Abfall werden nach dem Gesetz nur noch solche Rückstände verstanden, die nicht wiederverwertbar sind. Unvermeidbare Rückstände sollen als Sekundärrohstoffe in den Kreislauf der Wirtschaft zurückgeführt werden. Außerdem müssen Erzeuger bestimmter Abfälle Abfallwirtschaftskonzepte und Bilanzen vorlegen, die Informationen über Art, Menge und Verbleib der im Betrieb anfallenden Abfälle sowie über die getroffenen oder geplanten Maßnahmen zur Vermeidung, Verwertung oder Beseitigung dieser Abfälle enthalten. Mit verschiedenen Verordnungen über Elektronikschrott, Altautos, Batterien und Bioabfall soll das Kreislaufwirtschaftsgesetz in den kommenden Jahren ausgefüllt werden.

MÜLLMENGE: Nach einer im Januar 1996 von Bundesumweltministerin Angela Merkel (CDU) vorgelegten Statistik ist das Abfallaufkommen in ganz Deutschland von 374 Mio t im Jahr 1990 auf 337 Mio t 1993 zurückgegangen. Dies entspricht einer Verringerung von 10%. Dazu haben das gestiegene Umweltbewußtsein und die Verpackungsverordnung beigetragen. Allein beim Bauschutt, dem größten Einzelposten, wurde durch die rege Bautätigkeit in Ostdeutschland ein Anstieg um 11 Mio t verzeichnet. Im gleichen Zeitraum stieg die Verwertungsquote von 20 auf 25%, während sich die Müllgebühren mehr als verdoppelten.

In Haushalten und Kleingewerbebetrieben wurden 1993 ca. 43,5 Mio t Abfälle gesammelt und davon gut ein Drittel verwertet. Den größten Anteil am Recycling hatten mit 38% Pappe und Papier, gefolgt von Glas und Kompostabfall mit je 21%.

Abfallbeseitigung: Müllmenge

Wiederverwerteter Müll	Menge[1] (Mio t)
Organische Abfälle	10,0
Papier, Pappe, Karton	4,7
Glas	2,5
Kunststoffverpackungen	0,6
Weißblech	0,4
Getränkeverbunde	0,1
Aluminiumverpackungen	0,04

Stand: 1995; 1) ohne kommunale Betriebe und Großindustrie; Quelle: Bundesverband der Deutschen Entsorgungswirtschaft

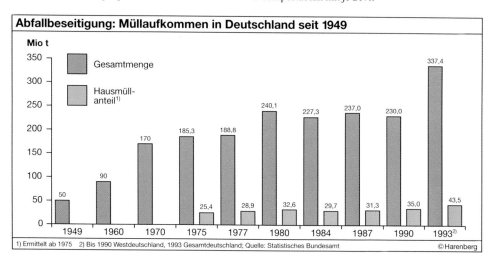

Abfallbeseitigung: Müllaufkommen in Deutschland seit 1949

Mio t

- Gesamtmenge
- Hausmüllanteil[1]

	1949	1960	1970	1975	1977	1980	1984	1987	1990	1993[2]
Gesamtmenge			170	185,3	188,8	240,1	227,3	237,0	230,0	337,4
Hausmüllanteil	50	90		25,4	28,9	32,6	29,7	31,3	35,0	43,5

1) Ermittelt ab 1975 2) Bis 1990 Westdeutschland, 1993 Gesamtdeutschland; Quelle: Statistisches Bundesamt   © Harenberg

Abfallbeseitigung: Geschäft mit dem Müll

Jahr	Umsatz[1] (Mrd DM)
1991	27
1992	32
1993	36
1994	39
1995	42
1996	44 [2]

1) Entsorgungswirtschaft; 2) Schätzung

Trotz dieser positiven Entwicklung ist nach Einschätzung von Umweltministerin Merkel mit einem weiteren Anstieg der Abfallgebühren zu rechnen. Der Grund: Wegen der zunehmend giftigen Abfall-Ingredienzen müssen Deponien und Müllöfen technisch immer aufwendiger und damit auch immer teurer werden.
EXPORTVERBOT FÜR GIFTMÜLL: Ein im November 1995 in Genf auf der 3. Konferenz der Vertragsstaaten zur Basler Konvention vereinbartes Zusatzabkommen verbietet mit sofortiger Wirkung die Ausfuhr von Sondermüll zur Endlagerung außerhalb der 24 OECD-Staaten. Dadurch soll der sog. Giftmülltourismus allmählich vermindert werden, mit dem Ziel, ihn bis zum 31.12.1997 ganz zu verbieten.
Bisher wurde wegen fehlender Deponiekapazitäten und billigerer Entsorgungsmöglichkeiten ein Großteil der weltweiten Industrieabfälle legal und illegal in Dritte-Welt-Länder exportiert; an den Grenzen wurde der Sondermüll häufig als Wirtschaftsgut oder sogar als humanitäre Hilfe deklariert. Doch in den Entwicklungsländern bedrohte der Giftmüll wegen unsachgemäßer Lagerung allzuoft die menschliche Gesundheit und die Umwelt.
→ Autorecycling → Duales System → Elektronikschrott → Kunststoffrecycling → Verpackungsmüll

Abitur [TAB]
Die Kultusministerkonferenz der Bundesländer (KMK, Bonn) verabschiedete Anfang Dezember 1995 in Mainz Richtlinien für die Reform der gymnasialen Oberstufe und die Vereinheitlichung des deutschen A. Die Neuregelung gilt voraussichtlich erstmals für jene Schüler, die Mitte 1997 mit Beginn der elften Klasse in die gymnasiale Oberstufe eintreten.
SCHULZEIT: Grundsätzlich behält das Hamburger Abkommen von 1964 seine Gültigkeit, das 13 Schuljahre bis zum A. vorschreibt. Alle Bundesländer können jedoch eine verkürzte zwölfjährige Schulzeit, wie sie bisher nur in Ostdeutschland üblich ist, anerkennen. Voraussetzung ist, daß für den Zeitraum vom Beginn der fünften Klasse bis zum A. 265 Wochenstunden Unterricht aus dem vorgeschriebenen Fächerkatalog nachgewiesen werden. Diese Zahl errechnet sich aus den pro Woche insgesamt gegebenen Unterrichtsstunden, multipliziert mit der Zahl der Schuljahre. Bei neun Schuljahren der Sekundarstufen I und II beträgt die notwendige Unterrichtszeit durchschnittlich 29,5 Stunden pro Woche, bei einer Verkürzung auf acht Jahre 33 Stunden.
LERNINHALTE: Das A. bleibt bundesweit gültige Zugangsberechtigung zu allen Studiengängen, unabhängig von dem Bundesland, in dem es erworben wird. Mit einer Vereinheitlichung der Lern-

Abitur: Schulabgänger

Bundesland	Anteil[1] (%)
Hamburg	45,3
Nordrhein-Westfalen	40,7
Bremen	39,8
Hessen	38,9
Thüringen	37,1
Saarland	35,5
Mecklenburg-Vorpommern	34,9
Sachsen-Anhalt	34,8
Baden-Württemberg	34,5
Niedersachsen	34,2
Schleswig-Holstein	34,1
Berlin	34,0
Brandenburg	33,0
Rheinland-Pfalz	31,5
Sachsen	31,2
Bayern	27,5
Bundesdurchschnitt	**35,4**

Stand: 1995; 1) Absolventen der Sekundarstufe II mit allgemeiner Hochschul- und Fachhochschulreife, Altersgruppe: 18–20jährige; Quelle: Kultusministerkonferenz

Abschiebung: Glossar

ABSCHIEBEHAFT: Nach § 57 des Ausländergesetzes können Ausländer zur Vorbereitung und Sicherung ihrer A. in Haft genommen werden, wenn der Verdacht besteht, daß sie sich der A. entziehen wollen. Abschiebehaft kann nur auf richterliche Anordnung verhängt werden.

ABSCHIEBESTOPP: Die obersten Landesbehörden können nach § 54 des Ausländergesetzes aus völkerrechtlichen oder humanitären Gründen die A. von Ausländern für maximal sechs Monate aussetzen. Soll die A. über einen längeren Zeitraum ausgesetzt werden, bedarf es der Zustimmung des Bundesinnenministeriums.

SICHERUNGSHAFT: Form der Abschiebehaft (Dauer: maximal sechs Monate) für Ausländer, die sich illegal in Deutschland aufhalten. Verhindert ein Ausländer seine A. (z. B. durch Vernichtung seiner Ausweispapiere), kann die Sicherungshaft um bis zu zwölf Monate verlängert werden.

VORBEREITUNGSHAFT: Form der Abschiebehaft. Sie trifft insbes. ausländische Straftäter, die ihr Bleiberecht in Deutschland verwirkt haben, und ist auf maximal sechs Wochen begrenzt.

inhalte soll die länderübergreifende Vergleichbarkeit der A.-Leistungen erzielt werden. Das Kurssystem der gymnasialen Oberstufe bleibt erhalten. Künftig müssen jedoch die Kernfächer Deutsch, Mathematik und erste Fremdsprache durchgängig bis zum A. belegt werden. Sie sollen aber z. T. durch andere Lehrveranstaltungen ersetzbar sein, in denen nach Maßgabe der Länder vergleichbare Leistungen gefordert werden (z. B. Theater-Arbeitsgemeinschaft statt Deutsch). Die Reifeprüfung erfolgt wie bisher in vier Fächern. Dabei müssen alle drei Aufgabenfelder – das sprachlich-literarisch-künstlerische, das mathematisch-naturwissenschaftliche und das gesellschaftswissenschaftliche – abgedeckt werden. Daneben können die Bundesländer die Möglichkeit einräumen, in einem einjährigen Kurs eine zusätzliche „besondere" Lernleistung" zu erbringen (z. B. Projektarbeit im Rahmen von „Jugend forscht"), die mit einem Fünftel in die Gesamtpunktzahl des A. eingeht.

ABITURIENTENANSTIEG: Mitte 1995 erlangten rd. 212 000 Schüler in Deutschland mit dem A. die allgemeine Hochschulreife. Experten sagten 1995 einen Anstieg der Schulabsolventen mit Voll-A. auf 264 000 im Jahr 2001 voraus. Danach wird die Abiturientenzahl voraussichtlich geringfügig sinken.

→ Gesamtschule → Hochschulen
→ Schule

Abschiebung [GLO] [BILD]

Staatlich erzwungene und überwachte Ausweisung eines Ausländers aus einem Staatsgebiet, in dem er sich unberechtigt

aufhält. Das seit Mitte 1993 geltende Asylverfahren auf Flughäfen erlaubt die kurzfristige A. von Bewerbern mit offensichtlich unbegründeten Anträgen durch Verwaltungsbeamte. Im ersten Halbjahr 1995 ging die Zahl der A. aus Deutschland auf rd. 15 900 zurück. 11 700 davon waren abgelehnte Asylbewerber. Für das gesamte Jahr 1994 gab das Bundesinnenministerium die Zahl der abgelehnten Asylbewerber, die in ihre Heimatländer abgeschoben wurden, mit 36 183 an. Der Rückgang an A. wurde auf den sechsmonatigen Abschiebestopp für Kurden aus der Türkei zurückgeführt, den die Bundesländer Ende 1994 beschlossen hatten.

KURDEN: Im Juli 1995 erklärte der Hessische Verwaltungsgerichtshof (VGH, Kassel) den allgemeinen Abschiebestopp in Hessen für Kurden aus der Türkei für gesetzeswidrig, weil die notwendige Zustim-

Asylbewerber aus Bangladesch protestieren vor dem Kasseler Verwaltungsgericht gegen die Ablehnung ihrer Asylanträge. Vielen der Bangladeschis droht nun die Abschiebung in ihr Heimatland.

mung von Bundesinnenminister Manfred Kanther (CDU) fehlte. Das von einer Koalition aus SPD und Bündnis 90/Die Grünen geführte Bundesland Hessen mußte daher im Juli 1995 den einen Monat zuvor erlassenen neuen Abschiebestopp für türkische Kurden aufheben. An die Stelle eines generellen Abschiebestopps trat danach wieder eine Einzelfallprüfung.

AUSLÄNDISCHE STRAFTÄTER: Nach gewalttätigen Ausschreitungen bei verbotenen Kurden-Demonstrationen in mehreren Städten Deutschlands im März 1996 beschloß die CDU/CSU/FDP-Bundesregierung Änderungen im Ausländerrecht, die eine A. ausländischer Straftäter erleichtern. Schwerer Landfriedensbruch soll zu einem zwingenden Ausweisungsgrund werden, wenn der Täter zu einer Haftstrafe ohne Bewährung verurteilt wird. Die Strafvorschrift des schweren Landfriedensbruchs (§ 125a StGB) soll auf Fälle ausgedehnt werden, in denen es aus einer verbotenen Demonstration heraus zu Ausschreitungen kommt. Dies gilt bislang als einfacher Landfriedensbruch. Ausländische Straftäter sollen generell ausgewiesen werden, wenn sie zu einer Haftstrafe von mindestens drei Jahren verurteilt worden sind (bisher mindestens fünf Jahre, bei mehreren Straftaten zusammen mindestens acht Jahre). A.-Hindernisse für Menschen, denen in ihrer Heimat Folter oder Tod drohen, bleiben gültig.

BOSNIEN-FLÜCHTLINGE: Mit der Unterzeichnung des Friedensvertrages für Bosnien-Herzegowina (Friedensabkommen von Dayton) im Dezember 1995 endete nach Ansicht der Innenminister des Bundes und der Länder die Bürgerkriegssituation in dem Balkanstaat. Sie beschlossen daraufhin im Januar 1996 eine gestaffelte Rückführung und gegebenenfalls A. der rd. 320 000 bosnischen Flüchtlinge in Deutschland vom 1.7.1996 an. Bis zum 31.8.1997 soll der überwiegende Teil der Bürgerkriegsflüchtlinge nach Bosnien-Herzegowina zurückgekehrt sein. Angesichts der immer noch unsicheren Lage in Bosnien-Herzegowina einigten sich die Innenminister des Bundes und der Länder im Mai 1996 jedoch darauf, zunächst von einer A. abzusehen. Der Vorsitzende der

Innenministerkonferenz, der Hamburger Innensenator Hartmuth Wrocklage (SPD), forderte die Bundesregierung auf, mit Bosnien-Herzegowina ein Abkommen über die geregelte Rückführung der Flüchtlinge zu vereinbaren.

→ Asylbewerber → Ausländer → Illegale Einwanderung → Kurden → Vietnamesen → ☐ᴸᴬᴺᴰ☐ Bosnien-Herzegowina

Abtreibungspille

(RU 486), Präparat zum medikamentösen Schwangerschaftsabbruch als Alternative zur operativen Abtreibung (Absaugen, Ausschaben). Die A. wird in mehreren Ländern Europas, Asiens und in Tests in den USA bis zum 42. Tag (Großbritannien: 63. Tag) nach Befruchtung der Eizelle eingesetzt und bewirkt 48 Stunden später eine Fehlgeburt. In Deutschland war die A. 1995/96 weiterhin umstritten. Der Hersteller, die französische Hoechst-Tochterfirma Roussel Uclaf, erklärte sich Ende 1995 bereit, die Patentrechte an eine Stiftung zu vergeben, welche die Zulassung des Medikaments beantragen könnte. Interesse zeigte 1996 die Schwangerschaftsberatungsorganisation Pro Familia. Der Hoechst-Konzern hatte aus Sorge vor Boykottmaßnahmen von Abtreibungsgegnern bis dahin keine Zulassung beantragt.

WIRKUNG: Die A. blockiert das Schwangerschaftshormon Progesteron, so daß die befruchtete Eizelle sich nicht in der Gebärmutter einnisten kann. Ein 48 Stunden später als Tablette verabreichtes Wehenmittel verursacht die Abstoßung der Eizelle. Nur in Ausnahmen kommt es zu starken Blutungen.

KONTROVERSE: Abtreibungsgegner forderten das Verbot der A., weil sie befürchteten, daß die A. Verhütungsmittel ersetzen und die Zahl der ungewollten Schwangerschaften und Abbrüche erhöhen könnte. Befürworter forderten, Frauen alle Möglichkeiten für einen Abbruch zugänglich zu machen.

ALTERNATIVE: Eine neue Methode des medikamentösen Schwangerschaftsabbruchs entdeckten US-Mediziner im Herbst 1995. Bei 96% von 178 Frauen hatten ein in den Oberarm injiziertes Krebsmittel (Methotrexat) und die sieben

Tage später erfolgte Gabe eines Wehenmittels, das in die Scheide eingeführt wurde, zu einer Fehlgeburt geführt. Das Krebsmittel tötet sich teilende Zellen ab. Schwere Nebenwirkungen traten nicht auf. Langzeitwirkungen sind allerdings noch nicht bekannt.
→ Antibabypille → Pille für den Mann
→ Schwangerschaftsabbruch

Afrikanische Entwicklungsbank → ORG

Agrarpolitik TAB

1995 wurden die Lagerbestände an Lebensmitteln in der EU weiter verringert, bei Getreide um rd. 64%, bei Rindfleisch um 95%. Die Agrarreform von 1993 hatte durch Flächenstillegungen und Reduzierung der Tierbestände zum Abbau der Überschußproduktion geführt. Ende 1995 lagen bei einigen landwirtschaftlichen Produkten (z. B. Weizen) die Weltmarktpreise 10% über den EU-Preisen. Agrarexperten und EU-Kommission schlugen vor, diese Chance zum Abbau von Subventionen und zu einer stärkeren Marktorientierung der A. zu nutzen.
SUBVENTIONEN: 1996 wandte die EU 50% ihres Haushalts (41 Mrd ECU, 77,9 Mrd DM) für die A. auf. Die EU-Kommission setzt jährlich Garantiepreise fest, die den Bauern auch bei mangelndem Absatz Einnahmen sichern. Wenn die Garantiepreise über dem Weltmarktniveau liegen, werden Exportsubventionen gezahlt. Importe aus Nicht-EU-Staaten werden mengenmäßig begrenzt und mit Zöllen belegt. Bei den letzten GATT-Verhandlungen 1993 mußte sich die EU verpflichten, ihre Zölle um rd. ein Drittel abzubauen, die Exportsubventionen bis 2001 um 36% und die subventionierten Exportmengen um 21% zu senken.
RINDERWAHNSINN: Die Erklärung der britischen Regierung vom März 1996, daß eine Übertragung des Rinderwahnsinns auf den Menschen nicht ausgeschlossen ist, führte zum EU-Erlaß eines Rindfleisch-Exportverbots für Großbritannien. Die Einfuhr von britischem Rindfleisch nach Deutschland wurde verboten. Auch die Einfuhr von Rindfleisch aus der

Agrarpolitik:
Abbau der EU-Bestände

Produkt	EU-Bestände (Mio t)		
	1993	1994	1995
Gerste	7,87	6,37	3,26
Weizen	15,78	7,27	1,96
Roggen	2,37	2,43	1,26
Käse	0,10	0,10	0,09
Butter	0,25	0,21	0,08
Schweinefleisch	0,07	0,00	0,08
Rindfleisch	1,07	0,29	0,02
Olivenöl	0,06	0,16	0,01
Tabak	0,01	0,01	0,01
Alkohol	4,71	5,49	0,00
Mais	2,83	1,35	0,00

Quelle: Deutsches Institut für Wirtschaftsforschung (Berlin)

Agrarpolitik:
Agrareinkommen in der EU 1995

Land	Veränderung zum Vorjahr (%)
Belgien	–8,5
Finnland	–4,6
Niederlande	–2,4
Spanien	–0,4
Griechenland	2,0
Portugal	3,4
EU-Durchschnitt	4,2
Österreich	4,3
Frankreich	4,5
Italien	5,4
Irland	5,6
Luxemburg	6,8
Deutschland	7,8
Dänemark	12,2
Großbritannien	15,2
Schweden	21,3

Quelle: Die Welt, 12.4.1996

Schweiz wurde untersagt, weil dort ebenfalls Fälle von Rinderwahnsinn aufgetreten waren. Die Verbraucher schränkten ihren Rindfleischverbrauch stark ein. Die EU versuchte die Krise durch vermehrte Rindfleisch-Aufkäufe und eine Kostenbeteiligung an der Notschlachtung britischer Rinder zu bewältigen. Eingeführt wurden Gütesiegel für Rindfleisch und ein lückenloser Herkunftsnachweis (Rinderpaß).

HORMON-VERBOT: 1996 verschärften die EU-Landwirtschaftsminister das Hormon-Verbot in der Rindermast. Ein Mäster verliert danach für seinen gesamten Bestand ein Jahr lang alle EU-Beihilfen, wenn bei einem Tier Hormonrückstände gefunden werden. Die Zahl der Stichproben wurde erhöht, die strafrechtliche Verfolgung verschärft und die Zahl der verbotenen Präparate (z. B. das als Dopingmittel bekannte Hustenmedikament Clenbuterol) erweitert.

EU-OSTERWEITERUNG: Nach Studien der EU-Kommission würde ein EU-Beitritt von Bulgarien, Polen, Rumänien, Tschechien, der Slowakei und Ungarn Mehrkosten der A. von rd. 71 Mrd DM verursachen, wenn das Agrarpreissystem auf diese Länder ausgedehnt wird. Nach Berechnungen von Wirtschaftsinstituten würde das zu einem erneuten Anstieg der Überschußproduktion führen. Sie fordern, vor einer Osterweiterung eine marktwirtschaftliche Reform der A. der EU durchzuführen.

ENTWICKLUNGSLÄNDER: Der mit der GATT (Vorgängerin der Welthandelsorganisation WTO) vereinbarte Abbau von Handelsschranken erleichtert nicht nur den USA, sondern auch Entwicklungsländern Einfuhren von Landwirtschaftsprodukten in die EU. 70 Länder Afrikas, der Karibik und des Pazifikraums (AKP-Staaten) besitzen nach dem Abkommen von Lomé einen erleichterten Zugang zum EU-Markt. Der EU-Import aus Entwicklungsländern erhöhte sich jedoch nicht, weil sie auf dem westeuropäischen Markt nicht konkurrenzfähig waren. Der unverminderte Export von billigen Lebensmitteln aus den USA und der EU in die Entwicklungsländer führte gleichzeitig dazu, daß die Landwirtschaftsbetriebe der Dritten Welt inzwischen auch auf dem heimischen Markt ihre Wettbewerbsfähigkeit verlieren.

→ Entwicklungsländer → EU-Haushalt → Europäische Union → Hunger → Landwirtschaft → Lomé-Abkommen → Protektionismus → Rinderwahnsinn → WTO

Aids ⬚KAR⬚ ⬚TAB⬚

(Acquired immune deficiency syndrome, engl.; erworbenes Immunschwäche-Syndrom), weltweit waren nach Schätzungen der Weltgesundheitsorganisation (WHO, Genf) Anfang 1996 rd. 19 Mio Menschen mit dem A.-Virus infiziert, etwa 4,5 Mio von ihnen waren erkrankt. Bis zum Jahr 2000 rechnete die WHO mit 40 Mio–50 Mio Infizierten und rd. 10 Mio Erkrankten. Andere Schätzungen gingen von bis zu 100 Mio Infizierten aus. Zur besseren Bekämpfung von A. bildeten Ende 1995 sechs UN-Organisationen das Programm Unaids, das mit einem Zwei-Jahres-Budget von 140 Mio Dollar A.-Forschung und Prävention unterstützt.

AUSBREITUNG: Am stärksten war 1996 nach wie vor Afrika betroffen, insbes. Zentral- und Ostafrika, wo in den Städten 20–30% der Bevölkerung infiziert waren. Die weltweit höchsten Zuwachsraten bei den Infektionen wurden in Süd- und Südostasien registriert. Konservative, meist religiöse Kreise verhinderten hier nach Ansicht der WHO wirksame Aufklärung und Prävention. Weltweit steckten sich Mitte der 90er Jahre täglich rd. 6000 Menschen mit dem A.-Virus an.

DEUTSCHLAND: Seit dem ersten Auftreten von A. bis Ende 1995 hatten sich in Deutschland rd. 62 000 Menschen mit dem A.-Virus HIV infiziert, wobei der

Aids: Infizierte und Erkrankte in Deutschland

Alter (Jahre)	Infizierte[1] männlich	Infizierte[1] weiblich	davon Erkrankte[1] männlich	davon Erkrankte[1] weiblich
< 1	318	319	11	13
1– 4	147	118	23	23
5– 9	122	55	15	7
10–12	128	8	7	3
13–14	107	10	16	–
15–19	846	315	60	7
20–24	4 824	2 127	335	88
25–29	9 695	3 323	1 516	345
30–39	16 209	3 134	4 997	645
40–49	7 829	560	3 576	144
50–59	13 330	341	1 707	98
60–69	696	157	316	54
< 69	198	51	51	12
Insgesamt	50 707	11 727	12 638[2]	1 440[2]

Stand: 31.12.1995; 1) seit dem ersten Auftreten der Krankheit; 2) davon bereits insgesamt 9000 verstorben; Quelle: Robert-Koch-Institut (Berlin)

AIDS: Geschätzte Infektionen weltweit

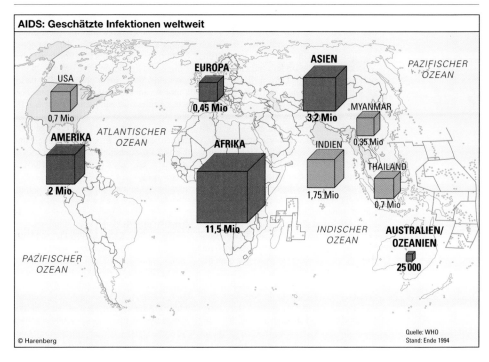

USA
0,7 Mio

AMERIKA

ATLANTISCHER OZEAN

2 Mio

PAZIFISCHER OZEAN

EUROPA
0,45 Mio

AFRIKA

11,5 Mio

ASIEN

3,2 Mio

MYANMAR

INDIEN 0,35 Mio

THAILAND

1,75 Mio

0,7 Mio

PAZIFISCHER OZEAN

INDISCHER OZEAN

AUSTRALIEN/ OZEANIEN

25 000

Quelle: WHO
Stand: Ende 1994

© Harenberg

Anteil der Frauen an den Infizierten kontinuierlich stieg. 10% der Neuinfektionen wurden durch sog. Sextourismus verursacht, bei dem sich Bundesbürger über sexuelle Kontakte auf Urlaubsreisen ansteckten. Seit dem ersten Auftreten bis Ende 1995 waren etwa 14 000 Erkrankte gemeldet, rd. 9000 von ihnen waren gestorben. Homo- und bisexuelle Männer, bei denen sich A. zuerst ausgebreitet hatte, stellten zwei Drittel der Erkrankten.

ANSTECKUNG: A. wird durch Blut und Körpersäfte wie Sperma und Scheidenflüssigkeit übertragen. 75% der Ansteckungen weltweit waren Mitte der 90er Jahre auf heterosexuelle Kontakte zurückzuführen (Anteil in Deutschland: 10%). Daneben wird A. bei homo- bzw. bisexuellen Kontakten und durch mit verseuchtem Blut verunreinigte Spritzen von Drogenabhängigen übertragen. Ein Infektionsrisiko besteht auch bei Bluttransfusionen und Organ- bzw. Gewebetransplantationen von infizierten Spendern.

MEDIKAMENTE: 1995/96 konnten Fortschritte bei der medikamentösen Behandlung von A. erzielt werden. In den USA wurden zwei Medikamente zugelassen, ein weiteres stand kurz vor der Zulassung, die, allein oder mit den üblichen Mitteln kombiniert, die Vermehrung der A.-Viren über Monate fast vollständig unterdrückten. Die Mittel Saquivanir, Ritonavir und Indinavir, letzteres in Kombination mit den bis dahin üblicherweise eingesetzten Mitteln AZT und 3TC verabreicht, beeinträchtigen die Funktion des Enzyms Proteinase, das für die Reifung der A.-Viren zuständig ist. Herkömmliche Medikamente greifen in die Vervielfältigung des Virus ein. Langzeitstudien, die eine generelle lebensverlängernde Wirkung bestätigen würden, lagen 1996 noch nicht vor.

Zeitgleich entdeckten der deutsche A.-Forscher Reinhard Kurth und sein US-amerikanischer Kollege Robert Gallo Ende 1995, daß körpereigene Immunbotenstoffe (Interleukin 16, Rantes, MIP-1

15

alpha und MIP-1 beta) die Vermehrung des A.-Virus in den Abwehrzellen des Körpers stoppen. Interleukin 16 kommt im Immunsystem der Affenart Grüne Meerkatzen in besonders hohen Konzentrationen vor. Die Tiere infizieren sich zwar mit dem Affen-A.-Virus SIV, erkranken aber nicht. **IMPFSTOFF:** Die Entwicklung eines Impfstoffs, der vor A.-Infektionen schützt, ist problematisch, weil die Virustypen HIV 1 und 2 bis 1996 zahlreiche Untergruppen gebildet hatten. Innerhalb kürzester Zeit weicht die Erbinformation von A.-Viren im menschlichen Körper um 15% von der Virengeneration ab, die zur Infektion führte – das entspricht dem Unterschied z. B. zwischen Mensch und Meerkatze. Ein Impfstoff muß gegen alle Abwandlungen wirksam sein. Üblicherweise wird mit Impfstoffen aus abgeschwächten oder abgetöteten Erregern geimpft. Bei A. ist das Risiko zu groß, daß eine solche Impfung die Immunschwächekrankheit erst auslöst. Zürcher Forscher entwickelten einen Impfstoff aus Erbmaterial des A.-Virus und injizierten ihn ab Mitte 1995 insgesamt 23 Infizierten in den USA und der Schweiz. Die Erbgutabschnitte gelangen in Körperzellen, die auf diese Weise programmiert werden, selbst HIV-Proteine zu erzeugen. Diese aktivieren das Immunsystem. Die Bildung von Antikörpern und sog. Killerzellen, die Viren vernichten, wird angeregt. Das Risiko, durch die Erbgutabschnitte eine A.-Infektion auszulösen, ist sehr gering. **FORSCHUNG:** Bei der Suche nach möglichen Mitteln zur Bekämpfung von A. konzentrierten sich die Forscher Mitte der 90er Jahre auf sog. Langzeitüberlebende, die bis zu 15 Jahre nach der Infektion noch nicht erkrankt waren. Auch einige Babys werden untersucht, die von ihren Müttern bei der Geburt A. übertragen bekamen und bei denen nach einigen Monaten keine Viren mehr festgestellt werden konnten. In Australien entdeckten Forscher Bluter, die zehn Jahre nach der Infektion nicht erkrankt waren. Bei ihnen wurden Varianten des HIV festgestellt, denen bestimmte Erbanlagen fehlen und die deshalb offenbar harmlos sind.

[i] Deutsche Aids-Hilfe e. V., Postfach 61 01 49, 10921 Berlin

[i] Deutsche Aids-Stiftung „Positiv leben", Pippinstr. 7, 50667 Köln

Alkoholismus

Häufigste Suchtkrankheit in Deutschland. Auf rd. 2,5 Mio schätzte die Deutsche Hauptstelle gegen die Suchtgefahren (DHS, Hamm) 1996 die Zahl der behandlungsbedürftigen Alkoholiker in Deutschland. Hinzu kommt eine schwer zu ermittelnde Dunkelziffer, da der Beginn der Abhängigkeit nicht exakt zu bestimmen ist. Etwa 10 Mio Familienmitglieder waren von A. indirekt durch die Sucht ihrer Angehörigen betroffen. Zwei Drittel der Abhängigen waren Männer. **BILANZ:** Mit 11,4 l reinen Alkohols tranken die Bundesbürger 1994 geringfügig weniger als 1993 (11,5 l). Dennoch hatte Deutschland damit erneut eine Spitzenposition im weltweiten Vergleich inne. Die DHS führte den A. überwiegend auf zunehmende Perspektivlosigkeit der Menschen u. a. durch Arbeitslosigkeit zurück. 1994 starben wie in den Vorjahren rd. 40 000 Deutsche an den Folgen ihres A. Bei rd. 20% der Autounfälle mit Todesfol-

Alkoholismus: Getränkekonsum in Deutschland

Getränk	Verbrauch pro Kopf (l)								
	1950	1960	1970	1980	1990	1991[1]	1992[1]	1993[1]	1994[1]
Bier	36,5	95,3	141,1	145,9	142,7	142,7	144,2	137,5	139,6
Wein	4,7[2]	10,8[2]	15,3	21,4	22,0	20,0	19,0	17,5	17,5
Sekt	–[3]	–[3]	1,9	4,4	5,1	4,7	5,0	5,1	5,0
Spirituosen	2,5	4,9	6,8	8,0	6,2	7,5	7,4	7,2	6,7
Insgesamt	42,8	111,0	165,1	179,7	176,0	174,9	175,6	167,3	168,8

1) Inkl. neue Bundesländer; 2) inkl. Schaumwein; 3) nicht gesondert erhoben; Quelle: Deutsche Hauptstelle gegen die Suchtgefahren (Hamm), Ifo-Institut (München)

ge waren die Fahrer 1995 alkoholisiert. Der volkswirtschaftliche Schaden aus A. beträgt jährlich 30 Mrd–80 Mrd DM. **GEGENMASSNAHMEN:** Die DHS forderte 1996 die Einschränkung des Alkoholkonsums durch Erhöhung von Steuern und Abgaben auf alkoholische Getränke. Ferner solle Werbung für Alkoholika sowie ihre Verfügbarkeit im Verkauf an Automaten und Tankstellen begrenzt werden. Auch müsse sich das gesellschaftliche Klima ändern, in dem es als normal gelte, Alkohol zu konsumieren, während es unnormal sei, keinen zu trinken. **GESUNDHEITSSCHÄDEN:** A. schädigt nahezu alle Organe und kann psychische Krankheiten verursachen. Er begünstigt schwere Erkrankungen wie Krebs. Wenn Frauen täglich mehr als 20 g reinen Alkohols zu sich nehmen (etwa 0,5 l Bier und 0,2 l Wein) und Männer mehr als 60 g, ist mit Gesundheitsschäden zu rechnen. Jährlich kommen in Deutschland rd. 2200 Kinder mit schwersten körperlichen und geistigen Behinderungen infolge des Alkoholkonsums der Mütter zur Welt.
→ Drogen → Spielsucht

Allergie GRA

Überempfindlichkeit des menschlichen Organismus gegenüber körperfremden Stoffen (Allergene). Zu den Stoffen, die am häufigsten eine A. auslösen, gehören Gräserpollen, Katzen- und Hundehaare, Hausstaub sowie Schimmelpilze und Lebensmittel. 1996 litten in Deutschland rd. 20% der Bevölkerung an Asthma, Heuschnupfen oder Hauterkrankungen. Forscher gingen Mitte der 90er Jahre davon aus, daß bei 30–40% der Erwachsenen in Europa bereits Anlagen für A. vorhanden waren. **ARBEITSPLATZ:** Allergische Hauterkrankungen bildeten 1995 mit rd. 30% aller bestätigten Fälle den Schwerpunkt der Berufskrankheiten. Jährlich müssen rd. 9000 Frisöre ihren Beruf wegen einer A. aufgeben. 600 bis 800 Bäcker erkranken durch Mehlstaub an Asthma. Ärzte leiden an A. gegen Desinfektionsmittel und Latex, ausgelöst von Substanzen zum Desinfizieren der Operationssäle bzw. in Operationshandschuhen. **OSTDEUTSCHLAND:** Das Forschungszentrum für Umwelt und Gesundheit (Neuherberg) registrierte 1995 in den neuen Bundesländern einen Anstieg von Asthma und Heuschnupfen um ca. 50% gegenüber 1992. Die Experten führten die Zunahme auf die sich rapide wandelnden ostdeutschen Lebensbedingungen zurück, verursacht u. a. durch stärker isolierte, mit Teppichböden ausgelegte Wohnungen, vermehrte Haustierhaltung und die Zunahme der Kraftfahrzeuge. Auch veränderte Diagnosegewohnheiten der Ärzte und eine allgemein erhöhte Aufmerksamkeit gegenüber A. wurden als mögliche Erklärungen genannt. **ASTHMASPRAYS:** Die rd. 4 Mio in Deutschland lebenden Asthmatiker verbrauchen jährlich zur Linderung ihrer lebensbedrohlichen Erstickungsanfälle 26 Mio Asthmaspraydosen. Einer Studie der Umweltorganisation Greenpeace von 1995 zufolge liefern die Asthma-Spraydosen, die das Treibgas Fluorchlorkohlen-

Allergie: Blütezeit allergieverursachender Pflanzen

	Febr.	März	April	Mai	Juni	Juli	Aug.	Sept.
Haselnuß								
Erle								
Weide								
Ulme								
Pappel								
Birke								
Esche								
Buche								
Eiche								
Ruchgras								
Robine								
Segge								
Wiesenfuchsschwanz								
Wiesenrispengras								
Roggen								
Wiesenhafer/Goldhafer								
Schwingel								
Knäuelgras								
Spitzwegerich								
Trespe								
Kamm- u. Lieschgras								
Rohr- Glanzgras								
Lolch, Raygras								
Glatthafer								
Honiggras								
Linde								
Weizen								
Straußgras								
Holunder								
Goldrute								

Vor-/Nachblüte Hauptblüte © Harenberg

wasserstoff (FCKW) enthalten, ein Drittel des deutschen Beitrags zur Zerstörung der Ozonschicht. Umweltschützer und Spraydosen-Hersteller suchten 1996 nach alternativen Ersatzstoffen.

ℹ Deutscher Allergiker- und Asthmatikerbund e. V., Hindenburgstr. 110, 41061 Mönchengladbach

Alliiertenmuseum

Für 1998 geplantes Museum in Berlin, das die Geschichte der westlichen Siegermächte des Zweiten Weltkriegs darstellen soll. In Ausstellungen und Veranstaltungen wird die Bedeutung der Westalliierten für Berlin und Deutschland als Ganzes vom Ende des Krieges 1945 bis zum Abzug der Alliierten 1994 präsentiert. Das A. soll zentrale Sammelstelle für Dokumente der Geschichte der Westmächte und ihres Verhälnisses zur vierten Siegermacht, der Sowjetunion, sein. Die Sammlungen des A. beinhalten außerdem historische Ausstellungsobjekte (darunter das alliierte Kontrollhäuschen vom Berliner Checkpoint Charlie), Ton- und audiovisuelle Materialien sowie Fotografien. Gründer und Träger des A. sind Deutschland, Frankreich, Großbritannien und die USA sowie das Land Berlin, das Deutsche Historische Museum (Berlin) und das Institut für Zeitgeschichte (München). Finanziert werden soll das Museum aus Mitteln des Bundesinnenministeriums.

Alpen

Das Ökosystem A. ist mehr denn je in seiner Existenz gefährdet. Touristische Übernutzung und intensive Almwirtschaft, steigende Temperaturen, mehr Regen und weniger Schnee, schmelzende Gletscher und Tauwetter bereits ab Januar sind die Anzeichen einer drohenden Umweltkatastrophe.

GLETSCHERSCHWUND: Die Gletscher in den A. verloren von 1850 bis 1995 etwa ein Drittel ihrer Fläche. Experten rechnen damit, daß bis zur Mitte des nächsten Jahrhunderts die Gletscher um weitere 60% schrumpfen werden und daß bei ein bis zwei Grad höheren Durchschnittstemperaturen die Schneegrenze um bis zu 300 m ansteigen wird. Das hätte weitreichende Folgen für den Wasserhaushalt des Gebirges und für die Funktion der A. als Trinkwasserreservoir und Klimaregulator.

WETTERWECHSEL: Von 1985 bis 1995 wurde eine Häufung ungewöhnlicher Wetterlagen beobachtet. So kam es jeweils im Januar und Februar immer wieder zu starken Wärmeeinbrüchen. Der rasche Wechsel von Frieren und Tauen fördert die Verwitterung des Gesteins und leistet damit der Erosion Vorschub.

TOURISMUS: Der ständig wachsende Massentourismus hat die A. bereits stark geschädigt. Fast ein Viertel des Welttourismus konzentriert sich auf die A. Auf der 220 000 km^2 großen Gebirgslandschaft, die sich von Nizza bis ins 1200 km entfernte österreichische Graz erstreckt, leben ca. 11 Mio Menschen. Auf jeden Einwohner kommen neun Gästebetten. In der künstlich angelegten französischen Ski-Station Val Thorens stehen 100 Einwohnern sogar 20 000 Gäste gegenüber.

Allergie: Grundformen

Typ	Reaktionszeit	Mechanismus	Beispiele
Soforttyp	sec–min	Unter Beteiligung von zellständigen Immunoglobinen werden Mittlersubstanzen (u. a. Histamin, Leukotrine, Prostaglandine) freigesetzt	allerg. Asthma, allerg. Bindehautentzündung, allerg. Nesselsucht, anaphylakt. Schock
Zytotoxischer Typ	6–12 h	Immunkomplexe aus zellwandständigen Antigenen und Antikörpern aktivieren Komplement- oder Killerzellen; Folge: Auflösung körpereigener Zellen	Transfusionszwischenfälle, allerg. bed. Mangel an roten o. weißen Blutkörperchen o. -plättchen
Immunkomplextyp	6–12 h	Immunkomplexe werden von weißen Blutkörperchen gefressen. Freisetzung gewebeschädigender Enzyme	Serumkrankheit, allerg. Lungenbläschenentzündung
Verzöger-Typ	12–72 h	Sensibilisierte T-Lymphozyten schädigen bei Antigenkontakt die Körperzellen oder beeinflussen durch hormonähnl. Stoffe weiße Blutkörperchen, die Entzündungen auslösen	Kontaktekzem, Transplantatabstoßung, Tuberkulinreaktion von Arzneimitteln ausgel. Exantheme

Insgesamt wurden 1995 in den A. über 500 Mio Übernachtungen gezählt. Dazu kommen noch einmal wenigstens 60 Mio Tages- und Wochenendausflügler. 12 000 Seilbahnen oder Lifte führen zu 41 000 Pisten, die zunehmend künstlich beschneit werden müssen. **GÜTERVERKEHR:** 1995 durchquerten ca. 200 Mio Kraftfahrzeuge auf insgesamt 26 000 km Straße das Gebirge, und etwa 100 Mio t Güter wurden durch die A. transportiert. Am meisten belastet sind das Inntal und die Brennerautobahn zwischen Österreich und Italien, wo jede Minute vier LKW und 17 PKW den Paß überqueren. Die Abgasschwaden bleiben je nach Witterungslage oft tagelang in den Tälern hängen, setzen den Wäldern zu und kontaminieren die Böden. Mit dieser Entwicklung ist die Belastungsgrenze für Anwohner und Natur längst überschritten. **LANDSCHAFTSSCHUTZ:** Zum Schutz der A. wurde 1995 die A.-Konvention, durch die zum ersten Mal ein Landschaftstyp unter den Schutz einer Völkergemeinschaft gestellt wird, von den acht Anrainerstaaten Deutschland, Frankreich, Italien, Liechtenstein, Monaco, Österreich, Schweiz und Slowenien unterzeichnet. Der Vertrag verfolgt das Ziel, den Lebens-, Wirtschafts-, Kultur- und Erholungsraum A. zu schützen und im Interesse der ansässigen Bevölkerung zu bewahren.
→ Desertifikation → Klimaveränderung
→ Luftverschmutzung → Umweltschutz
→ Waldsterben

Alpentransit [TAB]

1995 wurden 100 Mio t Güter im Transitverkehr durch die Alpen transportiert. Der A. mit LKW stieg 1994–95 um 13%. Lärm und Abgase des LKW-Verkehrs belasteten zunehmend die Umwelt. In der Schweiz wurden Mitte der 90er Jahre 83% der Güter des A. auf der Schiene befördert, in Österreich waren es 32%, in Frankreich 20%. Bis 2010 will die Schweiz neue Eisenbahntunnel bauen, um den steigenden A. zu bewältigen. **SCHWEIZ:** LKW über 28 t Gewicht dürfen in der Schweiz nicht fahren, ab 2004 ist die Beförderung von Transitgütern auf

Alpentransit: Alte und geplante Tunnel im Vergleich		
Merkmal	Gotthard	Lötschberg
Alte Tunnel 1993		
Güterzüge/Tag[1)	120	36
Güter (Mio t)	13,3	4,5
Fahrgäste (Mio)	5,0	2,0
Neue Tunnel 2020		
Inbetriebnahme (Jahr)	2006	2004
Güterzüge/Tag[1)	300	104
Güter (Mio t)	50,0	19,0
Fahrgäste (Mio)	11,0	2,7

1) Lötschberg inkl. Simplon; Quelle: Neue Zürcher Zeitung

Straßen verboten. Der Alpenstaat muß nach einem Abkommen mit der EU seine Kapazität für den Kombinierten Verkehr zwischen Straße und Schiene bis 2003 verdreifachen. Das Abkommen erlaubt Ausnahmen vom Fahrverbot für LKW über 28 t, wenn die Kapazitäten im Kombinierten Verkehr überlastet sind. **ALPENDURCHQUERUNG:** Die Schweiz will Neue Eisenbahn-Alpentransversalen (NEAT) mit Tunneln unter dem Gotthard (Länge: ca. 57 km) und dem Lötschberg (Länge: ca. 30 km) bis 2006 fertigstellen. Die Kosten für die zweispurigen Gotthardtunnel und den einspurigen Lötschbergtunnel (inkl. zweigleisiger Ausweichabschnitte) belaufen sich auf etwa 16 Mrd DM. Die geplante Gottharddurchquerung wäre der längste Tunnel der Welt (1996: Seikantunnel/Japan, 54 km). **ÖSTERREICH:** Bis 2004 sieht ein 1993 geschlossenes Abkommen zur Begrenzung des Straßengüterverkehrs zwischen Österreich und der EU die Senkung der vom A. ausgehenden Schadstoffemissionen um etwa 60% vor. EU-Staaten bekommen jährlich Transitgenehmigungen für 1,3 Mio LKW. Am A. interessierte Speditionen erhalten sog. Ökopunkte. Für jede Fahrt werden Punkte abgezogen, deren Anzahl sich nach dem Schadstoffausstoß bemißt. Österreich verpflichtete sich gegenüber der EU, bis 1996 ca. 6 Mrd DM in den Ausbau des Kombinierten Verkehrs zu investieren. **BRENNERTUNNEL:** Der größte Teil des A. durch Österreich (75%) läuft über die Brennerautobahn. Ein Tunnel zwischen Innsbruck und Franzensfeste (Fortezza/

Italien, Länge: 55 km, Kosten: 12 Mrd DM, Fertigstellung: 2005) soll Österreich mit Italien verbinden. Der Tunnel ist Teil der A.-Strecke Verona/Italien–Brenner–München, die von der EU als vorrangiges Verkehrsprojekt eingestuft wird.
→ Autobahngebühr → Kanaltunnel → Kombinierter Verkehr → Transeuropäische Netze → Verkehr

Alter

1995 war jeder fünfte Deutsche über 60 Jahre alt; im Jahr 2000 wird bereits ein Drittel der Bevölkerung zu den sog. Senioren zählen. Die durchschnittliche Lebenserwartung betrug 1995 für Männer 73 Jahre, für Frauen 79 Jahre. Der zunehmende Anteil der Senioren an der Bevölkerung sowie die steigende Lebenserwartung wird ab 2000 nach Ansicht von Experten die Systeme der sozialen Sicherung vor Probleme stellen.

RENTENVERSICHERUNG: Während 1995 auf 100 Einwohner im erwerbsfähigen Alter (20 bis 64 Jahre) 24 Personen im Rentenalter (ab 65 Jahre) kamen, werden es nach Vorausschätzungen der Rentenversicherungsträger 2040 bereits 56 sein. Somit wird eine geringere Zahl Erwerbstätiger eine größere Zahl Rentner versorgen müssen, was einen Anstieg der Beiträge zur Rentenversicherung zur Folge hätte. Deshalb verlangen einige Wissenschaftler 1996 eine Reform der Rentenversicherung, um die Sozialabgaben und damit auch die Lohnnebenkosten niedrig zu halten und die Rentenzahlung über das Jahr 2000 hinaus sicherzustellen.

PFLEGEFÄLLE: 1995 gab es 1,1 Mio ältere Menschen in Deutschland, die zu Hause lebten und auf Pflege angewiesen waren. Von den 800 000 Senioren, die in Alteneinrichtungen wohnten, waren ca. 63% pflegebedürftig. Aufgrund der steigenden Lebenserwartung rechneten die Krankenkassen 1996 damit, daß die Zahl der Pflegebedürftigen nach 2000 steigt und die Beiträge zur Pflegeversicherung angehoben werden müßten, um die Pflegeleistungen finanzieren zu können.

GESELLSCHAFT: Die demographische Veränderung war Mitte der 90er Jahre in allen Lebensbereichen spürbar. Jeder vierte Wähler war beispielsweise bei der Bundestagswahl 1994 über 60 Jahre alt; jeder zehnte Bundestagsabgeordnete war ebenfalls in diesem Alter, ebenso 30% der CDU-Mitglieder. Quantitativ erlangen die Senioren daher eine zunehmende Bedeutung für die Gesellschaft.
→ Bevölkerungsentwicklung → Pflegeversicherung → Rentenversicherung

Alterspille

Hormone oder hormonähnliche Stoffe, die bei alten Menschen einen jugendlicheren Zustand des Körpers, der Psyche und des Geistes wiederherstellen können. Internationale Forschungsreihen mit dem hormonähnlichen, in den Nebennieren produzierten Dehydroepiandrosteron (DHEA) und dem von der Zirbeldrüse (Epiphyse) ausgeschütteten Hormon Melatonin bestätigten 1995/96 diese Wirkung. Ernährungsexperten warnten jedoch vor einem leichtfertigen Umgang mit A., weil Langzeitstudien am Menschen noch nicht vorliegen.
→ Melatonin

Altlasten TAB

In Deutschland gibt es nach Schätzungen des Umweltbundesamtes in Berlin mehr als 240 000 Flächen, die unter dem Verdacht stehen, vergiftet zu sein – zwei Drittel davon in den alten und ein Drittel in den neuen Bundesländern. Etwa 140 000 dieser Verdachtsflächen waren bis Ende 1995 einzeln erfaßt. Dabei handelt es sich überwiegend um stillgelegte Mülldeponien und wilde Müllkippen sowie ehemalige Industrie- und Gewerbestandorte, zum Beispiel Chemiebetriebe, Gaswerke, Kokereien oder Bergwerke. Aber auch Bo-

Alter: Anteil der Senioren an der Bevölkerung

Jahr	Bevölkerungsanteil (%)[1]		
	unter 20 Jahren	30–59 Jahre	über 59 Jahre
1983	24	56	20
1991	20	58	22
2000[2)3)]	20	55	25
2010[2)3)]	17	55	28
2020[2)3)]	15	54	31
2030[2)3)]	15	47	37

1) In Deutschland; ab 1994 Gesamtdeutschland, 2) Prognose 3) Differenz zu 100% wegen Rundung; Quelle: Statistisches Bundesamt

LAND Länderteil NEK Nekrolog ORG Organisationen BIO Biog···

denkontaminationen durch konventionelle und chemische Kampfstoffe auf ehemaligen Militärgeländen bilden eine ernsthafte Gefahr für die menschliche Gesundheit und die Umwelt. Experten gehen davon aus, daß unter 10–20% der Verdachtsflächen tatsächlich dringend sanierungsbedürftige A. ruhen, insbes. mit Schwermetallen verseuchtes Erdreich; veranschlagte Kosten: fast 400 Mrd DM.
SANIERUNG: Zur Reinigung von verseuchten Böden haben sich mehrere Technologien etabliert. Die Palette reicht von einfacher Umlagerung in Form von Abtransport und Endlagerung über Waschanlagen bis hin zu biologischen Bodensanierungsverfahren.
Trotzdem geht die Entsorgung nur schleppend voran: 1995 wurden 200 der ca. 140 000 erfaßten Standorte saniert. Der Grund: Etwa 90% aller A. gehören Kommunen, Landkreisen, Ländern oder dem Bund, denen die nötigen Finanzmittel fehlen.
Zugleich ist die Kapazität der vorhandenen Endlager begrenzt (Deponiekosten: etwa 30 DM pro Tonne verseuchtes Erdreich), die Bodenwäsche teuer (rund 200 DM pro Tonne) und die thermische Behandlung, also die Verbrennung, politisch kaum noch durchsetzbar. Statt dessen wird der z. T. hochgiftige Abfall aus der A.-Sanierung allzuoft in ein harmloses Gut wie Bauschutt umdeklariert und auf Hausmülldeponien abgekippt.
→ Trinkwasser

Alzheimer Krankheit

Schwere, ständig fortschreitende, unheilbare Hirnleistungsschwäche. Die A. tritt i. d. R. nach dem 60. Lebensjahr auf, die vermutlich ererbte A. (rd. 10% der Fälle) nach dem 40. Lebensjahr. Eine eindeutige Diagnose kann erst nach dem Ableben des Patienten anhand von Gehirngewebeproben gestellt werden. Die Ursachen der A. waren bis Mitte 1996 weitgehend ungeklärt. Ein Heilmittel existierte nicht.
KRANKHEITSBILD: A. macht sich durch Nachlassen des Gedächtnisses bemerkbar, es folgen Störungen des Denkvermögens, der Orientierungsfähigkeit und der Sprache. Im fortgeschrittenen Stadium wird der

Altlasten: Bundesländer		
Bundesland	**Verdachtsflächen**	
	erfaßt	geschätzt
Baden-Württemb.	6 960	35 000
Bayern	4 939	k. A.
Berlin	4 988	5 290
Brandenburg	13 565	15 000
Bremen	4 289	4 290
Hamburg	604	2 600
Hessen	3 400	13 400
Mecklenb.-Vorp.	11 958	k. A.
Niedersachsen	7 488	57 550
Nordrhein-Westf.	18 196	k. A.
Rheinland-Pfalz	14 760	k. A.
Saarland	1 700	4 250
Sachsen	18 642	22 000
Sachsen-Anhalt	14 953	17 000
Schleswig-Holst.	6 693	k. A.
Thüringen	5 587	12 000
Insgesamt	138 722	244 926

Quelle: Bundesumweltministerium

Kranke bettlägerig. Die A. mündet in eine allgemeine Geistesverwirrung und führt bei ererbter A. nach etwa sieben, sonst nach durchschnittlich elf Jahren zum Tod.
VERBREITUNG: In Deutschland litten 1996 rd. 1 Mio Menschen an der nach dem deutschen Neurologen Alois Alzheimer (1864–1905) benannten Krankheit. Die Pflegekosten wurden jährlich auf 20 Mrd DM geschätzt. Infolge der zunehmenden Zahl alter Menschen erwarten Wissenschaftler bis 2010 eine Verdoppelung der Krankheitsfälle in den westlichen Industrienationen.
FORSCHUNGSANSÄTZE: 1995 gelang es US-amerikanischen Wissenschaftlern, zwei Gene zu identifizieren, die bei Patienten mit ererbter A. in veränderter Form auftreten. Untersuchungen über die Ähnlichkeit beider Gene, die sich auf dem ersten und 14. Chromosom befinden, sollen die Entstehung der A. klären. Für die Vermutung, daß Aluminiumablagerungen im menschlichen Gehirn A. begünstigen, lieferten kanadische Forscher 1995 neue Beweise. Mit Hilfe empfindlicher Meßmethoden wiesen sie das über das Trinkwasser eingeschleuste Leichtmetall in den Gehirnen Erkrankter nach.

BILD Bild DOK Dokument GLO Glossar GRA Grafik KAR Karte TAB Tabelle

Amalgam [TAB]

Vor allem als Zahnfüllung verwendete grauschwarze Legierung von Quecksilber mit Anteilen von Silber, Kupfer, Zink und Zinn. Das giftige Metall Quecksilber lagert sich z. T. im Körper ab und steht im Verdacht, Kopf- und Magenbeschwerden sowie Nierenschäden zu verursachen. Das Bundesinstitut für Arzneimittelsicherheit (BfArM, Berlin) billigte im August 1995 eine vertragszahnärztliche Richtlinie, die gesetzliche Krankenkassen zur vollen Kostenübernahme von Kunststofffüllungen in den Backenzähnen verpflichtet und Patienten von privaten Zuzahlungen für die gegenüber A. kostspieligere Zahnversorgung entbindet.

EINGESCHRÄNKTE ANWENDUNG: Bereits 1992 hatte das BfArM die Verwendung von A. im Zahnhalsbereich und bei den Frontzähnen gestoppt. Lediglich bei Backenzähnen, für die es keine gleichwertige Alternativfüllung gibt, sollte A. auch in Zukunft eingesetzt werden. 1995 wurde der Gebrauch von A. weiter eingeschränkt. Bei Schwangeren und Kindern unter drei Jahren darf das Material nicht verwendet werden.

GEGNER UND BEFÜRWORTER: Selbsthilfeorganisationen von Menschen, die ihre Leiden auf A. zurückführen, Verbraucherinitiativen und naturheilkundlich tätige Zahnärzte forderten ein Verbot von A. Andere Zahnärzte wiesen darauf hin, daß mit Ausnahme der selten auftretenden Quecksilberallergie bislang keine wissenschaftlichen Beweise für Unverträglichkeiten vorlägen. Ein vergleichbarer Ersatzstoff fehle, denn Kunststofffüllungen seien weniger haltbar, aufwendiger und damit teurer in der Verarbeitung sowie möglicherweise krebserregend.

STUDIE: Eine von der Universität Tübingen durchgeführte Untersuchung zur Verwendung von A. als Zahnfüllung kam im Mai 1996 zu dem Ergebnis, daß bei 40% der Testpersonen die Konzentration von Quecksilber im Speichel den von der Weltgesundheitsorganisation (WHO, Genf) für vertretbar erklärten Wert übersteigt. Nach Empfehlungen der WHO sollten täglich nicht mehr als 43 mg Quecksilber in den Körper gelangen. Die Bundeszahnärztekammer (Frankfurt/M.) kritisierte die Studie mit dem Hinweis, daß die im Mund gemessene Quecksilberkonzentration keine Folgerungen über die Belastung des Körpers zulasse. Etwa 90% des mit dem Speichel verschluckten Metalls würde unverändert über den Verdauungstrakt ausgeschieden.

NEUER FÜLLSTOFF: Wissenschaftler des Fraunhofer-Instituts für Silicatforschung (Würzburg) forschten 1996 an dem polymeren Ersatzstoff Ormocer, der eine gute Formbarkeit und Belastbarkeit aufweist. Die unter Lichteinwirkung aushärtende Substanz soll frühestens im Jahr 2000 auf den Markt kommen.

Analphabetismus [TAB]

Fehlende oder unzureichende Lese- oder Schreibfähigkeit bei Erwachsenen. Mitte der 90er Jahre schätzte die UNO-Organisation für Erziehung, Wissenschaft und Kultur (UNESCO, Paris) die Zahl der Analphabeten weltweit auf rd. 1 Mrd. 95% davon lebten in Entwicklungsländern, rd. 80% in zehn Staaten. Weltweit konnten etwa jede dritte Frau und jeder fünfte Mann nicht lesen und schreiben.

ENTWICKLUNGSLÄNDER: In vielen Ländern der sog. Dritten Welt bilden Armut und A. einen Teufelskreis. 76% der Kinder in den afrikanischen Ländern führten nach Angaben der Weltbank Mitte der 90er Jahre ihre Schulausbildung nicht zu Ende, sondern mußten ihren Beitrag zum Familieneinkommen verdienen. Mit sinkenden Bildungsausgaben verschlechtert sich die Qualität der Schulen und des Unterrichts; damit sinken die Chancen der Kinder auf Arbeit. Nach Schätzungen der UNESCO, die in zahlreichen Ländern Alphabetisierungsprogramme unterstützt, besuchten

Amalgam: Zahnfüllstoffe im Vergleich

Material	Kosten pro Füllung (DM)	Lebensdauer (Jahre)	Verträglichkeit
Kunststoff	150–200	3– 5	möglicherweise krebserregend
Gold	600–800	8–15	keine Nebenwirkungen
Amalgam	50– 70	8–15	Nebenwirkung der Quecksilberverbindung nicht nachgewiesen

Stand: 1995; Quelle: Kassenzahnärztliche Vereinigung

weltweit etwa 130 Mio Kinder im Grundschulalter, davon zwei Drittel Mädchen, keine Schule.
DEUTSCHLAND: Die Zahl der sog. funktionalen Analphabeten, die zwar über Grundkenntnisse in Lesen und Schreiben verfügen, den Erfordernissen des Alltags aber nicht gewachsen sind, wurde Mitte der 90er Jahre in Europa auf 30 Mio geschätzt, davon 3 Mio–4 Mio in Deutschland. Mehr als 12% der Hauptschüler verließen Mitte der 90er Jahre die Schule ohne Abschluß. Viele von ihnen hatten keine ausreichenden Schreib- und Lesekenntnisse. Pro Jahr lernten allein in Westdeutschland rd. 15 000 Erwachsene zumeist in Volkhochschulkursen lesen und schreiben. In Ostdeutschland, wo das Problem zu DDR-Zeiten totgeschwiegen worden war, startete nach der Wende 1989 eine Alphabetisierungskampagne: 70 Städte im Osten boten Mitte der 90er Jahre rd. 100 Volkshochschulkurse an.
→ Armut → Entwicklungsländer

Antarktis KAR

Land- und Meeresgebiete um den Südpol. Während um den Nordpol eine mit Treibeis bedeckte Tiefsee liegt, befindet sich der Südpol in der Mitte einer großen Landmasse, Antarktika, mit einer Fläche von etwa 13,3 Mio km². Die A. ist von einer 2000 bis 4500 m starken Eisschicht bedeckt. Nur 200 000 km² Landfläche sind eisfrei. Im Inlandeis der A. sind etwa 80% der Süßwasserreserven der Erde gespeichert. 1994 erarbeiteten die Mitgliedstaaten des A.-Vertrages von 1959 ein Umweltschutzprotokoll, das die strengsten ökologischen Regelungen enthält, die jemals für eine Region in einem internationalen Abkommen festgelegt wurden. Es kann in Kraft treten, wenn es von 26 Staaten des A.-Vertrages ratifiziert wurde; bis 1995 hatten es 19 Länder, darunter Deutschland, unterzeichnet.
ANTARKTIS-VERTRAG: Zur Förderung der wissenschaftlichen Forschung im Südpolargebiet und zur Sicherstellung der Nutzung dieses Gebietes für ausschließlich friedliche Zwecke wurde 1959 in Washington der A.-Vertrag unterzeichnet. Er trat am 23. Juni 1961 in Kraft und

Analphabetismus: Geringste Schulbesuchsdauer

Rang	Land	Durchschnittl. Schulbesuch (Jahre)		
		Gesamt	Jungen	Mädchen
1	Burkina Faso	0,2	0,3	0,2
2	Niger	0,2	0,4	0,2
3	Bhutan	0,3	0,5	0,2
3	Somalia	0,3	0,5	0,2
3	Tschad	0,3	0,5	0,2
6	Guinea-Bissau	0,4	0,7	0,1
6	Mali	0,4	0,7	0,1
6	Mauretanien	0,4	0,7	0,1
9	Burundi	0,4	0,7	0,3
10	Gambia	0,6	0,9	0,2
11	Benin	0,7	1,1	0,3
12	Sudan	0,8	1,0	0,5
13	Äquatorial-Guinea	0,8	1,3	0,3
14	Sierra Leone	0,9	1,4	0,4
15	Jemen	0,9	1,5	0,2

Letztverfügbarer Stand: 1992; Quelle: UNDP

währte 30 Jahre. 1991 vereinbarten 40 Länder ein Zusatzabkommen zum A.-Vertrag von 1959, das u.a. den Abbau von Bodenschätzen für die Dauer von 50 Jahren untersagt. Das Umweltschutzprotokoll von 1994 sieht u. a. ein völliges Verbot von Bergbau in der A. vor.
LABILES ÖKOSYSTEM: Die Polarregion

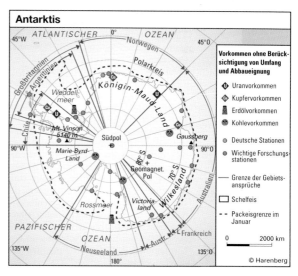

Antarktis

Vorkommen ohne Berücksichtigung von Umfang und Abbaueignung

⚓ Uranvorkommen
◆ Kupfervorkommen
🏛 Erdölvorkommen
⬡ Kohlevorkommen

● Deutsche Stationen
● Wichtige Forschungsstationen

— Grenze der Gebietsansprüche
☐ Schelfeis
- - Packeisgrenze im Januar

0   2000 km

© Harenberg

23

reagiert auf globale Veränderungen empfindlicher als andere Klimazonen. Wegen der niedrigen Temperaturen werden beispielsweise Schadstoffe wie FCKW oder DDT nur langsam abgebaut. Jede Umweltveränderung kann das Ökosystem der A. stören, doch ist die These, wonach das Eis infolge des globalen Treibhauseffekts z. T. abschmelzen sollte, umstritten. In der Polarregion werden die Grundlagen für die Nahrungskette in den Ozeanen gebildet: Algen, Tang, Krill und Fische kommen in ungleich höherer Zahl als in anderen Meeren vor.

→ FCKW → Klimaveränderung → Ozonloch

Antibabypille [GLO] [TAB]

Bezeichnung für hormonelle empfängnisverhütende Mittel in Pillenform. 1995/96 geriet die sog. dritte Generation der A. (sog. Mikropillen) in die Diskussion, als eine britische, eine kanadische und eine US-Studie unabhängig voneinander zu dem Ergebnis kamen, daß sich das Risiko der blutbahnverengenden oder -verstopfenden Blutgerinnselbildung (Thrombose) bei Einnahme dieser A. auf 17–30 Fälle pro 100 000 Frauen gegenüber A. der zweiten Generation verdoppelt. Schwerste Folge der Thrombose ist eine Lungenembolie, die tödlich sein kann. Bis Ende 1995 waren in Deutschland rd. 400 Thrombosefälle, davon zehn tödliche, registriert, die auf A. zurückgeführt wurden. Das Bundesinstitut für Arzneimittel und Medizinprodukte (Berlin) schränkte Ende 1995 die Verordnung von A. der dritten Generation ein.

WIRKUNGSWEISE: In Deutschland war die Empfängnisverhütung durch A. 1995/96 mit rd. 60% häufigste Verhütungsmethode. Etwa 6 Mio Frauen nahmen die A. ein, ein Drittel von ihnen die Pillen der dritten Generation. Die A. vermeidet Schwangerschaften, indem Hormone den Eisprung verhindern und die Gebärmutterschleimhaut so verändern, daß sich ein befruchtetes Ei nicht einnisten kann. Darüber hinaus regt sie die Bildung eines zähflüssigen Schleims im Gebärmutterhals an, der für Spermien undurchlässig ist.

GENERATIONEN: Die ersten A. in den 60er Jahren enthielten mit 100–150 Mikrogramm (Millionstel Gramm) einen vergleichsweise hohen Anteil des Hormons Östrogen, das als Ursache für starke Nebenwirkungen und ein hohes Thromboserisiko galt. In den 70er Jahren wurde die zweite A.-Generation entwickelt, bei der sich durch den Zusatz des Hormons Gestagen die Gefahr von Thrombosen verringerte. Die Mitte der 80er Jahre entwickelte dritte Generation von A. enthält lediglich 20–30 Mikrogramm Gestagen, was durch die Entwicklung neuer Gestagene (Gestoden und Desogestrel) möglich war. Diese A. galten bis 1995/96 als gut verträglich.

THROMBOSERISIKO: Ein gegenüber nicht mit der A. verhütenden Frauen erhöhtes Thromboserisiko war von allen A.-Generationen bekannt. Insbes. bei Raucherinnen und übergewichtigen Frauen stieg das Risiko nochmals erheblich. Worauf die hohen Thrombosefallzahlen der dritten A.-Generation in den drei Studien zurückzuführen sind, war Mitte 1996 ungeklärt. Bis dahin nahmen die Mediziner an, daß gerade diese A. am wenigsten Thrombosen förderten.

EINSCHRÄNKUNGEN: A. der dritten Generation dürfen in Deutschland nicht mehr an Frauen unter 30 Jahren abgegeben werden, die erstmals mit der Pille verhüten. Betroffen sind die Präparate Biviol, Cetenyl, Cyclosa, Dimirel, Femovan, Lovelle, Marvelon, Minulet und Oviol. Bei der Verordnung dieser A. muß der Arzt

Antibabypille: Verhütung		
Methode	**Anwendung[1] (%)**	**Versagensquote[2] (%)[3]**
Antibabypille	62	3
Kondom	25	12–21
Spirale	11	0,1–2
Temperaturmeth.	6	20
Chem. Mittel	5	21
Diaphragma	3	18

1) Summe mehr als 100%, weil einige Methoden gleichzeitig angewandt werden; 2) bei typischen Anwendern; 3) Anteil der Frauen, die im ersten Jahr der Anwendung ungewollt schwanger werden; Quelle: Stern, 2.11.1995

Antibabypille: Verhütungsmethoden

CHEMISCHE MITTEL: Salben, Tabletten, Sprays und Zäpfchen, die vor dem Geschlechtsverkehr in die Scheide eingeführt werden. Sie töten Spermien ab oder machen sie bewegungsunfähig, so daß sie nicht bis in die Gebärmutter gelangen können.

DIAPHRAGMA: Drahtspirale mit elastischer Gummimembran, die vor dem Geschlechtsverkehr in die Scheide eingeführt und danach wieder entfernt wird. Sie ist spermienundurchlässig.

FEMIDOM: Kondom für Frauen. Es besteht aus Kunststoff und wird in die Scheide eingeführt, wobei es einen Teil der Schamlippen bedeckt.

Es verhindert das Eindringen der Spermien.

KONDOM: Eine über das erigierte Glied zu streifende Gummihülle, durch die Spermien nicht in die Scheide gelangen. Kondome sind zweithäufigstes Verhütungsmittel in Deutschland.

SPIRALE: Kunststoffspirale, die in die Gebärmutter eingesetzt wird und das Einnisten eines befruchteten Eis verhindert. Nachteile sind Blutungen, Entzündungen und Schmerzen, die bei rd. 15 % der Frauen auftreten. In Schweden wurden 1995 Spiralen entwickelt, die in die Gebärmutter eingesetzt das Hormon Levonorgestrol abgeben. Sie sollen gut ver-

träglich sein und sind auch bei deutschen Apotheken zu bestellen.

STERILISATION: In Deutschland waren 1996 rd. 8 % der Frauen sterilisiert. Bei dem Eingriff werden beim Mann die Samenstränge, bei der Frau die Eileiter durchtrennt.

TEMPERATURMETHODE: Die Körpertemperatur der Frau, morgens im Mund oder After gemessen, steigt zwischen den Monatsblutungen innerhalb von 1–2 Tagen um 0,5 °C. Der Eisprung erfolgt im Schnitt 1–2 Tage vor dem Temperaturanstieg. Zwischen dem 2. Tag nach dem Anstieg und der folgenden Regelblutung ist mit einer Empfängnis nicht zu rechnen.

prüfen, ob Risikofaktoren wie Rauchen und Übergewicht existieren und ob in der Familie schon einmal Thrombosen auftraten. Die Einschränkung der Verordnung wurde Mitte 1996 bis 31.1.1997 verlängert. Bis dahin sollen Studien über das Thromboserisiko ausgewertet werden.
→ Abtreibungspille → Pille für den Mann
→ Schwangerschaftsabbruch

Antibiotika [TAB]

Von Mikroorganismen, z. B. Schimmelpilzen, gebildete Stoffwechselprodukte und ihre chemisch erzeugten Abwandlungsformen (z. B. Penicillin, Tetrazyklin), die auf Bakterien vermehrungshemmend oder abtötend wirken. Die Weltgesundheitsorganisation (WHO) warnte 1996 vor einer weltweit zunehmenden Resistenz von Bakterien gegenüber A. und ging davon aus, daß der Großteil der gegenwärtig eingesetzten A. im Jahr 2000 mangels Wirksamkeit nicht mehr genutzt werden kann. Wissenschaftler begründeten die wachsende Resistenz vor allem mit der übermäßigen Anwendung von A. im medizinischen Bereich und kritisierten den Einsatz in der Tiermast.

WIRKUNG UND RESISTENZ: A. werden jeweils gegen einen oder – als sog. Breitband-A. – gegen mehrere Krankheitserreger verabreicht. Gegen Viren und Pilze sind sie wirkungslos. Bakterien können allerdings ihr Erbmaterial verändern. So

können sie ein Eindringen von A. verhindern oder A. zerstören, indem sie Abwehrstrategien an ihre Erbinformation weitergeben, so daß resistente Bakterienstämme entstehen.

KRANKENHAUS: In Deutschland sterben jährlich rd. 30 000 Patienten an einer Infektion, die sie sich während des Krankenhausaufenthaltes zuziehen. Die Ansteckung erfolgt meist über die Atemwege. Das durch die Grunderkrankung geschwächte oder durch die Therapie mit Breitband-A. ausgeschaltete Immunsystem des Patienten erleichtert die Ausbreitung der Keime. Im Klinikbetrieb bilden sich infolge der massiven Verwendung von Desinfektionsmitteln und des erhöhten Einsatzes von A. besonders resistente Bakterienstämme, deren Bekämpfung mit gebräuchlichen Medikamenten oft wirkungslos bleibt.

MASSENTIERHALTUNG: Der Einsatz von A. als Schnellmastmittel oder Medikament gegen Infektionskrankheiten bei der Mast von Schlachtvieh ist seit den 80er Jahren in Deutschland rapide gestiegen. In der Darmflora der behandelten Tiere wachsen widerstandsfähige Bakterien heran, die Mikrobiologen zufolge durch Gülle, Auftauwasser von Geflügel oder den Verzehr von Fleisch und anderen tierischen Produkten auf den Menschen übertragen werden können.
→ Malaria → Mikroben

Antibiotika: Wichtigste Klassen

Klasse	Wirkungsmechanismus	Wichtige Nebenwirkungen (Auswahl)
Aminoglykosid-A.	Hemmung der Proteinsynthese	Schwindel, Hörstörungen, Nierenschäden
Cefalosporin-A.	Hemmung der Zellwandsynthese	allergische Reaktionen, Nierenschäden
Chinolone	Gyrasehemmung	Nerven- und Gelenkknorpelschäden
Chloramphenicol-A.	Hemmung der Proteinsynthese	Knochenmarkschäden
Lincomycin-A.	Hemmung der Proteinsynthese	Magen-Darm-Störungen
Makrolid-A.	Hemmung der Proteinsynthese	Hautreaktionen, Magen-Darm-Störungen
Penicillin-A.	Hemmung der Zellwandsynthese	allergische Reaktionen
Polypeptid-A.	Veränderung der Membranpermeabilität	Nieren- und Nervenschäden
Sulfonamide	Blockierung der Folsäuresynthese	schwere Hautreaktionen
Tetrazyklin-A.	Hemmung der Proteinsynthese	Leberschäden, Allergien, Zahnverfärbungen

Antiimperialistische Zelle TAB
(AIZ), linksextremistische terroristische Vereinigung in Deutschland, die seit 1992 mit Positionspapieren und Terroranschlägen in Erscheinung getreten ist. Nach Einschätzung von Sicherheitsfachleuten handelt es sich bei der A. um eine Abspaltung der Roten Armee Fraktion (RAF), die sich nach der Gewaltverzichtserklärung der RAF 1992 gebildet hat. Von der Festnahme zweier mutmaßlicher Mitglieder der A. im Februar 1996 in Witzhave bei Hamburg erhofft sich die Bundesanwaltschaft (Karlsruhe) Informationen über die Zahl der Mitglieder und die Struktur der A. Bislang werden der A. neun Brand- und Sprengstoffanschläge zugeschrieben

Antiimperialistische Zelle: Terroranschläge

Datum	Ort	Ereignis
21.11.1992	Hamburg	Brandanschlag auf die Universität Hamburg
18.8.1993	Solingen	Brandanschlag auf das Elternhaus eines ehemaligen GSG-9-Beamten
17.11.1993	Köln	Schüsse auf die Zentrale des Arbeitgeberverbandes Gesamtmetall
5.6.1994	Düsseldorf	Sprengstoffanschlag auf die CDU-Geschäftsstelle
26.9.1994	Bremen	Sprengstoffanschlag auf die FDP-Landeszentrale
22.1.1995	Wolfsburg	Rohrbombenattentat auf das Haus des CDU-Politikers Volkmar Köhler
23.4.1995	Erkrath	Sprengstoffanschlag auf das Haus des CDU-Politikers Joseph-Theodor Blank
17.9.1995	Siegen	Sprengstoffanschlag auf das Haus des CDU-Politikers Paul Breuer
23.12.1995	Düsseldorf	Sprengstoffanschlag auf das Honorarkonsulat Perus

(Stand: Mitte 1996). In Bekennerbriefen berief sich die A. nach ihren Anschlägen, die sich meistens gegen Parteibüros und Politiker richteten, auf gewaltsame Aktionen der RAF in den 70er und 80er Jahren.
→ Rote Armee Fraktion

Antimaterie

Einer internationalen Forschergruppe gelang im September 1995 erstmals, A. herzustellen. Die Substanz könnte, so spekulieren seit langem nicht nur Sciencefiction-Autoren, völlig neue Energiequellen eröffnen. Doch konkrete Projekte mit A. wie Raketen-Antriebe oder Waffen wird es in nächster Zukunft nicht geben. Ein Tausendstel Gramm A. würde nämlich – wenn man sie denn eines Tages in dieser Menge herstellen könnte – mehrere Billionen DM kosten. Trifft ein Teilchen mit seinem Antiteilchen zusammen, vernichten sich die beiden gegenseitig unter Freisetzung einer der Gesamtmasse entsprechenden Strahlungsenergie (sog. Paarvernichtung).
HERSTELLUNG: Seitdem der britische Nobelpreisträger Paul Dirac 1929 vorausgesagt hat, daß es zu jedem Elementarteilchen ein Antiteilchen geben müsse, haben Forscher versucht, diese ungewöhnlichen Partikel herzustellen (Teilchen und Antiteilchen unterscheiden sich in den entgegengesetzten elektrischen Ladungen). Mit dem Bau von Teilchenbeschleunigern gelang dies 1995 einem internationalen Wissenschaftlerteam des Forschungszentrums Jülich, der Gesellschaft für Schwerionenforschung Darmstadt sowie der Uni-

versitäten Erlangen-Nürnberg, Münster und Genua.

Die Forscher ließen am Speicherring LEAR (Low Energy Antiproton Ring) des Europäischen Zentrums für Elementarteilchenforschung (Cern) in Genf ein Antiproton mit einem Antielektron zusammenstoßen und stellten auf diese Weise das einfachste Antiatom, nämlich Anti-Wasserstoff, her. Nach einem Weg von ungefähr zehn Metern, den die Anti-Wasserstoffatome mit annähernder Lichtgeschwindigkeit im 40billionstel Teil einer Sekunde zurücklegten, trafen sie auf Materie. Materie und A. vernichteten sich gegenseitig. Die bei der Vernichtung entstandene Strahlungsenergie gab dann den Hinweis auf die Bildung von A.

HYPOTHETISCHE ANTIWELT: Ziel der Forschung ist es, herauszufinden, ob sich die A. nach den Gesetzen der normalen Materie verhält oder ob es zwischen den beiden Formen Asymmetrien gibt. Wenn beispielsweise eines der grundlegenden Gesetze der Naturwissenschaft – das Symmetriegesetz – für unser Universum ohne Einschränkung gelten sollte, so müßte es genauso viel A. wie Materie geben. Also sollte es irgendwo im Universum eine Antiwelt geben, die sich von unserer Welt unterscheidet wie ein rechter von einem linken Handschuh. Bis heute aber konnte auch mit den modernsten Methoden keine A. im Kosmos entdeckt werden. Daher glauben die meisten Gelehrten, daß das Symmetriegesetz nicht für das gesamte Universums gilt.
→ Teilchenbeschleuniger

Antisemitismus

Vorurteile, politische Bestrebungen und gewaltsame Ausschreitungen gegen Juden oder jüdische Einrichtungen. Seit Anfang der 90er Jahre wird in Europa und den USA eine Zunahme des A. beobachtet. Die Steigerung wurde Mitte der 90er Jahre auf die verstärkte Zusammenarbeit fundamentalistischer Moslems mit rechtsradikalen Kreisen vor allem in Frankreich, den USA und Deutschland zurückgeführt. 1995 registrierte das Bundeskriminalamt (BKA, Wiesbaden) 1155 antisemitisch motivierte Straftaten (1994: 1366), darunter 27 Gewalttaten (1994: 41). Das Auftreten von A. steht i. d. R. in einer Wechselwirkung mit Aktivitäten rechtsextremistischer Parteien und Gruppierungen. Rechtsradikal motivierte Gewalttaten gegen Juden wurden meist von Jugendlichen begangen, die für rassistisches Gedankengut und Ausländerhaß offen waren (Skinheads). Ende 1995 verzeichnete das Bundesamt für Verfassungsschutz (BfV, Köln) in Deutschland 46 100 Rechtsextremisten, die in 96 Gruppen organisiert waren.
→ Gewalt → Rechtsextremismus

APEC → ORG

APS BILD

Advanced Photographic System, Fotografiestandard für Negativfilme. APS wurde ab 1991 gemeinsam von den fünf international führenden Film- und Kameraherstellern Canon, Fuji, Kodak, Minolta und Nikon für den Amateurmarkt entwickelt (Kosten: rd. 1 Mrd DM). Im April 1996 begann in Deutschland der Verkauf von APS-Filmen und -Kameras. APS bietet folgende Neuerungen:
▷ Die abgeflachte Filmpatrone wird ähnlich einer Batterie in den Fotoapparat eingelegt. Einfädeln per Lasche entfällt. Eine Patrone deckt drei Bildformate ab (3 : 2, 3 : 1 und 16 : 9)
▷ Der Kunde verfügt statt loser Negative über eine Filmpatrone, von der er beliebig viele Abzüge anfertigen lassen kann. Zusätzlich gibt es einen Papierausdruck sämtlicher Positivbilder im Miniaturformat (Index-Print)
▷ Ein Code auf der Patrone unterrichtet Kamera und Entwicklungsgerät über den Filmtyp, Belichtungsfehler und Nummer der letzten Aufnahme. Nach teilweiser Belichtung kann die Kassette herausgenommen und später wiedereingelegt werden. Der Film rollt automatisch zum nächsten unbelichteten Bild
▷ Magnetstreifen auf der Filmrückseite können weitere Daten speichern, z. B. Datum, Uhrzeit, Bildbeschreibung.
Scanner für APS-Filmpatronen machen eine digitale Bildbearbeitung auf PC und

eine Betrachtung auf dem Fernsehbildschirm (Photo Player) möglich. APS-Kameras sind rd. 20% kleiner als herkömmliche Fotoapparate und kosteten Mitte 1996 rd. 100–400 Dollar. Filme für Diapositive sind geplant. Bis 2000 soll APS einen Marktanteil von 20–50% erreichen.

Statt Negative erhält der Käufer des APS-Fotosystems sämtliche Abzüge im Miniaturformat auf Papier. Die Patrone mit dem entwickelten Film kann in ein Abspielgerät eingelegt werden, das die einzelnen Bilder in Videosignale für das Fernsehgerät umwandelt. Filmpatrone und Kamera sind kleiner als herkömmliche Modelle.

Arabische Liga → ORG

Aralsee KAR

Abflußloser Salzsee östlich des Kaspischen Meeres. Das zu Kasachstan und Usbekistan gehörende Gewässer, einst viertgrößter Binnensee der Erde, verlor 1960 bis 1996 etwa drei Viertel seines Volumens, weil das Wasser seiner Zuflüsse (Syrdarja und Amudarja) zur Bewässerung der umliegenden Baumwoll- und Reisplantagen abgezapft wurde. Der übermäßige Einsatz von Pestiziden für die riesigen Felder verschärfte noch die nach UNO-Angaben größte menschengemachte Umweltkatastrophe dieses Jahrhunderts.

AUSMASS: Der Wasserspiegel sank seit 1960 von 53 m über Normalnull auf 36 m. Die Schrumpfung legte bisher mehr als 36 000 km^2 Boden frei, der stark alkalisch ist. Wind und Stürme verteilen jährlich rund 100 Mio Tonnen giftigen Staub (Nitrate, Pestizide, Entlaubungsmittel) und Salz über die Region – bis hinein in den Kaukasus, in die Wüste Gobi, in die Gebirge des Pamir und des Himalaja. Die Lebenserwartung in der Region um den A. liegt knapp 20 Jahre unter dem Durchschnitt in der GUS.

RETTUNGSMASSNAHMEN: Zur Rettung des immer weiter austrocknenden A. haben die Weltbank und verschiedene UNO-Organisationen im Oktober 1995 Hilfsgelder in Höhe von ca. 3,5 Mio Dollar zugesagt und davon bis Frühjahr 1996 etwa 25 Mio Dollar gezahlt. Außerdem gründeten Mitte der 90er Jahre die

Advanced Photo System

Systemvorteile auf einem Blick

Kamera		Handling	Print Qualität	Zukunft
kleiner	3 Formate	Negative verbleiben in Cassette, Indexprint	bessere Durchschnittsqualität	Anschluß an die multimediale Zukunft
extrem leichtes Filmeinlegen	Austausch von teilbelichteten Filmcassetten	mehr Information auf der Rückseite		

AGFA *Agfa*
Ein **Bayer** Unternehmen

zentralasiatischen Republiken der ehemaligen UdSSR (Kasachstan, Kirgistan, Tadschikistan, Turkmenistan und Usbekistan) sowie Rußland einen Fonds zur Finanzierung von etwa 20 Projekten – von der Entwicklung einer Gesetzgebung zur Nutzung von Wasserressourcen über die Verbesserung der Wasserqualität für die Bevölkerung (z. B. Bau von Entsalzungsanlagen) bis hin zur Wiederansiedlung der ursprünglichen Ökosysteme. Zusätzlich wird erwogen, größere Mengen Wassers aus sibirischen Flüssen nach Zentralasien umzuleiten. Damit kann der A. zwar nicht in alter Größe wiedererstehen, aber die Planer hoffen, den gegenwärtigen Zustand erhalten zu können.

→ Desertifikation → Pestizide

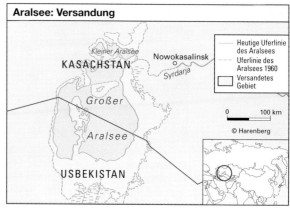

Aralsee: Versandung

Kleiner Aralsee
KASACHSTAN
Nowokasalinsk
Syrdarja
Großer
Aralsee
USBEKISTAN

—— Heutige Uferlinie des Aralsees
--- Uferlinie des Aralsees 1960
☐ Versandetes Gebiet

0   100 km

© Harenberg

Arbeitnehmerhilfe

Finanzieller Anreiz für Arbeitslosenhilfeempfänger in Deutschland zur Übernahme gering bezahlter und befristeter Arbeiten mit dem Ziel, die Zahl der Arbeitslosen zu verringern. Im Februar 1996 verabschiedete der Deutsche Bundestag ein Gesetz, nach dem Arbeitnehmern, die Arbeitslosenhilfe erhalten haben, jetzt aber Saisonarbeiten verrichten, zusätzlich zum Lohn vom Arbeitsamt eine A. von 25 DM täglich bekommen. Für Saisonarbeiten, die z. B. in der Landwirtschaft geleistet werden, wurden 1995 rd. 150 000 Arbeitserlaubnisse an ausländische Arbeitnehmer vergeben, obwohl die Arbeitslosigkeit in Deutschland einen Rekordstand erreichte.

→ Arbeitslosenversicherung

Arbeitsbeschaffungsmaßnahmen

(ABM), Arbeitsplätze, die für bestimmte Zeit (i. d. R. ein Jahr) von der Bundesanstalt für Arbeit (BA, Nürnberg) finanziert und an Arbeitslose vergeben werden. Ziel ist, A. in Dauerarbeitsplätze umzuwandeln. Die Arbeit in A. muß gemeinnützig sein und darf nicht in Konkurrenz zur Arbeit in privatwirtschaftlichen Unternehmen treten. 1995 gab die BA für A. rd. 9 Mrd DM aus, im Jahresdurchschnitt wurden 275 000 A. (1994: 253 000) gefördert. Anfang 1996 waren in Westdeutschland 67 457, in Ostdeutschland 166 530 Arbeitnehmer in A. tätig.

Im April 1996 trat ein Gesetz in Kraft, nach dem A. auf Langzeitarbeitslose, die Arbeitslosenunterstützung erhalten, konzentriert werden sollen. Ein Erwerbsloser muß nun mindestens zwölf statt sechs Monate vor dem Eintritt in eine A. arbeitslos gewesen sein. Die CDU/CSU/FDP-Bundesregierung plante Mitte 1996 zur Einsparung von Geldern, den Lohn für Erwerbslose in A. auf 80% des Entgelts für ungeförderte Tätigkeiten zu senken (Anfang 1996: 90%).

→ Arbeitslosigkeit → Sozialstaat
→ ORG Bundesanstalt für Arbeit

Arbeitslosenversicherung TAB

Pflichtversicherung in Deutschland gegen die materiellen Folgen der Arbeitslosigkeit. Träger ist die Bundesanstalt für Arbeit (BA, Nürnberg). Aus der A. wird u. a. Arbeitslosen- und Kurzarbeitergeld gezahlt. Die Kosten für die Arbeitslosenhilfe trägt der Bund. Finanziert wird die A. je zur Hälfte durch Beiträge von Arbeitnehmern und -gebern. 1996 betrug der Beitragssatz wie im Vorjahr 6,5% des Bruttomonatseinkommens. Die Beitragsbemessungsgrenze, das Bruttoentgelt, bis zu dem Beiträge zur A. entrichtet werden müssen, wurde 1996 von monatlich 7800 DM auf 8000 DM (Westdeutschland) bzw. von 6400 DM auf 6800 DM (Ostdeutschland) erhöht.

Arbeitslosenversicherung: Arbeitslosenhilfe		
Arbeitslosen-hilfe (DM)	Empfänger (%)	
	West	Ost
unter 600	12,2	23,7
600–1200	64,5	70,0
1200–1800	0,5	6,0
1800–2400	2,3	0,3
über 2400	0,4	–

Stand: 1995; Quelle: Bundesanstalt für Arbeit

ARBEITSLOSENGELD: Erwerbslose, die in den letzten drei Jahren mindestens 360 Tage beitragspflichtig gearbeitet haben, erhalten Arbeitslosengeld. Personen, die zwei Jahre Beiträge entrichtet haben, erhalten ein Jahr Arbeitslosengeld. Erwerbslose mit Kind erhalten 67% des während der letzten sechs Monate erhaltenen Nettodurchschnittslohns, Arbeitslose ohne Kind 60%. Die CDU/CSU/FDP-Bundesregierung plante Mitte 1996, die Altersgrenze, ab der Arbeitslosengeld länger als ein Jahr gezahlt wird (maximale Zahlungsdauer: 2,5 Jahre), von 42 auf 45 Jahre zu erhöhen. Die Arbeitslosenunterstützung soll außerdem davon abhängig gemacht werden, daß sich die Erwerbslosen selbst aktiv um jede zumutbare Arbeit bemühen – einen Anspruch auf eine Tätigkeit im erlernten Beruf soll es nicht länger geben. Geplant ist auch, daß Erwerbslose in den ersten drei Monaten der Arbeitslosigkeit Tätigkeiten annehmen müssen, bei denen der Lohn um bis zu 20% unter dem letzten Erwerbseinkommen liegt. Nach weiteren drei Monaten muß der Erwerbslose Einkommenseinbußen von bis zu 30% hinnehmen, nach sechs Monaten müssen Tätigkeiten angenommen werden, bei denen der Nettolohn identisch mit dem Arbeitslosengeld ist.

ARBEITSLOSENHILFE: Bedürftige Arbeitslose, d. h. Arbeitslose, die nicht von Verwandten ersten Grades unterstützt werden, die zwölf Monate Arbeitslosengeld bezogen oder mindestens 150 Tage beitragspflichtig gearbeitet haben, erhalten 57% (Erwerbslose mit Kind) bzw. 53% (ohne Kind) des letzten durchschnittlichen Nettolohns. Mitte 1996 trat ein Gesetz in Kraft, nach dem die Bemessungsgrundlage mit jedem Jahr um 3% gekürzt wird, so daß die Arbeitslosenhilfe ebenfalls verringert wird. Arbeitslosenhilfebezieher, die eine Altersrente beanspruchen können oder die in absehbarer Zeit Voraussetzungen für einen Rentenbezug erfüllen, werden auf die Rente verwiesen. Mit diesen Maßnahmen plant der Bund, 2,1 Mrd DM jährlich bei der Arbeitslosenhilfe zu sparen.

Die Kommunen und Bundesrat wandten sich gegen die Kürzungen bei der Arbeitslosenhilfe, da auf diese Weise mehr Personen auf Sozialhilfe angewiesen seien. Die Kosten würden somit vom Bund auf die Länder und Gemeinden abgewälzt. Der Einspruch des Bundesrats wurde im Juni 1996 vom Bundestag zurückgewiesen.

SOLIDARITÄTSZUSCHLAG: Die Klage des DGB gegen die Minderung von Arbeitslosengeld und -hilfe wegen des 1995 eingeführten Solidaritätszuschlags und des Beitrags zur Pflegeversicherung wies das Bundessozialgericht (Kassel) im August 1995 ab (Az.: 7 RAr 28/95). Die rd. 125 000 Widersprüche, die bei den Arbeitsämtern wegen der Kürzung eingegangen waren, waren damit erfolglos.
→ Sozialabgaben → Sozialhilfe → Sozialstaat → [ORG] Bundesanstalt für Arbeit

Arbeitslosigkeit [KAR] [TAB]

Mit 4,27 Mio Erwerbslosen erreichte die A. im Februar 1996 in Deutschland ihren Höchststand seit Bestehen der Bundesrepublik. Als Gründe für die schlechte Entwicklung auf dem Arbeitsmarkt nannte Bernhard Jagoda, Präsident der Bundesanstalt für Arbeit (BA, Nürnberg), den langen Winter und die schwache Konjunktur. 1995 war die Arbeitslosenquote in Deutschland gegenüber dem Vorjahr leicht auf 9,4% zurückgegangen (1994: 9,6%). Im Jahresdurchschnitt waren 3,6 Mio aller erwerbsfähigen Deutschen als arbeitslos registriert. Die BA schätzte jedoch, daß 1995 insgesamt 8,3 Mio Personen unterbeschäftigt waren. Etwa 800 000 nahmen an staatlichen Maßnahmen für Arbeitsbeschaffung (ABM), Umschulung und Fortbildung teil und wurden daher in der Arbeitslosenstatistik nicht erfaßt. Die sog. stille Reserve, d. h. die Zahl derjenigen, die sich zumindest vorübergehend vom Arbeitsmarkt zurückgezogen haben, aber nicht erwerbslos gemeldet waren, erhöhte sich um rd. 200 000 auf 2,1 Mio Personen.

LANGZEITERWERBSLOSE: Der Anteil der Arbeitslosen, die länger als ein Jahr ohne Arbeit waren, erhöhte sich in Westdeutschland 1994–1995 von 30% auf 33% aller Erwerbslosen, in Ostdeutschland hingegen sank ihr Anteil von 32% auf 30%. Zu der positiven Entwicklung in Ostdeutschland trug vor allem die aktive Arbeitsmarktpolitik der BA (ABM, Lohnkostenzuschüsse usw.) bei. Besonders betroffen von A. waren Personen über 55 Jahre. Die Zahl der Erwerbslosen dieser Altersgruppe stieg 1995 im Westen gegenüber 1994 um 11% auf 576 900, im Osten um 34% auf 157 800 an.

ARBEITSFÖRDERUNGSGESETZ: Die Bundesregierung aus CDU, CSU und FDP beschloß Mitte 1996 eine Änderung des Arbeitsförderungsgesetzes, um Erwerbslose zur Annahme auch schlechter bezahlter Stellen unterhalb ihres Ausbildungsstands zu bewegen. Im Fall der Ablehnung soll die Arbeitslosenunterstützung ausgesetzt bzw. gestrichen werden. Wer drei Monate erwerbslos ist, soll eine Stelle annehmen, die mit Einkommenseinbußen von 20% im Vergleich zum Lohn der Tätigkeit vor der A. verbunden ist, nach einem halben Jahr sollen Mindereinkünfte von 30% akzeptiert werden. Auch soll der sog. Berufsschutz abgeschafft werden, d. h. Erwerbslose müssen auch Stellen annehmen müssen, die nicht ihrer Qualifikation entsprechen bzw. berufsfremd sind. **KÜNDIGUNGSSCHUTZ:** Im Rahmen des von der Bundesregierung im April 1996 vorgelegten Sparpakets zur Konsolidierung des Bundeshaushalts soll der gesetzliche Kündigungsschutz geändert werden. Das Gesetz soll erst bei Betrieben mit zehn Arbeitnehmern, statt wie bisher bei fünf, gelten. Durch die von der SPD und den Gewerkschaften kritisierte Verschlechterung des Kündigungsschutzes erhofft sich die Bundesregierung einen Abbau der A.: Kleinbetriebe könnten bei guter Auftragslage Arbeitnehmer einstel-

Arbeitslosigkeit: International

Land	Arbeitslosenquote (%)			
	1980–1990	1993	1994	1995
Belgien	10,4	8,9	10,0	10,2
Dänemark	7,4	10,1	8,2	6,7
Deutschland[1]	5,7	7,9	8,4	8,3
Finnland[2]	4,7	17,9	18,4	17,2
Frankreich	9,0	11,7	12,3	11,5
Griechenland	6,7	8,6	8,9	8,8
Großbritannien	9,5	10,4	9,6	8,8
Irland	15,2	15,6	14,7	14,4
Italien	9,3	10,3	11,4	11,9
Japan	2,5	2,5	2,9	3,2
Kanada	9,2	11,2	10,3	9,5
Luxemburg	2,5	2,7	3,5	3,9
Niederlande	9,9	6,6	7,0	6,7
Norwegen	3,0	5,5	5,2	5,0
Österreich[2]	4,2	6,8	6,5	6,5
Portugal	7,1	5,7	7,0	7,2
Schweden[2]	2,4	9,5	9,8	9,2
Schweiz	0,6	4,5	4,7	4,2
Spanien	17,9	22,8	24,3	22,7
USA	7,0	6,7	6,0	5,5
EU	9,3	10,8	11,2	10,7

1) Ab 1992 Gesamtdeutschland; 2) ab 1995 Mitglied der Europäischen Union; Quelle: Eurostat

Arbeitslosigkeit: Bundesländer

Bundesland	Arbeitslosenquote (%)			
	1992	1993	1994	1995
Sachsen-Anhalt	15,3	17,2	17,6	15,7
Mecklenburg-Vorpommern	16,8	17,5	17,0	15,3
Thüringen	15,4	16,3	16,5	14,1
Sachsen	13,6	14,9	15,7	13,6
Brandenburg	14,8	15,3	15,3	13,4
Bremen	10,7	12,4	13,7	12,9
Berlin[1]	11,1	12,3	13,3	12,4
Saarland	9,0	11,2	12,1	10,7
Niedersachsen	8,1	9,7	10,7	9,8
Nordrhein-Westfalen	8,9	9,6	10,7	9,7
Hamburg	7,9	8,6	9,8	9,5
Schleswig-Holstein	7,2	8,3	9,0	8,1
Hessen	5,5	7,0	8,2	7,6
Rheinland-Pfalz	5,7	7,5	8,4	7,6
Baden-Württemberg	4,4	6,3	7,5	6,6
Bayern	4,9	6,4	7,2	6,0

1) Bis 1994 Quote für Berlin-West, ab 1995 Gesamtberlin; Quelle: Bundesanstalt für Arbeit (Nürnberg)

Arbeitslosigkeit: Ost-West-Gefälle in Deutschland

Arbeitslosigkeit in verschiedenen Bevölkerungsgruppen

Gruppe	Arbeitslosenquote (%)	
	West	Ost
Männer	11,4	16,8
Frauen	9,8	20,6
unter 20 Jahre	9,1	8,2
20–24 Jahre	11,4	18,5
über 25 Jahre	10,8	15,4

Stand: Februar 1996; Quelle: Bundesanstalt für Arbeit

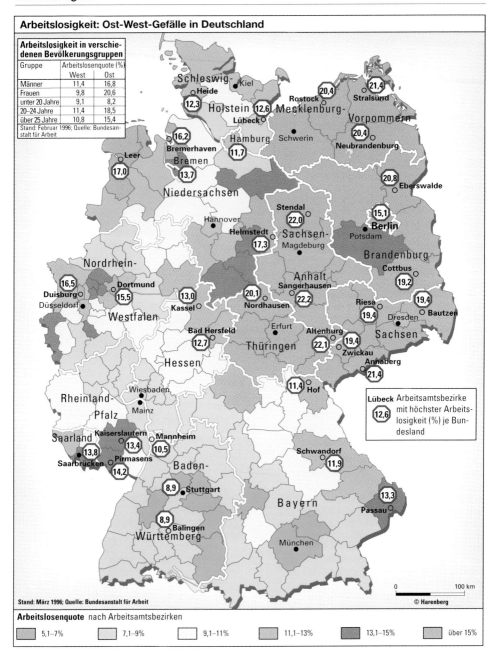

Lübeck Arbeitsamtsbezirke mit höchster Arbeitslosigkeit (%) je Bundesland

Stand: März 1996; Quelle: Bundesanstalt für Arbeit

© Harenberg

Arbeitslosenquote nach Arbeitsamtsbezirken

| 5,1–7% | 7,1–9% | 9,1–11% | 11,1–13% | 13,1–15% | über 15% |

len und sie bei schlechter Auftragslage problemlos wieder entlassen. **URSACHEN:** Die Industrie machte 1996 vor allem die hohen Arbeitskosten, u. a. durch den Anstieg der Sozialabgaben, sowie die unzureichende Lohndifferenzierung für die hohe A. verantwortlich. Im Rahmen des sog. Bündnisses für Arbeit schlugen die Gewerkschaften 1995/96 vor, auf Lohnzuwächse weitgehend zu verzichten, wenn sich die Unternehmen zur Schaffung von Arbeitsplätzen verpflichteten. Dies wurde von Teilen der Industrie abgelehnt. Der Deutschen Bundesbank zufolge bremsten auch staatliche Regulierungen, z. B. die Beschränkung der Ladenöffnungszeiten, das wirtschaftliche Wachstum und trügen damit zu einer hohen A. bei. Die Gründung von neuen Unternehmen werde in Deutschland erschwert, weil viele Banken bei der Kreditvergabe Sicherheiten verlangen, die Existenzgründer noch nicht nachweisen könnten.

→ Arbeitsbeschaffungsmaßnahmen
→ Arbeitslosenversicherung → Bündnis für Arbeit → Haushalte, Öffentliche → Wirtschaftliche Entwicklung

Arbeitsmarkt [TAB]

1995 registrierte die Bundesanstalt für Arbeit (BA, Nürnberg) mit jahresdurchschnittlich 34,88 Mio Erwerbstätigen rd. 100 000 Beschäftigte weniger als 1994. Mit rd. 3,6 Mio Arbeitslosen lag die Erwerbslosenzahl um 86 100 unter der des Vorjahres, die Arbeitslosenquote sank 1995 auf 9,4% (1994: 9,6%). Für 1996 rechneten die sechs führenden Wirtschaftsforschungsinstitute in ihrem Herbstgutachten 1995 mit einem Anstieg der Erwerbstätigenzahl in Deutschland auf 35,1 Mio und einem leichten Rückgang der Arbeitslosigkeit.
STELLENABBAU: Nach Angaben der BA sind in Deutschland 1990–1994 im produzierenden Gewerbe 1,1 Mio Stellen für immer abgebaut worden, darunter jeder sechste Arbeitsplatz in der Autoindustrie, jeder fünfte in der chemischen und jeder dritte Arbeitsplatz in der Stahlindustrie. Zusätzliche Stellen (200 000) wurden dagegen nur in der Dienstleistungs-

branche geschaffen. Wirtschaftsexperten schätzten, daß bis 2000 rd. 2 Mio–3 Mio weitere Arbeitsplätze abgebaut werden. In Ostdeutschland verlor ein Drittel der Erwerbstätigen 1989–1995 ihren Arbeitsplatz. Besonders betroffen waren Frauen. 41% von 4,3 Mio Beschäftigten (1989) wurden bis 1995 entlassen. Eine gute Ausbildung sicherte jedoch vielfach den Arbeitsplatz: Von den Arbeitnehmern mit Abitur oder Hochschulabschluß waren 1995 drei Viertel noch oder wieder beschäftigt, von den ungelernten Kräften waren dagegen nur noch 43% erwerbstätig.
RATIONALISIERUNG: Die deutschen Unternehmen investierten 1995 rd. 40 Mrd DM für den Auf- und Ausbau neuer Fertigungsstätten und Betriebe im Ausland, ausländische Firmen hingegen in Deutschland nur ca. 14 Mrd DM. Als Hauptgrund für die Arbeitsplatzverlagerung ins Ausland nannten die deutschen Firmen den hohen Außenwert der DM, der den Export von deutschen Produkten erschwere. Als weitere Gründe führten sie die im Vergleich zu anderen Ländern hohen Lohn- und Lohnnebenkosten an sowie die Notwendigkeit, auch im Ausland präsent zu sein. Eine weitere Ursache für den Stellenabbau war der zunehmende Einsatz moderner Fertigungstechnologien (z. B. Roboter).
CHANCEN: Im Dienstleistungsbereich könnten nach Angaben des Instituts der deutschen Wirtschaft (IW, Köln) rd. 4,8 Mio neue Arbeitsplätze entstehen, wenn dieselben Dienstleistungen wie in den USA angeboten würden. Unter diese Dienstleistungen fallen auch die sog. Mc-Jobs, niedrig bezahlte, einfache Arbeiten

Arbeitsmarkt: Stellenabbau nach Branchen			
Branche	Abgebaute Stellen		Rückgang
	1994	1995	(%)
Maschinenbau	1 392 498	966 745	–30,6
Elektrotechnik	1 256 127	948 347	–24,5
Fahrzeugbau	981 077	784 045	–20,1
Chemie	716 734	569 998	–20,5
Nahrungsmittel	623 079	531 875	–14,6
Textil/Bekleidung	502 297	291 696	–41,9

Quelle: Statistisches Bundesamt Wiesbaden

wie das Verpacken der eingekauften Ware für den Kunden im Supermarkt. Zu den Voraussetzungen für einen Ausbau des Dienstleistungsbereichs zählen nach Angaben des IW u. a. die Verlängerung der Ladenschlußzeiten, die Lockerung des Kündigungsschutzes für Arbeitnehmer und die Bereitschaft der Arbeitnehmer, niedrig bezahlte Stellen anzunehmen.
→ Lehrstellenmarkt

Arbeitsschutz

Alle Maßnahmen, durch die Arbeitnehmer vor gesundheitsschädlichen Einflüssen und Unfällen am Arbeitsplatz geschützt werden. 1994 ereigneten sich nach Angaben des Bundesarbeitsministeriums in Deutschland mit 1,9 Mio 1,5% weniger meldepflichtige Unfälle als im Vorjahr. Mit 50 Arbeitsunfällen je 1000 Vollzeitbeschäftigten war die Unfallquote so niedrig wie noch nie. Auch die Zahl der tödlichen Arbeitsunfälle ging 1994 um 8,3% auf 1712 zurück. Den Verdacht auf eine Berufskrankheit meldeten den Unfallversicherungsträgern 98 000 Personen, 10,2% weniger als im Vorjahr.
Ende 1995 legte die Bundesregierung aus CDU, CSU und FDP einen Gesetzentwurf vor, durch den die EU-Rahmenrichtlinie zum A. umgesetzt werden soll. Diese schreibt eine Vereinheitlichung des A. für alle Arbeitgeber und Beschäftigten vor. Bislang gelten für die unterschiedlichen Branchen verschiedene Regeln zum A. Der Gesetzentwurf legt fest, daß die Arbeit menschengerecht gestaltet werden muß. Die SPD-Opposition bemängelte, daß die Bestimmungen des Entwurfs zu ungenau seien.

Arbeitsvermittlung

Private Arbeitsvermittler, die seit 1994 in Deutschland tätig sein dürfen, vermittelten 1995 rd. 20 700 Arbeitnehmer in neue Stellen. Mit dieser Zahl blieb die A. gegenüber den Erwartungen der 3032 Firmen, die bis Ende 1995 eine Lizenz zur A. bei der Bundesanstalt für Arbeit (BA, Nürnberg) beantragt hatten, zurück. Die Arbeitsämter vermittelten 1995 rd. 3,3 Mio Stellensuchende. Das Monopol der BA für Arbeitsvermittlung war aufgeho-

ben worden, weil sich die Bundesregierung aus CDU, CSU und FDP davon einen Abbau der Arbeitslosigkeit verprach. Für den Arbeitnehmer, der eine neue Stelle sucht, ist die A. bei Privatunternehmen kostenlos. Unternehmen, denen mit Erfolg ein Mitarbeiter vermittelt wird, müssen etwa 10 bis 16% des Bruttoarbeitslohns ihres neuen Mitarbeiters an den Vermittler zahlen.
→ Arbeitslosigkeit → [ORG] Bundesanstalt für Arbeit

Arbeitszeit [TAB]

Im Oktober 1995 führte die metallverarbeitende Industrie als erste Branche in Deutschland die 35-Stunden-Woche ein. Während Anfang der 90er Jahre einer der Schwerpunkte der Gewerkschaftsarbeit auf einer A.-Verkürzung bei vollem Lohnausgleich lag, nahmen die Arbeitnehmerorganisationen 1995/96 eine A.-Verkürzung mit Einkommenseinbußen unter der Bedingung in Kauf, daß der Erhalt der bestehenden Arbeitsplätze garantiert werde. Die Arbeitgeber erklärten sich im Gegensatz zu ihrem früheren Standpunkt mit A.-Verkürzungen einverstanden, nannten aber als Voraussetzung die Ausweitung der A. auf das Wochenende, um die Maschinenlaufzeiten verlängern zu können.
SIEBEN-TAGE-WOCHE: Nach der Verabschiedung des neuen A.-Gesetzes 1994, das Betrieben die Ausweitung der A. auf sieben Tage die Woche ermöglicht, um im internationalen Vergleich wettbewerbsfähig zu bleiben, wurden bis Mitte 1995 rd. 170 Ausnahmegenehmigungen zur Einführung der Sieben-Tage-Woche erteilt. Die A. für die einzelnen Arbeitnehmer verlängerte sich dadurch jedoch nicht. Unter den Betrieben, die eine Genehmigung beantragt hatten, waren die Reifenfirma Pirelli und vor allem Betriebe der Textilindustrie. Das Bundesarbeitsministerium schätzte, daß durch die Sieben-Tage-Woche rd. 3000 Arbeitsplätze neu geschaffen wurden.
SAMSTAGSARBEIT: Die Arbeitgeber forderten 1996, den Samstag in der Industrie wieder zum Regelarbeitstag zu machen. Die Gewerkschaften lehnten die Forde-

rung ab, weil sie Einkommensverluste befürchteten. Die Arbeitgeber müßten keine Zuschläge mehr bezahlen, wenn der Samstag regulärer Arbeitstag wird.
REGELARBEITSZEIT: 1995 lag die wöchentliche durchschnittliche Regelarbeitszeit in Westdeutschland bei 37,71, in Ostdeutschland bei 39,68 Stunden. Die Bundesvereinigung der Deutschen Arbeitgeberverbände (BDA, Köln) gab an, daß die durchschnittliche Jahresarbeitszeit 1995 in Westdeutschland mit 1602 Stunden die kürzeste in den Industrienationen gewesen sei.
FLEXIBLE MODELLE: Arbeitswissenschaftler gehen davon aus, daß flexible A.-Modelle nach 2000 die Regel sein werden, weil sie den Bedürfnissen der Arbeitnehmer nahekämen. Die deutsche Autobranche hatte 1995 bereits flexible A.-Modelle wie die Drei- oder Vier-Tage-Woche eingeführt. Andere Firmen richteten sog. A.-Konten ein, die den Mitarbeitern unter Berücksichtigung einer Mindeststundenzahl eine freie Arbeitseinteilung erlauben. Zusätzlich geleistete Arbeitsstunden werden als Zeitguthaben angespart, Überstundenzuschläge entfallen.
→ Arbeitslosigkeit → Gewerkschaften
→ Teilzeitarbeit

Ariane [BILD] [TAB]

Von der europäischen Raumfahrtbehörde ESA entwickelte Trägerrakete für den Transport von Nutzlasten, z. B. Satelliten, Raumsonden, ins Weltall. A. gilt als zuverlässigste Trägerrakete. Bei 87 Starts von 1979 bis Juni 1996 gab es nur sieben Fehlversuche. Am 4.6.1996 scheiterte der Erstflug von A. 5, einer neuen A.-Version. Wegen fehlerhafter Datenübertragung im Navigationssystem zerbrach die Rakete mit vier Forschungssatelliten (Kosten: 840 Mio DM) an Bord 37 sec nach dem Start.
ARIANE 5: Gegenüber A. 4 erhöht sich die maximale Nutzlast um ca. 60% auf 6,8 t für die geostationäre Bahn (36 000 km Höhe). Die Schubkraft vergrößert sich gegenüber A. 4 von 540 t auf 1200 t. Der Preis pro Start soll gegenüber dem Vorgängermodell um 10% auf 150 Mio DM sinken. An Entwicklung und Bau von A. 5 (Kosten bis 1996: rd. 12 Mrd DM) sind 60

europäische Unternehmen mit rd. 12 000 Beschäftigten beteiligt. A. 5 ist vor allem für den Start von Telekommunikationssatelliten mit großer Übertragungskapazität und eines unbemannten europäischen Raumtransporters vorgesehen, der ab 2002 die internationale Raumstation mit Nutzlasten versorgen soll. A. 4, seit 1988 im Einsatz, soll 1999 ausgemustert werden. 1995 war der Bau von 14 A. 5-Raketen geplant.
KONKURRENZ: Arianespace, die Betreibergesellschaft von A. (Sitz: Evry/Frankreich), hatte Mitte der 90er Jahre einen Anteil von rd. 50% am zivilen Satellitenmarkt. Als Astra 1 F beförderte am 9. 4. 1996 erstmals eine russische Trägerrakete (Typ: Proton) einen westlichen Rundfunksatelliten ins All. Der luxemburgische

Arbeitszeit: Wochenarbeit in Europa

Land	Wöchentliche Arbeitszeit (h)[1]		
	1992	1993	1994
Belgien	38,2	38,2	38,0
Dänemark	38,8	38,8	39,1
Deutschland	39,7	39,5	39,7
Frankreich	39,7	39,8	39,9
Griechenland	40,6	40,5	40,5
Großbritannien	43,4	43,4	43,7
Irland	40,4	40,1	40,0
Italien	38,5	38,5	38,5
Luxemburg	39,7	39,8	39,8
Niederlande	39,4	39,4	39,5
Portugal	41,3	41,2	41,2
Spanien	40,6	40,6	40,5

1) Arbeitszeit eines Vollzeitarbeitnehmers; Quelle: Statistisches Amt der Europäischen Gemeinschaften

Ariane: Finanzierung

Posten	Mio DM[1]	Anteil (%)[2]
Entwicklung	2031,8	Frankreich: 45,55 Deutschland: 17,67 Italien: 17,00
Infrastruktur	664,7	Frankreich: 52,07 Spanien: 15,60 Deutschland: 11,01 Italien: 10,00
Markteinführung	696,0	Frankreich: 53,72 Deutschland: 21,50 Italien: 9,00

1) 1996–2000; 2) Auswahl; Quelle: ESA

Die europäische Trägerrakete Ariane 5 ist mit aufgesetzter Nutzlastabdeckung 55 m hoch und hat einen Durchmesser von 5,4–10 m. Die beiden seitlich angebrachten Feststoffraketen (Booster) leisten rd. 90% des Startschubs. Nach 130 sec werden sie in ca. 60 km Höhe abgeworfen. Das Haupttriebwerk verbrennt flüssigen Sauerstoff und Wasserstoff.

Betreiber von Astra hatte 1995 mit einem Joint-venture zwischen den russischen Raumfahrtunternehmen RSC Energia und Chrunitschew sowie dem US-Konzern Lockheed fünf Satellitentransporte vereinbart. 1995 führten russische Trägerraketen 32 Satellitensstarts durch (1991–1994: 47–59 pro Jahr). Weitere Konkurrenten waren die US-Raketen Atlas-Centaur, Delta und Saturn sowie der chinesische Typ Langer Marsch. Am 14. 2. 1996 explodierte eine Lange-Marsch-Rakete 20 sec nach dem Start mit einem US-Nachrichtensatelliten an Bord. Von 29 Flügen seit 1990 scheiterten sieben. Japan will ab 1997 mit der Schwerlastrakete H 2 (Erstflug: 1994) kommerzielle Aufträge erfüllen. Brasilien und Indien entwickeln ebenfalls Trägerraketen.
→ Astra 1 F → Raumfähre → Raumfahrt
→ Satelliten

Arktischer Rat

Nach siebenjährigen Verhandlungen einigten sich im April 1996 die acht um den Nordpol gruppierten Staaten auf eine verbindliche Zusammenarbeit und die Gründung eines A. 10.7.1996 in Kanada. Mit dem A. wollen die Regierungen Islands, Kanadas, Rußlands und der USA sowie der vier skandinavischen Länder Dänemark (Grönland), Finnland, Norwegen und Schweden ihre Umweltschutz-Initiativen, Forschungs- und Verkehrsprojekte, Ureinwohner-Programme sowie die ökonomische Entwicklung in einer der sensibelsten Regionen der Erde koordinieren.

Umweltschützer und insbes. der Zusammenschluß der 115 000 Inuits aus Grönland, Alaska, Kanada und Rußland, die sog. Inuit Circumpolar Conference, hatten seit Jahrzehnten einen A. gefordert. Kalter Krieg, ökologische Ignoranz sowie militärische Interessen Rußlands und der USA verhinderten jedoch immer wieder ein gemeinsames Vorgehen rund um das Nordpolarmeer. Die Gründung eines A. war schließlich 1989 von Kanada initiiert worden.

Die drei beteiligten Organisationen der Ureinwohner, der Rat der Samen (Lappen), die Konferenz der Inuits und der Verband der eingeborenen Völker Nordrußlands erhalten im A. jedoch nur ständigen Teilnehmerstatus.

Wegen der tiefen Temperaturen, die ihren Abbau verhindern, ist die Arktis ein Sammelbecken für Umweltgifte wie Dioxine oder DDT, radioaktive Abfälle und Rückstände aus der Öl- und Gasgewinnung. Auf Spitzbergen sind die Seehunde und Eisbären bereits so stark verseucht, daß sie in ihrer Fortpflanzung ernsthaft gefährdet sind. Allein Rußland hat 16 Atomreaktoren in der Arktis versenkt; zum Teil liegen sie nur 400 m unter der Wasseroberfläche.
→ Antarktis → Ureinwohner

Armut KAR TAB

Angesichts der fortschreitenden Verelendung großer Teile der Weltbevölkerung erklärten die Vereinten Nationen (UNO) 1996 zum »Internationalen Jahr zur Ausrottung der Armut«. Mitte der 90er Jahre lebten weltweit rd. 1,3 Mrd Menschen in absoluter A., die Zahl stieg von 1990 bis 1995 um 300 Mio. Der überwiegende Teil davon waren Frauen, Kinder und alte Menschen. Ihnen stand im Durchschnitt täglich weniger als ein US-Dollar zur Verfügung. Der überwiegende Teil der Armen lebte in Entwicklungsländern, vor allem in Afrika und Südasien. Neben ausreichender Nahrung und sauberem Trinkwasser fehlte ihnen der Zugang zu Bildung und medizinischer Versorgung. Analphabetismus, Arbeitslosigkeit, starkes Bevölkerungswachstum, Diskriminierung von Minderheiten und ungleiche Landbesitzverteilung nannte die Internationale Arbeitsorganisation (ILO) als Ursachen der extremen A. in den Ländern der sog. Dritten Welt.

HILFSLEISTUNGEN: Infolge der weltweiten Rezession kürzten fast alle Industrienationen in den 90er Jahren ihre Entwicklungshilfe. Nach Angaben der Organisation für wirtschaftliche Zusammenarbeit und Entwicklung (OECD) erfüllten Mitte der 90er Jahre nur vier Länder – Dänemark, Schweden, Norwegen und die Niederlande – die auf dem Umweltgipfel 1992 in Rio de Janeiro/Brasilien vereinbarte Marge von 0,7 % des Bruttosozialprodukts.

WACHSENDE KLUFT: Das Verhältnis zwischen den Einkommen des ärmsten und des reichsten Fünftels der Menschheit verschlechterte sich in nur drei Jahrzehnten

von 1:30 auf 1:60 Mitte der 90er Jahre. 57% der Menschheit lebten in armen Ländern, 28% in Ländern mit mittleren Einkommen und 15% in reichen Ländern.

FLÜCHTLINGSSTRÖME: A. gilt als eine der Ursachen für rasches Bevölkerungswachstum, Umweltzerstörung und kriegerische Auseinandersetzungen, die zu Hungersnöten, Seuchen und Flüchtlingselend führen. Französische Wissenschaftler rechneten Mitte der 90er Jahre mit rd. 30 Mio Armutsflüchtlingen, die bis 2015 aus Nordafrika nach Europa drängen werden. Aus den Entwicklungsländern werden bis 2003 zwischen 80 Mio und 100 Mio Menschen auswandern.

OSTEUROPA: Die einschneidenden sozialen Umwälzungen seit dem Zusammenbruch der Sowjetunion 1989 führten auf dem Gebiet der früheren UdSSR zur nahezu vollständigen Auflösung der sozialen Sicherungssysteme. Zusammen mit der schnellen Einführung der Marktwirtschaft stürzte diese Entwicklung rd. 75 Mio Menschen in die A. Während z. B. in Polen und Ungarn 8% der Bevölkerung unter der Armutsgrenze lebten, waren es nach ILO-Angaben in Bulgarien und Rumänien 35% und in Rußland 60%.

GEFÄLLE IN REICHEN LÄNDERN: In der EU waren 1994 52 Mio Menschen von

Armut: Die 15 ärmsten Länder der Welt

Land	BSP pro Kopf (US-Dollar) 1994	Bevölkerung mit Zugang zu		
		Gesundheitsdiensten[1](%)	sauberem Wasser[2](%)	Sanitätseinrichtungen[2](%)
Ruanda	80	80	66	58
Mosambik	90	39	22	20
Äthiopien	100	46	25	19
Tansania	140	76	50	64
Sierra Leone	160	38	37	58
Burundi	160	80	57	49
Malawi	170	80	56	60
Tschad	180	30	k. A.	k. A.
Uganda	190	49	31	57
Madagaskar	200	65	23	3
Nepal	200	k. A.	42	6
Vietnam	200	90	24	17
Bangladesch	220	45	84	31
Haiti	230	50	39	24
Niger	230	32	59	14

1) 1985–93, 2) 1988–93; Quellen: UNDP, Weltbank

Armut: Wirtschaftskraft

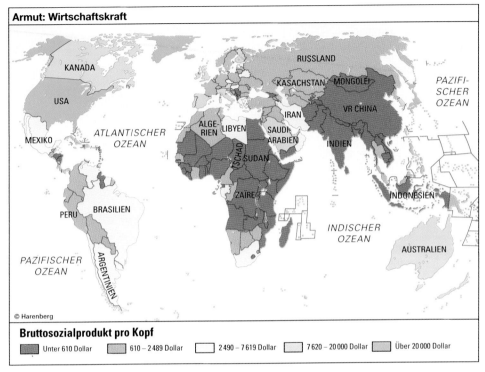

© Harenberg

Bruttosozialprodukt pro Kopf

| Unter 610 Dollar | 610 – 2 489 Dollar | 2 490 – 7 619 Dollar | 7 620 – 20 000 Dollar | Über 20 000 Dollar |

relativer Armut betroffen. Sie verfügten über weniger als die Hälfte des durchschnittlichen Nettoeinkommens. Das Forum Weltsozialgipfel deutscher Nichtregierungsorganisationen schätzte im März 1996 die Zahl der »verdeckten« Armen in Deutschland neben den rd. 4,7 Mio Sozialhilfeempfängern auf 16 Mio. Dagegen gab es nach Angaben des Bundessozialministeriums Anfang 1996 rd. 1 Mio Haushalte mit einem Privatvermögen von mehr als 1 Mio DM.

→ Bevölkerungsentwicklung → Entwicklungspolitik → Existenzminimum → Flüchtlinge → Hunger → Sozialhilfe

Artenschutz [TAB]

Die Gefährdung der biologischen Vielfalt, der sog. Biodiversität, ist besorgniserregend. Nie zuvor in seiner Geschichte hat der Mensch durch zerstörerische Eingriffe in die Natur derart viele Tier- und Pflan-

zenarten an den Rand des Aussterbens gedrängt.

ÜBEREINKOMMEN VON JAKARTA: Um das rapide Artensterben zu stoppen, wurde im November 1995 auf der 2. Vertragsstaatenkonferenz der UNO in der indonesischen Hauptstadt Jakarta unter anderem die Einrichtung eines internationalen Sekretariats zum A. mit Sitz im kanadischen Montreal beschlossen.

Breite Zustimmung fand auch die Einrichtung einer Arbeitsgruppe zum Schutz der Artenvielfalt in Meeres- und Küstenregionen; denn über 70% der Weltbevölkerung lebt in Küstenzonen. Überfischung, Versenkung von Giftmüll, Abholzung der Wälder sowie zunehmende Verschmutzung von Luft und Wasser haben in diesen Gebieten zu alarmierenden Verlusten bei der biologischen Vielfalt geführt.

Außerdem streben die Vertragsstaaten bis 1998 der Abschluß eines Zusatzprotokolls über biologische Sicherheit an. Dabei soll insbes. der Export von lebenden, modifizierten (z. B. genmanipulierten) Organismen vom vorherigen Einverständnis des Importlandes abhängig gemacht werden, das für seine Entscheidungsfindung vom Exporteur zuvor sorgfältig über mögliche Umweltrisiken dieser Organismen zu informieren ist. Eine entsprechende Vereinbarung war in Jakarta u. a. von den Entwicklungsländern gefordert worden, die ihre Hoheitsgebiete nicht länger als Experimentierfeld für riskante bio- und gentechnische Tests zur Verfügung stellen wollen.

Das Übereinkommen von Jakarta zum Schutz der biologischen Vielfalt war bis Anfang 1996 von über 170 Staaten unterzeichnet und von 138 Staaten ratifiziert worden, auch von Deutschland. Die 3. Vertragsstaatenkonferenz soll im November 1996 in der argentinischen Hauptstadt Buenos Aires stattfinden.

ARTENSTERBEN: Mindestens 30 000 Tier- und Pflanzenarten waren Anfang 1996 weltweit in ihrer Existenz bedroht. Jeden Tag sterben etwa 200 von rund 1,4 Mio erfaßten Arten aus. 40% der bedrohten Arten leben in tropischen Feuchtwaldgebieten. In Deutschland sind rund die Hälfte aller 45 000 Tier- und 27 000 Pflanzenarten in ihrem Fortbestand gefährdet.

Besorgniserregend ist auch die abnehmende Zahl traditionell angebauter Kulturpflanzensorten, mit der wachsende Anfälligkeit gegenüber Schädlingsbefall und Krankheiten verbunden ist. Diese sog. Gen-Erosion bedroht nach Ansicht von Experten mittelfristig sogar die weltweite Ernährungssicherung. Als Ursachen werden insbes. Straßenbau, Landwirtschaft, Rodung des Tropenwaldes und Massentourismus angesehen.

WASHINGTONER ABKOMMEN: Das Washingtoner A.-Abkommen (CITES) vom 3. März 1973 (für Deutschland in Kraft seit 20. Juni 1976) will gefährdete Tiere und Pflanzen schützen, den gewerbsmäßigen Handel mit ihnen sowie den Andenkenerwerb verbietet oder nur unter strengen Auflagen zuläßt. 120 Staaten ratifizierten das Abkommen bis Ende

Artenschutz: Vom Aussterben bedrohte Tierarten

Deutschland			Erde		
Art	Anzahl	%[1]	Art	Anzahl	%[1]
Vögel	122	45	Fische	977	4
Fische	100	54	Vögel	971	10
Säugetiere	51	52	Säugetiere	741	16
Kriechtiere	10	77	Reptilien	316	7
Lurche	13	65	Amphibien	169	3

Stand: 1995; 1) % der jeweils bekannten Arten, Quelle: Bundesamt für Naturschutz, Umweltstiftung WWF, WCU

1995, bei etwa einem Drittel der Unterzeichnerstaaten fehlten jedoch nationale Gesetze, die den illegalen Handel mit Tieren und Pflanzen unterbinden.

→ Umweltschutz

Arzneimittel [TAB]

1995 erstatteten die Gesetzlichen Krankenversicherungen (GKV) Kosten für A. in Höhe von 17,8 Mrd DM (Zuwachs gegenüber 1994: 6,7%). Um den Kostenanstieg zu bremsen, plante die CDU/CSU/FDP-Bundesregierung 1996 erhöhte Zuzahlungen der Patienten für verordnete A. Für 1996 rechneten die GKV mit erneut steigenden Ausgaben für A., wenn die von der Regierung geplante Gesetzesänderung verabschiedet würde, mit die Zahl der A., für die Festbeträge gelten, eingeschränkt werden soll. Die Hersteller könnten die Preise wieder selbst bestimmen. Die ab 1989 gesetzlich bestimmten Festbeträge sind i. d. R. geringer als die zuvor verlangten Preise.

KOSTENANSTIEG: Der Bundesverband der Pharmazeutischen Industrie (BPI, Frankfurt/M.) führte den Zuwachs auf die erhöhte Zahl von Verordnungen und auf den Wechsel zu teureren Präparaten zurück. Nach Ansicht der GKV bewirkte dieser Wechsel keinerlei therapeutischen Fortschritt, sondern sei eher auf erfolgreiches Marketing der Pharmakonzerne zurückzuführen.

ZUZAHLUNG: Die von Versicherten zu leistenden Zuzahlungen für vom Arzt verordnete Medikamente sollen nach den Sparplänen der Koalition um jeweils 1 DM erhöht werden. Sie belaufen sich danach auf 4 DM für kleine, 6 DM für mittlere und 8 DM für Großpackungen.

Die Zuzahlungen sollen ab 1997 an die Einkommensentwicklung der Versicherten gekoppelt werden, zweijährlich soll eine Anpassung stattfinden. **FESTBETRAG:** Medikamente mit Festbetrag machten 1995 rd. 56% der Ausgaben für A.-Verordnungen aus. Die Kassen führten darauf rd. 2 Mrd DM Einsparungen jährlich zurück. Der Gesetzentwurf zur Änderung der Festbetragsregelung sieht vor, daß es für patentgeschützte A., die nach dem 31.12.1995 zugelassen wurden, keine Festbeträge mehr geben soll. Nach der geltenden Regelung haben patentgeschützte A. keinen Festbetrag, wenn ihre Wirkungsweise neuartig ist und sie eine therapeutische Verbesserung bedeuten. Die Gesetzesänderung soll Unternehmen zu verstärkten Investitionen in die A.-Forschung anregen.

Kritiker wiesen darauf hin, daß von den 196 seit 1986 in Deutschland eingeführten patentgeschützten A. lediglich ein Sechstel Präparate mit neuartigem Wirkprinzip waren. Den überwiegenden Teil der neuen Patent-A. stellten Varianten alter Produkte (sog. Me-Too-Produkte, engl.; Ich-Auch-Produkte), die gegenüber dem Original nur geringfügig verändert und ohne therapeutische Verbesserung sind. Wenn Voraussetzung für die freie Preisgestaltung lediglich das Patent, nicht aber das neuartige Wirkprinzip sei, könnten Pharmafirmen mit wenig Forschungsaufwand große Gewinne erzielen. Es sei nicht zu erwarten, daß auf diese Weise die Forschung

nach neuartigen A. verstärkt würde. Die GKV kritisierten, daß sie in angespannter Kostensituation zusätzlich mit der Erstattung für die teuren patentgeschützten A. belastet würden.

REIMPORTE: In einem weiteren Gesetzentwurf plante die Bonner Koalitionsregierung 1996, das Abgabegebot der Apotheken für Reimportmedikamente aufzuheben. Diese A. werden in Deutschland hergestellt und ins Ausland exportiert, wo sie i. d. R. preiswerter angeboten werden. Nach Deutschland reimportierte Ware ist im Schnitt 30% billiger als das deutsche Produkt. Laut geltender Regelung sind Apotheken verpflichtet, bei entsprechender Verordnung durch den Arzt den preiswerteren Reimport abzugeben, was ihren Umsatz schmälert. Die GKV lehnten den Entwurf ab, weil jährlich rd. 120 Mio DM Einsparungen durch Abgabe der Reimporte wegfielen. Der Bundesrat, das Bundeskartellamt und die EU-Kommission kündigten ihr Veto gegen beide Gesetzentwürfe, die Festbetragsregelung und die Aufhebung des Abgabegebots für Reimport-A., an.

PHARMAINDUSTRIE: Mitte der 90er Jahre wurden nahezu weltweit die Ausgaben für A. staatlich begrenzt. Die Pharmaunternehmen reagierten darauf mit Übernahmen und Fusionen anderer A.-Hersteller, um drohende Umsatzeinbußen mit größeren Marktanteilen bei gleichzeitigem Abbau von Arbeitsplätzen auszugleichen. 1995 erwarb etwa die britische Glaxo für rd. 22 Mrd DM den heimischen Konkurrenten Wellcome. Das fusionierte Unternehmen stieg zum größten Pharmakonzern der Welt auf. 1996 schlossen sich die Schweizer Unternehmen Sandoz und Ciba Geigy zur weltweit zweitgrößten Pharma-Gruppe Novartis zusammen. Branchenkenner sagten weitere Fusionen und Kooperationen auch im mittelständischen Bereich voraus.

→ Gesundheitsreform → Krankenversicherung

ASEAN → [ORG]

Asiatische Entwicklungsbank
→ [ORG]

Arzneimittel: Umsatzstärkste Unternehmen 1995		
Unternehmen	**Land**	**Umsatz 1995 (Mrd Dollar)**
Glaxo Wellcome	Großbritannien	12,2
Novartis	Schweiz	12,0[1]
Merck, Inc.	USA	9,4
Hoechst Marion Roussel	Deutschland	9,4
American Home Products[2]	USA	7,4
Bristol-Meyers Squibb	USA	7,0
Roche[3]	Schweiz	6,2
Pfizer	USA	5,8
SmithKline Beecham	Großbritannien	5,5
Pharmacia & Upjohn	Großbritannien	5,3

1) Erwarteter Umsatz für 1996; 2) mit Cynamid; 3) mit Syntex; Quelle: Frankfurter Allgemeine Zeitung, 8. 3. 1996

Asteroiden

Am 16. 2. 1996 startete die erste Raumsonde zur Erforschung eines A. Ihr Ziel, den Kleinplaneten Eros, soll die Sonde namens NEAR (Near Earth Asteroid Rendezvous) nach Angaben der US-amerikanischen Weltraumbehörde NASA voraussichtlich nach einer Reise von 2 Mrd km am 6.2.1999 erreichen. Ihre Aufgabe soll es sein, ca. ein Jahr lang die Oberfläche und womöglich auch das Innere des Planetoiden zu untersuchen.

EROS: Der A. wurde im Jahr 1898 von dem Berliner Astronomen Georg Witt entdeckt. Eros war der erstentdeckte Kleinplanet, dessen Bahn in das Innere der Marsbahn reicht und unserer Erde näher kommen kann als irgendeiner der (neun) großen Planeten. Er ist ein unregelmäßig geformter Körper vom Umfang 15 x 15 x 40 km. Eros bewegt sich in 642 Tagen um die Sonne. Im Perihel (sonnennächster Punkt) ist er 162 Mio km von der Sonne und bei der größten Erdannäherung etwa 22 Mio km von der Erde entfernt.

NEAR-SONDE: An Bord der NEAR-Sonde sind eine Multispektralkamera, die aus einer Entfernung von 35 km noch Einzelheiten von 3 m Größe erkennen kann, ein Infrarot-Spektrometer zur Grobkartierung der mineralogischen Zusammensetzung der Oberfläche von Eros, ein Röntgen-Spektrometer zur Erfassung charakteristischer Atomsorten sowie ein Laser-Höhenmesser zur Bestimmung der Gesteinstopographie.

ENTSTEHUNG: Bei A. handelt es sich um Überreste jener Materialien, aus denen vor etwa 4,5 Mrd Jahren die Planeten unseres Sonnensystems entstanden sind. Zehntausende von ihnen existieren in der Region zwischen Mars und Jupiter. Bis heute haben die Astronomen etwa 7000 Gesteinsbrocken einzeln erfaßt. Die Forscher kennen jedoch höchstens 5% all jener Objekte, die unserem Planeten gefährlich werden können.

GEFÄHRLICHE BEGEGNUNG: Am 19.5. 1996 entging die Erde nur knapp einer Katastrophe. Ein etwa 150 m großer A. raste im Abstand von nur 450 000 km (etwa 1,2fache Mondentfernung) an der Erde vorbei – so nah, wie kein anderes jemals beobachtetes Objekt vergleichbaren Durchmessers. Hätte der Planetoid namens „1996 JA1" nur vier Stunden früher die Erdbahn gekreuzt, wäre er in den Pazifischen Ozean gestürzt. Riesige Flutwellen hätten Küsten überschwemmt und Inseln verwüstet. Nach Angaben der NASA kollidiert ein 100 m dicker Felsbrocken alle 10 000 Jahre mit der Erde.

→ Astronomie → Kometen → Raumsonde → Universumsalter

Astra 1 F [TAB]

Rundfunksatellit zur Verbreitung von digitalen Hörfunk- und Fernsehprogrammen. Im April 1996 startete A. als zweiter von vier geplanten Satelliten (Astra 1 E–H) der Betreiberfirma Société Européenne des Satellites (SES, Luxemburg). Die übrigen beiden sollen ab 1997 folgen. Damit erweitert die SES ihr Angebot auf rd. 500 Kanäle, die Anfang 1996 weitgehend vergeben waren.

EMPFANG: Die acht Satelliten der Generation Astra 1 sollen auf derselben Position im All stehen und mit nur einer Satellitenantenne zu empfangen sein. Die Programme der digital ausstrahlenden Astra 1 E und F können nur mit einem Zusatzgerät zur Entschlüsselung der digitalen Signale gesehen werden. 1996 plante die SES eine weitere Generation von Astra-Satelliten. Sie sollen auf einer anderen Position im All stehen, da die bis dahin genutzte keine Kapazitäten mehr bietet. Anfang 1995 versorgte die SES mit ihren Satelliten rd. 22 Mio Haushalte in Europa, davon 9,3 Mio in Deutschland, und war damit erfolgreichster Betreiber.

ARD UND ZDF: A. strahlt ab Frühjahr 1996 die Hauptprogramme der öffentlich-rechtlichen Sender ARD und ZDF aus. Ab 1997 sollen über Astra 1 G die dritten Programme der ARD und die von ARD und ZDF geplanten Spartenkanäle gesendet werden.

→ Digitales Fernsehen → Kabelanschluß → Spartenkanäle

Astronomie

1995/96 verhalfen Wissenschaftler mit einer Reihe sensationeller Beobachtungen der A. zu einer neuen Forschungsdynamik

Astra 1 F: Deutschsprachige Sender im Astra-Angebot

Sender	Programm	Sender	Programm	Sender	Programm
ARD	Vollprogramm	3sat	Vollprogramm	Arte	Kultur
ZDF	Vollprogramm	N3	Vollprogramm	NBC	Vollprogramm
RTL	Vollprogramm	WDR	Vollprogramm	N-TV	Nachrichten
SAT. 1	Vollprogramm	Bayern 3	Vollprogramm	H.O.T.	Teleshopping
Pro 7	Vollprogramm	Südwest 3	Vollprogramm	Quantum TV	Teleshopping
Kabel 1	Spielfilme, Serien	MDR	Vollprogramm	Sell-A-Vision	Teleshopping
RTL 2	Vollprogramm	Eurosport	Sport	Astra Promo	Infos zu Astra
Super RTL	Serien, Zeichentrickfilme	DSF	Sport	MTV	Musik[1]
Vox	Spielfilme, Serien	Premiere	Kinohits	CNN	Nachrichten[1]

1) englischsprachig; Quelle: TV-Spielfilm

und auch Popularität. Ein Beispiel ist die Entdeckung von über tausend riesigen Galaxien, darunter ein Sternsystem, das schon kurz nach dem Urknall entstanden sein muß. Darüber hinaus gibt es neuerdings ernsthafte Hinweise auf Leben außerhalb unserer Milchstraße.

URALTE GALAXIE: Im Herbst 1995 entdeckten Astronomen des europäischen ESO-Observatoriums im chilenischen La Silla die am weitesten entfernte und damit älteste bekannte Galaxie. Das Sternensystem ist etwa 15 Mrd Lichtjahre von der Erde entfernt und liegt damit am Rande des Universums. Es entstand also relativ bald, vermutlich 1 Mrd–2 Mrd Jahre nach der Geburt des Alls (vor etwa 15 Mrd Jahren). Das noch namenlose Objekt enthält große Mengen an Wasserstoff, aber auch Aluminium, Kohlenstoff, Silizium und Schwefel. Dies sind Elemente, die nur durch eine nukleare Reaktion im Innern von Sternen erbrütet werden, und damit nicht vom Urknall herrühren können.

HUBBLE-WELTRAUMTELESKOP: Auf der Suche nach dem Ursprung des Universums blickte das Weltraumteleskop vom 18. bis 28.12.1995 weiter als je zuvor in das All. Dabei registrierte es das Licht von etwa 1500 Galaxien, jede einzelne ein Milchstraßensystem wie das unsrige, aus 100 Mrd Sternen, von denen die meisten zuvor unbekannt waren. Sie liegen mehr als 10 Mrd Lichtjahre von der Erde entfernt und befinden sich in unterschiedlichen Entwicklungsstadien. Das Licht einiger Galaxien ist mehrere hundertmal schwächer als jenes, das von Observatorien auf der Erde empfangen werden könnte und kommt viermilliardenmal schwächer auf der Erde an, als die Sehkraft des Menschen wahrnehmen kann. Zu den Aufgaben des Hubble-Weltraumteleskops gehört es, den Zusammenhang zwischen Geschwindigkeit und Entfernung der Galaxien zu bestimmen und daraus das Weltalter abzuleiten.

ENTDECKUNG NEUER PLANETEN: Mit der Bekanntgabe der Entdeckung von zwei neuen Planeten, die kühl genug sind für die Existenz von Wasser in flüssiger Form, haben US-Astronomen Anfang 1996 Aufsehen erregt. Die Planeten liegen ebenso wie der bereits im Oktober 1995 bestätigte erste neue Planet außerhalb unseres Sonnensystems – etwa 35 Lichtjahre von der Erde entfernt. Wasser auf den beiden Himmelskörpern könnte Leben in auf unserer Erde bekannten Formen möglich machen oder zumindest die chemischen Bausteine dafür. Der erste der beiden neuen Planeten hat neunmal die Masse des Jupiter (der wiederum 318mal die Masse der Erde hat) und weist auf der Oberfläche eine Temperatur von 85 Grad Celsius auf. Bei dieser Temperatur können komplexe organische Moleküle existieren. Der zweite neue Planet hat die dreifache Masse des Jupiter. Auch er weist Temperaturen auf, die Wasser in flüssiger Form und damit vielleicht auch Lebensformen möglich machen.

→ Asteroiden → Kometen
→ Universumsalter

Asylbewerber [TAB]

In ihrem Heimatland aus politischen, rassischen oder religiösen Gründen Verfolgte, die in einem anderen Land Zuflucht gefunden haben. 1995 stieg die Zahl der A. in Deutschland gegenüber 1994 um 0,6% auf 127 937 Personen. Die konstant niedrige Zahl der A. wurde auf die Einschränkung des Asylrechts 1993 und die verstärkte Grenzsicherung zurückgeführt. Die meisten A. kamen 1995 aus Ex-Jugoslawien (32 711 Personen, Veränderung gegenüber 1994: –16,7%), gefolgt von der Türkei (25 514 Personen, gegenüber 1994: +33,5%). Die Zahl der A. aus den Staaten Ost- und Südosteuropas sank 1995 von 58 043 (45,6% aller A.) auf 41 894 (32,7%). Im Mai 1996 beurteilte das Bundesverfassungsgericht (BVG, Karlsruhe) das neue Asylrecht grundsätzlich als verfassungsgemäß.

BILANZ: Das Bundesamt für die Anerkennung ausländischer Flüchtlinge (Nürnberg) entschied 1995 über die Anträge von 200 188 Personen (1994: 352 572). Die Anerkennungsquote von A. stieg 1995 von 7,2% auf 9,0% (18 100 Personen). Grund hierfür war die niedrigere Zahl der Asylanträge von Rumänen (3522, 1994: 9581) und Bulgaren (1152, 1994: 3367). Seit der Einschränkung des Asylrechts 1993 gelten Bulgarien und Rumänien als sichere Herkunftsstaaten. Die Anerkennungsquote von A. aus diesen beiden Ländern liegt unter 0,1%. Die Zahl der unerledigten Verfahren, die 1993 einen Höchststand von 493 000 erreicht hatte, wurde bis Ende 1995 auf 82 642 reduziert. Abgelehnt wurden die Anträge von 117 939 Personen (58,9%).

BVG-URTEIL: Das BVG erklärte sowohl den geänderten Art. 16a GG (Asylrecht) als auch die Neuregelungen des Asylverfahrensgesetzes für verfassungsgemäß (Az.: 2 BvR 1507/93 u. a.). Die Verfassungsbeschwerden von fünf A. wurden als unbegründet zurückgewiesen. Die drei Kernpunkte des Asylrechts von 1993 sind laut BVG mit dem Grundgesetz und dem Völkerrecht vereinbar:

▷ Drittstaatenregelung: Wer aus einem sicheren Drittstaat nach Deutschland einreist, wird ohne Asylverfahren dorthin zurückgeschickt. Als sichere Drittstaaten gelten die 15 EU-Staaten, Polen, die Schweiz und die Tschechische Republik

▷ Flughafenregelung: Das verkürzte Asylverfahren auf Flughäfen (maximal 19 Tage) erlaubt die Abschiebung von Bewerbern mit offensichtlich unbegründeten Anträgen. Die Regelung gilt für A., die keine Papiere haben oder aus einem „sicheren Herkunftsland" kommen

▷ Sichere Herkunftsländer: Flüchtlinge aus Ländern, die nach Einschätzung der Bundestagsmehrheit als sicher gelten, erhalten ein verkürztes Asylverfahren und können anschließend sofort abgeschoben werden. Die gesetzlich festgelegte Liste der „siche-

Asylbewerber: Hauptherkunftsländer im Vergleich

Rang	Land	1994 Zahl der Asylbewerber	Rang	Land	1995 Zahl der Asylbewerber	Anerkennungs- quote (%)
1	BR Jugoslawien	30 404	1	BR Jugoslawien	26 227	5,2
2	Türkei	19 118	2	Türkei	25 514	21,5
3	Rumänien	9 581	3	Afghanistan	7 515	11,6
4	Bosn.-Herzegowina	7 297	4	Irak	6 880	45,2
5	Afghanistan	5 642	5	Sri Lanka	6 048	14,6
6	Sri Lanka	4 813	6	Bosn.-Herzegowina	4 932	0,4
7	Togo	3 488	7	Iran	3 908	37,7
8	Iran	3 445	8	Rumänien	3 522	0,03
9	Vietnam	3 427	9	Armenien	3 383	2,1
10	Bulgarien	3 367	10	Pakistan	3 116	4,5

Quelle: Bundesinnenministerium

ren Herkunftsländer" umfaßte Mitte 1996 Bulgarien, Ghana, Polen, Rumänien, die Slowakische und die Tschechische Republik sowie Ungarn. Das BVG forderte nur einen verbesserten Rechtschutz der A. bei der Drittstaatenregelung und im Flughafenverfahren. In Ausnahmefällen (z. B. mögliche Todesstrafe in einem Drittstaat) soll ein Flüchtling Rechtschutz erhalten. Im Flughafenverfahren muß die Frist für einen Eilantrag beim Verwaltungsgericht um vier auf sieben Tage verlängert werden. Flüchtlinge sollen auf Wunsch von einem Anwalt vertreten werden. Das BVG sieht in dem neuen Asylrecht eine Grundlage für eine europäische Gesamtregelung des Flüchtlingsschutzes mit dem Ziel einer Lastenverteilung zwischen den Staaten.

HÄRTEFALLREGELUNG: Die Innenminister von Bund und Ländern einigten sich im März 1996 auf eine Härtefallregelung für abgelehnte A. Danach dürfen ausländische Familien trotz eines abgelehnten Asylantrags in Deutschland bleiben, wenn sie vor dem 1.7.1990 eingereist sind. Für alleinstehende abgelehnte A. gilt der 1.1. 1987 als Stichtag. Voraussetzungen für die Anerkennung als Härtefall sind Straffreiheit, eigene Arbeitseinkünfte, ausreichender Wohnraum und regelmäßiger Schulbesuch der Kinder. Die Härtefallverfahren, die rd. 20 000 A. betreffen, sollen bis zum 31.12.1996 abgeschlossen sein.

EU-ASYLBESCHLUSS: Die Innenminister der 15 EU-Staaten vereinbarten im November 1995 eine einheitliche Auslegung des Flüchtlingsstatus. Danach erhalten künftig nur noch die A. den Flüchtlingsstatus, die eine Verfolgung durch staatliche Organe ihres Heimatlandes beweisen können. Die Bedrohung z. B. durch Todesschwadronen oder religiöse Extremisten reicht nicht für die Anerkennung als politisch Verfolgter aus. Das Flüchtlingshochkommissariat der UNO (UNHCR, Genf/ Schweiz) kritisierte den EU-Asylbeschluß, da er gegen die Grundprinzipien der Genfer Flüchtlingskonvention von 1951 verstoße.
→ Abschiebung → Ausländerfeindlichkeit → Illegale Einwanderung → Schengener Abkommen

Atomenergie [GLO] [KAR] [TAB]

Im August 1995 wurde mit dem Atomkraftwerk (AKW) Niederaichbach (Bayern) die erste kerntechnische Anlage in Deutschland vollständig abgebaut. Das größte deutsche Demontageprogramm begann 1995 mit dem Abriß der fünf Atomreaktorblöcke in Greifswald (Mecklenburg-Vorpommern). Weltweit waren bis Ende 1995 70 Atomkraftwerke stillgelegt (Deutschland: 15). Bis 2010 wird sich die Zahl nach Schätzungen der Internationalen Atomenergie-Agentur (IAEA) auf 250 erhöhen.

DEMONTAGE: Die Beseitigung des radioaktiven Abfalls von Niederaichbach (2,1% der Gesamtmasse), der zwischengelagert wird, und der Abriß des Kraftwerks (rd. 81 000 t Beton, Stahl, Anlageteile) dauerte acht Jahre (Kosten: 280 Mio DM). Der Abbau der Blöcke in Greifswald soll 2009 abgeschlossen sein (Kosten: rd. 5,3 Mrd DM). Für Demontagen stehen zwei Wege offen:
▷ Kontrollierter Rückbau: Die radioaktiven Teile werden ausgebaut und außerhalb der Anlage entsorgt. In Greifswald werden sie in einem eigens errichteten atomaren Zwischenlager zerlegt (rd. 110 000 t)
▷ Sicherer Einschluß: Das kontaminierte Material wird nach der Entfernung der Brennelemente und des Kühlmittels im

Atomenergie: Stillgelegte Reaktoren

Anlage/Kraftwerk	Leistung (MW)[1]	Betriebsdauer
AKW Greifswald[2]	2200[3]	1973–1990
AKW Würgassen	670	1971–1995
Schneller Brutreaktor Kalkar	327	keine Inbetrieb.
Hochtemp.reaktor[2] Hamm-Uentrop	308	1985–1989
AKW Gundremmingen A[2]	250	1966–1977
AKW Lingen[2]	250[4]	1968–1977
AKW Rheinsberg	70	1960–1990
Mehrzweckforschungsreak. Karlsruhe	57	1965–1984
Heißdampfreaktor Großwelzheim[2][5]	25	1970–1974
Kernreaktoranlage I/II Karlsruhe	20	1972–1991
AKW Kahl[2]	16	1961–1985
AKW Jülich[2]	15	1967–1988

1) Brutto, 2) Rückbau bzw. sicherer Einschluß 1995/96 in Gang; 3) 5 x 440 MW; 4) 160 MW nuklear; 5) Karlstein/Main

Atomenergie: Abhängigkeit

Land	Anteil (%)[1]	Nettoleistung (MW)
Litauen	85,59	2 370
Frankreich	76,14	58 493
Belgien	55,52	5 631
Schweden	46,55	10 002
Bulgarien	46,43	3 538
Slowakei	44,14	1 632
Ungarn	42,30	1 729
Schweiz	39,92	3 050
Slowenien	39,46	632
Ukraine	37,82	13 629
Korea-Süd	36,10	9 120
Spanien	34,06	7 124
Japan	33,40	39 893
Finnland	29,91	2 310
Deutschland	29,64	22 017
Taiwan	28,79	4 884
Großbritannien	24,91	12 908
USA	22,49	99 414
Tschech. Rep.	20,10	1 648
Kanada	17,26	14 907
Argentinien	11,79	935
Rußland	11,79	19 843
Südafrika	6,48	1 842
Mexiko	6,00	1 308
Niederlande	4,89	504
Indien	1,89	1 695
China	1,24	2 167
Pakistan	0,88	125
Kasachstan	0,13	70

Stand: 31. 12. 1995; 1) An der Stromerzeugung des Landes; Quelle: IAEA (Wien)

Reaktordruckbehälter eingelagert. Dieser muß ständig kontrolliert und entlüftet werden, um eine Überhitzung zu vermeiden.

Für die Stillegung der Wiederaufarbeitungsanlage in Wackersdorf und des Schnellen Brüters in Kalkar werden 1996 rd. 275 Mio DM aufgewandt.

NEUE TYPEN: Mit dem Europäischen Druckwasserreaktor (EPR, Leistung: ca. 1450 MW) entwickelten die Unternehmen Siemens/KWU (Deutschland) und Framatome (Frankreich) ab 1991 einen Kraftwerkstyp, der die Auswirkungen einer Kernschmelze, dem größten anzunehmenden Unfall (GAU), auf das Reaktorinnere beschränken soll. Dies fordert eine 1994 beschlossene Änderung des Atomgesetzes. In Entwicklung, Planung und Bau waren 1995/96 weitere Leichtwasser- und gasgekühlte Reaktoren (Deutschland, Japan, Schweden, USA). Für die Entwicklung des EPR wurden 1995 rd. 220 Mio DM bereitgestellt. Als kostengünstige Variante gelten Hochtemperaturreaktoren (HTR) mit geringer Leistung, die zur Elektrizitäts- und Wärmeerzeugung eingesetzt werden können. HTR werden in Japan und China gebaut (Leistung: 30 MW bzw. 10 MW). In Rußland soll ein HTR zur Vernichtung von Plutonium aus Atomwaffen dienen.

BRUTREAKTOR: Der sog. Schnelle Brüter, der mehr spaltbaren Brennstoff (u. a. Plutonium) herstellt, als er zur Energiegewinnung verbraucht, wurde Mitte der

Atomenergie: Reaktortypen

DRUCKWASSERREAKTOR: Der Reaktor vom Typ Leichtwasserreaktor hat zwei getrennte Kühlkreisläufe. Das Wasser im Primärkreislauf wird unter Druck gehalten, damit es nicht siedet, und gibt Wärme aus dem Reaktor an einen Sekundärkreislauf ab. Dort entsteht der heiße Dampf für den Turbinenantrieb zur Gewinnung von Energie.

HOCHTEMPERATURREAKTOR: Im graphitmoderierten und heliumgekühlten Reaktor besteht der Kern aus einer losen Schüttung kugelförmiger Brennelemente (Thorium 232 und Uran 235). Die hohe Kühlmitteltemperatur von bis zu 950 °C erlaubt

neben der Stromerzeugung auch die Gewinnung von Wärme. Der Reaktor erzeugt einen Teil seines Brennstoffs selbst (Brutstoff).

LEICHTWASSERREAKTOR: Bei dem gängigsten Reaktortyp (Rußland: WWER) wird – im Unterschied zu „schwerem" Wasser (D_2O) – „leichtes" Wasser (H_2O) als Kühlmittel und Moderator eingesetzt. Dieser soll die Neutronen auf eine für die Kernspaltung notwendige niedrige Geschwindigkeit abbremsen. Der Anteil des spaltbaren Uran-Isotops 235, der im Naturprodukt nur 0,7% beträgt, muß dazu auf 3% erhöht werden (Anreicherung).

SCHNELLER BRÜTER: Die Kernspaltung findet mit ungebremsten Neutronen statt. Zur Kühlung und Wärmeübertragung dient das Alkalimetall Natrium, das in Kontakt mit Luft und Wasser verbrennt bzw. explodiert. Seinen laufenden Bedarf an Spaltstoff deckt der Brutreaktor durch die Umwandlung von nicht spaltbarem Uran 238 in Plutonium, im Idealfall mehr als benötigt.

SIEDEWASSERREAKTOR: Bei dieser Anlage, mit einem geschlossenen Kühlkreislauf arbeitet, wird das Wasser im oberen Teil des Atomreaktorkerns in Dampf zum direkten Antrieb der Turbine umgewandelt.

Atomenergie: Anlagen in Deutschland

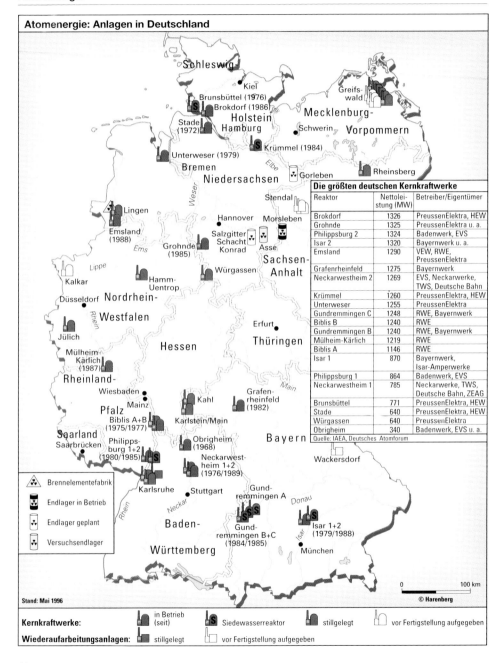

Die größten deutschen Kernkraftwerke		
Reaktor	Nettolei-stung (MW)	Betreiber/Eigentümer
Brokdorf	1326	PreussenElektra, HEW
Grohnde	1325	PreussenElektra u. a.
Philippsburg 2	1324	Badenwerk, EVS
Isar 2	1320	Bayernwerk u. a.
Emsland	1290	VEW, RWE, PreussenElektra
Grafenrheinfeld	1275	Bayernwerk
Neckarwestheim 2	1269	EVS, Neckarwerke, TWS, Deutsche Bahn
Krümmel	1260	PreussenElektra, HEW
Unterweser	1255	PreussenElektra
Gundremmingen C	1248	RWE, Bayernwerk
Biblis B	1240	RWE
Gundremmingen B	1240	RWE, Bayernwerk
Mülheim-Kärlich	1219	RWE
Biblis A	1146	RWE
Isar 1	870	Bayernwerk, Isar-Amperwerke
Philippsburg 1	864	Badenwerk, EVS
Neckarwestheim 1	785	Neckarwerke, TWS, Deutsche Bahn, ZEAG
Brunsbüttel	771	PreussenElektra, HEW
Stade	640	PreussenElektra, HEW
Würgassen	640	PreussenElektra
Obrigheim	340	Badenwerk, EVS u. a.
Quelle: IAEA, Deutsches Atomforum		

Brennelementefabrik

Endlager in Betrieb

Endlager geplant

Versuchsendlager

Stand: Mai 1996

© Harenberg

0   100 km

Kernkraftwerke: in Betrieb (seit)   Siedewasserreaktor   stillgelegt   vor Fertigstellung aufgegeben

Wiederaufarbeitungsanlagen: stillgelegt   vor Fertigstellung aufgegeben

90er Jahre nur in Monju/Japan kommerziell genutzt. Wegen eines Lecks im Kühlsystems mußte Monju im Dezember 1995 für voraussichtlich zwei Jahre abgeschaltet werden. Das Kraftwerk war erst zwei Monate zuvor an das öffentliche Stromnetz angeschlossen worden. **DEUTSCHLAND:** 20 Atomkraftwerke waren in Deutschland 1995/96 in Betrieb. Sie lieferten etwa ein Drittel der Elektrizität. Die Stromerzeugung aus A. stieg 1995 um 2% auf 154 Mrd kWh an. Die 1990 von der rheinland-pfälzischen Regierung erteilte Errichtungsgenehmigung für das AKW Mülheim-Kärlich wurde im November 1995 wegen einer unzureichenden Sicherheitsprüfung des Standorts gerichtlich aufgehoben. Mülheim-Kärlich ist seit 1988 abgeschaltet. Für das AKW Würgassen, das einzige AKW in Nordrhein-Westfalen, wurde 1995 die Stillegung beantragt. **WELT:** Anfang 1996 waren 428 Atomkraftwerksblöcke in 30 Ländern mit einer Leistung von 363 397 MW in Betrieb und in 18 Ländern 62 mit 55 180 MW in Bau (zum Vergleich 1975: 163), davon 38 in Asien und Osteuropa. In Osteuropa ist die Fertigstellung aus Geldmangel jedoch unsicher. Einen umfangreichen Ausbau der A.-Leistung planen China, Indien und Korea-Süd. 1995 nahmen neun Kernreaktoren den Betrieb auf. Die USA besitzen die meisten kommerziell genutzten Reaktorblöcke (110), vor Frankreich (56) und Japan (49). Etwa 5% des Weltenergiebzw. 17% des Weltstrombedarfs werden mit A. gedeckt.

→ Entsorgung → Plutonium → Reaktorsicherheit → Tschernobyl → ORG IAEA

Atomtests TAB

Begleitet von starken internationalen Protesten führte Frankreich von September 1995 bis Januar 1996 sechs unterirdische A. auf den polynesischen Atollen Mororoa und Fangataufa durch. Auf weitere A. will Frankreich verzichten, die Testgelände sollen geschlossen werden. China führte von 1993 bis Mitte 1996 fünf A. durch. Nach einem weiteren A. im September 1996 will das Land vorerst auf Versuche verzichten.

Atomtests: Entwicklung 1945–1996

Land	Oberirdisch[1]	Unterirdisch	Insgesamt
USA	217	815	1032
UdSSR	207	508	715
Frankreich	46	151	197
Großbritannien	21	24	45[2]
China	23	20	43
Indien	0	1[3]	1

Stand: Juni 1996; 1) GB führte nach 1958 keine Atomtests in der Atmosphäre bzw. im Meer durch, die UdSSR und USA nach 1963 (gemäß Atomteststoppvertrag), Frankreich nach 1974, China nach 1980; 2) gemeinsam mit den USA in Nevada; 3) 1974; Quelle: SIPRI

TESTSTOPP: Die Atommächte Frankreich, Großbritannien, Rußland und die USA hatten 1991/92 ihre Atomwaffenversuche eingestellt. Frankreich hob das freiwillige Moratorium im Juni 1995 auf. Begründet wurde dieser Schritt mit der Notwendigkeit, die technische Sicherheit der Atomsprengköpfe zu überprüfen und Daten für Computersimulationen zu gewinnen. Über ein A.-Verbot wird ab 1994 auf der Abrüstungskonferenz der UNO (Genf/ Schweiz, 61 Teilnehmerstaaten) verhandelt. Die Atommächte hatten sich 1995 als Gegenleistung für die unbefristete Verlängerung des Atomwaffensperrvertrags verpflichtet, bis Ende 1996 ein Teststopp-Abkommen zu schließen. 1963 hatten Großbritannien, die Sowjetunion und die USA ein Verbot von A. in der Atmosphäre, im Weltraum und unter Wasser beschlossen. 1974 wurde eine A.-Schwelle von 150 000 t Sprengkraft für unterirdische A. festgelegt.

VERHANDLUNGEN: Bis Mitte 1996 war folgender Stand erreicht:

▷ Neben A. werden sog. hydronukleare Experimente, bei denen nur wenig spaltbares Material bis zum Einsetzen der atomaren Kettenreaktion zur Explosion gebracht wird, verboten

▷ China verzichtete für zehn Jahre auf die angestrebte Zulassung von A. zu friedlichen Zwecken (z. B. Tunnelbau)

▷ Die Atommächte forderten die Zulassung von Kernfusionsversuchen mit Lasern, mit denen die Explosion einer Wasserstoffbombe im Labor nachgestellt werden kann

▷ Auf die Simulation von physikalisch-chemischen Abläufen während einer

Atomtests: Versuchsgebiete

Ort	Region/Land	Letzter Test	Atommacht
Amchitka	Aleuten/USA	1971	USA
Bikini	Marschall-Inseln/USA	1958	USA
Colorado	USA	1973	USA
Eniwetok	Marschall-Inseln/USA	1958	USA
Fangataufa	Franz.-Polynesien	1996	Frankreich
Johnston	Pazifik/USA	1962	USA
Lop Nor[1)]	China	1995	China
Malden	Pazifik	k. A.	GB
Maralinga	Australien	1957	GB
Mississippi	USA	1966	USA
Montebello	Australien	1956	GB
Moruroa	Franz.-Polynesien	1995	Frankreich
Nevada[1)]	USA	1992	GB/USA
New Mexico	USA	1967	USA
Nordpazifik	–	1958	USA
Nowaja Semlja[1)]	Rußland	1990	UdSSR
Pokharan[1)]	Indien	1974	Indien
Sahara	Algerien	1966	Frankreich
Semipalatinsk	Kasachstan	1989	UdSSR
Südatlantik	–	1958	USA
Ural	Rußland	1984	UdSSR
Weihnachts-Insel	Pazifik	1962	GB/USA
Woomera	Australien	1953	GB

1) Mitte 1996 in Betrieb

Atomexplosion und ihrer Auswirkungen mit Hilfe von Supercomputern wollen die Nuklearmächte nicht verzichten, um die Verläßlichkeit von Kernsprengköpfen sicherzustellen. Kritiker befürchten, daß Computersimulationen zur Entwicklung neuer Atomwaffen bzw. -sprengköpfen genutzt werden. Vor allem Frankreich und die USA förderten Mitte der 90er Jahre die Entwicklung von leistungsfähiger Hard- und Software zur Atomwaffenforschung

▷ Vorbereitungen für A. werden international nicht geächtet. Ein Verbot würde die Schließung der bestehenden Testgelände bedeuten, der sich z. B. die USA widersetzten

▷ Verifikation: Das Testverbot soll über ein weltweites Netz von Meßstationen, Unter-Wasser-Sensoren und Luftproben kontrolliert werden. Inspektionen vor Ort soll es erst nach

einer Mehrheitsentscheidung im Exekutivrat der zu schaffenden internationalen A.-Überwachungsbehörde (Sitz: Wien) geben

Der Vertrag soll in Kraft treten, wenn er von allen Staaten mit Meßstationen, darunter den Atommächten und den atomaren Schwellenländern Indien, Israel und Pakistan, ratifiziert wurde. Indien machte die Unterzeichnung jedoch von der Verpflichtung der Atommächte abhängig, ihre Kernwaffen innerhalb eines festgelegten Zeitraums vollständig abzurüsten.

Das Abkommen soll unbefristet gelten und regelmäßig überprüft werden.

 ⸱ Atomwaffen ⸱ Kernfusion

Atomtransport

 ⸱ CASTOR ⸱ Zwischenlagerung

Atomwaffen [GLO] [KAR] [TAB]

Im Januar 1996 ratifizierte der US-Senat den START-II-Vertrag von 1993 zwischen Rußland und den USA über die Abrüstung strategischer A. Eine Billigung durch das russische Parlament stand Mitte 1996 aus. Das Abkommen sieht eine Reduzierung der Atomsprengköpfe auf 3000–3500 für jede Seite vor und ergänzt das START-I-Abkommen, das Ende 1994 in Kraft trat.

ABRÜSTUNG: Bis Ende 1995 beseitigten die USA und die Staaten der früheren Sowjetunion etwa 10 000 von ca. 45 000 zur Abrüstung vorgesehenen Gefechtsköpfen. 500 t hochangereichertes Uran aus russischen Sprengköpfen wird in niedrig angereicherten Brennstoff für Atomkraftwerke umgewandelt und 1993–2013 für rd. 12 Mrd Dollar von den USA aufgekauft. Mit 1,3 Mrd Dollar unterstützen die USA Sicherungsmaßnahmen bei Transport und Zerlegung russischer A. Die Kosten der atomaren Abrüstung bis 2000 werden für die USA auf ca. 20–30 Mrd Dollar, für Rußland auf etwa 8–15 Mrd Dollar geschätzt. Hinzu kommen Säuberung und Sicherung radioaktiv verseuchter Produktions- und Testeinrichtungen. Die langfristige Lagerung des atomaren Waffenmaterials ist ungeklärt. Als Umweltgefahr gelten insbes. ausgemusterte russische Atom-U-Boote an den

Küsten von Pazifik und Nordpolarmeer. 120 wurden bis 1995 außer Dienst gestellt, 30 weitere sollen bis 2000 folgen. Wegen Geldmangel und fehlender Lagerkapazität blieben die atomaren Antriebsreaktoren meist an Bord.

EUROPA: Die US-Luftwaffe verfügte 1995 auf europäischem NATO-Gebiet inkl. der Türkei über ca. 480 atomare Fliegerbomben, davon 245 in Deutschland. Großbritannien will ab 1998 alle luftgestützten A. ausmustern und A. ausschließlich auf U-Booten (Polaris, Trident) stationieren. Frankreich will seine landgestützten A. abrüsten und entwickelt neue Sprengköpfe für U-Boot- und Luft-Boden-Raketen.

ATOMWAFFENFREIE ZONEN: Im März 1996 traten Frankreich, Großbritannien und die USA dem Vertrag von Rarotonga (Cook-Inseln) über eine atomwaffenfreie Zone im Südpazifik bei. Das Abkommen von 1985 verbietet den Einsatz bzw. des-

Atomwaffen: Abrüstung strategischer Waffen

Waffensysteme[1]	Rußland	USA
Interkontinentalraketen (Silos)	378	41
Sprengköpfe	630	41
U-Boote	14	15
Raketen	212	240
Sprengköpfe	244	2208
Kampfbomber	37	230
Sprengköpfe (Bomben)	37	329

1) Abrüstung nach START I 1990–1995; Quelle: BICC: conversion survey 1996

sen Androhung, Test und Lagerung von A. Die Zone erstreckt sich von Australien bis Südamerika und vom Äquator bis zum 52. südlichen Breitengrad. Bis 1996 führten Frankreich, Großbritannien und die USA im Pazifik (inkl. Australien) 311 Atomtests durch. Im Abkommen von Pelindaba (Südafrika), das im April 1996 von 43 Staaten unterschrieben wurde, wird der afrikanische Kontinent für atomwaffenfrei

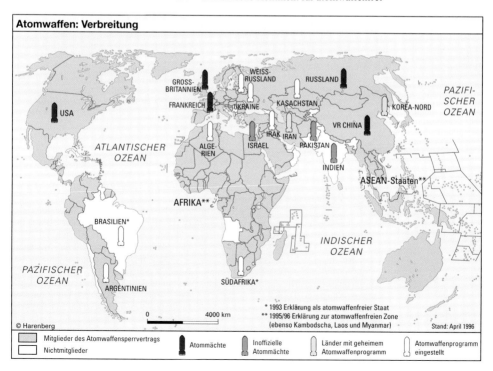

Atomwaffen: Verbreitung

Atomwaffen: START

START I: Der Abrüstungsvertrag wurde am 31. 7. 1991 von den USA und der UdSSR geschlossen. Er schreibt die Abrüstung der strategischen Trägersysteme, d. h. bodengestützte Interkontinentalraketen (ICBM), Unterseeboote mit Atomraketen und strategische Fernbomber, auf 1600 für jede Seite bis 1999 vor. Die Zahl der Sprengköpfe wird auf 6000 begrenzt. Höchstens 4900 dürfen auf Raketen, 1540 auf schweren ICBM (sowjetische SS-18) und 1100 auf mobilen Startrampen stationiert werden. START I wurde von den UdSSR-Nachfolgestaaten anerkannt. Die Nuklearwaffen Kasachstans, der Ukraine und Weißrußlands werden zerstört oder Rußland übergeben.

START II: Das Abkommen, das am 3. 1. 1993 von den USA und Rußland unterschrieben wurde, sieht bis 2003 die Vernichtung der schweren, mit mehreren Sprengköpfen ausgerüsteten ICBM vor. Die übrigen ICBM müssen auf einen Gefechtskopf abgerüstet werden. Die Zahl der seegestützten Raketen wird auf 1700–1750 für jede Seite vermin-

dert. Die Obergrenze bei Bombern wird auf 750–1250 Sprengköpfe (Kurzstreckenraketen, Marschflugkörper oder Atombomben) festgelegt. Das Waffenarsenal insgesamt wird um zwei Drittel auf 3000–3500 Gefechtsköpfe für jede Seite abgerüstet. Die START-Verträge schreiben nur die Zerstörung von Bombern, land- und seegestützten Startsystemen und Abschußvorrichtungen vor (Ausnahme: SS-18). Raketen werden außer Dienst gestellt und Gefechtsköpfe gelagert oder umgerüstet.

erklärt. Der Vertrag tritt in Kraft, wenn er von 28 Staaten ratifiziert worden ist. Er steht neben den 53 afrikanischen Ländern auch den fünf Atommächten offen, die z. T. noch kleinere Besitzungen vor der afrikanischen Küste haben. Frankreich unterschrieb für seine Inseln Réunion und Mayotte. Großbritannien und die USA wollen hingegen den US-amerikanischen Militärstützpunkt auf der britischen Insel Diego Garcia im Indischen Ozean nicht einbeziehen.

→ Atomtests → Plutonium

Aum Shinri Kyo

(japanisch; wahre Lehre Aum), 1987 in Japan gegründete Sekte, die im März 1995 Giftgasanschläge auf U-Bahn-Stationen in Tokio und Yokohama verübte (zwölf Tote, 5500 Verletzte). Ihr Gründer und Führer Shoko Asahara muß sich seit April 1996 wegen Mordes vor dem Tokioter Landgericht verantworten, nachdem andere Sektenmitglieder ihre Beteiligung an dem Anschlag gestanden haben. In Gebäuden von A. fand die Polizei Chemikalien und Laboratorien, mit denen das bei den Anschlägen verwendete Nervengas Sarin hergestellt werden kann. 1996 wurde A. der Status als Religionsgemeinschaft aberkannt. Die Sekte hatte nach eigenen Angaben 10 000 Anhänger u. a. in Japan, Rußland und Deutschland. Die Lehre von A. sagt für 1999 den Weltuntergang voraus, den nur erleuchtete A.-Mitglieder überleben können.

→ Sekten → Terrorismus

Ausländer [TAB]

1995 überschritt die Zahl der A. in Deutschland erstmals die Sieben-Millionen-Grenze. Ende 1995 wurden 7,17 Mio A. registriert (Ende 1994: 6,99 Mio), rd. 25% waren Bürger aus EU-Staaten. Der Anteil der A. an der Gesamtbevölkerung betrug 8,8% (1994: 8,6%). Die größte ausländische Volksgruppe bildeten Türken (rd. 2,0 Mio), gefolgt von Bürgern aus den Staaten des früheren Jugoslawien (rd. 1,3 Mio). Etwa 40% der A. lebten 15 Jahre oder länger in Deutschland.

ARBEITSKRÄFTE: Die A.-Beauftragte der Bundesregierung, Cornelia Schmalz-Jacobsen (FDP), legte im November 1995 den zweiten Bericht zur Lage der A. in Deutschland vor. Danach erreichte die Arbeitslosenquote bei A. 1994 einen Höchststand von 16,2% (Gesamtarbeitslosenquote in Deutschland: 9,6%). Schmalz-Jacobsen führte die überdurchschnittlich hohe Arbeitslosigkeit von A. darauf zurück, daß 78% der arbeitslos gemeldeten A. keine abgeschlossene Berufsausbildung hatten. Bei den arbeitslosen A. unter 20 Jahren hatten 86% keinen Berufsabschluß. Ausländische Arbeitnehmer arbeiteten zudem häufiger als deutsche in Wirtschaftssektoren, die anfällig für Krisen und Arbeitsplatzabbau waren. Nach Angaben des Zentrums für Türkeistudien (Essen) hat sich die Zahl der A., die sich in Deutschland selbständig gemacht haben, zwischen 1988 und 1993 fast verdoppelt. 37 000 der 226 000 ausländischen Betriebsgründer (1993) waren

Türken. Schwerpunkte der Unternehmensgründungen lagen in der Gastronomie und im Lebensmitteleinzelhandel.
WAHLRECHT: Die CDU/CSU-Bundestagsfraktion wies 1996 eine Ausweitung des kommunalen Wahlrechts für A. auf Bürger aus Nicht-EU-Staaten zurück. Für EU-Bürger befürwortete sie nur das aktive Wahlrecht. Ein passives Wahlrecht für EU-Bürger auf kommunaler Ebene (z. B. Wahl in das Amt des Bürgermeisters) lehnte sie ab. Nach dem Maastrichter Vertrag von 1993 dürfen EU-Bürger das kommunale Wahlrecht an ihrem Wohnort in der EU spätestens ab 1996 wahrnehmen.
AUFENTHALTSRECHT: Die Regierungskoalition aus CDU/CSU und FDP einigte sich im April 1996 auf Neuregelungen im A.-Recht. Ehefrauen von A. sollen künftig bereits nach einem Jahr ein eigenständiges Aufenthaltsrecht erhalten (bislang nach drei Jahren). Damit sollen ausländische Ehefrauen z. B. in Fällen von Mißhandlung in der Ehe vor Abschiebung geschützt werden, wenn sie sich von ihren Ehepartnern trennen. Mit dem eigenständigen Aufenthaltsrecht ist der Anspruch auf Sozialhilfe verbunden. Volljährige Kinder von A. können auch dann eine unbefristete Aufenthaltserlaubnis erhalten, wenn sie keine ausreichenden Deutschkenntnisse haben und nicht selbst für ihren Lebensunterhalt aufkommen können. Diese Regelung soll insbes. behinderten Kindern von A. helfen. A., die seit mindestens 15 Jahren in Deutschland leben, sollen künftig beliebig oft in ihr Heimatland reisen können, ohne ihre Aufenthaltsberechtigung zu verlieren.
ORGANISATIONEN: Im Oktober 1995 wurde in Berlin eine landesweite Partei für A. in Deutschland gegründet. Die Demokratische Partei Deutschlands (DPD) will Rassismus bekämpfen und die Einführung der doppelten Staatsbürgerschaft erreichen. Ende 1995 entstand in Hamburg die Türkische Gemeinde Deutschland, die sich als Dachverband der rd. 3000 türkischen Vereine in Deutschland versteht. Die parteiunabhängige Türkische Gemeinde Deutschland beruft sich auf demokratische und rechtsstaatliche Prinzipien. Ziel des Dachverbandes ist die

Ausländer: Verteilung auf die Bundesländer

Rang	Bundesland	Bevölkerung	Ausländeranteil (%)
1	Hamburg	1 705 872	15,4
2	Hessen	5 980 693	13,4
3	Berlin	3 472 009	12,6
4	Baden-Württemberg	10 272 069	12,3
5	Bremen	680 029	11,5
6	Nordrhein-Westfalen	17 816 079	10,8
7	Bayern	11 921 944	9,0
8	Rheinland-Pfalz	3 951 573	7,2
9	Saarland	1 084 201	7,0
10	Niedersachsen	7 715 363	5,9
11	Schleswig-Holstein	2 708 392	4,9
12	Brandenburg	2 536 747	2,4
13	Mecklenburg-Vorpommern	1 832 298	1,5
	Sachsen	4 584 345	1,5
	Sachsen-Anhalt	2 759 213	1,5
16	Thüringen	2 517 776	0,9
	Bundesgebiet	81 538 603	8,6

Stand: 31. 12. 1994; Quelle: Statistisches Bundesamt

Integration der in Deutschland lebenden Türken, insbes. durch eine Erleichterung der Einbürgerung.
→ Abschiebung → Asylbewerber → Einbürgerung → EU-Bürgerschaft → Illegale Einwanderung

Ausländerfeindlichkeit

Das Bundesamt für Verfassungsschutz (BfV, Köln) bezifferte 1995 die Zahl der ausländerfeindlichen Delikte in Deutschland mit 2468 (Veränderung gegenüber 1994: −29%), darunter 540 ausländerfeindlich motivierte Gewalttaten (gegenüber 1994: −37%). Im Vergleich zum Höchststand 1993 sank die Zahl der ausländerfeindlichen Delikte um 63%.
Das Oberlandesgericht Düsseldorf befand im Oktober 1995 alle vier Angeklagten im Prozeß um den ausländerfeindlichen Brandanschlag von Solingen des gemeinschaftlich verübten fünffachen Mordes, des versuchten Mordes und der besonders schweren Brandstiftung für schuldig. Bei dem Brandanschlag auf das Haus der türkischen Familie Genc, einem der schwersten ausländerfeindlichen Verbrechen der deutschen Nachkriegsgeschichte, waren im Mai 1993 fünf Frauen und Mädchen

Außenwirtschaft: Deutscher Außenhandel

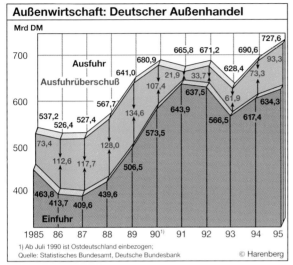

Mrd DM

1) Ab Juli 1990 ist Ostdeutschland einbezogen;
Quelle: Statistisches Bundesamt, Deutsche Bundesbank

© Harenberg

getötet worden. Das Gericht verurteilte einen der Angeklagten nach dem Erwachsenenstrafrecht zu 15 Jahren Haft, die anderen Angeklagten erhielten jeweils nach dem Jugendstrafrecht die Höchststrafe von zehn Jahren.
→ Gewalt → Jugend → Rechtsextremismus

Außenwirtschaft [GRA] [TAB]

Wirtschaftliche Beziehungen eines Staates mit dem Ausland. Die deutsche Leistungsbilanz, die von der Deutschen Bundesbank (Frankfurt/M.) jährlich erstellt wird, wies

Außenwirtschaft: Die deutsche Zahlungsbilanz

Position	Wert (Mrd DM)		
	1993	1994	1995[1]
Saldo Handelsbilanz	+61,89	+73,28	+93,30
Saldo Dienstleistungen	–41,23	–49,25	–50,28
davon Reiseverkehr	–44,90	–49,75	–50,47
Saldo laufende Übertragungen[2]	–58,32	–61,38	–57,96
davon an EU	–27,29	–31,70	–29,77
Saldo Ergänzungen Warenverk.	– 5,47	– 3,70	– 5,78
Saldo Erwerbs-/Vermögenseink.	+17,84	+ 8,21	– 2,03
Saldo Leistungsbilanz insgesamt	–26,88	–34,70	–24,90
Saldo Kapitalbilanz	+13,36	+59,04	–56,14

1) Vorläufige Werte; 2) Leistungen an Haushalte internat. Organisationen, Entwicklungsländer etc.; Quelle: Deutsche Bundesbank

1995 ein Defizit von 24,9 Mrd DM auf (1994: –34,7 Mrd DM). Die Leistungsbilanz ist die systematische Aufzeichnung aller wirtschaftlichen Transaktionen, die während eines bestimmten Zeitraums zwischen In- und Ausländern erfolgen sind.

ENTWICKLUNG: Bei den Dienstleistungen und laufenden Übertragungen ergaben sich 1995 Defizite von 50,3 Mrd bzw. 57,9 Mrd DM. Im Außenhandel wurde ein Ausfuhrüberschuß von 93,3 Mrd DM erzielt. Die Exporte stiegen gegenüber 1994 um 5,4% auf 727,6 Mrd DM, die Importe um 2,7% auf 634,3 Mrd DM. Deutschland belegte 1995 mit Ausfuhren von umgerechnet 506 Mrd Dollar weltweit den zweiten Platz hinter den USA (584 Mrd DM) und vor Japan (443 Mrd DM).

BEWERTUNG: Ziel der konjunkturellen Entwicklung ist ein außenwirtschaftliches Gleichgewicht. Einerseits werden bei Ausfuhr-Überschuß Einnahmen erzielt, die exportabhängige Wirtschaft gefördert und das BSP erhöht, andererseits verlassen Güter das Land, die der eigenen Bevölkerung nicht mehr zur Verfügung stehen. Der Abfluß von Kapital aus Industrieländern ist erwünscht, soweit er dazu beiträgt, Entwicklungsländern beim Aufbau ihrer Wirtschaft zu helfen.
→ Bruttoinlandsprodukt → Europäischer Binnenmarkt → Protektionismus → Wirtschaftliche Entwicklung

Aussiedler [GRA] [TAB]

Aus Ost- und Südosteuropa nach Deutschland übergesiedelte deutschstämmige Personen, ihre nichtdeutschen Ehegatten und deren Kinder. Am 1.3.1996 trat das Wohnortzuweisungsgesetz für A. in Kraft. Danach haben A. nur noch dann Anspruch auf die vollen Sozialleistungen, wenn sie mindestens zwei Jahre am Ort bleiben, der ihnen vom jeweiligen Bundesland zugewiesen wurde. Die Zahl der A. ging 1995 gegenüber dem Vorjahr um 2,1% auf 217 898 Personen zurück. 1995 stellten 260 556 Personen einen Aufnahmeantrag (Zunahme gegenüber 1994: 9,8%). Etwa 96% der A. kamen 1995 aus der ehemaligen UdSSR.

PROGNOSE: Der Beauftragte der Bundesregierung für A.-Fragen, Horst Waffenschmidt (CDU), rechnete für 1996 mit einem weiteren Rückgang der A.-Zahlen. A. müssen künftig vor ihrer Ausreise nach Deutschland genauere Nachweise über ihre Deutschkenntnisse erbringen als bisher. Seit 1996 werden in Rußland und Kasachstan mehr Sprachtests durchgeführt und mehr Deutschkurse für Ausreisewillige angeboten. Die CDU/CSU/FDP-Bundesregierung wies Forderungen der SPD, wegen der hohen Arbeitslosenzahlen und dem Mangel an Wohnraum die A.-Zahlen zu reduzieren, zurück. Unter Hinweis auf das seit 1993 geltende Kriegsfolgenbereinigungsgesetz dürfen nicht mehr Aufnahmebescheide erteilt werden, als A. in den beiden vorangegangenen Jahren jeweils zugezogen sind (sog. Verstetigungsregel).

RUSSLANDDEUTSCHE: Das Bundesinnenministerium führte die nur geringfügige Veränderung der Zuwanderungszahlen 1995 auf die verbesserten Zukunftsperspektiven der Deutschstämmigen insbes. in Westsibirien/Rußland zurück. Rußlanddeutsche aus Kasachstan und Mittelasien seien aufgrund nationalistischer und islamistischer Tendenzen in den asiatischen Nachfolgestaaten der Sowjetunion entschlossen, nach Westsibirien auszuwandern. 1995 lebten rd. 600 000 Rußlanddeutsche in Westsibirien.

LASTENVERTEILUNG: Die Bundesregierung rechnete aufgrund des neuen Wohnortezuweisungsgesetzes für 1996 mit dem Zuzug von rd. 40 000 A. in die neuen Bundesländer. Das Gesetz soll die alten Bundesländer bei der Aufnahme von A. entlasten und die zahlenmäßige Konzentration von A. in einzelnen Gemeinden verhindern. Dadurch soll gleichzeitig auch die Integration der A. in den Gemeinden erleichtert werden.

FINANZHILFEN: Das Bundesinnenministerium stellte 1995 rd. 143 Mio DM für die deutschen Minderheiten in Ost- und Südosteuropa bereit (Ende 1995: rd. 4 Mio Menschen). Für 1996 ist eine Erhöhung der Finanzhilfen auf 150 Mio DM geplant. Das Geld soll zur Schaffung von Wohnraum und Arbeitsplätzen investiert werden und den deutschen Minderheiten eine Alternative zur Aussiedlung bieten.

Aussiedler: Herkunft

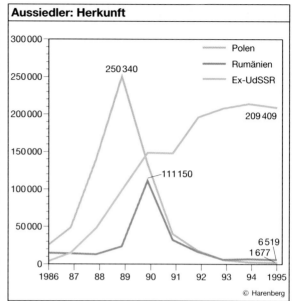

© Harenberg

Aussiedler: Aufnahmeanträge[1]			
Jahr	Ex-UdSSR	Polen	Rumänien
1991	445 198	66 956	40 632
1992	356 233	28 684	15 277
1993	223 368	10 396	5 991
1994	228 938	4 042	3 495
1995	254 609	2 266	2 909

1) Anzahl der Personen, die in den drei Hauptherkunftsländern einen Aufnahmeantrag gestellt haben; Quelle: Bundesinnenministerium

Autobahngebühr [TAB]

Ende 1995 beschloß Bundesverkehrsminister Matthias Wissmann (CDU), auf die Einführung einer streckenbezogenen A. für PKW wegen technischer Probleme bei der Gebührenerhebung zu verzichten. Österreich plante ab 1997 die Einführung einer A. für PKW in Höhe von umgerechnet 79 DM jährlich.

DEUTSCHLAND: 1994/95 hatte das Bundesverkehrsministerium elektronische Systeme zur Gebührenerhebung mit 20 Test-Kfz auf einem 10 km langen Stück der A 555 zwischen Köln und Bonn auf ihre Tauglichkeit prüfen lassen. Meßstel-

Autobahngebühr: Länder

Land	Gebührenerhebung
Frankreich	streckenabhängig
Griechenland	streckenabhängig
Italien	streckenabhängig
Kroatien	streckenabhängig
Mazedonien	streckenabhängig
Österreich	Vignette[1]
Portugal	streckenabhängig
Schweiz	Vignette[1]
Slowakei	Vignette[1]
Slowenien	streckenabhängig
Spanien	streckenabhängig
Tschechische Rep.	Vignette[1]
Türkei	streckenabhängig
Ungarn	streckenabhängig

Stand: 1996; 1) Meist für ein Jahr gültige Erlaubnis zur Autobahnnutzung

len, die an Brücken oder Baken angebracht waren, registrierten durchfahrende Kfz und die von ihnen zurückgelegte Strecke. Von einer im PKW installierten Chipkarte, die in ihrer Funktionsweise einer Telefonkarte ähnelt, wurde ein entsprechender Geldwert abgebucht. Der Versuch ergab, das die Meßsysteme für eine Anwendung im Massenverkehr nicht ausgereift waren.

ÖSTERREICH: PKW-Fahrer erwerben ab 1997 eine Vignette, die sie an die Windschutzscheibe kleben müssen. Eine Vignette mit zweimonatiger Geltungsdauer soll 22 DM kosten und ist vor allem für

Touristen gedacht. Sie berechtigt auch zur Benutzung bestimmter mautpflichtiger Autobahnabschnitte (z. B. Brennerpaß). Für LKW bis 7,5 t Gewicht beträgt die A. 714 DM jährlich, für schwere LKW 1860 DM. Mit den Einnahmen aus der A. von erwarteten 280 Mio DM jährlich will die Regierung das Straßennetz ausbauen.

→ Alpentransit → Autoverkehr

Autoindustrie [TAB]

1995 wuchs die Produktion von Personen- und Nutzfahrzeugen in Deutschland um 7% auf 4,36 Mio Einheiten. Die Weltautomobilproduktion stieg im selben Zeitraum um 1,5% auf 50 Mio Fahrzeuge.

WACHSTUM IN DEUTSCHLAND: Wegen der schwachen Einkommensentwicklung bevorzugten deutsche Verbraucher vor allem kostengünstigere Modelle der unteren Mittelklasse (1,0–1,5 l Hubraum). Für 1996 soll die Zahl der Kfz-Neuzulassungen in Deutschland nach Angaben von Marketing Systems (Essen) um 3% auf 3,4 Mio steigen. Bis 1998 wird ein durchschnittliches Wachstum auf jährlich 3,8 Mio Neuzulassungen prognostiziert.

PRODUKTION IM AUSLAND: Weltweit produzierten deutsche Hersteller 1995 ca. 7 Mio Kfz. Der Anteil der im Ausland gefertigten Fahrzeuge erhöhte sich auf 33%. Insbes. Fahrzeuge der unteren Mittelklasse ließen deutsche Autofirmen im Ausland bauen. Grund für die steigende Auslandsproduktion an 90 Standorten in 39 Ländern waren nach Angaben des Verbands der Automobilindustrie (VDA, Frankfurt/M.) hohe Lohnkosten und kurze Maschinenlaufzeiten in Deutschland. Die A. investierte 1994 etwa 10 Mrd DM, davon entfielen DM 4 Mrd DM auf ausländische Produktionsstätten.

JAPAN: In Japan ging 1995 die Kfz-Produktion der A. im fünften Jahr in Folge zurück. Autofabriken waren nur zu 80% ausgelastet. Wurden 1990 noch 13,5 Mio Autos gebaut, waren es 1995 noch 10,2 Mio. Davon wurden etwa 3,5 Mio an ausländischen, kostengünstigeren Standorten hergestellt.

→ Autoverkehr → Drei-Liter-Auto
→ Elektro-Auto → Erdgas-Auto → Käfer
→ Smart-Auto

Autoindustrie: Erfolgreichste PKW-Modelle

Rang	Modell	Anzahl 1995	Veränderung zum Vorjahr (%)
1	VW Golf/Vento	361 072	– 13,6
2	Opel Astra	220 104	– 3,5
3	BMW 3er	148 172	+ 8,0
4	Audi A 4	144 340	+ 30,4
5	Opel Corsa	138 688	+ 13,6
6	Mercedes C-Klasse	135 704	– 4,9
7	Ford Escort/Orion	123 979	+ 32,3
8	VW Polo	119 027	+108,9
9	Ford Fiesta	113 096	–[1]
10	VW Passat	102 329	– 24,9

1) Vorjahreszahl nicht vergleichbar; Quelle: Kraftfahrt-Bundesamt (Flensburg)

Auto-Navigation
→ Satelliten-Navigation → Verkehrs-Leitsystem

Autorecycling [GLO] [TAB]

(recycling, engl.; Wiederverwertung), Aufbereitung und Rückführung von Schrottfahrzeugteilen in die industrielle Produktion. Die Wiederverwertung von 14 Mio PKW in der EU und 2,6 Mio PKW (1996) in Deutschland soll Rohstoffe sparen und den Müllanfall senken. Im Februar 1996 einigten sich Autoindustrie und Bundesumweltministerium auf eine freiwillige Selbstverpflichtung der Unternehmen, Altautos kostenlos zurückzunehmen und zu entsorgen.

RÜCKNAHMEREGELUNG: Die Regelung soll ab Ende 1996 in Kraft treten und gilt für Kfz, die nach Inkrafttreten der Regelung zugelassen werden. In die Selbstverpflichtung der Autobranche einbezogen sind nur schrottreife Autos, die nicht älter als zwölf Jahre sind. Die Pkw müssen für den deutschen Markt bestimmt sein oder ihre Erstzulassung in Deutschland haben. Der Letztbesitzer eines Fahrzeugs erhält einen Verwertungsnachweis, den nur eine anerkannte Annahmestelle von Altautos ausgeben darf. Ab Inkrafttreten der Rücknahmeregelung muß die Autobranche innerhalb von zwei Jahren ein flächendeckendes Netz anerkannter Annahmestellen schaffen. Die Entfernung zu einer solchen Entsorgungsstelle soll für den Halter des Altautos zumutbar sein.
Bis 2002 will die Autoindustrie die nichtverwerteten Bestandteile eines Altautos von 25 auf 15 Gewichtsprozent senken. Bis 2015 soll dieser Anteil auf maximal 5 Gewichtsprozent fallen.

Autoindustrie: PKW-Neuzulassungen in Deutschland

Rang	Hersteller	Zulassungen 1995	Veränderung zu 1994 (%)	Marktanteil (%)
1	Volkswagen	643 739	– 3,9	19,4
2	Opel	547 309	+30,0	16,5
3	Ford	349 863	+12,8	10,6
4	Mercedes-B.	250 334	– 4,3	7,6
5	BMW	214 702	+ 0,1	6,5
6	Audi	205 812	+23,2	6,2
7	Renault	162 663	+ 6,5	4,9
8	Fiat	134 802	+14,1	4,1
9	Peugeot	87 062	– 7,8	2,6
10	Nissan	85 620	– 6,7	2,6

Quelle: Kraftfahrt-Bundesamt (Flensburg)

Autoindustrie: Wirtschaftsfaktor in Deutschland

Kennziffer	Auto-industrie	Gesamte Industrie	Anteil Autoindustrie (%)
Umsatz (Mrd DM)	213	1 702	13
Beschäftigte	662 000	6 720 000	10
Exporte (Mrd DM)	123	596	21
Investitionen (Mrd DM)	10	100	10
FuE[1]-Aufwendungen[2]	1	58	21

Stand: 1994; 1) Forschung und Entwicklung; 2) Mrd DM;
Quelle: Verband der Automobilindustrie (Frankfurt/M.)

KRITIK: Der ADAC (München) und Umweltschützer verwiesen auf die durchschnittliche Lebensdauer von 13 Jahren pro PKW. Viele Fahrzeuge würden von der Regelung ebenso nicht erfaßt wie die 40,5 Mio (1996) Altautos, die bis 2008 schrottreif werden.

ENTSORGUNG: 1996 wurden in Deutschland 2 Mio t Metalle aus PKW zu fast 100% recycelt. 500 000 nichtmetallische PKW-Reste, darunter Gummi, Glas, Lack und 280 000 t Kunststoffe wurden in Shredder-Anlagen (einer Art überdimensionaler Reißwolf) zerkleinert und auf

Autorecycling: Verwertungsmethoden

BAUTEILERECYCLING: Der Verwerter schlachtet intakte Bauteile (Motor, Lichtmaschine, Anlasser etc.) aus und bietet sie für andere gleichartige Autotypen an.
CHEMISCHES RECYCLING: Unsortierte oder unsaubere Kunststoffabfälle werden durch chemische Bearbeitung aufbereitet und können als sortenreine Materialien wiederverwertet werden. Das teure Verfahren befand sich Mitte der 90er Jahre im Stadium der Erprobung.
ENERGETISCHE VERWERTUNG: Verbrennung von Kunststoffrückständen in den Hochöfen der Stahlwerke. 1 kg Plastikmüll ersetzt 1 l Heizöl.
HOCHWERTRECYCLING: Fahrzeug-Produzenten entnehmen den von ihnen hergestellten Autos verschleißarme, teure Teile wie elektronische Bauelemente und führen sie erneut der Produktion zu. 1996 war die Methode noch in der Erprobungsphase.
MATERIALRECYCLING: Sammeln und Sortieren sortenreinen Materials, z. B. Stahl. Nach Einschmelzung wiederverwendbar. Das Kunststoffrecycling ist problematisch, weil die Materialien häufig als Gemisch nichtgekennzeichneter Sorten vorliegen, so daß sie sich nur zu minderwertigen Produkten verarbeiten lassen.

Autorecycling: Steigender Kunststoffanteil in PKW

Material	Anteile[1] eines Mittelklasse-PKW (%)		
	1965	1995	2005[2]
Stahl/Eisen	76,0	63,0	58,0
Nichteisen-Metalle	6,0	9,5	12,0
Kunststoffe	2,0	13,0	16,0
Glas/Gummi/Sonstiges	16,0	14,5	14,0

Quelle: 1) Gewicht; 2) Prognose; Quelle: Wirtschaftswoche 13.7.1995

Deponien gelagert. 30 Mio l Kraftstoff und 21 Mio l Kühlflüssigkeit wurden entsorgt. Das umweltgerechte A. kostete 1996 pro PKW etwa 200 DM. Der Verkauf wiederverwertbarer Teile erbringt durchschnittlich 250 DM.

→ Abfallbeseitigung → Recycling

Autorückrufe [TAB]

Mitte der 90er Jahre nahm die Zahl der Fälle zu, in denen Automobilproduzenten ausgelieferte Kfz zur Behebung von Mängeln in die Werkstätten zurückriefen. Ursache waren fehlerhafte Fahrzeugteile, die die Sicherheit des Kfz gefährdeten. Mit A. schützen sich Automobilunternehmen vor Regreßansprüchen ihrer Kunden. Stellt sich nach einem Unfall heraus, daß ein unfallverursachender Fehler des Fahrzeugtyps dem Autoproduzenten bekannt war, ist es möglich, dessen Mit-

Autorückrufe: Häufigkeit

Firmen	Fälle in Deutschland			
	1993	1994	1995	1996
Audi	-	–	2	–
BMW	1	–	–	1
Ford	–	–	1	–
Honda	–	–	1	–
Landrover	–	–	2	–
Mazda	–	–	1	–
Mercedes	2	–	1	1
Nissan	–	–	1	–
Opel	–	–	7	1
Renault	–	–	3	–
Rover	–	1	–	–
Saab	–	2	3	1
Seat	–	–	1	–
Toyota	–	–	1	–
VW	–	2	2	–
Volvo	2	3	1	–

Stand: März 1996; Quelle: Focus, 18.3.1996

arbeiter haftbar zu machen. Das Fehlerrisiko bei Autos stieg Mitte der 90er Jahre durch den Einsatz von mehr Einzelteilen sowie die kürzere Entwicklungs- und Erprobungszeit von neuen Modellen. In Deutschland lösten 1995/96 u. a. folgende A. Aufsehen aus:

▷ Wegen eines Tankstutzens, der nicht brandsicher war, rief Opel 800 000 Astra-Modelle in die Werkstätten

▷ Mercedes-Benz erneuerte bei 545 000 Fahrzeugen der C-Klasse Sicherungshaken der Motorhaube

▷ VW rief 500 000 Golf-, Jetta-, Corrado- und Passat-Modelle zurück, um defekte Kühlsysteme zu erneuern.

1996 beriet der Deutsche Bundestag über die Umsetzung einer EU-Richtlinie zur Produkthaftung in nationales Recht. Die Richtlinie legt fest, unter welchen Voraussetzungen Unternehmen Produkte zurückrufen müssen.

Autoverkehr [TAB]

1996 überschritt die Zahl der in Deutschland zugelassenen PKW erstmals die Grenze von 40 Mio. Das Anwachsen von LKW- und PKW-Verkehr verschärfte die von ihnen ausgehenden Umweltbelastungen wie Luftverschmutzung, führte zu Staus und erhöhte die Unfallgefahr.

KFZ-REKORD IN DEUTSCHLAND: Das Kraftfahrt-Bundesamt (Flensburg) registrierte 40,5 Mio PKW (1995: 39,9 Mio; Anstieg: 1,7%). 1997 werden nach Prognosen 41 Mio zugelassen sein.

HOHE KOSTEN: Nach einer EU-Studie verursachen Autostaus in der Union jährlich Kosten in Höhe von 2% des BSP der Gemeinschaft. Die Kosten für Unfälle belaufen sich auf 1,5% des BSP, Luftverschmutzung und Lärm auf 0,6%. Insgesamt betragen die durch den A. entstandenen Kosten 460 Mrd DM.

LUFTVERSCHMUTZUNG: Der Anteil des A. an der Emission von giftigem Kohlenmonoxid betrug Mitte der 90er Jahre 74%, bei Stickoxiden 68%, bei Kohlenwasserstoffen 52% und bei Kohlendioxid 20%. Eine weitere Verschärfung der Abgasgrenzwerte für Kfz 1996 und die geplante Senkung des durchschnittlichen Kraftstoffverbrauchs je 100 km von 9 l auf 7 l

1996–2010 werden in Deutschland nicht zur Senkung der Luftverschmutzung durch den A. führen, weil die Zahl der PKW gleichzeitig um 20% auf 50 Mio steigen und der Straßengüterfernverkehr sich 1988–2010 fast verdoppeln wird. **UMWELTSCHUTZMASSNAHMEN:** Kritiker des A. forderten eine Erhöhung der Mineralölsteuer auf bis zu 5 DM/l, um die Zahl der Fahrten zu verringern und um Anreize für die Herstellung von Fahrzeugen mit geringem Kraftstoffverbrauch zu schaffen. Das von Umweltschützern geforderte Drei-Liter-Auto war 1996 technisch realisierbar. Wegen des Einsatzes gewichtssparender Materialien wie Aluminium und Magnesium wäre es jedoch teurer als herkömmliche PKW.

→ Autoindustrie → Benzin → Elektro-Auto → Erdgas-Auto → Drei-Liter-Auto → Luftverschmutzung → Smart-Auto → Verkehr → Verkehrs-Leitsystem → Verkehrssicherheit

B

BAföG [TAB]

Das Bundesausbildungs-Förderungsgesetz regelt die staatliche finanzielle Unterstützung von Schülern und Studenten sowie ab 1996 von Teilnehmern an Maßnahmen beruflicher Fortbildung in Deutschland. Der monatliche B.-Förderbetrag wird als Zuschuß und Darlehen gewährt. 1994 erhielten 693 000 Personen (500 000 Studenten, 193 000 Schüler) Leistungen nach dem B., 79 000 weniger als im Vorjahr (–10,2%). Bund und Länder reduzierten ihre B.-Ausgaben gegenüber 1993 um 458 Mio DM auf insgesamt ca. 3,1 Mrd DM (–12,9%). Schüler bekamen monatlich durchschnittlich 485 DM, Studenten 577 DM.

FÖRDERSÄTZE: Zu Beginn des Wintersemesters 1995/96 wurden die Fördersätze für Schüler und Studenten ebenso wie die Elternfreibeträge um 4% angehoben. Der B.-Höchstsatz stieg im Westen auf 990 DM, im Osten auf 980 DM. Einschließlich Wohnkostenzuschuß und

Autoverkehr: PKW und Straßen in Deutschland

Jahr	PKW	Straßen[1] (km)	Straße/Auto[2] (m)
1955	5 800 000	178 000	30,7
1965	14 300 000	203 000	14,2
1975	24 800 000	217 000	8,8
1985	35 500 000	220 000	6,2
1995	40 700 000	230 000	5,6
2005	46 800 000	233 000	4,9

1) Ohne Gemeindestraßen; 2) Straßenlänge pro Auto; Quelle: Wirtschaftswoche, 18. 1. 1996

Härtezuschlag lag die Obergrenze der Förderung bei 1060 DM. **B.-REFORM:** Die Bundesregierung und die Ministerpräsidenten der Länder verständigten sich im Juni 1996 auf eine gemeinsame Lösung bei der von Bundesbildungsminister Jürgen Rüttgers (CDU) geplanten Reform des B. Der 50%ige Darlehensanteil der Ausbildungsförderung bleibt für Studierende innerhalb der Regelstudienzeit zinsfrei. Wer die – in vielen Fächern um ein Semester verkürzte – Förderungshöchstdauer überschreitet, kann nur noch ein Volldarlehen mit marktüblicher Verzinsung beanspruchen. Bund und Länder sparen hierdurch bis 1999 über 1 Mrd DM ein.

MEISTER-B.: Im Mai 1996 trat das Gesetz zur öffentlichen Förderung der beruflichen Aufstiegsfortbildung (sog. Meister-B.) mit Wirkung vom 1.1.1996 in Kraft. Fachkräfte, die sich zum Handwerks- bzw. Industriemeister oder Techniker weiterbilden oder vergleichbare Qualifikationen im Gesundheitswesen

Meister-BAföG: Fördersätze

Familienstand	Förderung (DM)[1]
Alleinstehend	1045
Alleinerziehend[2], ein Kind[3]	1495
Verheiratet	1465
Verheiratet, ein Kind[3]	1715
Verheiratet, zwei Kinder[3]	1965

1) Monatlicher Höchstsatz, einkommensabhängig, davon bis zu 373 DM Zuschuß, Rest als zinsgünstiges Darlehen; 2) bis zu 200 DM Kinderbetreuungszuschuß; 3) pro Kind zusätzlich 250 DM; Quelle: Bundesbildungsministerium

bzw. im sozialpädagogischen Bereich erwerben wollen, können Meister-B. beantragen. Neben dem monatlichen Förderbetrag wird ein zinsgünstiger Kredit von bis zu 20 000 DM zur Finanzierung von Lehrgangs- und Prüfungsgebühren gewährt. Der Fortbildungskurs muß, auch in Teilzeitform, mindestens 400 Unterrichtsstunden umfassen. Förderfähige Vollzeitkurse dürfen nicht länger als zwei Jahre dauern. Experten schätzen die Kosten des Meister-B. bei voraussichtlich 90 000 Geförderten im laufenden Jahr auf 169 Mio DM. Auf den Bund entfällt ein Finanzierungsanteil von 78% (132 Mio DM). Die Länder, die für den Vollzug des Gesetzes zuständig sind, tragen 22% (37 Mio DM).

→ Hochschulen → Schule

Bagatelldelikte

Baden-Württemberg führte im Oktober 1995 als erstes Bundesland bei Polizei und Justiz ein standardisiertes Verfahren zur rationelleren Bearbeitung von Bagatell- und Massendelikten wie Diebstahl ein. Ziel der Maßnahme, die zuvor zwei Jahre lang erprobt worden war, ist die Entlastung der Strafverfolgungsbehörden.

Mit speziell entwickelten Computerprogrammen und neuen standardisierten Formularen sollen in Baden-Württemberg künftig etwa 70% aller Straftaten der leichten und mittleren Kriminalität bearbeitet werden. Schwere Verbrechen wie Totschlag, Bandenkriminalität, fremdenfeindliche Straftaten sowie Delikte von Triebtätern werden nach den herkömmlichen Methoden bearbeitet. Durch die vereinfachten Ermittlungsverfahren sollen bei der Polizei rd. 700 000 Arbeitsstunden pro Jahr eingespart werden, was jährlich 460 Beamtenstellen entspricht.

Im März 1996 legte die Bundesrechtsanwaltskammer (BRAK, Bonn) eine Studie zu den Auswirkungen der Verfahrensvereinfachungen bei B. vor. Danach ergaben sich erhebliche rechtsstaatliche Mängel bei den vereinfachten Gerichtsverfahren. So wurden z. B. Zeugen ohne jegliche Kontrolle telefonisch vernommen oder vereinfachte Verfahren auf Delikte angewandt, bei denen dies unzulässig war. Die BRAK forderte daher, auch bei B. eine mündliche Verhandlung und eine schriftliche Urteilsbegründung durch den Richter anzusetzen. Dadurch gerate der betroffene Bürger auch nicht so schnell in Gefahr, Fristen zu versäumen und Ansprüche zu verlieren.

→ Ladendiebstahl

Bahn, Deutsche [KAR] [TAB]

(Deutsche Bahn AG, DB), Mitte der 90er Jahre versuchte der Eisenbahnkonzern seine Wettbewerbsfähigkeit gegenüber PKW, LKW und Luftverkehr durch Hochgeschwindigkeitszüge und den Ausbau des kombinierten Güterverkehrs Straße–Schiene zu steigern. Die B. mit 167 Tochtergesellschaften war bei der Bahnreform 1994 als AG im Besitz des Bundes aus westdeutscher Bundesbahn und ostdeutscher Reichsbahn hervorgegangen.

INVESTITIONEN: 1996–2000 will die B. 77 Mrd DM investieren. Davon entfallen 51 Mrd DM auf die Infrastruktur wie Schienenanlagen. Für neue Lokomotiven, Reisezug- und Güterwagen sowie Ausrüstungen für Betriebswerke und die Datenverarbeitung sollen rund 26 Mrd DM ausgegeben werden. Den größten Teil der Investitionen trägt der Bundeshaushalt, 6,9 Mrd DM bringt die B. auf.

FAHRZEUGE: Ab 1996 werden neben 143 kompletten Zügen 420 Lokomotiven und 339 S-Bahnen an die B. ausgeliefert. 500 weitere Loks und 200 S-Bahnen sollen folgen. Die meist aus den 60er und 70er Jahren stammenden Loks mußten, weil sie 20% der täglichen Störungen im Betrieb der B. verursachten, ersetzt werden.

Deutsche Bahn: Konzernergebnis			
Kennzahl	1994	1995[1]	Veränderung (%)
Umsatz (Mrd DM)	28,9	29,5	2,1
DB AG (Mrd DM)	23,7	24,6	3,8
Fernverkehr (Mrd DM)	4,9	5,2	6,2
Nahverkehr (Mrd DM)	10,8	11,4	5,6
Güterverkehr (Mrd DM)	8,0	7,8	–2,5
Gewinne vor Steuern (Mio DM)	492	550	11,8
Mitarbeiter (1000)	335	313	–6,6
Investitionen DB AG (Mrd DM)	13,5	13,5	0,0

1) Vorläufige Zahlen; Quelle: NZZ, 28. 2. 1996

BILANZ: Im zweiten Geschäftsjahr nach der Privatisierung erwirtschaftete die Aktiengesellschaft 1995 einen Überschuß von 280 Mio DM (1994: 90 Mio), der Umsatz stieg um 3,8% auf 24,6 Mrd DM. Im Konzern inkl. der Tochterfirmen stieg der Umsatz 1994–95 von 28,9 Mio auf 29,5 Mio DM. Die Gewinne vor Steuern erhöhten sich um 12% auf 550 Mio DM. Während der Umsatz im Fernverkehr 1995 um 6,2% auf 5,2 Mrd DM wuchs, fiel er im Güterverkehr um 2% auf 7,8 Mrd DM. Der Personalbestand sank 1995 in der Aktiengesellschaft von 302 000 auf 287 000. Die B. betrieb 1996 mit etwa 40 000 km das EU-weit längste Streckennetz. Sitz des Unternehmens war Berlin, die Hauptverwaltung befand sich in Frankfurt/M.

SCHLESWIG-HOLSTEIN: Im September 1995 nahm die B. nach der Elektrifizierung der Strecke Hamburg–Kiel den elektrischen Zugbetrieb in Schleswig-Holstein auf. Bei den IC-/EC-Verbindungen zwischen Hamburg Hauptbahnhof und Kiel ergibt sich dadurch eine Verkürzung der Fahrzeit um 38 min auf 1 h 7 min.

→ Alpentransit → Autoverkehr → Berliner Zentralbahnhof → Hochgeschwindigkeitszüge → Kombinierter Verkehr → Neigezüge → Öffentlicher Nahverkehr → Schnellbahnnetz → Verkehr

Bahnreform

Um Wirtschaftlichkeit und Konkurrenzfähigkeit des Schienenverkehrs gegenüber Auto- und Luftverkehr zu verbessern, soll die Deutsche Bahn AG bis 2002 privatisiert werden. Ab 1996 übernehmen Bundesländer und Gemeinden den Regional- und Nahverkehr.

Zwischen 1997 und 1999 werden die Bereiche Personenfernverkehr und Personennahverkehr, Güterverkehr und Fahrweg (Schienennetz) der 1994 als bundeseigene AG gegründeten Deutschen Bahn in vier AG umgewandelt. Die Bahnunternehmen sollen nach Gewinn streben; die Fahrweg AG soll durch Gebühren finanziert werden. 2002 ist die Auflösung der Deutschen Bahn als Verwaltungsgesellschaft und der Verkauf der vier Bereiche an Private vorgesehen. Privatisierungsgegner befürchten eine Angebotsverschlechterung durch Konkurrenz statt Zusammenarbeit bei der Abstimmung zwischen den Einzelunternehmen. 1994 übernahm der Bund die Finanzierung des Schienennetzes, so wie er auch Bau und Unterhaltung von Straßen und Kanälen trägt. Die Deutsche Bahn wird den Regional- und Nahverkehr ab 1996 weiter betreiben, Bundesländer und Gemeinden müssen die Leistung jedoch bezahlen.

→ Öffentlicher Nahverkehr

Deutsche Bahn: Reisezeiten mit Fernverkehrszügen

Strecke	Zug-art	Kilo-meter	Fahrzeit (h, min)	Tempo (km/h)	Strecke	Zug-art	Kilo-meter	Fahrzeit (h, min)	Tempo (km/h)
Nord-Süd-Linien					**Ost-West-Linien**				
Berlin–München	ICE[1]	874	6:50	128	Berlin–Bonn	IC	645	6:11	104
Berlin–Frankfurt/M.	ICE	584	4:46	123	Berlin–Hannover	IC	284	2:50	100
Hamburg–München	ICE	800	5:30	145	Saarbrücken–Leipzig	IC	597	6:06	98
Hamburg–Frankf./M.	ICE	515	3:20	154	Frankf./M.–Dresden	IC	494	5:00	99
Hamburg–Dortmund	IC	359	2:46	130	Hamburg–Rostock	IR	202	2:49	72
Hannover–Stuttgart	ICE	523	3:46	139	**Auslandslinien**				
Hannover–Würzburg	ICE	328	1:53	174	Köln–Paris	EC	491	5:00	98
Bremen–Nürnberg	ICE	552	3:59	139	Köln–Amsterdam	EC	267	2:37	102
Köln–Basel[2]	IC	523	4:35	114	München–Wien	EC	470	4:40	101
Frankf./M.–Stuttgart	ICE	209	1:27	144	Frankfurt/M.–Zürich	ICE	432	4:02	107
Frankf./M.–München	ICE	451	3:36	125	Berlin–Warschau	EC	565	6:05	93
Rostock–Chemnitz	IR	451	5:28	82	Hamburg–Kopenh.[3]	EC	367	4:29	82

Stand: 1995/96; 1) Über Hildesheim mit Umsteigen in Fulda; 2) Badischer Bahnhof; 3) inkl. 1 Stunde Fährfahrt; Quelle: Deutsche Bahn AG (Frankfurt/Main)

Bahn: Deutsches Fernbahnnetz 1996/97

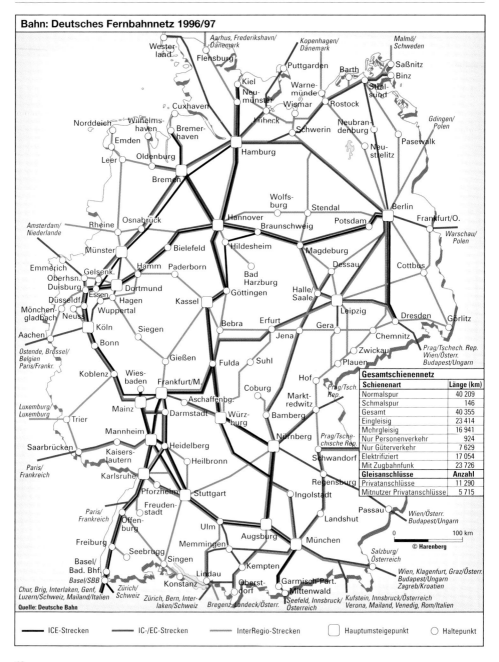

Gesamtschienennetz	
Schienenart	Länge (km)
Normalspur	40 209
Schmalspur	146
Gesamt	40 355
Eingleisig	23 414
Mehrgleisig	16 941
Nur Personenverkehr	924
Nur Güterverkehr	7 629
Elektrifiziert	17 054
Mit Zugbahnfunk	23 726
Gleisanschlüsse	Anzahl
Privatanschlüsse	11 290
Mitnutzer Privatanschlüsse	5 715

0   100 km
© Harenberg

Quelle: Deutsche Bahn

━━━ ICE-Strecken   ━━━ IC-/EC-Strecken   ━━━ InterRegio-Strecken   ☐ Hauptumsteigepunkt   ○ Haltepunkt

Balkan-Konflikt [KAR] [TAB]

Am 21. November 1995 schlossen Bosnien-Herzegowina, Kroatien und Serbien in Dayton (US-Bundesstaat Ohio) ein Friedensabkommen und beendeten damit den 1991 im ehemaligen Jugoslawien (in Kroatien zwischen Serben und Kroaten, in Bosnien-Herzegowina zwischen Serben auf der einen sowie Kroaten und Moslems auf der anderen Seite) ausgebrochenen Krieg. Bis Mitte 1996 wurden wesentliche Teile des Vertrages wie die Aufteilung Bosniens in zwei Teile und die Wiedervereinigung der bosnischen Hauptstadt Sarajevo umgesetzt. Im April 1996 verschob die NATO die ursprünglich für Juni geplante Reduzierung der 60 000 Mann starken internationalen Friedenstruppe um mindestens drei Monate, um die Durchführung der für September geplanten Wahlen zu sichern. Der ethnisch motivierte B. forderte mindestens 250 000 Tote und Vermißte.

LETZTE KRIEGSMONATE: Nach der serbischen Eroberung der UNO-Schutzzonen Srebrenica und Žepa im Juli 1995 begannen die Kroaten im August eine Großoffensive gegen die Krajina, die sie in wenigen Tagen eroberten. Durch serbischen Granatbeschuß starben am 28. August 1995 in Sarajevo 30 Zivilisten. Die NATO begann daraufhin mit Bombenangriffen gegen serbische Stellungen. Ende August beendeten die Serben die Belagerung der Hauptstadt. Bis Mitte September eroberten Moslems und Kroaten bei einer gemeinsamen Offensive 4000 km² Land. Am 12. Oktober 1995 trat ein von den Konfliktparteien vereinbarter Waffenstillstand in Kraft.

VERTRAG VON DAYTON: Nach Vermittlung von US-Präsident Bill Clinton unterzeichneten die Präsidenten → [BIO] Slobodan Milošević (Serbien), → [BIO] Franjo Tudjman (Kroatien) und → [BIO] Alija Izetbegović (Bosnien) den Friedensvertrag von Dayton. Die wichtigsten Vereinbarungen:

▷ Bosnien-Herzegowina bleibt als einheitlicher Staat erhalten. Er besteht aus zwei Teilen, der Kroatisch-Bosnischen Föderation (51% des Staatsgebietes) und der Serbischen Republik (49%)

Balkan-Konflikt: Grenzen nach dem Vertrag von Dayton

KROATIEN

Slavonski Brod

Velika Kladuša · Ljubija

Bihać · Banja Luka · Gradačac · Brčko 2 · Bijeljina

Doboj

Kljuc · BOSNIEN- · Maglaj

Mrkonjić Grad · Tuzla

Šipovo 3 · Jajce · Zvornik

Travnik · Zenica · Kladanj · Srebrenica

Vareš

HERZEGOWINA · Žepa 4

Livno · Sarajevo 1 · Pale

Jablanica · Višegrad

Goražde · 5

Makarska · Mostar · Foča

Metković · Montenegro

Nikšić

Dubrovnik · Trebinje

JUGOSLAWIEN

© Harenberg

1	Hauptstadt Sarajevo ungeteilt
2	Posavina-Korridor der Serben
3	Serben erhalten die Bezirke Mrkonjić Grad und Šipovo
4	Ehem. Schutzzonen Srebrenica u. Žepa bleiben serbisch
5	Korridor nach Goražde
6	Serben erhalten Zugang zum Meer
	Moslemisch-kroat. Föderation (51%)
	Serbische Republik (49%)
	Vereinbarter Grenzverlauf

Stand: Ende 1995

0 ___ 50 km

▷ Die Hauptstadt Sarajevo wird wiedervereinigt und moslemischer Verwaltung unterstellt
▷ Innerhalb von sechs bis neun Monaten sollen Präsidentschafts- und Parlamentswahlen unter internationaler Aufsicht durchgefürt werden
▷ Eine 60 000 Mann starke NATO-Friedenstruppe überwacht die Einhaltung des Friedensabkommens
▷ Alle Flüchtlinge dürfen in ihre Heimat zurückkehren. Sie erhalten ihren Besitz zurück oder werden entschädigt
▷ Das Waffenembargo gegen Ex-Jugoslawien sowie das Handelsembargo gegen Serbien und Montenegro werden aufgehoben.

Faktisch teilte das Abkommen Bosnien-Herzegowina in zwei Teile. Kritiker bemängelten an dem Vertrag, er belohne die Aggressoren, indem er nachträglich die Vertreibung von Zehntausenden, die sog. ethnischen Säuberungen, legitimiere. Zudem blieben Gebiete wie Srebrenica und Žepa, wo die Serben Tausende Men-

Balkan-Konflikt: Chronik des Krieges

Datum	Ereignis
25.6.1991	Kroatien und Slowenien erklären ihre Unabhängigkeit. Jugoslawien schickt Truppen an die slowenische Grenze, die Kämpfe enden nach drei Tagen
19.12.1991	Aufständische Serben erklären die Unabhängigkeit der kroatischen Krajina
3.1.1992	UNO vermittelt Waffenruhe zwischen Serben und Kroaten. 14 000 UNO-Soldaten in Kroatien stationiert
3.3.1992	Bosniens Moslems stimmen für die Unabhängigkeit der Republik, Serben boykottieren das Referendum
6.4.1992	EU erkennt Bosnien an. Kämpfe zwischen Regierungsarmee und Serben, die Sarajevo belagern, beginnen
7.4.1992	Serben rufen eigene Republik in Bosnien aus
27.4.1992	Serbien und Montenegro gründen die Bundesrepublik Jugoslawien mit serbischer Vorherrschaft
Mai 1992	UNO verhängt Sanktionen gegen Restjugoslawien
Jan. 1993	Kämpfe zwischen den bislang verbündeten Bosniern und Kroaten brechen aus
13.4.1993	UNO verhängt militärisches Flugverbot über Bosnien
5.5.1993	Sarajevo, Srebrenica, Žepa, Goražde, Tuzla und Bihać werden UNO-Schutzzonen
6.2.1994	Bei einem Angriff auf Sarajevo sterben 68 Menschen. NATO droht mit Luftangriffen, Serben ziehen schwere Waffen aus der Umgebung von Sarajevo ab
28.2.1994	NATO setzt Flugverbot gewaltsam durch und schießt vier serbische Kampfflugzeuge ab
März 1994	Kroaten und Moslems beenden ihre Kämpfe und gründen eine Föderation
April 1994	NATO-Luftangriffe beenden serbische Angriffe auf die UNO-Schutzzone Goražde
4.8.1994	Restjugoslawien bricht Beziehungen zu bosnischen Serben ab, die den internationalen Friedensplan ablehnen. UN-Sanktionen gegen Restjugoslawien gelockert
20.3.1995	Bosnische Großoffensive in Nordost-Bosnien
1.5.1995	Kroaten erobern West-Slawonien zurück
Mai 1995	Serben nehmen 350 Blauhelmsoldaten als Geiseln. UNO schickt Schnelle Eingreiftruppe zur Verstärkung
Juli 1995	Serben erobern die UNO-Schutzzonen Srebrenica und Žepa. Massenhinrichtungen beginnen
7.8.1995	Kroaten erobern Krajina zurück
28.8.1995	30 Menschen sterben bei serbischem Raketenangriff auf Sarajevo. NATO erzwingt mit 800 Luftangriffen die Aufhebung der Belagerung von Sarajevo
Sept. 1995	Moslems und Kroaten erobern bei einer gemeinsamen Großoffensive 4000 km² Land in Bosnien zurück
12.10.1995	Waffenstillstand tritt in Kraft
12.11.1995	Kroatiens Serben unterzeichnen Abkommen über Wiedereingliederung Ost-Slawoniens in Kroatien
21.11.1995	Bosnien, Kroatien und Serbien unterzeichnen Daytoner Friedensabkommen
22.11.1995	UNO beendet Sanktionen gegen Restjugoslawien
5.12.1995	NATO verabschiedet Einsatzplan für 60 000 Soldaten zur Absicherung des Friedensabkommens

schen ermordeten, im Besitz der Eroberer. Neue ethnische Konflikte seien vorprogrammiert.

BILANZ DES KRIEGES: 250 000 Menschen starben bei den vier Jahre andauernden Kämpfen oder werden vermißt. 4,5 Mio Kroaten, Bosnier und Serben befanden sich 1995 auf der Flucht. In Bosnien waren 90% der Kraftwerke und Stromleitungen zerstört, ein Drittel aller Schulen und Krankenhäuser lag in Trümmern. 60% der Industrie in Bosnien und Kroatien wurden vernichtet. Die Weltbank schätzte die Gesamtkosten des Wiederaufbaus auf 85 Mrd DM, die zu je einem Drittel von der EU, den USA und den übrigen Ländern getragen werden sollen.

OST-SLAWONIEN: Im Januar 1996 beschloß der Weltsicherheitsrat die Einrichtung einer UNO-Übergangsverwaltung in Ost-Slawonien, der letzten noch serbisch besetzten Region Kroatiens. 5000 Blauhelme sollen die Rückgabe des serbisch-kroatischen Grenzgebiets unter kroatische Herrschaft überwachen. Zu den Aufgaben der UNO-Truppen zählten auch die Entwaffnung der 15 000 bis 25 000 serbischen Soldaten sowie die Sicherstellung der Rückkehr von 80 000 Kroaten, die 1991 von den vorrückenden Serben vertrieben worden waren. 1996 stellten die Serben rd. 50% der Bevölkerung Ost-Slawoniens.

GREUELTATEN: Als Kriegsmittel setzten die serbischen Aggressoren Massenvergewaltigungen (40 000–70 000 Fälle) ein. Sie errichteten Gefangenenlager, in denen Hunderttausende Menschen, vorwiegend Zivilisten, mißhandelt und getötet wurden. 1995/96 mehrten sich die Hinweise auf von Serben verübte Massaker an der bosnischen und kroatischen Zivilbevölkerung. An verschiedenen Stellen in Bosnien wurden Massengräber entdeckt. Die UNO legte im Dezember 1995 einen Bericht vor, der Beweise für Massenhinrichtungen nach der Einnahme von Srebrenica durch die Serben im Juli 1995 lieferte. 8000 Männer werden seither vermißt.

HINTERGRÜNDE: Die jahrzehntelangen Nationalitätenkonflikte im ehemaligen Vielvölkerstaat Jugoslawien weiteten sich zu einem Krieg aus, nachdem sich Mitte

1991 die Teilrepubliken Slowenien sowie Kroatien und 1992 das angrenzende Bosnien-Herzegowina für unabhängig erklärt hatten. Die serbische Bevölkerung im ehemaligen Jugoslawien, die in allen Teilrepubliken mit einer Minderheit vertreten war, aber während des Kommunismus politisch eine dominierende Rolle innehatte, fürchtete Machteinbußen. Der Serbe Slobodan Milošević, der 1990 zum Präsidenten der Teilrepublik Serbien gewählt wurde, rief zur Schaffung eines großserbischen Staates auf. Mit Hilfe der serbisch dominierten jugoslawischen Volksarmee eroberten die Serben ab 1991 etwa ein Drittel von Kroatien und 70% von Bosnien-Herzegowina. Zusammen mit Serbien und Montenegro, die seit 1992 die Bundesrepublik Jugoslawien bilden, sollten diese Eroberungen Großserbien schaffen. Auch die südliche ehemalige jugoslawische Teilrepublik Mazedonien (Unabhängigkeitserklärung 1991) wollten serbische Extremisten Großserbien angliedern.

→ Kriegsverbrechertribunal → UNO-Friedenstruppen → [ORG] NATO → [LAND] Bosnien-Herzegowina → [LAND] Jugoslawien → [LAND] Kroatien

Bananen

Die B.-Marktordnung der EU von 1993 sieht einen Zoll von 20% auf Importe von Bananen aus Lateinamerika in die EU vor. Nach dem EU-Beitritt von Finnland, Österreich und Schweden am 1. 1. 1995 erhöhte die EU-Kommission die Einfuhrquote für lateinamerikanische Dollar-B. von 2,12 Mio t auf 2,55 Mio t im Jahr. Darüber hinausgehende Importe wurden mit einem Zoll von 170% belegt. Eine bis dahin geltende Sonderregelung für eine zollfreie Einfuhr von Dollar-B. nach Deutschland wurde aufgehoben, was zu einem Anstieg der B.-Preise bis Mitte 1996 um rd. ein Drittel führte. Nach einem Rückgang des Pro-Kopf-Verbrauchs von 14,9 kg (1992/93) auf 12,6 kg (1993/94) stieg der Verzehr in Deutschland 1994/95 wieder auf 13,5 kg. Mit ihrer Regelung will die EU Produzenten in Griechenland, Portugal, Spanien und den überseeischen Gebieten Frankreichs sowie in den Entwicklungsländern, die mit der EU durch das Lomé-Abkommen verbunden sind, vor der preiswerten lateinamerikanischen Konkurrenz schützen.

UNKLARE RECHTSLAGE: Der Bundesfinanzhof bestätigte im Januar 1996 ein Urteil des Finanzgerichts Hamburg zugunsten eines Hamburger Obst- und Gemüseimporteurs. Der Händler muß demnach Dollar-B. aus Ecuador nicht nachträglich verzollen. Er hatte Mengen eingeführt, die das im Rahmen der B.-Marktordnung der EU vom Juli 1993 festgelegte Kontingent erheblich überschritten. Das Gericht argumentierte, die Einfuhrbeschränkungen der Marktordnung verstießen gegen die Freihandelsregeln des WTO. Im November 1995 hatte der Europäische Gerichtshof (EuGH, Luxemburg) die Klage von 18 deutschen Bananenimporteuren gegen die Importbeschränkungen zurückgewiesen.

SUBVENTIONEN: Für die Ernte 1995 erhielten die B.-Produzenten in der EU Zuschüsse in Höhe von 340 Mio DM (1994: 250 Mio DM). Damit sollten Einkommenseinbußen aufgrund niedriger B.-Preise ausgeglichen werden.

→ Lomé-Abkommen

Banken [TAB]

Wirtschaftsexperten waren 1996 der Auffassung, daß den B. in den nächsten Jahren verschärfter Konkurrenzkampf und ein Umbruch der Branche bevorsteht.

DIREKTBANKEN: 1995 wechselten viele B.-Kunden zu neuen Direkt-B., die ohne

Banken: Größte Institute weltweit	
Name/Land	Bilanzsumme (Mrd Dollar)
Tokyo-Mitsubishi/Japan	819,0
Sanwa/Japan	582,2
Dai-Ichi-Kangyo/Japan	581,6
Fuji/Japan	571,1
Sumitomo/Japan	566,0
Sakura/Japan	559,5
Deutsche Bank/Deutschl.	479,0
Industrial Bank/Japan	433,3
Norinchukin/Japan	429,3
Long-Term-Credit/Japan	371,6

Quelle: Economist 1996

Zweigstellen auskommen und zu günstigen Gebühren per Telefon, Fax oder Computer erreichbar waren. Die Einlagen betrugen über 11 Mrd DM (1990: 2,4 Mrd DM). Groß-B. gründeten eigene Direkt-B.-Institute.

RATIONALISIERUNG: Die Zunahme von Direkt-B., Electronic Banking und Telefonbanking übten 1996 einen starken Rationalisierungsdruck auf die B. aus. Nach Schätzungen der Deutschen Angestellten-Gewerkschaft (DAG) sind bis 2000 rd. 20% der 700 000 Arbeitsplätze bei B. und Sparkassen gefährdet.

FUSIONEN: In den USA kündigten die Chemical Bank und die Chase Manhattan Bank Ende 1995 ihren Zusammenschluß zur größten amerikanischen Geschäfts-B. an. In Japan entstand Anfang 1996 durch den Zusammenschluß der Bank of Tokyo und der Mitsubishi-Bank die größte B. der Welt (Tokyo-Mitsubishi, Bilanzsumme: 1300 Mrd DM). Die von der Crédit Suisse angebotene Fusion mit der Schweizerischen Bankgesellschaft, mit der die größte B. Europas entstanden wäre, kam nicht zustande.

BILANZIERUNG: Ihren Jahresabschluß für 1995 legte die Deutsche Bank erstmals nach den internationalen Rechnungslegungsstandards vor (IAS, engl.: International Accounting Standards). Diese Vorschriften schaffen mehr Transparenz, auf die insbes. ausländische Investmentfonds Wert legen. Die Bilanz zeigte jetzt auf, daß die Deutsche Bank Wertpapiere anderer Unternehmen mit einem Marktwert von 50 Mrd DM besitzt.

GEWINNE: Die Gewinne der deutschen B. stiegen 1995 nach einem schwächeren Wirtschaftsjahr 1994 erneut an. Für Erlöse von 100 DM waren jedoch Verwaltungskosten von rd. 70 DM aufzuwenden.
→ Bundesbank, Deutsche → Electronic Banking → Investmentfonds → Leitzinsen → Postbank

Bank für internationalen Zahlungsausgleich → [ORG]

BDA → [ORG]

BDI → [ORG]

Beamte [TAB]

Angehörige des öffentlichen Dienstes, die zu ihrem Arbeitgeber (Bund, Länder und Kommunen) in einem besonderen Treueverhältnis stehen. In Deutschland ist das Berufsbeamtentum in Art. 33 Abs. 5 GG geschützt. Der Bundestag verabschiedete im Juni 1996 mit den Stimmen von CDU/CSU und FDP einen Gesetzentwurf zur Reform des öffentlichen Dienstrechts. Ziel ist es, die Arbeitseffektivität der Verwaltungen zu erhöhen und die Kostenbelastung durch den öffentlichen Dienst (z. B. Pensionszahlungen an B.) zu senken.

REFORMVORSCHLÄGE: Die Vorlage tastete die Grundsätze des Berufsbeamtentums, z. B. Unkündbarkeit für B. auf Lebenszeit, nicht an, eine Verfassungsänderung war daher nicht notwendig. Kernpunkte des Gesetzentwurfes sind:
▷ Erprobungszeiten in Führungspositionen (ein bis zwei Jahre) und vor

Banken: Fünf deutsche Großbanken im Vergleich

Position	Deutsche Bank		Dresdner Bank		Commerzbank		Bayer. Vereinsbank		Bayer. Hypo-Bank	
(Mrd DM)	1994	1995	1994	1995	1994	1995	1994	1995	1994	1995
Bilanzsumme	573,0	689,8	400,1	484,5	342,1	404,2	318,2	356,5	275,4	298,6
Kredite	331,1	366,8	253,4	289,9	220,4	260,3	254,0	281,0	215,1	231,4
Zinsüberschuß	11,5	11,2	6,5	6,3	5,1	5,2	4,3	4,4	4,1	4,1
Provisions-überschuß	5,9	6,0	2,9	3,1	1,8	1,9	1,1	1,1	0,9	0,8
Verwaltung	12,4	13,5	6,6	7,3	4,9	5,3	3,5	3,7	3,0	3,2
Ergebnis	4,1	4,4	1,6	2,0	0,7	1,5	1,1	1,4	1,1	1,3
Überschuß	1,4	2,2	1,0	1,2	1,1	1,0	0,6	0,7	0,5	0,7
Mitarbeiter	73 470	74 119	44 884	46 890	28 706	29 615	20 247	20 475	19 064	18 982

Quellen: Frankfurter Allgemeine Zeitung, 1. 4. 1996; Aktuell-Recherche

Beamte: Personal im öffentlichen Dienst

Beschäftigungs-bereich	Beamte[1] 1000	%[2]	Angestellte 1000	%[2]	Arbeiter 1000	%[2]	Gesamt 1000
Bund	345,2	59,8	125,1	21,7	107,3	18,5	577,6
Länder	1201,3	48,4	1061,8	42,8	218,9	8,8	2482,0
Gemeinden	176,6	9,8	1085,8	60,1	544,1	30,1	1806,4
Zweckverbände	2,7	4,1	40,5	60,5	23,7	35,4	66,9
Bundeseisen-bahnvermögen	122,2	95,1	0,6	0,5	5,7	4,4	128,5
Dt. Bundespost	293,6	48,5	88,4	14,6	223,0	36,9	605,0
Sonstige	43,2	10,1	333,4	77,9	51,5	12,0	428,0
Gesamt	2184,7	35,8	2735,5	44,9	1174,1	19,3	6094,3

1) Inkl. Richter und Soldaten; 2) prozentualer Anteil an der Gesamtzahl; Stand: 30. 6. 1994;
Quelle: Statistisches Bundesamt

Beförderungen (drei bis zwölf Monate)
▷ Einführung leistungsabhängiger Prämien und Zulagen
▷ Ausbau der Teilzeitbeschäftigung im öffentlichen Dienst
▷ Erleichterung von Versetzungen mit Verpflichtung zur Umschulung
▷ Modernisierung des Besoldungsrechts (bessere Bezahlung jüngerer B., niedrigere Anhebungen aufgrund des Dienstalters)
▷ Anhebung der Altersgrenze, von der an B. ohne gesundheitliche Gründe in den vorzeitigen Ruhestand gehen können, von 62 auf 63 Jahre
▷ Dauerhafte Minderung der Pension bei vorzeitigem Ausscheiden aus dem Dienst um bis zu 3,6% pro Jahr. Die Versorgung wird künftig nach dem Gehalt der erreichten Dienstaltersstufe errechnet.

SPD-INITIATIVE: Die SPD-regierten Bundesländer lehnten den Gesetzentwurf der Bundesregierung als unzureichend ab. Im Mai 1996 brachte die schleswig-holsteinische Ministerpräsidentin Heide Simonis (SPD) einen Gesetzentwurf im Bundesrat ein, mit dem die verfassungsrechtlichen Grundsätze des Berufsbeamtentums geändert werden sollen. Die Grundgesetzänderung soll eine umfassende Modernisierung des öffentlichen Dienstes ermöglichen. Die Tätigkeit von B. soll auf die hoheitlichen Aufgaben in den Bereichen Justiz, Polizei, Steuerverwaltung und Landesverteidigung beschränkt werden.

Beamte: Einkommensvergleich

Nettoeinkom-men/Monat (DM)	Verteilung (%) auf	
	Beamte	Angest.
unter 600	5	4
600 bis 1000	2	6
1000 bis 1400	2	9
1400 bis 1800	4	11
1800 bis 2200	7	16
2200 bis 2500	9	13
2500 bis 3000	13	13
3000 bis 4000	24	14
4000 und mehr	33	14

Quelle: VDI Nachrichten, 5. 4. 1996

Führungspositionen im öffentlichen Dienst sollen nur noch auf Zeit vergeben und B. dauerhaft als Teilzeitbeschäftigte eingesetzt werden. Das Versorgungsrecht soll grundlegend reformiert werden.

PENSIONEN: Nach einer Analyse der Verwaltungshochschule Speyer wird die Belastung von Bund, Ländern und Gemeinden durch Pensionsausgaben für B. von 35 Mrd DM (1995) auf 164,5 Mrd DM (2030) wachsen. B. erhalten nach dem Ende ihrer Dienstzeit 75% ihrer letzten Besoldung. Pensionen müssen versteuert werden. Insbes. die Bundesländer, die 1995 durchschnittlich rd. 40% ihres Etats für Personalkosten aufwendeten, waren von steigenden Pensionszahlungen betroffen. 1995 verkaufte Schleswig-Holstein seine Anteile an einer Versicherungsgesellschaft für 100 Mio DM und zahlte das Geld als Grundstock in einen Pensionslastenfonds ein.

65

Rheinland-Pfalz führte Anfang 1996 als erstes Bundesland eine systematische Vorsorge zur Finanzierung der B.-Pensionen ein. Danach müssen die Mainzer Ministerien von 1996 an für jeden neu eingestellten B. einen Beitrag von 25% der Monatsbezüge zusätzlich als Rücklage in einen Pensionsfonds überweisen. Die zusätzlichen Kosten müssen in den einzelnen Etats der Ministerien eingeplant werden. Der künftige Mainzer Pensionsfonds soll als selbständige Anstalt des öffentlichen Rechts arbeiten.
BEAMTENSTATUS: B. haben in der Bundesrepublik Deutschland die Verpflichtung, für die freiheitlich-demokratische Grundordnung einzutreten. Sie sind unkündbar, wenn sie nicht auf Probe, Zeit oder Widerruf eingestellt werden. B. dürfen nicht streiken und zahlen keine Sozialabgaben. 65% der Krankheitskosten werden von der staatlichen Beihilfe übernommen. Das Gehalt der B. richtet sich u. a. nach der Besoldungsgruppe (einfacher, mittlerer, gehobener und höherer Dienst) und der Dienstzeit.

Behinderte [TAB]

In Deutschland galten 1995 etwa 6,4 Mio Menschen (ca. 8% der Gesamtbevölkerung) nach dem Gesetz als schwerbehindert, d. h., ihre Erwerbsfähigkeit war um mindestens 50% gemindert. 5,3 Mio der Schwerbehinderten waren infolge einer Krankheit behindert.
BESCHÄFTIGUNG: Arbeitgeber mit mindestens 16 Beschäftigten sind dazu verpflichtet, 6% der Stellen an Schwerbehinderte zu vergeben. Wird diese Quote nicht erfüllt, muß der Arbeitgeber eine sog. Ausgleichsabgabe von 200 DM monatlich je nichtbesetztem Schwerbehindertenarbeitsplatz zahlen (Stand: Mitte 1996). 1995 erfüllten nur 23% aller dazu verpflichteten Arbeitgeber den gesetzlich vorgeschriebenen Beschäftigungsanteil, die Beschäftigungsquote lag bei 3,6% statt bei 6%. Im öffentlichen Dienst wurde 1994 mit einem Anteil der B. von 6,4% an allen Beschäftigten erstmals seit 1990 wieder die Pflichtquote erfüllt. Anfang 1996 waren rd. 170 000 Schwerbehinderte arbeitslos gemeldet.

Behinderte:
Anzahl in Deutschland

| Alter | Behinderte | |
(Jahre)	Deutsche	Ausländer
unter 4	14 043	1 243
4–14	91 206	8 530
15–24	120 427	10 281
25–34	265 232	10 487
35–44	342 763	16 428
45–54	691 581	44 169
55–64	1 535 989	53 036
über 64	3 154 212	24 721
Insgesamt	6 215 453	168 895

Stand: 1994; Quelle: Statistisches Bundesamt (Wiesbaden)

PFLEGEFINANZIERUNG: Anfang 1996 beschloß der Bundestag mit den Stimmen der Regierungsfraktionen CDU/CSU und FDP, daß die rd. 150 000 Beschäftigten der Werkstätten für B. keine Leistungen aus der Pflegeversicherung erhalten, obwohl für sie Versicherungsbeiträge entrichtet werden. Ihre Pflege soll nach wie vor durch die Sozialhilfe finanziert werden. Mit diesem Gesetz soll die Pflegeversicherung, die ab Juli 1996 auch für Maßnahmen der stationären Pflege aufkommen muß, finanziell entlastet werden. Die Bundesregierung plante Anfang 1996, den Vorrang ambulanter vor stationärer Pflege aus dem Bundessozialhilfegesetz zu streichen, wenn die ambulante Pflege mit unverhältnismäßig hohen Kosten verbunden ist. Dies wurde von Hilfsorganisationen für B. heftig kritisiert, weil in der Folge viele bisher ambulant behandelte B. aus Kostengründen in Heime eingewiesen werden müßten.
PRIVATE PFLEGE: Im März 1996 klagte ein B., auch stellvertretend für andere B., vor dem Kasseler Sozialgericht, um weiterhin von einem Betreuer seiner Wahl gepflegt werden zu können und dafür auch Sachleistungen aus der Pflegeversicherung zu erhalten (AZ.: S-12/P-898/95). Nach dem Gesetz zur Pflegeversicherung können nur diejenigen B. diese Leistungen in Höhe bis zu 2800 DM monatlich erhalten, die von einem ambulanten, von den Krankenkassen anerkannten Pflege-

Benzin: Glossar

BLEIFREIES BENZIN: Kraftstoff für Ottomotoren. Die bleihaltigen Antiklopfmittel ist durch höhere Anteile von klopffesten Kohlenwasserstoffen ersetzt.
VERBLEITES BENZIN: Verbleites Normalbenzin ist in Deutschland seit dem 1. 2. 1988 verboten. Blei schützt die Ventilsitzringe im Automotor. Es bildet einen Puffer, damit die Ventile nicht einschlagen. Moto-

ren mit Katalysator werden ohne bleihaltige Antiklopfmittel betrieben.
ADDITIVE: Kalium- oder Natriumverbindungen, die bleihaltige Antiklopfmittel ersetzen. Manche Autohersteller halten den Einsatz der Additive bei Motoren mit hoher Laufleistung für unnötig, weil sich in den Ventilsitzringen genug Blei angesammelt hat, um weiter ohne Antiklopfmittel fahren zu können. Ande-

re Hersteller empfehlen den Additiv-Einsatz bei Fahrten mit Vollast und bei hohen Motordrehzahlen.
BENZOL: Farblose, brennbare Flüssigkeit. Benzol ist Zwischenprodukt der Petrochemie und wird in Farben, Lösungsmitteln und Kraftstoffen verwendet. Die giftigen Benzoldämpfe müssen an Zapfanlagen in Deutschland bis Ende 1997 durch »Saugrüssel« aufgefangen werden.

dienst betreut werden. Das Sozialgericht lehnte die Klage des B. ab, woraufhin das Verfahren an das Bundessozialgericht verwiesen wurde.
→ Sozialhilfe

Belt-Überbrückung
→ Ostsee-Überbrückung

Benzin GLO
Bis Ende 1996 planten deutsche Mineralölgesellschaften, das Angebot von verbleitem Super-B. einzustellen. Der Verkauf der B.-Sorte lohnte sich nach ihren Angaben wirtschaftlich nicht, weil der Verbrauch auf unter 5% des B.-Verkaufs sank. 1995 reduzierten deutsche Mineralölunternehmen den Anteil von krebserregendem Benzol im B. Super Plus von 2% auf 1%.
BLEI: Die Mineralölfirmen boten Autofahrern statt verbleitem Super-B. sog. Additive an, Zusatzstoffe, die Fahrer bei jedem Tanken dem B. beimischen müssen. Sie schützen anstelle von Blei die Ventilsitzringe im Automotor. 1996 wurden 2,5 Mio von 47,6 Mio Kfz in Deutschland mit verbleitem Super-B. betrieben. Mitte der 90er Jahre stießen Kfz-Motoren in Deutschland 400 t giftigen Bleis aus. Das Umweltbundesamt (Berlin) stufte den Einsatz der Additive als schädlich ein, weil sie als Partikel mit den Auspuffgasen wieder ausgestoßen werden.
BENZOL: In Deutschland sind 5% Benzol im B. zulässig. Bei Fahrzeugen ohne Katalysator sorgt der benzolärmere Kraftstoff für eine Schadstoffreduzierung, während der Einsatz von Katalysatoren Benzolemissionen noch einmal um 90%

verringert. Umweltschützer forderten eine weitere Senkung des Benzolanteils im B. Sie verwiesen auf andere Länder wie Italien, wo ein Benzolhöchstwert von 1,4% vorgeschrieben ist. In Deutschland gelangen jährlich fast 50 000 t des farblosen, leicht flüchtigen Benzols aus Autoabgasen und beim Tanken in die Luft.
→ Autoverkehr → Dieselkraftstoff
→ Katalysator → Luftverschmutzung
→ Tankstellen-Umrüstung → Verkehr

Berliner Zentralbahnhof TAB
(auch Lehrter Bahnhof), größter Bahnhofsneubau des 20. Jh.s in Deutschland. Bis 2002 soll in der Nähe des entstehenden Parlaments- und Regierungsviertels in Berlin ein zentraler Umsteigebahnhof für die Fernbahnstrecken sowie den Regional- und Nahverkehr entstehen. Eine 3,4 km lange, viergleisige Nord-Süd-Tunnelstrecke unter dem Stadtpark Tiergarten soll die bestehende Ost-West-Linie kreuzen. Der B. liegt in der Mitte der Tunnelstrecke, an seinem Nordende ist der Regionalbahnhof unter dem Potsdamer

Bahnhöfe: Größtes tägliches Besucheraufkommen					
Rang	Bahnhof	Besucher[1]	Rang	Bahnhof	Besucher[1]
1	Frankfurt/M.	380 000	9	Essen	140 000
2	München	350 000	10	Dortmund	125 000
3	Hamburg	250 000	11	Nürnberg	110 000
4	Berlin Zoo	200 000	12	Berlin Hbf.	85 000
5	Hannover	200 000	13	Halle/S.	60 000
6	Stuttgart	200 000	14	Leipzig	60 000
7	Köln	190 000	15	Karlsruhe	55 000
8	Düsseldorf	150 000	16	Dresden	54 000

1) Fahrgäste und Passanten; Stand: 1996; Quelle: Deutsche Bahn AG (Frankfurt/M.)

Platz geplant, am südlichen Ende der Fern- und Regionalbahnhof Papestraße. Die Deutsche Bahn AG erwartet, daß etwa 200 000 Reisende täglich den Zentralbahnhof nutzen werden. Private Investoren sollen zur Finanzierung des Gebäudes mit Geschäften, Büros und Gaststätten beitragen. Die Kosten allein für die Bahnanlagen werden auf 700 Mio DM geschätzt.

→ Bahn, Deutsche

Berufliche Fortbildung

In Deutschland werden inner- und außerbetriebliche Maßnahmen zur beruflichen Weiterbildung von der Bundesanstalt für Arbeit (BA, Nürnberg), den Unternehmen, Gewerkschaften, Kirchen sowie weiteren Bildungsträgern angeboten. Mit B. sollen die Chancen der Erwerbslosen auf dem Arbeitsmarkt verbessert und Qualifikationen auf dem neuesten Stand erhalten werden.

Das Bundesinstitut für Berufsbildung (BIBB) veröffentlichte Anfang 1996 einen Bericht, nach dem 1994 nur 28% der Teilnehmer einer von den Arbeitsämtern geförderten B. eine neue Stelle fanden. Als Grund nannte das BIBB, daß die Arbeitsämter keine Kurse fördern dürften, die zielgenau auf die Bedürfnisse der Firmen zugeschnitten sind. Daher seien die in den Schulungen vermittelten Qualifikationen in der Wirtschaft oft nicht anwendbar.

Die Ausgaben für B. in Deutschland lagen 1995 schätzungsweise bei rd. 120 Mrd DM, davon trugen die Unternehmen ca. 45 Mrd DM. 42% aller Führungskräfte, 26% der Fachkräfte und nur 7% aller Ungelernten nahmen 1995 an einer Maßnahme zur B. teil.

→ ORG Bundesanstalt für Arbeit

Berufsverbots-Urteil

Der Europäische Gerichtshof für Menschenrechte in Straßburg gab im September 1995 der Klage einer niedersächsischen Studienrätin gegen die Bundesrepublik Deutschland statt. Die Lehrerin war 1987 wegen Zugehörigkeit zur Deutschen Kommunistischen Partei (DKP) aus dem Schuldienst entlassen worden. Von dem B. des Europäischen Gerichtshofes für Menschenrechte werden Auswirkungen auf die Rechtsprechung des Bundesarbeitsgerichts (BAG, Kassel) in den laufenden Verfahren gegen ehemalige DDR-Bürger erwartet, denen die Beschäftigung im öffentlichen Dienst wegen ihrer Zugehörigkeit zu politischen Organisationen der DDR und wegen ihres Einsatzes für sozialistische Ziele verweigert wurde. In derartigen Verfahren hatte sich das BAG bislang auf frühere B. gegen westdeutsche Kommunisten gestützt.

URTEILSBEGRÜNDUNG: Das Gericht sah in dem Berufsverbot, das auf dem sog. Radikalenerlaß von 1972 beruht, einen Verstoß der Bundesrepublik Deutschland gegen die Menschenrechte der Meinungs- und Vereinigungsfreiheit. Die Klägerin, die nach der Aufhebung des Radikalenerlasses in Niedersachsen 1991 wieder eingestellt worden war, hatte eine Entschädigung für entgangene Gehaltszahlungen und Pensionsansprüche gefordert.

RADIKALENERLASS: 1972 hatten Bundeskanzler Willy Brandt (SPD) und die Länderregierungschefs beschlossen, bei allen Bewerbungen für den öffentlichen Dienst die Regelanfrage an die Verfassungsschutzämter zu richten, um festzustellen, ob belastendes Material gegen den Bewerber vorliege. Grundlage für den Extremistenbeschluß, der später zum Erlaß (sog. Radikalenerlaß) erhoben wurde, war die Verpflichtung von Beamten, Angestellten und Arbeitern im öffentlichen Dienst, jederzeit für die freiheitlich-demokratische Grundordnung im Sinne des Gundgesetzes einzutreten. Die Anwendung des Radikalenerlasses blieb umstritten und wurde in den einzelnen Bundesländern unterschiedlich gehandhabt. Ende 1991 schaffte Bayern als letztes Bundesland die Regelanfrage nach dem Radikalenerlaß ab.

Beutekunst BILD

Im Krieg vom Gegner erbeutete Kulturgüter, insbes. Kunstwerke. Nach der Haager Landkriegsordnung von 1907 sind Gegenstände des Gottesdienstes, Kulturgüter und Vermögen, das wissenschaftlichen Zwecken dient, vom sog. Beuterecht des feindlichen Staates ausgeschlossen. Seit Anfang der 90er Jahre gerieten vor allem deutsche Kunstwerke, die von Stalins „Trophäenkommission" als Wiedergutmachung für erlittene Kriegsschäden in die Sowjetunion gebracht worden waren, ins Blickfeld der Öffentlichkeit.

TROJA-AUSSTELLUNG: Die mit dem Zerfall der Sowjetunion und der Öffnung der Grenzen zum Westen aufgekommene Diskussion um die Rückgabe der B. erreichte im April 1996 einen neuen Höhepunkt, als im Moskauer Puschkin-Museum die Ausstellung „Der Schatz aus Troja" eröffnet wurde. Erstmals nach 50 Jahren wurden der Öffentlichkeit 259 antike Kunstwerke aus dem 3. Jt. v. Chr. gezeigt, die der deutsche Kaufmann und Altertumsforscher Heinrich Schliemann (1822–1890) ab 1870 in dem Ruinenhügel Hisarlik an der westtürkischen Küste ausgegraben und 1881 dem Berliner Museum für Vor- und Frühgeschichte übereignet hatte. 1945 hatten sowjetische Soldaten die wertvollsten Stücke des Schliemann-Fundes, den sog. Schatz des Priamos, als B. ins Moskauer Puschkin-Museum gebracht. Bis 1993 war dort die Existenz der Kunstwerke geleugnet worden. Die Keramikobjekte aus Hisarlik befinden sich in der St. Petersburger Eremitage. Sie sollen 1997 ausgestellt werden.

EIGENTUMSFRAGE: Sowohl das Berliner Museum für Vor- und Frühgeschichte als auch der türkische Staat erheben Anspruch auf die Exponate, die Schliemann z. T. illegal aus der Türkei nach Deutschland geschmuggelt hatte. Insgesamt befinden sich in Rußland und den Staaten der ehemaligen Sowjetunion etwa 200 000 Museumsobjekte, 2 Mio Bücher und 3 km Archivakten aus deutschen Beständen. Am 5. 7. 1996 beschloß das russische Parlament ein Gesetz, das die im Zweiten Weltkrieg von der UdSSR erbeuteten Kunstgüter bis auf wenige Ausnahmen zum Eigentum Rußlands erklärt. Präsident Boris Jelzin und der Föderationsrat, die zweite Parlamentskammer, hatten der Entscheidung Mitte 1996 nicht zugestimmt. Deutschland verlangte mit Hinweis auf das Völkerrecht die Rückgabe der Kunstschätze.

Bevölkerungsentwicklung
TAB GRA

1996 lebten rd. 5,75 Mrd Menschen auf der Erde. Die Weltbevölkerung wuchs Mitte der 90er Jahre nach einer UNO-Studie jährlich um rd. 90 Mio Menschen, das durchschnittliche jährliche Wachstum lag bei 1,6%. 90% des Wachstums entfielen auf arme Länder, in denen Bürgerkrieg und soziale Unruhen herrschten. Bis zum Jahr 2100 wird sich die Weltbevölkerung bei rd. 12 Mrd Menschen stabilisieren. Voraussetzung dafür ist jedoch, daß die Geburtenrate bis zum Jahr 2050 im Durchschnitt auf 2,1 Kinder pro Frau sinkt (1994: 3,3 Kinder pro Frau). In den Entwicklungsländern zeichnete sich Mitte der 90er Jahre eine positive Tendenz ab: Die Hälfte aller Paare in der Dritten Welt benutzte Verhütungsmittel, die Kinderzahl pro Frau sank von 6,1 (1950) auf 3,5 (1995). Aus ideologischen Gründen oder weil Finanzmittel fehlten, mußten 1996 weltweit immer noch 350 Mio Paare auf Kontrazeptiva verzichten.

FOLGEN DES WACHSTUMS: Die hohe Geburtenrate macht die Erfolge der Armutsbekämpfung in der sog. Dritten Welt zunichte. Die Menge der produzierten Nahrungsmittel wächst in vielen Dritte-Welt-Staaten langsamer als die Bevölkerung. Hunger und Verelendung großer Bevölkerungsteile und Landflucht sind

In der Ausstellung mit dem Titel „Der Schatz aus Troja", die im April 1996 im Moskauer Puschkin-Museum eröffnet wurde, war der sagenumwobene „Schatz des Priamos" erstmals seit 50 Jahren wieder zu sehen.

Bevölkerungsentwicklung: Kennzahlen für ausgewählte Länder

Land	Bevölkerung (Mio) 1995	2025	Wachstum 1995–2000 (%)	Ein- wohner je Arzt[1]	Kinder- sterblich- keit[2]	Benutzung von Verhü- tungsmit- teln (%)[3]	Geburten pro Frau 1995-2000	Lebens- erwartung (Jahre)[4]
Europa								
Belgien	10	10	0,3	310	6	79	1,7	76
Bulgarien	6	8	–0,4	320	14	76	1,5	71
Dänemark	5	5	0,1	360	7	78	1,7	75
Deutschland	82	76	0,0	319	6	75	1,3	76
Finnland	5	5	0,4	406	5	80	1,9	76
Frankreich	58	61	0,4	350	7	75	1,7	78
Großbrit.	58	62	0,3	611	6	82	1,8	76
Irland	4	4	0,3	681	7	60	2,1	76
Italien	57	52	0,0	210	7	78	1,3	78
Niederlande	15	16	0,6	400	6	80	1,6	78
Norwegen	4	5	0,4	350	7	76	2,0	78
Österreich	8	8	0,4	230	6	71	1,6	77
Polen	38	42	0,2	450	13	75	1,9	72
Portugal	10	8	0,0	348	9	66	1,5	75
Schweden	9	10	0,4	395	5	78	2,1	78
Schweiz	7	8	0,8	630	6	71	1,7	78
Spanien	39	38	0,1	257	7	59	1,2	77
Tschechien[6]	10	11	0,1	270	9	69	1,8	73
Ungarn	10	9	–0,3	344	15	73	1,7	70
Afrika								
Ägypten	63	97	1,9	1 340	54	46	3,4	62
Äthiopien[7]	55	127	2,9	32 500	107	4	6,5	49
Ghana	17	38	2,9	22 970	73	20	5,5	58
Kenia	28	63	2,8	10 150	66	33	5,8	59
Madagaskar	15	34	3,1	8 120	93	17	5,7	52
Nigeria	112	238	2,8	6 573	77	6	6,0	52
Südafrika	41	71	2,2	1 271	48	50	3,8	64
Tschad	6	13	2,8	29 410	112	k. A.	5,5	48
Amerika								
Argentinien	35	46	1,2	340	22	k. A.	2,6	72
Brasilien	162	230	1,5	685	53	66	2,7	67
Chile	14	20	1,4	2 150	14	56	2,4	72
Kanada	29	38	1,0	450	6	73	1,9	78
Mexiko	94	137	1,8	800	33	53	2,8	71
USA	263	331	0,9	341	7	71	2,1	77
Asien								
Bangladesch	120	196	2,2	5 220	96	46	3,9	57
China	1200	1526	1,0	1060	38	83	2,0	69
Indien	936	1392	1,8	2 460	72	41	3,4	62
Israel	6	8	1,5	345	8	k. A.	2,7	77
Japan	125	122	0,2	610	4	59	1,5	79
Türkei	62	100	1,8	980	52	63	3,0	67
Ozeanien								
Australien	18	25	1,2	438	6	76	1,9	77
Neuseeland	4	4	1,0	359	8	70	2,1	76

1) 1993; 2) pro 1000 Geburten 1994; 3) 1987–1994; 4) 1994; 6) bis 1992 Ex-ČSFR; 7) ab 1993 ohne Eritrea; Quelle: UNO, Weltentwicklungsbericht 1996; Weltbevölkerungsbericht 1996

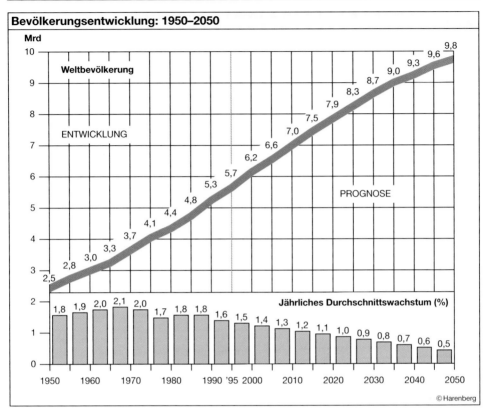

Bevölkerungsentwicklung: 1950–2050

Mrd

Weltbevölkerung

ENTWICKLUNG

PROGNOSE

2,5 2,8 3,0 3,3 3,7 4,1 4,4 4,8 5,3 5,7 6,2 6,6 7,0 7,5 7,9 8,3 8,7 9,0 9,3 9,6 9,8

Jähliches Durchschnittswachstum (%)

1,8 1,9 2,0 2,1 2,0 1,7 1,8 1,8 1,6 1,5 1,4 1,3 1,2 1,1 1,0 0,9 0,8 0,7 0,6 0,5

1950 1960 1970 1980 1990 '95 2000 2010 2020 2030 2040 2050

© Harenberg

die Folgen, denen mit noch intensiverer Ausbeutung der Rohstoff- und Energievorkommen begegnet wird. Zu den Umweltschäden kommen soziale Unruhen und Bürgerkrieg. Experten rechnen in den nächsten Jahren mit großen Flüchtlingswellen. Bis 2003 wird ein Anstieg der Auswanderer aus den Entwicklungsländern auf 80 Mio bis 100 Mio Menschen erwartet.

URBANISIERUNG: 1996 lebten nach Angaben der UNO 500 Mio Menschen in Städten obdachlos oder in unzureichenden Wohnverhältnissen. Obwohl die schlechten urbanen Lebensbedingungen jährlich weltweit rd. 10 Mio Todesopfer fordern, leben Arme in den Städten drei- bis zehnmal besser als auf dem Land. Die Zahl der städtischen Bevölkerung wird sich nach UNO-Schätzungen binnen 30 Jahren von 2,4 Mrd. (1995) auf 5 Mrd (2025) mehr als verdoppeln. In den Städten wächst die Bevölkerung 2,5mal schneller als auf dem Land.

EUROPA: In der EU stieg die Bevölkerungszahl 1995 nur noch um 1,1 Mio (1992: 1,9 Mio) auf rd. 371,5 Mio. Die Geburtenrate ging von 11,2% (1993) auf 10,9% (1994) zurück. In Deutschland überschritt 1995 die Zahl der Todesfälle die Geburten um 125 000, in Italien um 9000. Bei einer stetig zunehmenden Lebenserwartung in der EU (1996: 79,2 Jahre bei Frauen, 73,2 Jahre bei Männern) nimmt die Überalterung der Gesellschaften rapide zu.

→ Alter → Armut → Entwicklungsländer → Flüchtlinge → Hunger → Megastädte

Biodiesel

Kraftstoff aus ölhaltigen Pflanzen, z. B. Raps und Nüssen. B. kann in Verbrennungsmotoren, die auf Pflanzenöl umgestellt wurden, und als Rapsmethylester (RME) als Treibstoff in herkömmlichen Dieselmotoren eingesetzt werden. RME ist der gebräuchlichste B. Mitte 1996 boten Volkswagen und Mercedes-Benz PKW-Serienfahrzeuge mit B. an. In Deutschland gab es Mitte 1996 etwa 500 B.-Tankstellen. Die Produktion von B. (Dieselmarktanteil Mitte 1996: 0,2%) ist etwa acht- bis neunmal so teuer wie herkömmlicher Dieselkraftstoff. B. ist daher nur durch EU-Subventionen, Prämien für stillgelegte Ackerfläche, die mit nachwachsenden Rohstoffen bebaut werden kann, und durch die Befreiung von der Mineralölsteuer konkurrenzfähig.

HERSTELLUNG: Im April 1996 wurde in Leer (Ostfriesland) die bis dahin größte deutsche Produktionsanlage für B. in Betrieb genommen (80 000 t/Jahr). Bei Herstellung von RME wird das im Rapsöl enthaltende Glyzerin durch Methanol ersetzt. Alle Nebenprodukte werden weiterverwertet: Glyzerin in der chemischen Industrie, Rapsschrot als Tiernahrung. Auf 1 ha Anbaufläche werden rd. 1200 l Rapsöl gewonnen. Ein Sechstel der deutschen Ackerfläche (2 Mio ha) müßte mit Raps angebaut werden, um rd. 5% des Dieselverbrauchs durch B. zu ersetzen (1995: rd. 220 000 ha).

ÖKOBILANZ: B. enthält keinen Schwefel wie üblicher Diesel, der Ausstoß von Kohlendioxid (CO_2) ist bei Motoren, die B. verbrennen, um rd. 35% niedriger. B. wird biologisch schnell abgebaut und ist wegen des hohen Flammpunkts (über 100 °C) ungefährlicher. Kritiker verweisen auf die höheren Stickoxidemissionen von B.-Motoren und den hohen Energieaufwand für die Herstellung, den großen Nutzflächenverbrauch und den Einsatz von Dünge- und Pflanzenschutzmitteln. Maßnahmen zur Senkung des Kraftstoffverbrauchs bei PKW würden zu einer größeren Minderung beim CO_2-Ausstoß führen als der gleiche finanzielle und technische Aufwand für B.

› Nachwachsende Rohstoffe

Bioethik

Gegen die Stimme Deutschlands verabschiedete der Lenkungsausschuß des Europarats (Straßburg) im Juni 1996 den Entwurf zur B.-Konvention und leitete ihn an den Europarat weiter. Dieser will auf seiner parlamentarischen Versammlung im Herbst 1996 über die Konvention abstimmen. Bundesjustizminister → [BIO] Edzard Schmidt-Jortzig (FDP) begründete die Ablehnung vor allem mit einem mangelnden Schutz von Patientenrechten. Endgültig kann die Richtlinie nur mit Zustimmung Deutschlands angenommen werden. Sie soll für die 39 Mitgliedstaaten des Europarats Standards für die biomedizinische Forschung und für Eingriffe am Menschen festsetzen.

In der B.-Konvention sind u. a. folgende Punkte festgelegt:

▷ Die Forschung an Menschen ist erlaubt, auch wenn diese dem nicht mehr zustimmen können. An einem Patienten, der z. B. an Alzheimer leidet, soll im Hinblick auf diese Krankheit geforscht werden dürfen, wenn es keine Alternative gibt und das Risiko für die Betroffenen minimal ist

▷ Embryonen dürfen nicht eigens für die Forschung erzeugt werden

▷ Eingriffe in das menschliche Erbgut sind grundsätzlich verboten. Sie dürfen nur aus Präventionsgründen sowie zur Diagnose und Therapie erfolgen

▷ Es wird auch kein generelles Verbot der Weitergabe von Ergebnissen für Gentests geben, mit den Ausnahmen Vaterschaftstest und genetischer Fingerabdruck in der Kriminalistik

▷ Die Erlaubnis zur Entnahme von Organen oder Knochenmark bei Menschen, die nicht einwilligungsfähig sind, soll auf enge Familienangehörige beschränkt werden. Ein Rechtsvertreter des Betroffenen muß zustimmen.

KRITIK: Gegner bezeichnen die B.-Konvention als Lizenz für Menschenversuche, weil sie die Menschenwürde und -rechte nicht umfassend schütze. Auch enthalte der Vertrag keine Regelungen darüber, ob Gene patentiert und kommerziell vermarktet werden könnten. Ähnliches gelte für die Manipulation tierischer oder

Biologische Waffen: Arten	
Name[1]	**Wirkung/Inkubationszeit**
Bakterien	
Gasbrand	Schwere Wundinfektionen (Sterblichkeit: 50%)
Hasenpest (Tularämie)	Lungenentzündung, Leber- und Milzschwellung (40–60%)
Milzbrand (Anthrax)	Schwere Hautinfektionen, blutige Entzündung der Lunge
Q-Fieber	Grippeartiger Verlauf
Toxine	
Aflatoxin	Leberschäden, Krebs
Botulin	Tod durch Atemlähmung (tödliche Menge: 1 g)
Ricin	Blutiger Durchfall, Fieber, Herzversagen (tödliche Dosis: 1 mg)
T 2-Trichothecen	Erbrechen, Durchfall, Lungenblutung (tödliche Menge: 25 mg)
Viren	
Dengue-Fieber	2–7 Tage (kein Impfstoff)
Ebola	2–21 Tage (kein Impfstoff, Sterblichkeit: 65–80%)
Enzephalitis	2–21 Tage (kein Impfstoff, Sterblichkeit: 1–50%)
Gelbfieber	3–6 Tage
Krim-Kongo	3–6 Tage (kein Impfstoff, Sterblichkeit: 13–40%)
Kuhpocken	7–16 Tage (Sterblichkeit: 10–30%)
Lassafieber	5–21 Tage (kein Impfstoff)

1) Auswahl; Quelle: Die Woche, 13. 10. 1995

menschlicher Geschlechtszellen, bei der die Änderungen an die Nachkommen vererbt werden.

Außerdem werde in der B.-Konvention nicht auf Probleme eingegangen, die schon im Vorfeld der Genforschung entstünden – etwa beim sog. Human Genome Diversity Project. Dort sammeln Forscher Erbgutproben von rund 700 indigenen Völkern. Dabei seien Proben z. T. unter falschen Vorgaben erschlichen worden.

→ Genomprojekt   → Gentechnik
→ Krebsmaus

Biologische Waffen [TAB]

(auch B-Waffen), lebende Organismen (Viren und Bakterien) oder von ihnen abstammende Gifte, die bei Lebewesen Krankheit oder Tod verursachen und zu militärischen Zwecken eingesetzt werden. Die B-Waffen-Konvention von 1972 (Mitte 1996: 131 Mitglieder) verbietet Herstellung, Verbreitung und Lagerung von B., erlaubt jedoch die Forschung zum Schutz vor B. Bis Ende 1996 soll ein Vertragsentwurf über Kontrollmaßnahmen zur Überprüfung des B-Waffen-Verbots ausgearbeitet werden.

Eine Unterscheidung von ziviler und militärischer Nutzung gilt als schwierig. Der Irak gab Ende 1995 zu, Toxine wie das Nervengift Botulin sowie Gas- und Milzbrandbakterien produziert zu haben. Für B. wurden Bomben, Artillerie- und Raketengeschosse umgerüstet. Das irakische Arsenal sei Ende 1991 vernichtet worden.

Beim Abschluß der B-Waffen-Konvention wurden B. keine militärische Bedeutung beigemessen, da man davon ausging, daß ein kontrollierter Einsatz nicht möglich sei. Auf Überwachungsregeln wurde daher verzichtet. Fortschritte in der Bio- und Gentechnik erlauben jedoch eine langfristige Lagerung von B., die Erhöhung ihrer Widerstandsfähigkeit und die Züchtung von Krankheitserregern mit zeitlich begrenzter Lebensdauer, was einen gezielten militärischen Einsatz ohne Gefährdung der eigenen Streitkräfte möglich macht. Der menschliche Organismus könnte sogar angeregt werden, Gifte selbst zu produzieren. Schwierigkeiten bereitet die Unterscheidung von ziviler und militärischer Nutzung.

→ Atomwaffen   → Chemische Waffen

Biosensoren

Verknüpfung von biologischer Komponente und Mikroelektronik. Mit B. soll vor allem in Medizintechnik und Umweltanalytik die Labordiagnostik einfacher, schneller und billiger werden. Zielsetzung ist die Entwicklung von portablen Diagnosegeräten, die überall einsatzbereit sind, z. B. am Bett von Patienten ständig online messen oder sogar implantiert die Funktion von Organen überwachen und entsprechende Medikamente dosieren.

FUNKTIONSWEISE: Der Meßfühler, eine biologisch aktive Substanz (Rezeptor), steht über einen Signalwandler, den sog. Transducer, direkt mit einer mikroelektronischen Schaltung in Kontakt. Der Transducer hat die Aufgabe, das Signal aus der biochemischen Reaktion in eine meßbare physikalische Information umzuwandeln. Als Rezeptoren dienen vor allem Enzyme und Antikörper, aber auch Hormone oder Zellen und Mikroorganismen. Diese Biokomponenten erkennen jeweils nur einen bestimmten Stoff. Dabei kann es sich um Stoffwechselprodukte im Blut oder Urin handeln, es können aber auch Krankheitserreger, Drogen oder Medikamente nachgewiesen werden.

ANWENDUNGEN: Serienreife Produkte gibt es bereits für 150 verschiedene Analysen, beispielsweise für die Bestimmung von Blutzuckerwerten, Blutfetten, Harnstoff oder Cholesterin. Obwohl der große Durchbruch in der Vermarktung von B. bisher ausblieb, rechnen Experten damit, daß sich im Jahr 2000 mit den Minilabors in Chipgröße weltweit Umsätze von mehreren Mrd Mark erzielen lassen.

Erforscht werden gegenwärtig auch chemische Sensoren, die zum Beispiel zur kostengünstigen Messung von Ozonkonzentrationen oder von Pestiziden in Trinkwasser dienen können.

Biotechnik

Mit der deutschen Position in den Biowissenschaften befaßte sich am 6. 5. 1996 erstmals der Technologierat der Bundesregierung. Nach Angaben von Bundesforschungsminister Jürgen Rüttgers (CDU) kam das Gremium aus Wissenschaft, Wirtschaft und Politik zu dem Ergebnis, daß in Deutschland die Entwicklung marktfähiger Produkte zu lange dauere und im internationalen Vergleich zu wenige B.-Firmen gegründet würden.

GERINGE AKZEPTANZ: Auf die z. T. heftige Opposition der Bevölkerung führte es das Bundesforschungsministerium zurück, daß die mit der ersten Genübertragung bei Pflanzen 1982 errungene wissenschaftliche Führungsposition nicht gehalten werden konnte. Arbeiten zur Züchtung und Nutzung gentechnisch veränderter, sog. transgener Tiere seien in Deutschland bedeutungslos.

FORSCHUNG: Gleichwohl hat Deutschland alle Vorteile eines großen Marktes für B. im Zentrum Europas. Der Stand der biowissenschaftlichen Forschung ist auf Gebieten wie Immunologie, Struktur- und Entwicklungsbiologie im weltweiten Vergleich sehr hoch.

Unter den 50 von 1990 bis 1995 weltweit meistzitierten molekularbiologischen Forschungsstätten befinden sich acht deutsche Institute. Etwa 2500 gentechnische Anlagen waren Anfang 1996 in Deutschland gemeldet. Für Forschung und Entwicklung in der B. werden jährlich etwa 2,7 Mrd DM aufgebracht, je zur Hälfte von Staat und Wirtschaft.

INTERNATIONALE KONKURRENZ: Während es Anfang 1996 weltweit mehr als 2000 B.-Firmen gab, waren es allein in den USA rund 1300 Betriebe, in der EU knapp 500 und in Deutschland weniger als 100. Dieses Ungleichgewicht hat nach Ansicht der Bundesregierung dazu geführt, daß junge, hochqualifizierte Biowissenschaftler zunehmend nach USA, Japan und Frankreich abwanderten.

PHARMAINDUSTRIE: Mehr als 60% aller B.-Unternehmen konzentrieren sich auf den Pharmabereich, für den sich die Gentechnik längst zu einer Schlüsseltechnologie entwickelt hat. Schätzungen aus der Pharmabranche gehen davon aus, daß der Umsatz mit gentechnisch hergestellten Arzneimitteln und Diagnostika 1996 etwa 15 Mrd Dollar erreicht und bis Ende des Jahrzehnts auf mehr als 50 Mrd Dollar steigen wird. Fast 40 Medikamente aus den B.-Labors waren Anfang 1996 auf dem Markt. Weitere 18 befanden sich in

Blutpräparate: Blutbestandteile und -produkte

FIBRIN: Blutfaserstoff. Aus einer Wunde austretendes Blut trocknet zu einer gallertigen Masse ein, die Blutserum abscheidet. Unter Einwirkung von Fibrin bildet sich Schorf, der die Wunde abschließt.

BLUTPLASMA: Blut enthält 55% Blutplasma, das zu 90% aus Wasser und zu 7–8% aus Eiweiß sowie Mineralien besteht. Ein Bestandteil von Blutplasma ist das für die Gerinnung wichtige Fibrinogen (Vorstufe des Fibrins).

BLUTSERUM: Blutplasma ohne Fibrinogen. Blutserum besteht zu 90% aus Wasser. Es sorgt für den Transport von Hormonen und Nährstoffen.

BLUTZELLKONZENTRATE: 45% des Blutes bestehen aus Blutzellen wie rote und weiße Blutkörperchen (Erythrozythen bzw. Leukozythen) und Blutplättchen (Thrombozyten). Blutzellkonzentrate werden bei Blutarmut, chronischem Blutverlust und bei einem Mangel an Blutplättchen verabreicht.

HÄMOGLOBIN: Sauerstoff transportierender roter Blutfarbstoff aus dem Eiweiß Globin und der Eisenporphirinverbindung Häm.

HEPARIN-VOLLBLUT: Heparin wirkt gerinnungshemmend. Transfusionen mit Heparin-Vollblut werden bei Blutwäschen eingesetzt, z. B. bei Nierenkranken und Patienten an Herz-Lungen-Maschinen.

THROMBOZYTEN: Im Knochenmark gebildete, für die Blutgerinnung wichtige Blutplättchen.

VOLLBLUT: Enthält alle Blutbestandteile. Wird für Bluttransfusionen bei Operationen und Verletzungen verwendet. Vollblut kann nicht virusinaktiviert werden, weil dabei lebende Blutzellen zerstört würden.

Zulassungsverfahren. Für den Weltmarkt aller biotechnischen Produkte wird ein Wachstum von 5 Mrd Dollar 1990 (1995: 35 Mrd Dollar) auf fast 300 Mrd Dollar im Jahr 2000 prognostiziert.
→ Bioethik → Forschung → Gentechnik → Krebsmaus → Novel Food

Biotreibstoff
→ Biodiesel

Blockfreie Staaten → ORG

Blutpräparate GLO

Steril abgefülltes, mit gerinnungshemmenden Flüssigkeiten versehenes Blut für Transfusionen. In Deutschland setzt die Pharmaindustrie, die jährlich 4 Mio Blutspenden sammelt, 500 Mio DM pro Jahr mit B. um. Das Deutsche Rote Kreuz (DRK, Bonn) deckt mit jährlich 3,2 Mio Spenden rd. 80% des deutschen Bedarfs. Das Bundesgesundheitsministerium plante 1995/96 ein Gesetz mit dem Ziel, Blutspenden sicherer zu machen.

SICHERHEIT: Durch Medikamente aus Menschenblut wurden bis Mitte 1996 rd. 2500 Deutsche mit dem Aidserreger HIV infiziert und mehrere zehntausend mit dem Hepatitis-C-Erreger, der eine tödliche Lebererkrankung verursachen kann. Plasmapräparate werden virusinaktiviert oder sechs Monate lang gelagert, bis der Spender erneut überprüft wurde. Für Blutkonserven eignen sich diese Verfahren nicht, weil die lebenden Blutzellen zerstört würden bzw. das Blut nicht mehr verwendungsfähig wäre. Die üblichen Tests können die Erreger erst einige Zeit nach der Infektion nachweisen, das HIV nach 22 Tagen, den Hepatitis-C-Erreger nach 82 Tagen. Daher besteht bei jeder Bluttransfusion ein Infektionsrisiko. Etwa jede zehntausendste bis zwanzigtausendste enthält Hepatitis-C-Viren, jede millionste das Aidsvirus.

GESETZENTWURF: Das Gesetz soll den Umgang mit B. von der Spende bis zur Transfusion regeln. Die Personendaten der Spender sollen festgehalten, die Spender untersucht und nach Risikofaktoren wie Drogenabhängigkeit befragt werden. Blut und Plasma sollen von festen Spenderstämmen gewonnen werden. Die Spende und deren Verwendung sind zu dokumentieren, um Voraussetzungen für Rückrufe zu schaffen, falls es zu Infektionen kommt. Verstöße gegen die Vorschriften werden strafrechtlich verfolgt.

TEST: Ende 1995 stellte eine Heidelberger Firma ein gentechnisches Testverfahren vor, das bis zu 10 000mal empfindlicher ist als bisherige Tests für Spenderblut und die Sicherheit von B. erhöht. Mitte 1996 waren dieses Unternehmen und der Blutspendedienst des DRK in Hagen die einzigen, die alle Blutspenden diesem Test unterzogen. Während die bis dahin üblichen Verfahren nicht Erreger selbst aufspüren, sondern die Abwehrreaktion des Immunsystems dagegen, konnten mit der sog. Polymerase-Kettenraktion (PCR) die Viren direkt nachgewiesen werden. Mit der PCR wird das Viruserbgut vermehrt, so daß sich auch geringe Erregermengen entdecken lassen. Die Blutkonserve verteuert sich mit der Routineanwendung der PCR von 80 DM auf 91 DM.

BLUTSKANDAL: Beim Skandal um verseuchte B., mit denen sich in den 80er und Anfang der 90er Jahre rd. 2500 Bluter in Deutschland mit dem Aidsvirus infizierten, wurden 1995 erste Urteile verkündet und weitere Anklagen erhoben. Zu mehrjährigen Haftstrafen wurden Ende 1995 die Hauptverantwortlichen der Firma UB Plasma (Koblenz) verurteilt, weil sie unzureichend getestete B. verkauft hatten. Durch die B. waren 1993 mindestens drei Menschen mit Aids infiziert worden.
→ Aids → Hepatitis

Bodenreform-Urteil
→ Eigentumsfrage

Bookbuilding
Seit Ende 1994 kann auch in Deutschland B. als Verfahren zur Ermittlung eines marktgerechteren Preises bei der Neuausgabe von Aktien (engl.: going public) angewandt werden. In der Vergangenheit waren die Emissionspreise allein zwischen dem betreffenden Unternehmen und den Banken, die den Börsenzugang vermittelten, ausgehandelt worden. So kam es häufig zu überhöhten Ausgabekursen.

Beim B. schlagen die Emissionsbanken eine Preisspanne vor und befragen Interessenten, wie viele Aktien zu welchem Preis sie kaufen würden. Der endgültige Preis wird erst kurz vor der Zuteilung festgesetzt, bei der die Bieter eines geringeren Kaufpreises leer ausgehen. 1995 wurde das B.-Verfahren bei elf von insgesamt 20 Börsen-Neueinführungen angewandt.
→ Börse

Bootlegging BILD
(engl.; illegale Herstellung, Schmuggel), Bezeichnung für illegales Kopieren und satirisches Abwandeln von Firmenlogos, die überwiegend auf T-Shirts abgedruckt werden. Mitte der 90er Jahre entstand B.

Verfremdete Markenzeichen als T-Shirt-Motive eines auf Bootlegging-Artikel spezialisierten Versandhauses

als witzige Modeneuheit in der Musikszene, z. B. auf Techno-Partys. Die Firmen der Originalprodukte gingen nicht gegen B. vor, wenn sie sich einen Werbeeffekt erhofften, ließen die satirische Abwandlung aber gerichtlich untersagen, wenn sie dem Image des Unternehmens schaden konnte (z. B. Hash-Ultra anstelle von Dash-Ultra). 1996 wurden Artikel mit B. zunehmend auf Märkten und in Souvenirläden angeboten. Sie kosteten rd. 40–50 DM. Die Werbeindustrie griff die Verballhornung von Logos auf und nutzte das Prinzip der satirischen Abwandlung in ihren Spots.
→ Werbung

Börse GRA TAB

Handelsplatz für Wertpapiere, insbes. Aktien und Festverzinsliche. In Deutschland bestehen die Frankfurter Wertpapier-B., sieben Regional-B. und eine Termin-B. für den Handel mit Optionen und Futures (Derivaten). Unter den 20 größten Welthandelsplätzen meldeten 1995 nur Helsinki, Madrid und Wien Verluste. Der Aktienindex der 30 führenden US-Aktien Dow Jones übersprang die 4000- und 5000-Punkte-Grenze und erzielte damit Kursgewinne von über einem Drittel.

DAX: Der deutsche Aktienindex DAX, der die 30 umsatzstärksten Werte enthält, erreichte am 31.5.1996 mit 2543 Punkten einen historischen Höchststand. Im Juli 1996 entschied die Deutsche Börse AG, die Aktien der Münchener Rückversicherungsgesellschaft und der Deutschen Telekom am 23.9.1996 bzw. nach dem geplanten Börsengang am 19.11. in den DAX aufzunehmen. Continental und Metallgesellschaft werden herausgenommen.

ANALYSE: B.-Beobachter nannten insbes. drei Gründe der Rekordentwicklung:

▷ Zwar stieg die Arbeitslosigkeit, und die Konjunkturaussichten waren getrübt, aber man rechnete mit weiterem Wachstum. Es bestand Hoffnung, daß Lohnnebenkosten und Steuern gesenkt werden und damit die Kaufkraft erhöht wird

▷ Der Personalabbau in großen Betrieben führte an der B. zu der Erwartung, daß die Unternehmen ihre Wettbewerbsfähigkeit zurückgewinnen. Dafür sprach auch die Gewinnsituation in der weltweiten Auto- und Stahlindustrie

▷ Die sinkenden Zinsen in den Industrieländern bei gleichzeitig niedriger Inflationsrate machten Aktienkäufe attraktiver als Geldanlagen in festverzinslichen Wertpapieren.

Börse: Entwicklung der Aktienkurse

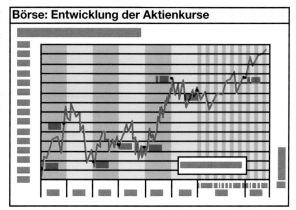

Börse: Welthandelsplätze

Börsenplatz	Land	Börsenindex 2. 1. 1996	Veränderung 29.12. 1994 (%)
New York	USA	5 117,12	33,45
Zürich	Schweiz	3 297,70	25,45
Hongkong	Großbritannien	10 204,87	24,59
London	Großbritannien	3 689,30	20,35
Stockholm	Schweden	1 735,71	16,78
Brüssel	Belgien	8 401,68	16,63
Sydney	Australien	2 226,40	16,40
Amsterdam	Niederlande	323,80	16,06
Johannesburg	Südafrika	7 987,22	14,36
Madrid	Spanien	320,07	11,99
Toronto	Kanada	4 713,54	11,87
Oslo	Norwegen	1 261,45	9,80
Frankfurt/M.	Deutschland	2 282,39	8,35
Kopenhagen	Dänemark	366,33	5,10
Singapur	Singapur	2 258,07	0,83
Paris	Frankreich	1 895,70	0,77
Tokio	Japan	19 868,15	0,74
Mailand	Italien	589,60	– 7,27
Helsinki	Finnland	1 743,33	– 7,30
Wien	Österreich	344,91	–12,77

Quelle: Wirtschaftswoche

Deutsche Börse: Gewinner 1995

Unternehmen	Aktienkurs (DM) am 21.12.1995	Anstieg (%) seit 21.12.1994
SAP	223,80	125,60
Fresenius	133,00	79,73
Bewag	429,50	47,09
Gehe	713,50	41,33
Metallgesellschaft	32,01	36,68
Altana	818,00	32,15
VEW	525,00	27,43
Viag	587,00	24,10
Siemens	784,40	21,74
Hoechst	386,70	18,62

Quelle: Die Zeit, 29.12.1995

Deutsche Börse: Verlierer 1995

Unternehmen	Aktienkurs (DM) am 21.12.1995	Verlust (%) seit 21.12.1994
KHD	8,75	62,70
Bremer Vulkan	38,10	59,55
Linotype-Hell	143,50	56,52
Klöckner	55,50	55,60
Moksel	10,90	51,49
DLW	231,00	44,20
Jungheinrich	205,00	42,74
Holzmann	490,00	42,69
Strabag Bau	247,00	42,42
Agiv	28,90	39,92

Quelle: Die Zeit, 29.12.1995

NEUAUSGABE VON AKTIEN: 1995 war mit einem Volumen von über 8 Mrd DM das bislang erfolgreichste Jahr bei Aktienausgaben in Deutschland. Der B.-Neuling Sero-Entsorgung etwa erzielte zeitweilig Kursgewinne von 100%.

AUFSICHT: Seit 1995 müssen Beteiligungen über 5% des Aktienkapitals und Informationen, die Einfluß auf Aktienkurse haben können, dem neuen Bundesaufsichtsamt für den Wertpapierhandel gemeldet werden. Das Amt verfolgt außerdem verbotene Insider-Geschäfte, bei denen ein Wissensvorsprung über interne Vorgänge zum eigenen Vorteil ausgenutzt wird.

COMPUTERBÖRSE: Im elektronischen Interbanken-Informationssystem (IBIS) werden umsatzstarke Aktien, Optionen und Anleihen gehandelt. Es wurde Ende 1995 um IBIS-R für den Handel mit Pfandbriefen und anderen Rentenpapieren erweitert. Abgeschlossene Geschäfte werden direkt in die Abwicklungssysteme der Deutschen Börse AG geleitet. 1995 wurden bereits 38% aller DAX-Werte über IBIS gehandelt.

ZUSAMMENARBEIT: Die Frankfurter B. hat mit den Regional-B. in Berlin, Düsseldorf und München zum 1.1.1996 einen Kooperationsvertrag geschlossen, der eine gemeinsame Kursfeststellung bei DAX- und IBIS-Titeln, eine gemeinsame Geschäftsstelle zur B.-Zulassung und die Übertragung des Rechnungswesens und anderer Geschäftsaufgaben an die Frankfurter B. vorsieht. Zur Verwirklichung dieser Pläne ist eine Änderung des deutschen B.-Gesetzes erforderlich. Der Vertrag wurde von B.-Experten als Vorstufe einer B.-Fusion und einer Monopolstellung der Frankfurter B. gewertet, die 1995 etwa 74% des deutschen Wertpapierhandels abwickelte.

→ Bookbuilding → Derivate → Dollarkurs → Insider → Investmentfonds → Terminbörse

Bose-Einstein-Kondensat

Ein US-Wissenschaftlerteam hat Mitte 1995 bei extrem tiefen Temperaturen einen völlig neuen Zustand der Materie entdeckt, das sog. B. Dazu kühlten die Forscher vom National Institute of Standards and Technology (NIST) in Boulder (Colorado/USA) Rubidium-Atome auf die tiefste jemals auf Erden gemessene

Börse: Aktienbesitz international

Land	Anteil der Aktionäre an der Bevölkerung (%)
Schweden	39
Finnland	30
USA	25
Japan	24
Kanada	23
Norwegen	23
Großbritannien	22
Schweiz	10
Deutschland	7

Quelle: Aktienforum Wien

Boxen: WM-Kämpfe 1995/96

Datum	Ort	Verband	Gegner	Ergebnis
Halbschwergewicht				
16.6.1995	Lyon	WBA	Fabrice Tiozzo (FRA) – Mike McCallum (JAM)	Punktsieg Tiozzo
19.8.1995	Düsseldorf	WBO	Dariusz Michalczewski (D) – E. Armenta (MEX)	K.-o.-Sieg Michal., 5. R.
2.9.1995	London	WBA	Virgill Hill (USA) – Drake Thadzi (CAN)	Punktsieg Hill
7.10.1995	Frankfurt/M.	WBO	D. Michalczewski (D) – Philippe Michel (F)	Punktsieg Michal.
14.10.1995	München	IBF	Henry Maske (D) – Graciano Rocchigiani (D)	Punktsieg Maske
24.10.1995	Levallois (F)	WBC	Marcelo Dominguez (ARG) – S. Kobosew (RUS)	Punktsieg Dominguez
13.1.1996	St. Etienne	WBC	Fabrice Tiozzo (FRA) – Eric Lucas (CAN)	Punktsieg Tiozzo
18.2.1996	Frankfurt/M.	IBF	Henry Maske (D) – Duran Williams (JAM)	Punktsieg Maske
6.4.1996	Hannover	WBO	D. Michalczewski (D) – Asluddin Umarov (KZK)	K.-o.-Sieg Michal., 5. R.
20.4.1996	Grand Forks	WBA	Virgill Hill (USA) – Lou Delvalle (USA)	Punktsieg Hill
25.5.1996	Leipzig	IBF	Henry Maske (D) – John Scully (USA)	Punktsieg Maske
8.6.1996	Köln	WBO	D. Michalczewski (D) - Christophe Gerard (F)	Punktsieg Michal.
Schwergewicht				
10.6.1995	Kansas City	IBF	Tommy Morrison (USA) – D. Ruddock (CAN)	K.-o.-Sieg Morrison, 6. R.
17.6.1995	Las Vegas	WBO	Riddick Bowe (USA) – Jose Luis Gonzalez (CUB)	K.-o.-Sieg Bowe, 6. R.
19.8.1995	Las Vegas	WBA	Bruce Seldon (USA) – Joe Hipp (USA)	K.-o.-Sieg Seldon, 10. R.
2.9.1995	London	WBC	Frank Bruno (GBR) – Oliver McCall (USA)	Punktsieg Bruno
10.12.1995	Stuttgart	IBF	Frans Botha (SAF) – Axel Schulz (D)	Punktsieg Botha[1]
18.3.1996	Las Vegas	WBC	Mike Tyson (USA) – Frank Bruno (GBR)	K.-o.-Sieg Tyson 3. R.
22.6.1996	Dortmund	IBF	Michael Moorer (USA) – Axel Schulz (D)	Punktsieg Moorer

1) Nicht gewertet nach positiver Doping-Probe Bothas; Quellen: Harenberg Archiv, Boxsport

Temperatur: Ein 170 Milliardstel Grad Kelvin – kurz über dem absoluten Temperaturnullpunkt von –273,15 Grad Celsius (bzw. Null Grad Kelvin).

Das B. ist eine Art Phasenübergang, vergleichbar mit dem Schmelzen oder Gefrieren. Dabei verlieren die Atome jeden Individualcharakter und bilden statt dessen eine Teilchenwelle. Die Gasatome tanzen nicht wie üblich chaotisch im Raum, sondern bewegen sich zwar getrennt aber synchron in einer Richtung. Der Grund: Extrem kalte Gasatome verhalten sich weniger wie einzelne Teilchen, sondern wie eine Welle und breiten sich – ähnlich wie Licht – wellenartig aus. Überlappen sich die einzelnen Teilchenwellen stark genug, so kommt es spontan zum Phasenwechsel: Die Atome „kondensieren" zu einer einzigen Welle und sind nicht mehr voneinander zu unterscheiden. Bereits 1924 hatten der deutsche Physiker Albert Einstein (1879–1955) und sein indischer Kollege Satyendra Nath Bose (1894–1974) den ungewöhnlichen Aggregatzustand anhand von Berechnungen vorhergesagt. Eine potentielle Anwendung sehen Forscher in der sog. atomaren Lithografie, einer Methode zur Erzeugung extrem kleiner Strukturen und Muster. Ein scharf gebündelter Bose-Einstein-Strahl könnte mit bislang unerreichter Präzision die Strukturen auf einen Chip aufbringen. Dies würde der Mikrotechnik eine ganz neue Dimension eröffnen.

Boxen TAB

Mit einem Sieg über den Amerikaner John Scully verteidigte der deutsche Halbschwergewichtsweltmeister Henry Maske im Mai 1996 zum zehnten Mal seit 1993 seinen Titel des größten internationalen Boxverbandes International Boxing Federation (IBF). Dem US-Amerikaner → BIO Mike Tyson, der zuvor eine dreieinhalbjährige Gefängnisstrafe verbüßt hatte, gelang mit einem Sieg über den Briten Frank Bruno im März 1996 ein Comeback: Tyson wurde neuer Schwergewichtsweltmeister des World Boxing Council (WBC). Im März 1996 wurde dem IBF-Weltmeister im Schwergewicht, dem Südafrikaner Frans Botha, der Titel wegen

Dopings aberkannt. Den vakanten Titel sicherte sich im Juni der Amerikaner Michael Moorer durch einen Sieg über den Deutschen Axel Schulz.

VERMARKTUNG: Der Kampf Maske/ Williams brachte dem Privatsender RTL mit 15,1 Mio Zuschauern einen Marktanteil von 64,6%. 18,3 Mio Zuschauer sahen im Dezember 1995 den IBF-WM-Kampf im Schwergewicht zwischen Botha und Schulz. Der Kampf verzeichnete damit die größte Sehbeteiligung aller Fernsehsendungen des Jahres. Die Einnahmen pro Werbebeitrag betragen während der Übertragungen bis zu 125 000 DM. Besonders die Erfolge des ehemaligen DDR-Boxers Maske, der als „Gentleman" im Ring präsentiert wird, sorgten für einen positiven Image-Wandel.

DEUTSCHE WELTMEISTER: Weitere deutsche Profibox-Weltmeister bei dem kleineren Boxverband World Boxing Organization (WBO) waren Mitte 1996 Dariusz Michalczewski im Halbschwergewicht (seit 1994) und Ralf Rocchigiani im Cruisergewicht (seit Juni 1995).
→ Doping

Braunkohle KAR TAB

Die B.-Produktion nahm in Ostdeutschland 1995 um 13,2% ab (Westdeutschland: –0,8%). Ursachen waren ein geringerer Absatz an die öffentlichen Kraftwer-

ke und ein verminderter Einsatz in der B.-Veredelung. Konkurrenz erwuchs der B. aus der Verwendung von Erdgas und importierter Steinkohle (z. B. das 500-MW-Steinkohle-Kraftwerk Rostock).

OSTDEUTSCHLAND: Als Ersatz für alte B.-Kraftwerke, die die gesetzlichen Anforderungen zur Luftreinhaltung erfüllten, waren Mitte 1996 sieben Kraftwerksblöcke in Bau bzw. in Planung, acht Anlagen in der Lausitz wurden modernisiert (Kosten: rd. 20 Mrd DM). Die ostdeutsche Verbundgesellschaft Veag gewann 98% ihres Stroms aus B. Der Bund und die vier ostdeutschen Bundesländer, in denen B. gefördert wird, stellen bis 2002 jährlich 1,5 Mrd DM für den Abriß von Industrieanlagen, die Sanierung von Altlasten und Rekultivierung der Tagebau- und Abraumflächen zur Verfügung.

BEDEUTUNG: Deutschland ist weltweit größter B.-Produzent. Die Hälfte wird im rheinischen Revier abgebaut. B. ist überdies wichtigster inländischer Energieträger (Anteil am Primärenergieverbrauch 1995: rd. 12%, Ostdeutschland: rd. 38%). Etwa 86% der westdeutschen Förderung wurden 1995 zur Stromerzeugung eingesetzt (Ost: 59%). Nahezu die gesamte Produktion wird im Inland verbraucht. Wegen des hohen Wassergehalts ist B. nicht für lange Transporte im grenzüberschreitenden Handel geeignet. Ende 1995 hatte die B.-Industrie in Westdeutschland 14 400 Beschäftigte, in den neuen Ländern 25 900 (Rückgang gegenüber 1989: rd. 81%).

GARZWEILER II: Für das größte europäische B.-Tagebauprojekt (Fläche: 48 km^2, Kosten: ca. 4,4 Mrd DM) sollen ab 1997 etwa 7600 Bewohner aus 13 Ortschaften umgesiedelt werden. Den Abbau der bis zu 210 m tiefen und 30 m dicken Flöze will Rheinbraun, eine Tochtergesellschaft des RWE-Konzerns, 2006 beginnen (geplante Jahresförderung: 1,3 Mio t bis 2045). Rheinbraun will außerdem rd. 20 Mrd DM für die Modernisierung bzw. den Neubau von Kraftwerken investieren.

STREIT: Als einzige Partei in NRW lehnen Bündnis 90/Die Grünen Garzweiler II ab. Die rot-grüne Regierung (ab 1995) will mit der Umsiedlung erst beginnen,

Braunkohle: Garzweiler II

Legende:
- Braunkohle-Tagebau
- Geplante Erweiterung
- Umzusiedelnde Ortschaft (geplant)
- Autobahnunterbrechung (geplant)

© Harenberg

wenn die Betriebsgenehmigung (bergrechtlicher Rahmenbetriebsplan) rechtskräftig ist. Diese soll erst erteilt werden, wenn u. a. eine Verfassungsklage der Grünen gegen Garzweiler II entschieden ist. Die Bündnisgrünen rügten die Nichtbeteiligung des Landtags an der Entscheidung, Garzweiler zu genehmigen. Anfang 1996 erhoben sechs von Garzweiler betroffene Kreise und Gemeinden ebenfalls Verfassungsklage. Die NRW-Regierungskoalition hatte von Rheinbraun die Beschränkung des Tagebaus auf vorerst ein Drittel der Fläche verlangt, was das Unternehmen jedoch ablehnte. Die Genehmigung des B.-Tagebaus ist an die Bedingung geknüpft, daß eine Absenkung des Grundwasserspiegels im benachbarten europäischen Naturpark Maas-Schwalm-Nette verhindert wird.
→ Energieverbrauch → Energieversorgung → Kohle → Kraftwerke

Brennstoffzelle GRA TAB

Wie in einer Batterie wird in einer B. durch die Reaktion eines Brennstoffs (Wasserstoff, Erdgas, Kohlegas) mit Sauerstoff (Oxidation) chemische Energie in elektrische umgewandelt (kalte Verbrennung). Dabei entsteht Wärme. Anders als eine Batterie entlädt sich eine B. nicht, da ihr ständig Brennstoff zugeführt wird. Der elektrische Wirkungsgrad (Verhältnis zwischen eingesetzter und nutzbarer Energie) der B. ist mit maximal 65% höher als bei herkömmlichen Kraftwerken. Die Produktionskosten für B. sollen in 10–15 Jahren von etwa 5000 DM/kW auf 200 DM/kW gesenkt werden. 1997 soll in Hamburg ein Blockheizkraftwerk mit B. in Betrieb gehen. Daimler-Benz stellte im Mai 1996 den ersten alltagstauglichen PKW mit B.-Antrieb vor.
PRINZIP: Die B. besteht wie eine Batterie aus zwei Metallelektroden (Anode, Kathode) und einem Elektrolyten, der sie umgibt. Die Spannung der B. wird konstant gehalten, indem ihr kontinuierlich brennbare Gase und Luft als Oxidationsmittel zugeführt werden. Einzelne B. werden in Röhren oder Platten mit Gasverteilung und Stromableitung zu einer Funktionseinheit zusammengefaßt.
EMISSION: Der Stickoxidausstoß bei der Energieerzeugung mit B. wird gegenüber

Braunkohle: Förderung in Deutschland

Revier	Fördermenge (Mio t)				
	1991	1992	1993	1994	1995
Rheinland	106,4	107,5	102,1	101,4	101,2
Lausitz	116,8	93,1	87,4	79,4	70,7
Mitteldeutschland	50,9	36,3	28,2	22,3	17,6
Helmstedt	4,5	4,7	3,9	3,8	4,1
Hessen	0,8	0,1	0,2	0,2	0,2
Bayern	0,1	0,1	0,1	0,1	0,1
Insgesamt	279,4	241,0	221,9	207,1	192,8

Quelle: Statistik der Kohlenwirtschaft

Braunkohle: Tagebau

Nutzung	Fläche (ha)	
	Westdeutschland	Ostdeutschland
Abbau	33 431	127 654
Rekultiviert	22 996	65 478
Landwirtschaft	10 050	19 070
Forstwirtschaft	9 211	34 140
Wasserflächen	2 153	5 780
Wohnsiedlungen, Betriebe, Straßen	1 583	6 488

Stand: Ende 1994; Quelle: Statistik der Kohlenwirtschaft

Brennstoffzelle: Typenvergleich

Bezeichnung (Brennstoffzelle)	Betriebstemperatur (°C)	Elektrolyt	Brennstoff	Oxidant	Wirkungsgrad (%)	Einsatzgebiet
Alkalische (AFC)	80	Kalilauge	Wasserstoff	Sauerstoff	k. A.	Verkehr
Polymer-Elektrolyt-Membran (PEMFC)	50–80	Kunststofffolie	Wasserstoff, Methanol	Sauerstoff, Luft	60	Verkehr
Phosphorsäure (PAFC)	200	Phosphorsäure	Erdgas	Luft	36–46	Heizkraftwerk
Schmelzkarbonat (MCFC)	650	Lithium-, Kalium-karbonat	Erdgas, Kohlegas	Luft	48–56	Kraftwerk, Heizkraftwerk
Oxidkeramische (SOFC)	800–1000	Zirkonoxid	Erdgas, Kohlegas	Luft	55–65	Kraftwerk, Heizkraftwerke

Quelle: Wirtschaftswoche, 27. 7. 1995; Stromthemen 11/95

Brennstoffzelle: Energieerzeugung

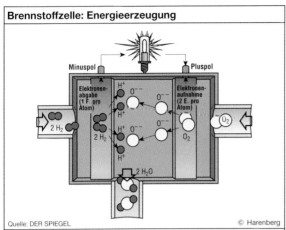

Quelle: DER SPIEGEL   © Harenberg

Die Brennstoffzelle liefert Strom durch direkte Umwandlung von chemischer in elektrische Energie. Der aus einem Tank eingeführte Wasserstoff (H) gibt pro Atom ein Elektron ab. Gleichzeitig nehmen die auf der anderen Seite der Zelle eintretenden Sauerstoffatome (O) je zwei Elektronen auf. Daraus ergibt sich eine elektrische Spannung. Es fließt ein Strom, der eine Glühbirne zum Leuchten bringt oder einen Elektromotor speist. Als Reaktionsprodukt entsteht Wasser (H_2O).

herkömmlichen Kraftwerken um 50–90% reduziert, es entstehen kaum giftige Kohlenwasserstoffe und Schwefeldioxid. Die B. setzt 20–50% weniger CO_2 frei.

TYPEN: Die B. unterscheiden sich durch ihr Elektolytmaterial und ihre Betriebstemperatur bei der Stromerzeugung (Nieder-, Mittel- und Hochtemperaturzellen). Mit bis zu 65% erzielen Hochtemperaturzellen (650–1000 °C) den größten Wirkungsgrad. Ihre Serien- und Marktreife wird frühestens 2010 erwartet. Am weitesten entwickelt waren Mitte der 90er Jahre erdgasbefeuerte B. mit Phosphorsäure (PAFC). In den USA und Japan wurden Kraftanlagen dieses Typs mit 50–200 kW Leistung hergestellt.

ANWENDUNG: PAFC sind für die Kraft-Wärme-Kopplung in Kleinkraftwerken geeignet (Kosten 1995: 30–50 Pf/kWh). Nachgeschaltete Gas- und Dampfturbinen können den Wirkungsgrad von Hochtemperatur-B. auf 70–80% erhöhen. Bis 2005 wollen die EU-Forschungsprogramme eine Leistung von 300 kW und eine Lebensdauer von etwa 40 000 Stunden erreichen. In den USA und Japan

wurden Mitte der 90er Jahre 100-kW-Anlagen gefertigt. Ein US-Unternehmen kündigte 1995 für 2000 B.-Kraftwerke mit einer Leistung von 5 MW an. Niedertemperaturzellen werden als Aggregat für Elektroautos getestet, in denen Wasserstoff aus Methanol gewonnen wird bzw. die mit Methanol und Luft als Oxidant betrieben werden. Für die Bundeswehr ist ein U-Boot-Typ mit B. als Energiespendeı in Entwicklung.

→ Elektroauto → Kraftwerke

Bruttoinlandsprodukt [TAB]

(BIP), Meßgröße für die wirtschaftliche Gesamtleistung einer Volkswirtschaft. In Deutschland wird das B. vom Statistischen Bundesamt (Wiesbaden) ermittelt. Es umfaßt den Geldwert aller in einem Zeitraum erzeugten Waren und Dienstleistungen. 1995 wurden bundesweit 3459,6 Mrd DM erwirtschaftet (1994: 3320,3 Mrd DM). Die Wachstumsrate lag real (inflationsbereinigt) bei 1,9% gegenüber dem Vorjahr (1994: 2,9%). Für 1996 sahen die Wirtschaftsforschungsinstitute lediglich ein Wachstum von 0,75% voraus.

Bruttoinlandsprodukt: Wirtschaftskraft der deutschen Bundesländer

Bundesland	BIP 1995 je Erwerbstätigen in DM
Hamburg	147 520
Hessen	129 625
Bremen	113 217
Bayern	106 143
Nordrhein-Westfalen	106 091
Baden-Württemberg	106 072
Rheinland-Pfalz	102 583
Schleswig-Holstein	100 790
Niedersachsen	97 954
Berlin	97 710
Saarland	97 115
Brandenburg	60 013
Sachsen-Anhalt	58 010
Thüringen	57 252
Sachsen	56 118
Mecklenburg-Vorpomm.	54 181

Quelle: Arbeitskreis VGR der Bundesländer

ZUSAMMENSETZUNG: Im B. werden nur statistisch erfaßbare Waren und Dienstleistungen berücksichtigt. Leistungen durch unbezahlte Hausarbeit oder durch Schwarzarbeit gehen nicht in die Berechnung ein. Umweltschäden werden rechnerisch nicht als Belastung erfaßt, die Schadensbeseitigung trägt jedoch zur Steigerung des B. bei.

BRUTTOSOZIALPRODUKT: Im Unterschied zum B. zeigt das Bruttosozialprodukt, welcher Wert von Staatsbürgern geschaffen wurde. Einnahmen von Deutschen im Ausland werden eingerechnet, Einnahmen von Ausländern im Inland abgezogen. 1995 betrug das Bruttosozialprodukt 3445,6 Mrd DM (1994: 3312,4 Mrd DM). Berücksichtigt man den Wertverschleiß (Abschreibungen) und zieht die indirekten Steuern ab, so ergibt sich daraus das Volkseinkommen (1995: 2616,0 Mrd DM).

→ EU-Konjunktur → Hausarbeit → Investitionen → Verbrauch, privater → Wirtschaftliche Entwicklung → Wirtschaftswachstum

BSE
→ Rinderwahnsinn

Buchmarkt [TAB]

In Deutschland wurden nach Angaben des Börsenvereins des Deutschen Buchhandels 1995 mit Büchern und Fachzeitschriften 16,5 Mrd DM umgesetzt. Verlage engagierten sich zunehmend im Bereich elektronische Medien. Im Buchbereich sollten Niedrigpreisangebote den Markt erweitern: Taschenbuchverlage brachten Ausgaben für 2–5 DM heraus. Die überwiegend zu reduzierten Preisen verkaufende Weltbild-plus-Kette baute ihr Filialnetz in Süddeutschland aus.

DATEN UND ZAHLEN: Die 100 größten Buchverlage Deutschlands steigerten dem Branchenmagazin „Buchreport" zufolge ihren Umsatz 1995 im Vergleich zum Vorjahr um 5% (1994: +2,7%). Das Wachstum geht im wesentlichen auf die im gleichen Zeitraum um 3,8% gestiegenen Buchpreise zurück (Anstieg der Lebenshaltungskosten: 1,7%). Der Buchhandel erzielte laut „Buchreport"-Um-

Bruttoinlandsprodukt: Entstehung, Verwendung und Verteilung in Deutschland

Position	1995 (Mrd DM)	Veränderung zu 1994 (%)
Entstehung		
Land- und Forstwirtschaft	37,2	+ 3,4
Produzierendes Gewerbe	1157,7	+ 2,7
Handel und Verkehr	462,0	+ 5,4
Dienstleistungen	1207,0	+ 13,8
Unternehmen	2863,8	+ 4,4
Staat, private Haushalte	479,6	+ 4,4
Bruttowertschöpfung	3343,4	+ 4,4
Bruttowertschöpfung, bereinigt	3192,6	+ 4,5
Bruttoinlandsprodukt	3459,6	+ 4,2
Verwendung		
Privater Verbrauch	1972,0	+ 3,7
Staatsverbrauch	675,4	+ 4,5
Ausrüstungen	262,7	+ 1,9
Bauten	488,4	+ 3,5
Vorratsinvestitionen	25,4	k. A.
Ausfuhr minus Einfuhr	35,7	k. A.
Verteilung		
Einkommen aus unselbständiger Arbeit	1873,5	+ 3,2
Einkommen aus Unternehmertätigkeit und Vermögen	742,6	+ 8,4
Volkseinkommen	2616,0	+ 4,6
Bruttosozialprodukt	3445,6	+ 4,0
Wachstum in Preisen von 1991		
Reales Bruttoinlandsprodukt	3022,8	+ 1,9

Quelle: Deutsche Bundesbank 1996

frage 1995 einen Umsatzanstieg von 1,4% (1994: +1,9%). Die Zahl der Buchkunden verringerte sich um 0,3% (1994: –1%). Die geringen Umsatzsteigerungen wurden mit der schwierigen wirtschaftlichen Situation begründet.

ELEKTRONISCHE MEDIEN: Da der Einstieg ins Zukunftsgeschäft elektronische Medien kostenintensiv war und Knowhow erforderte, gingen zahlreiche der rd. 150 in diesem Bereich engagierten Verlage 1995/96 Kooperationen oder Jointventures mit Partnern z. B. aus der Software-Entwicklung ein. Mitte der 90er Jahre trugen elektronische Medien wie CD-ROM 2–3% zum jährlichen Branchenumsatz von rd. 16 Mrd DM bei. Der Börsenverein ging 1995 davon aus, daß sich der Anteil bis zum Jahr 2000 auf 20%

Buchmarkt: Buch-Hits in Deutschland 1995

Rang	Belletristik (Autor)	Sachbuch (Autor)
1	Sofies Welt (Jostein Gaarder)	Der Ehrliche ist der Dumme (Ulrich Wickert)
2	Das Kartengeheimnis (Jostein Gaarder)	Sorge Dich nicht, lebe! (Dale Carnegie)
3	Geh, wohin dein Herz dich tragt (Susanna Tamaro)	Gute Mädchen kommen in den Himmel,... (Ute Ehrhardt)
4	Paula (Isabel Allende)	Der Erfolg ist in dir! (D. Carnegie & Assoc.)
5	Fräulein Smillas Gespür für Schnee (Peter Høeg)	Vom richtigen Zeitpunkt (J. Paungger/T. Poppe)
6	Die Erben des Medicus (Noah Gordon)	Die Fünf „Tibeter" (Peter Kelder)
7	Die Insel des vorigen Tages (Umberto Eco)	Journalistenleben (Hanns J. Friedrichs)
8	Die Kammer (John Grisham)	Das Kartell der Kassierer (Günter Ogger)
9	Die Festung (Lothar-Günther Buchheim)	Aus eigener Kraft (J. Paungger/T. Poppe)
10	Die Apothekerin (Ingrid Noll)	Hot Zone (Richard Preston)

Quelle: Der Spiegel, 25.12.1995

von dann rd. 20 Mrd DM Branchenumsatz erhöht. Das buchnahe CD-ROM-Angebot umfaßte im wesentlichen Sprach- und Reiseführer sowie Nachschlagewerke. Erfolgreich waren vor allem jene CD-ROM, die einen erkennbaren Zusatznutzen boten, wie z. B. die hörbare Aussprache von Wörtern bei Wörterbüchern. Die Aktivitäten der Verlage in computergestützten Diensten, sog. Online-Dienste, beschränkten sich 1995/96 weitgehend auf Werbung.

SCHNÄPPCHEN-KETTE: Die 1994 vom führenden Versandbuchhandel Weltbild und dem führenden stationären Buchhandelsunternehmen Hugendubel mit drei Läden gestartete Schnäppchen-Kette Weltbild plus wurde ausgebaut. Mitte 1996 waren zwölf Filialen in Deutschland eröffnet. Das Konzept sieht Läden von 150–200 m² Größe vor, in denen jeweils 5000 Titel präsent waren, davon 15% zu Originalpreisen, der Rest reduziert. Das Angebot umfaßt Modernes Antiquariat und Titel aus dem Weltbild-Versandkatalog. Weltbild plus gilt als Konkurrent des Buchclub-Monopolisten Bertelsmann.
→ CD-ROM → Online-Dienste

Bundesamt für Verfassungsschutz → Verfassungsschutz

Bundesanstalt für Arbeit → ORG

Bundesarbeitsgericht → ORG

Bundesbank, Deutsche → ORG

Bundesfinanzhof → ORG

Bundesgerichtshof → ORG

Bundesgrenzschutz TAB

(BGS), größte Polizeibehörde des Bundes, untersteht dem Bundesinnenministerium. Der B. ist zuständig für die Sicherung der Staatsgrenze und den Schutz von Bundesorganen und Ministerien sowie für die Sicherheit auf Bahnhöfen und Großflughäfen. An den Ostgrenzen der Bundesrepublik einschließlich dem bayerischen Grenzabschnitt wurde das Personal des B. 1991–1995 um rd. 4000 Einsatzkräfte auf etwa 5600 Beamte erhöht. 1995 verfügte der B. über rd. 28 000 Polizeivollzugskräfte, rd. 5200 Anwärter in Ausbildung und etwa 7000 weitere Mitarbeiter. Der Personalbestand soll 1996 um rd. 500–600 Beamte erweitert werden. Tätigkeitsschwerpunkte des B. sind die Bekämpfung der illegalen Einwanderung und der Schlepper-Kriminalität sowie der grenzüberschreitenden Kriminalität (insbes. Drogenschmuggel, Verschiebung gestohlener Kfz). 1995 nahm der BGS 2053 Schlepper fest. 29 600 Personen wurden bei dem Versuch aufgegriffen, illegal nach Deutschland einzureisen. Die Mehrzahl von ihnen (rd. 24 000 Personen) wurde an den Grenzen zu Polen und zur Tschechischen Republik festgenommen. Der B. und die Bayerische Grenzpolizei, die für die Kontrollen an den Grenzübergangsstellen in Bayern zuständig ist, wiesen 1995 rd. 125 000 Personen bereits an den Grenzen zurück (1994: 130 000 Zurückweisungen). Nach der sog. Drittstaatenregelung im neugefaßten Asylverfahrensgesetz können Ausländer, die aus einem sicheren Drittstaat nach Deutschland einreisen, ohne Asylverfahren dorthin zurückgeschickt werden. Als sichere

Drittstaaten gelten die 15 EU-Staaten, Polen, die Schweiz und die Tschechische Republik, somit alle deutschen Nachbarländer.

→ Abschiebung → Illegale Einwanderung → Kriminalität

Bundesnachrichtendienst
→ ORG

Bundespräsident, Deutscher

Staatsoberhaupt der Bundesrepublik Deutschland, das für fünf Jahre von der Bundesversammlung (bestehend aus 662 Mitgliedern des Bundestages und einer gleichen Zahl von Mitgliedern, die von den Landtagen bestimmt werden) gewählt wird. Der B. kann einmal wiedergewählt werden. Er hat vorwiegend repräsentative Aufgaben. Er vertritt Deutschland völkerrechtlich, schlägt dem Bundestag den Bundeskanzler zur Wahl vor, ernennt und entläßt auf Vorschlag des Bundeskanzlers die Bundesminister und prüft die Verfassungsmäßigkeit von Gesetzen (Vetorecht). Amtssitz ist Berlin (Schloß Bellevue). Seit Juli 1994 amtiert der ehemalige Präsident des Bundesverfassungsgerichts → BIO Roman Herzog (CDU, Amtszeit bis 1999).

Bundesrat TAB

Im föderativen Verfassungsorgan der Bundesrepublik Deutschland wirken die 16 Länder bei der Gesetzgebung und der Verwaltung des Bundes mit. Die Mitglieder des B. werden von den Regierungen der Länder bestellt und abberufen. Die Zahl der Sitze für jedes Land ist gemäß Art. 51 II GG an die Einwohnerzahl gekoppelt. Im Januar 1996 erhöhte sich die Stimmenzahl für Hessen von vier auf fünf, weil die Bevölkerungszahl 6 Mio überschritt. Die Zahl der Sitze im B. stieg damit von 68 auf 69. Im September 1996 will der B. über die Verlegung seines Sitzes von Bonn nach Berlin entscheiden. 1991 hatte er beschlossen, in Bonn zu bleiben. Die Mehrheit der Bundesländer war Mitte 1996 für einen Umzug. Bundesländer mit bis zu 2 Mio Einwohnern haben jeweils drei, zwischen 2 Mio und 6 Mio vier, bis 7 Mio fünf und über 7 Mio sechs Stimmen. Die von der SPD z. T. in Koalitionen geführten Länder verfügten Mitte 1996 über eine Mehrheit im B. von 39 Stimmen. Zur Beschlußfassung ist eine absolute Mehrheit von 35 Stimmen notwendig, wobei den Ländern nur eine geschlossene Stimmabgabe erlaubt ist. Bei Differenzen innerhalb einer Koalitionsregierung ist Stimmenthaltung üblich (Rheinland-Pfalz: Losentscheid). Wichtigste Funktion des B. ist die Zustimmung zu Bundesgesetzen, die Länderkompetenzen berühren. Gegen andere Gesetze kann der B., der das Recht zur Gesetzesinitiative hat, Einspruch erheben. Dieser kann jedoch vom Bundestag überstimmt werden. Der Präsident des B. wechselt jährlich (bis November 1996: Edmund Stoiber/Bayern, ab November 1996: Erwin Teufel/Baden-Württemberg). → Vermittlungsausschuß

Bundesgrenzschutz: Ausgaben und Personalstärke		
Jahr	Gesamtausgaben (DM)	Personalstärke[1]
1985	1 148 300 000	24 551
1990	1 303 100 000	25 187
1993	2 175 700 000	35 392
1994	2 432 100 000	38 928
1995	2 737 200 000	40 100

1) Stand jeweils 30.6.; Quelle: Bundesinnenministerium

Bundesrat: Sitzverteilung		
Bundesland	Regierung	Sitze
Baden-Württemberg	CDU/FDP	6
Bayern	CSU	6
Berlin	CDU/SPD	4
Brandenburg	SPD	4
Bremen	CDU/SPD	3
Hamburg[1]	SPD/STATT-Partei	3
Hessen	SPD/Bündnis 90/Die Grünen	5
Mecklenburg-Vorpommern	CDU/SPD	3
Niedersachsen	SPD	6
Nordrhein-Westfalen	SPD/Bündnis 90/Die Grünen	6
Rheinland-Pfalz	SPD/FDP	4
Saarland	SPD	3
Sachsen	CDU	4
Sachsen-Anhalt	SPD/Bündnis 90/Die Grünen	4
Schleswig-Holstein	SPD/Bündnis 90/Die Grünen	4
Thüringen	CDU/SPD	4

Stand: Juni 1996; 1) Bürgerschaftswahlen 1997

Bundesregierung: Kabinettsmitglieder

Bundeskanzler	→ BIO H. Kohl (CDU, * 3.4.1930)
Arbeit und Soziales	→ BIO N. Blüm (CDU, * 21.7.1935)
Äußeres	→ BIO K. Kinkel (FDP, * 17.12.1936)
Bildung/Wissenschaft[1]	→ BIO J. Rüttgers (CDU, * 26.6.1951)
Ernährung/Landwirtsch.[2]	→ BIO J. Borchert (CDU, * 25.4.1940)
Familie/Senioren/Frauen[3]	→ BIO C. Nolte (CDU, * 7.2.1966)
Finanzen	→ BIO T. Waigel (CSU, * 22.4.1939)
Gesundheit	→ BIO H. Seehofer (CSU, * 4.7.1949)
Inneres	→ BIO M. Kanther (CDU, * 26.5.1939)
Justiz	→ BIO E. Schmidt-Jortzig (FDP, * 8.10.1941)
Kanzleramt[4]	→ BIO F. Bohl (CDU, * 5.3.1945)
Post/Telekommunikation	→ BIO W. Bötsch (CSU, * 8.9.1938)
Raumordnung/Bau[5]	→ BIO K. Töpfer (CDU, * 29.7.1938)
Umwelt/Naturschutz[6]	→ BIO A. Merkel (CDU, * 17.7.1954)
Verkehr	→ BIO M. Wissmann (CDU, * 15.4.1949)
Verteidigung	→ BIO V. Rühe (CDU, * 25.9.1942)
Wirtschaft	→ BIO G. Rexrodt (FDP, * 12.9.1941)
Wirtschaftl. Zusam.arbeit	→ BIO C. Spranger (CSU, * 28.3.1939)

1) Forschung und Technologie; 2) und Forsten; 3) und Jugend;
4) und Sonderaufgaben; 5) und Städtebau; 6) und Reaktorsicherheit

Bundesregierung, Deutsche
TAB

Oberstes Bundesorgan der vollziehenden Gewalt in Deutschland (Sitz: Bonn), bestehend aus Bundeskanzler und 17 Ministern (Stand: Mitte 1996). Am 17.1. 1996 trat → BIO Edzard Schmidt-Jortzig (FDP) als Nachfolger von Sabine Leutheusser-Schnarrenberger (FDP) sein Amt als Bundesjustizminister an. Am 15.11. 1994 wählte der Deutsche Bundestag den seit 1982 amtierenden → BIO Helmut Kohl (CDU) zum fünften Mal zum deutschen Bundeskanzler. Im Bundestag verfügt die Regierungskoalition aus CDU/CSU/FDP über 341 der 672 Mandate. 337 Stimmen waren für die Kanzlerwahl erforderlich, Kohl erhielt 338. Die Zahl der Bundesministerien reduzierte Kohl aus Kostengründen durch die Zusammenlegung der Ressorts Forschung/Technologie und Bildung/Wissenschaft einerseits sowie Frauen/Jugend und Familie/Senioren andererseits. Die Verringerung der Ressorts ging zu Lasten der FDP, die drei der 17 Minister stellt (vorher: fünf von 19 Ministern).

Bundessozialgericht → ORG

Bundestag, Deutscher

Das oberste Bundesorgan der Gesetzgebung in Deutschland wurde 1994 neu gewählt. 16 Überhangmandate erhöhten die Zahl der Abgeordneten von 656 auf 672. Rita Süssmuth (CDU) wurde in ihrem Amt als B.-Präsidentin bestätigt, das sie seit 1988 bekleidet. Das Berlin/Bonn-Gesetz von 1994 legt fest, daß der Umzug des B. in das Reichstagsgebäude in Berlin bis 2000 abgeschlossen sein soll. 1996 war der B. weltweit das größte demokratisch gewählte Parlament.

FRAKTIONEN: Im zweiten gesamtdeutschen B. (1994–1998) stellen CDU und CSU mit 294 Mandaten die stärkste Parlamentsfraktion (SPD: 252, Bündnis 90/Die Grünen: 49, FDP: 47). Die 30 Mandatsträger der PDS haben keinen Fraktionsstatus und sind deshalb in Ausschüssen nicht stimmberechtigt. Die Geschäftsordnung des B. macht 5% aller B.-Mandate (Legislaturperiode 1994–1998: 34 Sitze) zur Bedingung für die Zuerkennung des Fraktionsstatus.

WENIGER ABGEORDNETE: Im Juni 1996 einigten sich die Fraktionsspitzen auf eine Verkleinerung des Parlaments auf 598 Sitze. Dadurch soll die Arbeit des Parlaments effektiver und der Kostenaufwand reduziert werden. Finanzexperten der CDU hatten errechnet, daß die Verkleinerung Einsparungen von etwa 100 Mio DM jährlich ermöglichen würde. Im September 1995 hatte das Parlament die Einsetzung einer Reformkommission zur Verkleinerung des B. beschlossen. Der Kommission unter Vorsitz von B.-Vizepräsident Hans-Ulrich Klose (SPD) gehören 17 Abgeordnete (acht von der CDU/CSU, sechs von der SPD, je einer von FDP, Bündnis 90/Die Grünen und PDS) sowie 14 Sachverständige an. Im April 1996 empfahl die Kommission, der B. solle noch in der laufenden 13. Legislaturperiode (1994–1998) die Zahl der Abgeordneten für die 15. Legislaturperiode (2002–2006) gesetzlich festlegen.

Am Wahlrecht, wonach je die Hälfte der Abgeordneten in Wahlkreisen und über die Landeslisten gewählt wird, soll sich dagegen nichts ändern. Die Wahlkreise sollen vergrößert und ihre Anzahl damit verringert werden. Die kleineren Parteien CSU, FDP, Bündnis 90/Die Grünen und PDS lehnten eine Verkleinerung der Volksvertretung ab, weil sie die Präsenz der kleineren Parteien in den vergrößerten Wahlkreisen erschwere.

REICHSTAGSGEBÄUDE: Das Bonn/Berlin-Gesetz beschränkt die Kosten für den Umbau des Berliner Reichstags auf 605 Mio DM. Dem britischen Architekten Norman Foster, der 1994 die Entwurfsplanung für den Umbau übernommen hatte, wurde 1995 ein Budget von 600 Mio DM zur Verfügung gestellt, das sämtliche Baukosten abdecken soll. Der Umbau des Reichstagsgebäudes soll bis 1999 beendet sein; der Plenarsaal im Reichstag könnte mit der Wahl des nächsten Bundespräsidenten im Mai 1999 eingeweiht werden.

→ Regierungsumzug → Überhangmandate → Vermittlungsausschuß → Wahlen

Bundesverfassungsgericht

Das B. (BVG) mit Sitz in Karlsruhe wurde 1951 eingerichtet. Es ist das höchste deutsche Rechtsprechungsorgan.

AUFGABEN: Das B. entscheidet über die Vereinbarkeit von Bundes- oder Landesrecht mit dem GG und von Landesrecht mit dem Bundesrecht (Normenkontrolle) sowie über Konflikte zwischen Bundesorganen oder zwischen Bund und Ländern. Am häufigsten befaßt sich das B. mit Verfassungsbeschwerden von Bürgern, die sich durch die öffentliche Gewalt in ihren Grundrechten verletzt fühlen. Von anhängigen Verfahren aus den Vorjahren (2438) und Neueingängen 1995 (5911) erledigte das B. im vergangenen Jahr 5065 Verfahren (davon 4936 Verfassungsbeschwerden). Verfassungsrichter Ernst Wolfgang Böckenförde (SPD), dessen Amtszeit im Mai 1996 endete, forderte angesichts dieser Überlastung eine Reform der Arbeitsweise des B. nach dem Vorbild des US-amerikanischen Supreme Court.

ZUSAMMENSETZUNG: Das B. besteht aus zwei gleichberechtigten Senaten, die sich jeweils aus einem bzw. einer Vorsitzenden sowie sieben Richterinnen und Richtern zusammensetzen. Die Mitglieder des B. werden je zur Hälfte von einem zwölfköpfigen Bundestagsausschuß bzw. vom Bundesrat mit Zweidrittel-Mehrheit auf zwölf Jahre gewählt. Die Altersgrenze beträgt 68 Jahre. Präsidentin des B. und Vorsitzende des Zweiten Senats ist seit 1994 Jutta Limbach (SPD). Das Amt des stellvertretenden B.-Präsidenten und den Vorsitz des Ersten Senats übernahm im Oktober 1995 Otto Seidl (parteilos).

WICHTIGE ENTSCHEIDUNGEN: Im August 1995 erklärte das B. eine Vorschrift des bayerischen Schulrechts über die Anbringepflicht von Kruzifixen in Grund- und Hauptschulen als Verstoß gegen Art. 4 GG für verfassungswidrig. Im November 1995 bestätigten die Karlsruher Richter ihr sog. Soldatenurteil von 1994. Im Mai 1996 beurteilte das B. sowohl die Grundgesetzänderung zum Asylrecht (Art. 16a GG) als auch die Neuregelungen des Asylverfahrensgesetzes als grundsätzlich verfassungsgemäß. Ebenfalls im Mai bestätigte das Gericht sein Bodenreform-Urteil von 1991.

→ Asylbewerber → Eigentumsfrage → Kruzifixurteil → Soldatenurteil

Bundesverwaltungsgericht

→ ORG

Bundeswehr [TAB]

Im Dezember 1995 begann der größte Militäreinsatz in der 40jährigen Geschichte der B. (Kosten: rd. 700 Mio DM). Die deutschen Streitkräfte beteiligen sich mit rd. 4000 Soldaten an der NATO-Friedenstruppe für Bosnien-Herzegowina (Stärke: rd. 50 000 Soldaten).

BOSNIEN: Das deutsche Kontingent soll den Nachschub für den britischen und französischen Sektor in Bosnien-Herzegowina von der kroatisch-dalmatinischen Küste aus sichern, die Straßenverbindungen aufrechterhalten, Minen räumen und die medizinische Versorgung übernehmen (Feldlazarett). Etwa 80% der Beteiligten sind Zeit- und Berufssoldaten. Der Deutsche Bundestag stimmte dem Auslandseinsatz am 6. 12. 1995 mit 543 gegen 107 Stimmen zu.

STRUKTUR: Mit der Indienststellung des Deutsch-Niederländischen Korps (Umfang: 28 000 Soldaten) im August 1995 wurde die multinationale Verflechtung der

Bundeswehr: Streitkräfteplanung

Bereich	Soldaten
Insgesamt	338 000
Truppenkategorie	
Krisenreaktionskräfte	53 600
Heer	37 000
Luftwaffe	12 300
Marine	4 300
Hauptverteidigungskräfte	204 400
Teilstreitkraft	
Heer	233 400
Luftwaffe	77 400
Marine	27 200

Quelle: Bundesverteidigungsministerium

B. mit anderen NATO-Verbänden fortgesetzt. Das Korps zählt zu den Hauptverteidigungskräften, die der eigenen Landesverteidigung dienen und im Gegensatz zu den Krisenreaktionskräften, die international zur Bewältigung von Konflikten eingesetzt werden, erst im Mobilmachungsfall ihre volle Stärke erreichen. Deutsche Verbände wurden bis 1995 der Schnellen NATO-Eingreiftruppe (engl.: Rapid Reaction Corps), dem Eurokorps sowie den Deutsch-Dänischen und Deutsch-US-amerikanischen Korps zugeordnet. Das einzige nationale (IV.) Korps verfügt über zwei Divisionen und hat seinen Führungsstab in Potsdam. Im April 1996 stellte die B. in Calw (Baden-Württemberg) ein Kommando für Spezialauf-

gaben auf (1000 Soldaten), das z. B. bei der Befreiung von deutschen Geiseln im Ausland eingesetzt werden soll.

WAFFEN: Der B.-Plan 1996–2001 sah eine jährliche Steigerung der Ausgaben für militärisches Gerät von rd. 6 Mrd DM auf 9 Mrd DM vor. Der Investitionsanteil am Verteidigungshaushalt (Forschung, Entwicklung, Waffenbeschaffung, Infrastruktur) soll von 24% auf 30% erhöht werden. Etwa 2,4 Mrd DM sollen durch die Reduzierung von 370 000 auf 338 000 Soldaten, den Personalabbau von 3,5% der rd. 142 000 Zivilbeschäftigten und durch Rationalisierung eingespart werden. Die Waffen- und Gerätebeschaffung konzentrierte sich auf folgende Bereiche:

▷ Verbesserung von Kommunikation und Sanitätsversorgung (Lazarette)
▷ Europäisches Jagdflugzeug
▷ Flugabwehrsysteme und Luft-Luft-Raketen
▷ Steigerung von Transportraum, Reichweite, Einsatzdauer von Schiffen, U-Booten, Hubschraubern und Flugzeugen (Heeresflieger)
▷ Kampfunterstützung (Hubschrauber) und Minenräumung (Marine, Heer).

Die Verteidigungsausgaben sollen wegen Einsparungen im Bundeshaushalt 1997 gegenüber dem Vorjahr um rd. 1,7 Mrd DM auf 46,5 Mrd DM gekürzt werden.

→ Eurofighter → Soldatenurteil
→ Wehrpflicht → Rüstungsausgaben
→ [ORG] NATO → [ORG] WEU

Bundeswehr: Auslandseinsätze

Land/Gebiet	Zeitraum	Aufgabe
Irak	ab 1991	Transport von UNO-Inspektoren
Kambodscha	Mai 1992–Nov. 1993	120 Sanitäter im Rahmen der UNO-Friedensmission
Adria	Juli 1992–Juni 1996	Überwachung des UNO-Waffen- und Handelsembargos gegen Jugoslawien durch WEU und NATO
Bosnien-Herzegowina	ab 1992/93	Überwachung des militärischen Flugverbots (NATO, AWACS-Einsatz), Hilfsgütertransporte und -abwürfe zur Versorgung der Zivilbevölkerung
Somalia	Mai 1993–März 1994	1700 Soldaten im Rahmen des UNO-Einsatzes zur Einhaltung des Waffenstillstands im Bürgerkrieg (humanitäre Hilfe in Belet Uen)
Zaire	Juli–Dez.1994	Beteiligung an der UNO-Luftbrücke für Flüchtlinge aus Ruanda
Bosnien-Herzegowina/ Kroatien	ab Juli/Dez. 1995	Luftaufklärung, Schutz der NATO-Friedenstruppe gegen Raketenbeschuß (ECR-Tornados); Sanitäts-, Pionier-, Transport- und Nachschubtruppen (insges: 4000 Soldaten) zur Unterstützung und Versorgung

Bündnis 90/Die Grünen

Nach den Landtagswahlen 1995/96 in drei Bundesländern sind B. in allen westdeutschen Landtagen vertreten. In Hessen, Nordrhein-Westfalen und Schleswig-Holstein bilden sie zusammen mit der SPD Regierungskoalitionen. Die 1993 aus dem ostdeutschen Bündnis 90 und den westdeutschen Grünen hervorgegangene ökologisch-sozial ausgerichtete Partei mit 46 130 Mitgliedern (Stand: Oktober 1995) ist seit der Bundestagswahl 1994 (7,3% der Stimmen) drittstärkste Kraft im Bundestag. Der Umzug der Parteispitze von Bonn nach Berlin wurde auf 1999 verschoben.

WAHLEN: Stimmenzuwächse erzielten B. bei den Wahlen zum Berliner Abgeordnetenhaus (+3,8 Prozentpunkte auf 13,2%) und zu den Landtagen in Baden-Württemberg (+2,6 Prozentpunkte auf 12,1%) und Rheinland-Pfalz (+0,4% Prozentpunkte auf 6,9%). In Schleswig-Holstein überwanden B. erstmals die Fünf-Prozent-Hürde (8,1% der Stimmen).

KONFLIKT: Das Plädoyer des Bundestags-Fraktionssprechers Joschka Fischer für einen Militäreinsatz der Bundeswehr in Bosnien-Herzegowina führte zu einer Grundsatzdebatte über die außenpolitischen Positionen von B. und zu Spannungen zwischen den Parteiflügeln. Entgegen dem im Dezember 1995 gefaßten Parteitagsbeschluß, am Prinzip der Gewaltfreiheit festzuhalten, stimmten Ende des Jahres im Bundestag 22 der 49 Abgeordneten für einen Bundeswehreinsatz im Balkan-Konflikt, fünf Abgeordnete enthielten sich der Stimme.

POSITIONEN: Als deutschen Beitrag zur Schlichtung internationaler Konflikte fordern B. den Aufbau einer dem Auswärtigen Amt und nicht der Bundeswehr unterstellten Spezialeinheit von Freiwilligen. B. will die Organisation für Sicherheit und Zusammenarbeit in Europa (OSZE) als wichtigstes Ordnungssystem in Europa etablieren. Sie treten für die Auflösung der NATO ein. Wichtigste Maßnahme in der Wirtschafts- und Sozialpolitik war für B. die Einführung der Ökosteuer. Angesichts der Massenarbeitslosigkeit (Mitte 1996: ca. 4 Mio) soll die Arbeitszeit auf 30 Stunden verkürzt werden.

Bündnis für Arbeit

Ende 1995 schlug der Vorsitzende der größten deutschen Einzelgewerkschaft IG Metall, Klaus Zwickel, ein sog. B. zwischen der IG Metall, den Unternehmern und der CDU/CSU/FDP-Bundesregierung vor, um in Deutschland neue Arbeitsplätze zu schaffen. Die IG Metall würde sich 1996 mit einem Lohnzuwachs in Höhe der Inflation zufriedengeben und untertarifliche Einstiegslöhne für Langzeitarbeitslose akzeptieren, wenn sich die Arbeitgeber dazu verpflichteten, 1996 mindestens 100 000 neue Arbeitsplätze zu schaffen und 10 000 Langzeitarbeitslose einzustellen. Die Metallarbeitgeber lehnten die Forderungen Zwickels als nicht akzeptabel ab. Als die Bundesregierung im April 1996 ein Sparpaket zur Konsolidierung des Haushalts vorlegte, mit dem u. a. die Lohnfortzahlung im Krankheitsfall sowie die Arbeitslosenhilfe gekürzt werden sollten, erklärte Zwickel das B. für gescheitert. In anderen Branchen wurden hingegen 1996 ähnliche Vereinbarungen getroffen, wie sie das ursprüngliche B. vorsah.

TEXTILINDUSTRIE: Als erste Branche einigten sich die Tarifpartner in der Textilindustrie auf eine Lohnerhöhung von 1,5% für 1996; Unternehmen in schwieriger wirtschaftlicher Lage können die Lohnerhöhung per Betriebsvereinbarung für ein Jahr aussetzen. Die Arbeitgeber garantieren im Gegenzug, keine Kündigungen vorzunehmen. Die Jahresarbeitszeit kann durch Vereinbarung zwischen Unternehmensleitung und Betriebsrat um bis zu 130 h verkürzt oder verlängert werden.

CHEMIE: In der Chemieindustrie wurde im März 1996 eine Lohn-erhöhung von 2% vereinbart. Überstunden werden nicht wie bisher in Geld, sondern in Freizeit ausgeglichen. Die Arbeitgeber sagten im Gegenzug eine Beschäftigungssicherung und die Schaffung neuer Arbeitsplätze zu.
→ Arbeitslosigkeit → Gewerkschaften → Haushalte, öffentliche → Lohnfortzahlung → Tarifverträge → `ORG` DGB

Bürgerentscheid `TAB`

Entscheidung einer Gemeindeangelegenheit durch die Gemeindebürger. Bei einem Volksentscheid in Bayern im Oktober

Bürgergeld

1995 sprachen sich 57,8% der Wähler für die Einführung eines kommunalen B. aus. Damit erhöhte sich die Zahl der Bundesländer, die einen B. vorsehen, von elf auf zwölf. Bayern ist das einzige Bundesland, daß beim B. weder ein Zustimmungsquorum (ein bestimmter Anteil der Wahlberechtigten muß das Anliegen unterstützen) noch ein Beteiligungsquorum (ein bestimmter Anteil der Wahlberechtigten muß sich an der Abstimmung beteiligen) verlangt. Damit haben die Gemeindebürger in Bayern mehr direkte Mitwirkungsmöglichkeiten als in allen anderen Bundesländern. Kritiker, insbes. aus der CSU, befürchten, daß in Bayern künftig radikale Minderheiten den B. als Blockadeinstrument in der Kommunalpolitik mißbrauchen könnten.

VERFASSUNGSBESCHWERDE: Im April 1996 reichten zwei Münchner Rechtsanwälte Popularklage und Verfassungsbeschwerde gegen das Gesetz zur Einführung des B. beim Bayerischen Verfassungsgerichtshof ein. Sie bemängelten u. a., daß B. sich nicht nach dem Haushalt der jeweiligen Kommune zu richten hätten. Das Gesetz zum B. untersage lediglich B. über kommunale Haushalte. So bleibe offen, ob eine Kommune durch Bürgerwünsche nach teuren Projekten in den Ruin getrieben werden könne. Die beiden Rechtsanwälte schlugen vor, nur noch kostenneutrale B. zuzulassen.

VERFAHREN: Für den B. gilt grundsätzlich ein zweistufiges Verfahren. Zuerst muß ein bestimmter Prozentsatz der Wahlberechtigten einer Kommune das sog. Bürgerbegehren mit Unterschriften unterstützen. Erzielt das Bürgerbegehren die notwendige Anzahl von Unterschriften, folgt der B. Erreicht der B. das notwendige Quorum bzw. in Bayern die Mehrheit der abgegebenen Stimmen, wird die Gemeindeangelegenheit (z. B. Bau eines Kindergartens, Einführung von Tempo-30-Zonen) im Sinne des Bürgerantrags geregelt. B. über Themen, die Fragen der Bauleitplanung und Planfeststellungsverfahren berühren, sind nur in Bayern und Hessen zulässig. Im März 1996 führte auch Niedersachsen den kommunalen B. ein. In Hamburg und im Saarland waren Mitte 1996 Gesetzentwürfe zur Einführung eines kommunalen B. in Vorbereitung.

Bürgergeld

(auch negative Einkommensteuer), Konzept der FDP und des Arbeitnehmerflügels der CDU, die rd. 150 in Deutschland existierenden Sozialleistungen durch eine steuerfinanzierte Grundversorgung zu

Bürgerentscheid: Voraussetzungen und Regelungen in den Bundesländern

Bundesland	Zeitpunkt der Einführung des Bürgerentscheids	Regelungen für	
		Bürgerbegehren	Bürgerentscheid[1]
Baden-Württemberg	1956	8–15% Beteiligungsquorum[2]	30% Zustimmungsquorum
Bayern	November 1995	3–10% Beteiligungsquorum[2]	Mehrheit der Wählerstimmen
Brandenburg	1993	10% Beteiligungsquorum	25% Zustimmungsquorum
Bremen	k. A.	10% Beteiligungsquorum	50% Beteiligungsquorum
Hessen	1993	10% Beteiligungsquorum	25% Zustimmungsquorum
Mecklenburg-Vorp.	1994	5–10% Beteiligungsquorum[2]	25% Zustimmungsquorum
Niedersachsen	März 1996	6–15% Beteiligungsquorum[2]	25% Zustimmungsquorum
Nordrhein-Westfalen	1994	6–10% Beteiligungsquorum[2]	25% Zustimmungsquorum
Rheinland-Pfalz	1994	8–15% Beteiligungsquorum[2]	30% Zustimmungsquorum
Sachsen	1993	15% Beteiligungsquorum	25% Zustimmungsquorum
Sachsen-Anhalt	1994	7–15% Beteiligungsquorum[2]	30% Zustimmungsquorum
Schleswig-Holstein	1990	10% Beteiligungsquorum	25% Zustimmungsquorum
Thüringen	1993	10% Beteiligungsquorum	25% Zustimmungsquorum

1) Bürgerentscheide können auch von den Gemeinderäten durch einen Beschluß mit Zweidrittelmehrheit beantragt werden; 2) je nach Gemeindegröße; Quellen: Frankfurter Rundschau, 4.10.1995; Bürgeraktion Mehr Demokratie e. V. (München)

ersetzen. Mit dem B. sollen Verwaltungskosten gespart und das Sozialleistungsrecht vereinfacht werden.
REGELUNG: Das B. soll jedem Bürger das Existenzminimum (1996: rd. 12 000 DM pro Jahr) garantieren. Das Finanzamt zahlt Personen ohne Einkommen ein monatliches B., das nach Aufnahme einer Arbeit gegen fällige Steuern verrechnet wird. Erwerbslose sollen einen Anreiz zur Aufnahme einer auch niedrig bezahlten Tätigkeit erhalten, indem nur die Hälfte des Arbeitseinkommens auf das B. angerechnet wird.
KRITIK: Wirtschaftsverbände schätzten den Steuerausfall durch Einführung des B. auf 25 Mrd–175 Mrd DM, je nach konkreter Ausgestaltung des Systems. Das B. verursache nur dann geringere Ausgaben beim Staat als das bestehende Sozialsystem, wenn das Existenzminimum erheblich niedriger festgelegt werde. Gegner des B. kritisierten, daß es die Anspruchsmentalität der Bürger fördern würde und nicht mit marktwirtschaftlichen Prinzipien zu vereinbaren wäre.

C

Car Sharing TAB

(engl.; sich ein Auto teilen). 1996 gab es in ca. 70 deutschen Städten C.-Organisationen mit 10 000 Mitgliedern. Ziel von C. ist die Verringerung des Autoverkehrs und damit der Umweltbelastung insbes. durch Luftverschmutzung. C. ist für Autofahrer billiger, die jährlich weniger als 7000 km fahren. Dem Dachverband European Car Sharing (ECS, Luzern/Berlin) gehörten 1996 35 C.-Vereine aus Deutschland, der Schweiz, den Niederlanden und Österreich an.
Die größte C.-Initiative in Deutschland (StattAuto Berlin) hatte 1996 ca. 2500 Mitglieder, die sich 120 Autos an 30 Standorten teilten. Angehörige von C.-Initiativen bezahlen in der Regel eine Beitrittsgebühr (75–250 DM) und erwerben einen Genossenschaftsanteil an dem Unternehmen (Wert: 650–1100 DM). Gegen einen Kilometerbeitrag (etwa 0,45 DM, inkl.

Car Sharing: Organisationen

Stadt[1]	Name	Kontakt-Telefon
Berlin	StattAuto CarSharing	030/4413773
Bonn	STATTAUTO	0228/215913
Bremen	StadtAuto Bremen	0421/77010
Dortmund	Nachbarschaftsauto	0231/9143110
Duisburg	Nachbarschaftsauto	0231/9143110
Düsseldorf	Stadtauto e. V.	0211/7884730
Essen	Nachbarschaftsauto	0231/9143110
Frankfurt/M.	Car Sharing Deutschland	069/705950
Gelsenkirchen	Nachbarschaftsauto	0231/9143110
Hamburg	Stattauto Hamburg	040/22715151
Karlsruhe	Car Sharing Deutschland	069/705950
Köln	STATTAUTO Köln	0221/7392233
Leipzig	Car Sharing Deutschland	069/705950
München	Stadtteilauto	089/6257777
München	STATTAUTO München	089/2013123
Nürnberg	Nachbarschaftsauto	0231/9143110

Stand: Mitte 1996; 1) Auswahl

Benzin) und eine Benutzungsgebühr (ca. 5 DM pro Stunde) können sie Kfz benutzen. Die monatliche Teilnahmegebühr beträgt ca. 20 DM. Der Fahrer bestellt das Auto über eine Telefonzentrale und holt es von einem festen Standplatz ab. Schlüssel und Kfz-Papiere sind in einem Tresor nahe des Standortes deponiert.
→ Autoverkehr → Luftverschmutzung

CASTOR GRA

(Abk. für cask for storage and transport of radioactive material, engl.; Behälter für Lagerung und Transport von radioaktivem Material). Mit C. wird in Europa und den USA Brennmaterial aus Atomkraftwerken in Zwischenlager oder zur Wiederaufarbeitung befördert. Das 1983 fertiggestellte Zwischenlager Gorleben hat Platz für 420 C. (Stückpreis: rd. 2,4 Mio DM), die dort bis zu 40 Jahre aufbewahrt werden sollen. Im Mai 1996 wurden die ersten Behälter mit hochradioaktivem Müll aus der Wiederaufarbeitungsanlage La Hague/Frankreich nach Gorleben transportiert. Gegen die Überführung, die über 19 000 Polizisten gesichert wurde, erhob sich z. T. gewalttätiger Protest von Atomkraftgegnern. In Deutschland werden jährlich 60–80 Atomtransporte durchgeführt.

CASTOR: Behälteraufbau

Behälter aus Gußeisen mit Kugelgraphit, Wandstärke 44 cm, von innen mit Nickel beschichtet zur Verhinderung von Korrosion

Längsrippen zur Wärmeabstrahlung

Länge: 6 m
Breite: 2 m
Gewicht (beladen): 120 t

Meßgeräte/Stromversorgung

Brennelemente

Zwei übereinanderliegende Deckel, mit Metalldichtungen verschlossen, dazwischen Helium unter Überdruck

CASTOR wurde in Deutschland für maximal 19 hochradioaktive Brennelemente aus Druck- und Siedewasserreaktoren oder für 25 t in Glas eingeschlossenen Atommüll entwickelt. Vor der Zulassung muß der Transport- und Lagerbehälter Falltests aus 9 m Höhe auf ein Beton-Stahl-Fundament und einen halbstündigen Feuertest bei 800 °C überstehen. Eventuell austretende Radioaktivität kann mit Meßgeräten in einem mit Gas gefüllten Unterdruckraum von CASTOR festgestellt werden. Die Strahlendosis darf 2,0 Millisievert pro Stunde (mS/h) nicht überschreiten. Wärme wird über Kühlrippen an die Umgebung abgegeben (Außentemperatur des Behälters: rd. 50 °C).   © Harenberg

Deutschland ist völkerrechtlich verpflichtet, hochradioaktive Nuklearabfälle zurückzunehmen, die bei der Wiederaufarbeitung von Brennmaterial aus deutschen Atomkraftwerken in La Hague entstanden sind. Bis 2003 sind 110 C.-Transporte mit etwa 2800 sog. Kokillen geplant. Sie enthalten mit Glas verschmolzene, nicht verwertbare Kernspaltprodukte. Ab 2000 stehen rd. 40 C.-Transporte aus der britischen Wiederaufarbeitungsanlage Sellafield nach Gorleben an. Das Bundesamt für Strahlenschutz erlaubte 1995 in Gorleben die Zwischenlagerung von 3800 t hochradioaktiven Abfalls.
→ Zwischenlagerung

CD

(Compact Disc), optische Speicherplatte, auf der Daten digital festgehalten und von einem Laserstrahl abgetastet werden. Wegen der großen Speicherkapazität, der hohen Aufnahme- und Wiedergabequalität sowie Haltbarkeit ist die CD wichtigstes Speichermedium in der Unterhaltungselektronik. 1995 waren etwa 80% aller verkauften Tonträger in Deutschland CDs (ca. 170 Mio).

TYPEN: CDs lassen sich nach ihrer Beschreibbarkeit unterscheiden:
▷ CD-ROM (Real Only Memory, engl.; nur lesbarer Speicher) können vom Benutzer nicht beschrieben werden und dienen vorwiegend als Datenspeicher für PC
▷ MO-CD (Magnet-Optische CD) können vom Anwender mehrfach überspielt werden
▷ Bei WORM-Systemen (Write Once Read Multiple, engl.; einmal schreiben, häufig lesen) können Daten einmal eingegeben werden, dann jedoch nicht mehr überspielt werden. WORM-Systeme eignen sich für die Archivierung großer Datenbestände.

AUFNAHMEVERFAHREN: Ton-, Schrift- und Bildsignale werden in kleinste Informationseinheiten zerlegt (engl.: bit) und mit den Ziffern Eins und Null belegt, die vom Laser entschlüsselt und von der Elektronik des Abspielgeräts z. B. in Tonsignale umgewandelt werden. Bei einmal beschreibbaren CDs werden Informationen in Vertiefungen auf der CD-Oberfläche (engl.: pit) festgehalten, die in einem Abstand von etwa 16/1000 cm auseinanderliegen. Bei MO-CDs wird die Polung der Magnetoberfläche verändert.

NEUE KLANGERFAHRUNG: Eine US-Firma entwickelte 1995 das sog. HDCD-Verfahren: Bei der Aufnahme von Musik-CDs können auch Töne aufgenommen werden, die für das menschliche Ohr nicht hörbar, aber für den Raumklang wichtig sind. Bei den normalen Aufnahmeverfahren gehen Klanginformationen verloren. Die Aufnahme wird bei der HDCD-Technik im Studio zunächst kodiert und muß vom CD-Spieler wieder entschlüsselt werden, wofür sog. Decoder-Chips notwendig sind (Preis: ca. 60 DM).

HALTBARKEIT: Finnische Forscher warnten 1996 davor, beschreibbare CDs zur langfristigen Speicherung und Archivierung wichtiger Daten zu verwenden. In einem Experiment, bei dem sie die CDs Temperaturen von 50 bis 80 °C sowie Sonnenstrahlen aussetzten, wurden diese nach kurzer Zeit unlesbar. Umgerechnet auf normale Lagerbedingungen würde eine CD, je nach Qualität der Pressung, nach drei bis 28 Jahren unbrauchbar.

CD-ROM GLO
(Compact Disc Read Only Memory, engl.; CD mit nur lesbarem Speicher), Speicherplatte, auf der nichtlöschbare Daten festgehalten werden, die vom Laserstrahl eines C.-Laufwerks eines Personalcomputers (PC) abgetastet werden. Die Vorteile der C. gegenüber magnetischen Speichern (Diskette, Festplatte) liegen vor allem in der hohen Speicherkapazität und der Datensicherheit. In Deutschland besaßen 1995 rd. 3 Mio Haushalte einen PC mit C.-Laufwerk. Weltweit waren rd. 59,5 Mio C.-Laufwerke in Computern installiert, bis 2000 sollen es rd. 161 Mio sein. In Deutschland wurden etwa 24 Mio C. zum durchschnittlichen Preis von 74 DM verkauft, davon waren rd. 30% Spiele und C. mit pornographischen Inhalten. Deutschland war nach den USA der zweitgrößte Markt für C.

BUCHMARKT: Ende 1995 waren in Deutschland etwa 6000 Buchtitel auf C. erhältlich. Die meisten C. (71%) wurden jedoch nur in geringer Auflage (1000–5000 Stück) hergestellt. Die Herstellungskosten einer C. betrugen nach Angaben des Arbeitskreises für Elektronisches Publizieren je nach Aufbereitung des vorliegenden Buchmaterials zwischen 30 000 und 1 Mio DM. Der Anteil des Buchhandels am Umsatz mit elektronischen Medien (C., Disketten) betrug rd. 30%, dabei erzielte der Buchhandel nur ca. 1–4 % seines Umsatzes mit C.

WERBUNG: Aufgrund der im Vergleich zu Büchern niedrigen Verkaufszahlen und der hohen Herstellungskosten gingen Verlage 1995/96 dazu über, Werbeplatz auf C. anzubieten. Dies soll u. a. die Preise hochwertiger C. senken, um sie für den Massenmarkt attraktiv zu machen.

VORTEILE: Wegen ihrer Speicherkapazität – eine herkömmliche C. kann 350 000 Schreibmaschinenseiten fassen (650 MB) – werden C. zur Aufbewahrung großer Datenmengen genutzt (z. B. Grafiken, Illustrationen). C. erleichtern den Zugriff auf Informationen in Datenbanken und Enzyklopädien. 1996 entwickelte ein internationales Konsortium aus neun Unternehmen eine C., die eine Speicherkapazität von maximal 18 GB hat und 520 min Film fassen soll.
→ Video Disc

CDU
Die Christlich-Demokratische Union (CDU) bildet seit 1982 gemeinsam mit CSU und FDP die Bundesregierung. Bei den Wahlen zum Berliner Senat (Oktober 1995) und drei Landtagswahlen im März 1996 konnte die christlich-konservativ ausgerichtete Partei ihre Position behaupten. Im Bundestag ist die CDU mit 244 Abgeordneten vertreten. In Sachsen regierte sie mit absoluter Mehrheit. Sie ist in fünf Bundesländern an der Regierung beteiligt. Im Bundesrat verfügten sieben unionsregierte Länder (inklusive des CSU-geführten Bayerns mit 6 Sitzen) über 27 von 69 Sitzen.

CD-ROM: Typen

CD-I: (Compact Disc interaktiv), CD-ROM für den Fernseher mit Spielfilmen, abzuspielen mit einem speziellen Gerät, mit dem auch Musik-, Foto- und Video-CD gelesen werden können oder mit einem Computer, der mit einer PC-CD-i-Karte ausgerüstet ist. **CD-ROM:** Speicherkapazität bis zu 650 MB Daten, Texte, Fotos. Computeranimationen, kurze Filme.	Erhältlich für Apple Macintosh und Personalcomputer. **FOTO-CD:** Speicherkapazität bis zu 100 Bilder. Ist für alle Computer mit CD-ROM-Laufwerk erhältlich, aber auch für Spielkonsolen, Foto-CD-Player und CD-i-Geräte. **CD-PLUS:** CD-ROM mit Musik und einer Spur für Zusatzinformationen. Erhältlich für Personalcomputer und Apple Macintosh.	**VIDEO-DISC:** (Auch Video-CD), CD-ROM mit Spielfilmen. Anfang 1996 waren Video-Discs mit 74 min Spielfilm im Handel, die von Computern mit CD-ROM-Laufwerken und Datenkompression (MPEG) abgespielt werden konnten. Ende 1996 soll eine Video-Disc mit 520 min Spielfilm auf den Markt kommen, die nur von einem speziellen Gerät gelesen werden kann.

WAHLEN: Während die CDU bei den Wahlen zum Berliner Abgeordnetenhaus Stimmen einbüßte (–3 Prozentpunkte auf 37,4%), konnte sie ihren Stimmenanteil bei den Landtagswahlen in Baden-Württemberg (41,3%), Rheinland-Pfalz (38,7%) und Schleswig-Holstein (37,2%) halten bzw. leicht verbessern. In Baden-Württemberg kündigte sie die große Koalition mit der SPD auf und regiert nun gemeinsam mit der FDP.

REGIERUNGSPOLITIK: Die vom CDU-Parteivorsitzenden, Bundeskanzler Helmut Kohl, geführte Koalitionsregierung konzentrierte sich 1995/96 auf das Erreichen der Konvergenzkriterien, die Voraussetzung für einen Beitritt zur Europäischen Wirtschafts- und Währungsunion sind. Wichtigste Ziele waren der Schuldenabbau im Staatshaushalt, die Wiederbelebung der Wirtschaft und die Reform des Sozialsystems. Mitte 1996 beschloß die Regierung wirtschafts- und beschäftigungspolitische Maßnahmen sowie Kürzungen im sozialen Bereich mit einem Einsparvolumen von 25 Milliarden DM. Die auf dem CDU-Parteitag im Oktober 1995 beschlossene Einführung einer Kohlendioxid-Steuer wurde nicht umgesetzt.

PARTEIINTERNE KRITIK: Ostdeutsche CDU-Politiker forderten die Parteiführung Anfang 1996 zu einer Wertediskussion und Debatte über eine Struktur- und Programmreform der Partei auf. Der Parteizentrale warfen sie wachsendes Desinteresse an den Problemen in Ostdeutschland sowie eine reine Ankündigungs- und Darstellungspolitik vor, die Handlungskonsequenz vermissen lasse.

MITGLIEDERENTWICKLUNG: Die Zahl der Parteimitglieder belief sich Ende 1995 auf 661 990 (Ende 1994: 670 800). Zur Mitgliederwerbung wurde auf dem Karlsruher Parteitag im Oktober 1995 die Einführung einer einjährigen Gastmitgliedschaft beschlossen. Die mit dem Ziel einer verstärkten Frauenförderung von der Parteizentrale angestrebte Frauenquote wurde von den Parteitagsdelegierten abgelehnt. Als neue Unterorganisation der CDU gründeten deutsche und türkische Parteimitglieder Anfang 1996 in Berlin die Deutsch-Türkische Union (DTU).

CEFTA → [ORG]

Cent

(Hundertstel), in vielen Ländern der Welt (u. a. Frankreich, Niederlande, USA) Unterteilung der Währung in eine kleinere Einheit. Nach diesem Vorbild verständigten sich die EU-Finanzminister und -Notenbankpräsidenten, auch die Unterteilung des Euro in der künftigen europäischen Wirtschafts- und Währungsunion C. zu nennen.

→ Euro-Währung

CERN → [ORG]

CGB → [ORG]

Chemieindustrie

1995 steigerte die deutsche C. ihren Umsatz um rd. 6% auf 180 Mrd DM. Verantwortlich für den Aufschwung war die günstige Konjunktur im ersten Halbjahr 1995. Die größten Zuwächse (6,6%) wurden im Bereich der Unternehmen zwischen 100 und 500 Beschäftigten erzielt. Chemieunternehmen mit bis zu 100 Beschäftigten wiesen einen Umsatzzuwachs von 2,1% auf. Den größten Ertrag vor Steuern erwirtschaftete 1995 mit 4,2 Mrd DM die Bayer AG. Die Hoechst AG und die BASF AG kamen auf jeweils 4,1 Mrd DM.

PERSONALABBAU: Die deutsche C. baute in Deutschland 1995 4% des Personals ab. 1991–1995 sank die Zahl der Beschäftigten von rd. 594 000 auf rd. 510 000. Die Arbeitgeber versprachen im März 1996, den Beschäftigungsabbau zu bremsen.

ZUSAMMENSCHLUSS: Die Schweizer Chemiekonzerne Ciba-Geigy und Sandoz kündigten im März 1996 ihre Fusion an. Das neue Unternehmen soll unter dem Namen Novartis firmieren. Es wird weltweit voraussichtlich der zweitgrößte Hersteller von Medikamenten sein. Die beiden Konzerne erhoffen sich von ihrem Zusammenschluß zahlreiche Synergien, insbes. zwischen dem Pharmasektor und dem Bereich Ernährung sowie in der Biotechnologie. Als Folge der Fusion will Novartis weltweit rd. 10 000 Stellen abbauen.

Chemische Waffen [TAB]

(auch C-Waffen), chemische Substanzen, die wegen ihrer giftigen Wirkung für militärische Zwecke verwendet werden. Bis Dezember 1995 ratifizierten 47 Staaten die internationale Konvention von 1993 über das Verbot, C. zu entwickeln, herzustellen und zu lagern. Die Vorräte an C. werden weltweit auf etwa 100 000 t geschätzt. Mindestens 30 Staaten sollen über C. verfügen. Nur der Irak, Rußland und die USA haben bis Mitte 1996 den Besitz von C. zugegeben. Das irakische Arsenal (125 000 Granaten, 600 t Giftgas) wurde bis 1995 unter internationaler Aufsicht vernichtet. Rußland und die USA kündigten an, ihre Bestände an C. (40 000 t bzw. 31 000 t) bis 2005 bzw. 2004 zu zerstören.

VERTRAG: Die C-Waffen-Konvention wurde bis Mitte 1996 von 160 Staaten unterzeichnet. Die Ratifizierung verzögerte sich wegen der aufwendigen Umsetzung der Vorschriften in nationales Recht, die z. B. umfassende Informationen der Industrie über Chemikalien verlangen, die zur Herstellung von C. tauglich sind, und den Inspektoren den Zugang zu den Produktionsstätten der Chemieindustrie sichern sollen. Die Konvention tritt erst 180 Tage nach der Ratifizierung durch 65 Staaten in Kraft. Vorhandene Bestände und Produktionsanlagen für C. müssen gemeldet und innerhalb von zehn Jahren zerstört werden. In Ausnahmefällen kann die Frist um fünf Jahre verlängert werden.

BESTÄNDE: An acht Standorten in den USA und auf dem Johnston-Atoll im Pazifik lagern rd. 3,3 Mio Bomben, Granaten und Raketen mit Nerven- und Senfgas. Hinzu kommen rd. 316 000 binäre Waffen. Sie enthalten ungiftige Substanzen, die erst bei einer chemischen Reaktion im Einsatz ihre Wirkung entfalten. Rußland lagert seine Giftgasmunition an sieben Standorten im europäischen Teil des Landes. Die Sowjetunion soll bis in die 80er Jahre C. im Nördlichen Eismeer (Barentssee, Karasee), im Ochotskischen und Japanischen Meer versenkt haben. Deutsche Bestände (bis zu 300 000 t) wurden nach dem Zweiten Weltkrieg von den Alliierten und der DDR bis 1965 in der Ostsee

Chemische Waffen: Bestände der Großmächte

USA		Rußland	
Ort (Staat/Region)	Anteil[1]	Ort (Region)	Anteil[1]
Tooele (Utah)	42,3	Potschep (Bryansk)	18,8
Pine Buff (Arkansas)	12,0	Maradikowski (Kirow)	17,4
Hermiston (Oregon)	11,6	Leonidowka (Pensa)	17,2
Pueblo (Colorado)	9,9	Kambarka (Udmurtien)	15,9
Anniston (Alabama)	7,1	Kisner (Udmurtien)	14,2
Johnston (Pazifik)	6,6	Schtschutsche (Kurgan)	13,6
Edgewood (Maryland)	5,0	Gornyj (Saratow)	2,9
Newport (Indiana)	3,9		
Richmond (Kentucky)	1,6		

1) Prozent; Quelle: BICC: conversion survey 1996

versenkt. In den USA und der UdSSR wurden C. bis in die 70er Jahre z. T. offen verbrannt.

VERNICHTUNG: Im US-Entsorgungskomplex auf dem Johnston-Atoll wurden bis 1995 etwa 72 000 M-55-Raketen, 45 000 Granaten und 134 000 Container mit Giftgas bei hohen Temperaturen (ca. 1500 °C) verbrannt. Die Inbetriebnahme einer zweite US-Anlage in Tooele (Utah, Baukosten: 750 Mio DM) verzögerte sich 1995/96 aus Sicherheitsgründen und wegen technischer Probleme. Die C. sollen grundsätzlich in der Nähe ihrer Lagerstätten vernichtet werden. Einzelne Regionen widersetzten sich jedoch seit Anfang der 90er Jahren einer Verbrennung. Sie befürchteten Umwelt- und Gesundheitsschäden. Gefahren gehen jedoch auch von der langfristigen Lagerung aus, weil die chemischen Substanzen die Ummantelung der Waffen zerstören. Die Kosten für die Vernichtung der US-amerikanischen C. wird auf 11 Mrd Dollar geschätzt (Rußland: 5 Mrd–6 Mrd Dollar).

Die russische Regierung plante 1995/96 zunächst zwei Entsorgungsanlagen (Kambarka, Gorny) und die Vernichtung von Hautgiften, die in Eisenbahn-Tankwaggons lagern. Der Bau eines Pilotbetriebs in Tschapajewsk scheiterte in den 80er Jahren an öffentlichem Widerstand. In Europa war Mitte 1996 eine Anlage in Betrieb (Munster/Deutschland). Sie soll bis 1997 durch einen Neubau mit 20facher Kapazität (2400 t) ersetzt werden.

VERFAHREN: Als Alternative zur Hochtemperatur-Verbrennung, die von den

USA favorisiert wird, gelten Methoden, bei denen die Giftstoffe in Substanzen mit geringer Toxizität umgewandelt und anschließend verbrannt oder biologisch zersetzt werden. Zur Verminderung des Risikos bei der Zerlegung von C. (Giftgas, Explosivstoffe, Metall, Verpackungsmaterial) wird mit Stickstoffvereisung und anschließender Zerkleinerung experimentiert.

→ Atomwaffen → Biologische Waffen

Chip [TAB]

(engl.; Plättchen, auch Halbleiter), elektronischer Baustein eines Computers, der Informationen speichert oder als miniaturisierter Rechner (Mikroprozessor) Steuerfunktionen wahrnimmt. Auch in der Telekommunikation, vor allem bei mobilen Telefonen (sog. Handys), sowie in der Autoelektronik und beim Bau von Haushaltsgeräten wurden C. Mitte der 90er Jahre zunehmend eingesetzt. Der weltweite C.-Markt erzielte 1995 gegenüber dem Vorjahr eine Rekordumsatzsteigerung von 40% auf 154,7 Mrd Dollar. Marktführer

bei Computer-C. war 1995 die US-amerikanische Firma Intel mit einem Umsatz von 13,828 Mrd Dollar.

SPEICHERKAPAZITÄT: Ende 1995 kündigten die drei Elektronikkonzerne IBM, Siemens und Toshiba ihre Kooperation bei der Entwicklung eines marktreifen 256-Megabit-Speicher-C. an. Dieser C. soll eine Speicherkapazität von 16 000 Schreibmaschinenseiten haben. Speicher-C. werden vor allem im Arbeitsspeicher eines Computers verwendet (sog. DRAM-Bausteine). Zwar hatten die Unternehmen NEC und Hitachi 1994 bereits das Muster eines 1-Gigabit-C. mit einer Speicherkapazität von 64 000 Schreibmaschinenseiten vorgelegt, doch müssen zunächst neue Fertigungsanlagen errichtet werden. Mitte 1996 gab es bereits Computer mit Speicher-C. von 16 Megabit. Ende 1997 will Siemens im Dresdner Halbleiterwerk mit der Serienproduktion von 64-Megabit-C. beginnen.

WACHSTUM: Der Zentralverband der Elektronikindustrie geht weltweit von einer Umsatzsteigerung bei C. auf rd. 300 Mrd Dollar bis 2000 aus. Zusätzlich seien Investitionen von rd. 200 Mrd Dollar für ca. 150 neue C.-Fabriken notwendig, um den Bedarf zu decken. 1995 kam es auf dem Weltmarkt bereits zu Engpässen bei den Speicher-C. für die Arbeitsspeicher in PC sowie bei den C. für Autoelektronik (sog. Asics).

INTEL-VORMACHT: Intel, der Marktführer bei Mikroprozessoren für PC, stellte Ende 1995 seinen neuen C. Pentium Pro vor. Er verfügt über 5,5 Mio Transistoren, verglichen mit 3,1 Mio auf dem Vorgängermodell Pentium, und verdoppelt damit fast dessen Arbeitsgeschwindigkeit. Als 32-Bit-C. bewirkt der Pentium Pro, daß vor allem die Rechenleistung und die Schnelligkeit des PC bei der Nutzung von 32-Bit-Betriebssystemen wie Windows 95 und OS/2 erhöht wird. Ende 1995 schlossen sich die US-amerikanischen C.-Hersteller AMD und NexGen zusammen. NexGen war 1995 der einzige C.-Hersteller, dessen Produkte mit den C. von Intel in Rechenleistung und Arbeitsgeschwindigkeit konkurrieren konnten.

→ Computer → PC

Chip: Markt in Deutschland

Anwendungsgebiet	Umsatz (Mrd DM)			
	1993	1994	1995[1]	1996[1]
Datentechnik	1,98	2,96	4,24	5,80
Telekommunikation	1,86	2,13	2,92	3,48
Autoelektronik	1,06	1,35	1,83	2,19
Unterhaltungselektronik	0,54	0,61	0,67	0,73
Insgesamt	5,44	7,05	9,66	12,20

1) Schätzung; Quelle: Der Spiegel, 6.11.1995

Chip: Größte Hersteller

Rang	Unternehmen	Land	Umsatz (Mrd Dollar)	
			1995	1994
1	Intel	USA	13,828	10,099
2	NEC	Japan	11,360	7,961
3	Toshiba	Japan	10,185	7,556
4	Hitachi	Japan	9,422	6,644
5	Motorola	USA	9,173	7,238
6	Samsung	Korea-Süd	8,344	4,832
7	Texas Instruments	USA	8,000	5,548
8	Fujitsu	Japan	5,511	3,869
9	Mitsubishi	Japan	5,154	3,772
10	Philips	Niederlande	4,040	2,920

Quelle: VDI-Nachrichten, 19.1.1996

Chipkarte GLO

Plastikkarte mit einem eingebauten Halbleiter (Kleinstcomputer oder Mikroprozessor), die als Ausweis, Datenträger oder Bargeldersatz dienen kann. Im Gegensatz zu Magnetstreifenkarten gelten C. als fälschungssicher. Anfang 1996 begann in der Region Ravensburg ein Feldversuch des Kreditgewerbes mit der sog. Geldkarte, einer Eurocheque-Karte mit zusätzlichem Chip, auf den der Bankkunde von seinem Konto bis zu 400 DM laden kann. Im britischen Swindon wurde 1995/96 ebenfalls ein Versuch mit einer aufladbaren Guthaben-C. durchgeführt. C. wurden 1995/96 in Deutschland vorwiegend als Krankenversicherten- und Telefonkarte sowie als Eingangsberechtigung für Firmengebäude genutzt.

GELDKARTE: Für 1997 plante das deutsche Kreditgewerbe die Ausgabe der Geldkarte an rd. 50 Mio Kunden. Beim Einkauf wird der zu bezahlende Betrag durch ein Lesegerät vom Chip abgebucht, die Wechselgeldrückgabe entfällt (sog. elektronische Geldbörse). Das Eingeben einer Geheimnummer ist unnötig. Ist der Geldbetrag aufgebraucht, kann die C. an einem speziellen Automat in der Bank erneut aufgeladen werden. Der Händler rechnet die Umsätze, die mit der C. erzielt werden, direkt mit seiner Bank ab, die ihm das Geld auf seinem Geschäftskonto gutschreibt. Die Kartenumsätze werden von einer Zentralstelle überprüft, die gleichzeitig die Kaufdaten, Beträge und Kartennummern speichert. Dies wurde von Datenschützern kritisiert, da die Datensammlung es ermögliche, ein Einkaufs- und Bewegungsprofil des Kunden zu erstellen. Die Banken wollten jedoch an dem Zusammenfluß der Daten festhalten, damit ermittelt werden könne, welcher Betrag auf der C. geladen ist, falls der Chip defekt ist.

PROBLEME: Zu den Nachteilen für den Kunden zählt, daß das Guthaben nur durch ein Lesegerät überprüft werden kann. Die Banken planten 1996, jeweils 0,3% des Warenwertes, mindestens jedoch 5 Pf, als Gebühr für die Nutzung der Geldkarte vom Einzelhandel zu verlangen, was dieser mit dem Hinweis auf seine geringen Gewinnspannen jedoch ablehnte. Verbraucherschützer gingen davon aus, daß der Einzelhandel seine Preise erhöhen wird, um die Gebühren auszugleichen.

PROGNOSE: Die C. kann zur Speicherung von Daten jeder Art genutzt werden, z. B. im Gesundheitswesen, um einen schnellen Zugriff auf Patientendaten zu erlangen. Der Absatz von C. wird in Europa 1995–2000 voraussichtlich um rd. 300% auf 1,3 Mrd C. steigen. Von den 1995 weltweit 460 Mio hergestellten Karten wurden 89% in Europa produziert. Mit einem Anteil von 50% an der C.-Produktion waren deutsche Hersteller Marktführer.

→ Chip → Datenschutz → E-Cash
→ Eurocheque-Karte

Chipkarte: Variationen

INTELLIGENT MEMORY CARDS: (engl.; intelligente Speicherkarten), besitzen einen Chip mit bereits gespeicherten Daten, der mit Sicherheits- und Zugriffsfunktionen ausgestattet ist. Einsatzbereich: Telefon-, Krankenversicherten-, Firmenkarten.
MICROCONTROLLER CARDS: (engl.; Mikrokontrollkarten), verfügt über einen wiederbeschreibbaren Speicherchip. Einsatzgebiet: wiederaufladbare Geldkarte, Steckkarte für Mobiltelefone, Bankkarte.
CRYPTOCARDS: (engl.; Kryptokarten), besitzen einen Chip, der mit einem zweiten Mikroprozessor gekoppelt ist. Die auf Cryptocards gespeicherten Daten können so verschlüsselt werden, daß sie kaum dekodiert werden können. Einsatzbereich: Zugangskontrolle zu stark gesicherten Gebäuden, Decoder für Pay-TV.

Chirurgie, minimal invasive

(invadere, lat.; eindringen, auch Schlüssellochchirurgie), Operationstechnik, bei der durch natürliche oder künstliche Öffnungen Röhrchen (sog. Trokare) ins Körperinnere geschoben werden, durch die der Chirurg mit seinen Instrumenten an die Operationsstelle vordringt. 1996 wurde erstmals in Deutschland ein Magen vollständig mittels C. entfernt. In Italien und den USA legten Chirurgen mit minimal-invasiven Techniken 1995/96 erstmals einen sog. Bypass (engl.; Umleitung), um verstopfte Blutgefäße zum Herzen zu überbrücken. Mit C. werden große Schnitte und Narben vermieden.

Die Methode wurde 1996 vor allem für die Entfernung von Blinddarm und Gallenblase sowie für Bandscheiben- und Meniskusoperationen angewandt. **OPERATIONSTECHNIK:** Eine Lichtquelle mit Minivideokamera (sog. Endoskop), die Bilder auf einen Bildschirm überträgt, wird durch Trokare zur Operationsstelle vorgeschoben, wo sie der Orientierung des Chirurgen dient. Mit Hilfe eines speziellen Endoskops wird anstelle eines zweidimensionalen Bildes ein dreidimensionaler Eindruck möglich. In Berlin entfernten Chirurgen der Universitätsklinik Charité wegen eines Magengeschwürs und beginnendem Krebs den Magen eines Patienten über zwei kleine Schnitte im Bauch. Die Funktion des Magens übernahm anschließend der Darm. Bei der Überbrückung eines verstopften Blutgefäßes mit C. sind lediglich zwei kleine Schnitte zwischen Brustwarze und Brustbein erforderlich. Während des Eingriffs schlägt das Herz des Patienten weiter, der übliche Einsatz der Herz-Lungen-Maschine entfällt. Allerdings ist der minimalinvasive Eingriff beim Bypass lediglich für solche Patienten geeignet, die nur eine oder zwei Überbrückungen brauchen.

VOR- UND NACHTEILE: Da nur kleine Wunden zurückbleiben, hat der Patient kaum Schmerzen. Sein Aufenthalt in der Klinik wird wegen der schnelleren Heilung verkürzt, die Kosten werden gesenkt. Blutungen können die Sicht der Minikamera beeinträchtigen und das Operationsrisiko erhöhen. Die Gefahr unbemerkter innerer Verletzungen ist groß.
→ High-Tech-Medizin

CIA → ORG

Commonwealth → ORG

Computer GLO TAB

1995 erzielte die C.-Branche in Deutschland mit einem Zuwachs von 7,2% auf 80 Mrd DM die größte Umsatzsteigerung seit 1988. Um 10% auf 34,2 Mrd DM stieg dabei der Verkauf der sog. Hardware (u. a. Festplatten, Monitore, Tastaturen). Der Umsatz mit Software (C.-Programme, Betriebssysteme) wuchs um 8% auf 18,7 Mrd DM; der Rest des Umsatzes entfiel auf C.-Dienstleistungen. Grund für das Wachstum der C.-Branche war vor allem die steigende Nachfrage nach Personalcomputern (PC). Als Zukunftsmarkt

---

Computer: Wichtige Begriffe

ASCII: American Standard Code for Information Interchange (engl.; amerikanischer Standardcode für Informationsaustausch), der am weitesten verbreitete Code für Computer, der jedem Zeichen auf der Tastatur eine Zahl zuordnet.

BIOS: Basic Input Output System (engl.; Basis-System für Ein- und Ausgabe), Grundprogramm eines PC. Es ist fest im Rechner installiert und sorgt dafür, daß der PC das Betriebssystem lädt, wenn er eingeschaltet wird.

BIT: Kleinste Dateneinheit mit dem Wert 0 oder 1.

BOOTEN: Der Vorgang nach dem Einschalten des PC, bei dem das Betriebssystem geladen wird.

BUS: Parallele Datenleitung, die die einzelnen Bausteine des Computers miteinander verbindet.

BYTE: Informationseinheit aus 8 Bit.

CACHE: Speicher einer Festplatte, der häufig von der Festplatte zu

lesende Daten im Arbeitsspeicher hält. Dies erhöht die Zugriffsgeschwindigkeit auf Daten.

CLIENT/SERVER: Netzwerk mit einem sehr leistungsfähigen Computer, der eine Vielzahl von Programmen und Daten bereithält. An den Server sind die sog. Clients, Arbeitsplatzrechner mit geringerer Speicherkapazität, angeschlossen.

COMPUSERVE: Großer Online-Dienst (rd. 4 Mio Anwender), der u. a. Zugriff auf das Internet bietet.

CPU: Central Processing Unit (engl.; Zentraleinheit), Chip, der alle internen Funktionen eines PC steuert.

E-MAIL: Elektronische Post, die innerhalb eines Netzwerks oder über Datenfernübertragung versandt wird.

FESTPLATTE: Meist im Computer eingebautes Laufwerk zum Lesen und Speichern von Informationen.

INTERNET: Weltumspannendes Computernetzwerk (ca. 50 Mio Nutzer).

JAVA: Programmiersprache für Computerprogramme im Internet, die jeder Rechner unabhängig von Hersteller und Betriebssystem anwenden kann.

MIKROPROZESSOR: Hauptrechenchip, auch CPU.

MOTHERBOARD: Hauptplatine des Computers.

PROVIDER: (engl.; Verteiler), Unternehmen, das den Zugang zu einem Netzwerk, z. B. dem Internet, herstellt.

SOFTWARE: Alle Programme und Daten, die zum Computerbetrieb notwendig sind.

STREAMER: Computergesteuertes Bandlaufwerk, ähnlich einem Kassettenrekorder, zur Datensicherung.

WINDOWS: Betriebssystem des US-amerikanischen Softwareherstellers Microsoft, mit dem etwa 80% der PC weltweit betrieben werden. Ende 1995 kam das 32-Bit-Betriebssystem Windows 95 auf den Markt.

sahen die C.-Hersteller 1996 Multimedia-C., die Telekommunikation, Unterhaltungselektronik und herkömmliche Rechnerfunktionen miteinander vereint.

INTERNET-RECHNER: Der US-C.-Hersteller Sun Microsystems plante gemeinsam mit einem internationalen Konsortium von C.-Unternehmen 1996 einen C. auf den Markt zu bringen, der nur über einen einfachen Prozessor und eine geringe Speicherkapazität verfügt. Mit Monitor und Tastatur soll er ca. 500 Dollar kosten (PC der Mittelklasse: rd. 2000 Dollar). Grundgedanke beim Bau dieses C. ist, daß der C.-Anwender die für den jeweiligen Gebrauch notwendigen Programme aus dem weltumspannenden Internet abrufen kann. Dort sind die Programme auf einem Zentral-C., dem Netzwerkserver, gespeichert. Der Anwender kann Speicherplatz und Programme dieser Netzwerkserver nach Bedarf nutzen und zahlt dafür eine Gebühr, muß aber keinen teuren PC und keine eigenen Programme kaufen. Der Internet-Rechner eignet sich vor allem für Spiele und Datenkommunikation, jedoch nicht für den Einsatz im professionellen Bereich.

120-MB-DISKETTE: Die Firmen Compaq, Matsushita und 3M planten Ende 1996 die Markteinführung einer Diskette mit 120 MB Speicherkapazität. Herkömmliche Disketten hatten Mitte 1996 eine Speicherkapaziät von maximal 2,88 MB. Die Neuentwicklung soll die Speicherung mittelgroßer Datenmengen erleichtern, die bislang auf Festplatten oder CD-ROM gesichert werden mußten. Die Disketten sollen rd. 10 DM/Stück kosten, das notwendige Laufwerk, das auch alle anderen Diskettenarten lesen kann, ca. 150 DM.

TECHNISCHE ENTWICKLUNGEN: Im Bereich C. wurde Mitte der 90er Jahre vor allem an der Weiterentwicklung von sog. Parallel-C., Spracherkennungs-C., dreidimensionalen C.-Simulationen (Cyberspace; engl.; virtuelle Realität) und neuen Formen der Dateneingabe wie berührungsempfindlichen Bildschirmen (engl.: touch screens) geforscht.

→ Chip → Datenautobahn → Internet
→ Multimedia → Parallelcomputer → PC
→ Software → Virtuelle Realität

Computer: Disketten im Vergleich		
Merkmal	**Normaldiskette**	**Neue Diskette**
Speicherkapazität	1,44 MB[1]	120 MB[1]
Spurenanzahl	160/Seite	1736/Seite
Spurdichte	135 Spuren/Zoll	2490 Spuren/Zoll
Drehzahl	300 U/min	720 U/min
Datenübertragung	45 KB/sec	546 KB/sec
Zugriffszeit auf Daten	90/1000 sec	65/1000 sec

1) 1 MB = 1 Mio Byte; Quelle: Wirtschaftswoche, 7.3.1996

Computeranimation BILD GLO

Darstellung von mehrdimensionalen bewegten Bildern mit Hilfe eines Rechners. C. wurde Mitte der 90er Jahre vor allem in Computerspielen, in der Werbung sowie in Spielfilmen eingesetzt. Ende 1995 hatte der erste komplett im Computer fertiggestellte Spielfilm „Toy Story" in den USA Premiere. Auf der Siggraph, der größten Computergraphikmesse der Welt, in Los Angeles wurde 1995 ein sog. Ganzkörper-Scanner (engl.; Laserabtastgerät) vorgestellt, mit dem Personen und ihre Bewegungen elektronisch abgetastet werden und so anschließend auf dem Bildschirm als dreidimensionale Kopie erscheinen. Diese C. kann am Computer in Farbe, Größe und Oberfläche beliebig verändert werden. 1996 existierte allerdings noch kein Computerprogramm, das Gefühlsausdrücke simulieren konnte. 1995/96 wurden im Fernsehen zuneh-

In der TV-Sendung „Hugo" werden Personen und ihre Bewegungen durch den Computer mit dem künstlich erstellten Studiohintergrund verbunden. Die Trick-Welt erscheint zusammengesetzt auf dem Fernsehbild.

Computeranimation: Formen

MAPPING: (engl.; Ausfüllen), das Füllen von Flächen mit Farben und Mustern, z. B. Gesichter, Kulissen etc.
MODELLING: (engl.; Modellieren), die erste Entstehungsstufe eines fotorealistischen Bilds durch den Computer. Mit einem dreidimensionalen Programm werden die Formen eines Objekts festgelegt.
MORPHING: (engl.; Verwandlung), die Verwandlung eines Objekts, z. B. eines Menschen in ein Tier.
RENDERING: (engl.; Übersetzen), die nachträgliche Veränderung von Oberflächen durch Licht und Schatten.
TWEENING: (engl.; kontinuierliche Verformung von Körpern), z. B. die 180°-Drehung eines Objekts.

mend Studiodekorationen durch elektronisch geschaffene Hintergrundbilder ersetzt (z. B. in der Sendung „Hugo" auf Kabel 1). Die Kosten für einen Computer, mit dem C. für Fernsehaufnahmen möglich sind, betrugen 1995 rd. 1,5 Mio DM.
➤ Multimedia ➤ Virtuelle Realität

Computerviren [GLO]

In den Computer eingeschleuste zerstörerische Programme, die sich, einem biologischen Virus gleich, vervielfältigen. Sie können die Software (Betriebssystem, Anwendungsprogramme) eines Computers verändern und den Datenbestand vernichten. Anfang 1996 waren rd. 8800 C. bekannt, weltweit kamen monatlich 50 bis 200 neue C. hinzu. Über das weltumspannende Computernetzwerk Internet können C. beim Kopieren von Informationen oder beim Empfangen und Verschicken von

Computerviren: Typen

KLASSISCHE COMPUTERVIREN: Zerstören den Datenspeicher oder überschreiben Festplatten mit sinnlosen Zeichen.
TROJANISCHE PFERDE: Programme werden zugunsten des Virenproduzenten verändert, ohne den ordnungsgemäßen Ablauf zu beeinträchtigen. Diese Viren dienen meist zum unberechtigten Kopieren von Daten.
COMPUTERWÜRMER: Beanspruchen durch ständiges Kopieren Speicherkapazität und Rechenzeit, so daß andere Operationen blockiert sind.

Nachrichten leichter und schneller als jemals zuvor auf Rechner übertragen werden. Innerhalb kürzester Zeit können die C. so über das Internet von Kontinent zu Kontinent gelangen. 1995 waren Schätzungen zufolge 61% der Unternehmen in Deutschland von C. betroffen. Datenverluste und Arbeitsausfallzeiten verursachten einen Schaden von rd. 3 Mrd DM.
AKTIVIERUNG: Der Programmierer bestimmt Zeitpunkt und Umfang der Störung. Ein Codewort, eine Zahlenkombination oder ein Stichtag aktiviert die C., die sich durch fortlaufendes Kopieren vermehren. Die Verbreitung geschieht vor allem über Disketten und Netzwerke. Spezielle Suchprogramme für C., die die Viren inaktivieren, konnten 1995/96 nicht mit der C.-Produktion Schritt halten.
SCHUTZ: Absoluten Schutz vor C. gab es Mitte 1996 nicht. PC-Anwender sollten daher ihre Daten regelmäßig auf externen Speichern (Disketten, Wechselplatten) sichern, keine Raubkopien von Computerprogrammen verwenden, alle Disketten, die sie von anderen erhalten, mit mindestens zwei Anti-Viren-Programmen testen und eine Sicherheitskopie für den Neustart des Betriebssystems anlegen, falls es C. gelungen ist, in das Betriebssystem einzudringen.
➤ Internet ➤ Software

CSU

Die nur in Bayern vertretene Christlich-Soziale Union (CSU) regiert im südlichsten Bundesland seit 30 Jahren mit absoluter Mehrheit. Unter dem seit 1993 amtierenden Ministerpräsidenten ➤ [BIO] Edmund Stoiber erreichte sie bei den Landtagswahlen 1994 52,8% (−2,1%) der Stimmen. Im Bundestag bildet die CSU eine Fraktionsgemeinschaft mit ihrer Schwesterpartei CDU und stellt 50 von 672 Abgeordneten (Landesgruppenchef seit 1993: Michael Glos).
MITGLIEDER: Nach rückläufigen Mitgliederzahlen konnte die christlich-konservativ ausgerichtete Partei ihre Basis wieder stabilisieren und verzeichnet 50 Jahre nach der Parteigründung wieder leichte Mitgliederzuwächse (Stand Ende 1995: 178 400). Die CSU bemühte sich

um die Förderung der Frauen und des Parteinachwuchses: Zwölf Frauen und fünf Mitglieder der Jungen Union wurden auf dem Münchener Parteitag im September 1995 in den 41köpfigen Vorstand unter Vorsitz von Bundesfinanzminister → Theo Waigel gewählt. Mit Dagmar Wöhrl bekleidet erstmals eine Frau eines der beiden Schatzmeister-Ämter. Im Wahlkampfjahr 1994 erreichten die Schulden des CSU-Landesverbandes mit 18,96 Mio DM Rekordhöhe.

POSITIONEN: Als Eingriff in die religiöse Freiheit wertete die CSU das Kruzifixurteil des Bundesverfassungsgerichts (BVG, Karlsruhe), wonach die Vorschrift im bayerischen Schulrecht, Kreuze in Schulzimmern aufzuhängen, nichtig ist. In einer Reaktion auf den Karlsruher Beschluß forderte sie für Entscheidungen von grundsätzlicher verfassungspolitischer Bedeutung ein gemeinsames Votum beider Senate des BVG mit Zwei-Drittel-Mehrheit.

Im Frühjahr 1996 legte die CSU ein 20-Punkte-Programm zur Sozial- und Wirtschaftspolitik vor. Darin verlangt sie u. a. eine stärkere Berücksichtigung der Leistung des Arbeitnehmers und der Ertragslage des Unternehmens bei der Festsetzung des Arbeitslohns, eine Neuregelung der Lohnfortzahlung im Krankheitsfall unter Anrechnung von Urlaubstagen bzw. Überstunden zum Ausgleich von krankheitsbedingten Fehlzeiten. Daneben forderte die CSU eine Neuregelung der Pensionsansprüche im öffentlichen Dienst sowie Einsparungen bei Maßnahmen zur Arbeitsförderung.

→ Kruzifixurteil

CVP

Als einzige der Regierungsparteien mußte die Christlich-Demokratische Volkspartei der Schweiz (CVP) bei den Nationalratswahlen im Oktober 1995 Mandate abgeben. Sie hält nun 34 (zuvor 36) Sitze im eidgenössischen Parlament. Mit einem Stimmanteil von 17,1% (−2,2%) erreichte die christlich-konservativ ausgerichtete Partei (80 000 Mitglieder 1996) einen historischen Tiefstand. Vor allem in ihrem Stammgebiet, der Innerschweiz, hat die CVP Wählerstimmen u. a. an die dort erstmals kandidierende SVP verloren. Die CVP stellt seit 1959 gemeinsam mit der FDP, SPS und SVP die Regierung. 1996 stellte sie zwei Minister: Flavio Cotti (Äußeres) und Arnold Koller (Justiz).

POSITIONEN: In der Drogenpolitik legte die CVP unter Präsident Anton Cottier einen Gegenentwurf zu den im Herbst 1996 zum Bürgerentscheid anstehenden Gesetzesinitiativen »Jugend ohne Drogen« und »Droleg« vor. Darin fordert sie Maßnahmen zur Prävention, Therapie und sozialer Wiedereingliederung Süchtiger, aber auch ein stärkeres Vorgehen gegen Drogenhändler. Angesichts der durch Fusion von Großunternehmen entstehenden Mega-Betriebe mit Monopolstellung in einzelnen Branchen will die CVP den Mittelstand gezielt fördern. In Europa-Fragen tritt die CVP für eine Annäherung der Schweiz an die EU ein.

D

DAG → ORG

Datenautobahn

(auch Information Highway), Netz zur Übertragung von Sprache, Bildern, Text und Ton, das jedem Menschen weltweit den Zugriff auf Informationen aller Art ermöglicht. D. ist die Voraussetzung für Multimedia, die Verbindung von Telekommunikation, Computertechnik und Unterhaltungselektronik. Die Bezeichnung D. wurde 1995/96 u. a. für das weltweite Computernetzwerk Internet, das digitale Telefonnetz und für andere Netze zur Datenfernübertragung benutzt. Für den Transport von Daten existierte jedoch bis Mitte 1996 weltweit kein flächendeckendes Kabel- oder Telefonleitungsnetz, das die Voraussetzungen für eine D. erfüllte (z. B. hohe Übertragungsraten, Schnelligkeit). Jedoch waren Pilotprojekte für den Aufbau von D. geplant, sechs davon in Deutschland.

TRANSATLANTIKVERBINDUNG: 1995 eröffnete die Deutsche Telekom mit dem US-amerikanischen Fernmeldenetzbetreiber Sprint die erste transatlantische breitbandige, d. h. für schnellen Datentransport geeignete Datenfernverbindung. Damit sollen u. a. multimediale Dienste wie Videokonferenzen und Tele-Medizin erprobt werden. Als Technik wurde der sog. asynchrone Übertragungs-Modus (ATM) gewählt, der die nötige Leistung von kleinen Bandbreiten für Telefongespräche bis zu großen für Bilder und Filme innerhalb eines Netzes je nach Bedarf bereitstellt. ATM beschleunigt die Übertragung von Daten verglichen mit der im digitalen Telefonverkehr Mitte der 90er Jahre gebräuchlichen ISDN-Technik um den Faktor 2000. Eine 3 MB große Computerdatei kann z.b. statt in 7 min (mit ISDN) in 155 Millisekunden von einem Computer zum anderen übertragen werden. Der Weltmarkt für ATM wird Prognosen zufolge 1995–2000 von 525 Mio Dollar auf 4 Mrd Dollar wachsen. **ANWENDUNG:** Über die D. sollen Informationen weltweit von Datenbanken abgerufen werden können. Ziel ist, daß jeder unbeschränkten Zugriff auf alle öffentlichen Informationen erhält (sog. Informationsgesellschaft). Darüber hinaus sollen die Nutzer über D. in Kontakt miteinander treten können, z. B. über Videokonferenzen. D. ist die Voraussetzung für Telearbeit, bei der Arbeitsergebnisse von einem Ort zum anderen gesandt werden. Die Anwender sollen die Möglichkeit erhalten, ihr Fernsehprogramm selbst bestimmen zu können (sog. interaktives Fernsehen). Durch D. werden u. a. Teleshopping (Einkauf am Bildschirm) und

Telebanking (Erledigen der Bankgeschäfte am Bildschirm) ermöglicht.
INTERNET: Das Internet war mit rd. 50 Mio Nutzern weltweit 1996 das Netz, das einer D. am nächsten kam. Jedoch waren die Übertragungsgeschwindigkeiten über die analoge Telefonleitung (14 400 Bit/sec; weniger als eine Schreibmaschinenseite) zu gering, um z. B. Bilder oder Filme in ausreichender Schnelligkeit zu übertragen. Zwar gab es Zugriff auf verschiedene Datenbanken, doch existierte kein Register, das die Suche nach Informationen erleichterte.
→ Interaktives Fernsehen → Internet
→ Multimedia → Telearbeit → Telekommunikation

Datenschutz [GLO]

Unter D. ist der Schutz der persönlichen Daten (z. B. Adressen, Krankengeschichte) vor dem Zugriff durch Dritte zu verstehen. Die deutschen D.-Beauftragten der Länder warnten 1995/96 davor, daß in globalen Computernetzen die weitergegebenen Daten nicht ausreichend geschützt seien. In solchen Datennetzen hinterlasse jeder Anwender Spuren, die genau zurückverfolgt werden können und aus denen z. B. Vorlieben und Abneigungen des Anwenders zu einem Kundenprofil zusammengestellt werden könnten. Viele personenbezogene Daten wurden Mitte der 90er Jahre nicht mehr nur vom Staat, sondern u. a. auch von Banken, Versicherungen und Versandhäusern gesammelt. Eine 1995 verabschiedete EU-Richtlinie zum D. legt fest, daß die Bürger über den Umgang mit diesen Daten informiert werden müssen.
Auch vor dem Gebrauch von Chipkarten, die multifunktional eingesetzt werden können (z. B. beim Einkauf, als Ausweis oder Krankenkarte) warnten Datenschützer. Die Daten könnten beim Ausgeber der Chipkarte zentral gesammelt werden, so daß ein detailliertes Bewegungs- und Konsumprofil entstehe.
→ Chipkarte → Internet

DAX® → Börse

DBB → [ORG]

Datenschutz: Gesetzliche Bestimmungen

GRUNDRECHT AUF INFORMATIONELLE SELBSTBESTIMMUNG: Schutz der Privatsphäre des einzelnen Bürgers vor Staat und Wirtschaft gemäß Art. 5 GG
DATENSCHUTZGESETZE VON BUND UND LÄNDERN: Jeder Bürger hat das Recht, selbst zu bestimmen, welche Informationen er über sich preisgibt. Die einzelnen Behörden (z. B. Arbeits- und Sozialämter) sind jedoch befugt, etwa für die Gewährung von Leistungen, Da-
ten zu sammeln. Der Betroffene muß jedoch darüber informiert werden, welche Behörde die Informationen benutzt.
EU-RICHTLINIE ZUM DATENSCHUTZ: Falls personenbezogene Daten (z. B. über Haushaltseinkommen und Erkrankungen) rechtswidrig verbreitet werden, hat der Betroffene Anspruch auf Schadenersatz. Der Bürger muß über die Speicherung und die Weitergabe seiner Daten unterrichtet werden.

DDR-Unrecht
→ Regierungskriminalität

Derivate GLO

Finanztransaktionen, deren Wert von zugrundeliegenden Vermögenswerten (Aktien, Rohstoffen) oder Kurssätzen (Wechselkurs, Zins, Aktienindex) abgeleitet wird. Sie werden an der Börse oder außerbörslich (engl.: OTC, over the counter; am Schalter) gehandelt. Geschäfte mit D. sind 1995 nach einer Untersuchung der Bank für Internationalen Zahlungsausgleich (BIZ) unerwartet stark auf ein Gesamtvolumen von 41 000 Mrd Dollar (62 700 Mrd DM) gestiegen. Auf deutsche Unternehmen (zu 90% Banken) entfallen davon rund 4500 Mrd DM.

GRUNDTYPEN: Obwohl D. häufig komplex ausgestaltet sind, lassen sie sich auf zwei Grundtypen zurückführen: Beim Termingeschäft (engl.: forward) einigen sich Käufer und Verkäufer für einen festgelegten späteren Zeitpunkt auf einen vorab fest vereinbarten Preis. Bei der Option wird gegen Zahlung einer Prämie das Recht erworben, zu einem späteren Zeitpunkt und zu einem heute schon vereinbarten Preis zu kaufen oder zu verkaufen. D. sollten ursprünglich gegen Kursschwankungen absichern. In den letzten Jahrzehnten sind zahlreiche D. entstanden, mit denen Aktienbesitz gegen Börsenrisiken gesichert werden kann (engl.: hedging; einzäunen) und die auch zu Spekulationszwecken eingesetzt werden.

FUTURES: Besonders risikoreich sind Aktienindex-Futures, bei denen auf die Kursentwicklung eines ganzen nationalen Börsenmarktes gewettet wird. Futures sind Termingeschäfte, die i. d. R. nicht erfüllt werden; es wird nur eine Kaution (engl.: margin) hinterlegt und festgelegten Zeitpunkt der Gewinn ausgezahlt.

BARING-AFFÄRE: Ende 1995 wurde der frühere Topmakler der britischen Baring-Bank Nick Leeson wegen Betrugs und Urkundenfälschung in Singapur zu 6,5 Jahren Haft verurteilt. Er hatte bei Spekulationsgeschäften mit D. in den japanischen Aktienindex Nikkei die Bank durch Verluste von mindestens 1,4 Mrd DM in den Ruin getrieben.

Derivate: Die wichtigsten Begriffe

FUTURE: Käufer und Verkäufer verpflichten sich im voraus, zu einem bestimmten Termin und festgelegten Preis zu kaufen bzw. zu verkaufen. Zum Termin wird der tatsächliche Marktpreis des Tages (z. B. Kurswert der Aktie) mit dem vereinbarten Preis verglichen. Der Verlierer muß dem Gewinner die Differenz zahlen. Future-Papiere werden nur an der Börse gehandelt.

LEVERAGE-EFFEKT: (engl.; Hebel-Effekt). Wenn sich der Basiskurs oder der Basisindex ändert, wirkt sich das überproportional auf den Kurswert des abgeleiteten D.-Papiers aus. Beispiel: Wenn sich der Punktestand des Deutschen Aktienindex DAX um 1% ändert, ändert sich anschließend der Kurswert einer DAX-Option um mehr als 1%.

OPTION: Der Käufer einer Option erwirbt das Recht (nicht die Pflicht), in einem bestimmten Zeitraum oder zu einem festen Termin zu vereinbartem Kurs zu kaufen (call-Option) oder zu verkaufen (put-Option). Optionsscheine werden an der Börse und außerbörslich gehandelt.

SWAP: Im außerbörslichen Geschäft werden Zahlungsströme zu vorab vereinbarten Bedingungen ausgetauscht, um kapitalmarktbedingte Vorteile auszunutzen. Beim Zinsswap wird z. B. ein fester Zinssatz des einen in einen variablen Zins des anderen getauscht. Aktienindex-Swap und Währungs-Swap dienen zur Absicherung von Kursrisiken.

MINDESTANFORDERUNGEN: Die deutschen Bundesaufsichtsämter für das Kredit- und Versicherungswesen haben Ende 1995 die Richtlinien des Baseler Ausschusses für Bankenaufsicht umgesetzt, dem die Vertreter der zehn wichtigsten Industrieländer angehören. Die neuen Mindestanforderungen regeln die ständige Erhebung, rechnerische Aufbereitung und Auswertung von Informationen über die Risiko-Entwicklung und über das Risiko-Management, bestimmen Limits und legen Wert auf klare Trennung von Handel, Abwicklung und Kontrolle der D.-Geschäfte. Jedes Geschäft muß revisionstechnisch nachvollziehbar sein und genau dokumentiert werden; der zuständige Geschäftsleiter der Bank muß nachweisbar täglich über Risikopositionen schriftlich informiert werden. Die Mindestanforderungen sehen bei Nichtbeachtung ab 1. 1. 1997 Bankaufsichtsmaßnahmen vor.
→ Terminbörse

Desertifikation
Bezeichnung für die insbes. vom Menschen verursachte Ausbreitung von Wüsten. Die oberste, fruchtbare Bodenschicht wird so angegriffen, daß sie sukzessive vom Wind weggeblasen wird.

Anders als bei anderen Umweltproblemen haben das öffentliche Bewußtsein und auch die Politik die fortschreitende, zivilisationsbedingte Zerstörung fruchtbarer Böden aber noch nicht als globale Katastrophe vollends zur Kenntnis genommen. Doch das Ausmaß der menschengemachten Bodenzerstörung ist alarmierend. Der volkswirtschaftliche Schaden der weltweiten D. wird auf jährlich über 40 Mrd Dollar geschätzt.

VERWÜSTUNG: Mehr als 100 Länder der Erde – mit über 1 Mrd Einwohnern – kämpfen gegen Wüsten, die sich mehr und mehr ausbreiten. 135 Mio Menschen, vor allem in der Sahel-Zone, aber auch in Asien und in Südamerika, laufen Gefahr, ihre landwirtschaftlichen Flächen und damit ihre Lebensgrundlage zu verlieren. Einer Studie der UNO zufolge sind derzeit weltweit fast 2 Mio ha – rund 15% der gesamten eisfreien Landoberfläche – geschädigt. Drei Viertel dieser Gebiete liegen in den Entwicklungsländern. 1945–1995 ist rund ein Drittel des weltweit nutzbaren Ackerbodens durch Erosion verlorengegangen. Das entspricht einem Verlust von über 10 Mio ha pro Jahr – mehr als die Fläche Portugals. Bis zum Jahr 2000 droht ein Drittel der Landfläche der Erde (52 Mio km²) zu verwüsten oder zu versteppen.

ASIEN: Obgleich die D. die größten sozialen und wirtschaftlichen Probleme in Afrika bereitet, liegen die meisten der betroffenen Areale, nämlich rund 40%, in Asien. Aber auch Nordamerika und mehrere europäische Länder haben ein ernsthaftes Problem mit der zunehmenden Verwüstung.

KONVENTION: Das Umweltprogramm der UNO (UNEP) nennt vier Hauptursachen für die stark zunehmende D.: Überweidung, unangepaßte Landwirtschaft, Abholzen der Wälder und Versalzung infolge ausufernder Bewässerung. Zum Schutz der Böden haben 1994 mehr als 100 Staaten die UNO-Konvention zur Bekämpfung der Wüsten unterzeichnet. Den sehr allgemein gehaltenen Text des Dokuments, dessen Ausarbeitung auf dem Umweltgipfel von Rio de Janeiro/Brasilien 1992 beschlossen worden war, haben bis Ende 1995 nur einige wenige Staaten in nationales Recht übernommen. Es bedarf der Hinterlegung von 50 derartigen Ratifikationsurkunden, damit die Konvention ein international verbindlicher Vertrag wird. Dies könnte Ende 1996 der Fall sein.

→ Alpen → Aralsee → Entwicklungsländer → Klimaveränderung → Tropenwälder → Waldsterben

DGB → ORG

Diabetes

(eigentl. Diabetes mellitus, auch Zuckerkrankheit), Störung des Fett-, Kohlehydrat- und Eiweißstoffwechsels, die durch die Zerstörung von insulinbildenden Zellen in der Bauchspeicheldrüse (Typ I) ausgelöst wird oder im Alter durch zunehmende Resistenz des Körpers gegen eigenproduziertes Insulin (Typ II) entsteht. D. führt zu einer Erhöhung des Blutzuckers (Glucose). Als Spätfolgen treten Blasenschwäche, Nierenversagen, Impotenz, Erblindung und Blutgefäßverstopfungen auf, die zu Hand- bzw. Fußamputationen führen können.

Die Zahl der Diabetiker weltweit (1995: 100 Mio) wird nach Schätzung der Weltgesundheitsorganisation (WHO, Genf) bis 2010 auf 240 Mio Fälle ansteigen. Allein in Deutschland litten 1996 mit 4 Mio Menschen rd. 4% der Bevölkerung an D., etwa 200 000 davon am erblich bedingten Typ I. Der Deutsche Diabetiker-Bund (Lüdenscheid) kritisierte 1996 die unzureichende medizinische Versorgung von D., deren Folgeschäden die gesetzlichen Krankenkassen mit rd. 12 Mrd DM pro Jahr belasteten. Die Behandlungskosten eines gut betreuten Diabetikers, dessen Stoffwechsel durch angemessene Ernährung und genau dosierte Insulingaben richtig eingestellt ist, betragen nach Angaben des Deutschen Diabetiker-Bundes 1500–4000 DM jährlich, ein schlecht eingestellter D.-Patient benötigt 18 000 DM pro Jahr.

ℹ️ Bund diabetischer Kinder u. Jugendlicher e. V., Hahnbrunner Str. 46, 67659 Kaiserslautern

ℹ️ Deutscher Diabetiker-Bund e. V., Danziger Weg 1, 58511 Lüdenscheid

Diagnosecode: Beispiele

Code	Diagnose
A00.0	klassische Cholera
E66.0	Fettleibigkeit durch übermäßige Kalorienzufuhr
F17	Störungen durch Tabak
J06.9	Erkältung
G43.0	Migräne
R19.1	abnorme Darmgeräusche
S18	traumatische Amputation in Halshöhe (Enthauptung)
W58	gebissen oder gestoßen von Krokodil oder Alligator
gesundheitsbeeinflussende Faktoren	
Z59.0	Obdachlosigkeit
Z59.1	unzulängliche Umgebung
Z59.5	äußerste Armut
Z59.8	Probleme mit Gläubigern

Quelle: Aktuell-Recherche

Diagnosecode [TAB]

Internationales Verschlüsselungssystem für ärztliche Diagnosen. Ab 1998 müssen Ärzte Diagnosen zur elektronischen Übermittlung an die Gesetzlichen Krankenversicherungen (GKV) verschlüsseln. Der D. soll den Krankenkassen helfen, Angemessenheit und Wirtschaftlichkeit von Therapien zu überprüfen. Kritiker befürchten den Mißbrauch der standardisierten, digitalisierten Diagnosedaten. Bis 1996 wurden Diagnosen ausführlich handschriftlich vom Arzt niedergelegt und an die Krankenkassen weitergeleitet.

ICD 10: Der ICD 10 genannte D. (International Classification of Diseases, engl.; Internationale Klassifikation von Krankheiten) wurde von der Weltgesundheitsorganisation (WHO, Genf) entwickelt. Er umfaßt 14 000 Buchstaben- und Zahlenkombinationen für Krankheiten, Gesundheitsstörungen und gesundheitsrelevante soziale Umstände.

VERPFLICHTUNG VERSCHOBEN: Die 1992 für 1996 beschlossene Verpflichtung zur Verschlüsselung nach dem D. setzte Bundesgesundheitsminister Horst Seehofer (CSU) im Januar 1996 nach Protesten von Ärzten, Patienten und Datenschützern aus. Sie wiesen auf die Möglichkeit des Datenmißbrauchs hin. Zwar seien die Krankenkassen verpflichtet, Patienten-

namen getrennt von Diagnosen zu speichern, doch sei die Zusammenführung der Angaben technisch möglich. Mediziner bemängelten die Ungenauigkeit des D. Seehofer und der Bundesdatenschutzbeauftragte Joachim Jacob einigten sich Anfang 1996 darauf, bis zur Einführung des D. 1998 Umfang und Feinheit der zu erhebenden Daten zu überprüfen.

KLAGE ZURÜCKGEWIESEN: Das Bundesverfassungsgericht (BVG, Karlsruhe) lehnte im Februar 1996 die Verfassungsbeschwerde zweier Ärzte ab, die befürchteten, der D. ermögliche ein präzises Patientenprofil mit Diagnose, Ursachen und sozialen Risikofaktoren und verstoße somit gegen den Datenschutz. Das BVG wies darauf hin, daß Ärzte nicht verpflichtet sind, das soziale Umfeld des Patienten betreffende Daten weiterzuleiten. Diese die Diagnose vervollständigenden Daten können, aber sie müssen nicht angegeben werden.

→ Gesundheitsreform → Krankenversicherungen

Diäten [TAB]

Aufwandsentschädigungen für Parlamentarier, deren finanzielle Unabhängigkeit sichergestellt werden soll. Über die Erhöhung der D. beschließen in Deutschland der Bundestag und die Länderparlamente. Die Praxis der D.-Bewilligung

Diäten: Bundestagsabgeordnete

Jahr	Betrag/Monat (DM)		Insgesamt[3]
	Entschädigung[1]	Pauschale[2]	
1985	8 000	4 800	12 800
1986	8 224	4 915	13 139
1987	8 454	5 003	13 457
1988	8 729	5 078	13 807
1989	9 013	5 155	14 168
1990	9 664	5 443	15 107
1991	10 128	5 765	15 893
1992	10 366	5 978	16 344
1993	10 366	5 978	16 344
1994	10 366	5 978	16 344
1995	11 300[4]	5 978	17 278[4]
1996	11 300	6 122	17 422

1) Steuerpflichtig; 2) Tagegeld, Unkostenersatz, Reisekostenersatz (Durchschnittswerte); 3) Durchschnitt; 4) ab 1.10.1995; Quelle: Aktuell-Recherche

Diäten: Durchschnittsverdienste von Parlamentariern

Land	Betrag (DM)/Monat		
	Grundgehalt	Zuschläge[1]	Insgesamt
Dänemark	7 800	800–2 000	8 600–9 800
Deutschland	10 366	5 978	16 344
Frankreich	9 500	2 690	12 190
Großbritannien	6 500	–	6 500
Italien	13 300	2 700	16 000
Japan	28 500	14 300	42 800
Österreich	9 300–11 900	4 200–5 400	13 500–17 300
Schweiz	3 100	265[2]	25 360[3]
USA	16 700	–	16 700

Stand: 1995; 1) Pauschalzuschläge; 2) pro Sitzungstag, 84 Sitzungstage im Jahr; 3) bei Zuschlägen für alle 84 Sitzungstage im Jahr; Quelle: Süddeutsche Zeitung, 30. 9. 1995

wurde in der Öffentlichkeit wiederholt als Selbstbedienung der Abgeordneten kritisiert.

BUNDESTAG: Im Dezember 1995 verabschiedete der Bundestag mit den Stimmen von CDU/CSU und SPD das Gesetz zur Neuregelung der Rechtsstellung der Abgeordneten. Kernpunkt des Gesetzes ist die schrittweise Erhöhung der D. bis zum Januar 1998 um rd. 25% auf 12 875 DM/Monat. Die D. der Bundestagsabgeordneten sollen sich langfristig an den Einkünften eines Richters bei einem obersten

Gerichtshof des Bundes (Besoldungsgruppe R 6) orientieren, die Ende 1995 rd. 14 200 DM/Monat betrugen. Ein erster Versuch zur D.-Reform, durch eine Verfassungsänderung die Abgeordnetenbezüge prinzipiell an die Besoldung von Richtern zu koppeln, war im Oktober 1995 am Einspruch des Bundesrates gescheitert.

Künftig sollen die Abgeordneten innerhalb von sechs Monaten nach einer Bundestagswahl ihre Gehälter für die Wahlperiode und die Bemessungsgrundlagen für ihre Altersentschädigung festlegen. Für die bis 1998 dauernde Wahlperiode wurden folgende Bestimmungen verabschiedet:

▷ Diäten: Die Abgeordnetenentschädigungen steigen zum 1.10.1995 auf 11 300 DM/Monat, zum 1.7.1996 auf 11 825 DM/Monat, zum 1.4.1997 auf 12 350 DM/Monat und zum 1.1.1998 auf 12 875 DM/Monat. Im Juni 1996 beschloß der Bundestag jedoch angesichts der sozialpolitischen Sparmaßnahmen eine Verschiebung der nächsten drei Diäten-Anhebungsstufen um jeweils ein Jahr

▷ Kostenpauschale: Die steuerfreie Kostenpauschale in Höhe von 5978 DM/Monat wird ab 1996 jeweils zum

Diäten: Landtagsabgeordnete

Rang	Bundesland	Abgeordnete	Betrag (DM)/Monat		
			Diäten[1]	Pauschale[2]	Insgesamt[3]
1	Bayern	204	9 589	4 711	14 300
2	Hessen	110	11 266	900	12 166
3	Niedersachsen	161	9 700	1 870	11 570
4	Rheinland-Pfalz	101	8 779	1 950	10 729
5	Nordrhein-Westfalen	239	8 370	2 191	10 561
6	Sachsen	120	6 753	3 360	10 113
7	Saarland	51	7 869	1 853	9 722
8	Baden-Württemberg	155	7 900	1 600	9 500
9	Thüringen	88	7 371	1 839	9 210
10	Schleswig-Holstein	75	7 150	1 600	8 750
11	Brandenburg	88	6 230	2 181	8 411
12	Sachsen-Anhalt	99	6 500	1 800	8 300
13	Mecklenburg-Vorp.	71	6 310	1 920	8 230
14	Berlin	206	5 100	1 460	6 560
15	Bremen	100	4 457	769	5 226
16	Hamburg	121	4 000[4]	600[4]	4 600[4]

Stand: Juni 1996; 1) zu versteuern; 2) steuerfrei; 3) Mindestbeträge; 4) ab 1. 9. 1996; Quellen: Globus, 3. 6. 1996, Aktuell-Recherche

1.1.der Entwicklung der allgemeinen Lebenshaltungskosten angepaßt
▷ Übergangsgeld: Ausgeschiedene Abgeordnete erhalten maximal 18 Monate (bisher 36 Monate) Übergangsgeld, auf das vom zweiten Monat an alle sonstigen Einkünfte angerechnet werden
▷ Altersversorgung: Die Altersentschädigung beträgt 3% (bisher 4%) der geltenden D. pro Jahr der Parlamentszugehörigkeit. Der Höchstsatz von 69% (bisher 75%) wird nach 23 Jahren (bisher 18 Jahre) Parlamentszugehörigkeit erreicht.

HAMBURG: Im Mai 1996 wurde in Hamburg die Ehrenamtlichkeit der Landtagsabgeordneten aus der Verfassung gestrichen. Vom 1.9.1996 an erhalten die Abgeordneten steuerpflichtige D. in Höhe von 4000 DM/Monat sowie eine Kostenpauschale von 600 DM/Monat. Bislang bekamen die Abgeordneten im einzigen sog. Feierabendparlament in Deutschland keine D., sondern lediglich eine Kostenpauschale von 1920 DM/Monat.

Dieselkraftstoff

Ab Oktober 1995 bieten Mineralölgesellschaften in Deutschland flächendeckend schwefelarmen D. an. Sie erfüllen damit eine ab Oktober 1996 gültige EU-Norm, wonach der Schwefelgehalt in D. höchstens 0,05% (zuvor: 0,2%) betragen darf. Schwefeldioxid ist ein Bestandteil von Smog und erhöht die giftige Wirkung von Dieselruß.
Der niedrigere Schwefelgehalt verringert die Dieselruß-Emissionen um 15%. Einatmen von Dieselruß in hohen Konzentrationen führt zu Tumoren in der Lunge. Der Ausstoß von Schwefel sinkt nach der Grenzwertreduzierung bei 6 Mio mit D. betriebenen deutschen Kfz um insgesamt 10 000 t pro Jahr.
Automobilindustrie und Umweltschützer forderten von der Mineralölindustrie eine weitere Senkung des Schwefelgehalts. In Schweden war 1996 bei Nutzfahrzeugen ein Höchstwert von 0,001% Schwefelanteil vorgeschrieben.
→ Autoverkehr → Benzin → Luftverschmutzung → Verkehr

Digitales Fernsehen [BILD]

(auch Digital Video Broadcasting, DVB), Übertragung von TV-Signalen mit digitaler statt analoger Technik. Dies ermöglicht die Ausstrahlung von 3 bis 15 Programmen über einen einzigen Kanal; mit analoger Technik kann nur ein Programm je Kanal übertragen werden. D. soll in Deutschland ab dem Jahr 2000 die Übertragung von ca. 1000 Fernsehprogrammen ermöglichen. Für das sog. interaktive Fernsehen, das den Zuschauer über einen Rückkanal (z. B. Telefonleitung) an der Programmgestaltung beteiligt, ist D. die Voraussetzung. Für den Empfang von D. ist ein Entschlüsselungsgerät (Set-Top-Box) notwendig, das eine Verbindung zwischen Fernseher und Kabelanschluß oder Satellitenantenne schafft und die digitalen Daten in Bild- und Tonsignale umwandelt. D. soll kostenpflichtig sein.
SET-TOP-BOX: Bis Mitte 1996 konnten sich die Multimedia Betriebsgesellschaft (MMBG) und die Firmengruppe des Münchener Medienunternehmers Leo Kirch nicht darauf einigen, gemeinsam eine Set-Top-Box auf den Markt zu bringen. MMBG, an der die Deutsche Telekom, die Bertelsmann-Tochtergesellschaft Ufa, CLT (Muttergesellschaft von RTLplus), die französische TV-Firma Canal plus, ARD, ZDF und RTL beteiligt sind, entwickelte die sog. Mediabox, die Kirch-

Neue Endgeräte (Bild: Multimedia-Terminal von Loewe) erlauben den Empfang von analogen und digitalen Funksignalen, die Nutzung von Software (CD-ROM), Videos auf Abruf und Angeboten des Daten-Highways, z. B. Online-Dienste, Internet, Teleshopping. Eine einheitliche grafische Benutzeroberfläche erleichert die Bedienung des Terminals.

gruppe in Zusammenarbeit mit Vebacom und der Handelskette Metro die sog. d-Box. Beide Firmenkonsortien wollen auch Programme für D. anbieten. Technisch unterscheiden sich die zwei Boxen nur geringfügig, dennoch wird diejenige der beiden Gruppen, die ihren Gerätetyp am Markt durchsetzen kann, nach Ansicht der Experten die besseren Voraussetzungen haben, Programme zu verkaufen. Der Preis für die d-Box, die Mitte 1996 marktreif werden sollte, wurde mit 1100–1300 DM beziffert.

PROGRAMME: Die Kirch-Gruppe und der Pay-TV-Sender Premiere startete im April 1996 Pilotprojekte für D. Unter dem Namen DF 1 will Kirch Ende 1996 etwa 50 Spartenprogramme (Spielfilme, Serien, Dokumentationen, Sport) anbieten (Einstiegspreis für 14 TV- und 30 Radiokanäle ab Juli 1996: 20 DM/Monat). Kirch und die MMBG planten, Möglichkeiten für den Einkauf und die Erledigung von Bankgeschäften vom Fernseher aus zu schaffen. Auch Computerspiele sollen mit einer zusätzlichen Spielkonsole genutzt werden können. Durch das Programm sollen Leittexte, ähnlich dem Videotext, führen.

ABRECHNUNG: Der Zuschauer zahlt entweder einen Monatsbeitrag für das Programmpaket seiner Wahl (sog. Pay-TV) oder für einzelne Sendungen (sog. Pay-per-view). Die Programme können entweder telefonisch oder über die Fernbedienung der Set-Top-Box bestellt und per Rechnung oder mit einer Chipkarte, auf die ein Geldbetrag gespeichert ist und die in die Set-Top-Box geschoben wird, bezahlt werden. Die Kosten für ein Programmpaket sollen unter der Monatsgebühr für das Pay-TV Premiere liegen (44,50 DM). Die Preise für einzelne Filme

orientieren sich wahrscheinlich an den Ausleihgebühren in Videotheken.
→ Chipkarte → Interaktives Fernsehen
→ Pay-TV → Video on demand

Digitales Radio [TAB]

Hörfunkprogramme, deren Tonsignale in digitalen Sendeimpulsen verschlüsselt ausgestrahlt werden. D. übertrifft analog ausgestrahlten Hörfunk in der Reichweite und besitzt eine bessere Klangqualität. 1995/96 starteten in Deutschland vier Pilotprojekte für das sog. Digital Audio Broadcasting (engl.; digitale Hörfunkausstrahlung, DAB), das über UKW-Frequenzen gesendet werden soll. Bis 2020 soll das analoge Radio durch DAB ersetzt werden. Über die Astra-Satelliten nahmen 1995 ebenfalls digitale Radioprogramme ihren Betrieb auf (sog. Astra Digital Radio, ADR). Für den Empfang von D. sind neue Radiogeräte notwendig, die digitale Signale entschlüsseln können. 1995 kamen die ersten ADR-Geräte auf dem Markt (Kosten: rd. 800 DM). Für den Empfang von DAB wurden Prototypen vorgestellt, die zunächst in kleiner Stückzahl an die Teilnehmer der Pilotprojekte verkauft wurden (Kosten: rd. 900 DM).

TECHNIK: Bei D. werden akustische Informationen, die für das menschliche Ohr nicht wahrnehmbar sind, herausgefiltert; so können über eine Hörfunkfrequenz bzw. einen Satellitenkanal sechs bzw. zwölf Programme empfangen werden (UKW: ein Programm). Über D. lassen sich Hörfunkprogramme, Datendienste und Bilder empfangen (z.B. Karten für Umleitungsanweisungen bei Staus). Zur visuellen Darstellung erhalten DAB-Radios einen kleinen Bildschirm, ADR-Geräte haben ein Display und können an einen PC angeschlossen werden.

Digitales Radio: Pilotprojekte mit Digital Audio Broadcasting in Deutschland

Merkmal	Baden-Württemberg	Bayern	Berlin	NRW
Projektdauer	25.8.1995–30.9.1997	17.10.1995–17.10.1997	26.8.1995–26.8.1997	1996–Ende 1997
Teilnehmerzahl[1]	3000	4000	3000	4000
Radiolieferanten	Bosch/Blaupunkt	Grundig, Bosch/Blaupunkt	Bosch/Blaupunkt	Bosch/Blaupunkt, Philips
Kosten (DM)[2]	28,2 Mio	42 Mio	5 Mio	33 Mio

1) In der Endphase; 2) Schätzung; Quelle: Bayerische Landesmedienzentrale

BEWERTUNG: DAB hat gegenüber D., das eine Parabolantenne für den Satellitenempfang benötigt, den Vorteil, daß es auch von mobilen Radios (z. B. im Auto) zu empfangen ist. DAB-Sendeanlagen kommen mit nur 10% der Leistung von UKW-Sendern aus. Der Sendebetrieb wird billiger, und die Umweltbelastung mit elektromagnetischer Strahlung (sog. Elektrosmog) ist wesentlich geringer.
→ Digitales Fernsehen → Elektrosmog
→ Video on demand

Digitaltechnik [TAB]

Teilbereich der Nachrichtentechnik und Elektronik, der sich mit der Erfassung, Speicherung, Darstellung, Übertragung und Verarbeitung von Informationen (Sprache, Daten, Bilder) befaßt, die in kleinste Einheiten (z. B. Buchstaben) zerlegt werden. D. ist Voraussetzung für die elektronische Datenverarbeitung. In der Unterhaltungselektronik wird D. für die Aufnahme von Bild und Ton genutzt.
Text- oder Spracheinheiten werden z. B. je nach Größe, Stärke und Anzahl mit einem Zahlenwert belegt und in ein Zahlensystem übertragen. Bei der meist verwendeten sog. binären Codierung werden sie in eine Zahlenfolge von 0 und 1 umgesetzt. Das Binärsystem stellt die ideale Grundlage für die elektronische Datenverarbeitung dar, da es mit lediglich zwei Ziffern auskommt, die von einem Computer als „Spannung" bzw. „keine Spannung" entschlüsselt werden.
→ CD → Computer → Datenautobahn
→ Digitales Fernsehen → Interaktives Fernsehen → Multimedia

Digitaltechnik: Binärer Code

Ziffer	Binärzahl	Buchstabe	Binärzahl
0	00000	A	110001
1	00001	B	110010
2	00010	C	110011
3	00011	D	110100
4	00100	E	110101
5	00101	F	110110

Mit Kombinationen aus den Ziffern 0 und 1 lassen sich sämtliche Buchstaben und Zahlen darstellen. Auf diesem binären Code beruhen Informatik und Nachrichtentechnik

Dioxin

Der Großbrand im Düsseldorfer Flughafen am 11.4.1996 führt abermals vor Augen, daß die Verwendung von Elektrokabeln mit PVC-Isolierung rasch zu einer extrem teuren Folgelast werden kann. Zwei der drei betroffenen Flugsteige sind so stark mit D. verseucht, daß sie wahrscheinlich abgerissen werden müssen. Geschätzter Schaden: mehrere hundert Mio DM. D. entsteht, wenn chlorhaltige Kunststoffe wie PVC (Polyvinylchlorid) Feuer fangen.

SUPERGIFT: Insgesamt kennt man über 200 verschiedene D.-Verbindungen. Sie entstehen bei zahlreichen chemischen Prozessen, etwa bei der Herstellung von Pflanzenschutz- und Holzschutzmitteln, bei der Chlorbleiche von Zellstoff oder in Müllverbrennungsanlagen. Darüber hinaus entsteht D. immer dann, wenn chlorhaltige Kohlenstoff-Verbindungen wie PVC unvollständig verbrennen. Niedrige Temperaturen und Sauerstoffmangel begünstigen diesen Prozeß. D. gehören zusammen mit dem Insektizid DDT, dem Konservierungsmittel Pentachlorphenol (PCP), den ozonzerstörenden Fluorchlorkohlenwasserstoffen (FCKW), den Polychlorierten Biphenylen (PCB) und dem Reinigungsmittel Perchlorethylen (PER) zu den Problemstoffen der Chlorchemie.

SEVESO-GIFT: Das bekannteste und auch gefährlichste ist das sog. Seveso-Gift (2,3,7,8-Tetrachlor-dibenzo-para-dioxin, kurz TCDD). In der oberitalienischen Ortschaft Seveso, nördlich von Mailand, wurde am 10.7.1976 infolge einer Explosion in einem Chemiewerk TCDD freigesetzt und verseuchte ein über 320 ha großes Gebiet mit rund 5000 Menschen. TCDD ist ein in der Umwelt hochgradig persistenter, das heißt kaum abbaubarer Stoff, der sich in biologischen Geweben anreichert. Beim Menschen verursacht er schwere Nervenleiden sowie Haut- (Chlor-Akne) und Leberschäden. Epidemiologische Untersuchungen an hochbelasteten Industriearbeitern liefern zudem ernstzunehmende Hinweise auf eine krebserzeugende Wirkung.

HAMBURGER STUDIE: Die bisher umfassendste D.-Untersuchung in Deutschland

documenta: Chronik der Ausstellungen in Kassel

documenta 1: „Kunst des 20. Jahrhunderts" (1955)
Leitung: Arnold Bode; Konzeption: Werner Haftmann
Besucher: 130 000; Kosten: 379 000 DM; Einnahmen: 179 000 DM
Exponate: 570 Werke von 148 Künstlern aus 6 Ländern
Schwerpunkt: Überblick über die Kunst seit 1900

documenta 2: „Kunst nach 1945" (1959)
Leitung: Arnold Bode; Konzeption: Werner Haftmann
Besucher: 134 000; Kosten: 991 000 DM; Einnahmen: 515 000 DM
Exponate: 1770 Werke von 326 Künstlern aus 23 Ländern
Schwerpunkte: Abstrakte und informelle Malerei (École de Paris, New York School), klassische Volumen- bis offene Raumplastik

documenta 3: „Bild und Skulptur im Raum", „Handzeichnungen"[1] (1964)
Leitung: Arnold Bode; Konzeption: Werner Haftmann
Besucher: 200 000; Kosten: 2,4 Mio DM; Einnahmen: 1 Mio DM
Exponate: 1450 Werke von 280 Künstlern aus 21 Ländern
Schwerpunkte: Moderne Kunst (abstrakte Malerei, Pop-art, Nouveau Réalisme), Plastik (Henry Moore)

documenta 4: „Kunst 1968" (1968)
Leitung: Arnold Bode; Konzeption: Jan Leering
Besucher: 207 000; Kosten: 2,1 Mio DM; Einnahmen: 1 Mio DM
Exponate: über 1000 Werke von 152 Künstlern aus 17 Ländern
Schwerpunkt: Aktuelle Kunst aus den USA (Pop-art, Minimal-art)

documenta 5:„Befragung der Realität–Bildwelten heute" (1972)
Leitung: Harald Szeemann
Besucher: 220 000; Etat: 4,6 Mio DM; Einnahmen: 1,9 Mio DM
Exponate: Werke bzw. Aktionen von 180 Künstlern
Schwerpunkte: Fotorealismus, Konzeptkunst, psychiatrische Kunst
Konzeption: Auf die ganze Stadt ausgeweitete „begehbare Erlebnisstruktur" statt musealer Veranstaltung

documenta 6: „Kunst und Medien" (1977)
Leitung: Manfred Schneckenburger
Besucher: 355 000; Etat: 4,8 Mio DM; Einnahmen: 2,5 Mio DM
Exponate: 1400 Werke und Werkreihen von 492 Künstlern
Schwerpunkte: Videoinstallation, Environment, Fotografie
Wahrzeichen: Walter de Marias „Vertikaler Erdkilometer"

documenta 7: Kein Gesamttitel (1982)
Leitung: Rudi Fuchs
Besucher: 380 000; Etat: 6,7 Mio DM; Einnahmen: 3,7 Mio DM
Exponate: etwa 1000 Werke von 167 Künstlern
Schwerpunkt: Neoexpressive Malerei („Junge Wilde")
Spektakuläre Aktion: Projekt „7000 Eichen" von Joseph Beuys

documenta 8: Kein Gesamttitel (1987)
Leitung: Manfred Schneckenburger
Besucher: 476 000; Etat: 10,1 Mio DM; Einnahmen: 2,3 Mio DM
Exponate: Arbeiten von 359 Künstlern aus 24 Ländern
Schwerpunkte: Utopie in der Kunst, Reaktionen von Kunst auf Mythos, Geschichte, Politik und Sozialpsychologie

documenta 9: „Vom Kunstwerk zum Betrachter zur Kunst" (1992)
Leitung: Jan Hoet
Besucher: 585 000; Etat: 16 Mio DM; Einnahmen: 17,7 Mio DM
Exponate: etwa 1000 Werke von 189 Künstlern
Schwerpunkte: Keine (Stilpluralismus)
Wahrzeichen: Jonathan Borofskys „Mann zum Mond wandelnd" vor dem Museum Fridericianum

1) Themen einzelner Abteilungen

wurde im Oktober 1995 für die Freie und Hansestadt Hamburg abgeschlossen und vorgestellt. Mehr als zwei Jahre lang hatten Wissenschaftler sämtliche Umweltdaten gesammelt und die Belastung der Hafenstadt errechnet.

Aus der Bilanz der Studie ergibt sich, daß die D.-Belastung der Hamburger noch immer höher ist als die der übrigen Bundesbürger. So nehmen die Hamburger je kg Körpergewicht täglich 1,69 Pico-(Billionstel-)Gramm D. durch Nahrungsmittel auf; der Bundesdurchschnitt liegt bei 1,63 Picogramm. Als Hauptgrund für diese höhere Belastung werden Ernährungsgewohnheiten genannt: Viel Fisch und viel Milch verursachen eine höhere Schadstoffaufnahme als Fleisch oder Obst. Gefährlich sei vor allem fettes Essen, denn D. lagert sich vor allem in Fettgewebe und Lunge ab.

BELASTETE MUTTERMILCH: Besorgniserregend sind die Werte nach wie vor bei den Hamburger Säuglingen: Sie nehmen beim Stillen über die Muttermilch rund 50mal mehr D. auf als Erwachsene durch die Nahrung. Mehr noch: Der Studie zufolge gibt eine Mutter in nur einem halben Jahr Stillzeit so viel D. über ihre Milch ab, wie sie in drei Jahren selbst aufnimmt. Der Grund: Der Körper scheidet nur etwa 60% des aufgenommenen D. wieder aus und speichert den Rest.

→ FCKW → Holzschutzmittelprozeß
→ Krebs → Ozonloch → PVC

documenta [TAB]

Ausstellung internationaler zeitgenössischer Kunst, die seit 1955 im Abstand von vier bis fünf Jahren in Kassel (Hessen) ausgerichtet wird. Die d. X findet 1997 unter der Leitung der französischen Kunsthistorikerin Cathérine David statt, die vorher am Centre Georges Pompidou und an der Nationalgalerie Jeu de Paume in Paris tätig war. Bis Mitte 1996 legte David weder ein Ausstellungskonzept noch eine Künstlerliste vor.

Für die d. X steht ein Etat von rd. 20 Mio DM zur Verfügung. Als Ausstellungsorte sind das Museum Fridericianum, die d.-Halle, der alte Hauptbahnhof, die Orangerie und Räume im Ottoneum vorgesehen.

Dollarkurs: Entwicklung

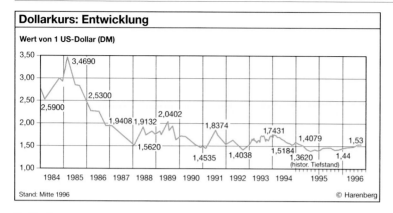

Wert von 1 US-Dollar (DM)

Stand: Mitte 1996   © Harenberg

Dollarkurs [GRA]

Der Welthandel wird zu einem großen Teil in Dollar abgewickelt. Ein sinkender D. bedeutet, daß exportorientierte Volkswirtschaften auf dem Weltmarkt geringere Einnahmen erzielen, während Waren aus den USA billiger werden.

Da die USA die größte Wirtschafts- und Militärmacht der Welt sind, führen nicht nur Ungleichgewichte im Welthandel zu D.-Schwankungen. Bei internationalen wirtschaftlichen oder politischen Ereignissen kann die Erwartungshaltung, daß Kapitalanlagen in Dollar sicherer (unsicherer) werden, zu massiven Käufen (Verkäufen) von Dollarbeständen führen. Im April 1995 sank der Dollar gegenüber der DM (1,36 DM) und dem japanischen Yen (80 ¥) auf den bisher tiefsten Stand. Das Außenhandelsdefizit der USA, ein dramatischer Kursverlust der Währung Mexikos (für das mit den USA und Kanada ein Freihandelsabkommen gilt), der Handelsstreit zwischen Japan und den USA sowie die Spekulation auf internationale Zinsdifferenzen hatten dazu geführt, daß zahlreiche Anleger ihr in Dollar angelegtes Kapital verkauften.

Die wichtigsten Zentralbanken intervenierten durch Ankauf von Dollarreserven und erreichten Ende 1995 eine Stabilisierung des D. bei rd. 1,45 DM und 100 ¥. Ende Mai 1996 notierte er bei 1,53 DM. Die geplante Einführung der Europäischen Wirtschafts- und Währungsunion und der neuen Währung Euro soll u. a. die europäische Wirtschaft weniger anfällig für D.-Schwankungen machen.

→ Bundesbank, Deutsche → Europäische Wirtschafts- und Währungsunion
→ Euro-Währung → Weltwirtschaft

Doping [TAB]

Manipulation der Leistungsfähigkeit oder -bereitschaft durch das Verwenden künstlicher Mittel, die körperliche Reserven mobilisieren, den Muskelaufbau fördern

Doping: Spektakuläre Fälle

Datum	Ereignis
April 1987	Die 26jährige Leichtathletin Birgit Dressel stirbt nach jahrelanger Medikamenteneinnahme an Allergieschock
Sept. 1988	Der kanadische Sprinter Ben Johnson wird nach seinem Olympiasieg über 100 m des Dopings überführt
Sept. 1992	Die Sprinterinnen Katrin Krabbe, G. Breuer und M. Derr werden wegen Medikamentenmißbrauchs suspendiert
März 1993	Ben Johnson wird erneut des Dopings überführt; lebenslanger Ausschluß von internationalen Wettkämpfen
Okt. 1993	Der Internat. Gewichtheberverband suspendiert Rußland u. Polen nach Trainingskontrollen von allen Wettkämpfen
Juni 1994	Bei der Fußball-WM in den USA wird Argentiniens Diego Maradona des Dopings überführt; 15 Monate Sperre
Sept. 1994	Bei den Commonwealth-Spielen in Victoria/Kanada gibt es innerhalb von zehn Tagen sechs Dopingfälle
Okt. 1994	Sieben chinesische Schwimmer und Schwimmerinnen wird Doping mit Testosteron nachgewiesen
Jan. 1995	Der Fußball-Bundesligaspieler R. Wohlfahrt dopt sich unbeabsichtigt mit Appetitzügler: zwei Monate Sperre
April 1995	Die Sprinterin Susen Tiedtke wird nach positiver Dopingprobe von Sportwettkämpfen suspendiert
März 1996	Box-Weltmeister Frans Botha wird nach dem Nachweis von Anabolikamißbrauch der Titel aberkannt

---

oder als psychomotorische Stimulanzien aufputschend wirken. D. ist im Amateur- und Leistungssport verboten, weil es den Wettbewerb verzerrt und gesundheits- schädlich ist. Im März 1996 wurde dem südafrikanischen Boxer Frans Botha der Weltmeistertitel aberkannt, nachdem er nach dem Kampf gegen den Deutschen Axel Schulz des D. überführt worden war. Verbesserte Testmethoden und verschärfte Kontrollen führten 1995/96 zu einem deutlichen Anstieg der D.-Nachweise.

Die Professionalisierung und Kommerzia- lisierung vieler Sportarten verleitet zahl- reiche Athleten, sich zu dopen. Bodybuil- ding, Gewichtheben, Leichtathletik, Pro- firadsport und Schwimmen sind die Sportarten mit den meisten D.-Fällen.

WEITERHIN HARTE STRAFEN: Im August 1995 entschied der Internationale Leicht- athletik-Verband (IAAF), weiterhin jeden Ersttäter, der einen schweren D.-Verstoß begeht, für vier Jahre zu sperren. Er lehn- te damit einen auch vom Präsidium des Weltverbandes unterstützten Antrag Ruß- lands und Deutschlands ab, die obligatori- sche Strafe auf zwei Jahre zu reduzieren.

KONTROLLEN: D.-Experten forderten 1995/96 die internationale Vereinheit- lichung der Anti-D.-Vorschriften und die Einführung von Blutuntersuchungen, die genauere Kontrollen als die üblichen Urinproben ermöglichen. Im Vorfeld der Olympischen Spiele 1996 in Atlanta/USA kritisierten deutsche Sportler die amerika- nische Ankündigung, die Einführung wirksamer D.-Kontrollen auf die Zeit nach den Spielen zu verlegen. US-Sportler blie- ben damit weitgehend unkontrolliert. Das deutsche NOK kündigte für das Olympia- jahr 4000 D.-Tests an.

Doppelte Staatsbürgerschaft
→ Einbürgerung

Drei-Liter-Auto [TAB]
Kleinwagen, der wegen geringen Treib- stoffverbrauchs Energie sparen und den Beitrag des Autoverkehrs zur Luftver- schmutzung verringern soll. Deutsche Autofirmen wollen bis 2000 D. anbieten.

SITUATION: 1996 verbrauchte der spar- samste in Deutschland angebotene PKW nach Herstellerangaben 4,2 l/100 km (Citroën AX Diesel) im sog. Drittelmix (Mittelwert aus Verbrauchswerten im Stadtverkehr, konstant 90 km/h bzw. 120 km/h). Um einen Verbrauch von 3 l zu erreichen, muß das Fahrzeuggewicht reduziert werden. Je 100 kg Gewichtsre- duzierung können 0,6 l Treibstoff gespart werden. Dies ist durch Verwendung leich- terer Werkstoffe (hochfeste, dünne Stahl- bleche, Aluminium, Magnesium, Kunst- stoffe) zu erreichen. Sie erhöhen den Kauf- preis des D.

DISKUSSION: Umweltschützer kritisier- ten, daß für sparsame Autos zuwenig geworben würde und Autokonzerne PKW verkaufen wollten, die groß, teuer und nicht benzinsparend sind. Mit einer Erhöhung der Mineralölsteuer auf bis zu

Modell	DIN-Verbrauch			
	90 km/h	120 km/h	Stadtverkehr	Drittelmix[1]
Citroën AX Diesel	3,3	4,8	4,5	4,2
Peugeot 106 Diesel	3,7	5,1	5,5	4,8
Seat Toledo TDi	3,7	5,3	5,5	4,8
Volkswagen Golf SDI	3,8	5,4	5,6	4,9
Volkswagen Golf TDI	3,8	5,4	5,6	4,9
Volkswagen Golf Ecomatic	4,2	6,0	4,6	4,9
Volkswagen Vento TDI	3,9	5,5	5,8	5,1
Rover 620 SDi	4,0	5,5	5,8	5,1
Audi A4 TDI	3,9	5,4	6,1	5,1
Opel Corsa Turbodiesel	4,0	5,7	6,0	5,2

Drei-Liter-Auto: Die bisher sparsamsten Modelle in Deutschland

1) Mittelwert aus Verbrauchswerten im Stadtverkehr, konstant 90 km/h bzw. 120 km/h; Quelle: Frankfurter Allgemeine Zeitung, 22.8.1995

5 DM/l soll die Nachfrage für sparsame PKW geschaffen werden. Autohersteller wiesen dagegen darauf hin, daß der niedrige Benzinverbrauch des D. 1995 nicht mit Kundenwünschen nach hohen Fahrleistungen und Komfort vereinbar sei, weil diese das Gewicht des Kfz und damit den Benzinverbrauch erhöhten.
FLOTTENVERBRAUCH: Die deutsche Autoindustrie verpflichtete sich 1995 freiwillig, bis 2005 den Durchschnittsverbrauch von Neuwagen von 7,5 l auf 5,9 l zu senken. Laut Prognosen wird die Senkung des durchschnittlichen Kraftstoffverbrauchs aller deutschen PKW 1996–2010 von 9 l/100 km auf ca. 7 l/100 km nicht zur Senkung des Kraftstoffverbrauchs führen, weil die Zahl der zugelassenen PKW um 20% auf 50 Mio steigt.
→ Autoverkehr → Autoindustrie → Elektro-Auto → Erdgas-Auto → Ökosteuern → Smart-Auto

Drogen: Polizeilich registrierte Erstkonsumenten

Droge	Erstkonsumenten 1995	1994	Veränderung (%)
LSD	772	321	+140,5
Amphetamin	3119	2333	+ 33,7
Kokain	4251	4307	– 1,3
Heroin	6970	8501	– 18,0
Amphetamin-Derivate[1]	2371	–[2]	–

1) Z. B. Ecstasy; 2) nicht erhoben; Quelle: Bundesinnenministerium

Drogen: Sichergestellte Mengen in Deutschland

Drogen	Sichergestellte Menge (kg) 1995	1994	Veränderung (%)
Heroin	933	1590	– 41,3
Kokain	1846	767	+240,7
Amphetamin	138	120	+ 15,0
LSD[1]	71 069	29 627	+239,9
Haschisch	3809	4033	– 6,6
Marihuana	10 436	21 660	– 51,9

1) Angabe in Trips; Quelle: Bundesinnenministerium

Drogen [TAB]

Auch 1995 nahmen D.-Mißbrauch, -Handel sowie das illegale Einschleusen von Gewinnen daraus in den Geldkreislauf (sog. Geldwäsche) nach Angaben des Internationalen Suchtstoffkontrollrats der UNO (INCB, Wien) zu. Ebenso steigerte sich die D.-Kriminalität, insbes. in den ehemals kommunistischen Staaten. Der Rat forderte verstärkte Maßnahmen gegen die Geldwäsche als einzig wirksame Strategie im Kampf gegen den D.-Handel, weil den Händlern damit ihre Gewinne entzogen würden. Erfolge bei der Bekämpfung von D.-Sucht und einhergehender Beschaffungskriminalität verzeichneten 1995 lediglich Länder und Städte, die eine liberale D.-Politik mit dem Ziel verfolgten, Gesundheitsschäden durch D. zu vermindern.
ABHÄNGIGKEIT: Mitte der 90er Jahre galt nach der Hauptstelle gegen die Suchtgefahren (DHS, Hamm) jeder 20. Deutsche als suchtkrank. Nach illegalen D. wie Marihuana und Heroin waren 3% der Abhängigen süchtig. 120 000 waren von sog. harten Drogen wie Heroin und Kokain abhängig. Die Zahl der Medikamentensüchtigen bezifferte die DHS auf 1,4 Mio. Etwa 2,5 Mio Alkoholiker waren der DHS zufolge behandlungsbedürftig, ebenso jeder dritte der rd. 18 Mio Raucher.
OPFER: 1995 setzte sich der Abwärtstrend bei der Zahl der Rauschgiftopfer fort. Mit 1565 starben 3,6% weniger Menschen an den Folgen ihrer D.-Sucht als 1994 (Höchststand 1991: 2125). Bei den konsumierten D. ließ sich ein Trend zu euphorisierenden und leistungssteigernden Designer-D. wie Ecstasy und LSD feststellen. Die Zahl der erstmals polizeilich registrierten Konsumenten stieg um 4,9% auf 14 512, die größte Zunahme wurde mit 140,5% bei den Erstkonsumenten von LSD registriert, gefolgt von Designer-D. Die Anzahl der Heroinerstkonsumenten ging dagegen um 18% zurück.
GEFÄHRLICHES ECSTASY: Die Gefahren von Designer-D. wie Ecstasy, Pulse, Herbal E oder Trance wurden Mitte der 90er Jahre von den meist jugendlichen Konsumenten unterschätzt. Die D. schalten Schutzmechanismen des Körpers wie Hunger, Durst und Müdigkeit aus und steigern die Körpertemperatur sowie den Herzschlag, was Kreislaufzusammenbrüche hervorrufen kann. 15 der 1565 D.-Opfer 1995 hatten Ecstasy konsumiert. Eine britische Studie ergab 1996, daß die Mode-D. schwerwiegende Langzeitschä-

den an Leber, Gehirn und Herz verursachen kann, die bis hin zum Absterben von Gewebe führen.

SCHNELLER ENTZUG: Im Herbst 1995 erregten israelische Mediziner Aufsehen, die Abhängigen die körperliche Entgiftung mit Hilfe von Medikamenten innerhalb von 24 Stunden anboten (Kosten pro Patient 1996: 7000–10 000 DM). Die Entzugserscheinungen nimmt der Patient nicht wahr, weil er unter Narkose gesetzt wird. Üblicherweise dauert die Entgiftung 10–14 Tage, in denen der Abhängige unter schwersten Entzugserscheinungen zu leiden hat (sog. kalter Entzug). Das Schnellverfahren wurde 1995/96 in Israel, Italien und Österreich angewendet, in Deutschland wurde es in zwei Münchner Kliniken erprobt. Die Göttinger Universitätsklinik hatte das medikamentöse Verfahren bereits 1990 getestet. Die Studie ergab, daß sich der schnelle Entzug lediglich für die Minderheit der Abhängigen eignet, die noch nicht lange süchtig sind und die nur Heroin bzw. ein anderes Opiat nehmen. Eine dauerhafte D.-Abstinenz konnte nicht häufiger als mit herkömmlichem Entzug erzielt werden.

LIBERALE RAUSCHGIFTPOLITIK: Während der INCB und die deutsche Bundesregierung an einer konsequenten Strafverfolgung von D.-Mißbrauch festhielten, strebten insbes. die Niederlande und in Deutschland die Stadt Frankfurt/M. einen liberaleren Umgang mit der Sucht an. In den Niederlanden wird seit Mitte der 70er Jahre Kauf, Besitz und Konsum weicher D. sowie Besitz und Konsum harter D. geduldet. Statt strafrechtlicher Verfolgung stehen für Abhängige zahlreiche Hilfsangebote bereit. 1995 starben bei 15 Mio Einwohnern lediglich 70 Menschen an D. Die niederländischen Süchtigen haben das höchste Durchschnittsalter in Europa, es sind weniger Jugendliche abhängig als anderswo.

In Frankfurt/M. wird seit 1992 ein Netz von Hilfsangeboten von sanitären Einrichtungen über soziale Betreuung bis zu Programmen mit der Ersatz-D. Methadon geknüpft. Erstmals in Deutschland wurden sog. Fixerräume eingerichtet, wo sich Süchtige unter hygienisch einwandfreien

Bedingungen D. spritzen können. Die Zahl der D.-Toten sank vom Spitzenwert 147 (1991) auf 47 (1995). In München, das auf Strafverfolgung statt Kooperation setzt, stieg sie dagegen im gleichen Zeitraum von 66 auf 78.

Der Bundesrat beschloß im Mai 1996 eine Initiative, die Fixerräume bundesweit ermöglichen soll. Bündnis 90/Die Grünen forderten Ende 1995 zusätzlich die Zulassung des Handels mit weichen D. wie Haschisch. Die Bundesregierung lehnte beides ab, weil sie einen Anstieg des D.-Mißbrauchs befürchtete.

→ Alkoholismus → Methadon → Rauchen → Spielsucht

Dschihad Islami

(arabisch; Islamischer Heiliger Krieg), die militant-fundamentalistische Organisation verfolgt in Palästina die Gründung eines islamischen Staates und die Zerstörung des Staates Israel. Der 1983 gegründete D. ist der radikalste Gegner der von der PLO begonnenen Aussöhnung mit Israel. Allein 1995 starben bei zahlreichen Terroranschlägen 24 Israelis. Die Gruppe operiert von Damaskus aus, wird von Iran finanziert und von Libyen unterstützt.

Im Oktober 1995 wurde der D.-Führer Fathi Schakaki in La Valetta, der Hauptstadt der Mittelmeerinsel Malta, ermordet. D., der den israelischen Geheimdienst Mossad für das Attentat verantwortlich machte, rächte sich im November 1995 mit Bombenanschlägen im Gazastreifen, bei denen zwei Attentäter getötet und zwölf Israelis verletzt wurden.

→ Hamas → Hisbollah → Islam → Nahost-Konflikt → Palästinensische Autonomiegebiete → PLO

Duales System [TAB]

Das Duale System Deutschland GmbH (DSD) hat im Jahr 1995 die von der Verpackungsverordnung vorgegebenen Erfassungs- und Sortierquoten für Verkaufsverpackungen (d. h. Verpackungen, die eine Ware direkt umhüllen wie Schachteln, Gläser oder Tuben) nach eigenen Angaben erreicht.

VERWERTUNGSQUOTEN: 1995 betrug die gesammelte Müllmenge 5,35 (1994:

4,94) Mio t. Das entspricht einer Sammel-menge pro Bundesbürger von 65,5 (60,6) kg. Aus dem Sammelaufkommen sind 4,9 (4,57) Mio t oder 77% der Verkaufsver-packungen der Verwertung zugeführt worden.
1996 erreichen die Verwertungsvorgaben der Verpackungsverordnung für den Grü-nen Punkt ihre Endstufe. Es müssen 72% der Glasabfälle, des Weißblechs und des Aluminiums verwertet werden. Von Papier, Pappe und Karton, von Kunststoff und Verbundverpackungen müssen 64% verwertet werden. 1995 wurden alle geforderten Quoten übertroffen. Da 82% der Glasabfälle (Verbrauch: 3,14 Mio t) und 90% des Papiers (Verbrauch: 1,39 Mio t) verwertet wurden, lagen hier die Quoten sogar über den Anforderungen von 1996. Bei Kunststoff, Weißblech, Ver-bundsystemen und Aluminium muß aber noch mehr gesammelt werden, um die Verwertungsquoten für 1996 zu erfüllen.
ORGANISATION: Am 12.6.1991 trat in Deutschland die Verpackungsverordnung in Kraft. Sie verpflichtet Hersteller und Handel dazu, Verkaufsverpackungen vom Verbraucher zurückzunehmen und einer stofflichen Verwertung zuzuführen. Durch die Gründung des D. am 28.9.1990 in Bonn und den Aufbau eines flächen-deckenden Sammelsystems wurden der Hersteller und der Handel von der Rück-nahmepflicht befreit. Die Freistellungs-erklärung gilt in den einzelnen Bundes-ländern jedoch nur, solange das D. nach-weislich die vom Bundesumweltminister vorgegebenen Erfassungs- und Sortier-quoten für Leichtverpackungen (Alumi-nium, Weißblech, Kunststoff, Verbund-

Duales System: Verwertung

Materialien	Mengen (Mio t)	
	1994	1995
Glas	2,50	2,60
Papier, Pappe, Karton	1,20	1,30
Kunststoffe	0,46	0,50
Weißblech	0,35	0,26
Getränkekartons	0,078	0,088
Aluminium	0,029	0,032

Quelle: Duales System

stoffe) sowie für Papier, Pappe, Karton und Glas erfüllt.
FINANZIERUNG: Finanziert wird das D. durch die Lizenzentgelte, die die Ver-packungshersteller, -abfüller oder -impor-teure für die Vergabe des sog. Grünen Punktes zahlen. Das Lizenzentgelt berechnet sich material- und gewichtsab-hängig; hinzu kommt ein Stückentgelt, je nach Volumen beziehungsweise Fläche. Doch für rund 30% aller Verpackungen werden keine Sammel- und Verwertungs-gebühren entrichtet, auf ihnen fehlt der Grüne Punkt. Dennoch endet ein Großteil dieser Plastik- oder Papierumhüllungen in den gelben Säcken und Tonnen, die das D. einer Entsorgung zuführt. Geschätzter Schaden: 800 Mio DM pro Jahr. Allein durch die Weigerung der meisten Bäcker und Metzger, ihre Folien und Tüten mit dem Grünen Punkt des D. zu kennzeich-nen, entgehen der Entsorgungsgesell-schaft rund 240 Mio DM. Derartige Ver-packungen wandern schließlich zu Lasten der Kommunen auf die Mülldeponie.
KRITIK: Die Gegner des D. forderten, die derzeitige Verpackungsverordnung durch eine Verpackungsvermeidungs- und Mehrwegverordnung zu ersetzen. Bündnis 90/Die Grünen beispielsweise begründen dies damit, daß die Anbieter von Einweg-verpackungen wachsende Marktanteile erzielten. Außerdem kritisieren sie nach wie vor das Duale Abfallsystem, das mit einem ökonomisch höchst zweifelhaften Aufwand Verwertungskapazitäten für Ein-wegverpackungen aufgebaut habe, die nunmehr auf Auslastung drängten.
→ Abfallbeseitigung → Kunststoff-recycling → Mehrwegflasche
→ Verpackungsmüll

Duales System: Erreichte Quoten

Materialien	Verwertungsanteil (%)		
	1993	1994	1995
Glas	62	71	82
Papier, Pappe, Karton	55	71	90
Kunststoffe	29	52	60
Weißblech	35	56	64
Verbunde	26	39	51
Aluminium	7	32	70

Quelle: Duales System

E

E-Cash

(Electronic Cash, engl.; elektronisches Bargeld; auch Cyberdollars oder Netcash, engl.; Netzbargeld), das Bezahlen von Waren oder Dienstleistungen mit sog. virtuellem Geld wurde 1996 im weltgrößten Computernetz, dem Internet, erprobt.

EINFÜHRUNGSGRUND: Das Marktforschungsinstitut Dataquest schätzte, daß im Jahr 2000 Waren und Dienstleistungen im Wert von rd. 200 Mrd DM über das Internet umgesetzt werden (1994: rd. 200 Mio DM). 1995 mußten die Bestellungen im Internet i. d. R. mit Kreditkarte bezahlt werden. Der Kunde muß dabei seine Geheimzahl per Computer zum Empfänger übermitteln. Die Sicherheit war trotz Verschlüsselung nur unzureichend, so daß Hacker die Daten abfangen und mit Kreditkarten Geld abheben könnten. E. soll das Bezahlen im Internet sicherer machen.

FUNKTIONSHINWEISE: Der Kunde erhält von seiner ans Internet angeschlossenen Bank eine Codenummer für sein Konto, die zum Abbuchen von Geld berechtigt. Das Finanzinstitut sendet ihm den Betrag als verschlüsselte Zahlenfolge über das Internet. Verknüpft mit seiner persönlichen Codenummer kann der Kunde das E. für im Internet angebotene Waren ausgeben. Das E. wird elektronisch über das Internet übermittelt. Der Betrag wird dem Konto des Anbieters von der Bank des Kunden gutgeschrieben. Die Bank des Kunden hat die elektronische Geldnote mit einer einzigartigen Ziffernfolge versehen, an der sie erkennen kann, ob das E. echt ist. Diese Ziffernfolge macht E. sicherer ist als Bezahlen mit Kreditkarten.

PROBLEME: E. kann wie andere Computerdateien versehentlich oder bei einem Absturz von Betriebssystem und Programmen gelöscht werden. Finanztransaktionen werden für die Steuerbehörden undurchschaubar, Steuerhinterziehung und Geldwäsche sind leichter möglich.

→ Chipkarte → Datenschutz
→ Geldwäsche → Internet

ECOSOC → ORG

ECU → Euro-Währung

EFTA → ORG

Eigentumsfrage

Insgesamt 1,3 Mio Antragsteller machten in Deutschland bis 1995 rd. 2,7 Mio Ansprüche auf Rückgabe von Vermögenswerten geltend, die 1945–1949 unter sowjetischer Besatzung und nach 1949 von DDR-Behörden unrechtmäßig enteignet worden waren. 2,2 Mio der Ansprüche betrafen Immobilien. Nach Auskunft des Bundesamtes zur Regelung offener Vermögensfragen (BARoV, Berlin) war Mitte 1995 erst die Hälfte der Anträge entschieden. Die Europäische Kommission für Menschenrechte in Straßburg wies im März 1996 die Beschwerden von Opfern der Bodenreform 1945–1949 als unzulässig zurück. Im Mai 1996 entschied das Bundesverfassungsgericht (BVG, Karlsruhe) erneut, daß die Bodenreform-Opfer keinen Anspruch auf Rückgabe ihres Eigentums haben. Damit bestätigte das Gericht sein Bodenreform-Urteil von 1991 in vollem Umfang.

BODENREFORM: 1945–1949 waren in der Sowjetischen Besatzungszone große Industriebetriebe und rd. 12 000 Bauern, darunter etwa 7000 Großgrundbesitzer, enteignet worden. Die CDU/CSU/FDP-Bundesregierung hatte die Bodenreform im Rahmen des Einigungsvertrags von 1990 als unumkehrbar akzeptiert. Die Europäische Kommission für Menschenrechte betrachtete sich als nicht zuständig für die Beschwerden der Bodenreform-Opfer, weil die Konfiskationen 1945 bis 1949 erfolgt seien, als die Europäische Konvention zum Schutz der Menschenrechte und Grundfreiheiten von 1950 noch nicht verabschiedet worden war. Die Beschwerdeführer hatten sich darauf berufen, daß die Enteignungen erst durch den Einigungsvertrag von 1990 unwiderruflich geworden seien. Das neue BVG-Urteil zur Bodenreform war u. a. deshalb nötig geworden, weil der frühere sowjetische Staatspräsident Michail Gorbatschow der Behauptung der Bundesregierung, Moskau habe die Unumkehrbarkeit der Bodenreform zur Bedingung der deutschen Einheit gemacht, widersprochen hatte. Das BVG wies die drei Verfassungsbeschwerden von Erben der Enteigneten mit der Begründung zurück, die Bundesregierung habe davon ausgehen dürfen, daß die UdSSR und die DDR ohne Anerkennung der Bodenreform dem Einigungsvertrag nicht zustimmen würden (Az.: 1 BvR 1452/90, 1459/90, 2031/94). Das Grundrecht auf Eigentum, auf das sich die Kläger beriefen, sei für das Gebiet der Sowjetzone/DDR erst mit dem Tag der deutschen Vereinigung am 3.10. 1990 wirksam geworden.

In einem zweiten Urteil vom Mai 1996 bestätigte das BVG das Vorkaufs- und Vorpachtrecht für Bodenreform-Opfer (Az.: 2 BvG 1/93). Danach erhalten Bodenreform-Opfer bzw. deren Erben bei der Neuverpachtung ihrer enteigneten landwirtschaftlichen Flächen den Zuschlag, wenn sie ein im Vergleich zu anderen Bietern gleichwertiges Betriebskonzept haben. Das Bundesland Brandenburg hatte darin eine unzulässige Benachteiligung der ostdeutschen Bauern gesehen und Klage erhoben.

LPG-VERMÖGEN: Der Bundesgerichtshof (BGH, Karlsruhe) entschied im Dezember 1995, daß die Nachfolgebetriebe der landwirtschaftlichen Produktionsgenossenschaften der DDR (LPG) ihre ehemaligen Mitglieder nach dem tatsächlichen Wert des LPG-Vermögens (Verkehrswert) und nicht nach einem in den Bilanzen verzeichneten Wert (Buchwert) abfinden müssen (Az.: BLw 28/95). Zahlreichen früheren LPG-Mitgliedern drohte dennoch sechs Jahre nach der deutschen Vereinigung der endgültige Verlust ihres meist zwangsweise in die LPG eingebrachten Vermögens. Gesetzliche Ansprüche auf Abfindung, die den aus einer LPG oder deren Nachfolgebetrieb ausgeschiedenen Mitgliedern zustehen, verjähren fünf Jahre nach dem Ausscheiden. Jeder ostdeutsche Bauer, dem LPG-Nachfolger eine angemessene Abfindung verweigern, muß einzeln vor Gericht beweisen, daß ein LPG-Nachfolgebetrieb seine Bilanz gesetzwidrig zum Nachteil seiner früheren Mitglieder manipuliert hat.
→ Mauergrundstücke

Einbürgerung: Entwicklung in der EU[1]

Land	1990	1991	1992	1993
Belgien	8 657	8 457	46 368	16 379
Dänemark	3 028	5 484	5 104	5 037
Deutschland	20 078	27 162	36 906	44 999
Finnland	899	1 236	876	839
Frankreich	54 381	59 684	59 252	60 013
Griechenl.	1 090	886	1 204	1 802
Großbrit.	57 271	56 736	57 836	45 793
Irland	383	373	347	318
Italien	5 256	4 542	4 408	6 469
Luxemburg	893	748	739	800
Niederlande	12 794	29 112	36 237	43 069
Österreich	8 980	11 137	11 656	14 131
Portugal	97	43	117	2
Schweden	16 770	27 663	29 389	42 659
Spanien	7 033	3 752	5 226	8 348

1) Anzahl der Einbürgerungen von Ausländern pro Jahr mit und ohne doppelte Staatsbürgerschaft; Quelle: Statistisches Amt der Europäischen Union (Eurostat)

Einbürgerung [TAB]

Die SPD-Bundestagsfraktion legte im Oktober 1995 ein Konzept zur Reform des Staatsangehörigkeitsrechts vor, das die E. von Ausländern erleichtern soll. In Deutschland war 1996 die Nationalität der Eltern für die Staatsbürgerschaft maßgeblich, in den meisten anderen Ländern Europas der Geburtsort. Bis Mitte 1996 war eine doppelte Staatsbürgerschaft nur in Ausnahmefällen möglich, z. B. wenn das Herkunftsland den Antragsteller nicht aus der Bürgerschaft entließ. 1995 lebten rd. 1,2 Mio Menschen mit deutschem und ausländischem Paß in Deutschland.

SPD-KONZEPT: Nach dem Antrag der SPD soll das Abstammungsprinzip (Staatsangehörigkeit der Eltern ist entscheidend) um das Territorialprinzip (Geburtsort ist ausschlaggebend) ergänzt werden. Kinder von Ausländern sollen mit der Geburt die deutsche Staatsbürgerschaft erhalten, wenn mindestens ein Elternteil in Deutschland geboren wurde und hier rechtmäßig lebt. Einen Rechtsanspruch auf E. sollen Ausländer erhalten, die mindestens acht Jahre rechtmäßig in Deutschland leben. Die E. ausländischer Ehepartner soll erleichtert werden. Die doppelte Staatsbürgerschaft soll möglich sein, aber weiterhin die Ausnahme in Deutschland bleiben.

KINDERSTAATSZUGEHÖRIGKEIT: Die CDU/CSU/FDP-Bundesregierung hielt an ihrem Entwurf zur Einführung einer sog. Kinderstaatszugehörigkeit fest. Die Kinderstaatszugehörigkeit ist keine Staatsangehörigkeit, sondern ein Ausländerstatus, der mit der Wahlmöglichkeit der deutschen Staatsangehörigkeit bei Volljährigkeit verbunden ist. Die Kinderstaatszugehörigkeit stellt ausländische Kinder der dritten Generation mit nicht volljährigen Deutschen weitgehend gleich. Voraussetzungen sind:

▷ Ein Elternteil ist in Deutschland zur Welt gekommen, und beide ausländischen Elternteile haben sich in den letzten zehn Jahren vor der Geburt des Kindes rechtmäßig in Deutschland aufgehalten und besitzen eine unbefristete Aufenthaltsgenehmigung

▷ Das Kind erwirbt mit der Geburt die deutsche Kinderstaatszugehörigkeit zu der elterlichen Staatsangehörigkeit hinzu, wenn die Eltern diese vor Vollendung des 12. Lebensjahres des Kindes beantragen

▷ Binnen eines Jahres nach Vollendung des 18. Lebensjahres müssen sich die Kinder für die deutsche oder die ausländische Staatsangehörigkeit entscheiden.

Die doppelte Staatsbürgerschaft lehnt die CDU/CSU ab. Loyalitätskonflikte der Mehrfachstaatsbürger z. B. im Kriegsfall werden befürchtet. Pflichten wie Steuerzahlung und Wehrdienst könnten ihnen doppelt auferlegt werden.

BILANZ: Die Zahl der E. in Deutschland stieg 1994 auf 259 200 (Veränderung gegenüber dem Vorjahr: +30%). Die Mehrzahl der E. (76,2%) betraf Aussiedler, die einen Rechtsanspruch auf E. haben. 61 700 Ausländer nahmen die deutsche Staatsbürgerschaft an (Veränderung gegenüber 1993: +37%), darunter 19 590 Türken und 3900 Bürger aus dem ehemaligen Jugoslawien. Eine doppelte Staatsbürgerschaft wurde nur in Ausnahmefällen akzeptiert.

→ Ausländer → EU-Bürgerschaft

Einheitswerte

Bis Ende 1995 wurden Immobilien bei Erbschaft- und Vermögensteuer nach E. bewertet, die 1964 (in Ostdeutschland 1935) ermittelt worden waren und nicht annähernd den tatsächlichen Wert des Grund- und Hausbesitzes wiedergaben (oft unter 40% des Verkehrswerts).

VERFASSUNGSWIDRIGKEIT: Das Bundesverfassungsgericht erklärte im August 1995 die E. für verfassungswidrig, weil sie Grundeigentum besser stellten als anderes Vermögen. Der Gesetzgeber wurde verpflichtet, bis Ende 1996 eine Neuregelung zu beschließen, die Grundstücke gegenwartsnäher bewertet. Andererseits muß Familiengebrauchsvermögen (z. B. Einfamilienhaus) weitgehend freigestellt werden. Die Neuregelung wird rückwirkend ab 1.1.1996 in Kraft treten.

NEUREGELUNG: Die Bundesregierung plante 1996, die Vermögensteuer ab 1997 abzuschaffen und Immobilien in der Erbschaftsteuer nur noch bei Bedarf und nach Ertragswerten zu bewerten. Die Steuersätze sollten gesenkt, die Freibeträge angehoben und die Zahl der Steuerklassen verringert werden.

→ Erbschaftsteuer → Steuern

Einkommen [TAB]

Die Bruttolöhne und -gehälter in Deutschland stiegen 1995 um 3,2%. Die Summe der Netto-E. aller Arbeitnehmerhaushalte wuchs jedoch nur um 0,5% gegenüber 1994. Unter Berücksichtigung der Preissteigerungsrate ergab sich erneut ein Rückgang der Real-E. aus unselbständiger Arbeit. Das in der Volkswirtschaft verfügbare E. insgesamt (aus unselbständiger Arbeit, Unternehmertätigkeit, Vermögen,

Einkommen: Monatsverdienst in der Industrie

Jahr	Westdeutschland (DM)	Ostdeutschland (DM)	Ostdeutschland (% des Verdienstes in Westdeutschland)
1991	4168	1963	47,1
1992	4401	2561	58,2
1993	4550	2989	65,7
1994	4733	3222	68,1
1995	4914	3462	70,5

Quelle: Statistisches Bundesamt

Renten und Sozialleistungen) stieg um 3,6%. Das entspricht inflationsbereinigt einem durchschnittlichen Zuwachs der Real-E. von 1,3%. Für 1996 sagten die Wirtschaftsforschungsinstitute im volkswirtschaftlichen Gesamtergebnis etwa gleiche Steigerungsraten voraus.

EINKOMMENSVERTEILUNG: Beklagt wurde von SPD, Bündnis 90/Die Grünen und den Gewerkschaften die ungleiche E.-Verteilung. Gegenüber einem Zuwachs von 3,2% bei E. aus unselbständiger Arbeit stiegen die Brutto-E. aus Unternehmertätigkeit und Vermögen 1995 um 8,4% (1994: 11,1%) und erreichten einen Anteil von über 28% des Volkseinkommens. Aufgrund steuerlicher Entlastungen stiegen die Netto-E. aus Unternehmertätigkeit und Vermögen 1995 sogar um 11,3% (1994: 15,8%). Statistisch gesehen entfallen auf jeden Einwohner in Deutschland pro Monat 760 DM aus Unternehmertätigkeit und Vermögen. Der statistische Durchschnitt des monatlich zur Verfügung stehenden Netto-E. lag daher bei 2300 DM pro Kopf der Bevölkerung.

OSTDEUTSCHLAND: Die in Ostdeutschland durchschnittlich gezahlten Nettolöhne und -gehälter stiegen 1995 auf 82% des Westniveaus (1994: 77,6%). Der größte Nachholbedarf bestand 1995 weiter bei Arbeitern und Angestellten in Industrie und Bauwirtschaft. Ihre durchschnittlichen Bruttomonatsverdienste machten 70,5% der Verdienste ihrer westdeutschen Kollegen aus (1994: 68,1%). Wegen der anhaltend hohen Arbeitslosigkeit in den neuen Bundesländern stieg das durchschnittliche verfügbare Pro-Kopf-E. aller Einwohner in Ostdeutschland 1995 nur leicht auf 67,6% des Pro-Kopf-E. im Westen (1994: 66,3%).

→ Armut → Bruttoinlandsprodukt → Inflation → Sozialabgaben → Tarifverträge → Verbrauch, Privater

Eishockey

Nach Fußball ist E. in Deutschland die populärste Mannschaftssportart. Deutscher Meister 1996 wurde die Düsseldorfer EG nach einem Sieg in der vierten Playoff-Runde gegen Köln. Die 1994 gegründete Deutsche E.-Liga (DEL) verzeichnete in

Einkommen: Verteilung des Volkseinkommens

Kennzahl	1994	1995
Einkommen aus unselbständ. Arbeit (Mrd DM)	1815,0	1873,5
Steigerung gegenüber dem Vorjahr (%)[1]	2,2	3,2
Anteil am Volkseinkommen (%)	72,6	71,6
Einkommen aus Unternehmertätigkeit und Vermögen (Mrd DM)	684,9	742,6
Steigerung gegenüber dem Vorjahr (%)[1]	11,1	8,4
Anteil am Volkseinkommen (%)	27,4	28,4

1) Nominal (ohne Inflationsbereinigung);
Quelle: Deutsche Bundesbank

Einkommen: Verfügbare Einkünfte pro Kopf

Jahr	West-deutschland[1]	Ost-deutschland[2]
1991	2118	954
1992	2176	1263
1993	2222	1411
1994	2269	1505
1995	2349	1587

1) Alte Bundesländer und West-Berlin; 2) neue Bundesländer und Ost-Berlin; Quelle: Deutsches Institut für Wirtschaftsforschung (DIW, Berlin)

Einkommen: Nettolohn- und -gehaltssumme

Jahr	West-deutschland[1]	Ost-deutschland[2]
1991	2412	1228
1992	2450	1602
1993	2554	1909
1994	2545	1975
1995	2540	2082

1) Alte Bundesländer und West-Berlin; 2) neue Bundesländer und Ost-Berlin; Quelle: Deutsches Institut für Wirtschaftsforschung (DIW, Berlin)

der Spielzeit 1995/96 im Schnitt 4048 Zuschauer pro Spiel (1994/95: 4461). Grund für das nachlassende Publikumsinteresse war vor allem ein unattraktiver Spielmodus (60 Spiele vor Beginn der entscheidenden Playoff-Runde).

FINANZEN: In der Spielzeit 1995/96 verfügten die DEL-Teams über einen Gesamtetat von rd. 130 Mio DM. Der Generalsponsor Krombacher investierte rd. 4 Mio DM. Die Fernsehsender bezahlten insgesamt 8,5 Mio DM für die Übertragungsrechte. Nachdem während der Saison 1994/95 der amtierende Meister München Maddogs in Konkurs gegangen war, kam im Jahr darauf für den EC Hannover das finanzielle Aus. Hannover und Riessersee spielen 1996/97 nicht mehr in der 16 Mannschaften (1995/96: 18) umfassenden DEL, in der auch wieder ein Abstieg aus sportlichen Gründen möglich ist. Voraussetzung für die Aufnahme sind aber vor allem finanzielle Kriterien (Aufnahmegebühr: 5 Mio DM).

BOSMAN-URTEIL: Der Europäische Gerichtshof (EuGH/Luxemburg) erklärte im Dezember 1995 die Ausländerklausel und das Transfersystem im europäischen Profifußball für rechtswidrig. Das Urteil wirkte sich auch auf den E.-Sport aus: Im Kader jedes Vereins darf in der Saison 1996/97 eine unbegrenzte Zahl Ausländer stehen, darunter allerdings nur drei aus Nicht-EU-Staaten.

→ Fußball

Electronic Banking BILD GRA

(engl.; elektronische Erledigung von Bankgeschäften). 1996 berechneten Kreditinstitute geringere Buchungsgebühren für Bankgeschäfte, die elektronisch erle-

digt wurden. In Deutschland wurde E. vor allem in folgenden Bereichen eingesetzt:

▷ Bankkunden bedienen sich selbst an über 38 000 Geldautomaten, an Kontoauszugsdruckern sowie zunehmend an Tag und Nacht zugänglichen Bankterminals, an denen u. a. Überweisungen erledigt werden können

▷ In über 300 000 Geschäften werden Kreditkarten akzeptiert. An 60 000 Kassen des Einzelhandels können Kunden mit der Eurocheque-Karte und ihrer Geheimnummer bargeldlos bezahlen

▷ Verkehrsunternehmen experimentierten 1996 mit Paycards, deren Chip bei einer Bank mit einem Geldbetrag aufgeladen wird, der dann (ähnlich wie bei Telefonkarten) allmählich verbraucht wird. Die Deutsche Bahn AG gab gemeinsam mit der Citibank eine Bahncard heraus, die bargeldloses Bezahlen der Fahrkarten ermöglicht

▷ Mit Telefon, Fax oder Computer können Kunden ihre Bankgeschäfte erledigen. Mehr als 600 000 Kunden konnten von Direktbanken gewonnen werden, die E. auch außerhalb der üblichen Schalteröffnungszeiten (teilweise rund um die Uhr und auch am Wochenende) anbieten.

→ Banken → Eurocheque-Karte
→ Kreditkarten

Elektro-Auto BILD

Kfz mit Elektromotoren, die von wiederaufladbaren Batterien mit Antriebsenergie versorgt werden. Während der Fahrt erzeugen E. keine Abgase und sind bei niedrigen Geschwindigkeiten fast geräuschlos. In Deutschland wurden 1996 ca. 4400 E. betrieben.

KALIFORNIEN: Der US-Staat Kalifornien verschob ein für 1998 geplantes Gesetz um fünf Jahre, wonach 2% der PKW mit emissionsfreiem Antrieb ausgerüstet sein müssen. Gründe für die Entscheidung der Umweltbehörden waren die unzureichende technische Entwicklung emissionsfreier Kfz, ihr hoher Preis (20 000–30 000 Dollar) und mangelnde Verbrauchernachfrage. Ursprünglich sollten zur Verbesserung der Luftqualität 1998 in Kalifornien

Electronic Banking ermöglicht dem Bankkunden den weltweiten Zugriff auf sein Bankkonto.

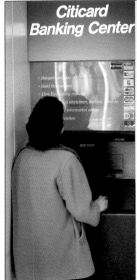

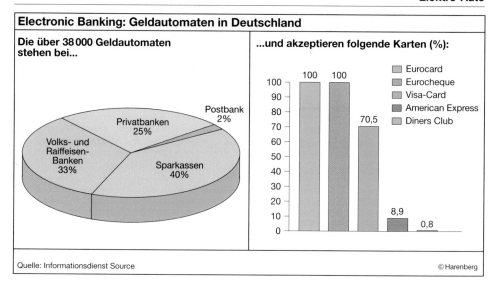

Electronic Banking: Geldautomaten in Deutschland

Die über 38 000 Geldautomaten stehen bei...

- Volks- und Raiffeisen-Banken 33%
- Privatbanken 25%
- Postbank 2%
- Sparkassen 40%

...und akzeptieren folgende Karten (%):

- Eurocard 100
- Eurocheque 100
- Visa-Card 70,5
- American Express 8,9
- Diners Club 0,8

Quelle: Informationsdienst Source

© Harenberg

20 000 E. auf den Markt kommen. Bis 2003 sollte die Zahl der umweltfreundlichen Fahrzeuge auf 10% der Gesamtzulassungen steigen. An diesem Ziel wird festgehalten. 1996 erhielten in Kalifornien Käufer eines 30 000 Dollar teuren E. Steuervergünstigungen von 5000 Dollar.

FRANKREICH: 1996 boten die französischen Autohersteller Citroën, Peugeot und Renault E. zu Preisen zwischen 23 000 und 30 000 DM an. Der Staat und staatliche Stromversorgungsunternehmen subventionieren Bau und Betrieb von E. Die Hafenstadt La Rochelle wurde ab 1995 für ein Pilotprojekt mit Stromladestellen für E. ausgestattet. Fahrer können E. mieten (Preis pro Tag: 33 DM).

DEUTSCHLAND: 1995 startete die Deutsche Post AG in Bremen einen zweijährigen Test mit 60 E. Beim weltweit ersten Feldversuch mit leistungsfähigen Zink-Luft-Batterien soll die Wirtschaftlichkeit von Elektro- gegenüber Dieselantrieb getestet werden. Die Post unterhält eine Flotte mit 55 000 meist dieselbetriebenen Kfz.

UMWELTBILANZ: Bei nicht mit Sonnenenergie betriebenen E. verlagert sich der Schadstoffausstoß von den Kfz zu Kraftwerken, die meist fossile Energien verarbeiten. Im Vergleich zu kraftstoffbetriebe-

nen Kfz führt der Betrieb von E. zu geringerem Ausstoß von Kohlenmonoxid und Kohlenwasserstoffen, jedoch zur höheren Emission von Schwefeldioxid.

BATTERIEN: Problem beim Bau von E. war, Batterien mit hoher Speicherkapazität und niedrigem Gewicht (1996: 300 kg) zu produzieren. Die Zink-Luft-Batterie hat mit 200 Wh/kg die doppelte Energiedichte wie die Natrium-Schwefel-Bat-

Das Elektro-Auto Tulip wurde von Peugeot/ Citroën entwickelt. Es erreicht eine Höchstgeschwindigkeit von 75 km/h und hat eine Reichweite von 60 km.

terie und die Achtfache einer Blei-Batterie. Sie ist bei gleicher Leistung siebenmal leichter als eine Blei-Batterie.

→ Autoindustrie → Car Sharing → Dieselkraftstoff → Energien, Erneuerbare → Erdgas-Auto → Luftverschmutzung

Elektronik-Schrott

Nach einer Schätzung des EU-Ministerrates in Brüssel gelangen jährlich 8 Mio–10 Mio t E. in Europa auf den Müll, rund 10% davon machen Komponenten aus dem Computerumfeld aus. Die EU rechnet mit einem jährlichen Wachstum von E. von 50% bis zum Jahr 2000.

RECYCLING: In Deutschland fielen 1995 etwa 1,5 Mio t E. an. Während für die Deponierung für 1 t E. etwa 100 DM (Frühjahr 1996) gezahlt werden mußten, kostete die umweltgerechte Entsorgung etwa 2000 DM. Die größten Probleme und auch Kosten beim Recycling bereiteten Schadstoffe wie Schwermetalle (insbes. barium- und bleihaltige Bildschirmgläser), PCB-haltige Kondensatoren, Nickel-Cadmium-Batterien sowie die z. T. hochtoxischen Leuchtstoffe von Farbbildröhren und LCDs (Flüssigkristallanzeigen).

VORSTOSS DER BUNDESREGIERUNG: Seit Herbst 1994 arbeitet die Bundesregierung aus CDU/CSU und FDP an einem Gesetzentwurf zur Entsorgung von E. Er sieht vor, Handel und Hersteller zur unentgeltlichen Rücknahme und Entsorgung ausgedienter Elektrogeräte zu verpflichten. Handel und Elektroindustrie lehnen den Vorschlag ab und wollen mit einer Ende 1995 erklärten freiwilligen Verpflichtung zur Rücknahme und Wiederverwertung von E. einer gesetzlichen Vorschrift zuvorkommen. Das Konzept sieht vor, daß die Altgeräte von den Kommunen eingesammelt und an etwa 100 Sortierstationen gebracht werden. Von dort holt sie der Hersteller zur Verwertung ab. Die Kosten trägt der Käufer über den Neupreis.

→ Abfallbeseitigung → Computer → Duales System → Kunststoffrecycling

Elektronische Medien

(auch: Electronic Publishing, engl.; elektronisches Publizieren), Veröffentlichungen von Büchern und Zeitungen auf elektronischen Speichermedien (z. B. CD-ROM) bzw. deren Verbreitung über Datennetze. E. ermöglichen die Kombination von Schrift und Grafik mit Ton und bewegten Bildern (sog. Multimedia-Anwendungen). E. eignen sich vor allem für die Aufbereitung wissenschaftlicher Informationen, weil die Verbreitung über Datennetze wesentlich schneller erfolgt als es bei Druckwerken, insbes. bei Büchern, möglich ist. Die Recherche wird auf CD-ROM durch die elektronische Suche nach Begriffen erleichtert. 1995 entschieden sich weltweit ca. 3200 Zeitungen und Zeitschriften, ihre Inhalte über E. zu verbreiten. Auf dem deutschen Markt waren rd. 6000 Bücher auf CD-ROM erhältlich. Der Umsatz mit E. am gesamten Buchmarkt betrug 1995 nach Schätzungen 1–4%.

Mit PC, die über ein Modem an das Telefonnetz angeschlossen sind, können E. aus Datenbanken gegen eine Gebühr (0,6–4 DM/Rerchercheminute) abgerufen werden. Diese Online-Publikationen (engl.; am Netz) können ständig aktualisiert werden. Die meisten Zeitungen, die aus Datennetzen abgerufen werden konnten, nutzten 1995/96 die technischen Möglichkeiten der Aufbereitung von Artikeln nicht; sie veröffentlichten ihre bereits gedruckten Artikel in den Datennetzen. Publikationen auf CD-ROM und Diskette können direkt von Laufwerken in den PC eingelesen werden. Experten gingen jedoch davon aus, daß sich nur etwa 30% aller publizierten Inhalte besser auf CD-ROM nutzen lassen als in gedruckter Form (z. B. Lexika).

→ CD-ROM → Internet → Multimedia → Online-Dienste → T-Online

Elektro-Smog

Seit dem 1.1.1996 müssen alle elektrotechnischen Geräte, die in der Europäischen Union (EU) verkauft werden, den Schutzanforderungen des sog. EMV-Gesetzes entsprechen. Danach dürfen nur noch solche Produkte in den Handel kommen, die – durch ein CE-Prüfsiegel (Europäische Konformitätserklärung) gekennzeichnet – den EU-Normen für elektromagnetische Verträglichkeit (EMV)

genügen und weder andere elektrotechnische Systeme stören noch von ihnen gestört werden. Störeffekte entstehen durch die Eigenstrahlung von elektrischen oder magnetischen Gerätschaften – vom Taschenrechner bis zur Industrieanlage, vom Staubsauger bis zum Kraftfahrzeug. Überlappen sich deren Emissionen, können sich die Systeme gegenseitig manipulieren. Selbst Flugzeuge stürzten ab, weil Mobiltelefone oder tragbare Computer die Bordelektronik irritierten.
MÖGLICHE GESUNDHEITSSCHÄDEN: Elektromagnetische Felder, die von elektrischen Geräten, Stromleitungen, Radar-, Rundfunk und Telekommunikationssendern emittiert werden, können auch die menschliche Gesundheit gefährden: Sie können die Produktion des menschlichen Hormons Melatonin stören. Gestörter Schlaf, Herzschäden, Parkinsonsche- oder Alzheimer Krankheit können die Folge sein. Bei Kindern können Kraftfelder die Wahrscheinlichkeit von Leukämieerkrankungen erhöhen. Im Tierversuch zeigte sich, daß Krebsgeschwüre schneller wachsen, Zellmembranen aus dem Gleichgewicht geraten und der Stoffwechsel massiv beeinflußt wird.
STREIT UM GRENZWERTE: Grenzwerte, die selbst bei Dauerbelastung unschädlich sein sollen, hat die internationale Strahlenschutzvereinigung IRPA vorgeschlagen. Diese Werte sind nach Frequenzen und Feldstärken gestaffelt. Für niederfrequente Felder wie beispielsweise das öffentliche Stromnetz (50 Hertz) dürfte demnach die magnetische Feldstärke von 100 Mikrotesla (ÊT) nicht überschritten werden, die elektrische Feldstärke müßte unter 5000 Volt pro Meter (V/m) liegen. Zum Vergleich: In 30 cm Entfernung von einem Staubsauger oder einer Bohrmaschine besteht eine Belastung von bis zu 20 ÊT, unter einem Haartrockner bis zu 7 ÊT, und in unmittelbarer Nähe einer 400-kV-Stromleitung beträgt die Belastung 40 ÊT. Die Werte der IRPA finden sich auch in einem Gesetzentwurf der Bundesregierung wieder, über den im Kabinett aber noch nicht abschließend beraten worden ist. Nach einer Schätzung der Vereinigung

Deutscher Elektrizitätswerke würden die Umrüstungskosten bis zu 15 Mrd DM betragen, wenn die Empfehlungen der IRPA übernommen werden sollten.
Einen erheblich niedrigeren Grenzwert von 0,2 ÊT fordert eine bisher unveröffentlichte Studie des US-Nationalrates für Strahlenschutz (NCRP). Dessen Vorsitzender, Ross Abey, sprach im Oktober 1995 nach jahrelangen Forschungsarbeiten von „massiven Beweisen" dafür, daß auch geringe Mengen elektromagnetischer Strahlung langfristig schwere Gesundheitsschäden verursachen könnten. Die heftigen Reaktionen der Elektroindustrie sorgten jedoch dafür, daß die Behörde die Studie unter Verschluß hält.
→ Melatonin

Endlagerung [TAB]
Unbefristete Lagerung radioaktiver Abfälle. E. ist die letzte Stufe der Entsorgung kerntechnischer Anlagen. Mitte der 90er Jahre gab es weltweit keine Anlage zur E. hochradioaktiver Abfälle. Bau und Betrieb von Endlagern sind politisch umstritten. Die SPD- bzw. rot-grünen Landesregierungen von Niedersachsen und Sachsen-Anhalt lehnen die E. in Gorleben, Salzgitter (Schacht Konrad) und Morsleben ab. Das einzige Atommülllager Deutschlands, das stillgelegte Salzbergwerk in Morsleben, nimmt mittel- und schwachradioaktive Abfälle auf und hat eine Betriebsgenehmigung bis 2000. Der Bund will Morsleben über diesen Termin hinaus nutzen.
RADIOAKTIVER MÜLL: Schwach- und mittelradioaktive Abfälle werden meist oberflächennah vergraben. Sie umfassen etwa 95% der Rückstände, die bei der Atomenergienutzung anfallen, und ent-

Endlagerung in Deutschland		
Ort	Kapazität (m³)	
	hoch[1]	mittel, schwach[1]
Gorleben[2]	830 000	2 000 000
Konrad[2]	–	650 000
Morsleben[3]	–	40 000

1) Radioaktivität; 2) Planung; 3) bis 2000 genehmigt; Quelle: Bundesamt für Strahlenschutz

Endlagerung: Lagerstätten für Atommüll

Land	Oberflächennah[1] in Betrieb	geplant	Unterirdisch in Betrieb	Planungsstand	Formation
Argentinien	ja	ja	–	Machbarkeitsstudie	Felsgestein
Belgien	–	ja	–	Erkundungsprogramm	Ton
Brasilien	–	ja	–	Vorstudien	–
Bulgarien	ja	–	–	–	–
China	–	ja	–	Auswahl von Regionen	
Deutschland	–	–	Morsleben[1]	Konrad (Planfeststellung) Gorleben (Erkundung)	Erzgestein Salz
Finnland	–	–	Olkiluota[1]	Hasthomen (im Bau) Brennelementlager geplant	Kristallgestein
Frankreich	ja	–	–	Erkundungsprogramm	Granit, Ton
Großbritannien	ja	–	–	Sellafield (Erkundung)	Vulkangestein
Indien	ja	–	–	Standortuntersuchung	Granit, Gneis
Japan	ja	–	–	Standortsuche	–
Kanada	–	ja	–	Machbarkeitsstudie	Magmagestein
Korea-Süd	–	–	–	Standort festgelegt	Felskaverne
Niederlande	–	–	–	Machbarkeitsstudie	Salz
Rußland	ja	–	–	Standortsuche	Granit, Ton, Salz
Schweden	ja	–	Forsmark[1]	Standortauswahl für Brennelementlager	Granit
Schweiz	–	–	–	Wellenberg (Genehmigungs-verfahren)	Valanginienmergel
Slowakei	ja	–	–	Konzeptentwicklung	Felsgestein
Spanien	ja	–	–	Standortsuche	Granit, Ton, Salz
Tschechische Rep.	ja	–	–	Probebohrungen	Granit, Paragneis
Ungarn	ja	ja	–	Standortsuche	–
USA	ja	ja	–	Yucca Mountain (Erkundung)	Tuff

1) Schwach- und mittelradioaktiver Abfall; Quelle: Umwelt 2/1996

halten rd. 1% der Radioaktivität. 1960–1995 wurden weltweit rd. 40 Lagerstätten in Betrieb genommen, 15 weitere waren bis 2010 geplant. Abgebrannte Brennstäbe aus Atomkraftwerken und Abfälle aus der Wiederaufarbeitung abgebrannten Brennmaterials machen rd. 5% des radioaktiven Abfallvolumens aus, bergen jedoch 99% der anfallenden Radioaktivität. Für diesen Abfall ist eine E. in tiefen, geologisch stabilen und wasserundurchlässigen Schichten vorgesehen.

GORLEBEN: Das Bundesverwaltungsgericht entschied Ende 1995, daß die unterirdische Erkundung des Salzstocks Gorleben 1993–1999 auch ohne neue Umweltverträglichkeitsprüfung, wie sie die niedersächsische Regierung forderte, zulässig sei. Im März 1996 bestätigte das Oberlandesgericht Celle, daß die Landesregierung die Erkundung von Gorleben 1990/91 rechtswidrig für viereinhalb Monate hatte stoppen lassen. Wegen Baustopps bzw. nicht erteilter Genehmigungen lagen Mitte 1996 Schadenersatzforderungen von rd. 60 Mio DM vor.
Der Bund plante die Inbetriebnahme des Salzbergwerks Gorleben als einziges deutsches Endlager für hochradioaktive Stoffe frühestens ab 2008. Über zwei Schächte, die miteinander verbunden werden, soll die Eignung als Endlager untersucht werden. Das Bundesamt für Geowissenschaften und Rohstoffe hielt in einer Studie vom August 1995 neun alternative Standorte für die E. für untersuchungswürdig. Kritiker halten den Gorlebener Salzstock für unsicher, weil das Eindringen von Salzlauge und Wasser nicht ausgeschlossen werden könne.
→ Atomenergie → Entsorgung → Zwischenlagerung

Energie-Binnenmarkt GLO TAB

Im Juni 1996 einigten sich die Wirtschafts- und Energieminister der EU nach fast fünfjährigen Verhandlungen auf eine Liberalisierung des Elektrizitäts-Binnenmarkts. Der Weg zum Abbau von Kartellen und Ausschließlichkeitsrechten bei Stromerzeugung und -versorgung war zwischen den Mitgliedstaaten umstritten: Die einen befürworteten den Elektrizitätshandel über einen Stromlieferanten und Alleinabnehmer, die anderen die freie Auswahl des Stromproduzenten durch den Kunden. In den meisten EU-Staaten gibt es zentrale bzw. Gebietsmonopole in der Energiewirtschaft sowie staatliche Kontrollen bei Investitionen und Preisbildung (Deutschland: neun Verbundunternehmen mit eigenen Kraftwerken und Versorgungsnetzen).

RICHTLINIE: Die Richtlinie des EU-Ministerrats, der das Europäische und die nationalen Parlamente noch zustimmen müssen, sah folgendes vor:

▷ Beide Versorgungssysteme sollen nebeneinander bestehen. Die Auswahl obliegt den einzelnen EU-Staaten. Das zentrale Alleinkaufsrecht der Electricité de France z. B. bleibt bestehen

▷ Erzeuger, die keine Vertragsbeziehungen zum Alleinlieferanten haben, können dessen Netz bei ausreichender Transportkapazität benutzen

▷ Unabhängige Stromlieferanten und der Bau von Direktleitungen zwischen Erzeugern und Großkunden dürfen nicht behindert werden

▷ Bis 1999 soll der E. Abnehmern mit einem Jahresverbrauch von mindestens 40 GWh (ab 2000: 20 GWh, ab 2003: 9 GWh) offenstehen

▷ Jeder EU-Staat entscheidet selbst über die Zulassung von Großkunden und regionalen Energieversorgern zum E.

▷ Grenzüberschreitender Stromhandel, der über die festgelegten EU-Quoten hinausgeht, ist vom Grad der gegenseitigen Marktöffnung abhängig (sog. Schutzklausel).

KRITIK: Eine Liberalisierung kann nach Auffassung von Kritikern zu einem Verdrängungswettbewerb unter den Energieversorgern führen und die bestehenden

Energie-Binnenmarkt: Liberalisierung

THIRD PARTY ACCESS: (engl.; Zugang für Dritte). Auch: Verhandelter Netzzugang. Der Energieerzeuger kann Strom direkt an die Konsumenten verkaufen. Für Ausbau, Instandhaltung und Sicherheit der für den Energietransfer benötigten Stromleitungen sorgt der an dem Geschäft nicht beteiligte Netzbetreiber. Lieferant und Netzbetreiber handeln Transportbedingungen und	Preise aus. Die Kunden haben die Möglichkeit, unter verschiedenen Anbietern zu wählen. **SINGLE BUYER:** (engl.; Alleinabnehmer). Die Stromerzeuger liefern die von ihnen produzierte Energie an den Alleinabnehmer, der sie an den Verbraucher weiterverkauft. Der single buyer ist alleiniger Netzbetreiber und Energieanbieter. Er kann Strom auch selbst produzieren.

Monopole stärken. Erneuerbare Energien, umweltschonende und energiesparende Versorgungskonzepte, z. B. Kraft-Wärme-Kopplung, würden benachteiligt. Die deutsche Elektrizitätswirtschaft hielt die Schutzklausel für unzureichend und die Abhängigkeit des Marktzugangs für kommunale Versorger von der Entscheidung der Mitgliedsländer für diskriminierend.
→ Energieversorgung → Strompreise

Energien, Erneuerbare GLO TAB

Energiegewinnung aus wiederverwertbaren bzw. unerschöpflichen Energieträgern (Abfall, Biomasse, Sonne, Wasser, Wind). Die Umwandlung von E. in Sekundärenergie führt i. d. R. nur zu geringen Umweltbelastungen, z. B. mit Kohlendioxid, das zur Erwärmung der Erdatmosphäre beiträgt. Hohe Investitionen und Erzeugungskosten, nicht ausgereifte Technik und mangelnde öffentliche Förderung be-

Energie-Binnenmarkt: Elektrizität

Land	Import (TWh)	Export (TWh)	Stromerzeugung (netto, TWh)
Belgien	9,0	5,1	68,5
Dänemark	1,8	6,6	68,0
Deutschland	36,7	33,0	487,5
Frankreich	3,6	67,0	454,0
Griechenland	0,8	0,4	36,6
Großbritannien	16,9	0,0	307,9
Italien	39,0	1,4	220,4
Luxemburg	5,0	0,6	1,1
Niederlande	10,8	0,3	76,2
Portugal	2,3	1,4	30,5
Spanien	5,1	3,3	151,0
EU	131,0	119,1	1887,5

Stand: 1994; Quelle: Eurostat, Europa ohne Grenzen, 7/8-1995

Erneuerbare Energien: Stromverbrauch in Deutschland

Energieträger	Anteil (%)[1]	
	1995	2005
Wasser	4,1	3,7
Abfall	0,5	0,6
Wind	0,4	1,4
Biomasse	0,2	0,3
Photovoltaik	0,002	0,004

1) Öffentliche Versorgung; Quelle: VDEW

hindern eine weitgehende Durchsetzung von E. Schleswig-Holstein und die Elektrizitätswirtschaft forderten 1995/96 eine Änderung bzw. Abschaffung des Stromeinspeisungsgesetzes von 1991. Dieses verpflichtet die Energieversorgungsunternehmen (EVU), privaten Kleinerzeugern Strom aus E. mit 65–90% des Durchschnittstarifs zu vergüten, den die Endverbraucher zahlen.

STROMEINSPEISUNG: 1995/96 erhielten die Betreiber 15,36 Pf/kWh (Sonnen-, Windenergie) bzw. 17,28 Pf/kWh (Deponie-, Klärgas, Wasserkraftwerke bis 500 kW). Einzelne Bundesländer erlauben z. T. höhere Einspeisevergütungen. Die Kosten dürfen die EVU durch eine Strompreiserhöhung um höchstens 1% ausgleichen. 1995 zahlten die EVU rd. 350 Mio DM für Strom aus E. (Lieferung 1992–1994 : +70%).

KRITIK: Die EVU kritisierten, daß ihnen gegenüber der Vergütung für industrielle Stromerzeuger Mehrkosten von mindestens 135 Mio DM entstünden. Alte Wasserwerke würden gefördert, die keinen zusätzlichen Strom produzierten. 4% der Stromkunden müßten wegen der unterschiedlichen regionalen Verteilung der Er-

zeugung von E. 70% der Lasten tragen, etwa infolge der starken Windenergienutzung an der Küste. Die EVU forderten Markteinführungshilfen für E., die aus dem Bundeshaushalt zu zahlen seien.

FÖRDERUNG: In Deutschland wird der Betrieb folgender Anlagen zur Erzeugung von E. 1995–1998 mit rd. 100 Mio DM bezuschußt:

▷ Biogas: 200 DM/m^3 Faulraum (mindestens: 50 m^3), bis zu 200 000 DM

▷ Biomasse: 250 DM/kW (mindestens 100 kW, Holz: 15 kW Leistung), höchstens 200 000 DM

▷ Photovoltaik-Anlagen für Einfamilienhäuser, bis zu 70 000 DM

▷ Sonnenkollektoren: mindestens 40% Anteil an Raumheizung, höchstens 50 000 DM

▷ Wärmepumpen für Raumheizungen inkl. Brauchwassererwärmung, maximal 50 000 DM

▷ Wasserkraftwerke bis 500 kW, bis zu 200 000 DM

▷ Windkraftanlagen, bis zu 150 000 DM.

Bis 1998 stellt die EU rd. 1,6 Mrd DM zur Förderung von E., Energiesparmaßnahmen und rationale Nutzung fossiler Brennstoffe zur Verfügung. Ziel war, den Anteil der E. am EU-Energieverbrauch bis 1994–2005 auf rd. 8% zu verdoppeln.

DEUTSCHLAND: Mitte der 90er Jahre galten Wasserkraft-, Wind- und solarthermische Anlagen mit Erzeugungskosten von 2 bis 20 Pf/kWh – im Gegensatz zur Photovoltaik (1,50–2 DM/ kWh) – als konkurrenzfähig gegenüber Kraftwerken, die mit Kernkraft bzw. fossilen Energieträgern betrieben werden. Die Vereinigung Deutscher Elektrizitätswerke erwartete Ende 1995, daß der Anteil der E. an

Erneuerbare Energien: Zukunftsvisionen

TURMKRAFTWERK: In den Niederlanden wurde Anfang 1996 eine Studie zur Energiegewinnung in einem im Meer schwimmenden Turmkraftwerk (Höhe: 5000 m, Durchmesser: maximal 50 m) vorgestellt. Das warme Meereswasser läßt Ammoniak oder Butan verdampfen und im Innern des Turms in kalte Atmosphärenschichten aufsteigen. Dort kondensiert das Gas, stürzt als Flüssigkeit

in einem Fallrohr zu Boden und treibt Turbinen an (7000 MW). Der Ponton-Turm wird auf dem Meeresboden verankert und mit Hilfe von vier Wasserstoffballons stabilisiert.

WELLENKRAFTWERK: Im August 1995 wurde vor der schottischen Küste das erste kommerzielle Wellenkraftwerk in Betrieb genommen (Leistung: 2 MW, Kosten: 8,75 Mio DM). Durch die Bewegung der Mee-

reswellen wird Luft von unten in Turbinen gepreßt bzw. von oben angesaugt und weiter zu den Turbinen geleitet. Diese laufen stets in dieselbe Richtung. Mit Sand gefüllte Ballasttanks sollten das Kraftwerk stabil halten. Es sank jedoch im Monat der Inbetriebnahme bei starkem Wellengang. Die Energiereserven aus Wellenkraft werden auf 400 GW geschätzt.

der öffentlichen Energieversorgung bis 2005 auf 6% steigt (1994: 4,7%). Dazu müsse aber die Anlagenleistung um rd. 3000 MW erhöht werden. Nach Prognosen der Internationalen Energieagentur steigt der Anteil der E. am Energieverbrauch in den Industrieländern bis 2010 von 0,5% auf 1,1–1,7%.

→ Energieverbrauch → Energieversorgung → Nachwachsende Rohstoffe → Sonnenenergie → Strompreise → Wasserkraft → Windenergie

Energiesteuer [TAB]

Abgabe an den Staat für den Verbrauch von Energie. Die E. soll den Energieverbrauch verteuern und den Ausstoß von Kohlendioxid, das als Hauptverursacher für die Erwärmung der Erdatmosphäre gilt, verringern. Die Einführung einer E. auf Kohle, Erdöl und Erdgas soll den EU-Mitgliedern nach einem Vorschlag der Europäischen Kommission bis 2000 freigestellt werden. Eine EU-weite E. mit einheitlichen Sätzen war 1994 gescheitert.

EUROPA: Die Europäische Kommission schlug 1995 eine Ausgangsbelastung von 3 Dollar/Barrel (engl.; Faß, 159 l) vor, die nach sieben Jahren auf 10 Dollar/Barrel ansteigt. Sie soll sich je zur Hälfte am Kohlendioxidausstoß und Energiegehalt orientieren. Nach 2000 sollen Bemessungsgrundlagen und Steuersätze in der EU einander angeglichen werden. Für energieintensive Industriezweige sind Steuerermäßigungen vorgesehen.

DEUTSCHLAND: Ende 1995 legten die SPD und Bündnis 90/Die Grünen Pläne für eine E. ein. Beide Parteien setzten sich für eine E. bei Strom, Kraft- und Heizstoffen und eine Erhöhung der Benzinpreise ein. Wegen Sicherheitsrisiken forderten die Bündnisgrünen für Strom aus Atomenergie einen Zuschlag. Im gleichen Maß sollten Sozialabgaben bzw. die Einkommensteuer gesenkt werden. CDU und CSU lehnten eine nationale E. wegen Nachteilen für die wirtschaftliche Wettbewerbsfähigkeit ab. Die FDP wollte die E. auf private Haushalte beschränken. Deutschland hatte sich 1995 verpflichtet, die Kohlendioxid-Emissionen 1990–2005 um 25% zu senken.

Energiesteuern in Deutschland	
Art	**Mrd DM**
Mineralölsteuer	63,8
Mehrwertsteuer[1]	11,8
Konzessionsabgaben	6,0
Kohlepfennig[2]	5,9
Erdgassteuer	2,6
Sonstige	0,2

Stand: 1994; 1) Auf erhobene Abgaben; 2) bis 1995; Quelle: CDU-Wirtschaftsrat

NACHTEILE: Kritiker befürchteten eine Verlagerung energieintensiver Industrien in Regionen mit niedrigen Energiepreisen und per Saldo eine Erhöhung der Arbeitslosigkeit. Eine EU-weite E. würde nicht den globalen Energieverbrauch verringern, weil die Öl- und Gasförderländer zur Sicherung ihrer Einnahmen die Preise senkten und die Produktion erhöhten.

Kfz-Steuer → Kohlendioxid → Ökosteuern → Strompreise

Energieverbrauch [GLO] [TAB]

Der E. in Deutschland stieg 1995 inbes. wegen der kalten Witterung um 1,4% auf knapp 486 Mio t SKE an. In Ostdeutschland nahm die E. erstmals seit 1989 wieder zu. Er war bis 1995 um 44% gesunken (West: +8%). Eine Studie der Prognos AG (Basel) Ende 1995 erwartete für Deutschland bis 2020 trotz eines durchschnittlichen Wirtschaftswachstums von 2%, steigenden Stromverbrauchs (+30%) und Treibstoffbedarfs (+15%) einen stagnierenden E. Erdgas und erneuerbare Energien würden ihren Anteil am E. zu Lasten

Energieverbrauch: Deutschland				
Energieträger	**Primärenergieverbrauch (%)**			
	1995[1]	**West**	**Ost**	**Prognose 2010[2]**
Mineralöl	40,2	40,9	36,0	38
Naturgas	19,8	19,2	22,1	24
Steinkohle	14,9	16,9	3,5	14
Braunkohle	12,2	7,6	38,3	11
Atomenergie	10,2	12,0	–	10
Wasserkraft[3]	1,7	2,0	–0,4	4[4]
Sonstige	1,0	1,1	0,6	k. A.

1) 485,8 Mio t Steinkohleeinheiten (SKE); 2) 489 Mio t SKE; 3) inkl. Stromaußenhandelssaldo,; 4) inkl. sonstige; Quelle: Arbeitsgemeinschaft Energiebilanzen, DIW, ESSO

Energieverbrauch: Abnehmer in Deutschland

Bereich	Anteil am Endenergieverbrauch					
	Ostdeutschland			Westdeutschland		
	1989	1992	1994	1989	1992	1994
Haushalte[1]	46,5	49,6	50,5	40,9	43,1	43,6
Industrie	42,6	25,3	21,7	31,6	28,7	28,1
Verkehr	10,7	25,1	27,8	27,5	28,3	28,3

1) Inkl. Kleinverbraucher; Quelle: AG Energiebilanzen, DIW

anderer fossiler Energieträger und der Atomenergie ausdehnen.

DEUTSCHLAND: Die Verringerung des CO_2-Ausstoßes 1990–1995 um 11% war vor allem auf den Rückgang der Industrieproduktion bzw. des E. in Ostdeutschland und auf den verringerten Einsatz der Braunkohle zurückzuführen. In Westdeutschland stiegen die Kohlendioxid-Emissionen im selben Zeitraum um 3%. Dennoch stand dem BIP-Zuwachs 1973–1995 von 58% nur eine 9%ige Steigerung des E. gegenüber (CO_2: –8%).

WELT: Wirtschafts- und Bevölkerungswachstum, Industrialisierung, Verstädterung und eine Zunahme des Verkehrs lassen den Welt-E. nach Prognosen der Internationalen Energieagentur (IEA, Paris) bis 2010 um jährlich 1,7–2,2% steigen. Der Anteil der Entwicklungsländer am E. werde sich auf 40% (1993: 28%) erhöhen. Der Verbrauchsanteil von Öl, Gas und Kohle (1995: rd. 90%) bleibe weitgehend erhalten. Der Anteil der Dritten Welt am Verbrauch fossiler Energieträger steige von 39% auf 52–54%. Ein Mangel an Vorräten, die mit heutiger Technik gewonnen werden könnten, zeichne sich nicht ab.
→ Atomenergie → Erdgas → Erdöl → Heizung → Kohle → Kohlendioxid

Energieverbrauch: Elektrizität

Land	Strom (kWh)[1][2]	Energie (kg Öleinh.)[1][3]
Schweden	4617	5385
Finnland	3381	5635
Österreich	2493	3277
Belgien	2118	4989
Luxemburg	1870	9879
Frankreich	1851	4031
Dänemark	1780	3861
Großbritannien	1717	3718
Deutschland	1546	4170
Irland	1488	3016
Niederlande	1199	4533
Griechenland	1047	2160
Italien	997	2697
Spanien	803	2373
Portugal	732	1781

1) Privathaushalte pro Kopf; 2) 1994; 3) 1993; Quelle: Vereinigung Deutscher Elektrizitätswerke, Weltbank

Energieverbrauch: Neue Bundesländer

Energieträger	Mio t SKE		
	1989	1992	1995
Braunkohle	87,7	41,0	27,7
Mineralöl	17,9	23,7	26,1
Naturgas	11,9	8,7	16,0
Steinkohle	5,3	2,9	2,5
Atomenergie	4,8	–	–
Wasserkraft[1]	0,4	–0,5	–0,3
Sonstige	0,1	0,4	0,4

1) Inkl. Stromaußenhandelssaldo; Quelle: Arbeitsgemeinschaft Energiebilanzen, Deutsches Institut für Wirtschaftsforschung

Energieverbrauch: Sparmodelle

CONTRACTING: (engl.; Vertrag), Drittfinanzierung von Energiesparmaßnahmen. Projekte, z. B. Heizungsanlagen, Beleuchtungssysteme, Wärmedämmung, werden von einem Contractor oder Energieversorger, finanziert. Der Kunde zahlt die eingesparten Energiekosten an den Contractor, etwa über einen unveränderten oder nur wenig reduzierten Strompreis, bis die Investitionskosten beglichen ist.

NEGAWATT: Wortspiel, hinter dem der Gedanke steht, bei wachsendem Energiebedarf nicht die Leistung (Megawatt) zu erhöhen, sondern in Energiesparmaßnahmen zu investieren (auch: Least Cost Planning), die billiger sind als die Bereitstellung zusätzlicher Energie. Energieversorger unterstützen z. B. den Kauf stromsparender Lampen und Haushaltsgeräte sowie die rationale Energienutzung in Industrie und Gewerbe. Die Negawatt-Ausgaben

werden vom Nutzer finanziert. Infolge niedriger Energiekosten wird dieser jedoch nicht stärker belastet. **NULLENERGIEHAUS:** Gebäude, dessen Energiebedarf vollständig aus Solarzellen erzeugt. Die überschüssige Energie wird gespeichert und zur Wärmeerzeugung genutzt. Sonnenkollektoren und eine transparente Außenhülle dienen der Beheizung. Dämmung verhindert Wärmeverlust.

Energieversorgung [KAR] [TAB]

Das Bundeswirtschaftsministerium plante Anfang 1996 parallel zum Aufbau des Energie-Binnenmarkts in der EU eine Liberalisierung der deutschen E. mit Strom und Gas. Absprachen zwischen den E.-Unternehmen (EVU) über die ausschließliche Lieferung in einem bestimmten Gebiet (Demarkationsverträge) und Abkommen mit den Kommunen, die dem jeweiligen Versorger gegen eine Konzessionsabgabe (Einnahmen pro Jahr: rd. 6 Mrd DM) das alleinige Recht über die zentrale E. zusichern, sollen aufgehoben werden. Ziele sind eine Senkung der Strompreise um bis zu 30%, der Bau von Verteilungsnetzen und die Nutzung vorhandener Leitungen durch unabhängige oder ausländische Energieerzeuger; eine Durchleitungspflicht von Strom und Gas war nicht vorgesehen.

STREIT: 1994 liefen die Konzessionsverträge in Westdeutschland aus (Laufzeit: 20 Jahre). Sie wurden von etwa 90% der Städte und Gemeinden verlängert. 40 Kommunen schlossen sich zusammen, um gerichtlich gegen die ihrer Meinung nach überhöhten Geldforderungen der EVU für die Stromverteilungsnetze vorzugehen. Die EVU verlangten den Zeitwert als Berechnungsgrundlage, die Kommunen wollten nur den niedrigeren Anschaffungspreis zahlen. In Deutschland gab es 1995 rd. 960 regionale EVU, die von neun überregionalen Verbundunternehmen mit Elektrizität beliefert werden. Diese betreiben auch die Hochspannungsleitungen. Stadtwerke produzierten ein Fünftel des westdeutschen Stroms.

KONKURRENZ: Das Bundeskartellamt (BKartA, Berlin) ging 1995/96 u. a. gegen

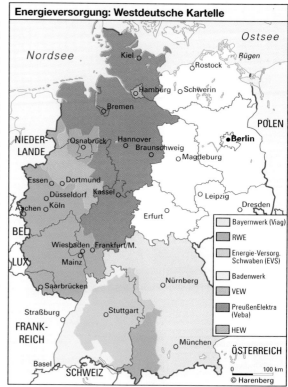

Energieversorgung: Westdeutsche Kartelle

Legende:
- Bayernwerk (Viag)
- RWE
- Energie-Versorg. Schwaben (EVS)
- Badenwerk
- VEW
- PreußenElektra (Veba)
- HEW

0   100 km
© Harenberg

Energieversorgung: Größte Strom- und Gasversorger der Welt

Rang	Name (Land)	Einnahmen (Mio $)	Gewinn (Mio $)	Vermögen (Mio $)
1	Tokyo Electric Power (J)	58 359	871	157 097,4
2	Electricité de France (F)[1]	33 467	227	125 867,0
3	Kansai Electric Power (J)	25 585	444	75 868,6
4	ENEL (I)	21 840	641	93 722,8
5	Chubu Electric Power (J)	20 523	434	66 349,1
6	British Gas (GB)	14 858	628	44 859,9
7	Tohoku Electric Power (J)	14 331	498	39 711,2
8	Kjushu Electric Power (J)	13 708	449	45 386,7
9	Korea Electric Power (ROK)	10 986	1093	29 804,7
10	Chukogu Electric Power (J)	10 453	288	30 136,2

Stand: 1994; Quelle: Fortune, 7.8.1995

Stromversorgung in Ostdeutschland

Mehrheitsbeteiligungen

- PreussenElektra
- RWE Energie
- Bayernwerk
- HEW
- VEW
- EVS

Minderheitsbeteiligungen

0   100 km

© Harenberg

Quelle: Stromthemen

Energieversorgung: Elektrizität

Energieträger	Stromerzeugung (%)[1]	
	1995	1994
Atomenergie	34	34
Braunkohle	29	29
Steinkohle	26	26
Erdgas	5	4
Wasserkraft	5[4]	5
Heizöl, Sonstiges	1	2

1) Öffentliche Versorgung in Deutschland netto; 2) erneuerbare Energien; Quelle: VDEW, Statistisches Bundesamt

Verbundunternehmens Veag Ende 1995 an ein Konsortium von sieben westdeutschen und Berliner EVU (Preis: rd. 8 Mrd DM). Die Veag bezog ihre Energie fast ausschließlich über Braunkohle. Die ostdeutsche Gasversorgung liegt fast vollständig in der Hand der 1991 privatisierten VNG. An der VNG sind westdeutsche und ausländische Gasproduzenten, -transporteure und -verteiler beteiligt.

STADTWERKE: 147 von rd. 6000 ostdeutschen Städten und Gemeinden beantragten 1993 bei den Landesregierungen die Errichtung eigener Stadtwerke. Bis Ende 1995 waren rd. 100 Genehmigungen erteilt und 18 abgelehnt. Gegen die Aufgabe der Beteiligung an den 1994 privatisierten zwölf Regionalversorgern (49%) erhalten die Kommunen von diesen unentgeltlich Netze und Anlagen. Die Stadtwerke hatten sich 1993 im Stromkompromiß mit den ostdeutschen Regionalversorgern verpflichtet, höchstens 30% des Stroms selbst zu erzeugen.

REGIONALVERSORGER: Die regionalen EVU in Ostdeutschland, die mehrheitlich von westdeutschen Energieversorgern übernommen wurden, dürfen sich an Stadtwerken beteiligen. Die Kommunalisierung verzögerte sich jedoch, weil Gemeinden und EVU sich nicht über die Netzentflechtung sowie die Verrechnung von Investitionen und Vermögen einigen konnten. Den Kapitalanteil der Kommunen an den Regionalversorgern wurde von der BVS verwaltet. Die von den Gemeinden zurückgegebenen Anteile sollen verkauft werden.

folgende Wettbewerbsbeschränkungen bei der E. vor:
▷ Konzessionsvertrag zwischen RWE Energie und der Stadt Nordhorn, der eine preisgünstigere E. aus den benachbarten Niederlanden behindere
▷ Berufung gegen das Urteil des Berliner Kammergerichts vom März 1996, das einen Demarkationsvertrag zwischen dem Ferngasversorger Verbundnetzgas (VNG) und Wintershall erlaubte
▷ Geplanter Verkauf von 24,9% des Kapitals der Stadtwerke Bremen an Veba
▷ Fusion von Energieversorgung Schwaben und Technische Werke Stuttgart
▷ Übernahme der Isar-Amperwerke durch die VIAG-Tochter Bayernwerk.

OSTDEUTSCHLAND: Die Nachfolgeorganisation der Treuhandanstalt BVS übertrug das Aktienkapital des ostdeutschen

→ Braunkohle → Energie-Binnenmarkt
→ Erdgas → Kraftwerke → Strompreise

Entführungen [TAB]

Im März 1996 wurde der Hamburger Multimillionär → [BIO] Jan Philipp Reemtsma entführt. Nach der Zahlung von 30 Mio DM, der höchsten bis dahin in Deutschland geforderten Lösegeldsumme, kam er nach 32tägiger Gefangenschaft frei. Weiterhin sorgten 1995/96 spektakuläre E. von Touristen aus westlichen Industriestaaten in Entwicklungsländern, Bürgerkriegs- und Krisenregionen für weltweites Aufsehen, z. B. in Costa Rica, Indonesien, Kaschmir und im Jemen. Täter waren oft Rebellen- und Untergrundorganisationen, die mit E. die Freilassung von inhaftierten Gesinnungsgenossen oder Lösegeld etwa für Waffenkäufe erpressen wollten. E. in der Dritten Welt treffen meist Einheimische sowie Entwicklungsexperten, Geschäftsleute und Angehörige von ausländischen Hilfsorganisationen. In betroffenen Regionen tätige internationale Unternehmen versichern ihre Mitarbeiter z. T. gegen E. Mit der Vorsorge, Risikoanalyse, Bewältigung von E. vor Ort und der Befreiung der Opfer sind seit den 70er Jahren Sicherheitsagenturen betraut.

Entschädigungsgesetz
→ Eigentumsfrage

Entsorgung [GRA]

Das deutsche Atomgesetz schreibt die E. abgebrannter Brennelemente aus kerntechnischen Anlagen als Voraussetzung für den Betrieb eines Atomkraftwerks vor. Seit 1994 können die Stromversorger zwischen Wiederaufarbeitung und direkter Endlagerung wählen. Die Endlagerung hat Kostenvorteile von 1000 DM pro kg Atommüll. Der aus der Wiederaufarbeitung gewonnene Brennstoff war Mitte der 90er Jahre teurer als der aus Natur-Uran hergestellte.

KONZEPTE: Folgende Arten der E. werden unterschieden:

▷ Verbrauchte Brennelemente werden in einer Konditionierungsanlage zerlegt und verpackt und in einem Endlager auf unbestimmte Zeit aufbewahrt. Für 1996 war die Inbetriebnahme einer Pilotanlage in Gorleben (Niedersachsen) geplant

Entführungen: Die höchsten Lösegelder

Name[1]	Jahr	Ort	Mio DM
Jan Philipp Reemtsma	1996	Hamburg	30
Richard Oetker	1976	München	21
Günther Ragger	1991	Österreich	10
Lars und Meike Schlecker	1987	Ehingen	9,6
Theodor Albrecht	1971	Herten	7
Hendrik Snoek	1976	Münster	5
Sabine und Susanne Kronzucker, Martin Wächtler	1980	Toskana	4,4
Evelyn Jahn	1973	München	3
Johannes Erlemann	1981	Köln	3
Sohn Bankfilialleiter	1994	Ravensburg	2,85
Tochter Sparkassendirektor	1982	Göppingen	2,7
Fleischfabrikant	1993	Dietzenbach	2,08
Wolfgang Gutberlet	1976	Fulda	2
Nina von Gallwitz	1981	Köln	1,5

Entführungen: Häufigkeit

Land	Anzahl[1]
Kolumbien	1842
Pakistan	868
Brasilien	424
Philippinen	236
Mexiko	227
USA	226

1) 1989–1995; Quelle: Control Risks

▷ In einer Wiederaufarbeitungsanlage wird aus abgebranntem Brennmaterial das noch nutzbare spaltbare Material (Uran 235: 0,8% des Kernbrennstoffs, Plutonium 239: 0,5%) abgetrennt. Der hochradioaktive Abfall wird mit Glas verschmolzen und in Stahl gegossen, der schwach- und mittelradioaktive mit Zement vermischt und in Spezialfässer gefüllt; beides wird anschließend endgelagert.

Ein Großteil deutscher Atomabfälle wurde in den 90er Jahren zur Wiederaufarbeitung nach Großbritannien und Frankreich transportiert, da in Deutschland keine Anlagen existierten. Außerdem betrieben Indien, Japan und Rußland 1995/96 Wiederaufarbeitung.

KARLSRUHE: Die flüssigen, hochradioaktiven Rückstände der 1990 stillgelegten Karlsruher Pilot-Wiederaufarbeitungsanlage (rd. 70 000 l) sollen vor Ort verglast und zwischengelagert werden

[BILD] Bild [DOK] Dokument [GLO] Glossar [GRA] Grafik [KAR] Karte [TAB] Tabelle

Entsorgung: Kernbrennstoffe und Atommüll

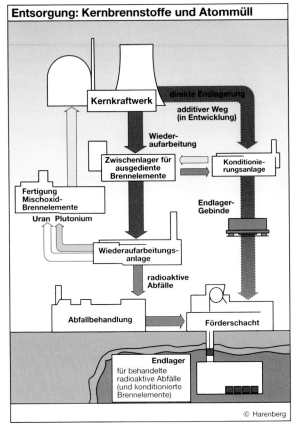

Kernkraftwerk

direkte Endlagerung

additiver Weg
(in Entwicklung)

Wieder-
aufarbeitung

Zwischenlager für
ausgediente
Brennelemente

Konditionie-
rungsanlage

Fertigung
Mischoxid-
Brennelemente

Uran Plutonium

Endlager-
Gebinde

Wiederaufbereitungs-
anlage

radioaktive
Abfälle

Abfallbehandlung

Förderschacht

Endlager
für behandelte
radioaktive Abfälle
(und konditionierte
Brennelemente)

© Harenberg

(Kosten: 1 Mrd DM). Der Transport nach Belgien zur Entsorgung wurde wegen hoher Kosten Anfang 1996 aufgegeben.

MISCHOXID: Die einzige deutsche Plutoniumfabrik für Mischoxid-Brennelementen (MOX) in Hanau (Hessen) gab Betreiber Siemens wegen hoher Defizite und des Widerstands der rot-grünen Landesregierung auf. Aus der Wiederaufarbeitung fließen bis 2002 ca. 30–40 t Plutonium nach Deutschland zurück. Weltweit gibt es vier Anlagen zur Produktion von MOX-Brennelementen (Belgien, Frankreich, Großbritannien).

→ Atomenergie → CASTOR
→ Endlagerung → Plutonium
→ Zwischenlagerung

Entwicklungsländer [TAB]

Etwa 170 vorwiegend auf der Südhalbkugel der Erde liegende Länder, die im Vergleich mit den Industrienationen als wirtschaftlich unterentwickelt angesehen werden. Die UNO stufte Mitte der 90er Jahre 46 Länder als besonders arm ein (sog. Vierte Welt), höher entwickelte E. gelten als Schwellenländer. 76% der Weltbevölkerung lebten Mitte der 90er Jahre in E. Sie produzierten 37% der Weltwirtschaftsleistung. Neben der hohen Staatsverschuldung stellten Armut, Hunger und ein jährliches Bevölkerungswachstum von rd. 2% die größten Probleme der E. dar.

SCHULDEN: 1995 stiegen die gesamten Schulden der E. um 8% auf 2068 Mrd Dollar und überschritten damit erstmals die 2-Bio-Dollar-Grenze. Mit 125,2 Mrd Dollar war Mexiko am höchsten verschuldet. Ursache für die Verschuldung ist die Unterentwicklung der E. Ihre Ökonomie basiert auf der Landwirtschaft, die oftmals noch von Monokulturen (z. B. Kaffee, Bananen) aus der Kolonialzeit geprägt ist. Die E. sind daher abhängig von Rohstoffexporten und dem Import von zumeist teuren Fertigprodukten. Bei dem Versuch, ihre Wirtschaft zu entwickeln, verschuldeten sich die meisten E. seit den 60er Jahren bei den Industrieländern. Deren Protektionismus und der Ost-West-Konflikt, der bis Anfang der 90er Jahre durch Rüstungsexporte auf die E. übertragen wurde, behinderten zudem den wirtschaftlichen Aufbau in den E.

WIRTSCHAFTSWACHSTUM: Das reale Pro-Kopf-Einkommen wuchs 1995 in den E. um durchschnittlich 2,5% (weltweit: 1%). Hierbei sind die Länder der früheren Sowjetunion ausgenommen, die einen Rückgang fast 15% verzeichneten. Die Gründung der Welthandelsorganisation WTO 1995 bewirkte u. a. durch den Abbau von Zöllen eine zunehmende Einbindung der E. in die Weltwirtschaft. Am stärksten profitieren von dieser Entwicklung die Schwellenländer in Ostasien und Lateinamerika. Thailand erzielte z. B. 1985–94 mit 8,2% im Jahr das höchste Pro-Kopf-Wachstum, gefolgt von Süd-Korea (7,8%) sowie China und Singapur (je 6,9%). Private Kapitalströme aus den

Industrieländern (1994: 110,4 Mrd Dollar) flossen nahezu ausschließlich in diese Regionen, während die ärmsten Länder in Schwarzafrika vom Welthandel nahezu ausgeschlossen blieben.

→ Analphabetismus → Armut → Bevölkerungsentwicklung → Hunger → Lomé-Abkommen → Mega-Städte → Protektionismus → Schwellenländer → Schuldenkrise → WTO

Entwicklungspolitik

Der seit Anfang der 90er Jahre andauernde Trend, die staatliche Entwicklungshilfe zu kürzen, hielt aufgrund von Haushaltsproblemen in zahlreichen Geberländern Mitte der 90er Jahre an. Die Organisation für wirtschaftliche Zusammenarbeit und Entwicklung (OECD) verzeichnete 1994 zwar einen Anstieg der öffentlichen Entwicklungshilfe um 3 Mrd US-Dollar auf knapp 60 Mrd US-Dollar. Preisbereinigt bedeutete dies jedoch eine Stagnation.

NACHLASSENDE HILFE: Mit Entwicklungshilfeausgaben von durchschnittlich 0,3% des BSP erreichten die Industrienationen Mitte der 90er Jahre nicht einmal die Hälfte der Zusage (0,7% des BSP), die sie auf dem Umweltgipfel in Rio de Janeiro/Brasilien 1992 gegeben hatten. Nur vier der 21 OECD-Mitgliedstaaten überboten 1994 diese Vorgabe: Norwegen zahlte 1,05% des BSP, Dänemark 1,03%, Schweden 0,96% und die Niederlande 0,76%. Die USA nahmen mit einer Quote von nur noch 0,15% des BSP erneut den letzten Platz ein.

DEUTSCHLAND: Der Etat des Bundesministeriums für wirtschaftliche Zusammenarbeit und Entwicklung sank 1995 gegenüber dem Vorjahr um rd. 120 Mio DM auf 8,1 Mrd DM. Der Anteil der Entwicklungshilfe am BSP ging seit 1991 von 0,4% auf 0,32% zurück. Der Bundeshaushalt 1996 sah eine Steigerung der deutschen Entwicklungshilfe um 1,7% gegenüber 1995 auf 8,24 Mrd DM vor.

PRIVATE KAPITALGEBER: Ein deutlicher Anstieg um 17% auf 110,4 Mrd Dollar wurde 1994 bei privaten Geldern (vor allem bei Direktinvestitionen und Bankkrediten) verzeichnet. Hiervon profitierten jedoch nur wenige Schwellenländer im asiatischen und südamerikanischen Raum.

Entwicklungsländer: Ärmste und reichste Länder

Land	BSP pro Kopf (Dollar)	Land	BSP pro Kopf (Dollar)
Ruanda	80	Luxemburg	39 600
Mosambik	90	Schweiz	37 930
Äthiopien	100	Japan	34 630
Tansania	140	Dänemark	27 970
Sierra Leone	160	Norwegen	26 390
Burundi	160	USA	25 880
Malawi	170	Deutschland	25 580
Tschad	180	Österreich	24 630
Uganda	190	Island	24 630
Madagaskar	200	Schweden	23 530

Stand: 1994; Quelle: Weltbank

PROGNOSE: Die Weltbank erwartet bis 2010 durch globalen Abbau von Handelshemmnissen einen Anstieg des Weltexportanteils der Entwicklungsländer von 17% auf 22% (Importanteil von 24% auf 30%). Die Einbindung in den Weltmarkt werde die Wirtschaften der Entwicklungsländer stärken. Dies werde jedoch vor allem den Schwellenländern in Ostasien zugute kommen, die ärmsten Länder in Schwarzafrika, die 1994 mit rd 35% den größten Anteil der Entwicklungshilfe erhielten, würden davon kaum profitieren.

→ Armut → Bevölkerungsentwicklung → Hermes-Bürgschaften → Internationaler Währungsfonds → Lomé-Abkommen → Protektionismus → Schuldenkrise → Weltbank → WTO

Erbschaftsteuer

Abgabe für die Übertragung von Vermögenswerten von Todes wegen. Die Regelungen der E. gelten auch für Schenkungen unter Lebenden. Die Einnahmen aus der E. (1995: rd. 4 Mrd DM) stehen den Bundesländern zu. Von den zu versteuernden Vermögen wurden bisher mit zunehmendem Verwandtschaftsgrad Freibeträge bis zu 250 000 DM abgezogen, der Steuersatz beträgt je nach Höhe des Vermögens und Verwandtschaftsgrad 3–70%.

REFORM: Bis 31. 12. 1996 muß der Gesetzgeber eine Reform der E. beschließen, weil das Bundesverfassungsgericht 1995 die Steuerpraxis auf Grundlage der bisherigen Immobilien-Einheitswerte für verfassungswidrig erklärte. Die neue Regelung muß rückwirkend vom 1.1.1996 an gelten, den Grundbesitz gegenwartsnäher bewerten, Familiengebrauchsvermögen weitgehend freistellen und die Spitzensteuersätze senken.

NEUE STEUERSÄTZE: Die Pläne des Bundesfinanzministeriums vom Mai 1996 sahen folgende Neuregelung vor:

▷ Ehegatten erhalten einen persönlichen Freibetrag von 1 Mio DM, Kinder von 750 000 DM. Ferner sind höhere Versorgungsfreibeträge als bisher vorgesehen (für Ehegatten 500 000 DM)

▷ Bei Betriebsvermögen soll der Freibetrag von 500 000 DM bestehenbleiben sowie ein Bewertungsabschlag von 50% eingeführt werden

▷ Die Steuersätze werden nach Verwandtschaftsgrad und Höhe des Vermögens von 5% bis 50% gestaffelt.

Nordrhein-Westfalen legte einen Gegenentwurf vor, der eine vereinfachte Staffelung der E. mit nur noch drei Vermögensklassen und Steuersätze nur bis zu 30% vorsah. Die Freibeträge wurden im NRW-Entwurf niedriger angesetzt.

IMMOBILIENBEWERTUNG: Bei Wohn- und Geschäftsgrundstücken soll vom Wohn- bzw. Nutzflächenpreis zuzüglich Bodenwert ausgegangen werden, vorgesehen sind eine Alterswertminderung und ein Bewertungsabschlag von 30%. Die so ermittelten Immobilienwerte sollen im Durchschnitt bei etwa 60% des Kaufpreises liegen. Typische Industriegrundstücke sollen mit Kubikmeterpreisen bewertet werden, unbebaute Grundstücke nach Bodenrichtwerten. Auch hier führen Abschläge im Ergebnis zu einer Bewertung mit rd. 60% des Verkehrswerts.

ERBSCHAFTSPROGNOSE: Nach Schätzungen von Finanzexperten werden bis zum Jahr 2000 in Deutschland rd. 2,6 Bio DM an Geld-, Immobilien- und Sachwerten vererbt werden. Über 1 Mio Häuser bekommen dadurch neue Eigentümer, 40 000 Erben werden Millionäre.

→ Einheitswerte → Steuern

Erderkundung

Die Beobachtung der Erdoberfläche aus dem Weltraum durch Satelliten war Mitte der 90er Jahre nach der Telekommunikation der wichtigste Anwendungsbereich in der Raumfahrt. Mit E.-Satelliten werden Erkenntnisse über Erdbeben, Rohstoffvorkommen, Desertifikation, Ernteerträge, Verschmutzung der Weltmeere und Abholzung gewonnen. Bis Anfang des nächsten Jahrzehnts wollen die USA, Japan und europäische Staaten ca. 50 Satelliten zur Umweltforschung starten. Ein gemeinsames E.-System (engl.: Global Observing System, GOS) soll die Kartierung der Erde vervollständigen, Doppelarbeiten vermeiden und eine gemeinsame Datenbank schaffen.

RADARSATELLITEN: Als zukunftsweisend galt Mitte der 90er Jahre die Radarsatellitentechnik, die im Gegensatz zu Satelliten mit Fotokameras Aufnahmen auch bei Dunkelheit und Bewölkung ermöglicht (maximale Auflösung: 10 m). Der von der europäischen Raumfahrtorganisation ESA entwickelte Satellit ERS-2 (Kosten: rd. 1 Mrd DM) mißt seit 1995 u. a. die Konzentration von Spurengasen, die für den Abbau der Ozonschicht verantwortlich sind. Alle drei Tage wird die gesamte von der Sonne beschienene Erdatmosphäre in Streifen von 320 km abgetastet. ERS-2 ergänzt die Mission von ERS-1, der 1991–1995 etwa 500 000 Radarbilder der Erde lieferte.

SPIONAGE: E.-Satelliten mit hochauflösenden Kameras werden vor allem für militärische Zwecke genutzt. Deutschland beteiligt sich ab 1995 mit 10–15% an den französischen Programmen Helios 1 und 2 (Kosten: rd. 3 Mrd DM). Das System besteht aus einer wiederverwendbaren Plattform und der Nutzlast. Die Kamera von Helios 1A, der sich seit Juli 1995 auf einer Umlaufbahn über die Pole befindet, hat eine Auflösung von 1 m. Der Start des Schwestersatelliten 1B war für 1996 geplant. Für Helios 2A sind Infrarotsensoren vorgesehen, die die Wärmestrahlung empfangen können. Sie erkennen Temperaturunterschiede von einem 1/10 °C. Bilder ergeben sich durch die je nach Objekt unterschiedliche Stärke der Strahlung. Der Radarsatellit Horus (Kosten: rd. 4,5 Mrd DM, deutsche Beteiligung: ca. 50%) soll eine Auflösung von 10 m unterschreiten.

→ Satelliten

Erdgas: Transeuropäisches Projekt Jamal

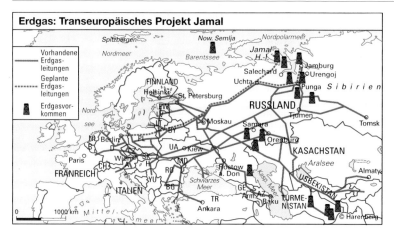

Erdgas [KAR] [TAB]

Energieträger aus einem Gemisch verschiedener Gase (Methan-Gehalt: 80–95%). Der Schadstoffausstoß bei der Energieerzeugung mit E. ist geringer als bei Erdöl und Kohle. In Deutschland stieg der E.-Verbrauch 1995 um 9% auf 95,5 Mio t SKE (West: +5,5%, Ost: +30%). Hauptgrund war die Umstellung der Energieversorgung in Privathaushalten von anderen Energieträgern auf E. Außerdem wurde E. verstärkt in Kraftwerken zur Elektrizitätserzeugung und bei der Kraft-Wärme-Kopplung eingesetzt. 22% des E. stammte aus inländischer Förderung (+3,2%). Bis 2010 wird ein Zuwachs des deutschen E.-Bedarfs um 25–40% erwartet. Im Mai 1996 wurde die 620 km lange E.-Leitung Europipe zwischen Norwegen und Norddeutschland eingeweiht.

WELT: Der E.-Verbrauch verdoppelte sich 1970–1995. Bei gleichbleibender Förderung reichen die gesicherten Reserven (rd. 141 Mrd m³, Stand: 1995) etwa 66 Jahre. 18% der Weltvorräte lagern in der GUS. Im Gegensatz zum Erdöl existierte Mitte der 90er Jahre kein Weltmarkt für E.; nur 17% des E. wurde international gehandelt. Wichtigster Anbieter (Anteil: rd. 39%) und gleichzeitig größter Produzent war Rußland. Die Internationale Energieagentur (IEA, Paris) rechnete bis 2010 mit einer jährlichen Steigerung des E.-Verbrauchs von 1,7 bis 2,9%, vor allem

Erdgas: Weltreserven

Rang	Land	Mrd m³
1	GUS	55,9
2	Iran	21,0
3	Katar	7,1
4	VAE	5,8
5	Saudi-Arabien	5,2
6	USA	4,6
7	Venezuela	3,7
8	Algerien	3,6
9	Nigeria	3,4
10	Irak	3,1

Stand: 1995; Quelle: ESSO

Erdgas: Deutsche Importe

| Herkunft | Anteil (%) | |
	1995	2005
Rußland	36	31
Niederlande	26	20
Inland	22	14
Norwegen	14	30
Dänemark	2	3[1]

1) inkl. sonstige; Quelle: Ruhrgas, WEG

wegen zunehmender Verwendung von E. bei der Stromerzeugung.

GASHYDRATE: Unter dem Meeresboden wurden Mitte der 90er Jahre ca. 30 Gashydratlager mit einem Volumen von etwa 10 000 Mrd t vermutet. Unter Sedimentschichten abgedichtet, liegen Eiskristalle, die sich bei niedrigen Temperaturen und unter großem Druck gebildet haben. Darin sind Methangasmoleküle eingeschlossen. Jeder m³ Hydrat gibt rd. 170 m³ Methan frei. Mit einer kommerziellen Ausbeutung wird in der zweiten Hälfte des 21. Jahrhunderts gerechnet.

HALBINSEL JAMAL: Die russische E.-Gesellschaft Gazprom plant die Erschließung von E.-Feldern auf der nordsibirischen Halbinsel Jamal und den Bau neuer E.-Leitungen (rd. 4200 km) von Jamal sowie den Feldern Jamburg und Urengoy über Weißrußland und Polen nach Westeuropa (Gesamtkosten: rd. 38,7–40,7 Mrd Dollar). Auf Jamal befinden sich etwa 20% der russischen Gasreserven. Die Förderung soll 2000 beginnen und bis 2010 auf 200 Mrd m³ ansteigen.

DEUTSCHE PIPELINES: Über die Norddeutsche Erdgas-Transversale (Netra) zwischen Emden und Salzwedel, die im November 1995 fertiggestellt wurde (Kosten: rd. 3 Mrd DM), wird norwegisches E. nach Mitteleuropa geleitet. An Netra beteiligt sind Ruhrgas, mit rd. 70% Marktanteil führender deutscher E.-Versorger, die BEB Erdgas und Erdöl (Hannover) sowie die norwegischen Energieunternehmen Statoil und Norsk Hydro. Norwegen will seinen E.-Absatz bis 2005 auf rd. 30 Mrd m³ verdreifachen.

Gazprom und die BASF-Tochtergesellschaft Wintershall investierten bis 1996 rd. 4,4 Mrd DM in den Bau von zwei Fernleitungen (Midal, Stegal) und eines Untergrundspeichers, die vom Gemeinschaftsunternehmen Wingas betrieben werden. Die Erweiterung des Netzes, zwischen Bielefeld und Aachen (Wedal), Frankfurt/Oder und Leipzig (Jagal) mit Weiterführung zur deutsch-schweizerischen Grenze, war geplant. Deutschland hatte 1995 ein Ferngasnetz von rd. 60 000 km Länge.

→ Energieverbrauch → Energieversorgung → Heizung → Kraftwerke

Erdgas-Auto

Das Prognos-Institut (Basel/Schweiz) rechnete 1996 für 2010 mit einem Bestand von 250 000 erdgasbetriebenen Fahrzeugen in Deutschland, wenn ihr Betrieb steuerlich gefördert wird.

BUNDESFÖRDERUNG: Anfang 1996 senkte der Bund den Steuersatz für Kfz mit Erdgasmotoren von 47,60 DM auf 18,70 DM pro MWh. Der Steuersatz für Flüssiggas sank von 612,50 DM/1000 kg auf 241,00 DM/1000 kg. Der Ersatz von Dieselmotoren in Nutzfahrzeugen durch schadstoffarme Erdgasmotoren, die besonders in innerstädtischen Gebieten und Kurorten zum Einsatz kommen, soll gefördert werden. Die Mehrkosten für die Anschaffung von Bussen und LKW mit Erdgasantrieb werden bis Ende 1997 bis zu 100% vom Umweltministerium ersetzt.

VORTEILE: Erdgasmotoren emittieren im Vergleich zu Benzinmotoren kein Benzol und weniger Kohlendioxid. Verglichen mit Dieselmotoren stoßen sie 80% weniger Kohlenwasserstoffe und Stickoxide, 50% weniger Kohlenmonoxid und fast keine Rußpartikel und Schwefeldioxid aus.

NACHTEILE: Schwere stählerne Gasflaschen (Mindestinhalt 80 kg) für das auf etwa 200 bar verdichtete Erdgas erhöhen das Fahrzeuggewicht und damit den Kraftstoffverbrauch.

BMW-MODELLE: 1996 bot BMW zwei E.-Modelle an, die eine Reichweite von 200 bis 250 km/h haben. Sie können während der Fahrt von Erdgas- auf Benzinbetrieb umgestellt werden, um die Reichweite zu erhöhen. Die Kfz sind bis zu 8000 DM teurer als konventionell angetriebene. Andere Autofirmen bieten die nachträgliche Umrüstung ihrer Modelle auf Erdgasantrieb in Fachbetrieben an.

BESTAND: Weltweit gab es Mitte der 90er Jahre 800 000 E., davon über 270 000 in Italien und 150 000 in den Niederlanden. In Deutschland fuhren 1995 etwa 4000 E. 45 öffentlich zugängliche Tankstellen waren im Betrieb, 13 im Bau und geplant.

→ Autoindustrie → Autoverkehr → Car Sharing → Dieselkraftstoff → Elektro-Auto → Kfz-Steuer → Luftverschmutzung

Erdöl [TAB]

Energieträger aus einem Gemisch verschiedener Kohlenwasserstoffe. E. hatte Mitte der 90er Jahre einen Anteil von rd. 40% am Weltenergieverbrauch (Verkehr: 90%). 1995 überschritt die E.-Förderung mit 3260,9 Mio t (Anstieg zum Vorjahr:

1,8%) die Höchstmarke von 1979 (3224,9 Mio t). Verantwortlich war vor allem der Produktionsanstieg beim Nordseeöl. Die Internationale Energieagentur (IEA, Paris) rechnete 1996 mit einer Zunahme des weltweiten E.-Verbrauchs um 2,3% auf etwa 71,6 Mio Barrel (engl.; Faß mit 159 l) pro Tag (b/d). Der E.-Bedarf bis 2000 wird nach einer Shell-Prognose am stärksten in Fernost (inkl. China) wachsen. 2010 werden der IEA zufolge 92–97 b/d verbraucht (OECD-Anteil: ca. 52%).

RESERVEN: Die mit heutiger Technik und bei gleichbleibendem Preisniveau gewinnbaren E.-Vorräte erhöhten sich 1995 um 1 Mrd t auf 137 Mrd t. Sie decken den E.-Bedarf für 45 Jahre. Die Erschließung zusätzlicher Reserven, z. T. in neuen Fördergebieten, und die Nutzung sog. nichtkonventioneller Vorkommen, z. B. Ölschiefer und Ölsande, ist von einer Erhöhung der Weltmarktpreise (1995: rd. 18 Dollar/b), verbesserter Fördertechnik und einer Senkung der Erschließungskosten abhängig (1995: 4–6 Dollar/b für konventionelle E.-Felder). Etwa 77% der Reserven entfallen auf die Staaten, die im E.-Kartell OPEC zusammengeschlossen sind.

NORDSEEÖL: Die IEA rechnete bis 2000 mit einer Zunahme des Fördervolumens (Ende 1995: 5,8 Mio b/d) um rd. 30% aufgrund neuer Ölfunde vor Mittelnorwegen und den Shetland-Inseln sowie einer Kostensenkung bei der Erschließung und Förderung. Die gesicherten Reserven des Nordseeöls waren Mitte der 90er Jahren zu 60% ausgebeutet. Deutschland importierte mit einem Anteil von 38,9% erstmals mehr E. aus der Nordseeregion als aus den OPEC-Staaten (33,4% von 100,6 Mio t). Wichtigster Lieferant war Norwegen mit 21,2 Mio t.

→ Energieverbrauch → Erdgas
→ [ORG] OPEC

Erdwärme [KAR] [TAB]

(auch Geothermie), natürliche Wärmeenergie aus tiefen Erdschichten, die als Heizenergie oder zur Stromerzeugung genutzt werden kann. Bei der Verwendung von E. fallen keine Schadstoffe an. Weltweit werden etwa 11 000 MW Wärme und 6200 MW Strom mit E. produziert. E.

Erdöl: Reserven und Förderung weltweit

Region	Reserven	Anteil (%) Produktion	Verbrauch
OECD-Europa	1,5	9,4	19,9
Übriges Europa	5,9	11,8	8,7
GUS	5,7	11,3	6,7
Nahost	65,5	30,7	5,8
Asien/Australien	4,3	11,2	25,7
Afrika	7,3	10,3	3,0
Nordamerika	2,7	13,6	28,3
Lateinamerika	12,8	12,7	8,3

Stand: 1995; Internationale Energie-Agentur (IEA)

Erdöl: Größte Produzenten der Welt

Rang	Land	Menge (Mio t) 1993	1994	1995	Veränderung 1994/95 (%)
1	Saudi-Arabien[1]	408	403	403	0,0
2	USA	403	393	389	−1,0
3	Rußland	341	311	305	−2,0
4	Iran[1]	184	181	181	0,0
5	Mexiko	165	157	153	−2,6
6	China	144	146	149	+1,9
7	Norwegen	114	131	140	+7,1
8	Venezuela[1]	121	128	135	+6,0
9	Großbritannien	98	126	130	+3,4
10	VAE[1]	106	108	108	0,0

1) OPEC-Mitglieder; Quelle: Petroleum Economist

Erdöl: Wichtigste deutsche Lieferanten

Land	Importe (Mio t) 1993	1994	1995
Norwegen	18,3	19,6	21,2
Rußland	17,1	22,8	20,6
Großbritannien	12,4	16,6	17,9
Libyen	11,5	11,7	11,3

Quelle: Bundesamt für Wirtschaft (Eschborn)

wird wegen des vulkanischen Untergrunds inbes. in Island, Italien, Mexiko, den Philippinen und USA genutzt. Das größte Kraftwerk (Leistung: 3000 MW) steht in Kalifornien/USA.

VERFAHREN: E. kann aus unterirdischen Heißwasserspeichern (Aquifere) gewonnen werden. Nach der Wärmeabgabe wird das Wasser wieder zurückgepumpt, damit der Wasserdruck in der Tiefe aufrechterhalten bleibt. Beim sog. Hot-Dry-Rock-Verfahren (engl.; heißer, trockener Stein) wird kaltes Wasser durch ein Bohrloch unter hohem Druck in die Tiefe gepumpt,

Erdwärme: Anlagen in Deutschland

Standort/Region	Leistung (MW)	Temperatur (°C)	Bohrtiefe (m)	Salzge- halt (g/l)
Bayern				
Bad Endorf[1]	25,00	65	2400	1
Bad Füssing	0,41	56	k. A.	k. A.
Bad Rodach	0,35	34	k. A.	k. A.
Bayreuth[1]	6,00	33	1130	0,2
Erding[1]	50,00	63	2300	0,7
Griesbach	0,2	60	k. A.	k. A.
Neufahrn[1]	25,00	85	1800	k. A.
Simbach[1]	15,00	90	2200	1
Staffelstein	1,70	54	k. A.	k. A.
Straubing[1]	12,00	36	800	1
Nordost				
Neubrandenburg	8,00	51	1500	180
Neustadt-Glewe	10,00	98	2250	220
Prenzlau	0,50	108	2700	k. A.
Rheinsberg[1]	k. A.	80	1800	200
Waren/Müritz	5,20	62	1700	200
Nordwest				
Aachen	0,82	68	k. A.	k. A.
Bad Ems	0,16	43	k. A.	k. A.
Meppen[1]	k. A.	60	1400	130
Südwest				
Baden-Baden	0,44	70	k. A.	k. A.
Bad Urach	1,00	58	k. A.	k. A.
Biberach	1,17	49	k. A.	1
Buchau	1,13	48	k. A.	k. A.
Konstanz	0,62	29	k. A.	5
Saulgau	1,25	42	k. A.	k. A.
Waldsee	0,44	30	k. A.	k. A.
Wiesbaden	1,76	69	k. A.	k. A.

Stand: 1995; 1) in Bau; Quelle: Handelsblatt, 10.10.1995

um trockenes Gestein zu spalten. Das Wasser dringt durch Risse und Spalten, erhitzt sich und wird durch ein zweites Bohrloch wieder an die Oberfläche befördert. Hot-Dry-Experimente werden in Europa, Japan und den USA durchgeführt.

BEDEUTUNG: In Europa ist die Stromerzeugung mit E. meist unwirtschaftlich, weil die nötige Temperatur (rd. 180 °C) im Durchschnitt erst in 6000 m Tiefe erreicht wird. Wegen der hohen Bohrkosten wird E. neben der Wärmeerzeugung auch als Thermalquelle und bei niedrigem Salzgehalt als Trinkwasser genutzt.

EUROPÄISCHES PILOTPROJEKT: Im elsässischen Soultz-sous-Forêts war Mitte 1996 der Bau einer europäischen E.-Pilotanlage zur Elektrizitätsgewinnung geplant (Kosten: rd. 71 Mio DM). Nach dem Hot-Dry-Verfahren wurde in 4000 m Tiefe ein 1 km^2 großes Rißsystem geschaffen, aus dem heißer Wasserdampf gewonnen werden kann. Soultz liegt im Oberrheingraben, wo die Temperatur stellenweise um 6–10 °C pro 100 m Tiefe steigt. Das Projekt wird von der EU, Deutschland und Frankreich finanziert. Die Anlage soll Strom zu einem Preis von 25 Pf/kWh produzieren. In Bad Urach (Baden-Württemberg) scheiterte ein ähnliches E.-Vorhaben, weil das Bohrgestänge brach.

→ Energien, Erneuerbare → Heizung

Ernährung TAB

Die weltweite Getreideernte verringerte sich 1995 gegenüber dem Vorjahr um 3% auf 1,9 Mrd t, so daß die Weltbevölkerung von 5,8 Mrd Menschen 1995 mehr Mais, Reis und Weizen benötigte als produziert wurde. 800 Mio der in den Entwicklungsländern lebenden Menschen waren 1995 chronisch unterernährt, während in den Industrieländern ein Nahrungsmittelüberangebot bestand. Hier bedrohten vor allem unsachgemäße Verarbeitung von Lebensmitteln und chemische Zusatzstoffe die Gesundheit.

HORMONVERBOT: Die Landwirtschaftsminister der Europäischen Union (EU) einigten sich im Februar 1996 auf eine Verschärfung des Hormonverbots, das seit 1988 in der EU das Verfüttern und Spritzen von Hormonen in der Tierzucht untersagt. Die neue Vorschrift weitet das Verbot auf hormonähnliche Stoffe aus und soll künftig auch für in die EU importiertes Fleisch gelten. Experten befürchteten eine Frontenverhärtung zwischen den USA, wo der Einsatz von hormonellen Wachstumsbeschleunigern erlaubt ist, und den EU-Staaten. 1995 hatte die USA bei der Welthandelsorganisation (WTO, Genf) Beschwerde gegen die EU eingelegt und das Hormonverbot als Handelshindernis bezeichnet.

MANGELKOST: 1995 veröffentlichte Studien zum Ernährungsverhalten kamen zu dem Ergebnis, daß Armut nicht nur in den Entwicklungsländern, sondern auch in den sog. Wohlstandsgesellschaften Ernährungs- und Gesundheitsprobleme verursacht. In Deutschland waren vor allem Obdachlose, Sozialhilfeempfänger und Asylbewerber betroffen, die entweder durch zuwenig Nahrung unter Mangelerscheinungen litten oder durch einseitiges Essen fehlernährt waren. Typische Anzeichen waren übermäßiger Verzehr von Fett, Cholesterin und Salz sowie ein Defizit an Nährstoffen wie Vitamine und Eisen.

FLEISCHVERZICHT: Berichte über Salmonellenvergiftungen, hormonbehandeltes Kalbfleisch, Schweinepest und Rinderwahnsinn führten in Deutschland ab 1988 zu einem sinkenden Fleischverzehr. Auch 1995 reduzierten die Verbraucher ihren Konsum gegenüber dem Vorjahr um 0,8 kg auf 61,9 kg/Kopf. 1995 erregte die fleischfrei lebende Gruppierung der sog. Veganer durch Protestaktionen und militante Übergriffe auf Schlachtereien in Deutschland Aufsehen. Veganer, die den Tierschutz zum obersten Prinzip erheben, verzehren weder Fleisch und Fisch noch Milch und Käse. Sie verzichten auf Kleidung aus Wolle, Seide und Leder und lehnen Haustierhaltung sowie Tierexperimente ab.

FERTIGNAHRUNG: Der Verzehr von Tiefkühlkost hat sich von 1970 bis Mitte der 90er Jahre in Deutschland verachtfacht. 1995 konsumierte jeder Bundesbürger im Durchschnitt 18,8 kg Frostware. Der Branchenumsatz stieg 1995 um 4% auf rd. 11 Mrd DM. Das Deutsche Tiefkühlinstitut (Hamburg) erklärte den Zuwachs mit den veränderten Lebensbedingungen, die den Menschen für die Nahrungszubereitung immer weniger Zeit ließen.

→ Hunger → Olestra → Rinderbakterien → Rinderwahnsinn

Erziehungsgeld [TAB]

Finanzielle staatliche Leistung, die in Deutschland dem Elternteil nach der Geburt eines Kindes gewährt wird, der das Kind betreut. Der Betreuende darf maximal 19 Stunden pro Woche arbeiten, um einen Anspruch auf E. zu haben. Längstens wird E. – einkommensabhängig – 24 Monate gezahlt. Für erstgeborene Kinder entfällt das E. bei einem jährlichen Bruttoeinkommen der Eltern von 140 000 DM (Verheiratete) bzw. 110 000 DM (Al-

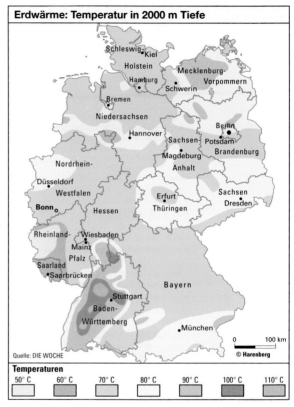

Erdwärme: Temperatur in 2000 m Tiefe

Quelle: DIE WOCHE © Harenberg

Temperaturen

| 50° C | 60° C | 70° C | 80° C | 90° C | 100° C | 110° C |

leinerziehende). Um das volle E. von 600 DM/Monat nach dem sechsten Lebensmonats des Kindes zu erhalten, darf ein Ehepaar mit einem Kind höchstens ein

Ernährung: Obst- und Gemüsekonsum in Deutschland

Obst	Verbrauch (kg/Kopf)	Gemüse	Verbrauch (kg/Kopf)
Äpfel	28,3	Tomaten	14,1
Bananen	12,5	Weiß- und Rotkohl	6,4
Birnen	6,7	Zwiebeln	5,7
Apfelsinen	5,4	Grün-, Blumenkohl	5,6
Clementinen	5,2	Gurken	5,2
Pflaumen[1]	4,7	Möhren, Karotten	4,8
Kirschen	4,2	Champignons	2,4
Trauben	3,6	Chinakohl, Wirsing	2,3
Pfirsiche	3,3	Bohnen	2,2

Stand: 1994; 1) inkl. Zwetschgen; Quelle: Handel aktuell

Erziehungsgeld: Einkommensgrenzen

| Kinder[1] | Jahresnettoeinkommensgrenzen[2] (DM) für | | | |
| | volles Erziehungsgeld[3] | | minimales Erziehungsgeld[4] | |
	Ehepaare	Alleinerziehende	Ehepaare	Alleinerziehende
1	29 400	23 700	46 200	40 500
2	33 600	27 900	50 400	44 700
3	37 800	32 100	54 600	48 900
4	42 000	36 300	58 800	53 100

1) Bei mehr als vier Kindern erhöht sich die Einkommensgrenze um jeweils weitere 4200 DM; 2) ab dem siebten Lebensmonat eines Kindes; 3) 600 DM monatlich; 4) 40 DM monatlich, bei höheren Einkommen kein Erziehungsgeld; Quelle: Bundesfamilienministerium

Jahresnettoeinkommen von 29 400 DM haben (Stand: Mitte 1996). Die Einkommensgrenzen erhöhen sich pro Kind um 4200 DM. Bei Alleinerziehenden liegen die Einkommensgrenzen jeweils 5700 DM niedriger als bei Ehepaaren.

Nach Ablauf der Höchstbezugsdauer von zwei Jahren zahlten die Bundesländer Bayern, Berlin, Baden-Württemberg, Mecklenburg-Vorpommern und Sachsen ein sog. Landes-E., das maximal 600 DM beträgt und für höchstens zwölf Monate gewährt wird.

Der für die Betreuung des Kindes zuständige Elternteil kann in Deutschland einen Erziehungsurlaub von maximal 36 Monaten nehmen. In dieser Zeit besteht Kündigungsschutz. Väter und Mütter können sich dreimal ablösen.
  › Familie › Familienlastenausgleich
  › Kindergeld

Estonia
  › Fährschiffsicherheit

ETA KAR

(Euzkadi ta Azkatasuna, baskisch; das Baskenland und seine Freiheit), 1959 gegründete Untergrundorganisation im spanischen Baskenland, deren militärischer Flügel mit Waffengewalt für ein autonomes Baskenland kämpft. Seit der Aufnahme des bewaffneten Kampfes starben bei Anschlägen der ETA bis Mitte 1996 über 800 Personen, davon rd. 600 Polizisten bzw. Militärs und 21 Politiker. Im selben Zeitraum kamen etwa 150 ETA-Aktivisten ums Leben.

TERRORANSCHLÄGE: Zu den prominentesten Opfern zählte Fernando Mugica, Bruder des ehemaligen Justizministers Enrique Mugica. Er wurde im Februar 1996 in San Sebastian auf offener Straße ermordet. Zehn Tage später erschoß ein ETA-Attentäter den ehemaligen Präsidenten des spanischen Verfassungsgerichts und Hochschulprofessor Francisco Tomas y Valiente in der autonomen Universität von Madrid. Im April 1996 ging nach 341 Tagen der bislang längste Entführungsfall der ETA zu Ende: Nach Zahlung von umgerechnet 1,2 Mio DM Lösegeld kam ein spanischer Geschäftsmann frei.

MASSENPROTEST: Bei der größten Massendemonstration seit der Kundgebung zur Unterstützung der Demokratie nach dem gescheiterten Militärputsch von 1981 protestierten im Februar 1996 in Madrid und anderen spanischen Städten rd. 1 Mio Menschen gegen den ETA-Terror. Alle spanischen Parteien, mit Ausnahme der ETA-nahen linksradikalen Separatistenpartei Herri Batasuna (HB), die im Baskenland von 16 % der Bevölkerung unterstützt wird, verurteilten die Anschläge.

ETA: Krisenherd Baskenland

0   100 km

Kantabrisches Meer
FRANKREICH
Santander
Kantabrien
Bilbao
San Sebastián
Biarritz
SPANIEN
Baskenland
Pyrenäen
Vitoria-Gasteiz
Pamplona
Kastilien-León
Navarra
Burgos
Logroño
La Rioja
Ebro
Aragonien
© Harenberg

EU-Bürgerschaft

Zusätzlich zur nationalen Staatsangehörigkeit besitzt jeder Staatsangehörige eines EU-Mitglieds seit dem Inkrafttreten des Vertrages zur Europäischen Union Ende 1993 die E. Seit Januar 1996 dürfen die im EU-Ausland lebenden Unionsbürger (1995: etwa 5 Mio) aktiv und passiv an Kommunalwahlen teilnehmen. Die Regelung betraf in Deutschland etwa 1,3 Mio ausländische EU-Bürger. In Luxemburg und in belgischen Gemeinden, die einen Anteil an EU-Ausländern über 20% haben, gelten Ausnahmebestimmungen, die das Wahlrecht frühestens nach sechs Jahren Aufenthalt ermöglichen.

EU-Führerschein GLO

Ab 1.7.1996 gelten in der EU einheitliche Prüfungsanforderungen für Fahrzeug-Führerscheine. Die 1996 ca. 47 Mio gültigen Führerscheine in Deutschland bleiben nach Angaben des Bundesverkehrsministeriums noch für zehn Jahre gültig. Neu ausgestellte Führerscheine im Kreditkartenformat sind aus Plastik und haben ein Foto des Inhabers. Fahrer können auf Wunsch den alten gegen einen neuen Führerschein umtauschen. Der E. ersetzt in Deutschland die Führerscheinklassen 1–5 durch die Klassen A (Motorräder), B (PKW), C (LKW), D (Busse), E (Fahrzeuge mit großen Anhängern), L (Kfz bis zu 25 km/h), T (forst- und landwirtschaftliche Fahrzeuge mit nicht mehr als 60 km/h Geschwindigkeit).

EU-Haushalt GRA

Die Einnahmen und Ausgaben der EU wurden für 1996 auf 81,9 Mrd ECU (155

EU-Haushalt: Finanzierung

76,0 Mrd ECU (1995) wurden gezahlt von:

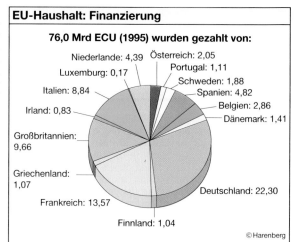

Niederlande: 4,39
Österreich: 2,05
Luxemburg: 0,17
Portugal: 1,11
Italien: 8,84
Schweden: 1,88
Spanien: 4,82
Irland: 0,83
Belgien: 2,86
Dänemark: 1,41
Großbritannien: 9,66
Griechenland: 1,07
Deutschland: 22,30
Frankreich: 13,57
Finnland: 1,04

© Harenberg

Mrd DM) festgelegt. Die Hälfte der Ausgaben wird für die Agrarpolitik, der zweitgrößte Posten (25,7 Mrd ECU) für die Regionalförderung ärmerer EU-Gebiete (u. a. Ostdeutschland) ausgegeben.
FINANZIERUNG: Hauptfinanzierungsquelle der E. sind 1,4% des Mehrwertsteueraufkommens der EU-Staaten. Daneben werden Zölle, Zusatzbeiträge der EU-Länder entsprechend ihrer wirtschaftlichen Leistungsfähigkeit sowie Abgaben für die Zuckerproduktion und die Einfuhr von landwirtschaftlichen Produkten aus Nicht-EU-Staaten erhoben.
RECHNUNGSLEGUNG: Der Präsident des Europäischen Rechnungshofs, Bernhard Friedmann, kritisierte 1996, daß 14% der EU-Ausgaben nicht geprüft werden konnten, da keine vollständige Rech-

---

EU-Führerschein: Änderungen

KLASSE A: Krafträder mit einer Leistung von mehr als 25 kW dürfen erst nach zweijährigem Führerscheinbesitz gefahren werden. Die Aufstiegsprüfung von leichten zu schweren Maschinen entfällt.
KLASSE B: Berechtigt zum Führen von Kfz bis 3,5 t Gewicht (Deutschland vorher: 7,5 t). Kraftfahrer, die ihren Führerschein vor dem 1. 7. 1994 erworben haben, dürfen je-

doch weiterhin Fahrzeuge bis zu 7,5 t Gewicht fahren.
KLASSE C: Berechtigt zum Führen von Nutzfahrzeugen über 3,5 t.
KLASSE D: Löst die Fahrerlaubnis zur Fahrgastbeförderung (Busse mit mehr als acht Plätzen) ab.
KLASSE E: Wird nur in Deutschland eingeführt und berechtigt zum Fahren mit Anhängern über 750 kg zulässigem Gesamtgewicht.

KLASSE L: Ersetzt Klasse 5. Diese berechtigt zum Führen von Kfz mit einer Geschwindigkeit von 25 km/h (z. B. land- und forstwirtschaftliche Fahrzeuge, Kfz mit einem Hubraum von nicht mehr als 50 cm³).
KLASSE T: Neu eingeführte Klasse zum Führen von forst- und landwirtschaftlichen Fahrzeugen inkl. Anhänger mit einer Geschwindigkeit von nicht mehr als 60 km/h.

---

nungslegung existierte. Bei weiteren sechs Prozent wurden Fehler festgestellt.

→ Agrarpolitik → Haushalte, Öffentliche → Mehrwertsteuer → Regionalförderung → Steuern → [ORG] Europäische Union

EU-Konjunktur [TAB]

Das Wirtschaftswachstum in der EU wurde für 1995 zunächst mit 2,7% angegeben, im März 1996 wurden die Zahlen leicht korrigiert (2,5%). Anfang 1995 schien das Wachstum anzusteigen, gegen Jahresende verlangsamte es sich (Ausnahmen: Irland, Italien, Spanien). Die EU-Kommission sprach von einer Wachstumspause. Sie rechnete für 1996 mit einem Wachstum von unter 2% und ermahnte die EU-Länder zum beschleunigten Abbau der Staatsdefizite.

LÄNDERVERGLEICH: Ein besonders hohes Wachstum verzeichnete Irland (7,2%), das niedrigste Wachstum hatten Belgien, Deutschland, Griechenland und Österreich (1,9–2,1%). Hauptantriebskräfte der Wirtschaftsentwicklung waren 1995 Exporte mit EU-weit 7,7% und Investitionen mit EU-weit 5,1% Steigerung. Bei der Exportsteigerung lag Deutschland in der EU auf dem letzten Platz (+3,7%), bei den Anlageinvestitionen auf dem zwölften Platz (+2,8%).

ARBEITSLOSIGKEIT: Die Arbeitslosigkeit sank in der EU nur geringfügig auf 10,8%. Am höchsten war sie in Spanien, Finnland und Irland, am niedrigsten in Luxemburg (2,9%). Nach einer Analyse des Europäischen Währungsinstituts liegen die Ursachen der hohen EU-Arbeitslosigkeit weniger in der Konjunkturentwicklung als bei strukturellen Problemen. Wirtschaftsexperten verwiesen insbes. auf zu hohe Lohnnebenkosten, Unflexibilität von Unternehmen sowie zu viele und unübersichtliche Vorschriften, die die wirtschaftliche Initiative hemmen.

EU-EMPFEHLUNGEN: Die Empfehlungen der EU-Kommission waren insbes. an den Maastricht-Kriterien der Wirtschafts- und Währungsunion ausgerichtet. Die EU-Länder wurden aufgefordert, ihre Anstrengungen zur Haushaltssanierung zu verstärken, um das EU-durchschnittliche Staatsdefizit bis Ende 1996 auf 3,4% des Bruttoinlandsprodukts (1995: 4,2%) zu senken. Die Sozialpartner wurden zu niedrigen Lohnabschlüssen aufgefordert,

EU-Konjunktur: Ländervergleich

Land	Wirtschaftswachstum (%)[1]			Arbeitslosenquote (%)[2]			Inflationsrate (%)[3]		
	1993	1994	1995[4]	1993	1994	1995	1993	1994	1995[5]
Belgien	−1,6	+2,2	+1,9	8,9	10,0	9,9	2,8	2,4	1,4
Dänemark	+1,5	+4,4	+3,1	10,1	8,2	6,8	1,2	2,0	2,3
Deutschland	−1,2	+2,9	+1,9	7,9	8,4	8,3	4,5	2,7	1,6
Finnland	−1,2	+4,4	+4,4	17,9	18,4	17,2	2,1	1,1	1,0
Frankreich	−1,5	+2,9	+2,9	11,7	12,3	11,5	2,1	1,7	1,7
Griechenland	−0,5	+1,5	+2,0	8,6	8,9	9,1	14,4	10,9	9,0
Großbritannien	+2,3	+4,1	+2,5	10,4	9,6	8,8	1,6	2,4	3,0
Irland	+3,1	+6,7	+7,2	15,6	14,7	14,4	1,5	2,4	2,4
Italien	−1,2	+2,2	+3,3	10,3	11,4	11,8	4,3	4,0	5,4
Luxemburg	+1,4	+3,4	+3,7	2,7	3,5	2,9	3,6	2,2	1,9
Niederlande	+0,2	+2,7	+2,7	6,6	7,0	7,3	2,6	2,7	1,1
Österreich	+0,4	+3,0	+2,1	6,8	6,5	6,5	3,6	3,0	2,0
Portugal	−1,3	+0,8	+2,6	5,7	7,0	7,2	6,5	5,2	3,8
Schweden	−2,2	+2,6	+3,6	9,5	9,8	9,2	4,7	2,2	2,9
Spanien	−1,2	+2,1	+3,0	22,8	24,3	22,9	4,6	4,7	4,7
EU insgesamt	−0,5	+2,9	+2,7	10,8	11,2	10,8	3,4	3,1	3,0

1) Reales Bruttoinlandsprodukt, Veränderung gegenüber dem Vorjahr, um die Inflation bereinigt; 2) Anteil an den zivilen Erwerbspersonen im Jahresdurchschnitt; 3) Veränderung gegenüber dem Vorjahr im Jahresdurchschnitt; 4) vorläufige Daten; 5) Interimsindex nach EU-Ratsverordnung von 1995; Quellen: EWI, Bundesministerium für Wirtschaft

die Reallöhne sollten in den kommenden Jahren einen Prozentpunkt weniger steigen als die Arbeitsproduktivität. Zur Förderung der Beschäftigung schlug die EU-Kommission eine stärkere Lohndifferenzierung vor. Die EU will die Beschäftigung u. a. durch das Programm der Transeuropäischen Netze zum Ausbau von Strom-, Gas-, Verkehrs- und Telefonnetz in Europa fördern.

→ Europäische Wirtschafts- und Währungsunion → Staatsverschuldung → Transeuropäische Netze → Wirtschaftliche Entwicklung → Wirtschaftswachstum

EUREKA → ORG

Euro-Betriebsrat

(offizielle Bezeichnung: Europäische Ausschüsse der Arbeitnehmervertreter), Informations- und Konsultationsgremium der Arbeitnehmer in multinationalen Konzernen der EU. Bis September 1996 müssen die Mitgliedstaaten, mit Ausnahme Großbritanniens, eine Richtlinie der EU für die Einrichtung von E. in nationales Recht umgesetzt haben. Mitte 1996 gab es E. in 60 Unternehmen.

Firmen ab 1000 Arbeitnehmern, von denen mindestens 150 in jeweils zwei EU-Staaten beschäftigt sind, werden mit der Richtlinie dazu verpflichtet, E. einzurichten. Betroffen sind rd. 1000 Konzerne, darunter ca. 290 in Deutschland.

Je nach Betriebsgröße besteht der E. aus drei bis 30 Arbeitnehmervertretern, die sich mindestens einmal im Jahr treffen müssen. Die Kosten trägt das Unternehmen. Der E. muß über die wirtschaftliche Situation des Unternehmens unterrichtet werden und bei wichtigen Entscheidungen (Fusionen, Schließung von Betriebsteilen, Massenentlassungen) rechtzeitig informiert werden, um Alternativkonzepte erarbeiten und angehört werden zu können.

→ Sozialpolitik, Europäische

Eurocheque-Karte

Anfang 1996 waren in Deutschland über 38 Mio E. in Umlauf, mit denen an über 38 000 Geldautomaten Bargeld abgehoben werden konnte. Mit über 20 Mio

wurde der größte Teil der E. von den Sparkassen ausgegeben. Zum 1.1.1997 sollen die bisherigen E. gegen Chipkarten umgetauscht werden. Der Chip kann mit 400 DM aufgeladen werden (elektronische Geldbörse). Im Handel und an Automaten soll man Kleinbeträge bargeldlos durch Einschieben der E. in ein Chip-Lesegerät bezahlen können.

HAFTUNG: Bei Verlust von E. oder Euroschecks übernehmen seit 1995 die Banken volle Haftung, wenn der Kunde nicht grob fahrlässig gehandelt hat. Als grob fahrlässig gilt etwa, E. und Schecks im Auto liegen zu lassen oder die Geheimnummer auf einem Zettel in der Brieftasche mit der E. aufzubewahren.

PAYCARD: In mehreren deutschen Städten wurden 1996 von den Nahverkehrsbetrieben Versuche mit bargeldloser Zahlung des Fahrpreises gestartet. Dabei wurde in Köln mit einer Paycard experimentiert, von der wie bei Telefonkarten die Beträge für Bus- oder U-Bahn-Fahrten abgebucht werden, und in Wuppertal sowie Ravensburg mit aufladbarer E.

→ Chipkarte → E-Cash → Electronic Banking → Kreditkarten

Eurofighter TAB

Europäisches Jagdflugzeug, an dessen Entwicklung Deutschland, Großbritannien, Italien und Spanien beteiligt sind. Der E. ist eines der größten europäischen Rüstungsprojekte. Streit über den jeweiligen Anteil am Bau des E. verzögerte 1995/96 die Entscheidung über die Beschaffung. Großbritannien forderte, wegen der Herabsetzung der deutschen Bestellungen von 250 auf 140 Flugzeuge die Beteiligung der deutschen Rüstungsindustrie (33%) zu vermindern.

KOSTEN: Der Produktionsanteil wurde 1986 an die Zahl der Bestellungen gekoppelt. Der Preis des E. ist von der Anzahl der gefertigten Stückzahlen abhängig. Verbindliche Angaben lagen Mitte 1996 nicht vor. Unterschiedliche Kalkulationen gingen von einem Systempreis (Stückpreis inkl. Kosten für Betrieb, Ersatzteile, Bodenausrüstung) zwischen 103 Mio DM und 175 Mio DM aus. Hinzu kommen rd. 20 Mio DM für die Raketenbewaffnung.

Eurofighter: Beschaffung

Land	Produk-tion (%)	Stückzahl[1] 1987	1995
Deutschland	33	250	140
Großbritannien	33	250	250
Italien	21	160	130
Spanien	13	100	87

1) Geplant

BUNDESWEHR: In Deutschland sollen die ersten E. 2002 an die Bundeswehr ausgeliefert werden. Der E. war hauptsächlich als Jagdflugzeug und ab 2012 auch als Jagdbomber für die Bekämpfung von Bodenzielen vorgesehen. Die Entwicklung des E. beschäftigte 1995 in Deutschland rd. 2500 Arbeitnehmer. Eine Beschaffung von 140 Flugzeugen würde für einen Zeitraum von zehn Jahren etwa 10 000–15 000 Arbeitsplätze sichern, vor allem in den Bundesländern Baden-Württemberg und Bayern. Der deutsche Anteil an den Entwicklungskosten wird voraussichtlich 10 Mrd betragen. 1988 war eine Obergrenze von 5,85 Mrd DM festgelegt worden. Die 1993 beschlossene Verringerung der technischen Leistungsfähigkeit des E. und eine Verschiebung der Serienfertigung erhöhten trotz gegenteiliger Absicht die Kosten.

KRITIK: Eine für das Internationale Konversionszentrum Bonn (BICC) verfaßte internationale Studie, die Anfang 1996 veröffentlicht wurde, bewertete den E. angesichts der geringen militärischen Bedrohung der westeuropäischen Staaten und der Abrüstung bei Kampfflugzeugen als strategisch fragwürdig und teures in-

Europäischer Binnenmarkt: Zollfreie Einfuhr

Gekauft in anderen EU-Ländern (Richtmengen)	Gekauft im Duty-Free-Shop
800 Zigaretten oder 200 Zigarren oder 1 kg Tabak	200 Zigaretten oder 100 Zigarillos oder 50 Zigarren oder 250 g Tabak
10 l Spirituosen oder 20 l Wermutwein oder 90 l Wein oder 110 l Bier	1 l Spirituosen (über 22%) oder 2 l Spirituosen (bis 22%); außerdem 2 l Wein
Andere Waren für den persönlichen Bedarf in beliebiger Menge	500 g Kaffee oder 200 g Pulverkaffee; 100 g Tee oder 40 g Tee-Extrakt; 50 g Parfüm; andere Waren bis zu 350 DM Wert

dustriepolitisches Programm von geringem Nutzen für die Hochtechnologie und langfristige Arbeitsplatzsicherung in der Luftfahrtindustrie. Die Wissenschaftler halten bei einer politischen Entscheidung zugunsten des E. und zur Kostenminderung eine ausschließliche Fertigung in Großbritannien für sinnvoll. Für die deutsche Industrie müßten dann Ersatzprojekte beschlossen werden.

→ Bundeswehr → Rüstungsausgaben

Europ. Investitionsbank → [ORG]

Europ. Kommission → [ORG]

Europäischer Binnenmarkt [TAB]

Freier Verkehr von Personen, Waren, Dienstleistungen und Kapital zwischen den EU-Ländern seit 1993. Die Abschaffung der Personenkontrollen an den Grenzen wurde im Schengener Abkommen vereinbart, das von zehn EU-Staaten unterzeichnet und bis 1996 zwischen Deutschland, den Benelux-Staaten, Frankreich (teilweise), Spanien und Portugal verwirklicht wurde.

REGELUNGEN: Der freie Personenverkehr beinhaltet u. a. das Recht für Arbeitnehmer und Selbständige, in anderen EU-Ländern tätig zu werden. Diese Freizügigkeit kann jedoch ebenso wie der Kapitalverkehr von den Einzelstaaten eingeschränkt werden. In den einzelnen Ländern gilt nach wie vor eine große Zahl unterschiedlicher Vorschriften über die Waren, mit denen gehandelt werden darf. Die EU-Kommission sah 1996 den Binnenmarkt dadurch bedroht. Die meisten nationalen Bestimmungen erließ Deutschland (1992–1994: 243 neue Rechtsvorschriften).

STAND: Bis Ende 1995 hatten die EU-Mitglieder 93% der europäischen Richtlinien zum E. in nationales Recht umgesetzt. In Dänemark waren es über 99%, besonders schlecht schnitten Deutschland, Griechenland, Finnland und Österreich mit 80–90% ab. Da die Bürger von den Möglichkeiten des E. nur geringen Gebrauch machten, startete die EU-Kommission 1996 eine Aufklärungskampagne über Studienmöglichkeiten, freie Wahl des Arbeitsplatzes und andere Regelungen für den E.

STAATSHAFTUNG: Der Europäische Gerichtshof entschied 1996, daß sich die Staaten grundsätzlich schadenersatzpflichtig machen, wenn sie das EU-Recht mißachten oder verspätet in nationales Recht umsetzen. Geklagt hatte eine elsässische Brauerei, die ihr Bier nicht nach Deutschland exportieren durfte, weil es den deutschen Vorschriften nicht entsprach. Die deutschen Bestimmungen standen jedoch im Widerspruch zum EU-Recht. Der konkrete Rechtsstreit, ob Deutschland der Brauerei tatsächlich Verluste in Höhe von 1,8 Mio DM ersetzen muß, konnte wegen offener Fragen zum Sachverhalt noch nicht endgültig entschieden werden.

→ Europäischer Wirtschaftsraum
→ Schengener Abkommen

Europ. Gerichtshof → ORG

Europ. Ministerrat → ORG

Europ. Rat → ORG

Europ. Rechnungshof → ORG

Europäischer Wirtschaftsraum

Ausdehnung des Europäischen Binnenmarkts der 15 EU-Länder auf die Länder Island, Liechtenstein und Norwegen, die der EU nicht angehören. Der Beitritt zum E. wurde durch ein Abkommen zwischen der EU und der Freihandelszone EFTA ermöglicht.

Von den ursprünglich sechs EFTA-Ländern sind drei der EU beigetreten (Finnland, Österreich, Schweden). In Norwegen wurde der EU-Beitritt in einer Volksabstimmung Ende 1994 abgelehnt (52,2%), nicht jedoch der Beitritt zum E. In der Schweiz war schon 1992 auch ein Beitritt zum E. in einer Volksabstimmung verworfen worden (50,3%). Liechtenstein hatte im April 1995 in einer Volksabstimmung den Beitritt zum E. beschlossen (55,9%), ohne EU-Mitglied zu werden.

Im E. wird ein Viertel des weltweiten Bruttosozialprodukts erwirtschaftet und 40% des Welthandels abgewickelt. Es gilt freier Verkehr von Personen, Waren, Dienstleistungen und Kapital, nicht vorgesehen ist die Abschaffung der Grenzkontrollen.

→ Europäischer Binnenmarkt
→ ORG EFTA

Europ. Markenamt → ORG

Europ. Parlament → ORG

Europ. Währungsinstitut → ORG

Europ. Union → ORG

Europäische Wirtschafts- und Währungsunion GLO TAB

Die E. wurde im EU-Vertrag von Maastricht 1993 vereinbart. Anfang 1998 entscheiden die Staats- und Regierungschefs über die an der E. und der gemeinsamen Währung Euro teilnehmenden Länder. Ab 1. 1. 1999 werden die Umrechnungskurse zwischen den Währungen der teilnehmenden Staaten und dem Euro unwiderruflich festgelegt; der Euro wird Zahlungsmittel im bargeldlosen Verkehr. Spätestens am 1. 1. 2002 werden die auf Euro lautenden Münzen und Banknoten in Verkehr gebracht; ein halbes Jahr später verlieren die nationalen Währungen ihre Gültigkeit.

Um an der E. und der gemeinsamen Euro-Währung teilzunehmen, müssen folgende Konvergenzkriterien erfüllt werden:
▷ Die Inflationsrate darf nicht mehr als 1,5 Prozentpunkte über dem Durchschnitt der drei preisstabilsten EU-Län-

Europ. Wirtschafts- und Währungsunion: Vorteile

BINNENMARKT: Durch gleiche Preisstabilität in den Ländern des Euro verstärken sich positive Wirkungen für Wachstum und Beschäftigung.

INVESTITIONEN: Die Unternehmen können bei Investitionen sicherer sein, weil Währungsturbulenzen entfallen.

KOSTEN: Die exportorientierte deutsche Wirtschaft hat geringere Kosten, weil keine Transaktionskosten durch das Umwechseln zwischen den Währungen mehr anfallen.

POLITIK: Die Währungsunion ist ein Motor für die politische Einigung Europas.

WELTWIRTSCHAFT: Die Abhängigkeit von weltweiten Währungsschwankungen, vor allem des Dollarkurses, nimmt für die Länder ab, in denen die Euro-Währung gilt.

WETTBEWERB: Die einheitliche Währung macht Kosten und Preise in den einzelnen Ländern unmittelbar vergleichbar. Der dadurch verstärkte Wettbewerb nutzt dem Verbraucher.

Europäische Wirtschafts- und Währungsunion: Erfüllung der Kriterien 1995				
Staat	Inflations- rate (%)	Haushalts- defizit (% BIP)	Staatsver- schuldung (% BIP)	Zinsen (%)
Belgien	1,4	4,5	134,4	7,5
Dänemark	2,3	2,0	73,6	8,3
Deutschland	1,6	3,6	58,8	6,8
Finnland	1,0	5,4	63,2	8,8
Frankreich	1,7	5,0	51,5	7,5
Griechenland	9,0	9,3	114,4	17,3
Großbritannien	3,0	5,1	52,5	8,3
Irland	2,4	2,7	85,9	8,3
Italien	5,4	7,4	124,9	12,2
Luxemburg	1,9	–0,4	6,3	7,6
Niederlande	1,1	3,1	78,4	6,9
Österreich	2,0	5,5	68,0	7,1
Portugal	3,8	5,4	70,5	11,5
Schweden	2,9	7,0	81,4	10,2
Spanien	4,7	5,9	64,8	11,3
Kriterium	2,7	3,0	60,0	9,7

Quellen: EWI, Deutsche Bundesbank

der liegen (1995: Belgien, Finnland und die Niederlande mit durchschnittlich 1,2% Inflation)

▷ Das Haushaltsdefizit darf 3% des Bruttoinlandsprodukts nicht übersteigen

▷ Die Staatsverschuldung darf höchstens 60% des BIP betragen

▷ Langfristige Zinsen dürfen den Durchschnitt der drei preisstabilsten EU-Länder (1995: 7,7%) höchstens um zwei Prozentpunkte übersteigen

▷ Der Rahmen zulässiger Wechselkursschwankungen muß seit zwei Jahren eingehalten worden sein.

Diese Kriterien wurden 1995 nur von Luxemburg erfüllt. Der Chefvolkswirt der Deutschen Bundesbank, Otmar Issing, äußerte daher im April 1996 Zweifel am fristgerechten Start der E. Die positiven Effekte der E. würden außerdem überbewertet und die Umstellungskosten auf den Euro zu niedrig veranschlagt. Dem Wegfall der Währungsschwankungen stehe der Verlust des Wechselkursinstruments zum Ausgleich volkswirtschaftlicher Ungleichgewichte gegenüber.

Für das Verhältnis zwischen Ländern, die an der E. teilnehmen, und den anderen EU-Staaten soll 1998 ein neues Europäisches Währungssystem (EWS II) mit Leitkursen und Schwankungsbandbreiten vereinbart werden.

→ Dollarkurs → Europäischer Binnenmarkt → Euro-Währung

Europäische Zentralbank

(EZB), künftige Notenbank der Euro-Währung, von Regierungsweisungen unabhängig. Die E. soll ihren Sitz in Frankfurt/M. haben und bis 1999 das Europäische Währungsinstitut (EWI) ablösen.

Die E. wird den Euro herausgeben und über die Geldwertstabilität wachen. Organe werden ein Direktorium aus vier bis sechs Mitgliedern und der EZB-Rat sein, dem zusätzlich die Zentralbankpräsidenten der an der Europäischen Wirtschaftsund Währungsunion teilnehmenden Länder angehören.

→ Europäische Wirtschafts- und Währungsunion → Euro-Währung

→ ORG Bundesbank, Deutsche

→ ORG Europäisches Währungsinstitut

Europarat → ORG

Europol → ORG

Eurotunnel → Kanaltunnel

Euro-Währung GLO GHA

Der Euro soll ab 1.1.1999 eingeführt, die Banknoten und Münzen im Jahr 2002 von der Europäischen Zentralbank (EZB) ausgegeben werden. Die E. soll alleiniges gesetzliches Zahlungsmittel in den beteiligten Ländern werden (1 Euro = 100 Cent). Auf den Geldscheinen zu 5, 10, 20, 50, 100, 200 und 500 Euro sollen Abschnitte der europäischen Kulturgeschichte dargestellt werden; es soll Münzen zu 1 und 2 Euro sowie in den Werten 1, 2, 5, 10, 20 und 50 Cent geben.

KEINE WÄHRUNGSREFORM: Die Einführung des Euro bedeutet keine Währungsreform. Nur die Zahlen werden umgerechnet, Wert und Kaufkraft des Geldes bleiben unangetastet. Das gilt für alle Preise, Schulden, Löhne und Gehälter, in Versicherungen einbezahlte Beträge usw. Für jede nationale Währung soll 1999 entsprechend der dann bestehenden Währungskurse ein unwiderrufliches Umrechnungsverhältnis festgelegt werden. Für die DM ist ein Verhältnis 2:1 wahrscheinlich. Das würde bedeuten, daß aus 100 DM bei allen Geldangaben 50 Euro werden.

EINFÜHRUNG: Am Euro nehmen nur die EU-Länder teil, die bis 1998 die Kriterien der Europäischen Wirtschafts- und Währungsunion erfüllen. Die Umrechnungsverhältnisse zwischen dem Euro und der DM, dem Euro und dem Franc usw. werden 1999 so ermittelt, daß ein neuer Euro einem bisherigen ECU (engl.: European Currency Unit; Europäische Währungseinheit) entspricht. In jedem Staat gilt ein verbindliches Umrechnungsverhältnis, das den Wechselkursen von 1999 entspricht.

KOSTEN: Nach Angaben des Verbandes Öffentlicher Banken macht die Umstellung von DM auf Euro allein bei den deutschen Banken Investitionen von über 1 Mrd DM erforderlich. 1996 wurde für die gesamte Volkswirtschaft mit bis zu 5 Mrd DM Kosten für die Umstellung aller Geldberechnungen auf die neue Währung gerechnet.

ECU: Der 1979 als Rechnungseinheit geschaffene ECU ist ein sog. Währungskorb und besteht aus feststehenden Geldbeträgen in den Währungen der zwölf ursprünglichen EU-Staaten. In einem ECU sind z. B. 62,42 deutsche Pfennige und 1,44 griechische Drachmen enthalten. Kursschwankungen der nationalen Währungen beeinflussen den Wert des ECU kaum und gleichen sich z. T. aus. 1 ECU entsprach im Februar 1996 rd. 1,90 DM.
→ Europäische Wirtschafts- und Währungsunion → Europäische Zentralbank

EWR → Europäischer Wirtschaftsraum

Existenzminimum

Erforderlicher Geldbetrag zur Deckung der lebensnotwendigen Grundbedürfnisse Nahrung, Kleidung und Wohnung. Nach Urteilen des Bundesverfassungsgerichts von 1992 muß das E. in Deutschland frei von Steuern bleiben. An die Stelle des steuerfreien E. tritt 1996 ein Steuer-Grundfreibetrag, der von jährlich 5616

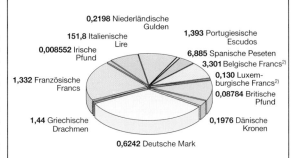

Euro-Währung: Zusammensetzung des ECU[1)]

1 ECU setzt sich zusammen aus:

0,2198 Niederländische Gulden
151,8 Italienische Lire
0,008552 Irische Pfund
1,393 Portugiesische Escudos
6,885 Spanische Peseten
3,301 Belgische Francs[2)]
0,130 Luxemburgische Francs[2)]
0,08784 Britische Pfund
1,332 Französische Francs
1,44 Griechische Drachmen
0,1976 Dänische Kronen
0,6242 Deutsche Mark

1) In absoluten Geldbeträgen (konstant). Die Größe der einzelnen Währungsanteile am ECU unterliegt Kursschwankungen; 2) Belgien und Luxemburg bilden eine Währungsunion
Stand: 1996   © Harenberg

DM auf 12 095 DM (Alleinstehende) bzw. von 11 232 DM auf 24 190 DM (Verheiratete) erhöht wurde. Der Kinderfreibetrag stieg von 4104 DM auf 6264 DM. Der Grundfreibetrag wird vor Berechnung der Steuerhöhe vom zu versteuernden Einkommen abgezogen und wirkt sich steuermindernd für Einkommen jeder Höhe aus. Der Einstiegssteuersatz wurde mit der Erhöhung des Grundfreibetrags 1996 von 19,5% auf 25,9% angehoben.
→ Familienlastenausgleich → Steuern

Expo → Weltausstellung

Extremismus [TAB]

Verfassungsfeindliche Aktionen und Bestrebungen, das bestehende Gesellschaftssystem zu beseitigen. Das Bundesamt für

Euro-Währung: Zeitplan bis 2002

ANFANG 1998: Entscheidung, welche EU-Länder die Kriterien erfüllen und den Euro einführen. Festlegung eines neuen Wechselkursmechanismus zwischen Ländern, die den Euro einführen, und anderen EU-Staaten. **1. 1. 1999:** Unwiderruflich wird festgelegt, wie das Tauschverhältnis zwischen den einzelnen nationalen Währungen und dem	Euro sein wird, z. B. das Umrechnungsverhältnis der DM zum Euro. Die Europäische Zentralbank nimmt ihre Arbeit auf. **ANFANG 2002:** Banknoten und Münzen in Euro kommen in Umlauf. **1. 7. 2002:** Ausschließlich Euro und Cent sind noch gesetzliches Zahlungsmittel. Mark und Pfennig werden ungültig.

147

Verfassungsschutz (BfV, Köln) verzeichnete 1995 gegenüber dem Vorjahr einen Rückgang rechts- und linksextremistischer Gewalttaten um 44% bzw. 15%. Rechtsextremisten verübten mit 837 Gewalttaten deutlich mehr kriminelle Handlungen als Linksextremisten (565 Gewalttaten). Die Zahl der Gewalttaten ausländischer Extremisten stieg hingegen um 8% auf 283 kriminelle Handlungen. Bundesinnenminister Manfred Kanther (CDU) führte die insgesamt rückläufige Zahl extremistischer Gewalttaten auf verstärkte Strafverfolgung von Polizei und Staatsanwaltschaft zurück.

RECHTSEXTREMISMUS: Die Zahl der fremdenfeindlichen Anschläge sank 1995 um 37%, die antisemitischen Gewalttätigkeiten gingen um 35% zurück. Das BfV registrierte Ende 1995 in Deutschland 46 100 Rechtsextremisten in 96 Organisationen. Die größten waren die Republikaner und die Deutsche Volksunion (DVU) des Münchner Verlegers Gerhard Frey mit rd. 16 000 bzw. 15 000 Mitgliedern. Etwa 2000 Neonazis waren in Splittergruppen organisiert, rd. 6200 militante Rechtsextremisten waren regional zusammengeschlossen. 1060 Neonazis galten als Einzelgänger.

LINKSEXTREMISMUS: Ende 1995 gehörten nach Einschätzung des BfV 35 000 Personen linksextremistischen Organisationen an. Die Verfassungsschutzbehörden erfaßten Informationen zu 154 Gruppierungen.

AUSLÄNDER: Die Zahl ausländischer Extremisten (insbes. Kurden, Türken, Araber, Iraner) stieg 1995 gegenüber dem Vorjahr um etwa 17% auf 55 500 Personen. Die islamisch-extremistischen Gruppen verfügten mit 31 800 Mitgliedern über den größten Einfluß. Ausländerextremistische Gewaltaktionen forderten 1995 ein Todesopfer (1994: fünf Todesopfer). Die Zahl der Brandanschläge verdreifachte sich 1995 auf 188 (1994: 56 Anschläge). Die seit Ende 1993 in Deutschland verbotene Kommunistische Arbeiterpartei Kurdistans (PKK; Ende 1995 rd. 8900 Mitglieder und etwa 50 000 Sympathisanten in Deutschland), die für die Lösung des Kurdengebietes aus dem türkischen Staatsverband eintritt, verübte auch 1995 Brandanschläge gegen türkische Einrichtungen in Deutschland (Reisebüros, Konsulate u. a.).

→ Antiimperialistische Zelle → Antisemitismus → Ausländerfeindlichkeit → Gewalt → Kurden → Rechtsextremismus → Republikaner → Rote Armee Fraktion → Terrorismus → Verfassungsschutz

F

Fährschiffsicherheit [TAB]

Sieben Anrainerstaaten von Nord- und Ostsee einigten sich Ende 1995 auf die Einführung einer neuen Sicherheitsvorschrift für sog. Roll-on-Roll-off-Fähren (auch Ro-Ro-Fähren). Fähren sollen nach einer Havarie auch mit ca. 50 cm Wasser auf einem Autodeck schwimmfähig bleiben. Die Parkdecks müssen wasserdicht gegeneinander abgeschottet werden. Die Bestimmungen sollen bis 2002 in Dänemark, Deutschland, Finnland, Großbritannien, Irland, Norwegen und Schweden in Kraft treten.

ESTONIA-UNGLÜCK: Am 28.9.1994 war die mit 1100 Passagieren besetzte estnische Roll-on-Roll-off-Fähre „Estonia" auf der Fahrt von Tallinn/Estland nach Stockholm/Schweden vor der finnischen Küste gesunken, 900 Menschen kamen dabei ums Leben. Unfallursache war das Abreißen der zu schwach konstruierten Bugklappe bei schwerer See, so daß Wasser in die Parkdecks eindrang.

Extremismus: Gewalttaten in Deutschland 1995

Delikt	Gewalttaten von	
	Rechtsextremisten	Linksextremisten
Mord/Totschlag	10[1]	–
Sprengstoffanschläge	–	8
Brandanschläge	45	86
Landfriedensbruch	48	73
Körperverletzung	509	35
Sachbeschädigung[2]	225	220
Insgesamt	837	565

1) Versuchte Tötungsdelikte; 2) mit erheblicher Gewaltanwendung; Quelle: Bundesamt für Verfassungsschutz

MASSNAHMEN: Nach dem Untergang der „Estonia", dem bis dahin schwersten Fährschiffunglück in Europa, schrieb die EU ab 1. 7. 1996 eine verbesserte Ausbildung der Seeleute und häufigere technische Inspektionen der Schiffe vor. Damit setzt die EU Bestimmungen der Internationalen Seefahrtsorganisation IMO (London) um, die 1998 weltweit in Kraft treten sollen. 1980–1996 verloren weltweit 12 000 Menschen bei Fährschiffunglücken ihr Leben.

TECHNIK: Roll-on-Roll-off-Schiffe sind mit Heck- und Bugklappen ausgestattet. Bei geöffneten Klappen gelangen Kfz über Laderampen in kurzer Zeit an bzw. von Bord. Im Unglücksfall können sich die Parkdecks in wenigen Minuten mit Wasser füllen.

Fairer Handel

Vermarktung von Lebensmitteln aus Entwicklungsländern, deren Herstellung soziale und z. T. ökologische Bedingungen erfüllt, zu Preisen, die die Arbeits- und Lebensbedingungen der Produzenten in den Entwicklungsländern verbessern. In Deutschland organisiert der Kölner Verein zur Förderung des fairen Handels mit der Dritten Welt (Transfair, Köln) den F. Die u. a. von 36 Organisationen der Kirche, vom Umwelt- und Verbraucherschutz getragene Institution vermittelt die Rohstoffe an Produzenten und Lizenznehmer und verlangt für die Verwendung des Transfair-Siegels auf der Verpackung eine Lizenzgebühr. Rd. 20 000 Lebensmittelgeschäfte in Deutschland, nahezu alle großen Handelsketten, boten 1996 Kaffee und Tee im F. an. Schokolade und Honig aus F. kamen 1996 neu auf den Markt.

HANDELSKRITERIEN: Unternehmen, die F. betreiben, kaufen die Erzeugnisse direkt bei den Produzentenorganisationen in der sog. Dritten Welt und bezahlen deutlich über den Weltmarktpreisen liegende garantierte Mindestpreise. Langfristige Lieferverträge und die teilweise Vorfinanzierung der Ernten durch die Aufkäufer senken das wirtschaftliche Risiko für die Erzeuger. Die Mehrzahl der Produzenten im F. ist in kleinbäuerlichen Kooperativen zusammengeschlossen.

Fährschiffe: Unglücksfälle		
Jahr	Ereignis	Tote
1986	Die Fähre „Samia" kentert in einem Sturm auf dem Meghna-Fluß in Bangladesch	600
1987	Vor Belgien kentert die britische Fähre „Herald of Free Enterprise" wegen unverschlossener Bugtore	193
1987	Bei den Philippinen kollidiert das überbesetzte philippinische Fährschiff „Dona Paz" mit einem Tanker	4300
1988	Eine indische Fähre kentert im Sturm und im Fluß Ganges	400
1990	Auf der unter Bahama-Flagge fahrenden dänischen Fähre „Scandinavian Star" bricht ein Brand aus	158
1991	Vor Livorno/Italien rammt die italienische Fähre „Moby Prince" den Tanker „Agip Abruzzo"	138
1991	Untergang der ägyptischen Fähre „Salem Express" im Roten Meer nach Kollision mit einem Korallenriff	460
1993	Die polnische Fähre „Jan Heweliusz" kentert in schwerem Sturm vor Rügen in der Ostsee	54
1993	Die überfüllte haitianische Fähre „Neptun" sinkt in der Karibik	700
1994	Untergang der estnischen Autofähre „Estonia" vor Finnland durch Konstruktionsfehler	900
1996	Nach der Kollision mit einem Korallenriff sinkt die indonesische Fähre »Gurita« vor Sumatra	150
1996	Nach dem Auflaufen auf einen Felsen kentert die haitianische »Aviron I« vor der Küste von Haiti	100
1996	Nach dem Auslaufen kentert die tansanische Fähre »Bukoba« auf dem Victoria-See wegen Überladung	1000

PREISE: Anfang 1996 lag der an die Produzenten gezahlte Mindestabnahmepreis für die Tonne Kakao bei 1725 US-Dollar, für Kakao aus biologisch kontrolliertem Anbau wurde ein Aufschlag von 300 US-Dollar gezahlt. Der Börsenpreis betrug 1279 US-Dollar. Eine Tafel Schokolade aus F. kostete in Deutschland zwischen 1,40 DM und 1,60 DM, ein Pfund Kaffee rd. 12 DM.

MARKTANTEIL: Kaffee aus F. hatte 1996 in Deutschland einen Marktanteil von 1% (Niederlande: 2,4%, Schweiz: 5%). Der 1995 in den Handel gebrachte Transfair-Tee erreichte 1996 in Deutschland einen Marktanteil von 2,5%.

UMSATZ: Seit der Markteinführung von Transfair-Produkten 1993 erzielten die angeschlossenen Unternehmen einen Umsatz in Höhe von rd. 200 Mio DM. Über 70 Mio DM davon konnten an Kleinbauern-Genossenschaften in mehr als 20 Ländern Afrikas und Südamerikas zurückgeführt werden.

→ Entwicklungsländer → Kaffee

Familie: Kinder in Deutschland

Kindes-alter	Kinder (1000)	Anteil der Kinder (%) in Familien	
		Ehepaare	Alleinerziehende
bis 2	2569	86,9	13,1
3–5	2638	87,5	12,5
6–9	3466	86,8	13,2
10–14	4368	86,1	13,9
15–17	2411	85,4	14,6

Letztverfügbarer Stand: 1994; Quelle: Bundesinstitut für Bevölkerungsforschung (Wiesbaden)

Familie TAB

In Deutschland gab es 1995 rd. 9,5 Mio F. Dazu gehören sowohl die Paare mit und ohne Trauschein, die mindestens ein Kind haben, wie auch Alleinerziehende (1,2 Mio). Die Zahl der Kinder bis einschließlich 18 Jahre belief sich auf 15,6 Mio, in ca. 8,8 Mio F. lebte nur ein Kind. Im Gegensatz dazu stehen 12,4 Mio Einpersonenhaushalte, 4 Mio Menschen lebten in Partnerbeziehungen ohne Kinder.

Politiker aller Parteien kritisierten 1996, daß die f. zuwenig gefördert werde. Durch den Rückgang der Geburtenzahl sei u. a. die Finanzierung der Renten- und der Pflegeversicherung gefährdet. Bemängelt wurde auch, daß F. mit Kindern bei der Rentenversicherung ungerecht behandelt würden. Einerseits seien Kinder die späteren Beitragszahler, die auch die Renten Kinderloser mittragen müßten, andererseits erhielten Mütter, die aufgrund der Kindererziehung einige Zeit aus dem Berufsleben aussteigen, weniger Rente. Einige Politiker forderten daher die Einführung einer sog. Kinderkasse, in die jeder Berufstätige ab dem 35. Lebensjahr Beiträge einzahlt, um die Renten zu sichern. Kinderlose müßten 100% mehr zahlen, während F. mit mehreren Kindern weniger als den einfachen Beitrag bzw. nichts zahlen müßten.

→ Nichteheliche Kinder → Pflege-versicherung → Rentenversicherung → Sorgerecht

Familienlastenausgleich

Finanzielle Leistung des Staates in Deutschland zum Ausgleich von Kosten, die durch Kinder entstehen. Der F. besteht aus Kindergeld und Kinderfreibetrag,

der bei der Einkommensteuerberechnung steuerfrei gestellt wird. 1996 war eine Neuregelung des F. notwendig geworden, da das Bundesverfassungsgericht (BVG, Karlsruhe) den Gesetzgeber verpflichtet hatte, das Existenzminimum von Kindern steuerfrei zu stellen. Ab 1996 können Eltern zwischen dem Kinderfreibetrag von 6264 DM (1995: 4104 DM) oder Kindergeld wählen (bis 31. 12. 1995: Kinderfreibetrag und -geld), je nachdem welche Regelung finanziell für sie günstiger ist. Zunächst erhalten jedoch alle Eltern Kindergeld. Erst bei der Veranlagung der Lohn- oder Einkommensteuer prüft das Finanzamt, welche Regelung günstiger ist.

KINDERGELD: Das Kindergeld wurde 1996 von 70 DM für das erste und von 130 für das zweite Kind auf 200 DM monatlich pro Kind angehoben. Für das dritte Kind wurde das Kindergeld von 220 auf 300 DM, für jedes weitere Kind von 240 auf 350 DM/Monat erhöht. Für Geringverdienende entfielen der Kindergeldzuschlag und die einkommensabhängige Minderung des Kindergelds. Die Altersgrenze für den Bezug von Kindergeld wurde von 16 auf 18 Jahre angehoben. Bis zu diesem Alter wird Kindergeld gezahlt, unabhängig davon, ob sich das Kind in einer Ausbildung befindet oder weitere Einkünfte hat.

KINDERFREIBETRAG: Solange das Bruttomonatseinkommen 7000 DM (Ledige) bzw. 12 000 DM (Verheiratete) nicht übersteigt, ist die Auszahlung des Kindergelds günstiger als der Kinderfreibetrag. Bei höheren Einkommen kann die Steuerersparnis durch den Kinderfreibetrag jedoch über dem Kindergeldbetrag liegen. Bündnis 90/Die Grünen, die PDS sowie Teile der SPD kritisierten den Kinderfreibetrag als Begünstigung der Spitzenverdiener.

→ Existenzminimum → Kindergeld → Sozialstaat

FAO → ORG

FCKW

(Fluorchlorkohlenwasserstoffe), organisch-chemische Verbindungen, die sich aus Kohlenwasserstoffen durch Ersatz der Wasserstoff- durch Fluor- oder Chloratome ableiten. FCKW sind mitverantwortlich für die Zerstörung der Ozonschicht in der oberen Atmosphäre, für den Treibhauseffekt und die Klimaveränderung. Sie dienen als Kältemittel in Klimaanlagen, als Treibgase für Sprays oder zur Verschäumung in der Kunststoffproduktion.

FCKW-STOPP: Der Ausstieg aus der FCKW-Produktion und -Vermarktung wurde von den meisten Industriestaaten gemäß dem Montrealer Protokoll Anfang der 90er Jahre angestrebt und in der EU 1995 sowie in den USA 1996 auch tatsächlich realisiert. Darüber hinaus haben sich die Industriestaaten auf der 7. Vertragsstaatenkonferenz in Wien im Dezember 1995 verpflichtet, auch die Produktion von jährlich etwa 500 000 t des weniger schädlichen H-FCKW bis zum Jahr 2020 zu verbieten. Allerdings dürfen einige Entwicklungsländer, darunter z. B. China und Indien, aus Kostengründen FCKW bis zum Jahr 2010 und H-FCKW noch bis 2040 für den Verbrauch im eigenen Land herstellen.

FCKW-SCHMUGGEL: Obwohl es für nahezu alle Anwendungsbereiche schon seit längerem unschädliche Folgeprodukte auf der Basis von natürlichen Kohlenwasserstoffen gibt, blüht der weltweite Schwarzmarkt für die Umweltgifte. Allein in die USA wurden 1995 mehr als 20 000 t FCKW illegal gehandelt. Die Ozonkiller kamen vorwiegend aus Rußland, Griechenland, Mexiko und Indien. In Deutschland kann die illegale Einfuhr oder die Herstellung von FCKW aufgrund einer im Januar 1996 erlassenen Verordnung mit Freiheitsstrafen bis zu zwei Jahren oder mit Geldstrafen geahndet werden.

FCKW-ERSATZSTOFFE: Substitute wie die weichen teilhalogenierten FCKW (H-FCKW) enthalten mindestens ein Wasserstoffatom (H) und zersetzen die Ozonschicht wegen des verminderten Gehalts an Chlor deutlich weniger als die harten vollhalogenierten und auch sehr langlebigen FCKW, in denen alle H-Atome durch die Halogene Fluor und Chlor ersetzt sind (Lebensdauer 50 bis 100 Jahre).

Seit Frühjahr 1996 ist auch in Deutschland der erste FCKW-freie Asthmaspray zugelassen. Der Wirkstoff Salbutamol wird nun von dem chlorfreien Fluorkohlenwasserstoff (FKW) HFA 134a fein zerstäubt. In einigen anderen europäischen Ländern war das Dosieraerosol schon 1995 im Handel erhältlich. Gemäß dem Montrealer Protokoll über den Ausstieg aus der FCKW-Produktion besteht für Dosieraerosole eine Sondergenehmigung bis Ende 1999. Die FKW-Treibgase des neuen Dosieraerosols tragen zwar nicht zur Zerstörung der Ozonschicht bei, verstärken jedoch den Treibhauseffekt.

→ Klimaveränderung → Ozonloch
→ Treibhauseffekt → Umweltschutz

FDP DOK

Bei drei Landtagswahlen im März 1996 konnte sich die Freie Demokratische Partei (FDP) aus ihrer Existenzkrise befreien.

WAHLEN: Nach einer Serie von Wahlniederlagen 1994 und 1995 behauptete sich die FDP in Baden-Württemberg (9,6%), Rheinland-Pfalz (8,9%) und Schleswig-Holstein (5,7%) und verzeichnete dabei sogar leichte Stimmenzuwächse. In ihrem Stammland Baden-Württemberg, in dem die FDP 1948 gegründet wurde, ist sie

---

FDP: Auszüge aus dem Karlsruher Programmentwurf 1996

ABKEHR VON DER GEFÄLLIGKEITS-DEMOKRATIE: Eine dem Subsidiaritätsprinzip verpflichtete Verantwortungsgesellschaft soll nach den Vorstellungen der FDP den Sozialstaat von heute ablösen. Innerhalb von zehn Jahren soll der Übergang zu diesem vor allem auf der katholischen Sozialphilosophie basierenden Staats- und Gesellschaftsmodell durch folgende Maßnahmen erreicht werden:

▷ Schuldenabbau und verfassungsrechtlich verankertes Verbot der Neuverschuldung von Bund, Ländern und Gemeinden
▷ Gesetzlich verankerte Begrenzung des Spitzensteuersatzes auf 33% des Einkommens; Vereinfachung der Steuergesetzgebung
▷ Einführung neuer Steuergesetze nur nach Votum mit Zwei-Drittel-Mehrheit im Parlament
▷ Privatisierungsgebot, das Privat-

unternehmen bei der Erfüllung öffentlicher Aufgaben und Dienstleistungen Vorrang vor der öffentlichen Hand einräumt
▷ Ersatz des Sozialsystems durch ein Bürgergeldsystem
▷ Stärkere Bürgerbeteiligung in der Politik durch Direktwahl von Bürgermeistern und Volksabstimmungen
▷ Beschleunigung der Einbürgerung in Deutschland lebender Ausländer und Ausländerinnen

---

nach 30 Jahren Opposition wieder an der Regierung beteiligt und koaliert mit der CDU.

BUNDESPOLITIK: Gemeinsam mit der CDU/CSU bildet die liberal ausgerichtete FDP seit 1982 die Bundesregierung. Sie stellt drei Minister: → BIO Klaus Kinkel (Äußeres), → BIO Günther Rexrodt (Wirtschaft) und → BIO Edzard Schmidt-Jortzig (Justiz). Der Kieler Rechtsprofessor wurde im Januar 1996 Nachfolger von Sabine Leutheusser-Schnarrenberger, die sich gegen den Großen Lauschangriff ausgesprochen hatte und nach einem Mehrheitsvotum der Partei-Mitglieder (gesamt 82 100, Stand: Ende 1995) für den Großen Lauschangriff zurückgetreten war.

PARTEIVERMÖGEN: In der Auseinandersetzung um das Vermögen der kurz vor der deutschen Wiedervereinigung mit der FDP fusionierten DDR-Blockparteien LDPD und NDPD hat die FDP Ende 1995 einem Vergleich zugestimmt. Aus dem 1990 auf ca. 100 Mio DM geschätzten Vermögen der LDPD und NDPD erhält sie Geld- und Sachvermögen im Gesamtwert von 6,3 Mio DM.

PROGRAMM: Schwerpunkt des Karlsruher Parteitags im Juni 1996 war die Entwicklung eines neuen Grundsatzprogramms, das auf dem Parteitag 1997 in Wiesbaden endgültig verabschiedet werden soll. Der Programmentwurf enthält Thesen zu Bildung, Kultur, Migration und Rechtsstaat, betont aber auch die Freiheit des Wirtschaftens und die Notwendigkeit von Steuersenkungen. Die Konzentration auf Wirtschaftspolitik war auf dem Parteitag sowohl vom linksliberalen Freiburger Kreis als auch vom rechtsliberalen FDP-Flügel kritisiert worden.

FDP (Schweiz)

Die freisinnig-demokratische Partei der Schweiz (FDP) ist die mitgliederstärkste (150 000, Stand: Anfang 1996) eidgenössische Partei. Bei den Nationalratswahlen im Oktober 1995 fiel die 1894 gegründete, liberal-konservativ ausgerichtete FDP hinter die SPS zurück und wurde mit einem Stimmenanteil von 20,2% zweitstärkste Partei. Gegenüber 1991 verlor sie 0,8 Prozentpunkte, konnte aber dennoch ein Mandat dazugewinnen und verfügte über 45 Parlamentssitze im Nationalrat und 17 Sitze im Ständerat.

Die FDP war mit Ausnahme von Appenzell/Innerrhoden in allen Kantonalregierungen vertreten. Sie bildet seit 1959 gemeinsam mit der CVP, SVP und SPS die eidgenössische Regierung. Im Bundesrat stellte sie zwei Minister: Jean-Pascal Delamuraz (Inneres), der im Januar 1996 turnusgemäß das Amt des Bundespräsidenten übernahm, und Kaspar Villiger (Finanzen, 1995 Bundespräsident).

Die FDP befürwortete die Verhandlungen der Schweiz mit dem Europäischen Wirtschaftsraum (EWR). Entgegen der von der Regierung entwickelten und im Herbst 1996 zum Volksentscheid anstehenden Gesetzesinitiativen »Jugend ohne Drogen« und »Droleg« trat die FDP für eine Drogenpolitik ein, die neben einem schärferen Vorgehen gegen den Drogenhandel auf die Entkriminalisierung des privaten Konsums abzielte. Sie drängte auf den Abbau des Defizits im Staatsetat (1996: ca. 4 Mrd sfr). Im Vorgehen gegen Korruption, Kartellabsprachen und Monopolisierungen in der Binnenwirtschaft stimmte sie der vom Bundesrat geplanten Einführung eines neuen Kartellrechts zu.

Fernsehen TAB

Im Wettbewerb um die Publikumsgunst verzeichneten die kleinen Kanäle 1995 die größten Steigerungsraten gegenüber 1994. Von den großen Sendern, den öffentlich-rechtlichen ARD und ZDF sowie den Privatsendern RTL und SAT. 1, erhöhte nur RTL seinen Zuschaueranteil geringfügig. Insbesondere die gebührenfinanzierten ARD und ZDF beschlossen 1995/96 bei steigenden Programmkosten und nur geringfügig erhöhten Einnahmen aus der Fernsehwerbung Einsparungen.

EINSCHALTQUOTEN: Während des Abendprogramms in der Zeit von 20 Uhr bis 23 Uhr sahen die meisten Zuschauer das Erste Programm der ARD, gefolgt von ZDF, RTL und SAT. 1. Allerdings schaltete die für die Werbewirtschaft attraktive Zielgruppe der jüngeren Zuschauer bis 49 Jahre überwiegend Privatsender ein. Die höchsten Publikumsanteile verbuchten

Fernsehen: Beliebteste Freizeitbeschäftigungen der Deutschen

Rang	1957	1963	Beschäftigung 1975	1986	1995
1	Zeitung, Illu-strierte lesen	Theater, Kon-zertbesuche	Zeitung, Illu-strierte lesen	Fernsehen	Fernsehen
2	Gartenarbeit	Ausruhen, Ausschlafen	Radio hören	Zeitung, Illu-strierte lesen	Zeitung, Illu-strierte lesen
3	Einkaufen	Freunde besuchen	Fernsehen	Radio hören	Radio hören
4	Reparaturen, kleine Arbeiten	Fernsehen	Ausruhen, Ausschlafen	Telefonieren	Telefonieren
5	Mit Kindern spielen	Beschäftigung mit der Familie	Mit Nachbarn unterhalten	Mit Freunden treffen	Ausschlafen

Quelle: BAT Freizeit-Forschungsinstitut

1995 Boxkampf-Übertragungen auf RTL und die ZDF-Show „Wetten daß...?"

NACHRICHTENSENDUNGEN: Zwar behaupteten die öffentlich-rechtlichen Sender 1995 ihre führende Position bei Informationsprogrammen, doch verloren die ARD-„Tagesthemen" und das ZDF-„heute-journal" 1985÷96 rd. die Hälfte ihres Publikums. Die Sender führten dies darauf zurück, daß Zuschauer zunehmend Nachrichtensendungen konsumierten, die in attraktive Unterhaltungsprogramme eingebunden waren, wie es bei den Privatsendern üblich ist. Die privaten SAT. 1, Pro 7, Kabel 1 und N-TV legten zudem 1995/96 den Beginn ihres Abendprogramms auf 20 Uhr in Konkurrenz zur ARD-„Tagesschau" fest. Um Zuschaueranteile zurückzugewinnen, setzten ARD und ZDF auf die qualitative Verbesserung ihrer Informationssendungen.

Fernsehen: Zuschauer 1995

Sender	Zuschauer anteil (%)	Verände-rung[1]
RTL	17,6	+0,1
SAT. 1	14,7	−0,2
ZDF	14,7	−2,3
ARD[2]	14,6	−1,7
Pro 7	9,9	+0,5
3. Programme	9,7	k. A.
RTL 2	4,6	+0,8
Kabel 1	3,0	+1,0
Vox	2,6	+0,6

1) Gegenüber 1994 in Prozentpunkten; 2) Erstes Programm der ARD; Quelle: Gesellschaft für Konsumforschung (GfK, Nürnberg)

EINSPARUNGEN: 1996 rechneten ARD und ZDF mit einem Defizit von jeweils rd. 300 Mio DM. Beide Sender planten, Stellen zu streichen (ZDF bis 2000: 350; ARD: rd. 3000). Das ZDF vereinbarte Anfang 1996 eine Zusammenarbeit mit dem US-Sender NBC, auf dessen Filmarchiv es Zugriff erhält. Seit 1994 besteht eine Kooperation mit dem japanischen Privatsender TBS.

ARD- UND ZDF-SPARTENKANÄLE: Die Ministerpräsidenten der für Rundfunk zuständigen Bundesländer erlaubten den öffentlich-rechtlichen Sendern im Oktober 1995 die Veranstaltung von zusätzlich zwei Spartenprogrammen. Damit können ARD und ZDF neue Werbegelder anziehen und kostenneutral vorhandene Programmsubstanzen verwerten. Die Sender erwogen die Gründung eines Kinder- und eines Parlamentskanals. Ferner wurde der ARD, deren Abschaffung vor allem Unionspolitiker 1994/95 aus Kostengründen gefordert hatten, eine Bestandsgarantie bis zum Jahr 2000 gegeben. Die Ministerpräsidenten sprachen sich allerdings für eine Strukturreform des Senders mit dem Ziel finanzieller Einsparungen aus.

TV IM INTERNET: Ab Mitte 1996 will das ZDF in Zusammenarbeit mit dem Marktführer für Computersoftware, der US-Firma Microsoft, Informationen und Unterhaltung aus dem eigenen Programm über das weltweite computergestützte Datennetz Internet verbreiten. RTL kooperiert mit dem US-Datendienst America Online (AOL) und will ebenfalls 1996 einzelne Sendungen sowie begleitende Informationen z. B. zu eigenen Serien im

Fernsehen: Nutzung in Ost- und Westdeutschland

Jahr	Ostdeutschland			Westdeutschland			Deutschland Insgesamt		
	tägliche Einschaltdauer (min)								
	Erw.	Kinder[1]	Insges.	Erw.	Kinder[1]	Insges.	Erw.	Kinder[1]	Insges.
1993	209	112	325	168	88	276	176	94	286
1994	207	105	331	170	89	281	178	93	291
1995	207	101	331	181	93	289	186	95	297

1) 3–13 Jahre; Quelle Media Perspektiven 4/1996

Internet anbieten. Die Sender erwarten dadurch zusätzliche Einnahmen und erschließen gleichzeitig den Zukunftsmarkt der Online-Dienste für sich.

RICHTLINIE: Zum Schutz europäischer Filme und Fernsehproduktionen trat das Europäische Parlament Anfang 1996 für eine Verschärfung der Fernsehrichtlinie von 1989 ein. Künftig sollen europäische Fernsehanstalten verpflichtet werden, mehr als die Hälfte ihrer Filmprogramme aus europäischen Produktionen zu bestreiten. Die bisherige Regelung sah die Einhaltung einer Quote nur vor, falls dies möglich sei. Dem Europäischen Parlament zufolge stammten 70% der Filme und Serien, die von 88 europäischen Fernsehanstalten 1995 ausgestrahlt wurden, aus den USA. Der EU-Ministerrat entscheidet voraussichtlich Mitte 1996 über die neue Fernsehrichtlinie.
→ Digitales Fernsehen → Interaktives Fernsehen → Pay-TV → Privatfernsehen → Regionalfernsehen → Rundfunkgebühren → Spartenkanal → Sportübertragungsrechte

Fernsehwerbung [TAB]

1995 sendeten deutsche Fernsehsender mit rd. 1,2 Mio Werbespots etwa ebenso viele wie 1994. Der größte Anteil der Einnahmen aus der F. entfiel 1995 wie in den Vorjahren mit 89,8% auf die privaten Fernsehsender, die öffentlich-rechtlichen ARD und ZDF verbuchten 10,2% für sich (1994: 85,5% bzw. 10,5%). Insgesamt steigerte das Fernsehen seine Einnahmen aus der F. 1995 gegenüber 1994 um 12,6% auf 6,3 Mrd DM. Der Zuwachs fiel damit geringer aus als 1994 (+16,6%). Branchenkenner prognostizierten weiterhin geringere Steigerungsraten und eine Verschärfung des Wettbewerbs mit dem Start von immer mehr Spartenkanälen, die Programme für eine bestimmte Zielgruppe bieten. Privatfernsehen in Deutschland finanziert sich allein über F., für die aus Gebühren finanzierten ARD und ZDF sind Einnahmen aus der Werbung die zweitwichtigste Einnahmequelle.

WACHSTUM: ARD und ZDF, die in den Vorjahren z. T. starke Einbußen bei der F. hinnehmen mußten, konnten ihre Erlöse 1995 erhöhen (ARD: +18% auf 302 Mio DM; ZDF: +4% auf 345 Mio DM). Die großen privaten Anbieter RTL und SAT. 1 steigerten ihre Werbeumsätze nur noch geringfügig um 4,2% auf rd. 2 Mrd DM bzw. um 3,8% auf 1,6 Mrd DM. Das drittgrößte Privat-TV, Pro 7, erzielte den höchsten absoluten Zugewinn um 212 Mio DM auf 1,3 Mrd DM (+ 19%).

VERSTÖSSE: Mitte 1996 ahndeten Medienkontrolleure Verstöße gegen die TV-Werberichtlinien bei den Privatsendern Pro 7, RTL und SAT.1 mit Forderungen von insgesamt 37,7 Mio DM. Privatfernsehen darf maximal 20% seines Programms mit Werbung füllen (höchstens

Fernsehwerbung: Einnahmen in Deutschland

Jahr	Medienwerbeerlös (Mrd DM)	TV-Werbeerlös[1] (Mrd DM)	TV-Zuwachs (%)	TV-Anteil[2] (%)
1985	17,8	1,46	7,7	8
1986	18,6	1,50	2,4	8
1987	20,0	1,62	8,2	8
1988	20,7	1,83	13,4	9
1989	22,5	2,26	23,0	10
1990	24,6	2,76	26,6	11
1991	28,3	3,70	29,6	13
1992	31,3	4,33	16,8	14
1993	31,9	4,83	11,5	15
1994	33,7	5,63	16,6	17

1) Jeweils Anteil der Medienwerbeerlöse; 2) am Gesamtwerbemarkt; Quelle: Zentralverband der deutschen Werbewirtschaft (ZAW, Bonn)

12 min pro Stunde). Serien dürfen alle 20 min durch Werbeeinblendungen unterbrochen werden, Spielfilme von 90 min Länge einmal, von 110 min Länge zweimal. Die Sender strahlten 1995/96 jedoch mehr Werbeunterbrechungen aus als erlaubt. Die Landesmedienanstalten sprachen Bußgeldbescheide aus und errechneten eine Gewinnabschöpfung für die Einnahmen aus dieser F. Die Sender gingen i. d. R. gerichtlich gegen diese Forderungen vor. Die Verfahren waren Mitte 1996 noch anhängig.

→ Digitales Fernsehen → Interaktives Fernsehen → Fernsehen → Privatfernsehen → Regionalfernsehen → Rundfunkgebühren → Spartenkanäle → Sportübertragungsrechte → Werbung

Fernsehzeitschriften [TAB]

Der auflagenstärkste Pressemarkt in Deutschland stagnierte 1995 im Vergleich zu 1994 bei 21,4 Mio Exemplaren pro Auflage und etwa 40 Mio Lesern. Die Welle der Neugründungen ab Anfang der 90er Jahre ebbte ab. Die Zahl der F. sank von 18 (Anfang 1995) auf 16 (Anfang 1996). Mit speziellen TV-Zeitschriften für Kinder und Kinderseiten in F. wollten die Verlage neue Leserschichten erschließen. Zahlreiche F. gingen dazu über, ihre Ausgaben bzw. Zusatzinformationen in computergestützten Netzen wie dem Internet anzubieten.

ABSATZ: Auflagen- und Anzeigenzuwächse konnten lediglich die Anfang bis Mitte der 90er Jahre erstmals erschienenen 14-tägigen F. „TV Spielfilm" (Verlagsgruppe Milchstraße, Hamburg) und „TV Movie" (Bauer Verlag, Hamburg) verzeichnen. Etablierte F. wie die „Fernsehwoche" (Bauer Verlag, Hamburg) und die „Hörzu" (Springer Verlag, Hamburg) verloren dagegen kontinuierlich an Auflage und Anzeigen. Neugründungen wie das Ende 1994 gestartete „TV Today" (Gruner + Jahr, Hamburg) setzten sich nur schwer durch. „TV Today" erreichte Anfang 1996 eine verkaufte Auflage von 800 000 Exemplaren, die Gewinnschwelle würde bei rd. 1 Mio erreicht. Zur Unterstützung des Absatzes bot der Verlag die F. zwischenzeitlich zum Preis von 1 DM an und

Fernsehzeitschriften: Marktumsätze[1] im Vergleich

Titel	Verlag	Marktumsatz (Mio DM) 1995	1991	Veränderung (%)
Hörzu	Springer	426,2	570,2	− 25,3
TV Hören+Sehen	Bauer	325,4	424,3	− 23,3
TV Spielfilm	Milchstr.	300,9	70,8	+325,3
Auf einen Blick	Bauer	256,6	256,1	+ 0,2
TV Movie	Bauer	252,5	–	–
Fernsehwoche	Bauer	186,5	272,8	− 31,6
Funk Uhr	Springer	176,2	231,4	− 23,9
Gong	Gong	128,3	166,3	− 22,9
Bild + Funk	Burda	104,5	154,9	− 32,6
TV Klar	Bauer	69,4	–	–
TV Today	G + J	62,4	–	–
TV Neu	Springer	54,6	–	–
Die Zwei	Gong	44,5	74,2	− 40,0
Super TV	Gong	41,3	73,7	− 43,9
Gesamt	–	2429,3	2294,7	+ 7,2

1) Summe aus Bruttovertriebsumsätzen und Bruttowerbeumsätzen; Quelle: kress report, 29.2.1996

entfachte damit einen Preiskampf unter den F. Die Konkurrenzblätter gingen gerichtlich gegen den Niedrigpreis vor und reduzierten selbst die Preise („TV Spielfilm" und „TV Movie" von 2,50 DM auf 1,80 DM). Bauer stellte 1995 zwei neue F. vorerst zurück, mit denen der Verlag die Marktführerschaft (Marktanteil 1995: 47%) hatte verteidigen wollen.

KINDERAUSGABEN: Im November 1995 erschien mit „TV Kinder" (J. H. B. Werbung & Communications GmbH, Hannover) erstmals eine F. für Kinder. Bei einer Startauflage von 250 000 Exemplaren kostete das Heft 2,80 DM. Es bietet eine Übersicht über das Fernsehprogramm, speziell Kindersendungen, Spiele, Rätsel usw. Der Zeitschriftenkonzern Gruner + Jahr testete 1995 die Akzeptanz einer F. für Kinder, indem es den Kinderteil von „TV Today" als eigenes Heft „Toddy's Kinder TV" anbot. Die werbungtreibenden Unternehmen waren an Kinder-F. interessiert, weil sie eine Möglichkeit boten, diese Zielgruppe mit Anzeigen direkt anzusprechen.

ELEKTRONISCHES ANGEBOT: Die Verlage erwarteten eine starke Nutzung des elektronischen Angebots von F. mit Einführung des digitalen Fernsehens, das mehrere hundert Programme in Deutschland ermöglicht. Die elektronischen Programmführer, sog. TV-Guides, seien eher dazu geeignet, Orientierung in der Programmfülle zu geben als das gedruckte Medium. Kurzfristig sollten vor allem junge Leser erreicht werden, die das Internet häufiger nutzen als ältere. „TV Today" baut ab 1995 ein Angebot über den Datendienst CompuServe auf. Gleichzeitig ist die F. mit dem Internet verbunden. „TV Movie" bietet im Internet „TV MovieON" an, das Hintergrundberichte zum aktuellen TV-Programm liefert. Der Nutzer kann nach Genre oder Zeitraum eine aktuelle Programmauswahl zuammenstellen. „TV-Spielfilm" präsentiert eine Filmdatenbank im Internet. Langfristig sollen sich die TV-Guides aus im elektronischen Angebot geschalteten Anzeigen finanzieren. 1995/96 waren Werbekunden allerdings noch zurückhaltend.

→ Nachrichtenmagazine → Presse

Fettleibigkeit

Eine der häufigsten erblich bedingten Stoffwechselstörungen. F. kann zu Bluthochdruck, Diabetes, Arthritis, Gallenblasen- und Leberstörungen sowie einigen Krebsarten führen. Als fettleibig gelten Menschen, die ihr Normalgewicht um mehr als 30% überschreiten (Anteil der Männer in Deutschland Mitte der 90er Jahre: 37%, Frauen: 26%). 1995/96 arbeiteten US-Gentechnikfirmen an Medikamenten gegen Fettleibigkeit, nachdem 1994 ein Gen entdeckt worden war, das F. verursachen soll (sog. ob-Gen; obesitas, lat.; F.).

LEPTIN: 1994 erwarb die US-Firma Amgen die Rechte am ob-Gen. Sie entdeckte, daß es für die Produktion von Leptin verantwortlich ist (leptos, griech.; schlank), einem Stoff, der von Fettzellen ausgeschüttet wird und dem Gehirn signalisiert, daß genügend Fettvorräte vorhanden sind. Bei Experimenten an Mäusen produzierten genetisch bedingt fettleibige Tiere den Botenstoff nicht und hatten ungebremsten Appetit. Wurde den Tieren Leptin verabreicht, fraßen sie weniger und reduzierten ihr Gewicht auf Normalwerte. Die Forscher hatten gehofft, mit Leptin Übergewichtigen zu Gewichtsreduzierung verhelfen zu können. 1996 entdeckten sie aber, daß der Leptinwert übergewichtiger Menschen um das Vierfache gegenüber Normalgewichtigen erhöht ist. Sie hielten es daher für unwahrscheinlich, daß zusätzliche Leptingaben zur Gewichtsabnahme führen.

NEUES FORSCHUNGSZIEL: Grundlage der Forschung war Mitte 1996 die Feststellung, daß Mäuse, die Bausteine für Leptinempfängerstationen im Gehirn nicht fehlerfrei herstellen konnten, fettleibig waren, auch wenn sie einen hohen Leptinspiegel aufwiesen. Die Wissenschaftler vermuteten, daß das Gehirn Übergewichtiger den Botenstoff nicht richtig interpretieren kann, und suchten nach Mitteln, eine fehlerfreie Interpretation zu ermöglichen.

KRITIK: Mediziner wiesen darauf hin, daß fettleibige Menschen der Verantwortung für ihren Körper enthoben würden, wenn ihnen ein Medikament gegen ihr Übergewicht verabreicht würde. Sie bezweifelten, daß für F. nur ein Gen verantwortlich ist. Ihrer Ansicht nach sind rd. 20 Gene beteiligt sowie falsche Ernährung und Bewegungsmangel als Ursache belegt.

→ Ernährung → Olestra

Film [TAB]

Nach zwei Jahren des Zuschauerwachstums verzeichneten deutsche Kinos im 100. Jubiläumsjahr des F. 1995 einen

Film: Internationale Preise 1995/96		
Preis/Kategorie	**Regie/Preisträger**	**Film**
Goldener Bär 1996 (Berlin)	Ang Lee	Sinn und Sinnlichkeit
Goldene Palme 1996 (Cannes)	Mike Leigh	Secrets and Lies
Goldener Löwe 1995 (Venedig)	Tran Anh Hung	Cyclo
Deutscher Filmpreis 1996 (Berlin)	Romuald Karmakar Götz George	Der Totmacher
Oscar 1996 (Los Angeles)		
Bester Film	Mel Gibson	Braveheart
Bester Hauptdarsteller	Nicolas Cage	Leaving Las Vegas
Beste Hauptdarstellerin	Susan Saradon	Dead Man Walking
Bester Auslandsfilm	Marleen Gorris	Antonia's Line
Europäischer Filmpreis Felix 1995 (Berlin-Babelsberg)		
Bester Film	Ken Loach	Land and Freedom
Bester junger Film	Mathieu Kassovitz	Haß

Besucherrückgang um 6,3% auf 124 Mio. Wie in den Vorjahren waren hauptsächlich US-Produktionen in deutschen Lichtspieltheatern erfolgreich, unter den zehn meistgesehenen F. 1995 war mit „Der bewegte Mann" nur ein deutscher.

BESUCHERRÜCKGANG: Der Hauptverband Deutscher Filmtheater (HDF, Wiesbaden) führte den Besucherrückgang vor allem auf das Fehlen von Kassenschlagern zurück. Während 1994 elf F. mehr als 3 Mio Zuschauer anlockten, waren es 1995 lediglich fünf. Zahlreiche Neueröffnungen insbes. von Multiplex-Kinos mit mehreren Sälen und Freizeitangeboten in einem Haus sowie die Modernisierungswelle bei F.-Theatern, die Technik und Ausstattung auf den neuesten Stand brachten, hätten einen stärkeren Zuschauerschwund verhindert. Der Kartenumsatz sank gegenüber 1994 um 3,6% auf 1,12 Mrd DM, der Preis für ein Ticket stieg im Schnitt auf 9,51 DM (1994: 9,25 DM).

MULTIPLEX-KINOS: Großkinos eröffneten seit Anfang der 90er Jahre vor allem in Ballungsräumen. Anfang 1996 waren 17 Multiplex-Kinos in Betrieb, zehn waren im Bau und weitere 35 geplant (Investitionen bis 2000: rd. 1,2 Mrd DM). Hauptbetreiber der Kinopaläste in Deutschland waren die US-Firmen United Cinemas International (UCI) und Warner Brothers sowie die deutschen Unternehmen Ufa, Kieft, Flebbe, Theile, Georg Reiss und Neue Constantin Film GmbH. Großkinos waren 1995 die meistbesuchten Lichtspielhäuser. Entgegen ursprünglicher Befürchtungen zwangen die Multiplex-Kinos nur in einzelnen Regionen kleine und mittlere Kinobetreiber zur Aufgabe. In Gelsenkirchen schlossen bis Mitte der 90er Jahre neun von 15 Lichtspieltheatern nach Eröffnung eines Großkinos (1991).

US-ENGAGEMENT: Erstmals seit den 70er Jahren wurde 1994 mit Doris Dörries „Keiner liebt mich" ein deutscher F. in Deutschland von einem US-Verleiher erfolgreich vermarktet (Zuschauer 1995: 1,3 Mio). Auch das zweite US-Engagement bei „Stadtgespräch" (Regie: Rainer Kaufmann) war 1995 mit 1,6 Mio Zuschauer gewinnträchtig Die großen US-Verleihfirmen verfügen über bessere Marketing- und

Film: Kinohits in Deutschland 1995

Rang	Titel	Land	Erstaufführung	Zuschauer (Mio)
1	Während du schliefst	USA	27.7.1995	3,97
2	König der Löwen	USA	17.11.1994	3,75
3	Casper	USA	20.7.1995	3,41
4	Stirb Langsam III	USA	22.6.1995	3,20
5	Stargate	USA	9.3.1995	3,00
6	Waterworld	USA	21.9.1995	2,99
7	Enthüllung	USA	5.1.1995	2,91
8	Apollo 13	USA	19.10.1995	2,76
9	Pocahontas	USA	16.11.1995	2,53
10	Der bewegte Mann	D	13.10.1994	2,53
11	Outbreak – Lautlose Killer	USA	30.3.1995	2,53
12	Forrest Gump	USA	13.10.1994	2,32
13	Dumm und dümmer	USA	6.4.1995	2,24
14	Nell	USA	23.2.1995	2,14
15	Sieben	USA	23.11.1995	2,01

Quelle: Filmförderungsanstalt (Berlin)

Werbemöglichkeiten. 1995/96 wurden u. a. die deutschen Produktionen „Stille Nacht" (Regie: Dani Levy) und „Der Totmacher" (Regie: Romuald Karmakar) von einem US-Verleiher vermarktet.

US-Firmen engagierten sich auch als Produzenten bei deutschen F. Warner beteiligte sich 1996 mit 800 000 DM an der Produktion des Krimis „Nur aus Liebe" mit Katja Riemann (Regie: Dennis Satin), Konkurrent UIP ist Mitproduzent im Herbst 1996 anlaufenden deutschen Komödie „Das erste Semester" (Regie: Uwe Boll). Das Engagement lohnt sich für die Firmen, u. a. weil die Filmförderungsanstalt (FFA, Berlin) rd. 4 Mio DM an Produzenten für neue Projekte vergibt, wenn deren vorhergehender F. mehr als 1 Mio Zuschauer hatte. F.-Experten rechneten 1995/96 mit einem Anstieg des Marktanteils von deutschen Produktionen in heimischen Kinos von rd. 9% auf 15%.

COMPUTERANIMATION: 1996 kam mit „Toy Story" (Regie: John Lasseter) der erste vollständig dem Computer hergestellte F. in die Kinos. Lediglich die Stimmen der Darsteller, überwiegend Spielzeugfiguren, wurden synchronisiert. 30 Mio Dollar Produktionskosten standen allein in den USA 200 Mio Dollar Kinoeinnahmen gegenüber.

Fischereistreit

Nach monatelangem Streit um das von Marokko einseitig ausgerufene Fangverbot für mehr als 700 spanische und portugiesische Fischereiboote einigten sich die EU und das afrikanische Land im November 1995 auf ein Assoziationsabkommen. Der Vertrag mit einer Laufzeit von vier Jahren sieht die schrittweise Reduzierung der Fangquoten um rd. ein Viertel vor. Marokko kann seine Agrarausfuhren in die Union steigern und erhält Wirtschaftshilfe in Höhe von rd. 350 Mio Ecu. Der F. hatte dazu geführt, daß in Spanien und Portugal seit Ende April 1995 rd. 10 000 Fischer und 40 000 indirekt an der Fischerei Beteiligte arbeitslos waren.

STREIT UM HEILBUTT: Im März und April 1995 war es zu einem Konflikt zwischen der EU und Kanada gekommen, nachdem die Europäer die zum Schutz der Heilbutt-Bestände stark herabgesetzte Fangquote für 1995 eigenmächtig erhöht hatten. Zur Vermeidung ähnlicher Auseinandersetzungen schlossen 99 Staaten im August 1995 ein Abkommen zum Schutz wandernder Fischbestände, das bindende Regeln für die Fischereikontrolle durch die jeweiligen Anrainerstaaten auch außerhalb der 200-Meilen-Zone aufstellt. Im September 1995 legte die Nordatlantische Fischerei-Organisation die Aufteilung der Heilbutt-Fangmengen vor der Küste Neufundlands für 1996 fest. Von den insgesamt 20 000 t Heilbutt (1995: 27 000 t) entfielen wieder 11 070 t auf die EU. Im Dezember 1995 kürzten die EU-Minister die 96er Fangmengen bei Hering, Scholle und Makrele aus der Nordsee um rd. ein Drittel.

ÜBERFISCHUNG: Weltweit sinkende Fischbestände verursachten Mitte der 90er Jahre ca. 20 zwischenstaatliche F. um Fangrechte und -methoden. 70% der Weltmeere waren Mitte der 90er Jahre überfischt, d. h. die Fischbestände gingen zurück oder waren bereits ausgerottet. 1950–1989 stiegen die globalen Fangerträge von 20 Mio t auf 86 Mio t pro Jahr, bis Mitte der 90er Jahre gingen sie leicht zurück. Mittelbar waren 1996 durch die Ausrottung weltweit rd. 200 Mio Arbeitsplätze in der Fischereiwirtschaft bedroht.
→ Treibnetzfischerei

Flachbildschirm GLO

Bildschirme mit geringer Tiefe, niedrigem Volumen, Gewicht und Energieverbrauch. Bis 1996 wurden vor allem sog. Flüssigkristall-F. (LCD-F.) für den Bau von tragbaren Computern (Notebooks) eingesetzt. Der japanische Elektronikkonzern Sony stellte 1996 den ersten flachen Großbildschirm (Größe: 60 x 38 cm, Tiefe: 3,7 cm Gewicht: 1,7 kg) vor, der als Fernseher genutzt werden kann und der herkömmliche Bildröhrengeräte ablösen soll. Sony verwendete dafür ein eigens entwickeltes System, Plasmatron- oder PALC-Technik genannt. 1996 soll der F. auf den japani-

Flachbildschirm: Neue Techniken

DIGITAL LIGHT PROCESSING: (engl.; digitale Lichtsteuerung, auch DLP), der Bildaufbau des Flachbildschirms des US-amerikanischen Chipherstellers Texas Instruments entsteht durch rd. 450 000 winzige bewegliche Spiegel. Jeder Spiegel entspricht einem Bildpunkt. Gesteuert werden die Spiegel durch einen Chip. DLP ermöglicht erstmals den Bau eines vollständig digitalen Fernsehers, die Bildqualität wird durch die Digitalisierung gesteigert.

FLÜSSIGKRISTALL-BILDSCHIRME: (auch LCD), LCD bestehen aus zwei Glasplatten und einer flüssigkristallinen Schicht, deren Lichtdurchlässigkeit durch Transistoren gesteuert wird. Jeder einzelne Bildpunkt wird durch einen Transistor aktiviert. Dadurch entsteht ein flimmerfreies Bild.

NANOTUBE-TECHNIK: Schweizer Wissenschaftler entwickelten 1995 ein Verfahren, das eine molekulare Sonderstruktur des Kohlenstoffs, die Nanotubes, für den Bau von Flachbildschirmen einsetzt. Die Kohlenstoffröhrchen schießen Elektronenstrahlen auf eine spezielle Schicht Phosphorverbindungen an der Rückseite des Bildschirms. Durch den Aufprall der Strahlen angeregt, leuchten kleinste Bildpunkte auf, aus denen sich das Fernsehbild zusammensetzt. Nanotube-Bildschirme haben eine Tiefe von 1,5 cm.

PLASMA-DISPLAY: Durch den Aufbau elektrischer Felder wird ein im Bildschirm eingeschlossenes Gasgemisch zum Leuchten gebracht. Das von den Elektronikkonzernen Fukitsu und Mitsubishi entwickelte System soll 1997 marktreif sein.

PLASMATRON (PALC-TECHNIK): Bei dem von Sony entwickelten Flachbildschirm wird die LCD- mit der Plasmatechnik kombiniert. Die Bildpunkte einer flüssigkristallinen Schicht werden durch die gesteuerte Entladung eines Gasgemisches aktiviert.

schen Markt kommen, in Europa wird er um 2000 erhältlich sein. Weitere F. waren 1995/96 in der Entwicklung. Sie sollen LCD-F. ablösen, deren Herstellung sehr teuer ist. Siemens stellte 1995 einen LCD-F. vor, der – im Gegensatz zu anderen LCD-F. – leuchtstark ist und auf dem Bilder auch noch bei direkter Sonneneinstrahlung zu erkennen sind. US-Marktforschungsinstituten zufolge wird der Umsatz mit F. von 37,3 Mrd DM (1994) auf 60,7 Mrd DM (2000) steigen.

→ Laserfernsehen → Multimedia

Flash-Chip

(flash, engl.; Blitz), Halbleiter, der Informationen speichert, ohne daß sie wie bei herkömmlichen Computer-Chips nach Abschalten der Netzspannung verlorengehen. F. sind kleiner als andere Speichermedien (z. B. Festplatte, CD) und eignen sich daher vor allem für den Einsatz in tragbaren Computern (sog. Notebooks). Wegen des zunehmenden Einsatzes von F. z. B. in Mobiltelefonen wird mit einem Umsatzanstieg von 1,05 Mrd Dollar (1996) auf rd. 2,9 Mrd Dollar (1997) gerechnet.

Die Elektronikkonzerne Toshiba (Japan) und Samsung (Korea-Süd) planten, 1996 einen 64-Megabit-F. mit einer Speicherkapazität von 4000 Schreibmaschinenseiten auf den Markt zu bringen. In Notebooks wurden 1995/96 i. d. R. 16-Megabit-F. eingesetzt. F. wiegen erheblich weniger als die Festplatte eines Computers und verbrauchen rd. 5% der für den Festplattenbetrieb benötigten Energie. Innerhalb von 85 Milliardstel sec greifen F. auf gespeicherte Informationen zurück (Festplatte: 15–19 Tausendstel sec).

→ Chip

Flözgas

(auch Grubengas, engl.: coalbed methane, CBM). F. besteht bis zu 95% aus Methan und ist vorwiegend an der Oberfläche der Kohle gebunden. Es verursacht Explosionen im Bergbau (sog. Schlagwetter). In der Kohleförderung werden jährlich rd. 70 Mrd m³ freigesetzt, ohne genutzt zu werden. Bei der Verarbeitung von Kohle zu Koks fällt F. an, das als sog. Stadtgas verkauft wird. In den USA (San-Juan-

Becken/Neu-Mexiko) wird F. seit 1986 aus 6000 Bohrungen pro Jahr 16 Mrd m³ gefördert. Ab 1995 werden im Münsterland (Unternehmen: Conoco Mineralöl, Ruhrgas, Ruhrkohle) und im Saarland (Saarbergwerke) Probebohrungen zur Gewinnung von Gas aus Steinkohleflözen durchgeführt. Die F.-Lagerstätten in Deutschland werden auf etwa 3000 Mrd m³ geschätzt. Eine F.-Förderung war 1995/96 auch in Frankreich, Großbritannien, Polen und Spanien geplant.

DEUTSCHLAND: Wenn das F.-Feld (Name: Sigillaria, Fläche: 2420 km²) zwischen Haltern, Gütersloh, Ibbenbüren und Hamm wirtschaftlich erschlossen werden kann, sollen ab 1998 jährlich mindestens 1,8 Mrd m³ (5–10% der deutschen Erdgasproduktion) gefördert werden. Wegen hoher Investitionskosten (Sigillaria: 500 Mio DM) kann nur ein Bruchteil der vermuteten 600 Mrd m³ Reserven erschlossen werden. Im Saarland wird der gewinnbare Vorrat auf 10 Mrd m³ geschätzt.

TECHNIK: Zur Förderung von F. werden Bohrlöcher in die Erde getrieben. Unter Druck wird ein Wasser-Sand-Gemisch in das Flöz gepreßt, so daß im Umkreis der Bohrung Spalten aufreißen (hydraulisches Fracturing, Frac), die durch die Sandkörner offen gehalten werden. Dadurch sinkt der Druck im Bereich des Bohrlochs. Das überschüssige Wasser wird abgepumpt. F. strömt an die Oberfläche. Im Gegensatz zu herkömmlichem Erdgas aus Sand- oder Kalkstein dauert dies häufig mehrere Monate. Das F. kann ohne Aufbereitung, wie für konventionelles Erdgas erforderlich, in das Leitungsnetz übernommen werden.

→ Erdgas

Flüchtlinge [TAB]

Das Flüchtlingshochkommissariat der UNO (UNHCR, Genf/Schweiz) gab Ende 1995 die Zahl der Menschen, die ihre Heimat aufgrund von Krieg, politischer Verfolgung, Armut, Hunger oder Umweltschäden verließen, mit 27,4 Mio (1994: rd. 23 Mio) an. Hinzu kamen rd. 30 Mio F., die im eigenen Land auf der Flucht waren (1994: 28 Mio). Mehr als die Hälfte aller F. waren Kinder und Jugendliche. Die Ausgaben der UNHCR stiegen von

Flüchtlinge aus Ex-Jugoslawien

Zielländer	Anzahl	Flüchtlinge je 100 000 Einw.
Deutschland	350 000	431
Italien	54 600	94
Österreich	52 000	666
Schweden	48 500	558
Niederlande	45 000	295
Schweiz	32 100	468
Türkei	30 000	50
Dänemark	17 500	339
Frankreich	15 900	28
Australien	14 000	78
USA	12 820	5
Kanada	11 640	42
Norwegen	11 000	255
Ungarn	8 900	85
Großbritannien	7 000	12
Tschech. Rep	6 730	65
Sonstige	17 280	
Insgesamt	734 970	

Stand: März 1995; Quelle: UNHCR, Statistisches Bundesamt, Statistisches Jahrbuch 1994 für das Ausland, FAZ vom 4.8.1995

544 Mio Dollar (1990) auf rd. 1,3 Mrd Dollar (1995). Die Organisation schätzte das weltweite Auswanderungspotential der Entwicklungsländer bis 2003 auf 80 Mio bis 100 Mio Menschen, zwischen 5 Mio und 50 Mio Menschen könnten bei einer Verschlechterung der wirtschaftlichen Lage aus Osteuropa und der ehemaligen UdSSR hinzukommen. Wachsenden Flüchtlingsströmen steht eine zunehmende Ausländerfeindlichkeit gegenüber, die insbes. die Industriestaaten zu einer Einschränkung des Asylrechts veranlaßte.

ENTWICKLUNGSLÄNDER: Mit fast 7 Mio Auslandsflüchtlingen und 16 Mio Binnenvertriebenen trug Afrika 1995/96 die Hauptlast des Flüchtlingsproblems. Bodenerosion, Trockenheit und Umweltschäden verursachten hier immer häufiger Hungersnöte und bewaffnete Konflikte. Bürgerkriege u. a. in Burundi, Liberia, Ruanda und Somalia führten 1995/96 zur Flucht von Hunderttausenden von Menschen. Die sozialen, ethnischen und religiösen Differenzen gehen oftmals auf die Kolonialzeit zurück, als die europäischen Mächte willkürlich Grenzen zogen, die meist verschiedene, auch verfeindete Volksgruppen zusammenfaßten. Mit rd. 5 Mio internationalen und bis zu 7 Mio innerstaatlichen F. folgte Asien an zweiter Stelle in der Flüchtlingsstatistik.

BOSNIEN-HERZEGOWINA: Die UNHCR betreute 1995/96 rd. 3,7 Mio Menschen, die durch den Krieg im ehemaligen Jugoslawien heimatlos geworden waren, allein 2,7 Mio davon in Bosnien-Herzegowina. Rd. 750 000 Menschen flohen vor dem Krieg vornehmlich ins westliche Ausland. Deutschland nahm mit 350 000 den größten Teil dieser F. auf. Nach dem Friedensschluß der Kriegsparteien in Dayton/USA im November 1995 beschlossen die Innenminister von Bund und Ländern im Januar 1996 einen Stufenplan zur Rückführung der Balkanflüchtlinge.

→ Abschiebung → Asylbewerber
→ Entwicklungspolitik → Illegale Einwanderung

Flugsicherheit [TAB]

Die Zahl der gefährlichen Begegnungen im deutschen Luftraum ging 1995 gegenüber dem Vorjahr um ein Drittel auf 23 zurück. Deutsche Fluglotsen, die ca. 2 Mio Flugbewegungen kontrollierten, waren für vier Zwischenfälle verantwortlich, 70% weniger als 1994.

FLUGSICHERUNG: Ursache für die höhere Leistungsfähigkeit der Flugsicherung war ihre Überführung aus staatlicher Hand in die private Deutsche Flugsicherung Gesellschaft mbH (DFS, Offenbach) 1993 und die Zusammenführung von ziviler und militärischer F. in dem Unternehmen. In Europa führten mangelnde Koordination der 58 nationalen Flugsiche-

Flugsicherheit: Risiko-Länder

Staaten[1] mit Landeverbot in den USA

Belize	Honduras
Dominikanische Rep.	Nicaragua
Gambia	Paraguay
Ghana	Uruguay
Haiti	Zaïre

1) Flugzeuge entsprechen nicht Sicherheitsstandards der US-Aufsichtsbehörde FAA
Quelle: FAA

rungszentralen und eine Überlastung der Flughäfen Mitte der 90er Jahre jährlich zur Verspätung von 13% der innereuropäischen Flüge. Fluglinien und Flughafengesellschaften entstanden durch Verspätungen jährlich ca. 3 Mrd DM Verluste.

ABSTURZ EINES CHARTERJETS: Nach dem Absturz einer türkischen Boeing 757 vor der Küste der Dominikanischen Republik im Februar 1996, bei dem 189 Insassen, darunter 170 Deutsche, ums Leben kamen, prüft das Luftfahrtbundesamt (Braunschweig) insbes. Charterflugzeuge ausländischer Gesellschaften stichprobenhaft auf ihre Sicherheit. Der Charterjet war in der Dominikanischen Republik zugelassen und auf dem Weg von Puerto Plata nach Berlin und Frankfurt/M. Die Dominikanische Republik gehört zu den zehn Staaten, deren Fluglinien in den USA Landeverbot haben, weil sie die Sicherheitsauflagen der US-Aufsichtsbehörde FAA (Federal Aviation Administration) nicht erfüllen. Absturzursache des türkischen Charterjets waren ein Instrumentenfehler und menschliches Versagen.

UNFALLURSACHEN: 1995 kamen bei weltweit 57 schweren Unglücken mit Passagierflugzeugen 1215 Menschen ums Leben (Zehnjahresdurchschnitt: 44 Unfälle, 1084 Tote). In 37 Fällen mit 824 Toten war menschliches Versagen Absturzursache. Schlechtes Wetter verursachte 17 Unfälle. Nur neun der verunglückten Flugzeuge waren Linienmaschinen, keine davon gehörte einer europäischen Fluglinie und nur eine einer US-amerikanischen an.

→ Luftverkehr

Formel 1

Automobilsportklasse mit einsitzigen, höchstens zwölfzylindrigen Rennwagen. Aufgrund der Erfolge des Piloten → ▢BIO▢ Michael Schumacher, der 1994 erster deutscher F.-Weltmeister wurde und den Titel 1995 verteidigte, wuchs das Publikumsinteresse in Deutschland Mitte der 90er Jahre: 1995 sahen im Schnitt 5,6 Mio Fernsehzuschauer die Rennen (1991: 2 Mio).

Schumacher, der 1995 für Benetton fuhr, wechselte nach der Saison für ein Jahresgehalt in Höhe von 35 Mio DM zu Ferrari (1995: 23 Mio DM). Die F. setzte Mitte der

Flugsicherheit: Schwerste Unfälle		
Datum	**Ereignis**	**Tote**
Mai 1979	American Airlines: Bei einer DC-10 löst sich ein Triebwerk. Sie zerschellt bei Chicago.	275
August 1980	Saudi Arabian Airlines: Eine Lockheed Tristar fängt Feuer. Niemand überlebt die Landung in Riad.	301
Juni 1985	Air India: Eine Boeing 747 stürzt nach einer Explosion nahe der irischen Küste ins Meer.	329
August 1985	Japan Airlines: Eine Boeing 747 prallt bei der japanischen Hauptstadt Tokio auf einen Berggipfel.	520
Dez. 1988	PanAm: Eine Boeing 747 explodiert nach einem Bombenanschlag über dem schottischen Lockerbie.	270
April 1994	China Airlines: Ein Airbus zerschellt beim Landeanflug auf den japanischen Flughafen Nagoya.	264
Januar 1996	African Air: Eine überladene Antonow 32 stürzt auf einen Markt bei Kinshasa/Zaïre.	350

Quelle: Der Spiegel, 12.2.1996

90er Jahre v. a. durch Werbeeinnahmen jährlich rd. 1 Mrd DM um. Der Privatsender RTL zahlte rd. 5 Mio DM pro Jahr für die Fernsehübertragungsrechte.

Forschung ▢TAB▢

Während die Wirtschaft immer weniger in die F. investiert, stiegen die Ausgaben von Bund und Ländern in diesem Bereich.

Nach Angaben des Forschungsberichts 1996 der CDU/CSU/FDP-Bundesregierung finanziert die deutsche Wirtschaft heute 60,3% der F.-Ausgaben, 1991 waren es noch 61,4% und 1989 sogar 63,7%. 1995 gaben die Unternehmen etwa 50 Mrd DM für F. aus. 90% der Aufwendungen gehen in schon seit langem etablierte

Forschung: Welthandel					
Forschungsintensive Waren nach Sektoren	**Anteil am Welthandel (%)**				
	D[1)]	**F**	**GB**	**USA**	**Japan**
Spitzentechnik[2)]	12,6	8,6	9,4	27,9	19,2
Höherwertige Technik[3)]	18,5	6,9	6,0	13,1	21,9
Automobile	19,0	7,0	3,9	8,8	27,7
Maschinenbau	23,3	5,7	4,8	13,5	17,4
Biotechnologie	17,6	9,7	9,3	16,3	7,4
Informationstechnik	8,0	5,4	8,8	21,9	33,6
Luft- und Raumfahrt	11,5	15,2	12,1	44,2	1,3

Stand: 1993; 1) ehemaliges Bundesgebiet; 2) Güter mit einem FuE-Anteil von über 8,5%, z. B. Halbleitertechnik, Computer und Gentechnik; 3) Güter mit einem FuE-Anteil zwischen 3,5 und 8,5%; darunter fallen die Bereiche Chemie, Maschinenbau, Elektrotechnik, Büromaschinen, Fahrzeugbau und Nachrichtentechnik

Forschung: Aufwendungen in Deutschland	
Wirtschaftssektor	Forschungsaufwendungen (%)
Luftfahrzeugbau	22,7
Büromaschinen, EDV	12,6
Informationstechnik	6,5
Elektrotechnik	5,8
Uhrenindustrie	5,8
Chemie	5,7
Autoindustrie	5,0
Feinmechanik, Optik	4,0
Schienenfahrzeugbau	2,9
Maschinenbau	2,6
Biotechnologie	2,1
Umwelttechnik	1,9
Gummiverarbeitung	1,5
Stahlverformung	1,5
Glasindustrie	1,3
Verkehr (am Boden)	1,1

Stand: 1993

Wirtschaftszweige wie Stahl, Maschinen- und Fahrzeugbau, Elektrotechnik, Feinmechanik sowie chemische Industrie und Mineralölverarbeitung.

Bund und Länder steigerten ihren Betrag für die F. im gleichen Zeitraum um 3,9% auf einen Anteil von 39,4% oder 31,9 Mrd DM. Auf den Bund entfielen davon 16,9 Mrd DM, 6 Mrd DM mehr als 1994. Schwerpunkte sind die Gebiete Multimedia und Informationstechnik, Biowissenschaften, Transport und Verkehr sowie Umwelttechnik und Klimaforschung.

Die Ausgaben für Wissenschaft lagen 1995 bei 106,1 Mrd DM, das sind 3,2% mehr als 1994 (102,8 Mrd DM). Neben den Geldern für F. (81 Mrd DM) sind darin auch die Aufwendungen für Lehre und Ausbildung enthalten.

Der höchste Betrag entfiel auf den Wissenschaftszweig Medizin. Mit 5,6 Mrd DM überstiegen die entsprechenden Ausgaben der Geistes- und Sozialwissenschaften diejenigen der Naturwissenschaften um etwa 9%. Erheblich niedriger lagen die Aufwendungen für die Ingenieurwissenschaften mit 4,3 Mrd DM.

→ Biotechnik → Klimaveränderung
→ Umweltschutz

FPÖ → Die Freiheitlichen

Frauen ⊤AB

Mitte der 90er Jahre waren weltweit 80% aller Flüchtlinge und Vertriebenen F., zwei Drittel der Analphabeten und 70% der 1,2 Mrd Armen waren weiblich. In den meisten Ländern erhielten F. bei gleicher Arbeit weniger Lohn als ihre männlichen Kollegen. Auf der UNO-Weltfrauenkonferenz im September 1995 in Peking einigten sich die Delegationen aus 187 Ländern auf eine Abschlußerklärung, die die Rechte der F. weltweit einfordert und z. B. verlangt, Gewalt gegen F. als Menschenrechtsverletzung zu ahnden. Diese sog. Aktionsplattform ist jedoch für die Unterzeichnerstaaten rechtlich nicht bindend, wurde jedoch von den UNO-Mitgliedstaaten als wichtiger Schritt in Richtung Gleichberechtigung und Gleichstellung der Frau gesehen.

WELTFRAUENKONFERENZ: Die Teilnehmer beschlossen u. a. folgende Punkte:
▷ Die freie Entscheidung über Sexualität und Fortpflanzung gilt als Menschenrecht für F. Jede Frau soll selbst bestimmen können, wie viele Kinder sie bekommen möchte. Die nötigen Informationen über Verhütung dürfen ihr nicht verwehrt werden. Gegen diesen Passus wehrten sich vor allem islamische Länder sowie der Vatikan

Frauen: Erwerbstätigkeit in Deutschland		
Alter (Jahre)	Erwerbstätige Frauen (%)[1]	
	Westdeutschland	Ostdeutschland
15–19	31	33
20–24	71	83
25–29	73	92
30–34	69	96
35–39	71	96
40–44	74	96
45–49	70	95
50–54	63	90
55–59	41	47
60–64	3	12

1) Berufstätige bzw. arbeitssuchend gemeldete Frauen, letztverfügbarer Stand 1994; Quelle: Statistisches Bundesamt

▷ Gewalt gegen F. und Mädchen, darunter Genitalverstümmelungen, Massenvergewaltigungen und Zwangsprostitution, gelten als Verletzung der Menschenrechte

▷ Abtreibung soll weiterhin kein Mittel zur Familienplanung, aber in den Staaten erlaubt sein, in denen die Gesetze Schwangerschaftsabbrüche gestatten

▷ Die Gleichstellung der Frau soll in allen Lebensbereichen umgesetzt werden.

Die Entwicklungsländer scheiterten mit ihrer Forderung nach finanzieller Unterstützung von Gleichberechtigungsmaßnahmen durch die Industriestaaten.

DEUTSCHLAND: In Deutschland verdienten Frauen Mitte der 90er Jahre im Durchschnitt 1600 DM brutto weniger als Männer. Das Einkommen von Industriearbeiterinnen lag 1994 in Westdeutschland bei nur 74% des Lohns ihrer männlichen Kollegen. In Ostdeutschland sank die Frauenerwerbsquote von 98% (1989) auf 73% (1995); 77% der Langzeitarbeitslosen in den neuen Bundesländern waren F. Während 23% der Männer Mitte der 90er Jahre Führungspositionen in der Wirtschaft einnahmen, waren es nur 11% der F. 1995 wurde in Bonn die feministische Partei Die Frauen gegründet. Sie setzt sich für die Gleichstellung der F. in Wirtschaft und Gesellschaft ein.

→ Hausarbeit → Rentenversicherung → Vergewaltigung in der Ehe

Frauenhandel

Seit Anfang der 90er Jahre gelangten jährlich rd. 30 000 Frauen durch F. nach Deutschland, vor allem aus Osteuropa (rd. 88%) sowie aus Entwicklungsländern in Asien, Mittel- und Südamerika. In ihrer Heimat werden die Frauen mit dem Versprechen, ihre wirtschaftliche Situation zu verbessern, angeworben. Sie werden illegal oder mit Touristenvisum in die Industriestaaten eingeschleust und dort zur Heirat oder Prostitution gezwungen. Auf der Pariser Konferenz zur Lage der Frau, die im März 1996 von der Organisation der Vereinten Nationen für Erziehung, Wissenschaft und Kultur (UNESCO) veranstaltet wurde, registrierten die Teilneh-

Frauen: Anteil in Parlamenten und Regierungen		
Land/Region	Frauenanteil (%)[1]	
	im Parlament	in der Regierung
Skandinavien	35	31
Deutschland	20	16
Österreich	21	16
Schweiz	16	17
Europäische Union	14	16
USA	10	15
Lateinamerika, Karibik	10	8
Ostasien	19	6
Südasien	10	8
Südostasien, Pazifik	9	3
Südliches Afrika	6	5
Arabische Staaten	4	1

1) 1994/95; Quelle: UNDP

merinnen einen weltweiten Anstieg der sexuellen Ausbeutung von Frauen u. a. durch F.
Die in Deutschland lebenden F., die von F. betroffen sind, besitzen i. d. R. keine Aufenthaltsgenehmigung. Sie sind bei den Schleppern verschuldet und sprechen nur ihre Muttersprache. Finanzielle Not, Verständigungsschwierigkeiten und die Angst vor Abschiebung machen es den betroffenen Frauen meist unmöglich, sich erfolgreich gegen die sexuelle Ausbeutung zu wehren.

Frauenquote

Richtwert für den Frauenanteil bei der Vergabe von Positionen in Verwaltung, Politik und Wirtschaft. Die F. soll die im GG verankerte Gleichberechtigung der Frau auch im Erwerbsleben durchsetzen. Männer nehmen vor allem in höheren Positionen den Großteil der Stellen ein. Im Oktober 1995 entschied der Europäische Gerichtshof (EuGH, Luxemburg), daß die F. im öffentlichen Dienst des Bundeslandes Bremen gegen EU-Recht verstößt, weil sie der Richtlinie von 1976 widerspreche, nach der Männer und Frauen im Erwerbsleben gleichbehandelt werden müssen. Frauen, die genauso qualifiziert sind wie männliche Bewerber, dürfen bei der Stellenvergabe nicht mehr länger aufgrund ihres Geschlechtes bevorzugt werden, wenn dies nur geschieht, um den Frauenanteil in bestimmten Positionen dem der Männer anzugleichen. Im März 1996 entschied daraufhin das Bundesarbeitsgericht (BAG, Kassel), daß die bremische F. aufgrund des EuGH-Urteils unrechtmäßig ist (AZ: 1 AZR 590/92).

In Deutschland existierten Mitte 1996 F. für den öffentlichen Dienst in Berlin, Hamburg, Niedersachsen, NRW und Schleswig-Holstein. Rheinland-Pfalz zog Ende 1995 die Konsequenz aus dem EuGH-Urteil und schaffte seine F. ab. Die anderen Länder sahen dazu keine Veranlassung, da ihre Verordnungen zur F. eine Härteklausel enthalten. Nach dieser Klausel muß in jedem Einzelfall geprüft werden, ob es eine soziale Ungerechtigkeit darstellt, wenn eine gleichqualifizierte Frau dem männlichen Mitbewerber bei der Einstellung vorgezogen wird. Mit dieser Klausel, so die Ansicht der Länder, verstoße die F. nicht gegen EU-Recht.

EU-Sozialkommissar Pádraig Flynn (Irland) kündigte Ende 1995 an, die Gleichbehandlungsrichtlinie der EU von 1976 zu ändern, um eine Bevorzugung von Frauen zu ermöglichen, wenn ihr Anteil in bestimmten Positionen erheblich unter dem der Männer liegt.

→ Sozialpolitik, Europäische

Die Freiheitlichen

Bei den österreichischen Nationalratswahlen vom 17. 12. 1995 büßten die F., eine Umbenennung der Freiheitlichen Partei Österreichs (FPÖ), erstmals seit 1986 Stimmen ein. Sie erhielten 21,9% (1994: 22,5%) und verloren zwei Mandate. Die F. sind mit 40 Sitzen drittstärkste Fraktion nach Sozialdemokraten (SPÖ) und Konservativen (ÖVP), die ihre Regierungskoalition im März 1996 erneuerten. Bei der Landtagswahl in der Steiermark erhielten die F., die als FPÖ antraten, 17,1% der Stimmen (+1,8 Prozentpunkte). Die F. unter ihrem Vorsitzenden Jörg Haider (seit 1986) hatten vor allem Zulauf von Protest- und Nichtwählern aus der Arbeiterschaft. Häufigstes Wahlmotiv war die Aufdeckung von Skandalen und Affären durch die F. Im Wahlkampf griffen die F. rechtspopulistische Themen wie Sozialleistungsmißbrauch, insbes. von Ausländern, sowie den Kampf gegen Privilegien, hohe Steuern und Kriminalität auf. Sie verbinden Patriotismus mit Sozialneid und Individualismus, der auf Tüchtigkeit, Fleiß, Ehrlichkeit und Ordnungswille des einzelnen abhebt. Für öffentliche Auseinandersetzungen sorgen häufig Haiders Bewertungen der nationalsozialistischen Vergangenheit, z. B. Äußerungen zur Waffen-SS Ende 1995. Die F. haben rd. 40 000 Mitglieder.

Im März 1996 hob der Nationalrat die parlamentarische Immunität Haiders auf, der sich in zwei Gerichtsverfahren wegen Beleidigung und der Behauptung falscher Tatsachen verantworten muß. Das Parlament hatte im Monat zuvor die Immunitätsregeln geändert (Gültigkeit: vorerst bis 30. 6. 1998), um Privatpersonen Klagen gegen Parlamentarier wegen übler Nachrede, Beleidigung, Kreditschädigung und Verbreitung unwahrer Tatsachen zu ermöglichen. Die Äußerungen müssen außerhalb des parlamentarischen Bereichs gefallen sein.

Freilandversuche

Die Zahl der Freisetzungsanträge für gentechnisch veränderte Organismen in der Europäischen Union (EU) wächst stark an. 1995 wurden 215 solcher Anträge gestellt, knapp 60% mehr als 1994 (128). Davon betrafen etwa 200 die Freisetzung von genmanipulierten Nutzpflanzen, hauptsächlich Mais, Raps, Zuckerrüben und Kartoffeln. Außerdem wurden 1995 vier Anträge für gentechnisch veränderte Bäume (Eukalyptus und Pappel) sowie sechs für transgene Bakterien gestellt.

VERÄNDERUNGEN: Die Manipulationen am Erbgut betrafen meist den Einbau einer Resistenz gegen Herbizide, Insekten oder Viren. Bei einigen Pflanzen wurde die Zusammensetzung der Inhaltsstoffe wie Stärke-, Fettsäure- oder Enzymgehalte zugunsten einer industriellen Nutzung als nachwachsende Rohstoffe optimiert. Weltweit fanden 1995 über 3000 F. statt, vor allem in den USA. In Deutschland sind bisher 26 F. genehmigt worden; die größte Versuchsfläche befindet sich mit 12 ha im brandenburgischen Golm.

BEDEUTUNG: F. gelten als unverzichtbarer Schritt bei der Entwicklung von marktreifen Kulturen, aus denen dann zum Beispiel Lebensmittel oder Waschpulver hergestellt werden. Nur durch F. kann erforscht werden, wie sich die gentechnisch veränderte Variante in der Natur verhält, ob das manipulierte Gen auch unter natürlichen Bedingungen in der Pflanze stabil ist und wie die Pflanzen mit anderen Organismen wechselwirkt.

KRITIK: Während immer mehr Forscher und Firmen mit ihren Gen-Produkten ins Freie drängen, kritisieren Natur- und Umweltschützer, daß unklar sei, welche ökologischen Risiken solche genetisch veränderten Pflanzen und Mikroorganismen bei F. bergen. Bei fast allen Versuchen protestierten Gentechnik-Gegner vor Ort, besetzten den Acker oder vernichteten die Aussaat bzw. die Pflanzen.

Immer häufiger melden sich auch Wissenschaftler zu Wort und warnen vor Risiken bei F. Schließlich sende etwa ein Rapsfeld zur Blütezeit millionenfach Pollen aus – und damit auch Kopien des neues Gens.

VEREINFACHUNG IN DEN USA: In den USA werden die gesetzlichen Hürden für F. zunehmend abgebaut. Im August 1995 legte das Landwirtschaftsministerium (USDA) Vorschläge vor, nach denen künftig alle F. nicht mehr genehmigungspflichtig sind, solange sie örtlich und räumlich begrenzt sind, die transgene Sorte nicht verwildert und der Gentransfer in Wildkräuter ausgeschlossen ist. Die Behörde geht davon aus, daß diese Erleichterungen 99% aller Versuche in den USA beträfe.

GENTECHNIK-TOURISMUS: Nach Angaben des BUND (Bund für Umwelt und Naturschutz) gehen immer mehr Firmen aus Industrieländern, die F. durchführen, in Entwicklungsländer, um Genehmigungsverfahren und Protestaktionen zu umgehen. Es sollen bis Ende 1995 bereits mehr als 100 F. mit gentechnisch veränderten Pflanzen in Entwicklungsländern stattgefunden haben. Auch das Max-Planck-Institut für Züchtungsforschung in Köln hat einen Versuch ausgelagert: Es will seine neuen Gen-Kartoffeln in Slowenien testen.

→ Bioethik → Biotechnik → Genpatent → Gentechnik → Nachwachsende Rohstoffe → Novel Food → Pestizide

Frühmensch: Entwicklung

Gruppe[1]	Alter (Jahre)
Australopithecus ramidus	4,3–4,5 Mio
Australopithecus afarensis	4–3 Mio
Australopithecus africanus	3–2 Mio
Australopithecus robustus	2–1 Mio
Homo rudolfensis	1,8–2,4 Mio
Homo habilis	1,5–2 Mio
Homo erectus	2 Mio–300 000
Homo sapiens neanderthalensis	150 000–30 000
Homo sapiens sapiens (Cromagnonmensch)	ab 40 000

1) Auswahl

Frühmensch TAB

Funde von Knochen und bearbeiteten Steinwerkzeugen in Asien (China, Java/Indonesien, Nahost), Südeuropa (Rumänien, Spanien) und dem Kaukasus 1991–1995 lassen vermuten, daß die Besiedlung außerafrikanischer Regionen durch den F. (Homo erectus) 500 000–1 Mio Jahre früher eingesetzt haben könnte als bisher angenommen. Ostafrika gilt als die Wiege der Menschheit. Dort wurden in den 70er Jahren die ältesten menschenähnlichen Lebewesen (Hominiden, Australopithecidae) nachgewiesen (etwa 3,5 Mio Jahre). Neue genetische Untersuchungen ergaben, daß die heutigen Menschen gemeinsame Vorfahren (Homo sapiens) haben, die aus Ostafrika stammten und vor etwa 100 000 Jahren den afrikanischen Kontinent verließen.

FUNDE: Für den F. aus Java und China (Provinz Sichuan) wird ein Alter von 1,7–1,8 bzw. 1,9 Mio Jahre angenommen. Etwa zeitgleich datieren die ältesten Nachweise des F. in Afrika (rd. 2 Mio Jahre). Dies deutet darauf hin, daß schon Vorfahren des F. aus Afrika nach Eurasien auswanderten. Zuvor wurde vorwiegend die These vertreten, daß der F. erst aus Afrika ausgewandert sei, nachdem er den Gebrauch des Feuers erlernt habe (vor rd. 1,4 Mio Jahren).

ERSTER MENSCH: Als Vorfahre des Homo erectus und ältester Vertreter der Gattung Homo wurde von Paläontologen Mitte der 90er Jahre der Homo rudolfensis angesehen, dessen älteste Funde auf

Der Homo erectus ist der erste aufrecht gehende Mensch und Vorfahre des Homo sapiens.

etwa 1,9 Mio (Turkanasee/Kenia 1986) und 2,4 Mio Jahre (Malawi 1991) geschätzt werden. Bis dahin galt der Homo habilis als erste Spezies des Menschen (Alter: 1,8–2 Mio Jahre). Dieser habe die ersten Steinwerkzeuge hergestellt.

VORGÄNGER: In der Sterkfonteinhöhle/ Südafrika wurde Ende 1995 das Fossil eines 3,5 Mio alten Fußes gefunden, der affenähnliche wie auch menschliche Züge hat. Funde dieses Alters gab es bis dahin nur in Ostafrika. Der Träger gehört zur Gruppe der Urmenschen (Australopithecidae), die bereits aufrecht gehen konnten, aber ihre Fähigkeiten zu klettern noch nicht verloren hatten.

MENSCHENAFFEN: 1992–1994 in Spanien gefundene Skeletteile wurden Anfang 1996 als 9,5 Mio alte Menschenaffen identifiziert (Dryopithecus), die dem Orang-Utan ähnlich sind. Sie schließen eine Forschungslücke zwischen dem 18 Mio alten afrikanischen Affen Proconsul und den ältesten Urmenschen.

Frührente

Von 1992 bis 1995 verfünffachte sich die Zahl der Arbeitnehmer, die nach Arbeitslosigkeit oder Teilzeitarbeit mit 60 Jahren in F. gingen, auf rd. 290 000. Vor allem Großunternehmen nutzten den Vorruhestand zum Abbau von Arbeitsplätzen. 1995 fielen in der Rentenversicherung Kosten von 15 Mrd DM für die F. an. Der Bundestag beschloß im Juni 1996 wegen des Defizits in der Rentenversicherung, die Möglichkeit zur Frühverrentung einzuschränken.

NEUREGELUNG: Die Altersgrenze für den Bezug von F. wird 1997–1999 schrittweise von 60 auf 63 Jahre angehoben. Die F. wird in eine Altersrente aufgrund von Arbeitslosigkeit bzw. nach Altersteilzeit umgewandelt. Anspruchsvoraussetzung ist entweder Erwerbslosigkeit oder eine 24monatige Teilzeitbeschäftigung. Um die verlängerte Rentenbezugsdauer auszugleichen, fällt die monatliche Rente für jedes vorgezogene Rentenjahr um 3,6% niedriger aus. Die Minderung der Rente kann durch zusätzliche Beitragszahlungen ausgeglichen werden. Ausgenommen von der Neuregelung sind Versicherte, die vor dem 14. Februar 1996 das 55. Lebensjahr vollendet haben und bereits arbeitslos sind oder die vor dem 14. Februar gekündigt wurden.

ALTERSTEILZEIT: Zur Förderung der sog. Altersteilzeit (ab 55. Lebensjahr), einer Halbierung der Arbeitszeit, erhalten Arbeitgeber, deren Arbeitnehmer bis 2001 die Altersteilzeit antreten, einen Zuschuß zum Lohn des Arbeitnehmers in Höhe von 20%. Dieser Betrag ist steuer- und sozialabgabenfrei. Der Arbeitnehmer erhält mindestens 70% seines Vollzeitlohns. Die Beiträge zur Rentenversicherung werden vom Staat bis zu der Höhe aufgestockt, die Arbeitnehmer bei 90% des Vollzeitlohns zahlen würden. Voraussetzung für diese staatlichen Leistungen ist die Reduzierung der Arbeitszeit auf die Hälfte der Vollzeitbeschäftigung (Mindestarbeitszeit: 18 h/Woche) und die Wiederbesetzung des frei werdenden Teilzeitarbeitsplatzes durch einen Arbeitslosen oder durch Übernahme eines Auszubildenden. Bundesarbeitsminister Norbert Blüm (CDU) ging davon aus, daß dadurch bis zum Jahr 2003 rd. 17 Mrd DM bei der Rentenversicherung eingespart werden.

→ Rentenversicherung → Sozialstaat

FTAA

(Free Trade Area of the Americas, engl.; Freihandelszone der amerikanischen Staaten), im Dezember 1994 von 34 Staaten (außer Kuba) der Organisation der amerikanischen Staaten (OAS) in Miami/USA vereinbarte Freihandelszone von Alaska bis Feuerland, die bis 2005 geschaffen werden soll. Seit März 1995 wird auf Ministerebene ein Abkommen vorbereitet.

Mit rd. 850 Mio Verbrauchern (1995) und jährlich 1300 Mrd Dollar Kaufkraft wird die FTAA der weltweit größte Binnenmarkt werden. Mitte der 90er Jahre produzierten die 34 Länder ein Drittel des weltweiten BSP. Die FTAA soll ein Gegengewicht zum Europäischen Binnenmarkt und dem südostasiatischen Markt bilden. Neben dem Abbau von Handelshemmnissen wollen die Unterzeichner die Demokratisierung in ihren Ländern und den Umweltschutz vorantreiben.

→ ORG Mercosur → ORG NAFTA

Fusionen und Übernahmen

(Mergers and Acquisitions, engl.; M&A), Zusammenschlüsse von Unternehmen zu einer wirtschaftlichen Einheit und wesentliche Kapitalbeteiligungen an anderen Unternehmen. 1995 erfolgten nach Angaben des Bundeskartellamts in Deutschland 1530 F. (1994: 1564). Weltweit erreichte das Volumen der F. einen Rekordwert von 866 Mrd Dollar (1994: 572 Mrd Dollar). In den USA wurden F. im Wert von 458 Mrd Dollar registriert (1994: 347 Mrd Dollar). Unternehmen erhoffen sich von F. eine Steigerung ihrer Wettbewerbsfähigkeit. Aufsehenerregende F. waren 1995/96 die Verschmelzung der deutschen Kaufhauskonzerne Asko, Deutsche SB-Kauf und Kaufhof Holding, die Übernahme der Loral Corporation durch die Lockheed Martin in der US-amerikanischen Rüstungsindustrie, die Gründung einer Gemeinschaftsfirma für Bahnsysteme durch ABB (Schweiz/Schweden) und Daimler-Benz sowie der Zusammenschluß der Lloyd's Bank und der TSB im englischen Bankgewerbe. Im März 1996 beschlossen die Schweizer Chemiekonzerne Ciba-Geigy und Sandoz zu fusionieren.

Als Fusionen zählen in Deutschland Kapitalbeteiligungen ab 25%. Sie gelten als wesentlich, da mit mehr als einem Viertel der Stimmen in einer AG satzungsändernde Beschlüsse blockiert werden können (sog. Sperrminorität). Zur Fusionskontrolle und zur Verhinderung von Wettbewerbsbeschränkungen müssen Zusammenschlüsse beim Bundeskartellamt gemeldet werden, wenn ein Marktanteil von 20% oder mehr in einer Branche entsteht. F. sind meldepflichtig, wenn die beteiligten Firmen gemeinsam einen Jahresumsatz von über 500 Mio DM oder mindestens 10 000 Beschäftigte haben. Die Überwachung von Zusammenschlüssen bei Unternehmen, deren gemeinsamer Umsatz 5 Mrd ECU übersteigt, ist Aufgabe der EU-Kommission. Die Behörde forderte im Januar 1996, F. ab einem Gesamtumsatz von über 2 Mrd ECU kontrollieren zu dürfen, weil die Zahl der grenzüberschreitenden F. unter 5 Mrd ECU Umsatz in der EU stieg.

→ Chemieindustrie → Medienkonzentration → Rüstungsindustrie

Fußball: Deutschlands Weg zum EM-Titel

Vorrunde		
9. 6. 1996	Deutschlan–Tschechien	2:0
16. 6. 1996	Rußland–Deutschland	0:3
19. 6. 1996	Italien–Deutschland	0:0
Viertelfinale		
23. 6. 1996	Deutschland–Kroatien	2:1
Halbfinale		
26. 6. 1996	Deutschland–England	1:1 n. V. (Elfm. 6:5)
Finale		
30. 6. 1996	Tschechien–Deutschland	1:2 n. V.

Fußball `TAB`

Deutscher Fußballmeister 1995/96 wurde zum zweiten Mal in Folge Borussia Dortmund. Mit 9,3 Mio erreichte die Zuschauerzahl in der 1. Bundesliga eine neue Rekordmarke (1994/95: 8,6 Mio). Deutscher Pokalsieger wurde am 25.5.1996 Bundesliga-Absteiger 1. FC Kaiserslautern durch einen 1:0-Endspielsieg über den Karlsruher SC. Zum ersten Mal in der Vereinsgeschichte gewann der 1. FC Bayern München durch einen 3:1-Endspielsieg über Girondins Bordeaux (Hinspiel: 2:0) den UEFA-Pokal 1996.

BUNDESLIGA-SAISON 1995/96: Mit sechs Punkten Rückstand auf Dortmund belegte Bayern München den zweiten Platz. Der 1. FC Kaiserslautern, Eintracht Frankfurt und der KFC Uerdingen stiegen ab. 30 385 Zuschauer kamen durchschnittlich zu den Spielen (1994/95: 29 270). Fredi Bobic vom VfB Stuttgart wurde mit 17 Treffern Torschützenkönig der Saison. Insgesamt wurden während der Bundesliga-Saison 1995/96 neun Trainer ihres Amtes enthoben, unter ihnen der zum Beginn der Spielzeit zu Bayern München gewechselte zweifache Meistertrainer von Werder Bremen, → `BIO` Otto Rehhagel. Aufsteiger aus der 2. Liga waren VfL Bochum, Arminia Bielefeld und der MSV Duisburg.

NEUE REGEL: Erstmals fand in der Saison 1995/96 bei der Spielwertung die Drei-Punkte-Regelung Anwendung. Abweichend vom bisherigen Wertungsverfahren, bei dem zwei Punkte für einen Sieg und ein Punkt für ein Unentschieden vergeben wurden, zählte ein Sieg drei Punkte, ein Remis einen Punkt. Ziel der Regeländerung war es, das Offensivspiel zu fördern.

Fußball: Bundesliga 1995/96

Rang	Verein	Tore	Punkte
1	Borussia Dortmund	76:38	68
2	FC Bayern München	66:46	62
3	FC Schalke 04	45:36	56
4	Borussia Mönchengladbach	52:51	53
5	Hamburger SV	52:47	50
6	FC Hansa Rostock	47:43	49
7	Karlsruher SC	53:47	48
8	TSV 1860 München	52:46	45
9	Werder Bremen	39:42	44
10	VfB Stuttgart	59:62	43
11	SC Freiburg	30:41	42
12	1. FC Köln	33:35	40
13	Fortuna Düsseldorf	40:47	40
14	Bayer Leverkusen	37:38	38
15	FC St. Pauli	43:51	38
16	1. FC Kaiserslautern	31:37	36
17	Eintracht Frankfurt	43:68	32
18	KFC Uerdingen	33:56	26

Aufsteiger: VfL Bochum, Arminia Bielefeld, MSV Duisburg

Fußball: Österreichische 1. Liga 1995/96

Rang	Verein	Tore	Punkte
1	Rapid Wien	68:38	73
2	Sturm Graz	61:35	67
3	FC Tirol	64:40	62
4	Grazer AK	46:36	57
5	Austria Wien	42:35	51
6	Linzer ASK	36:35	48
7	SV Ried	47:53	47
8	Salzburg	53:51	44
9	Admira Wacker	35:61	34
10	Vorwärts Steyr	25:93	6

Aufsteiger: FC Linz

Fußball: Schweizer Nationalliga A 1995/96

Rang	Verein	Tore	Punkte
1	Grasshoppers Zürich	26: 7	52
2	FC Sion	20:14	47
3	Xamax Neuchâtel	21:16	43
4	Aarau	23:18	39
5	Luzern	23:19	35
6	Basel	11:20	28
7	Servette Genf	18:25	25
8	St. Gallen	11:34	23

Aufsteiger: Keine, in den Spielen der Relegationsrunde setzten sich die Vereine der Liga A gegen die Aufstiegskandidaten der Liga B durch.

Opfer der neuen Wertung war Kaiserslautern: Nach dem alten Verfahren wäre St. Pauli anstelle der Pfälzer abgestiegen.

EURO 96: Fußballeuropameister 1996 wurde die deutsche Nationalmannschaft, die das Team der Tschechischen Republik im Finale mit 2:1 besiegte. Gastgeber England war im Halbfinale im Spiel gegen die deutsche Elf ausgeschieden. Bei dem Turnier in acht englischen Städten spielten vom 8. 6. bis 30. 6. 1996 erstmals 16 Mannschaften um den Europameistertitel (bisher acht Teams). Mit der Aufstockung der Teilnehmerzahl erreichte der europäische F.-Verband UEFA eine höhere Attraktivität für die Zuschauer und Mehreinnahmen beim Verkauf der Fernseh- und Vermarktungsrechte. Für die TV-Übertragungsrechte zahlte der Zusammenschluß der öffentlich-rechtlichen Fernsehsender Europas (EBU) insgesamt rd. 100 Mio DM, dreimal soviel wie bei der EM 1992 in Schweden. Der Gesamtumsatz betrug rd. 235 Mio DM.

BOSMAN-URTEIL: Im Dezember 1995 erklärte der Europäische Gerichtshof (EuGH, Luxemburg) das Transfersystem und die Ausländerklausel im europäischen Profifußball für rechtswidrig. Die Richter gaben dem belgischen Spieler Jean-Marc Bosman Recht, der nach dem Scheitern seines Wechsels vom belgischen Verein RFC Lüttich zum französischen US Dünkirchen 1990 aufgrund der Ablösesumme keinen neuen Verein mehr gefunden hatte. Nach dem Richterspruch darf beim Wechsel eines Spielers zu einem Verein in einem anderen EU-Staat der abgebende Verein künftig keine Ablösesumme mehr verlangen. Die Beschränkung der Zahl ausländischer Spieler in einer Mannschaft nannte das Gericht eine unzulässige Diskriminierung aufgrund der Staatsangehörigkeit. Im März 1996 akzeptierte die Europäische Fußball-Kommission (UEFA) den Spruch der EU-Richter und hob die Nationalitätenklausel und das Transfersystem mit sofortiger Wirkung auf.

NEUE SATZUNG: Im April 1996 verabschiedete der Deutsche Fußball-Bund (DFB, Frankfurt/M.) eine geänderte Satzung. Die wichtigsten Punkte:

▷ Mit Beginn der Saison 1996/97 darf eine unbegrenzte Anzahl von Spielern aus EU-Ländern in den deutschen Profiligen eingesetzt werden

▷ Die Clubs können jeweils bis zu drei ausländische Spieler verpflichten, die nicht aus einem EU-Staat stammen

▷ Jeder Club muß mindestens zwölf deutsche Spieler unter Vertrag nehmen

▷ Das Transfersystem wird in zwei Schritten geändert: In der Saison 1996/97 wird das bisherige Entschädigungssystem beibehalten, die danach errechneten Ablösesummen werden beim Vereinswechsel eines Spielers jedoch halbiert. Ab der Saison 1997/98 ersetzt ein Ligapoolsystem das alte Transfermodell. Der vorwiegend aus Fernsehgeldern gespeiste Pool soll einen Finanzausgleich zwischen wirtschaftlich schwächeren und stärkeren Vereinen sichern.

Kritiker der neuen Regelung äußerten die Befürchtung, daß durch den Wegfall des Transfersystems die Spielergehälter weiter in die Höhe getrieben würden.

G

Gebühren [TAB]

Abgaben der Nutzer für öffentliche Leistungen. Die G. der Gemeinden für Müllabfuhr, Abwasser usw. stiegen in den vergangenen Jahren stark an. Die Steigerung lag über dem Zuwachs der allgemeinen Lebenshaltungskosten. Infolge verschärfter Umweltvorschriften insbes. im Entsorgungsbereich erhöhten sich die Kosten der Gemeinden. 1992–1995 stiegen die Müllabfuhrgebühren in Westdeutschland um 55%, in Ostdeutschland um 48%.

ERHÖHUNGEN: Der Deutsche Städtetag (DST, Köln) rechnete für 1996 und 1997 mit weiteren G.-Erhöhungen, da die Gemeindefinanzen wegen Einnahmeausfällen und höheren Sozialhilfeausgaben vor einer Krise standen. Kommunale Entsorgungsbetriebe müssen nach den Plänen der Bundesregierung ab 1997 außerdem ihren Gebührenrechnungen Mehrwertsteuer aufschlagen.

ABWASSER: Nachdem 300 000 nordrhein-westfälische Hausbesitzer Einspruch gegen neue Abwasser-G. erhoben hatten, gab ihnen das Oberverwaltungsgericht Münster 1995 Recht. Viele Kommunen mußten Erhöhungen der Abwasser-G. zurücknehmen. Trotzdem kostete die Abwasserbeseitigung Ende 1995 in Westdeutschland 39% und in Ostdeutschland 53% mehr als vor drei Jahren. Für 1996 wurden neue Erhöhungen bis zu 20% erwartet.

→ Abfallbeseitigung → Gemeindefinanzen → Mehrwertsteuer → Trinkwasser

Geldwäsche

Anonymes Einschleusen von Bargeld aus illegalen Geschäften in den Geldkreislauf, insbes. aus dem internationalen Handel mit Drogen und Waffen. Die Summe jährlich weltweit gewaschenen Geldes wurde Mitte der 90er Jahre auf rd. 470 Mrd DM geschätzt. Entsprechend einer EU-Richtlinie hatten 1995 alle Mitgliedstaaten G. als Straftatbestand festgeschrieben. In Deutschland plante die CDU/CSU/FDP-Bundesregierung eine Nachbesserung des 1993 verabschiedeten Gesetzes gegen G.

WASCHVERFAHREN: G. wird meist über Banken abgewickelt. Bargeld wird von Mittelsmännern eingezahlt und über ver-

Gebühren: Anstieg der kommunalen Gebühren in West- und Ostdeutschland[1]								
Leistung	1992		1993		1994		1995	
	West	Ost	West	Ost	West	Ost	West	Ost
Müllabfuhr	19,8	17,1	23,4	15,6	14,7	12,6	9,0	12,7
Abwasser	10,0	22,0	14,2	23,4	11,7	9,9	8,2	12,1
Straßenreinigung	5,5	8,3	8,5	12,4	6,0	9,5	2,4	2,7
Wasserversorgung	6,9	16,0	7,4	15,2	6,8	15,0	3,2	7,6
Schornsteinfeger	9,1	194,6	5,0	17,3	2,4	8,0	3,0	7,8
Lebenshaltungskosten[2]	4,0	13,5	3,6	10,5	2,7	3,7	1,7	2,1

1) Prozentualer Anstieg gegenüber dem Vorjahr; 2) zum Vergleich; Quelle: Institut für Städtebau

schiedene Konten, oft in mehreren Ländern, umgebucht, bis die Herkunft nicht mehr ersichtlich ist. Andere Wege, Bargeld unerkannt umzusetzen, sind u. a. Spielkasinos sowie der Handel mit Edelmetallen und Kunstwerken. Mitte der 90er Jahre wurden Immobiliengeschäfte und Lebensversicherungen verstärkt zur G. genutzt.

DEUTSCHLAND: Im März 1996 einigte sich die Koalition auf Änderungen zum Gesetz gegen G. Danach sollen zusätzlich Gewinne aus Menschenhandel, Erpressung, Bandenhehlerei, illegalem Glücksspiel, umweltgefährdender Abfallbeseitigung, unerlaubtem Umgang mit Kernbrennstoffen, dem Einschleusen von Ausländern nach Deutschland und schwerem Diebstahl im Zusammenhang mit organisierter Kriminalität dem G.-Gesetz unterliegen. Die Möglichkeit, mutmaßlich kriminell erworbenes Geld zu beschlagnahmen, soll erleichtert werden. Die von der SPD geforderte Umkehr der Beweislast, bei der Angeklagte die legale Herkunft ihres Vermögens nachweisen müßten, lehnte die Koalition ab. Gewinne aus vermutlich illegalen Geschäften sollen allerdings eingezogen werden können, wenn „Umstände die Annahme rechtfertigen", das Geld stamme aus illegalen Quellen. Zuvor waren „dringende Gründe" für die Annahme erforderlich. Bei Verdacht auf G. sollen Telefonüberwachungen möglich sein. Wechselstuben, die bisher vom G.-Gesetz ausgenommen waren, werden der Bankenaufsicht unterstellt.

Nach Angaben des Bundeskriminalamtes (BKA, Wiesbaden) wurden 1994 bundesweit 3282 Anzeigen wegen des Verdachts auf G. erstattet und 2738 Ermittlungsverfahren eingeleitet, die eine Summe von 1,3 Mrd DM betrafen. Laut BKA erhärtete sich der Verdacht lediglich in 4% der Fälle.

SCHWEIZ: Mitte der 90er Jahre entwickelte sich die Schweiz zum Umschlagplatz für G.-Transaktionen der russischen Mafia. Ostguthaben bei den 125 wichtigsten Schweizer Banken erhöhten sich 1994 gegenüber 1993 um 58%, während die gesamten ausländischen Guthaben um 1,74% abnahmen. Zwar ist G. in der Schweiz seit 1990 Straftatbestand, und für Banken gelten strenge Richtlinien bei der Annahme ausländischer Gelder, doch sind Treuhänder, Anwälte, Vermögensverwalter, Versicherungen usw. von dem Gesetz ausgenommen. Banken sind teilweise mit Treuhandgesellschaften verbunden. Die Regierung plante Anfang 1996, das bestehende G.-Gesetz zu verschärfen.

→ Drogen → Mafia

Gemeindefinanzen

Sinkende Einnahmen und steigende Sozialausgaben führten 1996 zu weiterer Verschuldung, Gebührenerhöhungen und Investitionskürzungen der Städte und Gemeinden. Infolge der geplanten Einsparungen des Bundes bei der Arbeitslosenhilfe erwartete der Deutsche Städtetag bis zu 1 Mrd DM höhere Sozialhilfeausgaben der Kommunen. Die Entlastungen durch die zweite Stufe der Pflegeversicherung ab 1.7.1996 waren mit 5 Mrd DM um 50% geringer als erwartet. Die Städte verlangten, die Kosten der Arbeitslosigkeit und die Unterstützung von Flüchtlingen aus der Sozialhilfe auszuklammern.

EINNAHMEN: Für 1996 wurden die Einnahmen auf 235 Mrd DM geschätzt (−0,3% gegenüber 1995, Ostdeutschland: −3,2%). Das Finanzierungsdefizit stieg 1995 auf 13,4 Mrd DM (1994: 11,3 Mrd DM). Neben kommunalen Gebühren erhalten Gemeinden einen Anteil an Steuern wie z. B. Einkommensteuer (15%) und Zuweisungen aus Bundes- und Landeshaushalten. Außerdem erheben sie eigene Steuern, insbes. Gewerbe- und Grundsteuer.

BELASTUNG: In den 90er Jahren waren den Gemeinden durch Bundesgesetze neue Belastungen auferlegt worden. Das Recht auf einen Kindergartenplatz verursachte Investitionskosten. Die Instandhaltung von Eisenbahnbrücken ging durch die Bahnreform auf die Gemeinden über. Eine Kürzung der Dauer der Arbeitslosenhilfe bedeutet eine zusätzliche Belastung der Gemeinden, die anschließende Sozialhilfe zahlen müssen. 1996 erhoben mehrere Städte (z. B. Hildesheim und Wilhelmshaven) Verfassungsbeschwerde. Sie sehen ihr Recht auf Selbstverwaltung ausgehöhlt, wenn ihnen zusätzliche Aufgaben ohne Regelung der Finanzierung übertragen werden.

GEWERBESTEUER: Zusammen mit einem Sparpaket plante die Bundesregierung 1996, die Gewerbekapitalsteuer ab 1997 abzuschaffen und die Gewerbeertragsteuer zu senken. Der Deutsche Städtetag rechnete mit Mindereinnahmen der Gemeinden von 8,5 Mrd DM. Die Bundesregierung schlug vor, die Gemeinden zum Ausgleich mit 2,7% am Mehrwertsteuer-Aufkommen zu beteiligen (1997: rd. 7 Mrd DM). Die Gemeinden forderten eine Beteiligung von mindestens 3% und die Absicherung ihres Anspruchs durch Aufnahme ins Grundgesetz.

KOMMUNALE ALTSCHULDEN: Zwischen dem Bund sowie den ostdeutschen Ländern und Gemeinden war 1996 strittig, wer die kommunalen Altschulden aus der ehemaligen DDR zu tragen hat, die bis Ende 1996 inkl. Zinsen 8,7 Mrd DM betragen. Als Lösung zeichnete sich ab, daß der Bund 50% übernimmt und die andere Hälfte gemeinsam von ostdeutschen Ländern und Gemeinden aufgebracht wird.

KÜRZUNGEN: Die Haushaltslage zwang die Gemeinden 1996, ihre Investitionsvorhaben weiter einzuschränken. 1995 waren die Investitionen im Westen bereits um 6,1% und im Osten um 11% gekürzt worden. Ferner wurden kommunale Einrichtungen geschlossen, Personal abgebaut und Dienstleistungen privatisiert.

→ Gebühren → Gewerbesteuer → Haushalte, Öffentliche → Mehrwertsteuer → Öko-Steuern → Pflegeversicherung → Sozialhilfe → Staatsverschuldung → Steuern

Gen-Lebensmittel
→ Novel Food

Genomprojekt GLO
Wissenschaftler aus etwa 40 Nationen, die sich in der Human Genome Organization (Hugo) zusammengeschlossen haben, wollen bis zum Beginn des nächsten Jahrtausends alle etwa 3 Mrd sog. Buchstaben identifiziert haben, aus denen die menschliche Erbsubstanz Desoxyribonukleinsäure (DNS) besteht. Die vollständige

Genomprojekt: Glossar

CHROMOSOM: Doppelsträngiges DNS-Molekül, das eine Vielzahl von Genen enthält.

DNS: Desoxyribonukleinsäure; doppelsträngiges Molekül (Doppelhelix) mit einer Abfolge von Bausteinen (Basen), welche die codierenden Einheiten der genetischen Information darstellen.

GEN: DNS-Abschnitt, auf dem die spezifischen Informationen zum Aufbau eines Proteins (Eiweiß) gespeichert sind.

GENOM: Gesamtheit aller Gene eines Organismus.

MUTATION: Veränderung im Erbgut (DNS) einer Zelle, die spontan oder durch Einwirkung von chemischen Substanzen oder von Strahlung auftritt.

Entschlüsselung der Genkarte des Menschen wird nach Ansicht der Experten für die Medizin ähnlich umwälzende Folgen haben wie die anatomischen Karten des 15. Jh.s. Das erklärte Ziel der Forscher ist es, die schätzungsweise 100 000 Gene wie auf einer Landkarte den 24 unterschiedlichen Chromosomen zuzuordnen.

Das G. wurde 1990 ins Leben gerufen, Deutschland beteiligte sich ab 1995.

GENDEFEKTE: 1996 hatten Forscher 400 Gendefekte entdeckt, die zu erblichen Krankheiten führen. Bei vielen weitverbreiteten Leiden wie Krebs, Bluthochdruck, Alzheimer oder Asthma spielen Fehler in der Erbinformation eine wichtige Rolle. Außer den entsprechenden Genen sind aber meist Umweltfaktoren ursächlich am Ausbruch der Krankheit beteiligt. Allerdings haben die wenigsten Krankheiten ihre Ursache in einem einzigen Fehler der Erbanlagen. Zu unterscheiden ist außerdem zwischen ererbten defekten Genen und im Laufe des Lebens erworbenen Mutationen. Letztere bilden die weitaus größere Gruppe.

KRITIK: Die Gegner des G. befürchten, daß Menschen mit bestimmten Krankheiten sein in naher Zukunft am biologischen Idealmenschen gemessen werden könnten. Das G. sei ein Sinnbild für die Krise, in der die Molekularbiologie stecke. Sie nehme die Erkenntnis nicht ernst, daß die Erbsubstanz DNS nur die Reihenfolge der Bausteine in einem Eiweiß bestimmt. Sie verstehe nicht, daß sich die Zelle durch ein selbstorganisierendes Netzwerk reguliert, das hochkomplex ist.

→ Biotechnik → Gentechnik → Gentherapie → Krebsmaus

Genpatent → Krebsmaus

Gentechnik

Veränderung von Genen durch direkten Eingriff in die Erbsubstanz (DNS) mit vorwiegend biochemischen Methoden. G. gilt als Schlüsseltechnologie der Zukunft. Ihre Verfahren sind schon heute ein wichtiger und integraler Bestandteil der biomedizinischen oder pharmazeutischen Forschung sowie der Landwirtschaft und Nahrungsmittelindustrie.

DEUTSCHLAND: In Deutschland bestanden 1995 mehr als 1000 Laboratorien, die mit gentechnischen Methoden arbeiten. Im Dezember 1995 hat als viertes Land nach Bayern, Baden-Württemberg und Berlin die Freie und Hansestadt Hamburg ein staatliches Labor zur Überwachung gentechnischer Experimente eingerichtet.

FREILANDVERSUCH: Anfang Februar 1996 wurde trotz massiver Bedenken von Umweltschützern und Wissenschaftlern erstmals in Europa die Genehmigung für die Aussaat gentechnisch manipulierten Saatguts erteilt. Einem belgischen Unternehmen hatte die EU-Kommission in Brüssel gestattet, herbizidresistenten Raps auszusäen. Für die Firma geht es darum, Saatgut und das passende Pestizid, das alle anderen Pflanzen in der Umgebung abtötet, gemeinsam zu vermarkten.

RISIKO: Kritiker der G. wiesen darauf hin, daß es noch keinerlei Erfahrungen darüber gibt, inwieweit die veränderte Erbsubstanz Böden verschlechtern kann.

BESCHLUSS: Im Februar 1996 beschloß die Bundesregierung Maßnahmen, die die Arbeit mit gentechnisch veränderten Pflanzen und Mikroorganismen erleichtern sollen. Sie betreffen insbes. den Bau gentechnischer Anlagen sowie den Anbau von gentechnisch manipuliertem Saatgut im Freiland.

→ Bioethik → Biotechnik → Freilandversuche → Novel Food → Krebsmaus

Gentherapie

Genetische Defekte zu korrigieren bleibt ein Traumziel der Menschheit. Nach sechs Jahren praktischer Erfahrungen in vielen hundert klinischen Studien mit mehreren tausend Patienten gab es bis Frühjahr 1996 so gut wie keinen Beweis dafür, daß die G. den Menschen nützt. Noch kein Kranker wurde durch das Verpflanzen gesunder Erbanlagen in seinen Körper, sog. somatische G., kuriert. Trotzdem wollen weder Pharmaindustrie noch Forscher die G. schon als gescheitert ansehen. Die Wissenschaftler sind davon überzeugt, daß der Durchbruch in den nächsten Jahren gelingt und die G. zur Routine wird. Denn erstmals in der Geschichte der Medizin scheint es möglich, Krankheiten an der biologischen Wurzel zu packen. Die G. soll nicht nur Erbschäden heilen, indem sie fehlende Gene ersetzt oder krankmachende ausschaltet, sondern mittels Gentransfer sollen auch Leiden wie Krebs, Aids und Alzheimer geheilt werden.

Bislang kämpfen alle Forscher mit dem gleichen Problem: Die Verfahren, gesunde, veränderte oder auch fremde Gene in die Körperzellen des Patienten zu schleusen, funktionieren nicht. Natürliche Viren beispielsweise, die als Gentransportmittel eingesetzt werden, mobilisieren spätestens nach der zweiten Behandlung die Immunabwehr des Körpers und werden von dieser bekämpft. Auch andere Methoden der Genübertragung erwiesen sich bisher als wenig wirksam.

→ Aids → Alzheimer-Krankheit → Gentechnik → Krebs → Krebsmaus

Geringfügige Beschäftigung
[TAB]

Arbeitsverhältnisse mit einer Arbeitszeit unter 15 Wochenstunden und einem Bruttomonatseinkommen von maximal 590 DM in West- und 500 DM in Ostdeutschland (Stand: 1996). Bei G. müssen keine Sozialabgaben gezahlt werden. Der Arbeitgeber muß jedoch eine pauschale Lohnsteuer entrichten, die ab 1996 von 15 auf 20% erhöht wurde. Arbeitnehmer in G. sind nicht selbst kranken-, renten- und arbeitslosenversichert. Nach einer repräsentativen Umfrage des Deutschen Instituts für Wirtschaftsforschung waren 1994 rd. 3,7 Mio Arbeitnehmer in G. tätig.

GERICHTSURTEIL: Der Europäische Gerichtshof (EuGH, Luxemburg) entschied Ende 1995, daß die sog. 590-DM-Jobs

Geringfügige Beschäftigung in Deutschland

Merkmal	Westdeutschland			Ostdeutschland		
	1992	1993	1994	1992	1993	1994
Erwerbstätige (1000)	30094	29782	29397	6846	6599	6679
Sozialversicherungspflichtige (%)	73,8	71,6	69,9	88,6	87,2	84,1
Vollzeitbeschäftigte (%)	63,4	61,4	59,9	82,2	79,9	76,2
Teilzeitbeschäftigte (%)	10,4	10,2	10,0	6,4	7,3	7,9
Beamte (%)	7,2	8,0	8,4	1,2	1,5	2,0
Selbständige (%)	9,5	10,6	10,6	6,1	7,1	7,9
Geringfügig Beschäftigte (%)	9,5	9,8	11,1	4,1	4,2	6,0

Quelle: Deutsches Institut für Wirtschaftsforschung (DIW, Berlin)

nach EU-Recht zulässig sind (Az.: C-317/93 und 444/93). Zwei Reinigungskräfte in G. hatten auf Aufnahme in die Sozialversicherung geklagt und ihre Klage damit begründet, daß in Deutschland die G. zu 70% von Frauen ausgeübt würden und daher eine unzulässige Diskriminierung aufgrund des Geschlechts bei G. vorliege. Der Europäische Gerichtshof lehnte die Klage jedoch ab und folgte mit seiner Argumentation der CDU/CSU/FDP-Bundesregierung, die angab, daß bei Einbeziehung der G. in die Sozialversicherung ein Anstieg der Schwarzarbeit zu befürchten sei und der Verlust von Arbeitsplätzen drohe.

SOZIALVERSICHERUNGSPFLICHT: Die SPD und die Gewerkschaften forderten 1995/96 die Abschaffung der Sozialversicherungsfreiheit für G. oder das Herabsetzen der Geringfügigkeitsgrenze auf 80 DM. Arbeitnehmer in G. seien im Alter oft auf Sozialhilfe angewiesen, da sie keine Beiträge zur Rentenversicherung gezahlt haben. Reguläre Arbeitsplätze würden in G. umgewandelt. Durch die Versicherungsfreiheit gingen der Sozialversicherung im Jahr 11 Mrd–12 Mrd DM verloren. Die Kosten der Arbeitgeber für Sozialabgaben lägen nur geringfügig über dem pauschalen Lohnsteuersatz. Die Bundesregierung lehnte eine Abschaffung der Versicherungsfreiheit ab. Viele G.-Tätigkeiten (z. B. Haushaltshilfe) würden nicht mehr nachgefragt, weil sie zu teuer würden. Die Rentenversicherung würde durch eine Versicherungspflicht belastet, da sie auch Berufs- und Erwerbsunfähigkeitsrenten für in G. Tätige zahlen müßte.
→ Schwarzarbeit → Sozialabgaben

Gesamtschule [TAB]

Der Arbeitskreis Gesamtschule e. V. kritisierte Anfang 1996 in einem offenen Brief an die Kultusminister der Bundesländer das Konzept der Integrierten G. als pädagogische Fehlkonstruktion, da weder leistungsstarke noch lernschwache Schüler ihren Möglichkeiten entsprechend gefördert würden. Die ersten Integrierten G. wurden 1969 in Nordrhein-Westfalen eingerichtet. Sie heben die Trennung von Haupt- und Realschule sowie Gymnasium auf. Gesamtschüler werden in den Klassen fünf und sechs gemeinsam unterrichtet. Eine Leistungsdifferenzierung im Kurssystem, die unterschiedlichen Begabungen Rechnung tragen soll, beginnt ab Klasse sieben in den Fächern Englisch und Mathematik, ab Klasse acht in Deutsch. Im Schuljahr 1995/96 besuchten 508000 Schüler in Deutschland Integrierte G. (Anstieg zu 1994/95: +3,9%). Für 1996/1997 prognostizierte die Kultusministerkonferenz einen Anstieg auf 522000 Schüler (+2,8%). Als Regelschule sind G. in elf Bundesländern neben dem dreigliedrigen Bildungsweg anerkannt. In

Gesamtschule: Entwicklung der Schülerzahlen[1]

Bereich	1997	1998	1999	2000
Primarbereich[2]	25700	23600	21400	19200
Sekundarbereich I[3]	453000	464000	474000	484000
Sekundarbereich II[4]	56000	60000	63000	65000
Insgesamt	534700	547600	558400	568200
Anstieg (%)[5]	2,4	2,4	2,0	1,8

1) Prognose für Integrierte Gesamtschule; 2) Klassen 1–4, nur in Berlin, Brandenburg, Hamburg, Hessen, Niedersachsen, Schleswig-Holstein und Thüringen; 3) Klassen 5–10; 4) Klassen 11–12/13; 5) gegenüber dem Vorjahr; Quelle: Kultusministerkonferenz

Baden-Württemberg, Bayern, Sachsen-Anhalt und Thüringen können sie bei ausreichendem Angebot an allgemeinbildenden Schulen im gegliederten Schulsystem eingerichtet werden. In Sachsen sind G. nicht vorgesehen.

→ Schule

Gesundheitsreform [TAB]

Das Ziel der G. von 1993, die Kosten im Gesundheitswesen dauerhaft zu senken, wurde 1995 nicht erreicht. Nach einem Überschuß von 2,1 Mrd DM, den die gesetzlichen Krankenversicherungen (GKV) 1994 erzielten, erwirtschafteten sie 1995 ein Defizit von 7 Mrd DM (4 Mrd in West- und 3 Mrd DM in Ostdeutschland). Der durchschnittliche Beitragssatz erhöhte sich von 13,2% auf 13,4% des Bruttomonatseinkommens im Westen bzw. von 12,5% auf 13,3% im Osten (Stand: Frühjahr 1996). Mit Leistungskürzungen und Einnahmeverbesserungen der GKV in einer sog. dritten Stufe der G. wollte die CDU/CSU/FDP-Bundesregierung 1996 eine Senkung der Beitragssätze erreichen und die Finanzierung der Krankenversicherungen langfristig sichern.

DEFIZIT: Zu den Verlusten der GKV trug bei, daß 1995 rd. 5 Mrd DM für sog. versicherungsfremde Leistungen (nicht zum eigentlichen Leistungsbereich der GKV gehörend) in andere Sozialsysteme geleitet wurden, weil dort Defizite entstanden waren. Auch der Anstieg der Beitragseinnahmen fiel infolge der wachsenden Zahl von Arbeitslosen geringer aus als erwartet. Gleichzeitig erhöhten sich die Ausgaben der GKV um 4,3% in den alten und 8,9% in den neuen Bundesländern.

KRANKENHÄUSER: Dem G.-Gesetz vorgeschaltet, verabschiedete der Bundesrat im März 1996 den Regierungsentwurf zur strikten Budgetierung der Krankenhausausgaben. Die Aufwendungen der GKV für Klinikleistungen stiegen 1990–1994 um 66% auf 74,2 Mrd DM. Dem Gesetz zufolge werden sie 1996 an den Zuwachs der Löhne im öffentlichen Dienst gebunden. Die Deutsche Krankenhausgesellschaft (Düsseldorf) wies darauf hin, daß die Kliniken so nicht finanzierbar seien. Ein weiterer Gesetzentwurf der Koalition

zur Neuregelung der Krankenhausfinanzierung sieht vor, daß ab 1997 ein Gesamtbudget für Kliniken auf Länderebene zwischen Kassen und Krankenhausgesellschaften ausgehandelt wird. Das Budget muß so gestaltet sein, daß die Beitragssätze stabil bleiben. 1996 verhandelten die GKV mit jeder Klinik einzeln über ein Budget.

DRITTE STUFE: Die dritte Stufe der G. ist der Koalition zufolge nötig, um das Krankheitsrisiko weiterhin auf hohem Niveau abzusichern. Allerdings müsse der einzelne mehr Eigenverantwortung und Kosten tragen, um den Bestand des solidarischen Absicherung langfristig zu gewährleisten. Mitte 1996 verabschiedete der Bundestag gegen die Stimmen der Opposition folgende Regelungen.

▷ Patienten müssen bei Arzneimitteln, Fahrtkosten, Krankenhausbehandlungen und Kuren höhere Zuzahlungen leisten. Die Eigenbeteiligung bei verordneten Medikamenten erhöht sich um jeweils 1 DM auf 4 DM für kleine, 6 DM für mittlere und 8 DM für Großpackungen. In den ersten 14 Tagen eines Klinikaufenthaltes steigen die Zuzahlungen von 12 DM auf 13 DM täglich, bei Kuren von 12 DM auf

Gesundheitsreform: Klinikkosten	
Bundesland	**Pflegesatz[1]/ Tag (DM)**
Hamburg	594
Bremen	509
Berlin	491
Niedersachsen	461
Saarland	454
Baden-Württemberg	450
Sachsen-Anhalt	443
Thüringen	440
Mecklenburg-Vorpommern	435
Schleswig-Holstein	435
Nordrhein-Westfalen	432
Sachsen	429
Hessen	425
Bayern	409
Rheinland-Pfalz	402
Brandenburg	386

1) Allgemeiner Satz 1995; Quelle: Verband der Privaten Krankenversicherung

Gesundheitsreform: Ausgaben[1]		
Bereich	Anstieg[2] (%)	
	West	Ost
Kuren	13,8	47,3
Krankengeld	13,3	27,7
Heil- und Hilfsmittel	9,3	12,4
Arzneimittel[3]	7,1	9,3
Zahnersatz	5,5	–3,6
Krankenhaus	3,6	7,1
Arzt	2,8	10,5
Zahnarzt	–0,4	6,2
Ausgaben gesamt	4,3	8,9

1) Der gesetzlichen Krankenversicherungen (GKV); 2) 1995 gegenüber 1994; 3) aus Apotheken; Quelle: Bundesgesundheitsministerium

25 DM pro Tag (Ostdeutschland: von 9 DM auf 20 DM)

▷ Die Kostenübernahme der GKV bei Zahnersatz (50–60%) entfällt für Patienten der Jahrgänge 1979 und jünger

▷ Der Zuschuß zum Brillengestell von 20 DM wird gestrichen

▷ Kuren werden von vier auf drei Wochen verkürzt, der Abstand zwischen zwei Kuren von drei auf vier Jahre erhöht. Je Kurwoche werden Arbeitnehmern zwei Urlaubstage angerechnet

▷ Die Beitragssätze der GKV werden gesetzlich eingefroren und 1997 um 0,4 Prozentpunkte gesenkt.

Ferner plante die Bundesregierung, daß die GKV ihren Leistungskatalog beibehalten, aber zusätzliche Elemente wie Sonderbeiträge für zusätzliche Leistungen und Tarife mit Selbstbeteiligung einführen können. Sie sollen Verträge individuell mit Anbietern ambulanter Leistungen aushandeln können (bisher bundesweit einheitlich), ausgenommen zentrale Punkte wie Arzneimittelbudgets. Die ambulante Behandlung und die Krankenhausfinanzierung sollen neu geregelt werden.

KRITIK: Die Opposition im Bundestag lehnte die Reformpläne ab, weil sie sich darauf beschränkten, den Versicherten zusätzliche Belastungen aufzubürden. Das System der solidarischen Absicherung werde ausgehöhlt. Nötig seien dagegen Anreize für wirtschaftlicheres Verhalten der Leistungsanbieter. Die beschlossenen Regelungen bedürfen nicht der Zustimmung durch den Bundesrat.

→ Arzneimittel → Krankenversicherungen → Sozialstaat

Gewalt

Mitte der 90er Jahre war die G.-Bereitschaft unter Jugendlichen und Kindern in Deutschland ein zentrales gesellschaftspolitisches Problem. Besorgnis erregte der Anstieg der Kinder- und Jugendkriminalität in Deutschland, der auf die hohe Jugendarbeitslosigkeit sowie die zunehmende Armut und Perspektivlosigkeit unter Jugendlichen und Heranwachsenden seit Ende der 80er Jahre zurückgeführt wurde.

KINDER- UND JUGENDKRIMINALITÄT: 1995 verzeichnete die polizeiliche Kriminalstatistik 116 619 Kinder (unter 14 Jahre) als Tatverdächtige (Veränderung gegenüber 1994: +16,5%). Die Zahl der tatverdächtigen Jugendlichen (14 bis unter 18 Jahre) stieg um 13,8% auf 254 329. Die Jugendlichen wurden insbes. folgender Straftaten verdächtigt: Ladendiebstahl (1995: 72 991 Straftaten), Diebstahl unter erschwerenden Umständen (38 405 Straftaten), Sachbeschädigung (31 669 Straftaten) und Körperverletzung (27 926 Straftaten).

FERNSEHEN: Eine Studie des Instituts für empirische Medienforschung (IFEM, Köln) im Auftrag der ARD/ZDF-Medienkommission untersuchte 1994 G. in von Kindern genutzten Fernsehsendungen. Das Institut kam zu dem Ergebnis, daß Kinder vor allem Unterhaltungs-G. konsumieren. G. in Informationssendungen sahen Kinder hauptsächlich in Boulevardmagazinen und Reality-TV-Ausstrahlungen. Da Kinder G. insbes. in Fiction und Cartoons wahrnahmen, schlossen die Wissenschaftler nicht aus, daß Kindern der reale Zusammenhang von G.-Intensität und G.-Folgen (Schäden) verlorengehen könne.

→ Jugend → Kriminalität → Rechtsextremismus → Schule

Gewerbesteuer

Abgabe von Unternehmen an die Gemeinden. Die G. wird auf das Kapital (nicht in Ostdeutschland) und auf den Ertrag von

Gewerbebetrieben erhoben. Jede Gemeinde legt einen Hebesatz fest. Wirtschaftsverbände kritisieren die G. als zusätzliche Steuerbelastung neben Körperschaft- bzw. Einkommensteuer und Vermögensteuer. Die Gewerbekapitalsteuer wird außerdem wie die Grundsteuer als Substanzsteuer erhoben, die die Unternehmen ohne Rücksicht auf ihre Ertragslage belastet. Mit einem Sparpaket plante die Bundesregierung 1996, die Gewerbekapitalsteuer vom 1. 1. 1997 an abzuschaffen und die Gewerbeertragsteuer zu senken. Durch den Wegfall der gewinnunabhängigen Besteuerung des Betriebsvermögens sollen kurzfristig Investitionsanreize geschaffen werden. Die Steuerentlastung der Unternehmen soll längerfristig ihre Wettbewerbsfähigkeit stärken.

AUSGLEICH: Die Abschaffung der Kapitalsteuer wird nach Angaben des Deutschen Städtetages zu Einbußen von 5 Mrd DM, die Senkung der Ertragsteuer zu weiteren 3,5 Mrd DM Einnahmeverlusten bei den Gemeinden führen. Zum Ausgleich plante die Bundesregierung eine Beteiligung der Kommunen am Mehrwertsteueraufkommen.

LÄNDERVERGLEICH: Eine Belastung der Unternehmen durch ertragsunabhängige Steuern besteht auch in anderen EU-Ländern. Während G. und Grundsteuer in Deutschland zusammen 1,7% des Bruttoinlandsprodukts ausmachen, liegt die Belastung in Luxemburg (2,4%), Großbritannien (2,3%) und Frankreich (1,8%) noch höher. In Portugal und Spanien ist die Belastung mit weniger als 0,2% am geringsten.
→ Gemeindefinanzen → Haushalte, Öffentliche → Steuern

Gewerkschaften

Vordringlichste Ziele der G. in Deutschland waren 1995/96 die Beschäftigungssicherung und die Schaffung neuer Arbeitsplätze. Zu diesem Zweck schlug IG-Metall-Chef Klaus Zwickel den Arbeitgebern Ende 1995 ein sog. Bündnis für Arbeit vor, mit dem die IG Metall auf einen Lohnzuwachs über der Inflationsrate verzichten wollte, sofern die Arbeitgeber neue Arbeitsplätze schafften. Weitere Vorschläge der G. zum Abbau der Arbeitslosigkeit galten der Ausweitung von Teilzeitarbeit und dem Überstundenabbau. Der DGB, die Deutsche Angestellten-Gewerkschaft, der Deutsche Beamtenbund und der Christliche Gewerkschaftsbund, verzeichneten 1995 einen Mitgliederrückgang, der u. a. auf die steigenden Arbeitslosenzahlen und die Unzufriedenheit mit die Politik der G. zurückgeführt wurde.
→ Arbeitszeit → Bündnis für Arbeit
→ Tarifverträge → [ORG] DGB

GIA → Islamische Heilsfront

Gibraltartunnel [KAR]

Von Spanien und Marokko geplanter Bahntunnel unter der Meerenge von Gibraltar, der Tarifa/Spanien und Tanger/Marokko verbinden soll. Der Warenverkehr zwischen Europa und Afrika soll durch das Projekt erleichtert werden. Anfang 1996 einigten sich die Regierungen Marokkos und Spaniens auf die Realisierung des 50 Mrd DM teuren Tunnels. Private Geldgeber sollen den G. finanzieren. Der Baubeginn ist für Ende 1997 vorgesehen. 28 km des 38,7 km langen G. sollen unter dem bis zu 400 m tiefen Meeresboden hindurchführen.

Der G. kann nicht unter der engsten Stelle der Meerenge (14 km) gebaut werden, weil hier die Meerestiefe bis zu 900 m beträgt. Der Tunnel soll aus zwei Röhren mit 7,5 m Durchmesser für den Bahnverkehr und einer kleineren für Telekommunikationsleitungen bestehen. Die Reisezeit zwischen Europa und Afrika wird nach Fertigstellung des G. 30 min betragen. 1996 dauerte die Schiffsüberfahrt über die Meerenge 1–2 h.

Giftalge

Tropische giftige Grünalge Caulerpa, deren starke Vermehrung Mitte der 90er Jahre das Ökosystem der Mittelmeerküsten bedrohte. 1984 gelangten G. vermutlich aus Aquarien des Ozeanographischen Museums in Monaco in das Mittelmeer. Von dort breitete sich die Alge, insbes. von Bootsankern übertragen, im westlichen Mittelmeer aus (u. a. italienische Riviera, Elba, Sizilien, Balearen). Die

Gibraltartunnel

La Línea de la Concepción
SPANIEN
Gibraltar (GB)
Tarifa
Straße von Gibraltar
Ceuta (Span.)
Tanger
MAROKKO
0   25 km
© Harenberg

Caulerpa-Form im Mittelmeer wächst stärker als die tropische und bildet bis zu 8000 Wedel und 230 m Wurzelgeflecht pro m² aus, die pflanzliches und tierisches Leben auf dem Meeresgrund ersticken. Mit Gift schützt sich die Alge vor Freßfeinden und zersetzenden Mikroorganismen. Die Algenteppiche vergiften Pflanzen und Tiere.

Girokonto

Nach einem Urteil des Bundesgerichtshofs (BGH, Karlsruhe) vom Mai 1996 dürfen Banken im Rahmen einer allgemeinen Preisregelung für G. auch besondere Einzelgebühren für Einzahlungen und Abhebungen verlangen. Es müssen jedoch pro Monat mindestens fünf Freiposten gewährt werden. Verschiedene Banken hatten in der Vergangenheit neben einer Grundgebühr für jede Barauszahlung eine spezielle Buchungsgebühr berechnet.
Etwa 500 000 Sozialhilfeempfänger und verschuldete Menschen in Deutschland haben Schwierigkeiten, ein G. zu eröffnen. SPD und Bündnis 90/Die Grünen forderten 1995, die Banken gesetzlich zu verpflichten, allen Antragstellern ein G. einzurichten. Die an die Banken gerichteten Empfehlungen des Zentralen Kreditausschusses zum G. für jedermann werteten Verbraucherschützer als unzureichend, weil sie rechtlich unverbindlich sind. In einigen Bundesländern sind die Sparkassen zur Kontoeröffnung für alle Antragsteller verpflichtet.
→ Banken → Schulden, Private

Glasfaserkabel

Zur Übertragung von Bild-, Text- und Tonsignalen geeignete Kabel, die aus feinen Glasröhrchen mit einem Kern aus hochreinem Glas (Durchmesser: 0,001–0,005 mm) bestehen. Über eine Glasfaser können bis zu 30 000 Telefongespräche gleichzeitig übertragen werden. In Deutschland, das 1996 weltweit über eines der dichtesten G.-Netze (Länge: rd. 90 000 km) verfügte, sollen G. bis ca. 2000 alle Kupferkabel ersetzen.
VORTEILE: Beim G. werden Informationen nicht durch elektronische Impulse, sondern mit Laserlicht übertragen. G. sind unempfindlich gegen magnetische Störungen und benötigen lediglich alle 36–50 km (transatlantische G.: 130 km) einen Signalverstärker (Kupferkabel: 4–5 km).
FLAG: Ein G. von rd. 30 000 km Länge soll ab 1997 Europa mit dem Nahen und Fernen Osten verbinden. Bei dem Projekt Flag (Fiber optic link around the globe, engl.; Glasfaserverbindung rund um den Globus), das rd. 1,5 Mrd Dollar kostet, werden die bis dahin längsten G. unterseeisch verlegt. Internationale Telefongesellschaften sollen Flag gegen eine Gebühr und eine Beteiligung an den Betriebskosten nutzen können.
→ Datenautobahn → Telekommunikation

Globalfunk

Satellitengestützter Fernmeldedienst, der drahtlose Telekommunikation von jedem Ort der Erde ermöglicht. Mit G., der von Bodenstationen unabhängig ist, können Regionen mit Telefon und Telefax versorgt werden, die nicht an ein Telefonnetz angeschlossen sind. Die Anbieter von G. gehen davon aus, daß bis 2000 weltweit rd. 100 Mio Menschen mobile Telekommunikation in Anspruch nehmen werden.
Verschiedene Firmenkonsortien planten 1996 G. Das Projekt Iridium unter der Leitung des US-Elektronikkonzerns Motorola mit Beteiligung der deutschen Veba soll ab Ende 1996 Verteilerstationen in Asien, Brasilien und Italien aufbauen. Für Iridium sollen 68 Satelliten in eine Umlaufbahn von 740 km Höhe gebracht werden. Das Projekt Globalstar plante 48 Satelliten, Inmarsat 15, Odessey zwölf und Teledesic des US-Softwareunternehmens Microsoft 840 Satelliten in die Erdumlaufbahn zu bringen. Es wird mit Investitionen von 30 Mrd DM gerechnet. Eine Minute Telefongespräch soll bei Iridium 4,50 DM, bei Globalstar ca. 1 DM kosten. Die mobilen Telefongeräte (sog. Handys) sollen rd. 4000 DM kosten. Die G.-Firmen arbeiteten an der Entwicklung eines computergestützten Übersetzungsdienstes, der Telefongespräche mit anderssprachigen Partnern in der eigenen Muttersprache ermöglicht.
→ Handy → Mobilfunk → Satelliten → Telekommunikation

Golf-Kooperationsrat → [ORG]

GPS → Satelliten-Navigation

GPS

Bei den Nationalratswahlen im Oktober 1995 büßte die Grüne Partei der Schweiz (GPS) fünf Sitze in den Kantonen Bern (2), Solothurn, Thurgau und Genf ein. Mit einem Stimmanteil von 5,0% und neun Sitzen blieb die ökologisch ausgerichtete Partei (Mitte 1996: 7000 Mitglieder) aber größte der kleinen Oppositionsparteien im Schweizer Parlament.

An der Parteispitze kam es nach dem Rücktritt der Präsidentin Verena Diener, die im April 1995 in den Regierungsrat des Kantons Zürich gewählt worden war, zu Personalwechseln: Im Juli 1995 wurde Hanspeter Thür zum neuen Präsidenten der GPS ernannt; Felix Wirz übernahm im Januar 1996 das Generalsekretariat.

Die GPS tritt für eine ökologische Steuerreform ein. Als Maßnahme gegen die Arbeitslosigkeit (Arbeitslosenquote der Schweiz Mitte 1996: 4,6%) forderte sie kürzere Arbeitszeiten und mehr Teilzeitarbeitsplätze. Sie verlangte, den LKW-Transitverkehr durch die Schweiz weiter einzuschränken und den Gütertransport von der Straße auf die Schiene zu verlagern. In der Europa-Politik vollzog die GPS einen Kurswechsel. Sie tritt nun für einen Beitritt zur Europäischen Union ein.

Greenpeace → [ORG]

Die Grünen
→ Bündnis 90/Die Grünen

GUS → [ORG]

H

Hacker

(to hack, engl.; knacken), mit ihrem PC dringen Hacker zumeist widerrechtlich in fremde Computer und Dateien ein. Mit der zunehmenden Vernetzung von Computern z. B. durch das weltumspannende Netz Internet nehmen die Computerstrafta-

ten weltweit zu. Die registrierten Zugriffe von Unbefugten auf die Datenbanken von Unternehmen stiegen 1994 gegenüber dem Vorjahr weltweit um rd. 100% auf ca. 2350 an. Auch Programme, die angeblich einen eingebauten Schutz vor H. besaßen, waren nicht vollkommen sicher. Der einzig sichere Schutz vor H. war nach Ansicht der Experten der Verzicht auf eine Vernetzung mit anderen Computern. Sie warnten u. a. davor, Bankgeschäfte mit dem PC über die Telefonleitung zu erledigen bzw. Kreditkartennummern über die Datenleitung weiterzugeben.

Daneben überwinden H. die Sicherheitscodes von Programmen, verkaufen die Informationen oder verbreiten Raubkopien und schleusen Computerviren in andere Rechner ein, die dort Programme zerstören können.

→ Computerviren → E-Cash → Internet

Hamas [TAB]

(arabisch; Begeisterung, zugleich Abk. für Harakat al-muqawama al-islamia, islamistische Widerstandsbewegung), 1967 gegründete, militante islamisch-fundamentalistische Organisation in Palästina, die von dem 1990 zu einer lebenslangen Haftstrafe verurteilten Scheich Ahmed Jasin angeführt wird. Ziel der H. ist es, Israel zu zerstören und einen islamischen Staat zu gründen. Im Gegensatz zur politisch gemäßigten Palästinensischen Befreiungsorganisation PLO lehnte H. das israelisch-palästinensische Autonomieabkommen von September 1993 ab. Der 1988 gegründete militärische Arm der H., die Issedin-al-Kassem-Brigaden, verübten bis 1996 zahlreiche Terroranschläge gegen Israel.

BOMBENTERROR: Im Januar 1996 wurde der H.-Bombenleger Jehija Ajasch bei einem Attentat getötet. Er galt als Konstrukteur zahlreicher Bomben, die in den Monaten zuvor insgesamt 50 israelische Zivilisten getötet hatten. Die Terrororganisation, die den israelischen Geheimdienst Mossad für den Anschlag auf Ajasch verantwortlich machte, rächte sich im Februar und März 1996 mit vier Bombenattentaten in Israel. Die Polizei im palästinensischen Autonomiegebiet nahm daraufhin mehrere hundert H.-Anhänger fest und verbot die bewaffneten Fundamentalisten-Gruppen.

→ Dschihad Islami → Hisbollah → Islam → Nahost-Konflikt → Palästinensische Autonomiegebiete → PLO

Handy [TAB]

(engl.; klein, handlich), kleines, tragbares Telefon für das drahtlose Telefonieren (sog. Mobilfunk), Faxen und Versenden von Daten. Mitte 1996 verfügten rd. 4 Mio Deutsche über ein H., bis 2000 wird mit ca. 13 Mio Nutzern gerechnet. Das Telefonieren mit einem H. ist über verschiedene Netze (C, D1, D2 und e plus) möglich. Sowohl die Netzbetreiber als auch sog. Provider (engl.; Anbieter) bieten sog. Freischaltkarten für H. an, mit denen das Telefonieren erst ermöglicht wird. Die Grund- und Telefongebühren der Anbieter variieren stark, Anfang 1996 existierten rd. 120 Tarife. Im Handel gab es 1995/96 Angebote, bei denen das H. zu Preisen ab 1 DM erhältlich war, der Kunde jedoch verpflichtet wurde, mit einem bestimmten Anbieter einen Vertrag zu schließen. Für die Kunden waren 1995 vor allem der Preis, die Reichweite des Netzes sowie Gewicht und Größe des H. bei der Kaufentscheidung von Bedeutung.

Mit je 1,6 Mio Teilnehmern hatten 1995 das D1-Netz (Betreiber: Deutsche Telekom) sowie das D2-Netz (Betreiber: Mannesmann) die größten Marktanteile. Das analoge C-Netz der Telekom nutzten rd. 600 000, das e plus-Netz (Betreiber: Thyssen) ca. 300 000.

Die Bundesanstalt für Arbeitsmedizin warnte Träger von Herzschrittmachern oder elektronischen Prothesen für Ohren, Arme und Beine vor der Benutzung eines H. Funktelefone arbeiteten im selben Frequenzbereich wie Prothesen. Daher könne

Hamas: Chronik des Terrors

Datum	Ereignis
6.4.1994	An einer Bushaltestelle in Afula tötet eine Bombe neun Menschen (rd. 50 Verletzte)
13.4.1994	Sechs israelische Zivilisten sterben bei einem Bombenanschlag in einem Linienbus in Hadera
9.10.1994	Hamas-Aktivisten töten in der Fußgängerzone von Jerusalem zwei Passanten (13 Verletzte)
14.10.1994	Fünf Menschen sterben beim Befreiungsversuch eines entführten israelischen Soldaten
19.10.1994	Eine Busbombe tötet in Tel Aviv 22 Menschen; Israel riegelt Gazastreifen und Westjordanland ab
25.12.1994	In Jerusalem sprengt sich ein Hamas-Aktivist in die Luft und verletzt 15 Menschen
9.4.1995	Bei zwei Selbstmordanschlägen auf jüdische Siedler im Gazastreifen sterben acht Menschen
25.2.1996	Bei einem Selbstmordanschlag auf einen Jerusalemer Stadtbus sterben 28 Menschen
25.2.1996	Ein Bombenanschlag auf eine Bushaltestelle in Aschkalon fordert zwei Tote und 31 Verletzte
3.3.1996	19 Menschen sterben bei einem Selbstmordattentat auf einen Stadtbus in Jerusalem
4.3.1996	Vor einem Einkaufszentrum in Tel Aviv tötet die Bombe eines Selbstmordattentäters 12 Menschen

Handy: Günstigste Anbieter in Deutschland

Netz	Wenig-Telefonierer[1]			Normal-Telefonierer[2]			Viel-Telefonierer[3]		
	Anbieter	Tarif	DM/Monat	Anbieter	Tarif	DM/Monat	Anbieter	Tarif	DM/Monat
D1	MobilCom	Privat prepaid	52,41	MobilCom	Privat prepaid	150,48	MobilCom	Profitarif 20	378,97
D1	MobilCom	Privat	66,50	MobilCom	direkt prepaid	156,24	debitel	Business Line[4]	397,17
D1	MobilCom	Ortstarif	73,48	MobilCom	Ortstarif	161,55	Mobilcom	Profitarif 10	405,22
D2	Drillisch	Dr. Illisch[5]	77,20	MobilCom	direkt prepaid	156,24	MobilCom	Profitarif 20	378,97
D2	MobilCom	direkt prepaid	79,12	MobilCom	Profitarif 20	169,92	debitel	Business Line[4]	397,17
D2	Talkline	Low Call Tarif I	83,80	MobilCom	Profitarif 10	170,04	MobilCom	Profitarif 10	405,22
e plus	e-plus serv.	Studententarif	48,08	MobilCom	Businesstarif[6]	112,27	Cellway	Bonus 240	282,71
e plus	MobilCom	Partnertarif[6]	50,48	MobilCom	Profitarif[6]	118,10	e-plus-serv.	Bonus 240	282,71
e plus	MobilCom	Profitarif[6]	57,75	e-plus serv.	Studententarif	124,98	Hutchison	Orange Bonus	282,71

1) Privatkunden, die max. 26 Gespräche für insgesamt 42 min/Monat führen und 80% abends telefonieren; 2) Privatkunden mit max. 62 Gesprächen im Monat, insgesamt 125 min, davon 40% abends; 3) Geschäftskunden mit max. 172 Gesprächen/Monat, insgesamt 326 min, davon 30% abends; 4) sekundengenau; 5) W. Nachtschwärmer; 6) prepaid; Stand: Mai 1996; Quelle: Focus, 17/1996

Handy: Internationale Nutzung			
Land	Handynutzer (%)[1]	Land	Handynutzer (%)[1]
Schweden	15,9	Österreich	3,5
Norwegen	13,7	Luxemburg	3,2
USA	13,0	Deutschland	3,1
Finnland	12,8	Irland	2,4
Dänemark	9,9	Niederlande	2,2
Japan	9,5	Portugal	1,9
Großbritannien	6,1	Griechenland	1,6
Schweiz	4,8	Frankreich	1,5
Italien	3,9	Belgien	1,3

Stand: 1995; 1) Anteil an der Bevölkerung; Quelle: Focus, 17/1996

es z. T. zu Funktionsbeeinträchtigungen durch H. kommen. Auch sollten H. beim Schlafen nicht in die Nähe des Kopfes gelegt werden, da die elektromagnetischen Wellen der Funktelefone, wie Untersuchungen der Universität Mainz zeigten, den Schlafrhythmus verändern und möglicherweise Störungen beim Lernen und Erinnern hervorrufen.
→ Elektro-Smog → Globalfunk → Mobilfunk → Telekommunikation

Hanf

Aus Asien stammende Pflanze, deren Kulturform Faser-H. zur Herstellung von Segeltuch, Seilen, Papier und Textilien geeignet ist. Im April 1996 wurde in Deutschland das Produktionsverbot für H. aufgehoben, das 1982 wegen des rauscherzeugenden Inhaltsstoffes Tetrahydrocannabinol (THC) erlassen worden war. Nach der Änderung des Betäubungsmittelgesetzes darf H. mit einem Gehalt bis zu 0,3% THC angebaut werden. Der H.-Anbau muß bei der Bundesanstalt für Landwirtschaft und Ernährung (Frankfurt/M.) angemeldet werden. Ein Verstoß gegen die Anzeigepflicht gilt als Ordnungswidrigkeit, die mit einer Geldbuße geahndet werden kann. Die Lockerung des Anbauverbots soll deutschen Bauern die Erschließung des Marktpotentials für H. ermöglichen. H. ist eine vielfältige Nutzpflanze, die in Zukunft vermehrt zur Herstellung von Textilien, Zellstoff, Papier, Spanplatten oder Katzenstreu genutzt werden soll. Er ist robust, wächst rasch und wird kaum von Schädlingen befallen. Das Hanfkraut lindert in der Medizin Schmerzen, dämpft Übelkeit und regt den Appetit an. H. gilt als umweltfreundlich, weil er ein nachwachsender Rohstoff ist und keine Pestizide benötigt. 1995 wurde der H.-Anbau von der EU mit 1500 DM pro Hektar bezuschußt. Größter Erzeuger war 1995 Frankreich, das auf 6000 ha H. anbaute.
→ Drogen → Nachwachsende Rohstoffe

Hausarbeit [TAB]

Der Zeitaufwand für unentgeltliche Arbeit lag Mitte der 90er Jahre allein in Westdeutschland mit 77 Mrd Stunden jährlich höher als der für bezahlte Tätigkeiten (48 Mrd Stunden). Zwei Drittel dieser Zeit entfielen auf H., der Rest auf ehrenamtliche Tätigkeiten. Erstmals wurde der Wert dieser unentgeltlich geleisteten Arbeit 1995 vom Statistischen Bundesamt (Wiesbaden) errechnet. Er belief sich mit 897 Mrd DM auf etwa 74% der Lohn- und Gehaltssumme. Frauen leisteten mit durchschnittlich fünf Arbeitsstunden pro Tag etwa doppelt soviel Arbeit ohne Bezahlung wie Männer. Besonders stark belastet waren berufstätige Frauen, die zugleich Kinder versorgten. Sie verrichteten täglich 5:26 h lang H., während Männer im Schnitt nur rd. 1:20 h im Haushalt tätig waren. Der Deutsche Hausfrauenbund (Bonn), eine Vereinigung für die Rechte der im Haushalt Tätigen, nahm die Studie des Statistischen Bundesamts zum Anlaß, erneut die Sozialversicherungspflicht für Hausfrauen und -männer zu fordern, damit sie z. B. einen eigenen Rentenanspruch erwerben.
→ Frauen → Geringfügige Beschäftigung

Hausarbeit: Zeitaufwand von Männern und Frauen				
Arbeitsbereich	Zeitaufwand (h:min)[1]			
	Ehemann		Ehefrau	
	ohne Kind	1 Kind	ohne Kind	1 Kind
Essen kochen	0:23	0:21	1:17	1:23
Wäsche	0:01	0:02	0:34	0:42
Einkäufe	0:11	0:11	0:23	0:25
Kinder	–	0:29	–	1:09
Insgesamt	1:39	1:26	3:46	3:59

1) In Westdeutschland 1992; Quelle: Statistisches Bundesamt (Wiesbaden)

Haushalte, Öffentliche

GRA TAB GLO

Einnahmen und Ausgaben der Gebietskörperschaften in einem Staat (in Deutschland: Bund, Länder, Gemeinden) sowie der Sozialversicherungen. Bei Berechnungen werden selbständige Sondervermögen (z. B. Fonds Deutsche Einheit) mitberücksichtigt, die außerhalb der offiziellen Haushalte geführt werden. Die Gesamtverschuldung der H. in Deutschland stieg 1996 auf 2,1 Bio DM. Die Ausgaben im Bundeshaushalt sollen 1997 um 2,5% auf 440,2 Mrd DM sinken.

BUNDESHAUSHALT: Gegenüber 1995 sank der Bundeshaushalt 1996 zwar um 5,8%, unter Berücksichtigung der Umstellung des Kindergeldes von einer Sozialleistung auf eine Steuervergütung beträgt der reale Rückgang jedoch nur 1,4%. Wie 1995 betrug auch 1996 die Neuverschuldung des Bundes rd. 60 Mrd DM (1997 geplant: 56,5 Mrd DM). Die Gesamtsumme aller Schulden des Bundes einschließlich Sondervermögen war Ende 1995 auf 1,3 Bio DM angewachsen.

LÄNDERHAUSHALTE: Der Finanzplanungsrat hatte den Ländern für 1996 eine Haushaltssteigerung von höchstens 3% empfohlen. Diese Vorgabe wurde eingehalten. Die deutschen Bundesländer planten für 1996 Ausgaben von 484 Mrd DM (1995: 472 Mrd DM). 1995 betrug das Finanzierungsdefizit der Länder 45,7 Mrd DM, die Schuldenlast 510 Mrd DM.

HAUSHALTSSPERRE: Im März 1996 verhängte der Bundesfinanzminister ange-

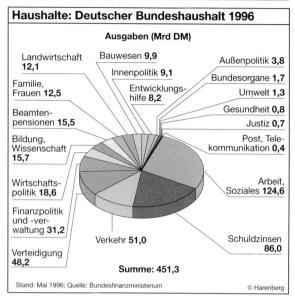

Haushalte: Deutscher Bundeshaushalt 1996

Ausgaben (Mrd DM)

- Landwirtschaft 12,1
- Bauwesen 9,9
- Innenpolitik 9,1
- Außenpolitik 3,8
- Bundesorgane 1,7
- Familie, Frauen 12,5
- Entwicklungshilfe 8,2
- Umwelt 1,3
- Beamtenpensionen 15,5
- Gesundheit 0,8
- Justiz 0,7
- Bildung, Wissenschaft 15,7
- Post, Telekommunikation 0,4
- Wirtschaftspolitik 18,6
- Arbeit, Soziales 124,6
- Finanzpolitik und -verwaltung 31,2
- Verteidigung 48,2
- Verkehr 51,0
- Schuldzinsen 86,0

Summe: 451,3

Stand: Mai 1996; Quelle: Bundesfinanzministerium   © Harenberg

Öffentliche Haushalte: Entwicklung in Deutschland 1992–1995

Haushalt	1992 (Mrd DM)		1993 (Mrd DM)		1994 (Mrd DM)		1995 (Mrd DM)[1]	
	Einnahmen	Ausgaben	Einnahmen	Ausgaben	Einnahmen	Ausgaben	Einnahmen	Ausgaben
Bund[2]	398,4	431,7	401,0	462,0	439,0	478,5	439,0	489,5
Westdeutsche Bundesländer	334,9	353,0	342,0	368,5	347,0	373,0	354,0	388,0
Ostdeutsche Bundesländer	75,2	88,2	80,5	96,0	83,5	100,0	92,5	105,5
Westdeutsche Gemeinden[3]	241,4	250,8	252,5	261,5	259,0	264,5	255,5	268,0
Ostdeutsche Gemeinden[3]	57,4	64,9	63,0	67,5	61,5	67,5	66,5	68,5
Bund, Länder, Gemeinden[4]	959,0	1069,5	989,5	1122,0	1054,5	1159,0	1085,0	1195,5
Sozialversicherungen	621,0	628,8	672,5	669,0	706,0	705,0	743,0	754,5
Öffentliche Haushalte[5]	1502,8	1621,1	1564,0	1693,0	1666,0	1770,0	1735,5	1857,5

1) Teilweise geschätzt; 2) inkl. Sondervermögen; 3) inkl. kommunale Zweckverbände; 4) Summe ohne Zahlungen von Bund, Ländern und Gemeinden untereinander; 5) Summe ohne Zahlungen von Bund, Ländern und Gemeinden an die Sozialversicherungen; Quelle: Deutsche Bundesbank

---

sichts gesunkener Steuereinnahmen eine Haushaltssperre. Die Ministerien dürfen Verwaltungsausgaben über 500 000 DM, Zuschußzahlungen ab 1 Mio DM und Investitionen über 5 Mio DM nur noch mit Zustimmung des Finanzministers tätigen.

STEUERSCHÄTZUNG: Für 1996 wurde ein Wirtschaftswachstum von 0,75% und eine Arbeitslosenzahl von 4 Mio erwartet. Bund, Länder und Gemeinden nahmen dadurch weniger Steuern ein. Die amtliche Steuerschätzung vom Mai 1996 sagte gegenüber der Schätzung vom Oktober 1995 Mindereinnahmen in Höhe von 21,7 Mrd DM für 1996 und 66,5 Mrd DM für 1997 vorher. 1996/97 werden demnach der Bund 41,8 Mrd DM und die Länder 36,3 Mrd DM weniger Steuern als erwartet erhalten.

SPARPAKET: Die Bundesregierung legte im April 1996 ein Programm vor, mit dem vom 1.1.1997 an im Bundeshaushalt 25 Mrd DM und weitere 24 Mrd DM bei den Sozialversicherungen eingespart werden sollten. Das Sparpaket sah die Kürzung der Lohnfortzahlung im Krankheitsfall und eine stufenweise Heraufsetzung des Rentenalters vor. Die Vorhaben wurden von der SPD, Bündnis 90/Die Grünen und den Gewerkschaften als sozial unausgewogen kritisiert.

GESETZGEBUNG: Die steuerpolitischen Maßnahmen des Sparpakets wurden zu einem großen Teil in den Entwurf des Jahressteuergesetzes 1997 aufgenommen, das Ende 1996 verabschiedet werden soll. Für andere Maßnahmen sind besondere Gesetze erforderlich. Einzelne Teile des Sparpakets (z. B. zum Kindergeld) bedürfen der Zustimmung des Bundesrats, der im Mai 1996 seinen Widerstand gegen geplante finanzielle Belastungen ankündigte. Es wurde damit gerechnet, daß es 1996 zu einer scharfen politischen Auseinandersetzung um die Sparpläne kommt und nicht alle Beschlüsse durchgesetzt werden können. Alternativkonzepte sahen eine ökologische Steuerreform, eine Vermögensabgabe und Fördermaßnahmen für Existenzgründer vor.

KOMMUNALE ALTSCHULDEN: Zwischen dem Bund sowie den ostdeutschen Ländern und Gemeinden war 1996 strittig, wer die kommunalen Altschulden aus der ehemaligen DDR zu tragen hat, die sich bis Ende 1996 inkl. Zinsen auf 8,7 Mrd DM beliefen. Als Lösung zeichnete sich ab, daß beide Seiten die Hälfte übernehmen.
→ EU-Haushalt → Gemeindefinanzen → Öko-Steuern → Sozialabgaben → Staatsverschuldung → Steuern → Subventionen → Wirtschaftsförderung Ost

---

Öffentliche Haushalte: Sparpaket 1996

Die Pläne der Bundesregierung vom April 1996 sahen folgende steuerpolitische Maßnahmen sowie Einsparungen im Haushalt und in der Sozialversicherung vor:

ARBEITSLOSENGELD: Die Bezugsdauer für ältere Arbeitslose soll gekürzt werden.

EINKOMMENSTEUER: Bis 1999 soll eine Steuerreform beschlossen werden, die die Steuer vereinfacht, die Steuersätze senkt und Steuerbegünstigungen abschafft.

EINSPARUNGEN: In den verschiedenen Haushaltsplänen sollen 7 Mrd DM gekürzt werden.

KINDERGELDERHÖHUNG: Die für 1997 bereits beschlossene Erhöhung auf 220 DM soll bis 1998 verschoben werden. Auch der Kinderfreibetrag und das steuerfreie Existenzminimum sollen vorläufig nicht steigen.

KRANKENVERSICHERUNG: Die Beitragssätze sollen ab 1. 1. 1997 um 0,4% sinken. Die Leistungen sollen gekürzt, das Krankengeld um 10% verringert werden. Die Zuzahlung bei Medikamenten soll um 1 DM pro Packung steigen, der Kassenzuschuß für Brillengestelle wegfallen. Wer am 1. 1. 1997 noch nicht 18 Jahre alt ist, wird später keinen Zuschuß für Zahnersatz erhalten.

KÜNDIGUNGSSCHUTZ: Er soll nur noch in Betrieben mit mehr als zehn (bisher fünf) Arbeitnehmern gelten.

KUREN: Die Kurausgaben sollen um 1,8 Mrd DM gekürzt werden. Je Kurwoche werden zwei Urlaubstage angerechnet. Die tägliche Zuzahlung steigt von 12 auf 25 DM (Westen) bzw. 20 DM (Osten).

LOHNFORTZAHLUNG: Bei Krankheit wird nur noch 80% des Entgelts bezahlt, ersatzweise Anrechnung eines Urlaubstags für fünf Krankheitstage. Die Regelung kann zunächst nur dort gelten, wo die Lohnfortzahlung nicht durch Tarifvertrag geregelt ist (20% der Arbeitsverhältnisse).

NULLRUNDE: Für den öffentlichen Dienst strebte die Bundesregierung 1996 eine Nullrunde für Arbeiter, Angestellte und Beamte an.

RENTENVERSICHERUNG: Das Rentenzugangsalter soll stufenweise für Männer und Frauen auf 65 Jahre steigen. Ausbildungszeiten werden nur noch für drei Jahre anerkannt. Ende 1997 soll eine Reform des Rentenrechts beschlossen werden.

SOLIDARITÄTSZUSCHLAG: Zur Finanzierung des Abbaus des Solidaritätszuschlags ab 1997 verlangt der Bund von den Ländern 1,2% ihres Mehrwertsteueraufkommens 1997 und 1,5% im Jahr 1998.

Heizung [TAB]

Seit 1996 wird in Deutschland bei Kauf und Bau von selbstgenutzten Wohnungen der Einbau von Solaranlagen, Wärmepumpen und Anlagen zur Wärmerückgewinnung sowie der Bau von Niedrigenergiehäusern acht Jahre mit bis zu 900 DM/ Jahr staatlich gefördert.

ZULAGEN: 2% der Kosten für den Einbau von Energiesparanlagen werden jährlich erstattet, höchstens jedoch 500 DM. Für ein Haus, dessen Wärmebedarf um 25% unter den Anforderungen der seit 1995 geltenden Wärmeschutzverordnung (54–100 kWh/m^2 durchschnittlicher Verbrauch) liegt, werden zusätzlich 400 DM gezahlt. Mit zinsverbilligten Krediten (1996–2001: rd. 5 Mrd DM) fördert der Bund in Westdeutschland Energiesparmaßnahmen bei Altbauten, im Höchstfall bis zu 300 DM/m^2 Wohnfläche.

ENERGIESPAREN: Neben dem Wärmeschutz durch bessere Dämmung und passive Nutzung der Sonnenenergie sind folgende Sparmaßnahmen sinnvoll:

▷ Kombi-Heizanlage, die neben Strom auch Wärme erzeugt (sog. Kraft-Wärme-Kopplung)

▷ Moderne Heizkessel: Niedrigtemperaturkessel erlauben die Absenkung der Temperatur innerhalb des Kessels, weil dessen Doppelwände die Entstehung von Kondenswasser verhindern. Mit Erdgas befeuerte Brennwertkessel entziehen den Abgasen Dampf, der bei der Verbrennung entsteht, und Wärme (Brennstoffeinsparung: 25%). Ab 1995 gelten verschärfte Grenzwerte für Abwärme und Schadstoffausstoß bei Gas- und Öl-H.

▷ Wärmepumpe, die Restwärme von Wasser, Luft und Erde als Energiequelle nutzt

▷ Wohnungslüftung mit Wärmerückgewinnung. Feuchte, verbrauchte Innenluft wird nach Wärmeentzug ab-, frische Außenluft zugeleitet.

Deutsche Haushalte wandten Mitte der 90er Jahre zwei Drittel ihres Energieverbrauchs für die H. auf. 35% des Kohlendioxid- und 5% des Stickoxid-Ausstoßes stammten aus Gebäude-H.

→ Energieverbrauch → Erdgas

Heizung: Energieträger

Quelle	Menge	kJ[1]
Motorenbenzin	kg	43 543
Diesel	kg	42 705
Heizöl (schwer)	kg	41 031
Heizöl (leicht)	kg	40 910
Erdgas	m^3	31 736
Steinkohlenbriketts	kg	31 401
Braunkohlenbriketts	kg	19 470
Stadtgas	m^3	15 994
Brennholz	kg	14 654
Brenntorf	kg	14 235
Strom	kWh	3 600[2]

1) 1 kJ = 0,238 kcal; 2) Umwandlungsbilanz beim Endenergieverbrauch, Quelle: Arbeitsgemeinschaft Energiebilanzen

Hepatitis [GLO]

Leberentzündung mit Schädigung und Funktionseinschränkungen der Leberzellen, die abhängig vom Erregertyp in unterschiedlichen Formen auftritt und zu Leberzerstörung (Zirrhose) und Leberkrebs führen kann. Die Ansteckung erfolgt entweder über mit Fäkalien verunreinigtes Wasser und Lebensmittel oder über Blutkontakte. Die Typen A, B und C hatten 1995 weltweit die größte Verbreitung.

TYP A: Nur etwa ein Viertel der an Typ A Erkrankten verspürt Symptome wie Druck unter dem rechten Rippenbogen, Ekel vor Fett und Gelbfärbung der Haut.

Hepatitis: Erregerarten

TYP A: Orale Übertragung des Virus durch verunreinigtes Wasser oder Essen; Ausheilung in 4 bis 8 Wochen; Nachweistest, aktive und passive Impfung möglich.
TYP B: Ansteckung durch Blut- und Sexualkontakte; infektiös sind neben Blut auch Sperma, Speichel und Vaginalsekret; chronischer Krankheitsverlauf bei 10% der Fälle; Nachweistest und Impfung möglich.
TYP C: Übertragung durch Blutkontakte, v. a. durch Bluttransfusionen und verunreinigte Spritzen, selten durch Organtransplantationen; Dialyse und Geschlechtsverkehr; chronische Spätfolgen wie Leberzirrhose und Leberkrebs bei ca. 80% der

Fälle; Nachweistest möglich, keine Impfung.
TYP D: Übertragung durch Blutkontakte; in Deutschland selten, Verbreitung v. a. im Mittelmeerraum, Nahen und Mittleren Osten sowie in Südamerika; tritt nur gemeinsam mit Typ B auf und führt als Doppelinfektion zu schweren Krankheitsbildern mit hoher Sterblichkeit; Impfung möglich.
TYP E: Orale Ansteckung; Verbreitung v. a. in der Dritten Welt; tödlicher Krankheitsverlauf in ca. 2%, bei Schwangeren in 20% der Fälle; keine Impfung.
TYP X (NON A-G): Unbekannter Erreger; tritt bei 10% der H.-Patienten auf.

Die sechs bis 42 Tage nach der Ansteckung ausbrechende Krankheit heilt i. d. R. von selbst, wird nie chronisch und ist nur selten tödlich. In Deutschland wurden 1995 rd. 6500 H.-Typ-A-Erkrankungen gemeldet, die meisten infizierten sich während eines Auslandsaufenthalts.

TYP B: Bis zu 6,5 Mio Menschen sterben nach Schätzungen der Weltgesundheitsorganisation (WHO, Genf) weltweit jährlich an den Folgen der v. a. durch Blut übertragenen Infektion mit H. Typ B. Afrika und Südostasien waren 1995 mit 12% bzw. 10% der Bevölkerung am stärksten von der Seuche betroffen, aber auch in westlichen Ländern warnten Experten vor einer beginnenden Epidemie und forderten eine Impfkampagne. 1995 nahm in Deutschland die Zahl der H.-Typ-B-Meldungen gegenüber dem Vorjahr um 17% zu. Etwa ein Drittel der jährlich 50 000 Neuinfektionen steckten sich während eines Auslandsaufenthaltes an. Zu den weiteren Risikogruppen gehörten Drogenabhängige, die verunreinigte Injektionsnadeln benutzen, und medizinisches Personal.

TYP C: Die Infektion mit dem seit 1988 bekannten, durch Blut übertragenen Erreger C verläuft in rd. 50% der Fälle chronisch, etwa 80% der Betroffenen entwickeln bleibende Leberschäden. Virologen schätzten 1995 die Zahl der Infizierten in Deutschland auf rd. 700 000. Die Ansteckungsquelle blieb bei 50% der Fälle ungeklärt. Als Ursache wurde die mangelnde medizinische Hygiene der 60er Jahre vermutet. 1996 stand nur ein Medikament, Interferon alpha, gegen Typ C zur Verfügung. Einen vorbeugenden Impfschutz gab es nicht.

Hermes-Bürgschaften [TAB]

Staatliche Risikoabsicherung von Exportgeschäften durch die Hermes-Exportkredit-Versicherung. Die Einrichtung zur Förderung des deutschen Außenhandels machte seit 1982 Defizite. 1995 sank das Defizit auf ein Drittel (1,5 Mrd DM), nachdem eine Gebührenreform den Eigenbeitrag der deutschen Firmen nach Länderrisiken neu gestaffelt hatte. Insgesamt übernahm der Bund 1995 die Deckung für Auftragswerte von 33,4 Mrd DM. Der Anteil am deutschen Gesamtexport (1995: 729 Mrd DM) betrug 4,6%.

EXPORTFÖRDERUNG: H. werden v. a. für Ausfuhren in die Entwicklungsländer beantragt, insbes. in Asien. Mit zusammen 7,2 Mrd DM führen China, Indonesien und Thailand die Liste der umsatzstärksten Länder an. Entwicklungshilfe-Organisationen kritisierten, daß bei der Vergabe der H. nicht auf entwicklungspolitische Ziele geachtet werde. Indirekt würden H. zur Verschuldung der Dritten Welt beitragen, da der Bund ausstehende Summen auf die Entwicklungshilfe anrechnen.

MITTEL- UND OSTEUROPA: Neue H. für Exporte nach Osteuropa und Rußland waren 1995 stark rückläufig. Die Hauptursache besteht darin, daß diese Länder die als Deckungsvoraussetzung verlangten Staatsgarantien nur zögernd vergeben haben. Im Mai 1996 wurden die Eigenbeiträge der deutschen Exportfirmen bei H. im Rußland-Geschäft um 25% gesenkt.

SCHADENAUFWAND: Mit einer Gesamtbelastung von 3,7 Mrd DM hat sich der Schadenaufwand 1995 gegenüber dem Vorjahr halbiert. Allein 2 Mrd DM entfielen auf Geschäfte mit Abnehmern in Ländern der früheren Sowjetunion. Diese Entschädigungszahlungen wurden durch Umschuldungsabkommen geregelt, so daß sie zu einem späteren Zeitpunkt in den Bundeshaushalt zurückfließen werden.
→ Außenwirtschaft → Entwicklungspolitik → Schuldenkrise

Herz-Kreislauf-Erkrankungen

Mitte der 90er Jahre waren Herzinfarkt, Schlaganfall, Hirnschlag, Gefäßerkrankungen im Gehirn und an den Nieren sowie weitere H. in Deutschland die häu-

Hermes-Bürgschaften: Neugedeckte Exporte[1]

Jahr		Zielländer		
	OPEC	Mittel- und Osteuropa	Entwicklungs-länder	Industrieländer
1990	6,6	4,3	10,8	5,0
1991	8,9	11,2	13,3	4,4
1992	11,1	11,8	12,8	3,5
1993	4,5	8,1	17,5	3,6
1994	6,0	4,4	19,5	3,5
1995	5,4	2,9	21,4	3,7

1) Mrd DM; Quelle: Hermes-Kreditversicherungs-AG

figste Todesursache vor Krebs. 274 000 Menschen erleiden der Deutschen Herzstiftung (Frankfurt/M.) zufolge jährlich einen Infarkt. Nur jeder zweite Patient überlebt die Attacke. Rauchen, Streß, Schlaf- und Bewegungsmangel sowie Fehlernährung galten als wichtigste Risikofaktoren. Neue Forschungsergebnisse stellten 1995/96 die bisherige Annahme in Frage, wonach verengte oder verschlossene Herzkranzgefäße die Hauptverursacher von Herzinfarkten seien.

LIPID-SEEN: Beobachtungen an Patienten, die trotz blockierter Blutgefäße ohne Herzbeschwerden weiterlebten, ließen Wissenschaftler 1995 nach anderen Ursachen suchen. Weitaus gefährlicher als die fett- und kalkhaltigen Ablagerungen in den Gefäßen seien kleine, mit Fettmolekülen (Lipiden) gefüllte Seen, die durch eine dünne Bindegewebsschicht vom vorbeifließenden Blut getrennt sind. Reißt die poröse Schicht, ergießen sich die Fette in das Blutgefäß und verursachen lebensbedrohliche Blutgerinnsel.

GENTHERAPIE: Das Max-Planck-Institut für physiologische und klinische Forschung (Bad Nauheim) entwickelte 1996 eine neue Behandlungsmethode für Patienten, die aufgrund verkalkter Arterien herzinfarktgefährdet sind. Mit Hilfe eines Katheters werden Wachstumsgene in die Arterienwand eingeschleust. Sie fördern die Bildung von neuen, unverstopften Gefäßen, die, einem künstlichen Bypass vergleichbar, den Bluttransport übernehmen sollen. US-Mediziner führten 1995 erfolgreiche gentherapeutische Tests an Beinarterien durch. Die Anwendung an Herzarterien stand bis Mitte 1996 noch aus.

NEUES MEDIKAMENT: Die Universität Leuven/Belgien erprobte 1995 das neue Herzpräparat Staphylokinase, das innerhalb von 10 bis 20 min nach einem Herzinfarkt das gefäßverschließende Blutgerinnsel in der Herzkranzarterie auflösen soll. Gegenüber den bislang verabreichten Medikamenten, die erst nach 40–60 min wirken, verbessert die Substanz die Erholungschancen der Patienten. Sie kann aber wegen der Bildung von Antikörpern im Organismus nur einmal verabreicht werden.

→ Ernährung → Rauchen

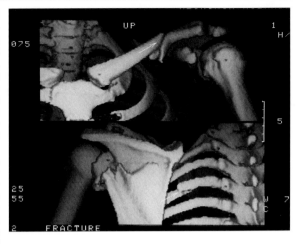

High-Tech-Medizin BILD

engl.; Hochtechnologie-Medizin, Bezeichnung für computerunterstützte Diagnose- und Therapieverfahren. H. soll Diagnose- und Behandlungsmöglichkeiten sowie den Informationsaustausch unter den Ärzten über einzelne Fälle verbessern. Mitte der 90er Jahre wurden nach den USA auch in Europa einzelne H.-Verfahren angewendet:

▷ In Karlsruhe fanden Experimente zu Teleoperationen statt, bei denen Chirurgen räumlich getrennt vom Patienten operieren, so daß Spezialisten auch Patienten weit vom Praxisort entfernt behandeln können. Ein Computer zeigt das dreidimensionale Röntgenbild des Patienten. Der Chirurg bedient nach diesem Bild einen Schalthebel (Joystick), mit dem die Operationsinstrumente ferngesteuert werden

▷ Ein computergesteuertes Skalpell entfernte erstmals 1993 in Lausanne/Schweiz zwei Patienten je eine Zyste aus dem Kopf. Die üblicherweise zweistündige Operation führte der Roboter in 40 min durch. Abweichungen vom vorausberechneten Ziel lagen bei 0,3 mm (Chirurg minimal: 1 mm)

▷ Sog. Robodocs, umgebaute Industrieroboter, pflanzen Hüftprothesen mit größerer Präzision ein als Chirurgen. Während von Chirurgen implantierte

Dreidimensionale Rekonstruktion von Knochenstrukturen aus Computer-Tomographie-Schnittbildern: Schlüsselbeinbruch (oben), Rippenbruch (unten)

Prothesen häufig lediglich zu 20% den umliegenden Oberschenkelknochen berühren, erzielt der Robodoc eine Berührung von 95%, was die Stabilität des Kunstgelenks erhöht

▷ Patientendaten inkl. Röntgen- und Mikroskopaufnahmen werden in mehreren europäischen Ländern digitalisiert gespeichert und sind jederzeit für andere Kliniken und niedergelassene Ärzte abrufbar. Komplizierte Fälle können fernmedizinisch diskutiert werden. Für den Patienten belastende Doppeluntersuchungen entfallen. Langfristig ist der Aufbau solcher Informationssysteme z. B. innerhalb von Kliniken und Krankenversicherungen geplant. Auf diese Weise soll eine effektivere Speicherung, Weitergabe und Verwaltung von Patientendaten ermöglicht werden.

ZUKUNFTSVISIONEN: In Bonn arbeiteten 1995/96 Neuroinformatiker an einer lernfähigen Netzhautprothese, einem Chip, der z. B. Netzhautstörungen bei Blinden überbrücken soll. Damit sollen einfache Wahrnehmungen wie das Erkennen von Türen möglich sein. Am Max-Planck-Institut für Biochemie (München) entwickelten Membran- und Neurophysiker Prothesen, die mittels eines Siliziumchips mit Nervengewebe verbunden werden sollen. Befehle des Gehirns sollen an die Prothese wie an natürliche Gliedmaßen weitergeleitet werden, die Prothese soll reagieren.

→ Chip → Chirurgie, minimal invasive

Hisbollah

(arab.; Partei Gottes), radikale Partei und militärische Organisation islamischer Fundamentalisten. Die proiranische H. unter Generalsekretär Hassan Nasrallah verfügt über zwölf Sitze im libanesischen Parlament (Wahl von 1992) und 4000 bewaffnete Kämpfer. Die 1982 während der israelischen Invasion im Libanon entstandene Organisation besteht aus Schiiten, Anhängern der kleineren der beiden Hauptkonfessionen des Islam. Zu den Zielen der H., die 1975–91 am libanesischen Bürgerkrieg beteiligt war, gehören die Errichtung eines islamischen Gottesstaates im Libanon nach dem Vorbild des Iran und die Zerstörung Israels. 1995/96 plante die H., den Friedensprozeß zwischen Israel und seinen arabischen Nachbarn durch verstärkte Angriffe scheitern zu lassen. Als Vergeltung für H.-Raketenangriffe auf den Norden Israels begann Tel Aviv im April 1996 mit der Bombardierung von Beirut und Zielen im Südlibanon. Die 16 Tage andauernden Kämpfe forderten über 150 Todesopfer, 400 000 Bewohner der Grenzregion befanden sich auf der Flucht. Einer der H.-Führer, Said Harb, wurde im November 1995 von einer Autobombe getötet. Für den Anschlag machte die H. Israel verantwortlich.

→ Dschihad Islami → Hamas → Islam → Nahostkonflikt → PLO → ⯐LAND⯑ Libanon → ⯐LAND⯑ Israel

Hochgeschwindigkeitszüge

⯐DOK⯑ ⯐TAB⯑

Mitte der 90er Jahre planten weltweit Staaten Schnellbahnnetze, um den steigenden Verkehr aufzunehmen. Über 200 km/h schnelle komfortable Züge sollen eine umweltschonende Alternative zum Auto- und Luftverkehr bieten. Ab 1998 wird der siebenteilige ICT (InterCity-Triebwagen) mit Neigetechnik an die Deutsche Bahn ausgeliefert.

IC-GENERATIONEN: Die Neigetechnik des ICT ermöglicht seinen Einsatz mit hohen Geschwindigkeiten im InterCity-Verkehr auch auf bestehenden, oft kurvenreichen Strecken. Der Bau teurer, gerader Neubaustrecken wird somit vermieden. Der ICE mit zwei Triebköpfen an den Enden verkehrt in Deutschland mit bis zu 280 km/h seit 1991. Der ICE 2 soll ab 1997 in Dienst gestellt werden. Er ist halb so lang wie der ICE und hat nur einen Triebkopf. Bei Bedarf können zwei Züge gekoppelt werden. Der ICE 2/2 soll ab 1998 ausgeliefert werden. Die 50 Einheiten sind Triebwagenzüge, bei denen die Antriebsmotoren

Hochgeschwindigkeitszüge: Rekordfahrten		
Zug/Land	Geschwindigkeit (km/h)	Jahr
TGV/Frankreich	515	1990
Shinkansen/Japan	413	1993
ICE/Deutschland	407	1988

Hochgeschwindigkeitszüge: ICE-Modelle

Modell	Antrieb	Wagen	Plätze	Länge (m)	Tempo (km/h)	Inbetrieb-nahme (Jahr)
ICE 1	2 Triebköpfe	12	649	358	280	1991–93
ICE 2	1 Triebkopf	7	368	205	280	1997/98
ICE 2/2	Triebwagen[1]	8	368	200	330	1998–2000
ICT	Neitech-Triebwagen[2]	7	374	184	230	1998/99

1) Zwei Fahrmotoren pro Wagen; 2) Mit Neigetechnik für schnelle Kurvenfahrten; Quelle: Deutsche Bahn AG (Frankfurt/M.)

unter dem Zug verteilt sind. Der Zug wird dadurch leichter und schneller. Er kann im Unterschied zu den Vorläufer-ICE auch französische Schienen befahren, weil seine Achslast unter 17 t beträgt. Die Zahl der ICE/ICT soll von 60 (Mitte 1996) auf 154 im Jahr 2000 wachsen.

AUSLAND: In Frankreich ist der TGV (Train à Grande Vitesse, franz.; Hochgeschwindigkeitszug) seit 1981 im Einsatz und verkehrt mit bis zu 300 km/h auf Hochgeschwindigkeitsstrecken, die eigens für seinen Einsatz gebaut wurden. 1996 plante die französische Bahngesellschaft SNCF den Einsatz von TGV mit Neigetechnik. Der Ausbau des Schnellbahnnetzes kann beschleunigt werden, weil das bestehende Schienennetz genutzt wird.

EXPORT: Um Aufträge bis 20 Mrd DM konkurrierten der französische TGV, der deutsche ICE (InterCityExpress), der japanische Shinkansen (japanisch; Geschoß, seit 1964 in Betrieb) und der schwedische Neigezug X-2000. 1996 setzte sich ein französisch-kanadisches Konsortium mit Beteiligung des TGV-Herstellers GEC-Alsthom bei der Lieferung von zunächst 12 H. in die USA gegen die deutschen ICE-Produzenten

durch. Die Züge sollen zwischen Washington D. C., New York und Boston eingesetzt werden. Die deutsche Bahnindustrie konnte 1995 erstmals einen ICE ins Ausland verkaufen. Die Niederländischen Staatsbahnen bestellten sechs Triebwagenzüge vom Typ ICE 2/2, die ab 1999 insbes. auf der Schnellfahrstrecke Amsterdam–Köln–Frankfurt/M. verkehren sollen.

EUROPÄISCHES SCHNELLBAHNNETZ: In Europa werden zwischen Paris, London, Brüssel, Amsterdam und Köln die Kernstrecken des Schnellbahnnetzes 1998 mit TGV- und ICE-Zügen bedient. TGV durchqueren als sog. Eurostar seit 1994 auch den Kanaltunnel; das spanische Netz wird von Zügen auf TGV-Basis befahren (AVE, Alta Velocidad Española, span.; Spanische Hochgeschwindigkeit).

→ Autoverkehr → Bahn, Deutsche → Drei-Liter-Auto → Kanaltunnel → Luftverkehr → Neigezüge → Schnellbahnnetz → Transrapid

Hochschulen [TAB]

Größtes Problem der deutschen H. war in den 90er Jahren ihre Überlastung. 1,86 Mio Studenten, davon 220 000 Studienanfänger, waren im WS 1995/96 einge-

Hochgeschwindigkeitszüge: ICE-Energieverbrauch pro Passagier

Der InterCityExpress (ICE) benötigt auf der Strecke Hamburg–München umgerechnet 2,5 l Benzin, um eine Person 100 km weit zu befördern. Ein mit zwei Passagieren besetztes Auto würde dafür 5 l/100 km verbrauchen. Der Durchschnittsverbrauch von Neuwagen lag 1996 bei 7,5 l/100 km. Folgende Werte liegen der Berechnung der Deutschen Bahn zugrunde: Ein ICE-Zugver-

band hat durchschnittlich 12,3 Wagen. Je km zwischen Hamburg und München braucht er 22,4 kWh Strom für den Antrieb der beiden Triebköpfe, dazu 1,6 kWh für die Energieversorgung an Bord (Licht, Heizung, Zugrestaurant etc.). Für Leerfahrten werden 1,2 kWh pro km hinzugerechnet. Abgezogen werden pro km 1,7 kWh Strom, den die Antriebsmotoren beim Bremsen

wieder ins Netz zurückspeisen. Insgesamt verbraucht der Zug pro km 23,5 kWh. Durchschnittlich ist der Zug mit 315 Personen besetzt. Die Energieversorgung der Bahn hat einen Wirkungsgrad von 34%, und 1 l Benzin entspricht 8,78 kWh. Für 807 km Strecke Hamburg–München ergibt sich ein Energieverbrauch von 2,5 l Benzin-Äquivalent je Passagier auf 100 km.

schrieben. Ihnen standen lediglich 970 000 Studienplätze und 27 000 Professoren zur Verfügung. 69% der Anfänger begannen ein Studium an Universitäten oder gleichgestellten Hochschulen, 31% an Fachhochschulen. Die Hochschulrektorenkonferenz (HRK) erwartet bis 2010 einen Anstieg der jährlichen Einschreibungszahlen (WS und SS) auf 340 000.

STUDIENGEBÜHREN: Im Juli 1996 sprach sich die HRK in Berlin gegen die Einführung von Studiengebühren zur Verringerung des Haushaltsdefizits der H. aus, das von der HRK für 1996 auf insgesamt 6 Mrd–9 Mrd DM beziffert wird. Nach dem Hochschulrahmengesetz von 1985 können die Bundesländer den H. die Einführung von Studiengebühren erlauben. Die 102 Rektoren und Präsidenten stimmten für ein Gesamtfinanzierungskonzept der rd. 150 deutschen H., das ein großes Gewicht auf die Gewinnung privaten Kapitals vor allem für den Hochschulbau und das Sponsoring legt.

HOCHSCHULBAU: 1995 fehlte bundesweit 1 Mrd DM für die Instandsetzung oder den Neubau von H. Experten schätzten den Bedarf auf 4,6 Mrd DM. Aus Bundes- und Landesmitteln standen nur 3,6 Mrd DM zur Verfügung. Im März 1996 beschloß das Bundeskabinett eine Änderung des Hochschulbauförderungsgesetzes. Künftig sol-

Hochschulen: Studiengebühren

EU-Mitgliedsland	Gebühr (DM/Jahr)[1]
Irland	3500–6400
Großbritannien	1700–6400
Niederlande	2050[2]
Portugal	800–1100
Italien	800–1100
Spanien	800–1100
Belgien	125–1050
Frankreich	200– 500

Stand: 1996; 1) Übrige EU-Staaten: keine Gebühren; 2) Jeder Studierende erhält ein Stipendium von maximal 8500 DM/Jahr

len Neu- und Ausbauten, die nicht mehr als 3 Mio DM (bisher: 500 000 DM) kosten, von den Ländern allein finanziert werden. Erst bei teureren Projekten will sich der Bund wie bisher mit 50% beteiligen. Von der Reform sind 39% der 2419 dringlichen Bauvorhaben des 25. Rahmenplans für den Hochschulbau betroffen.

SONDERPROGRAMM: Im Juni 1996 verständigten sich Bund und Länder auf den Abschluß eines Hochschulsonderprogramms (Laufzeit: 1996–2000, Gesamtvolumen 3,6 Mrd DM) zur Strukturverbesserung und Nachwuchsförderung.

Höhenflugzeug BILD

Über Solarzellen betriebenes Fluggerät zur Erdbeobachtung. Das H. soll langfristig die Aufgaben von teuren Satelliten übernehmen und wurde unter dem Namen Pathfinder (engl.; Pfadfinder) von der US-Raumfahrtbehörde NASA entwickelt (Kosten: rd. 2,5 Mio Dollar). Das Nachfolgemodell Helios soll Sonnenenergie mit Hilfe von Wasserstoff speichern und bei Dunkelheit chemische in elektrische Energie umwandeln können. Das H. besteht aus einem 30 m langen und 2,5 m breiten Flügel, an die Höhenruder und Propeller mit Elektromotoren montiert sind. Das Flugzeug wird automatisch über Bordcomputer oder manuell vom Boden aus gesteuert. Ein Gerüst aus Karbonfasern und Styropor, mit Plastikfolie überspannt, verleiht hohe Stabilität, reduziert Gewicht (rd. 180 kg) und Energiebedarf.

→ Brennstoffzelle → Sonnenenergie

Hochschulen: Beliebteste Fächer

Fach	Studierende[1]
Betriebswirtschaftslehre	127 641
Rechtswissenschaften	93 341
Allgemeinmedizin	86 998
Maschinenbau	85 889
Elektrotechnik	79 678
Wirtschaftswissenschaften	67 748
Germanistik	66 543
Informatik	45 900
Bauingenieurwesen	43 176
Biologie	41 380
Architektur	41 167
Mathematik	39 723
Pädagogik	39 198
Physik	38 601
Chemie	37 107

Stand: 1996; 1) In Deutschland, ohne Ausländer; Quelle: Statistisches Bundesamt

Holocaust-Denkmal

(holocaust, engl.; Massenvernichtung), geplantes Berliner Denkmal für die von den Nationalsozialisten im sog. Dritten Reich ermordeten Juden Europas. Es soll ab 1996 auf dem rd. 20 000 m² großen Freigelände der ehemaligen sog. Ministergärten an der Ebertstraße nahe dem Brandenburger Tor entstehen und bis zum Umzug von Regierung und Parlament nach Berlin (1998–2000) fertiggestellt sein. Bauherren sind der Bund, das Land Berlin und der Förderkreis zur Errichtung eines H. Die Baukosten von rd. 16 Mio DM sollen z. T. durch Spenden gedeckt werden, der Bund und das Land Berlin stellten jeweils 5 Mio DM zur Verfügung. Der Förderkreis zur Errichtung eines H. schlug im Februar 1996 vor, daß die sieben Preisträger des künstlerischen Wettbewerbs für das H. ihre Entwürfe überarbeiten und z. B. verkleinern. Die Wettbewerbsjury hatte sich im Juni 1995 für den Entwurf eines Berliner Künstlerkollektivs um die Malerin Christine Jackob-Marks entschieden. Die Bundesregierung und der Berliner Senat distanzierten sich jedoch von dem preisgekrönten Modell, das sie für überdimensioniert hielten, und verschoben die endgültige Entscheidung.

Das Berliner Künstlerkollektiv schlägt eine monumentale Grabplatte (Kantenlängen: jeweils 100 m, Dicke: 7 m) vor, die bis auf eine Höhe von 11 m ansteigt. 18 Steinblöcke stehen für die Länder, in denen Juden ermordet wurden. Auf der dunklen Grabplatte sollen Namen und Alter von 4,2 Mio ermordeten Juden eingraviert werden. Die Kosten für dieses H. wurden auf rd. 30 Mio DM geschätzt.

Holzschutzmittel-Prozeß

Im bisher größten deutschen Strafverfahren um die Haftung für Gesundheitsschäden durch Umweltgifte in einem Verkaufsprodukt hob der Bundesgerichtshof (BGH, Karlsruhe) am 2.8.1995 die Verurteilung der beiden ehemaligen Geschäftsführer der Düsseldorfer Firma Desowag wegen sachlicher und formaler Fehler des Gerichtsverfahrens vor dem Frankfurter Landgericht auf. Der Prozeß wegen strafbaren Freisetzens von Giften und fahrlässiger Körperverletzung muß jetzt noch einmal neu geführt werden.

Die beiden angeklagten Chemiemanager waren 1993 vom Landgericht Frankfurt/M. zu je einem Jahr Haft auf Bewährung und je 120 000 DM Geldstrafe verurteilt worden. Gegen das Urteil hatten Staatsanwaltschaft und Beklagte Revision vor dem BGH eingelegt.

In dem Prozeß geht es um die gesundheitsschädlichen Wirkungen der Holzschutzmittel Xylamon und Xyladecor, die bis in die 70er Jahre mit den chemischen Stoffen Pentachlorphenol (PCP) und Lindan versetzt waren. Durch die Anwendung dieser Produkte sollen mehrere tausend Menschen zum Teil schwere Gesundheitsschäden erlitten haben. Sie klagen über Hautausschläge, Atemnot, Kreislaufstörungen, Chlorakne sowie Gedächtnis- und Sprachstörungen. Die Angeklagten bestritten jedoch einen ursächlichen Zusammenhang. Das Landgericht muß nun neue Gutachten einholen.

Homosexualität GLO

Die CDU/CSU/FDP-Bundesregierung plante Anfang 1996 erstmals, gleichgeschlechtliche Lebensgemeinschaften rechtlich anzuerkennen, jedoch nur zu deren Nachteil. Bei der Berechnung von Sozialhilfe soll das Einkommen des Partners in einer homosexuellen Lebensgemeinschaft leistungsmindernd berücksichtigt werden. Im Gegensatz dazu lehnte die Bundesregierung einen Gesetzentwurf von Bündnis 90/Die Grünen ab, der Homosexuellen, ähnlich wie bei Ehepaaren, ein Wohnrecht in der Wohnung des verstorbenen Partners zusichert. Homosexuelle Paare forderten 1995/96 die recht-

Homosexualität: Wichtige Begriffe

COMING OUT: (engl.; Herauskommen), die Bekanntgabe und das Zeigen der eigenen Homosexualität.

HOMOSEXUELLENEHE: Rechtlich abgesicherte Lebensgemeinschaft homosexueller Paare, die damit z. B. im Erb- und Unterhaltsrecht heterosexuellen Ehepaaren gleichgestellt werden.

LESBEN: Bezeichnung für weibliche Homosexuelle.

OUTING: (out, engl.; heraus), die Öffentlichmachung der Homosexualität einer anderen Person (oft von Prominenten), obwohl diese der Bekanntgabe nicht zugestimmt hat.

SCHWULE: Bezeichnung für männliche Homosexuelle.

liche und soziale Gleichstellung, die Möglichkeit zur Eheschließung sowie den Abbau von Benachteiligungen. Im April 1996 beschlossen die Niederlande als viertes Land weltweit (neben Dänemark, Schweden, Norwegen), homosexuellen Paaren das gesetzliche Recht auf Eheschließung zuzugestehen. Auch die Adoption von Kindern wurde homosexuellen Paaren erlaubt.

AUSLÄNDISCHE PARTNER: Das Bundesverwaltungsgericht entschied Anfang 1996, daß Homosexuelle keinen Familiennachzug für ausländische Partner geltend machen können, um eine Aufenthaltsgenehmigung für diese zu erhalten (Az.: 1 C 41.93). Das Gericht vertrat die Auffassung, daß nur Eheleute das Recht auf einen Familiennachzug haben und unter einer Ehe nur die Gemeinschaft von Mann und Frau zu verstehen sei.

GEWALT: Der Schwulenverband in Deutschland (SVD, Leipzig) gab an, daß 1995 die Zahl der gemeldeten gewalttätigen Übergriffe auf homosexuelle Männer um 50 auf 378 Fälle angestiegen sei. Nach Schätzungen des SVD werden nur rd. 10% der Gewalttaten gegen Homosexuelle gemeldet. Bei den Tätern handele es sich meist um männliche Jugendliche zwischen 14 und 25 Jahren.

USA: Ende 1995 entschied sich der Walt-Disney-Konzern (USA: ca. 65 000 Beschäftigte), den homosexuellen Lebensgefährten ihrer Angestellten den gleichen Krankenversicherungsschutz zu gewähren wie Ehefrauen oder -männern. Die Homosexuellen in den USA bewerteten die Entscheidung des als konservativ geltenden Disney-Konzerns als wichtigen Schritt zur Anerkennung von H.

Hongkong [KAR]

Britische Kronkolonie an der südchinesischen Küste, bestehend aus der Insel H., der Halbinsel Kowloon und den in deren Hinterland gelegenen New Territories sowie 236 größtenteils unbewohnten Inseln. Großbritannien und die Volksrepublik China vereinbarten 1984 die Rückgabe des gesamten, 1071 km² großen Territoriums von H. an China zum 1. 7. 1997. Aufgrund eines Pachtvertrages zwischen

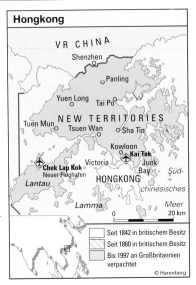

Hongkong

VR CHINA
Shenzhen
Panling
Yuen Long Tai Po
Tuen Mun NEW TERRITORIES
Tsuen Wan Sha Tin
Kowloon
Kai Tak
Chek Lap Kok Victoria Junk
Neuer Flughafen Bay Südchinesisches
Lantau HONGKONG
Lamma Meer
0 20 km

Seit 1842 in britischem Besitz
Seit 1860 in britischem Besitz
Bis 1997 an Großbritannien verpachtet

© Harenberg

Großbritannien und China waren die New Territories 1889 für 99 Jahre britischer Herrschaft unterstellt worden. Mit der Rückgabe erlöschen auch die britischen Rechte an der Insel H. und der Halbinsel Kowloon, die im Vertrag von Nanking 1842 »auf ewiglich an Ihre britische Majestät« gefallen waren. Im Gegenzug garantierte das kommunistische China, das kapitalistische Wirtschaftssystem für weitere 50 Jahre nicht anzutasten.

WAHLEN: Aus den letzten Parlamentswahlen vor der Übergabe von H. an China gingen im September 1995 die Demokratische Partei und ihre Verbündeten mit 29 von 60 Mandaten als Sieger hervor. Die Liberale Partei, eine Gruppe von Geschäftsleuten mit freundschaftlichen Beziehungen zu China, kam auf zehn Mandate. Die von China unterstützte Demokratische Allianz für die Verbesserung H. (DAB) gewann lediglich sechs Sitze im Gesetzgebenden Rat. Die chinesische Regierung, die während des Wahlkampfes massiven politischen Druck ausgeübt hatte, kündigte die Auflösung des Parlamentes nach der Übernahme der Kolonie an.

ÜBERNAHMEAUSSCHUSS: Im Dezember 1995 gab die chinesische Führung die Zusammensetzung des Vorbereitenden Ausschusses (Preparatory Committee) bekannt, dessen Aufgabe es ist, das politische und juristische System von H. umzustellen. Von den 150 Mitgliedern stammen 56 aus China und 94 aus H., ausschließlich chinafreundliche Repräsentanten. Kein Vertreter der Demokratischen Partei wurde in das Gremium berufen, dessen wichtigste Aufgabe zunächst in der Erarbeitung von Auswahlregeln für ein provisorisches Nachfolgeparlament besteht.

CHIEF EXECUTIVE: Bis Ende 1996 muß China einen Chief Executive bestimmen, der am 1. Juli 1997 die Amtsgeschäfte vom britischen Gouverneur Chris Patten übernimmt. Er wird nach dem Rückzug der Briten als erster Chinese die Sonderverwaltungszone regieren. Gute Aussichten auf den Posten hat u. a. die Vizegouverneurin und damit mächtigste Frau von H., Anson Chan, die gute Kontakte zur chinesischen Führung unterhält.

Hot Bird 1

Rundfunksatellit zur Verbreitung von Hörfunk- und Fernsehprogrammen in Mitteleuropa, Nordafrika und einigen osteuropäischen Ländern. Ende 1995 empfingen rd. ein Viertel aller Satellitenhaushalte in Deutschland Programme von H., der im Mai 1995 gestartet war. Die Betreibergesellschaft Eutelsat aus 44 europäischen Telekommunikationsunternehmen verdoppelte mit H. das Kanalangebot des Vorgängersatelliten Eutelsat II-F 1 (seit 1990) auf 32. Bis 1998 sind drei weitere H.-Satelliten mit insgesamt 92 Kanälen geplant, über die rd. 600 digitale TV-Programme verbreitet werden können.
H.-Kanäle sind wie bei den Astra-Satelliten mit einer Satellitenantenne zu empfangen. Zuschauer, die über eine Astra-Antenne verfügen, können mit einem zusätzlichen Empfangsteil (Preis 1996: rd. 150 DM) auch H.-Programme sehen. Eine Anlage zum Empfang beider Systeme kostete rd. 700 DM. Zudem werden H.-Programme ins Kabelnetz der Telekom eingespeist und sind in Haushalten mit Kabelanschluß zu empfangen.
→ Astra 1 F → Digitales Fernsehen
→ Kabelanschluß

Hubble-Weltraumteleskop
→ Astronomie

Hunger [TAB]

Nach Angaben der UNO-Organisation für Ernährung und Landwirtschaft (FAO) waren 1996 weltweit über 800 Mio Menschen ständig unterernährt, darunter 200 Mio Kinder. H. bedrohte die Menschen in 44 Staaten. Jeder fünfte Erdenbürger (rd. 1,1 Mrd Menschen) litt zeitweilig unter H. Etwa 100 Mio H.-Flüchtlinge waren auf der Suche nach besseren Lebens- und Arbeitsverhältnissen. Der Anstieg der Weltbevölkerung von 5,75 Mrd (1995) auf geschätzte 8,3 Mrd (2025) erfordert nach FAO-Angaben eine Steigerung der Lebensmittelproduktion um 75%.
RESERVEN GEHEN ZURÜCK: Mißernten infolge von Trockenheit und Überschwemmungen ließen 1995/96 die weltweiten Getreidevorräte schrumpfen. 1995 gingen die Erträge um 3% zurück, die Vorräte wurden halbiert. Anfang 1996 sanken die EU-Bestände auf 3 Mio t Getreide (1993: 25 Mio t). Weltweit reichten

Hunger: Ernährungslage in ausgewählten Ländern			
Land	Kinder mit Untergewicht (%)[1]	Lebenserwartung (Jahre)[2]	Kindersterblichkeitsrate[3]
Bangladesch	68	56	106
Indien	63	61	80
Nepal	50	54	96
Niger	49	47	122
Äthiopien	47	48	117
Indonesien	46	63	56
Burkina Faso	46	47	129
Nigeria	43	51	83
Vietnam	42	65	41
Laos	41	51	95
Pakistan	40	62	88
Madagaskar	39	57	93
Sri Lanka	37	72	17
Ghana	36	56	79
Benin	35	48	85
Tschad	35	48	120
Myanmar	32	58	82
Burundi	31	50	101

1) Anteil an allen Kindern, Durchschnittswert 1985–1993; 2) bei der Geburt 1993; 3) pro 1000 Geburten 1993; Quelle: Weltbank

die Reserven 1996 nur noch für 49 Tage (gegenüber mehr als 70 Tagen in den 80er Jahren). Während die jährliche Getreideproduktion 1950–90 um rd. 3% wuchs, verringerte sich der jährliche Zuwachs in den 90er Jahren auf 1%. Ursachen waren rückläufige Reserven natürlicher Ressourcen wie Boden und Wasser. Überweidung, Abholzung und Mißwirtschaft (z. B. Monokulturen) schädigten weltweit bereits 2 Mrd ha Anbauflächen.

WENIGER HILFE: Infolge von Mißernten und wirtschaftlichen Problemen in zahlreichen Industrieländern ging die weltweite Nahrungsmittelhilfe 1995 auf den Tiefststand von 7,6 Mio t zurück, halb soviel wie zu Beginn der 90er Jahre. Das größte Geberland, die USA, lieferte 1995 nur noch 9% des weltweiten Bedarfs (1992/93: 16%).

URSACHEN: In den Entwicklungsländern teilen sich etwa doppelt so viele Menschen die Ackerflächen wie in den Industrieländern. Die Regierungen fördern den Anbau von Exportgütern, der ihnen die zur Begleichung ihrer Auslandsschulden nötigen Devisen einbringen soll. Die in den Industrieländern subventionierten Überschüsse werden zu Niedrigstpreisen oder kostenlos in die Länder der sog. Dritten Welt abgegeben. Mit diesen Importen können die dortigen Bauern nicht konkurrieren. Die Folgen sind Abhängigkeit von fremder Hilfe, Arbeitslosigkeit und Landflucht.

→ Armut → Bevölkerungsentwicklung → Desertifikation → Entwicklungspolitik → Flüchtlinge

Hutu und Tutsi [TAB]

Miteinander verfeindete ostafrikanische Völker, die vorwiegend in Ruanda und Burundi leben und dieselbe Sprache (Kirundi) sprechen. Das ackerbauende Bantuvolk der Hutu stellt in beiden Ländern mit ca. 85% die Bevölkerungsmehrheit. Die Viehzucht treibenden Tutsi wanderten im 15. Jh. aus Äthiopien in Ruanda ein und unterwarfen die Hutu. Die 1959–1962 von der Macht vertriebenen Tutsi begannen 1990 als Patriotische Front Ruandas FPR einen Guerillakrieg gegen die Hutu-Regierung in Ruanda. Bei gegenseitigen Pogromen und in Flüchtlingslagern kamen 1994/95 vorwiegend in Ruanda rd. 1,9 Mio Menschen ums Leben. 1996 starben nach Schätzungen bei Kämpfen zwischen Hutu und Tutsi um die politische Vorherrschaft in Burundi monatlich rd. 1000 Menschen. UNO-Experten warnten Mitte 1996 vor einem möglichen Völkermord in Burundi, der Ausmaße wie in Ruanda annehmen könnte. 1996 lebten noch 1,7 Mio ruandische Flüchtlinge in Tansania, Burundi und Zaïre.

→ [LAND] Burundi → [LAND] Ruanda

I

IAEA → [ORG]

ICAO → [ORG]

ICE → Hochgeschwindigkeitszüge

IDA → [ORG]

IEA → [ORG]

IFAD → [ORG]

IFC → [ORG]

Illegale Einwanderung

Einreise von Ausländern ohne gültige Einreisepapiere (Visum, Reisepaß) bzw. ohne Antrag auf Asyl. 1995 gelang es dem

Hutu und Tutsi: Ethnischer Konflikt	
Datum	**Ereignis**
15. Jh.	Die Tutsi unterwerfen die Ackerbau treibenden Hutu
1899	Ruanda wird deutsche Kolonie
1920	Belgien verwaltet Ruanda mit Hilfe der Tutsi
1959	Hutu erheben sich gegen Tutsi-Monarchie: König Kigeri V. flieht ins Exil, Vertreibung von Tutsis
1962	Unabhängigkeit, Republik unter Hutu-Führung
1973	Juvénal Habyarimana putscht sich an die Macht und regiert mit französischer Unterstützung
1990	Mit dem Einmarsch der Tutsi-Rebellen (FPR) beginnt der Bürgerkrieg; Hutu-Regierung bildet Milizen
1991	Habyarimana kündigt Mehrparteiensystem an
1993	Friedensvertrag zwischen FPR und Regierung
1994	Völkermord nach Habyarimanas Tod; im Bürgerkrieg siegt die FPR und bildet eine Regierung in Ruanda
1995/96	Hutu und Tutsi bekämpfen sich in Burundi

Bundesgrenzschutz (BGS), die I. nach Deutschland weiter einzudämmen: Die Zahl der festgestellten illegalen Einreisen sank auf etwa 29 600 (1994: rd. 31 000) um 4,5%.

Als Gründe für die sinkende Zahl der illegalen Einreisen galten die vereinfachten Abschiebemöglichkeiten im neugefaßten Asylverfahrensgesetz, die illegale Zuwanderer abschreckten, und die verstärkte Überwachung der Grenzen durch den BGS. Etwa 80% der Aufgriffe illegal eingereister Ausländer erfolgten an den deutschen Grenzen zu Polen und zur Tschechischen Republik. Dabei wurden 2053 Schlepper festgenommen und 1700 Fälle von Schlepper-Kriminalität aufgedeckt. Nach Schätzungen der Ausländerbehörden lebten in Deutschland Ende 1995 rd. 500 000 Menschen ohne legale Aufenthaltsbescheinigung.

→ Abschiebung → Asylbewerber → Bundesgrenzschutz → Schengener Abkommen

ILO → ORG

IMO → ORG

INCB → ORG

Inflation GRA TAB

Anstieg des Preisniveaus, der zur Geldentwertung führt. Bekämpfung der I. ist eine Aufgabe der Deutschen Bundesbank.

PREISANSTIEG: Die I. ging im Jahresdurchschnitt 1995 auf 1,8% zurück. Das war die niedrigste I.-Rate seit 1988. Die Statistik berücksichtigte erstmals, daß Verbraucher bei einigen Waren auf preiswertere Produkte umgestiegen sind. Außerdem wirkten sich Sonderangebote von saisonabhängigen Nahrungsmitteln (aufgrund guter Ernten) auf die Lebenshaltungskosten aus. Für 1996 erwarteten Wirtschaftsinstitute eine Teuerungsrate von 1,5%. Einige Institute rechneten mit über 2%.

WARENKORB: Um die I. zu messen, wird ein Warenkorb von rd. 750 typischen Gütern festgelegt und ihre Preisänderungen laufend registriert. 1995 wurde der Warenkorb nach den aktuellen Verbraucher-

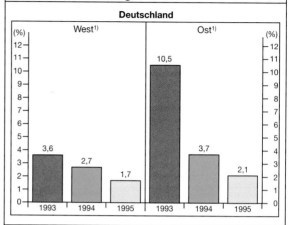

Inflation: Entwicklung

Deutschland

West[1] — Ost[1]

1993: 3,6 — 1994: 2,7 — 1995: 1,7 — 1993: 10,5 — 1994: 3,7 — 1995: 2,1

1) Veränderung der Lebenshaltungskosten gegenüber dem Durchschnitt des Vorjahres; Basisjahr: 1991;
Quelle: Statistisches Bundesamt
© Harenberg

gewohnheiten neu zusammengestellt. Bei der Gewichtung der einzelnen Güter im Warenkorb wird nach West-, Ost- und Gesamtdeutschland unterschieden. Neues Ausgangsjahr, auf das die Preisänderungen bezogen werden, ist 1991.

INTERIMSINDEX: Als Vorstufe eines EU-Preisindexes der Lebenshaltungskosten, der 1997 eingeführt werden soll, wurde

Inflation: Verbraucherpreise in Deutschland 1995

Bereich	Deutschland[1]	Westdeutschland[1]	Ostdeutschland[1]
Bekleidung, Schuhe	0,8%	0,9%	0,1%
Bildung, Unterhaltung	1,5%	1,3%	2,7%
Energie (ohne Kraftstoffe)	–0,7%	–0,8%	–0,2%
Gesundheit, Körperpflege	1,7%	1,6%	3,3%
Möbel, Haushaltsgeräte	1,4%	1,6%	0,9%
Nahrungsmittel, Getränke, Tabak	1,4%	1,4%	0,9%
Verkehr, Kommunikation	1,1%	1,1%	1,3%
Wohnungsmieten	4,1%	3,9%	5,3%
Sonstiges	2,7%	2,7%	3,1%
Inflation insgesamt	1,8%[2]	1,7%	2,1%

1) Veränderung des Preisindexes der Lebenshaltungskosten gegenüber dem Durchschnitt des Vorjahres; 2) nach dem Interimsindex aufgrund der EU-Ratsverordnung von 1995 nur 1,6%; Quelle: Statistisches Bundesamt

im Oktober 1995 durch EU-Ratsverordnung ein Interimsindex festgelegt. Aus
dem Warenkorb bleiben dabei z. B. Auto-
und Reisekosten ausgeklammert. Nach
dem Interimsindex betrug die Preissteigerungsrate 1995 in Deutschland nur 1,6%.
→ EU-Konjunktur → Europäische Wirt-
schafts- und Währungsunion → Leitzinsen → Wirtschaftliche Entwicklung
→ [ORG] Bundesbank, Deutsche

Infobroker

(engl.; Informationsvermittler), Personen,
die gegen Bezahlung in den 1996 weltweit
rd. 6500 elektronischen Datenbanken re-
cherchieren. Vorteil ist die größere
Schnelligkeit der Informationsbeschaf-
fung durch Fachleute. Deutsche Universitäten boten 1996 Studiengänge zum Di-
plominformationswirt oder Mediendoku-
mentar an. Großunternehmen beschäftigten bis zu 100 I. als Angestellte in neugebildeten Informationsabteilungen. 1996
waren in Deutschland rd. 5000 I. tätig, die
überwiegend in großen Unternehmen und
etwa 1000 Medienagenturen angestellt
waren. Nach vorübergehendem Boom Anfang der 90er Jahre gab es nur noch 200
selbständige I., weil für jedermann die
Nutzung von Internet und Online-Diensten benutzerfreundlicher und ohne EDV-
Fachkenntnisse möglich wurde.
→ Datenautobahn → Internet → Online-
Dienste

Insider

(engl.; Eingeweihte), Mitglieder von
Führungs- und Aufsichtsorganen von Unternehmen und Banken sowie Personen in
deren Umfeld, die früher als die Allge-
meinheit von wirtschaftlichen Vorgängen
erfahren, den Kurs eines Wertpapiers
an der Börse beeinflussen können. Wer
mit diesem Wissen Geschäfte auf eigene
Rechnung macht, kann erhebliche Gewinne erzielen und andere Anleger schädigen.
Seit 1994 werden I.-Geschäfte in Deutschland mit Freiheitsstrafe bis zu fünf Jahren
bestraft.
KRONES-FALL: Im August 1995 wurde ein
erstes Strafverfahren gegen einen I. rechtskräftig abgeschlossen. Harald Kronseder
wurde zu 600 000 DM Geldstrafe verur-

teilt, weil er Aktien der väterlichen Krones
AG vor Bekanntgabe eines Gewinnein-
bruchs verkaufte und damit einen Kursge-
winn von 480 000 DM erzielte.
ERMITTLUNGEN: Zuständig für die Ermittlungen bei I.-Geschäften ist das Bundesaufsichtsamt für den Wertpapierhandel
(BAW) in Frankfurt/M. mit 90 Mitarbeitern (Präsident: Georg Wittich). Anfang
1996 ermittelte das BAW in 24 Fällen.
KONTROLLE: Seit dem 1.1.1996 müssen
dem BAW gemäß Wertpapierhandelsge-
setz von Kreditinstituten und Börsenmit-
gliedern alle börslichen und außerbörslichen Geschäfte in notierten Wertpapieren
und Derivaten gemeldet werden. Dabei
handelt es sich um 200 000 bis 300 000
Mitteilungen pro Tag, die Angaben über
Preis und Umfang des Geschäfts und den
Zeitpunkt der Kursfeststellung enthalten.
Die Informationen können per EDV übermittelt und elektronisch ausgewertet werden. Das BAW hofft, dadurch potentielle
Täter abzuschrecken und einen Bewußt-
seinswandel für die Ächtung von I.-Ge-
schäften zu erreichen.
AUSLAND: Auch in anderen Ländern sind
I.-Geschäfte strafbar. In den USA und in
Frankreich kann die Börsenaufsicht Bußgelder bis zum Dreifachen bzw. Zehn-
fachen des Gewinns aus dem I.-Geschäft
verhängen. In Großbritannien gab es 1995
einen I.-Skandal, als die staatlichen Auf-
sichtsbehörden für Energieversorgungsunternehmen den betroffenen Stromver-
sorgern einen Tag vor Veröffentlichung
Vorabinformationen zur Anpassung der
Strompreise übermittelten. Seit 1996 gelten in Großbritannien neue Richtlinien,
die mit der Londoner Börse vereinbart
wurden, um den Kreis der I. und die Ausnutzung von Exklusivinformationen zu
beschränken.
→ Börse → Derivate

Insolvenzen [TAB]

Konkurse und Vergleichsverfahren infolge
von Zahlungsunfähigkeit und Überschuldung. 1995 stieg die Zahl der I. in
Deutschland gegenüber 1994 um 15,5%
auf 28 785. I. kosteten rd. 54 Mrd DM an
Forderungsausfällen und vernichteten
394 000 Arbeitsplätze. 36% der I. entfie-

Insolvenzen: Entwicklung

Jahr	Insolvenzen	Insolvenzver-luste (Mrd DM)
1991	13 323	13
1992	15 302	17
1993	20 298	31
1994	24 928	42
1995	28 785	54

Quelle: Statistisches Bundesamt

len auf Dienstleistungsunternehmen, 25% auf den Bereich Handel und 20% auf die Baubranche. Als Hauptgrund für I. galt zu geringes Eigenkapital, das bei Unternehmen zu Kreditüberziehungen und zur Hergabe letzter Kreditsicherheiten führte. 1995 einigten sich die EU-Justizminister auf ein grenzüberschreitendes Insolvenzverfahren. Es soll ermöglichen, daß nach der Eröffnung eines Hauptkonkursverfahrens in einem EU-Staat auch auf das Vermögen des Schuldners in einem anderen EU-Staat zurückgegriffen werden kann.
→ Werftenkrise

Interaktives Fernsehen
GLO GRA

TV, das ein Eingreifen des Zuschauers in die Fernsehhandlung ermöglicht. Für das I. ist die digitale Übertragung von Daten Voraussetzung. Auch ein sog. Rückkanal (z. B. Telefonleitung, Kabelnetz), mit dem der Zuschauer aktiv an seiner Programmgestaltung mitwirken, sich z. B. direkt an Spielshows beteiligen kann, ist für I. notwendig. Für den Empfang digital ausgestrahlter Sendungen benötigt der Zuschauer eine sog. Set-Top-Box (engl.; Aufsatzgerät), die zwischen Fernseher und Kabelanschluß oder Satellitenantenne geschaltet wird und die digitalen Daten in analoge Signale umwandelt, mit denen herkömmliche Fernsehgeräte arbeiten. Die sechs für 1995 in Deutschland geplanten Pilotprojekte mit I. verzögerten sich mit Ausnahme eines Vorführprojekts in Berlin (50 Teilnehmer), u. a. weil noch nicht genügend Set-Top-Boxen zur Verfügung standen und die Finanzierung der Projekte ungesichert war.

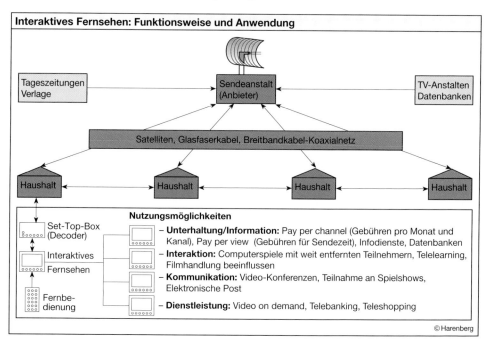

Interaktives Fernsehen: Funktionsweise und Anwendung

Tageszeitungen Verlage

Sendeanstalt (Anbieter)

TV-Anstalten Datenbanken

Satelliten, Glasfaserkabel, Breitbandkabel-Koaxialnetz

Haushalt — Haushalt — Haushalt — Haushalt

Set-Top-Box (Decoder)

Interaktives Fernsehen

Fernbedienung

Nutzungsmöglichkeiten

– **Unterhaltung/Information:** Pay per channel (Gebühren pro Monat und Kanal), Pay per view (Gebühren für Sendezeit), Infodienste, Datenbanken
– **Interaktion:** Computerspiele mit weit entfernten Teilnehmern, Telelearning, Filmhandlung beeinflussen
– **Kommunikation:** Video-Konferenzen, Teilnahme an Spielshows, Elektronische Post
– **Dienstleistung:** Video on demand, Telebanking, Teleshopping

© Harenberg

ANGEBOTE: Geplant waren 1996 u. a. das sog. Video on demand (engl.; Video auf Bestellung), die Mitwirkung von Zuschauern bei Quizsendungen, die Wahl der Kameraeinstellung durch den Zuschauer, z. B. bei Sportübertragungen. Auch sollen Zuschauer bei Videospielen gegeneinander antreten können. Für jedes genutzte I.-Angebot fallen jedoch Gebühren an.

USA: In Orlando (Florida) wurde Ende 1994 ein Pilotprojekt mit I. gestartet, an dem 4000 Haushalte teilnehmen sollten. Bis Ende 1995 waren jedoch erst 65 Haushalte an das I. angeschlossen, das Teleshopping, Videospiele und Video on demand anbietet. Der Träger, der US-Medienkonzern Time Warner, führte dies auf die Grundkosten von rd. 1000 Dollar sowie das noch wenig attraktive Programm zurück. In den USA sollen 1996 weitere Pilotprojekte anlaufen.

BEDIENUNG: Über ein Leitsystem, ähnlich dem Videotext, sollen die deutschen Zuschauer bei I. zu dem von ihnen gewünschten Angebot geführt werden. Mit der Fernbedienung können sie das Programm auswählen.
→ Digitales Fernsehen → Multimedia → Teleshopping → Video on demand

Interamerikanische Entwicklungsbank → ORG

Internationaler Gerichtshof → ORG

Internationaler Währungsfonds → ORG

Interaktives Fernsehen: Angebote

NEAR-VIDEO-ON-DEMAND: (engl.; nahes Video auf Bestellung), die Ausstrahlung eines Spielfilms zeitversetzt auf mehreren Programmen. **PAY-PER-VIEW:** (engl.; Bezahlen für Gesehenes), kostenpflichtiges Ansehen einer Sendung. **TELE-BANKING:** (engl.; TV-Bankgeschäfte), Erledigen von Bankgeschäften am Fernseher. **TELE-LEARNING:** (engl.; Lernen	am TV), TV-Lernprogramme, z. B. zur Ergänzung des Schulunterrichts. **TELESHOPPING:** (engl.; Einkaufen am TV), das Ansehen und Bestellen von Waren über den Bildschirm. **VIDEO ON DEMAND:** (engl.; Video auf Bestellung), das Bestellen und Empfangen von kostenpflichtigen Videofilmen mit dem Fernsehgerät.

Internet GLO TAB

Weltweit größtes Computernetzwerk, das dem Benutzer den rechnergestützten Zugriff auf Datenbanken und damit auf Informationen in aller Welt sowie die Kommunikation mit anderen an das I. angeschlossenen Anwendern ermöglicht. Auch Waren und Dienstleistungen aller Art werden über das I. angeboten und verkauft. Mitte 1996 nutzten nach Schätzungen rd. 50 Mio Menschen weltweit das I. 2000 sollen Prognosen zufolge Waren und Dienstleistungen im Wert von rd. 200 Mrd Dollar über das I. umgesetzt werden. Viele der im I. angebotenen Dienste waren jedoch 1996 nach wie vor kostenlos. Der Anschluß an einen Rechnerknotenpunkt (sog. Provider, engl.; Anbieter), der das I. für den privaten Anwender zugänglich macht, kostete eine monatliche Grundgebühr, meist zuzüglich einer Gebühr für die Nutzungsdauer. Außerdem fielen Telefonkosten für die Dauer der I.-Nutzung an. Andere kostenpflichtige Online-Dienste (engl.; am Netz) wie Compuserve oder T-Online boten über spezielle Software den I.-Zugang an.

ANGEBOT: Das I. bietet u. a. Diskussionsforen, den Einblick in wissenschaftliche Studien, die Möglichkeit zum Einkauf sowie den Zugriff auf Datenbanken. Auch kann der Nutzer sich Dateien (z. B. Computerspiele, Artikel) auf seinen Rechner kopieren. Er kann elektronische Post (engl.: e-mail) verschicken sowie Musik hören und Videos ansehen. Das Testen neuer Computerprogramme ist ebenfalls möglich. Mit der 1995 entwickelten Programmiersprache Java können Programme unabhängig vom Betriebssystem (z. B. Windows, OS/2, Unix) genutzt werden.

VORAUSSETZUNG: Notwendig für die I.-Nutzung sind ein Computer und ein Modem, das zwischen Rechner und Telefonleitung geschaltet wird, bzw. ein ISDN-Telefonanschluß und eine Steckkarte, um den PC an die ISDN-Leitung anzuschließen. Bestimmte Software für den Datenaustausch mit anderen Teilnehmern ist ebenfalls Voraussetzung (z. T. mit Betriebssystemen wie OS/2 erhältlich).

WORLD WIDE WEB: Seit der Etablierung des World Wide Web (engl.; weltweites

Internet: Wichtige Begriffe

BROWSER: Computerprogramme, die den Zugang zum World Wide Web (WWW) ermöglichen.
CHAT: Nettes Gespräch mit anderen Internet-Teilnehmern.
CLIENT: Einzelne Computer, die auf einem Zentralrechner liegende Programme abrufen.
E-MAIL: Abkürzung für Electronic Mail (engl.; elektronische Post), die zwischen einzelnen Computern, die über ein Netzwerk (z. B. das Internet) verbunden sind, verschickt werden kann. Notwendig ist eine E-Mail-Adresse.
FILE: Computerdatei
FILESERVER: Rechner, auf dessen Dateien andere Computer zurückgreifen können.
FILE TRANSFER PROTOCOL: Computerprogramm, mit dem Informationen aus einem anderen Rechner in den eigenen Computer geholt werden können.
HYPERLINK: Optisch hervorgehobene Begriffe im World Wide Web, die durch Anklicken mit der Maus zusätzliche Informationen zu dem markierten Stichwort geben.
INTRANET: Ein mit Hilfe der Internet-Technologie aufgebautes internes Netzwerk z. B. in Firmen.
JAVA: Programmiersprache für das Internet.
MODEM: Gerät, das zwischen Computer und Telefonleitung geschaltet wird und die Daten des Computers über die Telefonleitung verschickt.
NETIQUETTE: Benimmregeln im Internet.
NEWSGROUP: Schwarzes Brett des Internet zu ausgewählten Themen. Jeder hat Zugriff und kann die aktuellen Informationen eines Bereichs einholen.
PROVIDER: Anbieter, der die Verbindung zum Internet herstellt.
WORLD WIDE WEB (WWW): Dienst, der mit einem benutzerfreundlichen Bildschirmaufbau die Nutzung des Internets erleichtert.

Netz, WWW), einem Dienst, der die Nutzung des I. durch eine grafische Bildschirmoberfläche vereinfacht hat, ist die Zahl der Nutzer des I. stark gestiegen. Im WWW bieten u. a. auch Unternehmen auf sog. Home Pages (engl.; Ausgangsseiten) ihre Dienste an.

PROBLEME: Aufgrund der steigenden Nutzung ist der schnelle Zugriff auf bestimmte Angebote im I. nicht mehr gewährleistet. Die Datenübertragung per Telefonleitung dauert z. T. sehr lange, so daß hohe Telefonkosten anfallen. Die US-amerikanische Fachzeitschrift Networld Computing ging davon aus, daß 1997 über das I. mit 10 Mio GB mehr Informationen übertragen werden als über die herkömmlichen Telefonleitungen. Das Angebot im I. ist für den Nutzer unübersichtlich, so

daß er nur selten findet, wonach er sucht. Bei der Weitergabe privater Informationen (z. B. Kreditkartennummern) ist aufgrund unausgereifter Verschlüsselungsmechanismen ein mißbräuchlicher Zugriff durch andere möglich.
→ Computer → Datenautobahn → Java → E-Cash → Online-Dienste

Investitionen [TAB]

Einsatz von Kapital zur Vermehrung und Verbesserung des Produktionsmittelbestandes oder zum Ersatz verbrauchter Produktionsmittel. 1995 wurden in Deutschland rd. 750 Mrd DM in Bauten und Ausrüstungen investiert (1994: 730 Mrd DM). Inflationsbereinigt entspricht das einem realen Zuwachs gegenüber 1994 von 1,5%. Für 1996 sagten die Wirtschaftsforschungsinstitute einen realen Rückgang voraus (−1,5%). Die I.-Quote (Anteil der I. am Bruttoinlandsprodukt) fällt damit auf den Stand Mitte der 80er Jahre in Westdeutschland zurück.

OSTDEUTSCHLAND: Nach der deutschen Vereinigung hatte es vorübergehend einen I.-Boom gegeben. 1991–1995 wurden rd. 750 Mrd DM in den neuen Bundesländern investiert. Für 1996 wurde mit erneuten 200 Mrd DM I. in Ostdeutschland gerechnet. Pro Einwohner werden im Osten über 13 000 DM investiert, im Westen 8500 DM. In den nächsten Jahren wird eine Verlangsamung der I.-Tätigkeit in den neuen Bundesländern erwartet.

Internet: Kommunikation im Netz

Symbol[1]	Bedeutung
:-)	Lächeln
;-)	Lächeln mit Augenzwinkern
:-(	Traurigkeit
:'-(	Weinen
:-&	Garantierte Verschwiegenheit
-:-)	Ich bin Punk
:*)	Ich bin betrunken

1) Das Symbol liegt auf der Seite, wenn es um 90° gedreht wird, sind Gesichter zu erkennen, mit denen im Internet Gefühle ausgedrückt werden; Quelle: Der Spiegel, 1. 4. 1996

AUSLANDSINVESTITIONEN: Die grenzüberschreitenden I. stiegen 1995 auf einen Rekordhöchststand. Das betraf sowohl deutsche I. im Ausland (50 Mrd DM; 1994: 27 Mrd DM) als auch ausländische I. in Deutschland (13 Mrd DM). Nach einer Analyse der Bundesbank bestand jedoch kein direkter Zusammenhang zwischen I. im Ausland und dem Abbau von Arbeitsplätzen im Inland. In vielen Fällen hätten deutsche Auslands-I. von Exportunternehmen durch den Aufbau von Vertriebs- und Serviceeinrichtungen im Ausland sogar zur Sicherung deutscher Arbeitsplätze beigetragen.
→ Bruttoinlandsprodukt → Wirtschaftsförderung Ost → Wirtschaftswachstum

Investmentfonds [TAB]

In einem I. faßt eine Kapitalanlagegesellschaft Vermögen an Wertpapieren oder Immobilien zusammen. Anleger können Anteile erwerben (I.-Zertifikate). Nach einem Rückgang im Jahr 1995 nahm in Deutschland Anfang 1996 die Geldanlage in I. wieder stark zu, insbes. die deutschen Immobilienfonds erreichten mit einem Plus von 7,5 Mrd DM ihr bestes Vierteljahresergebnis seit Bestehen.

ANZAHL: 1995 gab es auf der Welt 28 104 Fonds mit einem Gesamtvermögen von 6,8 Bio DM. Die im Bundesverband Deutscher Investmentgesellschaften zusammengeschlossenen Unternehmen stellten 597 deutsche Publikum-Fonds und weitere 322 Fonds von Luxemburger Tochterunternehmen. Etwa 40% des I.-Vermö-

gens war in festverzinslichen Wertpapieren (Rentenfonds und Gemischte Fonds) angelegt. Bei den I.-Zertifikaten sank die Neuanlage 1995 auf 16,7 Mrd DM (1994: 62,6 Mrd DM).

GELDANLAGE: I.-Zertifikate werden in Deutschland nicht an der Börse gehandelt, sondern können unter Vermittlung von Banken und Vertriebsfirmen nur über die betreffende I.-Gesellschaft ge- oder verkauft werden. Die Geldanlage in I. ist wegen der Risikoverteilung auf verschiedene Anlageobjekte sicherer als der Erwerb einzelner Wertpapiere.

SPEZIALFONDS: Neben den Publikum-I., deren Zertifikate von jedem erworben werden können, gab es 1996 über 2000 Spezialfonds, die nur von Großanlegern wie Versicherungen, Pensionskassen genutzt werden können und vom Bundesaufsichtsamt für das Kreditwesen genehmigt werden müssen. Faktisch sind Privatanleger wegen der hohen Mindestanlagesätze auch von den Anfang 1994 erstmals angebotenen Geldmarktfonds ausgeschlossen.

INTERNATIONALER VERGLEICH: Während in Frankreich und USA das Pro-Kopf-I.-Vermögen 1995 über 13 000 DM betrug, lag es bei den deutschen Sparern nur bei 4000 DM. 1995 machten Aktienfonds 45% des I.-Vermögens in den USA aus; in Deutschland waren es nur 18%.
→ Banken → Börse

IPI → [ORG]

IRA

(Irish Republican Army, engl.; Irisch-Republikanische Armee), katholische Untergrundbewegung, die den Anschluß des zum Vereinigten Königreich gehörenden, überwiegend protestantischen Nordirland (Anteil der Protestanten: ca. 64%) an die mehrheitlich katholische Republik Irland (Anteil der Katholiken: 94%) fordert. Der militärische Flügel der IRA (3000–4000 Aktivisten) versucht, dieses Ziel mit Terroranschlägen gegen britische Einrichtungen und Protestanten durchzusetzen. Seit 1969 sind in Nordirland britische Truppen stationiert. 1969–1996 wurden 2000 der 3172 Toten im Nordirland-Konflikt den Anschlägen der IRA zugeschrieben.

Investitionen: Entwicklung in Deutschland[1]			
Jahr	Bauten	Ausrüstungen	Anlage-investitionen zusammen
1994 (Mrd DM)	416,6	251,6	668,2
1994 (Steigerung gegenüber 1993 in%)	+7,8	–1,2	+4,3
1995 (Mrd DM)	421,8	256,6	678,4
1995 (Steigerung gegenüber 1994 in %)	+1,2	+2,0	+1,5
1996[2] (Mrd DM)	411,5	257,5	669,0
1996[2] (Steigerung gegenüber 1995 in %)	–2,5	+0,5	–1,5

1) In Preisen von 1991 (inflationsbereinigt); 2) Prognose; Quelle: Deutsches Institut für Wirtschaftsforschung (DIW, Berlin)

Deutsche Investmentfonds: Anzahl, Geldanlage und Vermögen

Fonds	Anzahl	Betrag (Mrd DM)				
		Neuanlage 1994	Neuanlage 1995	Neuanlage 1996[1]	Vermögen 1994	Vermögen April 1996
Aktienfonds	232	11,7	0,9	–0,8	43,0	48,4
Rentenfonds	279	11,2	2,4	2,0	97,3	107,5
Gemischte Fonds	66	0,8	0,4	0,1	3,4	4,4
Geldmarktfonds	32	31,2	6,2	1,2	31,2	39,5
Immobilienfonds	14	7,7	6,8	7,5	50,4	65,0
Publikumsfonds[2]	623	62,6	16,7	10,0	225,3	264,8

Stand: April 1996; 1) Januar–März; 2) insgesamt; Quelle: Bundesverband Deutscher Investmentgesellschaften

Im August 1994 begann mit dem einseitig von der IRA ausgerufenen Waffenstillstand der Friedensprozeß. Nachdem von der britischen Regierung unter Premierminister John Major versprochene Allparteiengespräche über die Zukunft von Nordirland bis Anfang 1996 nicht zustande kamen, beendete die IRA im Februar 1996 die Waffenruhe mit einem Bombenanschlag auf ein Bürogebäude in den Londoner Docklands, bei dem zwei Menschen starben. Im Juni 1996 forderte ein IRA-Bombenanschlag in Manchester 200 Verletzte. Aufgrund der Attentate wurde Sinn Féin (Vorsitzender: → BIO Gerry Adams), der politische Arm der IRA, von den im Juni aufgenommenen Verhandlungen über die Zukunft Nordirlands ausgeschlossen.
→ Nordirland-Konflikt

ISDN TAB

(Integrated Services Digital Network, engl.; digitales Netzwerk für zusammengefaßte Leitungen), digitales, computergesteuertes Netz zur Datenfernübertragung, mit dem Sprache, Texte, Bilder und Computerdateien übermittelt werden können. Die Informationen werden im ISDN digitalisiert, d. h., sie sind für die elektronische Datenverarbeitung geeignet. Grundlage für ISDN bildet das telefonische Fernmeldenetz, dessen Digitalisierung in Deutschland Mitte 1996 weitgehend abgeschlossen war. Ein Basisanschluß stellt zwei, ein Primärmultiplexanschluß 30 Kommunikationskanäle zur Verfügung. Pro Monat entschieden sich lt. Telekom Mitte 1996 rd. 85 000 Kunden für den Anschluß an ISDN. Mit 3,9 Mio Basiskanälen hatte Deutschland das dichteste ISDN-Netz der Welt.

VORTEILE: ISDN ist leistungsfähiger als bestehende Netze (Übertragungsgeschwindigkeit: 64 000 Bit/sec, Telefonnetz: 4800 Bit/sec), so daß es sich auch für die Übertragung von Bildern (z. B. bei Videokonferenzen) eignet. Bei einem sog. ISDN-Mehrgeräteanschluß können bis zu acht verschiedene Endgeräte (Telefon, Te-

ISDN: Anschlüsse weltweit

Land	Netzbetreiber	ISDN-Kanäle[1]	
		Basis	Primärmultiplex
Australien	Telecom Australia	8 000	3 100
Belgien	BTT Belgacom	1 600	155
Dänemark	TeleDanmark	4 500	150
Deutschland[2]	Deutsche Telekom	3 900 000	37 000
Finnland	Telecom Finland ATC Finland	500 2 045	150 151
Frankreich	France Télécom	80 000	16 500
Großbritannien	British Telecom Mercury	75 000 8 500	16 000 –
Irland	Telecom Eireann	565	92
Italien	Telecom Italia	5 600	250
Japan	NTT KDD	250 000 1 387	21 000 63
Luxemburg	Enterprise des P&T	12	–
Niederlande	PTT Telecom	10 000	1 200
Norwegen	Telenor	4 000	350
Österreich	ÖPT	1 500	20
Portugal	Telecom Portugal	1 500	60
Schweden	Telia	5 500	100
Schweiz	Swiss PTT	20 000	1 200
Singapur	Singapore Telecom	1 100	–
Spanien	Telefonica	160	–
USA	AT&T Sprint MCI Regionalgesellschaften	– – – 1 100 000	2 700 1 200 600 2 000

1) Mitte 1995; 2) Mitte 1996; Quelle: VDI-Nachrichten, 19. 4. 1996

lefax, PC) mit einer Rufnummer erreicht werden. Bis zu drei Teilnehmer können bei einer Konferenzschaltung gleichzeitig miteinander telefonieren; Anrufe werden bei Angabe einer anderen Rufnummer automatisch an diese weitergeleitet. Der Computer kann mit einer sog. ISDN-PC-Karte auch direkt mit der Telefonleitung verbunden werden.
EURO-ISDN: Der europäische Betriebsstandard Euro-ISDN, der z. B. ermöglicht, Rufnummern des analogen Telefonnetzes ins ISDN-Netz zu übernehmen, soll bis 2000 ISDN ablösen. Die Vereinheitlichung des ISDN-Betriebs, an der sich 20 Länder 1996 beteiligten, soll den europaweiten Informationsaustausch verbessern.
KOSTEN: 1996 kostete ein sog. ISDN-Basisanschluß 100 DM, ein Primärmultiplexanschluß 200 DM. Die monatlichen Grundgebühren wurden zum 1.7.1996 für einen Basisanschluß von 64 DM/Monat auf 46 DM gesenkt. Hinzu kommen die monatlichen Telefonkosten. Bis 30.6. 1996 förderte die Deutsche Telekom die Neueinrichtung eines ISDN-Anschlusses mit 300–700 DM. Der Kunde mußte sich dafür ein ISDN-Endgerät oder eine ISDN-Telekommunikationsanlage kaufen.
→ Datenautobahn → Digitaltechnik → Telefongebühren → Telekommunikation

Islam GLO KAR TAB

(arab.; Hingabe an Gott), von dem arabischen Propheten und Prediger Mohammed (um 570–632) gegründete monotheistische Religion (Glaube an einen Gott). Für die Errichtung islamischer Gottesstaaten nach iranischem Vorbild kämpften

1996/97 islamische Fundamentalisten insbes. in Algerien und dem Nahen Osten.
FUNDAMENTALISMUS: Der Bürgerkrieg zwischen Fundamentalisten und Regierung forderte 1992–1996 in Algerien 40 000 Tote. Die proiranische fundamentalistische Hamas gefährdete 1995/96 mit antiisraelischen Terroranschlägen (Busattentate) die Aussöhnungspolitik zwischen Israel und der palästinensischen Befreiungsorganisation PLO (Autonomie für Palästinenser im Gazastreifen und in Jericho ab 1994). Radikale Islamisten töteten 1995/96 in Ägypten mit Anschlägen Hunderte Bürger.
UMSTRITTENE PREISVERLEIHUNG: Im Oktober 1995 wurde die deutsche Orientalistin und Religionswissenschaftlerin Annemarie Schimmel mit dem Friedenspreis des Börsenvereins für den Deutschen Buchhandel ausgezeichnet. In 80 Büchern hat die Preisträgerin islamische Religion und Kultur europäischen Lesern nähergebracht. Gegner der Preisvergabe an Schimmel kritisierten, daß sie nicht entschieden genug Stellung zum Mordaufruf gegen Salman Rushdie genommen habe. Iranische Geistliche hatten den Verfasser des Romans „Die Satanischen Verse" (1988) wegen Beleidigung des Propheten Mohammed für todeswürdig erklärt
MERKMALE: Der Islam ist nach dem Christentum die zweitgrößte Religionsgemeinschaft der Welt (1 Mrd Moslems in 184 Ländern). Er ist in Glaubensrichtungen gespalten. Die beiden größten Gruppierungen bilden die Sunniten (Sunna, arab.; Brauch, weltweit ca. 80% der Moslems) und die Schiiten (Schia, arab.; Partei, ca. 12%). Es gibt ca. 70 weitere Un-

---

Islam: Organisationen in Deutschland

ZENTRALRAT DER MUSLIME IN DEUTSCHLAND: Die 1986 als »Islamischer Arbeitskreis« gegründete politische Interessenvertretung nennt sich seit 1994 Zentralrat. Ihr gehören 16 Verbände an, darunter die einflußreichen Islamischen Zentren (Moscheen) in Hamburg und München.
ISLAMRAT DER BUNDESREPUBLIK DEUTSCHLAND: 1986 als Interessenvertretung gegründet, hat der Rat

23, teils lokale Verbände als Mitglieder. Großen Einfluß im Islamrat nimmt die Vereinigung der Neuen Weltsicht in Europa (AMGT); der Verfassungsschutz in Nordrhein-Westfalen stuft die Vereinigung seit 1994 wieder als islamisch-extremistisch ein. AMGT wurde Anfang 1995 reorganisiert und umbenannt in IGMG (Islamische Gesellschaft Milli Görüs, Nationale Ansicht).

TÜRKISCH-ISLAMISCHE UNION DER ANSTALT FÜR RELIGION: Die halbstaatliche türkische Organisation wurde in den 80er Jahren vom türkischen Staat aufgebaut, um den Einfluß der radikal-islamischen Gruppierungen zurückzudrängen. Die türkischen Konsulate koordinieren die Arbeit des mit 740 lokalen Vereinen größten Dachverbands in der BRD. Die Türkei entsendet die Geistlichen.

LAND Länderteil NEK Nekrolog ORG Organisationen BIO Biographien

Islam: Verbreitung

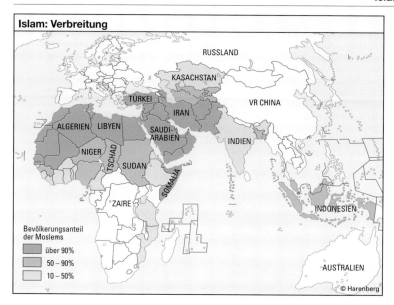

RUSSLAND

KASACHSTAN

TÜRKEI

IRAN

VR CHINA

ALGERIEN LIBYEN SAUDI-ARABIEN

INDIEN

NIGER

TSCHAD

SUDAN

SOMALIA

ZAÏRE

INDONESIEN

AUSTRALIEN

Bevölkerungsanteil
der Moslems
- über 90%
- 50 – 90%
- 10 – 50%

© Harenberg

tergliederungen und Sekten wie Aleviten, Drusen, Wahabiten, Sikhs. In Deutschland bilden die 2,5 Mio Moslems die größte religiöse Minderheit. Davon sind 1,9 Mio Türken und 280 000 Bosnier die größten nationalen Gruppen.

→ Dschihad Islami → Hamas
→ Hisbollah → Nahost-Konflikt

Islamische Heilsfront

(franz.: Front islamique du salut, FIS), 1989 in Algier gegründete fundamentalistische Bewegung, die einen auf sozialer Gerechtigkeit beruhenden islamischen Gottesstaat anstrebt. Seit ihrem Verbot 1992 führt die I. unter ihrem Anführer Abassi Madani einen Untergrundkampf. 1992 bildeten sich zwei Terrorgruppen heraus: Die von der FIS abhängige Islamische Armee des Heils (AIS) und die radikale Bewaffnete islamische Gruppe (GIA). Nachdem die I. im November 1995 ihre Bereitschaft zum Dialog mit dem wiedergewählten Präsidenten des Militärregimes Liamine Zeroual erklärt hatte, rief die GIA im Januar 1996 den Krieg gegen die I. und die AIS aus. Bombenanschlägen und Selbstmordattentaten fielen Anfang 1996 mehrere hundert Menschen zum Opfer. Bis Mitte 1996 forderte der Bürgerkrieg etwa 40 000 Menschenleben.

ISLAMISTEN GESPALTEN: Die algerische Regierung setzte neben dem bewaffneten Kampf auf die Schwächung der Islamisten durch Spaltung. Ende 1995 bot sie Unter-

Islam: Staaten im Überblick

Land[1]	Moslems	Anteil[2]	Anhänger anderer Religionen
Indonesien	164 Mio	87,2%	Christen: 9,6%, Hindus: 1,8%
Pakistan	123 Mio	96,7%	Christen: 1,6%, Hindus: 1,5%
Bangladesch	100 Mio	86,8%	Hindus: 11,9%, Sonstige: 1,3%
Indien	99 Mio	11,0%	Hindus: 80,3%, Christen: 2,4%, Sikhs: 1%
Türkei	59 Mio	99,2%	Christen: 0,3%, Sonstige: 0,5%
Iran	58 Mio	99,1%	Bahai: 0,6%, Christen: 0,1%
Ägypten	51 Mio	90,0%	Christen: 10,0%
Nigeria	41 Mio	45,0%	Christen: 49,0%, Sonstige: 6,0%
Algerien	27 Mio	99,0%	Katholiken: 0,1%, Sonstige: 0,9%
Rußland	27 Mio	18,0%	Christen: 82%
Marokko	26 Mio	98,7%	Christen: 1,1%, Juden: 0,2%

1) Auswahl; 2) an der Gesamtbevölkerung

grundkämpfern, die sich stellten, Amnestie an. Im Januar 1996 berief Zeroual das Gründungsmitglied der I., Ahmed Marani, zum Minister für religiöse Angelegenheiten. Die GIA unter ihren Anführern Mansouri Meliani und Djamel Zitouni lehnte den Kompromißkurs der I. ab.

KAMPF IM AUSLAND: Zwischen Juli und Oktober 1995 überzog die GIA Frankreich mit einer Serie von blutigen Sprengstoffanschlägen, da die ehemalige Kolonialmacht das algerische Militärregime unterstützt.

→ LAND Algerien

Islam-Unterricht

Seit Beginn des Schuljahrs 1995/96 wird an öffentlichen Schulen Nordrhein-Westfalens ein Lehrplan erprobt, der im Auftrag des Kultusministeriums für den I. moslemischer Schüler in der Sekundarstufe I (Klassen 5–10) entwickelt worden ist. Es ist der erste und bislang einzige Lehrplan seiner Art in Deutschland.

Bereits seit 1983 bietet NRW einen I. in der Grundschule an. Da der Islam nicht wie christliche Kirchen als öffentlich-rechtliche Körperschaft anerkannt ist, heißt das Fach statt Religionsunterricht Religiöse Unterweisung. Der I. findet im Rahmen des freiwilligen sog. muttersprachlichen Ergänzungsunterrichts (ME) für ausländische Kinder und Jugendliche statt. Unterrichtssprache ist Türkisch. Die Türken (1996: 1,9 Mio) stellen den größten Teil der in Deutschland lebenden 2,5 Mio Moslems (davon in NRW: 800000). Mit dem staatlichen I. will die Landesregierung den Einfluß fundamentalistischer Koranschulen verringern und die Integration der Moslems fördern.

Mitte 1996 boten Hessen und Rheinland-Pfalz I. im Rahmen des ME für die Klassen 1–10 an. In Bayern wird I. in den Klassen 1–5 seit 1986 als Pflichtfach für ausländische Kinder islamischen Glaubens erteilt. An weiterführenden Schulen findet I. im ME statt. In Baden-Württemberg, Berlin, Bremen, Hamburg, Niedersachsen, dem Saarland und Schleswig-Holstein gab es ME, in dem auch der Islam besprochen wurde.

→ Islam

ISO

(Infrared Space Observatory, engl.; Infrarotes Weltraumobservatorium), im November 1995 wurde ISO mit einer Ariane-Trägerrakete auf eine Umlaufbahn in 1000–70 000 km Höhe gebracht. ISO ist das erste Weltraumteleskop, das bei elektromagnetischer Strahlung im Infrarotbereich (Wärmestrahlung) arbeitet. Es soll Strahlen z. B. von interstellaren Gas- und Staubwolken, entstehenden oder sterbenden Sternen empfangen, die wegen ihrer niedrigen Temperatur kein sichtbares Licht aussenden. Durch ISO erhoffen sich Astronomen Erkenntnisse über das Zentrum der Milchstraße und Dunkle Materie, die mehr als 90% der Gesamtmasse des Universums ausmachen soll.

Das 2,5 t schwere und 5,3 x 3,5 m große Observatorium (Kosten: 1,3 Mrd DM) wurde von der Europäischen Raumfahrtagentur ESA entwickelt. Kosmische Infrarotstrahlenquellen können nicht auf der Erdoberfläche untersucht werden, weil sie von der Atmosphäre herausgefiltert werden. Da jedes Objekt Wärmestrahlung abgibt und die Messungen stören würde, wird ISO mit flüssigem Helium bis nahe des absoluten Nullpunkts (−273,15 °C) abgekühlt. Die Lebensdauer des Teleskops ist daher an den Heliumvorrat geknüpft. Er ist nach rd. 20 Monaten verdampft. Für 2006 war der Start eines neuen Infrarotobservatoriums (Name: First) geplant.

→ Satelliten

ITU →

J

Java

Mitte 1995 erstmals vorgestellte Computer-Programmiersprache für das weltumspannende Computernetzwerk Internet, für die bis Mitte 1996 alle führenden Softwareunternehmen eine Nutzungslizenz erworben hatten. J. ermöglicht es, daß alle in dieser Sprache geschriebenen Programme – im Gegensatz zu anderen Programmen – von jedem Computer angewendet werden können, unabhängig davon, welches Betriebssystem der Computer nutzt und welcher Mikroprozessor eingebaut ist. Notwendig ist nur ein Computerprogramm (sog. J.-Interpreter), das die Programme in J. für das Betriebssystem des jeweiligen Rechners übersetzt. J.-Programme werden im Internet auf einem Zentralrechner zur Verfügung gestellt und können von den einzelnen Computern abgerufen werden, ohne auf die eigene Festplatte geladen werden zu müssen.

VORTEILE: Da J.-Programme auf jedem PC laufen, muß der Programmierer nur noch eine einzige Version der Software schreiben. Ein Internet-Nutzer braucht keine Vielzahl von Programmen für unterschiedliche Verwendungszwecke (z. B. Textverarbeitung, Grafikprogramme) auf der Festplatte zu installieren, sondern kann, je nach Bedarf, J.-Programme nutzen. Er spart dadurch Speicherkapazität und Kosten für Computerprogramme, er muß allerdings eine Nutzungs- sowie die Telefongebühr zahlen. Ein weiterer Vorteil ist, daß die J.-Programme in einzelne kleine Programmteile, sog. Applets, zerlegt sind. Jeder Baustein kann auch in anderen J.-Programmen verwendet werden. Ist z. B. das Silbentrennungsprogramm für eine Textverarbeitung neu entwickelt worden, muß nicht das gesamte Programm ausgetauscht werden, sondern nur dieser Programmbaustein. Der J.-Interpreter enthält einen Sicherheitsmechanismus, der vor Computerviren schützen soll.

MARKTCHANCEN: Experten gingen davon aus, daß das von der US-amerikanischen Firma Sun Microsystems entwickelte J. bei zunehmender Nutzung des Internets Betriebssysteme und fest auf Computern installierte Software überflüssig machen könnte. Sun Microsystems stellte 1996 einen sog. Internet-Computer (auch Network Computer, NC) vor, der nur einen einfachen Mikroprozessor sowie eine geringe Speicherkapazität benötigt und speziell auf die Nutzung von J.-Programmen aus dem Internet zugeschnitten ist. Ein solcher Rechner soll nur etwa 500 Dollar kosten (Mittelklassecomputer Mitte 1996: ca. 2000 Dollar). Der größte Software-Hersteller der Welt, Microsoft (USA), plante 1996 ebenfalls die Entwicklung einer Programmiersprache für das Internet.

→ Computer → Internet → PC
→ Software

Jugend

Die rd. 15 Mio Jugendlichen zwischen 13 und 25 Jahren in Deutschland splittern sich in viele verschiedene Gruppen auf; Experten versuchten vergeblich, ein einheitliches Bild einer J.-Kultur zu zeichnen. Gemeinsamkeiten zeigten sich jedoch bei den persönlichen Einstellungen, z. B. hielten 90% der 14 bis 19jährigen Moral für eine wichtige Eigenschaft, und 80% fühlten sich für die Umwelt mitverantwortlich. Jedoch gehörten nur 1% der 13–25jährigen einer politischen Partei und nur 1,3% einer Bürgerinitiative an.

AUFSPLITTERUNG: Die Aufteilung der 13–25jährigen Mitte der 90er Jahre in verschiedene Gruppen wird von Soziologen auch als Tribalisierung bezeichnet (tribe, engl.; Stamm). Die größte Gruppe stellten die Techno-Fans mit rd. 2 Mio Jugendlichen. Weitere Gruppen waren Punks, Grufties, Heavy-Metal-Fans, Hippies, Autonome, Computer-Freaks u. a.

KRIMINALITÄT: Die Kinder- und J.-Kriminalität nahm 1995 gegenüber dem Vorjahr zu. Hamburg z. B. verzeichnete einen Anstieg der J.-Kriminalität um 24,7%. 6,4% aller Straftaten in Hamburg wurden von Jugendlichen verübt. In NRW war bereits jeder dritte Tatverdächtige ein Jugendlicher. 1995 ergaben Untersuchungen, daß Jugendliche aus Elternhäusern mit geringem Einkommen häufiger Straftaten begehen. Ebenso seien Heranwachsende, die von ihren Eltern geschlagen wurden, eher dazu bereit, selbst Gewalt einzusetzen.

DROGEN: Eine Studie des Max-Planck-Instituts für Psychiatrie (München) von 1996 ergab, daß das Einstiegsalter für regelmäßigen Alkoholkonsum im Vergleich zu Untersuchungen früherer Jahre um eineinhalb auf 14 Jahre gesunken ist. 20% aller 14–25jährigen hatten in den letzten zwölf Monaten vor der Befragung illegale Drogen wie Marihuana, Designerdrogen und Kokain genommen.

→ Alkohol → Drogen → Familie
→ Gewalt

K

Kabelanschluß

Verbindung mit dem breitbandigen Kupfer-koaxialkabel oder dem Glasfaserkabel, welche die Telekom in Deutschland für die Verbreitung von Fernseh- und Hörfunkpro-grammen einrichtet. Kabelnutzung erhöht die Zahl der zu empfangenden Programme (etwa 33) gegenüber der üblichen Hausan-tenne und garantiert einen störungsfreien Empfang. Im April 1996 verfügten rd. 24,4 Mio Haushalte über K., etwa zwei Drittel davon nutzten ihn auch. Wegen zahlreicher Neugründungen von TV-Sendern, insbes. von sog. Spartenkanälen mit Programmen für eine bestimmte Zielgruppe, die eine Verbreitung über Kabel beantragten, waren die Kapazitäten des Kabelnetzes 1995/96 ausgeschöpft.

Die Kontrollbehörden für privaten Rund-funk, die Landesmedienanstalten, entschei-den darüber, welche Sender ins Kabelnetz eingespeist werden. Für neue Sender muß-ten bestehende Anbieter ihren Platz im Kabelnetz räumen. 1996 waren deswegen zahlreiche Prozesse anhängig. Landesme-dienanstalten und private Rundfunkveran-stalter forderten die Telekom auf, das Kabel-netz für die herkömmlichen, analog übertra-genen Programme zu erweitern. Die Tele-kom lehnte einen Ausbau wegen der hohen Kosten ab. Sie gab der Digitalisierung des

sog. Hyperbands Vorrang, eines Kabels, mit dem digitales Fernsehen und Radio übertra-gen werden sollen. Für den Empfang dieser Angebote benötigt der Rundfunkteilnehmer allerdings spezielle Geräte.
→ Astra 1F → Hot Bird 1

Käfer BILD

1997/98 will die Volkswagen AG (Wolfs-burg) die Serienproduktion eines PKW aufnehmen, dessen Design dem VW K. nachempfunden ist. Der alte K. wird seit 1986 nicht mehr von VW in Europa ver-kauft. Vom neuen K. (Projektname: New Beetle) sollen jährlich 100 000 Stück im mexikanischen Puebla gebaut werden. 80% der Produktion sind für den Verkauf in die USA bestimmt. Der Preis soll 25 000 DM bis 30 000 DM betragen. Das Innere des neuen K., der auf der Boden-gruppe des VW Golf basiert, bietet mehr Raum als der alte K. Für den Antrieb sind ein 1,9-l-Diesel-Motor mit 81 kW (110 PS) und zwei Otto-Motoren mit 77 kW (105 PS) bzw. 110 kW (150 PS) geplant. Der alte VW K. war mit 20,8 Mio Exem-plaren das meistverkaufte Auto der Welt. Sein Erfolg basierte auf Wirtschaftlichkeit und robuster Technik. Damit entsprach er den Käuferbedürfnissen in der Zeit nach dem Zweiten Weltkrieg bis in die 80er Jahre (Preis 1986: 12 000 DM). Ab 1986 wurde der K. weiter in Mexiko und (mit Unterbrechung) in Brasilien für den ameri-kanischen Markt produziert.

Kaffee TAB

Der K.-Preis unterlag 1995 starken Schwan-kungen. Während der Weltmarktpreis zu Beginn des Jahres noch rd. 3000 US-Dollar pro Tonne betrug, sank er bis Anfang 1996 auf unter 2000 US-Dollar. Den Preisverfall konnte auch der Beschluß der K.-Anbaulän-der in Lateinamerika und Afrika, den K.-Export von Juli 1995 bis Juni 1996 auf 60,5 Mio Sack Roh-K. (à 60 kg) einzuschränken, nicht verhindern, da Lagerbestände den weltweiten Bedarf von 97 Mio Sack deck-ten. Den Preisverfall beim K. überstanden nur Besitzer großer Plantagen und Zwi-schenhändler. Für viele kleinere Produzen-ten bedeutete er den wirtschaftlichen Ruin.
→ Fairer Handel

Prototyp des neuen Käfer von Volks-wagen. Im Unter-schied zum alten Käfer verfügt der New Beetle über Front-antrieb oder syncro-Allradtechnik, Funf-ganggetriebe und mehrere Airbags.

Kaffee: Größte Erzeugerländer

Rang	Land	Produktion[1] 1993/94	1995/96[2]
1	Brasilien	28 500	16 800
2	Kolumbien	11 400	13 500
3	Indonesien	7 400	5 800
4	Mexiko	4 200	4 600
5	Côte d'Iv.	2 700	3 000
6	Indien	3 465	3 800
7	Äthiopien	3 000	3 700
8	Guatemala	3 078	3 622
9	Uganda	2 700	3 000
10	El Salvador	2 500	2 425

1) 1000 Säcke à 60 kg; 2) Schätzung;
Quelle: Encyclopaedia Britannica

Kaffee: Konsumenten in Europa

Rang	Land	Verbrauch[1] Kaffee[2]	Tee[3]
1	Finnland	12,4	0,2
2	Schweden	11,4	0,3
3	Norwegen	11,3	0,2
4	Dänemark	10,5	0,4
5	Niederlande	8,3	0,6
6	Österreich	8,1	0,2
6	Schweiz	8,1	0,3
8	Deutschland	7,1	0,2
9	Frankreich	5,3	0,2
10	Italien	5,0	0,1

1) Pro-Kopf-Verbrauch in kg; 2) 1994;
3) Durchschnitt 1992–94; Quelle: Deutscher
Kaffeeverband; International Tea Committee

Kanaltunnel GRA TAB

Eisenbahnverbindung zwischen Großbritannien und Frankreich unter dem Ärmelkanal, die 1994 in Betrieb genommen wurde. Die überschuldete britisch-französische Betreibergesellschaft Eurotunnel verhandelte 1996 mit ihren Kreditgebern über einen Teilerlaß der Schulden.

FINANZKRISE: 1995 betrugen die Einnahmen von Eurotunnel 680 Mio DM. Dem standen jährliche Forderungen der 225 Gläubigerbanken von 1,7 Mrd DM gegenüber, deren Rückzahlung Eurotunnel am 14.9.1995 bis März 1997 zum größten Teil aussetzte. Bis dahin soll mit den Banken eine Umschuldungslösung für die Gesamtschulden von 20 Mrd DM gefunden werden. Im Gespräch war eine

Kanaltunnel

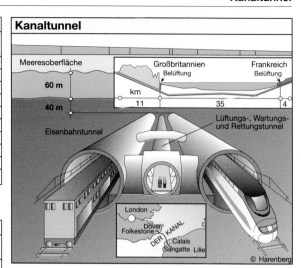

Meeresoberfläche
60 m
40 m
Eisenbahntunnel
Großbritannien
Belüftung
Frankreich
Belüftung
km
11
35
4
Lüftungs-, Wartungs- und Rettungstunnel
London
Dover
Folkestone
DER KANAL
Calais
Sangatte Lille
© Harenberg

Beteiligung der Banken am Grundkapital von Eurotunnel.

URSACHEN: Die Baukosten des K. betrugen 26 Mrd DM (ursprüngliche Kalkulation: 11,6 Mrd DM). Die um ein Jahr verzögerte Eröffnung führte zum Ausfall von Einnahmen. Eurotunnel warf den britischen und französischen Eisenbahngesellschaften vor, Passagier- und Frachtaufkommen falsch eingeschätzt zu haben. 1993 hätten sie 10,2 Mio Passagiere und 3,3 Mio t Fracht für 1995 prognostiziert. Tatsächlich waren es nur 3 Mio Fahrgäste und 1,3 Mio t Fracht. Für 1996 rechnete Eurotunnel mit 5 Mio Passagieren und 4 Mio t Fracht.

Kanaltunnel: Längste Eisenbahntunnel

Rang	Tunnel	Land	Länge (m)	Eröffnungsjahr
1	Seikan	Japan	53 850	1988
2	Kanaltunnel	F/GB[1]	50 500	1994
3	Daishimizu	Japan	22 200	1979
4	Simplon I	Schweiz/Ital.	19 823	1906
5	Simplon II	Schweiz/Ital.	19 800	1922
6	Shin-Kammon	Japan	18 560	1974
7	Apennintunnel	Italien	18 519	1934
8	Rokko	Japan	16 250	1971
9	Henderson	USA	15 800	1975
10	Furka	Schweiz	15 407	1982

1) Frankreich/Großbritannien

ANGEBOT: Ein Pendeldienst befördert LKW und Güterzüge zwischen Folkestone bei Dover/Großbritannien und Sangatte bei Calais/Frankreich. Autos und Motorräder werden auf Bahnwaggons verladen und durchqueren stündlich den Tunnel (Fahrzeit: 35 min). Als Bestandteil des europäischen Schnellbahnnetzes durchfahren Eurostar-Züge den K.
KONKURRENZ: 1995 wurden im Kanalverkehr 41% der PKW und Busse und 47% der LKW durch den K. transportiert. Die Fährgesellschaften reagierten auf den K. mit Preissenkungen und der Anschaffung moderner Schiffe. Um ihren Anteil im Kanalverkehr zu steigern, will Eurotunnel 1996 die Preise für Fahrkarten der Shuttle-Dienste unter denen der Fähren halten. Die Überfahrt zwischen Dover und Calais per Fähre dauerte zwischen 35 und 90 min. 1990–2003 wird mit einer Steigerung des Kanalreiseverkehrs um 65 Mio auf 150 Mio Passagiere gerechnet.
BAUWERK: Der 50 km lange K. (Baubeginn: 1987) liegt bis zu 100 m unter der Wasseroberfläche bzw. 40 m unter dem Meeresboden. Zwischen den beiden Eisenbahnröhren mit 7,6 m Durchmesser verläuft ein kleinerer Lüftungs-, Wartungs- und Rettungstunnel.
→ Hochgeschwindigkeitszüge → Schnellbahnnetz

Kaschmir-Konflikt KAR

Im Januar 1996 erreichte der K. einen neuen Höhepunkt, als die indische Armee zwei Raketen auf die pakistanische Grenzstadt Kahuta feuerte und in einer Moschee 20 Menschen tötete sowie 18 verletzte. In der Folge lieferten sich indische und pakistanische Truppen an der Waffenstillstandslinie Feuergefechte. Ein Gesprächsangebot kaschmirischer Rebellen an die indische Regierung gab im März 1996 Anlaß zu Hoffnungen auf eine Wende im K. Die Aufständischen kämpfen für ein von Indien unabhängiges Kaschmir.
KRIEG UM KASCHMIR: Nach der Unabhängigkeit des moslemischen Pakistans und des mehrheitlich hinduistischen Indiens war Kaschmir 1947 zwischen beiden Staaten geteilt worden. 1947, 1965 und 1971 führten beide Länder Krieg um die

Kaschmir-Konflikt

TADSCHIKISTAN
AFGHANISTAN
CHINA
Gilgit
Kaschmir
Skardu
Aksai
Islamabad Srinagar Jammu und Kaschmir
Tscharar-i-Sharif
Rawalpindi Jammu
PAKISTAN
Lahore Amritsar INDIEN Tibet
Simla
Chandigarh
Dehra Dun
0   200 km
NEPAL
© Harenberg

Indisches Staatsgebiet
Pakistanisches Staatsgebiet
Chinesisches Staatsgebiet

Region. Im indischen Teil Kaschmirs kämpfen radikale Moslems für die Loslösung von Indien. Der seit 1989 andauernde Bürgerkrieg forderte bis Mitte 1996 rd. 13 000 Tote. Die in Kaschmir stationierten rd. 500 000 indischen Soldaten verübten schwere Menschenrechtsverletzungen.
INDISCHE ATOMWAFFEN: Zusätzliche Brisanz erhielt der K., als die indische Regierung im Januar 1996 den erfolgreichen Test der Kurzstreckenrakete „Prithvi" und deren sofortige Stationierung meldete. Die mit atomaren Sprengköpfen bestückte Rakete mit 250 km Reichweite kann jede Großstadt in Pakistan angreifen.
GEISELN: Im Juli 1995 entführten kaschmirische Rebellen fünf westliche Touristen und forderten die Freilassung von Gesinnungsgenossen aus indischer Haft. Sechs Wochen später wurde eine der Geiseln, ein Norweger, ermordet aufgefunden. Bis Mitte 1996 war das Schicksal der übrigen vier Geiseln ungewiß. Von den seit Beginn des Bürgerkriegs rd. 1600 in Kaschmir entführten Geiseln wurden 553 ermordet.

Katalysator-Auto GRA

PKW, der mit einer Anlage zur Verringerung von Schadstoffen im Abgas (Kohlenwasserstoffe, Kohlenmonoxid und Stickoxide) ausgerüstet ist. K. sollen zur Verminderung der Luftverschmutzung beitragen. Für K. gelten niedrigere Sätze bei der Kfz-Steuer. 1996 plante die CDU/CSU/-FDP-Bundesregierung, ab 1997 PKW ohne oder mit ungeregeltem Katalysator mit deutlich höheren Steuern zu belasten. Der Katalysator wandelt Kohlenwasserstoffe, Kohlenmonoxid und Stickoxide mit Hilfe von Edelmetallen (Platin, Rhodium) in Kohlendioxid, Stickoxid und Wasserdampf um. Der geregelte Katalysator mit Sauerstoffmeßfühler (Lambda-Sonde) beseitigt 90% der Abgasschadstoffe. Er kann nur in Autos mit Benzin-Einspritzanlage und mit bleifreiem Benzin betrieben werden. In Kfz, die mit bleifreiem Benzin gefahren werden, verringert ein ungeregelter Katalysator ohne Lambda-Sonde den Schadstoffausstoß um 30–50%. 1996 waren zwei Drittel der 40,5 Mio in Deutschland zugelassenen PKW K.

→ Autoverkehr → Luftverschmutzung

Kernfusion GLO

Verschmelzung der Kerne schwerer Wasserstoffatome (Isotope Deuterium und Tritium) unter hoher Energiezufuhr (mindestens 100 Mio °C) zu einem Atomkern des Edelgases Helium. Die Elektronenhüllen der Gasmoleküle brechen auf, und ein Gemisch aus frei beweglichen Teilchen entsteht (Plasma). Die Technik des magnetischen Einschlusses war Mitte der 90er Jahre am weitesten entwickelt. Eine kommerzielle Nutzung der K. erwarten Wissenschaftler für die zweite Hälfte des 21. Jahrhunderts.

VOR- UND NACHTEILE: K. ist anderen Arten der Energieerzeugung überlegen, weil Deuterium nahezu unbegrenzt in Wasser enthalten ist und das radioaktive Tritium (Halbwertzeit: zwölf Jahre) im Reaktormantel aus dem Alkalimetall Lithium gewonnen werden kann. 1 g Plasma liefert soviel Verbrennungswärme wie 11 t Kohle. In bisherigen K.-Experimenten war die eingesetzte Energie jedoch höher als die Ausbeute. Wegen der geringen Dichte des Brennstoffs (1 g/1000 m³) gilt ein K.-Reaktor als sicherer als ein Atomreaktor. Ungelöst sind bisher die technische Umsetzung zur Nutzung der im Plas-

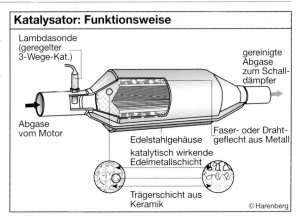

Katalysator: Funktionsweise

Lambdasonde (geregelter 3-Wege-Kat.)
gereinigte Abgase zum Schalldämpfer
Abgase vom Motor
Edelstahlgehäuse
Faser- oder Drahtgeflecht aus Metall
katalytisch wirkende Edelmetallschicht
Trägerschicht aus Keramik
© Harenberg

ma freigesetzten Energie und die Entfernung der Heliumrückstände.

TOKAMAK: Die EU, Japan, Kanada, Rußland, die Schweiz und die USA entwickeln den Internationalen Thermonuklearen Experimentellen Reaktor (ITER). Über Bau und Standort soll 1998 entschieden werden (Kosten in Preisen von 1989: rd. 5,85 Mrd Dollar). Erstes Plasma soll 2008 erzeugt werden. ITER war bei einer K.-Leistung von 1500 MW für eine Brenndauer von bis zu 1000 sec geplant. Acht EU-Staaten forderten Ende 1995 jedoch eine finanzielle, technische und

---

Kernfusion: Technik

Laser

Wasserstoffisotope sind in Kapseln eingeschlossen, die sich in einem Hohlzylinder befinden. Beim Auftreffen des Laserimpulses auf die Innenwände des Metall-Hohlraums entsteht radioaktive Strahlung, die den Brennstoff aufheizt und verschmelzen läßt.

Magnetischer Einschluß

Ein Deuterium-Tritium-Gemisch wird von einem ringförmigen Magnetfeldkäfig (Tokamak oder Stellarator) eingeschlossen, auf Zündtemperatur aufgeheizt, verdichtet und mit Hilfe der Magnetspulen in Schwebe gehalten. Jede Berührung mit den Wänden der Brennkammer würde das Plasma abkühlen und die Kernfusion unterbrechen. Die freigesetzte Energie soll über Wärmeaustauscher bzw. Kühlmittel zur Stromerzeugung genutzt werden.

Schallwellen

Wasser, das mit Gas versetzt ist (z. B. Xenon), wird aufgeheizt. Schallwellen halten die Gasbläschen in der Schwebe und lassen sie pulsieren, bis sie platzen. Die Temperatur des erzeugten Lichtblitzes (mindestens 90 000 °C) kann die Kernfusion in Gang setzen. Diese Methode wurde bis 1996 nicht großtechnisch erprobt.

wissenschaftliche Überprüfung des Projekts. Die USA kürzten die Finanzmittel für die K.-Forschung im Haushalt 1996 gegenüber dem Vorjahr um ein Drittel auf 244 Mio Dollar. Der Tokamak Fusion Test Reactor (TFTR, Princeton/New Jersey) und der Joint European Torus (JET, Culham/Großbritannien) erzielten bis Mitte der 90er Jahre für 1–2 sec (Pulsdauer) eine Leistung von 10,7 MW bzw. 1,7 MW. **LASERENERGIE:** Die USA bauen einen Fusionsreaktor, der Energie mit Hilfe von 192 Hochleistungslasern erzeugen und Vorgänge bei der Explosion von Atom- bzw. Wasserstoffbomben erforschen soll (Kosten: rd. 1,8 Mrd Dollar). Der Reaktor entsteht auf dem Gelände des Lawrence Livermore National Laboratory (San Francisco/Kalifornien), das die größte Laseranlage der Welt (Nova) beherbergt und zu den bedeutendsten Einrichtungen für die Entwicklung von Atomwaffen gehört. Im Reaktor sollen Temperaturen von rd. 200 Mio °C erzeugt werden. **DEUTSCHLAND:** In Lubmin bei Greifswald (Mecklenburg-Vorpommern) wird frühestens ab Ende 1996 als Teil des Max-Planck-Instituts für Plasmaphysik (IPP, Garching) eine Experimentalanlage (Wendelstein 7-X) errichtet (Kosten: rd. 500 Mio DM). Greifswald ist auch als Standort für ITER im Gespräch.

→ Atomenergie → Atomtests

Kfz-Haftpflichtversicherung

TAB

Bis Anfang 1997 wollen die meisten deutschen Versicherungsgesellschaften das Prämiensystem für die K. umstellen. Der Tarif für die K. orientiert sich künftig nicht mehr an der Motorleistung eines Kfz in kW oder PS, sondern an der durchschnittlichen Schadenshöhe, die an Unfällen beteiligte Automodelle verursachen. Die Versicherer hatten errechnet, daß Unfallzahl und Schadenshöhe zwischen Modellen innerhalb einer PS-Klasse Unterschiede bis 100% aufwiesen. Vor allem Fahrer sportlicher Modelle waren häufiger in Unfälle verwickelt. Eigner eines VW Golfs beispielsweise subventionierten die Halter eines Alfa Romeo 33 und Fahrer eines Ford Mondeos die Besitzer eines Fiat Croma. Folgende Änderungen ergeben sich:

▷ Prämien für Geländefahrzeuge steigen, weil Auffahrunfälle, die von den schweren, oft mit großen Stoßfängern ausgerüsteten Kfz verursacht werden, vielfach zu teuren Schäden führen

▷ Der Tarif für Gebrauchtwagen erhöht sich, weil sie häufiger in Unfälle verwickelt sind als neue Autos (je älter die Kfz, desto jünger, unerfahrener und risikobereiter sind die Fahrer)

▷ Bei Dieselfahrzeugen verteuert sich die K., weil diese Kfz eine durchschnittlich höhere Fahrleistung haben als Benziner und deshalb häufiger in Unfälle verwickelt werden

▷ Die Prämien für Firmen-Kleinbusse werden erhöht, weil deren Fahrer überdurchschnittlich oft alkoholisiert sind

▷ Halter von Großlimousinen zahlen niedrigere Beiträge, weil die Unfallhäufigkeit gering ist.

Kfz-Haftpflichtversicherung: Prämienänderung für vielverkaufte Modelle								
Modell[1]	kW/PS	Tendenz[2]	Modell[1]	kW/PS	Tendenz[2]	Modell[1]	kW/PS	Tendenz[2]
VW Golf I	55/75	teurer	Opel Corsa A GTI	72/98	teurer	Mercedes E 290[4]	95/129	teurer
VW Golf II	55/75	billiger	Opel Corsa B	44/60	billiger	Opel Omega B	100/136	billiger
VW Golf III	55/75	billiger	Opel Corsa B[3]	49/67	billiger	Fiat Punto	44/60	billiger
Opel Astra	55/75	billiger	Mercedes 190 E	87/118	billiger	Audi 100	85/115	billiger
BMW 316i comp.	75/102	billiger	Ford Escort	44/60	teurer	Audi A 6 Avant	110/150	billiger
BMW 320i	110/150	billiger	VW Polo (neu)	55/75	billiger	BMW 535i (neu)	173/235	teurer
Audi 80	74/101	billiger	Ford Fiesta (neu)	55/75	billiger	Renault Twingo	40/55	billiger
Audi A 4 1.8 T	110/150	teurer	Ford Mondeo	82/112	billiger	VW Transporter	55/75	teurer

Auswahl: 1) Baureihe; 2) Prognose vom Mai 1996, genaue Angaben sind unmöglich, weil die Prämie auch von Unternehmen, Regionalklasse, Schadensfreiheit und eventuell anderen Rabatten abhängt; 3) Diesel; 4) TD; Quelle: Verband der Schadenversicherer

Die neue K. gilt in der Regel für neu abzu-schließende Verträge. Nach Berechnun-gen des Verbands der Schadenversicherer (VDS) bringt das neue Tarifsystem für 60% der Versicherungskunden Verbilli-gungen, für 40% verteuern sich die Prä-mien. Die Neuregelung der K. für ca. 8600 Automodelle in Deutschland gilt nicht für Lieferwagen, Motorräder und Taxen.
→ Versicherungen

Kfz-Steuer

Abgabe an den Staat für den Besitz von Kfz. Die CDU/CSU/FDP-Bundesregie-rung plante, die Höhe der K. für PKW in Deutschland ab 1.1.1997 nach dem Schadstoffausstoß zu bemessen. Für PKW ohne Katalysator soll der Steuersatz erhöht werden. Bis dahin war die Grund-lage für die Festlegung der K. nur der Hubraum des Motors. Die Umstellung soll einen Anreiz schaffen, abgasarme PKW zu kaufen, um die Luftverschmut-zung zu reduzieren.
Ab 1997 werden für besonders schadstoff-arme PKW (Euro-2-Norm) 10 DM statt 13,20 DM (Benzinmotoren) bzw. 27 DM statt 37,10 DM (Diesel) je 100 cm³ Hubraum fällig. Für die 21,3 Mio schad-stoffreduzierten Kfz (Euro-1-Norm) bleibt die K. unverändert. Besitzer von Autos mit ungeregeltem Katalysator zahlen statt 13,20 DM 33,20 DM (Anstieg Diesel: um 20 DM auf 57,10 DM) pro 100 cm³ Hubraum; für Kfz ohne Katalysator steigt die Steuer von 21,60 DM auf 41,60 DM (Diesel: um 20 DM auf 65,50 DM).
Für LKW gilt ab April 1994 eine Staffe-lung der K. nach Abgaswerten. Die Ein-nahmen aus der K. stehen den Ländern zu, sie betrugen 1996 ca. 14 Mrd DM.
→ Autoverkehr → Katalysator-Auto
→ Steuern

Kinderarbeit [TAB]

Weltweit gingen 1995 nach Schätzungen des Kinderhilfswerks der Vereinten Natio-nen (UNICEF, New York) rd. 200 Mio Kinder unter 15 Jahren, vor allem in den Entwicklungsländern, einer Beschäfti-gung nach. Kinder arbeiten vor allem in der Landwirtschaft, im Haushalt und in

Kinderarbeit: Ländervergleich

Land[1]	Anzahl[2] (Mio)	BSP pro Kopf US-Dollar
Indien	44,0	320
Pakistan	19,0	430
Nigeria	12,0	280
Mexiko	11,0	4180
Bangladesch	5,7	220
Philippinen	5,7	950
Thailand	4,0	2410
Nepal	3,0	200
Brasilien	2,9	2970
Indonesien	2,2	880
Ägypten	1,4	720
Guatemala	1,1	1200
Kolumbien[3]	0,8	1670

Stand: 1994; 1) Auswahl; 2) geschätzte Zahl der erwerbstätigen Kinder unter 15 Jahren; 3) 12–17 Jahre; Quelle: ILO, Weltbank

Kleinbetrieben, aber auch als Prostituier-te, im Straßenbau, in Gerbereien, Stein-brüchen oder Kohleminen. Viele der Kinder, die bis zu 16 Stunden am Tag arbeiten, tragen schwere gesundheitliche Schäden davon. Ihr geringer Verdienst ist oftmals das einzige Familieneinkommen.
MODELL BANGLADESCH: Die Androhung eines Handelsboykotts durch die USA führte dazu, daß 1993–96 etwa 50 000 Kin-der aus den Textilfabriken in Bangladesch entlassen wurden. Im Juli 1995 schloß UNICEF zusammen mit der Internationa-len Arbeitsorganisation (ILO) und der Tex-tilindustrie in Bangladesch ein Abkommen, demzufolge Kinder unter 15 Jahren nicht mehr in der Textilindustrie beschäftigt wer-den sollen. Die entlassenen Kinder erhalten einen Platz in einer Schule und ein monat-liches Stipendium von 10 DM, etwa die Hälfte ihres früheren Monatseinkommens. Erwachsene Familienangehörige der Kin-der sollen die freigewordenen Stellen ein-nehmen. Im Januar 1996 wurde in der Hauptstadt Dacca die erste Klasse für ehe-malige Kinderarbeiter aus der Textilindu-strie eröffnet. Landesweit sind 400 solcher Klassen geplant.
EUROPÄISCHE UNION: Bis Juni 1996 (für Großbritannien gilt eine Übergangsfrist bis 1998) mußten die EU-Länder eine Richt-linie von 1994 umsetzen, die Erwerbstätig-keit von Personen unter 15 Jahren verbietet

und die Arbeit von Jugendlichen unter 18 Jahren einschränkt. In Deutschland gingen Mitte der 90er Jahre etwa 50% aller Schüler einer Tätigkeit nach, Aushilfsarbeiten wie Gebäudereinigen oder Babysitten gehörten zu den Hauptbeschäftigungen. Jeder vierte übte verbotene K. aus.

Kindergarten [TAB]

Der Rechtsanspruch auf einen Platz im K. für jedes dreijährige Kind in Deutschland zum 1.1.1996 wurde im November 1995 eingeschränkt. Da in den Bundesländern Ende 1995 noch rd. 300 000 K.-Plätze fehlten, um eine lückenlose Versorgung zu sichern, führte die CDU/CSU/FDP-Bundesregierung eine bis 1999 befristete sog. Stichtagsregelung ein. 1996 sollen alle Kinder, die bis zum 1. August drei Jahre alt geworden sind, einen Anspruch auf einen K.-Platz haben, für die danach geborenen Kinder tritt der Rechtsanspruch erst 1997 in Kraft. Für 1997 sind zwei, für 1998 drei Stichtage für Dreijährige vorgesehen. Ab 1999 soll es keine Wartezeiten mehr geben.

Die Bundesländer haben auch die Möglichkeit, alternativ zum Platz im K. bis Ende 1998 die Kinderbetreuung durch Tagesmütter oder Spielgruppen anzubieten, um dadurch eine weitgehende Versorgung zu sichern. Unabhängig von den Stichtagen besteht ein Anspruch auf den K.-Platz, wenn die Ablehnung für das Kind oder die Eltern eine unzumutbare Härte bedeuten würde. Dies gilt vor allem für berufstätige Alleinerziehende.

Der Kinderschutzbund kündigte Ende 1995 Musterklagen auf den Rechtsanspruch für einen K.-Platz an. Auch wolle sich der Verband an Klagen auf Schadenersatz beteiligen, wenn Eltern die Kosten für eine private Kinderbetreuung nicht erstattet bekämen. Der Kinderschutzbund bemängelte, daß es in Deutschland nicht genug Krippenplätze für Kinder unter drei Jahren und nur eine unzureichende Zahl von Hortplätzen für Schulkinder geben würde.

→ Familie

Kindergeld [TAB]

Staatliche Leistung in Deutschland zur Minderung der finanziellen Belastung durch Kinder. Zum 1. 1. 1996 wurde der sog. Familienlastenausgleich aus K. und steuerlichem Kinderfreibetrag neu geregelt; eine Familie muß sich nun für eine der beiden Leistungen entscheiden. Das K. wurde zugleich angehoben: Für das erste und zweite Kind von 70 DM bzw. 130 DM auf je 200 DM/Monat, für das dritte von 220 DM auf 300 DM und für jedes weitere Kind von 240 auf 350 DM. Die einkommensabhängige Minderung des K. entfällt. Im April 1996 beschloß die CDU/CSU/FDP-Bundesregierung, die für 1997 geplante Erhöhung des K. für das erste und zweite Kind um 20 DM/Monat um ein Jahr zu verschieben. Der Bundesrat lehnte dies im Juli 1996 ab.

ALTERSGRENZE: Die Altersgrenze, bis zu der K. gezahlt wird, wurde 1996 von 16 auf 18 Jahre angehoben. Bis dahin wird K. unabhängig davon gezahlt, ob das Kind sich in der Ausbildung befindet oder ob es über sonstige Einkünfte verfügt. Die Einkommensgrenze für Kinder über 18 Jahre, bis zu der K. gewährt wird, wurde auf 12 000 DM brutto/Jahr festgesetzt.

AUSZAHLUNG: Ab 1996 wird das K. von den Arbeitgebern zusammen mit dem

Kindergarten: Plätze in Deutschland

Bundesland	Kindergartenplätze	
	Insgesamt	Deckung[1] (%)
Baden-Württemberg	355 038	93,6
Bayern	295 320	82,0
Berlin/Ost	57 292	100,0
Berlin/West	41 093	73,3
Brandenburg	109 104	90,2
Bremen	14 500	80,0
Hamburg	33 183	74,1
Hessen	169 650	78,3
Mecklenburg-Vorpommern	82 585	100,0
Niedersachsen	243 032	75,1
Nordrhein-Westfalen	470 000	80,0
Rheinland-Pfalz	135 000	100,0
Saarland	32 141	96,0
Sachsen	167 409	94,0
Sachsen-Anhalt	91 431	100,0
Schleswig-Holstein	52 000	61,1
Thüringen	113 083	100,0

1) Anteil der bestehenden Kindergartenplätze an den notwendigen; Stand 1994; Quelle: Focus, 26.9.1995

Kindergeld: Erhöhung

Kinder	Kindergeld[1] (DM)		
	1992–1995	1996	1997
1	70	200	220
2	130	200	220
3	220	300	300
4 und mehr	240	350	350

Stand: Juni 1996; 1) Kinderfreibetrag 1992–1995: 4104 DM, 1996 Erhöhung auf 6264 DM, ab 1997; Kindergeld ist bis zu einem Bruttomonatslohn von 7000 DM (Ledige) bzw. 12 000 DM (Verheiratete) günstiger; Quelle: Bundesfinanzministerium

Lohn ausgezahlt, d. h. es wird mit der Lohnsteuerschuld verrechnet. Für Arbeitslose, geringfügig Beschäftigte sowie Beschäftigte mit einer Vertragsdauer unter sechs Monaten zahlen die in Familienkassen umbenannten K.-Kassen der Arbeitsämter das K. Unternehmen mit weniger als 50 Beschäftigten können sich von der Auszahlungspflicht befreien lassen und die Arbeitnehmer an die Familienkassen verweisen. Die Unternehmen kritisierten den großen Verwaltungsaufwand und die hohen Kosten, die ihnen durch die Auszahlung des K. entstünden.
→ Existenzminimum → Familienlastenausgleich

Kinderstaatszugehörigkeit
→ Doppelte Staatsbürgerschaft

Kindesmißhandlung
Obwohl 177 Staaten Anfang 1996 die UNO-Konvention zum Schutz der Kinderrechte unterzeichnet hatten, die u. a. auch die Beteiligung von Kindern an bewaffneten Konflikten verbietet, wurden in 25 Ländern Kinder unter 16 Jahren zu Soldaten ausgebildet. 1985–1995 wurden nach Angaben der UNO-Kinderhilfsorganisation UNICEF (New York) rd. 2 Mio Kinder in Kriegen getötet, 3 Mio verkrüppelt, 1 Mio Kinder verloren ihre Eltern und 12 Mio mußten aus ihrer Heimat fliehen.
KINDERPROSTITUTION: Weltweit wurden der UNO zufolge rd. 10 Mio Kinder zur Prostitution gezwungen, darunter rd. 500 000 in Brasilien, 300 000 in Thailand, 200 000 in China und 60 000 auf den Philippinen. Obwohl in Deutschland auch der sexuelle Mißbrauch von Kindern im Ausland 1993 unter Strafe gestellt wurde, vergewaltigten Schätzungen zufolge Mitte der 90er Jahre jährlich rd. 5 000–12 000 Deutsche im Ausland Kinder. Bis Mitte 1996 kam es jedoch aus Mangel an Beweisen nur zu einer Verurteilung.
DEUTSCHLAND: Bis zu 300 000 Kinder und Jugendliche fallen Schätzungen von Kinderhilfsorganisationen zufolge in Deutschland jährlich sexueller Gewalt zum Opfer. 75% der Betroffenen sind Mädchen, 99% der Täter Männer. In 75% der Fälle sind die Täter mit dem Opfer verwandt oder bekannt. 6% der Opfer sind nach Angaben des Bundeskriminalamts jünger als sechs Jahre.
KLITORISBESCHNEIDUNG: Die Weltfrauenkonferenz Ende 1995 nahm in ihren – die Teilnehmerstaaten rechtlich nicht bindenden – Forderungskatalog die Unversehrtheit des weiblichen Geschlechts als Menschenrecht auf. In rd. 30 Ländern, vor allem in Schwarzafrika, wurde Mitte der 90er Jahre das Geschlecht von rd. 2 Mio Mädchen im Alter von wenigen Wochen bis zu 18 Jahren verstümmelt. Dabei werden dem betroffenen Mädchen meist ohne Betäubung die Klitoris und z. T. auch die inneren Schamlippen entfernt. In einigen Ländern wie Äthiopien und dem Sudan wird die Wunde zusätzlich zugenäht (sog. Infibulation), um die Vaginalöffnung zu verkleinern.
→ Familie → Frauen → Straßenkinder

Kirche, Evangelische [TAB]
Mitte der 90er Jahre war die K. mit 28,2 Mio Mitgliedern die größte Glaubensgemeinschaft in Deutschland. Im November 1995 schlossen die Evangelische Kirche in Deutschland (EKD) und das Bundesverteidigungsministerium einen Rahmenvertrag über die Seelsorge in der Bundeswehr in Ostdeutschland. Danach sind die Militärpfarrer dort Beamte der Kirche. Nach der deutschen Vereinigung 1990 war die K. in Ostdeutschland für eine von Kirchenbediensteten wahrgenommene Militärseelsorge eingetreten und hatte das westdeutsche Modell von 1957 abgelehnt, nach dem Militärpfarrer Bundeswehrbeamte auf Zeit sind.

Kirche: Weltweite Verbreitung von Religionen

Religion	Mitglieder (Mio)	Hauptverbreitungsgebiet
Bahaismus	6,1	Indien, Iran
Buddhismus	323,9	Japan, China, Taiwan
Christentum	1 928,0	Europa, Nord- und Südamerika
Katholiken	968,0	Europa, Nord- und Südamerika
Protestanten	396,0	Europa, Nordamerika
Hinduismus	780,5	Indien
Islam	1 099,6	Vorderasien, Nordafrika
Judentum	14,1	Weltweit
Konfuzianismus	5,3	China, Korea-Süd
Neue Religionen[1]	121,3	Nordamerika, Europa
Shintoismus	2,8	Japan
Sikhs	19,2	Indien (Punjab)
Naturreligionen	99,2	Afrika, Asien, Ozeanien

1) Ab 1950 entstanden, u. a. Hare-Krishna, Transzendentale Meditation; Stand: Mitte 1995; Quelle: Encyclopaedia Britannica online

Der 27. Deutsche Evangelische Kirchentag ist für Juni 1997 in Leipzig geplant. Das Motto des alle zwei Jahre stattfindenden Laientreffens der Protestanten lautet: »Auf dem Weg der Gerechtigkeit ist Leben« (Salomo, Kapitel 12, Vers 28). Der Kirchentag wird das erste gesamtdeutsche Treffen nach der Wende 1989 sein, das in Ostdeutschland stattfindet.
→ LER

Kirche, Katholische [TAB]

Mit weltweit ca. 1 Mrd Mitgliedern größte christliche Glaubensgemeinschaft (Stand: 1994). In Deutschland gehörten Mitte der 90er Jahre rd. 28 Mio Christen der K. an. In Kirchenvolksbegehren setzten sich 1995 deutsche und österreichische Katholiken für Reformen in der K. ein. Im August 1995 erklärte das Bundesverfassungsgericht im Kruzifixurteil ein bayerisches Gesetz für verfassungswidrig,

Katholische Kirche: Päpste im 20. Jahrhundert

Papst	Amtszeit	Papst	Amtszeit
Leo XIII.	1878–1903	Johannes XXIII.	1958–1963
Pius X.	1903–1914	Paul VI.	1963–1978
Benedikt XV.	1914–1922	Johannes Paul I.	1978
Pius XI.	1922–1939	Johannes Paul II.	seit 1978
Pius XII.	1939–1958		

daß das Anbringen von Kreuzen in Grund- und Hauptschulen vorschrieb. Papst Johannes Paul II. stellte im Februar 1996 die reformierte Regelung für die Papstwahl vor. Nunmehr kann der Papst nur mit einer Zweidrittelmehrheit der Kardinäle in geheimer Abstimmung gewählt werden. Die neue Regelung zur Papstwahl sieht vor, daß die Kardinäle erst nach dem 30. Wahlgang von der Zweidrittelmehrheit abgehen und mit absoluter Mehrheit einen neuen Wahlmodus vereinbaren können. Die bisher unter bestimmten Voraussetzungen zugelassenen Formen der Papstwahl durch Zuruf (Akklamation) oder durch eine kleine Zahl delegierter Kardinäle wird abgeschafft. Nach der alten Regelung wurde der Papst normalerweise mit Zweidrittelmehrheit (plus einer Stimme) gewählt, vom 13. Wahlgang an reichte die absolute Mehrheit (plus einer Stimme). Bei der geheimen Versammlung der Kardinäle zur Papstwahl (Konklave) ist die Benutzung von Abhörwanzen, Handys und anderen modernen Mitteln der Telekommunikation verboten.
→ Kruzifixurteil → LER

Kirchenvolksbegehren

Mit der Unterzeichnung eines Forderungskatalogs setzten sich 1995 über 2 Mio Menschen in Deutschland und Österreich für innere Reformen in der katholischen Kirche ein. Die Konstitution der katholischen Kirche sieht ein K. nicht vor.

DEUTSCHLAND: In Deutschland votierten die Unterzeichner Ende 1995 u. a. für die Gleichberechtigung der Frau in der Kirche, für die Aufhebung des Pflichtzölibats für Priester und für mehr Mitspracherecht der Gemeinden. Die Beteiligung lag bei 1,8 Mio Menschen, darunter 1,4 Mio von 28 Mio deutschen Katholiken.

ÖSTERREICH: Mitte 1995 hatten 500 000 katholische, evangelische und nichtkonfessionelle Bürger in einem K. für eine Kirchenreform-Versammlung gestimmt, die Zulassung von verheirateten Männern und Frauen zum Priesteramt verlangt sowie die Betreuung von sexuell mißbrauchten Jugendlichen im kirchlichen Bereich gefordert. Die letzte Forderung wurde erhoben, nachdem der Erzbischof

Katholische Kirche: Bischöfe in Deutschland

Name	Bistum	Name	Bistum	Name	Bistum
H. Mussinghoff	Aachen	J. Dyba	Fulda	R. Lettmann	Münster
V. Dammertz	Augsburg	R. Müller	Görlitz	F.-J. Bode	Osnabrück
K. Braun	Bamberg*	L. Averkamp	Hamburg*	J. J. Degenhardt	Paderborn*
G. Sterzinsky[1]	Berlin*	J. Homeyer	Hildesheim	F. X. Eder	Passau
J. Reinelt	Dresden	J. Meisner[1]	Köln*	M. Müller	Regensburg
W. Mixa	Eichstätt	F. Kamphaus	Limburg	W. Kasper	Rottenburg-Stuttg.
J. Wanke	Erfurt	L. Nowak	Magdeburg	A. Schlembach	Speyer
H. Luthe	Essen	K. Lehmann	Mainz	H. J. Spittal	Trier
O. Saier	Freiburg*	F. Wetter[1]	München/Freising	P. W. Scheele	Würzburg

Stand: Mitte 1996; * Erzbistum; 1) Kardinal

von Wien, Kardinal Hans Hermann Groer, wegen sexueller Verfehlungen vorzeitig abgelöst worden war.

Klimaveränderung KAR

Eingriffe des Menschen in die Natur und nicht natürliche Entwicklungen sind nach Erkenntnissen der Meteorologen Ursache für die Erwärmung des Erdklimas.

PROGNOSEN: Bei weiterer Untätigkeit der verantwortlichen Industriestaaten könnte es nach einem im Dezember 1995 vorgelegten Bericht des Intergovernmental Panel on Climate Change (IPCC; zwischenstaatlicher Ausschuß über Klimawandel) im Jahr 2100 wie folgt aussehen: Die Temperatur wird um bis zu 3,5 °C gestiegen sein, der Meeresspiegel um bis zu 1 m. Dadurch würden große Mengen Salzwasser in die Flüsse und das Grundwasser gelangen.

Regenwälder würden sich zu Steppen, Steppen zu Wüsten entwickeln, einstige Küstenlandschaften und Inseln würden überflutet. Außerdem steige die Zahl der von Überschwemmungen bedrohten Menschen von 1996 ca. 46 Mio auf 92 Mio.

URSACHEN: Als Ursache für die Erwärmung gilt der Ausstoß von sog. Treibhausgasen in die Atmosphäre, namentlich von Kohlendioxid, Methan (aus der Viehzucht), Lachgas (aus überdüngten Feldern) und Fluorchlorkohlenwasserstoffen (FCKW), die als Kältemittel verwendet werden. Die Treibhausgase in der Atmosphäre lassen zwar Sonnenstrahlen durch, halten aber die von der Erde abstrahlende Wärme zurück, die sonst ins All entweichen würde.

KLIMAGIFT KOHLENDIOXID: Besonderes Augenmerk gebührt dem Kohlendioxid, das in erster Linie bei der Verbrennung von fossilen Rohstoffen wie Kohle, Öl und Gas entsteht. Der Gehalt dieses Spurengases, das als eine Art Wärmefalle die Atmosphäre aufheizt, ist seit Mitte des 19. Jahrhunderts um 30% angestiegen. Es war 1996 zu rd. 75% für die Temperaturerhöhung verantwortlich. Wird nicht eingegriffen, gelangen in den nächsten 100 Jahren etwa 7,6 Billionen t Kohlendioxid in die Atmosphäre. Zum Vergleich: Von 1860 bis 1994 waren es 0,88 Billionen t. Hauptverantwortliche für die Emission von Kohlendioxid sind die Industrieländer, auf deren Konto 80% des Weltenergieverbrauchs gehen.

AUSWIRKUNGEN: Die Folgen der Erwärmung der Erdatmosphäre sind bereits spürbar: Die globale Durchschnittstemperatur hat sich seit Ende des 19. Jahrhunderts zwischen 0,3 und 0,6 °C erhöht, der Meeresspiegel stieg um 10–25 cm an. Die vergangenen acht Jahre zählen zu den wärmsten seit Beginn der Wetteraufzeichnungen im Jahr 1861; 1995 wurde ein vorläufiger Höchststand erreicht. Gletscher verschwinden, Schneegrenzen weichen zurück, und vielerorts regnet es statt zu schneien. Allein in den vergangenen zehn Jahren ist in den Alpen die Gletschermasse um 25% geschrumpft. Die schwersten Folgen sind aber in den Ländern der sog. Dritten Welt zu beobachten, die bereits massiv unter Bodenerosion und Wüstenbildung leiden.

AUFRUF ZUM ENERGIESPAREN: Die globale Erwärmung kann verlangsamt wer-

Klimaveränderung: Folgen des Treibhauseffekts bis 2040

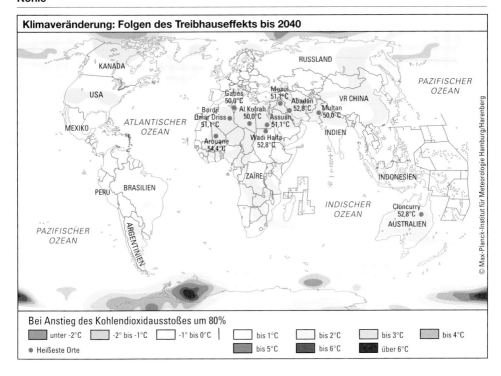

Bei Anstieg des Kohlendioxidausstoßes um 80%

| | unter -2°C | | -2° bis -1°C | | -1° bis 0°C | | bis 1°C | | bis 2°C | | bis 3°C | | bis 4°C |

● Heißeste Orte | bis 5°C | bis 6°C | über 6°C

© Max-Planck-Institut für Meteorologie Hamburg/Harenberg

den, wenn die Emission von Klimagasen nicht weiter zunimmt. Dazu müßte der Verbrauch von Kohle, Öl und Benzin stark eingeschränkt werden. Als vorrangige Aufgabe nationaler Politik fordern die Klimaforscher deshalb eine höhere Effizienz bei der Energiegewinnung (sog. Effizienzrevolution). So sei es durchaus realistisch, die Wirtschaftlichkeit der Energieproduktion bei gleichbleibenden oder sogar sinkenden Kosten in den nächsten zwei bis drei Jahrzehnten um 10–30% zu steigern. Allerdings stiege auch dann die Temperatur wenigstens noch um 1 °C an.

→ Alpen → FCKW → Energiesteuer → Energieverbrauch → Kohlendioxid → Treibhauseffekt

Kohle [GRA] [KAR] [TAB]

Mitte 1996 wurde zwischen der CDU/CSU/FDP-Bundesregierung, Nordrhein-Westfalen, dem Saarland, den Gewerkschaften und Verbänden sowie den Unternehmen Ruhrkohle und Saarbergwerke die Zusammenfassung des deutschen K.-Bergbaus unter einem Dach verhandelt. Ziele waren Kostensenkung und Stärkung der internationalen Wettbewerbsfähigkeit im Bergbau sowie die Förderung der Unternehmensbereiche außerhalb des K.-Sektors. 1995 entfielen rd. 40% der Gesamtleistung der K.-Unternehmen auf Nichtkohleaktivitäten. Gewinne aus diesen Aktivitäten müssen zur Minderung der staatlichen Subventionen für den K.-Bergbau aufgewendet werden (Ruhrkohle: rd. 75%). Diese Regelung soll entfallen.

FUSION: Das Bundesfinanzministerium bot Anfang 1996 der Ruhrkohle den 74%igen Anteil des Bundes an den Saarbergwerken zum Kauf an. Das Saarland wollte eine Sperrminorität von 26% behalten. In einer für die Bundesregierung erstellten Studie wurde der Vorschlag gemacht, die Saarbergwerke als eigenständiges Unternehmen bestehen zu lassen und das K.-Geschäft beider Unternehmen zu verschmelzen.

VERSTROMUNG: Die staatliche Unterstützung für den Bergbau gleicht den Preisunterschied zwischen der heimischen Kohle und billigeren Energieträgern aus dem Ausland aus (Import-K., Erdöl) und finanziert den Absatz an die Kraftwerke. Mit über 50 Dollar/t SKE sind die Förderkosten in Deutschland, Großbritannien und der Ukraine weltweit am höchsten. 1996 werden 7,5 Mrd DM aus dem Bundeshaushalt gezahlt, 1997–2000 jeweils 7 Mrd DM. Bis 1995 gingen die Subventionen in einen Verstromungsfonds, der sich aus einer Abgabe der westdeutschen Stromverbraucher (Kohlepfennig) und dem Selbstbehalt der Energieversorger speiste. Der Kohlepfennig war 1994 für verfassungswidrig erklärt worden.

KOKSKOHLEBEIHILFE: Die Verhüttung von Koks-K. in der Stahlindustrie wird 1995–1997 mit 8,3 Mrd DM unterstützt. Der Bundesanteil beträgt 60%, die restlichen 40% werden von Nordrhein-Westfalen und dem Saarland getragen. Darin ist der Selbstbehalt der Bergbauunternehmen enthalten.

Kohle: Lagerstätten in Deutschland

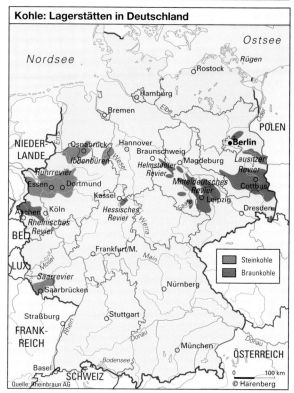

Quelle: Rheinbraun AG   © Harenberg

Kohle: Deutscher Bergbau

Bereich	Mio t v. F.[1]	
	1995	1994
Kohlenförderung	53,1	52,0
Ruhr	41,7	40,2
Saar	8,2	8,3
Ibbenbüren	1,7	2,0
Aachen[2]	1,6	1,5
Brikettherstellung	0,4	0,5
Kokserzeugung[3]	11,1	10,9
Haldenbestände	11,6	15,1
Absatz	64,5	66,9
Kraftwerke	44,0	45,5
Stahlindustrie[4]	17,0	17,5
Wärmemarkt[5]	2,5	2,5
Export	1,0	1,2
Beschäftigte (1000)	99,2	92,6
Schichtleistung unter Tage/Mann (t)	5,3	5,6

1) Verwertbare Förderung; 2) Förderung läuft 1997 aus; 3) Zechen- und Hüttenkokereien, 4) Inland und EU; 5) inkl. übriges Inland; Quelle: Statistik der Kohlenwirtschaft

DEUTSCHLAND: Die K.-Förderung aus 19 Bergwerken stieg 1995 gegenüber dem Vorjahr um 2,2% auf 53,1 Mio t. Grund war die verbesserte Schichtleistung unter Tage (+4,8%). Der K.-Absatz an die Kraftwerke sank um 3,5%, da der zusätzliche Stromverbrauch infolge der kalten Witterung vor allem über Atomenergie und Wasserkraft gedeckt wurde.

WELT: Der Weltenergiekongreß rechnete Ende 1995 mit einer Verdopplung des internationalen K.-Handels bis 2010 auf 850 Mio t. Zwei Drittel entfallen auf den asiatisch-pazifischen Raum. Mitte der 90er Jahre wurden rd. 10% der K. auf dem Weltmarkt gehandelt; ein Drittel stammte aus Australien. Ein Viertel der Weltförderung entfällt auf China.

→ Braunkohle → Energiesteuer
→ Energieverbrauch → Strompreise

Kohle: Konzentration

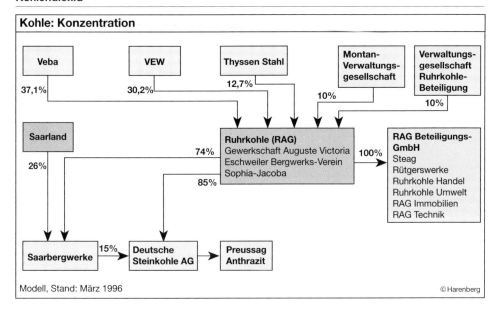

Modell, Stand: März 1996 © Harenberg

Kohlendioxid [TAB]

Das farb-, geruch- und geschmacklose Gas (chem. Formel CO_2) entsteht bei der Atmung und insbes. bei der Verbrennung von fossilen Rohstoffen wie Kohle, Erdöl oder Erdgas. Es ist zu fast 50% am Treibhauseffekt und der globalen Klimaveränderung beteiligt.

GLOBALE EMISSIONEN: Weltweit werden jährlich ca. 30 Mrd t K. ausgestoßen. Den größten Anteil haben mit 50% die 27 OECD-Länder. Etwa die Hälfte der Emissionen in Asien und Ozeanien (Anteil am Gesamtausstoß 28%) werden von China und Japan verursacht. Die USA und Kanada haben einen Anteil von 27%. Deutschland verursacht 4% der weltweiten K.-Emissionen.

Der Anteil des Verkehrs am gesamten K.-Ausstoß lag 1996 bei fast 20%. Die größten Emittenten sind Kraftwerke mit 27%, gefolgt von Hausbrand und Industrie, die mit jeweils 20% an den von Menschen verursachten Emissionen beteiligt sind.

SITUATION IN DEUTSCHLAND: In einer 1995 vorgelegten Untersuchung für das Bonner Wirtschaftsministerium kam das Prognos-Institut in Basel zu dem Ergebnis, daß auch Deutschland seine (1992 auf der UNO-Umweltkonferenz in Rio de Janeiro/Brasilien zugesagte) Verpflichtung, die K.-Emissionen bis zum Jahr 2005 um 25% zu mindern, nicht werde erfüllen können. Der Gesamtverbrauch an Erdgas, Kohle, Öl und Kernenergie werde im Jahr 2020 genauso hoch sein wie Mitte der 90er Jahre; die K.-Emissionen sänken lediglich um 4%. Deutschland könne seine internationale Zusage, den Ausstoß von K. um ein Viertel zu senken, nur erfüllen, wenn es einen tiefgreifenden Wandel im Wirtschaftsstil, im Konsumentenverhalten und in den gesellschaftlichen Werten herbeiführe, lautet die Vorhersage von Prognos.

→ Autoverkehr → Energieverbrauch
→ Klimaveränderung → Treibhauseffekt

Kohlendioxid: Emissionen in Deutschland

Verursacher	CO₂-Ausstoß (Mio t)			
	1990	1992	1993	1994
Kraft- und Fernheizwerke	398	369	355	358
Haushalte und Kleinverbraucher	205	188	196	183
Verkehr	183	190	189	197
Industrie	242	193	182	183

Quelle: Umweltbundesamt

Kombinierter Verkehr [KAR]

Verladung von LKW-Fracht auf Eisenbahnen. Durch K. sollen der steigende LKW-Verkehr und die von ihm verursachte Luftverschmutzung reduziert werden. Mit der Verbindung von Wirtschaftszentren durch schnelle Güterzüge und dem Neubau von Umschlagbahnhöfen will die Deutsche Bahn den K. ausbauen. Nach Kürzungen im Bundeshaushalt stehen für den Neu- und Ausbau von 44 Bahnhöfen für den K. bis 2012 statt jährlich 300 Mio–500 Mio allerdings nur noch 70 Mio DM zur Verfügung. Diese Mittel reichen nur für den Ausbau eines Umschlagbahnhofs pro Jahr. 1995 transportierte die Deutsche Bahn mit 50 Bahnhöfen ca. 10% (32 Mio t) aller im Schienenverkehr transportierten Güter im K., 2012 sollten es mit neuen Umschlagbahnhöfen 90 Mio t sein. Seit 1995 verbinden ca. 50 Güterzüge (Inter-Kombi-Express) täglich im sog. Nachtsprung Bahnhöfe, die mehr als 400 km auseinanderliegen. Die Züge werden abends beladen und erreichen ohne Zwischenstopps und unter Nutzung der Neu- und Ausbaustrecken der Bahn mit ca. 120 km/h frühmorgens am Zielort. Im unbegleiteten Huckepackverkehr werden Container, Sattelauflieger und komplette LKW von der Bahn transportiert. Beim begleiteten Huckepackverkehr (sog. Rollende Landstraße) werden LKW verladen, die Fahrer reisen im selben Zug mit.
→ Alpentransit → Bahn, Deutsche

Kometen

Am 31. 1. 1996 entdeckte der japanische Hobby-Astronom Yuji Hyakutake einen K., der bereits Ende März mit bloßem Auge sichtbar war und schließlich mit 150 000 km/h im Abstand von 15 Mio km an der Erde vorbeiraste – so nah wie kein anderer heller K. seit 440 Jahren. Die Gefahr einer Kollision bestand nicht. Astronomen der Europäischen Südsternwarte in Chile beobachteten, wie mindestens zwei Staubfontänen etwa 2000 km weit aus dem K.-Kern herausspritzten. Dabei drehte sich der 10 km große Klumpen aus Eis, gefrorenem Gas, Staub und Gestein innerhalb von sechs Stunden einmal um seine Achse.

Kombinierter Verkehr: Standorte 2012

Im Sternbild des Schützen entdeckten im Herbst 1995 US-amerikanische Hobby-Astronomen einen K. mit 100 km Durchmesser, der im Frühjahr 1997 im Abstand von 200 Mio km an der Erde vorbeiziehen soll. Hale-Bopp soll der hellste K. werden, der in diesem Jahrhundert an der Erde vorbei in Richtung Sonne fliegt.
→ Asteroiden → Astronomie
→ Universumsalter

Kraftwerke [GRA] [TAB]

Neue K. werden in den 90er Jahren vorwiegend in Ostdeutschland gebaut. Sie ersetzen zwei Drittel der alten K., die wegen starker Luftverschmutzung aufgegeben werden (rd. 8500 MW). Für K.-Neubau, Nachrüstung mit Rauchgasreinigung (Boxberg, Jänschwalde) und Sanierung der Stromnetze werden

Kraftwerke: Leistung

Energieträger	MW[1]	
	West	Ost
Steinkohle[2]	30 489	894
Atomenergie	22 713	–
Erdgas	17 091	2 024
Braunkohle	10 577	12 046
Heizöl	8 057	1 033
Wasserkraft	6 993	1 957
Sonstige	1 160	129
Insgesamt	97 080	18 083

Stand: Ende 1994; 1) Engpaßleistung;
2) inkl. Mischbefeuerung; Quelle: VDEW

115 Mrd–130 Mrd DM investiert. Die Netto-Stromerzeugung in Deutschland stieg 1995 um 1% auf 493 Mrd kWh an. Die K. der öffentlichen Versorgung erzeugen 87% der Elektrizität.

NEUBAU: Bis 2010 müssen in Deutschland etwa 80%, in der EU ein Drittel der mit fossilen Energien befeuerten K. ersetzt werden. Mitte der 90er Jahre betrug die mittlere Betriebsdauer eines konventionellen Dampfturbinen-K. etwa 30 Jahre. Sie kann jedoch durch den Austausch von Turbinenteilen, den Einbau zusätzlicher Gasturbinen und die Auskopplung von Fernwärme erhöht werden.

Kombikraftwerk: Stromerzeugung

Gasturbinen benötigen einen Brennstoff von hoher Reinheit (z.B. Erdgas, Synthesegas aus Kohle oder Heizöl), der bei Temperaturen von etwa 1200 °C verbrannt wird. Die Verbrennungsgase treiben eine Turbine an, an deren Ausgang die Abgase rd. 500 °C heiß sind. Sie werden durch einen Wärmetauscher geführt, wo die Wärmeenergie an einen Wasser-Dampf-Kreislauf übertragen wird. Der entstehende Hochdruckdampf treibt eine Dampfturbine an. Gas- und Dampfturbine sind jeweils mit einem Generator verbunden, der elektrische Energie erzeugt. Der Kohlendioxidausstoß entspricht einem Drittel vergleichbarer Braunkohlekraftwerke.

Ein Neubau von K. wird durch Stromaustausch mit anderen Staaten, etwa über Seekabel, die Errichtung dezentraler Kraftanlagen und Energiesparmaßnahmen umgangen.

TECHNIKEN: Bei der Entwicklung moderner K., die Kohle, Gas und Öl verbrennen, wird eine Verbesserung des Verhältnisses zwischen eingesetztem Brennstoff und erzeugter Elektrizität (Wirkungsgrad) angestrebt. Dampfturbinen-K. können durch eine Verbesserung von Material, Verbrennung und Kraftübertragung einen Wirkungsgrad von 43% (Braunkohle) bzw. 46% (Steinkohle) erreichen. Als Ergänzung bzw. Alternative galten Mitte der 90er Jahre folgende Verfahren:

▷ Kohlenstaubfeuerung: Heiße Rauchgase verlassen den Kessel mit etwa 360 °C. Ihnen wird Wärmeenergie von 50–100 MW entnommen (Wirkungsgrad: rd. 50%)

▷ Wirbelschichtbefeuerung: Kohleteilchen, Sand, Asche und Kalk werden im Brennraum verwirbelt und bei etwa 900 °C verbrannt. In kleineren K. erfolgt die Verbrennung unter Druck (10–20 bar). Bei gleichzeitiger Wärmeerzeugung in kombinierten Gas- und Dampfturbinenanlagen wird ein Wirkungsgrad von 42 bis 47% erreicht

▷ Kohlevergasung in Kombi-K. (Wirkungsgrad: 43–50%)

▷ Verbund-K.: Konventionellen Kohle-K. wird eine Gasturbine vorgeschaltet. Der Wirkungsgrad läßt sich durch die Nutzung der Abwärme (z. B. als Fernwärme) auf bis zu 90% steigern.

BLOCKHEIZKRAFTWERKE: Diese K. erzeugen Strom und Wärme. Sie werden mit Erd-, Deponie-, Klär-, Flüssiggas oder Diesel betrieben und sind vor allem zur Selbstversorgung von öffentlichen Einrichtungen wie Krankenhäusern geeignet. Die nutzbare Abwärme stammt aus dem Kühlwasser und dem Abgas der Motoren. Sie wird zur Raumheizung und Dampferzeugung genutzt.

→ Atomenergie → Braunkohle → Brennstoffzelle → Energien, Erneuerbare → Energieversorgung → Strompreise → Stromverbund

Krankenversicherungen [TAB]

Bei den gesetzlichen K. (GKV) waren 1995 rd. 72 Mio Bundesbürger versichert, bei den privaten Kassen (PKV) etwa 7 Mio. 1995 wurde das Ziel verfehlt, mit der Gesundheitsreform von 1993 den Kostenanstieg der Leistungsausgaben der GKV zu bremsen. Die Kassen erwirtschafteten ein Defizit von 7 Mrd DM, ihre Leistungsausgaben stiegen 1995 gegenüber 1994 um 4,3% in West- und 8,9% in Ostdeutschland. Die Beitragssätze erhöhten sich von 13,2% (1995) auf 13,4% des Bruttomonatseinkommens in den alten bzw. von 12,5% (1995) auf 13,3% in den neuen Bundesländern (Stand: Frühjahr 1996). Der Bundestag beschloß Mitte 1996 die gesetzliche Festschreibung des Beitragssatzes 1996 und Senkung um 0,4 Prozentpunkte ab 1997 sowie Leistungskürzungen der GKV in einer dritten Stufe der Gesundheitsreform, um die Beitragssätze stabil zu halten.

DEFIZIT: Die Verluste der GKV beliefen sich 1995 ursprünglich auf 15,5 Mrd DM. Mit Beitragssatzerhöhungen und Rücklagen konnten sie auf 7 Mrd DM gedrückt werden (davon 4 Mrd DM im Westen, 3 Mrd DM im Osten). Zum Defizit trug bei, daß die Bundesregierung 5 Mrd DM von den GKV in andere Sozialsysteme überwies, weil dort Finanzierungslücken entstanden waren. Ferner fielen die Beitragseinnahmen wegen zunehmender Arbeitslosigkeit geringer aus als erwartet. Überdurchschnittliche Ausgabensteigerungen wurden bei Kuren, Krankengeld sowie Heil- und Hilfsmitteln registriert.

AUSGLEICHSZAHLUNG: Bei der Gesundheitsreform von 1993 waren für rd. 70% der medizinischen Leistungen Budgets festgelegt worden, die an die Entwicklung der beitragspflichtigen Einkommen der Versicherten gekoppelt worden waren. Bundesgesundheitsminister Horst Seehofer (CSU) hatte den Budgetanstieg 1995 auf 1,7% in Westdeutschland und 3,5% in Ostdeutschland festgeschrieben. Tatsächlich stiegen die Einkommen jedoch nur um 0,6% bzw. 0,7%. Daher überschritten die Leistungserbringer wie Krankenhäuser und Ärzte das Budget. 1996 müssen Rückzahlungen in Höhe von 2,1 Mrd DM an die Krankenkassen geleistet werden.

Krankenversicherungen: Beitragsentwicklung

Jahr	Beitragssatz[1] (%)[3]	Bemessungsgrenze[2] (DM)	Höchstbeitrag/ Monat (DM)
1970	8,2	1200	98,40
1975	10,5	2100	220,50
1980	11,4	3150	359,10
1985	11,8	4050	477,90
1990	12,5	4725	590,60
1995	13,2	5850	772,20
1996[4]	13,4	6000	804,00

1) Durchschnittlich; 2) bezieht sich auf das Bruttomonatseinkommen; 3) vom Bruttomonatseinkommen; 4) Frühjahr; Quelle: Bundesarbeitsministerium

Krankenversicherungen: Leistungsausgaben

Bereich	Ausgaben der GKV (DM) je Mitglied[1]	je Rentner
Krankenhaus	625	2439
Arzneimittel	243	966
Arztbehandlungen	432	808
Heil- und Hilfsmittel	137	459
Zahnersatz	89	131
Kuren, Krankengeld, Sonstiges	497	783

Stand: 1994; 1) ohne Rentner; Quelle: Institut der deutschen Wirtschaft (IW, Köln)

FREIE KASSENWAHL: Ab 1996 können Versicherte in Deutschland ihre Krankenkasse frei wählen und nach dreimonatiger Kündigungsfrist zum 1.1.1997 wechseln. Bis dahin war u. a. der Beruf entscheidend. Berufsanfänger haben bereits 1996 freie Kassenwahl. Seehofer wollte damit die Angleichung der Beiträge erreichen (Ende 1995: 12,6–15,9% des Bruttomonatseinkommens).

RISIKOSTRUKTURAUSGLEICH: Über den ab 1994 geltenden sog. Risikostrukturausgleich, bei dem Kassen mit gutverdienenden Versicherten Ausgleichszahlungen an K. mit Mitgliedern leisten, die weniger verdienen und daher geringere Beiträge zahlen, wurden 1995 rd. 15 Mrd DM umverteilt. Insbes. Innungskrankenkassen und Allgemeine Ortskrankenkassen profitierten, während Ersatz- und Betriebskrankenkassen zahlen mußten. 1995 erhöhten zahlreiche GKV u. a. wegen der Belastung durch Ausgleichszahlungen ihre Beiträge. Die Techniker Krankenkasse klagte Ende 1995 gegen den Risikostrukturausgleich, dessen Rechtmäßigkeit sie anzweifelte.

KOSTENBREMSE: Mit der gesetzlichen Beitragssatzfestlegung bzw. -senkung und den Leistungskürzungen sollen die GKV Einsparungen von 7,5 Mrd DM erzielen. Die SPD-Opposition im Bundestag lehnte die Regelungen ab, weil sie bei den GKV Schulden verursachten und den Versicherten neue Lasten aufbürdeten. 1995 machten Aufwendungen der GKV für Krankenhausbehandlung ein Drittel der gesamten Ausgaben aus. Den Kostenzuwachs in diesem Bereich sollte u. a. das im März 1996 verabschiedete Gesetz eindämmen, nach dem der Anstieg der Klinikkosten 1996 an die Einkommensentwicklung im öffentlichen Dienst gekoppelt wurde. In der dritten Stufe der Gesundheitsreform plante die Regierung außerdem, die Krankenhausfinanzierung und die ambulante ärztliche Behandlung neu zu regeln. Die GKV sollen Verträge mit den Anbietern ambulanter Leistungen im Gesundheitswesen individuell aushandeln können. Die Kassen schätzten, dadurch jährlich 25 Mrd DM einsparen zu können. Kassenleistungen zur Gesundheitsförderung wie Kurse zur Ernährung und Rauchentwöhnung will Seehofer aus dem Leistungskatalog der GKV ausklammern.

PKV: Aufgrund der gestiegenen Lebenserwartung der Bundesbürger erhöhten die PKV ihre Beiträge ab 1996 um 3 9%. In mehreren Schritten mußten Männer durchschnittlich 6% Beitragserhöhung hinnehmen, Frauen 2%. Bei den GKV Versicherte können zur PKV wechseln, wenn ihr Bruttomonatseinkommen die sog. Beitragsbemessungsgrenze übersteigt (Westdeutschland 1996: 6000 DM, Ostdeutschland: 5100 DM).

→ Arzneimittel → Gesundheitsreform
→ Sozialstaat

Krebs GLO

Zusammenfassende Bezeichnung für rd. 200 Arten bösartiger Gewebe- und Blutveränderungen, an deren Entstehung bisher nur vereinzelt geklärte Faktoren beteiligt sind. K. gilt als Folge von genetischen Störungen im Bereich der Wachstumssteuerung von Zellen. In Deutschland erkranken jährlich 340 000 Menschen an K., etwa 210 000 sterben daran.

ARTEN: In Deutschland war Mitte der 90er Jahre Lungen-K. die häufigste K.-Erkrankung bei Männern, bei Frauen war es Brust-K. An zweiter Stelle steht bei beiden Geschlechtern Darm-K. An Haut-K. erkranken jährlich rd. 100 000 Menschen, etwa 3000 sterben daran. 80% aller K.-Fälle können bei Früherkennung geheilt werden.

FRÜHERKENNUNG: 1996 werden in Deutschland voraussichtlich 41 000 Frauen an Brust-K. erkranken und 15 000 daran sterben. Mediziner erklärten die jährliche Untersuchung zur Früherkennung insbes. von Brust-K. für unzureichend. 85% der Brusttumore entdecken Frauen selbst. Die Mammographie, die bis dahin als wirksamstes Mittel der Früherkennung galt, sei i. d. R. eher für Frauen ab 50 Jahren geeignet. Zur Vorsorge bei den häufig erkrankenden Frauen zwischen 25 und 40 Jahren plädierten Ärzte für die Ultraschalluntersuchung der Brust (Mammasonographie).

BAUCHSPEICHELDRÜSE: Ein deutscher Wissenschaftler aus Bochum entdeckte Anfang 1996 ein Gen, das an der Entstehung von Bauchspeicheldrüsen-K. beteiligt ist. Mit 11 000 Todesopfern pro Jahr hat Bauchspeicheldrüsen-K. die höchste Sterberate. Die Tumoren gelten als außergewöhnlich aggressiv. Meist werden sie erst entdeckt, wenn eine Operation nicht mehr möglich ist. Chemotherapien sind wenig erfolgreich. Die Entdeckung des Gens könnte Diagnose und Therapie verbessern.

HOCHDOSIERTE CHEMOTHERAPIE: An Kliniken in den USA und in Deutschland wurde Mitte der 90er Jahre die sog. hochdosierte Chemotherapie erprobt, bei der eine im Vergleich zur üblichen Behandlung fünffach stärkere Dosis Zellgift gespritzt wird. Bis dahin konnte das Gift nicht so hoch dosiert werden, weil es nur Tumor-, sondern auch gesunde Körperzellen vor allem im lebenswichtigen Knochenmark angreift. Beim neuen Verfahren werden die blutbildenden Stammzellen aus dem Knochenmark vor der Chemotherapie entnommen und tiefgefroren. Nach der Giftbehandlung werden sie dem Patienten wieder zugeführt. Nach ersten Ergebnissen steigen die Überlebenschancen der Erkrankten erheblich.

Krebs: Fördernde Faktoren

ERNÄHRUNG: Es bestehen eindeutige Zusammenhänge zwischen dem Auftreten von Darmkrebs und dem häufigen Genuß von tierischen Fetten sowie Alkohol. Auch das Brustkrebsrisiko steigt durch falsche Ernährung. Vitamin- und ballaststoffreiche Nahrung wirkt dagegen krebshemmend.

HELICOBACTER: Die Bakterie gilt als Mitverursacher von Magenkrebs. Etwa die Hälfte der Weltbevölkerung ist damit infiziert.

HEPATITIS-B-VIRUS: Die Leberentzündung durch das Virus wird bei Kontakt mit infiziösem Blut z. B. bei Transfusionen übertragen. Sie verläuft in 10% der Fälle chronisch. Gleichzeitig erhöht sie das Leberkrebsrisiko um das 200fache.

HORMONE: Stoffe wie das weibliche Geschlechtshormon Östrogen stehen im Verdacht, Brustkrebs auszulösen.

PAPILLOMVIRUS: Das Virus kann beim Geschlechtsverkehr übertragen werden. Mitte der 90er Jahre wurde vermutet, daß es an der Entstehung von Gebärmutterhals- und Hautkrebs beteiligt ist.

RAUCHEN: Ein Drittel aller Todesfälle durch Krebs geht auf Rauchen zurück. Neun von zehn Lungenkrebskranken sind Raucher.

SCHADSTOFFAUSSTOSS: Die von Industrie, Verkehr und privaten Haushalten in die Luft abgegebenen Schadstoffe verursachen rd. 4% aller Krebserkrankungen.

UV-STRAHLUNG: Durch das Ozonloch zunehmende UV-Strahlung sowie häufiges und intensives Sonnenbaden sind Ursache für den starken Anstieg der Hautkrebsrate ab den 80er Jahren.

VERERBUNG: Nur ein Bruchteil aller Krebserkrankungen ist auf Vererbung zurückzuführen.

AMIFOSTIN: Versuche mit dem in den USA entwickelten Wirkstoff Amifostin ergaben Mitte der 90er Jahre, daß das Mittel gesunde Zellen – mit Ausnahme des Gehirns – vor Zellgiften und Strahlen bei der K.-Therapie schützen kann. Es verringert die Nebenwirkungen von Strahlen- und Chemotherapie. Ende 1995 war Amifostin in Deutschland nur zur begleitenden Therapie von Eierstock-K. zugelassen.

EPOTHILON: Mitte 1996 entdeckte eine US-Pharmafirma die Wirksamkeit des Mittels Epothilon gegen K. Auf den Wirkstoff war die Gesellschaft für Biotechnologische Forschung (GBF, Braunschweig) bereits in den 80er Jahren gestoßen und hatte seine Wirkung gegen Pilze und zur Unterdrückung des Immunsystems festgestellt. Nach Untersuchungen des Nationalen Krebsforschungsinstituts der USA wirkt Epothilon gegen über 60 K.-Arten, insbes. Brust- und Dickdarmtumore.

FORSCHUNG: US-Wissenschaftlern vom Cold Spring Harbor Laboratory (Long Island) gelang es Mitte 1995, sog. unsterbliche K.-Zellen, die sich jahrzehntelang in Zellkulturen vermehren, in wenigen Wochen absterben zu lassen. Sie blockierten das Enzym Telomerase, das es Zellen ermöglicht, sich unendlich zu teilen. Etwa 90% aller Tumorzellen enthalten Telomerase, in den meisten normalen Zellen fehlt das Enzym. Die Forscher hofften, K. mit Hilfe des Telomerase-Blockers bekämpfen zu können.
→ Rauchen

Krebsmaus

Am 24. 11. 1995 wurde die öffentliche Anhörung zum sog. K.-Patent am Europäischen Patentamt (EPA) in München beendet. Wegen des lautstarken Protests von Patentgegnern wird das Verfahren auf Rücknahme des im Jahr 1992 erteilten Schutzrechts jetzt auf schriftlichem Weg fortgesetzt.

Mit dieser Entscheidung behalten die Universität Harvard als Erfinder der K. sowie der Chemiekonzern DuPont als alleiniger Lizenznehmer (beide USA) vorläufig das Patent auf alle lebenden Säugetiere (mit Ausnahme des Menschen), die durch eine genetische Manipulation mit hoher Wahrscheinlichkeit an Krebs erkranken.

GENTECHNIK AM TIER: Der K. wurde Ende der 80er Jahre von einem Forscherteam der Harvard-Universität ein menschliches Krebsgen in die Erbsubstanz (DNS) eingeschleust, damit das Tier schnell und zuverlässig an bösartigen Tumoren erkrankt und diese Veranlagung an die Nachkommen vererbt. Nach den Vorstellungen der US-amerikanischen Wissenschaftler sollen die genmanipulierten Nagetiere bei Tests von krebserregenden Substanzen und zur Erprobung von Anti-Tumor-Medikamenten eingesetzt werden. Die USA stellten die K. schon 1988 unter Erfindungsschutz. In Europa war sie 1996 das erste Säugetier, auf das Patentschutz erteilt wurde.

KRITIK: Bis Mitte 1996 hatten mehr als 300 Organisationen und Forschungsinsti-

---

tute am EPA Einsprüche gegen das 1992 erteilte K.-Patent eingereicht. Es gilt als Präzedenzfall, denn mehr als 300 weitere Patentanträge für gentechnisch veränderte Tiere liegen dem EPA vor.

Die Patent-Gegner bestritten unter anderem, daß genetische Eingriffe an Tieren mit technischen Erfindungen gleichzusetzen seien. Tiere seien nicht patentfähig, da sie nicht vom Menschen erfunden würden. Auch bestritten sie, daß die für Tumore besonders anfälligen Nager wertvolle Versuchstiere für die Krebsforschung seien und bezeichneten die K. als Vorreiter, der weiteren Genpatenten Vorschub leisten solle.

WIRTSCHAFTLICHER NUTZEN: Der finanzielle Anreiz des K.-Patents liegt vor allem im Pharmamarkt. So hat die Firma DuPont als alleiniger Lizenznehmer den Vertrieb der Versuchstiere an restriktive Lizenzverträge gekoppelt. Sie sollen dem Chemiekonzern DuPont Tantiemen auf alle Arzneimittel sichern, die aufgrund der Versuche mit der K. entwickelt werden.

→ Bioethik → Biotechnik → Gentechnik

Kreditkarten

1996 waren in Deutschland 11,8 Mio K. in Umlauf, die zur bargeldlosen Zahlung per Unterschrift berechtigen und von über 300 000 Geschäften in Deutschland akzeptiert werden. K. kosteten in Deutschland zwischen 30 DM und 500 DM im Jahr; einzelne Banken gaben sie unter bestimmten Bedingungen kostenlos ab (Citibank-Bahncard, BfG-Gehaltskonto). Rechnungsbeträge für K.-Zahlungen werden meist monatlich vom Bankkonto des Inhabers abgebucht. Der Inhaber erhält so einen zinslosen Kredit bis zur Kontoabbuchung. Geschäfte, die K. akzeptieren, zahlen eine Provision von 3–6% des Umsatzes an das K.-Unternehmen. An Geldautomaten kann man die K. zur Auszahlung von Bargeld nutzen.

MISSBRAUCH: K.-Mißbrauch wird in Deutschland mit Freiheitsstrafe bis zu drei Jahren oder mit Geldstrafe geahndet. Während in den USA nach Angaben des Bankenverbandes im Jahr 500 000 Mißbrauchsfälle einen Schaden von rd. 2 Mrd Dollar verursachen, gingen die Verluste

durch Straftaten mit K. in Deutschland auf etwa 100 Mio DM pro Jahr zurück.

ELECTRONIC BANKING: Die Einführung bargeldloser Zahlung mit Eurocheque-Karte machte dem K.-Geschäft kaum Konkurrenz. Nach einer Untersuchung der Kaufhof-Holding-AG wurden 1995 in den Warenhäusern 5,7% der Umsätze (1994: 6%) mit K. getätigt. Das Geschäftsvolumen mit Electronic Banking stieg von 4,9% auf 12,1%.

TELEFONIEREN: In Zusammenarbeit mit Telefongesellschaften bieten die K.-Unternehmen verschiedene Dienste an, um die K. zum bargeldlosen Telefonieren zu nutzen. In Deutschland sind 200 000 Eurocards mit einem Telefonchip in Umlauf, mit denen von jedem deutschen Kartentelefon aus telefoniert werden kann. Im Rahmen des T-Card-Services bietet die Deutsche Telekom an, von jedem Telefon der Welt aus bargeldlos mit K.-Nummer und einer besonderen Geheimzahl zu telefonieren.

ELEKTRONISCHE GELDBÖRSE: Einen erneuten Schub erwartet die K.-Branche weltweit durch den Einsatz neuartiger Chipkarten, die als elektronische Geldbörse konzipiert sind. Der Chip speichert ein Guthaben, das über einfache Lesegeräte in Geschäften ausgegeben werden kann. An Bankautomaten wird der Chip zu Lasten des K.-Kontos oder eines Bankkontos wieder aufgeladen; in Zukunft soll das über ein Zusatzgerät auch per Telefon möglich sein. Erste Testphasen mit elektronischem Kleingeld wurden 1996 in Swindon/Großbritannien und in Ravensburg durchgeführt.

BAHNCARD: Die Deutsche Bahn AG bietet die Bahncard, mit der ein Jahr lang zum halben Preis Fahrkarten gekauft werden können, in Zusammenarbeit mit der Citibank ohne Aufpreis und jahresgebührenfrei als gleichzeitige Visa-Card an. Über 500 000 Bahnkunden machten davon Gebrauch. Wer keine K. will oder nicht die nötige Bonität besitzt, kann bei der Citibank ein Konto einrichten, über dessen Guthaben er mit der Bahncard bargeldlos verfügen kann.

→ Bahn, Deutsche → Electronic Banking → Eurocheque-Karte

Kriegsverbrechertribunal

Der vom UNO-Sicherheitsrat im November 1993 in Den Haag/Niederlande eingerichtete internationale Strafgerichtshof hatte im Mai 1996 in 57 Fällen Anklage gegen mutmaßliche Kriegsverbrecher im ehemaligen Jugoslawien erhoben. Nur vier der Angeklagten befanden sich zu diesem Zeitpunkt im Gewahrsam des Gerichts. Das Haager Tribunal verfügte 1995 über 100 Angestellte und ein Budget von 28 Mio Dollar. Ein ebenfalls dem Haager Strafgericht unterstelltes internationales K., das den Völkermord in Ruanda untersucht, erhob im Dezember 1995 erstmals offizielle Anklage gegen acht Verdächtige, die 1994 an Massakern an 1 Mio Tutsi-Zivilisten beteiligt gewesen sein sollen. Chefankläger beider Tribunale ist der Südafrikaner Richard Goldstone (ab Oktober 1996: die Kanadierin → [BIO] Louise Arbour).

HAAGER TRIBUNAL: Der bis Mitte 1996 ranghöchste Angeklagte, der serbische General Djordje Djukić, wurde im April 1996 wegen einer Krebserkrankung vorläufig freigelassen. Das Gericht betonte jedoch, die Anklage werde nicht fallengelassen. Der Nachschuboffizier Djukić muß sich wegen der Belagerung und Beschießung der bosnischen Hauptstadt Sarajevo im Jahr 1992 verantworten, bei der 10 000 Menschen getötet wurden. Im März 1996 erhob das Gericht erstmals Anklage wegen Kriegsverbrechen, die an bosnischen Serben verübt wurden. Drei bosnische Muslime und ein Kroate wurden wegen Mordes, Vergewaltigung und Folter im Gefangenenlager Celebici angeklagt. Der weitaus größte Teil der vom Tribunal unter Anklage gestellten Personen sind bosnische Serben, unter ihnen Serbenführer → [BIO] Radovan Karadžić und sein Militärführer Ratko Mladić, denen u. a. Völkermord vorgeworfen wird. Gegen beide erließ das K. am 11.7.1996 internationale Haftbefehle. Verhandelt werden darf nur in Anwesenheit der Angeklagten. Grundlage der Verfahren ist das Völkerrecht. Das K. darf Freiheitsstrafen, aber keine Todesstrafe verhängen.

Kriminalität [TAB]

Nach einem Rückgang um 3,2% im Jahr 1994 stieg die Zahl der registrierten

Kriminalität: Entwicklung in Deutschland

Jahr	Erfaßte Fälle[1]	Straftaten pro 100 000 Einw.	Aufklärungsquote (%)
1980	3 815 774	6198	44,9
1985	4 215 451	6909	47,2
1990	4 455 333	7108	47,0
1991	4 752 175	7311	45,4
1992	5 209 060	7921	44,8
1993	6 750 613	8337	43,8
1994	6 537 748	8038	44,4
1995	6 668 717	8179	46,0

1) Bis 1990 Westdeutschland, 1991/92 inkl. Berlin; Quelle: Polizeiliche Kriminalstatistik 1995

Straftaten in Deutschland 1995 um 2,0% auf 6,67 Mio. Den Anstieg führte das Bundeskriminalamt (BKA, Wiesbaden) u. a. auf die Zunahme der Rauschgiftdelikte (1995: 158 477 erfaßte Fälle; Veränderung zu 1994: +19,7%) und der Gewalt-K. (1995: 170 170 erfaßte Fälle; zu 1994: +8,9%) zurück. Die Diebstahlsdelikte, die 1995 mehr als die Hälfte aller polizeilich erfaßten Fälle ausmachten, gingen um 0,4% auf rd. 3,85 Mio zurück.

NEUE BUNDESLÄNDER: Die Zahl der Straftaten erhöhte sich 1995 in den neuen Bundesländern mit 2,7% gegenüber dem

Kriminalität: Verteilung nach Bundesländern

Bundesland	Erfaßte Fälle 1995		Straftaten/ 100 000 Einw.
	Anzahl	Anteil[1] (%)	
Baden-Württemberg	579 325	8,7	5 640
Bayern	672 617	10,1	5 642
Berlin	580 829	8,7	16 729
Brandenburg	305 947	4,6	12 061
Bremen	100 736	1,5	14 813
Hamburg	282 801	4,2	16 578
Hessen	463 421	6,9	7 749
Mecklenburg-Vorp.	220 393	3,3	12 028
Niedersachsen	598 573	9,0	7 758
Nordrhein-Westfalen	1 363 244	20,4	7 652
Rheinland-Pfalz	250 040	3,7	6 328
Saarland	64 652	1,0	5 963
Sachsen	403 410	6,0	8 800
Sachsen-Anhalt	319 665	4,8	11 585
Schleswig-Holstein	276 125	4,1	10 195
Thüringen	186 939	2,8	7 425
Bundesgebiet	6 668 717	100,0	8 179

1) An bundesweiten Fällen; Quelle: Polizeiliche Kriminalstatistik 1995

Vorjahr stärker als in Westdeutschland und Berlin (+1,8%). Der Anteil der neuen Bundesländer an der K. in Gesamtdeutschland betrug 21,5% aller erfaßten Straftaten (Anteil der neuen Länder an der deutschen Bevölkerung: 17,5%). Während in den neuen Ländern 10 094 Straftaten pro 100 000 Einwohner verzeichnet wurden, waren es im alten Bundesgebiet mit Berlin 7774 pro 100 000 Einwohner. Bundesinnenminister Manfred Kanther (CDU) führte das Ost-West-Gefälle bei der K. auf die gesellschaftlichen Umwälzungen in den neuen Bundesländern nach dem Zusammenbruch der DDR zurück. Die Aufklärungsquote in den neuen Ländern stieg 1995 auf 39,1% (1994: 36,4%), lag damit aber weiterhin unter der Quote der alten Länder (1995: 47,9%).

GEWALT-K.: Besorgnis erregte 1995 der Anstieg der Gewalt-K. um 8,9% nach einem Rückgang 1994 um 2,7%. Bei mehr als der Hälfte der Gewaltdelikte (56,3%) handelte es sich um Fälle von gefährlicher und schwerer Körperverletzung (Zunahme der erfaßten Fälle gegenüber 1994: 8,8%). Hohe Zuwachsraten wurden auch bei Raub und räuberischer Erpressung (1995: 63 470 Straftaten; gegenüber 1994: +9,9%) sowie bei Mord und Totschlag (1995: 2942 Straftaten in den westdeutschen Bundesländern und Berlin; +6,4%) verzeichnet.

ORGANISIERTE K.: Mitte der 90er Jahre wurde Deutschland als Drehscheibe für kriminelle Aktivitäten in aller Welt genutzt, insbes. von der russischen Mafia. Der in Deutschland durch organisierte K. angerichtete Schaden betrug 1995 rd.

673 Mio DM (1994: rd. 3,45 Mrd DM). 787 Ermittlungsverfahren (1994: 789) richteten sich gegen rd. 7922 Verdächtige, denen 52 181 Straftaten vorgeworfen wurden. Etwa ein Drittel der Verfahren betraf den Rauschgifthandel. 63,6% der Verdächtigen waren Ausländer.

WIRTSCHAFTS-K.: 1995 wurden im Bereich Wirtschafts-K. 74 177 Fälle registriert (Veränderung gegenüber 1994: +19,6%). 70,0% der Fälle waren Betrugsdelikte. Hohe Zuwachsraten gab es bei Straftaten im Anlage- und Finanzierungsbereich (20,5%), bei Betrug und Untreue im Zusammenhang mit Beteiligungen und Kapitalanlagen (22,7%) und insbes. bei Insolvenzdelikten (31,0%). Die Wirtschafts-K. wird in der Polizeilichen Kriminalstatistik (PKS) separat erfaßt. Die Hermes-Kreditversicherungs-AG rechnete auf der Basis der PKS 1995 mit insgesamt 800 000 Fällen von Betrug, Untreue und Unterschlagung und schätzte den Schaden auf 15 Mrd DM. Für einen Großteil der Wirtschafts-K. wurde die organisierte K. verantwortlich gemacht. Eine Umfrage der Wirtschaftsprüfungsgesellschaft KPMG (Frankfurt/M.) ergab 1996, daß rd. 60% der 1000 größten deutschen Unternehmen in den vorangegangenen fünf Jahren Opfer von Wirtschafts-K. wurden. Zwei Drittel der befragten Großunternehmen bewerteten die Wirtschafts-K. als ernsthaftes Problem.

NEUER BKA-CHEF: Im März 1996 schied BKA-Präsident Hans-Ludwig Zachert aus gesundheitlichen Gründen vorzeitig aus dem Amt. Er hatte die Leitung des BKA 1990 übernommen. Nachfolger Zacherts wurde → ⬛BIO Ulrich Kersten, bis dahin Leiter der Abteilung Bundesgrenzschutz im Bundesinnenministerium. Kersten kündigte bei der Amtsübernahme an, die Zusammenarbeit des BKA mit den Polizeibehörden der Länder sowie mit ausländischen und internationalen Polizeiorganisationen zu verstärken.

→ Bagatelldelikte → Drogen → Extremismus → Geldwäsche → Gewalt → Kronzeugenregelung → Ladendiebstahl → Lauschangriff → Mafia → Rechtsextremismus → ⬛ORG Bundesnachrichtendienst

Kriminalität: Die häufigsten Straftaten			
Delikte	Fälle 1995	Anteil (%) 1995	1994
Diebstahl (erschwer. Umstände[1])	2 317 512	34,8	36,4
Diebstahl (o. erschwer. Umstände)	1 530 796	23,0	22,8
Betrug	623 182	9,3	9,0
Sachbeschädigung	607 909	9,1	8,9
Ausländer-, Asylverfahrensgesetz[2]	213 950	3,2	3,4
(Vorsätzl. leichte) Körperverletzung	204 313	3,1	2,9
Rauschgiftdelikte	158 477	2,4	2,0

1) Z. B. gewerbsmäßiger Diebstahl; 2) Verstöße gegen Ausländer-, Asylverfahrensgesetz; Quelle: Polizeiliche Kriminalstatistik 1995

Kronzeugenregelung

Gesetzliche Bestimmung in Deutschland, nach der Straftätern, die sich der Justiz stellen und gegen Mittäter aussagen, ein Strafnachlaß zugesichert werden kann. Im Dezember 1995 verlängerte die CDU/CSU/FDP-Bundesregierung die K. um vier Jahre bis Ende 1999.

Die K. für Terroristen war 1989 eingeführt und 1994 mit den Stimmen der SPD auf den Bereich der organisierten Kriminalität ausgedehnt worden. Die K. gilt für Straftaten nach § 129 StGB (Bildung krimineller Vereinigungen) mit einer Mindeststrafe von einem Jahr Haft. Für Kronzeugen, die des Mordes schuldig sind, ist eine Freiheitsstrafe von mindestens drei Jahren festgelegt.

→ Rote Armee Fraktion

Kruzifixurteil

Mit den Stimmen der CSU-Mehrheit verabschiedete der Bayerische Landtag im Dezember 1995 ein Gesetz, das das Anbringen von Kreuzen in Grund- und Hauptschulen weiterhin anordnet. Das Bundesverfassungsgericht (BVG, Karlsruhe) hatte im August seine Entscheidung veröffentlicht, wonach die Vorschrift im bayerischen Schulrecht, in jedem Klassenraum von Grund- und Hauptschulen Kreuze aufzuhängen, nichtig sei. Die Vorschrift verletze die im Art. 4 GG garantierte Freiheit des einzelnen, nach eigenen Glaubensüberzeugungen zu leben und zu handeln sowie die staatliche Neutralitätspflicht im religiösen Bereich. Der BVG-Entscheidung lag die Verfassungsbeschwerde eines Elternpaares und dessen drei schulpflichtiger Kinder zugrunde. Sie hatten sich gegen das Aufhängen von Kreuzen in Klassenzimmern gewandt, weil sie eine christliche Erziehung ihrer Kinder ablehnten. Nach dem Urteilsspruch wurden die Kreuze in der betreffenden Schule entfernt.

Das neue Landesgesetz verstößt nach Auffassung der CSU nicht gegen die BVG-Entscheidung. Es enthält eine Regelung, wonach die Schulleitung mit Eltern, die das Abhängen von Kreuzen fordern, eine Einigung suchen und in Zweifelsfällen entscheiden muß. Dabei soll ein Aus-gleich zwischen der Glaubensfreiheit des einzelnen und der religiösen Überzeugung der Mehrheit geschaffen werden.

→ Kirche, Katholische

KSE-Vertrag

(Verhandlungen über konventionelle Streitkräfte in Europa, auch VKSE oder CFE, engl.: Conventional Armed Forces in Europe), die Frist für die Abrüstung von rd. 50 000 Waffensystemen lief am 17. 11. 1995 ab. Bis dahin waren 95% der K.-Forderungen erfüllt. Auf der KSE-Überprüfungskonferenz im Mai 1996 einigten sich die 30 Teilnehmerstaaten auf eine von Rußland insbes. wegen des Krieges in Tschetschenien verlangte K.-Änderung.

VERTRAGSINHALT: Das Abkommen zwischen den Staaten der NATO und des damaligen Warschauer Pakts teilt das Vertragsgebiet vom Atlantik bis zum Ural in vier Zonen auf, denen jeweils bestimmte Höchstkontingente an Kampfpanzern und -fahrzeugen, Artilleriegeschützen sowie Kampfflugzeugen und -hubschraubern zugeordnet wurden. Aus der damaligen Ost-West-Konfrontation ergaben sich höhere Truppenkonzentrationen in Mitteleuropa als in Randgebieten, zu denen das europäische Rußland gehört. Nach dem Zerfall der UdSSR wurden die Höchststärken von Soldaten und Kriegsmaterial auf die Nachfolgestaaten umgerechnet.

NEUE FLANKENREGELUNG: Rußland und die Ukraine hatte 1995/96 in den als Flanken definierten Regionen (Nordkaukasus, Odessa, St. Petersburg) eine größere Zahl von Waffen stationiert, als der K. zuläßt. Durch eine geographische Verkleinerung der Flanken (Astrachan, Pskow, Wolgograd, Teile von Rostow und Odessa) wurde Militärgerät aus der Zählung herausgenommen. Die bestehenden Höchstgrenzen wurden nicht heraufgesetzt, die Abrüstungsfrist jedoch bis zum 31. 5. 1999 verlängert.

ABRÜSTUNG: Die Zusage der UdSSR von 1991, rd. 14 500 Kampfpanzer, gepanzerte Fahrzeuge und Artilleriesysteme, die aus dem Geltungsbereich des K. hinter den Ural verlegt worden waren, bis Ende 1995 zu vernichten, wurde nicht eingehalten. Als Grund wurde Geldmangel ange-

geben. Die KSE-Überprüfungskonferenz verlängert die Frist bis zum Jahr 2000. Nach russischen Angaben war das Militärgerät nicht einsatzfähig.
→ Rüstungsexport → Truppenabbau → Tschetschenien → ORG OSZE

Kulturhauptstadt Europas TAB

Seit 1985 von der EU für ein Jahr gewählte Stadt, in der mit kulturellen Veranstaltungen (Theater, Konzerten, Lesungen, Kongressen) die kulturelle Einheit und Besonderheit Europas dokumentiert und gefördert werden soll. K. 1996 war Kopenhagen. Für die etwa 600 Projekte in der dänischen Hauptstadt wurden rd. 250 Mio DM aus öffentlichen Kassen und von Sponsoren zur Verfügung gestellt. Als ein Höhepunkt der Veranstaltungen galt das Projekt „Container 96 – Kunst über die Ozeane". 96 Container, die von 96 Künstlern aus aller Welt gestaltet wurden, standen im Sommer 1996 am Langelinie-Kai im Kopenhagener Hafen als Zeichen des internationalen kulturellen Austauschs.

Die Kultusminister der Europäischen Union beschlossen im Oktober 1995, für das Jahr 2000 wegen der symbolischen Bedeutung dieses Jahres mehrere Städte zu K. zu ernennen. Im November 1995 bestimmten sie Avignon, Bergen, Bologna, Brüssel, Helsinki, Krakau, Prag, Reykjavík und Santiago de Compostela zu K. des Jahres 2000.

Die Thüringer Landesregierung bezifferte 1995 die Kosten für Investitionen in Kul-

Teuerstes Bild 1995: Pablo Picassos „Porträt Angel Fernández de Soto" (1903)

turbauten und Infrastruktur für Weimar, die K. 1999, auf 380 Mio DM sowie für Organisation und Ausrichtung der Kulturveranstaltungen auf rd. 48 Mio DM. Die CDU/CSU/FDP-Bundesregierung kündigte eine finanzielle Unterstützung von 16 Mio DM an. An Baumaßnahmen der Stiftung Weimarer Klassik sowie weiterer Kulturbauten will sich der Bund mit 25 Mio DM beteiligen.

Kulturmonat

Nach dem Ende des Ost-West-Konflikts beschlossen die Kultusminister der Europäischen Union, jährlich eine europäische Stadt außerhalb der Union, vornehmlich in Mittel- und Osteuropa, für einen Monat zur Kulturstadt zu wählen. Die Initiative bildet eine Ergänzung zur Kulturhauptstadt Europas und soll zum kulturellen Austausch anregen. Der fünfte K. wird 1997 in der slowenischen Hauptstadt Ljubljana veranstaltet, nach Krakau/Polen (1992), Graz/Österreich (1993), Budapest/Ungarn (1994) und Nikosia/Zypern (1995).

Kulturhauptstädte Europas 1985–2000			
Jahr	Stadt/Land	Jahr	Stadt/Land
1985	Athen/Griechenland	1997	Thessaloniki/Griechenl.
1986	Florenz/Italien	1998	Stockholm/Schweden
1987	Amsterdam/Niederlande	1999	Weimar/Deutschland
1988	West-Berlin/Deutschland	2000[1]	Avignon/Frankreich
1989	Paris/Frankreich		Bergen/Norwegen
1990	Glasgow/Großbritannien		Bologna/Italien
1991	Dublin/Irland		Brüssel/Belgien
1992	Madrid/Spanien		Helsinki/Finnland
1993	Antwerpen/Belgien		Krakau/Polen
1994	Lissabon/Portugal		Prag/Tschechien
1995	Luxemburg/Luxemburg		Reykjavík/Island
1996	Kopenhagen/Dänemark		Santiago de C./Spanien

1) Wegen Bedeutung des Jahres mehrere Städte ernannt

Kunstmarkt BILD TAB

Die beiden weltweit größten Auktionshäuser, Christie's (London) und Sotheby's (New York), die etwa drei Viertel des internationalen K. beherrschen, erzielten 1995 die besten Umsätze seit den Rekordjahren 1989/90. Sotheby's erreichte 1995 auf Auktionen einen Umsatz von 1,67 Mrd Dollar (rd. 2,4 Mrd DM, Anstieg gegenüber 1994: 25%). Bei Christie's stieg der Auktionserlös 1995 auf 1,47 Mrd Dollar (rd. 2,1 Mrd DM, Anstieg gegenüber 1994: 17%). Der Umsatzzuwachs wurde insbes. auf die ansteigenden Preise in den Bereichen Impressionismus und Moderne zurückgeführt.

Nach Angaben des New Yorker Kunst-Informationsdienstes ArtNet kamen 1995 weltweit für rd. 152 Mio Dollar (rd. 220 Mio DM) Werke von Pablo Picasso zur Versteigerung. Während 1994 Gustav Klimts „Dame mit Fächer" (1917/18) mit 17,6 Mio DM den höchsten Preis erzielte, rangierte 1995 Picassos „Porträt Angel Fernández de Soto" (1903) für 36,2 Mio DM auf dem ersten Platz. Von den zehn teuersten Bildern 1995 stammten vier Werke von Picasso. Arbeiten des spanischen Künstlers dominierten auch mengenmäßig auf dem internationalen K.: 1995 wurden insgesamt 2212 Werke des vielseitigen Malers und Grafikers versteigert, gefolgt von 1002 Arbeiten des spanischen Künstlers Joan Miró.

Die höchsten Zuschläge im Auktionsjahr erreichten in Deutschland Werke des deutschen Expressionismus sowie Arbeiten des Impressionisten Max Liebermann. Mit Nikolaus Gysis' „Die Waisenkinder" (1871) konnte sich nur ein Gemälde des 19. Jahrhunderts unter den zehn teuersten Bildern 1995 plazieren.

Kunststoffrecycling GRA

Nach Angaben der Deutschen Gesellschaft für Kunststoffrecycling (DKR, Köln), die für die Verwertung von Plastikabfällen mit dem sog. Grünen Punkt verantwortlich ist, sollen 1996 ca. 580 000 t Kunststoffverpackungen eingesammelt und davon 560 000 t recycelt werden; das sind 90% des gesamten zu verwertenden Aufkommens (1994: 55%, 1995: 83%).

Kunstmarkt: Die teuersten Bilder 1995

Rang	Künstler	Werk (Entstehungsjahr)	Preis (Mio DM)
1	P. Picasso	Porträt A. Fernández (1903)	36,2
2	V. van Gogh	Unterholz (1890)	34,7
3	P. Picasso	Der Spiegel (1932)	25,7
4	H. Matisse	Hindupose (1923)	18,4
5	V. van Gogh	Junger Mann mit Mütze (1888)	16,9
6	A. Modigliani	Akt mit einer Halskette (1917)	15,6
7	P. Picasso	Junge mit weißem Kragen (1905)	15,4
8	P. Picasso	Mutter und Kind (1922)	15,3
9	C. Monet	Die Kathedrale von Rouen (1894)	15,2
10	A. Modigliani	Porträt O. Miestchaninoff (1916)	12,0

Quelle: Frankfurter Allgemeine Zeitung, 30. 12. 1995

Der Rest wird auf Mülldeponien gelagert oder verbrannt.

MÜLLEXPORT: In früheren Jahren schaffte die DKR einen Großteil der Kunststoffverpackungen per Schiff nach China. Dort wurde, wie auch in Pakistan, das Altmaterial zu Granulat als Rohstoff für Badeschuhe, Folien oder Tüten verarbeitet. Doch 1995 stufte das chinesische Umweltministerium die bunten Ballen der

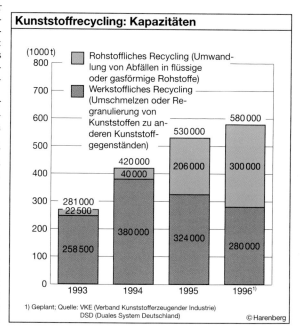

Kunststoffrecycling: Kapazitäten

(1000 t)

Rohstoffliches Recycling (Umwandlung von Abfällen in flüssige oder gasförmige Rohstoffe)

Werkstoffliches Recycling (Umschmelzen oder Regranulierung von Kunststoffen zu anderen Kunststoffgegenständen)

Jahr	1993	1994	1995	1996[1]
Gesamt	281 000	420 000	530 000	580 000
Rohstoffliches	22 500	40 000	206 000	300 000
Werkstoffliches	258 500	380 000	324 000	280 000

1) Geplant; Quelle: VKE (Verband Kunststofferzeugender Industrie) DSD (Duales System Deutschland)

© Harenberg

Kurden: Chronik im 20. Jahrhundert

Datum	Ereignis
10. 8. 1920	Frieden von Sèvres spricht den Kurden erstmals staatliche Eigenständigkeit zu
24. 1. 1923	Frieden von Lausanne gewährt den Kurden keinen Minderheitenschutz in der Türkei
1925–1937	Türkische Armee schlägt mehrere Kurdenaufstände blutig nieder. Beginn der »Türkisierungspolitik«
1946	Die von Ghasi Muhammad gegründete »Kurdische Republik Mahabad« wird blutig niedergeschlagen
März 1961	Mulla Mustafa al-Barsani proklamiert im Norden des Irak einen unabhängigen Kurdenstaat
1970	Kurden werden in der irakischen Verfassung als zweite Nation anerkannt
1974/75	Im Verlauf erneuter Aufstände fliehen Tausende Kurden in den Iran und in die Türkei
1978	Abdullah Öcalan gründet die linksextremistische Arbeiterpartei Kurdistans (PKK)
1984	PKK nimmt den bewaffneten Kampf für einen von der Türkei unabhängigen Staat auf
1988	Irak setzt Giftgas gegen kurdische Freischärler ein, die das irakische Kurdistan kontrollieren (5000 Tote)
März 1991	Nach der Niederschlagung von Kurdenaufständen durch Irak fliehen rd. 2 Mio Kurden u. a. in den Iran
April 1991	Einrichtung einer internationalen Schutzzone im türkisch-irakischen Grenzgebiet
Dez. 1994	PKK gibt Forderung nach unabhängigem Staat auf; fordert statt dessen Autonomie
März 1995	Türkei verschärft die Auseinandersetzungen durch eine Invasion in die nordirakische UNO-Schutzzone
April 1996	Türkei unternimmt Großoffensive gegen PKK-Rebellen im Osten und Südosten des Landes.

Kurden: Siedlungsgebiete

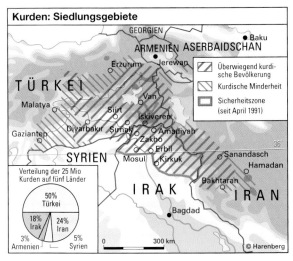

DKR nicht länger als Wertstoffe ein, sondern als Abfall, und verhängte einen Einfuhrstopp für den deutschen Plastikmüll.

WIEDERVERWERTUNG: Mitte der 90er Jahre war Kunststoffmüll ein begehrtes Recyclingmaterial. Das Interesse an größeren Mengen stieg zunächst bei den Anbietern sog. werkstofflicher Recycling-Methoden, bei denen das Altmaterial (z. B. Plastikpfähle, Eimer) durch Zerkleinern und Umschmelzen direkt in neue Produkte wie Flaschen oder Kübel eingeht (Menge 1995: 324 000 t). Die Methode funktioniert nur bei sauberem und sortenreinem Abfall, nicht aber bei vermischten Kleinteilen. Einige Anlagen arbeiteten 1996 bereits nach den sog. rohstofflichen Verfahren (1995: 206 000 t), in denen der Kunststoff wieder in petrochemische Rohstoffe wie Öle und Gase zurückverwandelt wird. Zwei Drittel der Menge an Altkunststoffen beanspruchen die Betreiber RWE und Veba/VEW voraussichtlich schon 1997 für sich.

STAHLINDUSTRIE: Zum Mangelgut wurde der Plastikmüll, als 1995 auch die Stahlindustrie Interesse an der Verwertung zeigte. Sie setzt das Kunststoffgranulat anstelle von Schweröl als Reduktionsmittel bei der Umwandlung von Eisenerz in Roheisen im Hochofen ein. Bis Ende 1998, so schätzten die Verwalter des Grünen Punkts, werden 210 000 t Plastikmüll in den Verbrennungsöfen der deutschen Industrie eingesetzt.

→ Abfallbeseitigung → Autorecycling
→ Duales System → Verpackungsmüll

Kurden KAR TAB

Der Unabhängigkeitskampf der K. forderte bis Mitte 1996 rd. 15 000 Todesopfer. Das westasiatische Volk (rd. 25 Mio Menschen) mit eigener Kultur und Sprache, aber ohne eigenen Staat verlangt die Anerkennung seiner kulturellen und nationalen Eigenständigkeit. Die 1978 von → BIO Abdullah Öcalan gegründete linksextremistische Arbeiterpartei Kurdistans (PKK) kämpfte seit 1984 für einen von der Türkei unabhängigen Staat. 1994 gab die PKK die Forderung nach einem unabhängigen Kurdenstaat auf und tritt seither für eine Autonomie mit ethnischer

Gleichberechtigung ein. K. leben in der Türkei (Anteil am kurdischen Volk: 50%), im Iran (24%), Irak (18%), Syrien (5%) und Armenien (3%). In Deutschland leben rd. 500 000 K.
OFFENSIVE GEGEN PKK: Nachdem das türkische Parlament im März 1996 den Ausnahmezustand in den K.-Gebieten um weitere vier Monate verlängert hatte, begann die türkische Regierung im April eine Großoffensive gegen PKK-Rebellen im Osten und Südosten des Landes. Die schwersten Kämpfe seit dem Waffenstillstand, den Öcalan im Dezember 1995 einseitig verkündet hatte, forderten mehrere hundert Todesopfer. Im Frühjahr 1996 drohten die Rebellen erneut mit Anschlägen auf die Touristenzentren des Landes.
GEWALT IN DEUTSCHLAND: Bei Autobahnblockaden und gewalttätigen Ausschreitungen von mehreren tausend K. in Nordrhein-Westfalen wurden im März 1996 mehr als 400 Personen verletzt, die Polizei nahm 2000 Demonstranten fest. Öcalan, der die Militärhilfe der Bundesregierung für die Türkei kritisierte, drohte indirekt mit Selbstmord-Attentaten in Deutschland. Mit Brandanschlägen (1995: 188) gegen türkische Einrichtungen und mit Demonstrationen will die verbotene PKK den Befreiungskampf der K. in der Türkei unterstützen. Nach Erkenntnissen des Verfassungsschutzes wuchs die Zahl der PKK-Mitglieder von 5000 (1993) auf 8900 (Mitte 1996).
ABSCHIEBUNG: Im Zusammenhang mit den zunehmenden Gewalttaten verstärkte sich in Deutschland 1995/96 die Forderung nach schneller Abschiebung. Allein Nordrhein-Westfalen schob 1995 mindestens 160 abgelehnte kurdische Asylbewerber und straffällig gewordene K. ab. Von Januar bis März 1996 waren es bereits 77. Nach Angaben von Amnesty International verschlechterte sich die Menschenrechtslage für K. in der Türkei seit 1991 erheblich. Die Zahl der willkürlichen Festnahmen, Folterungen und politischen Morde habe zugenommen.

Kurzarbeit [TAB]
Herabsetzung der betriebsüblichen Arbeitszeit mit dem Ziel, einen kurzfristi-

Kurzarbeit: Entwicklung in Deutschland

Monat	Kurzarbeiter Westen	Osten	Betriebe mit Kurzarbeit Westen	Osten
1995				
Februar	160 227	85 096	6 835	3 766
März	156 953	93 007	6 887	4 164
April	139 125	90 229	6 071	3 987
Mai	132 404	83 705	5 486	3 503
Juni	120 992	72 393	5 036	3 105
Juli	86 212	55 014	4 075	2 519
August	62 478	55 713	3 216	2 401
September	101 267	57 991	4 012	2 394
Oktober	121 568	57 878	4 382	2 288
November	150 770	60 187	5 285	2 365
Dezember	166 528	64 357	5 863	2 583
1996				
Januar	212 521	81 428	8 152	3 581
Februar	286 347	117 053	12 162	5 835

Quelle: Bundesanstalt für Arbeit (Nürnberg)

gen Auftragsmangel zu überbrücken und Entlassungen zu vermeiden. K. muß vom Arbeitsamt genehmigt werden. Während der K. zahlt die Bundesanstalt für Arbeit (Nürnberg) Kurzarbeitergeld, für die ausgefallenen Arbeitsstunden muß der Arbeitgeber die Sozialabgaben für den Beschäftigten entrichten. Mitte 1996 betrug das Kurzarbeitergeld 67% des letzten durchschnittlichen Nettoeinkommens (Personen mit Kind) bzw. 60% (Kinderlose). 1995 verringerte sich die Zahl der Kurzarbeiter in Westdeutschland im Jahresdurchschnitt gegenüber dem Vorjahr um rd. 53% auf 128 059, in Ostdeutschland ging die Kurzarbeiterzahl um 27,3% auf 70 521 zurück. Der Rückgang ist dadurch bedingt, daß viele Kurzarbeiter ihren Arbeitsplatz verloren.
Von 1.1.1996 bis zum 30.4.1996 konnten Betriebe, in denen der Arbeitsausfall konjunkturell bedingt war, bis zu zwölf Monaten Kurzarbeitergeld für ihre Beschäftigten beziehen. Unternehmen, die aufgrund strukturell bedingter Ursachen K. einführen, können bis 30.6.1997 Kurzarbeitergeld bis zur gesetzlich festgelegten Höchstbezugsfrist von 15 Monaten beantragen.
→ Arbeitslosigkeit → Arbeitsmarkt
→ [ORG] Bundesanstalt für Arbeit

L

Ladendiebstahl TAB

Die Gesamtzahl der in Deutschland aufgedeckten L. stieg 1995 gegenüber 1994 um 4,9% auf 614 312 Fälle, nachdem im Vorjahr noch ein Rückgang um 12,7% verzeichnet worden war. Insbes. die ostdeutschen Bundesländer (mit Ausnahme von Brandenburg) registrierten Steigerungen bei L., zwischen 17,0% in Thüringen und 34,4% in Sachsen-Anhalt.

STRAFTÄTER: Wie aus einer Umfrage der Bundesarbeitsgemeinschaft der Mittel- und Großbetriebe des Einzelhandels (BAG, Köln) vom Frühjahr 1996 hervorging, lag der Anteil der Kinder und Jugendlichen an den Ladendieben bei 35% (1994: 36%). Die 2400 BAG-Mitglieder (1200 Kauf- und Warenhäuser sowie 1200 Fachgeschäfte mit einem Gesamtumsatz von 70 Mrd DM) beobachteten eine anhaltend hohe Gewaltbereitschaft bei den Ladendieben.

GEGENMASSNAHMEN: Die BAG forderte eine konsequente Strafverfolgung des L. und die Realisierung des Bundeszentralregisters für Ladendiebe in Berlin, das zwar gesetzlich bereits verabschiedet wurde, aber noch nicht eingerichtet ist. Nach Untersuchungen des Instituts für Kriminologie der Universität Gießen wird nur etwa einer von hundert L. entdeckt und verfolgt. Die Gesamtzahl der L. in Deutschland wird auf 50 Mio jährlich geschätzt, der entstandene Schaden auf rd. 4 Mrd DM. Etwa 0,3% des Bruttoumsatzes gab der Einzelhandel durchschnittlich für die Bekämpfung des L. durch Detektive sowie für elektronische Überwachungs- und Warensicherungssysteme aus. Während in Deutschland nur 6% der Einzelhandelsmärkte Warensicherungssysteme nutzen, sind es in Frankreich und Italien 70–80%. Die Kosten für die elektronische Warensicherung werden i. d. R. in ein bis zwei Jahren durch Diebstahlminderung wieder erwirtschaftet.

→ Bagatelldelikte → Kriminalität

Ladendiebstahl: Entwicklung

Jahr[1]	Erfaßte Fälle insgesamt[2]	Veränderung zum Vorjahr (%)
1990	398 064	k. A.
1991	416 157	+4,5
1992	529 756	+13,1
1993	670 965	+11,3
1994	585 671	–12,7
1995	614 312	+4,9

1) 1990/91 nur Westdeutschland, 1992 inkl. Gesamt-Berlin; 2) inkl. Diebstähle unter erschwerenden Umständen; Quellen: Polizeiliche Kriminalstatistiken 1991–1995

Ladenschlußzeit TAB

Der Bundestag beschloß im Juni 1996 eine Verlängerung der Ladenöffnungszeiten sowie eine Neuregelung der Arbeitszeit in Bäckereien und Konditoreien. Nach dem neuen Gesetz, das am 1. 11. 1996 in Kraft treten soll, dürfen Läden von Montag bis Freitag zwischen 6 und 20 Uhr geöffnet sein. Am Samstag soll die Öffnung bis 16 Uhr erlaubt sein. Bäckereien wird es ermöglicht, an Sonntagen drei Stunden lang frische Brötchen zu verkaufen. Das Ifo-Institut für Wirtschaftsforschung rechnet mit einem Anstieg des Umsatzes im Einzelhandel von 2–3% und rd. 55 000 Neueinstellungen infolge der Liberalisierung der L.

WIDERSTAND: Die Gewerkschaft Handel, Banken und Versicherungen (HBV) sowie der Hauptverband des Deutschen Einzel-

Ladenschlußzeit: Regelungen in Europa

Land	Öffnungszeiten (h)	
	Montag–Freitag	Samstag
Dänemark	6.00–20.00	6.00–14.00[1]
Deutschland	7.00–18.30[2]	7.00–14.00[3]
Finnland	7.00–20.00	7.00–18.00
Frankreich	keine Regelung	keine Regelung
Großbritannien	0.00–20.00	0.00–20.00
Irland	keine Regelung	keine Regelung
Italien	9.00–20.00[4]	9.00–20.00[4]
Niederlande	6.00–18.30[5]	6.00–18.00
Norwegen	6.00–20.00	6.00–18.00
Portugal	6.00–24.00	6.00–24.00
Schweden	5.00–24.00	keine Regelung
Spanien	keine Regelung[6]	keine Regelung

Stand: 1995; 1) 1. und 4. Samstag im Monat bis 17.00 h; 2) Donnerstag bis 20.30 h; 3) 1. Samstag im Monat und Samstage im Advent bis 18.00 h, 1. Samstag von April bis September bis 16.00 h; 4) im Sommer bis 21.00 h; 5) max. 55 Stunden wöchentlich; 6) max. 72 Stunden wöchentlich; Quelle: Presse, 13. 11. 1995

Landminen: Verbreitung

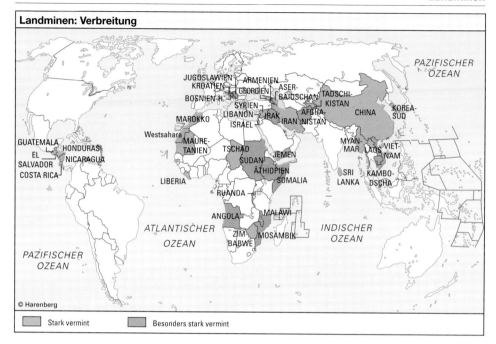

Stark vermint

Besonders stark vermint

© Harenberg

handels (HDE) widersetzten sich einer Änderung der L. Sie befürchteten Umsatzverlagerungen vom bedienungsintensiven Fachhandel zu den Großmärkten, einen Anstieg der Konkurse bei den mittelständischen Händlern und einen Verlust von 11 000 Arbeitsplätzen.

BESTIMMUNGEN: Mitte 1996 galten folgende späteste L. in Deutschland:
▷ Montag–Mittwoch und Freitag 18.30 Uhr
▷ Donnerstags i. d. R. 20.30 Uhr
▷ Samstags 14 Uhr
▷ Am jeweils ersten Samstag der Wintermonate von Oktober bis März und an den vier Samstagen vor Weihnachten 18 Uhr
▷ Am jeweils ersten Samstag von April bis September 16 Uhr.

Ausgenommen waren Läden im Bereich von Großstadtbahnhöfen und Flugplätzen, die Waren für den sog. Reisebedarf auch nach 18.30 Uhr verkaufen durften. Ebenso galten für Kioske und Tankstellen Sonderregelungen.

Landminen KAR

Im Mai 1996 schränkte die Überprüfungskonferenz zur UNO-Konvention über unmenschliche Waffen von 1981 (58 Teilnehmerstaaten) den Einsatz von Anti-Personen-Minen ein. Andere Sprengsätze wie Panzerminen sind nicht betroffen. 29 Staaten, darunter Deutschland, verzichteten bis Mitte 1995 auf Herstellung und Einsatz von Anti-Personen-Minen. Im Januar 1996 verlängerte Deutschland den Exportstopp für Anti-Personen-Minen unbefristet. Der überwiegende Teil der L., die von der Nationalen Volksarmee der DDR übernommen worden waren, wurde bis Mitte 1996 vernichtet. 1,2 Mio Anti-Personen-Minen und 500 000 ältere Panzerminen der Bundeswehr sollen ebenfalls zerstört werden.

KONVENTION: Die Vereinbarung bezieht sich auf folgende Punkte:
▷ Ausweitung der Konvention auf innerstaatliche Konflikte
▷ L. müssen wiederauffindbar sein. Verlegte Minen in Entwicklungsländern

BILD Bild DOK Dokument GLO Glossar GRA Grafik KAR Karte TAB Tabelle

231

sind häufig Billigprodukte aus Plastik (ab 3 Dollar pro Stück), die mit herkömmlichen Detektoren nicht aufgespürt werden können. L. müssen einen Metallanteil von mindestens 8 g haben. Der Einsatz von Plastikminen ist nach einer Übergangsfrist von neun Jahren nach Inkrafttreten der geänderten Konvention verboten

▷ L., die mit Flugzeugen und Artilleriewerfern über weite Flächen verlegt werden, sollen sich innerhalb von 30 Tagen selbst zerstören oder spätestens nach 120 Tagen selbst entschärfen

▷ L. ohne Selbstzerstörungsmechanismus dürfen nur innerhalb markierter, vom Militär bewachter Flächen verlegt werden

▷ L., die sich nicht orten lassen oder keine Selbstzerstörungsautomatik besitzen, dürfen nicht exportiert werden. Die Ausfuhr in Staaten, die der Konvention nicht beitreten, und die Belieferung von Aufständischen und Freischärlern sind verboten

▷ In bewaffneten Konflikten angelegte Minenfelder müssen gekennzeichnet und nach dem Ende der Kämpfe geräumt werden.

Die Konvention tritt in Kraft, sobald sie von 20 Staaten ratifiziert wurde.

KRITIK: Internationale Hilfs- und Menschenrechtsorganisationen hatten sich für ein umfassendes Herstellungs-, Export- und Einsatzverbot von L. eingesetzt. Sie befürchten, daß die Konvention die Modernisierung der L. fördere, statt ihre Verbreitung einzuschränken. In den Industrieländern, gleichzeitig Hauptexporteure, würden vorwiegend fernverlegbare, metallhaltige L. hergestellt, die mit hochwertigen Sensoren und Selbstzerstörungsmechanismen ausgerüstet seien. Sie könnten gleichzeitig gegen Flugzeuge und gepanzerte Fahrzeuge sowie gegen Menschen eingesetzt werden. Die Selbstzerstörungsmechanismen hätten eine Versagerquote von 5–20%. Eine vom Internationalen Komitee des Roten Kreuzes im März 1996 veröffentlichte Studie bewertete L. als militärisch nutzlos, weil sie den Ausgang bewaffneter Konflikte wenig beeinflußt und eigene Soldaten behindert

hätten. Es sei kaum möglich, während militärischer Gefechte L.-Felder zuverlässig zu markieren, wirkungsvoll abzusperren und genaue Lagepläne anzulegen.

WIRKUNG: Die Explosionen von L. töten oder verletzen nach UNO-Angaben jedes Jahr etwa 30 000 Menschen, 90% der Opfer sind Zivilisten. Besonders betroffen sind Bürgerkriegsgebiete in der sog. Dritten Welt. Bis Mitte der 90er Jahre wurden 80 Mio–110 Mio L. in 64 Ländern verlegt. Jährlich kommen etwa 2 Mio hinzu (Jahresproduktion: 5 Mio–10 Mio Stück). 46 Länder stellten 1995 L. her. Infolge großflächiger Verminung ist häufig die Landwirtschaft beeinträchtigt. Geräumt werden pro Jahr nur 100 000 L. (Räumkosten pro Stück: 300–1000 Dollar). Zwei Drittel aller L. waren europäischer Herkunft.

→ Rüstungsexport

Landwirtschaft [TAB]

Die deutschen Landwirte erhöhten ihren Gewinn im Wirtschaftsjahr 1994/95 um rd. 10,1% auf 46 200 DM. Sie glichen dadurch die Einkommenseinbußen in den beiden Vorjahren um jeweils 6% fast aus. Schweine- und Geflügelbetriebe wiesen die größte Gewinnsteigerung (58%) auf. Den geringsten Zuwachs erzielten Futterbaubetriebe, die sich auf Milch-, Vieh- und Rindermast stützen (2,9%).

STAATSANTEIL: Der Anteil staatlicher Zahlungen an den Einkommen stieg auf 49% (1993/94: 46%). Insgesamt zahlten Bund und Länder 1995 den deutschen Landwirten 15,4 Mrd DM, weitere 12,4 Mrd DM flossen aus EU-Mitteln. Für das Wirtschaftsjahr 1995/96 rechnete Bundeslandwirtschaftsminister Jochen Borchert (CDU) mit einem Einkommenszuwachs der Landwirte von rd. 5%. Der höhere Staatsanteil ist Folge der EU-Agrarpolitik, die u. a. Prämien für Flächenstillegungen vorsieht.

ARBEITSPLATZVERLUSTE: 1995 fielen in Deutschland rd. 100 000 landwirtschaftliche Arbeitsplätze weg. Insgesamt arbeiteten rd. 1,4 Mio Menschen haupt- oder nebenberuflich in landwirtschaftlichen Betrieben. Die Zahl der Höfe nahm gegenüber 1994 um 4,3% auf 553 000 ab. Gründe für diese Entwicklung sind der

Strukturwandel in der ostdeutschen Landwirtschaft sowie Produktivitätssteigerungen, die durch Fortschritte in der Düngechemie, Maschinentechnik, Tiermedizin und Züchtung hervorgerufen wurden. **ÖKO-LANDBAU:** Mitte 1996 gab es 2900 deutsche Bioland-Betriebe, die 2% der landwirtschaftlichen Nutzfläche bearbeiteten. Die wichtigsten Leitlinien des ökologischen Landbaus sind der weitgehende Verzicht auf Mineraldünger und Schädlingsbekämpfungsmittel, die Ablehnung der Massentierhaltung sowie vielfältig wechselnder Anbau von Feldfrüchten, um die Bodenqualität zu steigern.
→ Agrarpolitik → Rinderwahnsinn

Laser [TAB]

Abk. für engl.: Light Amplification by Stimulated Emission of Radiation; Lichtverstärkung durch angeregte (induzierte, stimulierte) Strahlungsemission. L. sind Verstärker für elektromagnetische Strahlung im Wellenlängenbereich des sichtbaren Lichts (400–800 Nanometer) sowie der angrenzenden Bereiche Infrarot (> 800 Nanometer) und Ultraviolett (< 400 Nanometer). L. erzeugen monochromatische (energieeinheitliche), sehr intensive und scharf gebündelte (kohärente) Lichtstrahlen und finden heute in nahezu allen Bereichen der Naturwissenschaften, Technik und Medizin Verwendung.
MATERIALVERDAMPFUNG: In Physik und Chemie wird die Hitze des hochenergetischen L.-Lichts ausgenutzt, um feste

Landwirtschaft: Erlöse deutscher Bauern

Produkte	Verkaufserlöse (Mrd DM)	Produkte	Verkaufserlöse (Mrd DM)
Milch	15,8	Zuckerrüben	2,4
Schweine	8,8	Wein	1,9
Rinder	7,7	Obst	1,9
Getreide	5,5	Eier	1,8
Blumen	3,8	Gemüse	1,7
Kartoffeln	2,4	Geflügel	1,6

Stand: 1995/96; Quelle: Agrarbericht 1996

Stoffe zu verdampfen. Dazu wird ein L.-Strahl auf eine Substanzoberfläche fokussiert. Am Auftreffpunkt des L.-Strahls lassen sich Temperaturen von über 10 000 °C erreichen; dies ist mehr als die Temperatur an der Oberfläche der meisten Sterne und genug, um jedes bekannte Material zu verdampfen. Atome werden dabei als extrem heißes Plasma (ionisiertes Gas) verdampft.
BLAULICHTLASER: US-amerikanischen Forschern gelang es 1994/95 zum ersten Mal, einen Blaulichtlaser für optische Speichermedien (Compact Disc, CD) zu entwickeln. Blaulichtlaser können im Vergleich zu Rotlichtlasern, die z. B. bei herkömmlichen CD-Spielern eingesetzt werden, erheblich mehr Informationen von CDs ablesen, weil die kürzere Lichtwellenlänge (d. h. größere Energie) eine feinere Abtastung bzw. eine höhere Datendichte ermöglicht. Bis Mitte 1996 konnten Blaulichtlaser wegen der aufwendigen Kühlung jedoch nicht eingesetzt werden. Auch reicht ihre

Laser: Typenübersicht

Lasertyp	Genutzte Wellenlänge[1] (Nanometer)	Leistung[2] (W)	Einsatzgebiete (Beispiele)
Helium-Neon[3]	633	1–50	Scannerkassen, Meßtechnik
Argon-Krypton[3]	514/799	0,1–100	Lasershows, Meßtechnik
Kohlendioxid[3]	10 600	1–45 000	Schneiden, Schweißen
Excimer[3]	308	1–20 000 000[4]	Netzhautoperationen
Neodym-Yag[5]	1064	1–500	Medizin, Plasmaphysik
Erbium-Yag[5]	2940	0,01–3[4]	Medizin
Titan-Saphir[5]	690–1050	0,01	Analysetechnik, Spektroskopie
Farbstofflaser	455–615	0,001–1	Analysetechnik, Spektroskopie
Halbleiterlaser	810–980	0,01–20	CD-Spieler, Laserdrucker

1) Am häufigsten angewandte Wellenlängen bzw. Frequenzbereiche; 2) bei kontinuierlichem Betrieb; 3) Gaslaser; 4) als Lichtpuls; 5) Festkörperlaser; Quelle: Bild der Wissenschaft

Leistung (etwa 3 Milliwatt) noch nicht aus, um CDs zu beschreiben.

LASERPRINTER: Seit Mitte der 90er Jahre werden L. zunehmend in Computerdruckern eingesetzt. Ein L.-Strahl schreibt dabei entsprechend der Software Buchstaben, Ziffern oder Grafiken gleichmäßig als Bitmuster auf eine rotierende, elektrisch positiv geladene Bildtrommel. Dort, wo der L.-Strahl auf die Trommel fällt, neutralisiert er die elektrische Ladung, wodurch das Abbild der zu druckenden Seite entsteht. Das negativ geladene Tonerpulver (Gemisch aus Ruß und Harz) wird auf die sich drehende Trommel gestäubt und bleibt an den positiv geladenen Stellen hängen. Der auf der Trommel haftende Toner wird auf das Papier übertragen und mit Hitze fixiert.

LASERPROJEKTOR: Der L.-Projektor soll ab dem Jahr 1998 Fernsehen in Kinoqualität ermöglichen und Bilder von bisher unerreichter Schärfe und Brillanz liefern. Das L.-TV kommt ohne Bildröhre aus. Das etwa 2 x 3 m große Bild wird statt dessen von einem Dreifachlaser erzeugt und auf eine Leinwand projiziert. Der L.-Strahl enthält alle relevanten Bildinformationen über Helligkeit, Farbe und Kontraste. Der L.-Projektor selbst ist kaum größer als ein Videorekorder.

→ CD → Computer

Laser-Fernsehen

TV, bei dem das Fernsehbild ähnlich einer Diaprojektion direkt auf die Zimmerwand oder eine Leinwand geworfen wird. Die deutschen Unternehmen Schneider Rundfunkwerke und Daimler-Benz entwickelten 1995 einen Prototyp des Geräts für das L., das ab 1998 angeboten werden soll. Das TV-Gerät für L. benötigt weder Bildröhre noch Bildschirm. Drei Farb-Laser für die Farben Rot, Grün und Blau setzen die elektronischen Bildimpulse der Fernsehübertragung bzw. des Videorekorders in Bilder um, die auf eine Leinwand projiziert werden. Wenn das L. marktreif ist (geplanter Einführungspreis: rd. 3000 DM), soll die Bildgröße flexibel wählbar sein, die Bilder werden im Vergleich zu herkömmlichen TV-Geräten schärfer sein.

→ Digitales Fernsehen → Flachbildschirm

Lasermedizin

Behandlung von Krankheiten mit Laserstrahlen. Das energiereiche, gebündelte Licht kam Mitte der 90er Jahre insbes. in der Augenheilkunde und der Chirurgie zum Einsatz, wo es genutzt wurde, um Fehlsichtigkeit zu korrigieren, Tumore zu zerstören, Gallen- und Nierensteine zu zertrümmern, geplatzte Blutgefäße zu verschweißen und Herzkranzgefäße von Ablagerungen zu befreien. Daneben wurde der Laser in der Zahnmedizin und als chirurgisches Skalpell gebraucht.

In Deutschland boten Experten für plastische und kosmetische Chirurgie 1995 erstmals die Laserbehandlung zur Entfernung von Hautfalten an. Gegenüber herkömmlichen Techniken wie dem Abschleifen der Haut oder dem chemischen Peeling (engl.; schälen) ermöglicht der Laser die präzise Abtragung von hundertstelmillimeterdicken Gewebeschichten. Der durch die Behandlung verursachte Hitzeeffekt führt zur Straffung der Kollagenfasern des Bindegewebes und bewirkt eine zusätzliche Glättung der Haut. Als Folgen der Bestrahlung können allerdings Hautrötungen und Verbrennungen sowie Juckreiz und Sonnenempfindlichkeit auftreten. Die Gesichtsfalten können je nach Tiefe in zwei bis drei Jahren wieder sichtbar werden. Kritiker der Lasermethode verwiesen auf das bisherige Fehlen von Langzeitstudien.

Lauschangriff

Maßnahme der Polizei, unter Einsatz technischer Mittel wie Wanzen, Mikrophonen und Infrarotsensoren Privatwohnungen und Geschäftsräume zu überwachen. Ein verbindlicher Mitgliederentscheid der FDP, die bis dahin im Gegensatz zur Union die Überwachung von Privatwohnungen abgelehnt hatte, ergab im Dezember 1995 eine Mehrheit für den großen L. Im Juni 1996 einigte sich die CDU/CSU/FDP-Bundesregierung auf einen Gesetzentwurf zur Einführung des großen L.

RECHTSLAGE: Juristen unterscheiden den kleinen L., bei dem verdeckte Ermittler im überwachten Raum anwesend sind, vom großen L., bei dem keine verdeckten Ermittler anwesend sind (elektronische Überwachung). Ziel des L. ist es vor allem, Verbrechen zu verhindern und die Anführer organisierter Banden zu überführen. Befürworter des L. verweisen auf die Zunahme der organisierten Kriminalität in Deutschland seit Anfang der 90er Jahre. Der L. soll insbes. bei Ermittlungen in den Bereichen Waffen-, Drogen- und Menschenhandel eingesetzt werden. Zur Einführung des L. in Deutschland muß Art. 13 GG (Unverletzlichkeit der Wohnung) geändert werden. Für die erforderliche Zweidrittelmehrheit ist die Zustimmung der SPD notwendig. In der Mehrzahl der deutschen Bundesländer durfte die Polizei 1995/96 zur Gefahrenabwehr, jedoch nicht zur Strafverfolgung, Wohnungen überwachen. Die Strafprozeßordnung (§ 100 c StPO) erlaubt seit 1992 die elektronische Überwachung außerhalb von Wohnungen und Geschäftsräumen.

STANDPUNKTE: Union und FDP befürworteten den großen L. bei schweren Straftaten bzw. Delikten mit einer Straferwartung über vier Jahren Haft. Richter sollen die Abhörmaßnahmen genehmigen und überwachen sowie die Betroffenen und die Öffentlichkeit nachträglich informieren. Für ihre Zustimmung zum L. verlangte die SPD eine Änderung des Art. 14 GG (Eigentumsgarantie), um kriminell erworbenes Vermögen entschädigungslos einziehen zu können. Zur Erleichterung des Kampfes gegen die sog. Geldwäsche strebte die SPD eine Umkehr der Beweislast an. Bis 1996 müssen die Behörden den Eigentümern die illegale Herkunft der Gelder nachweisen. Union und FDP lehnten eine Beweislastumkehr ab.

BGH-URTEIL: Nach einem Urteil des Bundesgerichtshofs (BGH, Karlsruhe) vom Juni 1995 kann die Polizei Erkenntnisse, die sie beim Abhören von Telefongesprächen gewinnt, künftig umfassender nutzen. Informationen, die bei einem L. zur unmittelbaren Gefahrenabwehr erlangt werden, dürfen auch bei der Strafverfolgung verwertet werden.

→ Geldwäsche → Kriminalität → Mafia → ORG Bundesnachrichtendienst

Lehrstellenmarkt TAB

Während 1995 in Westdeutschland das Angebot an Lehrstellen (512 811) die Nachfrage (478 383) überstieg, gab es in Ostdeutschland mit 191 692 Ausbildungsplatzsuchenden deutlich mehr Bewerber als Lehrstellen (120 129). Die CDU/CSU/FDP-Bundesregierung richtete daher rd. 14 500 außerbetriebliche Ausbildungsplätze in Ostdeutschland ein. Dortige Betriebe erhielten Beihilfen, wenn sie Lehrlinge einstellten. Insgesamt wurden rd. 65% der 1995 eingerichteten Ausbildungsplätze mit etwa 700 Mio DM staatlich mitfinanziert. Für 1996 war keine Förderung mehr vorgesehen. Mitte des Jahres gab es auch in Westdeutschland erstmals seit 1987 weniger Lehrstellen als Bewerber (438 800 zu 439 600) Die Regierung plante Anfang 1996 eine Lockerung des

Jahr	Lehrstellen		Differenz	Offene Plätze	Nicht vermittelte Bewerber
	Angebot	Nachfrage			
Westdeutschland					
1990/91	711 416	419 261	+292 155	128 534	11 205
1991/92	721 804	403 451	+318 353	123 378	11 756
1992/93	667 238	424 142	+243 096	83 655	14 841
1993/94	561 440	455 224	+106 216	52 767	17 456
1994/95	512 811	478 383	+34 428	43 231	19 396
Ostdeutschland					
1990/91	122 331	145 693	−23 362	6 608	2 421
1991/92	109 135	138 342	−29 207	3 232	1 219
1992/93	105 479	145 580	−40 101	2 082	2 918
1993/94	122 129	171 103	−48 974	1 385	1 514
1994/95	120 129	191 692	−71 563	983	5 566

Lehrstellenmarkt: Entwicklung von Angebot und Nachfrage

Quelle: Bundesanstalt für Arbeit (Nürnberg)

Lehrstellenmarkt: Häufigste Ausbildungsangebote

Lehrberuf/ Frauen	Lehr- linge	Lehrberuf/ Männer	Lehr- linge
Arzthelferin	51 385	Kfz-Mechaniker	79 126
Bürokauffrau	48 788	Elektroinstallateur	53 998
Einzelhandelskauffrau	43 965	Maurer	46 875
Zahnarzthelferin	41 755	Tischler	36 599
Friseurin	38 452	Gas-, Wasserinstallateur	35 916
Bankkauffrau	32 322	Maler u. Lackierer	32 432
Industriekauffrau	31 227	Außenhandelskaufmann	28 702
Steuerfachgehilfin	21 310	Industriemechaniker	27 295
Verkäuferin1)	20 163	Bankkaufmann	26 716
Hotelfachfrau	19 965	Heizungsbauer	26 576

1) Nahrungsmittelfachverkäuferin; Stand: 1995; Quelle: Statistisches Bundesamt (Wiesbaden)

Jugendarbeitsschutzgesetzes sowie eine Herabsetzung der Ausbilderqualifikation, um mehr Firmen zur Einstellung von Auszubildende zu bewegen.
LEHRSTELLENRÜCKGANG: 1992–1995 wurden in Deutschland rd. 100 000 Ausbildungsplätze gestrichen. Als Begründung gaben die Unternehmen an, daß sie keinen Bedarf an ausgebildeten Fachkräften hätten und die Ausbildung zu teuer sei. Die Bundesvereinigung der deutschen Arbeitgeberverbände warnte jedoch davor, bei der Ausbildung zu sparen, da es später zu einem Mangel an qualifizierten Arbeitskräften komme und Ausgaben für

die Anwerbung, Einarbeitung und Weiterbildung anderer Arbeitnehmer höher lägen als die Kosten für einzurichtende Lehrstellen.
AUSGLEICHSABGABE: Der DGB forderte 1995/96, daß Betriebe, die keine Ausbildungsplätze zur Verfügung stellen, einen sog. Lastenausgleich zahlen. Dieses Geld sollte den ausbildenden Unternehmen als Zuschuß für die Ausbildungskosten gezahlt werden. Die Arbeitgeber lehnten dies ab. Sie forderten eine Verkürzung der Berufsschulstunden, um die Anwesenheitszeit im Betrieb zu erhöhen.
→ Arbeitslosigkeit → Arbeitsmarkt
→ Jugend

Leitzinsen [GRA]
Zinssätze, die eine Zentralbank (Deutschland: Bundesbank) bei ihren Krediten an die Geschäftsbanken erhebt. Sie beeinflussen die Zinshöhe in der gesamten Volkswirtschaft.
▷ Diskontsatz: Durch Verkauf von Wechseln ihrer Geschäftskunden können sich Banken in einem für jedes Kreditinstitut festgelegten Rahmen Geld bei der Zentralbank besorgen. Dabei müssen sie hinnehmen, daß vom Wert der Wechsel ein Geldbetrag (Diskont) abgezogen wird. Der deutsche Diskontsatz wurde von der Bundesbank

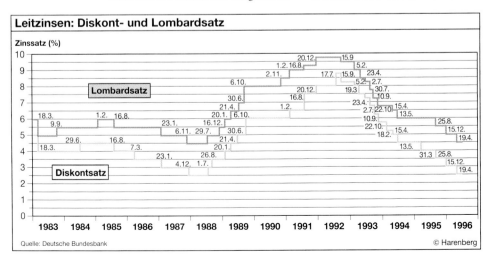

Leitzinsen: Diskont- und Lombardsatz

Zinssatz (%)

Quelle: Deutsche Bundesbank

© Harenberg

im April 1996 auf den niedrigsten Stand seit 1988 gesenkt (2,5%)
▷ Lombardsatz: Die Zentralbank vergibt gegen Verpfändung von Wertpapieren Kredite an Banken. Die dafür zu zahlenden Zinsen (Lombard) liegen über dem Diskontsatz und wurden in Deutschland im April 1996 auf 4,5% gesenkt
▷ Pensionssatz: Die Zentralbank kauft auf dem offenen Markt Wechsel, Wertpapiere und Devisen unter der Bedingung, daß sie nach kurzer Zeit zurückgekauft werden (Pensionsgeschäfte). Der bei Wertpapieren berechnete Zinsabschlag dient der geldpolitischen Feinsteuerung. Der Pensionssatz (Ende 1995: 3,75%) wird inoffiziell als dritter Zinssatz zu den L. gezählt.

Hohe L. wirken inflationsdämpfend. Niedrige L. fördern Investitionsklima sowie kreditfinanzierte Bauvorhaben und wirken so konjunkturfördernd. Bei der Senkung der L. in Deutschland wurde kritisiert, daß Kreditinstitute niedrige Zinssätze zu zögernd an ihre Kundschaft weitergeben.

Auch in der Mehrzahl der anderen EU-Länder wurden die L. 1995 gesenkt, um die Konjunktur zu fördern. Die L. blieben in den anderen EU-Staaten aber meist höher als in Deutschland, am höchsten in Griechenland (Diskontsatz: 18%.)
→ Banken → [ORG] Bundesbank, Deutsche

LER

(Lebensgestaltung–Ethik–Religionskunde), Unterrichtsfach an Schulen in Brandenburg. Im März 1996 verabschiedete Brandenburg mit den Stimmen der regierenden SPD als erstes Bundesland ein Gesetz, das die Einführung des LER als Pflichtfach ab 1996/97 festlegt. LER soll bekenntnisfrei, religiös und weltanschaulich neutral unterrichtet werden. Der von den Kirchen erteilte Religionsunterricht an den öffentlichen Schulen Brandenburgs wird künftig als Wahlfach angeboten, für das Land finanzielle Zuschüsse leistet. Das Erzbistum Berlin und die Bistümer Görlitz und Magdeburg erhoben im Juli 1996 Beschwerde gegen LER vor dem Bundesverfassungsgericht (Karlsru-

he), weil sie gegen das GG verstoße. Art. 7 Abs. 3 GG regelt, daß Religion Pflichtfach ist. Landesrechtliche Abweichungen gelten nur für Bremen und West-Berlin. Schüler in Brandenburg können sich für eine Übergangsfrist von fünf Jahren nach Inkrafttreten des Gesetzes vom LER befreien lassen. 1996 nahmen 7000 Schüler am konfessionellen Religionsunterricht teil.

Liberales Forum

1993 gegründete, liberal ausgerichtete österreichische Partei. Trotz leichter Stimmenverluste (um 0,5 Prozentpunkte auf 5,5%) gelang es dem L. bei den vorgezogenen Nationalratswahlen im Dezember 1995 mit zehn Abgeordneten als viertstärkste Partei in das österreichische Parlament einzuziehen. Das 3000 Mitglieder (Stand: Mitte 1996) zählende L. war 1996 auch in den Landtagen von Niederösterreich und der Steiermark vertreten.

Die Gründerin und L.-Bundessprecherin (Vorsitzende) Heide Schmidt wurde nach der Aufnahme des L. in die Liberale Internationale (1994) zu deren Vizepräsidentin ernannt und ist seit Juli 1995 auch Vizepräsidentin der Europäischen Liberalen. Im Wahlkampf forderte das L. ein Einfrieren der öffentlichen Ausgaben sowie ein einheitliches Arbeits- und Pensionsrecht im öffentlichen Dienst. Daneben verlangt das L. ein ökologisches Steuersystem und den Umbau des Sozialsystems hin zu einer einkommensabhängigen Staffelung staatlicher Beihilfen. Außerdem tritt das L. für weiterreichende Rechte für Ausländer und Minderheiten wie Homosexuelle ein.

Lichtschutzfaktor-Kleidung

Textilien mit integriertem Schutz gegen die UV-Strahlung der Sonne. 1996 planten ein nordrhein-westfälischer Textilhersteller und ein süddeutsches Versandhaus, im Sommer 1997 als erste in Europa eine Kollektion mit L. Nach Untersuchungen der Universität von New South Wales/Australien erreichte die Hälfte der Sommerstoffe 1996 nur den Lichtschutzfaktor 15. Bei zunehmend dünnerer Ozonschicht ist in vielen Teilen der Welt ein höherer Lichtschutzfaktor erforderlich, in Australien z. B. der Faktor 30. Mit einer speziellen Webart der Stoffe

Lohnfortzahlung: Krankenstand und Kosten

Jahr	Krankenstand (%/Bevölkerung)	Arbeitsunfähig-keitstage[1]	Lohnfortzahlungs-kosten[2] (Mrd DM)
1980	7,34	26	34,0
1982	5,80	21	29,0
1984	6,02	22	30,0
1986	6,25	23	34,0
1988	6,42	24	38,5
1990	6,75	25	45,5
1991	6,81	25	55,0
1992	6,54	22	59,5
1993	5,69	21	58,0
1994	5,68	21	56,0
1995	5,76	k. A.	60,0[3]

1) Pro Person im Durchschnitt der Betriebskrankenkassen in Westdeutschland; 2) ab dem 2. Halbjahr 1990 inkl. Ostdeutschland; 3) Schätzung; Quelle: Frankfurter Allgemeine Zeitung, 12. 4. 1996

sowie mit eingearbeiteten chemischen Substanzen soll ein Lichtschutzfaktor von 30 bis 50 erreicht werden. Schweizer Chemiekonzerne, die 1996 an der Entwicklung von Lichtschutzchemikalien für Textilien arbeiteten, konnten die Schutzwirkung der Stoffe von Faktor 15 auf 50 erhöhen. Der Schutz hielt mehrfacher 90°-Wäsche und tagelanger hoher Lichtbestrahlung stand. Hautmediziner prüften 1996 verschiedene Chemikalien auf ihre Hautverträglichkeit.
→ Krebs → Ozonloch

Lohnfortzahlung [TAB]

Der Bundestag billigte im Juni 1996 mit den Stimmen der CDU/CSU/FDP-Regierungskoalition im Rahmen des Sparpakets zur Konsolidierung des Bundeshaushalts und zur Senkung der Sozialabgaben eine Kürzung der gesetzlich geregelten Fortzahlung von 100% des Bruttoarbeitslohns im Krankheitsfall durch den Arbeitgeber auf 80% des Entgelts. Alternativ soll sich der Arbeitnehmer für fünf Krankheitstage einen Urlaubstag abziehen lassen. Das Krankengeld, das nach sechs Wochen von den Krankenkassen gezahlt wird, soll auf 70% (statt 80%) gekürzt werden.

SPD und Gewerkschaften lehnten Einschränkungen bei der L. als soziale Ungerechtigkeit und Eingriff in die Tarifautonomie ab. Für ca. 84% der Beschäftigten sei die L. tarifvertraglich geregelt. Außerdem bestehe die Gefahr, daß Krankheiten verschleppt würden. Die Kosten für die Krankenkassen seien dann höher als die Einsparungen. Die Krankenkassen fürchteten Beitragseinbußen, da sich bei eingeschränkter L. auch der Bruttomonatslohn verringern würde. Die Bundesregierung verwies auf den europaweit zweithöchsten Krankenstand (5,76% der Erwerbstätigen) nach den Niederlanden (6,4%).
→ Sozialabgaben → Sozialstaat

Lohnfortzahlung: Europäischer Vergleich

Land	Höhe	Dauer
Belgien	100% des Bruttoarbeitsentgelts	30 Tage; für Arbeiter: 1 Karenztag möglich
Deutschland	100% des Bruttoarbeitsentgelts	6 Wochen
Finnland	100% des Bruttoarbeitsentgelts	7 Tage, tarifvertraglich Verlängerung möglich
Großbritannien	Krankengeldpauschale (bis 120 DM) wöchentlich, Aufstockung durch Arbeitgeber	max. 28 Wochen, 3 Karenztage
Irland	kein gesetzlicher Anspruch, aber tarifvertragliche Regelungen, Krankengeld	
Italien	Angestellte: 100% des Bruttolohns; Arbeiter: kein gesetzlicher Anspruch	mindestens 3 Monate
Niederlande	70% des Bruttolohns, tarifvertraglich meist 100%	6 Wochen, 2 Karenztage, falls tarifvertraglich vereinbart
Österreich	100% des Bruttoarbeitsentgelts	Arbeiter: 4–10 Wochen, Angestellte: 6–12 Wochen
Schweden	2.–3. Tag: 75%, 4.–14. Tag: 90% des Bruttolohns	2 Wochen, 1 Karenztag

Stand: 1994; Quelle: Institut der deutschen Wirtschaft (Köln)

Lokalfunk

Im engeren Sinn Hörfunkprogramme mit lokalen Themen, im weiteren Sinn Programme mit begrenzter Reichweite. L. finanziert sich in Deutschland i. d. R. aus Werbung und wird über terrestrische Frequenzen und Kabelnetze übertragen. L. in Bayern und Nordrhein-Westfalen erwirtschaftete 1994/95 überwiegend Gewinne. Die Neugliederung des L. in Baden Württemberg führte 1995 ebenfalls dazu, daß die Mehrzahl der L.-Stationen Gewinne verzeichnete. In Hessen und Niedersachsen war für Mitte 1996 die Zulassung von Veranstaltern für nichtkommerziellen L. geplant, der aus dem Rundfunkgebührenanteil der Landesmedienanstalten finanziert werden soll.

NRW: Radio NRW, das die 46 Lokalstationen in Nordrhein-Westfalen mit einem Mantelprogramm beliefert, war 1995 hinter dem öffentlich-rechtlichen WDR 4 zweiterfolgreichstes Radio mit im Schnitt 970 000 Hörern/Stunde. Der vom Pressefunk aus NRW-Zeitungsverlagen, dem Westdeutschen Rundfunk (Köln) und der Bertelsmann AG (Gütersloh) betriebene Sender erzielt seit 1994 Gewinne.

BAYERN: L. in Bayern erreichte 1995 erstmals mehr Zuhörer als das bis dahin meistgehörte öffentlich-rechtliche Programm Bayern 1. Die fünf öffentlich-rechtlichen Programme in Bayern erreichten 1995 weniger als 50% der Hörer. 1994 erhöhten die L.-Sender Bayerns ihre Werbeeinnahmen um 10% auf 122 Mio DM, denen Kosten in Höhe von 112 Mio DM gegenüberstanden.

BADEN-WÜRTTEMBERG: Nach der Neugliederung des L. in Baden Württemberg Ende 1994, bei dem die Zahl der L.-Stationen von 40 auf 15 und die Zahl der Bereichssender auf 3 verringert wurde, stabilisierte sich der Marktanteil des L. bei rd. 30%. Die Neugliederung hatte zum Ziel, Werbeeinnahmen zu konzentrieren und den Sendern rentablen Betrieb zu ermöglichen.

→ Digitales Radio → Privater Hörfunk
→ Rundfunkgebühren

Lomé-Abkommen KAR

Vertrag zwischen der Europäischen Union (EU) und 70 Staaten Afrikas, der Karibik und des Pazifikraums (sog. AKP-Staaten), der als Kernstück der europäischen Ent-

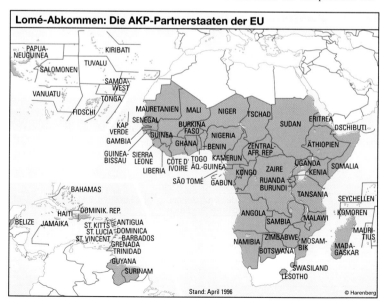

Lomé-Abkommen: Die AKP-Partnerstaaten der EU

Stand: April 1996   © Harenberg

Luftverkehr: Größte Flughäfen der Welt

Rang	Name (Staat)	Passagiere 1994	Plus (%)[1]
1	Chicago/O'Hare (USA)	66 466 269	+2,1
2	Atlanta Hartsfield (USA)	54 093 051	+12,0
3	Dallas/Fort Worth (USA)	52 601 125	+5,5
4	London Heathrow (GB)	51 717 918	+8,0
5	Los Angeles Intern. (USA)	51 050 275	+6,3
6	Tokio Haneda (Japan)	42 245 667	+1,7
7	Frankfurt/M. (Deutschland)	35 122 528	+9,1
8	San Francisco/Intern. (USA)	34 643 095	+7,5
9	Denver Stapleton (USA)	33 133 428	+1,5
10	Miami Intern. (USA)	30 203 269	+5,5

1) Gegenüber 1993; Quelle: The Universal Almanac 1996

Luftverkehr [TAB]

1995 stieg die Zahl der weltweit beförderten Passagiere im L. gegenüber 1994 um 4,7% auf 2,2 Mrd. Bis 2007 rechnete der Airport Council International (ACI, Genf) mit einer Verdopplung der Fluggastzahlen. Im Februar 1996 einigten sich Deutschland und die USA auf ein neues Abkommen, das den L. zwischen beiden Ländern liberalisiert.

ABKOMMEN: Das L.-Abkommen soll Mitte 1996 in Kraft treten. Fluggesellschaften beider Länder können alle Flughäfen im Partnerland anfliegen. Bisher durften deutsche Unternehmen nur auf 25 Flughäfen in den USA landen. Noch vor Inkrafttreten des Abkommens soll die Zahl der Linienflüge zwischen Deutschland und den USA um 20 auf 300 pro Woche steigen. Beschränkungen im Charterverkehr entfallen ebenfalls.

VERKEHRSAUFKOMMEN: Ursache für das Wachstum der Fluggastzahlen und den Anstieg der weltweiten Flugbewegungen gegenüber 1994 von 1,8% auf 46 Mio Starts und Landungen war das andauernde Wirtschaftswachstum in den meisten Industrieländern. Die stärkste Zunahme im Passagierverkehr verzeichnete die Pazifikregion mit einem Anstieg von 7,6% auf 358 Mio Passagiere, gefolgt von Europa mit 6,8% auf 644 Mio Fluggäste. Die internationalen Verkehrsflughäfen in Deutschland registrierten 1995 etwa 110 Mio Fluggäste, 8,7% mehr als 1994. Als Reaktion auf den steigenden L. forderte der Europäische Luftverband (AEA, Brüssel) einen Ausbau der Flughäfen.

wicklungspolitik gilt. Das L. gewährt den AKP-Staaten Handelsvergünstigungen, Kredite und nichtrückzahlbare Zuschüsse. Das 1990 abgeschlossene vierte L. hat eine Laufzeit bis 2000 (erstes Abkommen: 1975 in Lomé/Togo). 1990–1995 zahlte die EU rd. 20,5 Mrd DM.

Im November 1995 unterzeichneten die EU und die AKP-Staaten den Änderungsvertrag für die zweite Halbzeit des Vertrages. Darin verpflichtet sich die EU, ihre Leistungen auf 24,8 Mrd DM zu steigern. Deutschland trägt daran einen Anteil von 5,6 Mrd DM. Aufgrund einer Inflation in Höhe von 21,8% in den AKP-Staaten bleibt der Wert der Finanzhilfe gegenüber der ersten Halbzeit des vierten L. gleich. Eine Klausel des Änderungsvertrages sieht im Fall von Menschenrechtsverletzungen in den AKP-Staaten die Aussetzung von Finanzhilfen und Handelserleichterungen vor.

→ Armut   → Entwicklungspolitik

Luftverkehr: Größte Gesellschaften im internationalen Liniendienst

Unternehmen	Land	Passagiere (Mio)	Unternehmen	Land	Fracht (1000 t)
British Airways	Großbrit.	23,9	Lufthansa	BRD	875
Lufthansa	BRD	17,5	Federal Express	USA	639
American Airl.	USA	14,9	Air France	Frankreich	624
Air France	Frankreich	13,8	Korean Airlines	Korea-Süd	566
KLM	Niederl.	11,6	KLM	Niederlande	564
United Airl.	USA	11,3	Singapore Airl.	Singapur	534
Singapore Airl.	Singapur	9,9	British Airways	Großbritannien	492
SAS	Skandinav.	9,8	JAL	Japan	473
Cathay Pacific	Hongkong	9,7	Cathay Pacific	Hongkong	463
JAL	Japan	9,4	Northwest	USA	394

Stand: 1994; Quelle: Internationaler Luftverkehrsverband IATA (Genf)

LAND Länderteil   NEK Nekrolog   ORG Organisationen   BIO Biographien

POSITIVE BILANZ: Erstmals seit 1989 erwirtschafteten die 234 im Internationalen L.-Verband IATA (Genf) zusammengeschlossenen L.-Unternehmen einen Gewinn von 1,8 Mrd Dollar. 1990–1993 mußten sie Verluste von 15,6 Mrd Dollar hinnehmen. Nach Verlusten von 13 Mrd Dollar 1990–1994 verbuchten die US-Fluggesellschaften 1995 Gewinne von 2,2 Mrd Dollar. Ursachen für die positive Geschäftsentwicklung waren Kostensenkung durch Abbau von Flugzeugkapazitäten und Personal sowie steigende Einnahmen durch höheres Verkehrsaufkommen.

FOKKER-KONKURS: Im März 1996 meldete der niederländische Flugzeugbauer Fokker NV (Amsterdam) Konkurs an. 5664 der 7900 Beschäftigten verloren ihren Arbeitsplatz. Die übrigen wurden von der neuen Fokker Aviation übernommen, die u. a. Ersatzteile für Fokker-Maschinen produziert. Weltweit waren 1996 ca. 1100 Fokker-Flugzeuge im Einsatz. Das hochverschuldete Unternehmen Fokker mußte Konkurs anmelden, nachdem die Muttergesellschaft DASA (Daimler-Benz Aerospace) einen Zahlungsstopp verhängt hatte. Die hohen Kosten für die Produktion von Fokker-Maschinen waren der Konkursgrund.

→ Flugsicherheit → Satelliten-Navigationssystem → Verkehr

Luftverschmutzung

Verunreinigung der Luft durch umwelt- und gesundheitsgefährdende Schadstoffe (Stickoxide, Schwefeldioxid, Kohlendioxid), die Autoverkehr, Industrie und private Haushalte verursachen. Die L. wird für die Klimaveränderung, den Treibhauseffekt, das Waldsterben, Sommersmog sowie Boden- und Wasserverschmutzung verantwortlich gemacht. Die L. im Gebiet der ehemaligen DDR nimmt drastisch ab. Zu diesem Ergebnis kam die im Auftrag von Bundesforschungsminister Jürgen Rüttgers (CDU) angefertigte und im Februar 1996 abgeschlossene Umweltstudie SANA (Wissenschaftliches Begleitprogramm zur Sanierung der Atmosphäre über den neuen Bundesländern). Durch die Stillegung veralteter Braunkohlekraftwerke und Feuerungsanlagen sowie die Ausrüstung der noch in Betrieb befindlichen Anlagen mit Filtern wurde von 1989 bis 1995 der Ausstoß von Schwefeldioxid um 65%, der von Staub um 90% reduziert.

Der Ausstoß an Stickoxiden ist infolge des zunehmenden Straßenverkehrs um 30% zurückgegangen. Hier rechneten die Experten sogar mit einem Wiederanstieg. Mehr Stickoxide bedeutet aber auch vermehrte Ozonbildung (Sommersmog). Die Ozongehalte der Luft, die in Ostdeutschland schon heute höher sind als in Westdeutschland, werden weiter zunehmen.

→ Autoverkehr → Energieverbrauch
→ Klimaveränderung → Kohlendioxid
→ Sommersmog → Treibhauseffekt
→ Umweltschutz → Waldsterben

M

Mafia

Fehlende Gesetze, Korruption und der Übergang von der zentralen Planwirtschaft zur Marktwirtschaft begünstigten in Osteuropa die Ausbreitung der organisierten Kriminalität. Vor allem in der GUS nahm Mitte der 90er Jahre der Einfluß der M. auf Staat, Politik und Wirtschaft zu. Die Gewinne der M. werden weltweit auf jährlich rd. 1000 Mrd Dollar (1500 Mrd DM, Deutschland: 10 Mrd DM) geschätzt. 85 Mrd Dollar (128 Mrd DM) aus dem Drogenhandel werden nach Angaben der OECD pro Jahr in den legalen Finanzmarkt geschleust (sog. Geldwäsche). Anfang 1996 warnte der Präsident des Bundeskriminalamtes (BKA, Wiesbaden), Hans-Ludwig Zachert, vor einem verstärkten Eindringen der M. in Wirtschaft und Industrie in Deutschland. Während die italienische M. insbes. in Süddeutschland und Nordrhein-Westfalen ihre illegalen Gewinne investiere, benutze die osteuropäische M. Berlin und die neuen Bundesländer als Brückenkopf für ihre Aktionen auf dem deutschen Markt.

ENTWICKLUNG: Die M. profitiert vom weitgehend ungehinderten Verkehr von Waren und Dienstleistungen im Europäischen Binnenmarkt und vom Fortschritt in der Computer- und Kommunikationstechnologie. In Osteuropa erleichtern die unzureichend gesicherten Staatsgrenzen den Schmuggel und Menschenhandel. Mit dem Aufbau einer europäischen Polizei (Europol) soll der Informationsaustausch, zunächst über den Drogenhandel, gefördert werden.

RUSSLAND: Die Zahl der kriminellen Vereinigungen in Rußland wurde 1996 auf rd. 5700 mit etwa 100 000 Mitgliedern beziffert. Deutschland diente als Drehscheibe für kriminelle Aktivitäten in aller Welt. Drei Viertel der in Rußland tätigen Firmen zahlten der M. Schutzgelder. Israel verabschiedete im Januar 1996 ein Gesetz gegen Geldwäsche, um den wirtschaftlichen Einfluß der russischen M. zurückzudrängen. Mit den rd. 800 000 russischen Auswanderern, die sich seit 1990 in Israel niedergelassen haben, sind auch kriminelle Gruppen in Israel eingedrungen. 1995 schätzte Interpol die illegalen Geldüberweisungen der russischen M. nach Israel auf rd. 2 Mrd Dollar (3 Mrd DM).

ITALIEN: In Palermo (Sizilien) wurde im September 1995 Anklage gegen den siebenmaligen Ministerpräsidenten → BIO Giulio Andreotti wegen Zusammenarbeit mit der M. erhoben. Im Juli 1996 wurde in Perugia (Umbrien) ein zweiter Prozeß gegen den Christdemokraten eröffnet. Die Anklagevertretung warf Andreotti vor, M.-Killern 1979 den Auftrag zur Ermordung des Journalisten Mino Pecorelli erteilt zu haben. Pecorelli soll brisantes Material über Andreottis Verhalten während der Entführung des ehemaligen Ministerpräsidenten Aldo Moro (DC) besessen haben. Moro war 1978 von den linksextremistischen Roten Brigaden entführt und ermordet worden.

DEUTSCHLAND: Die Zahl der Ermittlungsverfahren im Bereich der organisierten Kriminalität sank 1995 auf 787 (1994: 789). BKA-Präsident Zachert wies darauf hin, daß die Einflußnahme auf die öffentliche Verwaltung (Korruption) die größte Gefahr sei, die von der organisierten Kriminalität ausgehe.

→ Drogen → Europol → Geldwäsche → Kriminalität → Kronzeugenregelung

Maghreb-Union → ORG

Malaria KAR

(ital.; eigentlich: schlechte Luft, auch Sumpffieber, Wechselfieber), durch Sporentierchen (Plasmodien) hervorgerufene Infektion, die vor allem in warmen Ländern vorkommt. Die Erreger gelangen durch Stiche der Anophelesmücke in den menschlichen Organismus und reifen zunächst in der Leber heran. Nach der Vermehrung zerstören sie rote Blutkörperchen und lösen Fieberschübe aus. Die M. ist die gefährlichste Tropenkrankheit. Jährlich sterben an ihr rd. 3 Mio Menschen, darunter 1 Mio Kinder. Die Weltgesundheitsorganisation (WHO, Genf) schätzte 1995 die Zahl der Infizierten auf weltweit 500 Mio. Durch die zunehmende Zahl von Reisen in tropische Gebiete und ungenügende Schutzmaßnahmen stieg die Zahl der M.-Fälle 1995 in Deutschland auf 941 Erkrankungen (1994: 830) an.

Das Präparat SPf66, dem Mitte der 90er Jahre als erstem M.-Impfstoff eine wichtige Bedeutung im Kampf gegen die Tropenkrankheit zugesprochen wurde, erwies sich 1995 bei Schutzimpfungen in Gambia als wirkungslos. Obwohl die mit SPf66 behandelten Säuglinge vorübergehend Antikörper gegen M. bildeten, konnte die Häufigkeit der Infektionen nicht verringert werden. Mediziner beobachteten 1995 eine zunehmende Zahl von M.-Erregerstämmen, die sich gegen die verfügbaren Medikamente Chloroquin und Mefloquin resistent zeigten.

Mauergrundstücke

Grundstücke, die beim Bau der Berliner Mauer und bei der Errichtung des Todesstreifens 1961 von der DDR-Regierung enteignet wurden. Im Mai 1996 verabschiedete die CDU/CSU/FDP-Bundesregierung das Gesetz über den Verkauf von Mauer- und Grenzgrundstücken an frühere Eigentümer. Die Rückgabe der M., die sich seit 1990 im Besitz des Bundes befinden, an die Alteigentümer ist im Einigungsvertrag zwischen der Bundesrepublik Deutschland und der Deutschen Demokratischen Republik von 1990 nicht vorgesehen.

Malaria: Infektionsgefahr und Prophylaxe

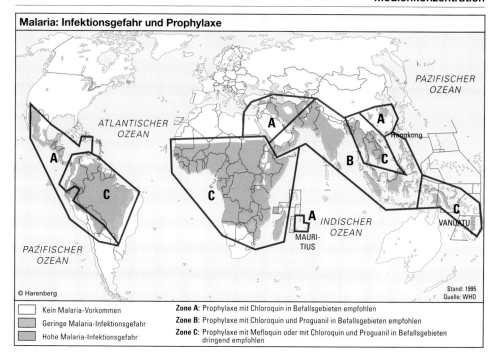

ATLANTISCHER OZEAN

PAZIFISCHER OZEAN

PAZIFISCHER OZEAN

INDISCHER OZEAN

MAURI-TIUS

Hongkong

VANUATU

© Harenberg

Stand: 1995
Quelle: WHO

☐ Kein Malaria-Vorkommen

▨ Geringe Malaria-Infektionsgefahr

■ Hohe Malaria-Infektionsgefahr

Zone A: Prophylaxe mit Chloroquin in Befallsgebieten empfohlen

Zone B: Prophylaxe mit Chloroquin und Proguanil in Befallsgebieten empfohlen

Zone C: Prophylaxe mit Mefloquin oder mit Chloroquin und Proguanil in Befallsgebieten
dringend empfohlen

ENTSCHÄDIGUNG: Nach dem Gesetz können Alteigentümer die M. für 25% des heutigen Verkehrswertes zurückerwerben. Alteigentümer, deren M. der Bund für eigene Zwecke verwenden oder im öffentlichen Interesse an Dritte veräußern will, werden mit 75% des heutigen Verkehrswertes entschädigt. Für M., die vor dem 15. 2. 1992 verkauft wurden, zahlt der Bund keine Entschädigungen. Die Entschädigungen sollen aus den Verkaufserlösen für M. finanziert werden. Beim Rückkauf von M. braucht keine Grunderwerbssteuer und beim Wiederverkauf innerhalb von zwei Jahren keine Spekulationssteuer bezahlt zu werden.

RECHTSLAGE: Eine unentgeltliche Rückgabe der M. an die Alteigentümer kam nach Ansicht der Bundesregierung nicht in Frage, weil die im Einigungsvertrag und im Vermögensgesetz vorgesehenen Bedingungen (entschädigungslose Enteignung und individuelle Diskriminierung des Eigentümers) nicht gegeben seien.

KRITIK: Alteigentümer lehnten das Gesetz ab, weil es nachträglich das Unrecht der Enteignung durch die DDR legitimiere. Mittellose Alteigentümer hätten keine Chance, ihr Eigentum zurückzuerhalten.
→ Eigentumsfrage

Medienkonzentration [TAB]

Angesichts der entstehenden Multimediamärkte, bei denen Unterhaltungselektronik, Telekommunikation und Computer zusammenwachsen, und der Einführung des digitalen Fernsehens formierte sich Mitte der 90er Jahre die Medienbranche neu. Während im weltgrößten Medienmarkt USA 1995/96 Übernahmen zu immer größeren Medienkonglomeraten führten, suchten die führenden Konzerne in Deutschland, dem zweitgrößten Medienmarkt, in Fusionen und Joint-ventures Partner zur Ergänzung des eigenen Angebots. Medienexperten sahen in der Entwicklung die Gefahr verstärkter M., die Meinungsvielfalt gefährdet.

243

US-ELEFANTENHOCHZEITEN: Ziel der US-Übernahmen war es, Produktion von Filmen und Programmen, Verleih an Kinos oder Vergabe an TV-Sender sowie die weitere Vermarktung in einer Hand zu halten. Im August 1995 übernahm die US-amerikanische Walt Disney Company für rd. 27 Mrd DM die größte US-Fernsehgesellschaft Capital Cities/ABC. Aus dem zweitgrößten Firmenkauf in der US-Geschichte ging der weltgrößte Medienkonzern hervor.

Time Warner löste den Disney-ABC-Zusammenschluß als größter Medienkonzern der Welt im September 1995 ab, als der Konzern den CNN-Betreiber Turner Broadcasting Systems übernahm (Preis: rd. 7,5 Mrd Dollar).

ALLIANZEN IN DEUTSCHLAND: Auf dem deutschen Medienmarkt bildeten sich 1995/96 mit dem Bertelsmann-Konzern (Gütersloh) und der Kirch-Gruppe (München) zwei Firmenblöcke, die über strategische Allianzen mit ausländischen Partnern um die Vorherrschaft konkurrierten. Das Engagement der Konzerne zielte überwiegend auf die Zukunftsmärkte Pay-TV und Online-Dienste.

BERTELSMANN: Durch die Fusion der Bertelsmann-Tochterfirma Ufa mit der luxemburgischen CLT im Juli 1996 stieg CLT/Ufa zum größten privaten Rundfunkunternehmen in Europa auf (Jahresumsatz: rd. 5 Mrd DM). Über die CLT/Ufa erlangt der Gütersloher Medienkonzern eine weltweit bedeutende Position bei den privaten Fernsehanbietern.

Für den gemeinsam von Bertelsmann und dem größten US-Anbieter von Online-Diensten für Privatkunden, AOL, betriebenen Online-Dienst in Deutschland gewann AOL im März 1996 den marktführenden Anbieter von PC-Software, Microsoft, der die Betriebssysteme Windows 3.1 und Windows 95 mit einem Zugang für AOL ausstatten wollte.

KIRCH-GRUPPE: Mitte 1995 stieg die Kirch-Gruppe in den größten italienischen Medienkonzern Fininvest ein. Kirch verfügt über Europas größtes Filmarchiv, die Fininvest u. a. über drei Fernsehsender. Im April 1996 vereinbarte Kirch eine Koope-

Medienkonzentration: Die größten Konzerne der Welt

| Rang | Firma, Sitz (Gründung) | Ergebnis 1994 (Mio DM) | | Mitarbeiter |
		Umsatz	Gewinn	
1	Time Warner Inc., New York (1923)	30 122,3	−147,6	50 000
2	Bertelsmann, Gütersloh (1835)	20 600,0	805,0	57 287
3	Walt Disney Comp., Burbank/USA (1922)	20 076,3	2832,2	k. A.
4	News Corporation, Sydney – London – New York (1952)	13 456,1	1493,1	26 690
5	Sony, Tokio (1946)	12 324,8	k. A.	k. A.
6	Viacom Inc., New York	11 941,6	178,4	37 500
7	Dai Nippon, Tokio (1876)	11 461,3	k. A.	k. A.
8	ARD, Frankfurt/M. (1950)	10 327,1	409,7	27 118
9	Fujisankei Comm. Group, Tokio	9 230,0	k. A.	k. A.
10	Nippon Hoso Kyokai (NHK), Tokio (1926)	9 058,3	k. A.	18 500
11	Toppan, Tokio (1900)	8 804,5	k. A.	k. A.
12	Lagardère Group, Paris (vorm. Matra/Hachette, 1850/1920)	8 796,3	186,2	19 071
13	Tele-Communications Inc., Denver/USA (1968)	8 005,2	76,2	32 000
14	Havas, Paris (1832)	7 834,3	244,1	k. A.
15	Polygram, Baarn/Niederlande (1972)	7 668,7	658,1	11 605
16	Reed Elsevier, London – Amsterdam (1903/1980)	7 531,7	1538,6	26 900
17	Westinghouse, Pittsburgh/USA	7 430,8	456,7	k. A.
18	Gannett, Arlington Virginia/USA (1906)	7 224,3	900,7	36 000
19	MCA, Universal City/Kalifornien (1924)	6 892,7	566,0	k. A.
20	Thomson Corp., Toronto/Kanada (1952)	6 693,2	1101,2	39 000

Quelle: Buchreport, 28.3.1996

ration mit dem US-Medienkonzern Viacom, der u. a. das Filmstudio Paramount besitzt. Viacom betrieb in Deutschland die Musikkanäle MTV und VH-1 sowie den Kinderkanal Nickelodeon. Im Juli 1996 schlossen die britische Fernsehgesellschaft BSkyB, die zur News Corp des australisch-US-amerikanischen Medienunternehmers Rupert Murdoch gehört, und die Kirch-Gruppe eine Allianz zur Entwicklung des digitalen Pay-TV in Deutschland.

KONTROLLE: In den USA entfallen ab Herbst 1996 voraussichtlich die Antikonzentrationsbestimmungen, die eine Verbindung von Produktion und Verbreitung von Filmen in einer Hand untersagten. Ein Unternehmen soll künftig alle Medien besitzen können, die Information, Unterhaltung und Datendienste anbieten. Präsident Bill Clinton kündigte sein Veto an, weil die M. verstärkt und die Meinungsvielfalt gefährdet werden.

In Deutschland beschlossen die für Mediengesetzgebung zuständigen Bundesländer im Juli 1996 eine Neufassung der Konzentrationsbestimmungen, um die Meinungsvielfalt zu sichern. Die bisherigen Obergrenzen für Beteiligungen (sog. Beteiligungsmodell) werden durch eine Begrenzung des höchstzulässigen Marktanteils (sog. Marktanteilsmodell) ersetzt. Künftig dürfen Programme eines Medienunternehmers nicht mehr als 30% aller Fernsehzuschauer erreichen. Eine Überschreitung dieser Grenze soll durch sog. vielfaltssichernde Maßnahmen wie das Abtreten von Sendezeit an einen anderen Anbieter ausgeglichen werden können. Der Marktanteil wird voraussichtlich als Jahresdurchschnittswert errechnet. Eine der Kartellbehörde vergleichbare, neu einzurichtende Kommission gegen Konzentration (KEK) aus sechs Sachverständigen, davon drei Juristen, soll die Einhaltung der Bestimmungen überwachen. Dabei werden Firmenanteile auf verwandten Märkten, etwa im Pressebereich, einbezogen.

KRITIK: Medienexperten rechneten mit einer Fortsetzung der M. Die Neuregelung löse vorhandene M. nicht auf, weil 1996 selbst große Unternehmen wie Bertelsmann und Kirch 30% Marktanteil nicht erreichten. Der Marktanteil öffentlich-rechtlicher Sender (1996: rd. 30–40%) würde in die Berechnung einbezogen, was zur relativen Minderung des Anteils der Privatsender führe.

→ Digitales Fernsehen → Multimedia
→ Online-Dienste → Pay-TV → Presse
→ Privatfernsehen

Mega-Städte TAB

Am Ende des 20. Jhs. wird es nach UNO-Schätzungen weltweit 21 städtische Großräume mit mindestens 10 Mio Einwohnern geben, 18 davon in Entwicklungsländern. In den Industrieländern werden nur noch Tokio/Japan sowie New York und Los Angeles (beide USA) zu den größten M. zählen.

VERSTÄDTERUNG: 2000 werden 57% der Weltbevölkerung in Städten leben (1900: 14%, 1960: 34%). Während sich in den westlichen Industriestaaten seit den 60er Jahren u. a. wegen nachlassenden Bevölkerungswachstums die Verstädterung verlangsamte, wird sich der Anteil der Stadtbevölkerung in den Entwicklungsländern mehr als verdoppeln (1960: 22%, 2000: 49%). Die höchsten Wachstumsraten (jährlicher Durchschnitt 1990–2010) verzeichnen Lagos/Nigeria (5,0%) und Dacca/Bangladesch (4,9%).

BEISPIEL ASIEN: Nach Angaben der Asiatischen Entwicklungsbank wird in den nächsten 25 Jahren die städtische Bevölkerung in Asien von 990 Mio (1995) auf 2 Mrd Menschen (2020) wachsen. Allein die Belastung durch Schwefeldioxid, Stickoxide und durch Schwermetalle stieg 1975–1995 in Bangkok um das Zehnfache, in Manila um das Achtfache.

PROBLEME: Die UN-Konferenz Habitat II warnte im Juni 1996 vor der Ausbreitung ansteckender Krankheiten, die insbes. in M. der Entwicklungsländer durch beengte und unhygienische Wohnverhältnisse sowie gesundheitsgefährdende Verschmutzung der Atemluft begünstigt wird. Extreme Wasserknappheit wird etwa 2010 viele M. (u. a. Kairo, Peking, Bombay, Jakarta, Mexiko-Stadt, Los Angeles, Tel Aviv) bedrohen.

→ Armut → Bevölkerungsentwicklung
→ Entwicklungsländer

Mega-Städte: Die größten städtischen Agglomerationen 1990 und 2010 im Vergleich

Rang 1990	Städtische Agglomeration	Land	Bevölkerung (Mio)	Rang 2010	Städtische Agglomeration	Land	Bevölkerung (Mio)
1	Tokio	Japan	25,0	1	Tokio	Japan	28,9
2	São Paulo	Brasilien	18,1	2	São Paulo	Brasilien	25,0
3	New York	USA	16,1	3	Bombay	Indien	24,4
4	Mexiko-Stadt	Mexiko	15,1	4	Shanghai	China	21,7
5	Shanghai	China	13,4	5	Lagos	Nigeria	21,1
6	Bombay	Indien	12,2	6	Mexiko-Stadt	Mexiko	18,0
7	Los Angeles	USA	11,5		Peking	China	18,0
8	Buenos Aires	Argentinien	11,4	8	Dacca	Bangladesch	17,6
9	Seoul	Korea-Süd	11,0	9	Jakarta	Indonesien	17,2
10	Rio de Janeiro	Brasilien	10,9		New York	USA	17,2

Quelle: UNO

Mehrwegflaschen [TAB]

Die Debatte über das Für und Wider von Mehrwegsystemen hielt auch 1995/96 an. Strittig war nach wie vor der Entwurf von Bundesumweltministerin Angela Merkel (CDU) zur Novellierung der Verpackungsverordnung von 1991. Demnach müssen 72% aller Getränkeverpackungen Mehrwegbehältnisse sein. Wird diese Quote unterschritten, soll eine Pfandpflicht gelten. Bierdosen bis zu einem halben Liter Füllmenge beispielsweise würden 50 Pfennig teurer. Aus den Einnahmen sollen Maßnahmen finanziert werden gegen das unkontrollierte Wegwerfen von Einweg-Getränkedosen (sog. Littering), zur Förderung von M. sowie zur Erstellung von Ökobilanzen für Einweg- und Mehrwegsysteme.

ÖKOBILANZ: Erfahrungen in Schweden und eine Studie der Universität Köln ergaben, daß durch eine Pfandpflicht das Mehrwegsystem nicht besonders gestärkt wird. Anfang 1996 wurde daher das Umweltbundesamt (UBA, Berlin) beauftragt, Ökobilanzen für Mineralwasser und kohlensäurehaltige Erfrischungsgetränke zu erstellen. 1995 hatte das UBA bereits Bier- und Milchverpackungen miteinander verglichen und war zu dem Ergebnis gekommen, daß die M. bei Bier sinnvoller sei als die Dose, während der Einweg-Schlauchbeutel bei Milch ökologisch besser zu verantworten sei.

STREIT UM QUOTENREGELUNG: Zwischen der CDU/CSU/FDP-Bundesregierung und der Europäischen Kommission als Wettbewerbsbehörde gab es 1995/96 Meinungsverschiedenheiten über die Zulässigkeit von Mehrwegquoten und Pfandregelungen. Die EU wirft der Bundesregierung vor, daß die deutsche Verpackungsverordnung inhaltlich geeignet sei, den innergemeinschaftlichen Handel unmittelbar oder mittelbar, tatsächlich oder potentiell zu behindern. Durch die Rücknahme-, Verwertungs- und Pfanderhebungspflichten entstünden den Herstellern von Verpackungen zusätzliche Kosten. Der Warenverkehr in der EU könne behindert werden. Die Bundesregierung wies die Kritik aus Brüssel zurück. Vielmehr liege das mit der Verpackungsverordnung verfolgte umweltpolitische Ziel der Vermeidung und Verwertung von Abfällen auch im Allgemeininteresse der EU.

→ Abfallbeseitigung → Duales System
→ Verpackungsmüll

Mehrwegflaschen: Verpackungsanteile

Getränk	1991	1992	1993	1994
Mineralwasser	91,33	90,25	90,89	89,22
Getränke ohne CO_2	34,56	38,98	39,57	38,76
Erfrischungsgetränke mit CO_2	73,72	76,54	76,67	76,28
Bier	82,16	82,37	82,25	80,97
Wein	28,63	26,37	28,90	28,17
insgesamt	71,69	73,54	73,55	72,65

Quelle: Umwelt 1/1996

Mehrwertsteuer [TAB]

Abgabe an den Staat für den privaten Verbrauch von Waren und Dienstleistungen. Die CDU/CSU/FDP-Regierung erklärte

1996, daß eine Erhöhung der M. (zur Zeit: 15%) frühestens ab 1.1.1999 geplant sei.

STEUERERHEBUNG: Die M. wird letztlich vom Endverbraucher mit dem Verkaufspreis bezahlt. Jeder Unternehmer erhebt beim Verkauf seiner Waren von seinen Kunden M., die er ans Finanzamt abführen muß. Dabei kann jeder Unternehmer die M., die er selbst an andere Unternehmer (z. B. Lieferanten) gezahlt hat, als sog. Vorsteuer abziehen. So wird in jeder Wirtschaftsstufe der neu hinzukommende Mehrwert steuerlich erfaßt (sog. All-Phasen-Umsatzsteuer) und die gesamte Steuerlast von Stufe zu Stufe bis auf die privaten Verbraucher abgewälzt.

HÖHE: Die M. betrug 1996 in Deutschland 15% (ermäßigter Satz: 7%). Das M.-Aufkommen belief sich nach Schätzungen auf 247 Mrd DM (inkl. Einfuhr-Umsatzsteuer). 50,5% der Einnahmen standen dem Bund zu, 49,5% den Bundesländern. Zwischen den Ländern wurden sie mit dem Ziel einer einheitlichen Finanzausstattung im Länderfinanzausgleich umverteilt. 1,4% der M.-Einnahmen führt jeder EU-Staat an den EU-Haushalt ab.

EU-SYSTEM: Beim grenzüberschreitenden Waren- und Dienstleistungsverkehr auf dem Europäischen Binnenmarkt liefert seit 1993 das verkaufende Unternehmen steuerfrei, der kaufende Betrieb führt in seinem Heimatland die M. ab (sog. Bestimmungslandprinzip). Meldepflichten und ein Kontrollsystem der Finanzämter sollen die Steuerzahlung sicherstellen. Jedes Unternehmen benötigt eine Umsatzsteuer-Identifikationsnummer.

Deutschland verlangte, ab 1997 ein sog. Ursprungslandprinzip bei der M.-Erhebung einzuführen. Danach wäre die M. von Unternehmen und Privatleuten aus dem In- und Ausland dort zu zahlen und im Preis enthalten, wo sich der Verkäufer befindet, bei dem die Ware gekauft wird. Die EU-Kommission befürwortete die Einführung dieser Vereinheitlichung, hat aber bislang kein Konzept zu ihrer Umsetzung vorgelegt.

PRIVATKÄUFE: Für den privaten Verbraucher gilt seit der Einführung des Europäischen Binnenmarkts im Jahr 1993, daß der Käufer mit dem Kaufpreis

Mehrwertsteuer: EU-Vergleich	
Dänemark	25%
Schweden	25%
Finnland	22%
Belgien	21%
Irland	21%
Frankreich	20,6%
Österreich	20%
Italien	19%
Griechenland	18%
Großbritannien	17,5%
Niederlande	17,5%
Portugal	17%
Spanien	16%
Deutschland	15%
Luxemburg	15%

Stand: April 1996; Quelle: Bundesfinanzministerium

den M.-Satz bezahlt, der im Land seines Verkäufers gilt, unabhängig davon, woher im Einzelfall die Ware stammt. Der Reisende zahlt im EU-Ausland wie im Inland mit dem Kaufpreis den M.-Satz, der in dem betreffenden Land gilt. Der Verkäufer führt die M. an sein Finanzamt ab. Eine Ausnahme gilt weiterhin für Autokäufe im Ausland. Hier ist im Kaufpreis keine M. enthalten, deutsche Verbraucher müssen 15% M. auf den gezahlten Kaufpreis an ihr deutsches Finanzamt entrichten.

→ EU-Haushalt → Europäischer Binnenmarkt → Gewerbesteuer → Steuern

Melatonin

Körpereigenes Hormon, das in der Zirbeldrüse im Gehirn von Wirbeltieren und Menschen gebildet wird und an der Steuerung des Schlaf-Wach-Rhythmus beteiligt ist. M. ist auch in Pflanzen und Obst wie Bananen und Kiwis enthalten. Nach Berichten von US-Wissenschaftlern, die dem Stoff eine lebensverlängernde und krankheitsbekämpfende Wirkung zuschrieben, stieg Mitte 1995 die Nachfrage nach synthetischem M. auch in Deutschland. Ende 1995 untersagte das Bundesinstitut für gesundheitlichen Verbraucherschutz und Veterinärmedizin (Berlin) den freien Verkauf von M. und M.-Produkten in Deutschland, weil es sich um eine arzneilich

wirksame Substanz handele, die erst beim Bundesinstitut für Arzneimittel und Medizinprodukte (Berlin) zugelassen werden müsse. Über ausländische Händler konnte M. jedoch weiterhin legal bezogen werden. **ANGEBLICHE WIRKUNGEN:** M. wurde in den 50er Jahren entdeckt und seitdem erforscht. Beim Menschen wird die höchste Konzentration von M. im Alter von sechs Jahren erreicht, dann nimmt sie kontinuierlich ab. Ein zunächst in den USA und dann in Deutschland veröffentlichtes Buch der beiden US-Wissenschaftler beschrieb eine positive Wirkung von M. gegen Schlaflosigkeit und Schlafrhythmusstörungen bei langen Flugreisen (sog. Jet-Lag). Ebenso stärke M. das Immunsystem, helfe gegen die Immunschwächekrankheit Aids und gegen Krebs, beuge Herzkrankheiten und Impotenz vor und erhalte den Menschen länger jung. **MANIPULIERTE FORSCHUNGEN:** Kritiker wiesen Anfang 1996 nach, daß die postulierten Wirkungen auf Hypothesen beruhten, z.T. auch auf Experimenten mit Mäusen, deren Übertragbarkeit auf den Menschen fraglich sei. Außerdem seien jene Testergebnisse verschleiert worden, die nicht ins Bild paßten, wie die verkürzte Lebenserwartung einiger Mäusestämme durch M. und die Hodenschrumpfung bei Hamstern. Einzig gesichertes Ergebnis sei die Wirkung bei Schlafstörungen. Auch sei die Langzeitwirkung von M. völlig unbekannt.
→ Alterspille

Menschenrechte

Die uneingeschränkt geltenden Grundrechte und Freiheiten, die jedem Menschen zustehen und die in der M.-Charta der UNO von 1948 festgelegt sind. Die M.-Organisation Freedom House/USA registrierte 1995 eine Verbesserung der M.-Situation. Die Zahl der Demokratien mit gewählter Regierung, Verfassung und repräsentativen Institutionen erhöhte sich auf 117 (1994: 114). Der Kreis der sog. freien Länder mit einem hohen Maß an politischen Rechten und bürgerlichen Freiheiten blieb mit 76 stabil. 40% der Weltbevölkerung lebten 1995 in unfreien Staaten, 40% in teilweise freien und 20% in freien Ländern.

BILANZ: Einziger Aufsteiger in die Kategorie der freien Staaten war 1995 Mali. Das afrikanische Land war zugleich das einzige als frei eingestufte Land mit einer mehrheitlich muslimischen Bevölkerung. Wegen seiner sechsmonatigen Notstandsregierung wurde Bolivien nur noch in der Kategorie der teilweise freien Länder geführt (insgesamt 62). Äthiopien, Eritrea und Tansania stiegen in die Kategorie der teilweise Freien auf. Kambodscha und Libanon stiegen von den teilweise freien zu den unfreien Länder (insgesamt 54) ab. 18 Staaten unter den unfreien Ländern klassifizierte Freedom House als besonders repressiv: Äquatorial-Guinea, Afghanistan, Bhutan, die Volksrepublik China, Irak, Korea-Nord, Kuba, Libyen, Myanmar, Nigeria, Saudi-Arabien, Somalia, Sudan, Syrien, Tadschikistan, Turkmenistan, Usbekistan und Vietnam. Zu den Regionen, in denen die M.-Situation besonders desolat war, zählten Kaschmir, Kosovo, Ost-Timor und Tibet. Dem Bericht zufolge waren Freiheit und Demokratie 1995 insbes. von sog. rot-braunen Allianzen aus ehemaligen Kommunisten und Ultranationalisten, vor allem in Rußland, marktwirtschaftlichen Autokraten in Asien und radikalen Muslimen in Nahost und Afrika bedroht.

FOLTER: Die unabhängige Menschenrechtsorganisation Amnesty International registrierte 1995 über 3000 Fälle von Folter und Mißhandlungen in 120 Staaten. Mindestens 2900 Menschen wurden in 41 Ländern hingerichtet (davon 2190 in China) und 4032 Todesurteile in 75 Ländern verhängt.

CHINA: Die M.-Organisation Human Rights Watch beklagte im Januar 1996, daß jährlich Tausende Kinder mit Billigung der staatlichen Führung in chinesischen Waisenhäusern an Hunger und wegen unterlassener medizinischer Hilfeleistung sterben. Der Jahresbericht des US-Außenministeriums zur Lage der M. konstatierte im März 1996 die Verschlechterung der M.-Situation in China. Die Regierung in Peking sei verantwortlich für Folter, willkürliche Festnahmen, repressive Familienplanungsmaßnahmen und die Organnahme bei Gefangenen zur Transplantation. Weltweite Empörung rief die Verurteilung des prominentesten chinesischen Regimekritikers

→ ⬛BIO⬛ Wei Jingsheng im Dezember 1995 hervor. Wei, der – mit Unterbrechung von sechs Monaten – bereits 16 Jahre inhaftiert war, wurde nach einem Schnellverfahren „wegen Verschwörung zum Sturz der Regierung" erneut zu 14 Jahren Haft verurteilt.

→ Kriegsverbrechertribunal → Ogoni
→ Todesstrafe → ⬛ORG⬛ OSZE

ℹ Amnesty International, Sektion der Bundesrep.-Deutschland, Heerstr. 178, D-53111 Bonn

Mercosur → ⬛ORG⬛

Methadon

Synthetisch hergestellte Droge, die seit 1988 in Deutschland ausgewählten Süchtigen als Ersatzrauschmittel für Heroin verabreicht wird. Da M. nicht bewußtseinsverändernd wirkt, können die Süchtigen einem Beruf nachgehen und sind von dem Druck befreit, sich Drogen beschaffen zu müssen. Das Bundessozialgericht (BSG, Kassel) fällte im März 1996 ein Urteil, nach dem die engen Grenzen der M.-Abgabe erweitert werden müssen. 1995 erhielten nach Angaben des Zentralinstituts für die kassenärztliche Versorgung 13 500 Abhängige M. Die Kosten der Substitution, 12 000–25 000 DM pro Patient und Jahr, trugen die Krankenversicherungen.

WIRKUNGSWEISE: M. (Levomethadon oder M.-Hydrochlorid) stoppt den körperlichen Verfall Süchtiger. Die Wirkung hält 24 Stunden an. Der Abhängige braucht nur einmal am Tag eine Dosis, während der Heroinsüchtige etwa alle vier Stunden seine Droge nehmen muß. M. besetzt im Gehirn dieselben Stellen (sog. Rezeptoren) wie Opiate. Beim Absetzen von Heroin lindert M. Entzugserscheinungen, bekämpft aber nicht die Sucht.

ABGABE: Bis zum BSG-Urteil waren Süchtige bundesweit mit Ausnahme Hamburgs und einiger Städte in NRW, wo liberalere Bestimmungen galten, nur dann zur M.-Vergabe zugelassen, wenn sie lebensbedrohlich (z. B. an Aids) erkrankt oder schwanger waren. Die Abgabe mußte von einer ärztlichen Kommission genehmigt, der zuständigen Behörde gemeldet und die Einnahme vom Arzt kontrolliert werden. Nur für diese Fälle trug die Krankenversicherung die Kosten. Das BSG forderte, M. auch an nicht lebensbedrohlich erkrankte Süchtige auszugeben, wenn deren Behandlung die Beherrschbarkeit der Sucht voraussetze.

ERFOLGE: Begleitstudien bescheinigten den M.-Programmen in Berlin, Bremen, Hamburg und NRW ab Anfang der 90er Jahre Erfolg. Der psychische und physische Gesundheitszustand der Teilnehmer, die vor Aufnahme der Therapie mehrfach vergeblich den Entzug versucht hatten, verbesserte sich, die Beschaffungskriminalität ging zurück.

CODEIN: Etwa 30 000 Abhängige erhielten 1995 in Deutschland die Ersatzdroge Codein oder das verwandte Dihydrocodein (DHC), die auf Rezept als Hustenmittel vertrieben werden und daher nicht unter das Betäubungsmittelrecht fallen. Codein und DHC müssen bei der Drogensubstitution viermal täglich eingenommen werden und haben dieselbe Wirkung wie M. Die damit behandelten Abhängigen waren i. d. R. sozial integriert und hatten Familie und Arbeit. Das Bundesgesundheitsministerium plante 1996 ein Gesetz, das Codein und DHC M. gleichstellen sollte, so daß sie denselben Regeln und Kontrollen unterlägen.

→ Drogen

Mieten ⬛TAB⬛

Der Anstieg der M. für Wohnungen in Westdeutschland verlangsamte sich 1995. Stiegen die M. inkl. der Abgaben für Müll und Wasser 1993 um 5,9% an, erhöhten sie sich 1995 nur noch um 3,9% (Lebenshaltungskosten: +2,7%). Hauptgrund war der Anstieg der kommunalen Gebühren; die Kosten für die Müllabfuhr z. B. erhöhten sich 1991–1995 um 84,5%. Die M. ohne Heizung betrugen 1995 im Durchschnitt 10,50 DM pro m^2.

In Ostdeutschland stiegen die M. 1995 um 5,3% (1994: 10,8%). Zum August 1995 konnten die M. nach dem M.-Überleitungsgesetz um 10% erhöht werden; hatte die Wohnung Bad und Zentralheizung, durften 15% aufgeschlagen werden, bei luxuriöser Ausstattung 20%. 1997 dürfen die M. nochmals um 5% erhöht werden. Die M. waren 1995 siebenmal höher als in der DDR, die Ausstattung der Wohnungen entsprach oft nicht westlichem Standard.

Mieten: Haushaltsgröße und Mietbelastung in Deutschland

Haushaltsgröße	Haushalte (1000)	davon mit einer Miete (DM/Monat)						
		unter 400	400–499	500–599	600–999	1000–1600	über 1600	Schnitt
1 Person	6 629,4	2 685,0	1 207,8	922,6	1 406,2	228,7	32,4	484
2 Personen	5 381,3	1 499,6	811,0	789,7	1 679,5	434,8	70,6	595
3 Personen	2 633,6	685,2	361,7	334,2	889,2	269,4	49,8	634
4 Personen	1 758,9	385,5	242,8	226,4	617,3	203,8	53,7	681
ab 5 Personen	620,1	83,7	77,8	78,0	237,0	104,1	23,6	762
Insgesamt	17 023,3	5 338,9	2 701,1	2 351,0	4 829,3	1 240,8	229,9	573

Letztverfügbarer Stand 1994; Quelle: Statistisches Bundesamt (Wiesbaden)

Die Bundesregierung aus CDU, CSU und FDP plante für August 1996 eine Erhöhung der Pauschalen für Instandsetzung und Verwaltungskosten im sozialen Wohnungsbau um rd. 3%. Dadurch würden sich die M. um 20–40 Pf pro m² erhöhen. Betroffen sind davon rd. 2,5 Mio Haushalte in West- und 65 000 in Ostdeutschland.
→ Gebühren → Wohngeld
→ Wohnungsnot

MIGA → [ORG]

Mikroben [KAR] [TAB]

Bezeichnung für Mikroorganismen wie Bakterien, Viren und Pilze. Wissenschaftler warnten Mitte der 90er Jahre vor einer Ausbreitung von Krankheiten und Seuchen durch M. In den 80er und 90er Jahren waren neue M. wie der Aidsvirus HIV entdeckt worden, es traten verstärkt Epidemien durch bekannte M. wie den Choleraerreger auf, und die M. wurden zunehmend gegen die üblichen Medikamente und Antibiotika resistent.

KRANKHEITEN: Seit Bekanntwerden von Aids 1981 infizierten sich bis 1995 weltweit rd. 19 Mio Menschen mit der Immunschwächekrankheit. Besiegt geglaubte Seuchen wie Cholera und Diphtherie brachen Anfang der 90er Jahre in Südamerika bzw. Osteuropa aufgrund ungenügender Hygienemaßnahmen wieder aus und forderten Tausende von Todesopfern. In den USA wurden Tuberkulose-Erreger registriert, die gegen alle zur Verfügung stehenden Antibiotika resistent waren. In Großbritannien traten 1994 sog. Killer-Bakterien auf, die unbehandelt innerhalb von 24 Stunden zum Tod führen. Einzige Behandlungsmöglichkeit ist die Amputation bzw. Entnahme der befallenen Körper- und Gewebeteile.

GEFAHREN: Aus der unbegrenzten Zahl von M. ist lediglich ein Teil bekannt, darunter 500 verschiedene Viren, die den Menschen befallen können. Zahlreiche unbekannte M. vermuteten Wissenschaftler 1996 im afrikanischen Regenwald. Im Zuge des zunehmenden Luftverkehrs könnten lokal begrenzt auftretende Erreger (z. B. das Ebola-Virus entlang des Äquators in Afrika) und neue Seuchen weltweit verbreitet werden. Die Forscher sprachen sich für den zurückhaltenden Umgang mit Antibiotika aus, um die Entstehung weiterer resistenter Bakterienstämme zu vermeiden.
→ Aids ► Antibiotika

Mikroben: Krankheitserreger beim Menschen

Erreger[1]	Krankheit (Auswahl)	Behandlung
Bakterien	Lungenentzündung, Syphilis, Tuberkulose, Salmonellose, Cholera, Pest	Antibiotika
Pilze	Befall an Füßen, Nägeln, Augen, Mund, Verdauungstrakt, Genitalien	Antimykotika
Prionen	möglicherweise Hirnerkrankung, Jakob-Creutzfeld-Syndrom	keine
Protozoen	Malaria, Tropenbeule, Schlafkrankheit, Toxoplasmose	speziell auf den Erreger gerichtete Medikamente
Viren	Schnupfen, Grippe, Herpes, AIDS, Hepatitis, Krebsarten	vorbeugende Impfungen, z. T. Virostatika

1) Die meisten Mikroben sind für den Menschen nicht gefährlich, einige nützlich, z. B. der Pilz Bäckerhefe; Quelle: Globus

Militärseelsorge

→ Kirche, Evangelische

Mikroben: Neue Erreger im 20. Jahrhundert

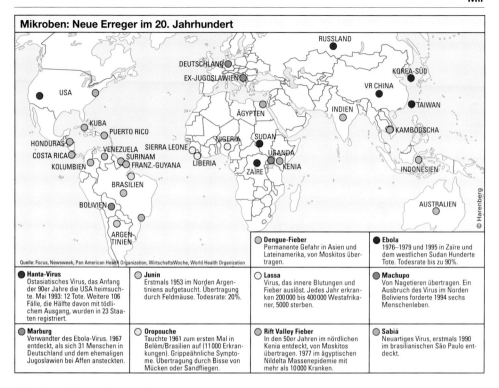

Quelle: Focus, Newsweek, Pan American Health Organization, WirtschaftsWoche, World Health Organization

© Harenberg

● **Dengue-Fieber** Permanente Gefahr in Asien und Lateinamerika, von Moskitos übertragen.		● **Ebola** 1976–1979 und 1995 in Zaïre und dem westlichen Sudan Hunderte Tote. Todesrate bis zu 90%.	
● **Hanta-Virus** Ostasiatisches Virus, das Anfang der 90er Jahre die USA heimsuchte. Mai 1993: 12 Tote. Weitere 106 Fälle, die Hälfte davon mit tödlichem Ausgang, wurden in 23 Staaten registriert.	○ **Junín** Erstmals 1953 im Norden Argentiniens aufgetaucht. Übertragung durch Feldmäuse. Todesrate: 20%.	○ **Lassa** Virus, das innere Blutungen und Fieber auslöst. Jedes Jahr erkranken 200 000 bis 400 000 Westafrikaner, 5000 sterben.	● **Machupo** Von Nagetieren übertragen. Ein Ausbruch des Virus im Norden Boliviens forderte 1994 sechs Menschenleben.
● **Marburg** Verwandter des Ebola-Virus. 1967 entdeckt, als sich 31 Menschen in Deutschland und dem ehemaligen Jugoslawien bei Affen ansteckten.	○ **Oropouche** Tauchte 1961 zum ersten Mal in Belém/Brasilien auf (11 000 Erkrankungen). Grippeähnliche Symptome. Übertragung durch Bisse von Mücken oder Sandfliegen.	● **Rift Valley Fieber** In den 50er Jahren im nördlichen Kenia entdeckt, von Moskitos übertragen. 1977 im ägyptischen Nildelta Massenepidemie mit mehr als 10 000 Kranken.	○ **Sabiá** Neuartiges Virus, erstmals 1990 im brasilianischen São Paulo entdeckt.

Minderheitenschutz KAR

32 von 38 Europarat-Mitgliedern (außer Andorra, Belgien, Bulgarien, Frankreich Griechenland, Türkei) hatten Anfang 1996 die Konvention des Europarates über den Schutz nationaler Minderheiten vom Februar 1995 unterschrieben. Sie verpflichteten sich, die kulturellen, religiösen und sprachlichen Traditionen von Minderheiten zu schützen. Auf eine Definition des Begriffs nationale Minderheit konnte sich der Rat jedoch nicht einigen.

VERHALTENSKODEX: Das Abkommen ist das erste internationale Dokument zum M., das Verhaltensregeln und regelmäßige Kontrollen ihrer Umsetzung vorsieht. Bis Mitte 1996 war die Konvention allerdings noch nicht in Kraft getreten, da sie zunächst in mindestens zwölf Staaten in nationales Recht umgesetzt werden muß. Das Dokument sieht vor, daß Minderheiten ein Recht auf Unterricht und Erziehung in der eigenen Sprache erhalten. Als nationale Minderheiten sind in Deutschland etwa 50 000 Dänen, 15 000 Friesen, 65 000 Roma und Sinti sowie 60 000 Sorben anerkannt.

→ Kurden → ORG Europarat

Minen → Landminen

Mir TAB

(russ.; Frieden), Mitte der 90er Jahre einzige Raumstation im Weltall. In einer zweiten gemeinsamen europäisch-russischen Mission (Euromir 95) führten der Deutsche Thomas Reiter und zwei russische Kosmonauten 1995/96 rd. 40 medizinische und materialwissenschaftliche Versuche durch (Kosten: 90 Mio DM). Euromir 95 wurde um 53 Tage bis zum 29. 2. 1996 (Landung) verlängert, weil sich die Fertigstellung der Rakete, mit der die Ablösung kommen sollte, wegen Zahlungsschwierigkeiten verzögerte.

Minderheitenschutz: Ethnische Minderheiten und Konflikte in Europa

Nummer	Region	Volksgruppe	Nummer	Region	Volksgruppe
1	Nordskandinavien, -rußland	Lappen (Samen)	16	Norditalien	Südtiroler
2	Finnland	Schweden	17	Schweiz/Italien	Rätoromanen
3	Baltikum	Russen	18	Korsika (Frankreich)	Korsen
4	Rußland	Rußlanddeutsche	19	Katalonien (Spanien)	Katalanen
5	Weißrußland, Ukraine	Polen, Russen	20	Span.-frz. Baskenland	Basken
6	Polen, Tschechische Republik	Schlesier, Sudetendeutsche	21	Galizien	Galizier
7	Slowakei	Ungarn	22	Oberlausitz (Deutschland)	Sorben
8	Moldawien	Russen, Ukrainer	23	Deutschland/Europa	Roma und Sinti
9	Ungarn, Rumänien	Donauschwaben	24	Elsaß (Frankreich)	Elsässer
10	Rumänien	Ungarn, Roma	25	Bretagne (Frankreich)	Bretonen
11	Serbien	Kosovo-Albaner, Moslems, Ungarn	26	Niederlande, Deutschland	Friesen
12	Bulgarien, Griechenland	Türken	27	Wales (Großbritannien)	Waliser
13	Südosttürkei	Kurden	28	Schottland (Großbritannien)	Schotten
14	Albanien/Griechenland	Griechen/Albaner	29	Nordirland (Großbritannien)	Iren (Katholiken)
15	Bosnien-Herzegowina/Kroatien	Bosnier, Kroaten, Serben	30	Schleswig/Südjütland	Dänen/Deutsche

Die ständig bemannte russische Station M. (Gewicht: 21 t, Länge: 13 m, Durchmesser: 4,2 m) umkreist seit Februar 1986 mit einer Geschwindigkeit von 22 400 km/h in 350–400 km Höhe die Erde. Die Raumstation besteht aus drei Forschungslabors und einer zentralen Wohneinheit. Besatzungsmitglieder, Proviant und Material werden mit Sojusraketen und Progress-Raumfahrzeugen zu M. transportiert. Bis zu zwölf Astronauten können auf der Station arbeiten. Mit 439 Tagen hielt sich der Russe Walerij Poljakow 1994/95 am längsten ununterbrochen im Weltraum auf. M. soll 1998 durch eine internationale Raumstation ersetzt werden. Flüge von US-Raumfähren zur M. 1995–1997 dienen der Vorbereitung.

→ Raumfahrt → Raumstation

Mobilfunk GLO

Fernmeldedienst, der drahtloses Telefonieren oder das Versenden von Faxmitteilungen und Daten über Funksignale von jedem Ort ermöglicht. 1995 nutzten weltweit rd. 75 Mio Menschen mobile Kommunikationssysteme (sog. Handys), 2010 werden es Prognosen zufolge ca. 350 Mio sein. Im Januar 1996 verabschiedete die Europäische Kommission eine Richtlinie, die ab Ende Februar 1996 die staatlichen Monopole bei drahtlosen Kommunikationsdiensten und der Infrastruktur (M.-Netze) aufhebt. Im Februar 1996 kündigte Bundespostminister Wolfgang Bötsch (CDU) an, eine weitere bundesweite M.-Lizenz öffentlich auszuschreiben (E1-

Mir: Deutsche Weltraumfahrer

Jahr	Name	Raumschiff (Mission)
1978	Sigmund Jähn	Saljut 6
1983	Ulf Merbold	Columbia
1985	→ NEK Reinhard Furrer	Challenger (D-1)
1985	Ernst Messerschmid	Challenger (D-1)
1992	Klaus-Dietrich Flade	Mir (Mir 92)
1992	Ulf Merbold	Discovery
1993	Hans-Wilhelm Schlegel	Columbia (D-2)
1993	Ulrich Walter	Columbia (D-2)
1994	Ulf Merbold	Mir (Euromir 94)
1995	→ BIO Thomas Reiter	Mir (Euromir 95)
1996	→ BIO Reinhold Ewald	Mir (Mir 96)

Lizenz). In Deutschland war Mitte 1996 M. über das analoge C-Netz sowie die digitalen Netze D1 (Betreiber: DeTe Mobil), D2 (Mannesmann Mobilfunk) und e plus (Veba, Thyssen) möglich.

EU-RICHTLINIE: Die Richtlinie verpflichtet die Mitgliedstaaten, ohne Einschränkungen Lizenzen für alle M.-Dienste und Netze zu vergeben. M.-Betreiber dürfen ihre eigenen Netze ausbauen oder Netze nutzen, die von der Bahn bzw. von Energieversorgern betrieben werden. Die privaten M.-Betreiber hatten die Aufhebung der Beschränkungen gefordert, weil die Nutzungskosten für Netzkapazitäten der Deutschen Telekom 30–50% der Betriebskosten ausmachten.

SCALL: Ab Mai 1996 stellte die Telekom-Tochter DeTeMobil allen Nutzern des Funkrufdienstes Scall eine sog. VoiceBox (engl.; Stimmenkasten) zur Verfügung, auf der gesprochene Nachrichten hinter-

---

Mobilfunk: Wichtige Begriffe

C-NETZ: Erstes Mobilfunknetz in Deutschland mit analoger Übertragung; Betreiber: Deutsche Telekom; Nutzer 1996: rd. 600 000.

D1-NETZ: Digitales Mobilfunknetz der Deutschen Telekom (Umsatz: 1995: 2,5 Mrd DM; Nutzer 1996: etwa 1,6 Mio).

D2-NETZ: Digitales Mobilfunknetz von Mannesmann (Umsatz 1995: 2,7 Mrd DM; Nutzer 1996: 1,6 Mio).

DECT: (Digital european cordless telecommunication, engl.; digitale europäische kabellose Telekommunikation), mit Dect-Sendern und

Empfängern können über Funkfrequenzen Telefonverbindungen aus Firmen oder Privathaushalten zu Fernnetzen hergestellt werden, ohne daß Kabel in die Gebäude verlegt werden müssen.

E PLUS: Digitales Mobilfunknetz der Unternehmen Veba und Thyssen (Umsatz 1995: rd. 250 Mio DM; Nutzer 1996: 200 000).

GSM: (Global System for Mobile Communications, engl.; weltweites System für mobile Kommunikation), Standard in Europa für den Aufbau von Mobilfunknetzen, um die unein-

geschränkte internationale Kommunikation zu gewährleisten.

HANDY: Telefon mit einer Freischaltkarte des Mobilfunkanbieters zur mobilen Kommunikation.

ROAMING: (engl.; herumstromern), die Möglichkeit, in anderen Staaten mit der eigenen Freischaltkarte für das mobile Telefon andere Handys nutzen zu können und dennoch unter der eigenen Rufnummer erreichbar zu sein. Die Kosten werden mit der monatlichen Telefonrechnung vom Konto des Kunden abgebucht.

lassen werden können. Bis dahin wurden dem Scall-Empfänger Nachrichten als Ziffernfolgen (meist Telefonnummern) übermittelt. Sobald eine Nachricht in der VoiceBox eingegangen ist, informiert der Scall-Empfänger den Besitzer per Funk. Auf dem Display seines Empfängers erscheint eine Telefonnummer, die er anrufen kann, um die Nachricht abzuhören. Für den Scall-Besitzer fallen keine Gebühren an, der Anrufer zahlt die Kosten pro übermittelter Nachricht (9.00– 18.00 Uhr: 1,44 DM; sonst 96 Pf).

ROAMING: M.-Nutzer können ihre Freischaltkarte, die für das Telefonieren mit Handy nötig ist, für andere Staaten freischalten lassen, so daß sie mit ihrer Karte im Ausland andere Handys nutzen können und dennoch unter der eigenen Rufnummer erreichbar sind (roaming, engl.; herumstromern). Kunden der DeTeMobil z. B. konnten Mitte 1996 in 27 Ländern mit ihrer Karte telefonieren. Von den USA aus ist dies allerdings nicht möglich, da diese einen anderen M.-Standard als die europäischen Staaten nutzen.

→ Globalfunk → Handy
→ Telekommunikation

Mudschaheddin: Konkurrierende Gruppen

Name	Einordnung/Ziel	Führer
Dschabah-e Nidschat-e-Milli	Gemäßigt, Rückkehr zur Monarchie	Sigbatullah Mudschadiddi
Dschamiat-e-Islami	Gemäßigt, Zusammenarbeit mit der Regierung	Burhanuddin Rabbani
Ettehad-e-Eslami	Radikal, Errichtung eines islamischen Gottesstaates	Abdulrasul Sajjaf
Harkat-e-Enkelab-e-Eslami	Schiitische Gruppe, gemäßigt, Rückkehr zur Monarchie	Mohamad Nabi Mohammadi
Hesb-e-Islami	Radikal, Regierung unter islamischer Einheitspartei	Gulbuddin Hekmatyar
Hesb-e-Wahdat	Schiitisch-fundamentalistisch, islamischer Gottesstaat	Karim Khalili
Taliban	fundament. Studentenmiliz, islamischer Gottesstaat	Mohamed Omar

Mudschaheddin: Volksgruppen in Afghanistan

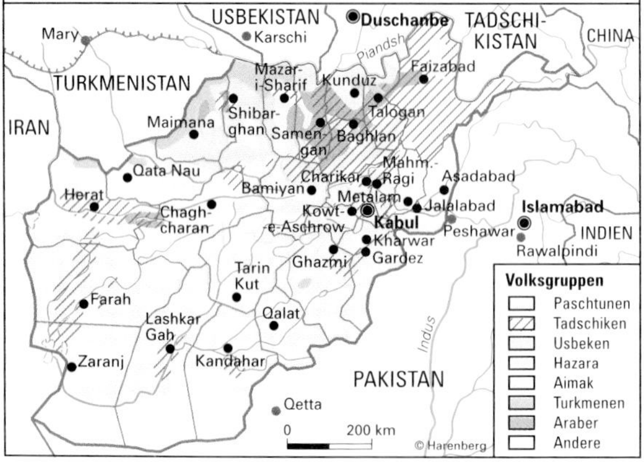
USBEKISTAN
Duschanbe
TADSCHI-
KISTAN
CHINA
Mary
Karschi
Pjandsch
TURKMENISTAN
Mazar-
i-Sharif
Kunduz
Faizabad
IRAN
Maimana
Shibar-
ghan
Samen-
gan
Baghlan
Taloqan
Mahm.-
Ragi
Qata Nau
Charikar
Asadabad
Bamiyan
Metalam
Herat
Jalalabad
Islamabad
Chagh-
charan
Kowt-
e-Aschrow
Kabul
Peshawar
INDIEN
Kharwar
Gardez
Rawalpindi
Ghazni
Tarin
Kut
Farah
Qalat
Lashkar
Gah
Zaranj
Kandahar
PAKISTAN
Indus
Qetta
0
200 km
© Harenberg
Volksgruppen
Paschtunen
Tadschiken
Usbeken
Hazara
Aimak
Turkmenen
Araber
Andere

Mudschaheddin KAR TAB

(paschtu; heilige Krieger), Sammelbezeichnung für etwa 15–30 moslemische Rebellengruppen, die nach der sowjetischen Invasion in Afghanistan 1979 gemeinsam die kommunistische Regierung bekämpften. Nach dem Sturz des kommunistischen Staatspräsidenten Muhammad Nadschibullah im April 1992 und der Bildung einer M.-Regierung unter Gulbuddin Hekmatyar im Juni 1992 zerfiel das Bündnis. Seit dem Umsturz forderte der Bürgerkrieg rd. 1 Mio Opfer. Afghanistan war 1996 in Einflußzonen religiös und ethnisch zerstrittener M.-Fraktionen geteilt.

Im Mai 1996 schloß Hekmatyar mit zuvor verfeindeten M.-Gruppen ein Bündnis gegen die fundamentalistische Studentenmiliz Taliban, die Mitte 1996 rd. 50% des Landes kontrollierte. Im Juni übernahm er erneut die Regierungsgewalt. Während sich Hekmatyar auf Waffenlieferungen aus den USA und Pakistan stützt, werden die Hintermänner der Taliban im Nachbarland Pakistan vermutet.

→ Taliban → LAND Afghanistan

Multimedia TAB

Bezeichnung für die Verbindung von Telekommunikation, Computertechnik und Unterhaltungselektronik. Wurde 1995 weltweit ein Umsatz von rd. 3000 Mrd DM mit Informations- und Telekommunikationstechniken erzielt, wird dieser 2000 nach Schätzungen des Prognos-Instituts (Basel) auf rd. 4000 Mrd DM steigen.

ANWENDUNGEN: Mit M. kann der Konsument alle Dinge des täglichen Lebens über PC, Telefon und Fernsehgerät von zu Hause aus erledigen. PC und Telefonleitung müssen mit einem Modem verbunden sein, das die digitalen Daten des Rechners in analoge umwandelt, damit sie über die Telefonleitung übertragen werden können (Ausnahme: Anschluß ans ISDN-Netz). Ein Fernseher benötigt für das sog. digitale Fernsehen einen vorgeschalteten Minicomputer (sog. Set-Top-Box), der die Daten digitalisiert. Verschiedene Anwendungen von Multimedia waren 1996 möglich, wurden getestet oder waren in der Entwicklung:

▷ Recherche in internationalen Computernetzwerken wie dem Internet
▷ Informationsaustausch am Bildschirm
▷ Telearbeit
▷ Interaktives Fernsehen
▷ Video on demand (engl.; Video auf Bestellung)
▷ Teleshopping
▷ Telebanking

RESONANZ: Bei Pilotversuchen mit M., z. B. mit interaktivem Fernsehen in den USA, wurde das Angebot von den Kunden nur zögernd wahrgenommen. Bei US-amerikanischen Pay-per-view-Fernsehsendern (engl.; Bezahlen für Gesehenes) bestellten die Teilnehmer durchschnittlich nur zwei bis drei Filme pro Monat. Das US-Marktforschungsinstitut Dataquest ging davon aus, daß eine Fernsehgesellschaft pro Haushalt rd. 2500 Dollar investieren muß, damit Dienste wie interaktives Fernsehen angeboten werden können.

DEUTSCHLAND: Bundesforschungsminister Jürgen Rüttgers (CDU) plante Mitte 1996 ein M.-Gesetz, in dem grundlegende rechtliche Bedingungen für Angebot und Nutzung der neuen Dienste, z. B. Jugend- und Datenschutzbestimmungen sowie der freie Zugang für Anbieter und Nutzer, festgelegt werden sollen. Die Bundesländer gingen jedoch davon aus, daß M.-Dienste in ihren Zuständigkeitsbereich fallen. Ein Kompromiß vom Juni 1996 sah vor, daß es neben einem Bundesgesetz auch einen Staatsvertrag der Länder geben soll, der u. a. die Zulassungsvoraussetzungen für die Angebote regelt.

INFOCITY NRW: Anfang 1997 soll an Rhein und Ruhr das größte deutsche M.-Projekt Infocity NRW starten. Etwa 10 000 Testhaushalte sollen an dem Versuch der Vebacom teilnehmen, der Tele-

Multimedia: Interesse an Angeboten in Deutschland					
Multimedia-angebot	Interessierter Bevölkerungsanteil (%)				
	Ins-gesamt	Alter			
		16–29	30–44	45–59	über 60
Information	57	69	69	57	34
Buchen von Reisen	46	59	53	50	23
Telebanking	42	61	50	41	19
Video on demand	40	58	51	36	19
Telelearning	38	48	51	38	16
Teleshopping	36	45	44	35	20

Quelle: Wirtschaftswoche, 16.11.1995

banking, Teleshopping sowie abrufbare Filme anbieten will. Die Teilnehmer sollen von Beginn an für die Angebote Gebühren entrichten, die sich an den monatlichen Abonnement-Gebühren des Pay-TV-Senders Premiere orientieren (Mitte 1996: 44,50 DM).

→ Datenautobahn → Elektronische Medien → Interaktives Fernsehen → Telearbeit → Video on demand

Multiple Sklerose

(MS), entzündliches Nervenleiden, das durch den Angriff des körpereigenen Immunsystems auf die Isolierschicht von Nervenzellen in Gehirn und Rückenmark hervorgerufen wird. Die zerstörten Stellen werden durch hartes Narbengewebe ersetzt, das die elektrischen Nervensignale nicht mehr weiterleiten kann. In Deutschland litten 1996 rd. 120 000 Menschen an der schubartig auftretenden, als unheilbar geltenden Erkrankung, die zu Störungen des Bewegungsapparates, Taubheitsgefühl und Beeinträchtigung des Seh- und Sprachvermögens führt. Die Ursachen für MS waren Mitte der 90er Jahre ungeklärt. Neben einer erblich be-dingten Anfälligkeit galten Virusinfekte, Umweltbedingungen und Ernährung als mögliche Faktoren.

1996 wurde in Deutschland mit dem gentechnisch hergestellten Betaferon erstmals ein Medikament gegen MS zugelassen. Das Präparat führt zwar keine vollständige Heilung herbei, kann aber – in Dauertherapie angewendet – Anzahl und Intensität der Krankheitsschübe um rd. 30% verringern und das Fortschreiten der MS verzögern.

N

Nachrichtenmagazine

Bis 1996 eroberte sich das 1993 gestartete N. „Focus" (Burda, München) eine Position neben dem bis dahin einzigen N. in Deutschland, „Der Spiegel" (Spiegel-Verlag, Hamburg). Mit rd. 750 000 verkauften Exemplaren pro Auflage (Stand: Anfang 1996) verzeichnete „Focus" 1995 die meisten Anzeigenseiten (Steigerung zu 1994: 13%), was zum wirtschaftlichen Erfolg des N. beitrug. „Der Spiegel", der sich mit dem Antritt von Chefredakteur Stefan Aust Ende 1994 verstärkt auf politische Themen und längere Hintergrundartikel konzentriert hatte, steigerte die Auflage gegenüber 1994 leicht auf 1,1 Mio Exemplare und verbuchte 1995 rd. 4% mehr Anzeigenseiten als 1994.

Nach dem Mißerfolg des N. „Tango" (Gruner + Jahr, Hamburg), das infolge schwachen Verkaufs Mitte 1995 nach rd. einem dreiviertel Jahr eingestellt wurde, gab der Heinrich Bauer Verlag (Hamburg) sein geplantes N. „Ergo" Anfang 1996 auf. Die Nullnummern des Blattes erreichten nach Ansicht des Verlegers nicht das selbstgesteckte Ziel, seriöser als „Focus" und bunter als „Der Spiegel" zu informieren.

› Fernsehzeitschriften › Presse

Nachwachsende Rohstoffe [TAB]

Pflanzen, aus denen Rohstoffe gewonnen werden, z. B. Zucker, Stärke, Öle, Fette und Fasern. N. ersetzen, vor allem in der chemischen Industrie, begrenzt vorkommende mineralische Rohstoffe, etwa zur Herstellung von Kunst- und Schmierstoffen. Jährlich produziert die Natur zehnmal soviel Biomasse (100 Mrd t SKE), wie Energie verbraucht wird. N. zählen zu den erneuerbaren Energien, weil im Gegensatz zu den fossilen Energieträgern nur die Menge Kohlendioxid abgegeben wird, die bei der Photosynthese durch die Pflanze aufgenommen wird.

ANBAU: 1995 wurden in Deutschland rd. 4% der Ackerfläche mit N. bepflanzt. In der EU werden seit 1992 infolge Überproduktion Anbauflächen für Nahrungsmittel stillgelegt (Prämie in Deutschland: 750 DM/ha) oder für N. umgewandelt. In Deutschland erhöhte sich der Anbau auf stillgelegten Flächen 1993–1995 um das Fünfeinhalbfache auf etwa 359 000 ha (92% Raps). Das Bundeslandwirtschaftsministerium subventionierte N. 1995 mit rd. 56 Mio DM.

CHEMIE: In der deutschen chemischen Industrie werden pro Jahr etwa 10% der benötigten organischen Rohstoffmenge mit N. gedeckt (1,8 Mio t), meist Fette und Öle aus Palm- und Kokosöl. Im wesentlichen finden N. als biologisch abbaubare

Nachwachsende Rohstoffe: Verwertung

Gruppe	Pflanzen	Produkte
Äthanol	Kartoffeln, Zuckerrüben, Topinambur, Zuckerhirse, Weizen, Mais	Biotreibstoff
Biomasse	Holz(abfälle), Getreide (Triticale, Winterroggen), Schilfgras, Miscanthus, Mais, Stroh, Ölpflanzen	Strom, Wärme
Farbstoffe	Waid, Saflor, Wau, Krapp	Farben
Fasern	Fasernessel, Flachs, Hanf, Holz, Lein, Schilfgras, Zellulose	Additive, Dämmstoffe, Farben, Filter, Folien, Lacke, Papier, Vlies
Heilpflanzen	Baldrian, Dill, Fenchel, Melisse, Petersilie, Pfefferminze	Pharmazeutika
Öle	Raps, Sonnenblumen	Biodiesel, Öl
Öle, Fette	Crambe, Lein, Mohn, Raps, Rübsen, Saflor-Senf, Sonnenblumen	Emulgatoren, Farben, Hydrauliköl, Kunststoffe, Lacke, Seife, Shampoo, Weichmacher
Stärke, Zucker	Mais, Kartoffeln, Weizen, Markerbsen, Zuckerrüben, Zuckerhirse, Zichorie, Topinambur	Aminosäuren, Folien, Klebstoffe, Kosmetika, Kunststoffe, Medikamente, Pflanzenschutzmittel, Tenside, Vitamine

Quelle: Deutscher Bauernverband

Nachwachsende Rohstoffe: Anbau in Deutschland

Pflanze	Fläche[1] (ha)
Raps	332 000
Getreide, Kartoffeln, Mais	120 000
Öllein	30 000
Sonnenblumen	17 500
Zuckerrüben	7 000
Heilpflanzen	6 000
Flachs	3 300

Stand: 1995; 1) insgesamt 4% der Anbaufläche; Quelle: Bundesministerium für Ernährung, Landwirtschaft und Forsten

Verpackungen sowie als Dämm- und Füllstoffe in der Autoindustrie Verwendung.

ENERGIE: Aufgrund der begrenzten Anbaufläche könnte höchstens 10% des deutschen Energiebedarfs (1995: 1,2%) mit heimischer Biomasse, z. B. Holz aus schnellwachsenden Weiden und Pappeln, gedeckt werden. Aus der bakteriellen Zersetzung von pflanzlichen und tierischen Abfällen wird Biogas erzeugt, das zur Wärme- und Stromgewinnung sowie als Treibstoff für Fahrzeuge verwendet werden kann. Elektrizität aus N. wird bei einer Einspeisung in das öffentliche Netz mit 80% des durchschnittlichen Strompreises vergütet. In Österreich wird ein Zehntel des Stroms aus Biomasse-Kraftwerken (Stroh, gepreßte Grasabfälle) gewonnen.

→ Agrarpolitik → Biodiesel → Energien, Erneuerbare → Hanf

NAFTA → ORG

Nahost-Konflikt

Erstmals seit 1982 griff Israel im April 1996 Ziele in der libanesischen Hauptstadt Beirut an sowie im Süden und Osten des Nachbarlandes, um Stellungen der von dort operierenden proiranischen Hisbollah-Miliz zu treffen. Einen Fortschritt für den Prozeß der Aussöhnung zwischen Israel und den Palästinensern bedeutete die bis März 1996 erfolgte Ausweitung der palästinensischen Autonomiegebiete auf sieben Städte und mehrere hundert Dörfer im Westjordanland. Die für eine umfassende Friedenslösung im N. als entscheidend eingestuften Friedensverhandlungen zwischen Israel und Syrien kamen bis Mitte 1996 zu keinem Abschluß. Im November 1995 erschoß ein Student, der einer extremistischen Gruppe jüdischer Siedler angehörte, den israelischen Ministerpräsidenten → NEK Yitzhak Rabin. Die insgesamt rd. 120 000 jüdischen Siedler in den besetzten Gebieten sind entschiedene Gegner einer Aussöhnung mit den Palästinensern. Rabins im Mai 1996 gewählter Nachfolger, der Konservative → BIO Benjamin Netanjahu, kündigte die Fortsetzung des Friedensprozesses an.

BOMBEN GEGEN LIBANON: Anlaß für den israelischen Militärschlag waren Hisbollah-Raketenangriffe auf den Norden Israels, die Anfang April ein Todesopfer und 38 Verletzte forderten. 150 Menschen starben bei den 15 Tage andauernden israelischen Angriffen auf Süd- und Ostlibanon. Bei der schwersten Attacke auf einen Stützpunkt der im Libanon stationierten Truppen der Vereinten Nationen bei Kana kamen über 100 libanesische Zivilisten ums Leben, die in dem UN-Quartier Zuflucht gesucht hatten. Tel Aviv räumte ein, den Stützpunkt versehentlich beschossen zu haben. Unter Vermittlung von US-Außenminister Warren Christopher kam Ende April ein Waffenstillstand zustande.

VERHANDLUNGEN MIT SYRIEN: Im Dezember 1995 nahmen Israel und Syrien ihre im Juni unterbrochenen Friedensgespräche wieder auf. Zentrale Forderung Syriens ist der vollständige Rückzug der israelischen Armee von den seit 1967 annektierten Golanhöhen. Israel hatte sich unter Perez bereiterklärt, sich von einem Teil des Golan zurückzuziehen. Im Gegenzug hatte es umfassende syrische Sicherheitsgarantien (u.a. die Einrichtung von Frühwarnstationen) verlangt. Zudem wollte Israel die Kontrolle über den See Genezareth, das wichtigste Süßwasserreservoir der Region, behalten. Der Fortgang der Verhandlungen schien Mitte 1996 fraglich, nachdem Netanjahu einen Rückzug Israels vom Golan ausgeschlossen hatte.

→ Dschihad Islami → Hamas
→ Hisbollah → Palästinensische Autonomiegebiete → PLO → LAND Israel
→ LAND Libanon → LAND Syrien

NATO → [ORG]

Neigezüge

Eisenbahnzüge, deren Wagenaufbau sich in Kurven ähnlich wie ein Motorradfahrer zur Innenseite neigt. Die Neigetechnik ermöglicht um bis zu 40% schnellere Kurvenfahrten. Mit N. kann im Unterschied zu Hochgeschwindigkeitszügen die Reisezeit auf kurvenreichen Strecken ohne Begradigungsmaßnahmen und teure Bauwerke (z. B. Tunnel) verringert werden. In Deutschland sind durchschnittliche Fahrzeitverkürzungen um 20% erzielbar. Auf der kurvenreichen Strecke zwischen Nürnberg und Hof beispielsweise konnte die Höchstgeschwindigkeit mit N. von 130 km/h auf 160 km/h gesteigert werden (Fahrzeitverkürzung: 24%). Ab 1998 will die Deutsche Bahn schrittweise 43 N. vom Typ ICT für den InterCity-Verkehr und 50 N. im InterRegio-Verkehr einsetzen. Die Zugtechnik basiert auf der in Italien entwickelten Pendolino-Technik (pendere, ital.; sich neigen). Ein Computer erhält Meßdaten über Kurvenradius sowie Fahrgeschwindigkeit und steuert entsprechend hydraulische Pumpen, die eine Seitenneigung bis 8° einstellen.
→ Bahn, Deutsche → Hochgeschwindigkeitszüge → Schnellbahnnetz

Netzwerk [GLO]

Verknüpfung von Computern, die innerbetrieblich, landes- und weltweit kommunizieren können. 1995/96 benutzten immer mehr Konzerne das größte Computer-N. der Welt, das Internet. Unternehmen mit weltweit vertretenen Filialen bauten sich innerhalb des Internets eigene Netze, sog. Intranets, auf, die vor dem Zugriff unbefugter Personen durch Sicher-

heitsprogramme geschützt werden sollen. Kunden können gewisse Teile des Intranets zugänglich gemacht werden, z. B. Werbung oder Diskussionsforen. Ein Drittel der 1000 größten US-Firmen nutzte Mitte 1996 bereits Intranets.
Intranets boten gegenüber anderen firmeninternen N. folgende Vorteile:
▷ Alle für das Internet geschriebenen Programme können verwendet werden
▷ Die Firmenmitarbeiter können auf andere Informationen im Internet zurückgreifen
▷ Die weltweite Kommunikation wird erleichtert
▷ Kunden können von überall her mit der Firma über das N. kommunizieren.
Experten warnten davor, geheime firmeninterne Daten über das Internet weiterzuverbreiten, da keine Software, die im Internet genutzt werde, 100%ige Sicherheit vor unbefugtem Zugriff garantiere.
→ Datenautobahn → Internet → Online-Dienste

Neue Mitte Oberhausen

Einkaufs- und Erlebniszentrum in Oberhausen, dessen Eröffnung für September 1996 geplant war. Die N. gilt als Symbol für den Wandel des Ruhrgebiets vom Industrie- zum Dienstleistungsstandort. Auf dem ehemaligen Industriegeländе sind 200 Geschäfte mit 70 000 m^2 Verkaufsfläche, eine Veranstaltungsarena mit 11 500 Sitzplätzen, ein Freizeitpark, ein Multiplexkino, Restaurants, ein Hotel sowie Bürokomplexe angesiedelt. Die N. kann von 5 Mio Menschen der Region in 30 min erreicht werden. Im Umkreis von 2,5 km gibt es zwölf Autobahnanschlüsse. Der Bauherr, eine britische Investorengruppe, erwartet jährlich 22 Mio Besucher und einen Umsatz von 1,2 Mrd DM. In der N. entstehen nach Angaben des Bauherrn 8000 Arbeitsplätze.
→ Regionalförderung

Neurocomputer

(Neuron, griech.; Nervenzelle), nach dem Vorbild des menschlichen Gehirns aufgebauter Rechner. Mikroprozessoren werden zu einem neuronalen Netz verknüpft. Die Chips verfügen wie menschliche Ner-

---

Netzwerk: Verschiedene Typen

LOCAL AREA NETWORK (LAN): (engl.; lokales Netzwerk), Verbindung von Datenverarbeitungsanlagen innerhalb eines Gebäudes. **METROPOLITAN NETWORK (MAN):** (engl.; innerstädtisches Netzwerk), Vernetzung von LAN in einem Umkreis von 100 km.	**WIDE AREA NETWORK (WAN):** (engl.; landesweites Netzwerk), z. B. Vernetzung von Firmenzentralen und Geschäftsstellen. **GLOBAL AREA NETWORK (GAN):** (engl.; internationales Netzwerk), grenzüberschreitende Verbindung öffentlicher und privater Computernetze.

venzellen über eine Zuleitung und mehrere Ausgangskanäle. Durch Verschaltungen, die das System selbständig durchführt, werden Lernprozesse des Gehirns nachgeahmt. Fernziel der Forschung war die Nachahmung bzw. Weiterentwicklung des menschlichen Gehirns. Mitte der 90er Jahre konnten N. jedoch nur einfache Probleme lösen.

Am US-amerikanischen Massachusetts Institute of Technology arbeiteten Wissenschaftler 1996 an einem Roboter mit Namen COG, der lernfähig sein soll. In Japan wurde ein Roboter entwickelt, der Noten lesen und Klavier spielen kann. Wichtigste Anwendungsgebiete von N., die Aufgaben bis zu 10000mal schneller lösen als die leistungsfähigsten Arbeitsplatzrechner, sind die Mustererkennung (z. B. Wiedererkennen von Gesichtern und Stimmen) und Wirtschaftsprognosen. N. haben folgende Vorteile:

▷ Die verschalteten Rechnereinheiten arbeiten gleichzeitig an verschiedenen Rechenschritten eines Problems

▷ Der N. vergleicht aktuelle Informationen mit früheren Eingaben und bildet selbständig Regeln

▷ N. sind fehlertolerant: Signale, die um 50% von der üblichen Form abweichen, werden mit Hilfe assoziativer Fähigkeiten identifiziert.

Wissenschaftler gingen davon aus, daß 2005 ein N. mit 1 Mrd Neuronen die menschliche Gehirnleistung übertreffen wird (Gehirn: 100 Mrd Neuronen).
→ Parallelcomputer → Roboter

Neutronenreaktor

Nach heftigen und langjährigen Auseinandersetzungen um den Forschungsreaktor München II (FRM II) erteilte Bayern im April 1996 die erste Teilgenehmigung zum Bau des Atommeilers in Garching auf dem Gelände der Technischen Universität. Ab 2001 soll der Reaktor mit einer Leistung von 20 MW den seit 1957 betriebenen FRM I, das legendäre Atom-Ei (Leistung: 4 MW), ersetzen. Politiker und Wissenschaftler protestierten gegen das 720 Mio DM teure Projekt, weil der FRM II mit hochangereichertem Uran (HEU) betrieben werden soll, ein Stoff, der zu 93% das Isotop U-235 enthält und aus dem sich auch Atombomben bauen lassen. Dieses Vorhaben zog auch die Kritik der USA auf sich.

BEDEUTUNG: Bei der Urankernspaltung werden im Reaktorkern elektrisch neutrale Elementarteilchen, sog. Neutronen, freigesetzt, die ideale mikroskopische Sonden in der Materialwissenschaft und der Medizin sind. Ähnlich wie mit Röntgenstrahlen kann auch mit Neutronenstrahlen ins Innere der Materie geblickt werden. Werkstoffwissenschaftler durchleuchten Metalle, Keramiken und Kristalle, untersuchen Maschinenbauteile auf Fehler oder prüfen Löt- und Klebestellen. Neutronenstrahlen sind weniger aggressiv als die Röntgenstrahlung, daher können auch biologische Bausteine wie Proteine unbeschadet durchleuchtet werden. Die Kapazitäten waren in Deutschland 1996 weitgehend ausgereizt. Von fünf Neutronenquellen stammten vier aus den 60er Jahren, und am europäischen Höchstflußreaktor des Instituts Laue-Langevin in Grenoble/Frankreich herrschten lange Wartezeiten.

KRITIK: Die Gegner des FRM II befürchten, daß mit dem Bau des N. ein Präzedenzfall geschaffen wird, der die weltweiten Anstrengungen, zivile Reaktoren auf niedriger angereichertes Uran (LEU) umzustellen, zunichte macht und den seit 1992 unterbundenen weltweiten Handel mit waffentauglichem Uran wiederbeleben könnte. Das sicherheitspolitische Risiko, so argumentieren die US-Amerikaner, aber auch Vertreter von SPD und Bündnis 90/Die Grünen, wiege schwerer als die wissenschaftlichen Vorteile der Neutronenquelle.

BRENNSTOFF: Der FRM II benötigt pro Jahr ungefähr 40 kg des umstrittenen Brennstoffs. Für die ersten zehn Jahre ist der Bedarf durch EURATOM gedeckt.
→ Atomenergie → Atomwaffen

Nichteheliche Kinder

Die Bundesregierung aus CDU/CSU und FDP plante bis 1998 eine Reform des Kindschaftsrechts. Damit soll die Stellung der N. und ihrer Eltern verbessert werden. Geplant waren folgende Regelungen:

▷ Abstammung: Die bis zu zehn Monate nach einer Scheidung geborenen Kinder gelten nicht mehr als eheliche Kinder des geschiedenen Mannes

▷ Beistandschaft: Die gesetzlich vorgeschriebene Amtspflegschaft für N. wird auf Antrag des Erziehenden durch eine freiwillige Beistandschaft des Jugendamtes ersetzt

▷ Erbschaft: N. erhalten als gleichberechtigter Teil der Erbengemeinschaft das Recht, den väterlichen Nachlaß mitzuverwalten. Die Regelung, die N. lediglich einen Geldanspruch in Höhe des Erbteils zuspricht, entfällt

▷ Sorgerecht: Unverheiratete Paare erhalten auf Wunsch ein gemeinsames Sorgerecht

▷ Umgangsrecht: Unverheiratete Väter erhalten wie geschiedene Väter nach einer Trennung ein Besuchsrecht

▷ Unterhalt: Die Verpflichtung des Vaters, sechs Wochen vor und acht Wochen nach der Geburt Unterhalt für die Mutter zu zahlen, verlängert sich auf drei Jahre.

Bis 1998 muß nach einem Urteil des Bundesverfassungsgerichts den Vätern von N. bei einer Adoption des Kindes durch den neuen Ehemann der Mutter ein Mitspracherecht eingeräumt werden. Etwa 15% aller Neugeborenen waren Mitte der 90er Jahre nichtehelich.

→ Sorgerecht

Nobelpreis [TAB]

Jährlich verliehene Auszeichnung für herausragende Leistungen auf den Gebieten Physik, Medizin/Physiologie, Chemie, Literatur und Wirtschaftswissenschaften sowie für besondere Verdienste um die Erhaltung des Friedens. Der N. war 1995 mit jeweils rd. 1,5 Mio DM ausgestattet und wurde an folgende Personen verliehen:

▷ Physik: → [BIO] Frederick Reines und → [BIO] Martin Lewis Perl (USA) konnten zwei der kleinsten Bausteine der Materie, das Neutrino und das Tauon, experimentell nachweisen

▷ Physiologie/Medizin: → [BIO] Edward B. Lewis, → [BIO] Eric F. Wieschaus (USA) und → [BIO] Christiane Nüsslein-Volhard (Deutschland) erforschten die Entwicklung der befruchteten Eizelle zum fertigen Organismus am Beispiel der Fruchtfliege Drosophila melanogaster. Viele ihrer Erkenntnisse lassen sich auch auf die Entstehung von erblichen Mißbildungen beim Menschen übertragen

▷ Chemie: → [BIO] Paul Crutzen (Niederlande), der gebürtige Mexikaner → [BIO] Mario José Molina und → [BIO] Frank Sherwood Rowland (USA) untersuchten die Bildung und den Abbau von Ozon und entdeckten dabei, wie empfindlich die Ozonschicht auf Luftverschmutzung reagiert. Die Forschungen der Wissenschaftler trugen zum Verbot ozonvernichtender Gase bei, vor allem von Fluorchlorkohlenwasserstoffen (FCKW)

▷ Literatur: Als vierter Ire erhielt der nordirische Lyriker → [BIO] Seamus Heaney die Auszeichnung, mit der sein Werk von lyrischer Schönheit und ethischer Tiefe gewürdigt wird

▷ Wirtschaftswissenschaften: → [BIO] Robert E. Lucas Jr. (USA) revolutionierte das Verständnis von Wirtschaftspolitik. Er zeigte, wie schwer es ist, durch staatliche Geld- oder Inflationspolitik eine Volkswirtschaft kontrolliert zu beeinflussen. Ein komplexes Geflecht von Erwartungen und Reaktionen aller am Wirtschaftsprozeß Beteiligten lasse es ratsam erscheinen, staatliche Eingriffe in die wirtschaftliche Entwicklung möglichst gering zu halten

▷ Frieden: Der polnisch-britische Atomphysiker → [BIO] Joseph Rotblat und die von ihm geleiteten Pugwash-Konferenzen über Wissenschaft und Weltprobleme wurden für ihren Kampf gegen den Atomkrieg und ihr Engagement für die Abschaffung aller nuklearen Waffen zu gleichen Teilen mit dem N. geehrt.

Der N. wird seit 1901 jeweils am 10.12., dem Todestag des Stifters Alfred Nobel (1833–1896), in Stockholm/Schweden und Oslo/Norwegen (Frieden) verliehen. Die Auszeichnung wird aus den Zinsen der Nobelstiftung, einem aus dem hinterlassenen Vermögen des Industriellen Nobel gebildeten Fonds, zu gleichen Teilen an die jeweiligen Preisträger übergeben.

Nobelpreisträger seit 1990

Jahr	Preisträger (Land)
Chemie	
1990	Elias J. Corey (USA)
1991	Richard Ernst (Schweiz)
1992	Rudolph A. Marcus (Kanada)
1993	Karry B. Mullis (USA)
	Michael Smith (Kanada)
1994	George A. Olah (USA)
1995	Paul Crutzen (Niederlande)
	Mario José Molina (USA)
	Frank S. Rowland (USA)

Jahr	Preisträger (Land)
Physik	
1990	Jerome I. Friedman (USA)
	Henry W. Kendall (USA)
	Richard E. Taylor (Kanada)
1991	P.-G. de Gennes (Frankreich)
1992	G. Charpak (Frankreich)
1993	Russel A. Hulse (USA)
	Joseph Taylor (USA)
1994	B. Brockhouse (Kanada)
	Clifford Shull (USA)
1995	Martin Lewis Perl (USA)
	Frederick Reines (USA)

Jahr	Preisträger (Land)
Literatur	
1990	Octavio Paz (Mexiko)
1991	Nadine Gordimer (Südafrika)
1992	Derek Walcott (Saint Lucia)
1993	Toni Morrison (USA)
1994	Kenzaburo Oe (Japan)
1995	Seamus Heaney
	(Großbritannien u. Nordirl.)

Jahr	Preisträger (Land)
Physiologie/Medizin	
1990	Joseph E. Murray (USA)
	E. Donnall Thomas (USA)
1991	E. Neher (D), B. Sakmann (D)
1992	Edmond H. Fischer (USA)
	Edwin G. Krebs (USA)
1993	Phillip Sharp (USA)
	R. Robertson (Großbrit.)
1994	Alfred G. Gilman (USA)
	Martin Rodbell (USA)
1995	Edward B. Lewis (USA)
	Christiane Nüsslein-Volhard
	(Deutschland)
	Eric F. Wieschaus (USA)

Jahr	Preisträger (Land)
Wirtschaftswissenschaften	
1990	Harry Markowitz (USA)
	Merton Miller (USA)
	William Sharpe (USA)
1991	R. H. Coase (Großbritannien)
1992	Gary S. Becker (USA)
1993	Robert W. Fogel (USA)
	Douglas C. North (USA)
1994	John C. Harsanyi (USA)
	John F. Nash (USA)
	R. Selten (Deutschland)
1995	Robert E. Lucas Jr. (USA)

Jahr	Preisträger (Land)
Frieden	
1990	M. Gorbatschow (UdSSR)
1991	Aung San Suu Kyi (Myanmar)
1992	R. Menchú (Guatemala)
1993	Nelson Mandela (Südafrika)
	F. W. de Klerk (Südafrika)
1994	Jasir Arafat (PLO), S. Peres
	(Israel), Yitzhak Rabin (Israel)
1995	Joseph Rotblat (Großbrit.)
	Pugwash-Konferenzen

Nobelpreis, Alternativer

(eigentlich Right Livelihood Award, engl.; Preis für verantwortungsbewußte Lebensführung), von der Stiftung für verantwortungsbewußte Lebensführung (London) vergebene Auszeichnung für herausragende Leistungen zur Lösung drängender Menschheitsprobleme). Die 1995 mit rd. 375 000 DM dotierte Auszeichnung wurde zu gleichen Teilen an zwei Personen und zwei Bürgerrechtsgruppen vergeben:

▷ Die in Indonesien lebende Britin → BIO Carmel Budiardjo wurde für ihre Arbeit in der indonesischen Menschenrechtsorganisation Tapol geehrt, die sich für die unterdrückte Bevölkerung in Ost-Timor einsetzt

▷ Der thailändische Sozialreformer → BIO Sulak Sivaraksa tritt für ein Entwicklungsmodell ein, das auf kultureller Selbstbestimmung, Demokratie, Gewaltlosigkeit und sozialer Gerechtigkeit basiert

▷ Der Serbische Bürgerrat Sarajevos wurde für seine Bemühungen um ein friedliches Zusammenleben der verschiedenen ethnischen Gruppen in einem demokratischen Bosnien-Herzegowina ausgezeichnet

▷ Der ungarische Journalist → PER András Bíro brachte die Demokratisierung Ungarns durch die Unterstützung von Minderheitenprojekten voran. Die Stiftung N. wurde 1980 von dem deutsch-schwedischen Journalisten Jakob von Uexküll in London gegründet. Anlaß war die Beschränkung des Nobelpreises auf bestimmte Wissensgebiete und Kritik an den Entscheidungen des Nobelkomitees.

Nordirlandkonflikt TAB

Teilweise gewaltsame Auseinandersetzung mit religiös-sozialem Hintergrund um den Status des zum Vereinigten Königreich gehörenden und überwiegend protestantischen Nordirland (protestantischer Bevölkerungsanteil: 64%). Die katholische Minderheit in Nordirland verlangt den Anschluß der Provinz Ulster an die Republik Irland (katholischer Bevölkerungsanteil: 94%), während die Protestanten die Union mit Großbritannien beibehalten wollen. Seit 1969, als britische Truppen stationiert wurden, forderte der N. 3172 Menschenleben. Ein Bombenanschlag auf ein Bürogebäude im Londoner Docklands beendete im Februar 1996 den von der katholischen Untergrundorganisation IRA im Au-

Nordirland: Frieden noch nicht in Sicht

Datum	Ereignis
1902	Gründung der für Irlands Unabhängigkeit von Großbritannien eintretenden Partei Sinn Féin (gäl.: wir selbst)
1919–1921	Anglo-Irischer Unabhängigkeitskrieg
1921	Teilung Irlands; die vorwiegend protestantische Provinz Ulster (Nordirland) erhält ein eigenes Parlament (Stormont), das katholische Südirland wird autonom
1949	Irland wird Republik; Austritt aus dem Commonwealth
1969	Beginn des Bürgerkriegs in Nordirland; Stationierung britischer Soldaten
1992	Scheitern der ersten Gespräche zwischen Irland, Großbritannien und den vier größten Parteien Nordirlands
Dez. 1993	Nordirland-Erklärung: Irland und Großbritannien machen IRA-Gewaltverzicht zur Bedingung für Verhandlungen
31.8.1994	IRA kündigt Waffenstillstand an
Okt. 1994	Gewaltverzicht der protestant. Terrororganisationen
12.1.1995	London fordert als Vorbedingung für Verhandlungen die Ablieferung der IRA-Waffen
22.2.1995	Rahmenabkommen zwischen Großbritannien und Irland sieht Selbstbestimmungsrecht für Nordirland vor
10.5.1995	Erste direkte Gesprächskontakte zwischen der britischen Regierung und der IRA-Partei Sinn Féin
9.2.1996	IRA-Bombenanschlag in London beendet Waffenruhe
30.5.1996	Wahlen in Nordirland
10.6.1996	Beginn von Allparteiengesprächen

gust 1994 einseitig verkündeten Waffenstillstand. Am 10. Juni 1996 begannen sog. Allparteiengespräche über die Zukunft der Provinz Nordirland, von denen Sinn Féin, der politische Arm der IRA, jedoch ausgeschlossen war. Die britische Regierung forderte eine erneute Waffenruhe als Voraussetzung für die Teilnahme Sinn Féins. Bei einem weiteren IRA-Bombenanschlag wurden am 15. Juni in Manchester 200 Menschen verletzt. Schäden in Millionenhöhe verursachten im Juli 1996 die schwersten Krawalle in Nordirland seit 1974: Nach dem Verbot einer probritischen Demonstration errichteten Protestanten Barrikaden und lieferten sich Straßenschlachten mit der Polizei.

VERHANDLUNGEN: Zentrale Themen der Gespräche waren die Schaffung einer parlamentarischen Versammlung für Nordirland, eine engere Anbindung der britischen Provinz an die Republik Irland sowie die Entwaffnung der protestantischen Untergrundkämpfer und der IRA.

WAHLEN: Im Mai 1996 wurden in 18 nordirischen Wahlkreisen Vertreter für ein 110köpfiges Gremium gewählt, das für zwölf Monate bestehen soll. Dieses entsandte die Vertreter für die Allparteiengespräche. Sinn Féin gewann mit 15,5 % der Stimmen 17 Sitze in dem Forum.

GEFÄHRDETER FRIEDENSPROZESS: Bei der Ausrufung des Waffenstillstands durch die IRA im August 1994 hatte der britische Premierminister John Major angekündigt, nach drei Monaten Verhandlungen mit allen Parteien aufzunehmen. Die britische Forderung an die IRA, einen Teil der Waffen abzuliefern, blockierte jedoch bis Anfang 1996 die Gespräche. Eine Kommission unter Führung des früheren US-Senators George Mitchell empfahl im Januar 1996, gleichzeitig zu verhandeln und die Waffen zu vernichten. Major rief statt dessen Nordirland-Wahlen aus, für Februar geplante Verhandlungen wurden erneut vertagt. Die IRA beendete daraufhin den Waffenstillstand.

› IRA

Novel Food

Gentechnisch veränderte Nahrungsmittel. Das Europäische Parlament in Straßburg lehnte am 12.3.1996 eine generelle Kennzeichnungspflicht für N. ab. Die neuartigen Lebensmittel sollen nur dann entsprechend etikettiert werden, wenn sie sich in ihrer Qualität von gleichwertigen Produkten unterscheiden, wenn beispielsweise die gentechnischen Veränderungen chemische Spuren im Endprodukt hinterlassen haben.

PRODUKTE: Seit Februar 1996 ist in Großbritannien die sog. Matsch-Gen-amputierte Tomate auf dem Markt, die durch Gen-Manipulation haltbar bleibt. Rübzucker, der von Früchten stammt, die gentechnisch schädlingsresistent gemacht wurden, ist hingegen kennzeichnungsfrei, weil sich seine Kristalle von herkömmlichen nicht unterscheiden.

KRITIK: Umwelt- und Verbraucherschutzverbände bedauerten die Straßburger Entscheidung, die dem Bürger die nötige offene Information vorenthalte. Sie kritisierten, daß sich die Lobby der Lebensmittelindustrie durchgesetzt habe; die Unternehmen hätten im Fall einer allgemeinen Kennzeichnungspflicht einen Absatzrückgang bei N. erwartet. Die Gegner von N. befürchten vor allem ein undurchschaubares Gesundheitsrisiko etwa durch neuartige Allergien.

ANGEBOT: In Deutschland wurden 1996 gentechnisch veränderte Lebensmittel angeboten. So wurde beispielsweise der Mehlverbesserer Novamyl des dänischen Enzymherstellers Novo Nordisk bei der heimischen Brotherstellung verwendet.

O

OAS → ORG

OAU → ORG

Obdachlose TAB

Weltweit lebten Mitte der 90er Jahre nach UNO-Angaben vor allem in den Städten rd. 500 Mio Menschen ohne Wohnung oder in armseligen, unzureichenden Behausungen (z. B. schlechte Hygieneverhältnisse, keine stabile Bauweise). In Deutschland stieg die

Obdachlose: Anzahl in Europa		
Land	Obdachlose 1994	
	Anzahl	% / Einwohner
Deutschland	876 500	10,8
Frankreich	672 000	11,6
Italien	150 000	2,6
Spanien	45 000	1,2
Belgien	24 000	2,4

Quelle: The Economist, 26. 8. 1994

Zahl der O. der Bundesarbeitsgemeinschaft Wohnungslosenhilfe zufolge 1995 gegenüber dem Vorjahr um 4,6% auf 920 000 an. Rd. 15% waren Frauen, 5000 bis 7000 Kinder (Anteil: 0,7%). In Ostdeutschland verdoppelte sich die Zahl der O. 1993–1995 auf 34 000, was u. a. auf steigende Mieten und hohe Arbeitslosigkeit zurückgeführt wurde. Weitere Gründe für die Obdachlosigkeit waren Schulden und Beziehungsprobleme.
→ Arbeitslosigkeit → Straßenkinder
→ Wohnungsnot

OECD → ORG

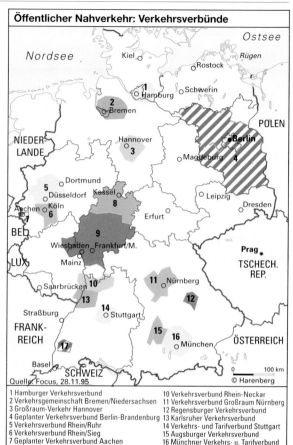

Öffentlicher Nahverkehr: Verkehrsverbünde

1 Hamburger Verkehrsverbund
2 Verkehrsgemeinschaft Bremen/Niedersachsen
3 Großraum-Verkehr Hannover
4 Geplanter Verkehrsverbund Berlin-Brandenburg
5 Verkehrsverbund Rhein/Ruhr
6 Verkehrsverbund Rhein/Sieg
7 Geplanter Verkehrsverbund Aachen
8 Nordhessischer Verkehrsverbund
9 Rhein/Main Verkehrsverbund
10 Verkehrsverbund Rhein-Neckar
11 Verkehrsverbund Großraum Nürnberg
12 Regensburger Verkehrsverbund
13 Karlsruher Verkehrsverbund
14 Verkehrs- und Tarifverbund Stuttgart
15 Augsburger Verkehrsverbund
16 Münchner Verkehrs- u. Tarifverbund
17 Geplanter Verkehrsverbund Freiburg

Quelle: Focus, 28.11.95 © Harenberg

Öffentlicher Nahverkehr
KAR TAB

Die Zahl der Benutzer von Bussen und Bahnen im Ö. stieg 1995 im Vergleich zu 1994 um 0,7 Prozentpunkte auf 8,5 Mrd. Damit setzte sich das seit 1988 anhaltende Wachstum fort. Die Einnahmen der 362 städtischen und regionalen Unternehmen im Ö. aus dem Fahrkartenverkauf stiegen 1995 um 0,3 Mrd DM auf 10,5 Mrd DM. Ursache für Wachstumsraten in den 90er Jahren waren verbesserte Leistungen von Bussen, U-, S- und Straßenbahnen sowie überlastete Straßen im Autoverkehr. Der

Öffentlicher Nahverkehr: Bundesförderung

Rang	Bundesland	Fördermittel (Mio DM)	
		1996	1997
1	Bayern	1246,20	1260,30
2	Nordrhein-Westfalen	1150,90	1165,10
3	Baden-Württemberg	772,10	780,40
4	Hessen	592,00	598,50
5	Sachsen	572,60	579,36
6	Brandenburg	537,83	539,84
7	Niedersachsen	530,10	535,60
8	Berlin	474,80	453,96
9	Sachsen-Anhalt	451,58	456,86
10	Rheinland-Pfalz	386,30	392,00
11	Thüringen	315,15	318,80
12	Mecklenburg-Vorpom.	260,69	263,77
13	Schleswig-Holstein	184,90	186,10
14	Hamburg	133,60	133,20
15	Saarland	112,00	113,80
16	Bremen	21,60	21,50

Quelle: Frankfurter Allgemeine Zeitung, 5.1.1996

Ö. ist umweltfreundlich, weil er Lärm- und luftverschmutzenden PKW-Verkehr in Innenstädten vermindert.

Anfang 1996 übernahmen die Bundesländer, Kommunen und Kreise die Verantwortung für den Regional- und Nahverkehr von der Deutschen Bahn AG. Damit trat eine weitere Stufe der 1994 beschlossenen Bahnreform in Kraft. Mit der Regionalisierung des schienengebundenen Ö. können die Regionen ihr Angebot im Nahverkehr ihren Bedürfnissen gemäß selbst gestalten. Sie können Verkehrsleistungen bei der Deutschen Bahn oder anderen Bahnunternehmen bestellen. Der Bund zahlt den Ländern für die Finanzierung des Personen-Schienennahverkehrs Zuschüsse, die 1996 ca. 8,7 Mrd DM, ab 1997 jährlich 12 Mrd DM betragen. In diesen Summen sind Sockelbeträge von 7,7 Mrd DM (1996) und 7,8 Mrd DM (ab 1997) enthalten, die der Bund bisher für den Ausgleich der Defizite des Personen-Schienennahverkehrs aufwenden mußte. Die Mittel werden so auf die Länder aufgeteilt, daß die Qualität und der Umfang des Angebots im Schienennahverkehr dem Niveau von 1993/94 entspricht. Der Rest der Bundesmittel steht für Investitionen z. B. in Fahrzeuge zur Verfügung.

→ Autoverkehr → Bahnreform

Ogoni

Im Südosten Nigerias, im Delta des Niger-Flusses lebendes Volk mit rd. 500 000 Angehörigen, das hauptsächlich Landwirtschaft und Fischfang betreibt. Weltweite Proteste löste im November 1995 die Hinrichtung von neun O. aus, darunter der Schriftsteller und Menschenrechtler Ken Saro-Wiwa, Anführer der 1990 gegründeten Bewegung für das Überleben des O.-Volkes (MOSOP).

MOSOP wirft den internationalen Ölkonzernen vor, sie zerstörten die Umwelt in ihrem Stammland. 1958–1993 wurden die Ölvorkommen im Nigerdelta vor allem von der britisch-niederländischen Shell-Gruppe ausgebeutet. Etwa 220 Ölunfälle pro Jahr zerstörten große Teile des O.-Landes. Zur Behebung der Schäden fordern die O. von der Regierung eine Beteiligung an den Öleinnahmen, die rd. 80% der Staatseinnahmen ausmachen.

→ LAND Nigeria

Öko-Audit

Am 15. 12. 1995 trat in Deutschland das Umwelt-Audit-Gesetz (UAG) in Kraft. Dabei handelt es sich um eine freiwillige Umweltbetriebsprüfung von gewerblichen Unternehmen, die daraufhin ein Zertifikat erwerben. Ziel des sog. Ö., dem eine Richtlinie der Europäischen Union (EU) vom April 1995 zugrunde liegt, ist es, den Umweltschutz in den Betrieben kontinuierlich zu verbessern. Staatliche Zuschüsse gibt es nicht.

DURCHFÜHRUNG: Die EU-Umwelt-Audit-Verordnung vom April 1995 bzw. das deutsche UAG sieht ein dreistufiges Verfahren vor:

▷ Im ersten Schritt wird unternehmensintern geprüft, ob an dem betreffenden Standort alle Umweltvorschriften eingehalten werden (Feststellung des Ist-Zustandes). Zu diesem Zweck erhebt das Unternehmen alle umweltrelevanten Daten, z. B. kontrolliert es, wieviel Wasser verbraucht wird oder wieviel Kohlendioxid Firmenwagen freisetzen. Außerdem wird ein Umweltmanagementsystem entwickelt und dokumentiert. Dabei werden konkrete Ziele wie etwa die Senkung des Stromverbrauchs um 10% binnen eines Jahres sowie die Handlungsgrundsätze für den Umweltschutz festgelegt (Soll-Zustand). Die wichtigsten Ergebnisse dieses internen Ö. werden in einer (an die Öffentlichkeit gerichteten) Umwelterklärung zusammengefaßt

▷ Im zweiten Schritt, Validierung oder Zertifizierung genannt, kontrolliert ein zugelassener Gutachter die internen Prüfungen, das Umweltmanagement (verantwortliche Mitarbeiter, Sicherheit der Produktionsabläufe, Organisationsstrukturen) und die Umwelterklärung

▷ Die validierte Umwelterklärung wird schließlich veröffentlicht und der Standort in ein EU-Verzeichnis (Registerstelle) aufgenommen. Der auditierte Standort erhält die sog. Teilnahmeerklärung. Diese darf das Unternehmen in seine Geschäftspapiere aufnehmen oder allgemein damit werben, für ein einzelnes Produkt allerdings nicht.

DEUTSCHLAND: Während die Zahl der zertifizierten deutschen Unternehmen 1996 zunahm, wurde außerhalb der Bundesrepublik vom Ö. kaum Gebrauch gemacht. Von den 130 zertifizierten Unternehmensstandorten in der EU lagen im März 1996 ca. 100 (80%) in Deutschland. Allerdings verfügte Deutschland auch über die meisten Umweltgutachter: 53 der insgesamt 72 Prüfer hatten ihren Sitz in der Bundesrepublik. Hinzu kam, daß das Umweltbewußtsein in deutschen Firmen größer war als in anderen EU-Ländern.

ZUKUNFTSAUSSICHTEN: Für die kommenden Jahre plante die EU, das Ö., das bisher nur auf Gewerbebetriebe anwendbar war, auf das Transportwesen sowie auf Handel und Dienstleistungen auszudehnen. Später sollen auch die Bereiche Bauwesen, Tourismus und öffentliche Verwaltungen miteinbezogen werden.

→ Umweltschutz

Öko-Steuern

Umbau des Steuersystems, um Energie, Schadstoffausstoß, umweltschädigende Produkte und Herstellungsverfahren zu verteuern und die Lohnnebenkosten zu senken. Bei der Einführung der Ö. war Schweden mit der Erhebung einer Steuer für Energie, Schwefel-, Kohlendioxid- und Stickstoffausstoß Vorreiter.

WORLDWATCH-BERICHT: Anfang 1996 kam das Worldwatch-Institut (Washington) zu dem Ergebnis, daß der Umweltkrise und Knappheit der Naturvorräte durch Ö. Rechnung getragen werden muß. Alle Produkte, die zur Klimaerwärmung, Vernichtung der Regenwälder, Anhäufung von Müll sowie Erschöpfung des Wassers beitragen, müßten verteuert werden. Der Benzinpreis in den USA (1996: 0,50 DM pro Liter) müßte verdreifacht werden. Als besonders negativ wurde die deutsche Subventionierung des umweltschädigenden Steinkohlebergbaus genannt.

SELBSTVERPFLICHTUNG: Die CDU/CSU/FDP-Bundesregierung zog Anfang 1996 ihre Pläne für eine Kohlendioxid- und Energiesteuer zurück, nachdem 19 Wirtschaftsverbände ihre Selbstverpflichtung vom Vorjahr verschärft hatten. Bis zum Jahr 2005 soll danach der Kohlendioxid-Ausstoß um 20% gegenüber dem Stand von 1990 gesenkt werden.

ALTERNATIVKONZEPTE: SPD und Bündnis 90/Die Grünen sowie Umweltverbände forderten 1996 den Einstieg in eine ökologische Steuerreform mit Erhöhung der Mineralölsteuer, Energie- und Kohlendioxid-Steuer. Die SPD rechnete mit Mehreinnahmen von 23 Mrd DM, die stufenweise bis auf 58 Mrd DM anwachsen sollen. Die Einnahmen sollen für umweltschonende Technologien, für Beitragskürzungen in der Arbeitslosenversicherung und die Senkung der Einkommensteuer verwendet werden. Wirtschaftsverbände warnten vor einer Verschlechterung der Wettbewerbsbedingungen für die deutsche Industrie durch Ö. Die SPD machte daraufhin im April 1996 Abstriche von ihrem Programm und wollte die Energie, die im Produktionsprozeß der Unternehmen verbraucht wird, von Ö. freistellen.

VERPACKUNGSSTEUER: In 15 Städten und Gemeinden wurde 1995 eine Ö. auf Einweggeschirr von Imbißstuben und Hamburger-Restaurants eingeführt. Weitere 500 Kommunen planten 1996, eine solche Ö. zu erheben. In Kassel war mit Einnahmen aus der Verpackungssteuer von 300 000 DM in drei Jahren gerechnet worden. Tatsächlich betrugen sie aber nur 42 000 DM. In Hamburg wurden die Pläne zur Einführung einer Verpackungssteuer gestoppt, als ein Gutachten ergab, daß der Verwaltungsaufwand pro Jahr mit 1 Mio DM genauso hoch wäre wie die Steuereinnahmen.

→ Energiesteuer → Energieverbrauch → Kohle → Kohlendioxid → Steuern → Strompreise → Subventionen

Olestra

Kunstfett, dessen Moleküle aus Fettsäuren und Zucker so konstruiert sind, daß sie unverdaut ausgeschieden werden. O.-haltige Lebensmittel haben daher weniger Kalorien. Laut Hersteller erleichtert O. Diäten zur Gewichtsreduzierung. Die US-Nahrungsmittelaufsichtsbehörde (FDA, Washington) ließ O. im Februar 1996 als Lebensmittelzusatzstoff für Knabberprodukte zu. 1996 beantragte der Hersteller von O. die Zulassung in Kanada und Großbritannien. Die weitere Verbreitung in Europa war geplant.

ZULASSUNGSBEDINGUNGEN: Die FDA ließ O. unter der Auflage zu, daß nur ein Teil des üblichen Fettgehalts von Knabberprodukten durch O. ersetzt wird. O.-haltigen Produkten müssen die fettlöslichen Vitamine A, D, E und K zugesetzt werden, da O. deren Aufnahme im Körper verhindert. Ferner muß darauf hingewiesen werden, daß Nahrungsmittel mit O. Darmbeschwerden wie Krämpfe, Blähungen und Durchfall verursachen können.

KRITIK: Ernährungswissenschaftler befürchten, daß Übergewichtige trotz des Verzehrs O.-haltiger Produkte zunehmen. Sie gehen davon aus, daß der Körper die verminderte Fettaufnahme bei O.-haltigen Produkten durch vermehrten Appetit ausgleicht und damit eine Gewichtssteigerung hervorgerufen wird. O. verhindert die Aufnahme von Carotinoiden im Körper, Substanzen, die als vorbeugend gegen Krankheiten wie Krebs, Herzleiden und die Augenerkrankung Grauer Star gelten.

→ Ernährung

Ölkatastrophen

Eine der größten Ö. ereignete sich im Februar 1996 vor der walisischen Küste, als der 274 m lange Supertanker Sea Empress auf Grund lief und etwa die Hälfte seiner Rohöl-Ladung verlor. Dabei wurden 70 000 t Öl freigesetzt, fast doppelt soviel wie beim Tankerunglück der Exxon Valdez 1989 vor der Küste Alaskas, das zur größten ökologischen Katastrophe in den USA wurde.

Der Ölteppich durch das aus der Sea Empress ausgelaufene Öl nahm eine Fläche von 1 300 km^2 ein und überzog zahlreiche Brutstätten für Papageientaucher, Sturmvögel und Tölpel. Nach Angaben von Naturschützern sollen insgesamt rd. 500 000 Seevögel verendet sein. Die Kosten für die Behebung der Umweltschäden wurden von Experten auf mindestens 200 Mio DM geschätzt.

→ Erdöl → Tankersicherheit → Wasserverschmutzung

Ölplattform

1996 war nicht geklärt, wie die Ö. Brent Spar entsorgt werden soll, die nach weltweiten Protesten gegen ihre geplante Versenkung im Atlantik 1995 in den südnorwegischen Erfjord bei Stavanger geschleppt worden war. Der Liegeplatz für die ehemalige Bohrinsel kostete den Energiekonzern Shell 1996 etwa 1500 DM pro Tag.

Am 30.4.1995 hatten Greenpeace-Aktivisten erstmals die 140 m hohe und 14 500 t schwere Ö. besetzt. Shell hatte nach dem wochenlangen Boykott von Tankstellen bis zu Bombendrohungen und Brandstiftung am 20.5.1995 beschlossen, die Ö. nicht zu versenken. Greenpeace hatte gegen das Vorhaben von Shell protestiert, weil auf der Brent Spar Ölschlämme durchsetzt von giftigen Schwermetallen sowie weitere Gifte lagerten, die das Meer verschmutzen könnten. Wie die Brent Spar entsorgt wird, soll bis Anfang 1997 entschieden werden.

In der Nordsee betrieben Mineralölunternehmen Mitte der 90er Jahre etwa 500 Öl- und Gasstationen. Die Shell-Plattform Leman BK in der südlichen Nordsee soll an Land entsorgt werden, ebenso die benachbarte Viking A (Conoco/BP) und die norwegische Bohrinsel Odin (Esso).

→ Erdöl

Olympische Spiele GRA TAB

Bedeutendster internationaler Sportwettbewerb, der seit 1896 alle vier Jahre ausgetragen wird (nur durch den Ersten und Zweiten Weltkrieg unterbrochen). 1996 fanden die Olympischen Sommerspiele in Atlanta/USA statt (19.7.–4.8.1996). Die nächsten Winterspiele werden 1998 in Nagano/Japan ausgetragen. 2000 finden die Sommerspiele in Sydney/Australien statt, Salt Lake City/USA ist Austragungsort der Winterspiele 2002.

ATLANTA 1996: Die Sommerspiele zum 100jährigen Bestehen der Olympischen Bewegung hatten ein Budget von rd. 1,6 Mrd Dollar. Das Programm umfaßte 26 olympische Sportarten mit 271 Wettbewerben. Größter Neubau war das Olympiastadion mit 70 000 Sitzplätzen (Baukosten: rd. 170 Mio Dollar), das nach den O. zum Baseballstadion umgerüstet und der Stadt geschenkt wurde. Als neue Sportarten standen Beachvolleyball, Mountainbike-Fahren und Softball auf dem Programm.

EINNAHMEN: 555 Mio Dollar bekam der Ausrichter aus den Fernsehrechten, für die allein der US-amerikanische Fernsehsender NBC 456 Mio Dollar (642 Mio DM) zahlte. Etwa 550 Mio Dollar stammten von privaten Sponsoren.

TEILNEHMERBEGRENZUNG: Das Internationale Olympische Komitee (IOC, Lausanne/Schweiz) beschränkte die Zahl der Teilnehmer an den Sommerspielen 1996 auf maximal 10 000 (Teilnehmer 1992 in Barcelona: 9367). Für jede Sportart wurden Quoten festgelegt und die Athleten nach einem vom Fachverband festgelegten Qualifikationsmodus ausgewählt. Das IOC verkürzte Veranstaltungen und machte durch die schnellere Abfolge von Entscheidungen die O. für das Publikum attraktiver.

SYDNEY 2000: Bei den Sommerspielen in Australien werden Triathlon und Taekwondo als Sportarten ins olympische Programm aufgenommen. Das Sportereignis wird vom Nationalen Olympischen Komitee Australiens in Zusammenarbeit mit der Umweltschutzorganisation Greenpeace geplant.

→ Sportübertragungsrechte

Olympische Spiele: Sommerspiele seit 1896

Land/Jahr/Ort	Teiln./Länder[1] Wettbewerbe	Nationenwertung Land	Gold	Silber	Bronze
Griechenland 1896 Athen	295 Teilnehmer 13 Länder 42 Wettbewerbe	1. USA 2. GRE 3. GER	11 10 7	6 19 5	2 18 3
Frankreich 1900 Paris	1077 Teilnehmer 21 Länder 97 Wettbewerbe	1. FRA 2. USA 3. GBR	29 20 17	41 14 8	32 19 10
USA 1904 St. Louis	554 Teilnehmer 22 Länder 109 Wettbewerbe	1. USA 2. GER 3. CUB	80 5 5	86 4 3	72 6 3
Großbritannien 1908 London	2055 Teilnehmer 12 Länder 102 Wettbewerbe	1. GBR 2. USA 3. SWE	56 23 7	50 12 5	39 12 10
Schweden 1912 Stockholm	2504 Teilnehmer 28 Länder 106 Wettbewerbe	1. SWE 2. USA 3. GBR	24 23 10	24 19 15	17 19 16
Belgien 1920 Antwerpen	2676 Teilnehmer 29 Länder 154 Wettbewerbe	1. USA 2. SWE 3. GBR	41 17 15	26 19 15	27 26 13
Frankreich 1924 Paris	3075 Teilnehmer 44 Länder 131 Wettbewerbe	1. USA 2. FIN 3. FRA	45 14 13	27 13 15	27 10 10
Niederlande 1928 Amsterdam	2971 Teilnehmer 46 Länder 122 Wettbewerbe	1. USA 2. GER 3. FIN	22 10 8	18 7 8	16 14 19
USA 1932 Los Angeles	1331 Teilnehmer 38 Länder 126 Wettbewerbe	1. USA 2. ITA 3. FRA	41 12 10	32 12 5	30 12 4
Dt. Reich 1936 Berlin	3980 Teilnehmer 49 Länder 144 Wettbewerbe	1. GER 2. USA 3. HUN	33 24 10	26 20 1	30 12 5
Großbritannien 1948 London	4062 Teilnehmer 58 Länder 150 Wettbewerbe	1. USA 2. SWE 3. FRA	38 16 10	27 11 6	17 17 13
Finnland 1952 Helsinki	5867 Teilnehmer 67 Länder 149 Wettbewerbe	1. USA 2. URS 3. HUN	40 22 16	19 30 10	17 19 16
Australien 1956 Melbourne	3342 Teilnehmer 67 Länder 151 Wettbewerbe	1. URS 2. USA 3. AUS	37 32 13	29 25 8	32 17 14
Italien 1960 Rom	5348 Teilnehmer 83 Länder 150 Wettbewerbe	1. URS 2. USA 3. ITA	43 34 13	29 21 10	31 16 13
Japan 1964 Tokio	5140 Teilnehmer 93 Länder 163 Wettbewerbe	1. USA 2. URS 3. JPN	36 30 16	26 31 5	28 35 8
Mexiko 1968 Mexiko-Stadt	5531 Teilnehmer 112 Länder 195 Wettbewerbe	1. USA 2. URS 3. JPN	45 29 11	28 32 7	34 30 7
BRD 1972 München	7147 Teilnehmer 122 Länder 195 Wettbewerbe	1. URS 2. USA 3. GDR	50 33 20	27 31 23	22 30 23
Kanada 1976 Montreal	6028 Teilnehmer 92 Länder 198 Wettbewerbe	1. URS 2. GDR 3. USA	49 40 34	41 25 35	35 25 25
UdSSR 1980 Moskau	5217 Teilnehmer 81 Länder 203 Wettbewerbe	1. URS 2. GDR 3. BUL	80 47 8	69 37 16	46 42 17
USA 1984 Los Angeles	6797 Teilnehmer 141 Länder 221 Wettbewerbe	1. USA 2. ROM 3. FRG	83 20 17	61 16 19	30 17 23
Süd-Korea 1988 Seoul	9581 Teilnehmer 160 Länder 237 Wettbewerbe	1. URS 2. GDR 3. USA	55 37 36	31 35 31	46 30 27
Spanien 1992 Barcelona	9367 Teilnehmer 172 Länder 257 Wettbewerbe	1. GUS 2. USA 3. GER	45 37 33	38 34 21	29 37 28

1) Olympiakomitees　　　　　　　　　　　　　　　　　© Harenberg

Olympische Spiele: Ausgaben US-Fernsehsender

Jahr	Austragungsort/Land	Sender	Kosten[1] (Mio Dollar)
Winterspiele			
1980	Lake Placid/USA	ABC	15,5
1984	Sarajevo/Jugoslawien	ABC	91,5
1988	Calgary/Kanada	ABC	308,0
1992	Albertville/Frankreich	CBS	243,0
1994	Lillehammer/Norwegen	CBS	300,0
1998	Nagano/Japan	CBS	375,0
2002	Salt Lake City	NBC	555,0
Sommerspiele			
1980	Moskau/UdSSR	NBC	87,0
1984	Los Angeles/USA	ABC	225,0
1988	Seoul/Korea-Süd	NBC	300,0
1992	Barcelona/Spanien	NBC	401,0
1996	Atlanta/USA	NBC	456,0
2000	Sydney/Australien	NBC	714,0

1) Preis der Übertragungsrechte; Quelle: Aktuell-Recherche

Online-Dienste [TAB]

(engl.; am Netz), computergestützte Dienste, die den Zugriff auf Informationen (z. B. Computerdatenbanken) in aller Welt und die elektronische Kommunikation ermöglichen. Im Gegensatz zum Internet, dem weltweit größten Computernetzwerk, arbeiteten O. privater Anbieter wie America Online, Compuserve oder T-Online gewinnorientiert. Mitte 1996 nutzten rd. 1,58 Mio Deutsche einen O., bis 2000 sollen es Prognosen zufolge die Hälfte aller Haushalte sein. Größter privater Anbieter war in Deutschland T-Online der Deutschen Telekom mit 1,1 Mio Teilnehmern. Mit O. wurden 1995 weltweit 900 Mio Dollar umgesetzt. Angeboten wurden vor allem elektronische Medien (Zeitungen, Zeitschriften), Telebanking, Reiseauskünfte, abrufbare Computerprogramme, Teleshopping und der Zugang zum Internet. Für die O. wird eine monatliche Grundgebühr fällig, Nutzungs- und Telefongebühren fallen zusätzlich an. Das Abrufen von Zeitungsartikeln kostete 1996 etwa 0,60–4,00 DM pro Artikel.

NEUE DIENSTE: Ende 1995 ging in Deutschland der gemeinsame O. America Online (AOL) der Unternehmen Bertelsmann AG (Deutschland) und America Online (AOL) ans Netz, an dem sich auch die Deutsche Telekom beteiligen will, falls das Kartellamt zustimmt. Im Dezember 1995 startete der O. Europe Online des Verlagshauses Burda, der jedoch im Gegensatz zu den anderen O. keine eigene Netztechnik besitzt, sondern Teil des Internets ist. Nur mit einer kostenpflichtigen Kennziffer haben Internet-Nutzer Zugang zu Europe Online. Der O. des Softwaregiganten Microsoft (USA), MSN, ging mit dem Start des Betriebssystems Windows 95 Ende 1995 ans Netz und hatte Mitte 1996 weltweit rd. 1 Mio Mitglieder. Ab 1. 8. 1996 bietet der Handelskonzern

Online-Dienste: Angebote in Deutschland

Merkmal	AOL	CompuServe	Europe Online	MSN	T-Online
Betreiber	America Online Bertelsmann	H&R-Block-Gruppe	Burda-GmbH und andere	Microsoft	Deutsche Telekom
Start	Dez. 1995	1991	15. 12. 1996	Okt. 1995	1984
Teilnehmer	100 000	280 000	25 000	k. A.	1 100 000
Angebote	Zeitschriften, Auskünfte, Telebanking	Auskünfte, Foren, Software	Magazine, Techn. Hilfe, Nachrichten	Software, Auskünfte, Telelearning	Telebanking, Teleshopping Datenbanken
Internet-zugang	keine Zusatz-kosten	keine Zusatz-kosten	keine Zusatz-kosten	keine Zusatz-kosten	Telekosten 6 DM/h
E-Mail	ja	ja	–	ja	ja
Grundgebühr	9,90 DM	19,95 DM	7,00 DM	14 DM	8 DM/h
Freistunden	2	5	2	2	keine
Gebühr/h	6 DM	4,95 DM	4,20 DM	7,50	1,20–3,60 DM[1]
Kosten 20 h[2]	117,90 DM	94,20 DM	k. A.	149 DM	150–200 DM

Stand: Juni 1996; 1) 1,20 von 18 bis 8 Uhr, 3,60 DM von 8 bis 18 Uhr; 2) ohne Telefongebühren; Quelle: VDI-Nachrichten 8.3.1996, Aktuell-Recherche

Metro in Deutschland einen eigenen O. an (Metronet, Pauschalpreis: 9,90/Monat). **KRITIK:** Das US-amerikanische Marktforschungsunternehmen Forrester Research ging 1996 im Gegensatz zu anderen Experten davon aus, daß O. nach und nach keine eigenen Datennetze mehr betreiben werden, sondern ihre Dienste wie Europe Online oder Ende 1996 Compuserve über das Internet anbieten werden. Viele O. Nutzer hätten den O. nur abonniert, um direkten Zugang ins Internet zu bekommen. Da weltweit z. B. die Telefongesellschaften damit begannen, einen kostengünstigen Internetzugang anzubieten, gingen die Marktforscher davon aus, daß die Teilnehmerzahlen der O. ab 1997 zurückgehen werden. Eine Studie der MGM MediaGruppe (München) ergab 1995, daß O. langfristig nur über Werbung finanzierbar sein werden und nur dann Erfolg haben können, wenn sie mit Buch-, Zeitungs- und Zeitschriftenverlagen sowie anderen Medienunternehmen zusammenarbeiten, die dem O. attraktive Inhalte liefern.
→ Elektronische Medien → Internet
→ Multimedia → T-Online
→ Teleshopping

OPEC → ORG

Organisierte Kriminalität
→ Mafia

Organtransplantation TAB
In Deutschland stieg 1995 mit 3360 verpflanzten Organen die Zahl der O. erstmals seit 1992 wieder an. Der Deutschen Stiftung O. (Neu-Isenburg) zufolge sind etwa viermal so viele Organspenden zur Deckung des Bedarfs erforderlich. Allein 10 000 Menschen warteten 1996 in Deutschland auf eine Spenderniere, je 1000 Patienten hofften auf Herz und Leber. Der Deutsche Bundestag beriet Mitte 1996 über verschiedene, z. T. parteiübergreifende Entwürfe für ein Transplantationsgesetz, das verbindliche Regelungen für die Spende und Übertragung von Organen schaffen und die Gefahr des Organhandels unterbinden soll.
LEBENDSPENDE: In Deutschland stammten 1995 nur ca. 4% aller verpflanzten Or-

Organtransplantation: Häufigkeit in Deutschland

Spenderorgan	Anzahl		
	1995	1994	1993
Niere	2128	1972	2164
Leber	601	586	590
Herz	498	478	505
Lunge	84	98	71
Bauchspeicheldrüse	49	49	45
Insgesamt	3360	3183	3375

Quelle: Dt. Stiftung Organtransplantation

gane von lebenden Spendern, während in Ländern wie den USA oder Norwegen der Anteil bei bis zu 50% lag. Viele deutsche Transplantationszentren lehnten Mitte der 90er Jahre Organspenden von Gesunden mit der Befürchtung ab, dem kommerziellen Organhandel Vorschub zu leisten. Das geplante Gesetz zur O. soll eine verbindliche Regelung schaffen, die Lebendspenden unter Verwandten und einander emotional nahestehenden Menschen erlaubt.

TIERTRANSPLANTATE: Mitte der 90er Jahre experimentierten Forscher weltweit mit der Übertragung von Tierorganen auf den Menschen (Xenotransplantation). Normalerweise stößt der menschliche Körper artfremde Zellen ab. Mit Hilfe von gentechnischen Veränderungen des tierischen Erbmaterials bilden sich menschliche Eiweiße auf den Zelloberflächen, die bei einer Transplantation als Erkennungszeichen fungieren. Das menschliche Immunsystem behandelt die Organe der sog. transgenen Tiere als körpereigenes Gewebe und verhindert die Abstoßung.

NEUER MARKT: Aufgrund fehlender Spenderorgane prognostizierten Fachleute 1996 der Xenotransplantation zukünftige Jahresumsätze von rd. 1 Mrd Dollar (1,53 Mrd DM). Kritiker verwiesen auf die gesundheitlichen Gefahren von Tiertransplantaten: Durch die von Affen oder Schweinen gespendeten Organe könnten bisher unbekannte Erreger die Barriere zum Menschen überwinden und epidemieartige Infektionskrankheiten auslösen.
→ Transgene Tiere

Osteuropa-Bank → ORG

Ostsee-Überbrückung: Größte Brücken

Jahr	Spannweite	Name	Ort (Land)	Typ[1]
650	37 m	Tsiho-Brücke	Zhaozhou/Harbin (China)	G.
1356	49 m	Skaliger-Brücke	Verona (Italien)	G.
1845	203 m	Donaubrücke bei Pest	Budapest (Ungarn)	H.
1883	486 m	East-River-Bridge	New York (USA)	H.
1890	521 m	Firth of Forth Bridge	bei Edinburgh (GB)	A.
1917	549 m	Québec Bridge	Québec (Kanada)	A.
1929	563 m	Ambassador Bridge	Detroit/Michigan (USA)	H.
1931	1067 m	George Washington B.	New York (USA)	H.
1936	1280 m	Golden Gate Bridge	San Francisco (USA)	H.
1964	1298 m	Verrazano-Narros B.	New York (USA)	H.
1981	1410 m	Humber Estuary Bridge	Kingston-upon-Hull (GB)	H.
1998	1624 m	Autobrücke Großer Belt	Seeland/Sprogø (DK)	H.

1) G.: Gewölbebrücke; H.: Hängebrücke; A.: Auslegerbrücke

Ostsee-Überbrückung KAR TAB

Verbindungen mit Tunneln und Brücken zwischen Skandinavien und dem westeuropäischen Festland zur Verbesserung des Personen- und Warenverkehrs. Ein Eisenbahntunnel (Länge: 7,7 km) zwischen den dänischen Inseln Seeland und Sprogø wurde 1995 fertiggestellt und soll Ende 1996 in Betrieb genommen werden.

GROSSER BELT: Parallel zum Tunnel verläuft eine 65 m hohe, 6,8 km lange Autobahnbrücke, die Anfang 1998 eröffnet werden soll. Mit 1624 m Spannweite im Mittelteil zwischen zwei Pfeilern wird sie die weltweit längste Hängebrücke sein. Eine kombinierte Eisenbahn- und Autobrücke über den Westteil des Großen Belts (Länge: 6,6 km, Höhe: 18 m) verbindet Sprogø mit der Insel Fünen. Für die Überquerung des Großen Belts wird ein PKW 15 min benötigt. 1996 dauerte der Transport des PKW mit Fährschiffen über eine Stunde. Als Gebühr sind für PKW für Hin- und Rückfahrt 100 DM geplant. Das 4,65 Mrd DM teure Verkehrsprojekt soll mit den Gebühren innerhalb von 15 Jahren finanziert werden.

ÖRESUND: Eisenbahn- und Autoverkehr sollen durch einen 1092 m langen Tunnel auf eine künstliche Insel vor der dänischen Hauptstadt Kopenhagen und weiter über eine 15 km lange Brücke nach Malmö in Schweden geführt werden. Im oberen Teil des Tunnels werden Autos fahren, im unteren Eisenbahnzüge. Die 13 Mrd DM teuren Bauten am Öresund sollen durch Benutzergebühren bezahlt und 2000 fertiggestellt werden.

FEHMARNBELT: Bis Anfang 1998 soll eine Studie klären, ob ein Eisenbahntunnel, ein Straßentunnel oder eine Kombination aus beiden die Verbindung von Puttgarden auf Fehmarn/Deutschland zur dänischen Insel Lolland (sog. Vogelfluglinie) über den 19 km breiten Fehmarnbelt herstellen wird.

→ Gibraltartunnel → Kanaltunnel

OSZE → ORG

Outsourcing

(engl.; Auslagerung), Ausgliederung betrieblicher Aktivitäten, die nicht das Kerngeschäft betreffen, an Zulieferer oder Dienstleister (z. B. Logistik, Datenverarbeitung). O. galt Anfang der 90er Jahre als Strategie, um ein Unternehmen wettbewerbsfähiger zu machen. Kritiker bemängelten, daß Firmenangestellte oft in eine Scheinselbständigkeit gedrängt würden. Seit 1995 trat vor allem in Großbetrieben der Automobilindustrie und des Maschi-

Ostsee-Überbrückung

❶ Eisenbahntunnel, Autobrücke und kombinierte Eisenbahn- und Autobrücke Voraussichtliche Eröffnung: 1996 (Bahnverkehr) 1998 (Autoverkehr)

❷ Tunnel-Brücke-Kombination für Auto- und Eisenbahnverkehr (geplante Eröffnung 2000)

❸ "Vogelfluglinie": Forderung nach Tunnel (Stand: Mitte 1996)

Streckenführung Autobahn/ Eisenbahn

LAND Länderteil NEK Nekrolog ORG Organisationen BIO Biographien

nenbaus ein gegenläufiger Trend auf. Ausgelagerte Bereiche wurden zurückgeholt (Insourcing). Hauptgrund war, daß sich nach dem O. andere Unternehmensbereiche (z. B. Reparaturabteilungen) und die allgemeine Verwaltung nicht im selben Umfang abbauen ließen. Dadurch blieben nach der Auslagerung hohe Fixkosten im eigenen Unternehmen bestehen, und Kapazitäten wurden nicht ausgelastet.

→ Scheinselbständige

ÖVP

Bei der vorgezogenen Nationalratswahl am 17.12.1995 verfehlte die Österreichische Volkspartei (ÖVP) ihr Wahlziel, den bisherigen sozialdemokratischen Koalitionspartner SPÖ als stärkste Fraktion abzulösen. Mit einem Stimmenanteil von 28,3% konnte die christlich-demokratische ÖVP das Ergebnis der Nationalratswahl 1994, das schlechteste in ihrer 50jährigen Geschichte, um 0,6 Prozentpunkte verbessern. Sie gewann ein Mandat hinzu und blieb mit 53 von 183 Sitzen zweitstärkste Partei (SPÖ: 72 Sitze). Die ÖVP bildete im März 1996 zum vierten Mal seit 1987 eine große Koalition mit der SPÖ und war Mitte 1996 mit sechs Ministern in der 14köpfigen Regierung vertreten. ÖVP-Bundesobmann Wolfgang Schüssel übernahm erneut das Amt des Vizekanzlers und Außenministers.

KOALITIONSVEREINBARUNG: Die dritte Regierung aus SPÖ und ÖVP unter Bundeskanzler Franz Vranitzky (SPÖ, ab November 1994) war im Oktober 1995 am Streit um den Bundeshaushalt zerbrochen. Im März 1996 einigte sich die ÖVP mit der SPÖ auf ein Konzept zur Sanierung des Haushalts. Privatisierungserlöse sollen helfen, 50 000 bis 80 000 zusätzliche Arbeitsplätze zu schaffen.

BUNDESLÄNDER: Bei der Landtagswahl in der Steiermark am 17.12.1995 verlor die ÖVP 8,0 Prozentpunkte. Mit einem Stimmenanteil von 36,3% errang sie wie die SPÖ (36,0%) 21 Mandate. → BIO Waltraud Klasnic (ÖVP) trat die Nachfolge des zurückgetretenen Landeshauptmanns der Steiermark, Josef Krainer (ÖVP), an. Die ÖVP-Politikerin ist die erste Frau an der Spitze einer österreichischen Landesregierung. Mitte 1996 war die ÖVP in acht von neun Bundesländern an der Regierung beteiligt.

ORGANISATION: Vorsitzender der ÖVP ist seit 1995 Wolfgang Schüssel. Mit Thomas Klestil bekleidet seit 1992 ein ÖVP-Mitglied das Amt des österreichischen Bundespräsidenten. Die ÖVP zählte Mitte 1996 rd. 500 000 Mitglieder.

→ LAND Österreich → BUND Steiermark

Ozonloch

Das O. über dem Südpol, der Antarktis, weitet sich immer schneller aus. Nach Angaben der in Genf ansässigen World Meteorological Organization (WMO) war es im Herbst 1995 so groß wie nie zuvor und erreichte etwa die Ausdehnung Europas. Der erstmals im Frühjahr 1995 auch über dem Nordpol, der Arktis, beobachtete Ozonschwund alarmierte Wissenschaft und Politik.

Infolge des Ozonschwunds in der irdischen Lufthülle in einer Höhe von 15 km–50 km, der Stratosphäre, gelangt vermehrt energiereiche Ultraviolett-Strahlung (UV-Strahlung) der Sonne auf die Erdoberfläche, die unter anderem Krebs auslösen, das Immunsystem schwächen und das Erbgut schädigen sowie zu Ertragseinbußen in der Landwirtschaft führen kann. Durch den Abbau von Ozon wird eine Erwärmung der Erde erwartet.

URSACHEN: Fluorchlorkohlenwasserstoffe (FCKW) aus Spraydosen und Kühlschränken steigen in die Ozonschicht auf, wo die UV-Strahlung das in den FCKW enthaltene Chlor freisetzt. Die Chloratome wandeln Ozonmoleküle in Sauerstoffmoleküle um, die im Gegensatz zum Ozon die UV-Strahlung bis zur Erde durchlassen.

SÜDPOL: Britische Wissenschaftler fanden heraus, daß die Ozonschicht im antarktischen Frühling (Oktober bis Dezember) im Vergleich zu den 60er Jahren bereits um 40% geschrumpft ist. Das O. hat sich zudem bis auf Teile der südamerikanischen Kontinents ausgedehnt. Verschiedentlich sind aus Südchile, Südargentinien, Neuseeland und Südaustralien bereits Erkrankungen bei Tier und Mensch gemeldet worden.

NORDPOL: An einigen Tagen im Januar, Februar und Anfang März 1996 war fast die Hälfte der ursprünglichen Ozonschicht verschwunden. Betroffen waren Gebiete über Grönland und Nordskandinavien sowie der Westteil der russischen Arktis. Für dieses O. gibt es noch keine schlüssige Erklärung. Es verdichten sich aber die Hinweise, daß auch das arktische O. durch Eingriffe des Menschen in die Natur verursacht ist.

HAUTKREBSRISIKO: Das Höhenozon schützt vor der hautkrebserregenden Wirkung der UV-Strahlung. Je nach Region ist die Hautkrebsrate seit den 50er Jahren um 20–50% gestiegen. Zumeist wird dies darauf zurückgeführt, daß sich die Menschen zunehmend länger und intensiver der Sonne aussetzen. Neue Laborversuche an Tieren haben indes gezeigt, daß eine Zunahme der UV-Strahlung von 1% (das entspricht einem Ozonverlust von 0,5%) die Zahl der Fälle von Hautkrebs um bis zu 2% erhöht.

AUSSICHTEN: Die Wissenschaftler rechnen nicht damit, daß sich das antarktische O. in Zukunft noch stärker ausdehnen wird, da die weltweiten Maßnahmen zum Schutz der Ozonschicht allmählich Wirkung zeigen. Das O. wird jedoch wahrscheinlich noch viele Jahrzehnte bleiben. Einer der Gründe dafür ist, daß die ozonzerstörenden FCKW Jahrzehnte für den Aufstieg in die Atmosphäre benötigen und sich dort viele Jahre halten.

→ FCKW → Klimaveränderungen → Luftverschmutzung → Sommersmog

P

Palästinensische Autonomiegebiete [KAR] [TAB]

Gazastreifen (365 km², 1,1 Mio Einwohner) und Jericho (62 km², 25 000 Einwohner), die im Juni 1994 von israelischer Oberhoheit in palästinensische Selbstverwaltung übergegangen sind, sowie sieben weitere Städte und 400 Dörfer im Westjordanland (rd. 1 Mio Einwohner), die bis März 1996 P. wurden. Die politische Macht übt ein 88köpfiger Autonomierat aus, zu dessen Vorsitzenden im Januar 1996 → [BIO] Jasir Arafat, der Führer der palästinensischen Befreiungsorganisation PLO, gewählt wurde. Der Regierung untersteht die Verwaltung für Bildung, Gesundheit, Steuern, Wirtschaft, Soziales und Tourismus. Radikale palästinensische Friedensgegner sowie Finanzprobleme erschwerten den Verwaltungs- und Wirtschaftsaufbau. Arafat strebt bis Mitte 1997 einen unabhängigen Palästinenserstaat an.

WAHLEN: Erstmals in ihrer Geschichte wählten die Palästinenser am 20. 1. 1996 ein legislatives Gremium und einen Vorsitzenden für das Autonomiekabinett. Auf Arafat entfielen 88,1% der abgegebenen Stimmen, die einzige Gegenkandidatin, die Sozialarbeiterin Samiha Chalil, erhielt 9,3% (Wahlbeteiligung: 80% der rd. 1,013 Mio Wahlberechtigten). 52 der 88 Ratsmitglieder sind Mitglieder der Fatah, der größten Gruppe innerhalb der PLO, wei-

Palästinensische Autonomiegebiete

Von Israel besetzt

Geräumtes Gebiet, unter UNO-Kontrolle

✦ Arabische Siedlung

Israelische Siedlung

✗ Palästinensisches Flüchtlingslager

Israelisch beanspruchte sog. Sicherheitszone

Unter palästinensischer Selbstverwaltung

© Harenberg

tere 15 stehen der Fatah nahe. Das Wahlergebnis wurde international als klares Votum für Arafats Friedenspolitik gewertet. Die militanten Islamistenorganisationen Hamas und Dschihad Islami hatten zum Boykott des Urnengangs aufgerufen. **VERFASSUNG:** Im April 1996 verabschiedete der Autonomierat eine Verfassung, in der sich die Palästinenser verpflichten, den Staat Israel anzuerkennen. Zentrale Forderung ist die Gründung eines unabhängigen Staates Palästina mit Jerusalem als Hauptstadt. Die Verfassung ersetzt das Manifest der PLO von 1968, in dem Israel das Existenzrecht abgesprochen und seine Zerstörung gefordert wurde.

ISRAEL SCHOTTET SICH AB: Hamas-Aktivisten verübten im Februar 1996 in Jerusalem zwei Selbstmordattentate, bei denen 27 Menschen starben und 80 verletzt wurden. Die israelische Regierung verhängte daraufhin eine Blockade über die P., die dort zum wirtschaftlichen Stillstand führte und erst im Juni allmählich gelockert wurde. 60 000 Palästinenser wurden durch die Abriegelung daran gehindert, zu ihren Arbeitsplätzen in Israel zu gelangen. Die Versorgung mit wichtigen Nahrungsmitteln erreichte zeitweilig nur 10% des normalen Bedarfs. Westlichen Schätzungen zufolge entstand der palästinensischen Wirtschaft ein Schaden von 6 Mio Dollar/Tag. Im April 1996 stellte die Weltbank einen Notfonds in Höhe von 100 Mio Dollar bereit. Als Konsequenz aus den Selbstmordanschlägen kündigte Israel den Bau elektronisch gesicherter Grenzanlagen an der rd. 360 km langen Grenze zum Westjordanland bis 1998 an.

WIRTSCHAFTSLAGE: Im Frühjahr 1996 arbeiteten 70% der Industrieunternehmen in den P. infolge von Rohstoffmangel nur ein bis zwei Tage pro Woche. Mitte 1996 betrug die Arbeitslosigkeit in Gaza über 50%, im Westjordanland rd. 35%. Ein Bevölkerungswachstum von jährlich 4,6% und die erwartete Rückkehr von rd. 500 000 Exil-Palästinensern bis zum Jahr 2000 verschärfen die Situation zusätzlich. Ausländische Geldgeber sagten 1996 Finanzmittel in Höhe von 871 Mio Dollar zu.
→ Dschihad Islami → Hamas → Hisbollah → Nahost-Konflikt → PLO

Palästinensische Autonomiegebiete: Chronik

Datum	Ereignis
29. 11. 1947	UNO beschließt Teilung Palästinas in einen arabischen und einen jüdischen Staat; Araber lehnen ab
14. 5. 1948	Nach dem Abzug der britischen Truppen wird der Staat Israel ausgerufen
1948–1950	Erster arabisch-israelischer Krieg führt zur Aufteilung des von der UNO als arabisch-palästinensischer Staat vorgesehenen Gebiets; Israel erweitert Territorium; Jordanien gliedert Ost-Palästina (Westjordanland) an; der Gazastreifen geht an Ägypten
28. 5. 1964	Gründung der Palästinensischen Befreiungsorganisation (PLO, Vorsitz: Ahmed Shukeiry)
1967	Israel besetzt im Sechstagekrieg den Gazastreifen, den Sinai und das Westjordanland
1974	Jordanien verzichtet auf das von Israel besetzte Westjordanland zugunsten der Palästinenser
Ende 1987	Beginn des Palästinenseraufstands Intifada (arab.: Volkserhebung) in den israelisch besetzten Gebieten
1988	Der palästinens. Nationalrat proklamiert einen unabhängigen Staat Palästina mit Hauptstadt Jerusalem
30. 10. 1991	Beginn der ersten Verhandlungen (seit 1947) zwischen Juden und Arabern über den Frieden im Nahen Osten
13. 9. 1993	Gaza-Jericho-Abkommen zwischen Israel und PLO über Autonomie der Palästinenser in den israelisch besetzten Gebieten; bis zur Aushandlung eines endgültigen Status Selbstverwaltung der Palästinenser im Gazastreifen und in Jericho
1994	Nachdem Israel den festgelegten Abzugstermin der Armee aus den palästinensischen Gebieten ignoriert hat, droht der Konflikt wieder zu eskalieren
25. 2. 1994	Massaker eines jüd. Siedlers in Hebron/Westjordanland, bei dem mehr als 50 Palästinenser sterben, führt zum vorübergehenden Abbruch der israelisch-palästinensischen Friedensverhandlungen
April 1994	Jericho und der Gazastreifen werden palästinensischer Verwaltung unterstellt
Juni 1994	Abzug der israelischen Sicherheitskräfte; offizielle Übergabe der Verantwortung für Jericho und Gazastreifen an die PLO
20. 1. 1996	Erste Wahlen in der Geschichte der Palästinenser; Jasir Arafat wird zum Vorsitzenden eines 88köpfigen Autonomierates gewählt
Febr. 1996	Nach zwei Hamas-Attentaten mit 27 Todesopfern in Jerusalem riegelt Israel die Autonomiegebiete ab
März 1996	Die palästinensische Selbstverwaltung wird auf sieben weitere Städte im Westjordanland ausgedehnt
April 1996	Autonomierat verabschiedet eine Verfassung, Anerkennung des Staates Israel

PALplus

(Phase Alternation Line, engl.; zeilenweise Phasenveränderung), analog übertragene Fernsehnorm, die ab 1994 in Europa allmählich die Norm PAL ablöst. Mitte 1995 übertrug der gemeinsam vom ZDF, dem österreichischen ORF und der Schweizer SRG betriebene Satellitenkanal 3sat als erster deutscher Sender Programme in P. Die Norm ermöglicht im Vergleich zu PAL eine verbesserte Bild- und Tonqualität. 20 europäische Rundfunkanstalten strahlten 1995 rd. 10 000 Programmstunden in P. aus.

EMPFANG: Das mit der normalen Hausantenne zu empfangende P. verfügt über eine Bildauflösung von 576 Zeilen (PAL: 625). Es wird auf einem Bildschirmformat mit dem Seitenverhältnis 16:9 (übliche Geräte: 4:3) übertragen. Die längeren Bildzeilen enthalten mehr Informationen als ein herkömmliches TV-Bild. 16:9-Fernseher für P. geben ein gegenüber dem konventionellen Gerät größeres und schärferes Bild wieder. Farbüberlagerungen, wie sie auf üblichen Bildschirmen auftraten, werden vermieden.

GERÄTE: Spezielle P.-Geräte im Format 16:9 kosteten 1996 zwischen 4500 DM und 7000 DM. 1995 verdoppelte sich in Deutschland der Absatz von P.-Geräten gegenüber 1994 auf 60 000. Nicht für P. geeignete 16:9-Geräte brauchen sog. Decoder für den P.-Empfang.

Um das Stadtbild nicht zu stören, soll das computergesteuerte Parkhaus in Augsburg (Modellbild) unter die Erde gelegt werden.

Parallelcomputer

(auch Supercomputer) Datenverarbeitungsanlage, bei der mehrere Mikroprozessoren gleichzeitig verschiedene Rechenschritte einer Aufgabe ausführen. P. verfügen durch Arbeitsteilung über höhere Speicherkapazität und rechnen schneller als Hochleistungsrechner mit Zentralprozessoren. Ende 1996 soll in den USA ein P. (sog. Teraflop-P.) mit Prozessoren des weltweit größten Chipherstellers, Intel, in Betrieb genommen werden, der 1,8 Bio Rechenoperationen/sec durchführen kann (bis dahin: rd. 1 Bio). P. werden vor allem in der Forschung (32%) eingesetzt. Führender Hersteller von P. war 1995 Silicon Graphics (USA) mit 128 P.-Typen. Die meisten P. (53%) wurden in den USA genutzt.

VOR- UND NACHTEILE: Da bei P. jeder Mikroprozessor nur Teilaufgaben übernimmt, können billigere Chips mit geringer Speicherkapazität verwendet werden. Der Teraflop-Rechner besteht z. B. aus rd. 9000 Prozessoren des Typs Pentium Pro, die 1996 auch in PC Verwendung fanden. Ferner kann Standardsoftware auf diesen Rechnern verwendet werden. Allerdings müssen Rechenaufgaben in mehrere Teile aufgespalten werden, um alle Mikroprozessoren gleichmäßig auszulasten.

ANWENDUNG: P. machen aufwendige Tests mit Modellen überflüssig, indem sie zur Simulation physikalischer und chemischer Experimente, z. B. aerodynamischer Eigenschaften von Flugzeugen oder der Funktion von Körperzellen, eingesetzt werden. Der Teraflop-Rechner soll zur Simulation von Atomtests genutzt werden.

DEUTSCHLAND: Das einzige Unternehmen in Deutschland, das mit den anderen P.-Herstellern weltweit konkurrieren konnte, war die Firma Parsytec in Aachen. Die P. von Parsytec werden vor allem bei der Mustererkennung (Erkennen von Gesichtern, z. B. für Zugangskontrollen) eingesetzt.

→ Chip → Computer → PC

Parkhaus, Automatisches BILD

Gebäude für platzsparendes Parken von PKW mit Hilfe einer Transporteinrichtung. 1996 war der Bau von P. in Augsburg (200 Stellplätze), Duisburg (340) und Siegburg (240) geplant. Der Fahrer lenkt sein Auto in eine Einfahrtbox, ähnlich einer Einzelgarage, und der PKW wird mit einem computergesteuerten, elektrisch betriebenen Lastfahrzeug (sog. Tender) auf einen Stellplatz befördert. Diese sind in dem zylindrischen Baukörper wie die Stufen einer Wendeltreppe um den Schacht mit den Tendern angeordnet. Vier Kfz können gleichzeitig ein- und ausgeparkt werden. Der Fahrer kann den Wagen aus einer Abfahrtbox abholen. In Deutschland gab es 1996 ca. 150 ähnliche, allerdings kleinere P. mit insgeamt 3000 Stellplätzen in Firmen und Wohnanlagen. Da beim P. der Großteil des umbauten Raumes nicht für Auf- und Abfahrtrampen sowie für Verkehrsflächen verloren geht, kann es platzsparend auf kleinen Grundstücken gebaut werden. Die Suche nach einem freien Parkplatz entfällt. Es entstehen weniger Lärm und luftverschmutzende Abgase. Weite Wege im Parkhaus durch schlechtbeleuchtete Zonen sind nicht mehr nötig. Die Sicherheit insbes. für Frauen erhöht sich.

Parteienfinanzierung GRA TAB

Die Kommission unabhängiger Sachverständiger zur P. schlug im Februar 1996 eine Erhöhung der Zuschüsse aus öffentlichen Haushalten an die Parteien um rd. 5,2% vor (Obergrenze 1994 und 1995: jeweils 230 Mio DM). Die Empfehlung der Kommission muß von den Fraktionen des Deutschen Bundestages in einem Gesetzgebungsverfahren umgesetzt werden. Das neue P.-Gesetz von 1994 hatte die Wahlkampfkostenrückerstattung gesenkt und den Umfang der jährlichen staatlichen Zuschüsse an die Entwicklung der übrigen

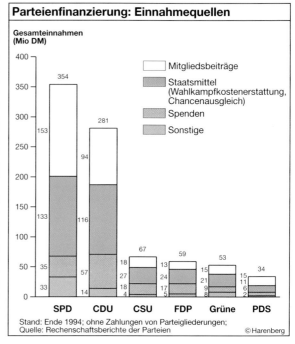

Parteienfinanzierung: Einnahmequellen

Gesamteinnahmen (Mio DM)

Legende:
Mitgliedsbeiträge
Staatsmittel (Wahlkampfkostenerstattung, Chancenausgleich)
Spenden
Sonstige

Stand: Ende 1994; ohne Zahlungen von Parteigliederungen; Quelle: Rechenschaftsberichte der Parteien
© Harenberg

Einnahmequellen der Parteien (z. B. Mitgliedsbeiträge, Spenden) gekoppelt.
STAATSZUSCHÜSSE: Staatliche Zuwendungen dürfen die von den Parteien selbst erwirtschafteten Einnahmen nicht übertreffen. Nach der sog. Degressionsregelung erhalten Parteien für die ersten 5 Mio Wählerstimmen 1,30 DM je Stimme, für die übrigen Stimmen 1 DM (bis 1994: 5 DM pro Stimme). Wahlkampfkostenstattungen erhalten Parteien mit einem Stimmenanteil bei Bundestags- und Europawahlen von mindestens 0,5% (Landtags-

Parteienfinanzierung: Beitragspflichtige Parteimitglieder

Jahr	SPD	CDU	CSU	FDP	Grüne[1]	PDS
1989	921 430	662 598	185 853	66 274	37 879	k. A.
1990	949 550	777 767	186 198	168 217	40 316	200 000[2]
1991	919 871	751 163	184 513	140 031	38 054	172 579
1992	885 958	713 846	181 758	103 505	38 481	146 742
1993	861 480	685 343	177 289	94 197	39 335	131 406
1994	849 374	671 497	176 250	87 992	43 418	123 751

1) Ab 1993 Bündnis 90/Grüne; 2) Schätzung; Quelle: Rechenschaftsberichte der Parteien

wahlen: mindestens 1%). Ferner bekommen die Parteien pro Beitrags- und Spendenmark 0,50 DM aus der Staatskasse.

SPENDEN: Einzelpersonen können Parteispenden und Parteibeiträge nur bis zu 6000 DM pro Jahr (12 000 DM bei Verheirateten) von der Steuer absetzen (bis 1993: Höchstgrenze von 60 000 DM/ 120 000 DM). Spenden von Unternehmen sind steuerlich nicht mehr absetzbar.

Pay-Radio [TAB]

(to pay, engl.; bezahlen), Hörfunkprogramme, die gegen eine Gebühr abonniert werden können. Mitte 1995 startete der US-P.-Anbieter Digital Music Express (DMX) als erster in Deutschland 51 Programme, die als digitales Radio über den Satelliten Astra empfangen werden können. Im Mai 1996 erhielt der US-Betreiber Music Choice Europe (MC Europe) die Lizenz, 44 P.-Kanäle ins deutsche Kabelnetz einzuspeisen. Die Programme decken alle Musikrichtungen in digitaler Klangqualität ab.

Voraussetzung für den Empfang von DMX ist ein Satellitenempfangsgerät (Receiver, Preis 1996: rd. 750 DM). MC Europe stellte das für den Empfang seiner P.-Kanäle erforderliche Zusatzgerät (sog. Decoder) zur Verfügung.

→ Digitales Radio → Privater Hörfunk

Pay-TV

(to pay, engl.; bezahlen), TV-Programm, das gegen eine Gebühr abonniert wird. Das Anfang 1996 einzige P. in Deutschland, Premiere, will 1996 mit digitalem P. starten, bei dem zehn Programme über

einen Kanal ausgestrahlt werden können. Auch zwei Premiere-Gesellschafter, die Kirch-Gruppe (München) und die Bertelsmann AG (Gütersloh), planten, Mitte bis Ende 1996 digitales P. anzubieten.

EMPFANG: Premiere wird bundesweit über Satellit und Kabel verbreitet. Für den störungsfreien Empfang ist ein sog. Decoder erforderlich (Leihgbühr 1996: 120 DM) und eine Chipkarte mit der Abonnentennummer, die in den Decoder eingeführt wird. 1996 betrug die monatliche Gebühr für Premiere 44,50 DM. Für den Empfang von digitalem P. ist ein spezieller Decoder erforderlich.

PREMIERE: Das Geschäftsjahr 1994/95 schloß Premiere bei 908 000 Abonnenten (Stand: Mitte 1995) und einem Umsatz von 406 Mio DM (1994: 332 Mio DM) mit Verlusten ab. Mitte 1996 hatte der Sender 1,1 Mio Abonnenten, die Gewinnschwelle sollte mit 1 Mio erreicht sein. 1995/96 sollten 230 Mio DM in das werbefreie Programm aus Spielfilmen, Übertragungen z. B. von Musikkonzerten und Dokumentationen investiert werden. An Anfang 1996 strahlt Premiere pro Wochenende zwei Begegnungen der Fußball-Bundesliga live aus (bis dahin ein Spiel). Gesellschafter von Premiere war 1996 neben Bertelsmann (37,5% Anteile) und Kirch (25%) das französische P. Canal plus (37,5%).

ZUKUNFTSMARKT: Das digitale Fernsehen macht mehrere hundert Programme in Deutschland möglich. Medienexperten gingen davon aus, daß neue Programme sich nicht mehr über Fernsehwerbung finanzieren lassen, da die Werbeaufwendungen der Wirtschaft in Deutschland Mitte der 90er Jahre weniger stark stiegen als zuvor. Sie rechneten mit zahlreichen Neugründungen von werbefreien P.

In Deutschland konkurrierten 1996 zwei Konzerne, Bertelsmann, 1995 drittgrößter Medienkonzern der Welt, und die Kirch-Gruppe, die auch an Privat-TV-Sendern beteiligt waren, um diesen Markt. Bertelsmann gründete Anfang 1996 das gemeinsame Unternehmen Newco mit dem australischen Medienunternehmer Rupert Murdoch, Canal plus und der französischen Mediengruppe Havas. Murdoch do-

Pay-Radio: Sendervergleich		
Merkmal	DMX[1]	MC Europe[2]
Gesellschafter	TCI Europe, Viacom	Sony, Time Warner EMI, General Instrum.
Ausstrahlung	Satellit (Astra)	Kabelnetz
Programme	51 (später 90)	44
Inhalte	ausschließlich Musik	Konzerte, Interviews
Monatsgebühr	20 DM	22 DM
Sonstige Kosten	750 DM (Receiver)	195 DM (Decoderanschluß)

1) Digital Music Express; 2) Music Choice Europe; Quelle: Aktuell-Recherche

minierte den viertgrößten Medienkonzern der Welt und verfügte über ein weltumspannendes Netz von Fernsehsendern, ein Filmstudio sowie Sportübertragungsrechte. Die Kirch-Gruppe, in Deutschland größter Filmverleiher, verbündete sich mit dem italienischen Medienunternehmer Silvio Berlusconi und dem Südafrikaner Johann Rupert, beide Betreiber mehrerer privater TV-Sender, sowie mit dem US-Medienkonzern und Betreiber von Spartenkanälen in Deutschland, Viacom, von dem sie Filme bezieht.

DIGITALE PROGRAMME: Etwa 200 Premiere-Kunden sollen 1996 kostenlos mit einem Decoder zum Empfang von digitalem P. ausgestattet werden. Sie können Premiere zu drei verschiedenen Anfangszeiten empfangen sowie Boxkämpfe und Spielfilme gegen Gebühr abrufen.
Mitte 1996 will die Kirch-Gruppe ihr P.-Paket DF 1 starten, in dem 50 P.-Programme angeboten werden, u. a. jeweils ein Kanal für Sportübertragungen z. B. der Formel 1, klassische Musik, Bildung, Western, Kinderfilme und Serien. Neun Kanäle sollen Kinofilme senden.
Bis Ende 1996 sollen mehrere Spartenkanäle aller Art von Bertelsmann als digitales P. auf Sendung gehen.
→ Digitales Fernsehen → Interaktives Fernsehen → Medienkonzentration → Spartenkanal → Video on demand

PC [TAB]

(Personalcomputer), 1995 blieb – wie im Vorjahr – der texanische PC-Produzent Compaq mit rd. 6 Mio verkauften PC weltweit Marktführer, gefolgt von IBM (USA, 4,78 Mio verkaufte PC) und Apple (USA, 4,66 Mio PC). Die Zahl der verkauften PC stieg weltweit um 25% auf 60 Mio an. Bis 2000 soll sich die Zahl der weltweit jährlich verkauften PC auf 100 Mio erhöhen. Im Kampf um Privatkunden konkurrierten die PC-Hersteller mit niedrigen Preisen, so daß sie große Marktanteile erobern mußten, um Gewinne zu erzielen. Mit der Fusion von NEC (Japan) und Packard Bell (USA) entstand am 1. 7. 1996 der weltgrößte PC-Hersteller.

APPLE-KRISE: Der PC-Produzent Apple erwirtschaftete im letzten Quartal 1995

PC: Größte Hersteller in Deutschland

Rang	Hersteller	Umsatz (Mio DM)	Marktanteil (%)	Verkaufte PC
1	Siemens Nixdorf	2 080	12,4	447 226
2	Compaq	1 900	11,3	341 330
3	IBM	1 300	7,8	232 850
4	Vobis	1 260	7,5	419 034
5	Peacock	1 115	6,7	251 120
6	Actebis	940	5,6	204 661
7	Apple	840	5,0	147 180
8	Escom	710	4,2	244 480
9	Hewlett-Packard	670	4,0	132 375
10	ASI (Aquarius)	520	3,1	148 895
Top 10		11 335	67,7	2 569 151

Stand: 1995; Quelle: Wirtschaftswoche, 14. 3. 1996

einen Verlust von rd. 100 Mio Dollar, obwohl das Unternehmen in keinem Quartal zuvor so viele PC ausgeliefert hatte (1,3 Mio Stück). Grund waren die niedrigen Gewinnspannen beim PC-Verkauf. Im Februar 1996 wurde der Geschäftsführer von Apple, Michael Spindler, entlassen, der die Nachfrage nach den sog. PowerPC von Apple unterschätzt hatte, so daß Lieferengpässe auftraten. Sein Nachfolger wurde Gilbert F. Amelio, vorher Manager beim Chip-Hersteller National Semiconductor Inc. (USA). Amelio kündigte an, die günstigen Apple-PC in Lizenz von anderen Firmen produzieren zu lassen und sich selbst auf die gehobene Preisklasse zu konzentrieren.

NETZ-PC: Einige Computerhersteller gingen davon aus, daß in Zukunft nicht mehr der PC mit Festplatte und darauf installierten Computerprogrammen beim Verkauf führend sein wird, sondern daß sich ein PC ohne Festplatte und Diskettenlaufwerk durchsetzt, der seine Programme aus dem weltweit größten Computernetzwerk Internet bezieht. Die am Netz-PC verrichteten Arbeiten werden auf Zentralrechnern gespeichert, der Preis für diesen Rechner soll mit 500 Dollar nur ein Viertel eines Mittelklasse-PC betragen (Stand: Mitte 1996). Kritiker bemängelten, daß beim Netz-PC die Gefahr groß sei, daß Unbefugte auf die Daten zugreifen könnten.

ARBEITSSCHUTZ: Die CDU/CSU/FDP-Bundesregierung plante 1996 die Umsetzung einer EU-Richtlinie zum Schutz der

Arbeitnehmer bei Bildschirmarbeit bis 1997. Danach müssen rd. 80% der etwa 6 Mio PC-Arbeitsplätze in Deutschland modernisiert werden. Flimmerfreie Monitore, ergonomische Tastaturen sowie benutzerfreundliche Software werden dann Pflicht. Die Einrichtung eines solchen PC-Arbeitsplatzes würde ca. 10 000 DM kosten. Etwa 20 Mrd DM müssen die Arbeitgeber jedoch im Vergleich dazu jährlich u. a. für die Lohnfortzahlung bei Krankheit als Folge ungenügend ausgestatteter PC-Arbeitsplätze aufwenden.

→ Chip → Computer → Datenautobahn → Multimedia → Software

PC-Card

(Personalcomputer-Karte), Karte in der Größe einer Scheckkarte. Sie besitzt Mikroprozessoren zur Erweiterung der Computerleistung oder hat Programme gespeichert. Die P. wird wie eine Diskette in den Rechner geschoben und meist bei Notebooks, tragbare, netzunabhängige PC, eingesetzt, die nur eine begrenzte Speicherleistung besitzen. Bis Ende 1995 wurden weltweit rd. 14,5 Mrd P. verkauft. Siemens (Deutschland) entwickelte 1995 eine sog. MultiMediaCard, die gegenüber der herkömmlichen P. statt eines speziellen Laufwerks nur einen Steckkontakt benötigt. Sie dient vor allem als Programmspeicher. Auch soll ihr Energieverbrauch wesentlich niedriger liegen als der herkömmlicher Speichermedien (z. B. Festplatte).

→ Computer

PDS

Bei den Wahlen zum Berliner Abgeordnetenhaus im Oktober 1995 konnte sich die Partei des Demokratischen Sozialismus (PDS) als ostdeutsche Volkspartei etablieren. In Ost-Berlin wurde die SED-Nachfolgerin stärkste Kraft: Sie gewann 34 von 36 Direktmandaten und erhielt 36,3% der Zweitstimmen. Die sozialistisch ausgerichtete Partei stellte über 6000 Abgeordnete in ostdeutschen Kommunal- und Landesparlamenten. Seit den Bundestagswahlen 1994 ist die PDS mit 30 Abgeordneten im Bundestag vertreten.

ERMITTLUNGEN: Im Januar 1996 hob der Bundestag die Immunität von Gregor Gysi auf. Gegen den Vorsitzenden der PDS-Bundestagsgruppe wurde wegen des Verdachts auf Hausfriedensbruch im Zusammenhang mit der Besetzung von Räumen der unabhängigen Kommission für das Parteivermögen der DDR in Berlin im Herbst 1994 ermittelt. Die Besetzung war neben einem Hungerstreik Teil einer Protestaktion von PDS-Mitgliedern, die eine Benachteiligung ihrer Partei durch die Kommission vermuteten.

WÄHLERPROFILE: Laut Wahlanalysen wurde die PDS bei den zurückliegenden Wahlen in Ostdeutschland von über 40% der Beamten und Angestellten im öffentlichen Dienst gewählt. Überdurchschnittlich hoch war der Anteil der PDS-Wähler bei den 18–29jährigen und bei den Frauen. Große Resonanz fand die PDS bei gut bis sehr gut Ausgebildeten mit überdurchschnittlichem Einkommen. Dagegen sind 60% der 123 000 Parteimitglieder (Stand: Anfang 1996) 60 Jahre und älter.

POLITISCHE ZIELE: Auf dem Parteitag in Magdeburg (Januar 1996) zeigte sich die PDS offen für Kooperationen mit Bündnis 90/Die Grünen und SPD. Arbeitslosigkeit, internationale Bundeswehreinsätze, unmittelbare Demokratie und eine Gemeindefinanzreform wurden zu Schwerpunktthemen der Parteipolitik erhoben.

Pendolino

→ Neigezüge

Personal Digital Assistant GLO

(PDA, auch Personal Communicator), handtaschengroßer, batteriebetriebener Kleinrechner, mit dem drahtlose Datenübertragung möglich ist. Der P. gehört zur Gruppe der Pen Computer (pen, engl.; Stift), bei denen Texte mit einem elektronischen Stift handschriftlich direkt auf dem Bildschirm eingegeben werden können. Marktführer Apple stellte 1996 eine Weiterentwicklung des P. Newton vor. Die erste Version war mit 110 000 verkauften Exemplaren hinter den Erwartungen zurückgeblieben. Ab 1997 soll ein Chip eingebaut werden, der den Betrieb des P. als mobiles Telefon (sog. Handy) ermöglicht.

EINSATZ: P. werden vor allem als elektronische Terminplaner, Kalender, Notiz-

Personal Digital Assistant: Pen-Computer-Typen

NOTEPAD: (engl.; Notizblock), berührungsempfindlicher Bildschirm, etwa DIN-A4-Größe
PENTOP: (pen, engl.; Stift; top, engl.; Oberfläche), Eingabe mit Tastatur und elektronischem Stift
PALMPAD: (palm, engl.; Handfläche) berührungsempfindlicher Bildschirm, handtellergroß
PERSONAL DIGITAL ASSISTANT: (engl.; persönlicher digitaler Assistent), Einrichtung zur Datenkommunikation, soll ab 1997 auch als Handy nutzbar sein

bücher und Adreßkarteien genutzt. Handschriftliche Notizen können abhängig von der Ausstattung des P. über ein eingebautes Mobilfunkmodul als Telefax oder elektronische Post versandt werden.
NEWTON: Weiterentwickelt wurden unter anderem das Betriebssystem des Newton sowie sein Display. Die Vorgängerversion versuchte noch, ganze Wörter zu entziffern und ersetzte Unbekanntes durch Bekanntes. Dadurch wurde der Sinn des Textes häufig entstellt. Die neue Version des Newton versucht nicht länger, Wörter an gespeicherte Begriffe anzugleichen. Außerdem gelingt es dem Betriebssystem,

die Handschrift des Nutzers bei der erstmaligen Benutzung zu entziffern. Vorher benötigte der P. längere Zeit, um die Handschrift lesen zu lernen (Kosten: 1300–1400 DM).
→ Handy → PC

Pestizide [TAB]

Nach jahrelangem Streit mit Natur- und Umweltschützern kündigte die Deutsche Bahn AG im Mai 1996 an, auf diuronhaltige P. zur Reinhaltung von Gleisanlagen zu verzichten. Der Wirkstoff Diuron soll die Bildung von Wildkraut und Moos schon im Ansatz unterdrücken. Er steht im Verdacht, die Entstehung von Krebs zu begünstigen. Nach Angaben des US-amerikanischen Umweltministeriums kann Diuron im Trinkwasser zu Geburtsschäden beim Menschen führen.
DIURON: Das P. Diuron wird nicht nur bei der Bahn, sondern auch in Gemeinden benutzt – auf Spielplätzen, Schulhöfen und Gehwegen. Das Gift wird mit dem Regen ausgeschwemmt und gelangt in das Grundwasser und in die Flüsse. Allein in die Ruhr gelangten 1995 etwa 120 kg Diuron.
EINSATZ: Von den etwa 220 in Deutschland verwendeten P. werden 80% in der

Pestizide: Übersicht wichtiger Wirksubstanzen

Bezeichnung	Wirkungsweise	Anwendung gegen	Bemerkungen
Aldrin	Kontaktgift	Bodenschädlinge	Schwer abbaubarer Chlorkohlenwasserstoff
Calciumarsenat	Fraßgift	Kartoffelkäfer	Wegen Warmblütertoxidität nicht in Gebrauch
Carbaryl	Fraß-, Atemgift	Schadinsekten	Biologisch abbaubares Carbamat
Chlordan	Kontaktgift	Bodenschädlinge[1]	Schwer abbaubarer Chlorkohlenwasserstoff
Chlorfenvinphos	Fraß-, Kontaktgift	Pflanzenschädlinge	Warmblütertoxidität, Phosphorsäureester
DDT	Fraß-, Kontaktgift	Schädlinge[2]	Warmblütertoxidität, schwer abbaubar
Dieldrin	Fraß-, Kontaktgift	Bodenschädlinge[3]	Schwer abbaubarer Chlorkohlenwasserstoff
Diuron	Keimhemmend	Wildkräuter, Moose	Krebsverdächtig, erbgutschädigend
Hexachlorcyclohex.	Kontaktgift	Schädlinge	Biologisch kaum abbaubar
Lindan	Fraß-, Kontaktgift	Schädlinge	Schwer abbaubar
Melathion	Fraß-, Atemgift	Schadinsekten[4]	Warmblütertoxidität, Phosphoräureester
Mercaptodimethur	Fraßgift	Schnecken	Gezielt mit Köder einsetzbar
Metaldehyd	Fraßgift	Schnecken	Gezielt mit Köder einsetzbar
Nikoton	Fraßgift	Blattläuse	Abbaubarer Naturstoff
Parathion	Fraßgift	Pflanzenschädlinge[5]	Hochgiftiger Phosphorsäureester
Pyrethroide	Fraßgift	Textil-, Holzschädl.	z. T. hochtoxische Nervengifte

1) Auch Baumwollschädlinge; 2) inkl. Seuchenwirte; 3) und Heuschrecken; 4) inkl. Milben; 5) und Ratten

Landwirtschaft eingesetzt, die restlichen 20% verteilen sich auf Haushalte, Gärten und Verkehrswege. 1995 gelangten weltweit etwa 1,5 Mio t P. in die Umwelt. Sie tragen zur Trinkwasserverunreinigung und – bei Verdunstung – zur Luftverschmutzung bei.

GESUNDHEITLICHE SCHÄDEN: In den letzten Jahren stellte sich heraus, daß viele P. schon in geringer Konzentration verschiedene Erkrankungen verursachen können, z. B. Schlafstörungen, gesteigerte Aggressivität, verringerte oder gesteigerte Motorik. Nach Angaben der Weltgesundheitsorganisation (WHO) erleiden jedes Jahr 3 Mio Menschen P.-Vergiftungen, davon kommen etwa 220 000 um.

GRUNDWASSERSCHUTZ: Im Juni 1996 gab der Europäische Gerichtshof (EuGH, Luxemburg) einer Klage des Europäischen Parlaments statt, die sich gegen die Pflanzenschutzrichtlinie des EU-Ministerrats von 1994 richtete. Der Ministerrat hatte in festgelegt, daß nur das zur Trinkwassergewinnung bestimmte Grundwasser schützenswert sei (EU-weit: 10% des gesamten Grundwassers, Deutschland: 7%). Die Richter entschieden, daß der Schutz des Grundwassers im allgemeinen Voraussetzung für die Zulassung von Pflanzenschutzmitteln sei.

▸ Luftverschmutzung ▸ Trinkwasser ▸ Wasserverschmutzung ▸ Umweltschutz

Pflegeversicherung

Zum 1. 7. 1996 trat die zweite Stufe der P. in Kraft. Die Versicherung, die das finanzielle Risiko einer Pflegebedürftigkeit im Alter aufgrund von Krankheit und Behinderung absichern soll, zahlt damit auch Pflegeleistungen bei stationärer Betreuung z. B. in Heimen. Ab April 1995 finanziert die P. bereits Leistungen für die häusliche Pflege. Der Beitragssatz zur P. steigt ab Juli 1996 von 1% auf 1,7% des Bruttomonatseinkommens. Jeweils die Hälfte davon tragen Arbeitnehmer und Arbeitgeber (Ausnahme: Sachsen). 1996 betrug die Höchstgrenze des Bruttomonatseinkommens, bis zu der die Beiträge geleistet werden müssen, 6000 DM in West- bzw. 5100 DM in Ostdeutschland.

ZWEITE STUFE: Die P. bezuschußt die Kosten stationärer Betreuung und medizinischer Behandlung in Heimen mit 2000–3300 DM/Monat. Unterkunft und Verpflegung müssen die Pflegebedürftigen selbst tragen bzw. in Härtefällen die Sozialämter. Behinderte in Pflegeheimen werden in die P. einbezogen und mit bis zu 500 DM monatlich aus der Pflegekasse unterstützt. Die SPD-Opposition im Bundestag kritisierte, daß die begrenzten Leistungen nicht die gesamten Kosten der P. deckten, Pflegebedürftige müßten deshalb weiterhin Sozialhilfe beziehen, so daß diese Kassen nicht wie erwartet entlastet würden.

BILANZ DER ERSTEN STUFE: Mitte 1996 erhielten rd. 1,2 Mio Versicherte Leistungen aus der P. für häusliche Pflege. 527 000 bezogen ein Pflegegeld von 400 DM oder Sachleistungen bis zu 750 DM, 445 000 bekamen 800 DM Pflegegeld bzw. Sachleistungen bis 1800 DM, und 210 000 erhielten 1300 DM Pflegegeld bzw. Sachleistungen bis zu 2800 DM. Über den Grad der Pflegebedürftigkeit und damit die Höhe der Leistungen entscheidet der Medizinische Dienst der Krankenkassen. Er lehnte bis Mitte 1996 rd. 30% der Anträge auf Leistungen aus der P. ab. Ende 1995 registrierte die P. Überschüsse von 5,6 Mrd DM, die vor allem daraus resultierten, daß Leistungen erst drei Monate nach Beginn der Beitragszahlung einsetzten.

KRITIK: Die SPD-Opposition und Betroffene wiesen darauf hin, daß der Gesetzgeber die genaue Abgrenzung der Pflegeleistungen versäumt habe. Es sei nicht geklärt, ob Verrichtungen wie Gedächtnistraining und Sterbebegleitung von der P. abgedeckt würden. Schwerstbehinderte wie Rollstuhlfahrer konnten ihre Pflegekräfte vor Einführung der P. als Arbeitgeber selbst wählen. Dies ist mit der P. nicht mehr möglich, weil das Pflegegeld zu niedrig und die Inanspruchnahme von Sachleistungen an bestimmte Sozialdienste gebunden ist. Die Behinderten müssen daher auf vertraute Pflegepersonen verzichten.

KOMPENSATION: Erstmals wird eine Sozialversicherung nicht von Arbeitgebern und Arbeitnehmern gemeinsam getragen. Zum Ausgleich für den Arbeitgeberanteil der ersten Stufe wurde der Buß- und Bettag als gesetzlicher Feiertag gestrichen. Ausnahme ist das Land Sachsen, wo der Feiertag beibehalten wurde und die Arbeitnehmer den Beitrag von 1% für die erste Stufe komplett zahlen. Nur die 0,7% für die zweite Stufe werden auch hier je zur Hälfte finanziert. 1996 waren rd. 600 Klagen gegen die sächsische Ausnahmeregelung anhängig. Das von der Bundesregierung in Auftrag gegebene Gutachten zur Kompensation des Arbeitgeberanteils der zweiten Stufe der P. ergab Ende 1995, daß die Streichung eines weiteren Feiertags den Anteil überkompensieren würde. Allerdings entstünden den Arbeitgebern nicht gedeckte Kosten von rd. 2,5 Mrd DM. Die Bundesregierung beabsichtigte, diese Kosten auszugleichen.

STUDIE: Eine Studie der Universität Bremen ergab Anfang 1996, daß die Finanzierung der P. langfristig nicht gesichert sei. Bei festen Beitragssätzen gingen die Wissenschaftler davon aus, daß der Wert der Leistungen der P. bis zum Jahr 2030 auf 58% des Ausgangswerts absinkt. Gründe dafür seien die mit der Bevölkerungsentwicklung einhergehende Zunahme der Pflegebedürftigen, eine Preissteigerung bei Pflegeleistungen und eine Verschiebung von der Inanspruchnahme des Pflegegelds hin zu teureren Sachleistungen. Solle der Ausgangswert erhalten bleiben, müßte der Beitrag auf 2,9% des Bruttomonatseinkommens steigen.

→ Alter → Rentenversicherung
→ Sozialhilfe

Pille für den Mann

Das hormonelle Verhütungsmittel wird in Anlehnung an die Antibabypille für Frauen P. genannt, obwohl es nicht in Tablettenform verabreicht, sondern einmal wöchentlich injiziert wird. Als Tablette eingenommen würden die Wirkstoffe der P. abgebaut, bevor sie wirken könnten, oder sie müßten so hoch dosiert sein, daß sie u. a. die Leber schädigen würden. Eine Studie der Weltgesundheitsorganisation (WHO, Genf) ergab im April 1996 die Wirksamkeit der P. in 98,6% der Fälle, was mit der Zuverlässigkeit der Antibabypille für Frauen vergleichbar ist.

WIRKUNGSWEISE: Den an der Studie teilnehmenden Männern wurde Testosteron-Enanthat intramuskulär gespritzt. Das Mittel blockiert die für die Reifung der Samenfäden verantwortliche Produktion des Sexualhormons Testosteron im Gewebe zwischen den Samenkanälen. Da Testosteron auch für die Ausbildung von Männlichkeitsmerkmalen und die Libido zuständig ist, wird es mit dem Medikament gleichzeitig wieder zugeführt.

ENTWICKLUNG: Da die wöchentliche Verabreichung der P. auf viele Männer abschreckend wirkte, arbeiteten Forscher 1996 an Präparaten, deren Wirkung drei bis vier Monate anhält. Bis zur Marktreife der P. wird nach Einschätzung von Medizinern noch etwa ein Jahrzehnt vergehen.

→ Abtreibungspille → Antibabypille
→ Schwangerschaftsabbruch

PLO [TAB]

(Palestine Liberation Organization, engl.; Palästinensische Befreiungsorganisation), Dachverband ziviler und militärischer Vereinigungen der Palästinenser. Die PLO unter ihrem Vorsitzenden Jasir Arafat versteht sich als einzig legitime Vertreterin des palästinensischen Volkes und ist auf palästinensischer Seite Trägerin des Friedensprozesses. Im Juni 1994 übernahm die PLO die palästinensische Selbstverwaltung im Gazastreifen und in Jericho, bis März 1996 kamen sieben weitere Städte im Westjordanland hinzu.

WAHLEN: Aus den ersten palästinensischen Wahlen ging Arafat im Januar 1996 als Sieger hervor. Der Vorsitzende des Autonomierates stützt sich in dem 88köpfigen Gremium auf 52 Mitglieder seiner Fatah-Partei, 15 weitere Sitze nehmen der Fatah nahestehende Abgeordnete ein.

RADIKALE: Attentate moslemischer Extremisten, die vorwiegend Hamas und Dschihad Islami angehören, gefährdeten bis Mitte 1996 den Friedensprozeß. Bewaffnete Fundamentalistengruppen wurden verboten, eine Festnahmewelle erfaßte im März 600 Aktivisten, darunter drei führende Mitglieder des bewaffneten Arms der Hamas.

→ Dschihad Islami → Hamas
→ Hisbolla → Islam → Nahost-Konflikt
→ Palästinensische Autonomiegebiete

Plutonium

PLO: Wichtige Gruppierungen

Gruppe	Bedeutung	Ziele	Führer/Sitz
Al-Fatah	Größte Fraktion; rd. 6000 Kämpfer	Verhandlungen mit Israel	Jasir Arafat Gaza-Stadt
PFLP	Marxistisch; rd. 2000 Kämpfer	Zerstörung Israels, Tötung Arafats	G. Habasch Damaskus
DFLP	Drittgrößte Gruppe rd. 1500 Kämpfer	Zerstörung Israels	N. Hawatmeh Damaskus
PLF	Splittergruppe	Zerstörung Israels, Anti-Arafat-Kurs	Abu Abbas Bagdad
Fatah-Falken	Radikale Fraktion der Fatah	Zerstörung Israels	Taisir Bardini Gazastreifen

Plutonium GLO

Hochgiftiges, radioaktives Schwermetall, das sich wegen der guten Spaltbarkeit als Brennstoff für Atomreaktoren und Material für Atomsprengköpfe eignet. Drei Viertel der weltweiten P.-Bestände (ca. 1100 t) stammten aus Brennmaterial für Atomkraftwerke bzw. der Wiederaufarbeitung abgebrannter Brennstäbe. 200 t waffenfähiges P. werden abgerüsteten Atomsprengköpfen entnommen.

RISIKEN: P. kann nach einer Wiederaufarbeitung abgebrannten Brennmaterials für Atomsprengköpfe benutzt werden. Zum Bau einer Atombombe sind nur wenige kg P. notwendig. Für das P. gibt es weltweit weder ausreichend Verwendung in Atomkraftwerken noch Endlager. Gefahren gehen von P.-Transporten aus, von nicht sachgerechter Lagerung, fehlerhaften Meßinstrumenten und mangelnder Kontrolle des Kernbrennstoffkreislaufs.

SCHMUGGEL: Bundesnachrichtendienst (BND, Pullach bei München) und Bundeskriminalamt (BKA, Wiesbaden) registrierten 1995 weltweit 162 Fälle von illegalem Handel mit P. In Deutschland wurden 1995 ein Kolumbianer, zwei Spanier und ein Deutscher wegen Schmuggels waffenfähigen P. zu Haftstrafen verurteilt. Ein parlamentarischer Untersuchungsausschuß versuchte 1995/96 Vorwürfe zu klären, BND und bayerische Justizbehörden hätten im August 1994 P.-Schmuggel von Moskau nach München provoziert, um Anbieter zu enttarnen.

VERWENDUNG: Zwei Verfahrensweisen bieten sich zur Risikobegrenzung an:
▷ P. kann mit Uran zu sog. Mischoxid-(MOX)-Brennstäben für den Einsatz in Atomkraftwerken verarbeitet werden. Verbrauchte MOX-Brennelemente haben jedoch eine höhere Radioaktivität als ausgediente Brennstäbe mit angereichertem Uran. Einen höheren Nutzungsgrad von P. versprechen neue Kernreaktortypen wie Hochtemperaturreaktoren. In den USA ist die Verwendung von Plutonium im nuklearen Brennstoffkreislauf ziviler Atomreaktoren verboten
▷ P. kann mit hochradioaktivem Atommüll aus der Wiederaufarbeitung gemischt, in Glas eingeschmolzen und gelagert werden (engl.: vitrification), um eine weitere Nutzung unmöglich zu machen. Das technische Verfahren wurde Mitte der 90er Jahre in den USA (Savannah River, Hartford) und Rußland (Tscheljabinsk) erprobt.
→ Atomenergie → Atomwaffen
→ Entsorgung

Plutonium: Glossar

ATOMKRAFTWERKE: Als Abfallprodukt aus dem radioaktiven Zerfall von Uran entsteht u. a. Pu 239 (Anteil: ca. 0,7%). P. wird bei der Wiederaufarbeitung abgebrannter Brennstäbe isoliert und kann im Schnellen Brutreaktor eingesetzt werden. Dieser soll mehr P. gewinnen, als er verbraucht.

GESUNDHEITSGEFAHREN: Beim Zerfall von P.-Kernen wird Alpha-Strahlung ausgesendet, die leicht abgeschirmt werden kann, ungeschütztes Gewebe jedoch schwer schädigt. P.-Staub dringt in Lunge, Leber, Knochenmark und Blutplasma ein, Schädigung schon durch wenige Millionstel g.

MOX-BRENNELEMENTE: Wiederaufgearbeitetes P. wird zu Mischoxid-Brennmaterial (97% Uranoxid, 3% P.-Oxid) verarbeitet, das Mitte 1996 in deutschen Leichtwasser-Atomkraftwerken eingesetzt wird. Herstellung 1973–1991 in Hanau (rd. 8,5 t); Mitte 1995 gab es weltweit vier MOX-Brennelemente-Fabriken.

VORKOMMEN: Schwerstes in Uranerzen vorkommendes radioaktives Element (Abk.: Pu, Ordnungszahl: 94).

Hochgiftiges Schwermetall, meist künstlich hergestellt in Atomreaktoren, Isotope Pu 232–246. Atomkerne von Pu 239 sind spaltbar (Halbwertzeit: 24 400 Jahre). 99,9% des in der Biosphäre vorkommenden P. stammen aus Atomwaffentests (4–5 t).

WAFFENFÄHIGKEIT: Mindestens 4–7 kg hochreines Pu 239 werden neben konventionellem Sprengstoff und Präzisionszünder zum Bau einer Atombombe benötigt. In Atomwaffen wird auch das spaltbare Uran-Isotop 235 (Anreicherung: ca. 90%) verwendet.

Polizeiübergriffe

Nach gewalttätigen Übergriffen auf Ausländer, Demonstranten und Journalisten geriet die Polizei Mitte der 90er Jahre in die öffentliche Kritik. Im Februar 1996 wurde die Studie „Polizei und Fremde" vorgestellt, die ausländerfeindliche Tendenzen bei der deutschen Polizei untersucht. Die Studie, die auf Gesprächen mit 115 Polizisten aus sechs Bundesländern beruht, kommt zu dem Ergebnis, daß es sich bei fremdenfeindlichem Verhalten weder um Einzelfälle noch um systematische Verhaltensmuster der Polizei handelt. Als Ursachen für P. gegen Ausländer werden Streß und Überforderung der Polizisten sowie schlechte Erfahrungen mit ausländischen Tatverdächtigen genannt. Die Untersuchung der Universitäten Trier und Münster war 1994 nach gewalttätigen P. gegen Ausländer in Berlin und Hamburg von der Innenministerkonferenz der Länder in Auftrag gegeben worden.

BERICHT: Die Menschenrechtsorganisation Amnesty International dokumentierte im Februar 1996 zum zweiten Mal in einem Bericht Fälle grausamer, unmenschlicher und erniedrigender Behandlung von Ausländern durch deutsche Polizisten zwischen April 1995 und Januar 1996. CDU-Innenpolitiker wiesen die Vorwürfe als unhaltbar zurück.

HAMBURG: Im Juni 1996 verurteilte das Hamburger Landgericht zwei Polizeibeamte wegen fahrlässiger Körperverletzung und Nötigung zu Geldstrafen, weil sie im Mai 1994 bei einer von Protesten begleiteten Kundgebung in Hamburg einen Journalisten mißhandelt hatten. Der parlamentarische Untersuchungsausschuß im Hamburger Senat zu den gewaltsamen P. in Hamburg 1994 hatte Mitte 1996 seine Arbeit noch nicht abgeschlossen.

Postbank

Ab 1. 1. 1995 als Deutsche Postbank AG privatisiertes ehemaliges Unternehmen der Deutschen Bundespost. Die P. gehörte 1995 zu 100% dem Bund, der für vier Jahre eine Sperrminorität von 25% plus einer Aktie an dem Unternehmen behalten will. Für 1995 rechnete die P. mit einem Gewinn von rd. 200 Mio DM (1994: 51 Mio DM). Die Zahl der Girokonten sank von 4,6 Mio auf 4,4 Mio.

ÜBERNAHMEANGEBOT: Im Oktober 1995 unterbreitete die Deutsche Post dem Bund ein Übernahmeangebot für die P. Sie schlug vor, zusammen mit der Deutschen Bank AG und der Schweizerischen Rückversicherungs-Gesellschaft 75% der Aktien der P. zum Preis von rd. 3,1 Mrd DM zu kaufen. Mit der Kapitalverflechtung will die Deutsche Post bei der P. eine Vertriebsstrategie durchsetzen, die über das Angebot zusätzlicher Finanzdienstleistungen eine höhere Auslastung der Postschalter erreichen soll. Die P. widersetzte sich der Übernahme, weil sie den Verlust ihrer Eigenständigkeit befürchtete und das Angebot für zu niedrig hielt. Sie schätzte den Wert eines 75%-Aktienpaketes auf rd. 4,5 Mrd DM. Im Juni 1996 beschloß die Regierungskoalition aus CDU, CSU und FDP, daß sich die Deutsche Post AG ab 1. 1. 1999 mit 25% an der P. beteiligen darf. Mit dieser Lösung soll die Beherrschung der P. durch die Deutsche Post AG verhindert werden. Die Koalition regte den Abschluß eines Kooperationsabkommens zwischen den Unternehmen zur besseren Ausnutzung des Filialnetzes an.
→ Banken → Girokonto

Post, Deutsche [TAB]

Der im Rahmen der Postreform II 1995 in eine Aktiengesellschaft umgewandelte Postdienst erzielte 1994 mit 250 Mio DM Gewinn (Umsatz: 28,6 Mrd DM) ein positives Ergebnis. Ende 1995 beschäftigte die P. 330 000 Mitarbeiter. Bis 1999 will sie 30 000 Stellen abbauen.

PORTOERHÖHUNG VERWEIGERT: Die P. plante im April 1996 eine Erhöhung der Gebühren für die Briefpost. Ab September 1996 sollte das Porto für eine Postkarte 1 DM (vorher 0,80 DM) kosten. Die Gebühr für einen Standardbrief (bis 20 g) sollte sich von 1 DM auf 1,10 DM, für einen Kompaktbrief (bis 50 g) von 2 DM auf 2,20 DM, für einen Maxibrief (bis 1000 g) von 4 DM auf 4,40 DM und für ein Einschreiben von 3,50 DM auf 4 DM erhöhen. Im Juni 1996 verweigerte Bundespostminister Wolfgang Bötsch (CSU) seine Zustimmung zu der geplanten Er-

Deutsche Post: Gebührenänderung

Frachtpost	Preis bis 30. 6. 96	Preis ab 1. 7. 96
Päckchen (bis 2 kg)	6,40 DM	6,90 DM
Paket (bis 5 kg)	10,40 DM	11,00 DM
Paket (bis 10 kg)	12,50 DM	12,50 DM
Paket (bis 16 kg)	15,50 DM	15,00 DM

Quelle: Deutsche Post AG

höhung des Briefportos. Bötsch reagierte damit auf den Vorwurf privater Paketdienste, die P. subventioniere niedrige Preise für die Frachtpost mit höherem Porto für Briefe. Die P. erhoffte sich von der Erhöhung zusätzliche Einnahmen von rd. 1 Mrd DM.

PAKETPORTO: Seine Zustimmung erteilte der Postminister hingegen zu der Erhöhung des Paketportos um insgesamt 3,8%. Im Juli 1996 stieg der Preis für die Beförderung eines Päckchens von 2 kg von 6,40 DM auf 6,90 und für die Beförderung eines Paketes von 5 kg um 0,60 DM auf 11 DM. Die P. begründete die Gebührenerhöhung mit der gestiegenen Qualität ihrer Dienstleistungen.

BRIEFMONOPOL: Am 1.1.1998 soll ein neues Postgesetz in Kraft treten, das die

Das Sony-Center (Architekt: Helmut Jahn; Baukosten: rd. 1,5 Mrd DM) am nördlichen Ende des Potsdamer Platzes in Berlin hat ein glasüberdachtes ovales Forum (Höhe: 35 m) und bietet Platz für Büros (Fläche: 150 000 m²), Geschäfte, Cafés, Restaurants, ein Hotel, Filmhaus und Kinozentrum. Integriert wird der Anfang 1996 für rd. 50 Mio DM um 75 m verschobene Kaisersaal des einstigen Prachthotels Esplanade.

Liberalisierung des Postwesens und die künftige Wettbewerbsordnung auf den Postmärkten regelt. Ein Entwurf des Bundespostministeriums sieht vor, das Briefmonopol der P. 2003 aufzugeben. Für den Geltungsbereich des heutigen Monopols soll eine Lizenzpflicht eingeführt werden. Voraussetzungen für die Erteilung einer Lizenz sind Leistungsfähigkeit, Zuverlässigkeit und Fachkunde des Antragstellers. Der Entwurf war Mitte 1996 in der Regierungskoalition umstritten, weil Bundeswirtschaftsminister Günter Rexrodt (FDP) eine Aufhebung des Briefmonopols bereits zum 1.1.1998 forderte.

→ Gebühren → Postbank

Potsdamer Platz BILD KAR

Im Berliner Stadtbezirk Mitte entsteht am P. und Leipziger Platz zwischen Tiergarten und Landwehrkanal ein neues Stadtviertel mit Dienstleistungs- und Einkaufszentren, Büros für etwa 55 000 Menschen, Wohnungen, Hotels, Restaurants, Vergnügungseinrichtungen und einem unterirdischem S-Bahnhof (Baukosten: insgesamt rd. 7–8 Mrd DM). Der P. galt 1995/96 als die größte Baustelle Europas. Hauptinvestoren sind vier Konzerne, die Deutsche Bahn, die Deutsche Telekom, der Berliner Energieversorger Bewag und die Senatsverwaltung für Bau- und Wohnungswesen. Zur verkehrstechnischen Anbindung des P. sind ein kombinierter Bahn- und Autotunnel geplant, der Tiergarten und Spreebogen unterirdisch queren soll (Baubeginn: Oktober 1995, Kosten: rd. 4,5 Mrd DM).

P. war in den 20er und 30er Jahren der verkehrsreichste europäische Platz. Die Zerstörungen im Zweiten Weltkrieg und der Bau der Mauer 1961 hinterließen eine Brachfläche an der Nahtstelle zwischen West- und Ost-Berlin.

→ Berliner Zentralbahnhof

Presse TAB

Der Wettbewerb um Leser und Anzeigen setzte sich auf dem deutschen P.-Markt 1995 fort. Neue Titel sorgten für Umverteilungen auf einem stagnierenden Lesermarkt und zogen Leser von bestehenden Blättern ab. Mit den Namen erfolgreicher Print-Titel versuchten Fernsehsender 1996

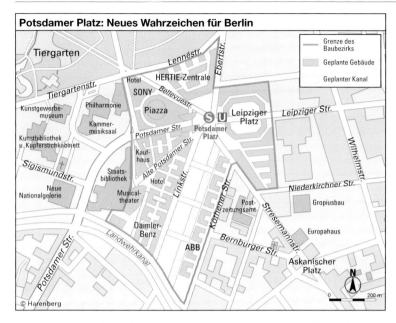

Potsdamer Platz: Neues Wahrzeichen für Berlin

© Harenberg

verstärkt, neue TV-Magazine zu etablieren. Zahlreiche Verlage boten ihre Publikationen 1995/96 in computergestützten Netzen wie dem Internet an.

„ZEIT"-VERKAUF: Im April 1996 übernahm die Georg-von-Holtzbrinck-Verlagsgruppe (Stuttgart) den Hamburger Zeitverlag, der seit 1946 die Wochenzeitschrift „Die Zeit" herausgibt (Auflage Mitte 1996: 480 000 Exemplare). Auflagenverluste und der Anzeigenrückgang bei der vierfarbigen Beilage „Zeitmagazin" (1995 gegenüber 1994: rd. 30%) führten zu einem Umsatz- und Ertragseinbruch. Die Holtzbrinck-Gruppe rückte nach dem Kauf mit rd. 3 Mrd DM Jahresumsatz zum viertgrößten Verlag Deutschlands auf.

AUFLAGEN: Die Auflage der Tages- und Wochenzeitungen stagnierte 1995 gegenüber 1994 nach Angaben der Informationsgemeinschaft zur Feststellung der Verbreitung von Werbemedien (IVW, Bonn) bei 32,5 Mio Exemplaren. Die Publikumszeitschriften erhöhten ihre Auflage um rd. 1% auf 125,8 Mio Exemplare, die Fachzeitschriften büßten dagegen mit

17 Mio Exemplaren rd. 2% Auflage ein. Der Wettbewerb auf dem Zeitschriftenmarkt bremste Neugründungen, ihre Zahl ging von 180 (1994) auf 165 (1995) zurück.

ANZEIGEN: Insgesamt erhöhte sich der Anzeigenumfang nach Angaben des Verbands Deutscher Zeitschriftenverleger (VDZ, Bonn) um 3,24% auf 6232 Seiten.

Presse: Titelzahlen und Auflagen					
Publikation	**1975**	**1980**	**1985**	**1990**	**1995**
Tageszeitungen					
Anzahl	410	407	395	394	417
Verk. Auflage (Mio)	21,5	24,1	25,1	24,7	30,5
Wochenzeitungen					
Anzahl	56	48	47	29	30
Verk. Auflage (Mio)	1,8	1,8	1,8	1,8	2,2
Publikumszeitschr.					
Anzahl	223	271	369	565	704
Verk. Auflage (Mio)	69,7	84,6	96,1	109,7	125,8
Fachzeitschriften					
Anzahl	658	745	779	903	982
Verk. Auflage (Mio)	19,5	15,0	13,0	16,0	17,0

Quelle: Informationsgemeinschaft zur Feststellung der Verbreitung von Werbemedien (IVW, Bonn)

Presse: Print-Titel mit Fernsehmagazinen

Titel	Sendeplatz	Zuschauer [1] (Mio)	Marktanteil[2] (%)
Spiegel TV Magazin	RTL, So, 22.15	3,22	13,5
stern TV	RTL, Mi, 22.15	3,17	19,9
Focus TV	Pro 7, Mo, 21.00	1,98	6,9
Spiegel TV Reportage	SAT. 1, Di, 22.00	1,72	8,2
Auto Motor Sport TV	Vox, So, 17.25	0,83	4,2
Bravo TV	RTL 2, So, 13.00	0,74	5,6
S-Zett	Vox, Di, 22.00	0,51	2,2
Spiegel TV Extra	Vox, Do, 22.00	0,49	2,1
Spiegel TV Special	Vox, Sa, 22.00	0,43	1,9
Spiegel TV Magazin	Vox, Do, 23.00	0,36	2,8
Zeit TV-Magazin	Vox, Do, 22.30	0,33	1,9

Durchschnittswerte Januar–März 1996; 1) ab 3 Jahre; 2) zur jeweiligen Sendezeit; Quelle: Gesellschaft für Konsumforschung, Angaben der Sender

Die größte Steigerung verzeichnete das 1993 gestartete Nachrichtenmagazin „Focus" mit 13% (verkaufte Auflage: rd. 750 000 Exemplare). Große Anzeigenverluste verzeichneten Fernsehzeitschriften wie „Fernsehwoche" (–23%) und „Hörzu" (–22%) sowie die vierfarbigen Beilagen der überregionalen Zeitungen „Die Zeit", „Frankfurter Allgemeine Zeitung" und „Süddeutsche Zeitung" (bis zu –30%).

FERNSEHENGAGEMENT: Im März 1996 startete mit „Focus-TV" das dritte TV-Magazin, das aus einem Nachrichtenblatt hervorging. Vorbild waren die Marktführer in diesem Bereich, „Spiegel-TV" und „Stern-TV". Der Erfolg des P.-Erzeugnisses soll sich auf das Magazin übertragen und dem TV Werbeeinnahmen bringen.

Privater Hörfunk: Reichweitenstärkste Sender 1995

Rang	Sender (öff.-rechtl./priv.)	Hörer/Stunde[1]	Veränderung zu 1994
1	WDR 4 (öff.-rechtl.)	1 080 000	–90 000
2	Radio NRW (priv.)	970 000	0
3	MDR 1 (öff.-rechtl.)	910 000	–90 000
4	Bayern 1 (öff.-rechtl.)	820 000	–200 000
5	Antenne Bayern (priv.)	640 000	0
6	WDR 2 (öff.-rechtl.)	610 000	–20 000
7	SWF 3 (öff.-rechtl.)	590 000	–30 000
8	Bayern 3 (öff.-rechtl.)	460 000	–10 000
9	MDR life (öff.-rechtl.)	400 000	–80 000
10	Radio FFH (priv.)	390 000	–60 000

1) 6 bis 18 Uhr; Quelle: Media Analyse 1995

INTERNET: Medienexperten gingen 1995/96 davon aus, daß die Zahl der Nutzer des Internet (Mitte 1995: rd. 2,5 Mio in Deutschland, 50 Mio–55 Mio weltweit) weiterhin stark zunimmt. Verlage eroberten den entstehenden Markt, der allerdings 1996 noch nicht gewinnträchtig war. Langfristig sollen sich viele der Internet-Angebote durch Werbung finanzieren, d. h. Werbekunden sollen Anzeigen in den angebotenen Internetseiten schalten. Zusätzlich zu den Tageszeitungen/Zeitschriften, die teils eher als gedruckt abzurufen waren, wurden Serviceleistungen wie tagesaktuelle Meldungen, Kulturkalender und die Möglichkeit der interaktiven Kommunikation mit dem Verlag angeboten. → Fernsehzeitschriften → Nachrichtenmagazine

Privater Hörfunk [TAB]

1995 wurde Radio in Deutschland ebenso stark genutzt wie 1994. Täglich hörten 57,7 Mio Menschen (82% der Bevölkerung) im Schnitt 3,5 Stunden Radio. Um Hörergunst und Werbeeinnahmen konkurrierten die öffentlich-rechtlichen ARD-Sender und einer Erhebung des Instituts der deutschen Wirtschaft (IW, Köln) zufolge 199 private Anbieter (Stand: Ende 1995). Die ARD-Sender verloren im Vergleich zu 1994 zwar rd. 600 000 Hörer, behaupteten aber ihre führende Position mit einem Marktanteil von rd. 60%.

WETTBEWERB: Spitzenreiter in der Hörergunst war 1995 erneut WDR 4 mit täglich 1,08 Mio Zuhörern. Mit den öffentlich-rechtlichen Stationen N-Joy des Norddeutschen Rundfunks (NDR) und Eins live des Westdeutschen Rundfunks (WDR) gewannen die ARD-Sender 1995 jugendliche Zuhörer (14–29 Jahre) von P.-Anbietern zurück. Die höchsten Steigerungen gegenüber 1994 erzielte das private Antenne Sachsen. Mit rd. 100 000 Hörern pro Stunde konnte das Radio seine Reichweite um 150% ausdehnen.

KRITIK: Medienexperten wiesen 1995/96 darauf hin, daß wegen verschärfter Konkurrenz P.-Anbieter dazu übergingen, Programme und Musik mit potentiell breitem Zuhörerkreis zu senden, was die Stationen zunehmend austauschbar mache und nicht zu der mit P. angestrebten Angebotsvielfalt beitrage.

INTERNET: 1995/96 boten öffentlich-rechtliche und P.-Sender verstärkt Informationen, Verkehrshinweise oder Hitlisten im weltweiten computergestützten Datennetz Internet an. Die Bindung der Hörer an die Sender soll damit verbessert werden.

→ Digitales Radio → Lokalfunk
→ Pay-Radio

Privatfernsehen [TAB]

1995/96 verschärfte sich der Wettbewerb unter den P. um Zuschauerquoten und Werbeeinnahmen. Die Aufwendungen der Wirtschaft für TV-Werbung stiegen um 12,6% auf 6,3 Mrd DM (Steigerung 1995: +16,6%). Die Gelder verteilten sich auf eine steigende Zahl von Sendern. 1995/96 wurden zahlreiche Spartenkanäle mit Programmen für bestimmte Zielgruppen neu gegründet bzw. waren geplant.

WETTBEWERB: RTL behauptete 1995 seine Position als beliebtester Fernsehsender mit einem geringen Zuwachs von 0,1 Prozentpunkten gegenüber 1994 auf 17,6% Zuschaueranteil, SAT. 1 als zweitgrößter Privatsender verlor 2,3 Prozentpunkte und erreichte 14,7% Zuschaueranteil. Die größten Steigerungen erzielten wie im Vorjahr die kleinen Privatanbieter Kabel 1 (+1,0 Prozentpunkte), RTL 2 (+0,8) und Vox (+0,6). Diese Sender verbuchten auch höhere Zuwächse bei den Nettowerbeeinnahmen als die großen Anbieter RTL und SAT. 1, die 1995 lediglich um 4,1% bzw. 3,8% höhere Einnahmen erzielten.

ERTRAGSLAGE: Der Marktführer der P., RTL, stieß Mitte der 90er Jahre an die Grenzen des Wachstums. Er erwirtschaftete 1995 mit 102,6 Mio DM einen geringeren Gewinn als 1994 (108,3 Mio DM, –5,5%). Das Ergebnis war nur möglich, weil der Sender zunehmend Nebenmärkte erschließt und sich zum Handelsunternehmen für Fernsehprogramme entwickelt. SAT. 1 erlöste 1995 wie im Vorjahr rd. 10 Mio DM Gewinn.

PROGRAMMKOSTEN: Die Preise der publikumswirksamsten Programme wie Sportsendungen, Spielfilme und Shows mit populären Showmastern vervielfach-

Privater Hörfunk: Höreranteile

Bundesland	ARD-Hörfunk (%)		Priv. Hörfunk (%)	
	1995	1994	1995	1994
Baden-Württemberg	68,6	68,2	30,1	31,2
Bayern	48,0	51,7	52,0	48,3
Berlin	29,3	28,9	70,7	70,5
Brandenburg	51,0	59,1	48,6	41,5
Bremen	78,2	76,7	21,8	23,3
Hamburg	43,2	40,9	56,8	59,1
Hessen	57,7	57,6	42,3	42,4
Mecklenburg-Vorpommern	74,7	65,0	25,3	35,0
Niedersachsen	68,9	61,1	30,5	39,5
Nordrhein-Westfalen	65,7	65,6	34,3	34,4
Rheinland-Pfalz	51,0	53,9	49,0	46,1
Saarland	62,1	63,5	37,3	35,8
Sachsen	62,3	71,9	37,7	28,6
Sachsen-Anhalt	57,8	66,5	43,1	34,0
Schleswig-Holstein	54,4	52,1	45,6	47,9
Thüringen	71,5	76,1	28,5	24,4

Abweichungen zu 100% wegen Rundung; Quelle: Media Analyse 1994 und 1995

ten sich seit Einführung des P. 1984. Die Übertragungsrechte von Fußballbundesliga-Begegnungen steigerten sich 1984/85–1995/96 um 1500%. Während die ARD 1984 für die Abspielrechte an 1500 Spielfilmen und Serien bei einer Laufzeit von 15 Jahren 240 Mio DM an die US-Firma MGM bezahlte, kosteten RTL die Rechte an 46 Spielfilmen, 75 TV-Filmen, 1000 Serien und 60 Spezialprogrammen der US-Firma Warner Brothers 1995 rd. 340 Mio DM für drei Jahre Laufzeit.

KRITIK: Medienexperten bemängelten, daß die Sender wegen des verschärften Wettbewerbs dazu übergingen, erfolgreiche Sendungen zu kopieren und Personal abzuwerben. Die Programme würden immer ähnlicher. Größere Medienvielfalt, ursprünglich das mit der Einführung des P. angestrebte Ziel, werde nicht erreicht.

BÖRSENGANG: Das drittgrößte P. Pro 7 wurde Ende 1995 in eine Aktiengesellschaft mit 75 Mio DM Grundkapital umgewandelt und plante für 1997 als erstes deutsches P. den Gang an die Börse. 35,5% des Grundkapitals sollen als Aktien ausgegeben und 30–50% davon am US-Aktienmarkt verkauft werden.

→ Fernsehen → Fernsehwerbung → Spartenkanal → Sportübertragungsrechte

Promillegrenze: Europa im Vergleich

Land	Grenze	Land	Grenze	Land	Grenze
Rumänien	0,0	Finnland	0,5	Dänemark	0,8
Slowakei	0,0	Frankreich	0,5	Deutschl.	0,8
Tschech. R.	0,0	Griechenl.	0,5	Großbritan.	0,8
Türkei	0,0	Jugoslawien	0,5	Irland	0,8
Ungarn	0,0	Kroatien	0,5	Italien	0,8
Polen	0,2	Niederlande	0,5	Luxemburg	0,8
Schweden	0,2	Norwegen	0,5	Österreich	0,8
Belgien	0,5	Portugal	0,5	Schweiz	0,8
Bulgarien	0,5	Slowenien	0,5	Spanien	0,8

Stand: Mitte 1996

Promillegrenze GLO TAB

In Tausendstel gemessener Alkoholwert im Blut, ab dem das Führen eines Kfz verboten ist. 36 942 unter Alkoholeinfluß stehende Fahrer verursachten 1995 in Deutschland Unfälle mit Personenschaden, bei denen 1711 Verkehrsteilnehmer getötet wurden (etwa ein Fünftel aller Verkehrstoten). Die SPD forderte 1996 eine EU-einheitliche P. von 0,5 Promille (Deutschland 1996: 0,8 Promille), um die Zahl der Unfalltoten zu verringern. Bei 0,8 Promille sei die Fahrtüchtigkeit bereits erheblich beeinträchtigt. Bundesverkehrsminister Matthias Wissmann (CDU) sprach sich gegen eine Senkung der deutschen Grenze auf 0,5 Promille aus, weil bei 70% der unter Alkoholeinfluß stehenden Unfallfahrer über 1,1 Promille gemessen wurde.

In Frankreich wurde im September 1995 die P. von 0,7 auf 0,5 Promille gesenkt. Ziel ist eine Verringerung der Zahl von jährlich ca. 8500 Verkehrstoten. 30% von ihnen sterben bei Unfällen, in die betrunkene Fahrer verwickelt sind. Nach Angaben des französischen Verkehrsministeriums ist das Unfallrisiko bei 0,7 Promille fünfmal so hoch wie in nüchternem Zustand, bei 0,5 Promille doppelt so hoch. In Frankreich fahren nachts und an Wochenenden bis zu 40% der Autofahrer mit Alkohol im Blut.

→ Verkehrssicherheit

Prora

Mit ca. 5 km längster Gebäudekomplex Deutschlands auf der Insel Rügen zwischen Saßnitz und Binz. P. wurde 1936–41 von der NS-Ferienorganisation Kraft durch Freude als Massendomizil für 20000 Urlauber gebaut. Bis 1990 nutzte die Nationale Volksarmee der DDR P. als Kaserne. P. war militärisches Sperrgebiet und ging nach der Vereinigung an den Bund über. Für P. soll bis Ende 1996 ein Nutzungkonzept erarbeitet werden (Fläche: 185 000 m²). Einer der fünf Blöcke wurde Anfang 1996 als Wohngebäude (Miet- und Eigentumswohnungen) mit Läden und Gastronomie öffentlich ausgeschrieben. Ein Verkauf von P. war 1995 wegen mangelnden Interesses gescheitert (gefordertes Mindestgebot: 95 Mio DM).

Protektionismus

Maßnahmen der Außenhandelspolitik zum Schutz einheimischer Produkte vor ausländischer Konkurrenz. Das Deutsche Institut für Wirtschaftsforschung (DIW, Berlin) wies 1996 darauf hin, daß P. nicht nur positive Wirkungen auf die heimische Wirtschaft und den Erhalt von Arbeitsplätzen hat. Bei vielen Produktgruppen haben weiterverarbeitende Betriebe Nachteile, denen sie z. T. durch Produktions-

Promillegrenze: Alkoholwirkung und Strafen in Deutschland

BIS 0,3‰: Leichte Verringerung des Sehvermögens, Fehleinschätzung von Entfernungen, verminderte Wahrnehmung beweglicher Lichtquellen.
BIS 0,5‰: Reaktionszeit verlängert sich, Geschwindigkeiten werden falsch eingeschätzt. Ab 0,3 ‰ kann der Führerschein befristet entzogen werden, wenn der Fahrzeuglenker einen Fahrfehler begeht bzw. einen Unfall verursacht.

BIS 0,8‰: Verringerung des Sehvermögens um etwa 15%, deutlich längere Reaktionszeit, eingeschränktes Hörvermögen. Bei Erreichen oder Überschreiten von 0,8‰ droht dem Fahrer eine Geldbuße bis zu 3000 DM und ein bis zu drei Monate befristetes Fahrverbot.
BIS 1,1‰: Verminderung der Sehleistung um 25%, Verlängerung der Reaktionszeit um 50%. Ab 1,1‰

Beginn der absoluten Fahruntüchtigkeit. Auch ohne einen Fahrfehler zu begehen, wird der Fahrer mit Führerscheinentzug und einer Geldoder Freiheitsstrafe belegt.
BIS 2,0‰: Deutliche Gleichgewichts- und Sprachstörungen, starke Einschränkung des Sehvermögens.
BIS 4,0 ‰: Starke Alkoholvergiftung, Gedächtnisverlust, Lähmungen, Atemstillstand möglich.

verlagerung ins Ausland auszuweichen versuchen.

Allgemeine Zölle und Kontingent-Festlegungen haben nach der sog. Uruguay-Runde 1994 des GATT (Vorläufer der Welthandelsorganisation WTO) an Bedeutung verloren. Andere Instrumente des P. haben weltweit zugenommen:

▷ Anti-Dumping-Aktionen (dumping, engl.; verschleudern) belegen Waren mit Strafzöllen, wenn sie im Ausland billiger verkauft werden als im Herstellungsland. 1995 leitete die EU 35 Verfahren ein. Betroffen waren Waren im Wert von 9 Mrd ECU (17,1 Mrd DM). Viele Strafzölle betrugen mehr als 50%

▷ Drohungen zwingen andere Staaten zu freiwilligen Selbstbeschränkungsabkommen, in denen sie auf Exporte verzichten. Japan und die EU vereinbarten für 1996 einen Exportrahmen japanischer Autos von 1,066 Mio Fahrzeugen. Umgekehrt führten Drohungen der USA 1995 zum Abbau des japanischen P. gegenüber amerikanischen Auto-Exporten nach Japan

▷ Technische Vorschriften erschweren Importe, z. B. auf dem europäischen Fernseh- und Telekommunikationsmarkt

▷ Handelszonen wie der Europäische Binnenmarkt oder die NAFTA erschweren Drittländern den Marktzugang

▷ Subventionen ermöglichen es, eigene Exportprodukte im Ausland preiswerter anzubieten, z. B. Agrarsubventionen der EU oder Förderung des europäischen Airbus-Flugzeugs.

→ Agrarpolitik → Europäischer Binnenmarkt → Weltwirtschaft → WTO → [ORG] NAFTA

PVC

Der Großbrand im Rhein-Ruhr-Flughafen Düsseldorf, bei dem am 11. 4. 1996 sechzehn Menschen erstickt waren, hat die Diskussion um den Massenkunststoff Polyvinylchlorid (PVC), das Hauptprodukt der industriellen Chlorchemie, neu entfacht.

BRANDKATASTROPHE DURCH PVC: Der Brand auf dem Flughafen Düsseldorf war durch Schweißarbeiten oberhalb des Flughafengebäudes entstanden. Dabei war in einer Zwischendecke der Ankunftshalle ein Schwelbrand verursacht worden, der sich wegen der PVC-Isolierung der in der Decke verlegten Isolierkabel rasch ausbreitete.

Wenn chlorhaltige Produkte wie PVC in Brand geraten, bilden sich dichter Rauch aus Ruß, giftige Gase wie Kohlenmonoxid und stark ätzende Salzsäure sowie giftige Dioxine und Furane und große Mengen Polycylische Aromatische Kohlenwasserstoffe (PAK), die im Verdacht stehen, Krebs zu erzeugen.

ZWEIFEL AN CHLORCHEMIE: Wegen der besonderen Häufung von schweren Unfällen durch PVC und viele andere Chlorprodukte fordern Natur- und Umweltschützer schon seit längerem den Ausstieg aus der Chlorchemie. Fast alle großen Umweltprobleme haben direkt oder indirekt mit der weitverzweigten Chlorchemie zu tun.

Als typische Umweltgifte gelten – neben Dioxin – beispielsweise die Polychlorierten Biphenyle (PCB), das Insektizid DDT, das Holzschutzmittel Pentachlorphenol (PCP), die ozonzerstörenden Fluorchlorkohlenwasserstoffe (FCKW) und das Reinigungsmittel Perchlorethylen (PER). Diese organischen Chlorverbindungen sind schwer abbaubar und zudem fettlöslich. Sie können sich in Organismen anreichern und zu schweren Gesundheitsschäden führen.

MASSENKUNSTSTOFF PVC: Etwa ein Drittel der weltweit produzierten Chlormenge (jährlich etwa 40 Mio t) wird mit Ethylen, dem wichtigsten Erdölprodukt, zu (krebserzeugendem) Vinylchlorid (VC) verarbeitet, aus dem dann durch Polymerisation das PVC entsteht, das in alle Lebensbereiche vorgedrungen ist: Vom Radiergummi bis zum Spielzeug, vom Kunstleder oder Fußbodenbelag bis hin zu Kredit- und Telefonkarten, Fensterrahmen oder Abwasserrohren. Die weltweite PVC-Produktion liegt derzeit bei 18 Mio t und soll bis zum Jahr 2000 auf 24 Mio t gesteigert werden.

→ Dioxin → FCKW → Holzschutzmittelprozeß → Ozonloch

Q

Quarks GRA

Wissenschaftler vom National Accelerator Laboratory (Fermilab) in Chicago/USA, entdeckten im Herbst 1995, daß Quarks aus noch kleineren Teilchen bestehen, und damit nicht, wie ursprünglich angenommen, die letzten, kleinsten, nicht weiter teilbaren Bausteine aller Materie sind.

NEUE ERKENNTNISSE: In ihren Versuchen haben die Hochenergiephysiker im Tevatron, dem weltweit stärksten Teilchenbeschleuniger, Protonen mit nahezu Lichtgeschwindigkeit gegen ihre Antiteilchen (Antiprotonen) geschleudert. Dabei fliegen kleine Trümmer seitlich weg – deren Flugwinkel und Energien sollten die Vorhersagen des sog. Standard-Modells der theoretischen Physik erfüllen. In manchen Fällen taten sie dies jedoch definitiv nicht. Das bedeutet, daß die Q. ein hartes Zentrum haben, womit sie nicht mehr unteilbar, mithin nicht elementar wären. Zehntausendmal kleiner als die Q. selbst sind die im Tevatron neu entdeckten Strukturen: ein hundertmillionstel milliardstel Zentimeter.

STANDARD-MODELL: Diese von den Physikern seit Jahren stark favorisierte Theorie sieht sechs verschiedene Q. vor: Die beiden leichtesten, das Up- und das Down-Q., bauen die Kernteilchen Proton und Neutron auf; das Strange- und das Charme-Q. bilden die nächste schwere Gruppe, während das Bottom- und das Top-Q. die größten Massen besitzen. Die neuen Erkenntnisse sind jetzt Anlaß, sich nach anderen Modellen umzusehen.

SUPERBESCHLEUNIGER: Erste experimentelle Ergebnisse erhoffen sich die Forscher von dem europäischen Teilchenbeschleuniger LHC (Large Hadron Collider) im Forschungszentrum CERN bei Genf, der 2004 fertiggestellt werden soll.

→ Antimaterie → Teilchenbeschleuniger

R

Radio-Daten-System

(RDS), Textübertragung auf Leuchtkristallanzeigen (sog. Displays) moderner Radiogeräte. Das ursprünglich zur Sender- und Frequenzkennung vorgesehene RDS wurde Ende 1995 erstmals von einem deutschen Sender, Radio FFH, zur Übertragung von Kurzmitteilungen genutzt. Mitte 1996 strahlten rd. ein Dutzend Radiosender Eigenwerbung, Verkehrshinweise, Wettervorhersagen und Nachrichten über RDS aus. Da die Displayanzeige auf acht Buchstaben begrenzt ist, werden längere Mitteilungen nacheinander übertragen und nehmen die Aufmerksamkeit des Lesers länger in Anspruch. Der Allgemeine Deutsche Automobil Club (ADAC, München) kritisierte die Textmitteilung über RDS, weil sie Autofahrer zu sehr vom Verkehr ablenke.

Radon

In Westdeutschland sterben jährlich rund 2000 Menschen an Lungentumoren, die durch das radioaktive Edelgas R. verursacht werden; das entspricht 7% aller 28 700 Lungenkrebs-Todesfälle in den

Quarks: Aufbau der Materie

Molekül — Atom — Atomkern

Down-Quark — Up-Quark — Down-Quark

Proton — Up-Quark — Neutron

Materie im Normalzustand — Materie im angeregten Zustand

Up-Quark — Strange-Quark — Bottom-Quark

Down-Quark — Charm-Quark — Top-Quark

© Harenberg

LAND Länderteil NEK Nekrolog ORG Organisationen BIO Biographien

alten Bundesländern. Dies geht aus einer im Herbst 1995 vorgelegten Untersuchung des Deutschen Krebsforschungszentrums (DKFZ, Heidelberg), die für großes Aufsehen sorgte, hervor. Radon, ein gasförmiges Element aus der VIII. Hauptgruppe des Periodensystems der chemischen Elemente (Symbol Rn, Ordnungszahl 86), ist ein Zerfallsprodukt von Uran, das schwerste natürliche Element. Es kommt überall in der Atmosphäre vor und kann sich in Wohnhäusern anreichern, die auf uranhaltigem Gestein errichtet sind. Stärkere R.-Belastungen wurden vor allem in Häusern in der Eifel, im Erzgebirge und im Bayerischen Wald festgestellt.

Mit Hilfe eines mathematischen Modells kamen die Heidelberger Krebsforscher einem Effekt von Zigarettenrauch auf die Spur. Zwischen 14% und 22% – und damit dreimal so viel wie früher vermutet – der jährlich etwa 370 Lungenkrebs-Todesfälle bei Nichtrauchern gehen auf R. zurück. Bei Rauchern dagegen spielt R. nur in 4–7% eine Rolle bei der Tumorbildung (1700 Lungenkrebs-Tote). Die Ursache dafür war Mitte 1996 ungeklärt.
→ Krebs → Rauchen

Rauchen [TAB]

Trotz öffentlicher Kritik und politischer Restriktionen gegen die Nikotinsucht und ihre medizinischen Folgen verzeichnete die deutsche Tabakindustrie 1995 mit rd. 130 Mrd verkauften Filterzigaretten (1994: 127,5 Mrd) ein Rekordergebnis.

Fünf internationale Konzerne (Philip Morris, Reemtsma, British-American Tobacco, Rothmans und Reynolds) teilten sich Mitte der 90er Jahre 95% des deutschen Zigarettenmarktes. Obwohl die Zahl der Raucher mit rd. 18 Mio im Vergleich zum Vorjahr in Deutschland konstant blieb, änderte sich 1995 der geschlechtsspezifische Tabakkonsum. Während sich der Anteil der männlichen Raucher verringerte, griffen immer mehr Frauen zur Zigarette. Überdurchschnittlich viele Raucher waren nach Angaben des Verbandes der Cigarettenindustrie (VdC, Bonn) unter Medizinern und Pflegekräften zu finden.

Rauchen: Deutscher Zigarettenmarkt 1995

Markenname	Marktanteil (%)	Veränderung zu 1994 (%)
Marlboro	20,0	- 0,4
Marlboro Lights	8,2	+ 1,6
HB	7,3	- 0,7
West	6,5	+ 0,2
F 6	4,5	- 0,4
Camel Filter	3,6	- 0,2
Peter Stuyvesant	3,6	- 0,1
Lord Extra	3,3	- 0,3
West Lights	2,6	+ 0,4
Lucky Strike Filter	1,9	+ 0,2
Ernte 23	1,7	- 0,2
R 1	1,7	0
Reval	1,5	- 0,1
Marlboro 100	1,5	0
Marlboro Medium	1,3	+ 0,4
Golden American	1,2	0
Gauloises Blondes	1,1	+ 0,1
Marlboro Lights 100	1,1	+ 0,1
Reemtsma R 6	1,0	- 0,2
Prince Denmark	1,0	0

Quelle: Verband der Cigarettenindustrie (VdC, Bonn)

PASSIVER KONSUM: Das Deutsche Krebsforschungszentrum (Heidelberg) bestätigte 1996 Passivrauchen nach dem aktiven R. und dem Einatmen des radioaktiven Edelgases Radon als dritte Ursache für den Lungenkrebstod. Die Zahl der Opfer wird in Deutschland auf 400 Menschen pro Jahr geschätzt. Ein unfreiwillig Mitrauchender, in dessen Gegenwart ca. 25 Jahre lang täglich zwischen zehn und 25 Zigaretten konsumiert werden, trägt Wissenschaftlern zufolge ein gegenüber Nichtrauchern um 35% erhöhtes Lungenkrebsrisiko.

SCHWANGERSCHAFT: Der Zigarettenkonsum werdender Mütter schädigt in Deutschland jährlich 35 000 Säuglinge, die als Frühgeburt oder mit Untergewicht zur Welt kommen. Nikotin verengt die Blutgefäße, so daß der Fötus unter Sauerstoff- und Nährstoffmangel leidet und sich nicht vollständig ausbilden kann. Allergien (Asthma, Hautekzeme, Neurodermitis) entwickeln sich bei Kindern rauchender Mütter doppelt so häufig wie bei unbelasteten Altersgenossen. Tabaksubstanzen (Formaldehyd, Kadmium, Pestizide) können Krebs- und

Herzerkrankungen verursachen, die erst Jahre nach der Geburt auftreten. **AUSSERGERICHTLICHE EINIGUNG:** Der US-Zigarettenkonzern Liggett einigte sich im März 1996 mit den Anwälten Nikotingeschädigter, bis 2021 jährlich 5% des Konzerngewinns als Schadenersatz in einen Raucherentwöhnungsfonds zu zahlen. Weitere 2% des Bruttogewinns sollen Bundesstaaten erhalten, die auf gerichtlichem Weg eine Beteiligung der Tabakindustrie an den Folgekosten des R. erzwingen wollten. Außerdem erklärte sich der Konzern bereit, den Vorschlägen der Gesundheitsbehörde FDA entgegenzukommen und auf die Zigarettenwerbung für Jugendliche zu verzichten. Die führenden Tabakkonzerne warfen Ligett vor, die gemeinsame Verteidigungslinie verlassen zu haben, und kündigten an, die Anti-Raucher-Klagen weiterhin gerichtlich zu bekämpfen. **OSTEUROPA:** Auf der Suche nach neuen Absatzmärkten weiteten die internationalen Tabakkonzerne 1996 ihre Aktivitäten in Osteuropa aus und gründeten neue Tochterfirmen. Philip Morris, weltweit größter Zigarettenkonzern, erwarb bis 1995 Beteiligungen in Höhe von 1,5 Mrd US-Dollar , die deutsche Firma Reemtsma investierte bis Mitte der 90er Jahre rd. 500 Mio US-Dollar in Osteuropa. Mit einem geschätzten Jahresverbrauch von 700 Mrd Zigaretten war der osteuropäische Markt 1996 das weltweit größte Absatzgebiet.
→ Krebs

Raumfähre TAB
(engl.: space shuttle), wiederverwendbarer bemannter Flugkörper zum Weltraumtransport. R. befördern Raumlabors zu wissenschaftlichen Zwecken, setzen Forschungsplattformen und Satelliten aus bzw. bringen sie wieder zurück zur Erde. Von Juni 1995 bis März 1996 dockte die US-amerikanische R. Atlantis dreimal an die russische Raumstation Mir an. Bis 1997 sollen vier weitere Flüge zur Mir folgen. Sie dienen der Vorbereitung des Baus der internationalen Raumstation bis 2002. Im Februar 1996 scheiterte ein Experiment mit dem italienischen Satelliten TSS (Tethered Satellite System, Kosten: 443 Mio Dollar), weil die 20,7 km lange Verbindungsleine zwischen der R. und dem Satelliten riß. TSS ging im Orbit verloren. Das leitfähige Kabel sollte im Erdmagnetfeld zum Aufbau elektrischer Spannung und zur Stromerzeugung genutzt werden. Nur die USA betrieben Mitte der 90er Jahre R. Die anderen Raumfahrtnationen nutzten Trägerraketen. Mit 7000 Dollar pro kg Nutzlast waren die Transportkosten mit R. etwa doppelt so hoch wie bei der europäischen Trägerrakete Ariane. Bis 2005 sollen die Shuttles von einer preiswerteren R. (Projektname: X-33) oder durch Trägerraketen ersetzt werden. Im Juli 1996 erteilte die NASA den Entwicklungsauftrag an Lockheed Martin.
→ Ariane → Mir → Raumstation
→ Satelliten

Raumfähre: Space Shuttle im Einsatz

Zeitraum	Nr. Mission	Raumfähre	Nr. Start	Zweck
13. 7.–20. 7. 1995	70.	Discovery	21.	Medizinische und militärische Experimente, NASA-Nachrichtensatellit ausgesetzt
7. 9.–18. 9. 1995	71	Endeavour	9.	Erforschung des Sonnenwindes mit wiederverwendbarem Satelliten (Spartan), Kristallzüchtung auf der Forschungsplattform Wake Shield Facility
20. 10.–5. 11. 1995	72.	Columbia	18.	Chemische und physikalische Versuche in europäischem Mikrogravitationslabor
12. 11.–20. 11. 1995	73.	Atlantis	15.	Versorgungsflug zur russischen Raumstation Mir, Installierung eines Andocktunnels
11. 1.–20. 1. 1996	74.	Endeavour	10.	Einholen eines japanischen Satelliten
22. 2.–9. 3. 1996	75.	Columbia	19.	Versuch mit italienischem Fesselsatelliten zur Stromerzeugung, Experimente zur Mikrogravitation
22. 3.–31. 3. 1996	76.	Atlantis	16.	Versorgungsflug zur Raumstation Mir
19. 5.–29. 5. 1996	77.	Endeavour	11.	Test einer aufblasbaren Antenne und eines Satelliten
20. 6.–6. 7. 1996	78.	Columbia	20.	Auswirkung der Schwerelosigkeit auf Astronauten

Raumfahrt: Wichtige Organisationen

Name	DARA (Deutsche Agentur für Raumfahrtangelegenheiten)	ESA (European Space Agency, engl.; Europäische Weltraum- behörde)	NASA (National Aeronautics and Space Administration, engl.; Nationale Luft- und Raumfahrtbehörde)
Gründung/Sitz	1989, Bonn	1975, Paris/Frankreich	1958, Washington/USA
Rechtsform/ Ziel	Privatrechtliche Organisation; zuständig für Planung und Durchführung deutscher Programme zur Raumfahrt sowie für die Koordination zwischen Industrie und Bundesregierung	Europäische Raumfahrtorgani- sation mit 14 Mitgliedstaaten zur Kooperation in der Welt- raumforschung und -technik	Zivile Organisation zur Planung und Durchführung von Luft- und Raumfahrt- vorhaben der USA
Vorsitz	Jan-Baldem Mennicken	Jean-Marie Luton	Daniel S. Goldin

Raumfahrt [TAB]

Das wichtigste Großprojekt in der R. ist die internationale Raumstation, die ab 1997 unter Führung von Rußland und den USA gebaut werden soll. Zur Vorberei- tung dienen Flüge zur bestehenden russi- schen Station Mir. Die Mitgliedstaaten der Europäischen Raumfahrtagentur ESA be- schlossen Ende 1995, sich an der Station mit einem Raumlabor, einer unbemannten Kapsel und der Trägerrakete Ariane zu be- teiligen (Kosten 1996–2004: rd. 8,64 Mrd DM). Den Plan, ein eigenes bemanntes Raumfahrzeug zu bauen, gab die ESA auf. Deutschland zahlte 1995 etwa 71% seines R.-Etats (rd. 1,4 Mrd DM) an die ESA.

Bis 2000 will die ESA jährlich 680 Mio DM für ihr Wissenschaftsprogramm, vor allem Raumsonden und Satelliten, ausge- ben. Erst wenn der Geldwertverlust 3% übersteigt, soll neu über Kosten und ihre Verteilung auf die Mitglieder verhandelt werden. Einsparungen werden ausschließ- lich aus den Personal- und Verwaltungsko- sten beglichen: Innerhalb von drei Jahren sollen rd. 500 der 3500 ESA-Mitarbeiter entlassen werden. Die Regelung, nach der jeder nationale Mitgliedsbeitrag zu 96% mit Industrieaufträgen ausgeglichen wer- den soll, wird bis Ende 1996 überprüft, weil das Ziel z. T. nicht erreicht wurde. Astronauten wurden 1995/96 mit russi- schen Trägerraketen und US-Raumfähren befördert. Beim Satellitentransport kon- kurrierten China, die europäischen Staa- ten, Rußland und die USA.

→ Ariane → Erderkundung → Mir
→ Raumsonde → Satelliten

Raumsonde [TAB]

Unbemannter Raumkörper zur Erkundung des Weltraums. Im Dezember 1995 tauch- te der erste irdische Flugkörper, eine von der Muttersonde Galileo (Orbiter) abge- koppelte Roboterkapsel (Probe), in die At- mosphäre des Planeten Jupiter ein.

GALILEO: Die bis zum Verglühen von Probe (Dauer: 58 min) gelieferten Meßda- ten wurden über Galileo zur Erde gefunkt. Sie lieferten neue Erkenntnisse über die Atmosphäre und einen bis dahin unbe- kannten Strahlengürtel in der Magneto- sphäre des meist aus Gas bestehenden, größten Planeten unseres Sonnensystems. Der Galileo-Orbiter soll Jupiter elfmal umrunden, seine Oberfläche sowie vier seiner 16 bekannten Monde in verschiede- nen Wellenbereichen fotografieren. Wegen des Ausfalls der Hauptantenne 1991 und der verringerten Speicherka- pazität des Magnetbandes an Bord von Galileo können nur 10–15% der ursprüng- lich vorgesehenen Bilddaten übertragen werden. Galileo ist ein deutsch-US-ameri- kanisches Gemeinschaftsprojekt (Kosten: rd. 2,3 Mrd Dollar). Die Sonde wurde 1989 gestartet.

Raumfahrt: Ausgaben

Posten	China	Europa	Japan	USA
Insgesamt (Mrd $)	1,3	5,6	2,0	28,6
Zivil (Mrd $)	0,5	4,6	2,0	13,5
Militärisch (Mrd $)	0,8	1,0	–	15,1
Anteil am BSP (%)	0,28	0,09	0,07	0,54
Raketenstarts[1]	16	47	11	140

Stand: 1994; 1) 1989–1994; Quelle: ESA

SOHO: Im Dezember 1995 wurde eine europäisch-US-amerikanische R. zur Erforschung der Sonne (Solar and Heliospheric Observatory, SOHO) im All ausgesetzt. Sie wird in einer Entfernung von 1,5 Mio km in eine Position gebracht, an der sich die Schwerkraft von Sonne und Erde gegenseitig aufheben (Lagrangesche Punkte). Mit SOHO wird es erstmals möglich sein, die Sonne aus einer gleichbleibenden Position zu beobachten und die Messungen, z. B. der Teilchenstrahlung, mit denen erdnaher Satelliten zu vergleichen.

MARS: Bis Ende 1998 will die NASA zwei R. zum Mars starten. Sie sollen den Planeten umkreisen und ein Instrumentenmodul (Pathfinder) absetzen. Das etwa 10 kg schwere Kleinfahrzeug dient der Erkundung der Oberfläche zur Vorbereitung der europäisch-US-amerikanischen Intermarsnet-Mission 2003. Diese besteht aus einem Netzwerk von Minirobotern, die mit Kameras, Seismometern und meteorologischen Meßinstrumenten ausgestattet sind. 2005 will die NASA mit einer R. Bodenproben sammeln und zur Erde transportieren. Der für den Rückflug benötigte Treibstoff soll während des Aufenthalts aus mitgeführtem flüssigem Wasserstoff und Kohlendioxid aus der Mars-Atmosphäre von der R. produziert werden.

Raumstation BILD

Ständig im Weltall stationierter Raumflugkörper, der als Ankopplungsstation für Raumtransporter sowie als Wohnraum und Forschungslabor von Astronauten genutzt werden kann. Die russische Station Mir war Mitte der 90er Jahre die einzige Weltraumstation. 1997–2002 wollen Rußland, die USA, Kanada, Japan und europäische Staaten eine internationale R. (ISS) bauen. ISS soll 1998 betriebsbereit sein und mit zunächst drei Astronauten besetzt werden. Kritiker bezweifeln den wissenschaftlichen Nutzen der R., weil sie nur wenig Erkenntnisfortschritt in den Hauptforschungsgebieten, der Materialwissenschaft (Metallegierungen) und Biochemie (Kristallzüchtung) erwarten.

ISS: Die R. (108 x 74 m, Gewicht: 400 t) soll in 335–460 km Höhe die Erde in jeweils 90 min umrunden. Die zentralen Funktions- und Versorgungselemente werden von Rußland gebaut (Start: 1997/98). Ein Baustein der NASA dient als Wohnstation für vier Astronauten. Der Transport zur R. erfolgt über US-amerikanische Raumfähren sowie europäische, japanische und russische Trägerraketen. Zur Installation aller Komponenten sind etwa 80 Flüge notwendig.

ESA-BEITRAG: Die 14 Mitgliedstaaten der Europäischen Raumfahrtagentur ESA beteiligen sich mit dem Columbus Orbital Facility (COF) und einem unbemannten Raumtransporter (Automated Transfer Vehicle, ATV) an der ISS (Kosten 1996–2004: 5,25 Mrd DM, deutscher Anteil: 41%). COF (Länge: 6,70 m) ist für Forschungsexperimente ausgerüstet und soll 2002 mit einer US-Raumfähre zur R. be-

Raumsonde: Laufende und geplante Missionen

Name	Träger	Ziel	Ankunft
Laufende Missionen			
Pioneer 10[1]	NASA	Planet Jupiter u. a.	1973
Pioneer 11[1]	NASA	Planet Jupiter u. a.	1974
Voyager 1[1]	NASA	Planet Jupiter u. a.	1979
Voyager 2[1]	NASA	Planet Jupiter u. a.	1979
Galileo	DARA, NASA	Asteroid Gaspra	1991
		Asteroid Ida	1993
		Planet Jupiter	1995
Ulysses	ESA	Sonne	1994
Clementine	NASA	Mond	1994
		Asteroid Geographos	1994
Korona 1	RKA[2], internat.	Sonne	1996
SOHO	ESA, NASA	Sonne	1996
Geplante Missionen[3]			
Mars 94[4]	RKA[2]	Planet Mars	1995[4]
Pathfinder	NASA	Planet Mars	1997
Global Surveyor	NASA	Planet Mars	1998
Mars 96[4]	RKA[2]	Planet Mars	1997[4]
Lunar Prospector	NASA	Mond	1997
Cassini-Huygens	ESA, NASA	Saturnmond Titan	2002
Intermarsnet	ESA, NASA	Planet Mars	2003
Ikarus	ESA	Sonne	2005
N.N.	NASA	Planet Pluto	2007
Rosetta	ESA	Komet Schwassmann-Wachmann 3	2010
N.N.	ESA	Planet Merkur	k. A.[5]

Stand: Mitte 1996; 1) befindet sich an der Grenze unseres Sonnensystems; 2) russische Weltraumagentur; 3) Auswahl; 4) Start um voraussichtlich zwei Jahre verschoben; 5) im Rahmen des Langzeitprogramms Horizont 2000 geplant

fördert werden. ATV dient zur Ver- und Entsorgung mit schweren Nutzlasten (geplanter Erstflug: 2001) und wird mit der Trägerrakete Ariane gestartet. Die jährliche Beteiligung an den Betriebskosten der R. (ca. 500 Mio DM) will die ESA mit dem Einsatz von Ariane und ATV begleichen. Vorgesehen ist ein Flug pro Jahr.
→ Ariane → Mir → Raumfahrt

Reaktorsicherheit [TAB]

Die Atomkaftwerke sowjetischer Bauart in Osteuropa und der ehemaligen Sowjetunion galten Mitte der 90er Jahre als unzureichend gegen Reaktorunfälle gesichert. Sie werden zur Aufrechterhaltung der Stromversorgung benötigt. Atomenergie wird begünstigt, um Strom zu exportieren und teure Energieeinfuhren einzusparen. Mochovce/Slowakei wird das erste Atomkraftwerk sein, das umfassend mit technischer und finanzieller Hilfe aus westlichen Industriestaaten nachgerüstet wird. Auf dem Treffen der Staats- und Regierungschefs der G-7-Staaten in Moskau im April 1996 wurde der R. bei der zivilen Nutzung der Atomenergie Vorrang eingeräumt. Bis dahin hatten die westlichen Industriestaaten rd. 2,15 Mrd DM für die Verbesserung der R. aufgewandt.

MOCHOVCE: Das slowakische Energieversorgungsunternehmen SE unterzeichnete im April 1996 einen Vertrag (Volumen: rd. 150 Mio DM) mit dem deutschfranzösischen Firmenkonsortium Eucom über Maßnahmen zur Störfallverhinderung und -beherrschung, Leittechnik, Strahlen- und Brandschutz. Reaktorblock 1 soll 1998, Block 2 (Leistung: je 440 MW) 1999 den Betrieb aufnehmen. Mochovce ist ein Druckwasserreaktor vom Typ WWER und wird von russischen, slowakischen und tschechischen Unternehmen gebaut. Mochovce liegt 120 km von der Grenze zu Österreich entfernt, das den Bau ablehnt.

RISIKEN: Mitte 1996 waren in Litauen, Rußland und in der Ukraine 15 Leichtwasserreaktoren vom Tschernobyl-Typ RBMK (graphitmoderierter Druckröhrenreaktor) in Betrieb. Sie wiesen von allen Kraftwerken die größten Sicherheitsmängel auf. Einige Probleme, z. B. die stei-

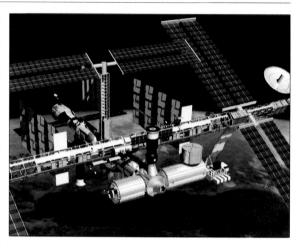

Die Rahmenkonstruktionen der internationalen Raumstation, die bis 2002 fertiggestellt werden soll, stammen von Rußland und den USA. An die Station werden Versorgungs- und Forschungsmodule angedockt, drei russische, ein US-amerikanisches, ein japansches und ein europäisches.

gende Reaktivität des Reaktorkerns bei Kühlmittelverlust, wurden bis Mitte der 90er Jahre z. T. behoben. Die Internationale Atomenergie-Agentur (Wien) hielt daher einen Unfall, wie er sich 1986 in Tschernobyl ereignete, für nicht mehr möglich.
Ältere Druckwasserreaktoren vom Typ WWER (440/230) besitzen keine voneinander unabhängigen Notkühlsysteme und keine Beton-Schutzumhüllung des Kerns (containment), die einem starken Druckanstieg im Innern standhalten kann. Mangel an qualifiziertem Personal, unregelmäßige und schlechte Bezahlung sowie fehlendes Geld für Kontroll- und Schutzmaßnahmen beeinträchtigen die R. Eine Nachrüstung zur Hebung der R. ist aus Sicht westlicher Experten wirtschaftlich nicht tragbar. Die Kosten für eine Modernisierung aller 62 WWER-Reaktoren, die Mitte 1996 in Betrieb bzw. in Bau waren, wurde auf rd. 15 Mrd DM geschätzt.

VERTRÄGE: Bis März 1996 wurde das internationale Abkommen über R. von 1994 von 62 Staaten unterzeichnet. 16 Länder, davon zwölf mit eigenen Atomenergieanlagen, hatten es ratifiziert. Das Abkommen tritt in Kraft, wenn es von 22 Staaten angenommen wurde, davon 17 mit Nuklearanlagen. Es legt völkerrechtlich verbindliche Sicherheitsstandards für Atomkraftwerke fest, die in nationales Recht umgesetzt werden müssen. Weiterhin gibt

Reaktorsicherheit: Atomkraftwerke in Osteuropa und der GUS			
Land	**Reaktorblöcke** **in Betrieb** | **in Bau**	**Bruttoleistung** **(MW)[1]**	**Standort**
Rußland	29	4	21 242	Balakowo, Belojarsk, Bilibino, Kola, Kursk, Nowo-woronesch, Rostow, Smolensk, Sosnowyj Bor, Twer (Kalinin), Ural, Woronesch
Ukraine	16	5	13 818	Chmélnizky, Rowno, Saporoschje, Süd-Ukraine, Tschernobyl
Bulgarien	6	2[2]	3 760	Kosloduj, Belene
Slowakei	4	2	1 760	Bohunice, Mochovce
Tschech. Rep.	4	2	1 782	Dukovany, Temelín
Ungarn	4	–	1 840	Paks
Armenien	2	–	880	Metsamor
Litauen	2	–	3 000	Ignalin
Kasachstan	1	–	150	Schewtschenko
Rumänien	1	1	705	Cernavoda
Slowenien	1	–	664	Krško

Stand: Mai 1996; 1) in Betrieb; 2) Baustopp; Quelle: atomwirtschaft - atomtechnik 3/1996

es zwei internationale Übereinkommen, die Betreiber von Atomenergieanlagen für nukleare Schäden Dritter haftbar machten. Japan, Rußland, die Ukraine und die USA gehörten den Abkommen Mitte 1996 nicht an, weil entsprechende nationale Bestimmungen existierten bzw. ausgearbeitet würden. **DEUTSCHLAND:** 1995 wurde die Stillegung des Atomkraftwerks Würgassen (NRW) beschlossen. Hohe Kosten für den Austausch des Kernmantels (rd. 220 Mio DM), der die Brennelemente umschließt und in dem Haarrisse entdeckt worden waren, ließen den Betrieb nicht mehr wirtschaftlich erscheinen. Nach einem Stillstand von fast drei Jahren lieferte das Kernkraftwerk Brunsbüttel (Schleswig-Holstein) 1995 wieder Strom. Risse im Rohleitungssystem hatten 1992 eine Abschaltung erforderlich gemacht.
→ Atomenergie → Tschernobyl

Rechtschreibreform [TAB]
In Wien unterzeichneten im Juli 1996 Vertreter von Deutschland, Österreich, der Schweiz und Liechtenstein ein Abkommen zur Reform der deutschen Rechtschreibung. Vier Staaten, in denen Deutsch von einer Minderheit gesprochen wird (Belgien, Italien, Rumänien, Ungarn), traten dem Abkommen bei. Im März 1996 hatten die Ministerpräsidenten der 16 deutschen Bundesländer einer abgeschwächten Version der R. zugestimmt, die von den 16 deutschen Kultusministern im Dezember 1995 befürwortet worden war. Der Reformvorschlag zur Vereinfachung der deutschen Rechtschreibung, den Sprachwissenschaftler und Kultusminister aus Deutschland, Österreich und der Schweiz Ende 1994 in Wien verabschiedet hatten, war im Oktober 1995 von den deutschen Ministerpräsidenten als zu weitreichend abgelehnt worden. **ÄNDERUNGEN:** Die R. in der Fassung von 1995/96 sieht eine geänderte Schreibweise für 185 Wörter des Grundwortschatzes vor. Die Zahl der Rechtschreibregeln wird von 212 auf 112, die der Komma-Regeln von 52 auf neun reduziert. Auf umstrittene Eindeutschungen insbes. französischer und griechischer Fremdwörter (z. B. Rytmus statt Rhythmus) wurde verzichtet. **FRISTEN:** Die R. soll zum 1. 8. 1998 in Kraft treten mit einer Übergangszeit von sieben Jahren. Bis zum 31. 7. 2005 werden bisherige Schreibweisen in den Schulen nicht als falsch, sondern nur als überholt gekennzeichnet und bei Korrekturen durch die neuen Schreibweisen ergänzt. Die deutsche Rechtschreibung richtet sich bislang nach den seit 1902 gültigen Regeln des Rechtschreib-Duden.
i Institut für deutsche Sprache, Friedrich-Karl-Straße 12, 68165 Mannheim

Rechtschreibreform: Änderungen

Änderungen[1]	Beispiele
Schreibweisen	
1. Das „ß" soll nur nach langen Vokalen und nach zwei Vokalen gesetzt werden.	Gruß und Kuss, reißen, draußen
2. Das Wort „daß" wird zu „dass".	Ich weiß, dass er Schuld hat.
3. Drei aufeinanderfolgende Konsonanten werden immer geschrieben.	Kunststofffolie, Schifffahrt
4. Der Wortstamm bleibt in Zusammensetzungen erhalten.	Rohheit, Zierrat
5. Weitere Angleichungen werden vorgenommen, um die gleiche Schreibung eines Wortstammes in allen Wörtern einer Wortfamilie zu erreichen.	behände (Hand), nummerieren (Nummer), platzieren (Platz)
Fremdwortschreibung	
1. Einige französischstämmige Wörter dürfen eingedeutscht werden.	Fassette, Varietee, Kommunikee
2. Weitere Eindeutschungen werden zugelassen.	Delfin, Orthografie, Jogurt
Silbentrennung	
1. Wörter dürfen nach deutschen Sprechsilben getrennt werden.	Sig-nal, Pä-da-go-ge, wa-rum
2. Die Buchstabenfolge „st" wird getrennt.	Kis-te
3. Die Buchstabenfolge „ck" bleibt ungetrennt.	ba-cken, Zu-cker
Getrennt-/Zusammenschreibung	
1. Wörter werden grundsätzlich getrennt geschrieben.	wie viel, gefangen nehmen
2. Alle Verbindungen mit „irgend" werden zusammengeschrieben.	irgendetwas, irgendjemand
Groß-/Kleinschreibung	
1. Hauptwörter werden in Verbindung mit Verhältniswörtern groß geschrieben.	in Bezug auf
2. Hauptwörter werden in Verbindung mit Tätigkeitswörtern groß geschrieben.	Rad fahren, Schuld geben
Zeichensetzung	
1. Erweiterter Infinitiv mit „zu" muß nicht durch Komma abgetrennt werden.	Er lief weiter ohne anzuhalten.
2. Vor Hauptsätzen, die mit „und" bzw. „oder" beginnen, muß kein Komma stehen	Sie sprach Englisch(,) und Französisch beherrschte sie auch.

1) Auswahl; Quelle: Internationaler Arbeitskreis für Orthographie

Rechtsextremismus [TAB]

Das Bundesamt für Verfassungsschutz (BfV, Köln) registrierte 1995 gegenüber 1994 einen Rückgang rechtsextremistischer Gewalttaten um 44% auf 837 Delikte (1994: 1489). Innenminister Manfred Kanther (CDU) führte die Entwicklung auf verstärkte Strafverfolgung durch Polizei und Staatsanwaltschaft zurück.

WAHLERGEBNISSE: Bei drei der vier Landtagswahlen 1995 und 1996 (in Berlin, Baden-Württemberg, Rheinland-Pfalz, Schleswig-Holstein) mißlang den beiden größten rechtsextremistischen Parteien in Deutschland, den Republikanern (REP; 16 000 Mitglieder) und der Deutschen Volksunion (DVU; 15 000 Mitglieder), der Einzug in die Parlamente. Nur in Baden-Württemberg schafften die Republikaner mit einem Stimmenanteil von 9,1% den erneuten Einzug in den Stuttgarter Landtag, wo sie jedoch einen von 15 Sitzen einbüßten.

BRIEFBOMBENTERROR: Bei drei Briefbombenattentaten in Niederösterreich im Oktober 1995 wurden zwei Personen schwer verletzt. Die Attentate, für die Rechtsextremisten verantwortlich gemacht wurden, richteten sich gegen Ausländer und Personen, die sich für nationale und soziale Minderheiten sowie Asylbewerber und Flüchtlinge einsetzten. Beobachter vermuteten, daß die Anschläge mit dem seit September 1995 laufenden Prozeß gegen zwei Rechtsextremisten in Wien zusammenhingen. Den Angeklagten wird vorgeworfen, bei Briefbombenanschlägen im Dezember 1993 in Österreich vier Menschen z. T. schwer verletzt zu haben.

PROZESSE: Der Münchner Neonazi Ewald Althans, Hauptfigur des umstrittenen Dokumentarfilms „Beruf Neonazi", wurde im August 1995 zu dreieinhalb Jahren Haft verurteilt. Er wurde der Volksverhetzung, der Beleidigung und der Verunglimpfung des Andenkens Verstorbener

Rechtsextremismus: Briefbombenserie ab 1993

Datum	Ort	Ereignis
3.12.1993	Hartberg/A	Flüchtlingspfarrer wird schwer verletzt
	Wien/A	ORF-Moderatorin wird verletzt
4.12.1993	Wien/A	Ein Anschlag auf den Präsidenten der Caritas scheitert
5.12.1993	Wien/A	Wiens Bürgermeister Helmut Zilk (SPÖ) wird erheblich verletzt; ein Anschlag auf die Fraktionschefin der Grünen, Madeleine Petrovic, scheitert
	Bad Radkersburg/A	Ein Anschlag auf den Obmann des Slowenischen Kulturvereins scheitert
6.12.1993	Wien/A	In einer Rechtsanwaltskanzlei wird eine Sekretärin verletzt; Anschläge auf Frauenministerin Johanna Dohnal, einen Abgeordneten der Grünen und die ARGE Ausländerbeschäftigung scheitern
4.10.1994	Klagenfurt/A	Ein Anschlag auf einen Verlag scheitert
	Dornbirn/A	Ein Anschlag auf die Ausländerberatungsstelle scheitert
5.10.1994	Hallein/A	Ein Anschlag auf die Hallein Papier AG scheitert
6.10.1994	Innsbruck/A	Ein Anschlag auf das Stift Wilten scheitert
9.6.1995	Linz/A	Eine Angestellte eines Partnervermittlungsinstituts wird schwer verletzt
	München/D	Ein gegen TV-Moderatorin Arabella Kiesbauer gerichteter Anschlag trifft eine Kollegin
13.6.1995	Lübeck/D	Der SPD-Fraktionsgeschäftsführer im Stadtrat, Thomas Rother, wird verletzt
16.10.1995	Stronsdorf/A	Ein aus Syrien stammender Arzt wird schwer verletzt
	Poysdorf/A	Flüchtlingshelferin wird schwer verletzt
	Mistelbach/A	Ein Anschlag auf einen Arzt scheitert
11.12.1995	Graz/A	In einem Briefkasten detoniert eine Briefbombe und verletzt eine Frau

Quelle: Die Presse, 12.12.1995

durch das Leugnen des Holocaust für schuldig befunden.

In Hamburg begann im Mai 1996 der Prozeß gegen den US-amerikanischen Neonazi Gary Lauck. Dem weltweit größten Herausgeber von NS-Propagandamaterial und Gründer der sog. Auslandsorganisation der NSDAP (NSDAP/AO) wird antisemitische Volksverhetzung, Aufstachelung zum Rassenhaß, Aufruf zur Gewalt und Verbreitung von Propagandamitteln verfassungswidriger Organisationen vorgeworfen.

Fehlende organisatorische Strukturen der Neonazis wurden Mitte der 90er Jahre durch Zusammenarbeit mittels Mobilfunk und Computer (z. B. sog. Thule-Mailbox) wettgemacht. NS-Propagandamaterial für das weltumspannende Internet-Datennetz wurde vor allem in den USA produziert.
→ Ausländerfeindlichkeit → Extremismus → Gewalt → Republikaner

Regierungskriminalität [TAB]

Nach der deutschen Vereinigung ermittelt die staatsanwaltliche Arbeitsgruppe R. in Berlin strafrechtlich gegen Mitglieder der ehemaligen DDR-Staatsführung, Funktionäre der SED und Angehörige von Staats- und Justizorganen. Die Berliner Generalstaatsanwaltschaft ging Mitte 1996 davon aus, daß bis 2000 sämtliche Verfahren wegen DDR-Straftaten erstinstanzlich abgeschlossen sein werden.

STRAFTATEN: Ermittelt wird in folgenden Bereichen:
▷ Gewalttaten an der ehemaligen innerdeutschen Grenze
▷ Justizunrecht, z. B. Rechtsbeugung und Strafvereitlung
▷ Rechtswidrige Handlungen des Ministeriums für Staatssicherheit (z. B. Zwangsumsiedlungen)
▷ Wirtschaftsstraftaten vor allem der Außenhandelsorganisation Kommerzielle Koordinierung (KoKo)
▷ Wahlfälschung
▷ Verstöße gegen Menschen- und Bürgerrechte.
Nach rechtsstaatlichen Grundsätzen dürfen sich Anklagen nur auf Vergehen gegen das frühere DDR-Recht und auf Völkerrechtsregeln stützen.

TODESSCHÜSSE: Im November 1995 begann der Prozeß gegen sechs Mitglieder des letzten SED-Politbüros wegen der Todesschüsse an der innerdeutschen Grenze und an der Berliner Mauer. Die Anklage lautet auf mehrfachen gemeinschaftlichen versuchten und vollendeten Totschlag.

SCHALCK-GOLODKOWSKI: Das Berliner Landgericht verurteilte im Januar 1996 Alexander Schalck-Golodkowski, Staatssekretär im DDR-Außenhandelsministerium und Leiter des Bereichs Kommerzielle Koordinierung (KoKo), wegen verbotener Waffengeschäfte zu einer einjährigen Freiheitsstrafe auf Bewährung. Bis

Regierungskriminalität: Die sechs angeklagten Mitglieder des letzten SED-Politbüros[1]		
Name (Geburtsjahr)	Funktion	Politbüro-mitglied seit
Horst Dohlus (* 1925)	Organisations- und Personalchef der SED	1980
Kurt Hager (* 1912)[2]	Leiter der Ideologie-Kommission der SED	1963
Günther Kleiber (* 1931)	Stellvertretender Ministerpräsident	1984
Egon Krenz (* 1937)	Letzter SED-Generalsekretär und DDR-Staatsratsvorsitzender	1983
Erich Mückenberger (* 1910)	Chef der Parteikontrollkommission der SED	1958
Günter Schabowski (* 1929)	SED-Bezirkssekretär für Ost-Berlin	1984

1) Die Anklage lautet auf mehrfachen gemeinschaftlichen versuchten und vollendeten Totschlag; 2) Kurt Hager schied im Mai 1996 wegen stark eingeschränkter Verhandlungsfähigkeit aus dem Prozeß aus

Mitte 1996 erhob die Berliner Staatsanwaltschaft insgesamt fünf Anklagen gegen den ehemaligen Devisenbeschaffer der DDR u. a. wegen schwerer Steuerhinterziehung und Devisenvergehen.

DDR-UNTERHÄNDLER VOGEL: Der frühere Rechtsanwalt und Bevollmächtigte der DDR für humanitäre Angelegenheiten, Wolfgang Vogel, wurde im Januar 1996 vom Berliner Landgericht wegen Erpressung, Meineids und Falschbeurkundung zu einer zweijährigen Haftstrafe auf Bewährung und einer Geldstrafe von 92 000 DM verurteilt. Das Gericht sah es als erwiesen an, daß der DDR-Unterhändler Vogel mehrere Ausreisewillige zum Verkauf von Grundstücken und Häusern gezwungen hatte. Im Mai 1996 begann vor dem Berliner Landgericht ein zweiter Prozeß gegen Vogel. Ihm wird Erpressung von Ausreisewilligen in 39 Fällen vorgeworfen.

WIRTSCHAFTSVERFAHREN: Seit April 1996 mußten sich die frühere stellvertretende DDR-Finanzministerin Herta König sowie zwei Abteilungsleiterinnen im DDR-Finanzministerium und im ehemaligen DDR-Außenhandelsbereich Kommerzielle Koordinierung (KoKo) vor dem Berliner Landgericht verantworten. Ihnen wurde zur Last gelegt, im Februar 1990 die Überweisung von 12 Mrd DDR-Mark von Konten des DDR-Finanzministeriums an KoKo-Firmen veranlaßt zu haben. Mit Ausnahme von 177 Mio DDR-Mark wurde das veruntreute Geld später sichergestellt. Der Prozeß, eines der wichtigsten Verfahren um die vereinigungsbedingte Wirtschaftskriminalität, endete im Juni 1996 mit Freisprüchen.
→ Spionage-Urteil → Stasi

Regierungsumzug [TAB]

Parlament, Bundeskanzleramt und zehn Ministerien werden 1998–2000 von Bonn nach Berlin umziehen. Die CDU/CSU/FDP-Bundesregierung billigte im April 1996 den Vorschlag von Bauminister Klaus Töpfer (CDU), der zugleich Bundesbeauftragter für den Berlin-Umzug ist, aus Kostengründen für das Innenministerium ein Bürogebäude in Moabit anzumieten. Bisher war geplant, einen bundeseigenen Altbau in Berlin-Mitte zu renovieren. Für die Ministerien für Arbeit und Sozialordnung sowie für Familie, Senioren, Frauen und Jugend waren bereits im Januar 1996 neue Standorte verabschiedet worden. Nach Töpfers Unterbringungskonzept wird nur das Kanzleramt am Spreebogen neu gebaut. Die Ministerien beziehen sanierte Altbauten, die in Einzelfällen durch Erweiterungsbauten ergänzt werden. Damit sollen die Kosten für den Umzug von Regierung und Bundestag, wie im Bonn/Berlin-Gesetz von 1994 festgelegt, auf 20 Mrd DM begrenzt werden.

ZEITPLAN: Der R. soll im Januar 1998 beginnen und im Jahr 2000 abgeschlossen sein. Der Plenarsaal im Reichstag soll mit der Wahl des nächsten Bundespräsidenten im Mai 1999 eingeweiht werden. Der Beschluß der Baukommission des Bundestages vom Februar 1996, unter dem Tiergarten ein Tunnelsystem zur Vernetzung des Reichstages mit den benachbarten Bürogebäuden zu schaffen (Kosten: rd. 65 Mio DM), könnte den Zeitplan gefährden.

BONN: Der sog. Ausgleichsvertrag von 1994 zwischen dem Bund, den Ländern Nordrhein-Westfalen und Rheinland-Pfalz sowie der Region Bonn konkretisiert

Regierungsumzug: Standorte der Bundesministerien in Berlin

Ministerium	Standort
Kanzleramt	Neubau im Spreebogen geplant
Auswärtiges Amt	Ehem. Haus der Parlamentarier in Verbindung mit einem zum Werderschen Markt hin vorgelagerten Erweiterungsbau
Inneres	Anmietung eines Bürogebäudes in Moabit
Justiz	Ehem. Preußisches Patentamt, Außenstelle des Bundespresse- amtes, Erweiterungsbauten Jerusalemer Straße und Roonstraße
Finanzen	Ehem. Haus der Ministerien
Wirtschaft	Ehem. Regierungskrankenhaus in der Scharnhorststraße in Verbindung mit den Invalidenhäusern
Arbeit, Sozialordnung	Ehem. Medienministerium in der Mauerstraße und angrenzendes Kleist-Haus
Familie, Senioren, Frauen, Jugend	Bundeseigenes Gebäude Jägerstraße 9/Glinkastraße 26
Verkehr	Ehem. Ministerium für Geologie mit Erweiterungsbau
Raumordnung, Bauwesen, Städtebau	Anmietung eines Gebäudes wird geprüft
Verteidigung[1]	Teile des Bendler-Blocks am Reichpietschufer
Zweiter Dienstsitz für fünf Ministerien[2]	Ehem. Preußisches Herrenhaus und Haus Ia des ehem. Hauses der Ministerien (sog. Hexagon)

1) Zweiter Dienstsitz neben Bonn; 2) Bundesministerien für Gesundheit, für Ernährung, Landwirtschaft, Forsten, für Umwelt, Naturschutz, Reaktorsicherheit, für Bildung, Wissen- schaft, Forschung, Technologie, für wirtschaftliche Zusammenarbeit und Entwicklung; das Bundespostministerium wird keinen zweiten Dienstsitz in Berlin erhalten, weil es bis 1998 aufgelöst werden soll; Stand: April 1996

das Bonn/Berlin-Gesetz. Bonn soll zu einem Wissenschafts- und Kulturstandort ausgebaut werden. Für Ausgleichsmaß- nahmen stellt der Bund insgesamt 2,81 Mrd DM zur Verfügung. In der zweiten Jahreshälfte 1996 wollen die Freiwilligen- organisation der Vereinten Nationen (UNV, bislang Genf/Schweiz) und das ständige Klima-Sekretariat der Vereinten Nationen ihre Arbeit in Bonn aufnehmen. 24 Behörden werden ihren Sitz von Berlin bzw. Frankfurt/M. nach Bonn verlegen.
→ Bundestag, Deutscher

Regionalausschuß → ORG

Regionalfernsehen

Auch Ballungsraumfernsehen, TV-Sender, die regional begrenzt mit der Hausanten- ne, mit Kabelanschluß oder Satellitenan- tenne zu empfangen sind. R., das 1996 überwiegend in Großstädten wie Berlin, Hamburg, München und Stuttgart verbrei- tet wurde, machte bislang meist Verluste. **PROGRAMM:** Die R.-Stationen sendeten bis zu 21 Stunden Programm täglich, das überwiegend aus regionaler Berichterstat- tung, Lokalnachrichten, Verkehrshinwei- sen, Wettervorhersagen und eigenprodu- zierten Shows bestand. Hinzu kamen Spielfilme und Serien.
FINANZIERUNG: Die R.-Sender strebten Mitte der 90er Jahre i. d. R. die Finanzie- rung aus Werbegeldern an, die Werbeein- nahmen blieben jedoch häufig hinter den Erwartungen zurück. Das Berliner R. IA Brandenburg (ab Mai 1996 pulsTV) häuf- te bis 1996 rd. 100 Mio DM Verluste an. Bei TV München standen dem Jahresbud- get von 38 Mio DM 1995 Werbeeinnah- men von rd. 7 Mio DM gegenüber. Für die Werbewirtschaft war die vom R. erreichte Zuschauergruppe von häufig nur einigen zehntausend Menschen zu klein. Erfolg- reichstes R. war das Anfang 1995 gestar- tete baden-württembergische Baden TV, das Ende 1995 durchschnittlich 200 000 Zuschauer pro Tag erreichte und daher auch höhere Werbeeinnahmen erzielte.
ZENTRALE VERMARKTUNG: Die Sender IA Brandenburg (pulsTV), Franken-Fern- sehen (Nürnberg), M 1 (München), TV

Baden, Rhein-Neckar-Fernsehen, Dresden Fernsehen und Leipzig Fernsehen gründeten im April 1996 eine zentrale Vermarktungsgesellschaft mit Sitz in Wiesbaden, in der sie gemeinsam Werbezeiten anbieten. Nach eigenen Angaben erreichten die Sender Mitte 1996 insgesamt rd. 15 Mio Zuschauer.

LOKALFERNSEHEN: In Baden-Württemberg, Bayern, Brandenburg, Rheinland-Pfalz und Sachsen verbreiteten 1995/96 neben dem R. und den regionalen bzw. lokalen Fensterprogrammen von einigen Privatfernsehsendern lokale Fernsehanbieter ihr Programm mit dem Schwerpunkt Ortsthemen. Sie waren i. d. R. nur mit Kabelanschluß zu empfangen.
→ Fernsehen → Fernsehwerbung
→ Privatfernsehen

Regionalförderung [KAR]

1996 bereitete die EU eine Initiative vor, um die europäische R. neu zu regeln. Die Subventionen zugunsten der strukturell rückständigen Gebiete sollen durch neue Obergrenzen und eine unmittelbare Mitsprache und Kontrolle der EU zielgerichteter eingesetzt und Wettbewerbsverzerrungen verhindert werden.

EMPFÄNGER: Etwa ein Drittel des EU-Haushalts dient dem Ausgleich wirtschaftlicher und sozialer Verhältnisse zwischen den europäischen Regionen mit unterschiedlicher Wirtschaftskraft. Sonderprogramme fördern u. a. die Wirtschaftsentwicklung im Mittelmeerraum und im Länderdreieck Deutschland/Polen/Tschechien. Förderung erhalten vor allem Gebiete, deren Bruttoinlandspro-

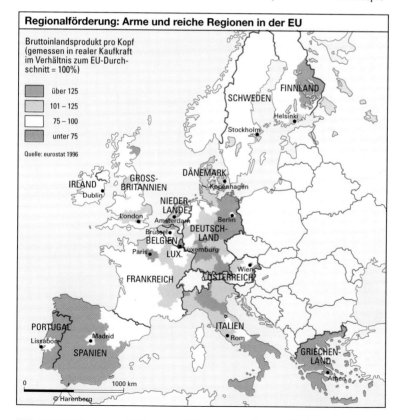

Regionalförderung: Arme und reiche Regionen in der EU

Bruttoinlandsprodukt pro Kopf (gemessen in realer Kaufkraft im Verhältnis zum EU-Durchschnitt = 100%)

- über 125
- 101 – 125
- 75 – 100
- unter 75

Quelle: eurostat 1996

© Harenberg

0 ___ 1000 km

dukt (BIP) unter 75% des EU-Durchschnitts liegt. In Deutschland betrifft das die fünf neuen Bundesländer. In Europa erhalten vorrangig Süditalien, Griechenland und Portugal sowie der größte Teil Spaniens R.

UMFANG: Bis 1999 sind über 264 Mrd DM veranschlagt. Die ostdeutschen Bundesländer wurden in die bedürftigste Kategorie eingestuft, weil sie zu den ärmsten Regionen Europas gehören, und werden rd. 27,6 Mrd DM R.-Gelder erhalten.

NEUREGELUNG: Bisher fand eine automatische Zusatzförderung durch R.-Gelder statt, wenn eine nationale Regierung einem Wirtschaftsprojekt, das den EU-Kriterien entsprach, aus dem eigenen Haushalt Zuschüsse zahlte. Ab 1997 will die EU durchsetzen, daß Vorhaben über rd. 100 000 DM in Brüssel genehmigt werden müssen. Die EU plant, insbes. arbeitsintensive Industrien, innovative Betriebe mit hoher Wertschöpfung sowie kleinere Unternehmen mit geringem Marktanteil zu unterstützen.
→ EU-Haushalt

Religionsunterricht
→ LER

Rentenversicherung [GLO] [TAB]

Arbeitslosigkeit, Frühverrentungen, Geburtenrückgang, und die Kosten der Vereinigung belasteten in Deutschland das System der Alterssicherung. Der Anteil der 60jährigen steigt Prognosen zufolge bis 2030 auf ein Drittel der Bevölkerung an.

Rentenversicherung: Wichtige Begriffe

ALTERSRENTE: Versicherten Männern steht mit dem 63., Frauen mit dem 60. Lebensjahr, Rente zu, vorausgesetzt, sie haben 60 Monate lang Beiträge zur Rentenversicherung entrichtet. Bis 2005 bzw. 2001 soll die Altersgrenze für den Rentenbezug für Frauen und für Männer auf 65 Jahre erhöht werden.

BEITRAGSBEMESSUNGSGRENZE: Höhe des monatlichen Bruttoeinkommens, bis zu der Beiträge zur Rentenversicherung entrichtet werden müssen.

BEITRAGSSATZ: Prozentsatz des Bruttoeinkommens, der in die Rentenversicherung eingezahlt wird, je zur Hälfte von Arbeitgebern und -nehmern getragen.

GRUNDRENTE: Bündnis 90/Die Grünen forderten 1995/96 eine aus Steuergeldern finanzierte Rente für jeden Bundesbürger, die lediglich das Existenzminimum deckt.

RENTENANPASSUNG: Jährlich werden die Renten zum 1. Juli an den Anstieg der Nettolöhne angepaßt.

Rentenversicherung: Beitragssätze in Europa

Land	Beitrag (%)[1]	
	Arbeitgeber	Arbeitnehmer
Belgien	8,86	7,50
Deutschland[2]	8,60	8,60
Finnland	9,00–17,80	4,00
Frankreich	11,20[3]	8,55[3]
Griechenland	13,33	6,67
Großbritannien[4]	4,60–10,40	9,00
Irland[4]	bis 12,20	bis 7,75
Italien	24,40	8,34
Luxemburg	8,86	8,00
Niederlande	–	15,85

1) Anteil vom Bruttoeinkommen 1994;
2) 1996; 3) Minimum; 4) Arbeitslosen-, Renten-, Unfall- und Krankenversicherung;
Quelle: Die Zeit, 5.1.1996

Während Mitte der 90er Jahre 100 Beitragszahler 36 Rentner versorgten, werden es 2030 wahrscheinlich 61 Rentner sein.

SPARPAKET: Die CDU/CSU/FDP-Bundesregierung plante Mitte 1996 im sog. Sparpaket zur Konsolidierung des Staatshaushalts und zur Minderung der Sozialabgaben, die Altersgrenze für den Rentenbezug bei Frauen 2000–2005 stufenweise von 60 auf 65 Jahre heraufzusetzen. Pläne, mit der Anhebung schon 1997 zu beginnen, wurden fallengelassen. Bei Männern soll die Grenze von 63 auf 65 Jahre angehoben werden. Bei früherem Renteneintritt sollen pro Monat 0,3% der Rente abgezogen werden. Bei der Rentenberechnung werden nur noch drei statt sieben Ausbildungsjahre angerechnet.

HAUSHALT: 1995 überstiegen die Ausgaben der R. die Einnahmen um rd. 9,2 Mrd DM. Das Defizit in der R. Ostdeutschlands (14,5 Mrd DM) mußte durch Zahlungen westdeutscher Beitragszahler ausgeglichen werden. Die Versicherungsträger griffen auf Rücklagen der Schwankungsreserve zurück, die die Rentenzahlung für mindestens einen Monat sichern soll. Diese Reserve ging auf rd. 20,6 Mrd DM zurück, so daß erstmals nur noch 0,88 Monatsrentenausgaben gesichert waren. Die Schwankungsreserve muß 1996 ausgeglichen werden. Grund für das Defizit war u. a. die hohe Zahl von Frühverrentungen, die sich 1992–1995 auf 290 000 verfünffachte (Kosten 1995: 15 Mrd DM). **BEITRAGSSÄTZE:** 1996 stieg der je zur Hälfte von Arbeitgebern und -nehmern getragene Beitragssatz zur R. auf 19,2% des Bruttomonatseinkommens an (1995: 18,6%). Die Beitragsbemessungsgrenze, bis zu der R.-Beiträge abgeführt werden müssen, erhöhte sich von 7800 auf 8000 DM brutto (Westdeutschland) bzw. von 6400 auf 6800 DM (Ostdeutschland). Der Höchstbeitrag zur R. für Arbeitnehmer und Arbeitgeber erhöhte sich auf 1536 DM (West) bzw. 1305,60 DM (Ost). 1997 können lt. Versicherungsträgern die Beitragssätze auf 19,3–19,4% steigen.

FREMDE LEISTUNGEN: Die Rentenversicherer, die SPD und die Gewerkschaften bemängelten, daß nur 68,5% der Ausgaben der R. für die reguläre Rentenzahlung ausgegeben werden. Der Rest seien versicherungsfremde Leistungen wie Entschädigungszahlungen an NS-Opfer (Ausgabenanteil: 8,3%), Anrechnungszeiten für Ausbildung (5,2%), Frührenten (4,8%) und Zuschläge für Ostrentner (2,4%). Diese Leistungen müßten auch Selbständige und Beamte, die keine R.-Beiträge entrichteten, mittragen.

RENTENERHÖHUNG: Zum Januar 1996 wurden die Renten in Ostdeutschland um 4,38% erhöht, zum Juli 1996 erfolgt eine Rentensteigerung von 0,46% (West) bzw. 0,56% (Ost). Die Ostrenten erreichen damit 82,3% des Westniveaus. Die Standardrente (45 Versicherungsjahre mit durchschnittlichem Bruttoverdienst) steigt von rd. 1522 DM auf 1589 DM (Ost) bzw. von 1933 DM auf 1942 DM (West). Ab Juli 1996 werden die Renten in Ostdeutschland nur noch einmal statt wie bis dahin zweimal jährlich erhöht. Die Erhöhung orientiert sich an der Steigerung der Nettolöhne. Die sog. Auffüllbeträge bei ostdeutschen Renten (Zusatzbeträge für Renten, die nach ostdeutschem Recht höher gewesen wären) werden ebenfalls ab Juli 1996 auf die Rentenerhöhung angerechnet, so daß sich für rd. 2,2 Mio Rentner in Ostdeutschland faktisch nur eine minimale oder keine Steigerung der Altersruhegelder ergibt.

→ Alter → Frührente → Sozialstaat

Republikaner

1983 in Deutschland gegründete Partei, die sich selbst als konservativ und patriotisch beschreibt. Mitte 1995 wurden die R. vom Bundesamt für Verfassungsschutz (BfV, Köln) wegen ausländerfeindlicher Tendenzen als rechtsextremistisch und verfassungsfeindlich eingestuft. Während die R. bundesweit an Bedeutung verloren, konnten sie bei den Landtagswahlen in Baden-Württemberg im März 1996 ihre Position behaupten. Die Zahl der Mitglieder ist laut BfV von ca. 20 000 auf 16 000 (Stand: Mitte 1996) zurückgegangen.

Franz Schönhuber, Mitgründer und langjähriger Vorsitzender der R., trat im November 1995 aus der Partei aus. Nach innerparteilichen Auseinandersetzungen über den Kurs der R. und Kontakten Schönhubers mit rechtsextremistischen Parteien wie der Deutschen Volksunion (DVU) war er Ende 1994 als Parteivorsitzender abgesetzt worden.

Entgegen Prognosen von Meinungsforschungsinstituten sicherten sich die R. mit einem Stimmenanteil von 9,1% (−1,8 Prozentpunkte gegenüber 1992) den Wiedereinzug in den Baden-Württembergischen Landtag (14 von 155 Sitzen).

Rinderbakterien

Hauptsächlich in Rohmilch und unzureichend gegartem Rindfleisch enthaltene Darmerreger (sog. enterohämorrhagische Escherichia coli, auch Ehec-Bakterien), die, auf den Menschen übertragen, ernste Erkrankungen verursachen können. Neben blutigem Durchfall droht vor allem bei Kleinkindern und Personen mit geschwächtem Immunsystem das sog. hämolytisch-urämische Syndrom (Hus), das zu Nierenversagen und inneren Blutungen führen kann. Etwa 10% aller Hus-Patienten sterben an den Folgen. In Bayern wurden zwischen Juli 1995 und Mai 1996 insgesamt 45 Schwerstinfektionen registriert, sieben davon führten zum Tod. Bis Mitte 1996 konnten Seuchenmediziner keinen eindeutigen Infektionsherd ermitteln und schlossen die Gefahr einer Epidemie in Bayern nicht aus.

ÜBERTRAGUNG: 1990–1995 stieg der Anteil der Rinder mit R. in Deutschland von

5% auf rd. 30%. Infizierte Tiere scheiden den Erreger mit dem Kot aus. Durch Verunreinigungen beim Melken oder Schlachten gelangen R. in die Nahrungskette. Die Übertragung von Mensch zu Mensch ist durch Schmierinfektion auf der Toilette möglich. 1996 warnte das bayerische Gesundheitsministerium vor dem Verzehr von Rinderhackfleisch und Frischkäse. Rohmilch sollte abgekocht, Rindfleisch durchgebraten werden.

Rinderwahnsinn KAR TAB

Bezeichnung für die vor allem bei Rindern in Großbritannien seit 1986 auftretende tödliche Krankheit Bovine Spongioforme Encephalopathie (BSE). Bis Mitte 1996 waren rd. 160 000 britische Rinder

Rinderwahnsinn: Chronik der Ereignisse	
1980	Einführung neuer Verfahren bei der britischen Tiermehlherstellung: Erreger der Schafkrankheit Scrapie werden nicht mehr abgetötet und gelangen über das Futter an Rinder
1982	Erste Fälle von Rinderwahnsinn (BSE) in Großbritannien
1985	Übertragung des Erregers auf Zuchtnerze durch BSE-verseuchtes Tiermehl
1986	Rinderwahnsinn wird als neuartige Seuche registriert; Wissenschaftler weisen die Verwandtschaft mit Scrapie nach
1988	Britische Regierung untersagt die Tiermehlverfütterung an Wiederkäuer; der Verkauf von Innereien und Milch infizierter Kühe wird verboten
1989	Erste offizielle Fälle von Rinderwahnsinn in Deutschland
1990	BSE-Erreger überschreitet Artengrenze und greift auf Zootiere und Hauskatzen über
1990	EU untersagt den Export von Kälbern und Rinderinnereien aus Großbritannien
1990	Verbot der britischen Regierung, Rinderhirn zu Tiermehl zu verarbeiten
1992	Erster Todesfall beim Menschen, der auf eine Übertragung des BSE-Erregers hinweist
1994	Britische Regierung gibt zu, daß trotz Verbots Schafinnereien verfüttert wurden
1994	Deutschland beschränkt den britischen Rindfleisch-Import auf Tiere, die jünger als drei Jahre sind und aus mindestens vier Jahre BSE-freien Herden stammen; die Bestimmungen für Rinderstoffe enthaltende Medikamente werden verschärft und die Verfütterung von Tiermehl untersagt
1996	Neues Krankheitsbild mit atypischen Symptomen bei an der Creutzfeldt-Jakob-Krankheit leidenden Briten, die BSE als Ursachenherd nahelegen
Februar 1996	Bayern, Rheinland-Pfalz und Nordrhein-Westfalen beschließen Importstopp für britisches Rindfleisch
März 1996	Britische Studie räumt Übertragbarkeit des Rinderwahnsinns auf den Menschen ein
	Deutsche Regierung erläßt nationales Importverbot
	EU verbietet Export von Rindfleisch aus Großbritannien

an R. verendet, in Deutschland wurden bis 1996 vier Fälle registriert. Britische Wissenschaftler revidierten im März 1996 ihren bisherigen Standpunkt und schlossen eine Übertragung von R. auf den Menschen durch den Verzehr von Rindfleisch nicht mehr aus. Die CDU/CSU/FDP-Bundesregierung reagierte im selben Monat mit einer generellen Einfuhrsperre für Rindfleisch aus Großbritannien und der Schweiz, wo 1995 eine Häufung der BSE-Fälle aufgetreten war. Am 27. März 1996 verhängte die Europäische Union (EU) ein weltweites Exportverbot für britisches Rindfleisch, Lebendvieh und Rindererzeugnisse. Nachdem Großbritannien mit seiner Politik der Blockade von EU-Entscheidungen Anfang Juni 1996 die Aufhebung der Exportsperre für Rindertalg, -gelatine und -sperma erreicht hatte, verständigten sich die Mitgliedstaaten der EU Ende des Monats auf einen Rahmenplan zur schrittweisen Lockerung des Ausfuhrverbots für Rindfleisch.

URSACHE: Mitte 1996 galt als erwiesen, daß R. auf die bei Schafen auftretende Krankheit Scrapie zurückgeht, die in Großbritannien verbreitet ist. Schlachtabfälle infizierter Schafe wurden zu Beginn der 80er Jahre zu Tiermehl verarbeitet und an Rinder verfüttert. Britische Tiermehlproduzenten verzichteten damals aus Rationalisierungsgründen auf chemische Mittel zum Herauslösen der Nervenstränge und senkten die Temperaturen bei der Kadaververbrennung, so daß die Scrapie-Erreger nicht mehr abgetötet wurden. 1988 wurde die Tiermehlverfütterung an Wiederkäuer von der britischen Regierung offiziell verboten.

ERREGER: 1996 waren BSE-ähnliche Gehirnerkrankungen auch bei Hauskatzen, Zuchtnerzen und Zootieren bekannt. Beim Menschen traten die Creutzfeld-Jakob-Krankheit, das Gerstmann-Sträussler-Syndrom, Kuru und die letale familiäre Insomnie auf. Vermutlich werden die Krankheiten vom gleichen Erreger ausgelöst wie R. Bei den Opfern wird das Gehirn schwammig durchlöchert und von Eiweißfasern durchsetzt. 1996 war nicht geklärt, ob R. durch Viren oder Eiweißstoffe (Prionen) ausgelöst wird. Die Prionen-Hypothese, die 1996 in Fachkreisen als

plausibelste Erklärung galt, führt die Erkrankung auf infektiöse, nicht mehr abbaubare Eiweiße zurück, die sich an Nervenzellen binden und dort anderen Eiweißkörpern ihren defekten Bauplan aufzwingen. Über Jahre hinweg bilden sich klumpenartige Ablagerungen im Gehirn, die zur Abtötung von Nervenzellen und zur Durchlöcherung des Gewebes führen.
NEUES KRANKHEITSBILD: In Großbritannien stieg 1995 die Zahl der Todesfälle durch die Creutzfeld-Jakob-Krankheit (CJK) auf 55 (1985: 26) an. Bei zehn der erkrankten Briten wurde eine neue Variante von CJK beobachtet, die den Verdacht einer Übertragung durch BSE-infiziertes Fleisch erhärtete. Erstmals in der Geschichte dieser seltenen Krankheit waren Menschen unter 42 Jahren betroffen, der Krankheitsverlauf war mit 13 Monaten doppelt so lang wie üblich, und die Symptome wiesen starke Ähnlichkeiten mit R. auf. Forscher befürchteten eine Hirnschwamm-Epidemie, deren Ausmaß Aids übertreffen und die bis zum Jahr 2010 rd. 10 Mio Menschenleben kosten könnte.
AUSFUHRVERBOT: Die Landwirtschaftsminister der EU verhängten im März 1996 einen Maßnahmenkatalog, der die Ausbreitung von R. und die Einschleusung von verseuchtem Fleisch in die EU verhindern soll:
▷ Die besonders BSE-gefährdeten britischen Rinder über 30 Monate (4,5 Mio) dürfen weder zum Verzehr noch zur Herstellung von kosmetischen oder pharmazeutischen Produkten verwendet werden; ihre Kadaver müssen bei hoher Hitze verbrannt werden

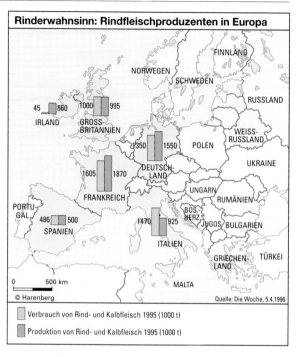

Rinderwahnsinn: Rindfleischproduzenten in Europa

Verbrauch von Rind- und Kalbfleisch 1995 (1000 t)

Produktion von Rind- und Kalbfleisch 1995 (1000 t)

© Harenberg

Quelle: Die Woche, 5.4.1996

▷ Bei der Tiermehlherstellung verwendete Abfälle müssen mindestens 20 Minuten lang bei hohem Druck auf 133 °C erhitzt werden; die Verfütterung von Tiermehl an Wiederkäuer ist verboten
▷ Die britischen Veterinärbehörden verpflichten sich zu einer Überwachung der Rinderbestände
▷ Die EU setzt eine Expertengruppe zur Kontrolle der von ihr verhängten Maßnahmen ein
▷ Rindfleisch und Rindfleischprodukte werden EU-weit mit Gütezeichen versehen; Initiativen zur Verbraucherinformation erhalten Unterstützung
Als weitere Maßnahme verpflichtete die EU die britische Regierung, Zwangsschlachtungen bei jüngeren, möglicherweise infizierten Rinderbeständen vorzunehmen.
KOSTEN: Die britische Ernährungswirtschaft, von der 500 000 Arbeitsplätze abhängen, schätzte die Kosten der Notschlachtaktion auf rd. 10 Mrd DM. Gemäß den EU-Vereinbarungen muß Groß-

Rinderwahnsinn: Deutscher Rindfleischkonsum

Jahr	Fleischverzehr (kg)[1]	davon Rind (kg)[1]
1990	65,9	22,1
1991	64,0	20,6
1992	62,9	19,2
1993	64,2	19,7
1994	62,6	17,5
1995	61,9	16,6

1) pro Kopf; Quelle: Bundesministerium für Ernährung, Landwirtschaft und Forsten

Rinderwahnsinn: Rinderprodukte		
Vom Rind	gewonnener Stoff	Anwendungsbereich
Bauchspeicheldrüse	Insulin	Medikament für Diabetiker
Darmschleimhaut	Heparin	Wirkstoff zur Vermeidung von Blutgerinnseln
Haut	Collagen-Extrakt	Kosmetika und Wundsalben
Innereien und Schlachtabfälle	Talg	Grundstoff für Seifen, Salben und Kosmetika
Knochen, Knorpel	Gelatine	Süßwaren, Joghurt und Medikamente
Leber und Milz	Extrakte	Mittel zur Stärkung des Immunsystems
Lunge	Surfactant	Wirkstoff gegen Atemprobleme bei Neugeborenen
Plazenta, Eierstöcke und Euter	Extrakte	Hautpflege

Quelle: Die Woche, 12.4.1996

britannien sämtliche Kosten für die Verbrennung und Entsorgung der Tierkadaver tragen und kommt für 30% der den betroffenen Bauern zustehenden Entschädigungszahlungen auf. Die Übernahme des restlichen Anteils belastet den EU-Haushalt 1996 mit 300 Mio DM. Zur Stabilisierung der europäischen Rindfleischmärkte beschlossen die Agrarminister im April 1996, für rd. 190 Mio DM 50 000 Tonnen Rindfleisch aus der EU aufzukaufen.

EMPFEHLUNG: Die deutschen Verbraucher reagierten auf den R.-Skandal mit zunehmender Verunsicherung und verringerten ihren Rindfleischkonsum, der 1995 bei 16,6 kg/Kopf lag, um rd. 50%. Nicht nur der Fleischverzehr, sondern auch der Konsum von rinderhaltigen Produkten wie Kosmetika, Medikamenten oder Lebensmitteln, die mit Gelatine zubereitet werden, warf 1996 Fragen auf. Das Bundesinstitut für gesundheitlichen Verbraucherschutz und Veterinärmedizin (BgVV, Berlin) erklärte Rindfleisch von in Deutschland geborenen und aufgezogenen Tieren für unbedenklich und gab Entwarnung für in der Bundesrepublik vertriebene Kosmetikprodukte und Medikamente. Der Verzehr von Milchprodukten galt Mitte 1996 als ungefährlich. Die Hersteller von Gelatine setzten nach eigenen Angaben Produktionsverfahren ein, die den Erreger zerstören.

Roboter TAB

Elektronisch gesteuerte, mit Greifern oder Werkzeugen ausgerüstete Automaten, die standardisierte manuelle Arbeitstätigkeiten ausführen. Weltweit waren 1995 rd. 1,5 Mio R. im Einsatz, davon 700 000 in der Industrie (Bau, Autoproduktion), die restlichen waren Service-R., die einfache Dienstleistungen übernahmen. Mit 470 000 hatte Japan die meisten Industrie-R. In Deutschland wuchs 1995 die Zahl der eingesetzten Industrie-R. gegenüber dem Vorjahr um rd. 6000 auf 54 400 an. Prognosen zufolge wird der Umsatz mit R. 1996–1998 jährlich um durchschnittlich 19% wachsen (1995: 8 Mrd Dollar).

EINSATZGEBIETE: 1996 wurden R. vor allem für einfache Tätigkeiten wie leichte Wartungsarbeiten, beim Gütertransport sowie im Baugewerbe eingesetzt. Experten sahen im Haushalt, im Pflegebereich und in der Medizin sowie im Katastrophenschutz, wo R. für Menschen gefährliche Aufgaben übernehmen sollen, Absatzchancen für R.

FÄHIGKEITEN: Die meisten R. verrichteten Arbeiten stationär und wurden von Menschen bedient (z. B. Autoindustrie). Entwickelt wurden sog. autonome R., die sich frei bewegen können. Lernfähige Programme und Mikroprozessoren, die jeweils für eine Aufgabe zuständig sind, sollen Sinneseindrücke aufnehmen. Sensoren sollen die Aufgaben menschlicher Sinnesorgane übernehmen. Sie sollen R. in die Lage versetzen, Hindernisse zu erkennen und zu umgehen, um sich auch in neuer Umgebung orientieren zu können.

→ Neurocomputer

Roboter: Nutzung weltweit			
Jahr	Industrie-roboter	Land	Roboter-anteil[1]
1981	31 920	Japan	338
1984	95 930	Singapur	112
1987	263 990	Schweden	92
1990	462 880	Italien	78
1993	586 510	Deutschland	69
1994	610 730	Finnland	39
1995	700 000	Schweiz	37

1) Je 10 000 Beschäftigte in der Industrie 1994; Quelle: UNO

Rote Armee Fraktion

(RAF), linksextremistische terroristische Vereinigung in Deutschland. 1995 ging Generalbundesanwalt Kay Nehm davon aus, daß die RAF nicht mehr aktionsfähig sei. Seit der Gewaltverzichtserklärung der RAF 1992 sei es zu ideologischen Auseinandersetzungen und Abspaltungen gekommen. Nach der vorzeitigen Haft-Entlassung zahlreicher Terroristen wende sich das Sympathisanten-Feld von der RAF ab.

HAFTPRÜFUNG: Nehm setzte sich dafür ein, bei allen Verurteilten zu prüfen, ob bei lebenslanger Freiheitsstrafe nach 15 Jahren Haft eine Strafaussetzung auf Bewährung in Frage kommt. Damit soll die Initiative zur Versöhnung zwischen Staat und inhaftierten Terroristen, die 1992 der damalige Bundesjustizminister Klaus Kinkel (FDP) angeregt hatte, fortgeführt werden. Nach 18 Jahren Gefängnis kam im Oktober 1995 der ehemalige RAF-Terrorist Knut Folkerts auf Bewährung frei. Folkerts war 1980 wegen der Ermordung von Generalbundesanwalt Siegfried Buback und zweier Begleiter (1977) sowie wegen Mordversuchs und Bildung einer terroristischen Vereinigung zu lebenslanger Haft verurteilt worden. Im Mai 1996 wurde die ehemalige RAF-Terroristin Hanna Krabbe nach 21 Jahren Haft auf Bewährung freigelassen. Krabbe war 1977 wegen gemeinschaftlichen Mordes in zwei Fällen und Geiselnahme zu zweimal lebenslanger Haft verurteilt worden. Sie hatte 1975 mit einem RAF-Kommando die deutsche Botschaft in Stockholm überfallen. Bei der Aktion wurden zwei Diplomaten getötet.

HOFMANN-URTEIL: Das Oberlandesgericht Stuttgart verurteilte im September 1995 die frühere RAF-Terroristin Sieglinde Hofmann wegen fünffachen Mordes und dreifachen Mordversuchs zu lebenslanger Haft. Das Gericht befand sie für mitschuldig an der Entführung und Ermordung des Arbeitgeberpräsidenten Hanns Martin Schleyer und seiner vier Begleiter (1977) sowie an dem gescheiterten Sprengstoffanschlag auf den damaligen NATO-Oberbefehlshaber Alexander Haig und seine zwei Begleiter (1979). Der Bundesgerichtshof (BGH, Karlsruhe) be-stätigte das Urteil im April 1996. Hofmann war 1982 bereits wegen Mitwirkung an der Ermordung des Bankiers Jürgen Ponto zu einer 15jährigen Haftstrafe verurteilt worden.

→ Antiimperialistische Zelle → Extremismus → Kronzeugenregelung → Terrorismus

Rotes Kreuz, Internationales

→ ORG

Rundfunkgebühren TAB

Die Ministerpräsidenten der Bundesländer beschlossen im Juli 1996 auf Empfehlung der aus politikunabhängigen Vertretern bestehenden Kommission zur Ermittlung des Finanzbedarfs der öffentlich-rechtlichen Rundfunkanstalten (KEF), die R. für den Zeitraum 1997–2000 um 4,45 DM auf 28,25 DM pro Monat und Gebührenzahler anzuheben.

VERTEILUNG: Von den Mehreinnahmen soll die ARD 2,35 DM pro Gebührenzahler erhalten, das ZDF 2,05 DM und die für privaten Rundfunk zuständigen Landesmedienanstalten 5 Pf. Die Anhebung ist teilweise zweckgebunden. Je 13 Pf müssen die Anstalten für einen gemeinsam geplanten Kinderkanal abzweigen, der ausschließlich Kinderprogramme zeigen soll, und je 7 Pf für einen vorgesehenen Parlamentskanal, der vorwiegend parlamentari-

Ein Roboter des Fraunhofer Instituts für Produktionstechnik und Automatisierung wird zur teilautomatischen Sortierung von Abfällen aus der Gelben Tonne eingesetzt.

sche Debatten übertragen soll. Die ARD muß außerdem 48 Pf für die Altersversorgung ihrer Beschäftigten zurücklegen und 11 Pf für die Entwicklung des digitalen Hörfunksystems Digital Audio Broadcasting (DAB) bereitstellen.

FINANZBEDARF: Bei der KEF angemeldet hatten ARD und ZDF einen zusätzlichen Finanzbedarf von 5,05 DM (3,85 DM bzw. 2,20 DM) pro Gebührenzahler. Die KEF lehnte die Forderungen der Anstalten mit dem Hinweis auf noch nicht ausgeschöpfte Einsparmöglichkeiten ab. Jährlich ließen sich bei ARD und ZDF 1% der Programmkosten u. a. durch verstärkte Zusammenarbeit der Sender einsparen. Die ARD könnte die Personalaufwendungen jährlich um 2% reduzieren, das ZDF habe diese Möglichkeit bereits ausgeschöpft. Beide Anstalten könnten die übrigen betrieblichen Kosten um 0,5% pro Jahr verringern.

KRITIK: Die ARD bemängelte die KEF-Empfehlung, weil die vorgeschlagenen Einsparmöglichkeiten auf Vermutungen beruhten. Der Deutsche Journalisten Verband kritisierte die Zweckgebundenheit eines Teils des Gebührenaufkommens. Damit greife die KEF lenkend in die Programmgestaltung ein, die unabhängig bleiben sollte.

→ Digitales Radio → Fernsehen
→ Fernsehwerbung → Spartenkanal

Rüstungsausgaben KAR TAB

Weltweit gingen die R. 1985–1994 nach einer Abrüstungsstudie des Bonn International Center for Conversion (BICC) vom April 1996 um rd. 30% auf etwa 800 Mrd Dollar zurück. Der Anteil der R. an der Wirtschaftsleistung sank von 5,4% auf 3%. Hauptursachen waren die Wirtschaftskrise in Osteuropa und der GUS, die Senkung der Staatsausgaben und die Änderung von Verteidigungsplanung und Militärdoktrin. Die UNO schätzte die Einsparungen bei den R. (sog. Friedensdividende) von 1987, dem bisherigen Höhepunkt, bis 1994 weltweit auf 935 Mrd Dollar. Sie rechnete zwischen 1995 und 2000 mit einer jährlichen Reduzierung der R. um 3%.

Kurzfristig führt die Verminderung der R. nicht zwangsläufig zu einer Erhöhung anderer öffentlicher Ausgaben. Bis Mitte der 90er Jahre dienten Einsparungen bei den R. im wesentlichen zur Senkung von Haushaltsdefizit und Staatsverschuldung. Hinzu kamen Kosten, die mit der Abrüstung, z. B. Beseitigung der Rüstungsaltlasten, der Zerstörung von Waffen und Militärgerät, verbunden sind.

Von der Kürzung der R. war nach BICC-Angaben insbes. die Waffenbeschaffung betroffen. In der NATO sank ihr Kostenanteil 1989–1994 von 26% auf 20%, die Personalausgaben stiegen trotz Truppenabbau von 41% auf 44%. In Rußland wurde der Anteil für Waffenbeschaffung um die Hälfte auf 21% reduziert. Etwa 50% der russischen R. sind für Personal bestimmt, nur 6% für Forschung und Entwicklung (1989: ca. 20%). Drei Viertel der weltweiten R. werden von zehn Staaten bestritten, ein Drittel von den USA.

→ Bundeswehr → Eurofighter
→ Truppenabbau

Rundfunkgebühren: Europa-Vergleich			
Land	Gebühr pro Haushalt und Jahr (DM)		
	Hörfunk	Fernsehen	Hörfunk und TV
Belgien	50,46	379,72	
Deutschland[1]	113,40	–	339,00
Dänemark	38,61	–	261,27
Finnland	–	246,10	–
Frankreich	–	199,59	–
Griechenland[2]	–	–	–
Großbritannien	–	227,31	–
Irland	–	151,90	–
Italien[3]	3,99	–	178,22
Luxemburg	–	–	–
Niederlande	53,45	–	182,72
Norwegen	–	258,44	–
Österreich	100,91	340,38	350,99
Portugal[4]	–	–	–
Schweden	–	308,16	–
Schweiz[5]	–	143,49	221,80
Spanien[6]	–	–	–

Stand: Juli 1995; 1) voraussichtlich ab 1997; 2) statt Rundfunkgebühr Zusatzentgelt zur Stromrechnung; 3) bei öffentlichem Gebrauch Hörfunk 40,00 DM, TV 506,79 DM; 4) keine Fernsehgebühr, für Hörfunk Zusatzentgelt zur Stromrechnung; 5) bei öffentlichem Gebrauch Hörfunk 189,60 DM, TV 293,50 DM; 6) keine Rundfunkgebühr; Quelle: Europäische Rundfunk Union, Statistisches Bundesamt, Media Perspektiven 9/1995

Rüstungsausgaben: Belastung für die Volkswirtschaft

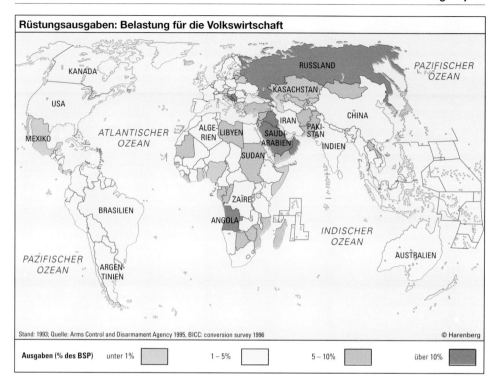

Stand: 1993; Quelle: Arms Control and Disarmament Agency 1995, BICC: conversion survey 1996 © Harenberg

| Ausgaben (% des BSP) | unter 1% | | 1 – 5% | | 5 – 10% | | über 10% | |

Rüstungsexport TAB

Ende 1995 beschlossen 25 europäische Staaten sowie Australien, Japan und die USA mit The Wassenaar Arrangement (TWA, Sitz: Wien) eine freiwillige R.-Kontrolle für zivil und militärisch nutzbare Hochtechnologie (dual use, engl.; doppelte Verwendung). Die Teilnehmerstaaten verpflichteten sich, einander über ihre R. zu unterrichten. Kontrollinstanzen sind die nationalen Exportrechte, die einander angeglichen werden sollen.

EXPORTKONTROLLEN: Multinationale Ausfuhrkontrollen gab es Mittte 1996 für weitere Bereiche:
▷ ABC-Waffen
▷ Freiwillige Angabe über den Handel mit konventionellen Waffen (sieben Kategorien) für das UNO-Register, das seit 1993 veröffentlicht wird. Bis 1. 3. 1996 dokumentierten 93 der 185 UNO-Mitglieder ihre R. für 1994.

Rüstungsausgaben: Großmächte

Position	1990	1991	1992	1993	1994	1995
USA						
Haushaltsanteil (%)	23,9	20,7	21,6	20,7	20,0	17,6
Anteil am BIP (%)	5,5	4,8	5,0	4,7	4,4	3,9
Rußland[1]						
Haushaltsanteil (%)	13,5	k. A.	21,6	12,6	21,0	19,6
Anteil am BIP (%)	6,9	5,6	4,0	4,4	6,5	4,1[2]

1) 1990 UdSSR; 2) vorläufig; Quelle: BICC: conversion survey 1996

Größter Waffenlieferant waren die USA vor Deutschland
▷ Militärische Trägerraketen (Missile Technology Control Regime, MTCR, 27 Teilnehmerstaaten). Für Raketensysteme mit mindestens 500 kg Nutzlast und einer Reichweite von mehr als 300 km sollen Exportgenehmigungen verweigert werden
▷ Dual-use-Produkte in der EU: Seit 1995 gelten gemeinsame Regeln für

Rüstungsexport: Die größten Lieferanten

Rang	Land	Mio Dollar[1] 1991–1995	1995[2]	Anteil (%) 1991–1995[3]
1	USA	61 879	9 894	51,3
2	UdSSR/Rußland	15 996	3 905	13,2
3	Deutschland	10 156	1 964	8,4
4	Großbritannien	6 611	1 663	5,4
5	Frankreich	5 582	815	4,6
6	China	5 158	868	4,3
7	Niederlande	2 043	448	1,7
8	Italien	1 923	324	1,6
9	Tschech. Rep.[4]	1 246	326	1,0
10	Israel	1 159	317	1,0

1) Angaben in Preisen von 1990; 2) 22 797 Mio Dollar; 3) 120 733 Mio Dollar; 4) bis 1992 Tschechoslowakei; Quelle: SIPRI-Yearbook 1996: I. Anthony/P. D. Wezeman/S. T. Wezeman, The trade in major conventional weapons

Rüstungsexport: Die größten Importeure

Rang	Land	Mio Dollar[1] 1991–1995	1995[2]	Anteil (%) 1991–1995
1	Türkei	8 096	1 125	6,7
2	Ägypten	7 138	1 555	5,9
3	Saudi-Arabien	7 092	961	5,9
4	Japan	6 882	799	5,7
5	Griechenland	5 756	489	4,8
6	Indien	5 158	770	4,3
7	China	4 747	1 696	3,9
8	Israel	4 293	327	3,6
9	Taiwan	4 228	980	3,5
10	Deutschland	4 045	181	3,4

1) Angaben in Preisen von 1990; 2) Korea-Süd: 1677 Mio $, Malaysia: 1120 Mio $; Quelle: SIPRI-Yearbook 1996: I. Anthony/P. D. Wezeman/S. T. Wezeman, The trade in major conventional weapons

Ausfuhren in Mitgliedstaaten und in Drittländer, Warenlisten und Genehmigungspflichten. In Deutschland gibt es Sonderkontrollen für nicht erfaßte Güter für konventionelle Rüstungsprojekte in 17 Staaten. Im Oktober 1995 bekräftigte der Europäische Gerichtshof das Recht der EU-Staaten, R. in nationaler Verantwortung zu beschränken, um einer Störung der auswärtigen Beziehungen oder der öffentlichen Sicherheit und Ordnung vorzubeugen.

Der konventionelle Waffenhandel in der EU wird national kontrolliert.

TENDENZEN: 1995 blieb der Wert des konventionellen R. nach Angaben des Stockholmer Internationalen Friedensfor-schungsinstituts (SIPRI) nahezu auf dem Niveau des Vorjahres. Die sechs größten Exporteure hatten einen Marktanteil von 83% (USA: 43%). Rußland steigerte seinen Anteil gegenüber dem Vorjahr von 4% auf 17%. 46% der Lieferungen gingen in asiatische Staaten

ÜBERZÄHLIGE WAFFEN: Infolge von Truppenabbau und konventioneller Abrüstung in Europa stieg im Gegensatz zum übrigen R. der Handel mit gebrauchten bzw. überzähligen Waffen. 1989–1994 wurden nach Angaben des Bonn International Centers for Conversion (BICC) 13 942 Waffensysteme – Schiffe, Kampfpanzer und gepanzerte Fahrzeuge, Kampfflugzeuge und -hubschrauber, Artillerie – exportiert. Die USA und Deutschland hatten einen Anteil von 70–80% an diesen Transfers. Hauptempfänger waren Griechenland und die Türkei (Importwert: rd. 8,5 Mrd Dollar). Deutschland handelte meist mit Waffen und Gerät der ehemaligen Nationalen Volksarmee der DDR.

→ Atomwaffen → Chemische Waffen → KSE-Vertrag → Landminen

Rüstungsindustrie ⊡TAB

Sinkende staatliche Rüstungsausgaben, vor allem bei der Waffenbeschaffung, führten seit Anfang der 90er Jahre weltweit zu Auftragseinbußen in der R. Der Anteil der Wehrtechnik am Umsatz der 100 größten Rüstungsunternehmen in den OECD-Staaten und den Entwicklungsländern ging mit Ausnahme einiger US-amerikanischer, französischer und britischer Unternehmen überall zurück.

STRATEGIE: Auf den Druck, Kapazitäten in der Wehrtechnik abzubauen, reagierte die R. mit unterschiedlichen Maßnahmen:
▷ Stillegung der Produktion, Verkauf von Unternehmensteilen und Entlassung von Personal. 1987–1995 wurde die Zahl der Arbeitsplätze in der R. weltweit um 37% auf 11,1 Mio reduziert (Deutschland: –60%), davon die Hälfte in den UdSSR-Nachfolgestaaten. In Deutschland sank die Zahl der Beschäftigten 1990–1995 von rd. 280 000 auf 100 000; von der R. abhängig waren 1995 etwa 300 000 Arbeitsplätze (1990: rd. 840 000)

▷ Die Erweiterung der Produktpalette (Diversifikation) durch Zukauf von Unternehmensteilen außerhalb der Wehrtechnik wird aus Kostengründen häufig dem Ersatz wehrtechnischer durch zivile Produktion (Konversion) vorgezogen. Eine erfolgreiche Rüstungskonversion hängt von Produktpalette, Anlagen und der Fähigkeit ab, Marktnischen für zivile Produkte zu besetzen. Häufig fehlen dazu jedoch Kapital, Marketing- und Vertriebskenntnisse

▷ Fusionen von Unternehmen, Aufkäufe und Zusammenlegung von Unternehmensteilen bzw. Joint-ventures. Vor allem in der US-amerikanischen R. ist ein starker Konzentrationsprozeß zu beobachten. Multinationale Kooperationen bei europäischen Rüstungsprojekten wie Eurocopter (Kampfhubschrauber), Eurofighter (Jagdflugzeug) und Stinger (Flugabwehr) sind häufig kostentreibend und von sich wandelnden politischen Vorgaben abhängig.

Eine Ausweitung des Waffenexports verspricht wegen Abrüstung, Truppenabbau und des Überangebots auf dem Waffenmarkt wenig Gewinnchancen.

USA: Der erst 1995 entstandene größte Rüstungskonzern der Welt, Lockheed Martin, kündigte im Januar 1996 den Kauf des militärischen Elektronikunternehmens Loral für rd. 9,1 Mrd Dollar an (ohne Satelliten). Northrop Grumman, der Erbauer des strategischen B-2 Stealth-Bombers, übernimmt die Militärelektro-

nik von Westinghouse für rd. 3,6 Mrd Dollar. Weiterhin fanden Übernahmeverhandlungen zwischen McDonnell Douglas und Boeing statt. 1995 erhielten die zehn größten Rüstungsunternehmen 38% der US-Rüstungsaufträge (1990: 29%). 1993–1997 sind 24,1 Mrd Dollar für Konversionsprojekte vorgesehen, davon 70% für die Unterstützung der R. bei der Entwicklung von Technologien, die gleichzeitig zur militärischen und zivilen Verwendung dienen (engl.: dual use).

EUROPA: Der US-Markt für Rüstungsgüter war Mitte der 90er Jahre mit einem Umsatz von rd. 700 Mrd Dollar mehr als doppelt so groß wie der in der EU. Nationale Unternehmen wurden bis Mitte der 90er Jahre bei der Vergabe von Rüstungsaufträgen meist bevorzugt. Die Europäische Kommission forderte Anfang 1996 zur Verbesserung der internationalen Konkurrenzfähigkeit eine EU-weite Ausschreibungspflicht von Rüstungsaufträgen sowie eine verstärkte Kooperation in der R. und bei der Ausfuhr konventioneller Waffentechnik. In der EU gab es Ende 1995 zehn Hersteller von Militärhubschraubern und -flugzeugen (USA: fünf), elf von Raketen (fünf), zehn von Kampffahrzeugen (zwei) und 14 von Kriegsschiffen (vier). Die angestrebte Neuordnung der französischen R. begann im Mai 1996 mit dem französisch-britischen Joint-venture Matra/British Aerospace-Dynamics, das größter europäischer Produzent für taktische Lenkraketen wurde,

Rüstungsindustrie: Die weltgrößten Unternehmen

Rang	Name[1] (Land)	Umsatz Wehrtechnik (Mrd $)	Anteil (%)[2]
1	Lockheed Martin/Loral (USA)	19,61	69,1
2	McDonnell Douglas/Boeing (USA)	13,98	38,4
3	Northrop Grumman/Westinghouse (USA)	7,88	50,7
4	British Aerospace (Großbritannien)	7,27	64,1
5	Hughes Electronics (USA)	6,30	44,7
6	Thomson (Frankreich)	4,42	31,8
7	GEC (Großbritannien)	4,32	28,5
8	United Technologies (USA)	3,80	17,9
9	Raytheon (USA)	3,50	35,0
10	Direction des Constructions Navales (Frankreich)	3,40	98,0

Stand: 1994; 1) inkl. angekündigte bzw. geplante Fusionen; 2) am Gesamtumsatz; Quelle: The Economist, 13. 1. 1996

und wurde fortgesetzt mit der Fusion des staatlichen Luftfahrtkonzerns Aérospatiale mit Dassault Aviation (ab 1. 1. 1997).
→ Fusionen → Truppenabbau

S

Sabbatjahr TAB

Die beamteten Lehrkräfte Nordrhein-Westfalens und Hessens erhalten ab dem Schuljahr 1996/97 die Möglichkeit, im Rahmen eines Vier-Stufen-Modells mehrere Jahre bei voller Unterrichtsverpflichtung auf einen Teil ihrer Bezüge zu verzichten, um anschließend unter Fortzahlung dieses verringerten Gehalts ein Jahr vom Dienst freigestellt zu werden. Das Freistellungsjahr muß spätestens in dem Schuljahr liegen, in dem die Lehrkraft das 60. Lebensjahr vollendet. Darüber hinaus können die hessischen Lehrer bei unverändertem Entgelt durch mehrjährige Zusatzarbeit von bis zu zwei Unterrichtsstunden pro Woche längere bezahlte Urlaubsphasen (Höchstdauer: zwölf Monate) ansparen. Mit diesem Angebot des sog. S., das mehrfach in Anspruch genommen werden kann, wollen die zuständigen Kultusministerien Haushaltsmittel freisetzen, die zur Einstellung arbeitsloser Lehrkräfte genutzt werden sollen.
Rheinland-Pfalz und Schleswig-Holstein führten 1995 das S. ein, Bremen bereits 1994. In Berlin besteht eine entsprechende Regelung seit 1987. Dort kann die Freistellung auch vorgezogen und der Dienst/Gehaltsausgleich nachträglich erbracht werden. Bis zum Jahresende 1995 nahmen 1300 Berliner Lehrer dieses Angebot an.

Sabbatjahr: Vier-Stufen-Modell	
Arbeitszeit[1] (Jahre)	Gehaltskürzung pro Jahr (%)
3	33,0
4	25,0
5	20,0
6	16,6

1) Ununterbrochen in Folge, im anschließenden Jahr freigestellt, gekürzte Bezüge werden fortgezahlt; Quelle: Kultusministerien von Hessen und Nordrhein-Westfalen

Satelliten TAB

Unbemannte Raumflugkörper auf einer Erdumlaufbahn bis zu einer Höhe von 36 000 km (sog. geostationäre Bahn). Größte Anwendungsbereiche der S.-Technik waren Mitte der 90er Jahre die Telekommunikation und die Erderkundung, die auch militärischen Zwecken dient. S. werden außerdem zur Weltraum- und Wetterbeobachtung, Navigation und Vermessung sowie als Forschungslabors benutzt. Deutschland und Frankreich beschlossen im Dezember 1995 den gemeinsamen Bau der militärischen Aufklärungs-S. Helios und Horus (Gesamtkosten: 7,5 Mrd DM).
KOMMUNIKATION: Ein Siebtel der Aufträge in der kommerziellen Raumfahrt galten Mitte der 90er Jahre Telekommunikations-S., insbes. Fernseh-S. Für die Errichtung globaler und mobiler Datenübertragungsnetze werden ab 1998 S. als Funkrelaisstationen meist in erdnahen Umlaufbahn plaziert (rd. 500–1500 km, engl.: Low Earth Orbit Satellites, LEO). Gegenüber bisherigen S.-Funkdiensten, die mit S. in der geostationären Bahn arbeiteten, ist der größte Vorteil die schnellere Sendezeit aufgrund der kurzen Funkstrecke. LEO können auch zur Beobachtung mobiler Objekte (z. B. Schiffe) auf der Erde eingesetzt werden. Wegen ihrer hohen Orbitalgeschwindigkeit sind sie allerdings nur kurze Zeit für einzelne Bodenstationen erreichbar. Die Signale müssen daher über eine Vielzahl von S. weitergegeben werden.
LASER: 1995/96 wurde mit Laser als Informationsträger zwischen S. auf unterschiedlichen Umlaufbahnen bzw. zwischen S. und Bodenstation experimentiert, u. a. beim Satellite Interlink Experiment (Silex) der Europäischen Raumfahrtagentur ESA. Optische Sender und Empfänger sind gegenüber herkömmlichen Funkrelais kleiner und leichter, Übermittlungsgeschwindigkeit und Datendichte größer. Laserlicht erfordert eine genauere Ausrichtung des Sendestrahls. Verschmutzte Atmosphärenschichten stören die Übertragung zum Bodenteleskop.
→ Ariane → Astra 1 F → Erderkundung → Globalfunk → Raumfahrt → Telekommunikation → Verkehrs-Leitsystem

Satelliten-Navigation GLO

Satellitengestütztes Ortungsverfahren für den Verkehr. Kurs und Position von Fahrzeugen, Flugzeugen und Schiffen lassen sich mit S. schneller und präziser bestimmen als mit anderen Navigationsverfahren wie z. B. der Radartechnik.

LUFTVERKEHR: Ab 1998 testen Fluggesellschaften verschiedener Staaten, darunter die deutsche Lufthansa, ein S.-System, das den Luftverkehr über dem Atlantik zwischen Europa und den USA kontrollieren soll. Die Position von Flugzeugen und ihre Flugroute können auf 100 m genau festgestellt werden. Fluglotsen können erstmals Transatlantikflüge auf dem Computerbildschirm verfolgen. Flugzeuge können ihren Kurs genauer halten und sparen Treibstoff. Der Sicherheitsabstand zwischen Flugzeugen, die hintereinander den Atlantik überqueren, kann von 80–120 Nautischen Meilen auf 30 Nautische Meilen verkürzt werden. Damit sollen Wartezeiten beim Start entfallen. Mitte der 90er Jahre meldeten Piloten über dem Atlantik ihre Position Fluglotsen der Bodenstationen per Sprechfunk.

FUNKTION: Die meisten S.-Geräte erhielten 1996 Daten von Satelliten des vom US-Verteidigungsministerium betriebenen Global Positioning System (GPS, engl.; weltweites Navigationssystem). 1996 umkreisten 25 GPS-Satelliten in einer Höhe von 20 200 km die Erde. Der Nutzer nimmt mit einem Empfangsgerät Signale von mehreren Satelliten auf, die Sendezeit und Satellitenposition mitteilen. Beim Vergleich mit der Empfangszeit kann die Laufzeit der Signale ermittelt werden, aus der sich die Entfernungen zwischen Sendern und Empfängern und damit die Position des Nutzers berechnen lassen.

Satelliten: Globale Kommunikation

Projekt[1]	Unternehmen (Staat)	Anzahl[2]	Kosten (Mrd $)
Courier	k. A. (RUS)	64	0,8
Globalstar	Alcatel, France Telecom (F), Alenia (I), DASA (D) Hyundai (ROK), Loral, Qualcom (USA) u. a.	56	1,9
Gonets	k. A. (RUS)	36	k. A.
Inmarsat-P	Multinational	12	2,6
Iridium	Motorola (USA)	66	3,5
Odyssey	TRW (USA)	12	k. A.
Signal	k. A. (RUS)	48	0,6
Teledisc	Craig McCaw, Microsoft (USA)	840	9,0

1) Niedrige und mittlere Umlaufbahn (500–10 000 km); 2) Satelliten; Quelle: Der Spiegel, 24.7.1995

Scheinselbständige

Erwerbstätige, die ohne arbeits- und sozialrechtliche Absicherung sowie ohne Anspruch auf Lohnfortzahlung im Krankheitsfall als freie Mitarbeiter beschäftigt sind, obwohl sie für Angestellte typische Arbeitsleistungen erbringen. S. sind von einem Auftraggeber finanziell abhängig, weisungsgebunden und verfügen weder über Eigenkapital noch über Produktionsmittel. Für S. brauchen die Auftraggeber keine Sozialabgaben zu zahlen. Das Bundesarbeitsministerium ging 1995 von 0,5 Mio–1 Mio S. bei 3,5 Mio Selbständigen insgesamt in Deutschland aus. Gründe für die hohe Zahl von S. seien Stellenabbau und die zunehmende Auslagerung von Unternehmensbereichen (Outsourcing). Das Institut für Arbeitsmarkt- und Berufs-

Satelliten-Navigation: Anwendungsbeispiele

AUTOVERKEHR: 1996 boten Unternehmen PKW mit dem Satelliten-Navigationssystem GPS an. Daten zu Standort und Fahrtrichtung des Kfz bestimmen der im Auto eingebaute Computer sowie ein Kompaß und Meßfühler an den Vorderrädern, die dem Computer Fahrbewegungen melden. Die Daten werden mit der auf einer CD-ROM gespeicherten Straßenkarte verglichen. Der Fahrer gibt den Zielort ein. Auf dem Bildschirm erscheint die kürzeste Streckenführung, und ein Gerät zur künstlichen Spracherzeugung gibt Anweisungen zur Fahrtroute. So kann ein Stau umfahren und die Luftverschmutzung verringert werden.

ATLANTIKFLÜGE: Ab 1998 soll das Navigationssystem ADAS-E (Automatic Dependent Surveillance Europe) in zehn Flugzeugen auf der Atlantikroute zwischen Europa und den USA getestet werden. Der Pilot gibt die Flugroute in den Bordcomputer ein. Dieser übermittelt die Daten an die Flugleitzentren. Während des Fluges stellt der Computer mit Verbindung zum Satelliten-Navigationssystem GPS Position und Flughöhe des Jets fest. Die Daten werden automatisch an die Flugleitzentren gefunkt.

forschung (IAB, Nürnberg) bezeichnete das Problem der S. indes als geringfügig. Die Zahl der verdächtigen Einmannunternehmer sei 1977–1995 von 5% auf 4% aller Erwerbstätigen zurückgegangen. S. wurden vor allem in der Baubranche, im Speditionsgewerbe, im Außendienst von Unternehmen sowie in der Computer- und Medienbranche vermutet. 1995 ermittelten die Krankenkassen und Rentenversicherungen in rd. 1000 Fällen von mutmaßlicher S. wegen ungerechtfertigter Zurückhaltung von Beitragszahlungen. Die Sozialversicherungsträger schätzten, daß ihnen durch S. Beiträge in zweistelliger Milliardenhöhe entgehen. Aufgrund fehlender bzw. unzureichender Krankheits- und Altersvorsorge seien viele S. später auf Sozialhilfe angewiesen.

Die Sozialversicherer forderten die Ausweitung des juristischen Arbeitnehmerbegriffs, damit auch Personen versicherungspflichtig werden, die regelmäßig für nur einen Auftraggeber arbeiten und keine anderen Arbeitnehmer beschäftigen.

→ Sozialabgaben → Sozialdumping

Schengener Abkommen KAR

Vertrag zwischen 13 EU-Staaten (außer Großbritannien und Irland) über die Abschaffung von Personen- und Warenkontrollen an Binnengrenzen sowie über eine gemeinsame Sicherheits- und Asylpolitik. Das 1985 im luxemburgischen Schengen unterzeichnete Abkommen trat am 26.3. 1995 in sieben EU-Staaten in Kraft. Griechenland, Italien und Österreich (Beitritt: 28. 4. 1995) waren Mitte 1996 aus „computertechnischen Gründen" noch nicht zur Anwendung des S. bereit. Im April 1996 beantragten Schweden, Dänemark und Finnland ihren Beitritt zum S. Island und Norwegen, die nicht zur EU gehören, streben eine Assoziierung an.

ÜBERWACHUNG: Zum Ausgleich für die Abschaffung der Grenzkontrollen wurden folgende Maßnahmen vereinbart:

▷ Es werden strenge Personenkontrollen an den Außengrenzen der Mitgliedstaaten durchgeführt

▷ Ein Zentralcomputer in Straßburg/Frankreich (sog. Schengener Informationssystem, SIS) speichert polizeiliche Fahndungen

▷ Polizisten dürfen fliehende Tatverdächtige unter Umständen bis zu sechs Stunden lang im Nachbarland verfolgen und festnehmen

▷ Gemeinsame Listen visumspflichtiger und -freier Länder regeln die Einreise für Bürger aus Nicht-EU-Staaten; einheitliche Einreisevisa sollen die illegale Einwanderung unterbinden

▷ Asylanträge werden vom Einreiseland beurteilt, die anderen Länder erkennen die Entscheidung an

Die Asylbewerber-Regelung, für die 1993 Deutschland und Frankreich ihre Verfassung änderten, soll mehrmalige Anträge in verschiedenen EU-Ländern verhindern.

FRANKREICH: Nach Sprengstoffanschlägen, die algerischen Fundamentalisten zur Last gelegt wurden, setzte Frankreich im September 1995 die Umsetzung des S. aus und verschärfte seine Grenzkontrollen. Im April 1996 kündigte Paris an, die Kontrollen an den Grenzen zu Deutschland und Spanien abzuschaffen.

SIS: Die deutsche Regierung bemängelte im März 1996 die schleppende Entwick-

Schengener Abkommen: Schengenraum

ISLAND
NORWEGEN
FINNLAND
SCHWEDEN
IRLAND
DÄNE-MARK
GROSS-BRITANNIEN
NIEDER-LANDE
BELGIEN
DEUTSCH-LAND
LUX
FRANKREICH
ÖSTER-REICH
B
L
D
F
Schengen
PORTU-GAL
SPANIEN
ITALIEN
GRIECHEN-LAND

☐ Europäische Union 1996
▨ Schengenraum (26.3.1995)
☐ Schengener Abkommen noch nicht in Kraft
▧ Beitritt beantragt
▨ Assoziierung beantragt

0   500 km

© Harenberg

lung des 1995 eingeführten Schengener Informationssystems (SIS), des Datenverbunds zur europaweiten Verbrechensbekämpfung: Die Beneluxländer, Spanien und Portugal lieferten zuwenig Informationen. Von den insgesamt 3,7 Mio eingespeisten Daten kamen allein 2,4 Mio aus Deutschland und 1,2 Mio aus Frankreich.
→ Asylbewerber → Europäische Union
→ Europol

Schlechtwettergeld

Die Lohnersatzleistung, die für Beschäftigte im Baugewerbe bei witterungsbedingtem Arbeitsausfall im Zeitraum November bis März von der Bundesanstalt für Arbeit (BA, Nürnberg) gezahlt wurde, fiel zum Januar 1996 weg. Statt dessen einigten sich die Arbeitgeber im Baubereich mit den Gewerkschaften auf ein ganzjähriges Einkommen für Arbeitnehmer im Baugewerbe.

NEUREGELUNG: Die rd. 1,1 Mio Bauarbeiter erhalten ab 1996 von November bis März jeden Jahres ein Überbrückungsgeld vom Arbeitgeber für bis zu 20 ausgefallene Arbeitstage oder 150 h. Geht der Arbeitsausfall darüber hinaus, wird dieser ab dem 21. Tag durch die BA in Höhe des bislang gezahlten S. ausgeglichen (67% des Nettoentgelts für Beschäftigte mit Kind, 60% für Kinderlose). Die Höhe des tariflichen Überbrückungsgeldes beträgt 75% des Bruttolohns plus 2 DM netto pro Ausfallstunde. Zwei Drittel dieses Geldes werden zunächst vom Arbeitgeber finanziert. Die Beschäftigten tragen das letzte Drittel, indem ihnen je nach Dauer des Ausfalls bis zu fünf Urlaubstage gestrichen werden. Der Arbeitgeber erhält außerdem 20% des Geldes aus den Sozialkassen des Baugewerbes zurück. Die bisherige Winterausgleichzahlung zwischen 400 und 430 DM pro Jahr, die die Arbeitgeber zusätzlich zum S. gezahlt hatten, wurde gestrichen. Bis 1995 fielen durchschnittlich 14 Tage pro Jahr wegen schlechten Wetters aus. Die CDU/CSU/FDP-Bundesregierung erhofft sich durch die Neuregelung Einsparungen im BA-Haushalt von 600 Mio DM.

ARBEITSZEIT: Gleichzeitig einigten sich Arbeitgeber und Gewerkschaften auf eine neue Arbeitszeitregelung, um im Winter ausgefallene Arbeitsstunden im Sommer nachholen zu können. Während von April bis Oktober jeden Jahres die 40-Stunden-Woche gilt, werden von November bis März nur 37,5 h wöchentlich gearbeitet.

Schmerz

In Deutschland litten 1996 etwa 7 Mio Menschen (rd. 9% der Bevölkerung) an chronischem S. 85% der S.-Patienten wurden von Migräne und andauernden Spannungskopfschmerzen geplagt, die übrigen Fälle waren Bandscheiben-, Rheuma- und Krebspatienten. Etwa 3000–4000 Betroffene nehmen sich pro Jahr infolge ihres Leidens das Leben. Die Deutsche Schmerzhilfe (Hamburg) forderte 1996 eine schmerztherapeutische Weiterbildung für Ärzte aller Fachrichtungen und kritisierte den gegenüber anderen europäischen Ländern zögerlichen Einsatz von schmerzbetäubenden Medikamenten.

MORPHINE: Die Verabreichung von Opiaten, speziell Morphinen, die häufig einzig wirksames Mittel gegen S. sind, unterlag in Deutschland 1996 strenger Überwachung. Nur jeder fünfte Arzt verschrieb Opiate oder Morphine, zahlreiche Mediziner scheuten Kontrolle und Aufwand der Verordnung. Drogenexperten wiesen darauf hin, daß Morphine zwar eine körperliche Abhängigkeit, aber kein psychisches Suchtverhalten hervorrufen.

GEDÄCHTNIS: Münchener Forscher stellten 1995 eine Hypothese auf, die beweisen soll, daß sich Nervenzellen an S. erinnern. Angeregt durch einen schmerzhaften Reiz würden sie immer neue Stellen (Rezeptoren) auf der Zelloberfläche bilden, an denen sich von Reizen ausgelöste Überträgerstoffe mit der Zelle verbinden. Chronische Übererregbarkeit der Nervenzelle ist die Folge. Bei Operationen sollten zusätzlich zur Vollnarkose die Nerven lokal betäubt werden, um die Weiterleitung des S. an das Rückenmark und damit die S.-Erinnerung zu verhindern.

ℹ Deutsche Schmerzhilfe, Woldsenweg 3, 20249 Hamburg

ℹ Deutsche Gesellschaft zum Studium des Schmerzes, Im Neuenheimer Feld 326, 69120 Heidelberg

Schmiergeld

Im Jahressteuergesetz 1996 vom Oktober 1995, das mit den Stimmen der CDU/CSU und der FDP verabschiedet worden war, wurde die steuerliche Abzugsfähigkeit von S. als Betriebsausgabe nach § 4 Abs. 5 des Einkommensteuergesetzes (EStG) neu geregelt. Ab 1996 sind S. vom Abzug als Betriebsausgaben ausgeschlossen, wenn wegen dieser Gelder eine Verurteilung vorliegt (z. B. wegen Vorteilsannahme) oder das Verfahren wegen geringer Schuld eingestellt worden ist (§ 4 Abs. 5 Nr. 10 EStG). Die Finanzbehörden sollen ihre Informationen über die Zahlung von S. an die Strafverfolgungsbehörden weiterleiten. Die Neuregelung der Absetzbarkeit von S. soll den öffentlichen Haushalten Mehreinnahmen von rd. 100 Mio DM jährlich einbringen.

JAHRESSTEUERGESETZ 1996: Ab 1996 sind S. nur noch unter folgenden Voraussetzungen als Betriebsausgaben steuerlich absetzbar:

▷ S. dürfen den Gewinn eines Unternehmens nur in Höhe von 75 DM pro Empfänger und pro Wirtschaftsjahr mindern, wenn sie als Geldgeschenk ausschließlich zur allgemeinen Verbesserung von Geschäftsbeziehungen verwendet werden (§ 4 Abs. 5 Nr. 1 EStG)

▷ Stehen S. mit konkreten betrieblichen Geschäftsvorgängen in Zusammenhang, dürfen sie unbegrenzt abgezogen werden, wenn ihr Empfänger der Finanzbehörde auf deren Verlangen hin benannt wird, damit er zur Besteuerung herangezogen werden kann (§ 160 Abgabenordnung).

KONSEQUENZEN: Kritiker zweifelten an der Wirksamkeit der Gesetzesänderung, da Steuerzahler eher auf den Abzug von S. als Betriebsausgaben verzichten würden, als sich aufgrund der Mitteilungspflicht der Finanzämter gegenüber den Strafverfolgungsbehörden einer strafrechtlichen Verfolgung auszusetzen.

Schnellbahnnetz: Neubaustrecke Köln-Rhein/Main	
Distanz Köln–Frankfurt/M. Neubaustr.	177 km
Distanz Köln–Frankfurt/M. heutige Str.	222 km
Gesamtlänge Neubaustrecke[1]	204 km
Geplante Reisezeit	58 min
Bisherige Reisezeit	2 h 15 min
Talbrücken	18 (2,9% der Strecke)
Längste Brücke	922 m (Hallerbachtal)
Tunnelbauwerke	27 (19,1% der Strecke)
Längster Tunnel	4495 m (Schulwald)
Höchstgeschwindigkeit	300 km/h
Betriebskonzept	5 Züge/h und Richtung
Maximale Steigung	40 Promille

1) Einschl. Abzweigungen; Quelle: Deutsche Bahn AG (Frankfurt/M.)

Schnellbahnnetz: Verkürzung der Reisezeiten			
Strecke von Frankfurt/M. nach	**Reisezeit (h:min)**		
	1990	**2000[1]**	**Verkürzung**
Amsterdam	4:45	3:00	1:45
Bonn/Siegburg	2:27	0:55	1:72
Brüssel	5:00	2:50	2:50
Limburg	1:00	0:25	0:35
London	9:30	5:30	4:00
Montabaur	1:54	0:30	1:24
Strecke von Köln nach	**1990**	**2000**	**Verkürzung**
Basel	4:30	3:30	1:00
Frankfurt/M.	2:15	0:58	1:17
Limburg	2:03	0:45	1:18
Montabaur	1:54	0:30	1:24
München	6:10	4:00	2:10
Stuttgart	3:40	2:30	1:10
Wiesbaden	1:49	1:00	0:49

1) Nach Fertigstellung der Neubaustrecke Köln–Rhein/Main; Quelle: Deutsche Bahn AG (Frankfurt/M.)

Schnellbahnnetz [KAR] [TAB]

In Europa soll bis 2015 ein 35 000 km langes S. für über 200 km/h schnelle Hochgeschwindigkeitszüge der Bahn gebaut werden (Kosten: ca. 600 Mrd DM). Kurze Fahrzeiten sollen Reisende zum Umsteigen vom Auto- und Luftverkehr auf das umweltfreundlichere Verkehrsmittel Eisenbahn bewegen. Ende 1995 begannen die Bauarbeiten an der ICE-Hochgeschwindigkeitsstrecke Köln–Rhein/Main als Teil des europäischen S. Sie verringert die Reisezeit zwischen Köln und Frankfurt/M. von 2 h 15 min auf 58 min.

NEUBAUSTRECKE: Die Verbindung Köln-Rhein/Main für Züge bis 300 km/h Geschwindigkeit (Kosten: ca. 8 Mrd DM) soll 2000 fertiggestellt sein und die Streckenführung von Köln nach Frankfurt/M. von 222 km auf 177 km verkür-

Schnellbahnnetz: Geplante Strecken in Europa

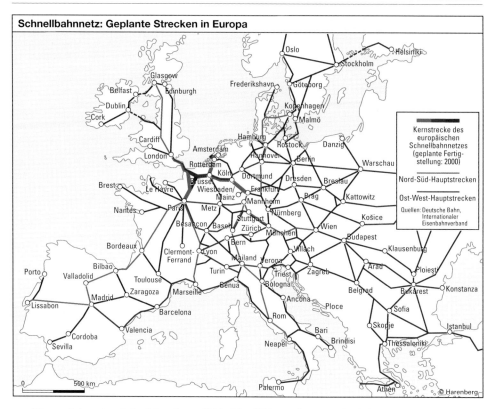

Kernstrecke des
europäischen
Schnellbahnnetzes
(geplante Fertig-
stellung: 2000)

Nord-Süd-Hauptstrecken

Ost-West-Hauptstrecken

Quellen: Deutsche Bahn,
Internationaler
Eisenbahnverband

© Harenberg

zen. Die parallel zur Autobahn A 3 verlaufende Trasse bezieht die Flughäfen Köln/Bonn und Frankfurt-Rhein/Main ein. Die neue Strecke durch die Mittelgebirge Westerwald und Taunus ist nur für Personenzüge geplant, weil sie Steigungen aufweist, die von Güterzügen nicht bewältigt werden können. Auf den Bau teurer Tunnel und Brücken für eine steigungsarme Trassenführung wie auf der Mitte der 90er Jahre betriebenen ICE-Neubaustrecken für Personen- und Güterzüge wurde aus Kostengründen verzichtet.

DEUTSCHES NETZ: In Deutschland ist bis 2010 ein S. von 3250 km Länge geplant. 1996 umfaßte das deutsche Schienennetz insgesamt 40 000 km Länge, davon waren 1000 km Schnellbahnstrecken.

FRANKREICH: In Frankreich, das mit dem TGV seit 1981 ein S. betreibt, bestanden

1996 Schnellfahrstrecken von 2000 km Länge; bis 2010 ist ein Ausbau auf 5000 km geplant.

EUROPA: In Westeuropa waren 23 000 km Hochgeschwindigkeitsstrecken geplant, davon 12 000 km Neubaustrecken. Ab 1998 soll die Kernstrecke des europäischen S. zwischen Paris, London, Brüssel, Amsterdam und Köln mit Hochgeschwindigkeitszügen befahren werden, die während der Fahrt auf die unterschiedlichen Stromnetze der Länder umschalten können.
→ Alpentransit → Bahn, Deutsche
→ Hochgeschwindigkeitszüge → Kanaltunnel → Ostsee-Überbrückung

Schuldenkrise [TAB]

Die Verschuldung der Entwicklungsländer wird nach einer Prognose des Internationalen Währungsfonds (IWF) 1996 auf 1934

317

Millarden Dollar steigen, rd. 4% mehr als 1995 (1852 Mrd Dollar). Der Schuldendienst (Zinsen und Tilgung der Kredite) der Entwicklungsländer sank nach IWF-Angaben 1987–1996 von 19% der Exporterlöse auf 12,3%. Da die Wirtschaftsleistung in der Ländern der sog. Dritten Welt zunahm, betrachteten die Kreditgeber in den reichen Industrienationen die S. der Entwicklungsländer als beendet. Vom wirtschaftlichen Aufschwung profitierten allerdings nur wenige Entwicklungsländer mit mittleren Einkommen und Schwellenländer, die sich zum Industriestaat wandeln. In den ärmsten Staaten verhinderten Schulden und Schuldentilgung die wirtschaftliche Entwicklung.

KAPITALFLUSS: Nach Umschuldungen und Schuldenerlassen in den 80er Jahren wuchs das Vertrauen von Kreditgebern in den Industrieländern. 1995 erreichte der Nettozufluß von langfristigem Kapital 231,3 Mrd Dollar (1994: 207,4 Mrd Dollar). Davon stammten 167,1 Mrd Dollar

Schuldenkrise: Ländervergleich

Land[1]	Schulden[2] (Mrd Dollar)	BSP/Kopf[3] (Dollar)
Mexiko	125,2	4180
China	111,6	530
Indonesien	100,2	880
Brasilien	98,4	2970
Indien	87,0	320
Südkorea	85,5	8260
Argentinien	77,2	8110
Thailand	76,6	2410
Türkei	61,7	2500
Ägypten	38,5	720
Philippinen	37,5	950
Kuba	35,0	600[4]
Algerien	33,2	1650
Pakistan	29,4	430
Malaysia	27,2	3480
Nigeria	25,6	280
Venezuela	25,1	2760
Marokko	22,0	1140
Saudi-Arabien	21,8	7050
Irak	21,5	850[5]

1) ohne Rußland und osteuropäische Reformländer; 2) Stand: Anfang 1995; 3) 1994; 4) 1993; 5) 1992; Quelle: OECD, Weltbank

(72%) aus privaten Quellen. Die ausländischen Direktinvestitionen verdreifachten sich 1990–1995 auf 90,3 Mrd Dollar. Von diesem steigenden Kapitalfluß profitierten allerdings nur wenige Länder. Etwa 95% der Finanzmittel entfielen auf nur 20 Länder, vor allem auf die wachsenden Märkte Ostasiens und Südamerikas.

BEISPIEL AFRIKA: 1995 stufte die Weltbank 40 Länder als hochverschuldet ein. Sie waren z. T. nicht in der Lage, den Schuldendienst zu leisten. Das Debt Crisis Network (Netzwerk Schuldenkrise, London), ein Zusammenschluß von 40 britischen Hilfsorganisationen, bezifferte Anfang 1996 die Auslandsverschuldung der afrikanischen Staaten südlich der Sahara auf 211 Mrd Dollar, mehr als doppelt soviel wie die Exporterlöse dieser Länder. Mehr als die Hälfte der westlichen Entwicklungshilfe für Afrika floß Mitte der 90er Jahre als Zinsen oder Tilgung in die Industriestaaten zurück.

ENTSCHULDUNG: IWF und Weltbank legten Anfang 1996 einen gemeinsamen Plan zur Entschuldung der Entwicklungsländer vor. Erstmals erfaßte dieses Konzept alle Gläubiger: Die im Pariser Club zusammengefaßten Gläubigerländer sollen den hochverschuldeten Ländern 90% ihrer bilateralen Kredite erlassen, um die Verbindlichkeiten der armen Länder bei IWF und Weltbank zu reduzieren. Ein von Weltbank, Entwicklungsbanken und Beiträgen der Industrieländer gespeister Fonds soll Zahlungsverpflichtungen übernehmen. Bis Mitte der 90er Jahre verbanden die Gläubiger Schuldenerlaß und -aufschub mit Bedingungen wie Sparmaßnahmen zur Inflationsbekämpfung. Die Auflagen führten häufig zur Kürzung von Sozialleistungen und trafen besonders die ärmeren Bevölkerungsschichten.

→ Entwicklungspolitik → Hermes-Bürgschaften → Schwellenländer
→ [ORG] Internationaler Währungsfonds
→ [ORG] Weltbank

Schulden, Private

Die S. für private Anschaffungen stiegen 1995 in Deutschland nur gering auf rd. 370 Mrd DM (1994: 364 Mrd DM). Neue Kredite nahmen die privaten Haushalte in Höhe von 7,4 Mrd DM auf, der niedrigste

Wert seit 15 Jahren (1994: 17,5 Mrd DM). Etwa 1,5 Mio Haushalte galten als überschuldet, in vielen Fällen als Folge von Langzeitarbeitslosigkeit.

GESETZ: Wer 1995 seine S. nicht zurückzahlen konnte, mußte mit Mahnverfahren, Zwangsvollstreckung oder eidesstattlicher Versicherung (früher: Offenbarungseid) rechnen und konnte auf Verjährung frühestens in 30 Jahren hoffen. Ab 1.1.1999 soll anstelle der Konkurs- und Vergleichsordnungen ein neues Insolvenzrecht in Kraft treten, das die Chance einer Restschuldbefreiung vorsieht. Voraussetzung ist nach einem vereinfachten Gerichtsverfahren eine siebenjährige Frist, in der der Schuldner sein gesamtes pfändbares Einkommen den Gläubigern zur Verfügung stellt. Nach dieser Wohlverhaltensphase erläßt das Gericht die restlichen Schulden.

KREDITE: Trotz gesunkener Zinsen ging die Kreditaufnahme Ende 1995 zurück und fiel im ersten Vierteljahr 1996 auf weniger als 500 Mio DM. Wirtschaftsexperten sprachen von einer überraschenden Zurückhaltung insbes. der 25- bis 35jährigen, die in den Vorjahren die meisten Konsumentenkredite nachgefragt hatten.
→ Einkommen → Insolvenzen → Verbrauch, Privater

Schulden, Staatliche
→ Staatsverschuldung

Schule [TAB] [GRA]

1995/96 besuchten 9,93 Mio Kinder und Jugendliche in Deutschland allgemeinbildende S., 1,7% mehr als im vorangegangenen Schuljahr (1994/95: 9,76 Mio). Gründe für den Anfang der 90er Jahre einsetzenden Anstieg der Schülerzahlen waren geburtenstarke Jahrgänge im Einschulungsalter und ein längerer Schulbesuch. Den größten Zuwachs verzeichneten mit 3,9% die Integrierten Gesamt-S. Ihre Schülerzahl stieg auf 508 000. An den 2082 privaten Bildungseinrichtungen lernten 1995 rd. 470 000 Schüler (+3% gegenüber 1994).

SCHULABBRECHER: Im Schuljahr 1994/95 verließen mehr als 70 000 junge Menschen die S. ohne Abschluß. Die Abbrecherquote lag bundesweit bei 7,3%.

Schule: Schülerzahlen im Vergleich

Schulform[1]	1997	1998	1999	2000
Grundschule	3 732 700	3 661 000	3 566 200	3 463 700
Hauptschule	1 114 900	1 135 400	1 192 300	1 199 200
Realschule	1 225 600	1 245 300	1 268 200	1 298 600
Gymnasium				
Sekundarber. I[2]	1 629 300	1 653 200	1 679 000	1 709 800
Sekundarber. II[3]	682 300	708 100	721 200	721 200
gesamt	2 311 600	2 361 300	2 400 200	2 431 000
Gesamtschule[4]				
Primarbereich[5]	25 700	23 600	21 400	19 200
Sekundarber. I[2]	453 000	464 000	474 000	484 000
Sekundarber. II[3]	56 000	60 000	63 000	65 000
gesamt	534 700	547 600	558 400	568 200
Insgesamt	8 919 500	8 950 600	8 985 300	8 960 700

1) Prognose für ausgewählte allgemeinbildende Schulen; 2) Klassen 5–10; 3) Klassen 11–12/13; 4) Integrierte Gesamtschule; 5) Klassen 1–4, nur in Berlin, Brandenburg, Hamburg, Hessen, Niedersachsen, Schleswig-Holstein und Thüringen; Quelle: Kultusministerkonferenz

Nordrhein-Westfalen schnitt im Ländervergleich mit 4,8% am besten ab. Die schlechtesten Ergebnisse verzeichneten Berlin (12%), Mecklenburg-Vorpommern (11,7%) und Sachsen-Anhalt (10,6%). Lehrerorganisationen forderten mehr individuelle Hilfe für Schulabbrecher, um die Chancen auf eine Berufsausbildung zu verbessern.

HAUPTSCHULE: Im März 1996 schaffte das Saarland als erstes Bundesland in Westdeutschland per Verfassungsänderung die Trennung zwischen Haupt- und Real-S. ab. Nach Angaben der SPD-Regierung in Saarbrücken wurde die Haupt-S. nur noch von 8% der Schüler an weiterführenden S. besucht. Die Kultusministerkonferenz der Länder (KMK, Bonn) gab dagegen den Anteil der Hauptschüler im Saarland mit 27,2% an. An die Stelle der bisherigen Haupt- und Real-S. tritt die erweiterte Real-S. Sie findet zusammen mit der Integrierten Gesamt-S. und dem Gymnasium Eingang in die Landesverfassung. In der erweiterten Real-S. soll der Unterricht in der fünften Klasse gemeinsam mit den Hauptschülern erfolgen. In der sechsten Klasse setzt eine Lerndifferenzierung in Deutsch, Mathematik und den Fremdsprachen ein. Von der siebten Klasse an werden je nach angestrebtem Schulabschluß die Klassen getrennt.

Schule: Aufbau des Bildungssystems in Deutschland

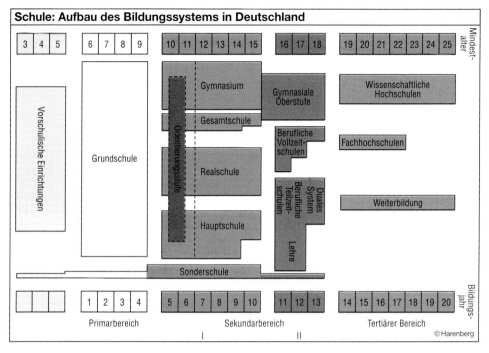

INTERNET: Bundesbildungsminister Jürgen Rüttgers (CDU) startete im April 1996 mit der Deutschen Telekom die Initiative S. ans Netz. 10 000 S. sollen in den kommenden drei Jahren Zugang zu den weltweiten Datennetzen erhalten. Im Rahmen des Förderprogramms stellen das Bundesbildungsministerium 23 Mio DM und die Deutsche Telekom 36 Mio DM für ISDN-Anschlüsse, Anschaffung eines Zentralrechners als Informationsplattform und Schulungskurse bereit.
→ Abitur → Gesamtschule → Islam-Unterricht → LER → Telelearning

Schwangerschaftsabbruch

TAB

Ab Mitte 1995 gilt in Deutschland ein Abtreibungsrecht, das eine Fristenregelung vorsieht. Danach ist S. in den ersten zwölf Wochen der Schwangerschaft nicht rechtmäßig, bleibt aber straffrei, wenn sich die Schwangere vorher beraten läßt. Bei Verstoß gegen die gesetzlichen Vorschriften droht den

Frauen Haft bis zu drei Jahren und Geldstrafe. Bayern, das dem Gesetz nicht zugestimmt hatte, verschärfte die Regelung Mitte 1996 mit einem Landesgesetz.
INDIKATIONEN: Straffrei und rechtmäßig ist der S. nach Indikation. Die medizinische Indikation liegt vor, wenn das Leben der Mutter gefährdet, ihr körperlicher und seelischer Gesundheitszustand einer schweren Beeinträchtigung ausgesetzt oder wenn das Kind voraussichtlich schwer geschädigt ist. S. nach Vergewaltigung (kriminologische Indikation) ist ebenfalls innerhalb von zwölf Wochen rechtmäßig.
BERATUNG: Die obligatorische Beratung der Schwangeren in den anerkannten Stellen dient dem Schutz des ungeborenen Lebens. Das Recht des ungeborenen Kindes auf Leben auch gegenüber der Mutter soll bewußt gemacht werden. Die Beratung wird ergebnisoffen geführt und darf nicht bevormunden. Die Beratungsstellen werden alle drei Jahre überprüft. Abtreibende Ärzte müssen der Frau Gelegenheit geben,

die Gründe für den Abbruch darzulegen, und sie über die Folgen des Eingriffs aufklären. Bei Gesetzesübertretungen droht den Ärzten Freiheitsentzug bis zu einem Jahr und Geldstrafe bis zu 10 000 DM.
UMFELD: Wer einer Schwangeren zum Unterhalt verpflichtet ist und sie durch Zahlungsverweigerung zum S. bewegt, wird mit Haft bis zu fünf Jahren und Geldstrafe belegt. Auch die Nötigung zum S. wird strafrechtlich verfolgt.
FINANZIERUNG: Generell müssen Frauen S. selbst finanzieren, ausgenommen sind Abbrüche nach Indikation. Frauen mit einem Monatsnettoeinkommen von maximal 1700 DM (Ostdeutschland: 1500 DM) erstatten die Krankenversicherungen die Kosten, die wiederum von den Ländern ersetzt werden. Damit wird den Frauen der Gang zum Sozialamt erspart.
BAYERN: Nach dem Gesetz der bayerischen CSU-Regierung werden Frauen verpflichtet, in der Beratung ihre Gründe zum Abbruch darzustellen. Auch laut Bundesgesetz wird dies erwartet, aber die Frau darf nicht dazu gezwungen werden. Außerdem dürfen nach dem Landesgesetz Ärzte und Privatkliniken maximal 25% ihrer Einnahmen durch Abtreibungen erzielen. Damit sollen Einrichtungen ver-

mieden werden, die sich auf ambulante S. spezialisieren. In Bayern war die Zahl der Abbrüche von 5234 (1993) auf 9643 (1995) gestiegen, nachdem aufgrund eines Bundesverfassungsgerichtsurteils ambulante S. zugelassen worden waren.
SPD und Bündnis 90/Die Grünen kritisierten das Gesetz als Verstoß gegen die bundesweite Regelung. Die Verpflichtung zur Offenlegung der Gründe in der Beratung sei erniedrigend und schrecke ab. Die CSU versuche abermals, den Schutz des ungeborenen Kindes über das Wohl der Mutter zu stellen und verweigere den Frauen die Entscheidung über die Fortsetzung der Schwangerschaft. Mediziner und Frauen protestierten, weil den Schwangeren die Möglichkeit zum Abbruch in spezialisierten Kliniken genommen werde, obwohl diese die meiste Erfahrung und daher die größtmögliche Sicherheit beim Eingriff bieten. SPD und FDP erwogen Mitte 1996 eine Verfassungklage.
→ Abtreibungspille → Antibabypille → Kindergarten → Pille für den Mann

Schwarzarbeit
Berufliche Tätigkeit, die ausgeführt wird, ohne der gesetzlichen Anmelde- und Abgabenpflicht nachzukommen. 1995 sank die Zahl der wegen Sozialleistungsmißbrauchs und S. in Deutschland eingeleiteten Ermittlungsverfahren der Bundesanstalt für Arbeit (BA, Nürnberg) gegenüber dem Vorjahr um 17,5% auf 511 800. Die BA führte den Rückgang auf die Bekämpfung der S. durch die Arbeitsämter und die begleitenden abschreckenden Presseberichte zurück. Wegen Leistungsmißbrauchs und S. wurden 1995 Bußgelder in Höhe von 92,6 Mio DM (1994: 72,3 Mio DM) verhängt (Arbeitgeber: 66,5 Mio DM, Arbeitnehmer: 26,1 Mio DM). Die Kontrolleure der Arbeitsämter deckten 1995 zuwenig abgeführte Sozialversicherungsbeiträge in Höhe von 158 Mio DM sowie zu Unrecht bezogene Leistungen wie Arbeitslosengeld von 250 Mio DM auf. S. wurde 1995 vor allem im Baugewerbe sowie in der Hotel- und Gaststättenbranche aufgedeckt.
→ Geringfügige Beschäftigung → Sozialabgaben → Sozialleistungsmißbrauch

Schwangerschaftsabbruch

Bundesland	Abbrüche	
	1995	1994
Baden-Württemberg	9 847	10 167
Bayern	9 643	8 772
Berlin	8 619	9 678
Brandenburg	4 928	5 066
Bremen	3 090	3 280
Hamburg	3 466	3 518
Hessen	9 638	10 336
Meck.-Vorpommern	2 742	3 181
Niedersachsen	4 751	5 033
Nordrhein-Westfalen	19 260	20 231
Rheinland-Pfalz	2 131	2 203
Saarland	1 433	1 387
Sachsen	6 822	7 287
Sachsen-Anhalt	5 261	5 746
Schleswig-Holstein	1 920	1 774
Thüringen	4 386	4 957
Insgesamt	97 937	103 586

Quelle: Statistisches Bundesamt

Schwellenländer: Vier kleine Tiger und China

Land	BSP 1994 (Mrd $)	BSP pro Kopf 1994 ($)	BSP-Anstieg 1985–1994 (%)
China	630,2	530	6,9
Hongkong	126,3	21 650	5,3
Korea-Süd	366,5	8 260	7,8
Singapur	65,8	22 500	6,9
Taiwan	240,0	11 500	k. A.

Quelle: Weltbank-Atlas 1996, Atlaseco 1996

Schwellenländer [TAB]

(auch NIC, Newly Industrializing Countries, engl.; Länder, die seit kurzem Industrien aufbauen), Entwicklungsländer, die wirtschaftlich auf der Schwelle zum Industrieland stehen. Die UNO definiert ein Land als S., wenn es ein jährliches BIP je Einwohner von 2000 Dollar (2816 DM) erreicht und ein Drittel davon aus industrieller Produktion erwirtschaftet.

Als Region mit überdurchschnittlichem Wachstum galt Mitte der 90er Jahre der ostasiatische Raum, insbes. die sog. vier kleinen Tiger (Hongkong, Korea-Süd, Singapur, Taiwan). Ihr Wirtschaftswachstum betrug nach Schätzungen der Weltbank 1995 im Durchschnitt 7,1% (Industrieländer: 2,4%). Um ihren Boom zu finanzieren, müssen die Länder der Wachstumsregion allerdings immer stärker auf ausländisches Kapital zurückgreifen. Malaysia z. B., dessen Wirtschaft 1995 um 9,3% wuchs, verzeichnete ein Leistungsbilanzdefizit von rd. 9%. Einige S. Südamerikas verzeichneten ebenfalls hohe Zuwachsraten (u. a. Chile: 7,5%, Peru: 7,0%).

Ursachen des Wachstums sind vor allem niedrige Löhne und die Ansiedlung neuer Industrien wie der Elektrotechnik. Folge des Wirtschaftsbooms ist ein wachsender Kapitalbedarf in den S. 1994 stieg der Nettokapitalfluß aus den Industrieländern in die sog. neuen Märkte (engl.: emerging markets) der S. gegenüber dem Vorjahr um 5% auf 172,9 Mrd Dollar (243 Mrd DM). Größter Empfänger war China.

Der Anteil der S. sowie junger Industrieländer und Staaten im Übergang zur Marktwirtschaft an der weltweiten Produktion betrug Mitte der 90er Jahre etwa 35% (Industrieländer: 55%).

→ ASEAN → Entwicklungsländer

SED-Unrecht

→ Regierungskriminalität

Sicherheitsdienste, Private

[TAB]

Der Umsatz des deutschen Sicherheitsgewerbes im Bereich Bewachung/Dienstleistung stieg 1995 gegenüber dem Vorjahr um 12% auf rd. 4,7 Mrd DM. Etwa ein Viertel der Aufträge an S. entfiel 1995 auf die öffentliche Hand. Die SPD-Bundestagsfraktion und die Innenministerkonferenz des Bundes und der Länder forderten Anfang 1996 gesetzliche Regelungen für die Tätigkeit von S., insbes. bei der Wahrnehmung von Überwachungs- und Kontrollaufgaben im Verkehr oder beim Einsatz in Fußgängerzonen.

EINSATZBEREICHE: Der Aufschwung der Branche wird auf wachsende Angst der Bürger vor Kriminalität, die Unterbesetzung der Polizei sowie steigende Nachfrage von Wirtschaftsunternehmen und Kommunen zurückgeführt. In westdeutschen Großstädten werden Wohngebiete höherer Einkommensschichten und Ladenpassagen in Innenstädten vermehrt von S. kontrolliert. Für 1996 wird mit einer Verlangsamung des Umsatzwachstums gerechnet, da ostdeutsche Billiganbieter mit Stundenlöhnen von rd. 7,50 DM im personalintensiven Einsatzbereich Bewachung/Dienstleistung westdeutsche S. vom Markt verdrängten. Nach Angaben des Bundesverbands deutscher Wach- und Sicherheitsunternehmen (BDWS, Bad Homburg, 383 Mitglieder mit rd. 75%

Private Sicherheitsdienste: Branchenentwicklung [1]

Jahr[2]	Umsatz (Mrd DM)	Unternehmen	Beschäftigte
1984	1,4	620	k. A.
1986	1,7	721	38 300
1988	2,0	798	45 500
1990	2,3	899	56 000
1992	3,8	1290	95 000
1994	4,2	1320	105 000
1995	4,7	1350	112 000

1) Deutschland, 2) bis einschließlich 1990 alte Bundesländer; Quellen: Bundesverband Deutscher Wach- und Sicherheitsunternehmen, Statistisches Bundesamt

Marktanteil) arbeiteten Ende 1995 etwa 112 000 Menschen in rd. 1350 Firmen. **KOMPETENZEN:** Mitarbeiter von S. dürfen, wie jeder Bürger, Straftäter bzw. Verdächtige bis zum Eintreffen der Polizei festhalten. Die SPD bestritt, daß die sog. Jedermannsrechte auch für Personen gelten, die berufsmäßig Rechtsgüterschutz für Dritte ausüben. Im Bereich des Waffenrechts und des Datenschutzes müßten die Tätigkeitsfelder und Befugnisse der S. gesetzlich geregelt werden.
→ Kriminalität

Smart-Auto

Stadtauto (sog. Mikro-Kompakt-Wagen), das der Schweizer Armbanduhrenhersteller SMH (Schweizerische Gesellschaft für Mikroelektronik und Uhrenindustrie, Biel) und der deutsche Autohersteller Mercedes-Benz AG (Stuttgart) ab 1997 in Hambach/Frankreich bauen und ab 1998 ausliefern wollen. Das zweisitzige S. ist 2,50 m lang und 1,40 m breit. Als Antrieb waren ein Benzinmotor mit einem Verbrauch von 3–4 l Treibstoff/100 km, ein Dieselmotor (ca. 3 l/100 km), ein Elektromotor oder eine Kombination aus Diesel- und Elektromotor (Hybridantrieb) geplant. Das S. soll ca. 15 000–20 000 DM kosten. 1900 Beschäftigte sollen jährlich 200 000 Fahrzeuge produzieren. Die Teile des Fahrzeugs können zu 98% wiederverwertet werden.
→ Autoindustrie → Autorecycling
→ Elektro-Auto → Drei-Liter-Auto

Software [TAB]

Programme, die für den Betrieb eines Computers erforderlich sind, im Unterschied zur sog. Hardware, den technischen Einrichtungen einer Anlage zur elektronischen Datenverarbeitung (z. B. Rechner, Monitor, Tastatur). Unterschieden wird zwischen System-S. (Betriebssystemen) und Anwender-S. (z. B. Textverarbeitung, Grafikprogramme, Spiele). In Westeuropa wurde mit S. 1995 ein Umsatz von rd. 35 Mrd Dollar erzielt, Prognosen zufolge wird der Umsatz bis 1997 auf 43,7 Mrd Dollar steigen. Marktführer mit einem weltweiten Umsatz von 5910 Mio Dollar war 1995 der S.-Hersteller Microsoft (USA), dessen Betriebssysteme MS-DOS und Windows Mitte 1996 auf rd. 90% aller PC installiert waren. Bei der S. für die Nutzung des weltweit größten Computernetzwerks Internet (sog. Browser) war der Hersteller Netscape (USA) mit einem Marktanteil von 85% führend.

INTERNET: Den Browser der Firma Netscape, der die Inhalte des Internet grafisch auf dem PC darstellt, konnte sich jeder private Anwender 1995/96 aus dem Internet kostenfrei auf die Festplatte laden und nutzen. Umsätze machte Netscape mit der an Firmen verkauften S., die ihre Produkte im Internet anbieten wollten. Anfang 1996 versuchte Microsoft zu Netscape in Konkurrenz zu treten, indem der S.-Marktführer eine neue, ebenfalls kostenlose Version seines Browsers vorstellte. 1995/96 vertraten einige S.-Hersteller die Meinung, daß für Internet-Nutzer herkömmliche, fest auf der PC-Festplatte installierte S. auf lange Sicht überflüssig wird. Mit der 1995 vorgestellten Programmiersprache Java ließen sich kleine Programme (sog. Applets) schreiben, die jeder Internet-Nutzer von einem Zentralcomputer bei Bedarf abrufen und nutzen kann. Eine Gebühr fällt nur für die Zeit an, während das Applet (z. B. Rechtschreibprogramm) in Gebrauch ist. Mit

Software: Betriebssysteme im Vergleich

Funktion	Windows 95[1]	Windows 3.1[1] für Workgroups	OS/2[2] 3.0 Warp	Mac Os[3] System 7.5
Notwendiger Chip[4]	Intel 486DX4	Intel 486 DX2	Intel 486 DX2	Motorola 68030
Arbeitsspeicher[4]	8 MB RAM	8 MB RAM	8 MB RAM	8 MB RAM
Plug-and-Play[5]	ja	nein/nur Laptop	nein/nur PC-Cards	ja
Netzwerkanschluß[6]	ja	nein	nein	ja

1) Microsoft; 2) IBM; 3) Apple-Macintosh; 4) zum Erzielen einer befriedigenden Leistung; 5) automatisches Erkennen von Hardware-Komponenten; 6) Anschluß an ein weltweites Computernetzwerk wie das Internet; Quelle: Handelsblatt, 28. 8. 1995

Java geschriebene Applets können im Gegensatz zu herkömmlicher S. von jedem Betriebssystem verarbeitet werden.

→ Computer → Internet → Java → PC → Spracherkennungs-Software → Übersetzungssoftware

Softwarepiraterie TAB

Die am weitesten verbreitete Straftat im Bereich der Computerkriminalität ist das Kopieren, Vervielfältigen und Nachahmen von urheberrechtlich geschützten Computerprogrammen. 1995 entstand den Softwareproduzenten weltweit ein Schaden von rd. 16,5 Mrd Dollar. Der Business Software Alliance zufolge war die Hälfte aller in Westeuropa eingesetzten Standardsoftware (Textverarbeitung, Tabellenkalkulation) illegal kopiert. Das Marktforschungsinstitut Price Waterhouse schätzte, daß rd. 56 000 neue Arbeitsplätze in Westeuropa geschaffen werden könnten, würde der Anteil der illegal kopierten Standardprogramme in Westeuropa wie in den USA bei 35% liegen. Das globale Computernetzwerk Internet, in dem Software weltweit verbreitet wird, erhöht den Softwarefirmen zufolge die Gefahr der S. Zwar hatten die Mitglieder der Welthandelsorganisation WTO im sog. Trips-Abkommen 1993 den Schutz geistigen Eigentums beschlossen, doch eine einheitliche Regelung des Urheberrechts gab es 1996 nicht. In Deutschland kann S. mit Geldbußen und Freiheitsstrafen bis zu fünf Jahren geahndet werden.

→ WTO

Softwarepiraterie: Verluste der Industrie

Land	Verluste durch Softwarepiraterie (Mrd $)	Anteil der Raubkopien am Umsatz (%)
USA	2,877	35
Japan	2,076	67
Deutschland	1,875	50
Frankreich	0,771	57
Brasilien	0,550	77
Korea-Süd	0,56	78
Großbritannien	0,544	43
Rußland	0,541	94
China	0,527	98
Italien	0,404	58

Stand: 1995; Quelle: Business Software Alliance

Soldatenurteil

Der Erste Senat des Bundesverfassungsgerichts (BVG, Karlsruhe) bestätigte im November 1995 die Rechtsprechung seiner aus drei Richtern bestehenden Dritten Kammer von 1994, daß Äußerungen wie „Soldaten sind (potentielle) Mörder" durch das Grundrecht auf Meinungsfreiheit (Art. 5 I GG) gedeckt seien, sofern sie nicht einzelne Soldaten bzw. Angehörige bestimmter Streitkräfte diffamierten (sog. Schmähkritik). Eine Deutung als – erlaubte – Mißbilligung des Krieges und Soldatentums sei möglich.

Dem BVG lagen vier Verfassungsbeschwerden vor. Die Betroffenen waren wegen Beleidigung verurteilt worden. Drei Urteile wurden mit 5 : 3 Stimmen, eines einstimmig aufgehoben und an die zuständigen Amtsgerichte zurückverwiesen. Bis Mitte 1996 wurde ein Angeklagter freigesprochen (Mainz) und einer erneut zu einer Geldstrafe (Verwarnung mit Strafvorbehalt, München) verurteilt.

Im März 1996 legten die Bundestagsfraktionen von CDU/CSU und FDP einen Gesetzentwurf vor, der die Verunglimpfungen bestraft, die das Ansehen der Bundeswehr und ihrer Angehörigen in der öffentlichen Meinung herabwürdigen (Neufassung des § 109 b StGB).

→ Bundesverfassungsgericht → Bundeswehr

Solidaritätszuschlag

Ergänzungsabgabe zur Lohn- und Einkommensteuer sowie zur Körperschaftsteuer für den wirtschaftlichen Aufbau Ostdeutschlands. Die Abgabe wird seit dem 1.1.1995 in Höhe von 7,5% der Steuerschuld erhoben. 1995 erbrachte der S. 26,3 Mrd DM.

Ab 1995 wurde in der CDU/CSU/FDP-Regierung über die Senkung des S. diskutiert. Die FDP verlangte eine Abschaffung bis 1998. Im Januar 1996 einigte sich die Koalition darauf, den S. ab 1.7.1997 auf 5,5% zu senken. Im April 1996 kündigte Bundesfinanzminister Theo Waigel (CSU) an, aus technischen Gründen den S. ab 1.1.1997 zunächst auf 6,5% und ab 1.1.1998 auf 5,5% zu senken. Die Senkung des S. wird zu Mindereinnahmen für

den Bundeshaushalt in Höhe von mindestens 4 Mrd DM führen.
→ Steuern

Sommersmog

Der Streit um die seit 1995 gültige S.-Verordnung zur Bekämpfung des Reizgases Ozon hielt auch 1996 an. Natur- und Umweltschutzverbände, Wissenschaftler und Bürgerinitiativen warfen den verantwortlichen Politikern vor, Gesundheitsschäden für Millionen Menschen billigend in Kauf zu nehmen und forderten Maßnahmen zur Einschränkung des Straßenverkehrs. Angesichts des hohen Grenzwerts von 240 Mikrogramm Ozongas pro Kubikmeter Luft und der vielen Ausnahmeregelungen würden Fahrverbote bei S. in der Praxis kaum ausgesprochen. Die Kritiker forderten, ab 120 Mikrogramm ein Fahrverbot für Autos ohne Katalysator zu erlassen und ab 180 Mikrogramm ein generelles Fahrverbot.

URSACHEN: Das aggressive Sauerstoff-Molekül Ozon bildet sich in bodennahen Luftschichten mit zunehmender Sonneneinstrahlung aus Vorläufersubstanzen wie Stickoxiden oder flüchtigen organischen Verbindungen (sog. VOC, Kohlenwasserstoffe). Der größte Teil davon, nämlich 60% der NO_x und 40% der VOC, stammt aus dem Straßenverkehr.

OZON-GESETZ: Nach dem Ozon-Gesetz vom 26. 7. 1995 ist ein Fahrverbot für Kraftfahrzeuge erst ab 240 Mikrogramm vorgesehen, wenn dieser Wert am gleichen Tag an mindestens drei Meßstationen im Bundesgebiet, die mehr als 50 km, aber weniger als 250 km voneinander entfernt sind, angezeigt wird und der gleiche Wert auch für den darauffolgenden Tag zu erwarten ist. Verstöße gegen das Fahrverbot können mit Geldbußen bis 80 DM geahndet werden.
Ungehindert weiterfahren dürfen Autos mit geregeltem Katalysator sowie Dieselfahrzeuge mit geringem Schadstoffausstoß (zusammen etwa 30 Mio Fahrzeuge), sofern sie mit einer amtlichen Plakette gekennzeichnet sind. Auch für Lastwagen mit Dieselmotoren gelten die Fahrverbote nicht. Außerdem sieht das Gesetz eine Reihe allgemeiner Ausnahmen vor, unter

anderem für den Lieferverkehr und den öffentlichen Personenverkehr. Für Fahrten von Berufspendlern von und zur Arbeitsstätte und Fahrten zum und vom Urlaubsort gelten die Ausnahmen ebenso. Weitere Einzelausnahmen sind möglich.

MESSWERTE 1995: Der bundeseinheitliche Grenzwert wurde 1995 an insgesamt 16 Tagen und 59 Meßstationen vor allem in Süd- und Westdeutschland überstiegen. An 57 Tagen wurde der Schwellenwert von 180 Mikrogramm überschritten, so daß entsprechend der EU-Ozonrichtlinie die Bevölkerung informiert werden mußte; im Sommer 1994 wurde dieser Wert in der EU insgesamt mehr als 3000 mal überschritten. Die höchste Konzentration wurde mit 293 Mikrogramm am 21.7. 1995 in Stuttgart-Hafen gemessen.

GEFAHREN: S. mit hohen Ozonwerten im bodennahen Bereich kann bei Tieren und Menschen zur Reizung der Atemwege (etwa Pseudokrupp bei Kindern) über eine Schwächung der Immunabwehr bis hin zu Lungenschäden (Krebs) führen sowie Ernteausfälle und Waldschäden verursachen. Die Weltgesundheitsorganisation (WHO) stuft bereits eine Überschreitung von 120 Mikrogramm als gesundheitsgefährdend ein. Als besonders gefährdete Risikogruppe gelten Kleinkinder, Senioren und im Freien arbeitende Menschen.
→ Autoverkehr → Katalysator-Auto
→ Luftverschmutzung → Ozonloch

Sonnenenergie GLO GRA

S. kann mit Solarzellen über chemische Prozesse in Strom umgewandelt (Photovoltaik), passiv zur Einsparung von Heizenergie und mit Hilfe von Sonnenkollektoren zur Wärmegewinnung (meist Wasseraufbereitung) genutzt werden. S. gehört zu den erneuerbaren Energien, die im Gegensatz zu fossilen Energieträgern die Umwelt nicht mit Schadstoffen belasten. Die S. trägt in Deutschland mit 1‰ zur öffentlichen Stromversorgung bei. In Potsdam soll bis 1998 ein Stadtteil mit etwa 800 Wohn-, Büro- und Gewerbebauten entstehen, dessen Strombedarf zur Hälfte mit S. gedeckt werden soll.

SOLARZELLEN: Die Forschung konzentrierte sich Mitte der 90er Jahre auf die Er-

Sonnenenergie: Grätzel-Solarzelle

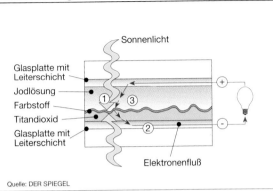

Sonnenlicht

Glasplatte mit Leiterschicht
Jodlösung
Farbstoff
Titandioxid
Glasplatte mit Leiterschicht

Elektronenfluß

Quelle: DER SPIEGEL

1) Das Sonnenlicht regt Elektronen in einer Farbstoffschicht an.
2) Elektronen fließen durch den Halbleiter Titandioxid in eine auf Glas aufgebrachte Leiterschicht.
3) Die im Farbstoff entstandene positive Ladung wird über Jodlösung und Leiterschicht an die Gegenelektrode abgeleitet.

© Harenberg

höhung des elektrischen Wirkungsgrads (Verhältnis zwischen eingesetzter und nutzbarer Energie), einen verminderten Materialeinsatz und die Senkung der Herstellungskosten. Der überwiegende Teil verwendet hochreines kristallines Silizium als Halbleiter (durchschnittlicher Wirkungsgrad: 12–16%, maximal: 24%). In Dünnschichtzellen werden Halbleiter (z. B. amorphes Silizium), nur wenige Hundertstel mm dick, großflächig auf Trägerplatten aus Glas oder Edelstahl aufgetragen. Zur Erhöhung der Energieausbeute werden die photoaktiven Folien aufeinandergestapelt. Dünnschichtmodule sind gegenüber konventionellen Solarzellen

mit weniger Energie- und Materialaufwand herzustellen. Mit 13,9% wurde im Mai 1996 der bis dahin höchste Wirkungsgrad erreicht. In Japan soll 1997 die erste Großserienproduktion von Dünnschichtzellen aufgenommen werden. Erforschung und Erprobung von Solarzellen werden in Deutschland vom Bund mit jährlich rd. 80 Mio DM gefördert.

PHOTOVOLTAIK: 1995 wurden weltweit Solarzellen mit einer Leistung von 72 MW produziert. Weltmarktführer war Siemens Solar (Anteil: 21%), dessen Fertigungsanlage in Camarillo (USA/Kalifornien) die größte der Welt war. Die kommerzielle Fertigung von Standardmodulen wurde in Deutschland 1996 wegen hoher Verluste eingestellt und in die USA ausgelagert. Mitte 1996 waren Solarfabriken in Freiberg (Sachsen), Freiburg/Br., Gelsenkirchen und Wernigerode/Harz (Sachsen-Anhalt) geplant.

KOSTEN: Solarstrom war 1995/96 in Deutschland mit Erzeugungskosten von 1,80–2 DM/kWh etwa zehn- bis zwanzigmal so teuer wie Elektrizität aus Atomenergie und fossilen Energieträgern (zum Vergleich USA: ab 18 Pf/kWh). Eine Senkung der Stromkosten ist an einen zentralen Einsatz von Solarzellen, die Großserienproduktion, vereinfachte Herstellungsverfahren, die Möglichkeit, S. zu speichern, und öffentliche Förderprogramme zur Steigerung des Absatzes gebunden. Eine Solaranlage von 2 kW Leistung zur Deckung der Hälfte des Strombedarfs eines Vier-Personen-Haushalts kostete 1995/96 rd. 35 000–40 000 DM. Greenpeace stellte im Januar 1996 einen Prototyp für rd. 22 000 DM vor.

Sonnenenergie: Kraftwerkstypen

AUFWINDKRAFTWERK: Gleich dem Treibhauseffekt erwärmt sich die Luft unter einem Glasdach. Sie entweicht durch einen zentralen Turm, wo sie eine Turbine mit Generator antreibt. Das Kraftwerk nutzt auch diffuse Sonnenstrahlung bei bewölktem Himmel.
FARMKRAFTWERK: (auch Parabolrinnenkraftwerk). Gewölbte, nebeneinander stehende Reflektoren bündeln

das Licht in der Brennlinie. Dort verläuft ein Rohr, in dem eine Flüssigkeit, meist Öl oder Wasser, bis zu 400 °C erhitzt wird. Mit der Wärme wird Dampf erzeugt, der Turbinen antreibt. Die meisten Sonnenkraftwerke (Gesamtleistung: 350 MW) arbeiten nach diesem Prinzip.
PARABOLSPIEGEL: (auch Dish-System). Hohlspiegel (Durchmesser: etwa 10 m) fokussieren das Sonnen-

licht im Brennpunkt. In einer Halterung sitzt der Wärmetauscher eines Motors (Leistung: maximal 50 kW), der bei etwa 800 °C arbeitet.
TURMKRAFTWERK: Schwach gewölbte Spiegel (Heliostaten) reflektieren das Sonnenlicht auf einen Flüssigkeitsbehälter an der Spitze eines Turms. Die gesammelte Hitze (rd. 650 °C) wird als Prozeßwärme und zur Stromerzeugung genutzt.

FÖRDERUNG: Die Programme von Bund und einzelnen Ländern (z. B. Schleswig-Holstein ab 1996) befriedigten die Nachfrage nur unzureichend. Der Bund fördert im Rahmen der erneuerbaren Energien 1995–1998 den privaten Einbau von Photovoltaikanlagen und Sonnenkollektoren. Bis Ende 1995 schlossen sich neun Städte dem Aachener Modell zur Förderung der S. an, bei dem der lokale Stromversorger (z. B. Stadtwerke) privaten Erzeugern bis zu 2,20 DM/kWh für Strom aus Solarzellen zahlt. Die Kosten werden über einen geringfügig erhöhten Strompreis an die Tarifkunden weitergegeben. 30 Kommunen wollen dem Beispiel folgen.

Die SPD legte Anfang 1996 einen Gesetzentwurf für ein 100 000-Dächer-Programm vor, der eine Förderung von Photovoltaik-Anlagen (Leistung: 2–10 kW) mit maximal 12 000 DM/kW vorsieht. Dies senke den Preis für Solarstrom auf 30–35 Pf/kWh.

Japan führt weltweit eines der größten öffentlichen Förderprojekte durch: 1995 unterstützte der Staat den Photovoltaik-Einsatz in 1200 Haushalten mit der Hälfte der Investitionskosten. Die installierte Leistung soll bis 2000 von 3,6 MW auf 90 MW ansteigen.

SONNENKRAFTWERKE: In der kalifornischen Mojave-Wüste leisten neun solarthermische Kraftwerke insgesamt 354 MW; sie liefern ca. 90% des weltweit produzierten Solarstroms und versorgen rd. 350 000 Einwohner mit Energie. Die größten europäischen Sonnenkraftwerke stehen in Toledo/Spanien und in Serre/Italien (Leistung: 1 MW bzw. 3,3 MW). Sie decken den Energiebedarf von 2000 bzw. 3000 Haushalten. In Almería/Spanien war Mitte 1996 ein weiteres Kraftwerk geplant (Kosten: rd. 20 Mio DM). Im US-Bundesstaat Nevada war 1995/96 ein Solarkraftwerk mit 100 MW Leistung in Bau (Kapazität bis 2010: 1200 MW).

SPEICHERUNG: Die ungleichmäßige Sonnenstrahlung je nach Tages- und Jahreszeit sowie geographischer Lage machen die Speicherung und den Transport von S. notwendig. Mitte der 90er Jahre wurde mit Wasserstoff, Nitratsalzschmelzen (z. B. Anlage „Solar Two" in Nevada, Lei-

stung: 10 MW) und Synthesegas, das aus Methan und Kohlendioxid gewonnen wird, als Energiespeicher experimentiert.

→ Brennstoffzelle → Energien, Erneuerbare → Energieverbrauch → Heizung

Sorgerecht

Nach § 1671 BGB bestimmt das Familiengericht, welchem Elternteil nach einer Scheidung das S. für die gemeinsamen Kinder zugesprochen wird. Anfang 1996 einigte sich die Regierungskoalition aus CDU, CSU und FDP auf einen Gesetzentwurf, nach dem bei einer Scheidung das gemeinsame S. der Eltern der Regelfall sein soll. Bis zur Gültigkeit dieses Gesetzes ist das gemeinsame S. der Ausnahmefall, der von den Eltern beantragt werden muß. Auch Unverheiratete sollen das gemeinsame S. für Kinder erhalten können, wenn sie eine entsprechende Erklärung abgeben. Anfang 1996 hatte der Vater eines nichtehelichen Kindes keine Rechte. Der Gesetzentwurf wurde von SPD, und Bündnis 90/Die Grünen als unrealistisch kritisiert, da das Verhältnis der Eltern nach der Scheidung nur selten so gut sei, daß sie sich auf eine gemeinsame Erziehung ihrer Kinder einigen könnten. Teile der Union kritisierten die Gleichstellung von Ehe und nichtehelichen Lebensgemeinschaften.

Nur 5% aller Geschiedenen in Deutschland beantragten Mitte der 90er Jahre das gemeinsame S., in Großstädten waren es bis zu 20%. Jeder zweite Vater ohne S. hatte bereits ein Jahr nach der Scheidung keinen Kontakt mehr zu seinem Kind.

→ Nichteheliche Kinder

Sozialabgaben [TAB]

Beiträge der Arbeitnehmer und Arbeitgeber (je zur Hälfte) zur Renten-, Kranken-, Arbeitslosen- und Pflegeversicherung in Deutschland. Die SPD, Vertreter der Wirtschaft und die Gewerkschaften verlangten 1995/96, die Sozialversicherung von den sog. versicherungsfremden Leistungen (1995: rd. 186,5 Mrd DM) zu befreien, um die S.-Quote zu senken, die mit 40,2% des Bruttomonatseinkommens 1996 (Westdeutschland) erstmals 40% überstieg. Versicherungsfremde Leistungen sind alle Ausgaben, die über den eigentlichen Versicherungszweck wie die finanzielle Absicherung bei Arbeitslosigkeit hinausgehen (z. B. Weiterbildung und Arbeitsbeschaffungsmaßnahmen). Mit der Erhöhung des Beitragssatzes der Pflegeversicherung von 1% auf 1,7% zum Juli 1996 steigt die S.-Quote in Westdeutschland auf 40,9%. Die Arbeitgeberverbände warnten vor den wirtschaftlichen Folgen eines fortdauerndes S.-Anstiegs, der die Arbeitsentgelte erhöhe. Dies führe zu einer Verlagerung der Produktion ins Ausland und zum Abbau von Arbeitsplätzen.

BEITRAGSSÄTZE: Der Beitrag zur gesetzlichen Rentenversicherung stieg 1996 auf 19,2% des monatlichen Bruttoeinkommens (1995: 18,6%). Die Rentenversicherungsträger gingen für 1997 von einer weiteren Erhöhung auf mindestens 19,35% aus. Mit 6,5% blieb der Beitrag der Arbeitslosenversicherung stabil. Der Beitragssatz zur Krankenversicherung betrug 1996 durchschnittlich 13,5% in West- und 13,1% in Ostdeutschland (1995: 13,2% bzw. 12,8%). Das Prognos-Institut (Basel/Schweiz) ging 1995 davon aus, daß die Abgabenbelastung in Deutschland bis 2040 auf rd. 48,6% steigt bei einem jährlichen Zuwachs des BIP von 2,1%.

HÖCHSTBEITRÄGE: Die Höhe der insgesamt zu entrichtenden S. ist abhängig von Arbeitsentgelt und Beitragssatz. 1996

Sozialabgaben: OECD-Vergleich

Land	Einkommensanteil[1] (%)	
	ledig	Alleinverdiener mit 2 Kindern
Dänemark	45	30
Niederlande	41	31
Deutschland	38	23
Belgien	37	13
Finnland	37	25
Irland	31	20
Schweden	31	21
Norwegen	29	13
Großbritannien	28	18
Frankreich	27	14
Italien	27	18
Österreich	26	7
USA	26	19
Luxemburg	25	0
Schweiz	21	9
Spanien	20	13
Japan	16	10

Stand: 1994; 1) Steuern und Sozialabgaben eines durchschnittlich verdienenden Industriearbeiters brutto/Monat; Quelle: OECD

wurden die gesetzlich festgelegten Einkommensgrenzen (Beitragsbemessungsgrenzen), bis zu deren Höhe S. berechnet werden, angehoben, so daß der Höchstbeitrag der Arbeitgeber und -nehmer in Westdeutschland monatlich bei 2926 DM (ab Juli: 2968 DM), in Ostdeutschland bei 2467 DM (Juli: 2503 DM) lag.

VERSICHERUNGSFREMDE LEISTUNGEN: In der Arbeitslosenversicherung entfielen 1995 ca. 51,9 Mrd DM auf Leistungen, die über die reinen Versicherungsleistungen hinausgingen, in der Rentenversicherung waren es 82,8 Mrd DM (z. B. für NS-Opfer), in der Krankenversicherung 51,8 Mrd DM. Das IW forderte, daß diese Leistungen von allen Steuerzahlern und nicht nur von Arbeitgebern und -nehmern getragen werden müßten.

→ Arbeitslosenversicherung → Krankenversicherung → Pflegeversicherung → Rentenversicherung → Sozialstaat

Sozialabgaben: Beiträge in Deutschland

Sozialversicherung	Höchstbetrag[1] (DM/Monat)			
	1995		1996	
	West	Ost	West	Ost
Rentenversicherung	1451	1190	1536	1306
Krankenversicherung[2]	772	614	810	668
Arbeitslosenversicherung	507	416	520	442
Pflegeversicherung[3]	59	48	102	87
Summe	2789	2268	2968	2503

Sozialversicherung	Beitragsbemessungsgrenze[4] (DM)			
	1995		1996	
	West	Ost	West	Ost
Rentenversicherung	7800	6400	8000	6800
Krankenversicherung	5850	4800	6000	5100
Arbeitslosenversicherung	7800	6400	8000	6800
Pflegeversicherung	5850	4800	6000	5100

1) Arbeitnehmer- und Arbeitgeberanteil; 2) Durchschnittsbetrag; 3) für 1996 ab Juli; 4) monatliches Bruttoeinkommen; Quelle: Bundesarbeitsministerium

Sozialdumping [GLO]

(dumping, engl.; verschleudern), Unterlaufen sozialer Mindeststandards wie Lohnhöhe (auch Lohndumping), maximal

Sozialdumping: Beschäftigung von Ausländern

DIENSTLEISTUNGSFREIHEIT: Jeder EU-Bürger darf ohne behördliche Genehmigung in Deutschland zu inländischen Bedingungen beschäftigt werden.
GASTARBEITER: 55 000 Bürger aus Nicht-EU-Staaten können maximal zwei Jahre in Deutschland zu inländischen Bedingungen tätig sein.

GRENZGÄNGER: Arbeitnehmer aus Nicht-EU-Staaten müssen in ihrem Heimatland schlafen oder dürfen höchstens zwei Tage in der Woche in Deutschland beschäftigt werden. Der Arbeitgeber muß nachweisen, daß kein Deutscher die Tätigkeit ausüben kann.
SAISONARBEITER: Jährlich dürfen rd.

150 000 Nicht-EU-Bürger maximal drei Monate lang für Saisonarbeiten, meist bei Ernteeinsätzen in der Landwirtschaft, beschäftigt werden.
WERKVERTRÄGE: Im Rahmen dieser Verträge können EU-Bürger höchstens ein Jahr lang zu den Konditionen ihres Heimatlandes in Deutschland arbeiten.

zulässiger Arbeitszeit und die Nichtbeachtung von Arbeitsschutzbestimmungen (z. B. Verbot von Kinderarbeit).
Im Juni 1996 beschlossen die EU-Arbeitsminister eine Richtlinie (sog. Entsenderichtlinie) zum S. Arbeitnehmer, die in einem anderen EU-Staat eingesetzt werden, müssen demnach zu den dortigen Arbeitsbedingungen beschäftigt werden. Damit sollen Mindestlöhne für ausländische Arbeitnehmer garantiert und S. verhindert werden. Die Richtlinie müssen die EU-Staaten bis 1998 in nationales Recht umsetzen. In Deutschland wurde zum 1.3.1996 ein Gesetz beschlossen, das für das Baugewerbe, für Montagearbeiten auf Baustellen sowie für die sog. Seeschiffahrtsassistenz (Schlepper) Mindestlöhne für ausländische Arbeitnehmer vorschreibt.
EU-RICHTLINIE: Nach der Richtlinie müssen EU-Arbeitnehmer, die in einem anderen EU-Staat tätig sind, den dort gültigen Mindestlohn der jeweiligen Branche erhalten. Dies gilt jedoch nur für Länder, in denen es einen solchen gibt. In Deutschland regeln die Tarifparteien die Mindestlöhne. Arbeitgeber, die keinem Arbeitgeberverband angehörten, waren nicht verpflichtet, diese Löhne zu zahlen.
MINDESTLOHN: Die Tarifpartner im Bauhauptgewerbe einigten sich im April 1996 auf einen Mindestlohn von 15,30 DM/h in West- und 14,08 DM/h in Ostdeutschland rückwirkend zum 1. April. Bis Ende 1996 sollte der Mindestlohn im Westen auf 18,60 DM und im Osten bis zum April 1997 auf 17,11 DM erhöht werden. Im Mai 1996 lehnte es der Tarifausschuß beim Bundesarbeitsministerium aus je drei Arbeitgeber- und Gewerkschaftsvertretern jedoch ab, die Mindestlöhne für

allgemeinverbindlich zu erklären. Die Mindestlöhne seien protektionistisch und würden Baumaßnahmen verhindern. Das Entsendegesetz blieb damit wirkungslos.
HINTERGRUND: Mit dem Gesetz zum Lohndumping reagierte die Bundesregierung auf die wachsende Zahl von Bauarbeitern vor allem aus Großbritannien und Portugal (Mitte 1996: rd. 150 000), die in Deutschland beschäftigt waren. Ihre Stundenlöhne lagen mit 5–6 DM unter dem tariflichen Lohn vor rd. 20 DM, während rd. 150 000 deutscher Bauarbeiter arbeitslos waren.
→ Scheinselbständige → Sozialpolitik, Europäische

Sozialhilfe [TAB]

Im Juni 1996 einigten sich Bund und Länder auf eine Reform der S., mit der das Anwachsen der S.-Ausgaben (1994: 49,6 Mrd DM zuzüglich 5,5 Mrd DM nach dem Asylbewerberleistungsgesetz) gebremst und nach Plänen der CDU/CSU/FDP-Regierungskoalition bis 1998 rd. 9,4 Mrd DM eingespart werden sollten. Ende 1994 bezogen nach Angaben des Statistischen Bundesamts (Wiesbaden) vom Mai 1996 rd. 2,3 Mio Personen S. (2,9% der Bevölkerung), davon 19,5% Ausländer. Hauptgrund für den Bezug waren Arbeitslosigkeit und zu niedrige Arbeitslosengeldansprüche.
Folgende Änderungen waren vorgesehen:
▷ Die Regelsätze der S. werden 1996 um 1% angehoben und 1997/98 an die Rentenerhöhungen gekoppelt, die nach dem Nettolohnzuwachs berechnet werden (ab 1999 Bedarfsprinzip)
▷ Die Wiedereingliederung von S.-Empfängern ins Erwerbsleben wird gefördert, z. B. durch die Vermittlung

von Fortbildungsmaßnahmen durch die Sozialämter. Betriebe, die einen S.-Empfänger einstellen, erhalten Eingliederungszuschüsse

▷ S.-Empfänger müssen Arbeitsangebote der Gemeinden annehmen. Wird eine zumutbare Arbeit verweigert, wird die S. um 25% gekürzt

▷ Der Mindestabstand der S. zum verfügbaren Nettoeinkommen eines verheirateten Alleinverdieners mit drei Kindern in der unteren Lohngruppe bleibt bei 7,5%. Die Regierung wollte eine Erhöhung auf 15%

▷ Die S.-Aufwendungen für Pflege- und Behindertenheime sowie Einrichtungen der Kinder- und Jugendhilfe sollen 1996–1998 in Westdeutschland um jeweils 1%, in Ostdeutschland um bis zu 2% steigen (bei notwendigem Ausbau von Einrichtungen zusätzlich 0,5 Prozentpunkte)

▷ Die ambulante, von Schwerstpflegebedürftigen selbst organisierte Hilfe in der eigenen Wohnung (1995: rd. 4000 Fälle) wird eingeschränkt, wenn die Kosten der häuslichen die der stationären Pflege überschreiten; dann sollen die Betroffenen in ein Heim eingewiesen werden.

→ Arbeitslosigkeit → Armut
→ Asylbewerber → Existenzminimum
→ Gemeindefinanzen

Sozialleistungsmißbrauch

1995 wurden von der Bundesanstalt für Arbeit (BA, Nürnberg) 511 800 Ermittlungsverfahren wegen S. eingeleitet. Die für S. verhängten Bußgelder in Höhe von 92,6 Mio DM (1994: 72,3 Mio DM) mußten zu zwei Dritteln von den Arbeitgebern gezahlt werden. 409 700 Ermittlungsverfahren beruhten auf dem Verdacht des Mißbrauchs von Lohnersatzleistungen, in 46 300 Fällen hatten Arbeitgeber keine oder unrichtige Anmeldungen ihrer Arbeitnehmer zur Sozialversicherung abgegeben. Wegen illegaler Ausländerbeschäftigung wurden 79 600 Verfahren eingeleitet, wegen unerlaubter grenzüberschreitender Leiharbeit 7200 Verfahren. Neben den aufgedeckten Fällen wird eine hohe Dunkelziffer von S. vermutet. Experten bezifferten die Höhe des S. bei den direkt gezahlten Sozialleistungen Mitte der 90er Jahre auf rd. 17 Mrd DM jährlich. Darunter fallen auch der unberechtigte bzw. mehrfache Bezug von Sozialhilfe (ca. 2,5 Mrd DM), aber auch von Arbeitslosengeld und -hilfe (rd. 11 Mrd DM) und mißbräuchlicher Bezug von BAföG (ca. 0,5 Mrd DM).

→ Leiharbeit → Scheinselbständige
→ Schwarzarbeit → Sozialdumping

Sozialpolitik, Europäische

Hauptziel in der Sozialpolitik der EU war Mitte der 90er Jahre die Verringerung der in allen Mitgliedstaaten wachsenden Arbeitslosigkeit. Maßnahmen zur Durchsetzung dieses Ziels waren die Flexibilisierung von Arbeitszeiten sowie die Förderung der Qualifikation der Arbeitnehmer. Anfang 1996 verabschiedete der Ministerrat eine Richtlinie, die soziale Mindeststandards bei der Entsendung von Arbeitnehmern in andere EU-Staaten festlegt. Diese sog. Entsenderichtlinie soll Billiglohnarbeit (sog. Sozialdumping) verhindern, indem sie Unternehmen u. a. verpflichtet, den zeitweilig in ein anderes EU-Land entsandten Arbeitnehmern den

Sozialhilfe: Entwicklung von Ausgaben und Einnahmen in Deutschland											
Position	Westdeutschland							Ostdeutschland			
	1980	1985	1990	1991	1992	1993	1994	1991	1992	1993	1994
Ausgaben (Mrd DM)	13,3	20,8	31,8	34,1	38,1	43,0	43,0	3,2	4,5	5,9	6,6
Hilfe zum Lebensunterhalt	4,3	8,0	13,0	13,3	14,3	16,5	15,4	1,0	1,4	1,5	1,6
Hilfe in besonderen Lebenslagen	8,9	12,8	18,8	20,9	23,8	26,6	27,6	2,2	3,1	4,4	5,0
Hilfe zur Pflege	5,0	7,2	10,2	11,1	12,6	13,8	14,6	1,6	2,1	2,7	3,1
Eingliederung für Behinderte	2,7	4,2	6,6	7,5	8,5	9,9	10,6	0,5	0,8	1,3	1,6
Einnahmen (Mrd DM)	3,1	4,6	6,5	6,6	6,3	6,9	k. A.	0,4	1,2	1,9	k. A.

Quelle: Statistisches Bundesamt (Wiesbaden)

Sozialstaat: Soziale Regelungen in europäischen Ländern

Sozialleistung[1]	Deutschland	Großbritannien	Italien	Schweden
Arbeitslosen-geld	max. 32 Monate, 60–67% des Nettolohns	3 Karenztage[2], 1 Jahr, max. 173 DM/Woche	26–38 Wochen, 20% des Nettolohns	5 Karenztage[2], 300 Tage, 80% des Nettolohns
Lohnfort-zahlung	6 Wochen 100% des Bruttolohns	3 Karenztage[2], 28 Wochen Krankengeld	3 Monate, 100% des Bruttolohns[3]	1 Karenztag[2], 2./3. Tag 75%, bis 14. Tag 90% des Bruttolohns
Sozialhilfe	Regelsätze für Existenz-minimum	Familien-, Einkommenshilfe	Mindesteinkommen von Gemeinden festgelegt	Regelsätze für Existenzminimum

1) 1994; 2) Tage ohne Zahlung von Lohn, Kranken- oder Arbeitslosengeld; 3) nur für Angestellte, für Arbeiter keine Lohnfortzahlung; Quelle: Der Spiegel, 15. 4. 1996

dort geltenden Mindestlohn zu zahlen. Kritiker bemängelten, daß die Richtlinie nur Gültigkeit hat, wenn in dem EU-Staat, in den Arbeitnehmer entsandt werden, gesetzlich oder tariflich festgelegte Mindestlöhne existieren.

→ Euro-Betriebsrat → Sozialdumping

Sozialstaat [TAB]

Den größten Anteil am deutschen Bundeshaushalt für 1996 hatte mit 27,6% (124,6 Mrd DM) der Etat für Arbeit und Soziales. Die Sozialleistungen insgesamt (z. B. Erziehungs-, Kindergeld, Sozialhilfe etc.) lagen 1994 (letztverfügbarer Stand) mit 1106 Mrd DM elfmal so hoch wie 1964. (BIP-Anteil: 33,3%). Die Durchschnittsbelastung der Arbeitnehmer mit Lohnsteuer, Sozialabgaben und indirekten Steuern betrug 1995 rd 46% des Bruttoverdienstes. Die Sozialabgaben überstiegen 1996 erstmals 40% des Bruttomonatseinkommens. Die deutschen Arbeitgeberverbände beklagten die verschlechterte internationale Wettbewerbsfähigkeit wegen hoher Lohnnebenkosten, Arbeitnehmer die abnehmende Kaufkraft infolge der steigenden Belastung mit Sozialabgaben. Die Bundesregierung aus CDU, CSU und FDP will 1996/97 rd. 25 Mrd DM im sozialen Bereich einsparen und die Sozialabgabenquote langfristig unter die 40%-Marke senken.

RENTEN: Die Altersgrenzen für den erstmaligen Bezug von Altersrente sollen 2000–2005 bzw. bis 2001 stufenweise für Frauen und Männer von 60 bzw. 63 Jahre auf 65 Jahre angehoben werden. Mit dieser Maßnahme und durch verringerte Al-

tersruhegelder bei einer Frühverrentung soll die Rentenversicherung jährlich um 13 Mrd DM entlastet werden. Die Renten von Aussiedlern (Neuanträge) werden auf 60% der Tabellenwerte gekürzt. Der Anspruch auf Berufs- und Erwerbsunfähigkeitsrenten soll eingeschränkt werden.

SPARVORSCHLÄGE: Die für 1997 vorgesehene Erhöhung des Kindergelds soll um ein Jahr verschoben werden. Bei der Berechnung der Höhe des Urlaubsgelds ist geplant, zuvor geleistete Überstunden nicht mehr einzurechnen. Die Höhe der Lohnfortzahlung im Krankheitsfall soll auf 80% (statt 100%) des Entgelts festgesetzt und die Eigenbeteiligung bei Arzneimitteln erhöht werden. Die Zuzahlungen der Krankenkassen etwa für Brillen und Zahnersatz werden gestrichen. Die Regeldauer von Kuren soll von vier auf drei Wochen gekürzt werden.

KÜNDIGUNGSSCHUTZ: Weiterhin war geplant, den Geltungsbereich des Kündigungsschutzgesetzes einzuschränken. Erst bei Betrieben mit mindestens zehn statt bislang fünf Arbeitnehmern soll das Gesetz gelten. Dies würde Kündigungen für Kleinbetriebe erleichtern. Die Bundesregierung erhofft sich von dieser Einschränkung Neueinstellungen, weil bei guter Auftragslage der Personalstamm erhöht werden könnte, ohne Gefahr zu laufen, bei Auftragsrückgang keine Kündigungen aussprechen zu können. **KRITIK:** Die SPD-Opposition sowie die Gewerkschaften wandten sich vor allem gegen die Einschränkungen bei Lohnfortzahlung und Kündigungsschutz und gegen die Kürzungen von Kindergeld sowie Arbeitslosenhilfe. Die Lohnfortzahlung sei zu rd. 80% durch Tarifverträge geregelt, so daß die Pläne der Regierung einen Eingriff in die Tarifautonomie darstellen würden. Erwerbslose, denen die Arbeitslosenhilfe gekürzt wird, seien zunehmend auf Sozialhilfe angewiesen, die zum Großteil von den Kommunen gezahlt wird. Zahlungen würden damit nur vom Bund auf die Gemeinden verlagert. Die Änderung des Kündigungsschutzes würde Unternehmen eher veranlassen, Arbeitskräfte zu entlassen, statt neue einzustellen.

→ Arbeitslosenversicherung → Frührente → Haushalte, öffentliche → Kindergeld → Krankenversicherung → Pflegeversicherung → Rentenversicherung → Sozialabgaben → Sozialhilfe

Spartenkanal

Fernsehprogramm für eine bestimmte Zielgruppe mit im Gegensatz zu Vollprogrammen auf spezielle Themen beschränktem Angebot. 1995/96 wurden in Deutschland zahlreiche S. neugegründet bzw. geplant. Sie waren über Satellit oder das Kabelnetz zu empfangen. Zwar machten die S. bis auf eine Ausnahme keine Gewinne, doch versprachen sich die Betreiber Vorteile im Hinbick auf die Einführung des digitalen TV ab Mitte 1996.

PROGRAMME: Einzig profitabler S. war 1995 der 1993 gestartete Musikkanal Viva, der die Gewinnschwelle überschritt und 1995 einen zweiten S., Viva 2, gründete. Publikumserfolge erzielte das ab 1995 sendende Kinderprogramm Super RTL, das in seiner Zielgruppe Spitzenmarktanteile von bis zu 20% erreichte. Daneben wurden 1995 der Kinderkanal Nickelodeon, der Frauenkanal TM 3, der Musikkanal VH-1 und der Teleshopping-Kanal H.O.T. gestartet. Bis Mitte 1996 gingen Der Wetterkanal und die Musiksender Onyx-TV (Oldies) und Country Music Television auf Sendung. Geplant waren ein Game-Show-Kanal, Win-TV, ein weltweit sendender Kulturkanal und ein in Europa, den USA und Lateinamerika in Konkurrenz zu CNN verbreiteter Nachrichtenkanal (Betreiber: Medienunternehmer Rupert Murdoch). Die S. sind überwiegend werbefinanziert.

ÖFFENTLICH-RECHTLICHE PROJEKTE: ARD und ZDF planten – mit Zustimmung der Ministerpräsidenten der Länder vom Juli 1996 – für 1997 einen gemeinsamen werbefreien Kinderkanal, der täglich von 8 Uhr bis 19 Uhr gewaltfreie Produktionen aus den Sendearchiven als Wiederholungen sowie neue Serien und Spielfilme ausstrahlen soll. Ferner erwogen die Sender die Gründung eines Parlamentskanals, der u. a. politische Debatten und Reportagen zu politischen Themen senden soll.

VORTEILE: Folgende Erwartungen verbanden Betreiber 1995/96 mit S.:

▷ Die werbefinanzierten S. sprechen spezielle Zuschauergruppen an und sind daher für werbungtreibende Unternehmen interessant, die Produkte für diese Zielgruppe anbieten

▷ S. von bereits im TV-Geschäft engagierten Gesellschaften bieten die Möglichkeit, vorhandene Programe erneut zu nutzen und so kostengünstig neue Werbegelder anzuziehen

▷ Mit Einführung des digitalen Fernsehens sollen in Deutschland mehrere hundert Programme zu empfangen sein. Medienexperten gehen davon aus, daß die Sender sich nicht über Werbung finanzieren können. Vermutlich würden zahlreiche Programme als Pay-TV, das gegen Gebühr zu empfangen ist, oder als Pay-per-view angeboten, bei dem einzelne Sendungen gegen Gebühr gesehen werden können. Zielgruppenspezifisches TV verfügt über einen präzisen potentiellen Kundenkreis für solche Angebote.

Voraussetzung für den Erfolg von digitalem TV ist, daß sich die Zuschauer mit entsprechenden Fernsehgeräten bzw. Zusatzgeräten für den Empfang der Programme ausstatten.

→ Digitales Fernsehen → Fernsehen → Fernsehwerbung → Pay-TV → Privatfernsehen

SPD [DOK]

Der anhaltende interne Streit um die Führungsqualitäten des Kanzlerkandidaten, Partei- und Fraktionsvorsitzenden Rudolf Scharping führte die Sozialdemokratische Partei Deutschlands in eine

SPD: Parteitagsbeschlüsse

Auf dem Bundesparteitag der SPD vom 14.–17.11.1995 in Mannheim faßten die 525 Delegierten u. a. Beschlüsse zu folgenden Themen: **AUFBAU OST:** Der deutsche Einigungsprozeß und der Aufbau Ost werden weitergeführt.

BOSNIEN: Deutsche Einheiten ohne Kampfauftrag unterstützen die militärische Absicherung des Daytoner Friedensabkommens.

MODERNISIERUNG VON STAAT, VERWALTUNG UND JUSTIZ: Angestrebt wird eine sich durch Bürgernähe, Leistungsorientierung, Flexibilität und Wirtschaftlichkeit auszeichnende Verwaltung. Der Beamtenstatus wird auf hoheitliche Bereiche wie Polizei und Justiz beschränkt, das Justizsystem reformiert.

EUROPAPOLITIK: Die SPD bekennt sich zu den Aufgaben der Europäischen Einigung sowie zur politischen und institutionellen Reform der EU.

WIRTSCHAFTS-, BESCHÄFTIGUNGS- UND FINANZPOLITIK: Ein Beschäftigungspakt zwischen Arbeitgebern und Arbeitnehmern soll neue Arbeitsplätze schaffen. Die Sozialdemokraten streben weiter eine dauerhafte soziale und umweltverträgliche Entwicklung von Wirtschaft und Technik an.

Krise. Auf dem Mannheimer Parteitag (November 1995) entzogen die Delegierten Scharping den Parteivorsitz und wählten den saarländischen Ministerpräsidenten Oskar Lafontaine zum neuen Parteichef. Scharping blieb jedoch weiter Vorsitzender der 252köpfigen SPD-Fraktion im Bundestag. Noch vor dem Parteitag legte Bundesgeschäftsführer Günther Verheugen aufgrund der Streitigkeiten in der Partei sein Amt nieder; sein Nachfolger wurde der nordrhein-westfälische Sozialminister Franz Müntefering.

MITGLIEDERSCHWUND: Die Welle der Parteiaustritte erreichte in der zweiten Jahreshälfte 1995 mit 14 000 einen Höhepunkt. Die Mitgliederzahl der sozialdemokratisch ausgerichteten Partei belief sich Ende 1995 auf 817 650. Der Anteil der unter 36 Jahre alten Mitglieder verringerte sich auf 15%, der Frauenanteil lag bei 28%. Im Wahlkampfjahr 1994 erwirtschaftete die SPD mit einem Minus von 43,4 Millionen DM das höchste Defizit der im Parlament vertretenen Parteien.

WAHLEN: Verluste bis zu 6,8 Prozentpunkten nahm die SPD bei den Wahlen zum Berliner Senat (Oktober 1995) und drei Landtagswahlen im März 1996 hin. In Berlin (23,6%) erzielte die SPD ihr bislang schlechtestes Ergebnis; in Baden-Württemberg (25,1%) ist sie nicht mehr an der Regierung beteiligt. In Schleswig-Holstein (39,8%) verlor die Partei die absolute Mehrheit und koaliert mit Bündnis 90/Die Grünen. Mitte 1996 verfügten im Bundesrat zehn Länder mit SPD-Regierungen bzw. von der SPD-geführten Koalitionsregierungen über 42 von 69 Sitze.

POSITIONEN: Unter Lafontaines Führung versuchte die SPD, sich erneut als linke Volkspartei zu profilieren. Ende 1995 gab sie ihre ablehnende Haltung gegenüber der PDS als möglichem Partner auf. Im Kampf gegen die Arbeitslosigkeit beschloß sie auf dem Mannheimer Parteitag einen nationalen Beschäftigungspakt. Sie befürwortete eine Senkung der Lohnnebenkosten und sprach sich gegen Steuererhöhungen aus.

→ Bündnis für Arbeit

Spenden [TAB]

Mit rd. 4 Mrd DM erzielten karitative Organisationen in Deutschland 1995 ein im Vergleich zu den vier Vorjahren unverändertes S.-Aufkommen. Weitere 5 Mrd– 6 Mrd DM wurden für Umweltschutz, Kultur, Wissenschaft und Forschung gespendet. Während das S.-Aufkommen stagnierte, erhöhte sich die Zahl der karitativen gemeinnützigen Vereine, die sich um S. bewarben, 1995 gegenüber 1994 um 20 000 auf 260 000; rd. 2000 Organisationen sammelten überregional. 80% der S. flossen 1995 an die 200 größten Hilfsorganisationen. Als Ursachen für das gleichbleibende Spendenaufkommen nannte das Deutsche Zentralinstitut für soziale Fragen (DZI, Berlin) sinkende Realeinkommen, hohe Arbeitslosigkeit sowie eine abnehmende Glaubwürdigkeit der S.-Organisationen. Ende 1995 wurde neben dem DZI und dem Deutschen Spendenrat (Bonn) mit dem Deutschen Spendeninstitut (Krefeld) eine dritte Organisation gegründet, die ein Gütesiegel für S.-Organisationen vergibt. Nur das DZI, das das sog. S.-Siegel vergibt, prüfte auch nach, ob die S. sachgerecht verwendet werden. Die anderen Institute verließen sich auf die Selbstauskünfte der Organisationen.

Spenden: Kontrollinstanzen für Spendenorganisationen in Deutschland

Merkmal	Deutsches Zentralinstitut für Soziale Fragen (Berlin)	Deutscher Spendenrat (Bonn)	Deutsches Spendeninstitut (Krefeld)
Gründungsjahr	1893; Spenden-Siegel seit 1992	1993	November 1995
Geschäftsform	Stiftung bürgerlichen Rechts	Eingetragener Verein	GmbH
Ziel	Überschaubarmachung des Spendenmarkts	Sicherstellung ethischer Grundsätze/freiwillige Selbstkontrolle	Unterstützung des Spendenmarkts, u. a. durch Öffentlichkeitsarbeit
Registrierte Organisationen	90 gemeinnützige humanitäre Organisationen	52 als gemeinnützig anerkannte Organisationen	57 Organisationen
Prüfung der Organisationen	Ja, Vergabe eines Prüfsiegels	Nein, Beschwerden wird nachgegangen	Nein, Selbstauskünfte werden akzeptiert
Prüfungspunkte	Verwendung der Spendengelder	–	–
Ausschlußgründe	Verwaltungskosten über 35%	Keine Vorlage der Jahresberichte	Erkennbare Falschangaben
Finanzierung	Steuergelder, Mitgliedsbeiträge	Jahresbeiträge der Organisationen	Gebühren für Aufnahme

Quelle: Focus, 18.12.1995

Spielsucht [GRA]

Von den Betroffenen nicht zu kontrollierender Zwang zur grenzenlosen Beteiligung an Glücksspielen. Mitte der 90er Jahre waren nach Angaben der Hauptstelle gegen die Suchtgefahren (DHS, Hamm) rd. 100 000 Menschen in Deutschland spielsüchtig. S. zerstört familiäre und soziale Bindungen und zieht z. T. hohe Verschuldung sowie Beschaffungskriminalität nach sich. Außerhalb der rd. 140 Selbsthilfeorganisationen gab es keine therapeutischen Angebote.

Pro Kopf der Bevölkerung wurden 1995 etwa 500 DM für Glücksspiele eingesetzt. Einer Studie der Universität Hannover zufolge ging damit der Einsatz gegenüber 1994 um rd. 1% auf 41,5 Mrd DM zurück. 29 Mrd DM flossen als Gewinne an die Spieler zurück. Die Geldspielautomatenwirtschaft mit 1995 rd. 7000 Spielhallen und 160 000 Automaten konnte ihren Umsatz um rd. 1% steigern. Größter Glücksspielanbieter ist der Staat mit Lottounternehmen und Spielbanken. Steuereinnahmen und Gewinnabführungen beliefen sich 1995 auf 7,5 Mrd DM, das entspricht 2,5% der Steuereinnahmen der Länder.

Spionage-Urteil

Nach einem Urteil des Bundesverfassungsgerichts (BVG, Karlsruhe) vom Mai 1995 dürfen DDR-Bürger, die vor der deutschen Vereinigung gegen die Bundesrepublik spioniert haben, nur eingeschränkt wegen Spionage strafrechtlich verfolgt werden. Das BVG begründete seine Entscheidung damit, Spionage gelte nicht grundsätzlich als Unrecht, sondern nur dann, wenn sie sich gegen den eigenen Staat richte. Die BRD dürfe nach der Vereinigung nicht länger wie eine fremde Macht gegen die DDR-Spione handeln. Der Bundesgerichtshof (BGH, Karlsruhe) hob im Oktober 1995 das Urteil des Düsseldorfer Oberlandesgerichts gegen den früheren DDR-Spionage-Chef (1953–1986)

Spielsucht: Teilnahme an Glücksspielen

Lotto »6 aus 49«
»Der Große Preis«
Spiel 77
»Die Goldene 1«
GlücksSpirale
Mittwochslotto
Spielautomaten
PS-Sparen
Fußballtoto
Klassenlotterie
RennQuintett
Roulette
Pferdewetten

0   20   40   60   80   100%
Quelle: Stiftung Warentest   ☐ nie ☐ selten ☐ ab und zu ■ häufig   © Harenberg

Markus Wolf auf und wies das Verfahren zur Neuverhandlung an einen anderen Strafsenat zurück. **WOLF-PROZESS:** Wolf war 1993 zu sechs Jahren Haft wegen Landesverrats und Bestechung verurteilt worden. Nach dem BVG-Urteil kann Wolf nur noch in zwei Fällen von Auslandsspionage, einigen Bestechungsdelikten sowie möglicherweise drei Straftaten auf dem Boden der DDR belangt werden. Für DDR-Bürger, die von einem Drittstaat aus in der BRD spionierten, gilt nach dem BVG-Urteil eingeschränkte Strafverfolgung. Andere Delikte (z. B. Bestechung, Menschenraub), die in Zusammenhang mit der Spionage begangen wurden, bleiben strafbar. **ERMITTLUNGSVERFAHREN:** Nach Angaben der Bundesregierung vom Juli 1995 leitete die Bundesanwaltschaft seit 1992 gegen rd. 3000 mutmaßliche Stasi-Mitarbeiter aus der DDR Ermittlungsverfahren wegen Spionageverdachts ein. Bis Mai 1995 kam es in 53 Fällen zur Anklageerhebung gegen ehemalige DDR-Bürger. Nach dem BVG-Urteil erledigten sich 14 der 53 Anklagen.
→ Regierungskriminalität → Stasi

SPÖ

Sozialdemokratische Partei Österreichs mit ca. 494 000 (1996) Mitgliedern. Bei den vorgezogenen Nationalratswahlen vom 17.12.1995 gewann die SPÖ gegenüber der Wahl von 1994 sieben Sitze hinzu und ist mit 72 Abgeordneten stärkste Parlamentspartei (Anteil der Wählerstimmen: 37,9%, 1994: 34,9%). Im März 1996 einigten sich der SPÖ-Vorsitzende und (seit 1986) amtierende Bundeskanzler Franz Vranitzky sowie die Österreichische Volkspartei (ÖVP) auf eine Fortsetzung der im Oktober 1995 über Haushaltsfragen zerbrochenen Regierungskoalition. Das Ende der Koalition hatte vorgezogene Neuwahlen notwendig gemacht. Die SPÖ/ÖVP-Regierung setzt sich für Sparmaßnahmen im Staatshaushalt ein und für die Beteiligung an internationalen Aktionen im Sicherheitsbereich unter Beibehaltung der Neutralität. Mit den Sparmaßnahmen soll eine Teilnahme an der Europäischen Währungsunion gesichert

werden. Voraussetzung dafür ist eine Staatsverschuldung, die eine Quote von 3% des BIP nicht überschreitet.
→ Autobahngebühr

Sponsoring ⌈TAB⌉ ⌈GRA⌉

(engl.; fördern), Werbung, bei der Personen, Institutionen, Veranstaltungen und Rundfunksendungen von Firmen finanziell oder mit Sach- und Dienstleistungen unterstützt werden. Im Gegenzug wird das Engagement des Förderers (Sponsors) werbewirksam publik gemacht. Unternehmen gaben in Deutschland 1995 insgesamt 2,63 Mrd DM für S. aus. Bis zum Jahr 2000 steigen die Aufwendungen Experten zufolge auf 3,42 Mrd DM. **ZIELE:** Firmen wollen mit S. ihr Image in der Bevölkerung verbessern, ihren Bekanntheitsgrad erhöhen, um Sympathien bei Verbrauchern werben und ihren Umsatz steigern. Ihrer Ansicht nach machen Kunden Kaufentscheidungen bei immer ähnlicher werdenden Produkten und Dienstleistungen zunehmend vom Profil des Unternehmens abhängig. **SPORT:** Mit 1,7 Mrd DM floß der größte Anteil der S.-Gelder 1995 wie in den Vorjahren in das Sport-S. Sportverbände kritisierten, daß Unternehmen lediglich für das Fernsehen attraktive Sportarten wie Fußball, Tennis, Formel 1 und Boxen unterstützten, während weniger telegene Disziplinen ohne finanzielle Hilfen auskommen müßten.

TV-Sponsoring: Aktive Branchen	
Branche	Anzahl der TV-Sponsoring-Spots
Brauereien	2569
Zeitschriften	580
Lebensmittel	516
Automobile	255
Pharmaartikel	250
Getränke	224
Versicherungen	205
Tourismus	169
Elektrogeräte	139
Baumärkte	116

1995 ausgewertete Sender: ARD (ohne Dritte Programme), ZDF, DSF, RTL, SAT.1; Quelle: Media-Control

Sponsoring: Beliebte Sendungen

Programm	Anzahl der Sponsoring-Spots[1]
Sport	1550
Talk-Shows	312
Unterhaltung	229
Spielfilm	211
Wetter	105
Morgenmagazin	104
Computermagazin	67
Gesundheit	66
Serien	51
Naturreportagen	38

1) Januar–Juni 1995; ausgewertete Sender: ARD (ohne Dritte Programme), ZDF, DSF, RTL, SAT.1; Quelle: Media-Control

SOZIALES ENGAGEMENT: Mitte der 90er Jahre unterstützten Unternehmen zunehmend soziale Initiativen und Einrichtungen. 1996 gingen Experten davon aus, daß die Aufwendungen für Sozial-S. von 130 Mio DM (1995) bis zum Jahr 2000 auf 350 Mio DM steigen. Die Bevölkerung messe der Bereitschaft einer Firma, soziale Verantwortung zu übernehmen, immer größere Bedeutung bei. Die Zusammenarbeit zwischen Sponsor und unterstützter Initiative dauerte Mitte der 90er Jahre i. d. R. nicht länger als fünf Jahre. Wenn das Engagement des Unternehmens öffentlich bekannt war, suchte es nach neuen S.-Aktivitäten.

TV-SENDUNGEN: 1995 stieg das Interesse von Sponsoren an Programm-S., bei dem einzelne Fernsehsendungen finanzielle Zuschüsse erhalten. Vor und nach der Sendung macht ein rd. 5 sec langer Spot auf das Engagement des Sponsors aufmerksam. Die Anzahl der TV-S.-Spots stieg 1995 auf rd. 5000 (1994: 3100). Nach Schätzungen nahmen die deutschen Fernsehsender 1995 etwa 90 Mio DM aus S. ein, auf die öffentlich-rechtlichen Sender ARD und ZDF entfielen davon 18 Mio DM bzw. 14 Mio DM (insgesamt 36%). Unterstützt wurden vor allem Sportsendungen, zunehmend aber auch Unterhaltungsprogramme und Informationssendungen. Untersuchungen zufolge erhöhte sich der Bekanntheitsgrad der Sponsoren durch Programm-S. um bis zu 200%. Das Publikum empfand S.-Spots weniger störend als Werbeunterbrechungen.
→ Fernsehen → Fernsehwerbung
→ Privatfernsehen

Sportübertragungsrechte [TAB]

Von Sportvereinen und Verbänden an Rechteverwertungsgesellschaften oder Rundfunksender verkaufte Erlaubnis, Sportveranstaltungen zu übertragen. Die Kosten für S. von publikumswirksamen Sportarten stiegen 1995/96 weiterhin an. Die Sender erhofften sich hohe Werbeeinnahmen, wichtigste Einnahmequelle privater Sender und zweitwichtigste des öffentlich-rechtlichen TV.

FUSSBALL-BUNDESLIGA: Der Deutsche Fußball-Bund (DFB, Frankfurt/M.) verlängerte Anfang 1996 den Vertrag mit der Rechteverwertungsgesellschaft ISPR über die Ausstrahlung der Bundesligaspiele um drei Jahre bis zur Saison 1999/2000 (geschätzter Preis: 550 Mio DM). Die ISPR, die dem Springer-Konzern und der Kirch-Gruppe gehört, vergibt die S. an den Privatfernsehsender SAT.1, an dem beide Konzerne beteiligt sind. SAT.1 zahlt für die S. pro Saison nach Schätzungen rd. 180 Mio DM (Steigerung gegenüber 1995/96: rd. 30%). Der Pay-TV-Sender Premiere, der nur gegen Gebühr zu empfangen ist, erhielt das Recht, ab Februar 1996 zwei Begegnungen live zu übertragen (bis dahin ein Spiel, Preis für 1996:

Sponsoring: Aufwendungen in Deutschland[1]

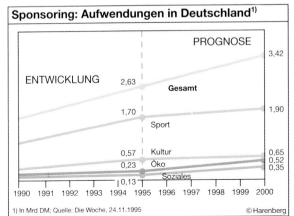

PROGNOSE

ENTWICKLUNG

Gesamt

Sport

Kultur

Öko

Soziales

2,63 — 3,42
1,70 — 1,90
0,57 — 0,65
0,23 — 0,52
— 0,35
0,13

1990 1991 1992 1993 1994 1995 1996 1997 1998 1999 2000

1) In Mrd DM; Quelle: Die Woche, 24.11.1995 © Harenberg

25 Mio DM). Premiere muß für die Exklusivrechte (ab 1997 entfallen Live-Berichte von SAT.1) bis 1998 rd. 100 Mio DM bezahlen. Das ZDF wollte sich Mitte 1996 um Zweitverwertungsrechte zeitlich nach den SAT.1-Sendungen bemühen. Die ARD wollte wegen geringer Einschaltquoten 1995/96 (6%) auf die Zweitverwertung der Bundesliga verzichten. **INTERNATIONALES INTERESSE:** Um die S. der Fußball-Bundesliga hatten sich auch die luxemburgische Compagnie Luxembourgeoise de Télédiffusion, der australisch-US-amerikanische Medienunternehmer Rupert Murdoch und der italienische Medienkonzernchef Silvio Berlusconi beworben. Sie boten im Hinblick auf weitere Pay-TV-Kanäle mit der Einführung des digitalen Fernsehens ab Mitte 1996 bzw. den Start von Pay per view, bei dem für die einzelne Sendung gezahlt wird, geschätzte 200 Mio DM pro Saison. **FUSSBALL-WM:** Der Weltfußballverband FIFA vergab im Juli 1996 die S. an den Weltmeisterschaften 2002 und 2006 für 3,4 Mrd DM an die Kirch-Gruppe. **KLEINERE VERBÄNDE:** ARD, ZDF und der Spartenkanal Deutsches Sportfernsehen (DSF) kauften Anfang 1996 die S. an Veranstaltungen von 31 Verbänden des Deutschen Sportbundes (DSB, Frankfurt/M.), u. a. Amateurboxen, Badminton, Behindertensport, Kanu und Radsport. Die S. bis 2000 kosteten 12,5 Mio DM.

OLYMPISCHE SPIELE: Die S. für die Olympischen Sommerspiele 2000 in Sydney/Australien und für die Winterspiele 2002 in Salt Lake City/USA vergab das Internationale Olympische Komitee (IOC) an den US-Fernsehsender NBC für 715 Mio Dollar bzw. 555 Mio Dollar. Für die Sommerspiele 1996 in Atlanta/USA hatte NBC 465 Mio Dollar gezahlt, das US-TV CBS erhielt die S. für die Winterspiele 1998 in Nagano/Japan für 375 Mio Dollar. Für Europa erwarb die Europäische Rundfunkunion (EBU) aus rd. 60 überwiegend öffentlich-rechtlichen Sendern die S. an Olympischen Spielen von 2000 bis 2008 (Preis: 1,4 Mrd Dollar). ARD und ZDF zahlen dafür insgesamt rd. 240 Mio Dollar. **ZENTRALVERTRÄGE:** 1996 wollte die EU-Kommission prüfen, ob langfristige

Sportübertragungsrechte: Sport-TV-Hits 1995

Übertragung	Zuschauer (Mio)	Marktanteil (%)
Box-WM-Kampf Schulz–Botha	18,0	68,0
2. Box-WM-Kampf Maske–Rocchigiani	17,6	73,2
Fußball-EM-Qualifikation BRD–Bulgarien	14,3	45,0
1. Box-WM-Kampf Maske–Rocchigiani	12,9	57,9
Fußball-EM-Qualifikation BRD–Wales	12,5	41,4

Quelle: Der Spiegel, 12.2.1996

Sportübertragungsrechte: Olympische Spiele

Jahr	Ort /Land (Jahreszeit)	Europarechte (Mio Dollar)
1968	Grenoble/Schweiz (Winter)	0,4
	Mexiko-Stadt/Mexiko (Sommer)	1,0
1972	Sapporo/Japan (Winter)	0,7
	München/Deutschland (Sommer)	1,7
1976	Innsbruck/Österreich (Winter)	0,8
	Montreal/Kanada (Sommer)	4,5
1980	Lake Placid/USA (Winter)	2,7
	Moskau/UdSSR (Sommer)	6,0
1984	Sarajevo/Jugoslawien (Winter)	4,1
	Los Angeles/USA (Sommer)	19,8
1988	Calgary/Kanada (Winter)	5,7
	Seoul/Korea-Süd (Sommer)	28,0
1992	Albertville/Frankreich (Winter)	18,5
	Barcelona/Spanien (Sommer)	75,0
1994	Lillehammer/Norwegen (Winter)	24,0
1996	Atlanta/USA (Sommer)	240,0
1998	Nagano/Japan (Winter)	72,0
2000	Sydney/Australien (Sommer)	350,0
2002	Salt Lake City/USA (Winter)	120,0
2004	noch offen (Sommer)	394,0
2006	noch offen (Winter)	135,0
2008	noch offen (Sommer)	443,0

Quelle: Focus, 11.3.1996

Sportübertragungsrechte: Fußball im TV bis 2000

Sender	Veranstaltung/Begegnung	Laufzeit
SAT.1	1. und 2. Bundesliga	1999/2000
Premiere	zwei Bundesliga-Spiele/Spieltag live	1998
ARD, ZDF	Heim-Länderspiele	1999
	DFB-Pokal	1999
	Regionalliga	1999
	Weltmeisterschaften	1998
	Europameisterschaften	2000
RTL	Champions League	1998
ARD, ZDF, RTL, SAT.1	UEFA-Cup, Europapokal der Pokalsieger	1998
ARD/ZDF	Frauenfußball (Bundesliga, Länderspiele)	1999

2. Liga z. T. auch auf ARD, ZDF und DSF; Quelle: Focus, 5.2.1996

337

Fußball-Bundesliga-Rechte

Saison	Rechteinhaber	Preis (Mio DM)
1965/66	ARD/ZDF	0,65
1975/76	ARD/ZDF	4,8
1985/86	ARD/ZDF	12,0
1988/89	Ufa/RTL	40,0
1991/92	Ufa/RTL	55,0
1992–1997	ISPR/SAT.1	140,0[1]
1997–2000	ISPR/SAT.1	180,0[1][2]

1) Pro Saison; 2) geschätzt; Quelle: DFB, Medienspiegel

monopolartige Verträge über die S. gegen die Wettbewerbsrichtlinien verstoßen. Ende 1995 entschied der Kartellsenat des Kammergerichts Berlin, daß der DFB nicht berechtigt ist, TV-Rechte an Heimspielen deutscher Fußballvereine, die am Europapokal und UEFA-Pokal teilnehmen, zentral zu vermarkten. Zentrale Verträge beschränkten den Wettbewerb.

KRITIK: Medienexperten kritisierten, die Sender versuchten angesichts der vervielfachten Kosten für S. (Steigerung der S. für die Fußball-Bundesliga 1984/85–1995/96: 1500%) Sportsendungen durch publikumswirksame Präsentation für Werbekunden noch attraktiver zu machen. Information trete zugunsten von Show-Effekten in den Hintergrund.

→ Fernsehen → Fernsehwerbung
→ Privatfernsehen → Spartenkanal

Spracherkennungs-Software

Computerprogramme, die gesprochene Befehle verarbeiten können. 1996 boten diverse Hersteller, darunter IBM, S. an, die z. B. Bestellungen annehmen oder Diktate in Schriftzeichen umwandeln konnten (Kosten: rd. 2500 DM). Die günstigen Programme hatten Mitte der 90er Jahre einen begrenzten Wortschatz, mußten erst an Stimme und Sprechweise des Anwenders gewöhnt werden und benötigten kurze Pausen zwischen den einzelnen Wörtern. Teurere S. wie das System Meavis von Mitsubishi (rd. 60 000 DM) erkannten bis zu 100 000 Wörter beliebiger Sprecher. Bis 2000 sollen mit S. auch Simultanübersetzungen möglich werden. Bei S. registriert der Computer Sprache

als eine Folge von Lauten (Phoneme), deren Frequenzsignale er mit gespeicherten Phonemen vergleicht und je nach Wahrscheinlichkeit der Lautfolge zuordnet. Bei Wörtern mit ähnlichen Lautfolgen entscheidet S. aus dem Textzusammenhang, welches Wort richtig ist. 1997-2000 werden Umsatzsteigerungen von 30% jährlich erwartet.

→ Software → Übersetzungssoftware

SPS

Die Sozialdemokratische Partei der Schweiz (SPS) ist nach den Nationalratswahlen im Oktober 1995 stärkste Kraft im schweizerischen Parlament. Gegenüber 1991 gewann sie zwölf Sitze hinzu und verfügt über 54 Sitze. Die sozialreformerisch ausgerichtete, 1888 gegründete Partei mit 40 000 Mitgliedern (Stand: Mitte 1996) bildet seit 1959 gemeinsam mit der CVP, FDP und SVP die Bundesregierung. Dort stellte sie 1996 zwei der sieben Minister: Ruth Dreifuss (Inneres) und Moritz Leuenberg (Verkehr). Mit Ausnahme der Kantone Appenzell/Innerrhoden, Nidwalden, Obwalden und Genf war die SPS Mitte 1996 in allen kantonalen Regierungen der Schweiz vertreten.

Als einzige Regierungspartei bekannte sich die SPS unter ihrem Präsidenten Peter Bodenmann zu einem EU-Beitritt der Schweiz im Jahr 2001. In der Wirtschaftspolitik forderte sie die Auflage staatlicher Investitionsprogramme zur Förderung zukunftsträchtiger Branchen.

Staatsverschuldung GRA

Die Schulden von Bund, Ländern und Gemeinden (inkl. Sondervermögen) überstiegen Ende 1995 die Zwei-Billionen-Grenze. Die S. war damit doppelt so hoch wie 1990 und zehnmal so hoch wie 1974. Sie lag knapp unter der für die Europäische Wirtschafts- und Währungsunion vereinbarten Obergrenze von 60% des Bruttoinlandsprodukts. Ein Fünftel des Bundeshaushalts 1996 mußte für Kreditzinsen ausgegeben werden, gleichzeitig wurde eine Neuverschuldung von 60 Mrd DM beschlossen.

SONDERVERMÖGEN: Verschuldet sind auch die Sondervermögen des Bundes, die aus dem offiziellen Haushalt ausgegliedert sind. Das aus dem Marshallplan (engl.: European Recovery Program, ERP) stammende ERP-Sondervermögen dient heute u. a. der Wirtschaftsförderung in Ostdeutschland. Der Fonds Deutsche Einheit versorgte die ostdeutschen Länder mit Finanzmitteln, bis sie 1995 in den Länderfinanzausgleich einbezogen wurden. Der Erblastentilgungsfonds trägt Schulden der früheren DDR-Regierung und DDR-Wohnungswirtschaft sowie Verbindlichkeiten der aufgelösten Treuhandanstalt. Das Bundeseisenbahnvermögen verwaltet die Altschulden der früheren Deutschen Reichsbahn und Deutschen Bundesbahn.

KOMMUNALE ALTSCHULDEN: Die DDR-Regierung hatte bei bestimmten Bauvorhaben Städte und Gemeinden zwangsweise bei Kreditinstituten verschuldet, jedoch Zinsen und Tilgung gezahlt. Die Bundesregierung bestand zunächst auf Rückzahlung durch die Gemeinden. 1996 zeichnete sich ab, daß der Bund 50% der Schulden übernimmt; die ostdeutschen Länder und Kommunen tragen die andere Hälfte.

WÄHRUNGSUNION: Im Vertrag von Maastricht über die Europäische Wirtschafts- und Währungsunion wurde festgelegt, daß EU-Länder nur daran teilnehmen dürfen, wenn ihr Haushaltsdefizit bis Ende 1997 einen Stand unter 3% des Bruttoinlandsprodukts erreicht hat. 1995 betrug das deutsche Defizit nach Berechnungen der Deutschen Bundesbank 3,6%.

→ Europäische Wirtschafts- und Währungsunion → Haushalte, Öffentliche

Stand-by-Betrieb

Ständig aktive Bereitschaftsschaltung u. a. bei Fernsehern oder Videorekordern. Im S. können Elektrogeräte per Fernsteuerung angeschaltet werden. Wie das Umweltbundesamt (Berlin) im August 1995 mitteilte, verbrauchen Geräte im S. jährlich ca. 5 Mrd kW/h Strom – soviel wie der jährliche Strombedarf einer Großstadt mit 1 Mio Einwohnern. Nach Angaben der Behörde hätten die Hersteller Mitte der 90er Jahre technische Möglichkeiten, die Leistungsaufnahme während des S. deutlich zu senken.

→ Energieverbrauch

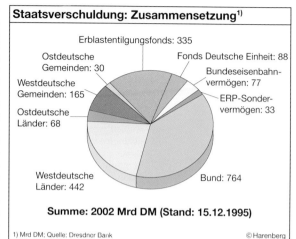

Staatsverschuldung: Zusammensetzung[1]

Erblastentilgungsfonds: 335
Ostdeutsche Gemeinden: 30
Fonds Deutsche Einheit: 88
Bundeseisenbahnvermögen: 77
Westdeutsche Gemeinden: 165
ERP-Sondervermögen: 33
Ostdeutsche Länder: 68
Westdeutsche Länder: 442
Bund: 764

Summe: 2002 Mrd DM (Stand: 15.12.1995)

1) Mrd DM; Quelle: Dresdner Bank   © Harenberg

Stasi

(Ministerium für Staatssicherheit, MfS), die Behörde des Bundesbeauftragten für die Unterlagen des früheren DDR-Ministeriums, Joachim Gauck, bearbeitete 1990–1995 rd. 1,6 Mio Anträge auf Überprüfung von Personen auf S.-Tätigkeit. Bis Ende 1995 gingen rd. 2,8 Mio Anträge auf Einsicht in S.-Akten ein, darunter rd. 1 Mio Anträge ehemaliger DDR-Bürger. Seit 1992 darf jeder Bundesbürger bei der Gauck-Behörde anfragen, ob die S. ein Dossier über ihn führte. Im September 1995 wählte der Bundestag Gauck für weitere fünf Jahre zum Bundesbeauftragten für die Unterlagen des Staatssicherheitsdienstes der ehemaligen DDR.

SCHNUR-URTEIL: Der frühere Rechtsanwalt und ehemalige Vorsitzende des Demokratischen Aufbruchs (DA), Wolfgang Schnur, wurde im März 1996 vom Berliner Landgericht wegen Verrats zweier Mandanten zu einem Jahr Haft auf Bewährung verurteilt. Das Gericht befand Schnur, der sich in den 80er Jahren in der DDR einen Namen als Verteidiger von Oppositionellen gemacht hatte, für schuldig, vertrauliche Informationen der inhaftierten DDR-Bürgerrechtler Freya Klier und Stephan Krawczyk 1988 an die S. verraten und damit seine Mandanten gefährdet zu haben.

GUTACHTEN: Das Bundesverfassungsgericht (BVG, Karlsruhe) wies im Juli 1996 eine Klage des PDS-Bundestagsabgeordneten Gregor Gysi gegen seine S.-Überprüfung durch die Gauck-Behörde zurück (Az.: 2 BvE 1/95). Das Gericht lehnte Gysis Anträge teils als unzulässig, teils als unbegründet ab. Nach dem Gutachten der Gauck-Behörde, das vom Immunitätsausschuß des Bundestages im März 1995 angefordert worden war, soll Gysi zehn Jahre lang als Inoffizieller Mitarbeiter der S. Informationen geliefert haben. Grundlage der Überprüfung von Bundestagsabgeordneten ist ein Gesetz von 1992.

BILANZ: Nach vorläufigen Ergebnissen der Gauck-Behörde von 1995 beschäftigte das MfS 1950–1989 etwa 180 000 hauptamtliche Mitarbeiter und rd. 500 000 sog. Inoffizielle Mitarbeiter (IM). 1989 waren rd. 2,5% aller Staatsbürger der DDR im Alter von 18 bis 65 Jahren für die S. tätig. → Regierungskriminalität → Spionage-Urteil

Steinkohle
→ Kohle

Steuern [TAB]

1996 betrug die Abgabenbelastung von Durchschnittsverdienern durch S. und Sozialabgaben 46% des Bruttoeinkommens. Wirtschaftsverbände forderten, die Lohnnebenkosten inkl. der S. zu senken, um den Faktor Arbeit zu verbilligen und die Arbeitslosigkeit abzubauen. Da das Wirtschaftswachstum für 1996 nur auf 0,75% geschätzt wurde, rechneten Finanzexperten mit sinkenden Steuereinnahmen (1996: 21,7 Mrd DM, 1997: 66,5 Mrd DM). Die CDU/CSU/FDP-Bundesregierung legte im April 1996 ein sog. Sparpaket vor, das u. a. auch steuerpolitische Maßnahmen enthielt.

JAHRESSTEUERGESETZ: Das Jahressteuergesetz 1996 änderte den Steuertarif der Einkommensteuer. Dadurch bleibt das Existenzminimum steuerfrei. Durch Investitionszulagen und Sonderabschreibungen wird die Wirtschaftsförderung für Ostdeutschland bis 1998 fortgesetzt. Im Familienlastenausgleich wurde ein Wahlrecht zwischen Kindergeld oder steuerlichem Kinderfreibetrag eingeführt.

EINKOMMENSTEUER: Die Bundesregierung kündigte 1996 an, bis 1999 das Einkommensteuerrecht zu vereinfachen, die Steuersätze zu senken und Steuerbegünstigungen abzuschaffen. Beamtenbund, Steuergewerkschaft und CDU-Arbeitnehmerschaft forderten, Freibeträge weitgehend zu streichen und einen Vier-Stufen-Tarif einzuführen (Jahreseinkommen 12 000–20 000 DM: 8%; 20 000–30 000 DM: 18%; 30 000 bis 120 000 DM: 28%; darüber: 35%). Die FDP schlug einen Drei-Stufen-Tarif vor, der bei 60 000 DM den Höchstsatz von 35% erreichte.

Steuern:
Einnahmen in Deutschland nach Steuerarten

Steuern	Einnahmen (Mio DM) 1994	1995
Gemeinschaftliche Steuern		
Lohnsteuer	266 522	282 701
Veranlagte Einkommensteuer	25 510	13 997
Körperschaftsteuer	19 569	18 136
Kapitalertragsteuern[1]	31 455	29 721
Einkommensteuern insgesamt	*343 055*	*344 554*
Mehrwertsteuer	195 265	198 496
Einfuhrumsatzsteuer	40 433	36 126
Umsatzsteuern insgesamt	*235 698*	*234 622*
Gewerbesteuerumlage	6 271	7 854
Bundessteuern		
Mineralölsteuer	63 847	64 888
Tabaksteuer	20 264	20 595
Branntweinabgaben	4 889	4 837
Versicherungssteuer	11 400	14 104
Übrige Verkehrssteuern[2]	76	54
Sonstige Bundessteuern[3]	5 011	29 590
Ländersteuern		
Kraftfahrzeugsteuer	14 169	13 806
Vermögensteuer	6 627	7 855
Erbschaftsteuer	3 479	3 548
Biersteuer	1 795	1 779
Übrige Ländersteuern	10 482	9 613
EG-Anteil Zölle	7 173	7 117
Gemeindesteuern		
Gewerbesteuer	44 086	42 058
Grundsteuern	12 664	13 744
Sonstige Gemeindesteuern	1 445	1 426

1) Inkl. Zinsabschlagsteuer; 2) Einnahmen aus den 1991 erhobenen Kapitalverkehrsteuern; 3) übrige Verbrauchsteuern sowie ab 1.1.1995 Solidaritätszuschlag; Quelle: Deutsche Bundesbank

VERMÖGEN/-ERBSCHAFTSTEUER: Ab 1.1.1997 entfällt die Vermögenssteuer. Bei der Erbschaftssteuer entfallen die Einheitswerte für Immobilien. Die Bundesregierung plante eine Senkung der Steuersätze, die Erhöhung der Freibeträge und die Verringerung der Zahl der Steuerklassen in der Erbschaftsteuer.

GEWERBESTEUER: Ab 1.1.1997 soll die Gewerbekapitalsteuer entfallen, die Ertragsteuer gesenkt und zum Ausgleich eine Beteiligung der Gemeinden an der Mehrwertsteuer eingeführt werden.

MEHRWERTSTEUER: Die Bundesregierung erklärte 1996, daß eine Erhöhung der Mehrwertsteuer frühestens ab 1.1.1999 möglich ist. In der EU war umstritten, ob und wie eine Angleichung der europäischen Mehrwertsteuersätze erreicht werden kann.

KFZ-STEUER: Zum 1.1.1997 soll die Kfz-Steuer auf eine Abgassteuer umgestellt werden. Drei-Liter-Autos werden im Wert von 1000 DM von der Steuer befreit, für schadstoffarme Pkw (4,2 Mio Autos) wird der Steuersatz gesenkt. Für 11,5 Mio Pkw steigt die Kfz-Steuer.

ABGABENBELASTUNG: Die hohe Abgabenlast führte nach Einschätzung von Wirtschaftsverbänden und Banken Mitte der 90er Jahre zu zunehmender S.-Flucht ins Ausland, S.-Hinterziehung und Schwarzarbeit. Im internationalen Vergleich verschlechterte sich die steuerliche Belastung von Unternehmen ab 1990.
→ Einheitswerte → Erbschaftsteuer → Existenzminimum → Familienlastenausgleich → Gewerbesteuer → Gemeindefinanzen → Haushalte, Öffentliche → Kfz-Steuer → Mehrwertsteuer → Öko-Steuern → Solidaritätszuschlag → Werbungskosten → Wirtschaftsförderung Ost → Zinsbesteuerung

Strompreise [TAB]

Anfang 1996 sanken die S. in Westdeutschland für Industrieabnehmer um 10–15%, für private Haushalte um 5–11%. Grund war der Wegfall der von den Stromverbrauchern und den Energieversorgungsunternehmen (EVU) geleisteten Kohlesubventionen (Kohlepfennig und Selbstbehalt der Steinkohle-Stromprodu-

Strompreise: EU-Vergleich

Land	Haushalte[1][2]	Industrie[1][3]
Niederlande	68	78
Dänemark	74	78
Griechenland	81	95
Irland	85	99
Österreich	85	100
Frankreich	92	81
Luxemburg	95	91
Deutschland	100	100
Großbritannien	100	83
Belgien	112	102
Spanien	125	118
Portugal	148	144
Italien	182	138

Stand: 1994/95; 1) Kaufkraftindex: Deutschland = 100; 2) 3500 kWh/Jahr; 3) 300 Beschäftigte, 500 kW bei 2500 h/Jahr; Quelle: VDEW

zenten, 1995: rd. 8,5 Mrd DM). Der Kohlepfennig war 1994 für verfassungswidrig erklärt worden. Die Kohlesubventionen werden ab 1996 aus dem Bundeshaushalt gezahlt. Ostdeutsche Industriekunden zahlten Anfang 1996 bis zu 2 Pf/kWh mehr als in Westdeutschland. Im EU-Preisvergleich lag Deutschland im oberen Bereich. Als Folge der für 1996/97 geplanten Liberalisierung der Energieversorgung mit Gas und Elektrizität in Deutschland erwartete die CDU/CSU/FDP-Regierung eine Senkung der S. um bis zu 30% in zwei bis drei Jahren.

KOSTEN: Folgende Faktoren beeinflussen 1995/96 die deutschen S.:
▷ Zahlungen der Energieversorger an die Kommunen für das alleinige Recht zur zentralen Energieversorgung (Konzessionsabgabe)
▷ Nachrüstung der Kraftwerke für Entschwefelung und Entstickung, insbes. in Ostdeutschland
▷ Mindestvergütung für Strom aus erneuerbaren Energien, der in das öffentliche Netz eingespeist wird (ab 1990)
▷ Erdgassteuer (0,36 Pf/kWh)
▷ Zinsabgabe für Abnehmer von inländisch gefördertem Erdgas.

OSTDEUTSCHLAND: Die ostdeutschen Bundesländer, Stromversorger und Braunkohlelieferanten sowie der Bund vereinbarten im Februar 1996, die S. bis 2000 stabil zu halten. Die Regionalversorger erhalten vom ostdeutschen Verbundunternehmen und Kraftwerksbetreiber Veag einen Preisnachlaß von 150 Mio DM, wenn sie mehr als 70% ihres Energiebedarfs mit Braunkohle decken.

PRIVATE ERZEUGER: Seit 1979 bzw. 1985 gibt es Vereinbarungen zwischen dem Bundesverband der Deutschen Industrie (BDI), der Vereinigung Deutscher Elektrizitätswerke (VdEW) und dem Verband der Industriellen Energie und Kraftwirtschaft (VIK) über die Vergütung von Strom aus industriellen und privaten Anlagen, die Strom einsparen, z. B. durch Kraft-Wärme-Kopplung. Seit 1995 zahlen die EVU an industrielle und private Stromerzeuger, die Elektrizität ins öffentliche Netz einspeisen, bis zu 15% höhere S. (1995: 29 Mrd kWh, Anstieg zu 1994: 5%). Sie lagen jedoch unter den Vergütungen für erneuerbare Energien.

→ Braunkohle → Energien, Erneuerbare → Energiesteuer → Energieversorgung → Kohle → Ökosteuern

Stromverbund [KAR]

Der S. führt unterschiedliche Stromnetze zusammen und erleichtert Energietransport und -nutzung. Strom kann von dort bezogen werden, wo er mit dem geringsten Aufwand, den niedrigsten Kosten und der geringsten Umweltbelastung erzeugt wird. Ende 1995 wurden Ostdeutschland und die Staaten des osteuropäischen S., Polen, Slowakei, Tschechische Republik und Ungarn, an das westeuropäische Netz (UCPTE) angeschlossen. 1996 sollen die technischen Voraussetzungen vorliegen, um die nordafrikanischen Staaten Algerien, Marokko und Tunesien zu integrieren. Ein Beitritt von Bulgarien und Rumänien war für 1996 geplant.

OSTEUROPA: Geographische und technische Besonderheiten behinderten Mitte der 90er Jahre den Stromaustausch mit Osteuropa. Eine Kopplung zwischen dem UPS-Netz der GUS und dem westeuropäischen Netz ist nicht möglich, weil das UPS höhere Frequenzschwankungen aufweist als das UCPTE-Netz. Diese erlauben z. B. keinen störungsfreien Betrieb hochempfindlicher Mikroelektronik und Rechentechnik. Kurzkupplungen zwischen beiden Systemen ermöglichen den Transport kleiner Strommengen.

DEUTSCHLAND: Zwischen den westdeutschen Bundesländern Bayern, Hessen, Niedersachsen sowie Berlin und den ostdeutschen Ländern bestehen drei Versorgungsleitungen, die den seit 1954 unterbrochenen S. wiederherstellten (Kosten: rd. 800 Mio DM). Die Erlaubnis für eine vierte Verbindung zwischen Schleswig-Holstein und Mecklenburg-Vorpommern lag bis Mitte 1996 nicht vor.

SKANDINAVIEN: Die deutschen Energieversorger HEW, PreussenElektra, RWE und Veag schlossen bis 1995 mit Dänemark, Norwegen und Schweden Verträge über einen Stromaustausch per Gleichstrom-Seekabel (Baltic-, Euro-, Kontek-, Vikingkabel). Der vereinbarte Stromaustausch sieht beispielsweise die Lieferung von Energie aus norwegischen und schwedischen Wasserkraftwerken vor.

→ Energie-Binnenmarkt → Energieversorgung → Kraftwerke

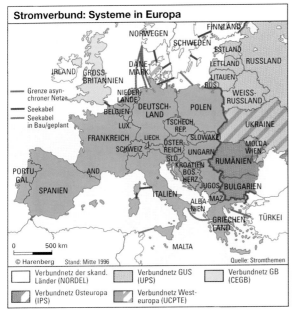

Stromverbund: Systeme in Europa

Grenze asynchroner Netze
Seekabel
Seekabel in Bau/geplant

0   500 km

© Harenberg   Stand: Mitte 1996   Quelle: Stromthemen

Verbundnetz der skand. Länder (NORDEL)
Verbundnetz Osteuropa (IPS)
Verbundnetz GUS (UPS)
Verbundnetz Westeuropa (UCPTE)
Verbundnetz GB (CEGB)

Subventionen GRA

Unterstützungszahlungen der öffentlichen Haushalte (Finanzhilfen und Steuervergünstigungen) zur Förderung einzelner Branchen und Regionen, der privaten Haushalte oder der Wirtschaftsentwicklung insgesamt. Die Gesamtsumme der S. von Bund, Ländern, Gemeinden, Sondervermögen und EU erreichte 1995 mit 116,2 Mrd DM einen neuen Rekord (1990: 78,9 Mrd DM). Wichtige Förderbereiche waren Investitionen in Ostdeutschland, Landwirtschaft, Kohlebergbau, Wohnungsbau und Bahn. Krisenbranchen (z. B. Werften) erhielten S., um vor allem Arbeitsplätze zu erhalten.

BUNDESAUSGABEN: Die S. des Bundes machten 1996 ohne Verstromungshilfen 35,2 Mrd DM aus. Der Rückgang um 1 Mrd DM gegenüber 1995 ist insbes. auf das stufenweise Auslaufen von Berlin- und Zonenrandförderung zurückzuführen. Pro Kopf der Bevölkerung machten die S. in Ostdeutschland 1000 DM, in Westdeutschland 400 DM aus.

CHEMIEDREIECK: Die EU-Kommission genehmigte Ende 1995 S. von 9,5 Mrd DM für die Umstrukturierung der Chemieunternehmen im sog. DDR-Chemiedreieck zwischen den ostdeutschen Städten Halle, Leipzig und Bitterfeld, die mehrheitlich vom US-Konzern Dow Chemical erworben wurden. Damit wurden 2000 direkt betroffene Arbeitsplätze und weitere 3000 in der Region erhalten.

ARBEITSPLÄTZE: An der Spitze der arbeitsplatzsichernden S. steht in Deutschland der Kohlebergbau mit durchschnittlich 79 000 DM pro Arbeitsplatz im Jahr. Bei den Eisenbahnen betragen die S. 57 700 DM pro Arbeitsplatz, in der Landwirtschaft 25 900 DM und im Schiffbau 23 900 DM.

PRIVATE HAUSHALTE: Private Haushalte erhielten 1996 vom Bund S. von rd. 11 Mrd DM vor allem für den Wohnungsbau. Rückläufig waren die Ausgaben für Sparförderung und Vermögensbildung.

KOHLEPFENNIG: Das Bundesverfassungsgericht (Karlsruhe) hatte entschieden, daß ab 1996 die Verstromung der Steinkohle nicht mehr mit dem sog. Kohlepfennig finanziert werden darf. Die Finanzierung

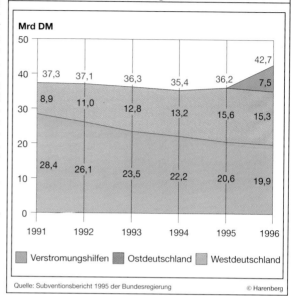

Subventionen: Bundesausgaben

Mrd DM

Quelle: Subventionsbericht 1995 der Bundesregierung © Harenberg

wurde ab 1996 durch den Bund subventioniert (7,5 Mrd DM).

→ Haushalte, Öffentliche → Kohle
→ Regionalförderung → Werftenkrise

Superjumbo TAB

1996 plante der Flugzeugproduzent Airbus Industrie (Toulouse/Frankreich) den Bau eines Großraumflugzeugs mit 550–700 Sitzplätzen, das ab 2003 lieferbar sein soll. Eine Planungsvariante sieht den Bau eines Flugzeugs mit 400–550 Sitzplätzen vor. Airbus will mit einem S. mit dem US-amerikanischen Flugzeug-

Superjumbo: Flugzeugproduzenten im Vergleich			
Kennzahl	Boeing	McDonnell Douglas	Airbus
Umsatz (Mrd $)	21,9	13,2	8,5
Verkehrsflugzeuge (Mrd $)	16,9	3,2	8,5
Militär- und Raumfahrt (Mrd $)	4,7	7,8	–
Gewinn (Mio $)	856	598	–[1]
Beschäftigte	120 000	66 000	35 000
Auftragsbestand (Mrd $)	66,3	29,2	51,8

Stand: 1994; 1) Verlust; Quelle: Wirtschaftswoche, 23.11.1995

bauer Boeing Co. (Seattle) konkurrieren, der seit 1971 die Boeing 747 (sog. Jumbo-Jet) produziert. Boeing plante 1996, den Jumbo-Jet von 450 Sitzen (Kurzstrecke: 560) auf mehr als 500 Sitze (Kurzstrecke: bis zu 700) zu vergrößern. Dazu soll der 747 um 9 m auf 80 m verlängert werden; gleichzeitig müssen Konstruktionselemente verstärkt werden. Der Typ soll ab 2000 in Serie produziert werden und den wachsenden asiatisch-pazifischen Markt bedienen.

Die beiden größten Aufträge für die Lieferung von 77 Großraumjets im Wert von 13 Mrd Dollar durch Singapore Airlines und 15 Jets durch Malaysian Airlines gingen Mitte der 90er Jahre an Boeing.
→ Luftverkehr

Superschwere Elemente [GLO]

Eine internationale Forschergruppe erzeugte im Februar 1996 bei der Gesellschaft für Schwerionenforschung (GSI, Darmstadt) künstlich ein neues chemisches Element. Das Atom mit der Ordnungszahl 112 ist 277mal schwerer als Wasserstoff und damit das schwerste bekannte Atom.

EXPERIMENT: Die Synthese von Element 112 gelang, indem eine Gruppe aus Wissenschaftlern der GSI, des russischen Kernforschungszentrums Dubna sowie der slowakischen Universität Bratislava und der finnischen Universität Jyväskylä in einem mehrwöchigen Experiment eine Bleifolie mit hochbeschleunigten Zinkionen beschossen. In dem Experiment konnte die Verschmelzung eines Zink- und

eines Bleiatoms zu dem neuen Kern mit 112 Protonen (positiv geladene Kernbausteine) eindeutig nachgewiesen werden. Das neue Element ist wie alle anderen S. instabil und zerfällt nach Bruchteilen einer Tausendstel Sekunde unter Aussendung von Alpha-Teilchen. Element 112 ist das sechste superschwere Atom bzw. Transuran, das die Kernphysiker und Kernchemiker bei der GSI unter der Leitung von Professor Peter Armbruster erzeugt und nachgewiesen haben.

SCHALENSTRUKTUR: Die Existenz derartig schwerer Atome wurde lange bezweifelt. Lange Zeit waren die Forscher der Ansicht, daß ein Kern mit mehr als 110 Protonen durch die abstoßenden elektrischen Kräfte zwischen den Protonen sofort zerplatzen würde. Heute wissen die Experten, daß die Kerne, ähnlich wie die Elektronen in der Atomhülle, durch eine innere Schalenstruktur stabilisiert werden.

NUTZEN: Eine praktische Anwendung der nunmehr 20 bekannten Transurane ist kaum vorstellbar, da nur einzelne sehr kurzlebige Atomkerne produziert werden können. Jedoch werden Erkenntnisse gewonnen über den schwerstmöglichen Kern, der existieren kann, die sog. „Insel der Stabilität".

SVP

Schweizerische Volkspartei, die sich als Partei des Mittelstands versteht und seit 1959 gemeinsam mit CVP, FDP und SPS die Regierung bildet. Die SVP konnte bei den eidgenössischen Nationalratswahlen im Oktober 1995 einen Stimmenzuwachs von drei Prozentpunkten auf 14,9% verzeichnen und hält nun 29 der 200 Parlamentssitze. Beachtliche Erfolge erzielte die 80 000 Mitglieder zählende (Stand: Mitte 1996) liberal-konservativ ausgerichtete Partei in den Innerschweizer Kantonen Luzern (13,8%), Schwyz (21,5%) und Zug (15,1%), in denen sie erstmals angetreten war.

Die 1971 gegründete SVP ist im siebenköpfigen Bundesrat durch Alfred Ogi vertreten, der im November 1995 das Verteidigungsministerium übernahm. Neuer Präsident der SVP wurde im Januar 1996 der 45jährige Ueli Maurer. Der Nachfol-

Superschwere Elemente: Glossar	
Alpha-Zerfall: Eine der drei radioaktiven Zerfallsarten. Ein Atomkern stößt zwei Protonen und zwei Neutronen ab.	**Schalenmodell:** Kernphysikalisches Modell des Atomkerns, das einen schalenförmigen Aufbau der Kernbausteine annimmt.
Ion: Ein Atom, dem Elektronen in der Hülle fehlen. Das positiv geladene Ion kann, im Gegensatz zu den neutralen Atomen, durch elektrische Felder beschleunigt werden.	**Transurane:** Elemente mit einer höheren Ordnungszahl als Uran (Ordnungszahl: 92); müssen künstlich hergestellt werden.
Isotop: Atome mit gleicher Zahl von Protonen und identischem chemischem Verhalten, aber unterschiedlicher Neutronenzahl.	**Tröpfchenmodell:** Kernphysikalisches Modell, das den Atomkern mit einem Flüssigkeitstropfen vergleicht, in dem Protonen und Neutronen gleichmäßig über das Kernvolumen verteilt sind.

ger des aus privaten Gründen zurückgetretenen Hans Uhlmann war seit 1991 Vizepräsident der Zürcher SVP.

Im Wahlkampf war die SVP mit einem strikten Nein zur Drogenfreigabe und der Einrichtung von Fixerräumen angetreten. Den Beitritt der Schweiz zur Europäischen Union lehnt die SVP ab.

T

Taliban

(paschtu; Studenten der islamischen Theologie), fundamentalistische Studentenmiliz, die 1995/96 im afghanischen Bürgerkrieg militärische Erfolge errang. Bis Mitte 1996 kontrollierten die T. etwa die Hälfte des Landes.

Ziel der etwa 25 000 Mann starken Truppe ist die Entwaffnung der zerstrittenen Mudschaheddin-Fraktionen und die Befriedung Afghanistans auf der Grundlage des islamischen Rechts. Die Hintermänner der T. werden im Nachbarland Pakistan vermutet, das an sicheren Handelsrouten nach Zentralasien interessiert ist.
→ Mudschaheddin → LAND Afghanistan

Tamilen KAR TAB

Vorwiegend hinduistische Bevölkerungsminderheit auf Sri Lanka (Bevölkerungsanteil 20%), die eine Trennung von der buddhistischen singhalesischen Mehrheit (rd. 74%) und einen autonomen Staat (Tamil Eelam) anstrebt. Die radikale Untergrundbewegung LTTE (Liberation Tigers of Tamil Eelam, engl.: tamilische Befreiungstiger) unter Velupillai Prabhakaran beansprucht 40% des Territoriums im Norden und Osten der Insel und versucht seit 1983, dieses Ziel mit Gewalt durchzusetzen. Bis Mitte 1996 starben in dem Bürgerkrieg rd. 50 000 Menschen. Im Januar 1996 forderte ein Selbstmordbombenanschlag im Zentrum der Hauptstadt Colombo, der den Rebellen angelastet wird, rd. 80 Tote und 1300 Verletzte.

JAFFNA EROBERT: Nach einer Großoffensive nahmen Regierungstruppen im Dezember 1995 mit Jaffna die Hochburg der aufständischen T. im Norden der Insel

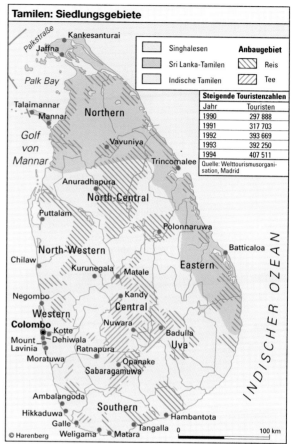

Tamilen: Siedlungsgebiete

	Anbaugebiet
Singhalesen	
Sri Lanka-Tamilen	Reis
Indische Tamilen	Tee

Steigende Touristenzahlen	
Jahr	Touristen
1990	297 888
1991	317 703
1992	393 669
1993	392 250
1994	407 511
Quelle: Welttourismusorganisation, Madrid	

© Harenberg

ein. Nach dem Ende der Kämpfe zogen sich die Rebellen in den Osten des Landes zurück, von wo aus sie den bewaffneten Kampf gegen die Regierung weiterführen. Etwa eine halbe Million Menschen befanden sich 1995/96 auf der Flucht vor dem Bürgerkrieg.

KEIN FRIEDEN: Nach dem Ende der Regierungsoffensive bot Sri Lankas Präsidentin Chandrika Kumaratunga den tamilischen Befreiungstigern eine Amnestie an, die jedoch von den Aufständischen abgelehnt wurde. Die Präsidentin, die im Dezember 1995 einen überwältigenden Wahlsieg errang, setzt weiter auf ihr Fö-

Tamilen: Chronik des Terrors

Datum	Ereignis
7. 8. 1995	In Colombo kostet der Angriff eines Kamikazebombers 24 Menschen das Leben
20. 10. 1995	25 Menschen kommen bei einem Angriff auf zwei Erdöllager am Rande Colombos ums Leben
Ende Okt. 1995	Rebellen massakrieren über 100 singhalesische Dorfbewohner im Osten des Landes
11. 11. 1995	Bei einem Selbstmordanschlag auf das Armeehauptquartier in Colombo sterben 25 Menschen
25. 1. 1996	Der Bombenanschlag auf das Zentralbankgebäude in Sri Lanka fordert 80 Todesopfer

deralisierungskonzept. Der Plan gesteht allen Provinzen, auch den tamilischen, weitgehende Unabhängigkeit zu, schließt eine Autonomie jedoch aus. Bis auf die LTTE befürworten alle anderen tamilischen Parteien das Konzept.

→ LAND Sri Lanka

Tankersicherheit: Schwerste Tankerunglücke

	Jahr	Schiff	Ort	Ausgelaufenes Öl (t)
1	1983	Castillo de Bellver	Südafrika	255 000
2	1979	Aeg. Capt/Atl. Empr	Tobago	250 000
3	1978	Amoco Cadiz	Frankreich	230 000
4	1977	Irene's Serenade	Griechenland	100 000
5	1993	Braer	Shetlandinseln	84 500
6	1996	Sea Empress	Wales	75 000
7	1985	Nova	Iran	70 000
8	1989	Kharg 5	Atlantik	70 000
9	1992	Aegean Sea	Spanien	70 000
10	1983	Assimi	Golf von Oman	51 000
11	1978	Andros Patria	Spanien	50 000
12	1991	Haven	Italien	50 000
13	1983	Pericles	Persischer Golf	47 000
14	1989	Exxon Valdez	Alaska	42 000
15	1985	Petragen O./Camp.	Gibraltar	25 000
16	1993	Maersk Navig./Sanko Hon.	Str. v. Malakka	25 000
17	1985	Patmos	Italien	20 000

© Harenberg

Tankersicherheit KAR

Schwere Tankerunfälle Anfang bis Mitte der 90er Jahre führten zu einer weltweiten Diskussion über eine Verschärfung der Sicherheitsvorschriften in der Schiffahrt. Einer der größten Unfälle aller Zeiten war die Havarie der „Sea Empress" im Februar 1996 vor der walisischen Küste. Der Supertanker lief auf Grund und verlor über 70 000 t Rohöl und damit fast doppelt soviel wie die Exxon Valdez 1989 vor Alaska. Doch hier wie auch in vielen anderen Fällen leisten die Verantwortlichen kaum Schadenersatz. Den eigentlichen Preis für die Umweltverschmutzung und den Tod vieler Tiere und Pflanzen zahlen Steuerzahler, Fischer und Fremdenverkehrsbetriebe des jeweils betroffenen Staates.

UNFALLURSACHEN: Etwa 80% der Tankerunfälle werden durch menschliches Versagen der Besatzung (mitunter Alkoholeinfluß), der Lotsen oder der landseitigen Dienste verursacht. Große Probleme bereiten Verständigungsschwierigkeiten der multinationalen Mannschaften mit unzureichender Ausbildung. Weitere Unfallursachen sind nach Angaben der für die Seeschiffahrt zuständigen International Maritime Organization (IMO, London) mangelnde Sicherheitsstandards und insbes. die Überalterung der Schiffe.

SICHERHEITSMASSNAHMEN: Nach einem internationalen Abkommen müssen seit Mitte 1993 neue Tanker mit einer zweifachen Wand gebaut werden. 1996 fuhren noch mindestens neun von zehn Tankern ohne Zweifach-Schutz durch die Weltmeere. Die Auslauffrist dauert bis zum Jahr 2007. Die USA lassen seit der Exxon-Valdez-Havarie nur noch Öltanker mit doppeltem Rumpf in ihre Gewässer einfahren. Die EU traf bis Mitte 1996 keine derartige Regelung. Denn die meisten europäischen Reeder machen von den Sonderangeboten der Billigflaggenländer (z. B. Panama, Zypern oder Liberia) Gebrauch. Sie heuern (schlecht ausgebildete) Seeleute zu niedrigen Tarifen an. Auf diese Weise sparen sie Personalkosten.

NORDSEE: Fünf Anrainerstaaten der Nordsee, Belgien, Deutschland, Frankreich, Großbritannien und die Niederlande, einigten sich 1994 darauf, für Öltanker und andere Gefahrgut transportierende Schiffe verbindliche Fahrtrouten festzulegen. Schiffe, die gefährliche Güter befördern, unterliegen einer Meldepflicht.

→ Erdöl → Ölkatastrophen
→ Ölplattform

Tankstellen-Umrüstung

Bis Ende 1997 müssen Tankstellen in Deutschland mit einem Absaugsystem für giftige Benzindämpfe (sog. Saugrüssel) und mit flüssigkeitsdichten Fahrbahnen ausgerüstet sein. Etwa 3000 der 17 957 (Stand: Mitte 1996) Tankstellen werden schließen müssen, weil sie die notwendigen Investitionen in Höhe von 200 000–500 000 DM nicht finanzieren können. Ausgenommen von der T. sind Tankstellen, die weniger als 1 Mio l Kraftstoff im Jahr absetzen.

SAUGRÜSSEL: Die Benzin-Zapfpistole ist mit einem Gummiring um den Einfüllstutzen ausgestattet, die das Entweichen giftiger Kohlenwasserstoffe, vor allem von krebserregendem Benzol, in die Luft beim Betanken von Autos verhindert. Durch einen Schlauch werden die Benzindämpfe von der Zapfpistole in einen Kraftstofftank unter der Zapfsäule geleitet. Mit dem Saugrüssel können nach Angaben des Bundesumweltministeriums ca. 85% der 45 000 t jährlich in Deutschland verdampfenden Kohlenwasserstoffe aufgefangen werden. Anfang 1996 waren 5956 Tankstellen (33% aller Tankstellen) mit Saugrüsseln ausgerüstet, die ab 1993 für neue Anlagen verpflichtend sind. Je nach Anzahl der Zapfsäulen kostet die Umrüstung 100 000–250 000 DM.

FAHRBAHNABDICHTUNG: Der flüssigkeitsdichte Fahrbahnbelag soll das Eindringen von Öl in das Erdreich verhindern. Sein Bau erfordert je nach Tankstellengröße Investitionen von 100 000–250 000 DM.

MARKTSITUATION: 1995 stellten 343 Tankstellen in Deutschland ihren Betrieb ein. Mit 2607 Stationen war Aral das führende Unternehmen im Kraftstoffverkauf. Es folgten Shell (13%), Esso (12%), DEA (10%) und BP (9%).

→ Benzin

Tankstelle, Vollautomatische

BILD

1995 stellte das Fraunhofer-Institut für Produktionstechnik und Automatisierung (Stuttgart) eine Kraftstoff-Zapfsäule vor, die PKW automatisch betankt und 1998 Serienreife erlangen soll. Der Tankvorgang wird bequem und umweltfreundlich. Das Auto fährt in eine Schneise aus bordsteinhohen Podesten mit Pollern, die ein Tor bilden. Der Fahrer schiebt eine Tankkarte in den Schlitz eines Monitorkastens und tippt auf dem Sichtschirm ein, wieviel Kraftstoff er tanken will. Eine in der Einfahrschneise versenkte Bodenantenne liest von einem Datenträger am Autoboden Typ, zulässigen Kraftstoff und die Lage des Tankdeckels ab. In den Pollern sind Laserscanner zum Abtasten der Fahrzeugseiten angebracht. Sie stellen die genaue Position des Autos fest. Eine an einem beweglichen Roboterarm angebrachte Tankkanone findet mit Hilfe einer eingebauten Videokamera den Tankverschluß. Der Roboterarm öffnet den Tankverschluß. Eine Pumpe drückt den Kraftstoff doppelt so schnell wie beim herkömmlichen Tanken durch die Tankkanone in das Fahrzeug. Ausströmende Benzindämpfe werden mit einem Absaugsystem aufgefangen. Nach Aufnahme der Serienproduktion, soll eine Zapfanlage etwa 150 000 DM kosten.

Beim Robottanken muß der Autofahrer nicht mehr aussteigen. Die automatische Zapfsäule ist auch für das Betanken mit alternativen Kraftstoffen wie Erdgas oder Wasserstoff geeignet.

Tarifverträge

Zwischen Arbeitgeberverbänden und Gewerkschaften geschlossene Vereinbarungen über Arbeitsbedingungen (z. B. Lohnerhöhungen, Arbeitszeit). Während die Gewerkschaften T. schließen, um größere Rechte für die Arbeitnehmer durchzusetzen, verfolgen die Arbeitgeber den Zweck, den Betriebsfrieden zu wahren. 1995 gab es in Deutschland 43 000 T. Der Arbeitgeberverband Gesamtmetall forderte 1995 die Abschaffung der sog. Flächen-T., die für ein größeres Gebiet, z. B. ein Bundesland, Allgemeingültigkeit besitzen. Die Arbeitgeber bezeichneten den Flächen-T. als unflexibel und wenig auf die Bedürfnisse der einzelnen Unternehmen zugeschnitten. Sie forderten, Firmen-T. stärker auszubauen. Sie gelten nur für einen Betrieb. Die Gewerkschaften wollten jedoch am Flächen-T. festhalten. 1995 gab es in Westdeutschland 32% Firmen-T. (Ostdeutschland: rd. 50%). In Westdeutschland traten 1995/96 Unternehmen aus den Arbeitgeberverbänden aus, um sich von den T. unabhängig zu machen; in Ostdeutschland waren nur rd. ein Drittel aller Industrieunternehmen in einem Arbeitgeberverband organisiert.
→ Bündnis für Arbeit →[ORG] DGB
→ Gewerkschaften

Teilchenbeschleuniger

(Akzeleratoren), Bezeichnung für Vorrichtungen zur Beschleunigung elektrisch geladener Elementarteilchen (z. B. Elektron, Proton, Ion) nahezu auf Lichtgeschwindigkeit (ca. 300 000 km/sec). T. dienen zur Erforschung der kleinsten Bausteine der Materie, zur Überprüfung der sog. Urknalltheorie zur Entstehung des Universums, aber auch zur Herstellung von Spaltstoffen für Kernwaffen.
FUNKTIONSWEISE: Hochenergetische Teilchen werden erzeugt, indem die Elementarteilchen eine sehr hohe Beschleunigungsspannung durchlaufen (Linearbeschleuniger) oder die Teilchen eine oder mehrere relativ kleine Spannungen sehr oft in derselben Richtung durchlaufen (Ring- oder Kreisbeschleuniger), wobei sie ihre Energie stufenweise erhöhen. Werden die so beschleunigten Teilchen anschließend zur Kollision gebracht, zerfallen sie und setzen sich neu zusammen. Diese Prozesse gelten als Simulation der Bedingungen bei der Entstehung des Alls.
SUPERBESCHLEUNIGER: 2004 soll der weltweit größte T., der Large Hadron Collider (LHC) in Betrieb gehen. Dieser T. wird in den bereits bestehenden 27 km langen Ringtunnel vom Elektron-Positron-Speicherring (LEP) des europäischen Forschungszentrums für Teilchenphysik, CERN (Genf/Schweiz), eingebaut. Der LHC wird eine Energie von 14 Bio Elektronenvolt liefern und damit die leistungsfähigste Urknallmaschine sein. In diesem Energiebereich versprechen sich die Forscher die Entdeckung von Teilchen, die es lt. Urknalltheorie nur zum Zeitpunkt der Entstehung des Alls gab. Am Bau der Anlage (Kosten: 3 Mrd DM) sind die zwölf europäischen Mitgliedstaaten von CERN sowie Indien, Japan, Kanada, Rußland und die USA beteiligt.
BESTES RÖNTGEN-MIKROSKOP: 1994 ging in Grenoble/Frankreich der weltweit größte T. zur Erzeugung von sog. Synchrotronstrahlung in Betrieb (European Synchrotron Research Facility, ESRF). In dem 844 m langen Ring kreisen hochenergetische Elektronen mit annähernd Lichtgeschwindigkeit. Die Teilchen senden Synchrotronwellen aus, d. h. Röntgenstrahlen, die so stark gebündelt sind wie das Licht eines Lasers. Das ESRF ist das leistungsfähigste Mikroskop zur Untersuchung von Atomen oder Biomolekülen.
→ Antimaterie → Quarks

Teilzeitarbeit [TAB]

Sozialversicherungspflichtiges Dauerarbeitsverhältnis mit kürzerer als der tariflich oder betrieblich vereinbarten Regelarbeitszeit. 1993–1995 stieg die Zahl der T.-Arbeitsplätze in Deutschland um 200 000 auf rd. 5,1 Mio (ca. ein Sechstel aller Erwerbstätigen). 90% aller in T. Beschäftigten waren Frauen. Der Bundestag beschloß Mitte 1996, zur Einschränkung der Frühverrentung die sog. Altersteilzeit zu fördern. Durch die Altersteilzeit soll einerseits der Übergang in die Rente erleichtert, andererseits sollen neue Arbeitsplätze geschaffen werden. Arbeitge-

Teilzeitarbeit: Arbeitnehmer

Alter (Jahre)	Teilzeitbeschäftigte[1]	
	Männer	Frauen
bis 34	266 000	1 301 000
35–44	89 000	1 484 000
45–54	80 000	1 252 000
ab 55	86 000	563 000
Insgesamt	521 000	4 600 000

Stand: Anfang 1995; 1) 34,44 Mio Erwerbstätige: Quelle: Statistisches Bundesamt

ber erhalten vom Staat bis 2001 einen Lohnzuschuß für jeden Altersteilzeitplatz, wenn die frei werdende Stelle mit einem Arbeitslosen besetzt wird. 1995 hatten rd. 86 000 Arbeitnehmer kurz vor dem Rentenalter einen T.-Arbeitsplatz.

Im Juni 1995 beschloß die Bundesregierung aus CDU/CSU und FDP einen Entwurf zur Änderung des Arbeitsförderungsgesetzes, nach dem ein T.-Arbeitslosengeld eingeführt wird (maximale Bezugsdauer: sechs Monate). Die Arbeitnehmer, die zwei T.-Stellen haben und eine davon verlieren, sollen ein anteiliges Arbeitslosengeld erhalten. Außerdem sollen T.-Beschäftigte, die weniger als 18 h pro Woche arbeiten, aber mehr als 590 DM verdienen, in die Arbeitslosenversicherung einbezogen werden.
→ Arbeitslosigkeit → Arbeitszeit
→ Frührente → Geringfügige Beschäftigung

Telearbeit

Angestellte üben ihre Tätigkeit bei T. entweder in der eigenen Wohnung, in sog. T.-Zentren (Bildschirmarbeitsplätze nahe der eigenen Wohnung) oder im Außendienst aus. Ihr Computer ist i. d. R. über Datenleitungen mit dem Arbeitgeber verbunden. Die Arbeitszeiten kann der Beschäftigte bei T. selbst bestimmen. Die Kosten für die Einrichtung eines T.-Platzes trägt der Arbeitgeber, der sich häufig auch an der Miete beteiligt. Dies ist kostengünstiger als neue Bürobauten zu errichten oder anzumieten. In den USA gab es 1996 rd. 7,6 Mio Telearbeiter; 1992–1996 stieg ihre Zahl jährlich um rd. 15%. Für Deutschland schwankten die Schätzungen zwischen 30 000 und 200 000 Telearbeitern.

2,8 Mio aller Arbeitsplätze sind lt. Bundesforschungsministerium für T. geeignet. 1995 schloß die Deutsche Telekom mit der Postgewerkschaft den ersten Tarifvertrag über T. Danach ist T. freiwillig, der Arbeitnehmer bleibt angestellt. Die Telekom stellt alle Arbeitsmittel.

Nach einer 1995 veröffentlichten Studie beurteilten von den befragten Arbeitnehmern 82% T. als positiv, 84% gaben an, zu Hause effizienter arbeiten zu können. Die meisten Arbeitnehmer bevorzugten T., weil sie ihren familiären Verpflichtungen besser nachkommen konnten.

Jeder der rd. 10 Mio Berufspendler in Deutschland legte Mitte der 90er Jahre täglich 20,2 km für den Weg zur Arbeit und nach Hause zurück. Das Fraunhofer-Institut für Systemtechnik ging davon aus, daß durch T. 8% der Personenverkehrsleistung eingespart werden könnten; dies entspricht 75 Mrd km und 7,5 Mrd l Benzin jährlich. Die Volkswagen AG schätzte, daß bis 2005 sogar jährlich 165 Mrd km Fahrleistung durch T. überflüssig werden könnten. Der gesamte Kohlendioxid-Ausstoß würde dadurch um rd. 4% gesenkt.
→ Arbeitsmarkt → Multimedia → Datenautobahn

Telefongebühren [TAB]

Die Deutsche Telekom führte zum 1.1. 1996 neue Telefontarife ein. Sie bedeuteten im Durchschnitt eine Verteuerung der Ortsgespräche um 10%. Die T. für Ferngespräche im Inland hingegen wurden um durchschnittlich 6,3%, für Auslandsgespräche um 5,7% billiger. Am 1.7.1996 senkte die Telekom erneut die Gebühren für Auslands-, Ferngespräche und Gespräche im Umkreis von 50–200 km. Sie begründete die Tarifreform mit Verlusten bei Orts- und Überschüssen bei Ferngesprächen sowie mit dem Ziel, nach der Privatisierung des Telefonmarkts ab 1998 konkurrenzfähig zu bleiben. Nach Protesten der privaten Telefonkunden gegen die höheren T. im Ortsnetz kündigte die Telekom für 1997 Rabatte an.

TARIFE: Ab 1996 gibt es vier statt drei Entfernungszonen (Ort, 20–50 km, 50–200 km, Fernverbindung). Die Unterscheidung in Normal- (8–18 Uhr) und Bil-

ligtarif wird durch fünf Tarifzeiten an Werktagen ersetzt (9–12 Uhr: Vormittag; 12–18 Uhr: Nachmittag; 18–21 Uhr/5–9 Uhr: Freizeit; 21- 2 Uhr: Mondschein; 2–5 Uhr: Nacht). Der teuerste Tarif ist der Vormittags-, der günstigste der Nachttarif. An Wochenenden und Feiertagen gilt von 5–21 Uhr der Freizeit-, sonst der Mondscheintarif. Der Preis für eine Telefoneinheit sinkt von 23 Pf auf 12 Pf, dafür wird der Gebührentakt werktags von 9–18 Uhr von 6 min auf 90 sec gesenkt.
WEITERE ÄNDERUNGEN: Die zehn gebührenfreien Telefoneinheiten entfielen zum 1.1.1996. Die monatliche Grundgebühr für die sog. Sozialanschlüsse wurde von 19,60 DM auf 9 DM gesenkt. Für den Telefon- sowie den ISDN-Anschluß wird ab 1996 eine Pauschale von 100 DM (bis Ende 1995: 65 DM) berechnet. Die Übernahme eines vorhandenen Anschlusses kostet 50 DM (vorher: kostenfrei). Voraussetzung ist, daß die Rufnummer übernommen wird. Für die Inlandsauskunft, für die bis dahin nur die Verbindungsgebühren (23 Pf) anfielen, berechnet die Telekom ab 1996 für die Verbindungsherstellung 12 Pf und für die Auskunft 48 Pf.
RABATTE: Privatkunden sollen ab 1997 zwei Rabatte für Gespräche im Orts- bzw. im Orts- und Nahbereich (bis zu 50 km) eingeräumt werden. Mit dem Tarif City Weekend soll der Kunde für eine Pauschale von 5 DM/Monat an Wochenenden und Feiertagen zum Mondschein- statt zum Freizeittarif telefonieren können. Im Vergleich zum Freizeittarif sinkt der Preis für 1 h, die ein Kunde im Ortsnetz telefoniert, um 37,5% auf 1,80 DM. Mit dem Tarif City Plus soll der Kunde für eine Pauschale von 24 DM/Monat zehn Stunden lang mit fünf Gesprächspartnern, deren Ruf-

Telefongebühren: Gesprächsgebühren

| Entfernung | bis 31. 12. 1995 | | Telefongebühren (DM) ab Juli 1996 | | | | |
	Normal	Billig	9–12	12–18	18–21[1]	21–2	2–5
Ein-Minuten-Gespräch							
City	0,23	0,23	0,12	0,12	0,12	0,12	0,12
20–50 km	0,23	0,23	0,36	0,24	0,24	0,12	0,12
50–200 km	0,69	0,46	0,60	0,60	0,36	0,24	0,12
Fern	0,69	0,46	0,60	0,60	0,36	0,24	0,12
Drei-Minuten-Gespräch							
City	0,23	0,23	0,24	0,24	0,24	0,12	0,12
20–50km	0,69	0,46	0,84	0,72	0,48	0,36	0,24
50–200 km	2,07	1,15	1,68	1,56	0,96	0,60	0,24
Fern	2,07	1,15	1,80	1,68	1,08	0,72	0,24
Fünf-Minuten-Gespräch							
City	0,23	0,23	0,48	0,48	0,24	0,24	0,24
20–50 km	1,15	0,69	1,44	1,20	0,84	0,60	0,36
50–200 km	3,45	1,84	2,88	2,64	1,68	1,08	0,36
Fern	3,45	1,84	3,00	2,76	1,68	1,20	0,36
Zehn-Minuten-Gespräch							
City	0,46	0,23	0,84	0,84	0,48	0,36	0,36
20–50 km	2,30	1,15	2,88	2,40	1,68	1,20	0,60
50–200 km	6,67	3,45	5,64	5,16	3,24	2,04	0,60
Fern	6,67	3,45	6,00	5,40	3,36	2,40	0,60
Dreißig-Minuten-Gespräch							
City	1,15	0,69	2,40	2,40	1,44	0,96	0,96
20–50 km	6,90	3,45	8,40	7,20	4,80	3,60	1,80
50–200 km	19,78	9,89	16,68	15,48	9,60	6,00	1,80
Fern	19,78	9,89	18,00	16,08	10,08	7,20	1,80

1) Auch von 5–9 Uhr; Quelle: stern, 11.1.1996, Deutsche Telekom

nummern er vorher angeben muß, telefonieren können. Wenn der Kunde mindestens 5 h von 9–18 Uhr telefoniert, ergeben sich Ersparnisse von bis zu 50%.
Im Juni 1996 stimmte die Europäische Kommission Mengenrabatten für Geschäftskunden von 5–35% ab November 1996 zu. Die Kommission hatte im Mai die Rabatt-Einführung rückwirkend zum 1. 1. 1996 untersagt, da Großkunden nach EU-Recht nicht vor Privatkunden Ermäßigungen gewährt werden dürften.
→ Handy → ISDN → Mobilfunk

Telefonnummern

Die von der EU für 1998 beschlossene Auflösung der Monopole für Telefonnetze bedingt eine Reform des Ziffernsystems bei den T. in Deutschland, um den privaten Konkurrenten der Deutschen Telekom Rufnummernkontingente zur Verfügung stellen zu können. Private Telefonanbieter benötigen eigene Netzkennziffern, die bei jedem Anruf zusätzlich zu Vorwahl und der gewünschten T. gewählt werden müssen. Die von Bundespostminister Wolfgang Bötsch (CSU) eingesetzte Kommission zur T.-Reform stellte im Dezember 1995 ihr Konzept für die T. vor.
Das System der Ortsnetzkennzahlen soll der Kommission zufolge beibehalten werden. Der Kunde soll bei jedem Gespräch über eine Netzkennziffer entscheiden können, über wessen Telefonnetz er das Gespräch führen will. Dadurch kann der Kunde den jeweils günstigsten Telefontarif wählen. Telefonkunden sollen ihre T. behalten können, auch wenn sie zu einem privaten Telefonanbieter wechseln.
→ Telekom → Telekommunikation

Telekom [TAB]

Im November 1996 sollen erstmals Aktien der Deutschen Telekom AG an der Börse gehandelt werden. Das ehemalige Staatsunternehmen will die ersten 500 Mio von 1 Mrd Aktien zu einem Nennwert von 5 DM und einem Ausgabewert von 30 DM als sog. Volksaktie vor allem an private Anleger verkaufen. Mit einem geplanten Erlös von 15 Mrd DM ist der Börsengang der T. die bis dahin größte Börseneinführung eines Unternehmens in Deutsch-

Telekom: Telekommunikation in Deutschland

Jahr	Ereignis
1881	Beginn des öffentlichen Telefonverkehrs
1928	Festschreibung des Fernmeldemonopols für die Reichspost
1949	Deutsche Bundespost tritt Nachfolge der Reichspost an
1983	Beginn der flächendeckenden Breitbandverkabelung
1990	Wiedervereinigung der beiden deutschen Postunternehmen
1990	Gründung der Telekom als eigenständiges Unternehmen
1992	Start des D1-Mobilfunknetzes der Telekom
1993	EU beschließt Liberalisierung des Telekommunikationsmarkts
1995	Telekom wird Aktiengesellschaft
1996	Freigabe firmeninterner Netze
1996	Telekom geht an die Börse
1998	Vollständige Freigabe des Telekommunikationsmarkts

Quelle: Der Spiegel, 8.1.1996

land. Bis 2000 sollen weitere 500 Mio Aktien an der Börse plaziert werden.
Die T. konnte ihre Umsatzerlöse 1995 gegenüber dem Vorjahr um 3,6% auf 66,1 Mrd DM steigern (Konzernüberschuß: 5,3 Mrd DM). Letztmalig mußte die T. 1995 knapp 3,1 Mrd DM an den Bund abführen. Die Zahl der Beschäftigten soll bis 2000 von rd. 220 000 auf 170 000 gesenkt werden. Infolge zunehmender Konkurrenz bei Unternehmensnetzen und Auslandstelefonaten sank der Marktanteil der T. auf 87%. 1996 führte die T. eine umfassende Tarifreform durch.
Im Februar 1996 nahm die Firma Global One, eine Kooperation der T. mit der französischen Telefongesellschaft France Télécom und der US-Fernmeldegesellschaft Sprint, ihre Arbeit auf. Mit Global One will die T. auf dem internationalen Telekommunikationsmarkt tätig werden, um mögliche Verluste, die durch die Öffnung des Telekommunikationsmarktes in Deutschland entstehen, auszugleichen.
→ Globalfunk → Mobilfunk → Telefongebühren

Telekommunikation [TAB]

Die Monopole staatlicher Fernmeldegesellschaften werden 1998 EU-weit aufgelöst. Dann können Privatunternehmen Netze für die Fernübertragung von Sprache und Daten verlegen. Außerdem dürfen sie eigene Telefondienste anbieten. Ab Juli 1996 können bereits firmeninterne Netze (sog. Corporate Networks) z. B. von Banken und Energieversorgern auch von Dritten genutzt werden. Der Umsatz mit T.-Dienstleistungen und -Geräten lag 1995 weltweit bei rd. 900 Mrd DM und soll Prognosen zufolge bis 2000 jährlich um 5–6% wachsen. In Deutschland planten vor allem die Energieversorgungsunternehmen in Kooperation mit ausländischen T.-Gesellschaften, ab 1998 neben der Deutschen Telekom ebenfalls T.-Dienstleistungen anzubieten.

GESETZ: Das im Juli 1996 beschlossene T.- Gesetz regelt den Marktzugang für T. ab 1998. Dann soll eine unbegrenzte Zahl von Firmen eigene Netze betreiben und Fernmeldedienste anbieten dürfen. Zur flächendeckenden Grundversorgung, die „zu erschwinglichen Preisen" sichergestellt sein muß, soll nur der marktbeherrschende Anbieter, voraussichtlich die Telekom, verpflichtet sein. Als Grundversorgung hat jeder Bürger Anspruch auf einen Telefonanschluß mit ISDN-Leistungsmerkmalen. Wenn diesem Anbieter durch das flächendeckende Angebot Verluste entstehen, müssen diese von T.-Unternehmen mit einem Marktanteil von über 5% ausgeglichen werden. Die Unternehmen haben Schaltverbindungen ihrer Netze mit denen der Konkurrenz zu ermöglichen und Sicherheitsbehörden unentgeltlich Auskünfte zu geben. Marktbeherrschende

Anbieter müssen ihre Tarife von einer für die T. zuständigen Bundesbehörde genehmigen lassen. Dieser wird ein Beirat aus je neun Mitgliedern des Bundestags und des Bundesrats zugeordnet.

KONKURRENZ: 1995/96 gingen Experten davon aus, daß 1998 drei bis vier Unternehmenszusammenschlüsse in Konkurrenz zur Telekom treten werden. Die Energiekonzerne RWE und Viag kooperierten mit der britischen Fernmeldegesellschaft British Telecom, der Mischkonzern Veba bildete mit der britischen Gesellschaft Cable & Wireless eine Allianz, Mannesmann schloß sich mit der Deutschen Bank und der US-Telefongesellschaft AT & T zusammen. Der Stahlkonzern Thyssen vereinbarte eine Kooperation mit der US-amerikanischen Gesellschaft Bell South. Die 1995 gegründete DBKom, eine Tochtergesellschaft der Deutschen Bahn, entschied sich im Juli 1996 für Mannesmann als Partner für den Aufbau einer Fernmeldegesellschaft. Um die Kooperation hatten sich auch Thyssen und Viag beworben.

INTERNATIONALE KOOPERATION: Die Deutsche Telekom plante, gemeinsam mit der France Télécom und der US-amerikanischen Gesellschaft Sprint international in der T. tätig zu werden. Die Unternehmen gründeten zu diesem Zweck 1996 die T.-Gesellschaft Global One. Konkurrenten von Global One im internationalen T.-Markt waren World Partners (AT & T, Singapore Telecom, KDD), Concert (British Telecom, MCI) und Unisource (Swiss PTT, Telia, Telefónica, PTT Netherlands).

→ Datenautobahn → Glasfaserkabel → Globalfunk → ISDN → Mobilfunk → Telefongebühren

Telekommunikation: Telefonanschlüsse		
Jahr	**Anschlüsse/100 Einwohner**	
	West-deutschland	**Ost-deutschland**
1990	47	10
1991	48	13
1992	49	18
1993	50	24
1994	51	34
1995	52	40
1996[1]	52	46
1997[1]	52	49
1998[1]	53	50

1) Schätzung; Quelle: Bundesinnenministerium

Telelearning

(engl.; Fernlernen), rechnergestützte Aus- und Weiterbildung. In Berlin startete Ende 1995 das T.-Pilotprojekt Comenius, bei dem fünf Schulen und die Landesbildstelle zu einem multimedialen Kommunikationsnetz verknüpft sind. Das 8 Mio DM teure Projekt soll zeigen, wie multimediale Dienste im Unterricht eingesetzt werden können. In Unternehmen soll T. die Kosten für Aus- und Weiterbildung reduzieren. Den deutschen Markt für Telebildungswesen schätzten Experten bis zum Jahr 2000 auf rd. 100 Mio DM.

PILOTPROJEKT: Die an Comenius beteiligten Institutionen wurden mit Computern ausgerüstet, die ans Telefonnetz (ISDN) angeschlossen und mit denen Video- und Audiobearbeitung möglich sind. Die Schüler können sich über das ISDN-Netz z. B. historisches Filmmaterial aus den Archiven der Landesbildstelle besorgen, am Unterricht in Form von Videokonferenzen teilnehmen und spielerisch den Umgang mit den Möglichkeiten des multimedialen Computers erlernen.

FORTBILDUNG: Mitte der 90er Jahre gab es in zahlreichen Firmen Weiterbildung mit Hilfe von Computerprogrammen. T. eröffnet die Möglichkeit der Interaktion. Per Telefon kann ein Trainer zugeschaltet werden, der Fragen am Bildschirm beantwortet und Aufgaben gemeinsam mit dem Lernenden löst. Für den Nutzer fallen die Kosten des Lernprogramms und die Telefonkosten während der Trainerbefragung an. Das Unternehmen reduziert die Kosten für auswärtige Seminare, die Mitarbeiter bleiben im Haus erreichbar.

Telematik
→ Verkehrs-Leitsystem

Teleshopping
(engl.; per Bildschirm einkaufen), in Deutschland startete der erste T.-Kanal H.O.T. im Oktober 1995 im Rahmen eines Pilotversuchs. H.O.T. bot 1996 in seinem 24stündigen Programm rd. 300 Artikel überwiegend aus dem Angebot des Versandhauses Quelle (Fürth) an. Quelle war mit 50% an dem T.-Kanal beteiligt, 40% hielt Thomas Kirch und 10% Pro-7-Geschäftsführer Georg Kofler. Die Eigner rechneten 2001 mit 500 Mio DM Umsatz.

ANGEBOT: H.O.T. präsentierte 1996 Schmuck, Sportartikel, Mode, Heimelektronik/Computer und Reisen. Zuschauer können die in Werbespots angepriesenen Produkte telefonisch bestellen. H.O.T. erreichte 3 Mio Zuschauer.

KRITIK: Gegner verwiesen auf den Rundfunkstaatsvertrag, der T. als Werbeform nur eine Stunde pro Tag zulasse. Die EU und die deutschen Ministerpräsidenten

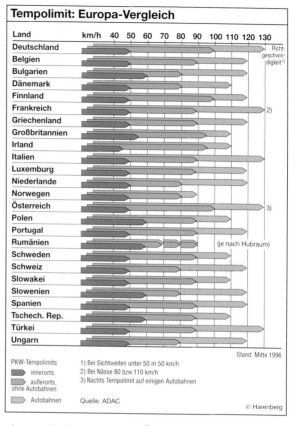

Tempolimit: Europa-Vergleich

planten allerdings 1996 eine Änderung der EU-Fernsehrichtlinien bzw. des Rundfunkstaatsvertrags, nach der Spezialsender wie H.O.T. ihr Programm rund um die Uhr ausstrahlen dürfen sollen.

RTL-KLAGE: Eine Klage des Privatsenders RTL gegen H.O.T. wegen Verstoßes gegen geltendes Rundfunkrecht wurde vom Münchner Verwaltungsgericht aufgrund formaler Mängel abgewiesen.

Tempolimit GRA
Deutschland war 1996 das einzige europäische Land, in dem keine Geschwindigkeitsbegrenzung auf Autobahnen galt. Der Europäische Verkehrssicherheitsrat forderte ein allgemeines T. von 120 km/h auf Autobahnen in der EU, um die Zahl der

Verkehrsunfälle zu vermindern. Die CDU/CSU/FDP-Bundesregierung wandte sich gegen die Einführung eines T. auf deutschen Autobahnen, während sich die SPD-Opposition für ein T. von 120 km/h auf Autobahnen, von 90 km/h auf Landstraßen und von 30 km/h in Wohngebieten aussprach. Die jährliche Zahl von 50 000 Verkehrstoten und 1,5 Mio Verletzten im Straßenverkehr in der EU Mitte der 90er Jahre könnte laut Verkehrssicherheitsrat um 11 000 Tote (22%) und 180 000 Verletzte (12%) verringert werden, wenn die durchschnittliche Geschwindigkeit auf Autobahnen um 5 km/h gesenkt würde.

→ Verkehrssicherheit

Terminbörse [TAB]

Markt für den Handel mit Rechten (Optionen) und Verpflichtungen (Futures), zu einem späteren Zeitpunkt für einen heute bereits festgelegten Preis Rohstoffe, Wertpapiere oder Devisen zu kaufen oder zu verkaufen. Futures werden i. d. R. nicht wirklich erfüllt; sie sind mit einer Wette vergleichbar, bei der der Gewinner dem Verlierer die Differenz auszahlt. Bei einem Aktienindex-Future wird ein Geldwert pro Indexpunkt (z. B. 100 DM pro Punkt des Deutschen Aktienindex DAX) zugrunde gelegt.

DEUTSCHLAND: Die Deutsche T. in Frankfurt/M. ist mit 139 Mitgliedern (1996) die zweitgrößte in Europa. Die Gesamtzahl der geschlossenen Kontrakte ging 1995 um 1,7% zurück. 42% aller Geschäfte waren DAX-Optionen, die 1995 um 3,4% zunahmen. Im Februar 1996 erzielte die Deutsche T. mit 7,9 Mio Kontrakten ein Rekordvolumen (+78% gegenüber dem Monatsergebnis des Vorjahres),

das auf eine starke Steigerung des Future-Geschäfts zurückzuführen war.

WARENTERMINGESCHÄFTE: Termingeschäfte entstanden zuerst, um sich gegen Preisschwankungen bei landwirtschaftlichen Produkten (infolge unterschiedlicher Ernten, Transport- und Lagermöglichkeiten) abzusichern. Weltgrößter Umschlagplatz wurde Chicago. Waren-T. waren in Deutschland 1896–1994 verboten. Für 1997 ist die Errichtung der ersten deutschen Waren-T. in Hannover geplant, wo zunächst Termingeschäfte über Weizen und Schweine, später auch über Kartoffeln und Raps gehandelt werden sollen.

WERTPAPIERGESCHÄFTE: Optionen werden auch außerbörslich (engl.: OTC, over the counter; am Schalter) gehandelt. Futures werden nur an T. gehandelt. Die führenden T. der Welt sind das CBOT (engl.: Chicago Board of Trade; Handelskomitee) und CME (engl.: Chicago Mercantile Exchange; Handelsbörse), 1995 mit 211 bzw. 203 Mio Kontrakten. Die größte der insgesamt 23 europäischen T. ist die Londoner T.

ZUSAMMENARBEIT: Die Deutsche T. bemühte sich 1996 um die Erweiterung der internationalen Zusammenarbeit der T. Einzelne Finanzprodukte sollten jeweils auch an Partner-T. gehandelt werden. Insbes. die französische T. engagierte sich beim Aufbau eines weltumspannenden 24-Stunden-Handelssystems (Globex).

→ Börse → Derivate

Terrorismus

Politisch motivierte Gewaltanwendung von extremistischen Gruppen und Einzelpersonen vor allem gegen den herrschenden Staatsapparat und seine Repräsentanten. 1995 wurden nach Angaben der CDU/CSU/FDP-Bundesregierung 327 Ermittlungsverfahren wegen Links-T. sowie zwei Verfahren wegen Rechts-T. eingeleitet. Mehr als 400 Ermittlungsverfahren wurden 1995 eingestellt. Die Generalbundesanwaltschaft erhob in zehn Verfahren gegen 16 Verdächtige Anklage wegen Links-T. Im Bereich des Rechts-T. kam keine Anklage zustande.

ANTI-TERROR-KONFERENZ: Zur Unterstützung des Nahost-Friedensprozesses

Deutsche Terminbörse: Kontrakte (Mio)

Jahr	Gesamt-zahl	Index-optionen	Aktien-optionen	Future-optionen	Optionen gesamt	Futures
1990	6,80	–	6,70	–	6,70	0,10
1991	15,37	2,05	9,39	0,16	11,60	3,77
1992	34,81	13,94	10,00	0,64	24,58	10,23
1993	50,18	21,42	12,25	0,37	34,04	16,14
1994	59,21	23,50	9,89	0,35	33,74	25,47
1995	58,18	24,30	8,77	0,34	33,41	24,77

Quelle: Deutsche Börse AG

und zur Bekämpfung des T. kamen im März 1996 in Scharm al-Scheich/Ägypten 29 Staats- und Regierungschefs zu einem Gipfeltreffen zusammen. In ihrer Abschlußerklärung verurteilten die Konferenzteilnehmer den T., insbes. die Anschläge in Israel, die im Februar und März 1996 unter der Zivilbevölkerung 62 Menschenleben gekostet hatten. Die Teilnehmer beschlossen, im Kampf gegen den T. verstärkt zusammenzuarbeiten.

FRANKREICH: Bei einem Bombenanschlag in der Pariser Metro starben im Juli 1995 sieben Menschen. Bis Oktober 1995 folgten sechs weitere Attentate, bei denen zahlreiche Menschen verletzt wurden. Großstädte galten als bevorzugte Angriffsobjekte der Terroristen, da Anschläge in den Ballungszentren die größtmögliche Zahl von Opfern auf engstem Raum fordern. Die französischen Ermittlungsbehörden machten islamische Fundamentalisten aus Algerien für die Anschlagsserie verantwortlich.

USA: Im April 1996 nahm die US-Bundespolizei FBI Theodore Kaczynski, einen ehemaligen Mathematikprofessor, unter dem Verdacht der sog. Unabomber zu sein. Der Unabomber war der meistgesuchte Kriminelle in den USA: Er hatte in 18 Jahren in einer Serie von Briefbombenattentaten drei Personen getötet und 23 verletzt. Der Attentäter wurde als „Unabomber" bezeichnet, weil sich seine Anschläge überwiegend gegen Universitäten und Fluglinien (Airlines) richteten. Er galt als Technologiefeind: In Manifesten bezeichnete er die industrielle Revolution als Katastrophe und forderte die Menschheit zur Rückkehr zurNatur auf.

→ Antiimperialistische Zelle → Dschihad Islami → ETA → Extremismus → Hamas → IRA → Islamische Heilsfront → Rechtsextremismus → Rote Armee Fraktion

TGV

→ Hochgeschwindigkeitszüge

Todesstrafe [TAB]

1995 registrierte die unabhängige Menschenrechtsorganisation Amnesty International 2931 Hinrichtungen (1994: rd.

Todesstrafe: Hinrichtungen 1995		
Land	Anzahl d. Hinrichtungen	
	1995	1994
VR China	2190	1791
Saudi-Arabien	192	53
Kasachstan	101	k. A.
Nigeria	100	100
USA	56	31

Quelle: Amnesty International

2500) in 41 Ländern, wobei von einer wesentlich höheren Dunkelziffer ausgegangen werden muß. Die T. wurde in 94 von 194 Ländern bzw. Territorien angewendet (48,5%). In 28 weiteren Ländern (14,5%) war die T. im Gesetz verankert, wurde aber seit 1985 nicht mehr vollstreckt. 15 Länder sehen die T. lediglich unter Kriegsrecht vor. Auf eine vollständige Abschaffung der T. haben sich in ihren Verfassungen 57 Länder bzw. Territorien festgelegt. In der Bundesrepublik Deutschland wurde die T. 1949 abgeschafft (Art. 102 GG, DDR: 1987). Als letztes Land der Europäischen Union schaffte Belgien im Juni 1996 die T. ab.

VORAUSSETZUNGEN: Die T. droht bei Mord, Entführung, Drogenhandel, Kannibalismus, Hochverrat, Ehebruch, Bestechlichkeit und Wirtschaftsverbrechen. Die gebräuchlichsten Hinrichtungsarten sind Erhängen, Erschießen, Vergasen, elektrische Stromstöße, Enthauptung, Giftinjektionen und Steinigung.

GUS: Als erstes Mitglied der Gemeinschaft Unabhängiger Staaten (GUS) setzte die Ukraine im Oktober 1995 die Anwendung der T. aus; innerhalb der nächsten zwei bis drei Jahre soll die T. gesetzlich abgeschafft werden. Im Dezember 1995 schaffte das Parlament von Moldawien die T. ab. Der russische Präsident Boris Jelzin verfügte im Mai 1996 ebenfalls die Abschaffung der T., nachdem sich Rußland vor seinem Eintritt in den Europarat im Februar 1996 zum Verzicht auf die T. verpflichtet hatte.

USA: Der US-amerikanische Bundesstaat New York führte im September 1995 die T. wieder ein. Die Hinrichtungen waren 1973 abgeschafft worden. Damit kann nun in 38 von 50 Bundesstaaten die T. verhängt werden. 1976 hatte der Oberste Gerichtshof der USA die T. wieder zugelassen. 1977–1995 wurden in den USA 313 Menschen hingerichtet, ein Drittel davon in Texas. Ende 1995 saßen rd. 3100 Verurteilte in Todeszellen.

→ Menschenrechte

& Amnesty International, Sektion der Bundesrep. Deutschland, Heerstr. 178, D-53111 Bonn

T-Online

Dienst der Deutschen Telekom, der u. a. den Zugriff auf das weltumspannende Computernetz Internet, Einkaufen per Computer und Homebanking über Personalcomputer (PC) und Telefonleitung ermöglicht. Über ein Modem, mit dem Telefonleitung und PC verbunden sind, oder über einen speziellen Telefonanschluß (ISDN) können Nutzer die Informationen, die T. bietet, auf ihrem Computer abrufen und Texte, Grafiken, Ton- und Bildelemente auf ihrem Bildschirm sichtbar machen bzw. auf ihre Computerfestplatte kopieren. T. ist der Nachfolger des Kommunikationsdienstes Datex J. Mitte 1996 hatte T. in Deutschland 1,1 Mio Teilnehmer, monatlich kamen 10 000 bis 20 000 hinzu. Damit war T. der Online-Dienst (engl.; am Netz) mit den meisten Nutzern in Deutschland. Die einmalige Anschlußgebühr an T. beträgt 50 DM, die monatli-

Tourismus: Entwicklung weltweit

Jahr	Reisende (Mio)	Ausgaben (Mrd Dollar)
1980	288	102
1985	330	115
1990	456	255
1992	476	279
1993	515	305
1994	528	321
1995	567	372

Quelle: Welt-Tourismus-Organisation

che Grundgebühr 8 DM, die Nutzungsgebühr 6 Pf/min, nachts 2 Pf/min (Stand: Anfang 1996). T. bietet auch den direkten Zugriff auf das Internet, jedoch kostet dieser Service 10 Pf/min zusätzlich. Die notwendigen Computerprogramme, um das Internet nutzen zu können, sowie eine Internetadresse werden beim Anschluß an T. mitgeliefert.

→ Internet → ISDN → Online-Dienste
→ Telekommunikation

Tourismus [TAB]

1995 gingen nach einer Schätzung der Welt-Tourismus-Organisation (WTO) rd. 567 Mio Menschen auf Reisen (1994: 528 Mio). Insgesamt gaben die Urlauber 1995 rd. 372 Mrd Dollar aus, 51 Mrd mehr als im Vorjahr. Frankreich verzeichnete von allen Ländern mit rd. 60 Mio die meisten Besucher (zweite Stelle: Spanien mit 45,1 Mio Gästen). Deutschland belegte mit 14,5 Mio Besuchern den 13. Rang. Deutsche Urlauber gaben 1995 rd. 69 Mrd DM (1994: 67 Mrd DM) im Ausland aus. 14% der deutschen Reisedevisen flossen nach Österreich (9,1 Mrd DM), 13% nach Italien (8,7 Mrd DM) und 12% nach Spanien (7,9 Mrd DM).

→ Flugsicherheit

Tourismus: Beliebteste Ziele

Land	Touristenankünfte 1995 (Mio)
Frankreich	60,6
Spanien	45,1
USA	44,7
Italien	29,2
China	23,4
Großbritannien	22,7
Ungarn	22,1
Mexiko	19,9
Polen	19,2
Österreich	17,8
Kanada	16,9
Tschechische Rep.	16,6
Deutschland	14,5
Schweiz	11,8
Griechenland	11,1

Quelle: Welt-Tourismus-Organisation

Transeuropäische Netze

(TEN), Konzept der EU für den Ausbau der Infrastruktur in Verkehrswesen und Telekommunikation sowie beim Strom- und Gasnetz. Bis zum Jahr 2000 sollen von den EU-Ländern rd. 220 Mrd ECU (418 Mrd DM), weitere 180 Mrd ECU (342 Mrd DM) bis 2010 investiert werden. Die T. sollen den freien Verkehr im

Europäischen Binnenmarkt erleichtern, Arbeitsplätze schaffen und die Wettbewerbsfähigkeit der EU stärken:
▷ Verkehr: 14 Projekte, insbes. zum Ausbau eines europäischen Netzes für Hochgeschwindigkeitszüge wie den französischen TGV und den deutschen ICE
▷ Energie: Aufbau europäischer Stromverbundnetze und eines EU-weiten Gasnetzes
▷ Telekommunikation: Freie Konkurrenz der Telekommunikationsanbieter ab 1998 und Einführung eines digitalen europäischen ISDN-Netzes.
1995 wurden EU-Zuschüsse von rd. 4,5 Mrd DM für vorrangige T.-Vorhaben bis 1999 vereinbart. Dazu zählen die Hochgeschwindigkeitszüge München–Verona, Metz–Saarbrücken–Mannheim, Nürnberg–Berlin und Brüssel–Köln–Frankfurt/M.
→ EU-Konjunktur

Transrapid [TAB]

Hochgeschwindigkeits-Magnetschwebebahn, für die 1998–2005 eine erste Strecke zwischen Hamburg und Berlin gebaut werden soll. Der von deutschen Firmen produzierte T. soll wegen des wachsenden Verkehrsaufkommens in Deutschland als fünftes Verkehrsmittel neben Auto, Eisenbahn, Flugzeug und Schiff treten und ins Ausland verkauft werden. Dem Bundesverkehrsministerium zufolge könnte der T. als umweltfreundliche, kostengünstige Alternative den Inlandluftverkehr ersetzen und den Autoverkehr verringern. Bis Ende 1996 ließ das Ministerium von unabhängigen Gutachtern prüfen, ob die von Kritikern angezweifelten Fahr-

Transrapid: Zeitplan

Datum	Ereignis
Sept.–Nov. 1995	Anträge für Raumordnungsverfahren
Ende 1995	Gründung Fahrweg-/Betriebsgesellschaft
April 1996	Planungsgesellschaft präsentiert Trasse
November 1996	Länder beurteilen Trasse landesplanerisch
Juni 1997–Aug. 1998	Planfeststellungsverfahren
Mitte 1998	Ausschreibung Bautätigkeiten, Baubeginn
Anfang 2004	Abschluß Bauarbeiten, Beginn Probebetrieb
Anfang 2005	Eröffnung der Strecke Berlin–Hamburg

gastprognosen zutreffen, die Voraussetzung für eine Finanzierbarkeit des T. sind.
TECHNIK: Der T. fährt auf einer ca. 5 m hohen Stahl-Beton-Konstruktion. Er wird mit einem Elektromotor angetrieben, dessen Magnetfeld in der Schiene erzeugt wird. Es zieht die Bahn mit bis zu 500 km/h vorwärts und hält sie 1 cm über dem Fahrweg schwebend. Auf einer Versuchsstrecke im Emsland soll der T. bis 1997 zur Serienreife entwickelt werden. Bis 150 km/h ist er nahezu geräuschlos. Bei 400 km/h werden die Geräusche so laut, daß der Lärm nur gering unter dem von Hochgeschwindigkeitszügen liegt.
VORTEILE: Im Unterschied zur Eisenbahn entfallen beim T. Roll- und Bremsgeräusche. Der Energieverbrauch liegt bei gleicher Geschwindigkeit ca. 20% unter dem eines Hochgeschwindigkeitszuges der Bahn. Ursache dafür ist das geringere Gewicht, weil Teile des Motors Bestandteil des Fahrwegs sind. Der T. gilt als entgleisungssicher.
STRECKENPLANUNG: Die Verbindung Hamburg–Berlin mit Halt in Schwerin wurde ausgewählt, weil eine große Entfernung mit wenigen Zwischenhalten überbrückt wird. So kommt die hohe Geschwindigkeit des T. zur Wirkung. Die 284 km lange Fahrt zwischen Berlin und Hamburg soll ca. 1 h dauern (reine Flugzeit: 1 h).
WIRTSCHAFTLICHKEIT: Neuen Fahrgastprognosen zufolge soll das Finanzierungskonzept des T. gegebenenfalls revidiert werden. Mitte 1996 rechneten die Hersteller mit 14,5 Mio Reisenden pro Jahr. 12 Mio–14 Mio Passagiere sind nötig, um den T. zu finanzieren. Der Bundesrech-

Transrapid: Fahrzeugtechnik

Merkmal	Wert
Höhe	4,06 m
Breite	3,70 m
Steigfähigkeit	10%
Geschwindigkeit[1]	300–500 km/h
Sitzplätze	350
Gewicht	180 t
Lautstärke bei 300 km/h[2]	85 Dezibel

1) Betriebsgeschwindigkeit; 2) in 25 m Abstand; Quelle Focus, 6.11.1995

nungshof (Frankfurt/M.) kritisierte, daß der Bundeshaushalt bei einer Unterschreitung der Prognose fehlende Finanzmittel bereitstellen müsse. Das bisherige Finanzierungskonzept sieht Kosten von 8,9 Mrd DM vor. Der Bund übernimmt 5,6 Mrd DM für den Fahrweg. Der Betrieb wird durch eine private Gesellschaft finanziert, an der auch Deutsche Bahn und die Lufthansa beteiligt sind.

BEDARF: Kritiker wiesen darauf hin, daß bereits ein europäisches Schnellbahnnetz für Eisenbahn-Hochgeschwindigkeitszüge im Aufbau ist. Die Fahrzeit der Eisenbahn zwischen Hamburg und Berlin beträgt nach einem Ausbau der Strecke ab 1997 ca. 2 h und kann durch eine weitere Modernisierung der Gleisanlagen auf 90 min reduziert werden.

→ Hochgeschwindigkeitszüge → Schnellbahnnetz → Verkehr

Treibhauseffekt

Der T. ist Folge der durch Verbrennung fossiler Rohstoffe (Holz, Kohle, Erdöl, Erdgas) sowie durch die Landwirtschaft ansteigenden Gase wie Kohlendioxid oder Methan in der Erdatmosphäre und der damit drohenden Gefahr eines globalen Temperaturanstiegs.

PROGNOSE: In einem im Dezember 1995 verabschiedeten Bericht des von der UNO eingesetzten IPCC (Intergovernmental Panel on Climate Change) gehen die Wissenschaftler davon aus, daß sich das Weltklima durch Treibhausgase bis zum Jahr 2100 um bis zu 3,5° C erwärmen wird (Anstieg vorangegangene 135 Jahre: 0,5° C). Der Meeresspiegel könnte dadurch um bis zu 1 m ansteigen. Das würde bedeuten, daß zahlreiche Flußmündungen wie die des Rheins in den Niederlanden, der Rhône in Frankreich, des italienischen Po und des ägyptischen Nils überflutet und unbewohnbar werden; mehr als 70 Mio Menschen wären davon direkt betroffen. Strände an der Ostküste der Vereinigten Staaten, darunter Florida, dürften bereits in 25 Jahren überspült sein.

Als weitere negative Folgen werden auch Entwaldung und eine noch stärkere Trockenheit der Wüstenregionen prognostiziert.

WETTERSCHWANKUNGEN: Die UNO-Klimaexperten machten den Ausstoß von Treibhausgasen, insbes. von Kohlendioxid, Methan, Lachgas und FCKW für die jüngsten Wetterextreme verantwortlich, so für die Hitzewellen in Deutschland und Teilen Nordamerikas im Sommer 1995 sowie eine Zunahme von Hurrikanen und anderen Naturkatastrophen.

→ Desertifikation → Energieverbrauch → FCKW → Klimaveränderung → Kohlendioxid

Treuhand-Nachfolge

Anfang 1995 übernahmen die Bundesanstalt für vereinigungsbedingte Sonderaufgaben (BVS), die Treuhand Liegenschaftsgesellschaft (TLG) und die Beteiligungs-Management-Gesellschaft Berlin (BMGB) als Nachfolger der Ende 1994 aufgelösten Treuhandanstalt die Privatisierung des staatlichen Eigentums der ehemaligen DDR.

BVS: Die BVS ist für die Überwachung der von der Treuhandanstalt abgeschlossenen Privatisierungsverträge und für die Abwicklung der in Konkurs gegangenen Unternehmen verantwortlich, die von der Treuhand nicht verkauft werden konnten. Sie ist zuständig für die Privatisierung des land- und forstwirtschaftlichen Vermögens. 1995 privatisierte die BVS rd. 100 Unternehmen, holte private Investitionszusagen in Höhe von 5 Mrd DM ein und sicherte dadurch rd. 7000 Arbeitsplätze.

TLG: Die TLG soll Flächen und Grundstücke verkaufen, die nicht landwirtschaftlich genutzt werden. Anfang 1996 verfügte die TLG über 62 700 Immobilien in etwa 7600 Orten in den fünf neuen Bundesländern. 1995 verkaufte die TLG etwa 10 000 Immobilien, davon 5200 Wohnobjekte mit insgesamt 20 300 Wohnungen.

BMGB: Die BMGB ist für den Verkauf von Unternehmen verantwortlich, die sanierbar sind, aber von der Treuhandanstalt nicht mehr verkauft werden konnten. 1995 privatisierte sie zwölf Unternehmen und sieben Unternehmensteile. Mitte 1996 betreute sie noch 35 Unternehmen mit ca. 8900 Mitarbeitern.

→ Staatsverschuldung → Werftenkrise

Trinkwasser [TAB]

1995 verteuerte sich das T. in den neuen Bundesländern um 7,6% und in den alten Ländern um ca. 3%. Die Abwassergebühren stiegen in Westdeutschland um 8,2% und im Osten um 12,1%. Als Grund für den Preisanstieg beim T. nannten die Wasserwerke vor allem den gesunkenen Wasserverbrauch. Der Fixkostenanteil der Wasserwerke liege bei 85%. Die Kosten müßten auf den verminderten Verbrauch umgelegt werden.

VERBRAUCH: Der Wasserverbrauch der Deutschen lag 1995 bei 135 l je Tag und Einwohner (1991: 145 l). Ursachen für den niedrigen Verbrauch waren die sinkende Nachfrage der Industrie, aber auch öffentliche Sparaktionen in den vergangenen überdurchschnittlich warmen Sommern und ein zunehmender Einsatz wassersparender Geräte und Anlagen. Die größten Wasserverbraucher waren private Haushalte und das Kleingewerbe mit fast 80% der gesamten Entnahme aus dem öffentlichen Versorgungsnetz (rd. 3,7 Mio m³), gefolgt von der Industrie mit ca. 15%. Verwendet wird zu ca. 75% zu T. aufbereitetes Grundwasser.

VERUNREINIGUNG: T. ist das wichtigste Lebensmittel. Die Grundforderungen des Lebensmittelgesetzes an einwandfreies T. sind: frei von Krankheitserregern, keine gesundheitsschädigenden Eigenschaften, keimarm, appetitlich, farblos, geruchlos, geschmacklich einwandfrei, geringer Ge-

Trinkwasser: Wasser- und Abwasserpreise

Bundesland	Wasser (DM/m³)	Abwasser (DM/m³)
Baden-Württemberg	2,69	3,39
Bayern	1,83	2,67
Berlin	2,55	4,45
Bremen	2,94	4,35
Hamburg	2,77	4,70
Hessen	3,21	4,22
Niedersachsen	2,07	3,92
Nordrhein-Westfalen	2,56	4,66
Rheinland-Pfalz	2,55	2,97
Saarland	2,72	5,27
Schleswig-Holstein	2,11	3,40
Brandenburg	2,58	5,21
Mecklenburg-Vorp.	2,51	4,31
Sachsen	3,31	3,86
Sachsen-Anhalt	2,83	3,85
Thüringen	3,33	3,28
Deutschland	2,53	3,76

Stand: 1995; Quelle: Die Welt, 23.4.1996

halt an gelösten Stoffen. Mitte der 90er Jahre war das T. jedoch zunehmend verschmutzt, insbes. durch Pestizide und Nitrat aus der Landwirtschaft (Dünger, Tierhaltung) sowie durch Schadstoffe aus Industrie und Altlasten (Deponien).

GRENZWERTE: Natur- und Umweltschützer kritisierten, daß die Definition von T. oft anhand zu vieler Grenzwerte erfolge. Messungen hatten ergeben, daß das Grundwasser in Deutschland 1995 so belastet war, daß bei mehr als 10% der Entnahmestellen die Grenzwerte der T.-Verordnung überschritten wurden und dieses Wasser beispielsweise für die Herstellung von Babynahrung ungeeignet war.

KLÄRUNG: In Deutschland waren 1996 fast 90% der Haushalte an kommunale Kläranlagen angeschlossen. Während in Ostdeutschland weniger als 20% des anfallenden Abwassers wie vorgeschrieben in dreistufigen Kläranlagen behandelt wurden, waren es in Westdeutschland fast 100%. In den Entwicklungsländern dagegen verfügte nur etwa die Hälfte der Menschen über einen Anschluß (Zu- oder Ablauf) an das Wasserleitungssystem.

EUROPÄISCHE UNION: Bis zum Jahr 2000 müssen in der EU alle Städte mit über 15 000 Einwohnern und bis 2005 alle

Trinkwasser: Verbrauch in Deutschland

Verwendungszweck	Menge (l/Tag)
Autowäsche	3
Trinken/Kochen	3
Putzen	9
Geschirrspülen	9
Körperpflege	9
Wäsche	17
Baden/Duschen	42
WC-Spülung	43
Verbrauch insgesamt	135
Westdeutschland	140
Ostdeutschland	107

Stand: 1995, Quelle: Umweltbundesamt

Gemeinden mit mehr als 2000 Einwohnern über eine Kläranlage verfügen. Für Küstenregionen und Einzugsgebiete der Zuflüsse gilt die Regelung für Städte mit über 10 000 Einwohnern schon ab 1998.

→ Altlasten → Wasserknappheit → Wasserverschmutzung

Tropenwälder

Immergrüne Wälder in ganzjährig feuchten Gebieten entlang des Äquators. T. zählen zu den artenreichsten Vegetationsformen der Erde; sie beheimaten etwa 40% der weltweit etwa 1,4 Mio erfaßten Tier- und Pflanzenarten. Als Wasserspeicher stabilisieren T. das globale Klima und wirken dem Treibhauseffekt entgegen, indem sie der Atmosphäre das Klimagas Kohlendioxid entziehen: Pro Jahr bindet allein die Vegetation im Amazonasgebiet 560 Mio t Kohlendioxid – etwa 10% der Menge, die der Mensch jährlich bei der Verbrennung von Kohle, Erdöl und Erdgas freisetzt. Durch Abholzen und Brandrodungen verringerte sich die Fläche der T. von 1985 bis 1995 von 1910 Mio ha auf 1756 Mio ha.

VERNICHTUNG: Der Raubbau, insbes. im Amazonasgebiet, verursacht zunehmend Überschwemmungen, er fördert Bodenerosion und Versteppung (Desertifikation) und beschleunigt die Klimaveränderung. Während die Zahl der registrierten Brandherde im Amazonasgebiet von 19 800 (1993) auf 8500 (1994) zurückgegangen war, zählten die Auswerter von Satellitenbildern Ende 1995 fast 40 000 Stellen, an denen der abgeholzte Urwald brannte. Für die beiden ersten Augustwochen kamen Experten für das gesamte brasilianische Staatsgebiet auf mehr als 72 000 Brandherde. Jeden Tag wurden rd. 3000 ha Wald vernichtet.

VERURSACHER: Als Hauptverursacher für Brandrodungen galten Großgrundbesitzer, die T. zugunsten von Viehwirtschaft oder Bodenspekulation anzünden. Verantwortlich sind außerdem landlose Bauern, die meist ohne behördliche Genehmigung brandroden. Zusammen mit den landsuchenden Siedlern stoßen auch die häufig von den Länderregierungen geförderten Sägewerke in das Amazonasgebiet vor,

das schon 12% seines Waldes verloren hat. Jedes Jahr entfällt eine weitere Fläche, die dreimal so groß ist wie Luxemburg.

→ Desertifikation → Klimaveränderung
→ Kohlendioxid → Treibhauseffekt
→ Waldsterben

Truppenabbau [TAB]

Das Ende des Ost-West-Konflikts, Abrüstungsvereinbarungen wie der KSE-Vertrag, die Änderung von Militärdoktrinen und Verteidigungsplanung sowie sinkende Rüstungsausgaben führten seit 1987 weltweit zu einer Verringerung des Militärpersonals um ein Sechstel auf etwa 24 Mio. Der T. betraf vor allem China, Europa, die GUS und die USA. Die NATO-Staaten reduzierten ihre Streitkräfte um ein Fünftel auf 4,75 Mio Soldaten. Der T. hat wirtschaftliche Verluste für strukturschwache Regionen zur Folge, weil Aufträge und Konsumausgaben wegfallen und zivile Arbeitsplätze abgebaut werden. Für diese Gebiete stellte die EU im Konver-II-Programm ab 1994 rd. 500 Mio ECU zur Verfügung. Deutschland erhält mit rd. 44% den größten Anteil. International unterstützt werden die Demobilisierung und die Reintegration von Soldaten in das Zivilleben z. B. in der GUS, in Afrika (Angola, Äthiopien, Mosambik, Uganda) und Mittelamerika (El Salvador, Nicaragua).

USA: Die US-amerikanische Regierung will 1994–1999 ihre Streitkräfte um ein Sechstel auf 1,43 Mio und ihre Militärprä-

Truppenabbau: Größte Armeen		
Land	Soldaten[1] (Mio)	
	1994	1985
China	3,06	4,10
Rußland/UdSSR	1,90	3,90
USA	1,73	2,24
Indien	1,27	1,26
Korea-Nord	1,20	0,78
Korea-Süd	0,75	0,60
Türkei	0,70	0,81
Pakistan	0,59	0,48
Iran	0,57	0,35
Vietnam	0,57	1,03

1) Stärke; Quelle: Bonn International Center for Conversion: conversion survey 1996

senz in Europa bis 1997 auf 100 000 Soldaten (Deutschland: 65 000) verringern. Die gleiche Anzahl bleiben in Japan und Korea-Süd stationiert. Bis 1994 wurden 20% der Militärstandorte in den USA und 40% im Ausland, vor allem Europa, geschlossen.

RUSSLAND: Etwa 700 000 in den Staaten des ehemaligen Warschauer Pakts, Kuba und der Mongolei stationierte Soldaten kehrten ab 1989 nach Rußland zurück. Etwa die gleiche Zahl schied aus der sowjetischen bzw. russischen Armee aus. In Rußland fehlen ca. 155 000 Offizierswohnungen. Die Bereitstellung von Wohnungen für ausgeschiedene Soldaten verzögert sich. Deutschland finanziert die Errichtung von 45 000 Soldatenwohnungen an 42 Standorten in Rußland, der Ukraine und Weißrußland; davon waren 38 000 bis Ende 1995 fertiggestellt. Um Kosten für Pensionen, Abfindungen und neue Wohnungen zu sparen, wird die Entlassung von Soldaten häufig aufgeschoben.

DEUTSCHLAND: Die Bundeswehr, inkl. der übernommenen Teile der Nationalen Volksarmee der ehemaligen DDR, rüstet 1990–1996 von rd. 526 000 auf 340 000 Soldaten ab. 600 Standorte werden geschlossen. Hinzu kommen der vollständige Abzug von rd. 338 000 sowjetischen Soldaten aus den neuen Bundesländern bis 1994 und eine Verminderung des Militärpersonals der sieben in Westdeutschland stationierten Westalliierten um fast zwei Drittel auf rd. 140 000.

→ Altlasten → Bundeswehr → KSE-Vertrag → Rüstungsausgaben → Rüstungsindustrie → Wehrpflicht

Tschernobyl

Ende 1995 einigte sich die ukrainische Regierung mit der Gruppe der sieben führenden Industriestaaten (G 7) und der EU auf die Schließung des Atomkraftwerks T. bis 2000. In T. ereignete sich 1986 das bislang schwerste Unglück bei der zivilen Nutzung der Atomenergie. Eine radioaktive Wolke breitete sich bis nach Nord- und Mitteleuropa aus. Für die Stillegung von T., den Bau von Ersatzkraftwerken (Atomenergie, Kohle) und die Umrüstung anderer Kernreaktoren

Truppenabbau: Betroffene Bundesländer

Land[1]	Fläche (ha)	Soldaten	Zivilisten
Baden-Württemberg	6 400	62 000	14 150
Bayern	22 600	61 130	8 680
Berlin	1 900	4 700	5 270
Brandenburg	160 000	222 700	14 380
Bremen	180	3 380[2]	–
Hamburg	530	2 600	420
Hessen	7 400	56 630	9 100
Mecklenburg-Vorpommern	28 760	89 600[2]	–
Niedersachsen	3 120	42 480	5 400
Nordrhein-Westfalen	7 000	50 000	11 650
Rheinland-Pfalz	8 600	41 550	11 240
Saarland	300	65	65
Sachsen	20 300	90 560	22 400
Sachsen-Anhalt	40 240	99 000[2]	–
Schleswig-Holstein	2 600	40 800[2]	–
Thüringen	16 800	73 240	7 250

1) Bei Bundeswehr und ausländischen Streitkräften 1990–1994; 2) inkl. Zivilbedienstete; Quelle: BICC: conversion survey 1996

boten G 7 und EU 2,3 Mrd Dollar, davon 1,8 Mrd Dollar als Kredit.

ABGESCHALTETE REAKTOREN: Zwei der vier Reaktorblöcke (1 und 3) waren Mitte 1996 in Betrieb. Block 2 wurde 1991 nach einem Brand abgeschaltet. Der 1986 explodierte Reaktor 4 wurde nach dem Unglück mit einem Stahlbetonmantel, dem sog. Sarkophag, umgeben, der jedoch Risse aufweist. Zum Schutz vor radioaktiver Strahlung legte ein europäisches Firmenkonsortium 1995 Pläne zum Bau eines zweiten Betonmantels vor, der auch Block 3 und das Verbindungsgebäude zwischen beiden umfassen könne (Kosten: 1,8 Mrd–2,2 Mrd DM).

ENERGIEBEDARF: Das Atomkraftwerk T. deckte 1995 etwa 7% des ukrainischen Energiebedarfs, der 1995 nur zu 42% aus einheimischen Quellen befriedigt werden konnte. Bis 2000 war die Fertigstellung fünf weiterer Atomreaktoren geplant. Der Anteil der Atomenergie an der Stromversorgung soll von rd. 32% (1994) auf 40% erhöht werden. Ende 1995 wurde Block 6 des Kernkraftwerks Saporoschje ans öffentliche Stromnetz angeschlossen (Bruttoleistung: 1000 MW). Der Kernbrennstoff wurde 1995/96 überwiegend aus Rußland eingeführt.

FOLGEN DER KATASTROPHE: Neun Mio Menschen in Rußland, der Ukraine und Weißrußland waren von der Katastrophe betroffen. 355 000 mußten 1986–1995 radioaktiv stark verseuchtes Gebiet verlassen. Verstrahlt wurden etwa 30% Weißrußlands, 7% der Ukraine und 1,6% des europäischen Teils Rußlands. Unklar blieb bis 1995/96, wie viele Menschen an den Folgen des Unglücks starben, weil in Statistiken auch andere Todesursachen aufgeführt werden, die mit den Strahlenschäden in Zusammenhang stehen. Etwa 800 000 Katastrophenhelfer beseitigten 1986–1990 in einer 30-km-Zone um das Atomkraftwerk T. die Unfallfolgen (sog. Liquidatoren). 60 000 von ihnen waren sehr hohen Strahlendosen aus dem havarierten Reaktor (250–1000 Millisievert) ausgesetzt. Bis Anfang 1996 starben nach Angaben von Weltgesundheitsorganisation und Internationaler Atomenergie-Agentur 42 von 237 Strahlenkranken. In der Ukraine wurden bis dahin 1800 als T.-Tote offiziell anerkannt.

KRANKHEITEN: Die Liquidatoren wiesen eine erhöhte Selbstmordrate und höhere Krankheitshäufigkeiten auf (z. B. Diabetes, Augen-, Herz-Kreislauf- und Nervenkrankheiten, Leukämie, psychosomatische Leiden). Psychosoziale Krankheiten wie Neurosen oder Depressionen und Magen-Darm-Krankheiten sind inbes. bei der umgesiedelten Bevölkerung festzustellen. Bei Kindern, die zum Zeitpunkt des Unglücks jünger als 15 Jahre waren, wurde in Rußland, der Ukraine und vor allem Weißrußland eine starke Zunahme von Schilddrüsenkrebs registriert. US-Wissenschaftler stellten Anfang 1996 außerdem eine überdurchschnittliche Häufigkeit von Erbgutveränderungen bei weißrussischen Kindern fest. Sie vermuteten, daß auch langfristige niedrige Strahlendosen zu Gesundheitsschäden führen. Im Umkreis von 600 km um T. wird in den nächsten 60 Jahren mit 10 000–20 000 zusätzlichen Krebstoten gerechnet.

UMWELT: Die Ablagerung des langlebigen radioaktiven Cäsium 137 in der Natur stellt für die mindestens 3,7 Mio Bewohner der verstrahlten Regionen ein Gesundheitsrisiko dar, das durch den hohen Grad landwirtschaftlicher Selbstversorgung noch steigt. Die radioaktiven, häufig nur notdürftig vergrabenen verstrahlten Abfälle in der Umgebung des Kraftwerks T. sind vor Überflutungen nicht geschützt und können das Grundwasser verseuchen.
→ Atomenergie → Reaktorsicherheit

Tschetschenien [TAB]

Moslemische Republik im Nordkaukasus mit 1,3 Mio Einwohnern, die im Oktober 1991 einseitig ihre Unabhängigkeit von der Russischen Föderation erklärte. Nachdem von Moskau unterstützte Umsturzversuche im August und November 1994 gescheitert waren, marschierten im Dezember 1994 russische Truppen in T. ein. Im Mai 1996 vereinbarten Rußlands Präsident Boris Jelzin und Rebellenführer Selimchan Jandarbijew eine Waffenruhe, die jedoch bis Mitte des Jahres immer wieder gebrochen wurde. Etwa 45 000 Menschen starben bis Mitte 1996 bei den Auseinandersetzungen. Ein Entwurf über den zukünftigen Status der Kaukasusrepublik sah für T. größtmögliche Autonomie innerhalb der Russischen Föderation vor. Im Juni 1996 zog Rußland Teile seiner Truppen aus T. ab.

MACHTWECHSEL: Im April 1996 kam der Präsident von T., → [NEK] Dschochar Dudajew, bei einem russischen Raketenangriff ums Leben. Sein Tod führte zu einer weiteren Destabilisierung der Situation. Dudajews Nachfolger wurde sein bisheriger Stellvertreter Selimchan Jandarbijew, der als Verfechter einer harten Linie im Unabhängigkeitskampf gilt. Da er nicht über denselben Rückhalt bei den Rebellen wie Dudajew verfügt, drohte eine Aufspaltung und damit Radikalisierung des Widerstands.

KRIEGSVERLAUF: In der russischen Republik Dagestan nahm im Januar 1996 ein tschetschenisches Rebellenkommando rd. 2000 Menschen als Geiseln. Bei dem Angriff russischer Einheiten gegen die Geiselnehmer, die sich mit 150 Geiseln in den Ort Perwomajskoje an der Grenze zwischen Dagestan und Tschetschenien zurückgezogen hatten, starben etwa 200 Menschen. Unter erheblichen Verlusten wehrten russische Verbände im März einen Angriff

tschetschenischer Rebellen auf die Hauptstadt Grosny ab. Im Westen und Süden der Republik kam es daraufhin erneut zu schweren Kämpfen. Nach Schätzungen von Menschenrechtsorganisationen waren Mitte 1996 rd. 350 000 Menschen innerhalb von T. auf der Flucht. Weitere Hundertausende flohen in die benachbarten russischen Republiken Inguschetien und Dagestan.
MENSCHENRECHTE: In einem Bericht prangerte die Organisation für Sicherheit und Zusammenarbeit in Europa (OSZE) im März 1996 massive Menschenrechtsverletzungen in T. an. Die russischen Offensiven seien primär gegen die Zivilbevölkerung gerichtet, es käme u. a. zu Folterungen, Plünderungen und Brandstiftungen.

Tuberkulose

(Tb, Tbc), in Deutschland meldepflichtige Infektionskrankheit, die von Bakterien verursacht wird. In 90% der Fälle gelangen die Erreger in die Atemwege und setzen sich in der Lunge fest, die sie funktionsunfähig machen können. Von da aus können sie andere Organe und die Knochen befallen. 1996 war T. die weltweit führende Infektionskrankheit bei Erwachsenen und Jugendlichen. Die Zahl der T.-Opfer erreichte 1995 mit rd. 3 Mio Toten weltweit einen historischen Höchststand. Die Weltgesundheitsorganisation (WHO, Genf) begründete den Anstieg mit Versäumnissen in den 70er und 80er Jahren, die eine Vernachlässigung von Programmen zur T.-Behandlung nach sich gezogen hätten. Prognosen der WHO zufolge werden bis 2045 rd. 500 Mio Menschen mit T. infiziert sein.
URSACHEN: 95% der Fälle wurden Mitte der 90er Jahre in den Entwicklungsländern registriert. Medizinern zufolge ist die Gefahr zu erkranken dort am größten, wo viele Menschen auf engem Raum zusammenleben. Die Krankheit breche nur bei Personen mit geschwächtem Immunsystem infolge von Mangelernährung sowie anderen Infektionen wie Aids aus. Auch in den Industrieländern wurde in den 90er Jahren ein Anstieg der Fälle beobachtet, den Experten auf Fernreisen sowie Ein- und Auswanderung zurückführten. Zudem war die Resistenz der Erreger gegen einige Antibiotika für die weltweite Ausbreitung verantwortlich.

Tschetschenien: Chronik

Datum	Ereignis
19. Jh.	Im Krieg der Kaukasusvölker gegen die Russen kämpfen die Tschetschenen auf moslemischer Seite
1922	Gründung des autonomen Gebiets der Tschetschenen
1936	Tschetschenien ist Autonome Republik in der UdSSR
1944	Deportationen von Tschetschenen wegen angeblicher Kollaboration mit den deutschen Besatzern; Auflösung der Autonomen Republik
1957	Wiederherstellung der Autonomen Republik; die deportierten Tschetschenen dürfen zurückkehren
Okt. 1991	Unabhängigkeitserklärung, Dschochar Dudajew wird zum Präsidenten gewählt
8.11.1991	Rußland verhängt den Ausnahmezustand
2.8.1994	Gewaltsamer Umsturzversuch der von der russischen Regierung unterstützten Opposition scheitert
15.9.1994	Dudajew ruft den Kriegszustand aus
11.12.1994	Russische Invasion Tschetscheniens beginnt
12.2.1995	Russische Truppen haben Grosny erobert, die Kämpfe verlagern sich in die Berge
Juni 1995	Geiselnahme von Budjonnowsk/Rußland durch ein Tschetschenen-Kommando ebnet Verhandlungsweg
Dez. 1995	Offensive der Rebellen gegen die Stadt Gudermes; russische Artillerieangriffe fordern 300 Todesopfer
17.12.1995	Bei von Moskau organisierten Wahlen wird der prorussische Doku Sawgajew Chef der Republik
Jan. 1996	Geiselnahme von Kiseljar und Perwomajskoje: 200 Tote bei russischem Sturmangriff
März 1996	Russische Truppen wehren einen Angriff der Rebellen auf die Hauptstadt Grosny ab
31.3.1996	Präsident Jelzin verkündet Friedensplan: Einstellung der Kämpfe, Abzug der russischen Armee
22.4.1996	Tschetscheniens Präsident Dschochar Dudajew stirbt bei einem russischen Raketenangriff
27.5.1996	Jelzin und Dudajew-Nachfolger Selimchan Jandarbijew vereinbaren Waffenruhe

OSTEUROPA: WHO-Experten warnten 1996 vor Seuchen in Osteuropa. Mit dem Zusammenbruch der kommunistischen Staaten sei auch die staatlich finanzierte und organisierte Gesundheitsvorsorge weggefallen, so daß Infektionskrankheiten wie T., Cholera und Diphtherie erneut auftreten könnten. Anfang 1996 meldete ein Forschungsinstitut aus Tiflis/Georgien 12 500 T.-Patienten, darunter 700 Kinder.
→ Antibiotika

Tutsi

→ Hutu und Tutsi

U

Überhangmandate [TAB]

Die vom Bundespräsidenten eingesetzte Wahlkreiskommission unter Vorsitz des Präsidenten des Statistischen Bundesamtes, Johann Hahlen, legte im Februar 1996 der Reformkommission zur Größe des Deutschen Bundestages ihren Bericht vor. Danach haben sich in drei von insgesamt 328 Bundestagswahlkreisen die Zahlen der Wahlbevölkerung um mehr als 33,3% verändert. Diese Wahlkreise müssen bis zur Bundestagswahl 1998 neu zugeschnitten werden. In weiteren 35 Wahlkreisen ergaben sich Abweichungen von mehr als 25% bei der Wahlbevölkerung. Für diese Wahlkreise empfiehlt das Bundeswahlgesetz Neuabgrenzungen. Acht weitere Wahlkreise sollen zwischen den Bundesländern neu aufgeteilt werden. Zu kleine Wahlkreise gelten als eine der Ursachen für die hohe Zahl von Ü. bei der Bundestagswahl 1994.

WAHLRECHT: Bei Wahlen auf Bundesebene hat der Wähler zwei Stimmen. Die Hälfte der Abgeordneten wird in den Wahlkreisen mit der Erststimme nach dem relativen Mehrheitswahlrecht gewählt (Direktmandate). Mit der Zweitstimme wählt der Wähler die Landesliste einer Partei nach dem Verhältniswahlrecht. Erst- und Zweitstimme können verschiedenen Parteien gegeben werden (Stimmensplitting). Ü. entstehen, wenn eine Partei in einem Bundesland mehr Direktmandate erzielt, als ihr nach der Zahl ihrer Zweitstimmen Sitze zustehen. Da die Direktmandate der Partei nicht vorenthalten werden können, erhöht sich die Zahl der Abgeordneten um diese Ü. Bei der Bundestagswahl 1994 ergab sich die Rekordzahl von 16 Ü. Die Mehrheit der CDU/CSU/FDP-Koalition erhöhte sich durch Ü. von zwei auf zehn Stimmen.

URSACHEN: Die hohe Zahl von Ü. wurde auf folgende Ursachen zurückgeführt:
▷ Immer mehr Wähler geben die Erst- und Zweitstimme verschiedenen Parteien (Stimmensplitting)
▷ Die große Zahl kleiner Wahlkreise in den neuen Bundesländern führt dort zu einer Überbewertung der Erststimmen. 1994 entstanden 13 der 16 Ü. in Ostdeutschland.

REFORM: Durch die Ü.-Regelung brauchen kleine Parteien, die meist wenige Direktmandate gewinnen, rechnerisch mehr Zweitstimmen für ein Mandat als große Parteien. Um die gleiche Gewichtung der Zweitstimmen herzustellen, müßte der 1994 gewählte Bundestag durch Ausgleichsmandate auf 891 Abgeordnete anwachsen. Eine Klage von Bündnis 90/Die Grünen, die Ausgleichsmandate für sich forderten, war Mitte 1996 noch beim Bundesverfassungsgericht (BVG, Karlsruhe) anhängig. Die Reformkommission zur Größe des Deutschen Bundestages unter dem Vorsitz von Bundestags-Vizepräsident Hans-Ulrich Klose (SPD) soll die Verkleinerung des Bundestages auf 598 Sitze ab 2002 vorbereiten. Strittig ist, ob mit dem Neuzuschnitt der Wahlkreise bis 2002 gewartet werden kann, wenn die Ver-

Überhangmandate: Bundestag

Wahlperiode (Wahljahr)	Überhang- mandate	Überhangmandate pro Bundesland	für Partei
1. WP (1949)	2	Baden 1	CDU
		Bremen 1	SPD
2. WP (1953)	3	Schleswig-Holstein 2	CDU
		Hamburg 1	DP[1]
3. WP (1957)	3	Schleswig-Holstein 3	CDU
4. WP (1961)	5	Schleswig-Holstein 4	CDU
		Saarland 1	CDU
5. WP (1965)	0	–	–
6. WP (1969)	0	–	–
7. WP (1972)	0	–	–
8. WP (1976)	0	–	–
9. WP (1980)	1	Schleswig-Holstein 1	SPD
10. WP (1983)	2	Bremen 1	SPD
		Hamburg 1	SPD
11. WP (1987)	1	Baden-Württemberg 1	CDU
12. WP (1990)	6	Sachsen-Anhalt 3	CDU
		Mecklenburg-Vorp. 2	CDU
		Thüringen 1	CDU
13. WP (1994)	16	Sachsen 3	CDU
		Thüringen 3	CDU
		Baden-Württemberg 2	CDU
		Mecklenburg-Vorp. 2	CDU
		Sachsen-Anhalt 2	CDU
		Brandenburg 3	SPD
		Bremen 1	SPD

1) Deutsche Partei; Quelle: Das Parlament, 13./20.1.1995

kleinerung des Parlaments ohnehin eine Totalrevision der Wahlkreise erfordert, oder ob die 35 Wahlkreise mit Abweichungen bei der Wahlbevölkerung von mehr als 25% bereits 1998 geändert und 2002 erneut modifiziert werden müssen.
→ Bundestag, Deutscher → Wahlen

Übersetzungssoftware

Computerprogramme zur Übertragung von Texten aus einer Sprache in die andere. Mitte der 90er Jahre diente Ü. vor allem als Hilfsmittel für Übersetzer. Ende 1995 wurde erstmals die Ü. Verbmobil vorgeführt, die gesprochene Sprache vom Deutschen und vom Japanischen ins Englische simultan übersetzen soll. 1995 verfügte Verbmobil über einen Wortschatz von rd. 1200 Wörtern. Bis 2000 soll die Ü. ausgereift sein. Das deutsche Bundesforschungsministerium unterstützte die Entwicklung von Verbmobil bis 1996 mit 66,4 Mio DM.
Ü. wurden Mitte der 90er Jahre vor allem für die Übersetzung technischer Texte (z. B. Betriebsanleitungen) eingesetzt. Professionell einsetzbare Ü. war 1996 ab 500–700 DM erhältlich, allerdings mußten die Texte i. d. R. überarbeitet werden, weil die Ü. die Komplexität der Grammatik häufig nicht bewältigen konnte.
→ Software → Spracherkennungs-Software

Umweltagentur, Europäische
→ ORG

Umweltschutz KAR TAB

Gesamtheit der Bestrebungen und Maßnahmen zur Erhaltung oder zur Wiederherstellung der natürlichen Lebensgrundlagen von Pflanze, Tier und Mensch. Dazu gehören insbes. Maßnahmen zur Bewahrung von Boden, Wasser und Luft vor Verunreinigung durch chemische Fremdstoffe, durch Abwasser, durch Auslaugung abgelagerter Stoffe auf Deponien sowie durch Erdöl. 1996 verlor die deutsche Industrie ihre Spitzenposition auf dem Weltmarkt für U.-Technik an die USA.
DEUTSCHLAND: Mit einem Weltmarktanteil von 19% liegen die USA nun vor Deutschland mit 18,5%, gefolgt von Japan

Umweltschutz: Erforderliche Investitionen	
Land	**Nachholbedarf[1] bis 2010 (Mrd DM)**
Polen	61
ehem. Jugoslawien	39
Rumänien	38
Tschech./Slowak. Rep.	35
Baltische Staaten	26
Ungarn	25
Bulgarien	23

1) Maßnahmen in den Bereichen Luftreinhaltung, Gewässerschutz, Abfallbeseitigung

mit 13%. Nach Angaben des Bundesumweltministeriums ist der Vorsprung der USA u. a. darauf zurückzuführen, daß die US-Regierung Unternehmen konkrete Markeinführungshilfen für Umweltprodukte insbes. im asiatischen Raum gewährt. Parallel zu dieser Entwicklung sanken in Deutschland die Aufträge für U.-Technik 1995 auf drei Viertel ihres Vorjahreswertes und steuerten mit 560 Mio DM Umsatz etwa 3% zum gesamten deutschen Exportvolumen bei. Verantwortlich für den Umsatzrückgang bei U.-Produkten sind vor allem Sparmaßnahmen in Politik und Wirtschaft.
WELTMARKT: Der Umweltministerrat der Organisation für wirtschaftliche Zusammenarbeit und Entwicklung (OECD) in Paris schätzte 1996 den globalen U.-Markt auf ca. 250 Mrd Dollar. Es wird erwartet, daß bis 2000 ein Markt für U.-Produkte und -dienstleistungen entsteht, dessen Jahresumsatz mit schätzungsweise 300 Mrd Dollar nicht nur denjenigen für pharmazeutische Produkte, sondern auch den weltweiten Markt für Computer in den Schatten stellen könnte.
SCHAFFUNG VON ARBEITSPLÄTZEN: Die OECD ging davon aus, daß im Mittel 1996 fast 1% der berufstätigen Weltbevölkerung im U. tätig war. Während in Deutschland 1985 ca. 350 000 Menschen im U. arbeiteten, waren es 1995 fast 700 000 Beschäftigte. Eine weitere Verdoppelung der Umweltarbeitsplätze auf 1,5 Mio wird bis zum Jahr 2005 erwartet.
ORGANISATIONEN: Die großen U.-Verbände in Deutschland nahmen 1995 zu-

Umweltschutz: Naturschutzgebiete in Deutschland

Nationalparks und Naturparks (ha)

Nationalpark Schleswig-Holsteinisches Wattenmeer (285 000)

Hüttener Berge (26 000)

Nationalpark Hamburgisches Wattenmeer (11 700)

Nationalpark Niedersächsisches Wattenmeer (240 000)

Nationalpark Vorpommersche Boddenlandschaft (80 500)

Nationalpark Jasmund (3 000)

Westensee (26 000)

Holstein. Schweiz (58 100)

Schaalsee (16 200)

Nossentiner-Schwinzer Heide

Usedom-Oderhaff

Aukrug (38 000)

Lauen-burgische Seen (44 400)

Schwerin

Müritz-Nationalpark (30 800)

Harburger Berge (3 800)

Bremen

Mecklenburg-Elbtal

Feldberger Seenland-schaft

Untere Oder

Naturschutzpark Lüneburger Heide (20 000)

Elbufer-Drawehn (75 000)

Wildeshauser Geest (96 500)

Südheide (50 000)

Drömling (25 706)

Berlin

Märkische Schweiz (14 700)

Steinhuder Meer (31 000)

Hannover

Elm-Lappwald (47 000)

Magdeburg

Potsdam

Dümmer (47 210)

Weserbergland/Schaumburg-Hameln (111 626)

Nördl. Teutoburger Wald-Wiehengeb. (121 950)

Eggebirge u. südl. Teutoburger Wald (59 300)

Solling-Vogler (52 750)

Harz (95 000)

Nationalpark Hochharz (5 900)

Dübener Heide (200 000)

Niederlausitzer Heide-landschaft

Hohe Mark (104 000)

Arnsberger Wald (48 200)

Habichts-wald (37 370)

Kyffhäuser

Schwelm-Nette (43 500)

Hömert (55 000)

Münden

Meißner-Kaufunger Wald (42 058)

Eichsfeld-Werratal

Oberlausitzer Heide-u. Seenlandschaft

Düsseldorf

Ebbegeb. (77 736)

Rothaar-geb. (135 500)

Diemel-see (33 436)

Dresden

Kotten-forst-Ville (88 122)

Berg. Land (191 697)

Erfurt

Erzgebirge-Vogtland

Nationalpark Sächsische Schweiz (9 300)

Nordeifel (175 116)

Bonn

Siebengeb. (4 800)

Rhein-Westerwald (44 600)

Hoher Vogelsberg (38 447)

Thüringer Wald-Westl. Schiefergeb.

Östl. Schiefergeb. u. Frankenwald

Nassau (56 000)

Hochtaunus (120 165)

Hess. Rhön (70 000)

Bayer. Rhön (124 000)

Franken-wald (97 170)

Steinwald (23 330)

Südeifel (43 170)

Rhein-Taunus (80 788)

Hess. Spessart (71 000)

Haßbge. (80 400)

Fränk. Schweiz-Veldensteiner Forst (234 600)

Eichtelgeb. (102 800)

Hessenreuther u. Manteler Wald (27 000)

Saar-Hunsrück (174 650)

Wiesbaden

Mainz

Bayer. Spessart (171 000)

Steiger-wald (128 000)

Nördlicher Oberpfälzer Wald (64 380)

Saarbrücken

Pfälzer-wald (179 850)

Bergstraße-Odenwald (162 850)

Oberpfälzer Wald (72 385)

Oberer Bayerischer Wald (173 800)

Neckartal-Odenwald (129 200)

Franken-höhe (110 450)

Bayerischer Wald (206 800)

Nationalpark Bayerischer Wald (13 000)

Stromberg-Heuchelberg (33 003)

Schwäbisch-Fränkischer Wald (90 400)

Altmühltal (290 800)

Schönbuch (15 564)

Stuttgart

Donau

Augsburg-Westl. Wälder (117 500)

München

Obere Donau (85 710)

Nationalpark Berchtesgaden (21 000)

Biosphärenreservate

1 Südost-Rügen
2 Schorfheide-Chorin
3 Mittlere Elbe
4 Spreewald
5 Rhön
6 Vessertal
7 Bayerischer Wald
8 Berchtesgaden
9 Schleswig-Holsteinisches Wattenmeer
10 Hamburgisches Wattenmeer
11 Niedersächsisches Wattenmeer
12 Pfälzerwald

Stand: 1996; Quelle: Bundesforschungsanstalt für Naturschutz und Landschaftsökologie (Bonn)

0   100 km

© Harenberg

Nationalparks		Naturparks		Biosphärenreservate
bestehend	befristet eingerichtet	bestehend	befristet eingerichtet	bestehend (z. T. identisch mit anderen Schutzgebietstypen)

sammen etwa 130 Mio DM ein. Greenpeace (Hamburg) konnte mit über 72 Mio
DM Spendeneinnahmen ein Plus von 5%
gegenüber 1994 verzeichnen. Der World
Wide Fund For Nature (Umweltstiftung
WWF Deutschland, Frankfurt/M.)
nahm 20 Mio DM (+6%) ein, der Natur-
schutzbund (NABU, Bonn) 20 Mio DM
(+29%), der Bund für Umwelt und Naturschutz (BUND, Bonn) 17 Mio DM (+7%),
während Robin Wood (Bremen) bei einem
Spendenaufkommen von 1,2 Mio DM ein
Minus von etwa 6% hinnehmen mußte.
Experten schätzten, daß Großereignisse
wie der von Greenpeace 1995 initiierte
Shell-Boykott wegen der geplanten Versenkung einer Ölplattform den U.-Organi-
sationen in Zukunft weitere Spendeneinnahmen in Millionenhöhe bringen werden.
→ Abfallbeseitigung → Altlasten
→ Luftverschmutzung → Klimaveränderung → Ölkatastrophen → Ölplattform
→ Trinkwasser → Verpackungsmüll
→ Waldsterben → Wasserverschmutzung

UNCTAD → ORG

UNDP → ORG

UNEP → ORG

UNESCO → ORG

UNFPA → ORG

UNHCR → ORG

UNICEF → ORG

UNIDO → ORG

Universumsalter

Nach neuen Berechnungen US-amerikanischer Astronomen ist das Weltall wenigstens 12 Mrd Jahre alt. Wie das US-Wis-
senschaftsmagazin Science im Februar
1996 berichtete, analysierten die Wissenschaftler Beobachtungsdaten an den ältesten Sternen der Milchstraße, den sog.
Kugelsternhaufen. Das neu berechnete U.
könnte den 1994 wiederaufgeflammten,
fast 20jährigen Streit um das wahre Alter
des Universums beenden. Die Angaben

hatten zwischen 8 Mrd und 20 Mrd Jahren
geschwankt. Mit Hilfe einer präzisen Al-
tersangabe könnte auch die für Kosmolo-
gen wichtige, sog. Hubble-Konstante ein-
deutiger bestimmt werden. Dieser Wert
gibt an, mit welcher Geschwindigkeit sich
das Universum ausdehnt, ob es weiter
expandiert oder irgendwann in sich zusam-
menfällt.
→ Astronomie

UNO → ORG

UNO-Friedenstruppen KAR

Von der UNO aufgestellte Militäreinhei-
ten oder zivile Beobachter, die seit 1948
vom UNO-Sicherheitsrat zu friedenssichernden Operationen entsandt werden.
Zur Selbstverteidigung und zur Sicherung
ihrer Arbeit dürfen die U. Gewalt anwenden. Zu den Aufgaben der Blauhelme ge-
nannten Mitglieder der U. gehört die Sicherung von Waffenstillständen. Mitte
1996 waren weltweit rd. 26 000 Mann der
U. im Einsatz. 70 Länder entsandten Soldaten zu den U.
BILANZ: Von 1988 bis 1995 stieg die Zahl
der Friedensmissionen von fünf auf 17 an.
Die jährlichen Kosten wuchsen im selben
Zeitraum von 230 Mio auf 3 Mrd Dollar.
Für die laufenden Missionen 1996 veranschlagte die UNO rd. 1,5 Mrd Dollar. Ausstehende Beitragszahlungen der Mitgliedsländer (März 1996: 1,8 Mrd Dollar) gefährdeten 1996 die Durchführung der
Einsätze. 1948–1996 kamen 1444 Blauhelme bei Friedensmissionen ums Leben.
EINSÄTZE: Nach dem Friedensschluß von
Dayton für Bosnien im November 1995 endete die 1992 begonnene UNPROFOR-
Mission in Bosnien-Herzegowina. Eine
60 000 Mann starke NATO-Einsatztruppe
übernahm das Kommando zur Sicherung
der Friedensvereinbarungen. Im Januar
1996 begann der UNO-Einsatz in Ostslawonien (UNTAES). Die Blauhelme sollen
die Rückgabe des von Serben kontrollierten Ostslawonien an Kroatien gewährleisten und die Entwaffnung von rd. 25 000
serbischen Kämpfern durchsetzen. Die
Mission wird mindestens ein Jahr dauern.
→ Balkan-Konflikt → Bundeswehr
→ ORG UNO

UNO-Friedenstruppen: Missionen

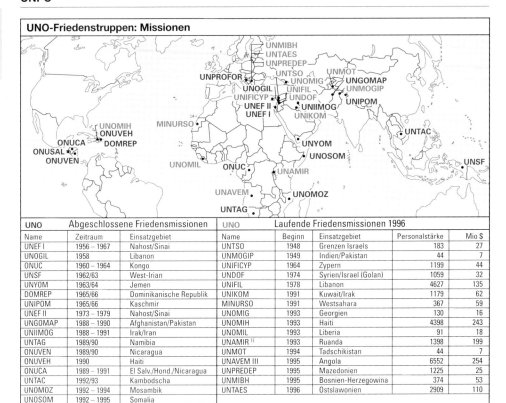

UNO	Abgeschlossene Friedensmissionen		UNO	Laufende Friedensmissionen 1996			
Name	Zeitraum	Einsatzgebiet	Name	Beginn	Einsatzgebiet	Personalstärke	Mio $
UNEF I	1956 – 1967	Nahost/Sinai	UNTSO	1948	Grenzen Israels	183	27
UNOGIL	1958	Libanon	UNMOGIP	1949	Indien/Pakistan	44	7
ONUC	1960 – 1964	Kongo	UNIFICYP	1964	Zypern	1199	44
UNSF	1962/63	West-Irian	UNDOF	1974	Syrien/Israel (Golan)	1059	32
UNYOM	1963/64	Jemen	UNIFIL	1978	Libanon	4627	135
DOMREP	1965/66	Dominikanische Republik	UNIKOM	1991	Kuwait/Irak	1179	62
UNIPOM	1965/66	Kaschmir	MINURSO	1991	Westsahara	367	59
UNEF II	1973 – 1979	Nahost/Sinai	UNOMIG	1993	Georgien	130	16
UNGOMAP	1988 – 1990	Afghanistan/Pakistan	UNOMIH	1993	Haiti	4398	243
UNIIMOG	1988 – 1991	Irak/Iran	UNOMIL	1993	Liberia	91	18
UNTAG	1989/90	Namibia	UNAMIR [1]	1993	Ruanda	1398	199
ONUVEN	1989/90	Nicaragua	UNMOT	1994	Tadschikistan	44	7
ONUVEH	1990	Haiti	UNAVEM III	1995	Angola	6552	254
ONUCA	1989 – 1991	El Salv./Hond./Nicaragua	UNPREDEP	1995	Mazedonien	1225	25
UNTAC	1992/93	Kambodscha	UNMIBH	1995	Bosnien-Herzegowina	374	53
UNOMOZ	1992 – 1994	Mosambik	UNTAES	1996	Ostslawonien	2909	110
UNOSOM	1992 – 1995	Somalia					
UNPROFOR	1992 – 1995	Kroatien/Bosnien-H.					
ONUSAL	1991 – 1995	El Salvador	© Harenberg			Stand: Februar 1996; 1) endet am 8.3.1996	

UNPO → [ORG]

Unterhaltungselektronik

1995 ging der Umsatz der U.-Branche in Deutschland um 8% auf 19,2 Mrd zurück. Ursache waren eine hohe Marktsättigung bei den meisten U.-Geräten sowie die rückläufigen Preise dieser Geräte. Durch das Zusammenwachsen von U., Telekommunikations- und Computertechnik zu Multimedia erhoffte sich die Branche ab 1997 ein erneutes Ansteigen der Umsätze. Vor allem von den für 1996 angekündigten Decodern für digitales Fernsehen (sog. Set-Top-Boxen) und der digitalen Video Disc, einer CD zum Speichern von Filmen, erwartete die U.-Industrie eine Belebung des Marktes.

Untersuchungsausschuß

Parlamentarisches Gremium zur Aufklärung strittiger Sachverhalte. Der U. stellt ein Kontrollinstrument der Abgeordneten gegenüber Regierung und Verwaltung dar. Nach Art. 44 GG entspricht in Deutschland die Zusammensetzung des U. der Sitzverteilung im Parlament. Der Abschlußbericht muß mehrheitlich verabschiedet werden. Die Minderheit hat das Recht, ein Sondervotum über ihre abweichende Meinung abzugeben. Für die Einsetzung eines U. im Deutschen Bundestag ist die Unterstützung eines Viertels der Parlamentsmitglieder erforderlich. U. müssen ihre Arbeit innerhalb der Legislaturperiode abschließen, in der sie eingesetzt wurden. Auf Bundesebene arbeiteten

Unternehmen: Größte deutsche Industrie-Unternehmen 1995 (Konzernergebnisse)

Rang '95	'94	Unternehmen	Sitz	Vorstands-vorsitzender	Branche	Umsatz (Mrd DM) 1995	1994	Jahresüberschuß (Mio DM) 1995	1994
1	1	Daimler-Benz	Stuttgart	Jürgen Schrempp	Fahrzeuge/Elektro	103,5	104,1	−5734	895
2	2	Siemens	Münch./Berl.	Heinrich von Pierer	Elektro	88,7	84,6	2084	1993
3	3	Volkswagen	Wolfsburg	Ferdinand Piëch	Auto	88,1	80,0	336	150
4	4	Veba	Düsseldorf	Ulrich Hartmann	Energie/Chemie	72,4	71,3	2107	1578
5	5	RWE	Essen	Dietmar Kuhnt	Energie, Bau	65,0	63,6	1200	1086
6	6	Hoechst	Frankfurt/M.	Jürgen Dormann	Chemie	52,2	50,0	2245	1363
7	7	BASF	Ludwigshafen	Jürgen Strube	Chemie	46,2	43,6	2471	1284
8	9	BMW	München	B. Pischetsrieder	Auto	46,1	42,1	692	697
9	8	Bayer	Leverkusen	Manfred Schneider	Chemie	44,6	43,2	2421	2012
10	13	VIAG	München	Georg Obermaier	Energie/Chemie	41,9	28,9	1320	1120
11	10	Thyssen	Duisburg	Dieter H. Vogel	Stahl/Maschinen	39,1	34,9	774	90
12	11	Bosch	Stuttgart	Hermann Scholl	Elektro	35,8	34,5	550	512
13	12	Mannesmann	Düsseldorf	Joachim Funk	Maschinen	32,1	30,1	701	340
14	17	Preussag	Hannover	Michael Frenzen	Energie/Anlagen	26,3	23,2	349	245
15	14	Opel	Rüsselsheim	David J. Herman	Auto	25,9	25,6	401	307
16	16	Ford	Köln	Albert Caspers	Auto	25,3	23,4	270	676
17	15	Ruhrkohle	Essen	Gerhard Neipp	Bergbau/Energie	24,9	25,5	61	128
18	19	Krupp-Hoesch	Essen	Gerhard Cromme	Stahl/Maschinen	23,5	20,4	505	40
19	20	Bertelsmann	Gütersloh	Mark Wössner	Medien	20,6	18,4	805	759
20	21	MAN	München	Klaus Götte	Maschinen/Anl.	18,6	18,1	272	160
21	18	Metallgesell.	Frankfurt/M.	Kajo Neukirchen	Metall/Anlagen	17,6	20,5	118	−2627
22	22	Henkel	Düsseldorf	Hans-D. Winkhaus	Kosmetik/Chemie	14,2	14,1	488	464
23	23	Degussa	Frankfurt/M.	Gert Becker	Edelmetall/Chemie	13,9	13,8	298	174
24	24	Ruhrgas	Essen	Friedrich Späth	Energie	13,7	13,8	693	699
25	25	IBM Deutschl.	Berlin	Edmund Hug	Computer	12,2	12,9	900	900

Quelle: Aktuell-Recherche

im Juni 1996 zwei U., in den Parlamenten der Bundesländer 14. Im Mai 1995 setzte der Bundestag einen U. zur Klärung der Hintergründe des Schmuggels mit waffenfähigem Plutonium ein, den der Bundesnachrichtendienst (BND, Pullach) veranlaßt haben soll. Die SPD-Bundestagsfraktion sprach sich im Juni 1995 mehrheitlich dafür aus, einen U. einzusetzen, der die vom Schalck-U. und vom Treuhand-U. aus Zeitmangel in der vergangenen Legislaturperiode nicht geklärten Fragen abschließend untersuchen soll. Dieser U. Veruntreutes DDR-Vermögen soll auch Fragen nach dem Verbleib des SED-Vermögens klären.

→ Plutonium → Polizeiübergriffe
→ Treuhand-Nachfolge → Werftenkrise
→ [ORG] Bundesnachrichtendienst

Unwort des Jahres [TAB]

Eine sechsköpfige Jury unter Leitung des Vorsitzenden des Frankfurter Zweiges der Gesellschaft für deutsche Sprache (GfdS, Wiesbaden), Horst Dieter Schlosser, erklärte 1995 „Diätenanpassung" zum U. Anders als der neutrale Begriff „Diätenerhöhung" spiegele der biologische Begriff „Anpassung" eine notwendige und damit legitime Reaktion auf veränderte Bedingungen vor, vergleichbar der Anpassung von Lebewesen an veränderte Umweltbedingungen im Darwinismus. Die GfdS hatte den U.-Wettbewerb 1991 ins Leben gerufen. 1993 setzte die Jury den von Bundeskanzler Helmut Kohl (CDU) geprägten Begriff des „kollektiven Freizeitparks" als unangemessene Pauschalierung der sozialen Situation auf Platz zwei der U.-Rangliste. Aufgrund der

Unwort des Jahres: Auswahl 1995
Diätenanpassung: Irreführender Begriff für Diätenerhöhung, der eine naturnotwendige, unausweichliche Veränderung von finanziellen Forderungen im Hinblick auf eine neue Sachlage vortäuscht
Altenplage: Menschenverachtende Ausdrucksweise für den steigenden Anteil alter Menschen an der Bevölkerung in Deutschland
Biologischer Abbau: Umschreibung für das altersbedingte Freiwerden von Arbeitsplätzen, die anschließend eingespart werden
Sozialverträglicher Stellenabbau: Unangemessene Bezeichnung für massenhafte Arbeitsplatzvernichtung und ihre sozialen Folgen
Abfackeln: Menschenverachtende Anwendung einer Metapher aus der Raffinerietechnik auf Brandanschläge gegen Personen

Kritik des Kanzleramtes distanzierte sich die GfdS 1994 von der Entscheidung. Seit 1994 erfolgt die Auswahl der U. unabhängig von der GfdS.

UPU → ORG

Ureinwohner KAR TAB

Mitte der 90er Jahre waren U., etwa 300 Mio Menschen in rd. 6000 Völkern und 70 Staaten, besonders von Armut und Arbeitslosigkeit betroffen. Vom Zugang zu Bildungs- und Gesundheitssystemen waren sie häufig ausgeschlossen. In vielen Staaten wurden sie diskriminiert und ausgebeutet. Zur Verbesserung ihrer Lage fordern sie ab Anfang der 90er Jahre die Einrichtung eines Hochkommissariats der UNO für ihre Angelegenheiten.
AUSTRALIEN: Im April 1996 kündigte der neue australische Ministerpräsident John Howard Maßnahmen zur Verbesserung des Gesundheitszustands der Aborigines an.

Nach offiziellen Angaben litt Mitte der 90er Jahre ein Drittel der australischen Urbevölkerung an langwierigen Krankheiten, die oft auf schlechter Ernährung und Armut beruhten. Selbst die Lepra, die in Australien offiziell als ausgerottet gilt, war noch in einigen U.-Siedlungen anzutreffen.
NEUSEELAND: Die Regierung verabschiedete im November 1995 ein Gesetz über Entschädigungszahlungen an die Maori, denen im Zuge der Eroberungskriege im 19. Jahrhundert 66 000 ha Land weggenommen worden waren. Sie erhielten 160 Mio DM Entschädigung und rd. 16 000 ha Land.
→ ORG UNPO

V

Verbrauch, Privater TAB

1995 gaben die privaten Haushalte in Deutschland 1972 Mrd DM für Waren und Dienstleistungen aus. Die Steigerung gegenüber 1994 betrug real 1,7% und lag damit deutlich über der Steigerungsrate von 1994 (0,9%). Für 1996 sagten die führenden Wirtschaftsinstitute eine Steigerung um 2% voraus.
KONJUNKTURMOTOR: 1995 gab im Durchschnitt jeder Einwohner in Deutschland 24 200 DM aus. Die niedrige Inflationsrate von 1,8% begünstigte den V. Die Sparquote blieb mit 12,3% der verfügbaren Einkommen im Jahresdurchschnitt niedrig (1992: 13,9%). Wirtschaftsforscher sahen im V. den einzigen Konjunkturmotor für 1996. Dabei gingen sie u. a. von einer niedrigen Inflationsrate, Steuersenkungen sowie höheren Unternehmer- und Vermögenseinkommen aus. Es wurde erwartet, daß das Bruttoinlandsprodukt wie 1995 zu 57% für V. verwendet wird.
ENTWICKLUNG: Seit Ende 1995 stieg der V. durch Mietsteigerungen (Jahresausgaben der Verbraucher: +9%) und Mehrausgaben für Verkehr, Kommunikation und Dienstleistungen. Da die Realeinkommen nur um 1,3% wuchsen und sich die Sparquote nicht veränderte, sparten die Verbraucher in anderen Bereichen Geld ein.
→ Bruttoinlandsprodukt → Inflation
→ Wirtschaftliche Entwicklung

Privater Verbrauch: Verteilung in Deutschland		
Einzelne Verwendungszwecke	Verbrauch 1995 (Mrd DM)	Veränderung zu 1994[1] (%)
Nahrungs- und Genußmittel	379	+1,2
Wohnungsmieten	364	+9,0
Verkehr, Kommunikation	310	+4,1
Bildung, Unterhaltung, Freizeit	190	+1,0
Haushaltsführung	170	–0,7
Dienstleistungen, Schmuck	144	+3,7
Kleidung, Schuhe	126	–4,6
Gesundheits- und Körperpflege	101	–0,9
Haushaltsenergie	72	–1,1
Verbrauch insgesamt	1972	+1,7

1) Veränderung in Preisen von 1991 (inflationsbereinigt); Quelle: Deutsches Institut für Wirtschaftsforschung, Deutsche Bundesbank

Ureinwohner: Heimat bedrohter Völker[1]

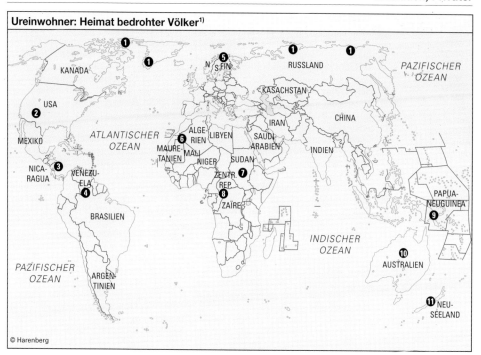

© Harenberg

Nr.	Name	Situation
1	Inuit	Rund um den Polarkreis leben rd. 100 000 Eskimos. In Grönland erhielten sie 1993 eigenes Territorium. Sie verzichteten dafür auf ihre verfassungsmäßigen Ansprüche auf 2 Mio km^2 in der Arktis.
2	Navajo	Im Westen der USA leben noch 200 000 Indianer. Durch Tagebau ist ihr Lebensraum verseucht. Die Arbeitslosigkeit unter den Navajo beträgt rd. 50%, der Alkoholismus wächst.
3	Miskito	An der Atlantikküste Nicaraguas leben rd. 92 000 Miskito. Ihr Lebensraum ist durch den Abbau von Bodenschätzen bedroht. Die Regierung verweigert ihnen die Anerkennung als indianisches Volk.
4	Yanomami	Am Amazonas leben noch rd. 15 000 der Ureinwohner, die erst in den 60er Jahren in Kontakt mit den Weißen kamen. Goldsucher richteten Massaker an und zerstörten den Lebensraum.
5	Samen (Lappen)	In Norwegen, Schweden, Finnland und Rußland leben die rd. 40 000 Halbnomaden von Rentierzucht, Fischfang und Jagd. Die Zerstörung traditioneller Lebensgrundlagen macht sie zunehmend seßhaft.
6	Tuareg	Die rd. 1 Mio Tuareg wohnen in der westlichen Sahara. Sie kämpfen für ihre Eigenständigkeit. Sie werden von Soldaten aus Niger, Mali und Mauretanien bekämpft.
7	Nuba	Die arabisch-islamische Regierung von Sudan erklärte 1992 den Heiligen Krieg gegen die im Süden des Landes lebenden rd. 1 Mio Nuba. Zahlreiche Stammesangehörige wurden massakriert.
8	Pygmäen	Die Abholzung des Regenwaldes bedroht in Zentralafrika das Leben von rd. 150 000 Ureinwohnern. Das zwergwüchsige Volk (Körpergröße: rd. 1,50 m) lebt hauptsächlich von der Jagd.
9	Papua	Papua-Neuguinea führt seit 1989 Krieg gegen die rd. 4 Mio Ureinwohner. 6000 Papua starben bei den Kämpfen. Die Regierung verweigert dem Volk eine Entschädigung für den Abbau von Rohstoffen.
10	Aborigines	Von den noch 300 000 australischen Ureinwohnern hat jeder vierte Erwachsene keine Schulausbildung, jeder zweite keine Arbeit. Die Häftlingsrate der Aborigines ist die höchste der Welt.
11	Maori	Viele der 300 000 Maori leben in den Gettos der Großstädte. Die Kultur der Maori erfährt heute, insbes. durch den Aufbau eigener Schulen, eine Wiederbelebung.

1) Auswahl; Quelle: Focus, 7. 8. 1995

BILD Bild DOK Dokument GLO Glossar GRA Grafik KAR Karte TAB Tabelle

Verfassungsschutz

Staatliche Einrichtung des Bundes und der Länder mit der Aufgabe, Informationen über verfassungs- und staatsfeindliche Bestrebungen im Inland zu sammeln und den Strafverfolgungsbehörden zuzuleiten. Seit Anfang der 90er Jahre befaßt sich das Bundesamt für V. (BfV, Köln) verstärkt mit der Beobachtung rechtsextremistischer Bestrebungen. Bundesinnenminister Manfred Kanther (CDU) ernannte im Mai 1996 → [BIO] Peter Frisch (SPD) zum neuen Präsidenten des BfV. Frisch, seit 1987 Vizepräsident der Behörde, löste → [BIO] Hansjörg Geiger (parteilos) ab, der sein Amt erst im Juli 1995 angetreten hatte. Die Neubesetzung war erforderlich, weil Geiger Präsident des Bundesnachrichtendienstes (BND, Pullach) wurde. Ein wichtiges Aufgabengebiet des V. ist die Spionageabwehr, u. a. in den Bereichen Biotechnologie, Computer, Fertigung, Kernkraft, Mikroelektronik und Pharmakologie. Seit 1994 beteiligt sich das bayerische Landesamt für V. als erste und bislang einzige V.-Behörde Deutschlands an der Beobachtung und Bekämpfung der organisierten Kriminalität.
→ Extremismus → Mafia → Rechtsextremismus → [ORG] Bundesnachrichtendienst

Vergewaltigung in der Ehe [TAB]

Der Bundestag verabschiedete im Mai 1996 mit den Stimmen von CDU/CSU und FDP einen Gesetzentwurf, der V. als eigenen Tatbestand ins Strafgesetzbuch (StGB) aufnimmt. Die betroffene Frau soll aber das Recht erhalten, ihren Wunsch auf Einstellung des Verfahrens persönlich dem Staatsanwalt und gegebenenfalls dem Richter vorzutragen (sog. Widerspruchs-

klausel). Diese müssen prüfen, ob der Wunsch des Opfers auf Druck des Ehemannes zustande gekommen ist. Der von der SPD dominierte Bundesrat lehnte im Juni 1996 den Gesetzentwurf aufgrund der Widerspruchsklausel ab. Eheliche Gewalt ist in Deutschland bislang vom § 177 StGB ausgenommen, der die gewaltsame Nötigung einer Frau zum Geschlechtsverkehr unter Strafe stellt. Die nach geltendem Recht als Nötigung oder Körperverletzung geahndete V. soll künftig mit Freiheitsstrafe nicht unter zwei Jahren bestraft werden.

REFORMGESETZ: Der neugefaßte § 177 StGB weitet den Tatbestand der Vergewaltigung nicht nur auf Ehedelikte, sondern auch auf erzwungene orale und anale Sexualpraktiken sowie auf sexuelle Gewalt unter Männern aus, wenn sie mit einem Eindringen in den Körper verbunden ist. Auch die Ausnutzung einer hilflosen Lage kann als Vergewaltigung gelten, so daß sich eine vom Opfer vorgetäuschte Einwilligung zum Geschlechtsverkehr nicht strafmindernd zugunsten des Täters auswirkt.

KRIMINOLOGISCHE STUDIE: Im Juli 1995 legte Frauenministerin Claudia Nolte (CDU) die erste repräsentative Studie zum Ausmaß sexueller Gewalt gegen Frauen im privaten Bereich vor. Der Bericht des Kriminologischen Forschungsinstituts Niedersachsen basiert auf einer 1992 vorgenommenen Befragung von rd. 6000 Frauen im Alter ab 16 Jahren. Sie waren befragt worden, ob sie zwischen 1987 und 1991 Opfer sexueller Gewalt waren. Jede siebte der befragten Frauen im Alter zwischen 20 und 59 Jahren sagte aus, mindestens einmal in ihrem Leben Opfer einer Vergewaltigung oder sexuellen Nötigung im strafrechtlichen Sinn gewesen zu sein. Etwa 75% der sexuellen Gewaltdelikte ereigneten sich im privaten Bereich. War der Ehemann der Täter, kam es in 56,5% der Fälle zu einer Trennung der Eheleute. 93,3% der sexuellen Gewalttaten durch Haushaltsmitglieder wurden nicht angezeigt. Nach einer Hochrechnung der Ergebnisse wurden 1987–1991 rd. 350 000 Frauen (1,5% der weiblichen Bevölkerung zwischen 20 und 59 Jahren) von dem mit ihnen zusammenlebenden Ehemann vergewaltigt.

Vergewaltigung: Sexualstraftaten 1995

Tatbestand	Gemeldete Fälle	Aufklärungsquote (%)
Vergewaltigung (§ 177 StGB)	6 175	73,5
Sexuelle Nötigung (§ 178 StGB)	5 191	65,0
Sexueller Mißbrauch von Kindern[1]	16 013	67,2
Förderung der Prostitution[2]	1 127	96,8
Verbreitung von Pornographie[3]	3 247	85,7

1) § 176 StGB; 2) inkl. Förderung sexueller Handlungen Minderjähriger, §§ 180, 180 a, 180 b Abs. 2 Nr. 2 StGB; 3) § 184 StGB; Quelle: Polizeiliche Kriminalstatistik

Verkehr: Beförderungsleistungen nach Verkehrsmitteln 1996

Personenverkehr		Güterverkehr	
Verkehrsmittel	Personen-kilometer (Mrd)	Verkehrsmittel	Tonnen-kilometer (Mrd)
Personenkraftwagen	787	Lastkraftwagen	293
U-/Straßenbahn/Bus	77	Eisenbahn	68
Eisenbahn	64	Binnenschiff	65
Flugzeug	27	Pipeline	15
–	–	Flugzeug	1
Insgesamt	955	Insgesamt	442

Schätzung; Quelle: Ifo-Institut für Wirtschaftsforschung (München)

Verkehr [TAB]

Der zunehmende V. war in Deutschland Mitte der 90er Jahre größter Energieverbraucher, verursachte Luftverschmutzung und zerstörte durch hohe Flächennutzung natürliche Lebensräume. 1991–1996 investierte der Bund 60 Mrd DM in den Aus- und Neubau von V.-Wegen in den neuen Bundesländern. Der Schwerpunkt lag auf Schienenverkehrsprojekten.

NEUE LÄNDER: Von den 60 Mrd DM wurden 32 Mrd DM in die Bundesschienenwege, 15 Mrd DM in Bundesfernstraßen und 1 Mrd DM in die Bundeswasserstraßen investiert. Die Bundesländer erhielten 12 Mrd DM, davon 6,5 Mrd DM für den öffentlichen Nahverkehr und 5,5 Mrd DM für den kommunalen Straßenbau. 1991–96 wurden ca. 10 000 km Bundesfernstraßen und 4000 km Bundesschienenwege neu oder ausgebaut.

PROJEKTE DEUTSCHE EINHEIT: Der Bundesverkehrswegeplan sieht bis 2012 insbes. 17 sog. Verkehrsprojekte Deutsche Einheit in Ostdeutschland bzw. zur Verbindung von Ost- und Westdeutschland vor. 1991–1995 waren 12 Mrd DM der auf insgesamt 67,5 Mrd DM veranschlagten Baugelder investiert, davon 80% in Bahnprojekte.

WACHSENDES AUFKOMMEN: Das Ifo-Institut (München) rechnete für 1996 mit einem Anstieg des Autoverkehrs um 1,5–2%, des öffentlichen Nahverkehrs um 1%, des Fernreiseverkehrs der Bahn um 5% und des Inlandsflugverkehrs um 9%. Zu wachsendem Straßen-V. führen 1996–2010 der Anstieg des PKW-Bestands von 40,5 Mio auf 50 Mio und die Verdoppelung des Straßengüter-V. Fachleute forderten einen stärkeren Ausbau des kombinierten V. zwischen Straße und Schiene, um den Straßengüter-V. auf die umweltfreundlichere Bahn zu verlagern.

LUFTVERSCHMUTZUNG: Kfz, Bahnen, Flugzeuge und Schiffe waren 1995 mit fast 20% am Ausstoß des giftigen Kohlendioxids beteiligt. Bis 2005 wurde in Westdeutschland ein Anstieg der Emissionen von 159 Mio t auf 196 Mio t prognostiziert.

Verkehr: Projekte deutsche Einheit

Nummer	Projekt	Nummer	Projekt
Schiene		**Straße**	
1	Lübeck–Hagenow/Land–Rostock–Stralsund	10	A 20 Lübeck–Bundesgrenze
2	Hamburg–Büchen–Berlin	11	A 2/A 10 Hannover–Berlin/Berliner Ring
3	Uelzen–Salzwedel–Stendal	12	A 9 Berlin–Nürnberg
4	Hannover–Stendal–Berlin	13	A 38 Göttingen–Halle (A 9)
5	Helmstedt–Magdeburg–Berlin	14	A 14 Halle–Magdeburg
6	Eichenberg–Halle	15	A 44/A 4 Kassel–Bad Hersfeld–Görlitz
7	Bebra–Erfurt	16	A 71/A 73 Erfurt–Schweinfurt/Suhl–Lichtenfels
8	Nürnberg–Erfurt–Berlin	**Wasserstraße**	
9	Leipzig–Dresden	17	Mittellandkan./Elbe–Havel–Kan.–Untere Havel

Quelle: Bundesverkehrsministerium

→ Alpentransit → Autoverkehr
→ Bahn, Deutsche → Bahnreform
→ Drei-Liter-Auto → Kombinierter
Verkehr → Luftverkehr → Öffentlicher
Nahverkehr → Ostsee-Überbrückung
→ Schnellbahnnetz → Transrapid

Verkehrs-Leitsystem GLO

Elektronische Steuerung vor allem des Autoverkehrs für ein umweltfreundliches, kosten- und zeitsparendes Fahren. Bei zunehmendem Verkehr sollen die vorhandenen Straßen besser genutzt werden, indem Fahrzeuge an Staus vorbeigeleitet werden. Das Straßennetz könnte 15–30% mehr Verkehr aufnehmen und Staus würden vermieden, wenn der Verkehr durch elektronisch geregelte, dem Fahrzeugaufkommen angepaßte Tempolimits in stetigem Fluß gehalten würde. Kfz-Fahrern werden mit Verkehrswarnfunk die günstigsten Fahrtrouten und die nächsten Park-and-Ride-Möglichkeiten genannt. Ab 1997 sendet der Radiosender TMC (Traffic Message Channel) ständig Stau- und Umleitungsmeldungen an Autofahrer. In Deutschland will der Bund bis 2010 insgesamt 6 Mrd DM in V. für Straße, Schiene, Luft- und Schiffahrt investieren.
→ Autoverkehr → Satelliten-Navigation

Verkehrssicherheit TAB

In Deutschland kamen 1995 bei Verkehrsunfällen 9485 Menschen ums Leben, 3,4% weniger als im Vorjahr. Das war der niedrigste Stand seit dem Beginn der Statistik 1953. Die Zahl von 513 057 Verletzten ging gegenüber 1994 um 0,7% zurück. Häufigste Ursachen waren überhöhte Geschwindigkeit von Kfz, Mißachtung der Vorfahrt und Alkoholmißbrauch von Verkehrsteilnehmern.

AUFLAGEN FÜR BUSSE: Neue Typen von Autobussen und Kleinbussen müssen in der EU ab Oktober 1997 bzw. Oktober 1999 mit Sicherheitsgurten ausgestattet sein. Die Umrüstung älterer Reisebusse ist nicht möglich. Weitere Einrichtungen zur Verbesserung der V. sind automatische Geschwindigkeitsbegrenzer, eine Verstärkung des Busrahmens und eine feste Verankerung der Sitze.

DROGENGESETZ: 1995 legte das Bundesverkehrsministerium einen Gesetzentwurf vor, der Kfz-Fahrern, die unter dem Einfluß von Drogen stehen, Geldstrafen und ein Fahrverbot bis zu drei Monaten androht. Mit Drogentestgeräten kann die Polizei die gängigsten Rauschmittel (Haschisch, Marihuana, Heroin, Morphin und Kokain) beim Fahrer messen. Nach der geltenden Rechtslage ist eine Verurteilung bei Drogeneinfluß am Steuer nur möglich, wenn die absolute Fahruntüchtigkeit des Fahrers nachgewiesen werden kann.

BUSSGELD: Um schärfer gegen Geschwindigkeitsübertretungen durch Autofahrer vorgehen zu können, plante Bundesverkehrsminister Matthias Wissmann (CDU) 1996 ein Gesetz, das höhere Strafen vorsieht. Geschwindigkeitsübertretungen sollen mit Bußgeld bis zu 3000 DM und Fahr-

---

Verkehrs-Leitsystem: Einsatzmöglichkeiten

VERKEHRSWARNFUNK: Ab 1997 werden Staus und Umleitungen permanent über den Verkehrsmeldekanal TMC (Traffic Message Channel) gesendet. Radios zum Empfang dieser Nachrichten sollen ab 1997 erhältlich sein. Daten zum Verkehrsfluß werden nicht wie bisher von Staumeldern (z. B. Polizei) weitergeben, sondern von Induktionsschleifen in den Fahrbahnen erfaßt. Stau- und Umleitungsmeldungen erreichen die Autofahrer innerhalb weniger Minuten.

COPILOT: 1996 wurde das Leitsystem Copilot in deutschen Groß-

städten getestet. Baken am Straßenrand messen das Verkehrsaufkommen und senden Signale an den Computer im PKW. Auf einem Monitor, der die Fahrstrecke anzeigt, und mit einem Gerät zur künstlichen Spracherzeugung wird das Kfz auf dem kürzesten Weg an das Fahrziel geführt.

STUTTGART: 1995 wurde auf einem Teilstück der täglich von über 60 000 Autos befahrenen B 27 eine Verkehrsbeeinflussungsanlage in Betrieb genommen. Induktionsschleifen in der Fahrbahn zählen die Kfz und messen deren Geschwin-

digkeit. Die Daten werden von einem Computer ausgewertet und zur Steuerung der Ampeln und von 32 Wechselverkehrszeichen benutzt, mit denen je nach Verkehrslage Tempolimits angezeigt oder Umleitungsempfehlungen gegeben werden. Die Stauhäufigkeit nahm ab.

AUTOBAHNEN: Auf elektronischen Wechselschildern über der Fahrbahn werden variable Höchstgeschwindigkeiten, Stau- und Nebelwarnungen sowie Umleitungsempfehlungen bei Verkehrsstaus angezeigt. 1996/97 gab es etwa 130 dieser Verkehrs-Leitsysteme.

Verkehrsicherheit: Kinder

Rang	Land	Getötete Kinder[1]
1	Hamburg	488
2	Brandenburg	486
3	Bremen	478
4	Sachsen-Anhalt	476
5	Mecklenburg-V.	467
6	Schlesw.-Holstein	463
7	Berlin	450
8	Nordrhein-Westf.	430
9	Niedersachsen	402
10	Thüringen	397
11	Sachsen	395
12	Saarland	368
13	Hessen	341
14	Bayern	340
15	Rheinland-Pfalz	336
16	Baden-Württemb.	279
	Deutschland	**388**

1) Von je 100 000 Kindern; Stand: 1994;
Quelle: Statistisches Bundesamt

verboten bis zu drei Monaten bestraft werden. Bis dahin war die Regelung von 1968 in Kraft, die Bußgeldobergrenzen von 500 DM bei fahrlässigem und 1000 DM bei vorsätzlichem Handeln festlegt.
→ Autoverkehr → Drogen → Fährschiffsicherheit → Promillegrenze → Tempolimit

Vermittlungsausschuß [TAB] [GRA]

Nach Art. 77 Abs. 2 GG Organ, das die Gesetzgebungsarbeit zwischen Bundestag und Bundesrat regelt. Dem V. gehören 16 vom Bundestag nach Fraktionsproporz gewählte Bundestagsabgeordnete und 16 von den Länderregierungen bestimmte Mitglieder des Bundesrats an, die nicht an Weisungen der Länderkabinette gebunden sind. Der V. erhält besonderes politisches Gewicht, wenn in Bundestag und Bundesrat unterschiedliche Mehrheitsverhältnisse bestehen. Mitte 1996 besaßen SPD und Bündnis 90/Die Grünen im V. eine 17:15-Mehrheit.
Bundestag und Bundesrat stellen im V. je einen Vorsitzenden, die sich in der Amtsführung alle drei Monate abwechseln. Im Januar 1996 wurde der Senatspräsident und Erste Bürgermeister der Freien und Hansestadt Hamburg, Henning Voscherau (SPD), zum neuen Vorsitzenden gewählt. Er trat sein Amt am 11. 2. 1996 an. Mitte 1996 löste ihn der Bundestagsabgeordnete Heribert Blens (CDU) als Vorsitzender des V. ab.
Der Bundesrat kann binnen drei Wochen nach Eingang eines Gesetzbeschlusses des Bundestags verlangen, daß der V. für die gemeinsame Beratung der Gesetzesvorlage einberufen wird. Ist zu einem Gesetz die Zustimmung des Bundesrates erforderlich, können auch Bundestag und Bundesregierung den V. einberufen. Der

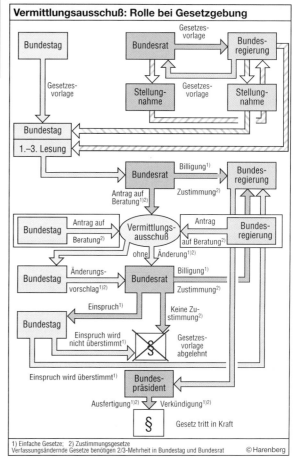

Vermittlungsausschuß: Rolle bei Gesetzgebung

1) Einfache Gesetze; 2) Zustimmungsgesetze
Verfassungsändernde Gesetze benötigen 2/3-Mehrheit in Bundestag und Bundesrat   © Harenberg

Vermittlungsausschuß: Mehrheitsverhältnisse

Vertreter	Regierungskoalition		Oppositionsparteien	
16 Mitglieder des	CDU/CSU	8	SPD	6
Bundestages	FDP	1	Bündnis 90/Grüne	1
16 Mitglieder des	CDU- und CSU-		SPD-regierte	
Bundesrates	geführte Länder	2	Länder	3
	CDU-geführte		SPD-geführte	
	Koalitionen	4	Koalitionen	7

Stand: Juni 1996

V. empfiehlt Einigungsvorschläge, die erneut in beiden Gesetzgebungskörperschaften beraten werden.

→ Bundesrat → Bundestag, Deutscher

Verpackungsmüll

Noch 1996 will die CDU/CSU/FDP-Bundesregierung die Verpackungsverordnung von 1991 reformieren; 1997 soll die Neufassung in Kraft treten. Demnach sollen die Quoten für die stoffliche Verwertung gebrauchter Verpackungen mit dem sog. Grünen Punkt drastisch sinken.

QUOTEN: Ab 1996 müssen 72% (1995: 45%) des Aluminiumabfälle verwertet werden; für Papier (41%), Kunststoff (36,5%) und Verbundverpackungen (35%) sind es 64%. Diese Quoten sollen zum 1. 1. 1997 auf jeweils 60% herabgesetzt werden. Falls die Quoten überschritten werden, sollen die Übermengen neuerdings auch verbrannt werden dürfen.

Die neue Verpackungsverordnung soll vor allem jene zwingen, die sich nicht am

Versicherungen: Beitragseinnahmen 1995

Versicherungszweig	Einnahmen (Mrd DM)
Lebensversicherungen	88,7
Kfz-Versicherungen	44,0
Private Krankenversich.	31,9
Allgemeine Haftpflicht	10,8
Unfallversicherungen	9,2
Feuerversicherungen	6,9
Wohngebäudeversich.	5,6
Rechtschutzversicherungen	4,3
Hausratversicherungen	4,2
Transportversicherungen	3,1
Andere Versicherungen	16,3

Quelle: Gesamtverband der Deutschen Versicherungswirtschaft

Grünen Punkt beteiligen (z. B. viele Bäcker und Metzger), an einem der bestehenden Entsorgungs- und Verwertungssysteme teilzunehmen. Wer dies nicht will, muß nachweisen, daß er die Verwertung seiner hergestellten oder verkauften Verpackungen selbst genauso gut organisiert hat wie das Duale System. Mehr als 300 000 t Service-Verpackungen (Tragetaschen, Papiertüten, Plastikschalen, Folien usw.) waren Anfang 1996 auf dem Markt. Aber nur ein Drittel davon war mit dem Grünen Punkt lizenziert.

KRITIK: Umwelt- und Verbraucherschutzverbände lehnen die Reform der Verpackungsverordnung in der geplanten Fassung ab, weil sie nicht der Abfallvermeidung diene. Sie befürchten, daß Kunststoffabfälle künftig häufiger in die Müllverbrennung wandern. Der neue Entwurf stelle die Verbrennung mit Recycling gleich und fördere damit diese umweltschädlichste Nutzung.

Bündnis 90/Die Grünen fordern u. a., ein flächendeckendes Mehrwegsystem einzuführen und Getränke, die Mehrzahl der Molkerei-Erzeugnisse, chemisch-technische Produkte sowie sonstige Güter, die in Glas verpackt werden können, nur noch in Mehrwegverpackungen zu vertreiben. Auf alle übrigbleibenden Einwegverpackungen sollte eine Lenkungsabgabe erhoben werden. Mehrwegverpackungen sollen von der Abgabepflicht ausgenommen bleiben.

EINWEG-GESCHIRR: Die kommunale Steuer auf V. wie Becher, Besteck und Teller aus Kunststoff und Pappe war Mitte 1996 in rd. 170 Städten umstritten, ca. 40 hatten sich dafür entschieden, 85 dagegen. Die Steuer richtet sich gegen 14 000 t Abfall, 0,035% des gesamten Hausmülls.

→ Abfallbeseitigung → Duales System
→ Kunststoffrecycling → Mehrwegflaschen

Versicherungen TAB

Der Umsatz der V.-Unternehmen in Deutschland stieg 1995 um 6% auf 225 Mrd DM. 88,7 Mrd DM (+6,3% gegenüber 1994) gaben die Deutschen für Lebens-V. aus, 31,9 Mrd DM (+12,4%) für private Kranken-V. 1995 registrierte das Bundesaufsichtsamt für das V.-Wesen rd.

30 000 Beschwerden von V.-Kunden; 2100 davon waren berechtigt, insbes. in der privaten Kranken-V. Der Bund der Versicherten forderte im Mai 1996, einen Ombudsmann (Interessenvertreter der Versicherten) für Streitfragen bei V.-Leistungen einzuführen.

EU-BINNENMARKT: Die Einführung des Europäischen Binnenmarkts für V. 1994 löste nicht den erwarteten Ansturm ausländischer Gesellschaften aus. Auch neue V.-Produkte wurden kaum angeboten. Die Liberalisierung des V.-Marktes führte jedoch zu einer größeren Vielfalt bei Rabattmöglichkeiten und Tarifvariationen.

LEBENSVERSICHERUNGEN: Ende 1995 prüfte die Stiftung Warentest 70 Kapitallebens-V. (Marktanteil 86%). Dabei erhielten nur drei V. das Urteil „sehr gut". 19 Anbieter mit einem Marktanteil von zusammen 20% wurden mit „mangelhaft" bewertet. Als Geldanlage ist eine Kapitallebens-V. laut Stiftung Warentest nicht immer die beste Variante. Investmentfonds schneiden besser ab. Stiftung Warentest rät, nur bei hohem Einkommen und ausgeschöpftem Zinsbesteuerungs-Freibetrag eine Kapitallebens-V. abzuschließen. 1995 wurden 6,8 Mio neue Lebens-V. abgeschlossen (1994: 7,2 Mio).

KFZ-VERSICHERUNGEN: Ab Juli 1996 wurden neue Tarife der Kfz-Haftpflicht-V. eingeführt, die nicht mehr nach PS-Klassen, sondern nach Autotypen gestaffelt sind. Jedes Fahrzeugmodell wird je nach Schadenshäufigkeit einer von 16 Typenklassen zugeordnet. Für 40% der Versicherten wurde mit Beitragserhöhungen gerechnet.
→ Europäischer Binnenmarkt → Investmentfonds → Kfz-Haftpflicht → Zinsbesteuerung

Video [TAB]

1995 stieg der Umsatz der V.-Branche in Deutschland gegenüber dem Vorjahr um 7% auf rd. 1,8 Mrd DM. Der Anstieg war erneut auf den Zuwachs bei den Kauf-V. zurückzuführen, deren Umsatz mit 1,04 Mrd DM um rd. 6% wuchs. Mit 41,7 Mio wurden rd. 20% mehr V. verkauft als 1994. Der Durchschnittspreis für eine V.-Kassette sank um 8%. Gefragt waren vor allem Spiel- und Kinderfilme. Der Um-

Mit der Integration der digitalen Video Disc, (Bild: CD von Philips mit einer Speicherkapazität von 9 GB) in den PC wird der Computer zur multimedialen Fernseh- und Hifi-Anlage.

satz beim Verleih von V.-Kassetten erhöhte sich um rd. 3% auf 740 Mio DM. In den 6200 V.-Theken Deutschlands wurden 163 Mio V.-Kassetten verliehen (Anstieg gegenüber 1994: rd. 1%). Favoriten waren Dramen und Komödien. In Westdeutschland verfügten 1995 etwa 62% der Haushalte über mindestens einen V.-Rekorder, in Ostdeutschland rd. 50%.
→ Unterhaltungselektronik

Video Disc [Bild]

Speicherplatte (CD) mit einer Speicherkapazität von bis zu 520 min Film. Die digitale V. soll die analogen Videokassetten ablösen. Ende 1995 einigte sich ein Konsortium von neun Unternehmen aus der

Video: Kauf- und Verleih-Hits 1995			
Kaufvideos		**Verleihvideos**	
Rang	Titel	Rang	Titel
1	Der König der Löwen	1	Speed
2	Schneewittchen	2	True Lies
3	Aristocats	3	The Specialist
4	Pinocchio	4	Forrest Gump
5	Forrest Gump	5	Die nackte Kanone 33 1/3
6	Aladdin	6	Cool Runnings
7	Schindlers Liste	7	Schindlers Liste
8	Mr. Bean (Folge der Reihe)	8	Beverly Hills Cop 3
9	Mr. Bean (Folge der Reihe)	9	Der bewegte Mann
10	Das Dschungelbuch	10	Die Maske

Quelle: Bundesverband Video

Unterhaltungselektronik auf einen gemeinsamen Standard für V. Alle V., die auf den Markt kommen, sollen auf einem Gerätetyp abgespielt werden können. Die Unternehmen hatten zuvor unterschiedliche V.-Systeme entwickelt, wollten aber einen Konkurrenzkampf untereinander vermeiden.

Anfang 1996 konnten CD maximal 74 min Film speichern. Die V. soll eine Speicherkapazität von maximal 18 GB erhalten (herkömmliche CD: 650 MB). Das Speichervolumen wird dadurch erweitert, daß V. wesentlich dünner als normale CDs sind und zwei CDs aufeinandergeklebt werden können. Anfang 1996 wurden in den USA Prototypen des V.-Spielers vorgestellt. Sie sollen Ende 1996 für ca. 500 Dollar erhältlich sein.
→ CD → CD-ROM

Video on demand

(engl.; Video auf Anfrage), Bestellung eines Videos bei Filmarchiven. Der Film wird über Telefonleitung oder Kabelnetz gesendet und empfangen. Für die Übertragung des Films muß der Kunde eine Gebühr an den V.-Dienstleister entrichten. Voraussetzung für V. ist das digitale Fernsehen, das Mitte 1996 in Deutschland eingeführt werden soll. Zur Entschlüsselung ist eine sog. Set-Top-Box nötig, die zwischen Bildschirm und Datenleitung geschaltet wird und digitale in analoge Signale umwandelt. Der Beginn der ursprünglich für 1995 geplanten Pilotprojekte mit V. in sechs Ballungsräumen in Deutschland wurde auf Mitte bzw. Ende 1996 verschoben.

Der ausgewählte Film wird in digitale Signale zerlegt. Das V.-Archiv stellt den Film einem sog. Video Server, einem Zentralcomputer, zur Verfügung, der ihn über Datennetze an die Set-Top-Box überträgt. Kunden können den Film unterbrechen sowie vor- und zurückspulen. Die Set-Top-Box benötigt bei einer konstanten Leitungsverbindung keinen Speicher für den gesamten Film, sondern nur für die Sequenzen, die nach und nach über die Datenleitung gesandt werden. Eine Set-Top-Box, die den gesamten Film speichern könnte, war Mitte 1996 nicht auf dem Markt.
→ Datenautobahn → Digitales Fernsehen
→ Interaktives Fernsehen

Vietnamesen

Im Juli 1995 unterzeichneten die deutsche und die vietnamesische Regierung ein Abkommen über die Rückführung von rd. 40 000 V. ohne Bleiberecht aus Deutschland in ihre Heimat. Bis Ende 1994 hatte sich Vietnam geweigert, abgeschobene Rückkehrer aufzunehmen. Die Bundesregierung sagte Vietnam im Gegenzug Finanzhilfen in Höhe von insgesamt 100 Mio DM zu. 1995 lebten rd. 97 000 V. in Deutschland, von denen 47 500 ausreisepflichtig waren oder sich im Asylverfahren befanden. Etwa 22 000 V. hatten eine unbefristete Aufenthaltserlaubnis, die übrigen 27 500 V. durften sich vorübergehend oder befristet in Deutschland aufhalten.

Die Regierungen in Bonn und Hanoi einigten sich darauf, 1995–1998 rd. 20 000 V. in ihr Heimatland zurückzuschicken (1995: 2500 V.; 1996: 5000 V.; 1997: 6000 V.; 1998: 6500 V.). Die restlichen 20 000 V. sollen bis zum Jahr 2000 nach Vietnam zurückkehren. 20 000 der 40 000 von der Ausweisung betroffenen V. waren abgelehnte Asylbewerber, 10 000 ausreisepflichtige Vertragsarbeiter der ehemaligen DDR, weitere 10 000 seit 1990 illegal eingereist. Von den 2500 V., die bis Ende 1995 nach Vietnam abgeschoben werden sollten, waren bis Mai 1996 jedoch nur vier Personen in ihrer Heimat eingetroffen. Grund hierfür waren Meinungsverschiedenheiten zwischen Bonn und Hanoi über Namenslisten der V., die als erste ausgewiesen werden sollten.
→ Abschiebung → Asylbewerber

Virtuelle Realität: Weltweiter Umsatz			
Jahr	Umsatz (Mio Dollar)[1]		
	Heimmarkt	Spielhallen	Industrie
1995	89,5	60,0	8,6
1996	179,0	84,6	14,4
1997	250,6	119,7	24,5
1998	375,9	169,9	44,1
1999	451,1	241,9	79,4

1) Ab 1996 Prognose; Quelle: Focus, 7.8.1995

Virtuelle Realität [TAB]

(auch cyberspace, engl.; künstlicher Raum), vom Computer mittels bestimmter Programme simulierte dreidimensionale Räume oder Objekte. Der Umsatz mit V. wurde 1995 weltweit auf 158 Mio Dollar geschätzt. Den größten Anteil am Umsatz mit rd. 90% hatte die Unterhaltungsindustrie. Ende 1995 brachte der Marktführer für Computerspiele, der japanische Konzern Nintendo, ein V.-Gerät für rd. 300 DM auf den Markt. US-amerikanische Firmen entwickelten 1995/96 einen Bildschirm, auf dem dreidimensionale Computersimulationen den Eindruck erwecken, der Nutzer befände sich mitten im Geschehen. Der Bildschirm soll die Mitte der 90er Jahre genutzten Datenbrillen und -helme ersetzen.

AUSRÜSTUNG: Bei den herkömmlichen V.-Geräten trägt der Anwender einen mit Flüssigkristallbildschirmen ausgestatteten Datenhelm. Dieser registriert die Kopfbewegungen und gibt sie an den Computer weiter. Das Bild der im Rechner gespeicherten Räume wird an den jeweiligen Blickwinkel angepaßt. Mit einem von Glasfasern und Sensoren durchzogenen Handschuh, der Handbewegungen an den Computer überträgt, oder mit anderen Eingabegeräten (sog. Trackern) können Objekte scheinbar im künstlichen Raum verschoben werden. 1996 waren Computerprogramme ab 150 DM erhältlich.

ANWENDUNG: V. wird vor allem für Computerspiele genutzt, doch erleichtert V. auch die Lösung von wissenschaftlichen Problemen. So wird sie z. B. in der Medizin und der Molekularchemie angewandt. V. ermöglicht die Steuerung von Robotern in für Menschen unzugänglicher Umgebung. Die Autobranche nutzt V. zum Entwurf neuer Modelle. Architekten simulieren bauliche Veränderungen.

→ Computeranimation → Roboter

Vornamen [TAB]

Maria war 1995 in Ost- wie in Westdeutschland erstmals der beliebteste V. für Mädchen. Bei den Jungennamen konnte Alexander im Westen seine Spitzenposition verteidigen, im Osten tauschten Maximilian und Philipp die Plätze an

Vornamen: Rangliste 1995		
Rang	Westdeutsch.	Ostdeutsch.
Mädchen		
1	Maria	Maria
2	Katharina	Lisa
3	Laura	Laura
4	Julia	Julia
5	Lisa	Anna/Anne
6	Sarah	Sophia
7	Marie	Sarah
8	Sophie	Jessica
9	Anna/Anne	Franziska
10	Vanessa	Jennifer
Jungen		
1	Alexander	Maximilian
2	Maximilian	Philipp
3	Daniel	Florian
4	Lukas	Felix
5	Philipp	Paul
6	Christian	Lucas/Lukas
7	Marcel	Alexander
8	Michael	Sebastian
9	Tobias	Kevin
10	Dominik	Tobias

Quelle: Gesellschaft für deutsche Sprache (GfdS, Wiesbaden)

der Spitze der Beliebtheitsskala. Seit 1977 stellt die Gesellschaft für deutsche Sprache (GfdS, Wiesbaden) eine Liste der zehn beliebtesten V. aus den Angaben repräsentativ ausgewählter Standesämter zusammen.

W

Wahlen [TAB]

Die Abgeordnetenhaus-W. in Berlin vom 22.10.1995 und die drei Landtags-W. vom 24.3.1996 (Baden-Württemberg, Rheinland-Pfalz und Schleswig-Holstein) waren durch hohe Verluste der SPD (zwischen −4,3 und −6,8 Prozentpunkte) gekennzeichnet, die in allen vier Bundesländern an der Regierung beteiligt war. Während die FDP nach starken Verlusten den Wiedereinzug in den Berliner Senat verpaßte und damit Ende 1995 nur noch in vier von 16 Landtagen vertreten war,

Wahlen

Partei	Stimmenanteil (%)	Veränderung zur letzten Wahl[1]	Zahl der Mandate
Bundestagswahl vom 16.10.1994			
CDU/CSU	41,5	−2,3	294
SPD	36,4	+2,9	252
Bündnis 90/Grüne	7,3	+2,2	49
FDP	6,9	−4,1	47
PDS	4,4	+2,0	30
Republikaner	1,9	−0,2	−
Sonstige	1,6	−0,5	−
Regierung: CDU/CSU/FDP Nächste Wahl: 1998			
Landtagswahl Baden-Württemberg vom 24.3.1996			
CDU	41,3	+1,7	69
SPD	25,1	−4,3	39
Bündnis 90/Grüne	12,1	+2,6	19
FDP	9,6	+3,7	14
Republikaner	9,1	−1,8	14
Sonstige	2,8	−1,9	−
Regierung: CDU/FDP; nächste Wahl: 2000			
Landtagswahl Bayern vom 25.9.1994			
CSU	52,8	−2,1	120
SPD	30,0	+4,0	70
Bündnis 90/Grüne	6,1	−0,3	14
Republikaner	3,9	−1,0	−
FDP	2,8	−2,4	−
Sonstige	4,3	+1,7	−
Regierung: CSU; nächste Wahl: 1998			
Abgeordnetenhauswahl Berlin vom 22.10.1995			
CDU	37,4	−3,0	87
SPD	23,6	−6,8	55
PDS	14,6	+5,4	34
Bündnis 90/Grüne	13,2	+3,9	30
Republikaner	2,7	−0,4	−
FDP	2,5	−4,6	−
Sonstige	6,0	+5,5	−
Regierung: CDU/SPD Nächste Wahl: 1999			

Partei	Stimmenanteil (%)	Veränderung zur letzten Wahl[1]	Zahl der Mandate
Landtagswahl Brandenburg vom 11.9.1994			
SPD	54,1	+15,9	52
CDU	18,7	−10,7	18
PDS	18,7	+5,3	18
Bündnis 90/Grüne	2,9	−6,4	−
FDP	2,2	−4,4	−
Sonstige	3,3	+0,3	−
Regierung: SPD Nächste Wahl: 1999			
Bürgerschaftswahl Bremen vom 14.5.1995			
SPD	33,4	−5,4	37
CDU	32,6	+1,9	37
Bündnis 90/Grüne	13,1	+1,7	14
Arbeit für Bremen	10,7	−	12
FDP	3,4	−6,1	−
DVU	2,5	−3,7	−
PDS	2,4	−	−
Sonstige	2,0	−1,5	−
Regierung: SPD/CDU Nächste Wahl: 1999			
Bürgerschaftswahl Hamburg vom 19.9.1993			
SPD	40,4	− 7,6	58
CDU	25,1	−10,0	36
Bündnis 90/Grüne	13,5	+6,3	19
STATT Partei	5,6	−	8
Sonstige	15,4	+5,7	−
Regierung: Kooperation von SPD und STATT Partei Nächste Wahl: 1997			
Landtagswahl Hessen vom 19.2.1995			
CDU	39,2	−1,0	45
SPD	38,0	−2,8	44
Bündnis 90/Grüne	11,2	+2,4	13
FDP	7,4	+0,0	8
Sonstige	4,2	+1,4	−
Regierung: SPD/Bündnis 90/Die Grünen Nächste Wahl: 1999			

Die Sitzverteilung kann sich im Lauf einer Wahlperiode durch Fraktionsaustritte verändern; 1) Prozentpunkte;

verteidigte sie 1996 mit Gewinnen bis zu 3,7 Prozentpunkten ihre Position in den Landtagen von Baden-Württemberg, Rheinland-Pfalz und Schleswig-Holstein. Mit dem Einzug in den Kieler Landtag sind Bündnis 90/Grüne erstmals in allen westlichen Länderparlamenten vertreten. **BERLIN:** Bei den zweiten W. zu einem Gesamtberliner Abgeordnetenhaus mußte die große Koalition Verluste von 9,8 Prozentpunkten hinnehmen. Mit 23,6% der Stimmen erreichte die SPD das schlechteste Ergebnis aller Nachkriegs-W. in ihrer einstigen Hochburg. Drittstärkste politische Kraft wurde die PDS (14,6% der Stimmen). **WESTDEUTSCHE LANDTAGE:** Aus den W. in Baden-Württemberg, Rheinland-Pfalz und Schleswig-Holstein ging die Bonner

Wahlen

Partei	Stimmen-anteil (%)	Veränderung zur letzten Wahl[1]	Zahl der Mandate
Landtagswahl Mecklenburg-Vorpommern vom 16.10.1994			
CDU	37,7	–0,6	30
SPD	29,5	+2,5	23
PDS	22,7	+7,0	18
FDP	3,8	–1,7	–
Sonstige	6,3[2]	–7,2	–
Regierung: CDU/SPD; nächste Wahl: 1998			
Landtagswahl Niedersachsen vom 13.3.1994			
SPD	44,3	+0,1	81
CDU	36,4	–5,6	67
Bündnis 90/Grüne	7,4	+1,9	13
FDP	4,4	–1,6	–
Sonstige	7,5	+5,2	–
Regierung: SPD; nächste Wahl: 1998			
Landtagswahl Nordrhein-Westfalen vom 14.5.1995			
SPD	46,0	–4,0	108
CDU	37,7	+1,0	89
Bündnis 90/Grüne	10,0	+5,0	24
FDP	4,0	–1,8	–
Sonstige	2,3	–0,2	–
Regierung: SPD/Bündnis 90/Die Grünen Nächste Wahl: 2000			
Landtagswahl Rheinland-Pfalz vom 24.3.1996			
SPD	39,8	–5,0	43
CDU	38,7	+0,0	41
FDP	8,9	+2,0	10
Bündnis 90/Grüne	6,9	+0,4	7
Sonstige	5,7	+2,6	–
Regierung: SPD/FDP; nächste Wahl: 2001			
Landtagswahl Saarland vom 16.10.1994			
SPD	49,4	–5,0	27
CDU	38,6	+5,2	21
Bündnis 90/Grüne	5,5	+2,9	3
Sonstige	6,5[3]	–3,0	–
Regierung: SPD; nächste Wahl: 1999			

Partei	Stimmen-anteil (%)	Veränderung zur letzten Wahl[1]	Zahl der Mandate
Landtagswahl Sachsen vom 11.9.1994			
CDU	58,1	+4,3	77
SPD	16,6	–2,5	22
PDS	16,5	+6,3	21
Bündnis 90/Grüne	4,1	–1,5	–
FDP	1,7	–3,6	–
Sonstige	2,9[4]	–3,1	–
Regierung: CDU; nächste Wahl: 1999			
Landtagswahl Sachsen-Anhalt vom 26.6.1994			
CDU	34,4	–4,6	37
SPD	34,0	+8,0	36
PDS	19,9	+7,9	21
Bündnis 90/Grüne	5,1	–0,2	5
FDP	3,6	–9,9	–
Sonstige	3,1	–1,2	–
Regierung: SPD/Bündnis 90/Die Grünen Nächste Wahl: 1998			
Landtagswahl Schleswig-Holstein vom 24.3.1996			
SPD	39,8	–6,4	33
CDU	37,2	+3,4	30
Bündnis 90/Grüne	8,1	+3,1	6
FDP	5,7	+0,1	4
DVU	4,3	–2,0	–
SSW	2,5	+0,6	2
Sonstige	2,3	+1,1	–
Regierung: SPD/Bündnis 90/Die Grünen Nächste Wahl: 2000			
Landtagswahl Thüringen vom 16.10.1994			
CDU	42,6	–2,8	42
SPD	29,6	+6,8	29
PDS	16,6	+6,9	17
Bündnis 90/Grüne	4,5	–2,0	–
FDP	3,2	–6,1	–
Sonstige	3,5	–2,8	–
Regierung: CDU/SPD Nächste Wahl: 1999			

2) Bündnis 90/Grüne 3,7%; 3) FDP 2,1%; 4) Republikaner 1,3%, DSU 0,6%

Koalition aus CDU/CSU und FDP gestärkt hervor. Deutliche Stimmengewinne der FDP (3,7 Prozentpunkte) ermöglichten es der CDU in Baden-Württemberg, die große Koalition mit der SPD zu beenden. Trotz hoher Verluste (5,0 Prozentpunkte) konnte die SPD in Rheinland-Pfalz die Koalition mit der FDP (+2,0 Prozentpunkte) fortsetzen. In Schleswig-Holstein verlor die SPD ihre absolute Mehrheit und ging eine Koalition mit Bündnis 90/Die Grünen ein.

RECHTSWÄHLER: Bei den vier W. 1995 und 1996 stand die Lösung wirtschaftlicher und sozialer Probleme im Mittelpunkt. Die rechtsextremen Republikaner profitierten in Baden-Württemberg von der Thematisierung der Aussiedler- und

Ausländerproblematik, die von der SPD in der Schlußphase des Wahlkampfs betrieben wurde. Mit einem Stimmenanteil von 9,1% gelang den Republikanern der erneute Einzug in den Stuttgarter Landtag. Die rechtsextreme Deutsche Volksunion (DVU), die 1992 sechs Mandate im Kieler Landtag errungen hatte, verpaßte mit 4,3% der Stimmen den Wiedereinzug ins schleswig-holsteinische Parlament.

MINDERJÄHRIGE WÄHLER: Im November 1995 verabschiedete der Landtag in Hannover ein Gesetz zur Einführung des aktiven und passiven Wahlrechts für EU-Bürger bei Kommunal-W., mit dem auch die Herabsetzung des Wahlalters verbunden ist. Als erstes Bundesland senkte Niedersachsen die Altersgrenze für das aktive Wahlrecht bei Kommunal-W. auf 16 Jahre. Bei den Kommunal-W. in Niedersachsen am 15.9.1996 können rd. 146 000 Jugendliche zwischen 16 und 18 Jahren erstmals teilnehmen.

NICHTWÄHLER: Bei den vier Landtags-W. Mitte 1995 bis Mitte 1996 betrug die Wahlbeteiligung durchschnittlich 69,6%. Eine stabile Wahlbeteiligung gab es nur in Schleswig-Holstein. Am stärksten sank die Wahlbeteiligung in Berlin (68,3%, gegenüber 1990: −12,5 Prozentpunkte). Die hohe Zahl der Nichtwähler wurde auf die Unzufriedenheit der Wahlberechtigten mit den etablierten Parteien zurückgeführt, insbes. mit den regierenden großen Koalitionen in Baden-Württemberg und Berlin.

Waldsterben KAR

Der Zustand der deutschen Wälder verbesserte sich laut Waldzustandsbericht der CDU/CSU/FDP-Bundesregierung 1995 leicht, bleibt aber besorgniserregend. Der Anteil deutlich geschädigter Bäume (d. h. mindestens 25% Blatt- oder Nadelverlust) verminderte sich gegenüber 1994 um 3% auf 22%. Die Buchen waren die am stärksten betroffenen Bäume mit deutlichen Schädigungen bei 37%; bei den Eichen waren es 35%, bei Fichten 21% und bei Kiefern 15%.

REGIONEN: Die geringsten Schäden gab es in Mecklenburg-Vorpommern mit 10%, die größten in Hessen mit 40%, knapp vor Thüringen mit 39%. In den neuen Bundesländern ging der Anteil der Bäume mit deutlichen Schäden von 36% im Jahr 1990 auf 20% zurück.

TRUGBILD: Das tatsächliche Ausmaß des W. ging, so die Kritik von Umweltschützern, aus der amtlichen Baum-Bilanz nicht hervor. Bäume, die so krank waren, daß sie abgeholzt werden mußten, fielen aus der amtlichen Statistik.

EUROPA: Nach einer Untersuchung der UNO-Wirtschaftskommission von 1994 waren 26,4% des europäischen Waldes deutlich geschädigt (1993: 22,6%). Am stärksten betroffen waren Nadelbäume mit einem Anteil von 28%, während von den Laubbäumen 24,3% Blattverluste von mehr als einem Viertel zeigten. Mittel- und Osteuropa waren vom W. am schwersten betroffen: In der Tschechischen Republik lag der Anteil der kranken Bäume knapp unter 60%; in Polen war jeder zweite Baum krank. Die meisten gesunden Bäume hatte Frankreich, wo noch etwa drei Viertel der untersuchten Bäume keinerlei Schäden aufwiesen. In Österreich waren fast 60% aller Bäume gesund.

WALDSCHADENSFORSCHUNG: Kranke Bäume beeinträchtigen die Funktion des Waldes, der Einfluß auf Klima und Wasserhaushalt hat. Die Produktion von Sauerstoff und der Schutz vor Bodenerosion, Wind und Lawinen werden durch das W. gefährdet. Als Hauptursache des W. gilt die Luftverschmutzung durch sauren Regen infolge des Ausstoßes von Schwefeldioxid bei der Verfeuerung fossiler Rohstoffe wie Kohle oder Erdöl. Weitere Faktoren sind Autoabgase und Gifte aus der Landwirtschaft (Pestizide, Nitrat) sowie von Haushalten und Industrie erzeugte Schadstoffe wie Stickoxide, Ammoniak und Schwermetalle. Auch andere, nicht immissionsbedingte Schadfaktoren, z. B. Streß durch extreme Witterungs- und Klimaereignisse (sog. abiotische Schäden wie Wind, Dürre, Schnee, Sturm), forstwirtschaftliche Fehler (mangelnde Pflege, Holzeinschlag usw.), Feuerschäden, Bakterien-, Insekten- und Pilzbefall und die Klimaveränderungen werden zur Klärung der Ursachen des W. herangezogen.

→ Autoverkehr → Luftverschmutzung → Umweltschutz → Verkehr

Waldsterben: Entwicklung in Deutschland

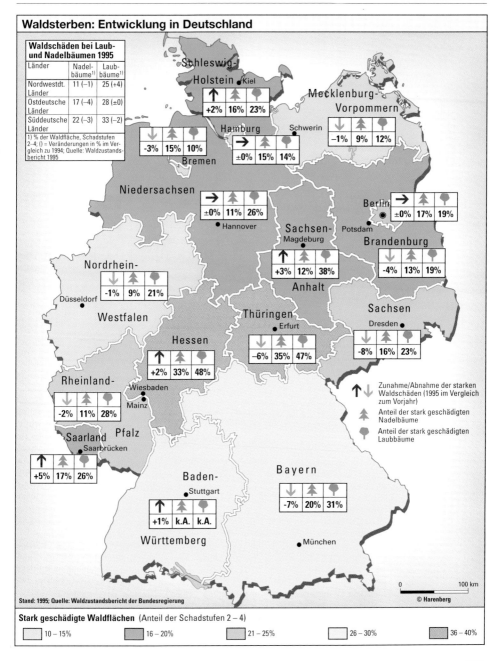

Waldschäden bei Laub- und Nadelbäumen 1995		
Länder	Nadel-bäume[1]	Laub-bäume[1]
Nordwestdt. Länder	11 (−1)	25 (+4)
Ostdeutsche Länder	17 (−4)	28 (±0)
Süddeutsche Länder	22 (−3)	33 (−2)

1) % der Waldfläche, Schadstufen 2–4; () = Veränderungen in % im Vergleich zu 1994; Quelle: Waldzustandsbericht 1995

Schleswig-Holstein · Kiel
+2% | 16% | 23%

Mecklenburg-Vorpommern
Schwerin
−1% | 9% | 12%

Hamburg
−3% | 15% | 10%

Bremen
±0% | 15% | 14%

Niedersachsen
±0% | 11% | 26%
· Hannover

Sachsen-Anhalt
Magdeburg
+3% | 12% | 38%

Berlin →
±0% | 17% | 19%
Potsdam

Brandenburg
−4% | 13% | 19%

Nordrhein-Westfalen
Düsseldorf ·
−1% | 9% | 21%

Thüringen
· Erfurt
−6% | 35% | 47%

Sachsen
Dresden ·
−8% | 16% | 23%

Hessen
+2% | 33% | 48%

Rheinland-Pfalz
Wiesbaden ·
Mainz ·
−2% | 11% | 28%

Saarland
· Saarbrücken
+5% | 17% | 26%

Baden-Württemberg
· Stuttgart
+1% | k.A. | k.A.

Bayern
−7% | 20% | 31%

· München

Zunahme/Abnahme der starken Waldschäden (1995 im Vergleich zum Vorjahr)

Anteil der stark geschädigten Nadelbäume

Anteil der stark geschädigten Laubbäume

Stand: 1995; Quelle: Waldzustandsbericht der Bundesregierung

0 ___ 100 km

© Harenberg

Stark geschädigte Waldflächen (Anteil der Schadstufen 2 – 4)

| 10 – 15% | 16 – 20% | 21 – 25% | 26 – 30% | 36 – 40% |

Waldsterben: Schäden in Europa

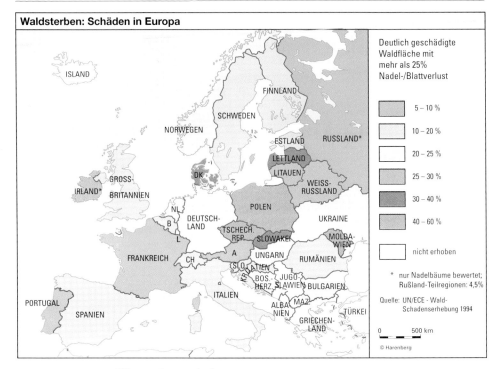

Deutlich geschädigte Waldfläche mit mehr als 25% Nadel-/Blattverlust

- 5 – 10 %
- 10 – 20 %
- 20 – 25 %
- 25 – 30 %
- 30 – 40 %
- 40 – 60 %
- nicht erhoben

* nur Nadelbäume bewertet; Rußland-Teilregionen: 4,5%

Quelle: UN/ECE - Wald-Schadenserhebung 1994

0   500 km

© Harenberg

Wasserknappheit

Nach Prognosen eines im März 1996 veröffentlichten UNO-Berichts wird die W. in den nächsten 15 Jahren die Stadtbewohner in den Entwicklungsländern, aber auch in den großen Ballungsräumen der Industrieländer beeinträchtigen. Wegen der zunehmenden Bevölkerung, Verstädterung und Umweltzerstörung wird der Zugang zu den Wasservorräten der Erde zum größten Konfliktherd im 21. Jahrhundert werden.
URSACHEN: 2025 werden fast 70% der Weltbevölkerung in Städten leben; 1996 waren es knapp 50%. In der sog. Dritten Welt nimmt die städtische Einwohnerzahl täglich um 170 000 zu. Der Anstieg führt zur wachsenden Wasserverschmutzung durch Fäkalien und Industrieabfälle. Zu den von W. besonders bedrohten Städten zählen Bombay/Indien, Jakarta/Indonesien, Houston/USA, Kairo/Ägypten, Los Angeles/USA, Mexiko-Stadt, Peking/China, Tel Aviv/Israel und Warschau/Polen.

Ein anderer Grund für die W. ist das Versäumnis vieler Regierungen, notwendige Infrastrukturinvestitionen in die Wasserversorgung zu tätigen. Bis zu 60% des Trinkwassers versickern durch schadhafte Leitungen im Boden.
QUALITÄT: Die Wasserqualität ist durch Verschmutzung bedroht, da sanitäre Einrichtungen und Abwasserreinigungssysteme fehlen. Die UNO schätzte 1996, daß weltweit nur 5% der Abwässer geklärt wurden. Schadstoffe und gesundheitsbedrohende Stoffe gelangten so über Flüsse und Grundwasser in das Trinkwasser.
WASSERVORRÄTE: Von den Wasservorräten der Erde beläuft sich der Anteil des für Menschen brauchbaren Süßwassers lediglich auf etwa 2,5% der Gesamtmenge. Hiervon sind wiederum 65% in Polkappen und Gletschern eingefroren, so daß nur 0,87% des Wasservorrats in Seen, Flüssen, Pflanzen und Atmosphäre gespeichert werden. Etwa 50% des verfüg-

baren Ablaufwassers – Wasser, das vorwiegend in Flüssen transportiert wird – wurden 1996 bereits genutzt. Durch den Bau von Staudämmen kann die Menge des nutzbaren Ablaufwassers bis 2025 um etwa 10% gesteigert werden. Dies reicht nicht aus, um die Weltbevölkerung, die bis dahin voraussichtlich auf ca. 8 Mrd Menschen gewachsen sein wird, ausreichend mit Wasser zu versorgen und zu ernähren. **SCHUTZMASSNAHMEN:** Die Weltbank entwickelte Strategien zur Überwindung der Wasserkrise: Beteiligung aller Gruppen an der Wasserpolitik, Einbeziehung des Wassermanagements in die Ressourcenplanung, effiziente Nutzung des vorhandenen Wassers sowie eine Reduzierung der Verluste, die Suche nach alternativen Wasserquellen durch Importe, regionale Wassermärkte und die Entsalzung von Meerwasser.

→ Desertifikation → Entwicklungsländer
→ Trinkwasser → Umweltschutz
→ Wasserverschmutzung

Wasserkraft [TAB]

Wasserkraft ist die wichtigste erneuerbare Energie (Anteil in Deutschland: 83%). Ein Fünftel der W.-Reserven (rd. 13 Mio GWh) werden zur Stromgewinnung genutzt, für 2010 wird mit einer Ausnutzung von rd. 30% gerechnet. Die höchsten Zuwachsraten werden für Asien erwartet. Die USA nutzen die W. am stärksten (Kraftwerksleistung: rd. 86 000 MW). In Deutschland werden rd. 4% des Stroms aus W. gewonnen, überwiegend in Kleinanlagen unter 100 kW Leistung.
Ende 1995 wurde das Arun-III-Staudammprojekt in Nepal (Leistung: 200 MW, Kosten: rd. 1,5 Mrd DM) vorerst ge-

Wasserkraft: Drei-Schluchten-Damm in China

Technische Daten	Zahlen
Staumauer	
Firsthöhe	185 m
Wasserpegel	175 m
Breite	300 m
Länge	2,3 km
Schleusenhöhe	115 m
Leistung	17 680 MW
Stromproduktion/Jahr	84,7 Mrd kWh
Generatoren	26
Stausee	
Länge	663 km
Fläche	104 500 ha
Inhalt	39 Mrd m³
Überflutetes Land	98 753 ha
Umsiedlung (Menschen)	1,3–1,5 Mio
Bauzeit	1995–2013
Kosten	19 Mrd DM

stoppt, nachdem die Weltbank ihre Kreditzusage von 175 Mio Dollar zurückgezogen hatte. Bau und Verwaltung von Arun würden die finanziellen und institutionellen Fähigkeiten des fünftärmsten Staates der Welt überfordern. Nepal bezieht 97% seines Stroms im öffentlichen Netz aus zwölf W.-Werken.
Der Bau von W.-Werken ist gegenüber Anlagen, die fossile Energieträger einsetzen, mit hohen Investitionen, u. a. für Staudämme, verbunden. Die Betriebskosten sind niedriger. Ein Kraftwerk setzt mit 80% etwa doppelt soviel Energie in Elektrizität um wie ein Kohlekraftwerk. Staudamm-Großprojekte zerstören allerdings Natur und Landschaft, zwingen zur Umsiedlung von Menschen und verändern das Regionalklima. In China entsteht bis 2013 am Yangtse mit dem Drei-Schluchten-Damm das weltgrößte W.-Projekt.
→ Energien, Erneuerbare → Energieverbrauch

Wasserverschmutzung

Jedes sechste der 18 000 im Frühjahr 1996 im Auftrag der für Umwelt zuständigen EU-Kommission untersuchten Küsten- und Binnengewässer vom Mittelmeer bis zur Ostsee ist zum Baden wegen Verschmutzung ungeeignet. Von den 446 Meeresstränden und den 1822 Badesträn-

Wasserkraft in Deutschland

Typ	MW (netto)		
	West	Ost	D
Pumpspeicher I[1]	2561	1759	4320
Laufwasser	2609	24	2633
Pumpspeicher II[2]	1026	170	1196
Speicherwasser	244	3	247
Insgesamt	6440	1956	8396

Stand: 1994; 1) ohne natürlichen Zufluß; 2) mit natürlichem Zufluß; Quelle: VDEW

den an Seen in Deutschland erfüllen laut EU-Studie mehr als 1000 nicht die Mindestanforderungen zum Baden. Vor allem an Küstenabschnitten an der Ostsee ist das Wasser oft verschmutzt.

Das Wasser in Deutschlands Flüssen hingegen wird sauberer. Im Rhein ist die Schadstoffbelastung gesunken, der Sauerstoffgehalt hat sich 1987–1995 verdoppelt. Auch der Zustand der Elbe, einer der am stärksten belasteten Flüsse in Europa, hat sich leicht verbessert.

In Ostdeutschland hat sich der Anteil der Gewässer, die nur noch als mäßig belastet gelten, von 25% (1994) auf 30% erhöht. Zwei Drittel der Gewässer sind jedoch noch immer stark bis sehr stark belastet. Gleiches gilt für Nord- und Ostsee. Die Ostsee war 1996 weltweit eines der am stärksten verschmutzten Meere; von den 442 000 km² war ein Viertel biologisch tot. Als größter Wasserverschmutzer gilt die Landwirtschaft durch das übermäßige Ausbringen von Pestiziden und Dünger sowie der Gülle aus der Tierhaltung.

→ Landwirtschaft → Pestizide → Trinkwasser

Wehrmachtsdeserteure

Im Mai 1996 scheiterte im Bundestag ein gemeinsamer Entwurf von CDU/CSU/FDP-Regierung und SPD-Opposition über Rehabilitierung und Entschädigung von W. Vorgesehen war, Urteile der Wehrmachtsjustiz im Zweiten Weltkrieg wegen Kriegsdienstverweigerung, Desertion, Fahnenflucht und Wehrkraftzersetzung aufzuheben und an rd. 400 noch lebende W. je 7500 DM zu zahlen.

Die Mehrheit von SPD, Bündnis 90/Die Grünen und die PDS richtete sich gegen eine von Union, FDP und Teilen der SPD unterstützte Formulierung, die eine Rehabilitierung ausschloß, wenn bei der Anlegung rechtsstaatlicher Maßstäbe die dem Urteil zugrundegelegte Handlung auch heute Unrecht wäre, z. B. die Tötung eines Kameraden. Sie befürchteten eine Ausgrenzung von W. aus der vorgesehenen Rehabilitierung.

Etwa 20 000 W. wurden aufgrund von Militärgerichtsurteilen hingerichtet. Mehrere zehntausend starben in Konzentrations-, Straflagern und Strafbataillonen. Etwa 4000 W. überlebten. Das Bundessozialgericht bewertete die NS-Militärjustiz als Terrorinstrument und ihre Urteile als offensichtliches Unrecht. Die Wehrmachtsjustiz war den Ansprüchen des nationalsozialistischen Führerstaats unterworfen.

Wehrpflicht [TAB]

Politiker aus Union und SPD sowie die Wehrbeauftragte des Bundestags, Claire Marienfeld, befürchteten 1995/96, daß die Bundeswehr aufgrund steigender Kriegsdienstverweigerung ihren Bedarf an Rekruten für den Grundwehrdienst nicht mehr decken könne. Bündnis 90/Die Grünen und Teile der FDP forderten die Abschaffung der W. Frankreich, Spanien und Rußland wollen ebenfalls die W. abschaffen und eine Berufsarmee aufbauen. Die Niederlande zogen im Januar 1996 die letzten Wehrpflichtigen zur Armee ein. Belgien hatte 1994 die W. aufgegeben.

WEHRDIENST: Der Grundwehrdienst in Deutschland wurde 1996 von zwölf auf zehn Monate verkürzt (inkl. 22 Tage Urlaub). Dem Wehrdienst schließt sich eine höchstens zweimonatige Verfügungsbereitschaft an, für die der Soldaten bei Bedarf zum Dienst herangezogen werden können. Die Verpflichtungszeiten für Wehrdienstbefreite, z. B. im Zivil- und Katastrophenschutz, verkürzte sich von acht auf sieben Jahre. Wehrpflichtige, die sich freiwillig zu den Einheiten melden,

Wehrpflicht: Leistungen für deutsche Rekruten	
Zahlung	**Betrag (DM)**
Wehrsold (pro Tag)	13,50[1]
Besondere zeitliche Belastung Dienstdauer 12–16 h Dienstdauer 16–24 h	 25,00 (35,00[2]) 50,00 (70,00[2])
Weihnachtsgeld	375,00 (+37,50[2])
Mobilitätszuschlag (pro Tag) 50–100 km Entfernung zum Dienstort ab 100 km Enfernung	 3,00 6,00
Wehrdienstzuschlag ab 11. Monat (pro Monat)	1200,00
Entlassungsgeld	1500,00 (+150,00[2])
Verpflichtungszuschlag (pro Tag)[3]	40,00
Zuschlag bei Ausbildung zum Uffz d. Reserve	2000,00

1) Einfacher Soldat; 2) ab. 11. Dienstmonat; 3) Voraussetzung: Verpflichtung als Zeitsoldat bis zum 6. Monat, Zahlung zwischen Verpflichtungserklärung und Ernennung zum Soldaten auf Zeit

Wehrpflicht: Europa-Vergleich

Staat	Dauer (Monate)	Wehrdienst-leistende	Kriegsdienst-verweigerung	Zivil-/Ersatzdienst Dauer (Monate)
Bulgarien	18	51 300	nein	Planung: 36 Monate
Dänemark	4–12 (abh. von Funktion)	8 300	ja	9
Deutschland	10	137 300	ja	13
Estland	12	2 650	ja	9–15
Finnland	8–11 (abh. von Dienststellung)	23 900	ja (Frieden)	11 (waffenloser Dienst), 395 Tage
Frankreich	10[1]	189 200	ja	20 (waffenloser Dienst oder Zivildienst)
Griechenland	Heer: 19 Luftwaffe: 20 Marine: 21	114 000	ja	doppelt so lange wie Wehrdienst (waffenloser Dienst bei der Armee)
Italien	12	174 700	ja	12
Kroatien	10	65 000	ja (Frieden)	im Aufbau: 15
Lettland	18	k. A.	ja	24
Litauen	12	k. A.	ja	im Aufbau: 24
Moldawien	18	11 000	ja	im Aufbau: 24
Norwegen	12	16 900	ja	16–18
Österreich	7 + 30 Tage Truppen-übung oder 8	20 000–30 000	ja	11
Polen	18[2]	158 100	ja	24
Portugal	Heer: 4–8 Luftwaffe/Marine: 4–18	17 600	ja	7
Rumänien	Heer/Luftwaffe: 12 Marine: 18	104 700	ja	waffenloser Dienst Zivildienst geplant
Rußland	24[1]	400 000	ja	Zivildienst geplant
Schweden	Heer/Marine: 7–15 Luftwaffe: 8–12	31 600	ja	7–12
Schweiz	15 Wochen + 10x3 Wo-chen in 12 Jahren (20.–42. Lebensjahr)	28 000	ja	Planung: 450 Tage
Slowakei	18	k. A.	ja	24
Slowenien	7	5 500	ja	Planung: 7
Spanien	9[1]	126 000	ja	13
Tschechische Republik	12	40 400	ja	18
Türkei	18[3], im Ausland lebende Türken Freikauf +1 Monat	415 200	nein	–
Ukraine	24	k. A.	ja	36
Ungarn	12	47 500	ja	18
Weißrußland	18	k. A.	geplant	Planung: 36

Stand: 1995/96; 1) Abschaffung schrittweise ab 1997; 2) Reduzierung auf 15 Monate geplant; 3) Hochschulabsolventen: 16 Monate; Quelle: Bundesamt für den Zivildienst, IISS: The Military Balance 1995/96

die für Kriseneinsätze der NATO vorgesehen sind, können zusätzlich zwei bis 13 Monate Wehrdienst leisten.

VERWEIGERUNG: Die Zahl der Kriegsdienstverweigerer stieg 1995 gegenüber dem Vorjahr um 28% auf 160 659. Dies wurde vor allem auf den Anstieg der Gemustertenzahl zurückgeführt (rd. 415 000, +22%). Etwa ein Drittel eines Geburtsjahrgangs verweigert den Dienst mit der Waffe. Den Jahresbedarf an Grundwehrdienstleistenden, der aus sieben Jahrgängen gedeckt wird, gab das Bundesverteidigungsministerium mit rd. 160 000 an. Diese Zahl werde benötigt, um den geplanten Streitkräfteumfang von 135 000

wehrpflichtigen Soldaten zu gewährleisten. 1995 traten 179 000 Rekruten ihren Dienst an, 148 000 leisteten Zivildienst.
→ Bundeswehr → Zivildienst

Weltausstellung [TAB]

Internationale Ausstellung, auf der industrielle, kulturelle und wissenschaftliche Errungenschaften der beteiligten Länder vorgestellt werden. W. finden seit 1851 an wechselnden Orten und in unregelmäßiger Folge statt. Über die Bewerbung der Veranstaltungsorte entscheidet das Bureau International des Expositions (frz.; Internationales Ausstellungsbüro, B.I.E., Paris). Die nächste W. ist für 1998 in Lissabon/Portugal geplant.

EXPO 2000: Auf einer Fläche von 200 ha soll die Expo 2000 vom 1.6. bis zum 31.10.2000 in Hannover stattfinden. 1996 wurden die Kosten für die Veranstaltung auf rd. 2,9 Mrd DM veranschlagt. Um die erwarteten Einnahmen in Höhe von rd. 2,9 Mrd DM zu erwirtschaften, müßten 40 Mio Besucher kommen. Den größten Einnahmeposten soll mit 1,6 Mrd DM der Eintritt ausmachen (pro Karte: 40 DM). Der Bund wird sich mit 40%, Niedersachsen mit 30%, Unternehmen mit 20% sowie Kreis und Stadt Hannover mit 10% an der Finanzierung der W. beteiligen.

THEMEN: In Hannover werden den Teilnehmern der W. zum ersten Mal thematische Vorgaben gemacht. Das Internationale Ausstellungsbüro und die deutschen Veranstalter vereinbarten drei Themen, zu deren Einhaltung alle Teilnehmer verpflichtet sind: Wiederaufbau der Biosphäre, neue Lösungen für eine nachhaltige Entwicklung und die Förderung der Solidarität unter den Völkern. Zentraler Ausstellungsbeitrag der Expo soll ein rd. 100 000 m² großer Themenpark werden. Dort sollen internationale Lösungsansätze zu Fragen in den Bereichen Gesundheit und Ernährung, Umwelt und Entwicklung, Kommunikation und Information, Freizeit und Mobilität, Bildung und Kultur präsentiert werden. Bis Ende 1995 sagten nach Angaben der Expo-Generalkommissarin Birgit Breuel 32 Staaten ihre Teilnahme zu.

Weltbank → [ORG]

Weltgesundheit

1995 starben weltweit 17 Mio Menschen (rd. ein Drittel aller Todesfälle), darunter neun Mio Kinder, an Infektionskrankheiten. Der im Mai 1996 von der Weltgesundheitsorganisation (WHO, Genf) vorgelegte W.-Bericht hob die drastische Zunahme der Seuchen hervor und warnte vor einer globalen Krise. 1976–1996 seien 30 neue Infektionskrankheiten aufgetreten, für die 1996 meist weder ein Impfschutz noch eine Behandlungsmöglichkeit existierte. Die Rückkehr von alten Seuchen wie Cholera, Malaria und Tuberkulose führte die WHO u. a. auf die wachsende Nachlässigkeit bei Impfprogrammen zurück und beklagte das sinkende Engagement zahlreicher Staaten bei der Bekämpfung und Eindämmung von Infektionskrankheiten. Der großzügige Umgang mit Antibiotika führte dem W.-Bericht zufolge zu einer wachsenden Resistenz der Erreger gegenüber verfügbaren Medikamenten, so daß 1996 bestimmte Malaria- und Tuberkulose-Erreger nicht mehr bekämpft werden konnten. Auch der Tourismus trage zur Verbreitung von Krankheiten über Kontinentalgrenzen hinweg bei.
→ Aids → Antibiotika → Malaria → Tuberkulose

Weltausstellung: Veranstaltungsorte			
Jahr	**Ort/Land**	**Jahr**	**Ort/Land**
1900	Paris/Frankreich	1935	Brüssel/Belgien
1904	Saint Louis/USA	1937	Paris/Frankreich
1905	Lüttich/Belgien	1939	New York/USA
1906	Mailand/Italien	1940	San Francisco/USA
1909	Amsterdam/Niederlande	1958	Brüssel/Belgien
1910	Brüssel/Belgien	1962	Seattle/USA
1911	Turin/Italien	1964	New York/USA
1913	Gent/Belgien	1967	Montreal/Kanada
1915	San Francisco/USA	1970	Osaka/Japan
1923	Göteborg/Schweden	1974	Spokane/USA
1924	London/Großbritannien	1984	New Orleans/USA
1925	Paris/Frankreich	1986	Vancouver/Kanada
1926	Philadelphia/USA	1992	Sevilla/Spanien
1929	Barcelona/Spanien	1993	Taejon/Korea-Süd
1930	Lüttich/Belgien	1998	Lissabon/Portugal
1933	Chicago/USA	2000	Hannover/Deutschland

Weltkultur- und Naturerbe [TAB]

Mit der südhessischen Fossilienfundstätte Messel wurde im Dezember 1995 erstmals ein naturgeschichtliches Zeugnis in Deutschland auf die Liste des W. der Menschheit aufgenommen, die von der Organisation der Vereinten Nationen für Erziehung, Wissenschaft und Kultur (UNESCO) geführt wird. Das W. steht unter dem besonderen Schutz der UNESCO. Im Kriegsfall soll das W. verschont werden. Zum 1.1.1996 wurden weltweit insgesamt acht Naturregionen und 23 Kulturdenkmäler in die Liste des W. aufgenommen, die damit 469 Kultur- und Naturdenkmäler in 105 Ländern umfaßte. Mit der Aufnahme der stillgelegten Völklinger Hütte (Saarland) im August 1995 stieg die Zahl der deutschen Weltkulturdenkmäler auf 15 (Stand: Mitte 1996).

AUFNAHMEVERFAHREN: Erhaltenswerte Kultur- und Naturdenkmäler werden von den 143 Unterzeichnerstaaten (1995) der Internationalen Konvention für das Kultur- und Naturerbe der Menschheit von 1972 benannt und von der UNESCO auf ihre Bedeutung, den Erhaltungszustand und Pläne zum Schutz überprüft. Die Aufnahme in die Liste ist Voraussetzung für eine finanzielle Unterstützung der Erhaltungsmaßnahmen durch die UNESCO.

MESSEL: Die Grube Messel bei Darmstadt, eine der reichsten Fossilienstätten der Welt, wurde als erstes deutsches Beispiel in die weltweit rd. 120 Naturdenkmäler umfassende Liste des Naturerbes der Menschheit eingetragen. Im Ölschiefer der 60 m tiefen Grube sind vielfältige Fossilien, u. a. von Urpferdchen und Halbaffen, aus dem Erdzeitalter des Eozäns (vor etwa 49 Mio Jahren) erhalten, die Messel zu einem bedeutenden erd- und evolutionsgeschichtlichen Denkmal machen. Im Eozän war die Grube Messel Teil eines großen Sees und damit Lebensraum für eine reiche Tier- und Pflanzenwelt. Pläne der hessischen Landesregierung, die Grube Messel als Mülldeponie zu nutzen, wurden 1990 fallengelassen.

VÖLKLINGEN: Die 1986 geschlossene Völklinger Hütte stammt teilweise aus dem 19. Jh. Das Saarland verpflichtete sich als Eigentümer der Industrieanlage,

Weltkultur- und Naturerbe: Deutschland und Schweiz[1]	
Ort (Bundesland bzw. Kanton)	**Kultur- bzw. Naturdenkmal**
Deutschland	
Aachen (Nordrhein-Westfalen)	Dom
Bamberg (Bayern)	Altstadt
Berlin/Potsdam (Brandenburg)	Schlösser und Parks (Sanssouci, Glienicke, Pfaueninsel, Sacrow), Heilandskirche
Brühl (Nordrhein-Westfalen)	Schlösser Augustusburg und Falkenlust
Goslar (Niedersachsen)	Altstadt, Kaiserpfalz und Silberbergwerk Rammelsberg
Hildesheim (Niedersachsen)	Dom und Michaelskirche
Lorsch (Hessen)	Königshalle
Lübeck (Schleswig-Holstein)	Altstadt
Maulbronn (Baden-Württemberg)	Kloster
Messel (Hessen)	Fossiliengrube
Quedlinburg (Sachsen-Anhalt)	Altstadt mit Schloß und Stiftskirche St. Servatius
Speyer (Rheinland-Pfalz)	Dom
Steingaden (Bayern)	Wieskirche
Trier (Rheinland-Pfalz)	Römische Baudenkmäler, Dom und Liebfrauenkirche
Völklingen (Saarland)	Eisenhütte
Würzburg (Bayern)	Residenz
Schweiz	
Bern (Bern)	Altstadt
St. Gallen (St. Gallen)	Kloster
Müstair (Graubünden)	Benediktinerkloster St. Johann

Stand: Mai 1996; 1) in Österreich wurde noch kein Kultur- oder Naturdenkmal in die UNESCO-Liste aufgenommen; Quelle: UNESCO

rd. 3,1 Mio DM für die Erhaltung der industriegeschichtlich bedeutenden Eisenhütte aufzubringen.

RUSSISCHE TAIGA: Im Dezember 1995 nahm die UNESCO mit der Komi-Taiga erstmals seit der Unterzeichnung der W.-Konvention 1972 eine Naturlandschaft auf dem Gebiet der ehemaligen Sowjetunion in die Liste des W. auf. Die Taiga in der nordrussischen Republik Komi ist eines der größten naturbelassenen Nadelwaldgebiete Europas.

Weltwirtschaft [TAB]

1995 betrug das Wachstum der W. 3,5%. Als wichtigster Grund für die günstige Entwicklung galt der Welthandel, der 1995 um 8% stieg (1994: +9,5%). Niedrige Inflationsraten und sinkende Langfristzinsen förderten die internationale Konjunktur. Der Internationale Währungsfonds (IWF, Washington) sagte für 1996 ein globales Wachstum von 3,8% voraus. **INDUSTRIELÄNDER:** Die Industrieländer verzeichneten 1995 ein reales Wachstum von durchschnittlich 2,1%. Die konjunkturelle Lage der Industrieländer war bis Mitte 1996 gekennzeichnet von einer schwachen inländischen Nachfrage und hohen Exportraten. Für 1996 prognostizierte der IWF einen leichten Rückgang des Wachstums auf 2%.

MITTEL- UND OSTEUROPA: In den Reformländern Mittel- und Osteuropas setzte sich 1995 der wirtschaftliche Aufschwung fort. Günstige Rahmenbedingungen für Investitionen aus dem Ausland und eine Ausweitung des privaten Sektors führten zu einem Anstieg des Bruttoinlandsprodukts (BIP) um insge-

Weltwirtschaft: Vergleich

Land	Wirtschaftswachstum[1] (%)		Arbeitslosenquote[2] (%)		Inflationsrate[3] (%)	
	1994	1995	1994	1995	1994	1995
Belgien	2,2	2,2	12,6	12,9	2,4	1,5
Dänemark	4,0	2,5	10,1	10,2	2,0	2,1
Deutschland	2,9	1,9	9,6	9,4	2,8	2,0
Finnland[4]	4,0	4,2	18,4	17,2	1,1	1,0
Frankreich	2,6	2,8	12,6	11,4	1,7	1,9
Griechenland	1,5	2,0	10,7	9,5	10,9	9,3
Großbritannien	3,5	2,4	9,5	8,2	2,0	2,5
Irland	6,3	6,5	14,9	12,8	2,4	2,5
Italien	2,0	3,1	11,3	11,9	4,0	5,3
Japan	0,6	0,9	2,9	3,2	0,7	−0,2
Kanada	4,2	2,0	10,3	9,5	0,2	2,1
Luxemburg	3,3	3,5	2,7	2,9	2,2	1,9
Niederlande	2,7	2,6	7,5	7,0	2,5	2,0
Norwegen	5,7	4,8	5,2	5,0	1,4	2,4
Österreich[4]	2,7	2,3	4,4	4,5	3,3	2,3
Portugal	0,9	2,6	6,9	7,2	4,8	4,1
Schweden[4]	2,2	3,9	7,9	7,7	2,2	2,6
Schweiz	1,2	1,2	4,7	4,2	1,0	1,8
Spanien	2,0	3,2	24,2	22,7	5,1	4,8
USA	3,9	2,0	6,1	5,6	2,7	3,5
EU insgesamt	2,7	3,1	11,3	10,7	3,2	3,2
Osteuropa						
Bulgarien	1,4	2,5	12,8	10,5	96,2	32,9
Polen	5,2	7,0	16,0	14,9	32,2	24,2
Rumänien	3,4	6,9	10,9	8,9	61,7	28,0
Slowakei	4,8	6,6	14,8	13,8	13,4	9,9
Slowenien	5,3	4,8	14,2	13,	18,3	8,6
Tschech. Rep.	2,6	5,2	3,2	29	10,0	9,1
Ungarn	2,9	1,5	10,9	10,4	18,8	20,0
GUS (Europa)						
Rußland	−16,0	−4,0	k. A.[5]	k. A.[5]	224,0	140,0
Ukraine	−23,0	−11,8	k. A.[5]	k. A.[5]	400,0	181,6
Weißrußland	−20,0	−10,0	k. A.[5]	k. A.[5]	2 221,0	344,0

1) Reale Veränderung des BIP im Vergleich zum Vorjahr; 2) Anteil an den zivilen Erwerbspersonen; 3) Veränderung gegenüber dem Vorjahr; 4) Mitglied der EU seit 1. 1. 1995; 5) offizielle Statistik gibt nicht die tatsächlichen Arbeitslosenzahlen an; Quellen: Bundesstelle für Außenhandelsinformation (BfAI), Bundesministerium für Wirtschaft, Deutsches Institut für Wirtschaftsforschung (Berlin), OECD

samt 5,2%. Für 1996 erwartete der IWF ein Wachstum von rd. 4%, sofern weitere Strukturreformen durchgeführt werden. **ENTWICKLUNGSLÄNDER:** Die gesamtwirtschaftliche Leistung der Entwicklungsländer stieg 1995 um 5,8%. Die größten Wachstumsraten verzeichneten die Entwicklungsländer Asiens, in denen das BIP im Schnitt um 8,4% stieg. Der IWF rechnete für 1996 mit einer weiteren Steigerung um 6,3%. Größte Wachstumsregion bleibt Asien mit einem Anstieg des BIP um 8,2% (Afrika: 5,3%, Naher Osten: 2,9%, Mittel- und Südamerika: 3,1%).

INFLATION: Die Verbraucherpreise werden in den Industrieländern laut IWF-Prognose 1996 um 2,3% (1995: 2,3%) steigen. Die Inflation in den Entwicklungsländern sinkt voraussichtlich von 12,6% 1995 auf 9,8% 1996. In den Ländern Mittel- und Osteuropas rechnete der IWF mit einem Rückgang der Teuerungsrate von 38% auf 14%.

→ Bruttoinlandsprodukt → Dollarkurs → EU-Konjunktur → Protektionismus

Werbung [TAB]

Die Ausgaben für W. stiegen in Deutschland nach Angaben des Zentralverbands der deutschen Werbewirtschaft (ZAW) 1995 um 5,5% auf 53,6 Mrd DM. Für 1996 erwartete der ZAW eine erneute Steigerung der Werbeaufwendungen um 4,5% auf 56 Mrd DM.

UMSÄTZE: Presseerzeugnisse hatten mit 55% erneut den größten Anteil am Werbemarkt, büßten im Vergleich zu 1994 jedoch 1% ein. Der Anteil des Fernsehens stagnierte bei 17%, das TV steigerte seine Werbeeinnahmen jedoch um 12,6% auf 6,3 Mrd DM. Einen Werbeboom registrierte der Bereich W. per Post. Die Einnahmen der Deutschen Post AG aus dem Transport dieser sog. Direktwerbung erhöhten sich um 15,4% auf 5,3 Mrd DM.

AUFWENDUNGEN: 1995 war kein allgemeiner Trend bei Werbeinvestitionen auszumachen. Für Steigerungen bzw. Verringerung der Aufwendungen von Unternehmen gab es verschiedenste Gründe. Die Automobilindustrie z. B. weitete die Werbeinvestitionen gegenüber 1994 trotz sinkender Absatzzahlen aus (+10,6%), was

Werbung: Umsatzstärkste Werbeträger 1995

Werbeträger	Nettoeinnahmen 1995 (Mrd DM)	Veränderung[1] (%)	Marktanteil (%)
Tageszeitungen	10,7	+2,9	30
Fernsehen	6,3	+12,6	17
Werbung per Post	5,3	+15,4	14
Publikumszeitschr.	3,5	+6,0	10
Anzeigenblätter	2,9	+3,5	8
Adreßbücher	2,3	+4,4	6
Fachzeitschriften	2,2	+7,8	6
Hörfunk	1,2	+2,5	3
Außenwerbung	1,0	+4,7	3
Wochen-/Sonntagszeitungen	0,5	+7,8	1

1) Gegenüber 1994; Quelle: Zentralverband der Deutschen Werbewirtschaft (ZAW, Bonn)

auf starken Wettbewerbsdruck und die Einführung neuer Modelle zurückgeführt wurde. Der Einzelhandel dagegen senkte aufgrund der schlechten Absatzlage seine Werbeinvestitionen um 3,1%.

ZIELGRUPPE SENIOREN: Bei einem stetig wachsenden Anteil von älteren Menschen an der Bevölkerung erlangten Senioren als Zielgruppe in der W. Bedeutung. 1995 war jeder fünfte Bundesbürger älter als 60 Jahre, 2030 wird es jeder dritte sein. Die Senioren verfügten neben ihren Renten häufig über Vermögen. Während frühere Generationen Vermögen zumeist den Kindern vererbten, waren Senioren in den 90er Jahren konsumfreudig. Unternehmen gingen dazu über, spezielle Produkte für Ältere zu entwickeln.

VERGLEICHENDE WERBUNG: Der Ministerrat der EU beschloß Ende 1995, in Europa vergleichende Werbung zuzulassen, bei der Waren als besser oder billiger als die Konkurrenzprodukte angepriesen werden. Der Inhalt der W. muß allerdings wahrheitsgetreu sein und darf nicht irreführend sein. Nach Beratung durch das Europäische Parlament und der abschließenden Zustimmung des Ministerrats kann diese Werberichtlinie im Herbst 1996 in Kraft treten. Anschließend muß sie in nationales Recht umgesetzt werden. In Deutschland unterlag vergleichende W. 1996 noch strengen Regelungen, die sie faktisch unmöglich machten.

→ Fernsehwerbung → Presse

Werbungskosten

Aufwendungen für die Erzielung von Einkommen, die vom zu versteuernden Einkommen abgezogen werden können. 1996 wurde ein Urteil des Bundesverfassungsgerichts zum W.-Pauschbetrag für Arbeitnehmer in Höhe von 2000 DM erwartet.

UNSELBSTÄNDIGE ARBEIT: Zu den W. zählten 1996 bei Einkommen aus unselbständiger Arbeit z. B. Arbeitsmittel, Berufsfortbildungskosten, Gewerkschaftsbeiträge sowie Fahrtkosten zur Arbeitsstelle (70 Pf je Entfernungskilometer). Bei Dienstreisen können Mehraufwendungen für Verpflegung als W. geltend gemacht werden. Die Pauschalbeträge dafür wurden ab 1996 auf 46 DM bei ganztägiger Abwesenheit, 14 DM bei über 14stündiger Abwesenheit und 10 DM bei über zehnstündiger Abwesenheit gesenkt. Die Kosten eines häuslichen Arbeitszimmers sind ab 1996 nur noch absetzbar, wenn es zu mehr als 50% der beruflichen Tätigkeit dient (bis zu 2400 DM/Jahr). Bei Heimarbeit gelten alle Arbeitsplatzkosten als W.

VERMIETUNG: Die vom Mieter gezahlten Betriebskosten zählen beim Vermieter zu den Einnahmen aus Vermietung und Verpachtung. Gleichzeitig gelten sie jedoch als W., die vom zu versteuernden Einkommen wieder abgezogen werden. Weitere W. sind Reparatur- und Modernisierungskosten. Anstelle einer Einzelaufstellung kann seit 1996 ein Pauschbetrag von 42 DM/m² angesetzt werden. Zusätzlich sind alle Zinsen für Kredite, die in wirtschaftlichem Zusammenhang mit dem vermieteten Objekt stehen, als W. abziehbar. Ein dabei entstehender Verlust kann mit anderen Einkommensarten verrechnet werden.
→ Steuern

Werftenkrise [TAB]

Die Bremer Vulkan Verbund AG meldete im April 1996 Konkurs an. Der Konzern, der mit rd. 23 000 Beschäftigten die größte Werft in Deutschland war, machte 1995 einen Verlust von rd. 1 Mrd DM.

ABKOPPELUNG: Die zur Bremer Vulkan Verbund AG gehörenden ostdeutschen Werften in Wismar, Stralsund und Rostock wurden im März 1996 abgekoppelt und für den symbolischen Preis von 1 DM an eine Trägergesellschaft verkauft. Sie erhielten von der Bundesanstalt für vereinigungsbedingte Sonderaufgaben (BVS) eine Liquiditätshilfe von 118 Mio DM. Der Bund und das Land Mecklenburg-Vorpommern einigten sich darauf, daß der Bund zwei Drittel, Mecklenburg-Vorpommern ein Drittel der auf rd. 1 Mrd DM geschätzten Kosten für die Sanierung der ostdeutschen Werften übernehmen soll.

KONKURS: Im April 1996 scheiterte ein Vergleichsantrag der Bremer Vulkan Verbund AG, weil die freien finanziellen Mittel des Verbundes nicht ausreichten, die Mindestquote eines Vergleiches von 35% nachzuweisen. Die Konkursverwalter strebten für die Unternehmen in Bremen und Bremerhaven eine neue Verbundlösung an. 7500 Beschäftigte sollen von dem neuen Verbund übernommen werden. 4500 Beschäftigte sollen für ein Jahr in eine Beschäftigungsgesellschaft wechseln, in der sie bei Kurzarbeit und im Rahmen beruflicher Neuorientierung Leistungen der Bundesanstalt für Arbeit erhalten.

ERMITTLUNGEN: Im Juni 1996 wurde der ehemalige Vorstandsvorsitzende der Bremer Vulkan Verbund AG, → [BIO] Friedrich Hennemann, festgenommen. Ihm wird vorgeworfen, rd. 720 Mio DM Subventionen, die von der EU für die Modernisierung der Werften in Ostdeutschland genehmigt worden waren, vertragswidrig für Firmenkäufe und Verlustabdeckungen der Bremer Vulkan Verbund AG in Westdeutschland verwendet zu haben. Im Juni 1996 geriet die BVS in den Verdacht, die Kontrolle dieser Gelder vernachlässigt und bereits im November 1993 von den unerlaubten Geldtransfers in den Westen gewußt zu haben.

GRÜNDE: Als Gründe für den Konkurs der Bremer Vulkan Verbund AG gelten Managementfehler des Vorstands, mangelhafte Kontrolle des Vorstands durch den

Werftenkrise: Beschäftigte im deutschen Schiffbau			
Jahr	**Beschäftigte**	**Jahr**	**Beschäftigte**
1990	62 700	1993	44 300
1991	61 900	1994	40 700
1992	49 800	1995	36 700

Quelle: Statistisches Bundesamt, Verband für Schiffbau und Meerestechnik

Aufsichtsrat und fehlende Wettbewerbsfähigkeit des deutschen Schiffbaus in der Welt. Schiffe aus Ostasien und Osteuropa sind aufgrund niedriger Lohnkosten rd. 30% billiger als deutsche Schiffe. Hohe Subventionen in China, Japan und Korea-Süd erleichtern den ostasiatischen Werften die Bauzeitfinanzierung. Der Verband für Schiffbau und Meerestechnik (Hamburg) forderte für die deutschen Werften die Rückkehr zur 40-Stunden-Woche, eine Senkung der Lohnnebenkosten und Produktivitätssteigerungen, damit der deutsche Schiffbau im internationalen Wettbewerb bestehen könne.

→ Insolvenzen → Treuhand-Nachfolge

WEU → ORG

WFP → ORG

WHO → ORG

Windenergie KAR

In Deutschland erhöhte sich die Leistung von W.-Anlagen 1995 um drei Viertel auf 1127 MW (Weltrang 2; USA: rd. 1600 MW). Sie produzierten mit 1,8 Mrd kWh rd. 0,4% des deutschen Strombedarfs (Schleswig-Holstein: 7,8%). 47% der Windkrafträder wurden 1995 im Binnenland installiert. Die Elektrizitätserzeugung mit windbetriebenen Rotoren ist umweltfreundlich, da außer Lärm keine Emissionen entstehen.

BAU: Die durchschnittliche Leistung einer Windkraftanlage stieg 1995 um 28% auf 478 kW. Rotoren mit einer Leistung von 1,5 MW (Höhe: rd. 60 m) waren Mitte 1996 serienreif. Mit der Größe wächst auch die Nutzungsdauer. Etwa 60% der Anlagen in Deutschland stammten von inländischen Herstellern. 1995/96 waren rd. 10 000 Arbeitsplätze direkt oder als Zulieferer von der W.-Industrie (Umsatz 1995: rd. 1 Mrd DM) abhängig.

CHANCEN: Die wirtschaftliche Attraktivität der W. hat folgende Ursachen:

▷ Sinkende Baukosten: Der Preis pro kW sank innerhalb von sechs Jahren von 6000–10 000 DM auf rd. 1500 DM

▷ Breite Angebots- und Leistungspalette verbunden mit steigenden Exportchan-

Windenergie: Wirtschaftliche Nutzung

Mittlere Wingeschwindigkeit, gemessen in 10 m Höhe

4 – 5 m/s	5 – 6 m/s	6 – 7 m/s	über 7 m/s

© Harenberg

cen. 1995/96 wurden Anlagen für das küstennahe Meer (sog. Offshore-Windparks) entwickelt. Eine Ausweitung der W.-Nutzung strebten Großbritannien, Indien, Spanien und die USA an. Dänemark lieferte Mitte der 90er Jahre die Hälfte der weltweiten Produktion

▷ Öffentliche Förderung

▷ Vergütung für Stromeinspeisung in das Versorgungsnetz (1995/96: 17,28 Pf/kWh). Bei Erzeugungskosten von 10–11 Pf/kWh Strom war die Errichtung von Windkrafträdern an der Küste z. T. ohne staatliche Unterstützung wettbewerbsfähig.

Schleswig-Holstein will bis 2010 ein Viertel seines Stromverbrauchs mit W. decken (1995/96: rd. 5%, Nordfriesland: etwa 50%). Im Juni 1996 beschloß der

Bundestag eine vereinfachte bau- und planungsrechtliche Genehmigung für W.-Anlagen, um die Nutzungsfläche zu vergrößern und Wildwuchs zu verhindern.

→ Energien, Erneuerbare

WIPO → ORG

Wirtschaftliche Entwicklung

TAB

Die führenden Forschungsinstitute rechneten für 1996 mit einem Wirtschaftswachstum von nur noch 0,75%, der Sachverständigenrat zur Begutachtung der W. hielt nur 0,5% für möglich (1994: 1,9%). Der Exportzuwachs werde erneut bei etwa 3,5% liegen (1995: 3,8%). Die Inflationsrate werde 1,5% betragen, die Arbeitslosenzahl von rd. 4 Mio unverändert bleiben.

URSACHEN: Die Hauptursachen sahen die Wirtschaftsforscher in stockenden Investitionen der Unternehmen, zu hohen Steuern und Abgaben sowie Fehlern in der Finanzpolitik der Bundesregierung. Einige Institute forderten entschlossenere Maßnahmen zum Abbau der Lohnnebenkosten, andere kritisierten Verschwendung in der Sozialversicherung. Die finanzpolitischen Maßnahmen seien teilweise widersprüchlich. Die Geldpolitik der Bundesbank wurde dagegen positiv bewertet.

Wirtschaftliche Entwicklung: Prognose für Deutschland 1996

Position	Veränderung zu 1995 (%)
Bruttoinlandsprodukt[1]	+0,75
Inflation	+1,5
Privater Verbrauch[1]	+2,0
Investitionen[1]	−1,5
Export[1]	+3,5
Bruttosozialprodukt[1]	+0,5
Bruttoeinkommen aus unselbständiger Arbeit[2]	+2,5
Bruttoeinkommen aus Unternehmen u. Vermögen[2]	+1,5
Volkseinkommen[2]	+2,5
Arbeitslosigkeit: 3,9 Mio (= 10,1%)	

1) In Preisen von 1991 (inflationsbereinigt);
2) ohne Berücksichtigung der Inflation;
Quelle: Frühjahrsgutachten 1996 der Arbeitsgemeinschaft deutscher wirtschaftswissenschaftlicher Forschungsinstitute

MASSNAHMEN: Die Wirtschaftswissenschaftler forderten Steuerreformen und Abgabensenkung. Das Steuersystem müsse vereinfacht und durch Abbau von Vergünstigungen berechenbarer gemacht werden. Der Solidaritätszuschlag solle bis 1999 abgeschafft, Löhne für mehrere Jahre nicht erhöht werden. Vorschriften, die die wirtschaftliche Initiative hemmen, sollten aufgehoben werden (z. B. technische Bestimmungen, Genehmigungsverfahren). Skeptisch beurteilten die Wirtschaftsinstitute die geplante Europäische Wirtschafts- und Währungsunion. Sie befürchteten, daß die bisherigen Bedingungen des Maastricht-Vertrags voraussichtlich nur von wenigen Staaten erfüllt werden und die Politik dann Abstriche bei den Stabilitätsanforderungen an die Euro-Währung machen könnte.

→ Arbeitslosigkeit → Außenwirtschaft → Bruttoinlandsprodukt → Euro-Währung → Europäische Wirtschafts- und Währungsunion → Haushalte, Öffentliche → Inflation → Investitionen → Steuern → Verbrauch, Privater → Wirtschaftswachstum

Wirtschaftsförderung-Ost

Subventionen für den wirtschaftlichen Aufbau in Ostdeutschland. Mit Hilfe der W. werden Existenzgründungen gefördert, Eigenkapitalhilfen gegeben, Investitionen bezuschußt sowie Infrastruktur, Forschung und Umweltschutz ausgebaut. Die Mittel werden u. a. von der bundeseigenen Kreditanstalt für Wiederaufbau, der staatlichen Deutschen Ausgleichsbank und aus dem ERP-Sonderhaushalt des Bundes zur Verfügung gestellt. Weitere Hilfen erfolgen über den bundesstaatlichen Finanzausgleich und die Regionalförderung der EU. Die Mittel werden in Form von Investitionszulagen, Sonderabschreibungen usw. vergeben. Von 1991 bis Ende 1995 beliefen sich die Gesamtleistungen von Bund, Ländern und EU auf rd. 840 Mrd DM. 1995 unterstützte der Bund den Aufbau Ost mit rd. 146 Mrd DM.

KAPITALFONDS: Im Oktober 1995 gab die Bundesregierung den sog. Eigenkapitalfonds Ost frei. Bis 1998 sollen aus dem Fonds 500 Mio DM pro Jahr als Darlehen

in kleinere und mittlere Unternehmen fließen. Von dem Gesamtvolumen in Höhe von 1,5 Mrd DM erhofft sich die Bundesregierung eine Stärkung der Eigenkapitalbasis ostdeutscher Unternehmen.
KRITIK: Die EU-Kommission wies im November 1995 auf Unregelmäßigkeiten im Gebrauch von Fördermitteln der EU in den neuen Bundesländern hin. Sie kritisierte unerlaubte Absprachen zwischen Länderbehörden und Beratern bei der Verwendung von Mitteln aus dem europäischen Sozialfonds sowie Verstöße gegen die Gemeinschaftsbestimmungen über öffentliche Ausschreibungen. Laut EU-Kommission ist der finanzielle Schaden der Unregelmäßigkeiten nicht abzuschätzen. Experten forderten eine Reduzierung der rd. 1000 verschiedenen Programme von Bund, EU und Ländern zur W., um die Mittel effizienter einsetzen zu können.
→ Regionalförderung

Wirtschaftswachstum [GRA] [TAB]

Anstieg des Bruttoinlandsprodukts (BIP) einer Volkswirtschaft. 1995 verzeichnete Deutschland ein W. von real (inflationsbereinigt) 1,9%. In Westdeutschland betrug das W. 1,5%, in Ostdeutschland 6,3%. Das Frühjahrsgutachten der Wirtschaftsforschungsinstitute für 1996 prognostizierte 0,75% W. Etwa 90% des deutschen BIP entfielen auf Westdeutschland inkl. West-Berlin. Trotz hoher W.-Raten blieb die reale Wirtschaftskraft der ostdeutschen Länder zurück. Sachsen, das von allen Bundesländern mit 7,7% das höchste W. verzeichnete, lag mit 56 118 DM BIP pro Erwerbstätigem an vorletzter Stelle. Mit 0% hatte Berlin 1995 das geringste W. (West-Berlin: –1,5%, Ost-Berlin: +5,3%).
→ Bruttoinlandsprodukt → EU-Konjunktur → Wirtschaftliche Entwicklung

WMO → [ORG]

Wohngeld

Staatlicher Zuschuß zu den Wohnkosten in Deutschland. Das W. soll Bürgern mit geringem Einkommen ein angemessenes Wohnen ermöglichen. Die Höhe des W. richtet sich nach der Zahl der Haushaltsmitglieder, dem Familieneinkommen und

Wirtschaftswachstum: Unterschiede in Ländern

Realer Anstieg des Bruttoinlandsprodukts (BIP) 1995 gegenüber 1994 (%)

Neue Bundesländer
- Sachsen: 7,7
- Brandenburg: 6,6
- Mecklenb.-Vorpommern: 6,4
- Sachsen-Anhalt: 5,2
- Thüringen: 5,0

Alte Bundesländer
- Schleswig-Holstein: 2,5
- Hessen: 2,2
- Bayern: 1,9
- Hamburg: 1,7
- Niedersachsen: 1,7
- Saarland: 1,7
- Rheinland-Pfalz: 1,5
- Bremen: 1,4
- Baden-Württemberg: 1,3
- Nordrhein-Westfalen: 1,3
- Berlin: 0

Quelle: Arbeitskreis VGR der Länder (1. Fortschreibung 1995)   © Harenberg

der monatlichen Miete oder Belastung. Die Miete wird je nach Wohnungsgröße, Baujahr und Ausstattung der Wohnung sowie (in Westdeutschland) nach einer gemeindeabhängigen Mietenstufe bis zu einem bestimmten Höchstbetrag berücksichtigt. W. wird i. d. R. für zwölf Monate bewilligt. Zugrunde gelegt wird dabei das zu erwartende Jahreseinkommen. Übersteigt dies 15% des Vorjahreseinkommens, wird das W. gekürzt. 1995 gaben Bund und Länder rd. 5,2 Mrd DM für W. aus. 1,8 Mio Haushalte in Westdeutschland und rd. 1,3 Mio Haushalte in Ostdeutschland waren auf W. angewiesen. Das in Ostdeutschland bestehende vereinfachte

Wirtschaftswachstum: Entwicklung in Deutschland

Bruttoinlandsprodukt	1992	1993	1994	1995
Nominal[1] (Mrd DM)	3075,6	3154,9	3320,3	3459,6
Real[2] (Mrd DM)	2916,4	2882,6	2965,1	3022,8
Veränderung real[2] (%)	+2,2	–1,2	+2,9	+1,9

1) In jeweiligen Preisen; 2) in Preisen von 1991 (inflationsbereinigt);
Quelle: Deutsche Bundesbank

Verfahren zur Berechnung von W. gilt bis Ende 1996. Das seit 1990 unveränderte W. soll 1997 erhöht, das pauschalierte W. für Sozialhilfeempfänger gesenkt werden.
→ Mieten

Wohnungsbau [TAB]

1995 stieg die Zahl der fertiggestellten Wohnungen um 7% gegenüber dem Vorjahr auf rd. 610 000 an. Für 1996 werden 605 000 neu erbaute Wohnungen erwartet. In Westdeutschland wurden rd. 520 000 Wohnungen fertiggestellt, in Ostdeutschland rd. 90 000 (1996: West: 490 000; Ost: 115 000). Das Münchner Ifo-Institut prognostizierte, daß die Investitionen in den W. in Westdeutschland 1996 um rd. 6% zurückgehen, in Ostdeutschland hingegen um 10% zunehmen. Für 1997 wird auch in Ostdeutschland ein Rückgang vorausgesagt. 1995 gingen in Deutschland 5500 Bauunternehmen in Konkurs, 1996 werden es etwa 6000 sein. Im Januar 1996 trat ein Gesetz zur Neuregelung der Wohneigentumsförderung in Kraft, das vor allem Familien mit mittleren Einkommen ermöglichen soll zu bauen.

Für den Bau oder Erwerb von selbstgenutztem Wohneigentum erhalten Ledige bis zu einem Jahresbruttoeinkommen von 120 000 DM (Verheiratete: 240 000 DM)

einen staatlichen Zuschuß in Höhe von bis zu 5% (Neubau) bzw. 2,5% (Altbau) der Anschaffungskosten, maximal jedoch 5000 DM bzw. 2500 DM jährlich für acht Jahre. Das sog. Baukindergeld stieg pro Kind von 1000 DM auf 1500 DM jährlich (Höchstbezugsdauer: acht Jahre). Die sog. Grundunterstützung zuzüglich Baukindergeld darf jedoch 7% der gesamten Anschaffungs- bzw. Herstellungskosten nicht überschreiten. Einen weiteren jährlichen Zuschuß von 500 DM gibt es für Solarkraftanlagen und Wärmepumpen, eine Zulage von 400 DM für sog. Niedrigenergiehäuser. Die Einkommensgrenzen für die 10%ige Prämie beim Bausparen wurden von 27 000 DM Bruttojahreseinkommen (Ledige) bzw. 54 000 DM (Verheiratete) auf 50 000 bzw. 100 000 DM angehoben. Steuerlich sind Bausparbeiträge jedoch nicht mehr als Sonderausgaben abzugsfähig.
→ Heizung → Mieten

Wohnungsnot

Bis 2000 müssen in Deutschland nach Angaben des Bundesbauministeriums jährlich rd. 470 000 Wohnungen neu gebaut oder modernisiert werden, um die Nachfrage nach Wohnraum befriedigen zu können, davon 400 000 in West- und 70 000 in Ostdeutschland. Der Deutsche Mieterbund hingegen forderte den Bau von 550 000–600 000 – vor allem preiswerter – Wohnungen jährlich. Verantwortlich für den steigenden Bedarf ist der voraussichtliche Anstieg der Zahl privater Haushalte von 35,2 Mio Mitte der 90er Jahre auf 39 Mio 2010, der auf das Bevölkerungswachstum (u. a. durch den Zuzug aus anderen Ländern) und auf die Verkleinerung der Haushaltsgröße zurückzuführen ist. Das Bauministerium ging davon aus, daß sich die Haushaltsgröße von durchschnittlich 2,27 Personen auf 2,21 Personen verringert. Die Nachfrage nach Wohnfläche wird sich Prognosen zufolge in Westdeutschland von 38,9 m^2 pro Person bis 2010 auf 42,3 m^2, in Ostdeutschland von 29,9 m^2 auf 39,4 m^2 erhöhen. Ohne Wohnung waren 1995 in Deutschland rd. 920 000 Personen.
→ Mieten → Obdachlose

Wohnungsbau: Deutschland

Wohnungen	Fertiggestellte Wohnungen (1000)				
	1992	1993	1994	1995	1996[1]
Westdeutschland					
Neubauten	317	366	438	450	445
Ein-, Zweifamilienhäuser	137	151	182	170	160
Mehrfamilienhäuser[2]	179	215	256	280	285
Insgesamt	375	432	505	520	490
Ostdeutschland					
Neubauten	11	20	60	80	105
Ein-, Zweifamilienhäuser	5	13	31	40	50
Mehrfamilienhäuser[2]	6	7	29	40	55
Insgesamt	11	24	69	90	115
Deutschland					
Neubauten	328	386	498	530	550
Ein-, Zweifamilienhäuser	142	164	213	210	210
Mehrfamilienhäuser[2]	185	222	285	320	340
Insgesamt	386	456	574	610	605

1) Prognose; 2) ohne Wohnungen in Wohnheimen;
Quelle: Commerzbank

WTO → ORG

Z

Zeppelin BILD TAB

Für 1997 plante die Firma Zeppelin Lufttechnik GmbH (Friedrichshafen) den ersten Z.-Flug seit 1937. 1998 soll ein 70 m langer Z. für zwölf Passagiere in Serienfertigung gehen. Nach 2000 soll ein 110 m langer Z. 84 Passagiere oder 15 t Fracht transportieren. Das propellergetriebene Luftschiff hat ein starres Innengerüst und ist mit unbrennbarem Helium gefüllt, das leichter als Luft ist und den Z. trägt. Das Luftschiff kann zu Reklame- und Tourismuszwecken sowie zu umweltschonenden Erderkundungs- und Beobachtungsflügen eingesetzt werden. Ein Z. soll etwa 10 Mio DM kosten. 1996 gab es nach Werksangaben 15 Kaufinteressenten aus den Bereichen Tourismus/Werbung, Luftbeobachtung und Wissenschaft.

Der erste Zeppelin neuer Technologie wurde 1996/97 in Friedrichshafen gebaut. Sein Jungfernflug war für 1997 geplant.

Zinsbesteuerung

Abgabe für Kapitalerträge aus Spareinlagen und Wertpapieren. Für 1996 wurden 14,2 Mrd DM Zinsabschläge erwartet, die zu je 44% Bund und Ländern und zu 12% den Gemeinden zufließen.

ZINSABSCHLAG: Bis zu jährlichen Kapitaleinkünften von 6100 DM (Verheiratete: 12 200 DM) wird kein Zinsabschlag erhoben, wenn der Sparer seiner Bank einen Freistellungsauftrag erteilt hat. Bei fehlendem Auftrag oder höheren Zinseinkünften zieht die Bank pauschal 30% ab und führt sie als Anzahlung auf die Einkommensteuer des Sparers ans Finanzamt ab. Über die Einkommensteuererklärung erfolgt die individuelle Verrechnung.

STEUERFLUCHT: Ende 1995 ermittelte die Steuerfahndung in mehreren tausend Fällen gegen Kunden und Mitarbeiter der Commerzbank und der Dresdner Bank wegen Steuerhinterziehung. Die Anleger hatten Geld auf Luxemburger Konten verschoben, wo es weder Z. noch eine Kontrolle von Zinseinkünften gibt. Schätzungen zufolge entgehen dem Staat jährlich 15 Mrd DM durch Zinssteuerflucht.

ALTERNATIVEN: Diskutiert wurde 1995 die Einführung einer Zinsabgeltungssteuer ohne Verrechnung mit der persönlichen Einkommensteuer. Bei diesem Modell, das in Österreich angewandt wird, führen die Banken die Gesamtsumme der einbehaltenen Zinsabschläge ans Finanzamt ab, ohne die Inhaber der Sparkonten und Wertpapiere zu nennen. Jede weitere Steuerpflicht ist damit abgegolten. Kritisiert wurde, daß die Bezieher hoher Einkommen (Spitzensteuersatz: 53%) bei Kapitaleinkünften durch den niedrigeren Satz der Zinsabgeltungssteuer begünstigt würden.
→ Banken → Steuern

Zivildienst TAB

Von Kriegsdienstverweigerern anstelle des Grundwehrdienstes abzuleistender Dienst. Ende 1996 wird die Schweiz einen Z. einführen (Dauer: 450 Tage). Die Behörden rechnen mit etwa 1000 Anträgen pro Jahr. Seit 1991 waren die per

Zeppelin: Alte und neue Technik im Vergleich			
Kennziffer	LZ 129 (1937)	LZ N07 (1997)	LZN 030 (2000)
Volumen (m³)	200 000	7 200	30 000
Länge (m)	245	68	110
Durchmesser (m)	47	14	23
Zuladung (kg)	11 000	1 850	15 000
Geschwind. (km/h)	110	140	150
max. Flughöhe (m)	2 000	2 500	3 000
Leistung (PS)	4 x 1050	3 x 200	k. A.
Besatz./Passagiere	60/72	2/12	2/84

Zivildienst: Einsatzfelder in Deutschland		
Einsatzbereich	Anteil (%)	
	West	Ost
Pflege-, Betreuungsdienste	48,8	47,8
Handwerkliche Tätigkeiten	14,6	14,9
Mobile soziale Hilfsdienste	11,6	8,3
Krankentransport, Rettungswesen[1]	10,5	5,2
Versorgung	5,5	5,7
Schwerstbehindertenbetreuung	5,3	1,2
Umweltschutz	2,0	11,6
Landwirtschaft, Gartenbau	1,7	5,3

1) Inkl. Kraftfahrdienst und Verwaltung; Quelle: Bundesministerium für Familie, Senioren, Frauen und Jugend

Gesetz vorgesehenen Gefängnisstrafen für Militärdienstverweigerer ausgesetzt. Als Ersatz dienten Arbeitseinsätze in sozialen Einrichtungen oder in der Landwirtschaft. In Deutschland wurde die Dauer des Z. ab 1.1.1996 von 15 auf 13 Monate herabgesetzt. Der Z. ist drei Monate länger als der Wehrdienst bei der Bundeswehr. Im April 1996 gab es rd. 122 000 Z.-Leistende und 173 646 Plätze bei 35 478 Dienststellen. Etwa 930 000 Männer haben 1961–1995 Z. geleistet.
→ Wehrpflicht

Zweiter Arbeitsmarkt

Umgangssprachliche Bezeichnung für einen staatlich finanzierten Ersatzarbeitsmarkt, der mit Programmen wie Arbeitsbeschaffungsmaßnahmen, Lohnkostenzuschüssen und Kurzarbeit zur Beschäftigungsförderung beitragen soll. Im Gegensatz zum ersten Arbeitsmarkt wird der Z. nicht durch Angebot und Nachfrage reguliert und ist nicht an Tariflöhne gebunden. Dem Z. liegt die Idee zugrunde, staatliche Unterstützung nicht für die Finanzierung der Arbeitslosigkeit, sondern für produktive Beschäftigung einzusetzen. 1995 waren rd. 1,59 Mio Menschen in Deutschland im Z. tätig.
Vor allem Langzeitarbeitslosen soll über den Z. ein Einstieg in den ersten Arbeitsmarkt ermöglicht werden. Gefördert werden zusätzlich geschaffene Tätigkeiten wie Umweltsanierung und soziale Dienste. Die Gewerkschaften kritisierten, daß der Z. dazu diene, Arbeitsplätze mit untertariflicher Bezahlung zu etablieren. Die Unternehmen bemängelten, daß mit staatlichen Geldern zunehmend Arbeit subventioniert würde, die normalerweise von der Privatwirtschaft geleistet würde.
→ Arbeitsbeschaffungsmaßnahmen
→ Arbeitsmarkt → Sozialhilfe

Zwischenlagerung [TAB]

Vorübergehende Lagerung (für etwa 40 Jahre) verbrauchten Kernbrennstoffs aus Atomkraftwerken vor der Wiederaufarbeitung oder Endlagerung. Mitte der 90er Jahre gab es weltweit keine Anlage zur Endlagerung von hochradioaktivem Abfall. Für schwach-, mittel- und hochradioaktiven (schwach- und starkwärmeentwickelnden) Müll wird auf dem Gelände des stillgelegten Kernkraftwerks Lubmin bei Greifswald (Mecklenburg-Vorpommern) ein Zwischenlager errichtet (Gesamtfläche: rd. 41 600 m²), das z.T. im März 1996 seinen Betrieb aufnahm. Eine Halle war für ausgediente Brennelemente aus den Kraftwerken Greifswald und Rheinsberg vorgesehen. Sie hat Platz für 120 Sicherheitscontainer.
Atommüll wird außerdem in Atomkraftwerken, Forschungseinrichtungen und Industrieanlagen aufbewahrt. Einschließlich Greifswald reichen die Z.-Kapazitäten in Deutschland bis etwa 2007. Der radioaktive Abfall für die Z. erreichte Mitte der 90er Jahre nur ein Drittel des 1979 im Entsorgungskonzept von Bund und Ländern angenommenen Volumens von 1,6 m³ pro Jahr.
→ CASTOR → Endlagerung
→ Entsorgung

Zwischenlagerung: Deutschland	
Name (Bundesland)	Inbetriebnahme
Ahaus[1] (NRW)	1992
Gorleben[1][2] (Niedersachsen)	1984
Jülich[1] (NRW)	1993
Karlsruhe[2][3][4] (Baden-Württ.)	k. A.
Lubmin[1][2] (Mecklenburg-V.)	1985
Mitterteich[2] (Bayern)	1987
Rossendorf[2] (Sachsen)	1994

1) Abgebrannte Brennelemente; 2) mittel- und schwachradioaktive Abfälle; 3) Forschungszentrum; 4) flüssiger Atommüll aus Wiederaufarbeitung; Quelle: Bundesumweltministerium, Deutsches Atomforum

Kriege und Krisenherde 1996

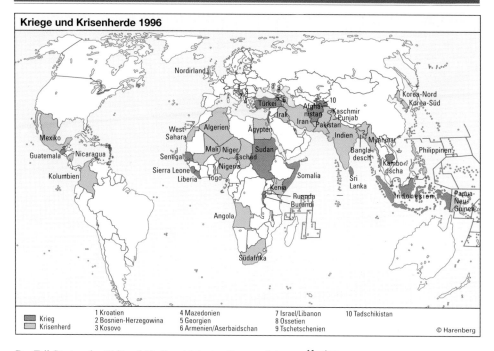

		1 Kroatien	4 Mazedonien	7 Israel/Libanon	10 Tadschikistan
▨	Krieg	2 Bosnien-Herzegowina	5 Georgien	8 Ossetien	
▢	Krisenherd	3 Kosovo	6 Armenien/Aserbaidschan	9 Tschetschenien	© Harenberg

Der Teil Staaten der Welt enthält die wichtigsten Daten auf dem letzverfügbaren Stand für alle 192 selbständigen Länder der Erde. Die Pilotkarte erleichtert eine geographische Einordnung. Unter dem Hinweis „Lage" findet sich der Verweis auf den Kartenteil in dieser Ausgabe.

Die Standarddaten ermöglichen einen Vergleich aller Länder der Welt hinsichtlich Fläche, Einwohner, Einwohner/km^2, Bevölkerungswachstum/Jahr, BSP/Kopf, Inflation, Arbeitslosenrate, Urbanisierung, Alphabetisierung und Einwohner pro Arzt. Für Fläche und Einwohnerzahl wird in Klammern der Platz in der Weltrangliste innerhalb aller Staaten angegeben. Die Daten zum Bevölkerungswachstum/Jahr beziehen sich auf das durchschnittliche jährliche Wachstum des jeweils letzverfügbaren Zeitraums. Werden in dem Land mehrere Sprachen gesprochen, ist die Amtssprache kursiv gesetzt. Die Angabe Parlament gibt Auskunft über den Zeitpunkt der letzten Wahl sowie über die Sitzverteilung in der Volksvertretung. In Einzelfällen sind keine Angaben (Kennzeichnung mit k. A.) erhältlich.

Karten

Deutschland

Europäisches Nordmeer

Jan Mayen (Norw.)

ISLAND

Reykjavik

● ■ Hauptstadt

■ □ Millionenstadt

○ sonstige Stadt

0   250   750 km

Färöer (Dän.)

NORWEGEN

Shetland-Inseln

FINNLAND

Orkney-Inseln

Bergen

SCHWEDEN   Helsinki

ATLANTISCHER

Glasgow   Nord-   Oslo   Stockholm   St. Petersburg

Belfast   Göteborg   Ost-   ESTLAND

IRLAND   Dublin   GROSS-   see   DÄNEMARK   Riga   LETT-LAND   RUSSLAND

BRITANNIEN   Kopenhagen   see   LITAUEN

Birmingham   NIEDER-LANDE   (RUSSL)   Wilna   Minsk

London   Amsterdam   Hamburg   WEISS-RUSSLAND

Berlin

OZEAN   Brüssel   DEUTSCH-LAND   POLEN   Warschau

BELGIEN   Paris   LUX.   Prag   Łódź   UKRAINE   Kiew

TSCHECH.   Lemberg

München   REP.   SLOWAKEI

FRANKREICH   LIECH.   Wien   Bratislava   MOLDA-WIEN

Bern   ÖSTER-REICH   Budapest   Chişinău   Odessa

Lyon   SCHWEIZ   UNGARN   RUMÄNIEN

Mailand   SLOWENIEN   Zagreb

PORTU-   Marseille   Turin   SAN   KROATIEN   Bukarest

Lissabon   Madrid   ANDORRA   MONACO   MARINO

Barcelona   VATIKAN-   BOSNIEN-   Belgrad

GAL   SPANIEN   STADT   Rom   HERZEG.   JUGO-   Sofia   BULGARIEN

Valencia   Korsika   Sarajevo   SLAWIEN

Sevilla   Sardinien   ITALIEN   Tirana   Skopje   Istanbul

Málaga   Balearen   MAZEDO-NIEN

Gibraltar   Mittel-   ALBA-   GRIECHEN-   TÜRKEI

(GB)   Melilla   Sizilien   NIEN   LAND

Rabat   (Sp.)   Palermo   Athen   Izmir

Algier   Neapel

MAROKKO   Tunis   Kreta

MALTA   Valletta

ALGERIEN   TUNESIEN   meer

Tripolis

LIBYEN

© Harenberg

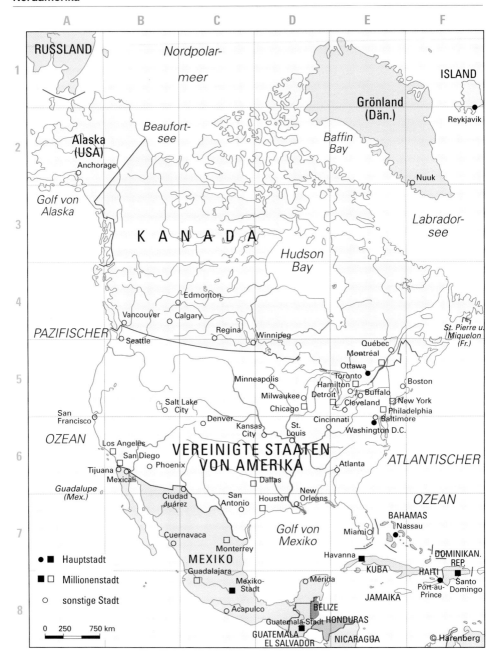

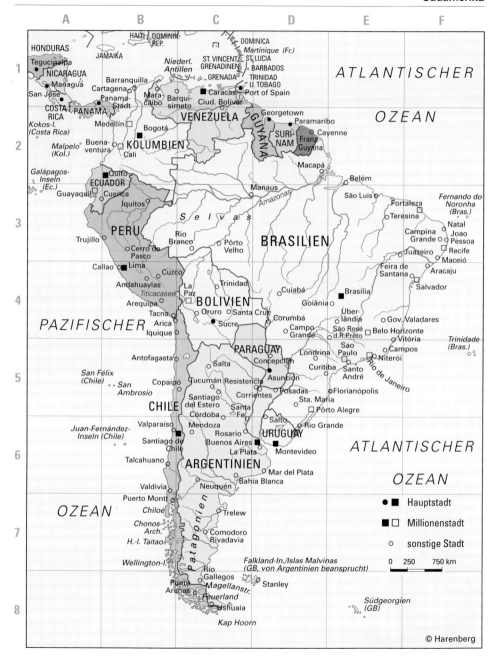

Südamerika

A | B | C | D | E | F

HAITI DOMINIK.-REP.
JAMAIKA
HONDURAS
Tegucigalpa
NICARAGUA
Managua
San José
COSTA RICA
Kokos-I.
(Costa Rica)
Malpelo
(Kol.)
Galápagos-Inseln
(Ec.)

DOMINICA
Martinique (Fr.)
ST. VINCENT & ST. LUCIA
GRENADINEN BARBADOS
GRENADA TRINIDAD
U. TOBAGO
Niederl. Antillen
Barranquilla
Cartagena
Panama-Stadt
Maracaibo
Barqui-simeto
Caracas
Port of Spain
Ciud. Bolívar
VENEZUELA
Georgetown
Paramaribo
GUYANA
SURI-NAM
Franz.-Guyana
Cayenne

ATLANTISCHER
OZEAN

Medellín
Bogotá
KOLUMBIEN
Buena-ventura
Cali
Quito
ECUADOR
Cuenca
Guayaquil
Iquitos
PERU
Trujillo
Cerro de Pasco
Rio Branco
Pôrto Velho
Macapá
Belém
São Luís
Fortaleza
Teresina
Fernando do Noronha
(Bras.)
Natal
Campina Grande Joao Pessoa
Juazeiro
Recife
Maceió
Aracaju
Salvador
Feira de Santana

Selvas
Amazonas
BRASILIEN
Manaus

Callao Lima
Andahuaylas
Titicacasee
Arequipa
Tacna
Arica
Iquique
La Paz
BOLIVIEN
Oruro Santa Cruz
Sucre
Corumbá
Cuzco
Trinidad
Cuiabá
Brasília
Goiânia
Uber-lândia
Gov. Valadares
Belo Horizonte
Vitória
Campo Grande
São Rosé d.R.Prêto
Sao Paulo
Campos
Niterói
Trinidade
(Bras.)

PAZIFISCHER

PARAGUAY
Antofagasta
Salta
Concepción
Londrina
Curitiba
Santo André
São Paulo
Rio de Janeiro
San Félix
(Chile)
San Ambrosio
Copaipó
Tucumán Resistencia
Corrientes
Posadas
Asunción
Florianópolis
Sta. Maria
Pôrto Alegre
Santiago del Estero
Córdoba
Santa Fe
Salto
Rio Grande
CHILE
Juan-Fernández-Inseln (Chile)
Valparaíso
Santiago de Chile
Mendoza
Rosario
Buenos Aires
La Plata
URUGUAY
Montevideo
Talcahuano
ARGENTINIEN
Mar del Plata
Bahía Blanca
Valdivia
Neuquén

OZEAN

ATLANTISCHER
OZEAN

Puerto Montt
Chiloé
Chonos Arch.
H.-I. Taitao
Wellington-I.
Trelew
Comodoro Rivadavia
Patagonien

Falkland-In./Islas Malvinas
(GB, von Argentinien beansprucht)

Rio Gallegos
Punta Arenas
Magellanstr.
Stanley
Feuerland
Ushuaia
Kap Hoorn

Südgeorgien
(GB)

● ■ Hauptstadt
■ □ Millionenstadt
○ sonstige Stadt

0 250 750 km

© Harenberg

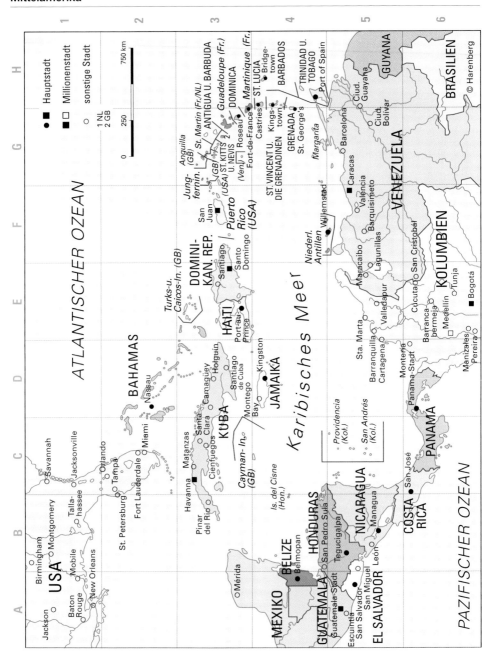

Karte: Mittelamerika

© Harenberg

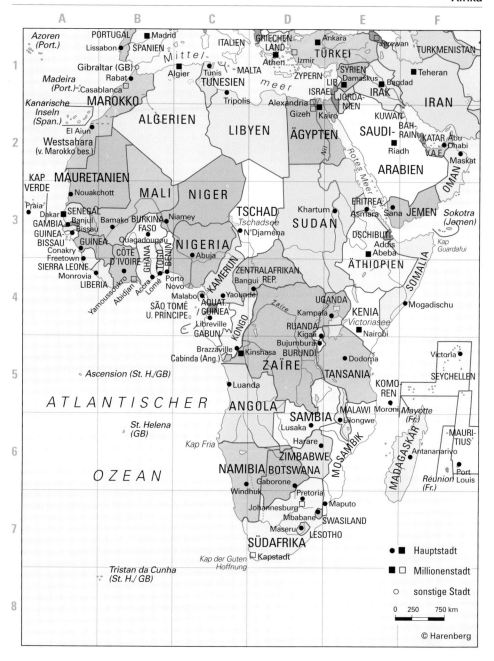

Azoren (Port.)

PORTUGAL ■ Madrid
Lissabon ● SPANIEN
ITALIEN
GRIECHEN-LAND
● Ankara
TÜRKEI
Yerewan
TURKMENISTAN

Mittel-
Athen
Izmir
ZYPERN
SYRIEN
Damaskus
LIB.
Teheran

Gibraltar (GB)
Algier ● Tunis
MALTA
meer
ISRAEL
JORDA-NIEN
Bagdad
IRAK
IRAN

Madeira (Port.)
Rabat
Casablanca
TUNESIEN
Tripolis
Alexandria
Gizeh ■ Kairo

Kanarische Inseln (Span.)
MAROKKO
ALGERIEN
LIBYEN
ÄGYPTEN
KUWAIT
SAUDI-
BAH-RAIN
KATAR Abu
● Dhabi
V.A.E.
Maskat

El Aiun
Riadh
ARABIEN
OMAN

Westsahara (v. Marokko bes.)

KAP VERDE
MAURETANIEN
Nouakchott
MALI
NIGER
Khartum ●
ERITREA
Asmara ● Sana JEMEN
Sokotra (Jemen)

Praia
Dakar ● SENEGAL
Bamako BURKINA
Niamey
TSCHAD
Tschadsee
SUDAN
DSCHIBUTI
Addis Abeba
Kap Guardafui

GAMBIA
Banjul
Bissau
FASO
N'Djaména
ÄTHIOPIEN

GUINEA-BISSAU
GUINEA
Ouagadougou
NIGERIA
Abuja
ZENTRALAFRIKAN. REP.
Bangui
SOMALIA

Conakry
Freetown
SIERRA LEONE
CÔTE D'IVOIRE
GHANA
TOGO
BENIN
KAMERUN
UGANDA
Mogadischu

Monrovia
LIBERIA
Yamoussoukro
Abidjan
Accra
Lomé
Porto Novo
Malabo
ÄQUAT. GUINEA
Yaounde
KENIA

SÃO TOMÉ U. PRÍNCIPE
Libreville
GABUN
KONGO
Zaire
Kampala
RUANDA
Kigali
Victoriasee
Nairobi

Ascension (St. H./GB)
Brazzaville
Cabinda (Ang.)
Kinshasa
BURUNDI
Bujumbura
Dodoma

ZAÏRE
TANSANIA
KOMO-REN
Victoria
SEYCHELLEN

ATLANTISCHER
Luanda
ANGOLA
SAMBIA
MALAWI
Moroni
Mayotte (Fr.)

St. Helena (GB)
Kap Fria
Lusaka
Lilongwe
MAURI-TIUS

OZEAN
NAMIBIA
BOTSWANA
ZIMBABWE
Harare
MOSAMBIK
MADAGASKAR
Antananarivo
Port Louis
Réunion (Fr.)

Windhuk
Gaborone
Pretoria
Maputo

Johannesburg
Mbabane
Maseru
SWASILAND
LESOTHO

Tristan da Cunha (St. H./GB)
SÜDAFRIKA
Kap der Guten Hoffnung
Kapstadt

● ■ Hauptstadt
■ □ Millionenstadt
○ sonstige Stadt

0 250 750 km

© Harenberg

405

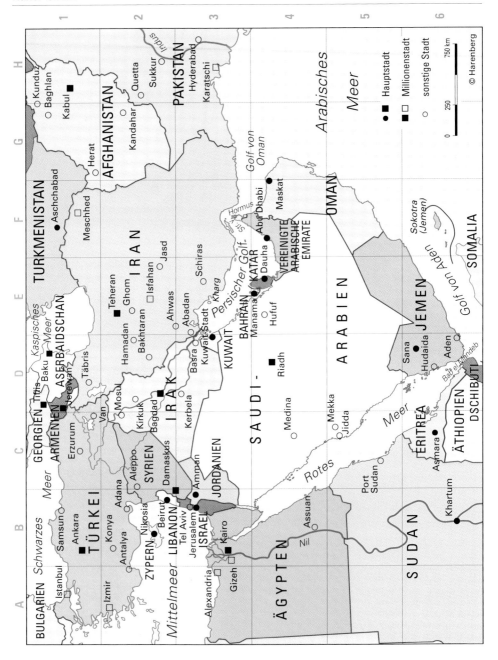

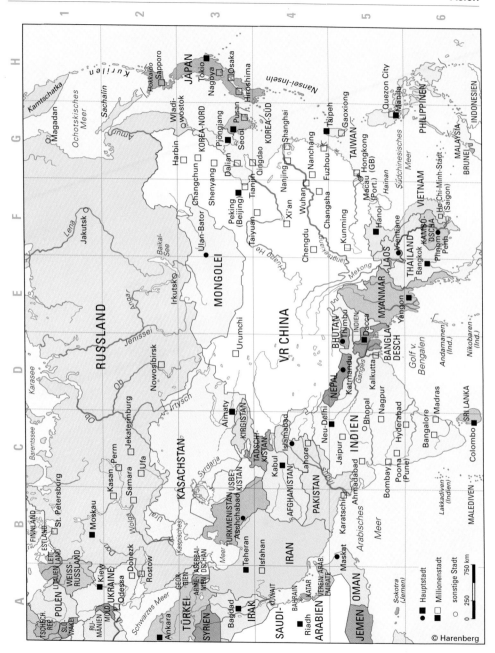

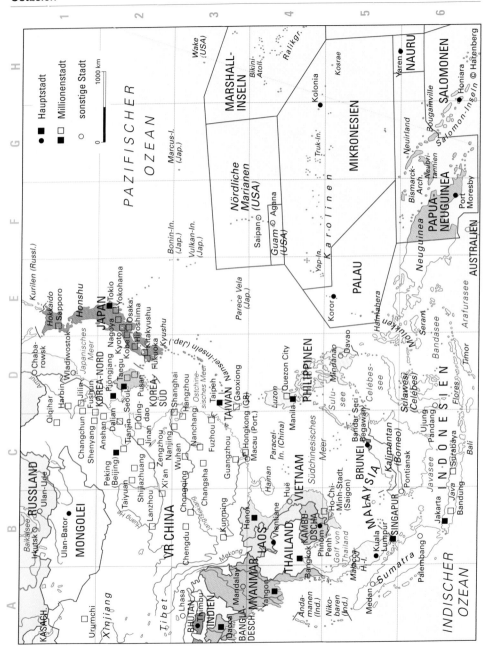

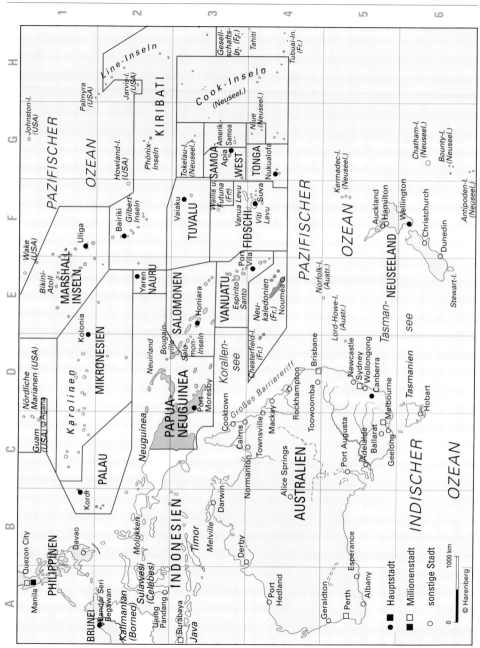

Afghanistan

Lage Asien, Karte S. 407, C 4	
Fläche 652 090 km² (WR 40)	
Einwohner 20,1 Mio (WR 47)	
Einwohner/km² 31,0 (1995)	
Bev.-Wachstum/Jahr 2,9% ∅	
Pkw.-Kennzeichen AFG	

Hauptstadt Kabul (1,4 Mio Einwohner)

Sprache Paschtu, Dari

Religion Moslemisch (99%)

Währung 1 Afghani (AF) = 100 Puls (PL)

BSP/Kopf 300 $ (1994)	**Urbanisierung** 20,0%
Inflation 20% (1994)	**Alphabetisierung** 31,5%
Arbeitslos. k. A.	**Einw. pro Arzt** 6430

Reg.-Chef Gulbuddin Hekmatyar (seit Juni 1996) * 1950

Staatsob. Burhanuddin Rabbani (seit 1992) * 1940

Staatsform Islamische Republik

Parlament 205 Mitglieder der Wahlmännerversammlung (sog. Schura), die den Präsidenten wählt (Parlamentsbildung von 1993)

 # Ägypten

Lage Naher Osten, Karte S. 406,B 3

Fläche 1,0 Mio km² (WR 29)

Einwohner 62,9 Mio (WR 16)

Einwohner/km² 63 (1995)

Bev.-Wachstum/Jahr 2,0% ∅

Pkw.-Kennzeichen ET

Hauptstadt Kairo (15 Mio Einwohner)

Sprache *Arabisch*, Englisch

Religion Moslemisch (90%), christlich (10%)

Währung 1 ägyptisches Pfund (LE) = 100 Piaster

BSP/Kopf 720 $ (1994)	**Urbanisierung** 45%
Inflation 8,1% (1994)	**Alphabetisierung** 51,4%
Arbeitslos. 20% (1994)	**Einw. pro Arzt** 1340

Reg.-Chef Kamal el Gansuri (seit 1996) * 1933

Staatsob. Mohamed Hosni Mubarak (seit 1981) * 4.5.1928

Staatsform Präsidiale Republik

Parlament Nationalvers. mit 444 Abgeordneten, 415 Sitze für Nationaldemokratische Partei 6 für Neue Wafd Partei, 5 für Nationale Fortschrittsunion, 18 für andere (Wahl vom Dez. 1995); Schura als beratendes Organ

Paschtunenführer Gulbuddin Hekmatyar wurde im Juni 1996 von seinem einstigen Rivalen Präsident Burhanuddin Rabbani zum Ministerpräsidenten ernannt. Der Bürgerkrieg zwischen verschiedenen Fraktionen der Mudschaheddin, die 1992 das kommunistische Regime gestürzt, sich dann aber zerstritten hatten, dauerte Mitte 1996 an. Die von Iran unterstützten Dschamiat-e-Islami unter Rabbani hielten gemeinsam mit dem tadschikischen Kommandanten Ahmed Schah Massud die Hauptstadt Kabul gegen die Taliban, eine islamisch-fundamentalistische Studentenmiliz, die 1995/96 den Süden des Landes eroberte und Anfang 1996 einen Belagerungsring um Kabul legte. Unter dem Eindruck der militärischen Erfolge der Taliban hatte Hekmatyar, früher Gegenspieler der Kabuler Gruppen, im Mai 1996 ein Bündnis gegen die Taliban geschlossen. Den Norden kontrollierte der von Usbekistan und Turkmenistan unterstützte Usbekengeneral Raschid Dostum. Die meisten Opfer forderten die über 10 Mio Minen im Land. Hekmatyar versprach nach seinem Amtsantritt die Beendigung des Bürgerkriegs.

Grundlage der Kriegswirtschaft war 1995/96 der Opiumanbau im Süden und Osten des Landes. Für das eingeschlossene Kabul richtete das Internationale Rote Kreuz im Februar 1996 eine Luftbrücke zur Versorgung der 1 Mio verbliebenen Bewohner ein.

→ A-Z Mudschaheddin → A-Z Taliban

Im April 1996 wurden bei einem Anschlag der fundamentalistischen Terroristenvereinigung Gamaa-al-Islamiya (Islamische Gruppen) in Kairo 18 Menschen getötet, vor allem griechische Touristen. Das Attentat hatte jedoch laut Bekennerschreiben israelischen Touristen gegolten. 20 ausländische Touristen wurden seit Beginn der islamistischen Terrorwelle 1992 bis Mitte 1996 getötet und 58 verletzt. Verschärfte Repressionen unter dem seit der Ermordung von Präsident Anwar as-Sadat im Oktober 1981 geltenden Ausnahmezustand verhinderten 1995 weitere Anschläge. Der Kleinkrieg zwischen Staatsgewalt und Islamisten beschränkte sich auf Oberägypten, so daß die zuvor rückläufigen Urlauberzahlen im für die Gesamtwirtschaft bedeutenden Fremdenverkehr 1995 um 20% anstiegen.

WACHSENDER TERROR: Vor dem Hintergrund der israelischen Militäroperation im Libanon drohten die Radikalen Mitte 1996 mit weiteren Angriffen auf israelische Einrichtungen. Eine neue Welle der Gewalt hatte bereits im Februar eingesetzt, nachdem ein Islamistenführer von der Polizei getötet worden war.

Anfang 1996 häuften sich Mordanschläge und Zivilprozesse der Islamisten gegen liberale und linke Intellektuelle. Sie wurden aufgrund einer mittelalterlichen Regelung der islamischen Scharia unter dem Vorwurf des Ketzertums und wegen Abfalls vom Islam angeklagt. Im Februar 1996 schränkte die Regierung die

Scharia-Vorschrift ein, nach der Ketzern die Ehe untersagt ist (sie wurden bis dahin zwangsweise geschieden).

PARLAMENTSWAHLEN: Die Verhaftung der Führer der stärksten Oppositionsgruppe, der Moslem-Brüder, sowie massive Manipulationen und gewalttätige Zwischenfälle kennzeichneten die beiden Runden der Parlamentswahlen im November und Dezember 1995. Die regierende Nationaldemokratische Partei (NDP) ging daraus mit 416 der 444 Sitze im Parlament als Sieger hervor, die deutlichste Mehrheit seit dem Amtsantritt von Präsident Mohamed Hosni Mubarak. Nach der Wahl (Beteiligung 15%, in Kairo 13%) traten die meisten der unabhängigen Kandidaten Mubaraks NDP bei. Regierungschef wurde der bisherige stellvertretende Ministerpräsident Kamal el Gansuri, der ein Programm zur Verbesserung des Lebensstandards und zur Ankurbelung der stagnierenden Wirtschaft des Landes ankündigte.

WIRTSCHAFT: In dem von starken Gegensätzen zwischen dem reichen, westlich orientierten Unterägypten und dem traditionell geprägten, armen Oberägypten sowie von wachsender Armut gekennzeichneten Land erwartete der Internationale Währungsfonds (IWF) 1995/96 ein Wirtschaftswachstum von ca. 2,9% mit steigender Tendenz (Prognose bis 1997: 4,1%).

Albanien

Lage Europa, Karte S. 401, E 7	
Fläche 28 748 km² (WR 140)	
Einwohner 3,4 Mio (WR 123)	
Einwohner/km² 120 (1995)	
Bev.-Wachstum/Jahr 1,6% Ø	
Pkw.-Kennzeichen AL	
Hauptstadt Tirana (243 000 Einwohner)	
Sprache Albanisch (Toskisch)	
Religion Moslemisch (65%), christlich (33%)	
Währung 1 Lek = 100 Quindarka	
BSP/Kopf 380 $ (1994)	**Urbanisierung** 37%
Inflation 22,6% (1994)	**Alphabetisierung** 72%
Arbeitslos. 16% (1995)	**Einw. pro Arzt** 574
Reg.-Chef Aleksander Meksi (seit 1992) * 8.3.1939	
Staatsob. Salih Berisha (seit 1992) * 11.7.1944	
Staatsform Präsidiale Republik	
Parlament Volksversammlung mit 140 für vier Jahre gewählten Abgeordneten; 122 Sitze für Demokratische Partei, 18 für andere (Wahl vom Mai/Juni 1996)	

Die regierende Demokratische Partei (DP) von Präsident Salih Berisha reklamierte nach den Parlamentswahlen vom 26. Mai 1996 einen Wahlsieg mit mehr als 60% der Stimmen für sich. Die Oppositionsparteien dagegen hatten noch vor Ende des Wahltages den Rückzug ihrer Kandidaten angekündigt und verweigerten die Anerkennung des Wahlergebnisses. Sie kritisierten Polizeiterror und Einschüchterung politischer Gegner. Internationale Beobachter bestätigten Manipulationen und Unfairneß. Auch die Nachwahl in 17 Wahlkreisen verlief Anfang Juni zugunsten der DP. Im Vorfeld der Wahl hatte eine Regierungskommission 50 führende Oppositionspolitiker vor allem von der ehemals kommunistischen Sozialistischen Partei unter dem Vorwurf der Kollaboration mit dem ehemaligen kommunistischen Geheimdienst von der Teilnahme ausgeschlossen. Im Mittelpunkt des Wahlkampfes stand neben der sozialen Lage der Bevölkerung die vorzeitige Haftentlassung von Spitzenpolitikern des ehemaligen kommunistischen Regimes, die nach der demokratischen Wende wegen Korruption und Verletzung der Bürgerrechte verurteilt worden waren.

AUSSÖHNUNG MIT GRIECHENLAND: Der Staatsbesuch des griechischen Präsidenten Kostis Stephanopoulos am 21./22. März 1996 markierte den vorläufigen Höhepunkt der Versöhnungspolitik zwischen A. und Griechenland. Eingeleitet wurde die Annäherung in dem seit 1991/92 andauernden Nachbarschaftskonflikt, als Griechenland seine Blockade von EU-Finanzhilfen für A. beendete und den Weg für die Aufnahme des Landes als Vollmitglied in den Europarat im Juli 1995 freigab. Im März 1996 unterzeichneten die Nachbarländer einen Freundschaftsvertrag. Griechenland sagte Unterstützung für den NATO-Beitritt von A. zu. Daneben wurden Schutzbestimmungen für die griechische Minderheit in Südalbanien vereinbart. Mitte 1996 soll ein Abkommen über die Einrichtung griechischer Schulen in A. folgen. Beide Länder einigten sich über die begrenzten Arbeitserlaubnisse für albanische Wirtschaftsflüchtlinge in Griechenland. Seit dem Zusammenbruch des kommunistischen Regimes 1991/92 waren bis 1995 rund 400 000 Albaner (ca. 12 % der Bevölkerung) vor allem nach Griechenland und Italien ausgewandert.

WIRTSCHAFT: Die wirtschaftliche Konsolidierung, die 1992 mit der Demokratisierung einsetzte, hielt 1995 an. Das ärmste Land Europas verzeichnete 1995 mit 13,4% BIP-Wachstum eine der höchsten Zuwachsraten in Europa. Für 1996 erwarteten Experten einen Anstieg von 5,5%. Als Anreiz für Investoren im In- und Ausland verabschiedete die Regierung im Februar 1996 ein Gesetz über Industriefreizonen, das eine siebenjährige Steuerbefreiung vorsieht.

Algerien

Lage Afrika, Karte S. 405, C 1	
Fläche 2,38 Mio km² (WR 11)	
Einwohner 27,9 Mio (WR 36)	
Einwohner/km² 12 (1995)	
Bev.-Wachstum/Jahr 2,5% Ø	
Pkw.-Kennzeichen DZ	

Hauptstadt Algier (3,1 Mio Einwohner)

Sprache *Arabisch,* Französisch

Religion Moslemisch (99,5%), katholisch (0,1%)

Währung 1 Algerischer Dinar (DA) = 100 Centimes

BSP/Kopf 1650 $ (1994)	**Urbanisierung** 56,0%
Inflation 12,5% (1995)	**Alphabetisierung** 61,6%
Arbeitslos. 30% (1994)	**Einw. pro Arzt** 1062

Reg.-Chef Achmed Ouyahia (seit Jan. 1996) * 2.7.1952

Staatsob. Liamine Zeroual (seit Feb. 1994) * 3.7.1941

Staatsform Republik

Parlament Nationalversammlung mit 295 für fünf Jahre gewählten Abgeordneten; im Januar 1992 aufgelöst; Übergangsrat mit 180 Mitgliedern bis zu freien Wahlen voraussichtlich 1997

Anfang 1996 erschossen nach Angaben des Verteidigungsministeriums Soldaten und Polizisten wöchentlich mehrere Dutzend Aufrührer, überwiegend Anhänger der Bewaffneten Islamischen Kämpfer (GIA), die eine nationale Versöhnung ablehnten und einen strikt islamischen Staat anstrebten. Im Februar drohte die GIA, künftig auch die einstigen Bundesgenossen der Islamischen Heilsfront (FIS) zu bekämpfen, die nach der Präsidentschaftswahl im November 1995 Bereitschaft zum Dialog mit dem Regime signalisiert hatte. **BÜRGERKRIEG:** Obwohl Präsident Liamine Zeroual mit 61,34% der Stimmen im Amt bestätigt wurde, zeichnete sich kein Ende der seit 1992 andauernden bürgerkriegsähnlichen Zustände mit Anschlägen der Fundamentalisten gegen das militärgestützte Regime sowie gegen Intellektuelle und Ausländer ab. Bis Mitte 1996 starben über 40 000 Menschen bei den Kämpfen. **VERSÖHNUNG ANGESTREBT:** Der im Januar 1996 vorgestellten neuen Regierung gehörten auch drei gemäßigte Islamisten an. Zeroual kündigte für Juni die Einberufung einer Nationalkonferenz an. Vor den für Anfang 1997 in Aussicht gestellten Parlamentswahlen sollten Verfassungsänderungen im Wahlrecht, Presserecht und Parteiengesetz vorgenommen und per Referendum verabschiedet werden. Die dialogbereite FIS blieb jedoch von den Gesprächen ausgeschlossen.
→ A-Z Islamische Heilsfront

Andorra

Lage Europa, Karte S. 401, B 6	
Fläche 453 km² (WR 178)	
Einwohner 65 000 (WR 183)	
Einwohner/km² 143 (1994)	
Bev.-Wachstum/Jahr 4,2% Ø	
Pkw.-Kennzeichen AND	

Hauptstadt Andorra la Vella (22 000 Einwohner)

Sprache *Katalanisch,* Spanisch, Französisch

Religion Katholisch (94,4%)

Währung Franz. Franc (FF), Spanische Peseta (Pta)

BSP/Kopf 15 000 $ (1993)	**Urbanisierung** 63,0%
Inflation k.A.	**Alphabetisierung** 100%
Arbeitslos. k. A.	**Einw. pro Arzt** 502

Reg.-Chef Marc Forné (seit 7. 12. 1994) * 1946

Staatsob. Bischof von Urgel/Spanien, franz. Präsident

Staatsform Parlamentarisches Fürstentum

Parlament Generalrat mit 28 für vier Jahre gewählten Abgeordneten; 4 Sitze für National-dem. Allianz, 3 Sitze für Liberale, 3 für Neue Demokratie, 2 für Dem. Initiative, 2 für Nationale Koalition, 14 für andere (Wahl von 1993)

Angola

Lage Afrika, Karte S. 405, C 5	
Fläche 1,25 Mio km² (WR 22)	
Einwohner 11,1 Mio (WR 65)	
Einwohner/km² 9 (1995)	
Bev.-Wachstum/Jahr 3,2% Ø	
Pkw.-Kennzeichen k. A.	

Hauptstadt Luanda (1,1 Mio Einwohner)

Sprache *Portugiesisch,* Bantusprachen

Religion Christlich (90,0%), Volksreligionen (9,5%)

Währung 1 Neuer Kwanza (NKz) = 100 Lwei (Lw)

BSP/Kopf 430 $ (1994)	**Urbanisierung** 32%
Inflation 950% (1994)	**Alphabetisierung** 42%
Arbeitslos. 10% (1991)	**Einw. pro Arzt** 15 136

Reg.-Chef Fernando van Dunem (seit Juni 1996) * 1952

Staatsob. José Eduardo dos Santos (seit 1979) * 1942

Staatsform Republik

Parlament Volksversammlung mit 223 Abgeordneten; 129 Sitze für Volksbewegung zur Befreiung Angolas, 70 für Nationalunion für die völlige Unabhängigkeit Angolas, 24 für andere (Wahl von 1992)

Im August 1995 wurde Jonas Savimbi, Führer der rechtsgerichteten Nationalunion für die völlige Unabhängigkeit Angolas (UNITA), zum Vizepräsidenten der Republik und Verantwortlichen für die Wirtschaftspolitik ernannt. Die Verfassungsänderung zur Schaffung einer zweiten Position an der Staatsspitze war das Ergebnis von Verhandlungen zwischen den UNITA-Rebellen und der regierenden sozialistischen Volksbewegung zur Befreiung Angolas (MPLA) unter Präsident Eduardo dos Santos. Zuvor hatte Savimbi die Legitimität der 1992 frei gewählten MPLA-Regierung anerkannt. Eine Einigung über die Verschmelzung der Truppen beider Seiten zu einer nationalen Armee war Mitte 1996 noch nicht erreicht.

Der Sicherheitsrat der Vereinten Nationen beklagte im Februar 1996 den schleppenden Fortgang des Friedensprozesses in A. und verlängerte das Mandat der UNO-Truppen nur um drei statt der üblichen sechs Monate. Der Waffenstillstand wurde bis Mitte 1996 immer wieder vereinzelt gebrochen. 500 000 Menschen fielen dem seit 1975 andauernden Bürgerkrieg zum Opfer. Für Entwicklungs- und Wiederaufbauprogramme in dem vom Krieg geschädigten Land sagte eine Konferenz von Geberländern Ende September 1995 rund 800 Mio Dollar zu.

Argentinien

Lage Südamerika, Karte S. 403, D 6	
Fläche 2,78 Mio km² (WR 8)	
Einwohner 34,6 Mio (WR 31)	
Einwohner/km² 12 (1995)	
Bev.-Wachstum/Jahr 1,4% Ø	
Pkw.-Kennzeichen RA	

Hauptstadt Buenos Aires (2,92 Mio Einwohner)

Sprache Spanisch

Religion Kathol. (90%), protestant. (2%), jüdisch (1%)

Währung 1 Peso (P) = 100 Centavos (c)

BSP/Kopf 8110 $ (1994)	**Urbanisierung** 88,0%
Inflation 1,6% (1995)	**Alphabetisierung** 96,2%
Arbeitslos. 17,5% (1995)	**Einw. pro Arzt** 340

Reg.-Chef Carlos Saúl Menem (seit 1989) * 2.7.1935

Staatsob. Carlos Saúl Menem (seit 1989) * 2.7.1935

Staatsform Bundesrepublik

Parlament Abgeordnetenhaus mit 257 und Senat mit 48 für vier Jahre gewählten Abgeordneten; im Abgeordnetenhaus 130 Sitze für peronistische Gerechtigkeitspartei, 70 für Bürgerlich-Radikale Partei, 57 für andere (Wahl von 1993, Teilergänzungswahl Mai 1995)

Antigua und Barbuda

Lage Mittelam., Karte S. 404, G 3	
Fläche 442 km² (WR 179)	
Einwohner 66 000 (WR 182)	
Einwohner/km² 149,3 (1995)	
Bev.-Wachstum/Jahr 0,5% Ø	
Pkw.-Kennzeichen k. A.	

Hauptstadt Saint John's (36 000 Einwohner)

Sprache *Englisch*, kreolisches Englisch

Religion Christlich (96,3%), Rastafari (0,7%)

Währung 1 Ostkaribischer Dollar (EC $) = 100 Cents

BSP/Kopf 6770 $ (1994)	**Urbanisierung** 31%
Inflation 6% (1994)	**Alphabetisierung** 90%
Arbeitslos. 12,2% (1994)	**Einw. pro Arzt** 1333

Reg.-Chef Lester Bryant Bird (seit 9.3.1994) * 21.2.1938

Staatsob. Königin Elizabeth II. (seit 1981) * 21.4.1926

Staatsform Parlament. Monarchie im Commonwealth

Parlament Senat mit 17 ernannten und Repräsentantenhaus mit 17 gewählten Abgeordneten; 11 Sitze für Konservative Antigua Labour Party, 5 für Progressive Party, 1 für Barbados People's Movement (Wahl von 1994)

.

Das Parlament erteilte Staatspräsident Carlos Menem im März 1996 für 250 Tage Sondervollmachten zur Durchführung einer zweiten Staatsreform. Mit einschneidenden Maßnahmen wie der Umstrukturierung oder Privatisierung staatlicher Organisationen plante Menem, die Kosten des Staatsapparates zu senken und das Haushaltsdefizit von 2 Mrd Dollar zu bekämpfen. Experten erwarteten die Entlassung von rund 30 000 Beamten.

SCHWERE WIRTSCHAFTSFLAUTE: Nachdem das BIP seit Anfang der 90er Jahre um jährlich 6–8% gewachsen war (1994: 7,4%), ging es 1995 nach vorläufigen Angaben um 2,5% zurück. Die Industrieproduktion sank um über 10%, worunter vor allem die Automobilindustrie und der Bausektor litten. Die Arbeitslosigkeit erreichte 1995 mit 17,5% (1994: 10,8%) einen neuen Höchststand. Die Inflationsrate lag 1995 bei 1,6% (1994: 3,9%). Experten rechneten aufgrund hoher Zuwachsraten im Außenhandel für 1996 mit dem Ende der Rezession. Der Warenexport wurde 1995 gegenüber dem Vorjahr um fast ein Drittel auf 20,8 Mrd Dollar erhöht.

Ursache der Wirtschaftsmisere war u. a. die Währungskrise in Mexiko im Dezember 1994, die auch in A. zu Kursbrüchen an der Börse und Kapitalflucht führte. Hinzu kamen ein defizitärer Staatshaushalt und hohe Auslandsverschuldung.

Armenien

Lage Asien, Karte S. 407, A 3	
Fläche 29 800 km² (WR 138)	
Einwohner 3,6 Mio (WR 118)	
Einwohner/km² 121 (1995)	
Bev.-Wachstum/Jahr 1,5% Ø	
Pkw.-Kennzeichen k. A.	

Hauptstadt Jerewan (1,3 Mio Einwohner)

Sprache *Armenisch,* Russisch, Kurdisch

Religion Christlich, moslemisch, jesidisch

Währung Dram

BSP/Kopf 680 $ (1994)	Urbanisierung 69,0%
Inflation 4960% (1994)	Alphabetisierung 99,6%
Arbeitslos. 6% (1994)	Einw. pro Arzt 260

Reg.-Chef Hrant Bagratjan (seit 1993) * 18.10.1958

Staatsob. Lewon Ter-Petrosjan (seit 1991) * 9.1.1945

Staatsform Parlamentarische Republik

Parlament Parlament mit 190 für vier Jahre gewählten Abgeordneten; 119 Sitze für den Block Republik, 8 für Frauenpartei, 7 für Kommunistische Partei, 10 für andere, 45 für Unabhängige, 1 unbesetzt (Wahl vom Juli 1995)

Aserbaidschan

Lage Asien, Karte S. 407, B 3	
Fläche 86 600 km² (WR 111)	
Einwohner 7,6 Mio (WR 88)	
Einwohner/km² 87 (1995)	
Bev.-Wachstum/Jahr 1,3% Ø	
Pkw.-Kennzeichen k. A.	

Hauptstadt Baku (1,8 Mio Einwohner)

Sprache *Türkisch,* Aseri, Russisch

Religion Moslemisch (100%)

Währung Manat

BSP/Kopf 500 $ (1994)	Urbanisierung 56,0%
Inflation 1780% (1994)	Alphabetisierung 99,6%
Arbeitslos. 0,9% (1994)	Einw. pro Arzt 260

Reg.-Chef Fuad Kh. Kulijev (seit 1994)

Staatsob. Gajdar Alijew (seit 1993) * 10.5.1923

Staatsform Parlamentarische Republik

Parlament Nationalrat mit 125 Sitzen. 78% für Neues Aserbaidschan, daneben sind vertreten die Aserbaidschanische Volksfront, und die Unabhängigkeitspartei (Wahl vom Nov. 1995)

Im Juli 1995 brachten die Parlamentswahlen dem nationalen Block von Präsident Lewon Ter-Petrosjan die Mehrheit der Sitze (Wahlbeteiligung 54,9%). Bei den proportional verteilten Sitzen erhielt der Block der Regierungspartei (»Republik«) 20 der 40 Mandate. 99 der 120 Direktmandate gingen an den Regierungsblock (71%). Die mächtigste Oppositionspartei (Daschnak) war vor der Wahl unter dem Vorwurf der Verbindung zu einer terroristischen Geheimorganisation verboten worden. Internationale Wahlbeobachter kritisierten Repressionen gegen die Opposition und Wahlmanipulationen. Ein gleichzeitig abgehaltenes Verfasssungsreferendum erweiterte die starke Machtstellung des Präsidenten durch neue Vollmachten.

KONFLIKT MIT ASERBAIDSCHAN: Trotz des seit 1994 eingehaltenen Waffenstillstands in dem 1988 ausgebrochenen Konflikt um Nagorny Karabach, eine von Armeniern bewohnte Enklave in Aserbaidschan, dauerte die Wirtschaftsblockade seitens des Nachbarlandes und der mit ihm verbündeten Türkei an. Aserbaidschan hatte die Blockade aufgrund der armenischen Unterstützung für die um Unabhängigkeit kämpfende Enklave verhängt. A. war dadurch vor allem von dringend benötigten Energielieferungen abgeschnitten worden. Mit dem Austausch von Gefangenen begannen im Mai 1996 Verhandlungen, die den Abschluß eines Friedensvertrages zum Ziel haben.

Bei den Parlamentswahlen vom November 1995 siegte die ehemals kommunistische Partei Neues Aserbaidschan von Präsident Gaidar Alijew mit 78% der Stimmen. Die 8%-Hürde überwanden daneben die der Regierung loyale Partei der Nationalen Unabhängigkeit und die Aserbaidschanische Volksfront unter dem ehemaligen Präsidenten Abulfas Elcibey, die einzige zu den Wahlen zugelassene Oppositionspartei. Im gleichzeitig abgehaltenen Referendum stimmten 90% der Wähler für eine neue Verfassung, die den autoritär regierenden Alijew mit weitreichenden Vollmachten ausstattete. UNO- und OSZE-Beobachter kritisierten Wahlmanipulationen und Repressionen gegen die Opposition. In dem Konflikt mit dem Nachbarland Armenien um die auf aserbaidschanischem Gebiet liegende und von Armeniern bewohnte Enklave Nagorny Karabach begannen im Mai 1996 Verhandlungen über einen Friedensvertrag.

AUSBEUTUNG DER ÖLVORKOMMEN: Im November 1995 unterzeichnete die Regierung Verträge mit internationalen Ölkonzernen über die Ausbeutung der auf mehrere Mio Tonnen geschätzten aserbaidschanischen Ölreserven, die Gesamtinvestitionen von rd. 17 Mrd Dollar bis zur Jahrhundertwende vorsahen. Um nicht von der bestehenden Pipeline über russisches Territorium abhängig zu sein, plante die Regierung den Bau einer zweiten, durch Georgien führenden Leitung von den kaspischen Ölfeldern zum Schwarzen Meer.

Äthiopien

Lage Afrika, Karte S. 405, E 3

Fläche 1,13 Mio km² (WR 26)

Einwohner 55,0 Mio (WR 22)

Einwohner/km² 49 (1995)

Bev.-Wachstum/Jahr 2,9% Ø

Pkw.-Kennzeichen ETH

Hauptstadt Addis Abeba (1,7 Mio Einwohner)

Sprache Amharisch, Englisch, 70 Sprachen/Dialekte

Religion Christl. (57%), mosl. (31,4%), Naturrelig. (11,4%)

Währung 1 Birr (Br) = 100 Cents

BSP/Kopf 100 $ (1994)	**Urbanisierung** 13%
Inflation 7,6% (1994)	**Alphabetisierung** 35,5%
Arbeitslos. k.A.	**Einw. pro Arzt** 32 500

Reg.-Chef Meles Zenawi (seit 1995) * 9.5.1955

Staatsob. Negasso Gidada (seit 1995) * 1944

Staatsform Bundesrepublik

Nationalversammlung Parlament mit 548 Sitzen, 90% Mehrheit für Volksrevolutionäre Demokratische Front (EPRDF); (Wahl vom Mai 1995)

Im August 1995 wählte das äthiopische Parlament den Übergangspräsidenten Meles Zenawi zum neuen Ministerpräsidenten. Sein Parteigenosse Negasso Gidada wurde zum Präsidenten gewählt. Die Volksrevolutionäre Demokratische Front (EPRDF) von Zenawi hatte 1991 die kommunistische Diktatur unter Mengistu Haile Mariam gestürzt und die ersten freien Parlamentswahlen im Mai 1995 gewonnen. Ä. war mit der Verfassung vom Dezember 1994 in neun Bundesstaaten aufgegliedert worden. Die Konstitution sieht ein Sezessionsrecht für die Bundesstaaten vor. Die Regierungsgewalt der Föderation liegt in den Händen des Ministerpräsidenten.

ARMUT IM VIELVÖLKERSTAAT: Innenpolitisches Konfliktpotential bargen die Gegensätze zwischen den etwa 80 Völkern des Landes. Unter ihnen stellen die Oromo mit 30% die größte Gruppe, gefolgt von den Amharen (28%) und den Tigrinern (9%), wobei die Tigriner, denen auch Ministerpräsident Zenawi angehört, in der Politik dominieren. Präsident Gidada ist ein Oromo. Die Armut großer Bevölkerungsteile stellte ein weiteres Problem für eine stabile demokratische Entwicklung dar. Trotz fruchtbaren Ackerlands konnte die Landwirtschaft, die 1994 57% des BSP erwirtschaftete, den inländischen Bedarf an Nahrungsmitteln nicht decken. Dürreperioden wie Anfang 1994 hatten in der Vergangenheit immer wieder zu Hungerkatastrophen geführt.

Australien

Lage Ozeanien, Karte S. 409, D 5

Fläche 7,71 Mio. km² (WR 6)

Einwohner 18,1 Mio (WR 50)

Einwohner/km² 2 (1995)

Bev.-Wachstum/Jahr 1,5% Ø

Pkw.-Kennzeichen AUS

Hauptstadt Canberra (300 000 Einwohner)

Sprache Englisch

Religion Anglikan. (24%), katholisch (26%), protestantisch

Währung 1 Australischer Dollar (A$) = 100 Cents

BSP/Kopf 18 000 $ (1994)	**Urbanisierung** 85%
Inflation 3,2% (1995)	**Alphabetisierung** 99%
Arbeitslos. 8,9% (1995)	**Einw. pro Arzt** 438

Reg.-Chef John Howard (seit März 1996) * 26.7.1939

Staatsob. Königin Elizabeth II. (seit 1952) * 21.4.1926

Staatsform Parl. föderative Monarchie im Commonwealth

Parlament Senat mit 76 für sechs Jahre gewählten und Repräsentantenhaus mit 148 für drei Jahre gewählten Abgeordneten; im Senat 29 Sitze (Repräsentantenhaus: 49) für Labor Party, 32 (75) für Liberal Party, 5 (18) für National Party, 10 (6) für andere (Wahl vom März 1996)

Bei den Parlamentswahlen im März 1996 siegte ein Wahlbündnis aus Liberalen und konservativer Nationalpartei. Mit 54,3% der Stimmen (93 von 148 Mandaten) löste das Bündnis die seit 13 Jahren regierende Labor-Partei unter Ministerpräsident Paul Keating ab, die auf 45,7% der Stimmen (49 Sitze) zurückfiel (1993: 51,4%, 80 Sitze). Neuer Ministerpräsident wurde der Führer der Liberalen, John Howard. Er kündigte die Bekämpfung der Jugendarbeitslosigkeit an, die 1995 bis zu 25% betrug, sowie einen Plan zur Reform der Sozialgesetzgebung. Auf Druck der Öffentlichkeit schlug der erklärte Monarchist außerdem eine Verfassungskonferenz vor, die über die Umwandlung Australiens in eine Republik entscheiden soll, was Meinungsumfragen zufolge von einer Mehrheit der Wähler befürwortet wird.

WIRTSCHAFTSAUFSCHWUNG: Die positive Wirtschaftsentwicklung des Landes – das BIP stieg von 1,8% (1991) auf 4,8% (1994/95) – wird nach Ansicht von Experten im Haushaltsjahr 1995/96 mit 3,75% BIP-Wachstum anhalten. Sie erwarteten auch eine weitere Senkung der Arbeitslosigkeit, die von über 11% (1992) auf 8,9% (1995) gefallen war. Eine Industriepolitik, die Forschung und Innovation förderte, führte 1995 zu einem Anstieg des Exportanteils hochentwickelter Industriegüter auf 22% (1991: 16%).

Bahamas

Lage Mittelam., Karte S. 404, D 2

Fläche 13 878 km² (WR 154)

Einwohner 276 000 (WR 166)

Einwohner/km² 20 (1995)

Bev.-Wachstum/Jahr 1,7% Ø

Pkw.-Kennzeichen BS

Hauptstadt Nassau (172 000 Einwohner)

Sprache Englisch

Religion Christlich (94,1%)

Währung 1 Bahama-Dollar (B$) = 100 Cents

BSP/Kopf 11 800 $ (1994)	**Urbanisierung** 64%
Inflation 1,4% (1994)	**Alphabetisierung** 98,2%
Arbeitslos. k.A.	**Einw. pro Arzt** 714

Reg.-Chef Hubert Ingraham (seit 1992) * 4.8.1947

Staatsob. Königin Elizabeth II. (seit 1973) * 21.4.1926

Staatsform Parlamentar. Monarchie im Commonwealth

Parlament Senat mit 16 ernannten und Abgeordnetenhaus mit 49 gewählten Mitgliedern; 32 Sitze für Free National Movement, 17 für Progressive Liberal Party (Wahl von 1992)

 Bahrain

Lage Naher Osten, Karte S. 406, E 4

Fläche 694 km² (WR 173)

Einwohner 564 000 (WR 157)

Einwohner/km² 813 (1995)

Bev.-Wachstum/Jahr 3,1% Ø

Pkw.-Kennzeichen BRN

Hauptstadt Manama (137 000 Einwohner)

Sprache Arabisch, Englisch

Religion Moslemisch (85%), christlich (7,3%)

Währung 1 Bahrain-Dinar (BD) = 1000 Fils

BSP/Kopf 8030 $ (1994)	**Urbanisierung** 90%
Inflation 0,8% (1994)	**Alphabetisierung** 85,2%
Arbeitslos. 12% (1994)	**Einw. pro Arzt** 953

Reg.-Chef Khalifa bin Salman Al Khalifa (seit 1970) * 1935

Staatsob. Isa bin Salman Al Khalifa (seit 1961) * 3.6.1933

Staatsform Emirat

Parlament Seit 1975 aufgelöst, keine politischen Parteien, Konsultativorgan mit 30 durch Staatsoberhaupt ernannten Mitgliedern

 Bangladesch

Lage Asien, Karte S. 407, D 5

Fläche 143 998 km² (WR 91)

Einwohner 120,4 Mio (WR 9)

Einwohner/km² 836 (1995)

Bev.-Wachstum/Jahr 2,0% Ø

Pkw.-Kennzeichen BD

Hauptstadt Dacca (6,1 Mio Einwohner)

Sprache *Bengali,* Englisch

Religion Moslem. (88,3%), hind. (10,5%), buddh. (0,6%)

Währung 1 Taka (TK) = 100 Poisha

BSP/Kopf 220 $ (1994)	**Urbanisierung** 18%
Inflation 3,6% (1994)	**Alphabetisierung** 38,1%
Arbeitslos. 40% (1993)	**Einw. pro Arzt** 5220

Reg.-Chef Sheikh Hasina Wajed (seit Juni 1996)

Staatsob. Abdur Rahman Biswas (seit 1991) * 1926

Staatsform Republik

Parlament Nationalversammlung mit 300 für fünf Jahre gewählten Abgeordneten; 146 für Awami-Liga, 116 Sitze für Bengalische National-Partei, 32 für Jatiya-Partei, 6 für andere (Wahl vom Juni 1996)

Unter dem Druck eines Generalstreiks im Februar und März 1996 löste Staatspräsident Abdur Rahman Biswas am 31.3.1996 das Parlament auf und setzte entsprechend den Forderungen der Opposition eine parteilose Übergangsregierung unter Mohammad Habibur Rahman, ehemals Richter am Obersten Gericht, ein. Aus den Neuwahlen vom Juni 1996 ging die Awami-Liga der Oppositionsführerin Hasina Wajed als Sieger hervor. Im Mai war ein Putschversuch von Armeechef Abu Saleh Muhammad Nasim gescheitert. **GEWALT:** Die gewalttätigen Auseinandersetzungen während des Streiks zwischen Regierungsanhängern und der Opposition forderten rd. 230 Todesopfer. Die regierende Nationalpartei hatte 1991 die ersten freien Parlamentswahlen nach dem Sturz der Diktatur von General Hussain Mohammad Ershad gewonnen. Die Opposition warf ihr Korruption vor und boykottierte seit März 1994 das Parlament.

ARMUT: Das Land zählt mit einem Bruttosozialprodukt pro-Kopf von 220 Dollar (1994) zu den ärmsten der Welt, rd. 80% der Bevölkerung lebten Mitte 1996 unterhalb der Armutsgrenze. Die inneren Auseinandersetzungen und zahlreiche Streiks schadeten der wirtschaftlichen Entwicklung des Landes, die 1991 infolge einer Liberalisierungspolitik der Regierung mit einem BSP-Wachstum von rd. 2% (1995: 4%) und steigenden Exporten eingesetzt hatte.

Barbados

Lage Mittelam., Karte S. 404, H 4

Fläche 430 km² (WR 180)

Einwohner 262 000 (WR 168)

Einwohner/km² 609 (1995)

Bev.-Wachstum/Jahr 0,3% Ø

Pkw.-Kennzeichen BDS

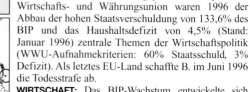

Hauptstadt Bridgetown (7000 Einwohner)

Sprache *Englisch,* Bajan

Religion Christlich (69,7%), konfessionslos (17,5%)

Währung 1 Barbados-Dollar (BD$) = 100 Cent

BSP/Kopf 6560 $ (1994)	**Urbanisierung** 47%
Inflation 0,1% (1994)	**Alphabetisierung** 97,4%
Arbeitslos. 22% (1994)	**Einw. pro Arzt** 1042

Reg.-Chef Owen Arthur (seit 7.9.1994) * 1937

Staatsob. Königin Elizabeth II. (seit 1966) * 21.4.1926

Staatsform Parlamentar. Monarchie im Commonwealth

Parlament Senat mit 21 vom Generalgouverneur ernannten und Volkskammer mit 28 für fünf Jahre gewählten Abgeordneten; 19 Sitze für Barb. Lab. Party, 8 Sitze für Dem. Lab. Party, 1 Sitz für Nat. Democratic Party (Wahl von 1994)

 Belgien

Lage Europa, Karte S. 401, C 5

Fläche 30 519 km² (WR 136)

Einwohner 10,1 Mio (WR 75)

Einwohner/km² 332 (1995)

Bev.-Wachstum/Jahr 0,2% Ø

Pkw.-Kennzeichen B

Hauptstadt Brüssel (951 000 Einwohner)

Sprache *Niederländisch, Französisch, Deutsch*

Religion Christlich (88,0%), moslem. (1,5%), jüd. (0,4%)

Währung 1 Belgischer Franc (bfr) = 100 Centimes

BSP/Kopf 22 870 $ (1994)	**Urbanisierung** 97%
Inflation 1,5% (1995)	**Alphabetisierung** 100%
Arbeitslos. 12,9% (1995)	**Einw. pro Arzt** 310

Reg.-Chef Jean-Luc Dehaene (seit 1992) * 7.8.1940

Staatsob. König Albert II. (seit 9.8.1993) * 6.6.1934

Staatsform Parlamentarische Monarchie

Parlament Senat mit 71 und Abgeordnetenhaus mit 150 für vier Jahre gewählten Abgeordneten; 29 Sitze für fläm. Christdemokr., 21 für wallon. Sozialisten, 21 für fläm. Liberale, 20 für fläm. Sozial., 79 für and. (Wahl vom Mai 1995)

Vor dem Hintergrund der geplanten Europäischen Wirtschafts- und Währungsunion waren 1996 der Abbau der hohen Staatsverschuldung von 133,6% des BIP und das Haushaltsdefizit von 4,5% (Stand: Januar 1996) zentrale Themen der Wirtschaftspolitik (WWU-Aufnahmekriterien: 60% Staatsschuld, 3% Defizit). Als letztes EU-Land schaffte B. im Juni 1996 die Todesstrafe ab.

WIRTSCHAFT: Das BIP-Wachstum entwickelte sich 1995 mit ca. 1,4% nicht wie von der Regierung erwartet (2%), dennoch erbrachte die vor allem auf Steuererhöhungen beruhende Sparpolitik der Regierung 1995 einen Budgetüberschuß von 6% des BIP, der zur Tilgung der Schulden genutzt wurde. Die Arbeitslosenquote war 1995 mit 12,9% eine der höchsten im EU-Vergleich. Zur Halbierung dieser Quote innerhalb von fünf Jahren strebte die Regierung im April 1996 ein Bündnis für Arbeit mit Arbeitgeberverbänden und Gewerkschaften an.

STREIKS: Auf Bundes- wie Regionalebene kam es 1995/96 zu Streiks und Protesten gegen die Sparpolitik der Regierung, u. a. legten die Eisenbahner im November 1995 wegen des geplanten Stellenabbaus die Arbeit nieder, und wallonische Studenten protestierten gegen die Reduzierung von Unterrichtsstunden und Zusammenlegung von Fachhochschulen. Im April/Mai 1996 streikten die wallonischen Lehrer aus Protest gegen die geplante Streichung von 3000 Lehrerstellen, das Einfrieren der Gehälter und die Herabsetzung des Frühpensionierungsalters.

REGIERUNG: Streitigkeiten zwischen Flamen und Wallonen um die 1993 eingeführte föderale Staatsform dauerten 1996 an, als die Flamen im März ihr Landesparlament nicht in Flandern, sondern in Brüssel einrichteten, das als dritte gleichberechtigte Region neben Flandern und der Wallonie stehen sollte. Als ungewöhnlich stuften Beobachter den Wechsel von Verteidigungsminister Melchior Wathelet von den wallonischen Christdemokraten in ein Richteramt am Europäischen Gerichtshof im September 1995 ein. Als Grund vermuteten sie seine Enttäuschung über die Dominanz der Flamen in zentralen Regierungsämtern. Der zweisprachige Politiker war nach den Wahlen 1991 mit dem Auftrag zur Regierungsbildung am flämischen Widerstand gescheitert, im Herbst 1995 erhielt er nicht das angestrebte Außenministerium, das in Händen der flämischen Sozialisten blieb. Neuer Verteidigungsminister wurde Jean-Pol Poncelet.

Der zusammen mit einem ehemaligen Regierungsmitgliedern in einen Korruptionsskandal um die Beschaffung von Militärgerät verwickelte ehemalige belgische Verteidigungsminister und seit 1994 amtierende NATO-Generalsekretär, Willy Claes, trat im Oktober 1995 von seinem Amt zurück.

Belize

Belize

Lage Mittelam., Karte S. 404, A 4	
Fläche 22 696 km² (WR 147)	
Einwohner 215 000 (WR 170)	
Einwohner/km² 9 (1995)	
Bev.-Wachstum/Jahr 2,6% Ø	
Pkw.-Kennzeichen BH	

Hauptstadt Belmopan (5000 Einwohner)

Sprache *Englisch*, Kreolisch, Spanisch, Maya, Garifuna

Religion Christlich (92,6%)

Währung 1 Belize-Dollar (Bz$) = 100 Cents

BSP/Kopf 2530 $ (1994)	**Urbanisierung** 47%
Inflation 2,0% (1994)	**Alphabetisierung** 93%
Arbeitslos. ca. 15% (1994)	**Einw. pro Arzt** 1708

Reg.-Chef Manuel Esquivel (seit 1993) * 2.5.1940

Staatsob. Königin Elizabeth II. (seit 1981) * 21.4.1926

Staatsform Parlamentar. Monarchie im Commonwealth

Parlament Senat mit 9 ernannten und Repräsentantenhaus mit 29 für fünf Jahre gewählten Abgeordneten; 16 Sitze für United Democratic Party, 13 für People's United Party (Wahl von 1993)

Bhutan

Lage Asien, Karte S. 407, D 5	
Fläche 47 000 km² (WR 128)	
Einwohner 1,6 Mio (WR 141)	
Einwohner/km² 35 (1995)	
Bev.-Wachstum/Jahr 2,4% Ø	
Pkw.-Kennzeichen k. A.	

Hauptstadt Thimbu (20 000 Einwohner)

Sprache *Dzonka*, Englisch, tibetische Dialekte

Religion Buddhistisch (69,6%), hinduistisch (24,6%)

Währung 1 Ngultrum (NU) = 100 Chetrum

BSP/Kopf 400 $ (1994)	**Urbanisierung** 6%
Inflation 8,0% (1994)	**Alphabetisierung** 42,2%
Arbeitslos. k. A.	**Einw. pro Arzt** 8969

Reg.-Chef König Jigme Wangchuk (seit 1972) * 1955

Staatsob. König Jigme Wangchuk (seit 1972) * 1955

Staatsform Konstitutionelle Monarchie

Parlament Nationalversammlung (Tshogdu) mit 155 Mitgliedern; 105 gewählte Abgeordnete, 37 vom König nominierte Beamte, 12 Vertreter buddhist. Klöster, 1 Repräsentant der Wirtschaft (willkürlich festgelegter Wahltermin)

 Benin

Lage Afrika, Karte S. 405, B 4	
Fläche 112 622 km² (WR 99)	
Einwohner 5,4 Mio (WR 101)	
Einwohner/km² 48 (1995)	
Bev.-Wachstum/Jahr 3,0% Ø	
Pkw.-Kennzeichen RB	

Hauptstadt Porto Novo (160 000 Einwohner)

Sprache *Französisch*, ca. 60 Stammessprachen

Religion Volksreligionen (62,0%), christlich (23,3%)

Währung CFA-Franc (FCFA)

BSP/Kopf 370 $ (1994)	**Urbanisierung** 31%
Inflation 38,6% (1994)	**Alphabetisierung** 37%
Arbeitslos. k. A.	**Einw. pro Arzt** 11 306

Reg.-Chef Mathieu Kerekou (seit April 1996) * 2.9.1933

Staatsob. Mathieu Kerekou (seit April 1996) * 2.9.1933

Staatsform Präsidialrepublik

Parlament Nationalversammlung mit 82 für vier Jahre gewählten Abgeordneten; 20 Sitze für Renaissance du Benin (RB), 19 für Partei der Demokratischen Erneuerung (PRD), 10 für Fard-Alafia, 8 für Sozialdemokratische Partei (PSD), 25 für andere (Wahl vom März 1995)

Bolivien

Lage Südamerika, Karte S. 403, C 4	
Fläche 1,1 Mio km² (WR 27)	
Einwohner 7,4 Mio (WR 89)	
Einwohner/km² 7,0 (1995)	
Bev.-Wachstum/Jahr 2,2% Ø	
Pkw.-Kennzeichen BOL	

Hauptstadt Sucre (101 000 Einwohner)

Sprache *Spanisch, Aymará, Ketschua*

Religion Christlich (92,5%), Bahai (2,6%)

Währung 1 Boliviano (Bs) = 100 Centavos

BSP/Kopf 770 $ (1993)	**Urbanisierung** 61%
Inflation 12,6% (1995)	**Alphabetisierung** 83,1%
Arbeitslos. 18,8% (1994)	**Einw. pro Arzt** 2124

Reg.-Chef Gonzalo Sanchez de Lozada (seit 1993) * 1930

Staatsob. Gonzalo Sanchez de Lozada (seit 1993) * 1930

Staatsform Präsidiale Republik

Parlament Kongreß aus Abgeordnetenhaus mit 130 und Senat mit 27 für vier Jahre gewählten Abgeordneten; 52 Sitze für Konservative (MNR), 35 für Patrioten (AP), 20 für Neopopulisten (UCS), 23 für andere (Wahl von 1993)

Bosnien-Herzegowina

Lage Europa, Karte S. 401, E 6	
Fläche 51 129 km² (WR 124)	
Einwohner 3,5 Mio (WR 122)	
Einwohner/km² 68 (1995)	
Bev.-Wachstum/Jahr 0,9% Ø	
Pkw.-Kennzeichen k. A.	

Hauptstadt Sarajevo (360 000 Einwohner)

Sprache Kroatisch, Serbisch

Religion Moslem. (40%), serb.-orth. (31%), christl. (19%)

Währung 1 bosnisch-herzegowinischer Dinar

BSP/Kopf k.A.	**Urbanisierung** 49%
Inflation k.A.	**Alphabetisierung** 85,5%
Arbeitslos. k.A.	**Einw. pro Arzt** k. A.

Reg.-Chef Hasan Muratović (seit Januar 1996) * 1940

Staatsob. Alija Izetbegović (seit 1990) * 8.8.1925

Staatsform Republik

Parlament Zweikammerparlament mit 240 Sitzen; Rat der Bürger 130 Sitze, Rat der Gemeinden 110 Sitze; 86 Sitze für Moslems (SDA), 72 Sitze für Serben (SDS), 44 Sitze für Kroaten (HDZ), 14 Sitze für Kommunisten (SK), 24 Sitze für andere (Wahl von 1990)

Im März 1996 war die Aufteilung des Landes in eine kroatisch-bosnische Föderation und eine serbische Republik innerhalb eines fortbestehenden Staates B. abgeschlossen. Damit waren die ersten Bedingungen des zwischen den Regierungen von Serbien, Kroatien und Bosnien im November 1995 geschlossenen Friedensvertrags von Dayton (USA) erfüllt. Im Januar 1996 trat Ministerpräsident → BIO Haris Silajdžić aus Protest gegen undemokratische Tendenzen in der regierenden Moslem-Partei von seinem Amt zurück und gründete im April eine eigene Partei, die ihn zum Präsidentschaftskandidaten für die im September geplanten Wahlen nominierte. Der frühere Minister ohne Portefeuille, → BIO Hasan Muratović, wurde neuer Ministerpräsident. Der als Kriegsverbrecher angeklagte bosnische Serbenführer → BIO Radovan Karadžić übertug nach massivem internationalen Druck im April 1996 die Amtsgeschäfte an seine Stellvertreterin.

BOSNIEN-ABKOMMEN: Nach der Unterzeichnung des Friedensvertrags entsandte die UNO im Dezember 1995 Ifor-Truppen zur Überwachung der Vereinbarungen. Übergriffe von Serben auf zurückkehrende Moslems in die vertraglich festgelegten gemischten Kantone und die Flucht von Serben aus Gebieten, die nach dem Vertrag an die Föderation fielen, konnten die Ifor-Einheiten 1995/96 nicht verhindern. Die militärischen

Aspekte des Dayton-Abkommens wie der Abzug schwerer Waffen und ausländischer Söldner wurden weitgehend erfüllt. Sarajevo wurde im März 1996 wiedervereint, die meisten der 50 000 serbischen Bewohner waren jedoch unter dem Druck der Führung der serbischen Republik, die in ganz B. eine massive Umsiedlungspolitik betrieb, in serbische Kantone geflohen.

WIEDERAUFBAU: 90% der Kraftwerke und Stromleitungen waren nach dem Krieg zerstört, ebenso ein Drittel aller Schulen und Krankenhäuser. Die Wirtschaftsleistung betrug 1994 noch 10–20% ihres Vorkriegswertes (1989). Parallel zum Friedensabkommen sagte die internationale Gemeinschaft Wiederaufbauhilfen zu. Nachdem in den ersten drei Monaten nach dem Daytoner Abkommen bereits 90 Mio DM an internationaler Finanzhilfe bereitgestellt worden waren, erhöhte eine Konferenz der Geberländer im April 1996 die Gesamtsumme der Kredite und Zuschüsse für 1996 auf 2,7 Mrd DM. Die Geber knüpften ihre Zusagen z. T. an Bedingungen: Die USA wollten erst zahlen, wenn alle Bestimmungen aus dem Friedensvertrag erfüllt seien, während die Weltbank eine Erklärung der Regierung in Sarajevo über den von ihr zu übernehmenden Anteil an den Auslandsschulden Ex-Jugoslawiens erwartete. Die Weltbank rechnete mit einem Kapitalbedarf von rd. 5,1 Mrd Dollar in B. für einen Zeitraum von drei bis vier Jahre.

WAHLEN: Entgegen allen Erwartungen verliefen die Kommunalwahlen in Mostar, der Gebietshauptstadt der Herzegowina, im Juni 1996 ohne Zwischenfälle. Die erste Wahl seit Ausbruch des Krieges 1992 galt als Testfall für die erste Nachkriegswahl in ganz B., die am 14. September 1996 stattfindenden soll. Zwar zeichnete sich im April eine Einigung zwischen Kroaten und Moslems über die Verwaltungsstruktur Sarajevos als Hauptstadt der moslemisch-kroatischen Föderation ab, nationalistische Politiker auf beiden Seiten untergruben jedoch die Vermittlungsbemühungen auf allen Ebenen.

EU-VERWALTUNG: Versuche der EU, mittels eines Übergangsverwalters die Teilung Mostars zwischen Kroaten und Moslems zu verhindern, stießen im Februar 1996 auf massiven Widerstand der Bevölkerung. Der deutsche EU-Verwalter Hans Koschnik war nach der Vorstellung eines Plans zur Einteilung der Stadt in je drei getrennte Verwaltungszonen mit einer gemischtethnischen Zone im Stadtzentrum von aufgebrachten Kroaten bedroht worden. Im April 1996 legte Koschnik nach 20 Monaten Amtszeit sein Mandat nieder; sein Nachfolger wurde der Spanier → BIO Ricardo Pérez Casado. Die Wiederherstellung der Bewegungsfreiheit in der Stadt schien angesichts anhaltender Übergriffe der Volksgruppen bis Mitte 1996 nicht durchführbar.
→ A-Z Balkan-Konflikt

Botswana

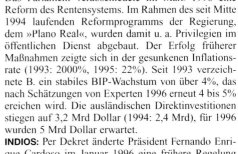

Lage Afrika, Karte S. 405, D 6	
Fläche 581 730 km² (WR 45)	
Einwohner 1,5 Mio (WR 145)	
Einwohner/km² 3 (1995)	
Bev.-Wachstum/Jahr 3,3% Ø	
Pkw.-Kennzeichen RB	
Hauptstadt Gaborone (133 800 Einwohner)	
Sprache *Setswana*, Englisch	
Religion Christlich (50,2%), Volksreligionen (49,2%)	
Währung 1 Pula (P) = 100 Thebe	
BSP/Kopf 2800 $ (1994)	**Urbanisierung** 28%
Inflation 10,5% (1994)	**Alphabetisierung** 69,8%
Arbeitslos. 25% (1994)	**Einw. pro Arzt** 5417
Reg.-Chef Quett K. J. Masire (seit 1980) * 23.7.1925	
Staatsob. Quett K. J. Masire (seit 1980) * 23.7.1925	
Staatsform Präsidiale Republik	

Parlament Nationalversammlung mit 40 für fünf Jahre gewählten Abgeordneten sowie 4 gesondert vom Parlament gewählten Mitgliedern; 26 Sitze für Botswana Democratic Party, 13 für Botswana National Front, 1 Sitz offen (Wahl von 1994)

Das Parlament verabschiedete im März 1996 eine Reform des Rentensystems. Im Rahmen des seit Mitte 1994 laufenden Reformprogramms der Regierung, dem »Plano Real«, wurden damit u. a. Privilegien im öffentlichen Dienst abgebaut. Der Erfolg früherer Maßnahmen zeigte sich in der gesunkenen Inflationsrate (1993: 2000%, 1995: 22%). Seit 1993 verzeichnete B. ein stabiles BIP-Wachstum von über 4%, das nach Schätzungen von Experten 1996 erneut 4 bis 5% ereichen wird. Die ausländischen Direktinvestitionen stiegen auf 3,2 Mrd Dollar (1994: 2,4 Mrd), für 1996 wurden 5 Mrd Dollar erwartet.

INDIOS: Per Dekret änderte Präsident Fernando Enrique Cardoso im Januar 1996 eine frühere Regelung zur Schaffung von Indianerreservaten. Danach kann künftig gegen die Festsetzung der Reservatsgrenzen Einspruch erhoben werden. Kritiker sahen darin eine Gefährdung des Schutzes der Indianer gegenüber wirtschaftlichen Interessen.

LANDLOSE: Nach einem erneuten Massaker von Polizeitruppen an protestierenden Tagelöhnern im April 1996 ernannte der Präsident einen Minister zur Durchsetzung der von der Bewegung der Landlosen geforderten Bodenreform. Gruppen der Bewegung kämpften 1996 gegen Milizen der Großgrundbesitzer. Sie besetzten und bearbeiteten brachliegendes Ackerland.

 ## Brasilien

Lage Südamerika, Karte S. 403, E 4	
Fläche 8,5 Mio km² (WR 5)	
Einwohner 161,8 Mio (WR 5)	
Einwohner/km² 19 (1995)	
Bev.-Wachstum/Jahr 1,8% Ø	
Pkw.-Kennzeichen BR	
Hauptstadt Brasilia (1,59 Mio Einwohner)	
Sprache Portugiesisch	
Religion Katholisch (85%), protestantisch (11%)	
Währung 1 Real (R$) = 100 Centavos	
BSP/Kopf 2970 $ (1994)	**Urbanisierung** 78%
Inflation 22% (1995)	**Alphabetisierung** 83,3%
Arbeitslos. 14,3% (1994)	**Einw. pro Arzt** 685
Reg.-Chef Fernando Henrique Cardoso (seit 1995) * 1931	
Staatsob. Fernando Henrique Cardoso (seit 1995) * 1931	
Staatsform Präsidiale Bundesrepublik	

Parlament Kongreß aus Abgeordnetenhaus mit 513 und Senat mit 81 Abgeordneten; im Kongreß 107 Sitze für Demokratische Bewegung, 90 für Liberale Front, 63 für Sozialdemokratische Partei, 51 für Reformpartei, 49 für Arbeiterpartei, 152 für andere (Wahl von 1994)

 ## Brunei

Lage Ostasien, Karte S. 408, A 2	
Fläche 5765 km² (WR 161)	
Einwohner 285 000 (WR 165)	
Einwohner/km² 49 (1995)	
Bev.-Wachstum/Jahr 2,3% Ø	
Pkw.-Kennzeichen BRU	
Hauptstadt Bandar Seri Begawan (52 300 Einwohner)	
Sprache *Malaiisch*, Chinesisch, Englisch	
Religion Moslem. (66,5%), buddh. (11,8%), christl. (8,9%)	
Währung 1 Brunei-Dollar (BR $) = 100 Cents	
BSP/Kopf 14 240 $ (1994)	**Urbanisierung** 58%
Inflation 2,5% (1995)	**Alphabetisierung** 88,2%
Arbeitslos. 3,5% (1994)	**Einw. pro Arzt** 1473
Reg.-Chef Sultan Muda Hassanal Bolkiah (seit 1967) *1946	
Staatsob. Sultan Muda Hassanal Bolkiah (seit 1967) * 1946	
Staatsform Sultanat	

Parlament Legislativrat mit 21 vom Sultan ernannten Mitgliedern; nur beratende Funktion; keine politischen Parteien; Parlament ist seit Verhängung des Ausnahmezustandes 1962 aufgelöst

▨ Bulgarien

Lage Europa, Karte S. 401, E 6
Fläche 110 912 km² (WR 102)
Einwohner 8,8 Mio (WR 83)
Einwohner/km² 79 (1995)
Bev.-Wachstum/Jahr –0,2% Ø
Pkw.-Kennzeichen BG

Hauptstadt Sofia (1,2 Mio Einwohner)

Sprache Bulgarisch

Religion Orthodoxe Christen (87,0%), Moslems (12,7%)

Währung 1 Lew (Lw) = 100 Stotinki

BSP/Kopf 1250 $ (1994)	**Urbanisierung** 71%
Inflation 32,9% (1995)	**Alphabetisierung** 94%
Arbeitslos. 10,5% (1995)	**Einw. pro Arzt** 320

Reg.-Chef Schan Widenow (seit 25.1.1995) * 22.3.1959

Staatsob. Schelju Schelev (seit 1990) * 3.3.1935

Staatsform Republik

Parlament Volksversammlung mit 240 Abgeordneten; 125 Sitze für Sozialistische Partei Bulgariens, 69 für Union Demokratischer Kräfte, 18 für Neuer Bund für Demokratie, 15 für Bewegung für Rechte und Freiheiten, 13 für andere (Wahl von 1994)

Burkina Faso

Lage Afrika, Karte S. 405, B 3
Fläche 274 000 km² (WR 72)
Einwohner 10,3 Mio (WR 71)
Einwohner/km² 38 (1995)
Bev.-Wachstum/Jahr 2,7% Ø
Pkw.-Kennzeichen BF

Hauptstadt Ouagadougou (441 500 Einwohner)

Sprache *Französisch,* More, Diula, Fulbe

Religion Volksrel. (70%), moslem. (25%), christl. (5%)

Währung CFA-Franc (FCFA)

BSP/Kopf 300 $ (1994)	**Urbanisierung** 27%
Inflation 25,2% (1994)	**Alphabetisierung** 19,2%
Arbeitslos. k. A.	**Einw. pro Arzt** 31 000

Reg.-Chef Kadré Désiré Ouedraogo (seit 9.2.1996)

Staatsob. Blaise Compaoré (seit 1987) * 3.2.1951

Staatsform Präsidiale Republik

Parlament Volksvertretung mit 107 Abgeordneten; 78 Sitze für Organisation für Volksdemokratie/Arbeitsbewegung (ODP-MT), 29 für andere (Wahl von 1992)

Eine Währungskrise drohte Anfang 1996 den beginnenden Wirtschaftsaufschwung in B. zu gefährden. Nach dem im Dezember 1995 gestellten Beitrittsantrag zur EU forderte Präsident Schelju Schelew eine weitere Hinwendung zum Westen durch einen Antrag auf NATO-Mitgliedschaft. Die regierenden Sozialisten (Ex-Kommunisten), die bei den Kommunalwahlen im November 1995 erneut stärkste Kraft wurden, betrieben dagegen eine Annäherung an Rußland.

WIRTSCHAFTSKRISE: Einen drohenden Zusammenbruch der Wirtschaft versuchte die Regierung im Mai 1996 durch Verhandlungen mit dem IWF über neue Kredite in Verbindung mit einem umfassenden Reformpaket zum Strukturwandel abzuwenden. Zwar ging die Inflation 1995 auf 32,9% zurück (1994: 96,2%) und das BIP stieg nach zuvor rückläufiger Entwicklung 1995 um rd. 2% (1994: 0,2%), der rasche Verfall der Währung Anfang 1996, schwindende Devisenreserven und hohe Auslandsschulden erschütterten jedoch das Vertrauen der Bevölkerung in die Wirtschaft. Eine Bankenkrise verschärfte die Situation zusätzlich. Die Institute befanden sich in Geldnöten, weil sie zuviele unsichere Kredite vergeben hatten, die nicht zurückgezahlt wurden. Die Regierung plante die Schließung der Hälfte der zwölf staatlichen und eines Großteils der 34 privaten Geldinstitute.

Burundi

Lage Afrika, Karte S. 405, D 5
Fläche 27 834 km² (WR 142)
Einwohner 6,4 Mio (WR 93)
Einwohner/km² 230 (1995)
Bev.-Wachstum/Jahr 3,0% Ø
Pkw.-Kennzeichen BU

Hauptstadt Bujumbura (226 600 Einwohner)

Sprache *Ki-Rundi, Französisch,* Suaheli

Religion Christl. (78,9%), Volksrel. (18,6%), moslem. (1,6%)

Währung 1 Burundi-Franc (FBu) = 100 Centimes

BSP/Kopf 160 $ (1994)	**Urbanisierung** 8%
Inflation 14,9% (1994)	**Alphabetisierung** 35,3%
Arbeitslos. k. A.	**Einw. pro Arzt** 17 240

Reg.-Chef Antoine Nduwayo (seit 1994) * 1942

Staatsob. Sylvestre Ntibantunganya (seit 1994) * 8.5.1956

Staatsform Präsidiale Republik

Parlament Nationalversammlung mit 81 Sitzen; 65 Sitze für Front für die Demokratie (FRODEBU), 16 für Partei des Nationalen Fortschritts (UPRONA) (Wahl von 1993)

 A-Z Lexikon A-Z　BIO Biographien　NEK Nekrolog　　　　　　　　421

1996 lieferten sich die traditionell herrschende Bevölkerungsgruppe der Tutsi-Minderheit und das Mehrheitsvolk der Hutu bewaffnete Auseinandersetzungen um die politische Vorherrschaft, denen monatlich rd. 1000 Menschen zum Opfer fielen. Seit Ausbruch der Feindseligkeiten 1993, als der erste frei gewählte Präsident, Melchior Ndadaye (ein Hutu), durch Tutsi-Offiziere der Armee ermordet wurde, starben etwa 100 000 Menschen beider Volksgruppen. Terror und Plünderungen seitens der von den Tutsi kontrollierten Armee wie auch der Hutu-Guerilla legten die Wirtschaft größtenteils lahm. Aus der Hauptstadt Bujumbura waren die Hutu 1996 weitgehend vertrieben, ihre untereinander konkurrierenden Partisanengruppen kontrollierten einen Großteil des ländlichen Raums.

KEINE VERSÖHNUNG: Bemühungen der UNO um die Stationierung einer internationalen Einsatztruppe zum Schutz der Bevölkerung scheiterten 1996 am Widerstand der Armeeführung. Rd. 200 000 Menschen flohen in die Nachbarstaaten Zaïre und Tansania. Der 1994 unternommene Versuch, durch die Schaffung einer Koalitionsregierung aus Vertretern der Parteien von Tutsi (UPRONA) und Hutu (FRODEBU) eine Verständigung herbeizuführen, scheiterte an den innerhalb der Regierung fortgesetzten Machtkämpfen.
→ Hutu und Tutsi

Die von der Regierung betriebene Verfassungsänderung zur Einschränkung der Macht des Militärs scheiterte im April 1996 an der Ablehnung durch die rechtsgerichtete Oppositionspartei Renovación Nacional. Das Militär, dessen Oberbefehl der ehemalige Diktator Augusto Pinochet noch bis 1997 führt, hatte 1989 mit dem Wechsel von Pinochet zu einer demokratisch gewählten Regierung eine Reihe von Privilegien erhalten. Der Ex-Diktator ernennt u. a. 8 der 46 Senatoren, Angehörige der Armee sind von strafrechtlicher Verfolgung wegen Menschenrechtsverletzungen ausgenommen, und das Wahlrecht begünstigt die militärtreue Opposition.

ANHALTENDES WACHSTUM: C. blieb aufgrund einer soliden Wirtschaftspolitik von den Auswirkungen der mexikanischen Peso-Krise (Ende 1994) verschont. Durch seine im lateinamerikanischen Vergleich hohe Sparrate von 26% des BIP (1995) war C. weniger stark auf ausländisches Kapital angewiesen. 1995 stieg das BIP um rd. 8%, die Inflation ging von 10% (1994) auf 8% zurück. Für 1996 wurde ein BIP-Wachstum von 6% erwartet. Um den Anschluß an entstehende übergreifende Märkte nicht zu verlieren, leitete C. im Januar 1996 Verhandlungen über die Aufnahme in die nordamerikanische Freihandelszone (NAFTA) ein. Im Juni trat C. der südamerikanischen Freihandelszone Mercosur bei, der das Land bis 2004 als Vollmitglied angehören will.

★ Chile	
Lage Südamerika, Karte S. 403, C 6	
Fläche 756 626 km² (WR 37)	
Einwohner 14,3 Mio (WR 59)	
Einwohner/km² 19 (1995)	
Bev.-Wachstum/Jahr 1,7% Ø	
Pkw.-Kennzeichen RCH	
Hauptstadt Santiago de Chile (5,18 Mio Einwohner)	
Sprache Spanisch	
Religion Katholisch (85%), protestantisch (9%)	
Währung 1 Chilenischer Peso (chil$) = 100 Centavos	
BSP/Kopf 3520 $ (1994)	**Urbanisierung** 84%
Inflation 8,0% (1995)	**Alphabetisierung** 95,2%
Arbeitslos. 5,5% (1995)	**Einw. pro Arzt** 2150
Reg.-Chef Eduardo Frei Ruiz-Tagle (seit März 1994) * 1942	
Staatsob. Eduardo Frei Ruiz-Tagle (seit März 1994) * 1942	
Staatsform Präsidiale Republik	
Parlament Kongreß aus Senat mit 46 und Deputiertenkammer mit 120 Abgeordneten; in der Deputiertenkammer 37 Sitze für Christdemokraten (PDC), 29 für Konservative (RN), 15 für Demokraten (PPD), 15 für Unabhängige Demo. (UDI), 24 für andere (Wahl von 1993)	

★ China, Volksrepublik	
Lage Asien, Karte S. 407, F 3	
Fläche 9,56 Mio. km² (WR 3)	
Einwohner 1,2 Mrd (WR 1)	
Einwohner/km² 126 (1995)	
Bev.-Wachstum/Jahr 1,4% Ø	
Pkw.-Kennzeichen TJ	
Hauptstadt Beijing (Peking; 5,8 Mio Einwohner)	
Sprache Chinesisch	
Religion Volksrelig. (20,1%), buddh. (6%), moslem. (2,4%)	
Währung 1 Renminbi Yuan (RMB) = 10 Jiao	
BSP/Kopf 530 $ (1994)	**Urbanisierung** 30%
Inflation 14,8 (1995)	**Alphabetisierung** 81,5%
Arbeitslos. ca. 3% (1995)	**Einw. pro Arzt** 1060
Reg.-Chef Li Peng (seit 1987) * Oktober 1928	
Staatsob. Jiang Zemin (seit 1993) * Juli 1926	
Staatsform Sozialistische Volksrepublik	
Parlament Nationaler Volkskongreß mit rund 2921 für fünf Jahre von den Provinzparlamenten gewählten Abgeordneten; sämtliche Sitze für die von den Kommunistischen Partei beherrschte Nationale Front (Wahl von 1993)	

Eine rege Besuchsdiplomatie spiegelte 1995/96 die wachsende wirtschaftliche Bedeutung von C. wider, das als letzte Atommacht trotz weltweiter Proteste bis Mitte 1996 Nukleartests durchführte. Erst ab September 1996 will sich C. einem zehnjährigen Teststopp anschließen.

TAIWAN: Eines der größten Manöver in der Geschichte der Volksrepublik schürte im März 1996 Befürchtungen des Westens, C. plane eine Invasion Taiwans. Die Volksbefreiungsarmee übte in der Straße von Taiwan z. T. mit scharfer Munition Zielschießen mit Raketen sowie Landeoperationen und Flottenmanöver. Die Drohgebärden sollten anläßlich der im selben Monat stattfindenden taiwanesischen Wahlen Unabhängigkeitsbestrebungen der Inselrepublik unterdrücken. C. betrachtet die kapitalistische Insel, die sich 1950 vom Mutterland abgespalten hatte, als abtrünnige Provinz. Beide Länder erheben Alleinvertretungsanspruch für ganz C. Beobachter schlossen nicht aus, daß C. angesichts der bevorstehenden Rückgabe Hongkongs und Macaos vor Ende des Jahrtausends auch Taiwan wieder eingliedern wolle. Der über Drittländer abgewickelte Handel mit Taiwan erreichte trotz der bilateralen Spannungen 1995 mit einer Steigerung um 27% auf 21 Mrd Dollar ein Rekordhoch.

AUSSENPOLITIK: Mit der Unterzeichnung einer Reihe von Abkommen intensivierte C. im April 1996 seine Beziehungen zu Rußland. Beide Seiten lehnten die geplante Osterweiterung der NATO ab. Im selben Monat schloß C. mit Kirgistan, Tadschikistan und Kasachstan ein Abkommens über vertrauensbildende Maßnahmen.

WIRTSCHAFT: C. rückte mit einem seit Anfang der 90er Jahre stetig hohen Wirtschaftswachstum näher an die wirtschaftlich erfolgreichen Schwellenländer Asiens (Südkorea, Singapur, Hongkong und Taiwan) heran. Für 1995 erwarteten Experten ein BIP-Wachstum von 10,2% (1994: 11,5%). Die Regierung strebte für 1996 eine weitere Senkung der 1995 auf 14,8% gefallenen Inflationsrate an (1994: 21,7%). Der Sparkurs ließ die Einnahmen des Staatshaushalts erstmals stärker steigen als die Ausgaben. Zur Erleichterung von Devisentransaktionen plante die Führung Mitte 1996 die Währung für den laufenden Zahlungsverkehr konvertierbar zu machen.

WIRTSCHAFTSZONEN: Die liberalen Wirtschaftsbedingungen in den Sonderzonen im Süden Chinas wurden Ende 1995 beseitigt, um die dortigen Wirtschaftsbedingungen an die im übrigen C. anzupassen und der wachsenden Ungleichheit im Land entgegenzuwirken. Das Pro-Kopf-Einkommen in den Sonderzonen überstieg 1995 den Landesdurchschitt um das Siebenfache. Für wichtige Großprojekte soll jedoch weiterhin die Gewährung von Steuerbegünstigungen und Zollerleichterungen möglich sein.

PRÄFERENZSYSTEM: Die EU drohte 1996 mit der Abschaffung des Allgemeinen Präferenzsystems, das den Marktzugang für Entwicklungsländer erleichtert, falls C. seinen Markt nicht öffne und die Regeln der Welthandelsorganisation (WTO) einhalte. Vor allem die wachsenden chinesischen Exporte in die EU-Staaten (1994: +25%) sorgten für einen Handelsbilanzüberschuß (1,7 Mrd Dollar). Um den Anschluß an den sich entwickelnden chinesischen Markt nicht zu verpassen, hoben die USA im Februar ihre 1989 wegen der blutigen Niederschlagung der Demokratiebewegung verhängten Wirtschaftssanktionen auf.

MENSCHENRECHTE: Als Einmischung in innere Angelegenheiten bezeichnete Regierungschef Li Peng einen Bericht der amerikanischen Regierung über schwerwiegende Menschenrechtsverletzungen in C. Vor diesem Hintergrund beschloß die chinesische Führung im Januar 1996 die Weitergabe von „verunglimpfenden" Informationen durch ausländische Medien zu bestrafen.

TIBET: Im Versuch, den im Glauben wurzelnden Widerstand des 1951 von C. annektierten Tibet zu brechen, ließ C. im Dezember 1995 den Pantschen-Lama entführen, ein Kind, das die Mönche zum Nachfolger des im Exil lebenden Dalai-Lama, dem geistigen und politischen Oberhaupt der Tibeter, bestimmt hatten. Im Juni 1996 setzte die chinesische Führung einen eigenen Kandidaten in das Amt ein.

Costa Rica

Lage Mittelam., Karte S. 404, C 6	
Fläche 51 100 km² (WR 125)	
Einwohner 3,4 Mio (WR 124)	
Einwohner/km² 67 (1995)	
Bev.-Wachstum/Jahr 2,5% Ø	
Pkw.-Kennzeichen CR	

Hauptstadt San José (921 000 Einwohner)

Sprache Spanisch

Religion Katholisch (89,0%), Protestantisch (7,6%)

Währung 1 Costa-Rica-Colón (C) = 100 Céntimos

BSP/Kopf 2400 $ (1994)	**Urbanisierung** 50%
Inflation 22,6% (1995)	**Alphabetisierung** 94,8%
Arbeitslos. 4,6% (1995)	**Einw. pro Arzt** 798

Reg.-Chef José Maria Figueres Olsen (seit 1994) * 1954

Staatsob. José Maria Figueres Olsen (seit 1994) * 1954

Staatsform Präsidiale Republik

Parlament Kongreß mit 57 für vier Jahre gewählten Abgeordneten; 26 Sitze für Partei der nationalen Befreiung, 24 Sitze für Christlich Soziale Einheitspartei, 7 für andere (Wahl von 1994)

Côte d'Ivoire

Lage Afrika, Karte S. 405, B 4	
Fläche 322 463 km² (WR 68)	
Einwohner 14,3 Mio (WR 60)	
Einwohner/km² 44,0 (1995)	
Bev.-Wachstum/Jahr 3,6% Ø	
Pkw.-Kennzeichen CI	

Hauptstadt Yamoussoukro (110 000 Einwohner)

Sprache *Französisch,* Dyula, Kwa, Gur, Mande, Dialekte

Religion moslem. (38,0%), christ. (27,5%), animist. (17,0%)

Währung CFA-Franc (FCFA)

BSP/Kopf 610 $ (1994)	**Urbanisierung** 44%
Inflation 25,8% (1994)	**Alphabetisierung** 41,1%
Arbeitslos. k. A.	**Einw. pro Arzt** 17 847

Reg.-Chef Daniel Kablan Duncan (seit 1993) * 30.6.1943

Staatsob. Henri Konan Bédié (seit 1993) * 5.5.1934

Staatsform Präsidiale Republik

Parlament Nationalversammlung mit 175 für fünf Jahre gewählten Abgeordneten; 147 Sitze für Demokratische Partei der Elfenbeinküste (PDCI), 14 für Sammlung der Republikaner (RDR), 10 für Ivorische Volksfront (FPI), 4 Sitze nicht besetzt (Wahl vom November 1995)

Der seit 1993 andauernde wirtschaftliche Aufschwung infolge einer harten Stabilitätspolitik der Regierung hielt 1995/96 in D. an. Das Wirtschaftswachstum, das 1995 bei 3,3% lag (1994: 4,5%), wird nach Einschätzung von Experten bis 1997 auf unter 3% sinken. Die Arbeitslosenquote (1995: 10,2%) soll bis 1997 auf rd. 9% zurückgehen. Die Expansion der Wirtschaft und eine straffere Fiskalpolitik verringerten das Defizit des öffentlichen Haushalts, das nach dem Willen der Regierung 1996 noch 1% des BIP betragen und 1997 ausgeglichen werden soll.

WOHLFAHRTSSTAAT: Dänemark war 1995 europäischer Spitzenreiter bei Steuern- und Sozialabgaben. OECD-Experten warnten davor, daß die hohen Wohlfahrtsleistungen, die z. T. über den unteren Lohngruppen lagen, zu einer zunehmenden Abhängigkeit der Bürger vom Wohlfahrtsstaat führen könnten. Die Oppositionsfraktion der Konservativen stimmte nach Jahren gemeinsamen politischen Handelns mit ihren liberalen Partnern im Dezember 1995 erstmals mit der sozialdemokratischen Minderheitsregierung unter Ministerpräsident Poul Nyrup Rasmussen und unterstützte deren Haushaltsentwurf. Während die Liberalen von einem Vertrauensbruch sprachen, begründeten die Konservativen ihren Schritt mit der notwendigen Reform des Wohlfahrtsstaates.

Dänemark

Lage Europa, Karte S. 401, D 4	
Fläche 43 077 km² (WR 130)	
Einwohner 5,22 Mio (WR 104)	
Einwohner/km² 121 (1995)	
Bev.-Wachstum/Jahr 0,1% Ø	
Pkw.-Kennzeichen DK	

Hauptstadt Kopenhagen (1,34 Mio Einwohner)

Sprache Dänisch

Religion Christlich (89,8%), moslemisch (1,3%)

Währung 1 Dänische Krone (dkr) = 100 Øre

BSP/Kopf 27 970 $ (1994)	**Urbanisierung** 85%
Inflation 2,5% (1995)	**Alphabetisierung** 100%
Arbeitslos. 10,2% (1995)	**Einw. pro Arzt** 360

Reg.-Chef Poul Nyrup Rasmussen (seit 1993) * 1943

Staatsob. Königin Margrethe II. (seit 1972) * 16.4.1940

Staatsform Parlamentarische Monarchie

Parlament Folketing mit 179 für vier Jahre gewählten Abgeordneten; 63 Sitze für Sozialdemokraten, 44 für Liberale Venstre, 28 für Konservative Volkspartei, 13 für Sozialistische Volkspartei, 7 für Fortschrittspartei, 8 für Sozialliberale, 16 für andere (Wahl von 1994)

Deutschland

Lage Deutschland, Karte S. 400	
Fläche 356 974 km² (WR 61)	
Einwohner 81,5 Mio (WR 12)	
Einwohner/km² 228 (1995)	
Bev.-Wachstum/Jahr 0,5% Ø	
Pkw.-Kennzeichen D	

Hauptstadt Berlin (3,46 Mio Einwohner)

Sprache Deutsch

Religion Katholisch (42,9%), protest. (42%), moslem. (3%)

Währung 1 Deutsche Mark (DM) = 100 Pfennig

BSP/Kopf 25 580 $ (1994)	**Urbanisierung** 87%
Inflation 2,0% (1995)	**Alphabetisierung** 99%
Arbeitslos. 9,4% (1995)	**Einw. pro Arzt** 319

Reg.-Chef Helmut Kohl (seit 1982, CDU) * 3.4.1930

Staatsob. Roman Herzog (seit 1994, CDU) * 5.4.1934

Staatsform Parlamentarische Bundesrepublik

Parlament Bundestag mit 672 für vier Jahre gewählten und Bundesrat mit 69 von den Länderregierungen gestellten Mitgliedern; im Bundestag 252 Sitze für SPD, 244 für CDU, 50 für CSU, 49 für Bündnis 90/Die Grünen, 47 für FDP, 30 für PDS (Wahl von 1994)

Bei einer der größten Demonstrationen in der deutschen Nachkriegsgeschichte protestierten im Juni 1996 rd. 350 000 Menschen gegen das 25-Mrd-DM-Sparprogramm der CDU/CSU/FDP-Bundesregierung für den Haushalt 1997. Die Kritik richtete sich u. a. gegen die geplanten Veränderungen in der Steuer- und Sozialgesetzgebung, die sozial Schwache, Arbeitslose und Familien mit Kindern benachteilige. Nach Warnstreiks im Mai gegen eine geplante Null-Runde für die Löhne im öffentlichen Dienst einigten sich Gewerkschaften und Arbeitgeber im Juni auf 1,3% mehr Lohn und Gehalt für 1997. Ein Bündnis für Arbeit zwischen Arbeitgebern, Gewerkschaften und Bundesregierung, das zur Senkung der Arbeitslosenquote von 9,4 % beitragen sollte, scheiterte im April 1996. Hohe Staatsschulden gefährdeten 1996 die Erfüllung der Kriterien für den Beitritt zur geplanten Europäischen Wirtschafts- und Währungsunion (WWU).

WIRTSCHAFT: Trotz der von Finanzminister Theo Waigel (CSU) im März 1996 verhängten Ausgabensperre konnte die Regierung die geplante Obergrenze für die Neuverschuldung des Staatshaushaltes nicht halten. Im Mai wurden die kalkulierten Ausgaben von 60 Mrd auf 70 Mrd DM erhöht. Das Defizit erreichte damit 3,9% des BIP, so daß das WWU-Kriterium von maximal 3% des BIP 1996 nicht erfüllt wird. Auf 60,2% des BIP soll 1997 die gesamte Staatsverschuldung gesenkt werden, was knapp über den geforderten 60% läge. Die niedrige Inflationsrate von 1,5% und das Zinsniveau lagen dagegen im Rahmen der WWU-Vorgaben.

OST/WEST: Die ostdeutschen Bundesländer verzeichneten auch 1996 ein kräftiges Wirtschaftswachstum. Während das Bruttoinlandsprodukt 1995 im Osten um 7% anstieg (1994: 9,2%), ging das BIP-Wachstum bundesweit auf 1,9% zurück (1994: 2,3%). Die Arbeitslosenquote lag im Osten bei 14,0% gegenüber 8,3% in den alten Bundesländern. Der Solidaritätszuschlag von 7,5% der Lohn- und Einkommensteuer soll erst Mitte 1997 auf 5,5% gesenkt werden.

RENTEN: Die Einschränkung der Vorruhestandsregelung führte im Februar 1996 zu Diskussionen um die Tragfähigkeit der Sozial- und Rentenversicherungen neu. Infolge der Beschäftigungskrise stiegen die Beiträge zur Rentenversicherung 1996 auf 19,2% des Monatseinkommens (Prognose für 1997: 19,8%).

FLÜCHTLINGE: Kontroversen entfachte 1996 die geplante Rückführung der rd. 350 000 bosnischen Flüchtlinge in ihr Heimatland, die im Juli 1996 beginnt und nach einem Jahr abgeschlossen sein soll. Kritiker wiesen auf die andauernden Auseinandersetzungen zwischen den Volksgruppen hin.

→ A-Z Haushalte, öffentliche A-Z → Wirtschaftliche Entwicklung → Rentenversicherung

 Dominica

Lage Mittelam., Karte S. 404, G 3	
Fläche 751 km² (WR 169)	
Einwohner 71 000 (WR 181)	
Einwohner/km² 95 (1994)	
Bev.-Wachstum/Jahr -0,2% Ø	
Pkw.-Kennzeichen WD	

Hauptstadt Roseau (15 900 Einwohner)

Sprache *Englisch,* Patois

Religion Katholisch (67,4%), protestantisch (15,5%)

Währung 1 Ostkaribischer Dollar (EC-$) = 100 Cents

BSP/Kopf 2800 $ (1994)	**Urbanisierung** 25%
Inflation 5,3% (1993)	**Alphabetisierung** 94%
Arbeitslos. k.A.	**Einw. pro Arzt** 1947

Reg.-Chef Edison James (seit Juni 1995) * 1944

Staatsob. Crispin Anselm Sorhaindo (seit 1993) * 1931

Staatsform Parlamentarische Republik im Commonwealth

Parlament Abgeordnetenhaus mit 9 ernannten und 21 für fünf Jahre gewählten Mitgliedern; 11 Sitze für Vereinigte Arbeiterpartei, 5 für Freiheitspartei, 5 für Arbeitspartei (Wahl vom Juni 1995)

 Dominikanische Republik

Lage Mittelam., Karte S. 404, E 3	
Fläche 48 734 km² (WR 127)	
Einwohner 7,8 Mio (WR 87)	
Einwohner/km² 161 (1995)	
Bev.-Wachstum/Jahr 2,1% Ø	
Pkw.-Kennzeichen DOM	

Hauptstadt Santo Domingo (2,4 Mio Einwohner)

Sprache Spanisch

Religion Katholisch (90,8%), protestantisch (0,3%)

Währung 1 Dominikanischer Peso (dom $) = 100 Centavos

BSP/Kopf 1330 $ (1994)	**Urbanisierung** 65%
Inflation 9% (1995)	**Alphabetisierung** 82,1%
Arbeitslos. 19% (1994)	**Einw. pro Arzt** 934

Reg.-Chef Joaquín Balaguer (seit 1986) * 1.9.1907

Staatsob. Leonel Fernández (seit Aug. 1996) * 1953

Staatsform Präsidiale Republik

Parlament Abgeordnetenhaus mit 120 und Senat mit 30 für vier Jahre gewählten Abgeordneten; im Abgeordnetenhaus 55 Sitze für Sozialdemokraten (PRD), 52 für Christlichsoziale (PRSC), 13 für Sozialisten (PLD; Wahl von Mai 1994)

425

Dschibuti

Lage Afrika, Karte S. 405, E 3	
Fläche 23 200 km² (WR 146)	
Einwohner 577 000 (WR 156)	
Einwohner/km² 25 (1995)	
Bev.-Wachstum/Jahr 4,1% Ø	
Pkw.-Kennzeichen k. A.	

Hauptstadt Dschibuti-Stadt (290 000 Einwohner)

Sprache *Französisch, Arabisch,* Kuschitische Dialekte

Religion Moslemisch (96%), christlich (4%)

Währung 1 Franc de Djibouti (FD) = 100 Centimes

BSP/Kopf 725 $ (1994)	**Urbanisierung** 83%
Inflation 1,7% (1994)	**Alphabetisierung** 46,2%
Arbeitslos. ca. 50% (1994)	**Einw. pro Arzt** 5258

Reg.-Chef Barkat Gourad Hamadou (seit 1978) * 1930

Staatsob. Hassan Gouled Aptidon (seit 1977) * 1916

Staatsform Präsidiale Republik

Parlament Nationalversammlung mit 65 für fünf Jahre gewählten Abgeordneten; sämtliche Sitze für die Volkspartei für den Fortschritt RPP (Wahl von 1992)

El Salvador

Lage Mittelam., Karte, S. 404, A 5	
Fläche 21 041 km² (WR 149)	
Einwohner 5,77 Mio (WR 96)	
Einwohner/km² 274 (1995)	
Bev.-Wachstum/Jahr 1,9% Ø	
Pkw.-Kennzeichen ES	

Hauptstadt San Salvador (498 000 Einwohner)

Sprache *Spanisch,* indianische Dialekte

Religion Katholisch (93,6%)

Währung 1 El-Salvador-Colon (C) = 100 Centavos

BSP/Kopf 1360 $ (1994)	**Urbanisierung** 45%
Inflation 11,4% (1995)	**Alphabetisierung** 71,5%
Arbeitslos. 7,6% (1995)	**Einw. pro Arzt** 1322

Reg.-Chef Armando Calderón Sol (seit 1994) * 1948

Staatsob. Armando Calderón Sol (seit 1994) * 1948

Staatsform Präsidiale Republik

Parlament Nationalversammlung mit 84 für drei Jahre gewählten Abgeordneten; 39 Sitze für Nationalistisch-Republikanische Allianz (ARENA), 21 für Nationale Befreiungsfront (FMLN), 18 für Christdemokraten (PDC), 4 für Nat. Versöhnungspartei (PCN), 2 für andere (Wahl von 1994)

Ecuador

Lage Südamerika, Karte S. 403, B 2	
Fläche 283 561 km² (WR 71)	
Einwohner 11,46 Mio (WR 62)	
Einwohner/km² 40 (1995)	
Bev.-Wachstum/Jahr 2,3% Ø	
Pkw.-Kennzeichen EC	

Hauptstadt Quito (1,1 Mio Einwohner)

Sprache *Spanisch,* Ketschua

Religion Katholisch (92,1%)

Währung 1 Sucre (S/.) = 100 Centavos

BSP/Kopf 1280 $ (1994)	**Urbanisierung** 58%
Inflation 22,8% (1995)	**Alphabetisierung** 91,1%
Arbeitslos. 9,1% (1994)	**Einw. pro Arzt** 960

Reg.-Chef Abdala Bucaram (seit Aug. 1996) * 1952

Staatsob. Abdala Bucaram (seit Aug. 1996) * 1952

Staatsform Präsidiale Republik

Parlament Nationalkongreß mit 77 für vier Jahre gewählten Abgeordneten; 26 Sitze für Christlich-Soziale (PSC), 11 für Zentrum (PRE), 8 für Marxisten (MDP), 8 für Sozialdemokraten (ID), 6 für Konservative (PCE), 18 für andere (Wahl von 1994)

Eritrea

Lage Afrika, Karte S. 405, E 3	
Fläche 121 144 km² (WR 96)	
Einwohner 3,53 Mio (WR 121)	
Einwohner/km² 29 (1995)	
Bev.-Wachstum/Jahr 2,6% Ø	
Pkw.-Kennzeichen k. A.	

Hauptstadt Asmara (350 000 Einwohner)

Sprache Arabisch, Tigrinja

Religion Moslemisch (50%), christlich (50%)

Währung 1 Birr (Br) = 100 Cents

BSP/Kopf 115 $ (1993)	**Urbanisierung** 17%
Inflation k. A.	**Alphabetisierung** ca. 20%
Arbeitslos. ca. 25% (1993)	**Einw. pro Arzt** 28 000

Reg.-Chef Isaias Afwerki (seit 1993) * 1946

Staatsob. Isaias Afwerki (seit 1993) * 1946

Staatsform Republik

Parlament Seit 1991 Provisorischer Nationalrat mit 150 Sitzen; alle Sitze für die Sozialisten (EPLF)

Estland

Lage Europa, Karte S. 401, E 3	
Fläche 45 100 km² (WR 129)	
Einwohner 1,53 Mio (WR 144)	
Einwohner/km² 34 (1995)	
Bev.-Wachstum/Jahr 0,0% Ø	
Pkw.-Kennzeichen EST	

Hauptstadt Tallinn (471 600 Einwohner)

Sprache *Estnisch*, Russisch

Religion Protestantisch (92%)

Währung 1 Estnische Krone (ekr) = 100 Senti

BSP/Kopf 2820 $ (1994)	**Urbanisierung** 73%
Inflation 29% (1995)	**Alphabetisierung** 99,8%
Arbeitslos. 4,3% (1995)	**Einw. pro Arzt** 260

Reg.-Chef Tiit Vähi (seit April 1995) * 10.1.1947

Staatsob. Lennart Meri (seit 1992) * 29.3.1929

Staatsform Parlamentarische Republik

Parlament Staatsversammlung mit 101 für drei Jahre gewählten Abgeordneten; 41 Sitze für Koalitionspartei/Bauernunion, 19 für Reformpartei, 16 für Zentrumspartei, 8 für Vaterlands- und Unabhängigkeitspartei, 6 für Gemäßigte, 11 für andere (Wahl von März 1995)

Fidschi

Lage Ozeanien, Karte S. 409, H 4	
Fläche 18 274 km² (WR 151)	
Einwohner 784 000 (WR 153)	
Einwohner/km² 43 (1995)	
Bev.-Wachstum/Jahr 1,4% Ø	
Pkw.-Kennzeichen FJI	

Hauptstadt Suva (70 000 Einwohner)

Sprache *Englisch, Fidschianisch*, Hindi

Religion Christlich (52,9%), hind. (38,1%), moslem. (7,8%)

Währung 1 Fidschi-Dollar ($ F) = 100 Cents

BSP/Kopf 2250 $ (1994)	**Urbanisierung** 41%
Inflation 1,2% (1994)	**Alphabetisierung** 91,6%
Arbeitslos. k.A.	**Einw. pro Arzt** 2438

Reg.-Chef Sitiveni Rabuka (seit 1992) * 13.8.1948

Staatsob. Ratu Sir Kamisese Mara (seit 1994) * 1920

Staatsform Republik

Parlament Repräsentantenhaus mit 70 für fünf Jahre gewählten Abgeordneten; 31 Sitze für Polit. Partei von Fidschi (FPP), 20 für nat. Föderationspartei (NFP), 7 für Labour-Partei (FLP), 5 für Vereinigung von Fidschi (FA), 7 für andere (Wahl von 1992)

Wegen eines Skandals um Innenminister Edgar Savisaar bildete der konservative Ministerpräsident Tiit Vähi im Oktober 1995 eine neue Koalitionsregierung. Savisaar, unter dessen Führung das Land 1991 die Unabhängigkeit erlangt hatte, war wegen illegalen Abhörens der Telefone politischer Gegner von Präsident Lennart Meri entlassen worden. In das bereits bestehende Bündnis von Konservativen und Bauernunion trat die rechtsliberale Reformpartei ein, die Savisaars Zentrumspartei ersetzte. Die neue Koalition verfügte mit 60 von 101 Mandaten über eine klare Mehrheit im Parlament. Die Aufnahme des neuen Koalitionspartners führte zu einer Änderung der landwirtschaftlichen Subventionspolitik hin zu einer stärker marktwirtschaftlichen Orientierung.

AUFSCHWUNG: Das BIP stieg 1995 um rd. 5%. Der Außenhandel wuchs nach einer Verdreifachung zwischen 1992 und 1994 weiter an. Das Land setzte seine Umorientierung von den GUS-Staaten auf neue Handelspartner in der EU fort. Im November 1995 stellte E. einen offiziellen Antrag auf EU-Mitgliedschaft. 1995/96 bereitete die Regierung die Privatisierung der großen staatlichen Infrastrukturbetriebe (Flughafen, Hafen, Telefongesellschaft und Stromversorgung) vor. Die meisten der kleineren Staatsunternehmen waren bereits 1995 verkauft worden.

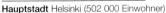 Finnland

Lage Europa, Karte S. 401, E 3	
Fläche 338 145 km² (WR 63)	
Einwohner 5,09 Mio (WR 105)	
Einwohner/km² 15 (1995)	
Bev.-Wachstum/Jahr 0,4% Ø	
Pkw.-Kennzeichen FIN	

Hauptstadt Helsinki (502 000 Einwohner)

Sprache *Finnisch, Schwedisch*

Religion Christlich (88,4%)

Währung 1 Finnmark (FMk) = 100 Penniä

BSP/Kopf 18 850 $ (1994)	**Urbanisierung** 63%
Inflation 1,0% (1995)	**Alphabetisierung** 100%
Arbeitslos. 17,2% (1995)	**Einw. pro Arzt** 406

Reg.-Chef Paavo Lipponen (seit April 1995) * 23.4.1941

Staatsob. Martti Ahtisaari (seit 1994) * 23.6.1937

Staatsform Parlamentarische Republik

Parlament Reichstag mit 200 für vier Jahre gewählten Abgeordneten; 63 für Sozialdemokraten, 44 Sitze für Zentrumspartei, 39 für Konservative, 22 für Linksbund (Volksdemokratische Union und Demokratische Alternative), 32 für andere (Wahl vom März 1995)

Die Regenbogenkoalition aus Sozialdemokraten, Konservativen, Liberalen, Grünen und Ex-Kommunisten unter Ministerpräsident Paavo Lipponen setzte 1996 ihren Sparkurs zur Sanierung der Staatsfinanzen mit dem Ziel, die Kriterien für den Beitritt zur geplanten EU-Wirtschafts- und Währungsunion zu erfüllen, fort.

SPARPROGRAMM: Nachdem es zunächst keine Proteste gegen Streichungen bei der Arbeitslosenhilfe und den Subventionen für die Landwirtschaft gegeben hatte, drohte der Gewerkschaftsbund im April 1996 erstmals mit Streik, für den Fall, daß die Arbeitslosenhilfe für Jugendliche gestrichen werde. Der Anpassungsprozeß in der Landwirtschaft erfordert nach Erwartungen der Regierung die Schließung der Hälfte der 140 000 Betriebe innerhalb von etwa fünf Jahren.

Die Unterstützung der Bevölkerung für den Sparkurs der Regierung beruhte vor allem auf der positiven Preisentwicklung seit dem EU-Beitritt Anfang 1995: Die Lebensmittelpreise fielen um rd. 10%. Der Alkoholkonsum, zuvor durch die staatliche Alkoholgesellschaft kontrolliert und mit dem EU-Beitritt liberalisiert, stieg um rd. 25%. Im Februar 1996 plante die Regierung den privaten Grenzhandel mit billigem Bier aus Estland und Rußland zu beschränken, durch den die staatliche Alkoholgesellschaft 1995 rd. 325 Mio DM an Steuereinnahmen einbüßte.

GEMÄSSIGTER AUFSCHWUNG: Für 1996 erwartete die Regierung eine mäßig positive Wirtschaftsentwicklung. Im Februar 1996 korrigierte sie ihre Prognose für das BIP-Wachstum von 4,5 auf 3,8%, die Preise (1995: 1,0%) sollen um 2,3% steigen, statt wie zunächst erwartet nur um 1,3%. Trotz eines Wirtschaftswachstums von 5,4% fiel die Erwerbslosenrate 1995 nur um einen halben Prozentpunkt auf 17,2%. Das Haushaltsdefizit betrug 5,4% des BIP, bis 1997 plante die Regierung, um für die Europäische Währungsunion geforderten maximal 3% Defizit zu erreichen. Die Auslandsschulden betrugen 1995 rd. 68% des BIP (EU-Kriterium für die gesamte Staatsschuld: maximal 60%). Der Handel mit Rußland wurde 1995 gegenüber den Vorjahren wiederbelebt (Steigerung um 32%), auch der Austausch mit Estland nahm um 79% zu. Wichtigste Handelspartner des Landes blieben jedoch die EU-Staaten und die USA.

NEUTRALITÄT: Im November 1995 stimmte das Parlament dem Beschluß zu, künftig nicht nur friedensbewahrende, sondern auch friedensschaffenden Maßnahmen der UNO oder der OSZE zu unterstützen, auch wenn diese mit Waffengewalt durchgesetzt werden müßten. Im Mai 1996 schlossen Regierungspolitiker einen Beitritt zur NATO nicht mehr aus, was auf die mögliche Abkehr des Landes von seiner strikten Neutralitätspolitik schließen ließ.

Frankreich	
Lage Europa, Karte S. 401, C 5	
Fläche 543 965 km² (WR 47)	
Einwohner 58,03 Mio (WR 20)	
Einwohner/km² 107 (1995)	
Bev.-Wachstum/Jahr 0,5% ⌀	
Pkw.-Kennzeichen F	
Hauptstadt Paris (9,1 Mio Einwohner)	
Sprache Französisch	
Religion Katholisch (76,3%), moslem. (4,5%), protest., jüd.	
Währung 1 Französischer Franc (FF) = 100 Centimes	
BSP/Kopf 23 420 $ (1994)	**Urbanisierung** 73%
Inflation 1,9% (1995)	**Alphabetisierung** 99%
Arbeitslos. 11,4% (1995)	**Einw. pro Arzt** 350
Reg.-Chef Alain Juppé (seit Mai 1995) * 15.8.1945	
Staatsob. Jacques Chirac (seit Mai 1995) * 29.11.1932	
Staatsform Parlamentarische Republik	
Parlament Senat mit 319 für neun Jahre und Nationalversammlung mit 577 für fünf Jahre gewählten Abgeordneten; in der Nationalversammlung 247 Sitze für Neo-Gaullisten, 213 für Rechtsliberale, 54 für Sozialisten, 23 für Kommunisten, 6 für Linksliberale, 34 für andere (Wahl von 1993)	

Die Erfüllung der Maastricht-Kriterien für die Aufnahme in die geplante Europäische Wirtschafts- und Währungsunion (WWU) stand im Mittelpunkt der seit Herbst 1995 betriebenen staatlichen Sparpolitik, zu der auch die im Februar 1996 angekündigte Truppenreduzierung und Schaffung einer Berufsarmee gehörten. Im Januar 1996 wurde der geplante Abbau von Grenzkontrollen im Rahmen des Schengener Abkommens - wie bereits mehrfach zuvor - aufgrund von Sicherheitsbedenken verschoben.

Nach weltweiten Protesten und Boykottaufrufen stellte F. im Januar 1996 die im Mai 1995 von Präsident → BIO Jacques Chirac angekündigten und im September 1995 wiederaufgenommenen unterirdischen Atomtests im Südpazifik nach sechs statt, wie ursprünglich geplant, nach acht Versuchen ein.

REFORMPLÄNE: Die im Oktober 1995 angekündigte Sanierung des Staatshaushalts durch eine Nullrunde bei den Löhnen im öffentlichen Dienst und eine Reform des Sozialbereichs führte zu einer Streikwelle, die bis Dezember andauerte und mit Arbeitsniederlegungen u. a. bei Post, Telekom, Eisenbahn, Elektrizitäts- und Gasversorgung sowie Fluggesellschaften das öffentliche Leben lahmlegte. Aufgrund der seit Jahren steigenden Ausgaben des Sozialversicherungssystems, das ein jährliches Defizit von 60 Mrd Francs (rd. 171 Mio DM) aufwies, plante die Regierung 1995/96 die Leistungen einzufrieren. Beiträge und Steuern sollten erhöht sowie ein Gesundheitspaß zur Kontrolle von Medikamentenkonsum und Arztbesuchen eingeführt werden. F., das Land mit dem weltweit höchsten Medikamentenverbrauch, veranschlagte allein das Defizit der Krankenversicherung für 1996 mit 35 Mrd Francs (rd. 100 Mio DM).

REGIERUNGSUMBILDUNG: Vor dem Hintergrund der geplanten Reformen präsentierte Ministerpräsident Alain Juppé, der sich im Parlament auf eine Zwei-Drittel-Mehrheit von Gaullistischer Sammlungsbewegung (RPR) und Liberalen (UDF) stützen konnte, im November 1995, nur sechs Monate nach den letzten Wahlen, eine neue, von 41 auf 32 Minister und Staatssekretäre verkleinerte Regierungsmannschaft. Während die Streikwelle bis zum Jahresende abebbte, billigte das Parlament im Dezember die Durchsetzung der Reformen per Regierungsdekret. Streiks und Reformen stärkten die Maastricht-Gegner, welche die Stabilitätskriterien für die Einführung der WWU für die angespannte wirtschaftliche und soziale Lage verantwortlich machten.

STAATSVERSCHULDUNG: 1995 erreichte die Regierung ihr Ziel, das Haushaltsdefizit auf 5% des BIP zu senken und damit dem Maastricht-Kriterium von 3% näherzubringen, das 1997 erreicht werden soll. Wegen der hohen Schulden der Staatsunternehmen (1994: rd. 5,5 Mrd DM) verlangsamte die Regierung 1995/96 ihr Privatisierungsprogramm, um die Staatsschulden nicht durch die Übernahme der Schulden dieser Betriebe zusätzlich zu belasten und über die für die WWU geforderte Marge von 60% des BIP zu steigern. Der gesamtwirtschaftlich bedeutende Tourismus stagnierte zwar 1995 (rd. 60 Mio Gäste), der französische Außenhandel verzeichnete jedoch trotz der Boykottaufrufe internationaler Umweltschützer gegen französische Produkte aufgrund der Atomtests im Südpazifik einen Rekordüberschuß von 104 Mrd Francs (290 Mio DM). Das BIP wuchs 1995 um rd. 3,1% bei stabiler Arbeitslosen- und Inflationsrate.

ATOMTESTS: Begleitet von weltweiten Protesten und spektakulären Aktionen der Umweltschutzorganisation Greenpeace vor Ort, führte F. auf dem Moruroa-Atoll, einem Teil der französischen Überseegebiete im Südpazifik, zwischen September 1995 und Januar 1996 sechs Atomwaffentests durch. In Papeete, Hauptstadt von Tahiti, der Hauptinsel Französisch-Polynesiens, lösten die Tests gewalttätige Aufstände gegen die französische Herrschaft aus. Vertreter der Befreiungsfront für Tahiti, die bei Wahlen 1993 fast 45% der Stimmen auf sich vereinigt hatte, prangerten französische Arroganz und Hegemoniestreben an.

Gabun

Lage Afrika, Karte S. 405, C 4	
Fläche 267 668 km² (WR 74)	
Einwohner 1,3 Mio (WR 146)	
Einwohner/km² 5 (1995)	
Bev.-Wachstum/Jahr 1,8% Ø	
Pkw.-Kennzeichen k. A.	
Hauptstadt Libreville (352 000 Einwohner)	
Sprache *Französisch*, Bantu-Sprachen	
Religion Kath. (65,2%), protest. (18,8%), Naturrelig. (2,9%)	
Währung CFA-Franc (FCFA)	
BSP/Kopf 3880 $ (1994)	**Urbanisierung** 50%
Inflation 35% (1994)	**Alphabetisierung** 63,2%
Arbeitslos. ca. 20% (1994)	**Einw. pro Arzt** 2000
Reg.-Chef Paulin Obame Nguema (seit 1994) * 28.12.1934	
Staatsob. Omar Bongo (seit 1967) * 30.12.1935	
Staatsform Präsidiale Republik	
Parlament Nationalversammlung mit 120 für fünf Jahre gewählten Abgeordneten; 66 Sitze für PDG (Konservative), 19 für PGP (Fortschrittspartei), 17 für RNP (Reformer), 7 für MORENA (Reformer), 6 für APSG (Sozialisten), 5 für andere (Wahl von 1990/91)	

Gambia

Lage Afrika, Karte S. 405, A 3	
Fläche 11 295 km² (WR 156)	
Einwohner 1,12 Mio (WR 148)	
Einwohner/km² 99 (1995)	
Bev.-Wachstum/Jahr 4,1% Ø	
Pkw.-Kennzeichen WAG	
Hauptstadt Banjul (44 000 Einwohner)	
Sprache *Englisch*, Mandingo, Wolof	
Religion Moslem. (95,4%), christl. (3,7%), Naturrel. (0,9%)	
Währung 1 Dalasi (D) = 100 Butut	
BSP/Kopf 330 $ (1994)	**Urbanisierung** 26%
Inflation 4,0% (1994)	**Alphabetisierung** 38,6%
Arbeitslos. k. A.	**Einw. pro Arzt** 14 536
Reg.-Chef Yaya Jammeh (seit 1994) * 1965	
Staatsob. Yaya Jammeh (seit 1994) * 1965	
Staatsform Präsidiale Republik	
Parlament Repräsentantenhaus mit 36 für vier Jahre gewählten und 14 ernannten Abgeordneten; 25 Sitze für Progressive People's Party, 6 für National Congress Party, 3 für Unabhängige, 2 für Gambia People's Party, 14 für andere (Wahl von 1992, Parteien seit 1994 verboten)	

Georgien

Lage Asien, Karte S. 407, A 3	
Fläche 69 700 km² (WR 118)	
Einwohner 5,5 Mio (WR 99)	
Einwohner/km² 78 (1995)	
Bev.-Wachstum/Jahr 0,4% Ø	
Pkw.-Kennzeichen k. A.	

Hauptstadt Tiflis (1,28 Mio Einwohner)

Sprache Georgisch

Religion Georgisch-orth. (65%), moslemisch (11%)

Währung Lari (seit 2. 10. 1995)

BSP/Kopf 580 $ (1993)	**Urbanisierung** 59%
Inflation 57,4% (1995)	**Alphabetisierung** 99,6%
Arbeitslos. 2% (1995)	**Einw. pro Arzt** 180

Reg.-Chef Otari Pazazija (seit 1993) * 15.5.1929

Staatsob. Eduard Schewardnadse (seit 1992) * 28.1.1928

Staatsform Republik

Parlament mit 235 für vier Jahre gewählten Abgeordneten; 107 Sitze für Bürgerunion, 34 für Nationaldemokraten, 31 für Union für Wiedergeburt, 30 für andere, 29 Unabhängige, 4 nicht besetzt. (Wahl vom November 1995)

Im Oktober 1995 trat die erste Verfassung des Landes seit der Unabhängigkeit 1991 (Präsidialsystem mit weitreichenden Vollmachten) in Kraft. Eduard Schewardnadse, zuvor Parlamentspräsident, wurde im November mit 51,17% der Stimmen zum ersten verfassungsmäßigen Staatspräsidenten gewählt (bei fünf Gegenkandidaten und einer Wahlbeteiligung von 68,29%). Schewardnadses Bürgerunion errang bei den gleichzeitig abgehaltenen Parlamentswahlen 107 der 235 Sitze, daneben überwanden nur zwei weitere Parteien die 5%-Sperrklausel. Internationale Beobachter stuften die Wahlen als demokratisch und fair ein.

SCHLAG GEGEN TERRORGRUPPE: Die politische Führung um Schewardnadse stärkte ihre Position vor der Wahl durch die Verhaftung von Dschaba Josseliani, dem Chef der nationalistischen Privatarmee Mchedrioni (Weiße Ritter), die für zahlreiche Attentate, darunter auch den Bombenanschlag auf Schewardnadse vom August 1995, verantwortlich gemacht wurde.

SEPARATISTEN: In den Regionen Abchasien und Südossetien, wo seit 1993 Waffenstillstände mit separatistischen Bewegungen der dort lebenden Volksgruppen herrschten, übte die Regierung Anfang 1996 keine Staatsgewalt aus. Das Mandat der russischen Friedenstruppen entlang der Grenze zu Abchasien wurde vom UNO-Sicherheitsrat bis Juni 1996 verlängert. In der abchasischen Regionalhauptstadt Suchumi

konstituierte sich eine Föderation der muslimischen Völker des Nordkaukasus, an der auch die Tschetschenen teilnahmen, deren Guerillakämpfer die Abchasen im Bürgerkrieg 1991/92 unterstützt hatten. Südossetien strebte weiterhin eine Vereinigung mit dem zu Rußland gehörenden Nordossetien an. Die georgische Führung befürchtete 1996 angesichts der Auseinandersetzungen im angrenzenden Tschetschenien ein Übergreifen des Konflikts.

WIRTSCHAFT: Der Internationale Währungsfonds (IWF) honorierte im März 1996 das Regierungsprogramm für marktwirtschaftliche Reformen mit der Bereitstellung von 246 Mio Dollar. Ein Abkommen mit der Europäischen Union von April 1996, das auch Armenien und Aserbaidschan unterzeichneten, brachte dem Land Handelserleichterungen.

G. verzeichnete zwischen 1990 und 1994 im Vergleich zu anderen ehemaligen Sowjetrepubliken den geringsten wirtschaftlichen Rückgang (17,8% des BIP). Für 1996 erwarteten Experten einen Rückgang von nur 1%. Mitte 1995 waren 55% der staatlichen Unternehmen privatisiert. Die Hyperinflation des Kupon wurde im Oktober 1995 mit der Einführung einer neuen, an den Dollar gekoppelten Währung (Lari) gebremst. Ein Haushaltsdefizit von über 18% (1995) und eine negative Handelsbilanz gingen z. T. auf die hohen Kosten der Konflikte mit den Separatisten zurück.

Ghana

Lage Afrika, Karte S. 405, B 4	
Fläche 238 533 km² (WR 78)	
Einwohner 17,5 Mio (WR 52)	
Einwohner/km² 73 (1995)	
Bev.-Wachstum/Jahr 3,1% Ø	
Pkw.-Kennzeichen GH	

Hauptstadt Accra (949 100 Einwohner)

Sprache *Englisch*, 75 Sprachen und Dialekte

Religion Christl. (62,6%), trad. Rel. (21,4%), mosl. (15,7%)

Währung 1 Cedi (c) = 100 Pesewas

BSP/Kopf 410 $ (1994)	**Urbanisierung** 36%
Inflation 55% (1995)	**Alphabetisierung** 64,5%
Arbeitslos. 30%.(1993)	**Einw. pro Arzt** 22 970

Reg.-Chef Jerry John Rawlings (seit 1981) * 22.6.1947

Staatsob. Jerry John Rawlings (seit 1981) * 22.6.1947

Staatsform Präsidiale Republik

Parlament Nationalversammlung mit 200 Abgeordneten; 189 Sitze für DNC, 8 für NCP, 2 für Unabhängige, 1 für EGLE Party (Wahl von 1992)

Grenada

Lage Mittelam., Karte S. 404, G 4	
Fläche 344 km² (WR 182)	
Einwohner 91 000 (WR 178)	
Einwohner/km² 267 (1994)	
Bev.-Wachstum/Jahr 0,2% Ø	
Pkw.-Kennzeichen WG	

Hauptstadt St. George's (10 000 Einwohner)

Sprache Englisch, Patois

Religion Katholisch (59,3%), protestantisch (34,5%)

Währung 1 Ostkaribischer Dollar (EC-$) = 100 Cent

BSP/Kopf 2630 $ (1994)	**Urbanisierung** 65%
Inflation k.A.	**Alphabetisierung** 85%
Arbeitslos. 35% (1993)	**Einw. pro Arzt** 1617

Reg.-Chef Keith Mitchell (seit Juni 1995)

Staatsob. Königin Elizabeth II. (seit 1974) * 21.4.1926

Staatsform Konstitutionelle Monarchie im Commonwealth

Parlament Senat mit 13 ernannten und Repräsentantenhaus mit 15 für fünf Jahre gewählten Abgeordneten; 7 Sitze für National Democratic Congress, 4 für Sozialdemokraten (GULP), 2 für New National Party, 2 für Liberale (TNP, Wahl von 1993)

Im Januar 1996 wurde der europäisch orientierte Wirtschaftsreformer Kostas Simitis von den regierenden Sozialisten (PASOK) zum Nachfolger des aus Gesundheitsgründen zurückgetretenen Ministerpräsidenten → [NEK] Andreas Papandreou gewählt.

ANNÄHERUNG: Die Beziehungen zu den Nachbarstaaten standen 1995/96 im Zeichen der Versöhnung. Ein Freundschaftsvertrag mit Albanien vom März 1996 beendete langjährige Spannungen insbesondere um die griechische Minderheit in Südalbanien und albanische Wirtschaftsflüchtlinge in G. Die Regierung erkannte außerdem Mazedonien an und hob das 1994 verhängte Handelsembargo auf, obwohl der Streit um den von G. allein beanspruchten Namen der Nachbar-Republik bei der Einigung im Oktober 1995 nicht gelöst wurde. Im Streit mit der Türkei um Hoheitsrechte in der Ägäis, wo Ölvorkommen vermutet werden, kündigte die Regierung kurz vor einer militärischen Konfrontation im Januar 1996 die Aufnahme bilateraler Gespräche zur Lösung des Konflikts an.

WIRTSCHAFT: Das Ziel, die Kriterien zur Teilnahme an der geplanten EU-Wirtschafts- und Währungsunion zu erfüllen, rückte angesichts hoher Inflation (1995: 9,3%), einer Staatsverschuldung von über 100% des BIP und dem mit über 11% höchsten Haushaltsdefizit der Europäischen Union in weite Ferne.

Griechenland

Lage Europa, Karte S. 401, E 7	
Fläche 131 990 km² (WR 94)	
Einwohner 10,4 Mio (WR 70)	
Einwohner/km² 79 (1995)	
Bev.-Wachstum/Jahr 0,5% Ø	
Pkw.-Kennzeichen GR	

Hauptstadt Athen (3,1 Mio Einwohner)

Sprache Neugriechisch

Religion Griech.-orth. (97,6%), mosl. (1,3%), kath. (0,4%)

Währung Drachme (Dr)

BSP/Kopf 7700 $ (1994)	**Urbanisierung** 65%
Inflation 9,3% (1995)	**Alphabetisierung** 96,7%
Arbeitslos. 9,5% (1995)	**Einw. pro Arzt** 303

Reg.-Chef Kostas Simitis (seit Januar 1996) * 23.6.1936

Staatsob. Kostis Stephanopoulos (seit März 1995) * 1926

Staatsform Parlamentarische Republik

Parlament Ein-Kammer-Parlament mit 300 für vier Jahre gewählten Abgeordneten; 169 Sitze für Panhellenische Sozialistische Bewegung (PASOK), 110 für Neue Demokratie (ND), 10 für Politischer Frühling, 9 für Kommunistische Partei, 2 Unabhängige (Wahl von 1993)

 Großbritannien

Lage Europa, Karte S. 401, B 4	
Fläche 244 100 km² (WR 76)	
Einwohner 58,28 Mio (WR 19)	
Einwohner/km² 239 (1995)	
Bev.-Wachstum/Jahr 0,3% Ø	
Pkw.-Kennzeichen GB	

Hauptstadt London (6,8 Mio Einwohner)

Sprache Englisch, Walisisch, Gälisch

Religion Katholisch (21%), Anglik. (20%), presbyt. (7%)

Währung 1 Pfund Sterling (£) = 100 New Pence

BSP/Kopf 18 340 $ (1994)	**Urbanisierung** 90%
Inflation 2,5% (1995)	**Alphabetisierung** 99%
Arbeitslos. 8,2% (1995)	**Einw. pro Arzt** 611

Reg.-Chef John Major (seit 1990) * 29.3.1943

Staatsob. Königin Elizabeth II. (seit 1952) * 21.4.1926

Staatsform Parlamentarische Monarchie

Parlament Oberhaus mit 1198 Lords und Unterhaus mit 651 für fünf Jahre gewählten Abgeordneten; 327 Sitze für Conservative Party, 272 für Labour Party, 25 für Liberal Democrats, 9 für Unionists, 18 für andere (Wahl von 1992, Stand: Mai 1996 mit Nachwahlen)

Der Gegensatz zwischen Befürwortern und Gegnern der Europäischen Union war auch 1995/96 zentrales innenpolitisches Thema in G., wobei der Skandal um BSE-verseuchtes Rindfleisch die Diskussionen zusätzlich schürte. Im Mai 1996 kündigte der konservative Regierungschef John Major die rigorose Verteidigung nationaler Interessen an und begann eine Blockadepolitik gegen die EU: Britische Vertreter legten ihr Veto bei allen EU-Entscheidungen ein, die Einstimmigkeit verlangten, um ein Einlenken in der Frage des Rinderexportverbots zu erreichen. Major beharrte aber zugleich darauf, daß das Land außerhalb der Gemeinschaft nicht bestehen könne.

RINDFLEISCHSKANDAL: Nachdem auch britische Wissenschaftler Anfang 1996 einen Zusammenhang zwischen der bei britischen Rindern auftretenden Hirnkrankheit BSE (auch: Rinderwahnsinn) und dem Creutzfeld-Jakob-Syndrom beim Menschen nicht mehr ausschlossen, verbot die EU im März zum Schutz der Verbraucher den weiteren Export von Rindern und Rindfleisch aus G. und handelte mit der britischen Regierung ein Programm für die Notschlachtung der Tiere aus. Die Gemeinschaft sagte eine Beteiligung an der Entschädigung der Landwirte zu. Die britische Regierung klagte im April 1996 gegen das generelle Exportverbot, da ein Teil der Herden nicht von BSE betroffen sei und die EU den Handel mit Drittländern nicht verbieten könne.

MACHTVERHÄLTNISSE: Die regierende Konservative Partei unter Major verlor 1996 weiter an Rückhalt in der Bevölkerung. Bei politisch wenig bedeutenden, aber als Stimmungsbarometer geltenden Kommunalwahlen im Mai verloren die Konservativen 560 ihrer zuvor 1160 Mandate, während die Labour-Partei ihr schlechtes Abschneiden von 1992 wettmachte und 454 Mandate hinzugewann. Im Unterhaus ließen Erfolge von Labour-Kandidaten bei Nachwahlen und Parteiwechseln konservativer Abgeordneter die Mehrheit der Konservativen im April auf eine Stimme gegenüber der Opposition schrumpfen. Verantwortlich waren z. T. innerparteiliche Auseinandersetzungen zwischen linkem und rechtem Flügel, EU-Befürwortern und -Gegnern zurück.

WIRTSCHAFT: Die leichte wirtschaftliche Erholung, die 1994 mit 0,8% BIP-Wachstum eingesetzt hatte, hielt 1995 mit rd. 3,4% an. Die Neuverschuldung des öffentlichen Sektors lag 1995/96 bei 4,5% des BSP, die Inflation erhöhte sich 1995 leicht auf 2,5% (1994: 2%). Schwere Folgen für die Landwirtschaft erwarteten Experten als Folge des BSE-Skandals, der Schäden in Höhe von 10 Mrd DM verursachte.

SCOTT-REPORT: Der im Februar 1996 vorgelegte Untersuchungsbericht über Waffenlieferungen britischer Firmen Ende der 80er Jahre an den Irak ergab,

daß die Regierung das Parlament nicht über eine Lockerung der Richtlinien für den Waffenexport informiert hatte. Der untersuchende Richter entlastete die beteiligten Minister jedoch vom Vorwurf der Konspiration und Vertuschung. Besonders kritisiert wurde die Regierung für die Form der Veröffentlichung des Berichts: Während er als Geheimsache der Regierung bereits zehn Tage vorlag, erhielt die Opposition die 2000 Seiten erst drei Stunden vor der Unterhausberatung zur Lektüre. Die Regierung gewann die Abstimmung über den Bericht mit einer Stimme Mehrheit und wendete so eine drohende Vertrauensabstimmung ab.

NORDIRLAND: Mit einem Bombenanschlag in der Londoner Innenstadt beendete die IRA im Februar 1996 ihren 1994 einseitig ausgerufenen Waffenstillstand, nachdem die britische Regierung angekündigte Verhandlungen mit allen Parteien im Nordirland-Konflikt mehrfach verschoben hatte. Nach Nordirland-Wahlen im Mai 1996 begannen im Juni Allparteiengespräche, von denen Sinn Féin, der politische Arm der IRA, jedoch ausgeschlossen blieb. Als Voraussetzung für die Zulassung der IRA-Partei forderte die britische Regierung die Wiederherstellung des aufgekündigten Waffenstillstands.

→ A-Z IRA → A-Z Nordirland-Konflikt
→ A-Z Rinderwahnsinn

 ## Guatemala

Lage Mittelam., Karte S. 404, A 5	
Fläche 108 889 km² (WR 104)	
Einwohner 10,6 Mio (WR 69)	
Einwohner/km² 98 (1995)	
Bev.-Wachstum/Jahr 2,9% Ø	
Pkw.-Kennzeichen GCA	

Hauptstadt Guatemala-Stadt (1,1 Mio Einwohner)

Sprache *Spanisch*, Maya-Quiché-Dialekte

Religion Katholisch (75%), protestantisch (25%)

Währung 1 Quetzal (Q) = 100 Centavos

BSP/Kopf 1200 $ (1994)	**Urbanisierung** 42%
Inflation 8,6% (1995)	**Alphabetisierung** 55,6%
Arbeitslos. 4,6% (1995)	**Einw. pro Arzt** 2356

Reg.-Chef Alvaro Arzú Irigoyen (seit Jan. 1996) * 14.3.1946

Staatsob. Alvaro Arzú Irigoyen (seit Jan. 1996) * 14.3.1946

Staatsform Präsidiale Republik

Parlament Kongreß mit 80 für vier Jahre gewählten Abgeordneten; 43 Sitze für Partei des Nationalen Fortschritts, 21 für Republikanische Front, 6 für Demokratische Kraft, 3 für Christdemokraten, 7 für andere (Wahl vom November 1995)

Guinea

 Guinea-Bissau

Lage Afrika, Karte S. 405, A 3	**Lage** Afrika, Karte S. 405, A 3
Fläche 245 857 km² (WR 75)	**Fläche** 36 125 km² (WR 133)
Einwohner 6,7 Mio (WR 92)	**Einwohner** 1,07 Mio (WR 150)
Einwohner/km² 27 (1995)	**Einwohner/km²** 30 (1995)
Bev.-Wachstum/Jahr 2,9% Ø	**Bev.-Wachstum/Jahr** 2,1% Ø
Pkw.-Kennzeichen k. A.	**Pkw.-Kennzeichen** k. A.

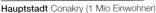

Hauptstadt Conakry (1 Mio Einwohner)

Sprache *Französisch*, Fulbe u. a. Stammessprachen

Religion Moslemisch (85%), animist. (5%), christl. (1,5%)

Währung 1 Guinea-Franc (FG) = 100 Cauris

BSP/Kopf 520 $ (1994)	**Urbanisierung** 30%
Inflation 4,1% (1994)	**Alphabetisierung** 35,9%
Arbeitslos. k. A.	**Einw. pro Arzt** 9732

Reg.-Chef Sidia Toure (seit Juli 1996)

Staatsob. Lansana Conté (seit 1984) * 1934

Staatsform Präsidiale Republik

Parlament Nationalversammlung mit 114 Abgeordneten; 71 Sitze für Partei der Einheit und des Fortschritts (PUP), 37 für Demokratische Opposition, 6 für andere. (Wahlen vom Juni 1995)

Hauptstadt Bissau (125 000 Einwohner)

Sprache *Portugiesisch*, Kreolisch, Stammesdialekte

Religion Naturreligionen (54%), moslemisch (38%)

Währung 1 G.-B. Peso (PG) = 100 Centavos

BSP/Kopf 240 $ (1994)	**Urbanisierung** 22%
Inflation 15,2% (1994)	**Alphabetisierung** 54,9%
Arbeitslos. k. A.	**Einw. pro Arzt** 3263

Reg.-Chef Manuel Saturnino da Costa (seit 1994) * 1942

Staatsob. João Bernardo Vieira (seit 1980) * 27.4.1939

Staatsform Präsidiale Republik

Parlament Nationalversammlung mit 100 für fünf Jahre gewählten Abgeordneten; 62 Sitze für Partei der Unabhängigkeit von Guinea und Kap Verde, 19 für Marktwirtschaftler, 12 für Sozialisten, 6 für Oppositionsbündnis, 1 für FLING (Wahl von 1994)

 Guinea, Äquatorial-

 Guyana

Lage Afrika, Karte S. 405, C 4	**Lage** Südamerika, Karte S. 403, D 2
Fläche 28 051 km² (WR 141)	**Fläche** 214 969 km² (WR 81)
Einwohner 400 000 (WR 161)	**Einwohner** 835 000 (WR 154)
Einwohner/km² 14 (1995)	**Einwohner/km²** 4 (1995)
Bev.-Wachstum/Jahr 2,5% Ø	**Bev.-Wachstum/Jahr** 0,5% Ø
Pkw.-Kennzeichen k. A.	**Pkw.-Kennzeichen** GUY

Hauptstadt Malabo (30 400 Einwohner)

Sprache *Spanisch*, Bantuspr., Pidgin-Engl., Kreol.-Portug.

Religion Christl. (88,8%), Volksrel. (4,6%), moslem. (0,5%)

Währung CFA-Franc (FCFA)

BSP/Kopf 430 $ (1994)	**Urbanisierung** 42%
Inflation 40,6% (1994)	**Alphabetisierung** 78,5%
Arbeitslos. k. A.	**Einw. pro Arzt** 3622

Reg.-Chef Silvestre Siále Bileka (seit 1992)

Staatsob. Teodoro Nguema Mbasogo Obiang (seit 1979)

Staatsform Präsidiale Republik

Parlament Nationalversammlung mit 80 für fünf Jahre gewählten Abgeordneten; 68 Sitze für Demokratische Partei von Äquatorial-Guinea (PDGE), 12 für andere (Wahl von 1993)

Hauptstadt Georgetown (170 000 Einwohner)

Sprache *Englisch*, Hindi, Urdu

Religion Christlich (52%), hinduistisch (34%), moslem. (9%)

Währung 1 Guyana-Dollar (G$) = 100 Cents

BSP/Kopf 530 $ (1994)	**Urbanisierung** 36%
Inflation 14,0% (1994)	**Alphabetisierung** 98,1%
Arbeitslos. k. A.	**Einw. pro Arzt** 2552

Reg.-Chef Samuel Hinds (seit 1992) * 27.12.1943

Staatsob. Cheddi B. Jagan (seit 1992) * 22.3.1918

Staatsform Präsidiale Republik im Commonwealth

Parlament Nationalversammlung mit 65 Abgeordneten; 32 Sitze für PPP (Sozialisten), 31 für PNC (Sozialisten), 1 für WPA (Sozialistische Bürgerbewegung), 1 für UF (Konservative; Wahl von 1992)

Haiti

Lage Mittelam., Karte S. 404, E 3	
Fläche 27 750 km² (WR 143)	
Einwohner 7,2 Mio (WR 91)	
Einwohner/km² 259 (1995)	
Bev.-Wachstum/Jahr 2,0% ∅	
Pkw.-Kennzeichen RH	

Hauptstadt Port-au-Prince (753 000 Einwohner)

Sprache *Französisch*, Kreolisch

Religion Katholisch (80,3%), protestantisch (15,8%)

Währung 1 Gourde (Gde.) = 100 Centimes

BSP/Kopf 230 $ (1994)	**Urbanisierung** 32%
Inflation 21,2% (1994)	**Alphabetisierung** 45%
Arbeitslos. ca. 50% (1994)	**Einw. pro Arzt** 6083

Reg.-Chef Rony Smarth (seit Februar 1996) * 1941

Staatsob. René Préval (seit Februar 1996) * 17.1.1943

Staatsform Präsidiale Republik

Parlament Senat 27 Sitze, Abgeordnetenhaus mit 83 gewählten Mitgliedern; 68 Sitze (Senat 19) für Lavalas, 13 (7) für FNCD, 2 (1) nicht besetzt. (Wahl vom Juni 1995, zweiter Wahlgang August 1995)

Im April 1996 zogen die letzten Soldaten des amerikanischen Kontingents der UNO-Friedenstruppen ab, die im Sommer 1994 gegen die Militärdiktatur des Landes interveniert und die Rückkehr des 1991 demokratisch gewählten Präsidenten Jean Bertrand Aristide ermöglicht hatten. Ein Kontingent unter kanadischer Leitung blieb zur Sicherung des weiteren Demokratisierungsprozesses im Land.

WAHLEN: Das Parlament wählte im Februar Rony Smarth vom Lavalasbündnis (Regierungsparteien) zum neuen Regierungschef. Im ersten friedlichen Wechsel von einem demokratisch gewählten Präsidenten zum nächsten seit der Unabhängigkeit 1804 hatte eine Woche zuvor → PER René Préval das Amt des Staatschefs von Aristide übernommen. Préval, ein enger Vertrauter seines Vorgängers, der aufgrund der Verfassung kein zweites Mal kandidieren durfte, war bei freien Wahlen im Dezember 1995 mit 87,9% der Stimmen gewählt worden (Wahlbeteiligung 27,9%).

VERBREITETE ARMUT: Das Pro-Kopf-Einkommen in dem armen, agrarisch geprägten Land schätzten Experten 1995 auf unter 250 Dollar. Fließendes Wasser und Strom blieben Privilegien der kleinen Schicht der Reichen. Trotz rd. 5% Wirtschaftswachstum 1995 und erfolgreicher Inflationsbekämpfung waren über 60% der Bevölkerung arbeitslos. Der Staatshaushalt von 750 Mio Dollar wurde zur Hälfte durch Spenden

aus dem Ausland finanziert. Die Regierung kündigte 1996 an, die geplante Privatisierung von Staatsbetrieben im Rahmen eines Strukturanpassungsprogramms trotz Widerstand in der Öffentlichkeit fortzusetzen. Aristide hatte die Privatisierung im Vorjahr wegen der zu erwartenden sozialen Härten bei der Entlassung von Staatsbediensteten aufgeschoben. Die internationalen Geldgeber froren daraufhin die Hälfte der bereits zugesagten 1,2 Mrd Dollar Entwicklungshilfe nach Aristides Entscheidung ein.

GEWALT: Préval kündigte nach seinem Amtsantritt an, die noch immer herrschende politisch motivierte Gewalt zu bekämpfen. Aristide hatte 1994 die Armee aufgelöst, deren Terror zwischen 1991 und 1994 rd. 4000 Menschen zum Opfer gefallen waren. An ihre Stelle trat eine von ausländischen Instruktoren ausgebildete 5000 Mann starke Polizeitruppe. Aufgrund der Unerfahrenheit der vorwiegend aus jungen Männern bestehenden Einheit sagte die UNO im Juni 1996 die Verlängerung der Truppenstationierung um fünf Monate zu.

Begünstigt durch weitverbreiteten Waffenbesitz verzeichnete 1995 auch die Alltagskriminalität mit Diebstahl, Betrug und Gewalttaten einen deutlichen Anstieg. Bei der Entwaffnung von Milizen und marodierenden Banden hatten die UNO-Truppen zwar rd. 30 000 Waffen beschlagnahmt, das Tragen von Waffen ist jedoch ein in der Verfassung garantiertes Recht.

Honduras

Lage Mittelam., Karte S. 404, B 5	
Fläche 112 088 km² (WR 100)	
Einwohner 5,7 Mio (WR 97)	
Einwohner/km² 50 (1995)	
Bev.-Wachstum/Jahr 3,0% ∅	
Pkw.-Kennzeichen k. A.	

Hauptstadt Tegucigalpa (608 000 Einwohner)

Sprache *Spanisch*, Englisch, indianische Dialekte

Religion Katholisch (85%), protestantisch (10%)

Währung 1 Lempira (L) = 100 Centavos

BSP/Kopf 600 $ (1994)	**Urbanisierung** 44%
Inflation 21,7% (1994)	**Alphabetisierung** 72,7%
Arbeitslos. 31% (1994)	**Einw. pro Arzt** 2330

Reg.-Chef Carlos Roberto Reina (seit 1994) * 1926

Staatsob. Carlos Roberto Reina (seit 1994) * 1926

Staatsform Präsidiale Republik

Parlament Nationalversammlung mit 129 für vier Jahre gewählten Abgeordneten; 72 Sitze für Nationalpartei, 55 für Liberale Partei, 2 für Partei für Nationale Erneuerung und Einheit (Wahl von 1993)

Indien

Lage Asien, Karte S. 407, C 5	
Fläche 3,29 Mio km² (WR 7)	
Einwohner 935,7 Mio (WR 2)	
Einwohner/km² 285 (1995)	
Bev.-Wachstum/Jahr 2,0% Ø	
Pkw.-Kennzeichen IND	

Hauptstadt Neu-Delhi (301 000 Einwohner)

Sprache Hindi, Englisch, über 1500 Sprachen und Dialekte

Religion Hind. (80,3%), mosl. (11,0%), christlich (2,4%)

Währung 1 Indische Rupie (iR) = 100 Paise

BSP/Kopf 320 $ (1994)	**Urbanisierung** 27%
Inflation 9,0% (1995)	**Alphabetisierung** 52%
Arbeitslos. 10,5% (1994)	**Einw. pro Arzt** 2460

Reg.-Chef H. D. Deve Gowda (seit Juni 1996)

Staatsob. Shankar Dayal Sharma (seit 1992) * 19.8.1918

Staatsform Parlamentarische Bundesrepublik

Parlament Oberhaus mit 232 für sechs Jahre und Unterhaus mit 545 für fünf Jahre gewählten Abgeordneten; Unterhaus, 190 Sitze für Bharatia Janata Party, 139 für Indian National Congress, 111 für Nationale Front-Linke Front, 98 für andere (Wahl von April/Mai 1996)

Die Parlamentswahlen im April 1996 brachten keine klaren Mehrheiten. Die bisher oppositionelle extrem hinduistische Bharatiya Janata Partei (BJP) wurde mit 190 der 545 Unterhaussitze stärkste Fraktion, gefolgt von der konservativen Kongreßpartei mit 139 Sitzen. Ministerpräsident Narashima Rao, Vorsitzender der zuvor 45 Jahre regierenden Kongreßpartei, trat nach der Wahlniederlage zurück. Im Gliedstaat Jammu und Kaschmir im Nordwesten des Landes dauerten die blutigen Auseinandersetzungen zwischen der nach Unabhängigkeit strebenden moslemischen Mehrheit und der Hindu-Minderheit 1996 an.

SCHWIERIGE REGIERUNGSBILDUNG: Der Spitzenkandidat der BJP, der als gemäßigt geltende Atal Behari Vajpayee, wurde im Mai 1996 von Präsident Shankar Dayal Sharma mit der Regierungsbildung beauftragt, mußte aber nach zwei Wochen aufgeben, da er keine Parlamentsmehrheit auf sich vereinigen konnte. Die Hindu-Nationalisten hatten im Wahlkampf den Einsatz von Kernwaffen im Konflikt mit Pakistan gefordert und die Schaffung eines hinduistischen Staates angekündigt. Im Juni bildete H. D. Deve Gowda, der Vorsitzende der linksorientierten Volkspartei Janata Dal, die über 43 Sitze verfügt, eine Minderheitsregierung. Deve Gowdas Mitte-Links-Bündnis, das auf die Duldung der Kongreßpartei angewiesen war, gehörten 13 Parteien an, darunter kommunistische, sozialistische und Unterkastenparteien.

KORRUPTION: Der Wahlkampf war seit Januar 1996 durch einen Korruptionsskandal überschattet, in dessen Verlauf zahlreiche Minister und Kongreß-Politiker, aber auch Spitzenvertreter der BJP inhaftiert und angeklagt wurden. In mehreren Wahlkreisen mußte die Wahl wegen gewalttätiger Ausschreitungen zwischen rivalisierenden Gruppen und Manipulationen wiederholt werden, über 20 Menschen starben.

KONJUNKTUR: Die Stabilitätspolitik Raos sorgte seit 1992 für ein stetiges Wirtschaftswachstum. Das BIP betrug 1995 rd. 6,2%, wobei die Wachstumsrate der Industrie über 10% lag. Die Öffnung der Wirtschaft und gelockerte Investitionsbestimmungen ermöglichten fast unbeschränkte Auslandsinvestitionen im Kapitalgüterbereich. Das Volumen der genehmigten Investitionen verdoppelte sich seit 1991 jährlich und betrug Ende 1995 insgesamt 25 Mrd DM. Da 50% der Projekte eine Realisierungszeit von bis zu zehn Jahren hatte, lag die Summe des tatsächlich geflossenen Kapitals 1995 mit 2,6 Mrd DM jedoch deutlich darunter. Die Vorteile der Wirtschaftsentwicklung spürte nur eine kleine städtische Elite, während die Hälfte der Bevölkerung unterernährt war.

→ A-Z Kaschmir-Konflikt

Indonesien

Lage Ostasien, Karte S. 408, B 6	
Fläche 1,91 Mio km² (WR 15)	
Einwohner 197,6 Mio (WR 4)	
Einwohner/km² 104 (1995)	
Bev.-Wachstum/Jahr 1,6% Ø	
Pkw.-Kennzeichen RI	

Hauptstadt Jakarta (8,26 Mio Einwohner)

Sprache Indonesisch, Englisch, ca. 250 lokale Sprachen

Religion Moslemisch (87,2%), christl. (9,6%), hind. (1,8%)

Währung 1 Rupiah (Rp) = 100 Sen

BSP/Kopf 880 $ (1994)	**Urbanisierung** 35%
Inflation 13% (1995)	**Alphabetisierung** 83,8%
Arbeitslos. 3% (1995)	**Einw. pro Arzt** 7030

Reg.-Chef Kemusu Suharto (seit 1966) * 8.6.1921

Staatsob. Kemusu Suharto (seit 1966) * 8.6.1921

Staatsform Präsidiale Republik

Parlament Repräsentantenhaus mit 400 für fünf Jahre gewählten und 100 vom Präsidenten aus Reihen des Militärs ernannten Abgeordneten; 299 Sitze für Golkar-Partei, 61 für Vereinigte Entwicklungspartei und 40 für Demokratische Partei (Wahl von 1992)

Ethnisch begründete Separatismusbewegungen sorgten auch 1995/96 für Konflikte in dem Vielvölkerstaat. Staatspräsident Kemusu Suharto zeigte keinerlei Bereitschaft einzulenken, er schloß Verhandlungen über mehr Autonomie ebenso aus wie Volksentscheide.

SEPARATISMUS: Mit der Entführung einer Forschergruppe, die nach vier Monaten vom indonesischen Militär befreit wurde, machte die Organisation für ein freies Papua (OPM) im Januar 1996 auf ihren 30 Jahre währenden Kampf für die Unabhängigkeit West-Papuas (Irian Jaya) von I. aufmerksam. Der Abbau der reichen Bodenschätze bedroht den Lebensraum der z. T. unerforschten Stämme des zentralen Berglands von Irian Jaya. Die christlichen Melanesier sehen ihre Kultur durch die von I. angesiedelten muslimischen Javaner bedroht. In Ost-Timor häuften sich zum 20. Jahrestag der Invasion Indonesiens im Dezember 1995 Protestdemonstrationen der Rebellen. Mit massiver Militärpräsenz verhinderte I. bis Mitte 1996 den offenen Ausbruch des Konflikts. Das galt auch für die Provinz Aceh, deren Bewohner einen muslimischen Staat fordern.

STABILE WIRTSCHAFT: Experten sagten dem Schwellenland, das 1995 ein Wirtschaftswachstum in Höhe von 7,2% und Auslandsinvestitionen in Rekordhöhe von 39 Mrd Dollar verzeichnete, für die nächsten Jahre die Fortsetzung des Aufschwungs voraus.

Irak

Lage Naher Osten, Karte S.406, D 2

Fläche 438 317 km² (WR 57)

Einwohner 20,4 Mio (WR 46)

Einwohner/km² 47 (1995)

Bev.-Wachstum/Jahr 2,9% Ø

Pkw.-Kennzeichen IRQ

Hauptstadt Bagdad (4,89 Mio Einwohner)

Sprache *Arabisch,* Kurdisch, Türkisch, Kaukasisch, Pers.

Religion Moslemisch (95,5%), christlich (3,7%)

Währung 1 Irak-Dinar (ID) = 1000 Fils

BSP/Kopf 850 $ (1992)	Urbanisierung 75%
Inflation ca. 60% (1994)	Alphabetisierung 58%
Arbeitslos. 45% (1993)	Einw. pro Arzt 1922

Reg.-Chef Saddam Hussein (seit 1994) * 28.4.1937

Staatsob. Saddam Hussein (seit 1979) * 28.4.1937

Staatsform Präsidiale Republik

Parlament Nationalrat mit 250 für vier Jahre gewählten Abgeordneten; sämtliche Sitze für die Baath-Partei und unabhängige sowie der Baath-Partei nahestehende Kandidaten; oppositionelle Gruppierungen und Parteien sind nicht zugelassen (Wahl vom März 1996)

Die Vereinten Nationen berichteten im März 1996 über fortgesetzten Staatsterror des Regimes unter Diktator Saddam Hussein, mit willkürlichen Verhaftungen, Folter und Hinrichtungen. Der Bericht prangerte die systematische Liquidation politisch Oppositioneller und Massenhinrichtungen im von Sunniten bewohnten Süden des Landes an.

STREIT IM CLAN: Als Anzeichen für die wachsende Schwäche des Regimes deuteten Beobachter im August 1995 die Flucht zweier Spitzenfunktionäre nach Jordanien, Schwiegersöhne des Staatschefs, dessen Familienclan die wichtigsten Positionen im System besetzt. Sie riefen dort zum Sturz Husseins auf, kehrten aber im Februar 1996 – vorgeblich aufgrund eines Gnadenerweises des Diktators – zurück. Unmittelbar darauf wurden sie ermordet.

WAHLEN: Bei den Parlamentswahlen im März 1996 gehörten nach offziellen Angaben nur 160 der 689 Kandidaten der von Hussein geführten Baath-Partei an, die als unabhängig geführten Kandidaten wurden jedoch ebenfalls auf die Prinzipien der Partei verpflichtet. Regimeunabhängige Beobachter sprachen von einer geringen Wahlbeteiligung. In der Volksvertretung, die keine Rolle im politischen Entscheidungsprozeß spielt und in der es keine Opposition gibt, wurden nur 220 der 250 Sitze neu besetzt. 30 Mandate blieben für die nördlichen Provinzen reserviert, in denen nicht gewählt wurde. Sie befanden sich unter der Kontrolle kurdischer Rebellen, deren Gebiet seit 1991 unter UNO-Schutz steht. Im Oktober 1995 hatte sich Hussein, der Vorsitzende des höchsten Entscheidungsgremiums des revolutionären Kommandorates, bei einer Volksabstimmung mit mehr als 99% im Amt des Staatspräsidenten bestätigen lassen.

EMBARGO: Das 1990 wegen des Krieges gegen Kuwait verhängte UNO-Wirtschaftsembargo, das den I. zur Anerkennung der Grenze zu seinem Nachbarland bewegen sollte, dauerte Mitte 1996 an. UNO-Inspektoren verließen im Juni das Land, nachdem ihnen der Zugang zu Militäranlagen verwehrt worden war. Noch im selben Monat garantierte I. den ungehinderten Zugang zu den Militäranlagen. Die Feststellung der Kommission über die Zerstörung aller Massenvernichtungswaffen des I. ist Voraussetzung für eine Aufhebung des Embargos.

ENGPÄSSE: Lebensmittel waren 1996 rationiert und deckten nur 40% des Kalorienbedarfs. 20% der Bevölkerung waren 1995 auf humanitäre Hilfe angewiesen, 60% der Kleinkinder waren unterernährt. Hinzu kamen Probleme bei der Trinkwasserversorgung und ein Mangel an Medikamenten. Im Mai 1996 willigte I. in eine Einigung mit der UNO ein, die den überwachten Export begrenzter Ölmengen erlaubte. Der Erlös sollte zum Kauf von Lebensmitteln und Medikamenten verwendet werden.

Iran

Lage Naher Osten, Karte S.406, E 2	
Fläche 1,63 Mio km² (WR 17)	
Einwohner 67,3 Mio (WR 15)	
Einwohner/km² 41 (1995)	
Bev.-Wachstum/Jahr 3,3% Ø	
Pkw.-Kennzeichen IR	

Hauptstadt Teheran (6,04 Mio Einwohner)

Sprache *Persisch,* Kurdisch, Turksprachen

Religion Moslemisch (98,3%), christlich (0,7%)

Währung 1 Rial (Rl) = 100 Dinar

BSP/Kopf 1900 $ (1992)	**Urbanisierung** 59%
Inflation 35% (1994/95)	**Alphabetisierung** 68,6%
Arbeitslos. 8,7% (1995)	**Einw. pro Arzt** 2685

Reg.-Chef Ali Akbar Haschemi Rafsandschani (seit 1989)

Staatsob. Ali Akbar Haschemi Rafsandschani (seit 1989)

Staatsform Islamische präsidiale Republik

Parlament Islamischer Rat mit 270 gewählten Abgeordneten; Parteien sind nicht zugelassen (Wahl vom März 1996)

Der Machtgewinn der islamischen Konservativen bei den Parlamentswahlen im März und April 1996 stellte die Fortsetzung des liberalen Wirtschaftskurses des als Technokrat und gemäßigt geltenden Präsidenten Akbar Haschemi Rafsandschani in Frage. Die vom Öl abhängige Wirtschaft befand sich mit einem geringen Wachstum (1995: 2%) in einer Krise. Als Folge von Einfuhrbeschränkungen, die aufgrund der hohen Auslandsverschuldung (30 Mrd Dollar) verhängt worden waren, ging 1995 die Industrieproduktion zurück.

WAHLEN: Bei den Parlamentswahlen errang die konservative Rechte unter den geistlichen Führer Ali Khamenei und Parlamentspräsident Ali Akbar Nategh-Nuri, die bereits zuvor mit 120 Sitzen führende Kraft in dem Islamischen Rat war, mit 146 Sitzen die absolute Mehrheit der 270 Mandate. Kandidaten des gemäßigten, technokratischen Flügels unter Staatschef Rafsandschani, die sich Diener des Iranischen Aufbaus nannten, erhielten nur ein Mandat. Radikale Linke errangen sechs Mandate. Eine wirkliche Beteiligung der Opposition ließ das autoritäre islamische Regime nicht zu. Nachdem im ersten Wahlgang im März Kandidaten der Gruppe um Rafsandschani 75% der Stimmen auf sich vereinigt hatten, annullierte der von den Konservativen dominierte Wächterrat die Ergebnisse. Der Rat hatte bereits bei der Zulassung von Kandidaten 40% als „ungeeignet" abgelehnt.

WENDE: Die Konservativen kündigten nach der Wahl einen verschärften Kampf gegen Liberalismus und

Verwestlichung an, mit dem sie die Öffnungspolitik des Staatspräsidenten bereits zuvor behindert hatten. Rafsandschani strebte mit den gemäßigten Kräften den Ausbau der industriellen Entwicklung sowie die Verbesserung der Beziehungen zum Westen an. Im Juli 1996 führte I. ein neues Strafrecht auf der Grundlage der Scharia ein, das u.a. die „Beleidigung" von Khamenei, mit der Todesstrafe bedroht. Internationale Beobachter hielten die Parlamentswahl für richtungsweisend im Hinblick auf die 1997 bevorstehende Präsidentenwahl, bei der Rafsandschani gemäß Verfassung kein drittes Mal kandidieren darf.

EMBARGO: Im März 1996 bestätigte die schiitische Hisbollah-Miliz im Libanon den Vorwurf westlicher Staaten, das iranische Regime unterstütze den internationalen Terrorismus. Die Vorwürfe hatten im Sommer 1995 zur Verschärfung des 1994 verhängten US-Wirtschaftsembargos geführt, dem sich allerdings die übrigen westlichen Staaten nicht angeschlossen hatten. Die iranische Wirtschaft orientiert sich in der Folge stärker in Richtung Osteuropa und Zentralasien. Mit der Eröffnung der für den Handel bedeutenden 295 km langen Bahnstrecke von Mesched im Nordosten des I. nach Tejen in Turkmenistan wurde im Mai 1996 die historisch bedeutende Seidenstraße wiederbelebt. → A-Z Hisbollah

Irland

Lage Europa, Karte S. 473, B 4	
Fläche 70 284 km² (WR 117)	
Einwohner 3,6 Mio (WR 119)	
Einwohner/km² 51 (1995)	
Bev.-Wachstum/Jahr 0,0% Ø	
Pkw.-Kennzeichen IRL	

Hauptstadt Dublin (1,1 Mio Einwohner)

Sprache *Englisch, Gälisch*

Religion Katholisch (93,1%), anglikanisch (2,8%), presbyt.

Währung 1 Irisches Pfund (Ir £) = 100 New Pence

BSP/Kopf 13 530 $ (1994)	**Urbanisierung** 58%
Inflation 2,5% (1995)	**Alphabetisierung** 100%
Arbeitslos. 12,8% (1995)	**Einw. pro Arzt** 681

Reg.-Chef John Bruton (seit Dezember 1994) * 18.5.1947

Staatsob. Mary Robinson (seit 1990) * 21.5.1944

Staatsform Parlamentarische Republik

Parlament Repräsentantenhaus mit 166 für fünf Jahre gewählten und Senat mit 60 Abgeordneten; im Repräsentantenhaus 68 Sitze für Fianna Fáil, 45 für Fine Gael, 33 für Labour Party, 10 für Progressive Democrats, 4 für Democratic Left, 6 für andere (Wahl von 1992)

Während in der zu Großbritannien gehörenden nordirischen Grafschaft Ulster mit den im Juni begonnenen Allparteiengesprächen, an denen sich auch die irische Regierung beteiligte, ein Ende des Bürgerkriegs in Sicht war, konzentrierte sich die Regierungspolitik vor allem auf die Wirtschaftsentwicklung und die Erfüllung der für den Beitritt zur Europäischen Wirtschafts- und Währungsunion erforderlichen Kriterien. Einen Rückschlag erlitten konservative katholische Kreise, als sich die Bevölkerung im November 1995 in einem Referendum mit 50,3% der Stimmen für die Legalisierung der zivilen Ehescheidung entschied.

WIRTSCHAFT: Die im europäischen Vergleich positive Entwicklung setzte sich 1996 fort. 1995 betrug das seit Ende der 80er Jahre über dem EU-Durchschnitt liegende BIP-Wachstum 6,5%, das Haushaltsdefizit von rd. 3% erfüllte die EU-Vorgabe ebenso wie die niedrige Inflationsrate von 1,7%. Allein die Schuldenlast überstieg die geforderten 60%. Wenngleich für 1996 eine weitere Senkung der Arbeitslosenquote erwartet wurde, lag sie 1995 mit 12,8% noch vergleichsweise hoch. Die positive wirtschaftliche Entwicklung ging nicht allein auf die Mittel zurück, die I. aus dem EU-Strukturfonds erhält (2% des BSP), sondern auch auf die moderaten Lohnabschlüsse vergangener Jahre sowie auf die strikte Haushalts- und Währungspolitik der Regierung.

→ A-Z Nordirland-Konflikt

Island

Lage Europa, Karte S. 401, B 1	
Fläche 103 000 km² (WR 105)	
Einwohner 269 000 (WR 167)	
Einwohner/km² 3 (1995)	
Bev.-Wachstum/Jahr 1,1% Ø	
Pkw.-Kennzeichen IS	
Hauptstadt Reykjavik (100 900 Einwohner)	
Sprache Isländisch	
Religion Protestantisch (96,2%), katholisch (1,0%)	
Währung 1 Isländische Krone (ikr) = 100 Aurar	
BSP/Kopf 24 630 $ (1994)	Urbanisierung 92%
Inflation 1,7% (1995)	Alphabetisierung 100%
Arbeitslos. 5,0% (1995)	Einw. pro Arzt 355
Reg.-Chef David Oddsson (seit 1991) * 17.1.1948	
Staatsob. Olafur Ragnar Grimsson (seit Aug. 1996) * 1943	
Staatsform Parlamentarische Republik	
Parlament Althing mit 63 für vier Jahre gewählten Abgeordneten; 25 Sitze für Unabhängigkeitspartei, 15 für Fortschrittspartei, 9 für Volksallianz, 7 für Sozialdemokraten, 4 für Volkserwacher, 3 für Frauenliste (Wahl vom April 1995)	

Israel

Lage Naher Osten, Karte S.406, B 3	
Fläche 21 056 km² (WR 148)	
Einwohner 5,6 Mio (WR 98)	
Einwohner/km² 267 (1995)	
Bev.-Wachstum/Jahr 2,7% Ø	
Pkw.-Kennzeichen IL	
Hauptstadt Jerusalem (544 000 Einwohner)	
Sprache Iwrith (Neu-Hebräisch), Arabisch, Englisch	
Religion Jüdisch (81,4%), mosl. (14,1%), christlich (2,8%)	
Währung 1 Neuer Israel Schekel (NIS) = 100 Agorot	
BSP/Kopf 14 530 $ (1994)	Urbanisierung 91%
Inflation 8,1% (1995)	Alphabetisierung 92%
Arbeitslos. 6,5% (1995)	Einw. pro Arzt 345
Reg.-Chef Benjamin Netanjahu (seit Juni 1996) * 1949	
Staatsob. Ezer Weizman (seit 1993) * 15.6.1924	
Staatsform Parlamentarische Republik	
Parlament Knesset mit 120 für vier Jahre gewählten Abgeordneten; 34 Sitze für Likud-Block, 32 für Arbeitspartei, 9 für linkes Parteienbündnis Meretz, 10 für Shas, 9 für Nationalreligiöse, 26 für andere (Wahl vom Mai 1996)	

Bei der ersten Direktwahl eines Ministerpräsidenten, die im Rahmen der Parlamentswahlen am 29. 5. 1996 stattfand, siegte der konservative → BIO Benjamin Netanjahu (Likud) mit 50,5% der Stimmen knapp gegen Ministerpräsident Shimon Peres (49,5%), dem Führer der regierenden Arbeitspartei. Peres hatte im November 1995 die Nachfolge des von einem militanten jüdischen Studenten erschossenen Ministerpräsidenten → NEK Yitzhak Rabin angetreten. Nachdem der neugeschaffene Palästinensische Nationalrat im April 1996 mit einer Änderung der PLO-Statuten das Existenzrecht Israels anerkannt hatte, begannen im Mai Verhandlungen zwischen I. und der PLO über den endgültigen Status der im September 1995 vertraglich vereinbarten Palästinensischen Autonomiegebiete. Nach der Wahl schien der Fortgang der Verhandlungen ungewiß, da Netanjahu erklärte, er werde sich der angestrebten Gründung eines palästinensischen Staates widersetzen. Erstmals seit 1982 griff I. im April 1996 die libanesische Hauptstadt Beirut sowie den Süden und Osten des Nachbarlandes an, um die von dort operierenden antiisraelischen Hisbollah-Milizen zu treffen. 150 Menschen starben bei dem 15 Tage andauernden Beschuß.

WAHLEN: Die Parlamentswahlen brachten eine schwierige Machtkonstellation: Während Likud den Ministerpräsidenten stellte, errang die sozialdemokratische Arbeitspartei mit 34 Mandaten erneut die Parlamentsmehrheit, der Likud-Block kam auf 32 Knesset-Sitze. Beide erlitten Stimmenverluste. Die linksgerichtete Meretz-Partei unter Yossi Sarid errang neun Mandate. Religiöse Parteien erhielten weiter Zulauf. Netanjahu bildete im Juni eine Fünf-Parteien-Regierungskoalition aus religiösen und rechten Parteien (Likud, Partei der russischen Immigranten, Schas-Partei, Nationalreligiöse Partei, Mitte-Rechts-Partei des Dritten Weges), die zusammen über 62 der 120 Knesset-Sitze verfügten.

GEFÄHRDETER FRIEDEN: Trotz andauernder Widerstände innerhalb wie außerhalb von I. hatte die Regierung der Arbeitspartei 1995/96 an ihrer Friedenspolitik festgehalten. Gegner einer Freigabe palästinensischer Gebiete waren vor allem dort lebende militante israelische Siedler. Die terroristische palästinensische Hamas-Bewegung versuchte mit Selbstmordattentaten auf zivile israelische Ziele den Versöhnungskurs der PLO zu torpedieren. Zum Schutz vor Anschlägen wurden die Autonomiegebiete im Vorfeld der Parlamentswahlen im Mai erneut abgeriegelt. Während die Arbeitspartei bereit war, einer Demontage der jüdischen Siedlungen in der Westbank zuzustimmen sowie den Rückzug von den Golan-Höhen im Tausch gegen einen Frieden mit Syrien einzuleiten, lehnten die Konservativen eine palästinensische Selbstverwaltung ab und planten ihre Position durch den Ausbau der Siedlungen zu stärken. Auch Zugeständnisse an Syrien bei den Verhandlungen um die von I. besetzten Golanhöhen lehnten die Konservativen ab. Zur Klientel der Konservativen zählen vor allem die Siedler im Westjordanland und Gaza-Streifen (1995: 134 000 bzw. rd. 270 000), unter ihnen zahlreiche militante Gruppen.

GASTARBEITER: Als Affront kritisierten die Palästinenser die von der Regierung im Mai 1996 erteilte Einreisegenehmigung für weitere 10 000 Gastarbeiter. Da die strukturschwachen Autonomiegebiete nur über wenige Industrie- und Landwirtschaftsbetriebe verfügten, waren die Palästinenser auf Arbeitsplätze in Israel angewiesen. Die Absperrung der Gebiete wie auch die Zulassung der 1996 insgesamt rd. 100 000 ausländischen Arbeiter schadeten der im Aufbau befindlichen palästinensischen Wirtschaft.

WIRTSCHAFT: Statt der erhofften „Friedensdividende" verzeichnete I. wegen der Unsicherheit des Friedensprozesses nur eine mäßige Wirtschaftsentwicklung. Die anhaltenden Aggressionen schwächten die Investitionsbereitschaft ausländischer Unternehmer und ließen die Touristenzahlen sinken. Das BIP-Wachstum fiel 1995 auf rd. 3,8% (1994: 6,5%).

→ A-Z Hamas → A-Z Hisbollah → A-Z Nahost-Konflikt → A-Z Palästinensische Autonomiegebiete → A-Z PLO

Italien

Lage Europa, Karte S. 401, D 6	
Fläche 301 268 km² (WR 69)	
Einwohner 57,2 Mio (WR 21)	
Einwohner/km² 190 (1995)	
Bev.-Wachstum/Jahr 0,1% ∅	
Pkw.-Kennzeichen I	

Hauptstadt Rom (2,79 Mio Einwohner)	
Sprache Italienisch	
Religion Katholisch (83,2%), konfessionslos (16,2%)	
Währung Italienische Lira (Lit)	

BSP/Kopf 19 300 $ (1994)	**Urbanisierung** 67%
Inflation 5,3% (1995)	**Alphabetisierung** 98,1%
Arbeitslos. 11,9% (1995)	**Einw. pro Arzt** 210

Reg.-Chef Romano Prodi (seit Mai 1996) * 9.8.1939	
Staatsob. Oscar Luigi Scálfaro (seit 1992) * 9.9.1918	
Staatsform Parlamentarische Republik	

Parlament Abgeordnetenkammer mit 630 und Senat mit 322 Abgeordneten; in der Abgeordnetenkammer 284 Sitze für Bündnis Ulivo, 246 für Polo de la libertà, 59 für Lega Nord, 35 für Rifondazione Comunista, 6 für andere (Wahl vom April 1996)

Als historische Wende wurde der Sieg des Wahlbündnisses Ulivo (Olivenbaum) bei den vorgezogenen Parlamentswahlen im April 1996 gefeiert, in dessen Mittelpunkt die aus den früheren Euro-Kommunisten hervorgegangene Sozialdemokratische Partei (PDS) stand, die erneut stärkste Fraktion wurde. Damit beteiligten sich linke Parteien erstmals seit dem historischen Kompromiß 1976–1979, bei dem die Kommunisten die Christdemokraten unterstützt hatten, an der Bildung einer Regierung. Nachfolger von Ministerpräsident → BIO Lamberto Dini, dessen Gruppierung ebenfalls zu Ulivo gehörte, wurde im Mai der parteilose Wirtschaftsprofessor → BIO Romano Prodi. I. setzte 1995/96 seine strenge Sparpolitik fort, um die Kriterien für den Beitritt zur geplanten Europäischen Währungsunion erfüllen zu können.

WAHLEN: Bei den dritten Parlamentswahlen innerhalb von vier Jahren errang das Wahlbündnis Ulivo, dem neben einer Reihe kleinerer Parteien die Linksdemokraten (PDS), die Volkspartei, die Liste Dini und die Grünen angehörten, 284 der 630 Sitze. Mit Unterstützung der Alt-Kommunisten (Rifondazione Comunista, 35 Mandate) erreichten sie eine knappe Mehrheit. Die rechten Parteien um den Medienmogul → BIO Silvio Berlusconi (Pol für die Freiheiten) erhielten im Parlament 246 Sitze, die Regionalpartei Lega Nord erreichte 59 Mandate. Bei den gleichzeitig abgehaltenen Senatswahlen ergab sich eine Vier-Stimmen-Mehrheit für das Ulivo-Bündnis.

Nach einer für I. ungewöhnlich kurzen Frist von nur 26 Tagen nach der Wahl stellte Prodi sein Kabinett vor. Als Zeichen seiner beabsichtigten politischen Linie übertrug Prodi das Ministerium für öffentliche Aufträge dem polulären → BIO Antonio Di Pietro. Der ehemalige Staatsanwalt galt seit der Aufdeckung einer Reihe von Korruptionsskandalen und der Aktion Mani pulite (Saubere Hände, 1994) als Volksheld. Ex-Ministerpräsident Dini wurde Außenminister.

REGIONALISMUS: Für Aufregung sorgte im Mai 1996 der Spitzenpolitiker der Lega Nord, Umberto Bossi, der bisherige Forderungen nach bloßem Föderalismus für überholt erklärte. Er propagierte die Schaffung einer eigenen norditalienischen Republik namens Padania und bildete eine Schattenregierung und ein Parlament. Die Lega, in einigen norditalienischen Regionen stärkste Kraft, hatte landesweit 10% der Wählerstimmen erreicht. Die extremen Regionalisierungsbestrebungen werden durch das starke wirtschaftliche Nord-Süd-Gefälle gefördert: Der reiche, industrialisierte Norden finanziert den armen, agrarisch geprägten Süden.

WIRTSCHAFT: Die neue Mitte-Links-Regierung kündigte eine Forsetzung des Sparkurses u. a durch die Reform des Sozialsystems und die Beschleunigung der schleppenden Privatisierung von Staatsunternehmen an. Sie übernahm ein Haushaltsdefizit, das 1995 um rd. 9,6 Mrd DM höher als geplant ausfiel. Prodi sprach sich für die Rückkehr der Lira in das Europäische Währungssystem (EWS) aus, das sie aufgrund des starken Kursverfalls 1993 hatte verlassen müssen. Das Wirtschaftswachstum sollte nach über 3% (1995) Schätzungen von Experten zufolge 1996 nur mäßig ausfallen (zwischen 1,6 und 2,5%). Die Kurssteigerungen der Lira erschwerten die Exporte, während die Industrieproduktion 1995 um 5,3% wuchs. Die Arbeitslosenquote des Landes zählte 1995 mit 11,9% zu den höchsten in Europa. Dabei betrugen die Spitzenquoten in einigen süditalienischen Provinzen 50%, während die Industrieregionen im Nordosten Facharbeiter aus dem Ausland anwarben.

KORRUPTION: Die Welle der Korruptionsskandale, die 1994 mit der Aktion Saubere Hände begonnen hatte, setzte sich 1996 mit der Anklage wegen Bestechung gegen Forza-Italia-Chef Silvio Berlusconi und seinen Bruder Paolo fort, die Schmiergelder an Steuerprüfer gezahlt haben sollen. Gegen den ehemaligen Ministerpräsidenten → BIO Giulio Andreotti, lief Mitte 1996 ein Prozeß wegen Verwicklung in einen Mafia-Mord.

Jamaika

Lage Mittelam., Karte S. 404, D 4	
Fläche 10 990 km² (WR 158)	
Einwohner 2,4 Mio (WR 133)	
Einwohner/km² 223 (1995)	
Bev.-Wachstum/Jahr 0,9% ∅	
Pkw.-Kennzeichen k.A.	
Hauptstadt Kingston (104 000 Einwohner)	
Sprache *Englisch,* Patois	
Religion Protestantisch (55,9%), rastaf. (5%), kath. (5%)	
Währung 1 Jamaika-Dollar (J$) = 100 Cents	

BSP/Kopf 1540 $ (1994)	**Urbanisierung** 54%
Inflation 15,8% (1995)	**Alphabetisierung** 85%
Arbeitslos. 16,2% (1993)	**Einw. pro Arzt** 6159

Reg.-Chef Percival James Patterson (seit 1992) * 1935	
Staatsob. Königin Elizabeth II. (seit 1962) * 21.4.1926	
Staatsform Parlamentar. Monarchie im Commonwealth	
Parlament Senat mit 21 ernannten und Repräsentantenhaus mit 60 für fünf Jahre gewählten Abgeordneten; 55 Sitze für Peoples National Party, 5 für Jamaica Labour Party (Wahl von 1993)	

Japan

Lage Asien, Karte S. 479, H 3	
Fläche 377 801 km² (WR 60)	
Einwohner 125,1 Mio (WR 8)	
Einwohner/km² 331 (1995)	
Bev.-Wachstum/Jahr 0,1% ∅	
Pkw.-Kennzeichen J	
Hauptstadt Tokio (8,1 Mio Einwohner)	
Sprache Japanisch	
Religion Shintoist. (39,5%), buddh. (38,3%), christl. (3,9%)	
Währung 1 Yen (¥) = 100 Sen	

BSP/Kopf 31 490 $ (1993)	**Urbanisierung** 78%
Inflation −0,2% (1995)	**Alphabetisierung** 100%
Arbeitslos. 3,2% (1995)	**Einw. pro Arzt** 610

Reg.-Chef Ryutaro Hashimoto (seit 11.1.1996) *29.7.1937	
Staatsob. Kaiser Akihito Tsuyu No Mija (seit 1989) * 1933	
Staatsform Parlamentarische Monarchie	
Parlament Oberhaus mit 252 und Unterhaus mit 511 Abgeordneten; 296 Sitze für Liberaldemokraten, 173 für Neue Fortschrittspartei, 134 für Sozialdemokraten, 49 für Heiseikai, 26 für Kommunisten, 85 für andere (Wahl von 1993)	

Angesichts des wachsenden Haushaltsdefizits stand die Sanierung der Staatsfinanzen 1996 im Mittelpunkt der Politik der im Januar unter neuer Führung angetretenen Regierungskoalition. J. befand sich 1995/96 in der tiefsten Wirtschaftsrezession der Nachkriegszeit.

NEUER REGIERUNGSCHEF: Zum Jahreswechsel 1995/96 trat Regierungschef Tomiichi Murayama, der 1994 als erster Sozialist seit 1957 das Amt übernommen hatte, nach einer Reihe von Korruptionsskandalen von seinem Amt zurück. Die Nachfolge an der Spitze der Koalitionsregierung aus Sozialisten (seit Januar 1996 Sozialdemokratische Partei), konservativen Liberaldemokraten (LDP) und Sakigake (Pioniere) trat→ BIO Ryutaro Hashimoto (Vorsitzender der LDP) an. Damit stellt die nach dem Krieg 38 Jahre alleinregierende LDP zweieinhalb Jahre nach ihrer Abwahl wieder den Ministerpräsidenten.

WIRTSCHAFT: Infolge einer Öffnung japanischer Märkte stiegen die Importe (insbesondere aus den USA und Europa) 1995 um 46%, während die Exporte nur um 16,6% zunahmen. Der Außenhandelsüberschuß sank im Haushaltsjahr 1995/96 um 22,4% gegenüber dem Vorjahreszeitraum. Das Haushaltsdefizit erreichte 1995 mit 4,5% des BIP eine Rekordhöhe (1994: 4%). Das BIP wuchs nur um 0,1% (1994: 0,6%), für 1996 erwarteten Experten ein Wirtschaftswachstum von 1,3%. Die anhaltende Verlagerung von Produktion ins Ausland führte trotz wachsender Industrieproduktion (1995: +3,3%) zu einem Anstieg der Arbeitslosenzahlen, die im Januar 1996 rd. 2,3 Mio erreichten (3,4%).

SICHERHEIT: In einer gemeinsamen Sicherheitserklärung bekräftigten J. und die USA im April 1996 den Verteidigungspakt von 1960, der Pachtvertrag für die US-Stützpunkte auf Okinawa wurde verlängert. Neu war die Zusage logistischer Unterstützung und Kooperation mit amerikanischen Stationierungstruppen. Auf der Insel Okinawa, wo sich 75% der US-Militäreinrichtungen befinden, war es nach der Vergewaltigung eines Mädchens durch zwei US-Soldaten im Oktober 1995 zu antiamerikanischen Massendemonstrationen gekommen, bei denen ein Abzug der Truppen gefordert worden war. Im April schlossen die USA als Geste des guten Willens sechs Anlagen.

GRENZSTREIT: Der Konflikt mit Südkorea um die Inselgruppe Tokdo im Japanischen Meer, wo Ölvorkommen vermutet werden, verschärfte sich im Februar 1996, als beide Staaten entsprechend der internationalen Seerechtskonvention die Einrichtung von 200 Seemeilen-Wirtschaftszonen ankündigten. Die Zonen überschneiden sich bei der Inselgruppe, die 1905 von Japan annektiert wurde und seit 1945 von Südkorea kontrolliert wird.

Jemen

Lage Naher Osten, Karte S. 406, D 6	
Fläche 527 968 km² (WR 48)	
Einwohner 14,5 Mio (WR 58)	
Einwohner/km² 27 (1995)	
Bev.-Wachstum/Jahr 4,1% Ø	
Pkw.-Kennzeichen Al	
Hauptstadt Sana (475 000 Einwohner)	
Sprache Arabisch	
Religion Moslemisch (99,9%)	
Währung 1 Rial (YR) = 100 Fils	
BSP/Kopf 280 $ (1994)	**Urbanisierung** 34%
Inflation 75% (1994)	**Alphabetisierung** 38%
Arbeitslos. 36% (1994)	**Einw. pro Arzt** 5531
Reg.-Chef Abdulaziz Abdulghani (seit Okt. 1994) * 1939	
Staatsob. Ali Abdallah Salih (seit 1978) * 1942	
Staatsform Republik	
Parlament 301 Abgeordnete; 148 Sitze für Allgemeinen Volkskongreß, 66 für Jemenitische Vereinigung für Reform, 64 für Sozialistische Partei, 12 für Unabhängige, 11 für andere (Wahl von 1993)	

Jordanien

Lage Naher Osten, Karte S. 406, B 3	
Fläche 97 740 km² (WR 108)	
Einwohner 5,4 Mio (WR 100)	
Einwohner/km² 56 (1995)	
Bev.-Wachstum/Jahr 5,2% Ø	
Pkw.-Kennzeichen JOR	
Hauptstadt Amman (965 300 Einwohner)	
Sprache *Arabisch,* Englisch	
Religion Moslemisch (93,0%), christlich (4,9%)	
Währung 1 Jordan-Dinar (JD) = 1000 Fils	
BSP/Kopf 1440 $ (1994)	**Urbanisierung** 72%
Inflation 4,2% (1994)	**Alphabetisierung** 86,6%
Arbeitslos. ca. 20% (1994)	**Einw. pro Arzt** 770
Reg.-Chef Abdal Karim al Kabariti (seit Feb. 1996) * 15.12.1949	
Staatsob. König Hussein II. (seit 1952) * 14.11.1935	
Staatsform Konstitutionelle Monarchie	
Parlament Senat mit 40 vom König ernannten und Abgeordnetenhaus mit 80 gewählten Abgeordneten; 58 Sitze für Nationalisten und Königstreue, 16 für Islam. Aktionsfront, 3 für Unabhängige Islamisten, 3 für Linke (Wahl von 1993)	

Eine Annäherung an den Westen auf Kosten der traditionell engen Beziehungen zum international geächteten Irak kennzeichneten 1995/96 die Außenpolitik von König Hussein. Bei einer Regierungsumbildung im Februar 1996 entließ Hussein jene Politiker, die als Gegner des Friedensprozesses mit Israel galten: Als Nachfolger von Said Ibn Schakir wurde Außenminister Abdal Karim al Kabariti zusätzlich mit dem Amt des Ministerpräsidenten betraut. Im April gestattete J. die Stationierung amerikanischer Flugzeuge zur Überwachung der von den Vereinten Nationen eingerichteten Flugverbotszone über Südirak.

BEVÖLKERUNG SKEPTISCH: Der schrittweisen Annäherung an Israel und den Westen seit dem Friedensschluß im Juli 1994 stand die jordanische Bevölkerung, die zu über 50% palästinensischer Abstammung ist, auch Mitte 1996 noch ablehnend gegenüber. Die Oppositionspartei Islamische Aktionsfront, die den wachsenden Einfluß der USA in der Region ablehnt, verurteilte 1996 die Stationierung ausländischer Militärs.

BEZIEHUNG ZUM IRAK: Im August 1995 gewährte König Hussein dem Schwiegersohn des irakischen Diktators Saddam Hussein Exil. Dieser rief zum Sturz des irakischen Regimes auf und lud die im Exil verstreute irakische Opposition ein, in Damaskus einen Einigungskongreß abzuhalten. Zudem leitete er eine diplomatische Annäherung an den Irak-Gegner Saudi-Arabien ein. Andererseits unterzeichnete J., dessen Wirtschaft von irakischen Absatzmärkten und Ölimporten abhängig ist, im September 1995 ein Memorandum mit Irak über den Bau einer Raffinerie und einer Pipeline, das erst nach einer Aufhebung des 1991 als Folge des Golfkrieges gegen Irak verhängten internationalen Embargos umgesetzt werden kann.

FRIEDENSDIVIDENDE: Im Oktober 1995 schloß J. ein Zoll- und Handelsabkommen mit Israel. Der Friedensschluß mit dem Nachbarland eröffnete J. ein größeres Potential internationaler Finanzhilfen ebenso wie neue Märkte auf der Westbank sowie eine Zunahme des Tourismus, der nach Expertenprognosen 1995 rd. 10% des BIP erreichen sollte. Das Wirtschaftswachstum betrug 1995 ca. 6% (1994: 5,7%), die Inflation blieb mit 4,2% niedrig (1994: 3,6%), und die Auslandsschulden, die sich zwischen 1990 und 1994 von über 200% des BIP auf 94,7% (rd. 5,6 Mrd Dollar) verringert hatten, gingen durch einen erneuten Schuldenerlaß der USA (420 Mio Dollar) weiter zurück. Ein im September 1995 verabschiedetes Investitionsgesetz sollte durch Steuererleichterungen, Gleichstellung ausländischer Investoren und den Abbau bürokratischer Hemmnisse neue Anreize für ausländische Investitionen schaffen.

Jugoslawien

Lage Europa, Karte S. 401, E 6	
Fläche 102 173 km² (WR 106)	
Einwohner 10,8 Mio (WR 67)	
Einwohner/km² 106 (1995)	
Bev.-Wachstum/Jahr 0,9% ⌀	
Pkw.-Kennzeichen YU	

Hauptstadt Belgrad (1,55 Mio Einwohner)

Sprache Serbisch, Albanisch, Ungarisch

Religion Serbisch-orthodox. (44%), katholisch (31%)

Währung 1 Jugoslawischer Dinar = 100 Para

BSP/Kopf k. A.	**Urbanisierung** 57%
Inflation ca. 3% (1994)	**Alphabetisierung** 91%
Arbeitslos. 24% (1994)	**Einw. pro Arzt** 533

Reg.-Chef Radoje Kontić (seit 1993) * 1937

Staatsob. Zoran Lilić (seit 1993) * 1954; de facto Slobodan Milošević * 29.8.1941

Staatsform Bundesrepublik

Parlament Bürgerrat mit 138 Abgeordneten; 47 Sitze für Sozialist. Partei Serbiens, 34 für Serbische Rad. Volkspartei, 20 für Demokraten, 17 für Sozialisten, 5 für Demokrat. Partei, 5 für Sozialist. Partei Montenegros, 10 für andere (Wahl von 1992)

Die Unterzeichnung des Friedensvertrags von Dayton zwischen Bosnien-Herzegowina, Kroatien und Serbien im November 1995 leitete eine Normalisierung für den aus den Serbien und Montenegro bestehenden Staat ein. Der serbische Präsident → [BIO] Slobodan Milošević sprach sich im März 1996 für eine Annäherung an die Europäische Union aus. Nachdem die EU im April wieder diplomatische Beziehungen zu J. aufgenommen hatte, erklärte sich Belgrad im Mai 1996 dazu bereit, die 120 000 in Deutschland lebenden Asylbewerber bis spätestens 1997 zurückzunehmen.

SANKTIONEN: Der Sicherheitsrat der Vereinten Nationen hob im Januar 1996 die vier Jahre zuvor verhängten Wirtschaftssanktionen gegen J. auf, die allerdings bereits nach dem Abbruch der Beziehungen Serbiens zu den bosnischen Serben Anfang 1995 gelockert worden waren. Im Juni 1996 hob die UNO auch das Waffenembargo auf, das Serbien ebenso betroffen hatte wie die kriegführenden bosnischen Parteien. Nach einem EU-Beschluß vom Februar 1996 erkannten die EU-Staaten die Bundesrepublik Jugoslawien an und nahmen die 1992 abgebrochenen diplomatischen Beziehungen wieder auf.

REPRESSALIEN: Innenpolitisch hielt Serbenpräsident Slobodan Milošević, der im März mit nahezu 100% der Delegiertenstimmen als Parteichef der regierenden

SPS bestätigt wurde, seine Dominanz aufrecht: Unterdrückung von Opposition und Meinungsfreiheit gehörten auch 1995/96 zum politischen Alltag. Im Februar wurde der einzige unabhängige Fernsehsender Belgrads, Studio B, vom Staat übernommen. Allein Studio B hatte während des bosnischen Bürgerkriegs unzensierte Informationen gesendet. Die Privatisierung des Senders wurde für ungültig erklärt und Studio B von der Liste unabhängiger Sender gestrichen. Die Stadt berief einen neuen Chefredakteur, protestierende Redakteure wurden entlassen. Die Pressefreiheit hatte bereits 1995 einen Rückschlag erlitten, als die unabhängige Tageszeitung Borba unter juristischen Vorwänden in staatliche Hand kam. Private Blätter litten unter Papiermangel und hohen Preisen, während die Staatsorgane subventioniert wurden.

KOSOVO: In der Provinz mit einem albanischen Bevölkerungsanteil von 90%, der Serbien 1989 den Autonomiestatus entzogen hatte, wurden die Albaner bis Mitte der 90er Jahre systematisch diskriminiert. 1995 war die albanische Mehrheit nahezu vollständig aus dem öffentlichen Leben verdrängt. Lehrerstellen, Posten in Krankenhäusern und der staatlichen Verwaltung waren fast ausschließlich mit Serben besetzt, Albaner fanden nur in eigenen Einrichtungen Arbeit.
→ A-Z Balkan-Konflikt

Staatlich sanktionierter Terror gegen Andersdenkende und die Korruption der Regierung unter den seit 1993 gemeinsam regierenden Ministerpräsidenten Prinz Norodom Ranaridh (Royalisten) und Hun Sen (Kommunisten) bestimmten 1995/96 die Politik des Landes. Die unter Anleitung der UNO 1993 eingeleitete demokratische Entwicklung schien ebenso wie der Frieden gefährdet, da ein Fünftel des kambodschanischen Territoriums noch immer von der seit Juli 1994 verbotenen Rebellenorganisation der Roten Khmer kontrolliert wurde. In der Wirtschaft nahmen Drogenhandel und Geldwäsche zu.

UNTERDRÜCKUNG DER OPPOSITION: Prinz Norodom Sirivath, ein Halbbruder von König Sihanuk und 1994 Außenminister, wurde im Februar 1996 in Abwesenheit wegen eines angeblichen Mordkomplotts gegen Ko-Ministerpräsident Hun Sen zu zehn Jahren Haft verurteilt. Es war der dritte sog. Putschversuch, der einen kritischen Politiker ins Exil zwang. Im September 1995 setzte die Regierung gegen den Widerstand des Königs ein umstrittenes Pressegesetz in Kraft, wonach die Veröffentlichung von „potentiell staatsgefährdendem Material" mit Gefängnis bestraft werden kann. Eine Zeitung wurde danach geschlossen, mehrere Journalisten standen wegen Kritik an der Regierung vor Gericht, andere wurden ermordet.

Kambodscha

Lage Ostasien, Karte S. 407, B 4	
Fläche 181 035 km² (WR 87)	
Einwohner 10,3 Mio (WR 73)	
Einwohner/km² 57 (1995)	
Bev.-Wachstum/Jahr 3,1% ∅	
Pkw.-Kennzeichen K	
Hauptstadt Phnom Penh (800 000 Einwohner)	
Sprache Khmer, Französisch, Vietnamesisch	
Religion Buddhistisch (88,4%), moslemisch (2,4%)	
Währung 1 Riel = 100 Sen	
BSP/Kopf 250 $ (1993)	Urbanisierung 21%
Inflation 26% (1994)	Alphabetisierung 35%
Arbeitslos. k. A.	Einw. pro Arzt 27 000
Reg.-Chef Prinz Norodom Ranaridh * 1941 (seit 1993), Hun Sen als Ko-Ministerpräsidenten	
Staatsob. König Norodom Sihanuk (seit 1993) * 1922	
Staatsform Konstitutionelle Monarchie	
Parlament Verfassunggebende Versammlung mit 120 Abgeordneten; 58 Sitze für Royalisten, 51 für Kommunisten, 10 für Buddhisten, 1 für Molinaka (Wahl von 1993)	

Kamerun

Lage Afrika, Karte S. 405, C 4	
Fläche 475 442 km² (WR 52)	
Einwohner 13,2 Mio (WR 61)	
Einwohner/km² 28 (1995)	
Bev.-Wachstum/Jahr 2,8% ∅	
Pkw.-Kennzeichen CAM	
Hauptstadt Yaoundé (649 000 Einwohner)	
Sprache Französisch, Englisch, Bantusprachen	
Religion Christlich (52,2%), animist. (26%), moslem. (22%)	
Währung CFA-Franc (FCFA)	
BSP/Kopf 680 $ (1994)	Urbanisierung 45%
Inflation 12,7% (1994)	Alphabetisierung 63,4%
Arbeitslos. ca. 25% (1994)	Einw. pro Arzt 12 000
Reg.-Chef Simon Achidi Achu (seit 1992) * 1934	
Staatsob. Paul Biya (seit 1982) * 13.2.1933	
Staatsform Präsidiale Republik	
Parlament Nationalversammlung mit 180 für fünf Jahre gewählten Abgeordneten; 88 Sitze für Demokratische Sammlung, 68 für Nationalunion für Demokratie und Fortschritt, 18 für Union des kamerunischen Volkes, 6 für Dem. Bewegung für die Verteidigung der Rep. (Wahl von 1992)	

Kanada

Lage Nordamerika, Karte S. 402, E 5	
Fläche 9,97 Mio km² (WR 2)	
Einwohner 29,5 Mio (WR 33)	
Einwohner/km² 3 (1995)	
Bev.-Wachstum/Jahr 1,3% Ø	
Pkw.-Kennzeichen CDN	
Hauptstadt Ottawa (921 000 Einwohner)	
Sprache *Englisch, Französisch*	
Religion Katholisch (46,5%), protest. (41,2%), jüd. (1,2%)	
Währung 1 Kanadischer Dollar (kan$) = 100 Cents	
BSP/Kopf 19 510 $ (1994)	Urbanisierung 77%
Inflation 15,8% (1995)	Alphabetisierung 96%
Arbeitslos. 10,3% (1994)	Einw. pro Arzt 450
Reg.-Chef Jean Chrétien (seit 1993) * 11.1.1934	
Staatsob. Königin Elizabeth II. (seit 1952) * 21.4.1926	
Staatsform Parlam. Monarchie im Commonwealth	

Parlament Senat mit 104 auf Vorschlag des Premierministers ernannten und Unterhaus mit 295 für fünf Jahre gewählten Abgeordneten; 177 Sitze für Liberale (LP), 54 für Bloc Québecois (BQ), 52 für Reformpartei (RPC), 12 für andere (Wahl von 1993, Nachwahl vom März 1996)

Bei Nachwahlen zum Bundesparlament in Quebec, Ontario und Neufundland errang die liberale Regierungspartei unter Premierminister Jean Chrétien im März 1996 fünf der sechs Mandate. Damit verfügten die Liberalen über eine Mehrheit von 177 der 295 Sitze. Der Separatistische Block aus Quebec blieb mit 54 Sitzen stärkste Oppositionspartei. Einschnitte im Gesundheits- und Bildungswesen sowie bei der Arbeitslosenversicherung, die Teil der Stabilitäts- und Sparpolitik der Regierung waren, führten im Februar 1996 erstmals zu Protestdemonstrationen. Ein Referendum über die Unabhängigkeit der Provinz Quebec scheiterte im Oktober 1995 nur knapp.

QUEBEC: Um separatistischen Strömungen entgegenzuwirken, die ein neues Referendum über die Unabhängigkeit der Provinz Quebec anstreben, plante die Zentralregierung im Februar 1996 einige Politikbereiche in Ausbildung, Bergbau, Forstwesen und Fremdenverkehr zu dezentralisieren. Mit einem Gesetz über ein Veto-Recht bei Verfassungsänderungen erfüllte das Bundesparlament eine Hauptforderung der Separatisten. Bei einer Regierungsumbildung im Januar 1996 erhielten zudem zwei Quebecer Politiker, die für einen Verbleib der Provinz im Bundesstaat eintraten, die ministeriellen Aufgabenbereiche für interprovinzielle Angelegenheiten und internationale Kooperation.

Kap Verde

Lage Afrika, Karte S. 405, A 3	
Fläche 4033 km² (WR 163)	
Einwohner 392 000 (WR 162)	
Einwohner/km² 97 (1995)	
Bev.-Wachstum/Jahr 2,3% Ø	
Pkw.-Kennzeichen k. A.	
Hauptstadt Praia (62 000 Einwohner)	
Sprache *Portugiesisch, Kreolisch*	
Religion Katholisch (98%)	
Währung 1 Kap Verde Escudo (KEsc) = 100 Centavos	
BSP/Kopf 930 $ (1994)	Urbanisierung 54%
Inflation 4,6% (1994)	Alphabetisierung 71,6%
Arbeitslos. 26% (1994)	Einw. pro Arzt 4929
Reg.-Chef Carlos A. W. de Carvalho Veiga (seit 1991)	
Staatsob. António Mascarenhas Monteiro (seit 1991)	
Staatsform Republik	

Parlament Nationale Volksversammlung mit 72 für fünf Jahre gewählten Abgeordneten; 50 Sitze für Bewegung für die Demokratie, 21 für Afrikanische Partei für die Unabhängigkeit der Kapverden, 1 für Demokratische Partei (Wahl von 1991)

Kasachstan

Lage Asien, Karte S. 407, C 3	
Fläche 2,717 Mio km² (WR 9)	
Einwohner 17,1 Mio (WR 53)	
Einwohner/km² 6 (1995)	
Bev.-Wachstum/Jahr 0,8% Ø	
Pkw.-Kennzeichen k. A.	
Hauptstadt Almaty (1,2 Mio Einwohner)	
Sprache *Kasachisch, Russisch*	
Religion Moslemisch, christlich	
Währung 1 Tenge = 100 Tiin	
BSP/Kopf 1160 $ (1994)	Urbanisierung 60%
Inflation 60,5% (1995)	Alphabetisierung 99,6%
Arbeitslos. ca. 11% (1995)	Einw. pro Arzt 250
Reg.-Chef Akeschan Kaschegeldin (seit 1994) * 27.3.1952	
Staatsob. Nursultan A. Nasarbajew (seit 1991) * 6.7.1940	
Staatsform Republik	

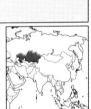

Parlament Abgeordnetenkammer mit 67 Mitgliedern. Nahezu alle Abgeordneten sind Parteigänger des Präsidenten (Wahl vom Dezember 1995)

Der von der Opposition als manipuliert bezeichnete Volksentscheid vom April 1996, mit dem Präsident Nursultan Nasarbajew seine Amtszeit bis zum Jahr 2000 verlängern ließ, deutete auf verstärkte autokratische Tendenzen in K. hin. Ein Verfassungsreferendum hatte im August 1995 weitgehende Vollmachten für das Präsidentenamt erbracht und das Parlament in seiner Gesetzgebungskompetenz beschränkt. Die Opposition boykottierte die von Beobachtern als undemokratisch eingestuften Parlamentswahlen im Dezember 1995, bei denen präsidententreue Kandidaten siegten.

WIRTSCHAFTSKRISE: Die wirtschaftliche Talfahrt des rohstoffreichen Landes – die Vorkommen an Erzen und Edelmetallen zählen zu den größten der Welt – verlangsamte sich 1995 gegenüber dem Vorjahr mit einem BIP-Rückgang von ca. 15% (1994: −25,4%, Gesamtrückgang seit 1990: 50%). Die Inflationsrate sank auf 60,5% (1994: 1258%). Der Nettoexport des wichtigsten Ausfuhrguts Rohöl, der 1994 um 70% gesunken war, nahm 1995 wieder zu. Die Ölfördermöglichkeiten konnten nicht voll genutzt werden, weil Rußland die notwendigen Pipelinekapazitäten nicht zur Verfügung stellte. Eine Ende 1995 eröffnete Bahnlinie nach China sollte die Abhängigkeit von Rußland verringern, die Regierung plante eine weitere Trasse über den Iran in die Türkei.

Kenia

Lage Afrika, Karte S. 405, E 4	
Fläche 580 376 km² (WR 46)	
Einwohner 28,3 Mio (WR 34)	
Einwohner/km² 49 (1995)	
Bev.-Wachstum/Jahr 3,2% ⌀	
Pkw.-Kennzeichen EAK	

Hauptstadt Nairobi (1,5 Mio Einwohner)

Sprache *Swahili*, Englisch, Stammessprachen, Arabisch

Religion Christl. (73%), animistisch (19%), moslem. (6%)

Währung 1 Kenya Shiling (KSh) = 100 Cents

BSP/Kopf 250 $ (1994)	**Urbanisierung** 28%
Inflation 29% (1994)	**Alphabetisierung** 48,1%
Arbeitslos. ca. 25% (1994)	**Einw. pro Arzt** 10 150

Reg.-Chef Daniel Arap Moi (seit 1978) * Sept. 1924

Staatsob. Daniel Arap Moi (seit 1978) * Sept. 1924

Staatsform Präsidiale Republik

Parlament Nationalversammlung mit 188 Abgeordneten; 107 Sitze für Afrikan. Nationalunion, 32 für Forum zur Wiederherst. der Demokratie (Kenya), 25 für Forum zur Wiederherst. der Demokratie (Asili), 22 für Demokrat. Partei Kenya, 2 für andere, 12 vom Präsidenten ernannt (Wahl von 1992)

Katar

Lage Naher Osten, Karte S. 406, E 4	
Fläche 11 000 km² (WR 157)	
Einwohner 551 000 (WR 158)	
Einwohner/km² 50 (1995)	
Bev.-Wachstum/Jahr 4,5% ⌀	
Pkw.-Kennzeichen Q	

Hauptstadt Dauha (236 200 Einwohner)

Sprache *Arabisch*, Farsi, Urdu

Religion Moslem. (92,4%), christl. (5,9%), hinduist. (1,1%)

Währung 1 Katar-Riyal (QR) = 100 Dirham

BSP/Kopf 12 820 $ (1994)	**Urbanisierung** 91%
Inflation 3,0% (1994)	**Alphabetisierung** 79,4%
Arbeitslos. k. A.	**Einw. pro Arzt** 660

Reg.-Chef Scheich Hamad bin Khalifa ath-Thani (seit 1995)

Staatsob. Scheich Hamad bin Khalifa ath-Thani * 1948

Staatsform Absolute Monarchie, Emirat

Parlament Beratende Versammlung mit 35 Mitgliedern, keine politischen Parteien

Trotz Berichten über systematische Folterungen politischer Gegner, einem im Januar 1996 vorgelegten Gesetzentwurf zur Einschränkung der Pressefreiheit sowie wirtschaftlicher Instabilität nahm der Internationale Währungsfonds (IWF) im April 1996 nach dreijähriger Unterbrechung die finanzielle Unterstützung des Landes wieder auf.

FOLTER: Nach Berichten der Menschenrechtsorganisation Amnesty International ließ die kenianische Führung 1995 politische Gegner foltern und mißliebige Personen unter dem willkürlichen Vorwurf von Raub oder Gewalttaten inhaftieren. Diese Verbrechen sind mit der Todesstrafe bedroht. Mit Rücksicht auf die anstehende Finanzentscheidung des IWF war der führende Oppositionspolitiker Koigi wa Wamwere im Oktober 1995 wegen Raubes zu einer Haftstrafe statt wie erwartet zum Tode verurteilt worden.

WIRTSCHAFT AUF WACHSTUMSKURS: Die Wirtschaft des afrikanischen Landes erholte sich nach der Rezession von 1993 zunehmend. Für 1995 wurde ein BIP-Wachstum von 5% erwartet (1994: 3%), das damit erstmals über die Rate des Bevölkerungswachstums von 3,2% lag. Vorteile erhoffte sich die Regierung von der im März 1996 beschlossenen Erneuerung des ostafrikanischen Wirtschaftsbündnisses mit Uganda und Tansania.

Kirgistan

Lage Asien, Karte S. 407, C 3	
Fläche 198 500 km² (WR 84)	
Einwohner 4,7 Mio (WR 108)	
Einwohner/km² 24 (1995)	
Bev.-Wachstum/Jahr 1,7% Ø	
Pkw.-Kennzeichen k. A.	

Hauptstadt Bischkek (631 000 Einwohner)

Sprache *Kirgisisch, Russisch*

Religion Moslemisch, christlich

Währung 1 Kirgistan-Som (K.S.) = 100 Tyin

BSP/Kopf 630 $ (1993)	Urbanisierung 39%
Inflation 280% (1994)	Alphabetisierung 99,6%
Arbeitslos. 0,8% (1994)	Einw. pro Arzt 310

Reg.-Chef Askar Akajew (seit 1994) * 10.11.1944

Staatsob. Askar Akajew (seit 1991) * 10.11.1944

Staatsform Präsidiale Republik

Parlament Oberster Sowjet mit 105 für vier Jahre gewählten Abgeordneten; Unterhaus mit 35 Sitzen, Oberhaus mit 70 Sitzen; Mehrheit für unabhängige Kandidaten (Wahl vom Februar 1995)

Bei einem Referendum vom Februar 1996 stimmten vor dem Hintergrund einer rückläufigen Wirtschaftsentwicklung (das Bruttoinlandsprodukt schrumpfte 1995 um 20%) und der angespannten Versorgungslage 94,5% der Wähler (Wahlbeteiligung: 96,5%) für die von Präsident Askar Akajew geforderte Stärkung der Präsidentenstellung.

VERFASSUNGSÄNDERUNG: Das Staatsoberhaupt verfügt nach dem Referendum über die Richtlinienkompetenz in wichtigen innen- und außenpolitischen Fragen. Es bestimmt die Regierungsmitglieder und kann das Parlament auflösen. Der von Akajew zuvor angekündigte Feldzug gegen korrupte Regierungsbeamte – die Medien berichteten über zahlreiche Fälle von Vetternwirtschaft im Verteidigungs- und Innenministerium sowie durch den Parlaments- und Ministerpräsidenten – blieb aus. Die Politiker wurden nicht wie versprochen entlassen, sondern im Amt bestätigt. Ansätze zu einer stärker autokratischen Führung hatte es in K., das bis dahin als demokratisches Musterland Zentralasiens gegolten hatte, bereits 1995 gegeben: Nachdem das Parlament Akajews Versuch, seine Amtszeit per Referendum verlängern zu lassen, abgelehnt hatte, setzte dieser kurzfristig für Dezember 1995 Präsidentschaftswahlen an. Die von Beobachtern als unfair bezeichnete Wahl bestätigte Akajew mit 73,9% der Stimmen im Amt.

 # Kiribati

Lage Ozeanien, Karte S. 409, G 2	
Fläche 726 km² (WR 171)	
Einwohner 77 000 (WR 179)	
Einwohner/km² 106 (1994)	
Bev.-Wachstum/Jahr 1,5% Ø	
Pkw.-Kennzeichen k. A.	

Hauptstadt Bairiki (25 000 Einwohner)

Sprache *Englisch, Gilbertesisch*

Religion Christlich (92,4%), Bahai (2,4%)

Währung 1 Australischer Dollar (A $) = 100 Cents

BSP/Kopf 740 $ (1994)	Urbanisierung 35%
Inflation k. A.	Alphabetisierung 90%
Arbeitslos. k. A.	Einw. pro Arzt 4483

Reg.-Chef Teburoro Tito (seit 1994) * 25.8.1953

Staatsob. Teburoro Tito (seit 1994) * 25.8.1953

Staatsform Präsidiale Republik

Parlament Abgeordnetenhaus mit 39 für vier Jahre gewählten Abgeordneten; 39 Sitze für Unabhängige, 1 Sitz ist reserviert für einen Vertreter der Insel Banaba (Wahl von 1994)

 # Kolumbien

Lage Südamerika, Karte S. 403, B 2	
Fläche 1,14 Mio km² (WR 25)	
Einwohner 35,1 Mio (WR 30)	
Einwohner/km² 31 (1995)	
Bev.-Wachstum/Jahr 2,2% Ø	
Pkw.-Kennzeichen CO	

Hauptstadt Bogotá (5,0 Mio Einwohner)

Sprache *Spanisch, indianische Sprachen*

Religion Katholisch (92,7%), protestantisch (1%)

Währung 1 Kolumbianischer Peso (kol$) = 100 Centavos

BSP/Kopf 1670 $ (1994)	Urbanisierung 73%
Inflation 19,5% (1995)	Alphabetisierung 91,3%
Arbeitslos. 8,7% (1995)	Einw. pro Arzt 1061

Reg.-Chef Ernesto Samper Pisano (seit 1994) * 1950

Staatsob. Ernesto Samper Pisano (seit 1994) * 1950

Staatsform Präsidiale Republik

Parlament Abgeordnetenhaus mit 163 und Senat mit 102 Abgeordneten; im Abgeordnetenhaus 89 Sitze (im Senat: 53) für Liberale, 50 (22) für Konservative, 1 (1) für Ex-Guerilla M-19, 23 (27) für andere (Wahl von 1994)

Komoren

Lage Afrika, Karte S. 405, E 5

Fläche 2235 km² (WR 166)

Einwohner 653 000 (WR 155)

Einwohner/km² 292 (1995)

Bev.-Wachstum/Jahr 2,7% Ø

Pkw.-Kennzeichen k. A.

Hauptstadt Moroni (22 000 Einwohner)

Sprache *Französisch, Komorisch*

Religion Moslemisch (99,4%), christl. (0,5%), Baha'i (0,1%)

Währung Komoren-Franc (FC)

BSP/Kopf 510 $ (1994)	Urbanisierung 31%
Inflation –0,4% (1992)	Alphabetisierung 57,3%
Arbeitslos. k. A.	Einw. pro Arzt 11 100

Reg.-Chef Muhammad Abdou Madi (seit 1994)

Staatsob. Mohamed Taki Abdoul Karim (seit März 1996)

Staatsform Präsidiale Republik

Parlament Nationalversammlung mit 42 für fünf Jahre gewählten Abgeordneten; 22 Sitze für das Parteienbündnis des Präsidenten (besteht aus 7 Parteien), 18 für oppositionelles Bündnis (besteht aus 14 Parteien), 2 vakant (Wahl von 1993)

Korea-Nord

Lage Ostasien, Karte S. 408, D ?

Fläche 120 538 km² (WR 97)

Einwohner 23,9 Mio (WR 38)

Einwohner/km² 198 (1995)

Bev.-Wachstum/Jahr 1,8% Ø

Pkw.-Kennzeichen k. A.

Hauptstadt Pjöngjang (2,35 Mio Einwohner)

Sprache Koreanisch

Religion Konfessionslos (67,9%), Volksreligionen (15,6%)

Währung 1 Won (W) = 100 Chon

BSP/Kopf ca. 991 $ (1992)	Urbanisierung 61%
Inflation k. A.	Alphabetisierung 99%
Arbeitslos. k. A.	Einw. pro Arzt 370

Reg.-Chef Kang Song San (seit 1992) * 1931

Staatsob. Kim Jong Il (seit 1994) * 16.2.1942

Staatsform Kommunistische Volksrepublik

Parlament Oberste Volksversammlung mit 687 für vier Jahre gewählten Abgeordneten; sämtliche Sitze für die Kandidaten der von der kommunistischen Partei der Arbeit beherrschten Einheitsliste des Nationalen Blocks (Wahl von 1990)

 ## Kongo

Lage Afrika, Karte S. 405, C 5

Fläche 342 000 km² (WR 62)

Einwohner 2,6 Mio (WR 131)

Einwohner/km² 8 (1995)

Bev.-Wachstum/Jahr 3,0% Ø

Pkw.-Kennzeichen RCB

Hauptstadt Brazzaville (937 600 Einwohner)

Sprache *Französisch,* Lingala, Kikongo, Teke u. a.

Religion Kath. (53,9%), protest. (24,9%), animistisch (19%)

Währung CFA-Franc (FCFA)

BSP/Kopf 620 $ (1993)	Urbanisierung 59%
Inflation ca. 2,2% (1992)	Alphabetisierung 74,9%
Arbeitslos. ca. 25% (1994)	Einw. pro Arzt 3873

Reg.-Chef Joachim Yhombi-Opango (seit 1993) * 1939

Staatsob. Pascal Lissouba (seit 1992) * 15.11.1931

Staatsform Demokratische Republik

Parlament Volksvertretung mit 125 für fünf Jahre gewählten Abgeordneten; 64 Sitze für Sozialdemokraten (UPADS), 58 für Sozialisten (Bündnis PCT-URD), 2 für Demokratische Union, 1 für andere (Wahl von 1993)

UNO-Berichten von Mai 1996 zufolge drohte sich die schon im Winter 1995/96 herrschende Nahrungsmittelknappheit zu einer Hungersnot auszuweiten. Die Regierung machte Überschwemmungen vom August 1995, die große Teile der Ernte vernichtet hatten, für die Katastrophe verantwortlich. Internationale Beobachter sahen die Ursachen hingegen auch in Mängeln der Planwirtschaft und hohen Rüstungsausgaben, welche die finanziellen Ressourcen erschöpft hätten.

GRENZKONFLIKT: Einheiten der nordkoreanischen Armee drangen im April 1996 mehrfach in die entmilitarisierte Zone an der Grenze zum kapitalistischen Südkorea ein. Die Regierung erklärte dazu, sie werde das Waffenstillstandsabkommen von 1953 nicht mehr respektieren. Beobachter vermuteten, es könne sich um ein diplomatisches Muskelspiel handeln, mit dem Ziel, Friedensverhandlungen mit den USA als alleinigem Partner zu erreichen, und nicht – wie von Washington gefordert – mit Südkorea. Zum anderen könne es der Ablenkung von den Versorgungsengpässen im Innern dienen, aber auch ein letztes Aufbegehren der Armeeführung gegen den drohenden Kollaps der wirtschaftlich ausgehöhlten Nation sein. Diese Version stützte auch ein im Mai 1996 nach Südkorea geflohener Militärpilot, der vor einer bevorstehenden Invasion Südkoreas warnte.

Korea-Süd

Lage Ostasien, Karte S. 408, D 2	
Fläche 99 263 km² (WR 107)	
Einwohner 45,0 Mio (WR 25)	
Einwohner/km² 453 (1995)	
Bev.-Wachstum/Jahr 1,0% Ø	
Pkw.-Kennzeichen ROK	
Hauptstadt Seoul (10,6 Mio Einwohner)	
Sprache Koreanisch	
Religion Konf.-lose (46%), buddh. (27,6%), christl. (24,3%)	
Währung 1 Won (W) = 100 Chon	
BSP/Kopf 8260 $ (1994)	**Urbanisierung** 81%
Inflation 4,5% (1995)	**Alphabetisierung** 98%
Arbeitslos. 2,0% (1995)	**Einw. pro Arzt** 950
Reg.-Chef Lee Soo Sung (seit Dez. 1995) * 10.3.1939	
Staatsob. Kim Young Sam (seit 1993) * 20.12.1927	
Staatsform Präsidiale Republik	

Parlament Nationalversammlung mit 299 für vier Jahre gewählten Mitgliedern; 139 Sitze für Neue Korea Partei, 79 für Nationalkongreß für Neue Politik, 50 für Vereinte Liberal-Demokraten, 15 für Demokratische Partei, 16 für Unabhängige (Wahl vom April 1996)

Kroatien

Lage Europa, Karte S. 401, D 6	
Fläche 56 538 km² (WR 123)	
Einwohner 4,5 Mio (WR 110)	
Einwohner/km² 80 (1995)	
Bev.-Wachstum/Jahr 0,7% Ø	
Pkw.-Kennzeichen HR	
Hauptstadt Zagreb (931 000 Einwohner)	
Sprache Kroatisch	
Religion Kath. (76,5%), serb.-orth. (11,1%), prot., mosl.	
Währung 1 Kuna (K) = 100 Lipa	
BSP/Kopf 2560 $ (1994)	**Urbanisierung** 64%
Inflation ca. 3% (1995)	**Alphabetisierung** 98%
Arbeitslos. 12,9% (1994)	**Einw. pro Arzt** 356
Reg.-Chef Zlatko Matesa (seit 1995) * 17.6.1949	
Staatsob. Franjo Tudjman (seit 1990) * 14.5.1922	
Staatsform Republik	

Parlament Sabor mit 127 für vier Jahre gewählten Abgeordneten (Distriktkammer mit 64 Sitzen); im Abgeordnetenhaus 75 Sitze für Konservative (HDZ), 12 für Sozialliberale (HSLS), 10 für Kroat. Unabhängige Demokraten, 10 für Sozialdemokraten, 20 für andere (Wahl vom Oktober 1995)

Bei den Parlamentswahlen im April 1996 verlor die demokratisch-liberale Neue Korea Partei (NKP) von Staatspräsident Kim Young Sam die absolute Mehrheit, stellte aber mit 139 der 299 Mandate noch immer die stärkste Fraktion. Die größte Oppositionspartei, der Nationalkongreß für Neue Politik (NKNP), 1995 von der Demokratischen Partei (DP) abgespalten, verbesserte sich von 55 auf 79 Sitze. Die von der Regierungspartei NKP abgespaltenen Vereinigten Liberaldemokraten (ULD) kamen auf 50 Sitze. Umfragen vor der Wahl hatten ein schlechteres Ergebnis für die NKP erwarten lassen. Die Bestätigung der Regierungspartei führten Beobachter nicht nur auf die erfolgreiche Wirtschaftspolitik und die Anklage gegen zwei ehemalige Präsidenten wegen der Inszenierung des Staatsstreichs von 1979 zurück, sondern auch auf die militärischen Drohgebärden Nordkoreas an der Grenze unmittelbar vor der Wahl.

GRENZKONFLIKT: Im April 1996 drang die nordkoreanische Armee mehrfach in die entmilitarisierte Zone an der Grenze zu Südkorea ein. Konträre Ansichten der Nachbarn erschwerten das Zustandekommen eines Friedensvertrages, der das Waffenstillstandsabkommen von 1953 ersetzen soll: Während Nordkorea allein mit den USA verhandeln will, bestehen Südkorea und die USA auf einem innerkoreanischen Abkommen.

Eine Erholung der Wirtschaft erwarteten Experten nach dem Abschluß des Friedensabkommens von Dayton zwischen K., Serbien und Bosnien-Herzegowina im November 1995. Innerhalb weniger Wochen erhielt K. Bankkredite, zu denen es zuvor keinen Zugang gehabt hatte, das Interesse ausländischer Investoren wuchs. Wegen erheblicher Bedenken hinsichtlich des Minderheitenschutzes und demokratischer Freiheiten in K. verschob jedoch der Europarat die im April 1996 beschlossene Aufnahme des Landes auf unbestimmte Zeit.

OSTSLAWONIEN: Im Mai 1996 begann die Wiedereingliederung des serbisch besetzten kroatischen Gebiets Ostslawonien. Die Serben hatten dort, wie auch in den 1995 von Kroatien zurückeroberten Gebieten Westslawonien und Krajina, seit 1992 versucht, sich mit Unterstützung aus Belgrad abzuspalten. Eine UNO-Mission für Ostslawonien überwachte den Waffenstillstand und die Entmilitarisierung des Gebiets, die im Juni 1996 abgeschlossen wurde.

WAHLEN: Bei der vorgezogenen Parlamentswahl im Oktober 1995 errang die zentralistisch und national orientierte Kroatische Demokratische Gemeinschaft (HDZ) mit 44,8% der Stimmen zwar eine Mehrheit, verfehlte aber die angestrebte Zweidrittelmehrheit. Zweitstärkste Kraft wurde ein heterogenes Fünfparteienbündnis, das sich besonders für mehr Autonomie der Regionen einsetzte. Die bis dahin stärkste oppositionelle Gruppe der Sozialliberalen (HSLS) fiel mit 11,9% auf den dritten Platz zurück. Die regierende HDZ hatte die Auflösung des Parlaments unter dem Vorwand betrieben, die Zusammensetzung entspreche nach dem Parteiwechsel von 24 Abgeordneten nicht mehr dem Wahlausgang. Präsident Franjo Tudjman (HDZ) hatte nach den militärischen Erfolgen gegen die separatistischen Serben in der selbsternannten Republik Krajina einen hohen Sieg erwartet.

ZAGREB: Als Tudjman im Mai 1996 den Magistrat von Zagreb auflöste, warfen die Oppositionsparteien ihm und der HDZ undemokratisches Verhalten, Mißachtung des Wählerwillens sowie Korruption und Vetternwirtschaft vor. Die HDZ stellte im Magistrat die stärkste Fraktion, hatte aber keine Koalitionspartner zur Durchsetzung ihres Bürgermeisterkandidaten gefunden. Die von den Oppositionsparteien gewählten HSLS-Kandidaten waren vom Präsidenten immer wieder abgelehnt worden. Das Verfassungsgericht erklärte die Auflösung Ende Mai für ungültig.

AUFSCHWUNG: Infolge eines 1993 eingeleiteten Stabilisierungsprogramms setzte bereits 1995 ein wirtschaftlicher Aufschwung ein. Das BIP wuchs um rd. 3% (1994: 0,8%), die Inflationsrate sank auf 3%, und das Pro-Kopf-Einkommen stieg um rd. 20%.

→ Balkan-Konflikt → UNO-Friedenstruppen

Kuba

Lage Mittelam., Karte S. 404, C 3	
Fläche 110 861 km² (WR 103)	
Einwohner 11,0 Mio (WR 66)	
Einwohner/km² 100 (1995)	
Bev.-Wachstum/Jahr 0,9% Ø	
Pkw.-Kennzeichen C	

Hauptstadt Havanna (2,1 Mio Einwohner)

Sprache Spanisch

Religion Konfessionslos (55,1%), kath. (39,6%), protest.

Währung 1 Kubanischer Peso (Kub$) = 100 Centavos

BSP/Kopf 600 $ (1993)	**Urbanisierung** 76%
Inflation k. A.	**Alphabetisierung** 95,7%
Arbeitslos. k. A.	**Einw. pro Arzt** 303

Reg.-Chef Fidel Castro Ruz (seit 1959) * 13.8.1927

Staatsob. Fidel Castro Ruz (seit 1976) * 13.8.1927

Staatsform Sozialistische Republik

Parlament Nationalversammlung mit 589 für fünf Jahre gewählten Abgeordneten; sämtliche Sitze für die Einheitspartei PCC (Kommunistische Partei Kubas; Wahl von 1993)

Der wirtschaftlichen Flaute nach dem Zusammenbruch des Ostblocks versuchte die Regierung 1995/96 durch eine Reihe von Reformen mit marktwirtschaftlichen Ansätzen gegenzusteuern. Politische Reformen lehnte Staatschef Fidel Castro 1996 nach wie vor ab. Ein für Februar 1996 geplantes Dissidententreffen wurde verboten, zahlreiche Oppositionelle und Menschenrechtler wurden verhaftet.

REFORMEN: Die leichte wirtschaftliche Erholung – das Bruttoinlandsprodukt wuchs 1995 um 2,5% – führten Experten auf die im Oktober 1994 erfolgte Freigabe des Dollarbesitzes und die Wiedereröffnung der Bauernmärkte sowie die Zulassung unabhängiger Arbeit auf „eigene Rechnung" zurück. Mit diesen Maßnahmen wollte die Regierung die Lebensbedingungen der Kubaner verbessern und das wachsende Arbeitslosigkeit mildern. Minimale Reformen sollten auch die wirtschaftlich wichtige Tabakindustrie ankurbeln. Dort wurden Staatsfarmen in Kooperativen umgewandelt und Felder an einzelne Familien abgegeben, was zu einer Produktionssteigerung führte. 1995 gab die Regierung erstmals Anreizprämien in Devisen für die Tabakarbeiter aus. 1996 begann die Regierung mit Reformen der öffentlichen Finanzen, um die sinkenden Einnahmen aus dem Exportgeschäft auszugleichen. Die Steuererhöhungen und scharfen Devisenkontrollen dienten zugleich dazu, die florierende Privatwirtschaft der Kleinunternehmer wieder unter Kontrolle zu bringen. Sie mußten ab Februar 1996 vier- bis zehnmal soviel Abgaben zahlen wie zuvor, so daß die privaten Verdienste kaum mehr lohnten.

WIRTSCHAFT: Die 1989 einsetzende Rezession hatte das BIP bis 1996 um 40% gegenüber 1989 sinken lassen, der Außenhandel ging auf 20% seines damaligen Volumens zurück. Die Produktion der Landwirtschaft sank auf die Hälfte, weite Teile der Bevölkerung lebten am Rande des Existenzminimums. Der forcierte Tourismus war der einzige Wirtschaftszweig, der solide Zuwachsraten vermeldete. Die Zahl der Urlauber verdoppelte sich zwischen 1989 und 1995 auf 745 000 Gäste. Die Einnahmen aus diesem Bereich wurden zur Hauptdevisenquelle (1995: 1 Mrd Dollar). Seit der Öffnung für ausländische Mehrheitsbeteiligungen an Gemeinschaftsunternehmen 1995 entstanden bis Mitte 1996 über 200 Joint-ventures mit einem Investitionsvolumen von 2,1 Mrd Dollar, insbes. in den Bereichen Bergbau, Hotellerie und Telekommunikation.

SANKTIONEN: Die USA verschärften ihre seit 1962 bestehenden Wirtschaftssanktionen, nachdem die kubanische Luftwaffe im Februar 1996 zwei Flugzeuge einer exilkubanischen Fluchthilfeorganisation über internationalen Gewässern abgeschossen hatte. Die Exilkubaner hatten über K. Flugblätter abgeworfen.

Kuwait

Lage Naher Osten, Karte S.405, D 3
Fläche 17 818 km² (WR 152)
Einwohner 1,5 Mio (WR 142)
Einwohner/km² 87 (1995)
Bev.-Wachstum/Jahr –0,5% ⌀
Pkw.-Kennzeichen KWT
Hauptstadt Kuwait-Stadt (170 000 Einwohner)
Sprache *Arabisch,* Englisch
Religion Moslemisch (90%), christlich (8%), hinduist. (2%)
Währung 1 Kuwait-Dinar (KD) = 1000 Fils

BSP/Kopf 19 420 $ (1994)	**Urbanisierung** 97%
Inflation 0,5% (1994)	**Alphabetisierung** 78,6%
Arbeitslos. k.A.	**Einw. pro Arzt** 515

Reg.-Chef Saad al-Abdallah as-Sabah (seit 1978) * 1930
Staatsob. Jabir al-Ahmad al-Jabir as-Sabah (seit 1978)
Staatsform Emirat
Parlament Nationalversammlung mit 50 Abgeordneten; 22 Sitze für islamische Gruppierungen, 18 für Anhänger des Emirs, 10 für unabhängige und liberale Kandidaten; keine politischen Parteien zugelassen (Wahl von 1992)

Lesotho

Lage Afrika, Karte S. 405, D 7
Fläche 30 355 km² (WR 137)
Einwohner 2,1 Mio (WR 138)
Einwohner/km² 68 (1995)
Bev.-Wachstum/Jahr 2,7% ⌀
Pkw.-Kennzeichen LS
Hauptstadt Maseru (109 000 Einwohner)
Sprache *Englisch,* Sotho
Religion Kath. (43,5%), protest. (29,8%), anglik. (11,5%)
Währung 1 Loti (M) = 100 Lisente

BSP/Kopf 720 $ (1993)	**Urbanisierung** 23%
Inflation 9,5% (1994)	**Alphabetisierung** 71,3%
Arbeitslos. k. A.	**Einw. pro Arzt** 15 728

Reg.-Chef Ntsu Mokhehle (seit 1993) * 26.12.1918
Staatsob. König Letsie III (seit März 1996) * 7.7.1963
Staatsform Konstitutionelle Monarchie
Parlament 64 für fünf Jahre gewählten Abgeordneten; alle Sitze für Basotholand Congress Party BCP (Wahl von 1993)

Laos

Lage Ostasien, Karte S. 408, B 4
Fläche 236 800 km² (WR 80)
Einwohner 4,9 Mio (WR 107)
Einwohner/km² 21 (1995)
Bev.-Wachstum/Jahr 3,1% ⌀
Pkw.-Kennzeichen LAO
Hauptstadt Vientiane (300 000 Einwohner)
Sprache *Lao,* Französisch, Engl., Chines., Vietnames.
Religion Buddhistisch (58%), Stammesreligionen (34%)
Währung 1 Kip (K) = 100 AT

BSP/Kopf 320 $ (1994)	**Urbanisierung** 22%
Inflation ca. 20% (1995)	**Alphabetisierung** 56,6%
Arbeitslos. ca. 20% (1995)	**Einw. pro Arzt** 4450

Reg.-Chef Khamtay Siphandone (seit 1991) * 8.2.1924
Staatsob. Nouhak Phoumsavanh (seit 1992) * 9.4.1915
Staatsform Volksrepublik
Parlament Nationalversammlung mit 85 für fünf Jahre gewählten Abgeordneten; alle Sitze für die kommunistische LRVP (Wahl von 1992)

Lettland

Lage Europa, Karte S. 401, E 4
Fläche 64 600 km² (WR 121)
Einwohner 2,6 Mio (WR 132)
Einwohner/km² 40 (1995)
Bev.-Wachstum/Jahr –0,1% ⌀
Pkw.-Kennzeichen LV
Hauptstadt Riga (856 000 Einwohner)
Sprache *Lettisch,* Russisch
Religion Lutheran. (55%), kathol. (24%), russ.-orthod. (9%)
Währung 1 Lats = 100 Santims

BSP/Kopf 2320 $ (1994)	**Urbanisierung** 73%
Inflation 25,0% (1995)	**Alphabetisierung** 99,8%
Arbeitslos. 6,3% (1995)	**Einw. pro Arzt** 280

Reg.-Chef Andris Skele (seit Dez. 1995) * 16.1.1958
Staatsob. Guntis Ulmanis (seit 1993) * 13.9.1939
Staatsform Republik
Parlament Saeima mit 100 für drei Jahre gewählten Abgeordneten; 18 Sitze für Zentrumspartei, 17 für Lettlands Weg, 16 für Bewegung für Lettland, 14 für Vaterland und Freiheit, 8 für Nationale Unabhängigkeitsbewegung, 7 für Bauernunion, 20 für Andere (Wahl vom Okt. 1995)

Im dritten Anlauf wählte das Parlament im Dezember 1995 den parteilosen Unternehmer Andris Skele zum neuen Ministerpräsidenten. Die Parlamentswahlen vom September und Oktober 1995, in denen sich die Enttäuschung der Bevölkerung über die schwache wirtschaftliche Entwicklung niederschlug, hatten keine klaren Mehrheitsverhältnisse erbracht. Zwei Parteienblöcke hielten sich die Waage, die beiden ersten vom Präsidenten vorgeschlagenen Amtsanwärter erreichten mit ihren Koalitionen nicht die erforderliche Mehrheit. Bei der Präsidentschaftswahl im Juni 1996 wurde Guntis Ulmanis im Amt (seit 1993) bestätigt.

REGIERUNG: Die Regierung von Skele umfaßt sechs Parteien, darunter die aus ehemaligen kommunistischen Funktionären bestehende Zentrumspartei und die bürgerlich-konservative bisherige Regierungspartei Lettlands Weg sowie kleinere Linksparteien. Die drittstärkste Fraktion, die radikalen Nationalisten der Bewegung für Lettland, blieb in der Opposition. Ziele der Regierung waren 1996 die Sanierung von Haushalt und Wirtschaft sowie der baldige NATO- und EU-Beitritt.

MINDERHEIT: Eine Ende 1995 von nationalistischen Kräften angestrebte Volksabstimmung über eine Verschärfung der Bürgerschaftsgesetze, die u. a. die Einbürgerung der russischen Minderheit (30% der Bevölkerung) erschweren sollte, kam nicht zustande.

Internationale Vermittler erreichten im April 1996 die Beendigung der Kämpfe zwischen Hisbollah-Milizen im Süden von L. und Israel. Anfang April hatte Israel Stellungen der von Iran unterstützten Hisbollah angegriffen, die unter dem Schutz der schiitischen Bevölkerung in der 15 Kilometer breiten, von der israelisch unterstützten Südlibanesischen Armee (SLA) kontrollierten Pufferzone Stellungen unterhält. Die Hisbollah wurde für gegen den Friedensprozeß in Nahost gerichteten Anschläge verantwortlich gemacht. Israel forderte wie bei früheren militärischen Aktionen die Bekämpfung und Entwaffnung der Hisbollah.

SYRISCHER EINFLUSS: Vor dem Hintergrund der Bemühungen um eine Einigung zwischen Israel und Syrien, das als Schutzmacht 40 000 Soldaten in L. stationiert hält, erklärte die libanesische Regierung ihre Bereitschaft, bei einem israelischen Rückzug aus der Pufferzone mit eigenen Soldaten nachzurücken und die Hisbollah zu entwaffnen. Bereits im November 1995 war der Einfluß Syriens deutlich geworden, als das libanesische Parlament auf indirekten Druck Syriens die Amtszeit des prosyrischen Staatspräsidenten Elias Hrawi um weitere drei Jahre verlängerte. Das Parlament mußte dafür die Verfassung ändern. Bei den normalerweise anstehenden Präsidentschaftswahlen hätte Hrawi kein zweites Mal kandidieren dürfen.

→ A-Z Hisbollah → A-Z Nahost-Konflikt

Libanon

Lage Naher Osten, Karte S. 406, B 2	
Fläche 10 400 km² (WR 159)	
Einwohner 3,0 Mio (WR 128)	
Einwohner/km² 289 (1995)	
Bev.-Wachstum/Jahr 2,7% Ø	
Pkw.-Kennzeichen RL	

Hauptstadt Beirut (1,5 Mio Einwohner)

Sprache Arabisch, Französisch

Religion Moslemisch (53%), christlich (40%), drusisch (7%)

Währung 1 Libanesisches Pfund (L£) = 100 Piastres

BSP/Kopf 1075 $ (1992)	**Urbanisierung** 87%
Inflation 10,6% (1994)	**Alphabetisierung** 92,4%
Arbeitslos. 20% (1994)	**Einw. pro Arzt** 771

Reg.-Chef Rafik Hariri (seit 1992) * 1944

Staatsob. Elias Hrawi (seit 1989) * 4.9.1926

Staatsform Parlamentarische Republik

Parlament Nationalversammlung mit 128 für vier Jahre gewählten Abgeordneten; 19 Sitze für Amal-Partei, 12 für Hisbollah, 10 für Liste Selim al-Hoss, 7 für Sozialistische Fortschrittspartei, 6 für Syrisch-Nationale Partei, 74 für andere (Wahl von 1992)

Liberia

Lage Afrika, Karte S. 405, A 4	
Fläche 111 369 km² (WR 101)	
Einwohner 3,0 Mio (WR 127)	
Einwohner/km² 27 (1995)	
Bev.-Wachstum/Jahr 3,2% Ø	
Pkw.-Kennzeichen LB	

Hauptstadt Monrovia (465 000 Einwohner)

Sprache Englisch, Kpelle, Bassa, 9 andere Stammesspr.

Religion Christl. (67,7%), mosl. (13,8%), Volksrel. (18,5%)

Währung 1 Liberianischer Dollar (Lib$) = 100 Cents

BSP/Kopf ca. 200 $ (1992)	**Urbanisierung** 45%
Inflation 10,0% (1994)	**Alphabetisierung** 38,3%
Arbeitslos. k. A.	**Einw. pro Arzt** 9324

Reg.-Chef David Kpomakpor (seit 1994)

Staatsob. David Kpomakpor (seit 1994)

Staatsform Präsidiale Republik

Parlament Repräsentantenhaus mit 64 Sitzen, 1990 nach Militärputsch aufgelöst, Übergangsnationalversammlung mit 35 Mitgliedern (seit 1994)

Im April/Mai 1996 flammte der seit dem Sturz von Dikator Samuel Doe 1989 andauernde Bürgerkrieg zwischen verfeindeten Volksgruppen wieder auf. Versuche, die Gefechte durch die Einrichtung einer von der Westafrikanischen Friedenstruppe (ECOMOG) zu überwachenden Pufferzone zwischen den Milizen beizulegen, scheiterten. Die ECOMOG griff nicht in die Kämpfe ein. Berichten von Hilfsorganisationen zufolge herrschten in der Hauptstadt Monrovia Plünderung und Gewalt. Nach dem Zusammenbruch der medizinischen Versorgung breitete sich Mitte 1996 die Cholera aus. Zehntausende Zivilisten befanden sich auf der Flucht.

MACHTKÄMPFE: Auslöser der neuen Auseinandersetzungen war ein Kampf um die Vormacht innerhalb einer von Roosevelt Johnson geführten Rebellengruppe (Ulimo-J). Nach der Spaltung dieser Gruppe wurde Johnson von den übrigen Rebellengruppen aus der Übergangsregierung ausgeschlossen, wogegen er sich mit seinen Anhängern gewaltsam zur Wehr setzte. Die Kämpfe stellten den im Herbst 1995 eingeleiteten Friedensprozeß in Frage, der den Bürgerkrieg (150 000 Tote und 700 000 Flüchtlinge bis Mitte 1996) vorläufig beendet hatte. Unter Vermittlung der westafrikanischen Nachbarstaaten Nigeria, Ghana und Sierra Leone war ein Übergangsrat aus Vertretern aller Rebellenorganisationen gebildet worden; für August 1996 waren Wahlen geplant.

Berichten des US-Geheimdienstes CIA zufolge baute L. im 1996 eine Chemiewaffenfabrik, die sich in einem Bergtunnel befand. Im September 1995 war die Ende der 80er Jahre wegen angeblicher Chemiewaffenherstellung umstrittene und 1990 niedergebrannte chemische Fabrik Rabta wiedereröffnet worden. Sinkende Öleinnahmen (95% der Staatseinkünfte) und die internationalen Sanktionen belasteten 1995/96 die libysche Wirtschaft.

BOYKOTT: L., das die internationale Chemiewaffenkonvention von 1993 nicht unterzeichnet hat, steht im Verdacht, internationale Terroristen u. a. mit chemischen Kampfstoffen zu unterstützen. Das 1992 wegen der Nichtauslieferung mutmaßlicher Flugzeugattentäter von der UNO verhängte Luftverkehrs- und Waffenembargo galt 1996 fort, die USA verlängerten im Januar ihr Handelsembargo um ein Jahr und hielten libysche Guthaben weiterhin eingefroren.

AUSWEISUNGEN: Im September und Oktober 1995 begann L. mit der Ausweisung von rd. 30 000 Palästinensern. Revolutionsführer Muammar al-Gaddhafi begründete den Schritt mit dem 1994 geschaffenen palästinensischen Autonomiegebiet im Gaza-Steifen, in das die Gastarbeiter zurückkehren könnten. Damit versuchte Gaddhafi, den Nahost-Friedensprozeß zu torpedieren: Die autonome Region kann die Flüchtlinge nicht verkraften und ließ sie daher nicht einreisen.

Libyen

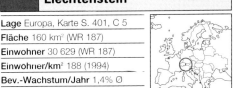

Lage Afrika, Karte S. 405, C 1	
Fläche 1 759 540 km² (WR 16)	
Einwohner 5,4 Mio (WR 102)	
Einwohner/km² 3 (1995)	
Bev.-Wachstum/Jahr 3,6% Ø	
Pkw.-Kennzeichen LAR	
Hauptstadt Tripolis (1,3 Mio Einwohner)	
Sprache *Arabisch,* Berberdialekte	
Religion Moslemisch (97%)	
Währung 1 Libyscher Dinar (LD) = 1000 Dirham	
BSP/Kopf 6000 $ (1992)	**Urbanisierung** 86%
Inflation ca. 15% (1995)	**Alphabetisierung** 76,2%
Arbeitslos. unter 1% (1995)	**Einw. pro Arzt** 690
Reg.-Chef Abd al-Majid Kaud (seit 1994) * 1943	
Staatsoberhaupt Z. M. Zentani (seit 1994), de facto Muammar al-Gaddhafi (seit 1969) * 1942	
Staatsform Volksrepublik auf islamischer Grundlage	
Parlament Allgemeiner Volkskongreß mit 3000 von sog. Volkskomitees und Volkskongressen ernannten und delegierten Mitgliedern	

Liechtenstein

Lage Europa, Karte S. 401, C 5	
Fläche 160 km² (WR 187)	
Einwohner 30 629 (WR 187)	
Einwohner/km² 188 (1994)	
Bev.-Wachstum/Jahr 1,4% Ø	
Pkw.-Kennzeichen FL	
Hauptstadt Vaduz (5067 Einwohner)	
Sprache *Deutsch,* alemannische Dialekte	
Religion Katholisch (80%), protestantisch (7%)	
Währung 1 Schweizer Franken (sfr) = 100 Rappen	
BSP/Kopf 33 000 $ (1991)	**Urbanisierung** 46%
Inflation 0,9% (1994)	**Alphabetisierung** 100%
Arbeitslos. 1,3% (1994)	**Einw. pro Arzt** 957
Reg.-Chef Mario Frick (seit 1993) * 8.5.1965	
Staatsob. Fürst Hans-Adam II. (seit 1989) * 14.2.1945	
Staatsform Parlamentarische Monarchie	
Parlament Landtag mit 25 für vier Jahre gewählten Abgeordneten; 13 Sitze für Vaterländische Union, 11 für Fortschrittliche Bürgerpartei, 1 für Freie Liste, Grüne (Wahl von 1993)	

Litauen

Lage Europa, Karte S. 401, E 4	
Fläche 65 200 km² (WR 120)	
Einwohner 3,7 Mio (WR 117)	
Einwohner/km² 57 (1995)	
Bev.-Wachstum/Jahr 0,4% ⌀	
Pkw.-Kennzeichen LT	

Hauptstadt Wilna (590 000 Einwohner)

Sprache *Litauisch,* Polnisch, Russisch

Religion Katholisch (90%)

Währung 1 Litas (LTL) = 100 Centas

BSP/Kopf 1350 $ (1994)	Urbanisierung 72%
Inflation 20,3% (1995)	Alphabetisierung 99,5%
Arbeitslos. 6,1% (1995)	Einw. pro Arzt 230

Reg.-Chef Mindaugas Stankevicius (seit Feb. 1996) * 1935

Staatsob. Algirdas Brazauskas (seit 1993) * 22.9.1932

Staatsform Parlamentarische Republik

Parlament Seimas mit 141 direkt für fünf Jahre gewählten Abgeordneten; 73 Sitze für Arbeiterpartei LDAP, 30 für Sajudis, 9 für Christdemokraten, 8 für Sozialdemokraten, 5 für Union der politischen Gefangenen,16 für andere (Wahl von 1992)

Luxemburg

Lage Europa, Karte S. 401, C 5	
Fläche 2586 km² (WR 165)	
Einwohner 407 000 (WR 160)	
Einwohner/km² 157 (1995)	
Bev.-Wachstum/Jahr 1,0% ⌀	
Pkw.-Kennzeichen L	

Hauptstadt Luxemburg (75 713 Einwohner)

Sprache Lëtzebuergesch, Französisch, Deutsch

Religion Katholisch (96,9%), protestantisch (1,2%)

Währung 1 Luxemburgischer Franc (lfr) = 100 Centimes

BSP/Kopf 39 600 $ (1994)	Urbanisierung 89%
Inflation 1,9% (1995)	Alphabetisierung 100%
Arbeitslos. 2,9% (1995)	Einw. pro Arzt 469

Reg.-Chef Jean-Claude Juncker (seit Jan. 1995) * 1954

Staatsob. Großherzog Jean (seit 1964) * 5.1.1921

Staatsform Konstitutionelle Monarchie

Parlament Abgeordnetenkammer mit 60 für fünf Jahre gewählten Abgeordneten; 21 Sitze für Christlich-Soziale Volkspartei, 17 für Sozialistische Arbeiterpartei, 12 für Demokratische Partei, 10 für andere (Wahl von 1994)

Im Februar 1996 zwang ein Mißtrauensvotum den seit 1993 mit absoluter Mehrheit seiner Demokratischen Arbeiterpartei (LDAP) regierenden Ministerpräsidenten Adolfas Slezevicius zum Rücktritt. Als Nachfolger wurde Mindaugas Stankevicius (LDAP) gewählt.

BANKENPLEITE: Slezevicius stürzte über einen Bankenskandal, bei dem er im Dezember 1995 zwei zahlungsunfähige private Großbanken verstaatlicht und deren Geld eingefroren, zuvor aber 30 000 Dollar von einem privaten Konto in Sicherheit gebracht hatte. Die Regierung plante 1996, die Banken unter Aufstockung des Kapitals durch eine Fusion zu retten.

MÄSSIGER AUFSCHWUNG: Das BIP wuchs 1995 um rd. 5% (1994: 1%), die Arbeitslosigkeit stieg auf rd. 6,1% (1994: 3,8%). Die trotz politischer Stabilität, niedrigen Lohnniveaus und ausreichender Infrastruktur im Vergleich zu anderen Reformstaaten geringen Auslandsinvestitionen (1991–1994: 300 Mio DM) führten Fachleute auf bürokratische Hindernisse und das Verbot von Grunderwerb für Ausländer sowie die rein inländische Gutscheinprivatisierung von 80% der staatlichen Betriebe zurück. Ab Juli 1995 wurden verbliebene Großbetriebe auch an Ausländer verkauft. Die angestrebte europäische Integration bekräftigte die Regierung im Dezember 1995 mit dem offiziellen Antrag auf Mitgliedschaft in der EU.

Madagaskar

Lage Afrika, Karte S. 405, F 6	
Fläche 587 041 km² (WR 44)	
Einwohner 14,8 Mio (WR 56)	
Einwohner/km² 235 (1995)	
Bev.-Wachstum/Jahr 3,0% ⌀	
Pkw.-Kennzeichen RM	

Hauptstadt Antananarivo (802 000 Einwohner)

Sprache *Französisch,* Malagassy und einheimische Idiome

Religion Christlich (51%), traditionelle Religionen (47%)

Währung 1 Madagaskar-Franc (FMG) = 100 Centimes

BSP/Kopf 200 $ (1994)	Urbanisierung 27%
Inflation 18% (1994)	Alphabetisierung 80%
Arbeitslos. ca. 40% (1993)	Einw. pro Arzt 8120

Reg.-Chef Norbert Ratsirahonana (seit Mai 1996)

Staatsob. Albert Zafy (seit 1993) * 1.5.1927

Staatsform Republik

Parlament Nationale Volksversammlung mit 138 für vier Jahre gewählten Abgeordneten; 75 Sitze für Forces Vives, 15 für Sozialisten (MFM), 13 für Leader-Fanilo, 11 für FAMINA, 8 für PSD-RPDS, 16 für andere (Wahl von 1993)

Malawi

Lage Afrika, Karte S. 405, E 6	
Fläche 118 484 km² (WR 98)	
Einwohner 11,1 Mio (WR 64)	
Einwohner/km² 94 (1995)	
Bev.-Wachstum/Jahr 4,5% Ø	
Pkw.-Kennzeichen MW	

Hauptstadt Lilongwe (350 000 Einwohner)

Sprache *Englisch, Chichewa,* Lomwe, Yao, Tumbuka u. a.

Religion Christl. (64,5%), Volksrel. (19%), moslem. (16,2%)

Währung 1 Malawi-Kwacha (MK) = 100 Tambala

BSP/Kopf 170 $ (1994)	**Urbanisierung** 14%
Inflation 37,2% (1994)	**Alphabetisierung** 56,4%
Arbeitslos. k. A.	**Einw. pro Arzt** 50 360

Reg.-Chef Bakili Muluzi (seit Mai 1994) * 17.3.1943

Staatsob. Bakili Muluzi (seit Mai 1994) * 17.3.1943

Staatsform Präsidiale Republik

Parlament Nationalversammlung mit 177 für fünf Jahre gewählten Abgeordneten; 84 Sitze für Vereinigte Demokratische Front (UDF), 55 für Malawische Kongreßpartei, 36 für Allianz der Demokratie, 2 vakant (Wahl von 1994)

Malediven

Lage Asien, Karte S. 407, C 6	
Fläche 298 km² (WR 184)	
Einwohner 254 000 (WR 169)	
Einwohner/km² 852 (1995)	
Bev.-Wachstum/Jahr 3,2% Ø	
Pkw.-Kennzeichen k. A.	

Hauptstadt Malé (63 000 Einwohner)

Sprache Divehi, Englisch

Religion Sunnitische Moslems (100%)

Währung 1 Rufiyaa (Rf) = 100 Laari

BSP/Kopf 950 $ (1994)	**Urbanisierung** 27%
Inflation 14,2% (1994)	**Alphabetisierung** 93,2%
Arbeitslos. k. A.	**Einw. pro Arzt** 5377

Reg.-Chef Maumoon Abdul Gayoom (seit 1978) * 1937

Staatsob. Maumoon Abdul Gayoom (seit 1978) * 1937

Staatsform Präsidiale Republik im Commonwealth

Parlament Majilis mit 40 für fünf Jahre gewählten und 8 vom Präsidenten ernannten Abgeordneten, keine politischen Parteien (Wahl von 1993)

Malaysia

Lage Ostasien, Karte S. 408, B 5	
Fläche 329 758 km² (WR 65)	
Einwohner 20,1 Mio (WR 48)	
Einwohner/km² 61 (1995)	
Bev.-Wachstum/Jahr 2,5% Ø	
Pkw.-Kennzeichen MAL	

Hauptstadt Kuala Lumpur (3,0 Mio Einwohner)

Sprache *Malaiisch,* Chinesisch, Tamil, Iban, Englisch

Religion Mosl. (53%), buddh. (17,3%), Volksrel. (11,6%)

Währung 1 Ringgit (R) = 100 Sen

BSP/Kopf 3480 $ (1994)	**Urbanisierung** 54%
Inflation 3,4% (1995)	**Alphabetisierung** 83,5%
Arbeitslos. 2,8% (1995)	**Einw. pro Arzt** 2410

Reg.-Chef D. S. Mahathir bin Mohamad (seit 1981) * 1925

Staatsob. T. Ja'far ibni Al-M. Tuanku A. Rahman (seit 1994)

Staatsform Parlamentarisch-demokrat. Wahlmonarchie

Parlament Abgeordnetenhaus mit 192 für fünf Jahre gewählten Abgeordneten; 162 Sitze für die aus 13 Parteien bestehende Regierungskoalition Nationale Front, 30 für Oppositionsallianz (Wahl vom April 1995)

Mali

Lage Afrika, Karte S. 477, B 3	
Fläche 1 240 192 km² (WR 23)	
Einwohner 10,8 Mio (WR 88)	
Einwohner/km² 9 (1995)	
Bev.-Wachstum/Jahr 2,8% Ø	
Pkw.-Kennzeichen RMM	

Hauptstadt Bamako (840 000 Einwohner)

Sprache *Französisch,* Bambara

Religion Moslemisch (90%), animistisch (9%), christl. (1%)

Währung CFA-Franc (FCFA)

BSP/Kopf 250 $ (1994)	**Urbanisierung** 27
Inflation 32% (1994)	**Alphabetisierung** 31%
Arbeitslos. k. A.	**Einw. pro Arzt** 21 180

Reg.-Chef Ibrahim Boubacar Keïta (seit Febr. 1994) * 1945

Staatsob. Alpha Oumar Konaré (seit 1992) * 2.2.1946

Staatsform Präsidiale Republik

Parlament Nationalversammlung mit 129 für fünf Jahre gewählten Abgeordneten; 76 Sitze für Adéma, 9 für Nationalkongreß der demokratischen Initiative, 8 für Sudanesische Union RDA, 36 für andere (Wahl von 1992)

Malta

 # Marshall-Inseln

Lage Europa, Karte S. 401, D 8	**Lage** Ozeanien, Karte S. 409, F 1
Fläche 316 km² (WR 183)	**Fläche** 181 km² (WR 186)
Einwohner 366 000 (WR 164)	**Einwohner** 52 000 (WR 184)
Einwohner/km² 1158 (1995)	**Einwohner/km²** 286,5 (1993)
Bev.-Wachstum/Jahr 0,6% Ø	**Bev.-Wachstum/Jahr** 1,7% Ø
Pkw.-Kennzeichen M	**Pkw.-Kennzeichen** k. A.

Hauptstadt Valletta (210 000 Einwohner)

Sprache *Maltesisch,* Englisch

Religion Katholisch (98,9%), anglikanisch (1,1%)

Währung 1 maltes. Lira (Lm) = 100 cents = 1000 mils

BSP/Kopf 7970 $ (1993)	**Urbanisierung** 89%
Inflation 4,1% (1994)	**Alphabetisierung** 96%
Arbeitslos. 3,5% (1995)	**Einw. pro Arzt** 890

Reg.-Chef Edward Fenech Adami (seit 1987) * 4.2.1934

Staatsob. Ugo Mifsud Bonnici (seit April 1994) * 8.11.1932

Staatsform Parlamentarische Republik

Parlament Repräsentantenhaus mit 65 für fünf Jahre gewählten Abgeordneten; 34 Sitze für Nationalist Party, 31 für Labour Party (Wahl von 1992)

Hauptstadt Dalap-Uliga-Darrit (14 600 Einwohner)

Sprache Kajin-Majol, Englisch

Religion Protestantisch (90,1%), katholisch (8,5%)

Währung 1 US-Dollar (US-$) = 100 Cents

BSP/Kopf 2500 $ (1992)	**Urbanisierung** 65%
Inflation k. A.	**Alphabetisierung** 91%
Arbeitslos. k. A.	**Einw. pro Arzt** 2217

Reg.-Chef Amata Kabua (seit 1980)

Staatsob. Amata Kabua (seit 1980)

Staatsform Republik

Parlament Nityela mit 33 Abgeordneten und beratende Versammlung mit Stammesführern (Haus der Iroij), keine politischen Parteien

 # Marokko

 # Mauretanien

Lage Afrika, Karte S. 405, B 1	**Lage** Afrika, Karte S. 477, A 3
Fläche 446 550 km² (WR 56)	**Fläche** 1 025 520 km² (WR 28)
Einwohner 27,0 Mio (WR 37)	**Einwohner** 2,3 Mio (WR 135)
Einwohner/km² 61 (1995)	**Einwohner/km²** 2 (1995)
Bev.-Wachstum/Jahr 2,2% Ø	**Bev.-Wachstum/Jahr** 2,5% Ø
Pkw.-Kennzeichen MA	**Pkw.-Kennzeichen** RIM

Hauptstadt Rabat (1,38 Mio Einwohner)

Sprache *Arabisch,* Französisch, Spanisch, Berberdialekte

Religion Moslemisch (98,7%), christlich (1,1%), jüd. (0,2%)

Währung 1 Dirham (DH) = 100 Centimes

BSP/Kopf 1140 $ (1994)	**Urbanisierung** 48%
Inflation 7% (1995)	**Alphabetisierung** 43,7%
Arbeitslos. 17% (1995)	**Einw. pro Arzt** 4415

Reg.-Chef Abdellatif Filali (seit 1994) * 26.1.1928

Staatsob. König Hasan II. (seit 1961) * 9.7.1929

Staatsform Konstitutionelle Monarchie

Parlament Nationalversammlung aus 333 für sechs Jahre gewählten Abgeordneten, zusätzlich werden indirekt 111 von Gemeinderäten und Berufsorganisationen vergeben; 154 Sitze für Entente (4 königstreue Parteien), 115 für Unité, 64 für andere (Wahl von 1993)

Hauptstadt Nouakchott (500 800 Einwohner)

Sprache *Arabisch,* Französisch, afrik. Stammessprachen

Religion Moslemisch (99,4%), christlich (0,4%)

Währung 1 Ouguiya (UM) = 5 Khoums

BSP/Kopf 480 $ (1994)	**Urbanisierung** 54%
Inflation 4,1% (1994)	**Alphabetisierung** 37,7%
Arbeitslos. 24% (1994)	**Einw. pro Arzt** 13 167

Reg.-Chef Afia Ould Mohammed Khouna (seit Jan. 1996)

Staatsob. Maaouya Ould Sid'Ahmed Taya (seit 1984)

Staatsform Präsidialrepublik

Parlament Nationalversammlung mit 79 für fünf Jahre gewählten Abgeordneten; 67 Sitze für Demokratisch-Soziale Partei der Republik (PRDS), 10 für unabhängige Demokratiebewegung (MDI), 2 für andere (Wahl von 1992)

Mauritius

Lage Afrika, Karte S. 405, F 6

Fläche 2040 km² (WR 167)

Einwohner 1,1 Mio (WR 149)

Einwohner/km² 548 (1995)

Bev.-Wachstum/Jahr 0,9% ∅

Pkw.-Kennzeichen MS

Hauptstadt Port Louis (460 000 Einwohner)

Sprache *Englisch*, Kreol., Hindi, Urdu, Chines., Französ.

Religion Hind. (52,5%), christlich (30,1%), mosl. (12,9%)

Währung 1 Mauritius-Rupie (MR) = 100 Cents

BSP/Kopf 3150 $ (1994)	**Urbanisierung** 41%
Inflation 9,4% (1994)	**Alphabetisierung** 82,9%
Arbeitslos. 1,6% (1994)	**Einw. pro Arzt** 996

Reg.-Chef Navim Ramgoolam (seit Dez. 1995) * 1947

Staatsob. Cassam Uteem (seit 1992) * 22.3.1941

Staatsform Republik

Parlament Nationalversammlung mit 62 für fünf Jahre gewählten Abgeordneten; Aufgrund des Mehrheitswahlrechts alle Sitze für Linksbündnis aus MMM und Sozialdemokraten (Wahl vom Dezember 1995)

Mexiko

Lage Nordam., Karte S. 402, C 8

Fläche 1,96 Mio km² (WR 14)

Einwohner 93,7 Mio (WR 11)

Einwohner/km² 48 (1995)

Bev.-Wachstum/Jahr 2,2% ∅

Pkw.-Kennzeichen MEX

Hauptstadt Mexiko-Stadt (19,4 Mio Einwohner)

Sprache *Spanisch*, indianische Umgangssprachen

Religion Christlich (94,6%), konfessionslos (3,2%)

Währung 1 Peso (mex $) = 100 Centavos

BSP/Kopf 4180 $ (1994)	**Urbanisierung** 75%
Inflation 52% (1995)	**Alphabetisierung** 89,6%
Arbeitslos. 6% (1995)	**Einw. pro Arzt** 800

Reg.-Chef Ernesto Zedillo Ponce de León (seit 1994)

Staatsob. Ernesto Zedillo Ponce de León (seit 1994)

Staatsform Präsidiale Bundesrepublik

Parlament Kongreß aus Abgeordnetenhaus mit 500 für drei Jahre gewählten und Senat mit 128 Abgeordneten; im Kongreß 300 Sitze für Partei der Institutionalisierten Revolution, 119 für Partei der Nationalen Aktion (PAN), 71 für Linkspartei (PRD), 10 für Linkspartei (PT, Wahl von 1994)

Mazedonien

Lage Europa, Karte S. 401, E 7

Fläche 26 713 km² (WR 144)

Einwohner 2,2 Mio (WR 136)

Einwohner/km² 84 (1995)

Bev.-Wachstum/Jahr 1,1% ∅

Pkw.-Kennzeichen MK

Hauptstadt Skopje (470 000 Einwohner)

Sprache *Makedonisch*, Albanisch, Türkisch, Serbisch

Religion Unabhängig maked. orthodox (50%), orthodox

Währung Mazedonischer Denar

BSP/Kopf 820 $ (1994)	**Urbanisierung** 60%
Inflation 15% (1995)	**Alphabetisierung** 89%
Arbeitslos. ca. 50% (1995)	**Einw. pro Arzt** 430

Reg.-Chef Branko Crvenkovski (seit 1992) * 1962

Staatsob. Kiro Gligorov·(seit 1990) * 3.5.1917

Staatsform Republik

Parlament mit 120 für fünf Jahre gewählten Abgeordneten; 58 Sitze für Sozialdemokraten, 29 für Liberale, 10 für Albaner (PDP), 8 für Sozialisten, 4 für Albaner (NDP), 1 für Demokraten (Wahl von 1994)

Im April 1996 erreichten Regierung und Opposition eine Einigung über erste Schritte zu einer Wahlrechtsreform für die Parlamentswahl 1997 und die Präsidentschaftswahl im Jahr 2000. Reformiert werden die Oberste Wahlbehörde, die Dauer der Wahlkämpfe und die Regelungen für den Zugang der Parteien zu den Massenmedien. Außerdem sollen künftig Volksbefragungen möglich sein.

VERHANDLUNGEN MIT REBELLEN: Trotz neuer gewaltsamer Zwischenfälle im März 1996 wurden die im April 1995 aufgenommenen Friedensverhandlungen zwischen der Regierung und den Indio-Rebellen der Nationalen Befreiungsarmee Zapata (EZLN) im Bundesstaat Chiapas fortgesetzt. Die linksgerichteten Rebellen hatten 1994 mit einem Aufstand Verhandlungen über Bildungs-, Gesundheits- und Landreformen für die unterdrückten indianischen Ureinwohner erzwungen. Im Februar 1996 einigten sich beide Seiten auf eine erste Übereinkunft zur Stärkung der politischen Repräsentanz der Indios.

WIRTSCHAFT: Nur eine langsame Erholung der Wirtschaft erwarteten Experten, nachdem das BIP 1995 infolge der Währungskrise von Dezember 1994 um 6,9% zurückgegangen war. Für 1996 sagten sie ein Wachstum von höchstens 3% voraus, die Inflationsrate sollte von 52% (1995) auf rd. 20% sinken.

Mikronesien

Lage Ozeanien, Karte S. 409, C 1

Fläche 702 km² (WR 172)

Einwohner 121 000 (WR 175)

Einwohner/km² 172 (1994)

Bev.-Wachstum/Jahr 1,8% Ø

Pkw.-Kennzeichen FSM

Hauptort Kolonia (6000 Einwohner)

Sprache *Englisch,* mikronesische Dialekte

Religion Christlich (100%)

Währung 1 US-Dollar (US-$) = 100 Cents

BSP/Kopf 2000 $ (1992)	**Urbanisierung** 43%
Inflation k. A.	**Alphabetisierung** 77%
Arbeitslos. k. A.	**Einw. pro Arzt** 3084

Reg.-Chef Bailey Olter (seit 1991)

Staatsob. Bailey Olter (seit 1991)

Staatsform Republik

Parlament Kongreß mit 14 Sitzen; 4 Abgeordnete für vier Jahre und 10 Abgeordnete für zwei Jahre gewählt, die vier Bundesstaaten wählen eigene Parlamente; keine politischen Parteien.

Monaco

Lage Europa, Karte S. 401, C 6

Fläche 1,95 km² (WR 191)

Einwohner 31 719 (WR 186)

Einwohner/km² 16 266 (1995)

Bev.-Wachstum/Jahr 1,3% Ø

Pkw.-Kennzeichen MC

Hauptstadt Monaco-Ville

Sprache *Französisch,* Monégasque, Italienisch

Religion Katholisch (87%), protestantisch (5%), jüd. (1%)

Währung 1 Französischer Franc (FF) = 100 Centimes

BSP/Kopf k. A.	**Urbanisierung** 100%
Inflation k. A.	**Alphabetisierung** 100%
Arbeitslos. k. A.	**Einw. pro Arzt** 490

Reg.-Chef Paul Dijoud (seit 1994) * 25.6.1938

Staatsob. Fürst Rainier III. (seit 1949) * 31.5.1923

Staatsform Konstitutionelle Monarchie

Parlament Nationalrat mit 18 für fünf Jahre gewählten Abgeordneten; 15 Sitze für Liste Campora, 2 für Liste Médecin, 1 für Unabhängige (Wahl von 1993)

 # Moldawien

Lage Europa, Karte S. 401, F 5

Fläche 33 700 km² (WR 135)

Einwohner 4,4 Mio (WR 112)

Einwohner/km² 132 (1995)

Bev.-Wachstum/Jahr 0,5% Ø

Pkw.-Kennzeichen MD

Hauptstadt Chişinău (800 000 Einwohner)

Sprache *Moldawisch,* Russisch, Ukrainisch

Religion Christlich (60%), jüdisch (10%)

Währung Moldau-Leu (Plural: Lei)

BSP/Kopf 870 $ (1994)	**Urbanisierung** 52%
Inflation 23,8% (1995)	**Alphabetisierung** 98,9%
Arbeitslos. 3,0% (1995)	**Einw. pro Arzt** 250

Reg.-Chef Andrei Sangheli (seit 1992) * 20.7.1944

Staatsob. Mircea Ion Snegur (seit 1990) * 17.1.1940

Staatsform Republik

Parlament 104 für fünf Jahre gewählte Abgeordnete; 56 Sitze für Demokratische Agrarpartei, 28 für Sozialistische Partei, 11 für Bauernblock, 9 für Christlich Demokratische Volksfront (Wahl von 1994)

 # Mongolei

Lage Asien, Karte S. 479, F 3

Fläche 1,57 Mio km² (WR 18)

Einwohner 2,4 Mio (WR 134)

Einwohner/km² 2 (1995)

Bev.-Wachstum/Jahr 2,4% Ø

Pkw.-Kennzeichen MGL

Hauptstadt Ulan Bator (630 000 Einwohner)

Sprache *Mongolisch,* Kasachisch, Russisch

Religion Buddhistisch, lamaistisch, schamanist., moslem.

Währung 1 Tugrik (Tug.) = 100 Mongo

BSP/Kopf 300 $ (1994)	**Urbanisierung** 61%
Inflation 87,6% (1994)	**Alphabetisierung** 82,9%
Arbeitslos. 10% (1994)	**Einw. pro Arzt** 360

Reg.-Chef Puntsagiyn Jasray (seit 1992) * 1933

Staatsob. Punsalmaagiyn Otschirbat (seit 1990) * 1942

Staatsform Republik

Parlament Großer Staatschural mit 76 für vier Jahre gewählten Abgeordneten; 33 Sitze für Nationale Demokratische Partei, 23 für Mongolisch-Revolutionäre Volkspartei, 12 für Sozialdemokratische Partei, 8 für andere (Wahl vom Juli 1996)

Mosambik

Lage Afrika, Karte S. 405, E 7

Fläche 801 590 km² (WR 34)

Einwohner 16,0 Mio (WR 54)

Einwohner/km² 20 (1995)

Bev.-Wachstum/Jahr 2,0% Ø

Pkw.-Kennzeichen k. A.

Hauptstadt Maputo (1,3 Mio Einwohner)

Sprache *Portugiesisch,* Bantu, Suaheli

Religion Volksrel. (47,8%), christl. (38,9%), moslem. (13%)

Währung 1 Metical (MT) = 100 Centavos

BSP/Kopf 90 $ (1994)	**Urbanisierung** 34%
Inflation 63,1% (1994)	**Alphabetisierung** 40,1%
Arbeitslos. k. A.	**Einw. pro Arzt** 43 536

Reg.-Chef Pascoal Manuel Mocumbi (seit 1994) * 1941

Staatsob. Joaquim Alberto Chissano (seit 1986) * 1939

Staatsform Republik

Parlament Volksversammlung mit 250 für fünf Jahre gewählten Abgeordneten; 129 Sitze für Front für die Nationale Befreiung Mosambiks FRELIMO, 112 für RENAMO, 9 für Demokratische Union (Wahl von 1994)

Namibia

Lage Afrika, Karte S. 405, C 6

Fläche 824 292 km² (WR 33)

Einwohner 1,5 Mio (WR 143)

Einwohner/km² 2 (1995)

Bev.-Wachstum/Jahr 2,7% Ø

Pkw.-Kennzeichen N

Hauptstadt Windhuk (169 000 Einwohner)

Sprache *Englisch,* Afrikaans, Deutsch, Bantu-Sprachen

Religion Lutheranisch (51,2%), katholisch (19,8%)

Währung 1 Namibischer Dollar (ND) = 100 Cents

BSP/Kopf 1970 $ (1994)	**Urbanisierung** 37%
Inflation 8% (1994)	**Alphabetisierung** 45%
Arbeitslos. 38% (1994)	**Einw. pro Arzt** 4320

Reg.-Chef Hage Geingob (seit 1990) * 3.8.1941

Staatsob. Sam Nujoma (seit 1990) * 12.5.1929

Staatsform Präsidiale Republik

Parlament Nationalversammlung mit 72 für fünf Jahre gewählten Mitgliedern; 53 Sitze für gemäßigte Sozialisten SWAPO, 15 für Liberale DTA, 2 für gemäßigte Linke UDF, 1 für weiße Konservative MAG, 1 für demokratische Koalition DCN (Wahl von 1994)

Myanmar

Lage Asien, Karte S. 407, E 6

Fläche 676 578 km² (WR 39)

Einwohner 46,5 Mio (WR 24)

Einwohner/km² 69 (1995)

Bev.-Wachstum/Jahr 2,1% Ø

Pkw.-Kennzeichen MYA

Hauptstadt Yangon (3 Mio. Einwohner)

Sprache *Birmanisch,* regionale Sprachen

Religion Buddh. (89,4%), christlich (4,9%), mosl. (3,8%)

Währung 1 Kyat (K) = 100 Pyas

BSP/Kopf 250 $ (1992)	**Urbanisierung** 26%
Inflation 26,4% (1995)	**Alphabetisierung** 83,1%
Arbeitslos. 5,8% (1995)	**Einw. pro Arzt** 12 900

Reg.-Chef Than Shwe (seit 1992) * 1933

Staatsob. Than Shwe (seit 1992) * 1933

Staatsform Sozialistische Republik, Militärregime

Parlament Volksversammlung mit 485 für vier Jahre gewählten Abgeordneten; 392 Sitze für Nationale Liga für Demokratie, 23 für Shan NLD, 11 für Rakhine Demokrat. Liga, 10 für Nationale Einheitspartei, 49 für andere (Wahl von 1990, vom Militärregime nicht anerkannt)

Nauru

Lage Ozeanien, Karte S. 481, E 2

Fläche 21 km² (WR 190)

Einwohner 11 000 (WR 190)

Einwohner/km² 524 (1994)

Bev.-Wachstum/Jahr 1,1% Ø

Pkw.-Kennzeichen k. A.

Hauptstadt Yaren (4000 Einwohner)

Sprache Englisch, Nauruisch

Religion Protestantisch (60%), katholisch (30%)

Währung 1 Australischer Dollar (A$) = 100 Cents

BSP/Kopf 13 000 $ (1991)	**Urbanisierung** 48%
Inflation k. A.	**Alphabetisierung** 99%
Arbeitslos. 0% (1992)	**Einw. pro Arzt** 700

Reg.-Chef Lagumot G. N. Harris (seit November 1995)

Staatsob. Lagumot G. N. Harris (seit November 1995)

Staatsform Parlamentarische Republik im Commonwealth

Parlament Gesetzgebender Rat mit 18 für drei Jahre gewählten unabhängigen Abgeordneten, keine politischen Parteien (Wahl vom November 1995)

Nepal

Lage Asien, Karte S. 407, D 5

Fläche 140 797 km² (WR 93)

Einwohner 21,9 Mio (WR 42)

Einwohner/km² 156 (1995)

Bev.-Wachstum/Jahr 2,6% Ø

Pkw.-Kennzeichen k. A.

Hauptstadt Katmandu (660 000 Einwohner)

Sprache *Nepali,* Newari, Maithili, tibetische Dialekte

Religion Hinduistisch (86,2%), buddh. (7,2%), mosl. (3,8%)

Währung 1 Nepalesische Rupie (NR) = 100 Paisa

BSP/Kopf 200 $ (1994)	**Urbanisierung** 14%
Inflation 7% (1994)	**Alphabetisierung** 27,5%
Arbeitslos. k. A.	**Einw. pro Arzt** 16 110

Reg.-Chef Sher Bahadur Deuba (seit Sept.1995) * 1926

Staatsob. König Birendra Bir Bikram Schah Dev (seit 1972)

Staatsform Konstitutionelle Monarchie

Parlament Unterhaus mit 205 für fünf Jahre gewählten Abgeordneten; 88 Sitze für Kommunisten UML, 83 für Kongreßpartei NC, 20 für Nationaldemokraten NDP, 14 für andere (Wahl von 1994)

Die konservativen Nationalpartei bildete im Februar 1996 erstmals seit rd. 70 Jahren eine Koalitionsregierung. Die United Party, eine Splittergruppe aus Mitgliedern von Nationalpartei und Labour, hatte die Minderheitsregierung bereits zuvor unterstützt. Das Bündnis sollte die Verabschiedung umstrittener Steuererleichterungen noch vor den für Herbst 1996 vorgesehenen Parlamentswahlen sicherstellen. Entsprechend dem Referendum von 1993, bei dem 54% der Wähler für eine Abschaffung des reinen Mehrheitswahlrechts votiert hatten, wird erstmals nach einer Mischung aus Mehrheits- und Verhältniswahlrecht gewählt.

HAUSHALTSÜBERSCHUSS: Der Aufschwung nach Überwindung der Rezession von 1992 setzte sich 1995 gebremst fort. Für 1995/96 erwarteten Experten ein Wirtschaftswachstum in Höhe von 3% (1994/95: 6,4%). Die Inflationsrate ging 1995 auf 2,9% zurück (1994: 4%), die Arbeitslosigkeit sank auf 6,2% (1994: 9,5%). Die bereits 1984 eingeleitete Reform des Staatshaushalts durch einen radikalen Abbau der Verwaltung und eine starke Vereinfachung der Besteuerung brachte 1994/95 einen Haushaltsüberschuß von 3,6% des BIP (1993/94: 0,2%), den die Regierung ab Mitte 1996 über Steuererleichterungen an die Bevölkerung weitergeben will.

 Neuseeland

Lage Ozeanien, Karte S. 409, F 6

Fläche 270 534 km² (WR 73)

Einwohner 3,6 Mio (WR 120)

Einwohner/km² 13 (1995)

Bev.-Wachstum/Jahr 0,9% Ø

Pkw.-Kennzeichen NZ

Hauptstadt Wellington (331 100 Einwohner)

Sprache Englisch, Maori

Religion Anglik. (21,4%), presbyt. (16%), kathol. (14,8%)

Währung 1 Neuseeland-Dollar (NZ $) = 100 Cents

BSP/Kopf 13 350 $ (1994)	**Urbanisierung** 86%
Inflation 2,9% (1995)	**Alphabetisierung** 100%
Arbeitslos. 6,2% (1995)	**Einw. pro Arzt** 359

Reg.-Chef James Brendan Bolger (seit 1990) * 31.5.1935

Staatsob. Königin Elizabeth II. (seit 1952) * 21.4.1926

Staatsform Parlament. Monarchie im Commonwealth

Parlament Repräsentantenhaus mit 99 für drei Jahre gewählten Abgeordneten; 50 Sitze für Nationalpartei, 45 für Labour-Partei, 2 für Allianz, 2 für New Zealand First (Wahl von 1993)

 **Nicaragua**

Lage Mittelam., Karte S. 404, B 5

Fläche 130 000 km² (WR 95)

Einwohner 4,4 Mio (WR 111)

Einwohner/km² 34 (1995)

Bev.-Wachstum/Jahr 3,1% Ø

Pkw.-Kennzeichen NIC

Hauptstadt Managua (770 000 Einwohner)

Sprache *Spanisch,* Chibcha

Religion Katholisch (90%), methodistisch, baptistisch

Währung 1 Córdoba (C$) = 100 Centavos

BSP/Kopf 340 $ (1994)	**Urbanisierung** 63%
Inflation 12% (1995)	**Alphabetisierung** 65,7%
Arbeitslos. 60% (1994)	**Einw. pro Arzt** 1490

Reg.-Chef Violeta Barrios de Chamorro (seit 1990) * 1929

Staatsob. Violeta Barrios de Chamorro (seit 1990) * 1929

Staatsform Präsidiale Republik

Parlament Nationalversammlung mit 92 für sechs Jahre gewählten Abgeordneten; 51 Sitze für Nationale Oppositionsunion, 39 für Sandinist. Front der Nationalen Befreiung, 1 für Linkspartei, 1 für Christdemokraten (Wahl von 1990)

N. zählte 1995 nach wie vor zu den ärmsten Ländern Lateinamerikas und war auf Auslandshilfe von rd. 500 Mio Dollar (ein Drittel des BSP) angewiesen. Der 1994 begonnene wirtschaftliche Aufschwung dauerte 1995 an. Das BIP wuchs um 3% (1994: 3,2%), Experten erwarteten für 1996 eine Steigerung um weitere 3%. Die Hyperinflation von über 1000% (1991) sank bis 1995 auf 12%. Die Ausgaben des Staatssektors gingen infolge eines seit Anfang der 90er Jahre laufenden Strukturanpassungsprogramms des Internationalen Währungsfonds (IWF) auf 20% des BIP (1990: 45%) zurück, u. a. durch den Abbau von Beschäftigten im öffentlichen Dienst und in der Armee, die von 120 000 auf 12 000 Soldaten verringert wurde. Daneben stiegen die Einnahmen der Regierung u. a. durch den Abbau von Steuerbefreiungen und die Bekämpfung des Schmuggels auf 22% des BIP.

PRÄSIDENTSCHAFTSKANDIDATEN: Bei der im Oktober 1996 anstehenden Präsidentenwahl wird die amtierende Präsidentin Violeta Chamorro nicht mehr kandidieren. Als aussichtsreichster Kandidat galt Mitte 1996 Daniel Ortega (Sandinisten), der das Amt bereits während des Bürgerkrieges (bis 1990) innehatte. Daneben treten u. a. der bisherige Vize-Präsident, der liberale Virgilio Godoy, und der ehemalige Bürgermeister von Managua, Arnoldo Aleman, an.

Das Ziel der niederländischen Regierung, die Kriterien für den Beitritt zur Europäischen Wirtschafts- und Währungsunion zu erfüllen, schien 1995 angesichts eines gesunkenen Haushaltsdefizits von 3,2% des BIP und einer Inflationsrate von 2,0% erreichbar. Allein die Schuldenquote überstieg mit 78,7% des BIP deutlich den EU-Richtwert von 60%. Mit einem Wirtschaftswachstum von 2,4% (1995) hielten die N. an ihrer stabilen Entwicklung fest (1994: 2,7%). Für 1996 erwarteten Experten jedoch nur 1,9%. Die Arbeitslosenrate sank 1995 auf 7,5% (1994: 8,5%), der private Verbrauch wuchs mit 2,1% (1995) langsamer als das BIP. Die positive Handelsbilanz verbesserte sich durch eine Zunahme der Exporte um 6,3% (Importe: +6%).

KARTELLGESETZ: Mit einem Gesetz, das Unternehmen bei Preisabsprachen hohe Geldstrafen androht, schloß sich die Regierung im Mai 1996 der gängigen Rechtsprechung innerhalb der EU bei Wettbewerbsverzerrung an. Darüber hinaus wurde eine Instanz zur Fusionskontrolle eingerichtet.

NEUE GESCHÄFTSZEITEN: Innenpolitisch umstritten war 1995/96 die Liberalisierung des Ladenschlusses. Im Dezember 1995 einigte sich die Regierungskoalition auf eine neue Regelung: Ab Mitte 1996 dürfen die Geschäfte werktags zwischen 6 und 22 Uhr öffnen. Zusätzlich sind zwölf Sonntage im Jahr verkaufsoffen, sofern die Kommunen dies erlauben.

SOZIALLEISTUNGEN: Wegen massiver Belastung des Staatshaushaltes schaffte die Regierung mit einer Änderung des Sozialhilfegesetzes vom Februar 1996 die gesetzliche Krankenversicherung ab. Die Arbeitgeber müssen ab 1998 im Krankheitsfall mindestens 70% des Lohns für ein Jahr übernehmen. Sie können sich bei privaten Gesellschaften gegen dieses Risiko versichern. Die massiv in Anspruch genommenen Arbeitslosen- und Arbeitsunfähigkeitsversicherungen sollen ebenfalls reformiert werden.

WEHRPFLICHT: Zum 1. Februar 1996 wurde der letzte Jahrgang Dienstpflichtiger zum Wehrdienst einberufen. Bis zum Jahresende werden die niederländischen Streitkräfte in eine Berufsarmee umgewandelt.

BÜRGERENTSCHEID: Im Oktober 1995 beschloß die Regierung die Einführung eines korrektiven Referendums, mit dem die Bürger Gesetze auch nach Verabschiedung durch das Parlament rückgängig machen können. Ausgenommen bleiben Staatshaushalt, internationale Verträge und das Königshaus; für Struktur- und Großprojekte stand eine Entscheidung Mitte 1996 noch aus. 40 000 Gesuche von Wahlberechtigten sowie 600 000 Unterschriften sind für eine Abstimmung erforderlich, die bei mehrheitlicher Entscheidung von mindestens 30% der Wahlberechtigten Gültigkeit erlangt.

Niederlande

Lage Europa, Karte S. 401, C 4	
Fläche 40 844 km² (WR 132)	
Einwohner 15,4 Mio (WR 55)	
Einwohner/km² 378 (1995)	
Bev.-Wachstum/Jahr 0,7% Ø	
Pkw.-Kennzeichen NL	
Hauptstadt Amsterdam (1,0 Mio. Einwohner)	
Sprache *Niederländisch, Friesisch*	
Religion Katholisch (34,0%), protestantisch (25%)	
Währung 1 Holl. Gulden (hfl) = 100 Cent	

BSP/Kopf 22 010 $ (1994)	**Urbanisierung** 89%
Inflation 2,0% (1995)	**Alphabetisierung** 100%
Arbeitslos. 7,0% (1995)	**Einw. pro Arzt** 400

Reg.-Chef Wim Kok (seit 1994) * 29.9.1938

Staatsob. König Beatrix (seit 1980) * 31.1.1938

Staatsform Parlamentarische Monarchie

Parlament Generalstaaten; 1. Kammer mit 75 von den Provinzialparlam. entsandten, 2. Kammer mit 150 Abgeordneten; 37 Sitze für Sozialdemokraten, 34 für Christdemokraten, 31 für Liberale, 24 für Demokraten '66, 5 für Seniorenverband, 5 für Grün-Links, 14 andere (Wahl von 1994)

Niger

Lage Afrika, Karte S. 405, B 3	
Fläche 1,27 Mio km² (WR 21)	
Einwohner 9,2 Mio (WR 80)	
Einwohner/km² 7 (1995)	
Bev.-Wachstum/Jahr 3,2% Ø	
Pkw.-Kennzeichen RN	

Hauptstadt Niamey (510 000 Einwohner)

Sprache *Französisch*, Haussa, andere Stammessprachen

Religion Moslemisch (98,6%)

Währung CFA-Franc (FCFA)

BSP/Kopf 230 $ (1994)	**Urbanisierung** 17%
Inflation 36,0% (1994)	**Alphabetisierung** 15,6%
Arbeitslos. k. A.	**Einw. pro Arzt** 35 140

Reg.-Chef Boukary Adji (seit Jan. 1996)

Staatsob. Ibrahim Barré Mainassara (seit Jan. 1996) * 1950

Staatsform Präsidiale Republik

Parlament Nationalversammlung mit 83 für fünf Jahre gewählten Abgeordneten; 29 für ehemalige Einheitspartei MNSD, 23 für Sozialdemokraten, 12 für Sozialistische Demokraten, 19 für andere (Wahl von 1995, im Januar 1996 aufgelöst).

Norwegen

Lage Europa, Karte S. 401, D 3	
Fläche 323 877 km² (WR 66)	
Einwohner 4,3 Mio (WR 113)	
Einwohner/km² 13 (1995)	
Bev.-Wachstum/Jahr 0,4% Ø	
Pkw.-Kennzeichen N	

Hauptstadt Oslo (483 400 Einwohner)

Sprache Norwegisch

Religion Lutherisch (87,9%), konfessionslos (3,2%)

Währung 1 Norwegische Krone (nkr) = 100 Øre

BSP/Kopf 26 390 $ (1994)	**Urbanisierung** 73%
Inflation 2,5% (1995)	**Alphabetisierung** 100%
Arbeitslos. 5,2% (1995)	**Einw. pro Arzt** 305

Reg.-Chef Gro Harlem Brundtland (seit 1990) * 20.4.1939

Staatsob. König Harald V. (seit 1991) * 21.2.1937

Staatsform Parlamentarische Monarchie

Parlament Storting mit 165 für vier Jahre gewählten Abgeordneten; 67 Sitze für Arbeiterpartei, 32 für Zentrumspartei, 28 für konservative Høyre, 13 für Sozialistische Linkspartei, 13 für Christliche Volkspartei, 10 für Fortschrittspartei, 1 für Venstre, 1 für Rote Wahlallianz (Wahl von 1993)

Nigeria

Lage Afrika, Karte S. 405, C 4	
Fläche 923 768 km² (WR 30)	
Einwohner 111,7 Mio (WR 10)	
Einwohner/km² 121 (1995)	
Bev.-Wachstum/Jahr 2,9% Ø	
Pkw.-Kennzeichen WAN	

Hauptstadt Abuja (379 000 Einwohner)

Sprache *Englisch*, Arabisch, Stammessprachen

Religion Christlich (49%), moslemisch (45%), Volksrel. (6%)

Währung 1 Naira (N) = 100 Kobo

BSP/Kopf 280 $ (1994)	**Urbanisierung** 39%
Inflation 57,2% (1994)	**Alphabetisierung** 57,1%
Arbeitslos. ca. 2,9% (1993)	**Einw. pro Arzt** 6573

Reg.-Chef Sani Abacha (seit 1993) * 20.9.1943

Staatsob. Sani Abacha (seit 1993) * 20.9.1943

Staatsform Präsidialrepublik, Militärregime

Parlament Nationalversammlung mit 2 Kammern; 593 Sitze im Repräsentantenhaus, 93 Sitze im Senat; 314 Sitze für Sozialdemokrat. Partei (Senat: 52), 275 (37) für Republikanisch-Nationale Konvention, 4 Sitze im Repräsentantenhaus und 2 im Senat unbesetzt (Wahl von 1992, 1993 aufgelöst)

Die Einnahmen aus der Nordseeölförderung sicherten N. 1995 eine positive Wirtschaftsentwicklung. Umweltpolitisch machte das Land mit der Fortsetzung des Walfangs gegen internationale Proteste Schlagzeilen.

WIRTSCHAFT: Das BIP-Wachstum war 1995 mit 3,7% (1994: 5,1%) eines der stärksten in Westeuropa. Die Arbeitslosenquote gehörte 1995 mit 5,2% zu den niedrigsten in Europa. Aufgrund steigender Nachfrage nach Erdöl und Erdgas erwartete die Regierung für den Haushalt 1996 einen Nettoüberschuß. Die Mehreinnahmen sollen nach Begleichung der Schulden als Rücklage für die Zeit nach der Erschöpfung der Ölvorräte dem staatlichen Petroleumfonds zufließen. Exportsteigerungen in allen Branchen, vor allem im mittelständischen Bereich, trugen zur positiven Wirtschaftsentwicklung bei.

ENERGIEVERSORGUNG: Für umweltpolitische Diskussionen sorgte Ende 1995 die Planung der Regierung, den Bau von zwei Gaskraftwerken zu genehmigen, um N. weniger abhängig von Stromimporten zu machen. Die damit verbundene Steigerung der CO_2-Emissionen widersprach einem Parlamentsbeschluß, demzufolge die Emissionen auf dem Stand von 1989 eingefroren werden sollen. Als weiteres Argument für den Bau nannte die Regierung die begrenzten Energiereserven: Während die Ölvorkommen nach Expertenschätzungen nur noch 16 Jahre gefördert werden können, reichen die Gasvorkommen noch etwa 100 Jahre.

BEZIEHUNGEN ZUR EU: Trotz des 1994 abgelehnten Beitritts zur Europäischen Union strebte N. eine enge Kooperation mit der Gemeinschaft an. Im November 1995 erteilte das Parlament der Regierung den Auftrag, mit Staaten des Schengener Abkommens (Abschaffung von Personen- Warenkontrollen) über eine mögliche Assoziierung des Landes zu beraten. Eine 1995/96 von den EU-Staaten Großbritannien und Irland geforderte Lachserzeugergemeinschaft zur freiwilligen Produktionsbeschränkung lehnten norwegische Lachszüchter ab. Gegen die Massenzucht von Lachs, der 1995 eine 27%ige Exportsteigerung und einen rapiden Preisverfall verursacht hatte, ging die Regierung mit einem im Januar 1996 eingeführten Fütterungsverbot für Tiere über 2 kg vor. Die EU hatte bereits Strafzölle oder Importquoten angedroht.

KOMMUNALWAHLEN: Die rechtspopulistische Fortschrittspartei verdoppelte bei den Kommunalwahlen im September 1995 ihren Anteil von 5,6% auf 12% der Stimmen, aber auch die gemäßigten konservativen Parteien wurden bestätigt. Die regierende sozialdemokraitsche Arbeiterpartei behauptete sich zwar, erhielt jedoch mit 31,3% weniger Stimmen als erwartet.

Oman

Lage Naher Osten, Karte S. 406, F 4	
Fläche 212 457 km² (WR 82)	
Einwohner 2,2 Mio (WR 137)	
Einwohner/km² 10 (1995)	
Bev.-Wachstum/Jahr 4,4% Ø	
Pkw.-Kennzeichen OM	
Hauptstadt Maskat (600 000 Einwohner)	
Sprache Arabisch, Persisch, Urdu	
Religion Moslemisch (86%), hinduistisch (13%)	
Währung 1 Rial Omani (RO) = 1000 Baizas	
BSP/Kopf 5140 $ (1994)	**Urbanisierung** 13%
Inflation 0,5% (1994)	**Alphabetisierung** 41%
Arbeitslos. k. A.	**Einw. pro Arzt** 1078
Reg.-Chef Sultan Kabus ibn Said ibn Taimur Al-Said	
Staatsob. Sultan Kabus ibn Said ibn Taimur Al-Said	
Staatsform Sultanat	
Parlament Kein Parlament, keine polit. Parteien; beratende Versammlung mit 80 Mitgliedern (ernannt im Januar 1995)	

Österreich

Lage Europa, Karte S. 401, D 5	
Fläche 83 853 km² (WR 112)	
Einwohner 8,0 Mio (WR 85)	
Einwohner/km² 96 (1995)	
Bev.-Wachstum/Jahr 0,5% Ø	
Pkw.-Kennzeichen A	
Hauptstadt Wien (1,8 Mio Einwohner)	
Sprache Deutsch, Slowenisch, Kroatisch, Ungarisch	
Religion Katholisch (84,8%), protestant. (5,7%), moslem.	
Währung 1 Österreichischer Schilling (öS) = 100 Groschen	
BSP/Kopf 24 630 $ (1994)	**Urbanisierung** 56%
Inflation 2,3% (1995)	**Alphabetisierung** 100%
Arbeitslos. 4,5% (1995)	**Einw. pro Arzt** 230
Reg.-Chef Franz Vranitzky (seit 1986) * 4.10.1937	
Staatsob. Thomas Klestil (seit 1992) * 4.11.1932	
Staatsform Parlamentarisch-demokrat. Republik	
Parlament Nationalrat mit 183 für vier Jahre gewählten und Bundesrat mit 63 von den Landtagen entsandten Abgeordneten; im Nationalrat 72 Sitze für Sozialdemokratische Partei, 53 für Volkspartei, 41 für Freiheitliche, 8 für Grüne, 9 für Liberales Forum (Wahl vom Dezember 1995)	

Nach zweimonatigen Verhandlungen einigten sich der sozialdemokratische Regierungschef→ [BIO] Franz Vranitzky (SPÖ) und der Chef der Volkspartei (ÖVP), Wolfgang Schüssel, im März 1996 auf eine Fortsetzung der großen Koalition. Inhalt des gemeinsamen Programms waren u. a. ein Sparpaket für den Staatshaushalt, Konjunkturförderung und Privatisierung, die Einführung einer Autobahngebühr sowie die solidarische Beteiligung an internationalen Aktionen im Sicherheitsbereich unter Beibehaltung der Neutralität.

NEUWAHLEN: Nach dem Bruch der Koalitionsregierung über Budgetfragen im Oktober 1995 fand im Dezember eine vorgezogene Nationalratswahl statt, aus der die SPÖ als stärkste Kraft hervorging. Die ÖVP gewann ebenfalls hinzu, während die Oppositionsparteien Verluste hinnehmen mußten. Die Regierung unter Kanzler Vranitzky und Vizekanzler Schüssel verfügte über eine Zweidrittel-Mehrheit im Parlament.

AUFSCHWUNG: Die Wirtschaft entwickelte sich anhaltend positiv, das BIP wuchs 1995 um 3% (1994: 2,6%), die Inflationsrate blieb mit 2,5% (1994: 2,5%) ebenso moderat wie die Arbeitslosenquote von 4,2% (1994: 4,4%). Während die Exporte 1995 gegenüber dem Vorjahr um 10% stiegen, war der Tourismus weiter rückläufig: 1991–1995 verzeichnete das Land einen Übernachtungsrückgang von rd. 10%.

Pakistan

Lage Asien, Karte S. 407, C 4	
Fläche 796 095 km² (WR 35)	
Einwohner 140,5 Mio (WR 7)	
Einwohner/km² 176 (1995)	
Bev.-Wachstum/Jahr 2,8% Ø	
Pkw.-Kennzeichen PAK	
Hauptstadt Islamabad (340 000 Einwohner)	
Sprache Urdu, Englisch	
Religion Moslem. (96,7%), christl. (1,6%), hinduist. (1,5%)	
Währung 1 Pakistanische Rupie (pR) = 100 Paisa	
BSP/Kopf 430 $ (1994)	**Urbanisierung** 35%
Inflation 12,9% (1995)	**Alphabetisierung** 37,8%
Arbeitslos. 8,0% (1995)	**Einw. pro Arzt** 2940
Reg.-Chef Benazir Bhutto (seit 1993) * 21.6.1953	
Staatsob. Farook Leghari (seit 1993) * 1930	
Staatsform Föderative Republik	

Parlament Senat mit 87 für sechs Jahre und Nationalversammlung mit 201 für fünf Jahre gewählten Abgeordneten; in der Nationalversammlung 86 Sitze für Pakistanische Volkspartei, 72 für Muslimische Liga, 15 für Unabhängige, 24 für andere, 4 unbesetzt (Wahl von 1993)

Palau

Lage Ozeanien, Karte S. 409, B 1	
Fläche 487 km² (WR 176)	
Einwohner 16 952 (WR 189)	
Einwohner/km² 35 (1995)	
Bev.-Wachstum/Jahr 3,5% Ø	
Pkw.-Kennzeichen k. A.	
Hauptstadt Koror (11 000 Einwohner)	
Sprache *Englisch, Mikronesische Dialekte*	
Religion Christlich (65,4%), Naturreligionen (25,0%)	
Währung 1 US-Dollar (US-$) = 100 Cents	
BSP/Kopf k. A.	**Urbanisierung** k. A.
Inflation k. A.	**Alphabetisierung** k. A.
Arbeitslos. k. A.	**Einw. pro Arzt** k. A.
Reg.-Chef Kuniwo Nakamura (seit 1993)	
Staatsob. Kuniwo Nakamura (seit 1993)	
Staatsform Präsidiale Rep., unter US-Treuhandverwaltung	

Parlament Delegiertenhaus 16 Sitze (Legislaturperiode vier Jahre) und Senat 14 Sitze, keine Parteien

Aufstände von Fundamentalisten, vor allem im Wirtschaftszentrum Karatschi, führten 1995/96 in P. zu nahezu anarchischen Zuständen. Korruption und unzureichende Wirtschaftsentwicklung schwächten zudem die Regierung von Benazir Bhutto.
ANSCHLAG: Der Bombenanschlag auf eine Krebsklinik in Lahore wurde im April 1996 Anhängern der Regierung angelastet. Beobachtern zufolge stand das Attentat im Zusammenhang mit der Ankündigung des Krankenhausstifters, Imran Khan, eine Bewegung für mehr Gerechtigkeit zu gründen. Die Regierung versuchte 1995 vergeblich, die Popularität des ehemaligen Cricket-Stars durch Repressionen einzudämmen.
GEWALT: Kämpfe zwischen Anhängern der Mahojir-Qaumi-Bewegung (MQM) und der Polizei in Karatschi forderten Anfang 1996 erneut Todesopfer. Die MQM vertritt Muslime, die 1947 Indien verlassen mußten. Sie wirft den Behörden vor, ihrer Volksgruppe zu unterdrücken. Politisch motivierte Gewalttaten forderten 1995 über 2000 Tote in der Hafenstadt.
GRENZKONFLIKT: Im seit Jahrzehnten schwelenden Kaschmir-Konflikt mit Indien brachen im Januar 1996 neue Grenzgefechte aus. Die Regierung beschuldigte Indien, eine Rakete auf eine Moschee im pakistanischen Teil Kaschmirs abgefeuert zu haben.
→ A-Z Kaschmir-Konflikt

Panama

Lage Mittelam., Karte S. 404, D 6	
Fläche 75 517 km² (WR 115)	
Einwohner 2,6 Mio (WR 130)	
Einwohner/km² 35 (1995)	
Bev.-Wachstum/Jahr 2,0% Ø	
Pkw.-Kennzeichen PA	
Hauptstadt Panama-Stadt (920 000 Einwohner)	
Sprache *Spanisch,* Englisch	
Religion Katholisch (92%), protestantisch (6%)	
Währung 1 Balboa (B/.) = 100 Centésimos	
BSP/Kopf 2580 $ (1994)	**Urbanisierung** 53%
Inflation 0,8% (1995)	**Alphabetisierung** 90,8%
Arbeitslos. 14,3% (1995)	**Einw. pro Arzt** 840
Reg.-Chef Ernesto Perez Balladares (seit 1994) * 1946	
Staatsob. Ernesto Perez Balladares (seit 1994) * 1946	
Staatsform Präsidiale Republik	

Parlament Nationalversammlung mit 72 für fünf Jahre gewählten Abgeordneten; 31 Sitze für Konservative, 14 für Arnulfisten, 6 für Umweltbewegung, 5 für Nationalliberale, 4 für Liberale, 12 für andere (Wahl von 1994)

Papua-Neuguinea

Lage Ozeanien, Karte S. 409, D 3	
Fläche 462 840 km² (WR 53)	
Einwohner 4,3 Mio (WR 114)	
Einwohner/km² 9 (1995)	
Bev.-Wachstum/Jahr 2,2% ∅	
Pkw.-Kennzeichen PNG	

Hauptstadt Port Moresby (220 000 Einwohner)

Sprache *Englisch*, Pidgin, etwa 700 Papua-Sprachen

Religion Christlich (96,6%), animist. (2,5%), Baha'i (0,6%)

Währung 1 Kina (K) = 100 Toea

BSP/Kopf 1240 $ (1994)	**Urbanisierung** 16%
Inflation 2,8% (1994)	**Alphabetisierung** 72,2%
Arbeitslos. k. A.	**Einw. pro Arzt** 12 750

Reg.-Chef Julius Chan (seit August 1994) * 29.8.1939

Staatsob. Königin Elizabeth II. (seit 1975) * 21.4.1926

Staatsform Parlament. Monarchie im Commonwealth

Parlament Abgeordnetenhaus mit 109 für fünf Jahre gewählten Abgeordneten; 22 Sitze für Pangu Pati, 15 für People's Democratic Movement, 13 für People's Action Party, 10 für People's Progress Party, 31 für Unabhängige, 17 für andere (Wahl von 1992)

Peru

Lage Südamerika, Karte S. 475, B 4	
Fläche 1,29 Mio km² (WR 19)	
Einwohner 23,8 Mio (WR 39)	
Einwohner/km² 19 (1995)	
Bev.-Wachstum/Jahr 2,3% ∅	
Pkw.-Kennzeichen PE	

Hauptstadt Lima (7,2 Mio Einwohner)

Sprache *Spanisch, Ketschua,* Aymará

Religion Katholisch (92,5%), protestantisch (5,5%)

Währung 1 Nuevo Sol (S/.) = 100 Céntimos

BSP/Kopf 1490 $ (1993)	**Urbanisierung** 72%
Inflation 10,2% (1995)	**Alphabetisierung** 88,7%
Arbeitslos. 60% (1994)	**Einw. pro Arzt** 940

Reg.-Chef Efrain Goldenberg Schreiber (seit 1994)

Staatsob. Alberto Kenya Fujimori (seit 1990) * 28.7.1938

Staatsform Präsidiale Republik

Parlament Kongreß aus Abgeordnetenhaus mit 120 und Senat mit 60 für fünf Jahre gewählten Abgeordneten; im Abgeordnetenhaus 67 Sitze für Neue Mehrheit–Cambio 90, 17 für Union für Peru, 36 für andere (Wahl vom April 1995)

Paraguay

Lage Südamerika, Karte S. 403, D 5	
Fläche 406 752 km² (WR 58)	
Einwohner 5,0 Mio (WR 106)	
Einwohner/km² 12 (1995)	
Bev.-Wachstum/Jahr 3,0% ∅	
Pkw.-Kennzeichen PY	

Hauptstadt Asunción (1,4 Mio. Einwohner)

Sprache Spanisch, Guaraní

Religion Katholisch (96%), protestantisch (2,1%)

Währung 1 Guaraní (G) = 100 Céntimos

BSP/Kopf 1580 $ (1994)	**Urbanisierung** 53%
Inflation 12% (1995)	**Alphabetisierung** 92,1%
Arbeitslos. 12% (1995)	**Einw. pro Arzt** 1260

Reg.-Chef Juan Carlos Wasmosy (seit 1993) * 15.12.1938

Staatsob. Juan Carlos Wasmosy (seit 1993) * 15.12.1938

Staatsform Präsidiale Republik

Parlament Senat mit 45 und Abgeordnetenhaus mit 80 für fünf Jahre gewählten Abgeordneten; 40 (Senat 20) Sitze für Colorado-Partei (ANR), 32 (17) für Liberale (PLRA), 8 (8) für Konservative (EN; Wahl von 1993)

Nach einem Rekordwachstum des BIP in Höhe von 12,9% (1994) setzte sich der wirtschaftliche Aufschwung 1995 mit rd. 7% Zuwachs fort. Die Inflationsrate war mit 10,2% die niedrigste seit 23 Jahren (1994: 15,4%). Trotz der positiven Wirtschaftsentwicklung lebte 1995 die Hälfte der 23,8 Mio Peruaner unter dem Existenzminimum, vor allem die indianische Bevölkerungsmehrheit.

MITTELSTAND: Zu den positiven Entwicklungen zählten Experten die Entstehung eines neuen Mittelstandes: Mit 450 000 Betriebsgründungen zwischen 1990 und 1994 wurden rd. 250 000 neue Arbeitsplätze geschaffen. Als problematisch galten das um 100% gestiegene Handelsbilanzdefizit von rd. 2,2 Mrd Dollar 1995 (4% des BIP, 1994: 1,1 Mrd Dollar) und die staatlichen Auslandsschulden von 22,6 Mrd Dollar (1990: 19,5 Mrd).

SCHULDENMINDERUNG: Im Oktober 1995 handelte die Regierung ein Umschuldungsabkommen mit internationalen Privatbanken über seit zehn Jahren nicht von P. bediente Kredite aus. Die Vereinbarung gewährte P. einen 45%igen Nachlaß auf die Schulden wie auf die aufgelaufenen Zinsen. Die Regierung plante, die erfolgreiche Politik marktwirtschaftlicher Reformen fortzusetzen, in deren Rahmen seit 1990 staatliche Kontrollen und Subventionen beendet, Zölle gesenkt und 51 Staatsbetriebe privatisiert wurden. Bis zum Jahr 2000 sollen alle übrigen Staatsunternehmen verkauft werden.

FAMILIENPLANUNG: Zu Auseinandersetzungen mit der katholischen Kirche führte ein im September 1995 verabschiedetes Familienplanungsgesetz, das Verhütungsmittel und Sterilisation legalisierte. Ziel des von einer Aufklärungskampagne begleiteten Gesetzes war es, das jährliche Bevölkerungswachstum von 2,3% einzudämmen. Ungeachtet massiver Kritik der Kirche befürworteten Umfragen zufolge 80% der überwiegend katholischen Peruaner die Benutzung von Verhütungsmitteln. Über 50% aller Schwangerschaften zwischen 1990 und 1995 waren Erhebungen zufolge ungewollt.

FRIEDEN MIT ECUADOR: Im August 1995 nahmen P. und Ecuador wieder diplomatische Beziehungen auf und öffneten im September die Grenze für den gegenseitigen Warenaustausch. Beide Länder hatten im Februar 1995 ihren einen Monat zuvor ausgebrochenen Krieg um das gold- und erdölreiche Grenzgebiet beendet. Präsident Alberto Fujimori reiste im September in die ecuadorianische Hauptstadt Quito zum regelmäßig stattfindenden Treffen der Staats- und Regierungschefs der Andenstaaten. Im Februar 1996 trafen sich erstmals die Militärchefs beider Länder.

Polen

Lage Europa, Karte S. 401, E 5	
Fläche 323 250 km² (WR 67)	
Einwohner 38,4 Mio (WR 29)	
Einwohner/km² 119 (1995)	
Bev.-Wachstum/Jahr 0,3% Ø	
Pkw.-Kennzeichen PL	
Hauptstadt Warschau (2,1 Mio. Einwohner)	
Sprache Polnisch	
Religion Katholisch (95%), orthodox (1,5%)	
Währung 1 Zloty (Zl) = 100 Groszy	

BSP/Kopf 2410 $ (1994)	Urbanisierung 65%
Inflation 24,2% (1995)	Alphabetisierung 99,7%
Arbeitslos. 14,9% (1995)	Einw. pro Arzt 450

Reg.-Chef Wlodzimierz Cimoszewicz (seit Feb. 1996)
Staatsob. Aleksander Kwaśniewski (seit Dez. 1995)
Staatsform Republik
Parlament Sejm mit 460 und Senat mit 100 gewählten Abgeordneten; im Sejm 171 Sitze für Demokratische Linksallianz (SLD), 131 für Bauernpartei (PSL), 74 für Demokratische Union (UD), 41 für Arbeitsunion (UP), 21 für Unabhängiges Polen (KPN), 22 für andere (Wahl von 1993)

Philippinen

Lage Ostasien, Karte S. 408, D 4	
Fläche 300 076 km² (WR 70)	
Einwohner 67,6 Mio (WR 14)	
Einwohner/km² 225 (1995)	
Bev.-Wachstum/Jahr 2,1% Ø	
Pkw.-Kennzeichen RP	
Hauptstadt Manila (13,4 Mio Einwohner)	
Sprache *Filipino,* Spanisch, Englisch	
Religion Christlich (94,2%), moslemisch (5,0%)	
Währung 1 Philippinischer Peso (P) = 100 Centavos	

BSP/Kopf 950 $ (1994)	Urbanisierung 54%
Inflation 8,1% (1995)	Alphabetisierung 94,6%
Arbeitslos. 9,5% (1994)	Einw. pro Arzt 8120

Reg.-Chef Fidel Ramos (seit 1992) * 18.3.1928
Staatsob. Fidel Ramos (seit 1992) * 18.3.1928
Staatsform Präsidiale Republik
Parlament Repräsentantenhaus mit 204 für drei Jahre gewählten und bis zu 50 ernannten Abgeordneten, Senat: 24 für 6 Jahre gewählten Senatoren; 126 Sitze (Senat: 6) für NUCD-UMPD, 28 (2) für NPC, 27 (14) für LDP, 12 für LP, 2 für NP, 1 für KBL, 8 (2) für andere. (Wahl vom Mai 1995)

Mit dem Sieg des Ex-Kommunisten → [BIO] Aleksander Kwaśniewski bei der Präsidentschaftswahl im November 1995 setzte sich der Vormarsch der Linken gegen die bürgerlichen Kräfte des demokratischen Umbruchs von 1989 fort. Die linken Parteien, die bereits die Wahl von 1993 gewonnen hatten, waren für ein langsameres Tempo bei der wirtschaftlichen Umstrukturierung des Landes eingetreten. Vorrangiges außenpolitisches Ziel war auch 1996 die Mitgliedschaft in EU und NATO.

NEUE REGIERUNG: Anfang Februar 1996 übernahm → [BIO] Wlodzimierz Cimoszewicz vom Bündnis der Linksparteien (SLD) das Amt des Ministerpäsidenten und stellte eine neue Regierung vor, die siebte seit der demokratischen Wende. Sein Vorgänger Józef Oleksy (SLD) war zurückgetreten, nachdem der ehemalige Präsident Lech Walesa Spionagevorwürfe gegen ihn publik gemacht hatte. Die Ermittlungen wurden jedoch zwei Monate später aus Mangel an Beweisen eingestellt. Die SLD (171 Sitze) verfügte im Parlament zusammen mit der verbündeten Bauernpartei (PSL, 131 Sitze) über die absolute Mehrheit der 460 Mandate.

PRÄSIDENTENWAHL: Der SLD-Führer Kwaśniewski siegte mit 51,7% knapp gegen den bisherigen Präsidenten Lech Walesa, die zentrale Figur der demokratischen Wende. Wahlbeschwerden, die wegen kleinerer

Wahltäuschungen und einer falschen Angabe in Kwaśniewskis Lebenslauf gegen den zweiten Durchgang der Präsidentschaftswahl vom November geführt wurden, lehnte das Oberste Gericht im April 1996 als unmaßgeblich ab. Kwaśniewski trat nach seiner Wahl aus der ehemals kommunistischen Sozialdemokratischen Partei (SdRP) aus, an seiner Stelle wurde Oleksy in den Parteivorstand dieser stärksten und führenden Gruppe im Linksbündnis gewählt.

KONJUNKTUR: Der anhaltende Aufschwung nährte Hoffnungen des Landes, bis zum Ende des Jahrhunderts die 1994 beantragte Mitgliedschaft in der Europäischen Union zu erreichen. Mitte 1996 zeichnete sich jedoch eine Verlangsamung des wirtschaftlichen Wachstums ab. Die Inflation ging 1995 auf 27% zurück (1994: 32%). Die Arbeitslosigkeit blieb hingegen mit 14,9% hoch. Die seit 1991 kontinuierlich gestiegenen ausländischen Direktinvestitionen wuchsen 1995 um mehr als 50% auf 6,8 Mrd Dollar. Ausschlaggebend für den Anstieg waren die Größe des potentiellen Marktes mit seinen rd. 40 Mio Einwohnern, das vergleichsweise niedrige Lohnniveau und das anhaltende Wirtschaftswachstum (1995: 6,5%). Der private Sektor erwirtschaftete 1995 rd. 60% des BIP. Mehr als ein Drittel der staatlichen Unternehmen waren 1995 bereits privatisiert.

Portugal

Lage Europa, Karte S. 401, A 6	
Fläche 92 389 km² (WR 110)	
Einwohner 9,91 Mio (WR 77)	
Einwohner/km² 107 (1995)	
Bev.-Wachstum/Jahr –0,1% Ø	
Pkw.-Kennzeichen P	
Hauptstadt Lissabon (2,3 Mio. Einwohner)	
Sprache Portugiesisch	
Religion Katholisch (94,5%), protestantisch (0,6%)	
Währung 1 Escudo (ESC) = 100 Centavos	
BSP/Kopf 9320 $ (1994)	**Urbanisierung** 36%
Inflation 4,1% (1995)	**Alphabetisierung** 89,6%
Arbeitslos. 7,2% (1995)	**Einw. pro Arzt** 348
Reg.-Chef António Guterres (seit Okt. 1995) * 30.4.1949	
Staatsob. Jorge Sampaio (seit März 1996) * 18.9.1939	
Staatsform Parlamentarische Republik	
Parlament Nationalversammlung mit 230 für vier Jahre gewählten Abgeordneten; 112 Sitze für Sozialisten (PS), 88 für Sozialdemokraten (PSD), 15 für Linksbündnis (CDU), 15 für Demokratisch Soziales Zentrum (CDS, Wahl vom Oktober 1995)	

Der Sozialist → BIO Jorge Sampaio (PS) wurde bei den Präsidentschaftswahlen im Januar 1996 zum neuen portugiesischen Staatsoberhaupt gewählt. Bereits im Oktober 1995 hatten sich die Sozialisten bei den Parlamentswahlen mit ihrem Spitzenkandidaten → BIO António Guterres durchgesetzt. Die Beteiligung an der Europäischen Wirtschafts- und Währungsunion (WWU) blieb 1995/96 vorrangiges Ziel der Außen- und Wirtschaftspolitik.

PRÄSIDENT: Jorge Sampaio setzte sich bei den Präsidentschaftswahlen mit 53,8% der Stimmen gegen den ehemaligen Ministerpräsidenten Aníbal Cavaco Silva von der liberalen Sozialdemokratischen Partei (PSD) durch, der 46,2% erhielt. Der seit zehn Jahren amtierende populäre Sozialist Mario Soáres durfte gemäß Verfassung nicht für eine dritte Amtszeit kandidieren. Die PSD äußerte Befürchtungen, durch die Wahl eines Sozialisten zum Staatschef werde es zu einer Diktatur der Mehrheit kommen, der Präsident werde sein Vetorecht nicht gegen einen Parteigenossen an der Spitze der Regierung einsetzen.

REGIERUNG: Nach zehn Jahren Regierungstätigkeit unter Cavaco Silva (PSD) verloren die Sozialdemokraten im Oktober 1995 die Parlamentswahlen. Der politisch erfolgreiche, aber wenig charismatische Ministerpräsident war Anfang 1995 als Parteivorsitzender zurückgetreten, um seine Präsidentschaftskandidatur vorzubereiten. Neuer Spitzenkandidat wurde der wenig bekannte Fernando Nogueira. Die Sozialisten unter Guterres siegten mit 43,9% der Wählerstimmen, während die PSD von 50,5% auf 34% zurückfiel. Guterres bildete eine Minderheitsregierung, die von einem Parteienbündnis aus Kommunisten und Grünen (CDU, 15 Sitze) gestützt wurde.

WIRTSCHAFTLICHE KONSOLIDIERUNG: Angesichts einer niedrigen Inflationsrate (Januar 1996: 2,5%) und strikter Sparpolitik (angestrebtes Haushaltsdefizit 1996: 4,2%) sowie einer Staatsverschuldung von 71% (1995), die durch Privatisierungserlöse 1996 weiter gesenkt werden sollte, rückte das Ziel, die geforderten WWU-Kriterien (Haushaltsdefizit maximal 3% des BIP; Staatsverschuldung maximal 60% des BIP) in greifbare Nähe. Unter der PSD-Regierung waren zahlreiche als Folge der sog. Nelken-Revolution in den 70er Jahren verstaatlichte Banken und Betriebe reprivatisiert worden. Nach Plänen der Regierung sollten 1996 u. a. große Konzerne wie die Portugal Telekom, Energieversorgungsunternehmen, Stahl- und Ölfirmen sowie Autobahn- und Flughafenunternehmen veräußert werden. Wirtschaftliche Vorteile, vor allem im Bereich Tourismus, erhoffte sich das Land zudem von der für 1998 geplanten Weltausstellung in der Hauptstadt Lissabon.

R	Ruanda

Lage Afrika, Karte S. 405, D 4

Fläche 26 338 km² (WR 145)

Einwohner 8,0 Mio (WR 86)

Einwohner/km² 302 (1995)

Bev.-Wachstum/Jahr 2,7% Ø

Pkw.-Kennzeichen RWA

Hauptstadt Kigali (237 800 Einwohner)

Sprache *Französisch, Kinyarwanda,* Kisuaheli

Religion Katholisch (65%), protest. (9%), moslem. (9%)

Währung 1 Rwanda-Franc (RF) = 100 Centimes

BSP/Kopf 80 $ (1994)	**Urbanisierung** 6%
Inflation 64% (1994)	**Alphabetisierung** 60,5%
Arbeitslos. k. A.	**Einw. pro Arzt** 40 610

Reg.-Chef Pierre-Celestin Rwigema (seit Aug. 1995) * 1953

Staatsob. Pasteur Bizimungu (seit 1994) * 4.3.1951

Staatsform Präsidiale Republik

Parlament Nationalrat mit 70 für fünf Jahre gewählten Abgeordneten; FPR und zwölf kleinere Parteien (Wahl von 1994)

	Rumänien

Lage Europa, Karte S. 401, F 6

Fläche 238 391 km² (WR 79)

Einwohner 22,8 Mio (WR 41)

Einwohner/km² 96 (1995)

Bev.-Wachstum/Jahr 0,2% Ø

Pkw.-Kennzeichen RO

Hauptstadt Bukarest (2,3 Mio Einwohner)

Sprache *Rumänisch,* Ungarisch, Deutsch

Religion Rumänisch-orthod. (86,8%), katholisch (5%)

Währung 1 Lei (l) = 100 Bani

BSP/Kopf 1270 $ (1994)	**Urbanisierung** 55%
Inflation 28,0% (1995)	**Alphabetisierung** 97,9%
Arbeitslos. 8,9% (1995)	**Einw. pro Arzt** 540

Reg.-Chef Nicolae Văcăroiu (seit 1992) * 3.12.1943

Staatsob. Ion Iliescu (seit 1989) * 3.3.1930

Staatsform Republik

Parlament Volksdeputiertenkammer mit 328 Abgeordneten; 117 Sitze für Partei der Sozialen Demokratie, 82 für Demokratische Konvention, 43 für Nationale Heilsfront, 30 für Partei der Nationalen Einheit, 27 für Demokratische Union der Ungarn, 29 für andere (Wahl von 1992)

Bis Mitte 1996 zeichnete sich im Machtkampf zwischen Hutu (1993: rd. 86% der Bevölkerung) und Tutsi keine Entspannung ab. Im März 1996 zog die UNO ihre mit Unterbrechung seit 1993 im Land stationierten Truppen ab, nachdem die ruandische Regierung ihr Mandat nicht verlängert hatte. Ein internationales Kriegsverbrechertribunal der UNO erhob im Dezember 1995 erstmals Anklagen wegen Völkermord, der 1994 ca. 1,9 Mio Todesopfer forderte.

BÜRGERKRIEG: Die 1959 von der Macht vertriebene Tutsi-Minderheit hatte 1990 einen Guerillakrieg begonnen und durch einen Friedensvertrag im August 1993 die Wiederansiedlung von ca. 600 000 vertriebenen Tutsi erreicht. Nach dem Tod des gemäßigten Hutu-Präsidenten Juvénal Habyarimana 1994 massakrierten Hutu-Armee und Milizen ca. 750 000 Tutsi (etwa 70% der Bevölkerungsgruppe). Tutsi-Guerillas eroberten anschließend das Land wieder zurück. Mindestens 1,7 Mio Hutu, die aus Angst vor Tutsi-Racheakten ins Ausland geflohen waren, lebten Mitte 1996 in Lagern der Nachbarländer Burundi, Tansania und Zaire. Ihre bei internationalen Krisenkonferenzen Anfang 1996 mehrfach vereinbarte Rückführung in ihr Heimatland scheiterte bis Mitte 1996 an der Weigerung der Flüchtlinge, die Repressalien der regierenden Tutsi fürchteten.

→ A-Z Hutu und Tutsi → A-Z Kriegsverbrechertribunal

Bei Kommunalwahlen im Juni 1996, die als bedeutend im Hinblick auf die im November stattfindenden Parlaments- und Präsidentschaftswahlen eingestuft wurden, mußte die regierende Partei der Sozialen Demokratie (PDSR) von Ministerpräsident Nicolae Văcăriou große Verluste hinnehmen. Der populäre ehemalige Tennisstar Ilie Nastase (PDSR) unterlag in Bukarest dem Kandidaten der Demokratischen Konvention. Im März 1996 trat die ehemals kommunistische Sozialistische Arbeiterpartei (PSM) aus der Regierungskoalition aus. Mit 6,9% BIP-Wachstum zeichnete sich 1995 ein Aufschwung ab (1994: 3,9%). Die Privatisierung von Staatsbetrieben mittels Gutscheinen war im März 1996 abgeschlossen.

VERLUST DER MEHRHEIT: Im Oktober 1995 hatte die seit Ende 1992 amtierende Regierung mit dem Ausscheiden der ultranationalistischen Großrumänien-Partei (PRM) bereits die Mehrheit im Parlament verloren. Als Bündnispartner blieb 1996 allein die konservative Partei der Nationalen Einheit (PUNR).

KORRUPTION: Der Generalinspektor der Polizei, General Ion Pitulescu, trat im Februar 1996 zurück, nachdem er Korruptionsvorwürfe gegen den Justiz- und den Gesundheitsminister erhoben hatte: Von Pitulescu verhaftete Mafia-Mitglieder seien nach kurzer Untersuchungshaft z. T. mit gefälschten Haftunfähigkeitszeugnissen wieder auf freien Fuß gesetzt worden.

Rußland

Lage Asien, Karte S. 407, B 1	
Fläche 17,0 Mio km² (WR 1)	
Einwohner 147,0 Mio (WR 6)	
Einwohner/km² 9 (1995)	
Bev.-Wachstum/Jahr 0,5% Ø	
Pkw.-Kennzeichen RUS	

Hauptstadt Moskau (8,8 Mio Einwohner)

Sprache *Russisch,* Sprachen der Bevölkerungsgruppen

Religion Christlich (82%), moslemisch

Währung 1 Rubel (Rbl) = 100 Kopeken

BSP/Kopf 2650 $ (1994)	**Urbanisierung** 76%
Inflation 140% (1995)	**Alphabetisierung** 99,5%
Arbeitslos. 8% (1995)	**Einw. pro Arzt** 220

Reg.-Chef Wiktor S. Tschernomyrdin (seit 1992) * 9.4.1938

Staatsob. Boris N. Jelzin (seit 1991) * 1.2.1931

Staatsform Bundesrepublik

Parlament Duma mit 450 Abgeordneten; 158 Sitze für Kommunistische Partei, 54 für Unser Haus Rußland, 51 für Liberaldemokratische Partei, 45 für Jawlinski-Block, 20 für Agrar-Partei, 9 Sitze für Demokratische Wahl Rußlands, 82 für andere (Wahl vom Dezember 1995)

Im zweiten Wahlgang der Präsidentschaftswahlen wurde Boris Jelzin im Juli 1996 mit 53,7% der Stimmen im Amt bestätigt. Auf seinen kommunistischen Herausforderer → [BIO] Gennadij Sjuganow entfielen 40,4%. Trotz mehrerer Waffenstillstandsabkommen dauerte der Krieg in der nach Unabhängigkeit strebenden Kaukasusrepublik Tschetschenien bis Mitte 1996 an. Nachdem sich der Schrumpfungsprozeß der Wirtschaft 1995 mit einem BIP-Rückgang von 5% verlangsamt hatte (1994: –15,8%), erwarteten Experten für 1996 eine Stagnation.

PRÄSIDENTSCHAFTSWAHLEN: Im ersten Wahlgang im Juni erhielt Jelzin 35% der Stimmen, Sjuganow kam auf 32%, für den ehemaligen General Alexander Lebed stimmten 14,5%. Da keiner der Kandidaten die notwendige absolute Mehrheit erreichte, war eine Stichwahl erforderlich. Jelzin sicherte sich gleich nach dem ersten Wahlgang die Unterstützung Lebeds, indem er ihn zum Sicherheitschef ernannte.

PARLAMENTSWAHLEN: Von den angetretenen bürgerlich-demokratischen Parteien übersprangen bei den Wahlen im Dezember 1995 nur das Wahlbündnis des Ministerpräsidenten Wiktor Tschernomyrdin (9,7% der Stimmen) und die Reformpartei Jabloko unter Grigorij Jawlinski (8,4%) die Fünf-Prozent-Hürde für den Einzug in das Parlament. Den größten Stimmenzu-

wachs verzeichneten die Kommunisten unter Sjuganow (22%), während die ultranationalistischen Liberaldemokratische Partei (LDPR) von Wladimir Schirinowski auf 11% zurückfiel. Über die Landeslisten der Parteien wurden nur 225 der 450 Sitze vergeben, die übrigen besetzten direkt gewählte, z. T. unabhängige Kandidaten.

WEHRDIENSTDEKRET: In einem Präsidialdekret kündigte Jelzin im Mai 1996 die Abschaffung der Wehrpflicht im Jahr 2000 und die Bildung einer Berufsarmee an. Nach 17 Monaten Krieg in Tschetschenien mit geschätzten 10 000 Opfern auf russischer Seite werteten Beobachter diesen Schritt als Wahlkampftaktik.

WIRTSCHAFT: In der bis dahin größten Umschuldungsaktion (Volumen: 60 Mrd. DM) ordnete der Pariser Club der Kreditgeberländer im Mai 1996 die aus der Zeit der Sowjetunion stammenden russischen Schulden neu: Die Rückzahlung der wichtigsten Verbindlichkeiten wurde bis zum Jahr 2002 gestundet. Verknüpft mit dem Umschuldungsabkommen war ein IWF-Programm zur Wirtschaftsstabilisierung.

Das starke Gefälle zwischen den wenigen Reichen (10% der Bevölkerung) und den 70% der Bürger, die an der offiziellen Armutsgrenze lebten, ließ 1995/96 Korruption und Verbrechen deutlich ansteigen. Das von Russen im Westen angelegte illegale Kapital wurde 1995 auf rd. 40 Mrd Dollar geschätzt.

AUSSENPOLITIK: Im Februar 1996 wurde R. unter zahlreichen Auflagen zur Verbesserung der Menschenrechte in den Europarat aufgenommen. Angesichts der von den osteuropäischen Staaten angestrebten Aufnahme in die NATO bemühte sich R. um neue Partner: Das Land intensivierte Anfang 1996 seine Beziehungen zu China, mit dem es eine stärkere Kooperation im Sicherheitsbereich anstrebte. Mit den GUS-Staaten Weißrußland, Kasachstan und Kirgistan vereinbarte R. eine Zollunion sowie engere soziale, kulturelle und wirtschaftliche Kooperation. Ein Vertrag mit Polen diente der Intensivierung der Wirtschaftsbeziehungen.

SICHERHEIT: R. widersetzte sich 1995/96 der geplanten NATO-Osterweiterung, durch die das Land seine eigene Sicherheit gefährdet sah. Die Pläne schürten zudem den ohnehin starken Nationalismus, der sich auch in einem mit den Stimmen von Kommunisten und Nationalisten verabschiedeten Duma-Beschluß niederschlug, mit dem im März 1996 die Auflösung der Sowjetunion für ungültig erklärt worden war. Der Beschluß, der scharfe Proteste bei den aus der Sowjetunion hervorgegangenen unabhängigen Republiken hervorrief, wurde unmittelbar danach durch ein Präsidialdekret außer Kraft gesetzt.

→ [A-Z] Tschetschenien

Sambia

Lage Afrika, Karte S. 404, D 6	
Fläche 752 618 km² (WR 38)	
Einwohner 9,5 Mio (WR 78)	
Einwohner/km² 13 (1995)	
Bev.-Wachstum/Jahr 3,3% Ø	
Pkw.-Kennzeichen Z	

Hauptstadt Lusaka (982 000 Einwohner)

Sprache *Englisch*, Bantusprachen

Religion Christlich (72%), animistisch (27%)

Währung 1 Kwacha (K) = 100 Ngwee

BSP/Kopf 350 $ (1994)	**Urbanisierung** 43%
Inflation 53,0% (1994)	**Alphabetisierung** 78,2%
Arbeitslos. k. A.	**Einw. pro Arzt** 11 430

Reg.-Chef Frederick Chiluba (seit 1991) * 30.4.1943

Staatsob. Frederick Chiluba (seit 1991) * 30.4.1943

Staatsform Präsidiale Republik

Parlament Nationalversammlung mit 150 für fünf Jahre gewählten Abgeordneten; 121 Sitze für Bewegung für eine Mehrparteiendemokratie, 25 für Vereinigte Nationale Unabhängigkeitspartei, 4 für Nationalpartei (Wahl von 1991/93)

San Marino

Lage Europa, Karte S. 401, D 6	
Fläche 61,2 km² (WR 188)	
Einwohner 24 521 (WR 188)	
Einwohner/km² 401 (1995)	
Bev.-Wachstum/Jahr 0,3% Ø	
Pkw.-Kennzeichen RSM	

Hauptstadt San Marino (4178 Einwohner)

Sprache Italienisch

Religion Katholisch (95,2%)

Währung Italienische Lira (Lit)

BSP/Kopf 8356 $ (1993)	**Urbanisierung** 90%
Inflation 7,1% (1992)	**Alphabetisierung** 98%
Arbeitslos. 3,6% (1992)	**Einw. pro Arzt** 375

Reg.-Chef Staatsrat (10 Mitglieder)

Staatsob. Zwei regierende Kapitäne (Wechsel alle 6 Mon.)

Staatsform Parlamentarische Republik

Parlament Großer und allgemeiner Rat mit 60 für fünf Jahre gewählten Mitgliedern; 26 Sitze für Christdemokraten, 14 für Sozialisten, 11 für Linksdemokraten, 4 für Volksallianz, 3 für Demokratische Bewegung, 2 für Kommunisten (Wahl von 1993)

Samoa-West

Lage Ozeanien, Karte S. 409, G 3	
Fläche 2831 km² (WR 164)	
Einwohner 171 000 (WR 171)	
Einwohner/km² 60 (1995)	
Bev.-Wachstum/Jahr 0,3% Ø	
Pkw.-Kennzeichen WS	

Hauptstadt Apia (32 000 Einwohner)

Sprache Samoanisch, Englisch

Religion Protestantisch (70,9%), katholisch (22,3%)

Währung 1 Tala (WS$) = 100 Sene

BSP/Kopf 1000 $ (1994)	**Urbanisierung** 21%
Inflation 18,0% (1994)	**Alphabetisierung** 100%
Arbeitslos. k. A.	**Einw. pro Arzt** 3584

Reg.-Chef Tofilau Eti Alesana (seit 1988) * 7.7.1921

Staatsob. Malietroa Tanumafili II. (seit 1962) * 4.1.1913

Staatsform Parl. Häuptlingsaristokratie im Commonwealth

Parlament Gesetzgebende Versammlung mit 49 für fünf Jahre gewählten Mitgliedern; 26 Sitze für Human Rights Protection, 13 für Samoa National Development, 10 für Unabhängige (Wahl vom April 1996)

São Tomé und Príncipe

Lage Afrika, Karte S. 405, C 4	
Fläche 964 km² (WR 168)	
Einwohner 130 000 (WR 174)	
Einwohner/km² 135 (1994)	
Bev.-Wachstum/Jahr 2,1% Ø	
Pkw.-Kennzeichen k. A.	

Hauptstadt São Tomé (43 000 Einwohner)

Sprache *Portugiesisch*, Crioulo

Religion Katholisch (81%), protestantisch, animist. (19%)

Währung 1 Dobra (Db) = 100 Céntimos

BSP/Kopf 250 $ (1994)	**Urbanisierung** 41%
Inflation 37,7% (1994)	**Alphabetisierung** 67%
Arbeitslos. k. A.	**Einw. pro Arzt** 2819

Reg.-Chef Carlos da Graça (seit 1994) * 1932

Staatsob. Miguel Trovoada (seit 1991) * 1936

Staatsform Präsidiale Republik

Parlament Nationalversammlung mit 55 Abgeordneten; 27 Sitze für Bewegung für die Befreiung von São Tomé, 14 für Demokratische Annäherungspartei, 14 für Demokratische Unabhängige Tat (Wahl von 1994)

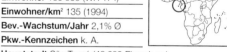

Saint Kitts und Nevis

Lage Mittelam., Karte S. 404, G 3

Fläche 261 km² (WR 185)

Einwohner 41 800 (WR 185)

Einwohner/km² 157 (1994)

Bev.-Wachstum/Jahr −0,5% Ø

Pkw.-Kennzeichen k. A.

Hauptstadt Basseterre (15 000 Einwohner)

Sprache Englisch, kreolische Dialekte

Religion Protestantisch (76,4%), katholisch (10,7%)

Währung 1 Ostkaribischer Dollar (EC$) = 100 Cents

BSP/Kopf 4760 $ (1994)	**Urbanisierung** 49%
Inflation 2,9% (1990)	**Alphabetisierung** 98%
Arbeitslos. ca. 15% (1991)	**Einw. pro Arzt** 1498

Reg.-Chef Denzil Douglas (seit Juli 1995) * 1936

Staatsob. Königin Elizabeth II. (seit 1983) * 21.4.1926

Staatsform Parlament. Monarchie im Commonwealth

Parlament Nationalversammlung mit 11 für fünf Jahre gewählten Abgeordneten; 7 Sitze für Labour Party, 2 für Concerned Citizens Movement, 1 für People's Action Movement, 1 für Nevis Reformation Party (Wahl vom Juli 1995)

Saint Vincent/Grenadinen

Lage Mittelam., Karte S. 404, H 4

Fläche 388 km² (WR 181)

Einwohner 111 000 (WR 176)

Einwohner/km² 286 (1994)

Bev.-Wachstum/Jahr 0,9% Ø

Pkw.-Kennzeichen WV

Hauptstadt Kingstown (26 500 Einwohner)

Sprache Englisch, kreolisches Englisch

Religion Protestantisch (80,5%), katholisch (11,6%)

Währung 1 Ostkaribischer Dollar (EC$) = 100 Cents

BSP/Kopf 2140 $ (1994)	**Urbanisierung** 25%
Inflation 3,1% (1992)	**Alphabetisierung** 85%
Arbeitslos. 19,0% (1992)	**Einw. pro Arzt** 2690

Reg.-Chef James Mitchell (seit 1984) * 15.3.1931

Staatsob. Königin Elizabeth II. (seit 1979) * 21.4.1926

Staatsform Parlament. Monarchie im Commonwealth

Parlament Senat mit 6 ernannten und Abgeordneten mit 15 für fünf Jahre gewählten Abgeordneten; 12 für Democratic Party, 3 für United Labour Party (Wahl 1994)

Saint Lucia

Lage Mittelam., Karte S. 404, H 4

Fläche 622 km² (WR 174)

Einwohner 141 000 (WR 173)

Einwohner/km² 227 (1994)

Bev.-Wachstum/Jahr 1,7% Ø

Pkw.-Kennzeichen WL

Hauptstadt Castries (52 000 Einwohner)

Sprache Englisch, Patois (kreolisches Französisch)

Religion Katholisch (79%), protestantisch (15,5%)

Währung 1 Ostkaribischer Dollar (EC$) = 100 Cents

BSP/Kopf 3130 $ (1994)	**Urbanisierung** 46%
Inflation 5,0% (1992)	**Alphabetisierung** 80%
Arbeitslos. 16,7% (1991)	**Einw. pro Arzt** 2521

Reg.-Chef John Compton (seit 1982) * 1.5.1926

Staatsob. Königin Elizabeth II. (seit 1979) * 21.4.1926

Staatsform Parlament. Monarchie im Commonwealth

Parlament Senat mit 11 ernannten und Abgeordnetenhaus mit 17 für fünf Jahre gewählten Mitgliedern; 11 Sitze für konservative United Workers Party, 6 für sozialistische St. Lucia Labour Party (Wahl von 1992)

Salomonen

Lage Ozeanien, Karte S. 409, E 3

Fläche 28 896 km² (WR 139)

Einwohner 378 000 (WR 163)

Einwohner/km² 13 (1995)

Bev.-Wachstum/Jahr 3,4% Ø

Pkw.-Kennzeichen k. A.

Hauptstadt Honiara (35 000 Einwohner)

Sprache Englisch, Pidgin-Englisch

Religion Christlich (96,7%), Baha'i (0,4%), animist. (0

Währung 1 Salomonen-Dollar (SI$) = 100 Cents

BSP/Kopf 810 $ (1993)	**Urbanisierung** 17%
Inflation 13,7% (1994)	**Alphabetisierung** 54
Arbeitslos. k. A.	**Einw. pro Arzt** 9852

Reg.-Chef Solomon Mamaloni (seit Nov. 1994) * 19

Staatsob. Königin Elizabeth II. (seit 1978) * 21.4.192

Staatsform Parlament. Monarchie im Commonwealt

Parlament Nationalparlament mit 47 für fünf Jahre g ten Abgeordneten; 28 Sitze für Group for National U für People's Alliance Party, 6 für Unabhängige, 3 für nal Action Party, 2 für Salomon Island Labour Part andere (Wahl von 1993)

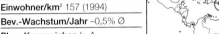

Saudi-Arabien

Lage Naher Osten, Karte S. 406, D 4	
Fläche 2,15 Mio km² (WR 13)	
Einwohner 17,9 Mio (WR 51)	
Einwohner/km² 8 (1995)	
Bev.-Wachstum/Jahr 3,6% Ø	
Pkw.-Kennzeichen S.-A.	

Hauptstadt Riadh (1,6 Mio Einwohner)

Sprache *Arabisch,* Englisch

Religion Moslemisch (98,8%), Christen (0,8)

Währung 1 Saudi-Riyal (SRI) = 20 Qirshes

BSP/Kopf 7050 $ (1994)	**Urbanisierung** 80%
Inflation ca. 5% (1995)	**Alphabetisierung** 62,8%
Arbeitslos. k. A.	**Einw. pro Arzt** 710

Reg.-Chef König Fahd ibn Abd al-Asis (seit 1982) * 1920

Staatsob. König Fahd ibn Abd al-Asis (seit 1982) * 1920

Staatsform Absolute Monarchie

Parlament Konsultativrat mit 60 vom König ernannten Mitgliedern (seit 1993), Parteien verboten

19 US-Soldaten starben im Juni 1996 bei einem Bombenanschlag auf den US-Luftwaffenstützpunkt bei Dhahran. Das Attentat, hinter dem extremistische Moslems vermutet wurden, welche die Militärpräsenz der USA in S. bekämpfen, schürte Sorgen hinsichtlich der politischen Stabilität des Landes. Ende Februar 1996 kehrte König Fahd, der nach einem Schlaganfall die Regierungsgeschäfte zwei Monate zuvor seinem legalen Nachfolger und Halbbruder Prinz Abdallah übergeben hatte, unerwartet rasch in sein Amt zurück. Beobachter vermuteten interne Machtkämpfe weiterer Thronaspiranten als Grund für Fahds Vorgehen.
KAMPF UM THRONFOLGE: Als Chef der Nationalgarde hatte sich Abdallah als Thronfolger in einer machtpolitischen Schlüsselposition behauptet. Der konservative Repräsentant des Beduinentums und Gegner westlicher Lebensart fand zudem die Unterstützung radikaler saudischer Moslems, welche den ausschweifenden Lebensstil anderer Mitglieder der Königsfamilie ablehnten. Ihr Einfluß nahm 1995 zu. Der Kronprinz wurde jedoch von den Brüdern König Fahds, darunter Prinz Salman, Gouverneur von Riad, Verteidigungsminister Prinz Sultan und Innenminister Prinz Nayef abgelehnt. Sie machten jeweils eigene Thronsprüche geltend. Laut Gesetz soll der fähigste der Söhne und Enkel des Dynastiegründers das Land regieren. Die Staatsverschuldung des größten Ölexporteurs der Welt lag 1995 bei 98 Mrd Dollar (rd. 6% des BSP).

Schweden

Lage Europa, Karte S. 401, E 3	
Fläche 449 964 km² (WR 54)	
Einwohner 8,8 Mio (WR 82)	
Einwohner/km² 20 (1995)	
Bev.-Wachstum/Jahr 0,5% Ø	
Pkw.-Kennzeichen S	

Hauptstadt Stockholm (692 954 Einwohner)

Sprache Schwedisch

Religion Luther. (88,2%), kath. (1,7%), Pfingstkirche (1,1%)

Währung 1 Schwedische Krone (skr) = 100 Öre

BSP/Kopf 23 530 $ (1994)	**Urbanisierung** 83%
Inflation 2,6% (1995)	**Alphabetisierung** 100%
Arbeitslos. 7,7% (1995)	**Einw. pro Arzt** 395

Reg.-Chef Göran Persson (seit März1996) * 20.1.1949

Staatsob. König Carl XVI. Gustav (seit 1973) * 30.4.1946

Staatsform Parlamentarische Monarchie

Parlament Reichstag mit 349 für vier Jahre gewählten Mitgliedern; 161 Sitze für Sozialdemokratische Arbeiterpartei, 80 für Konservative, 27 für Zentrumspartei, 26 für Liberale Volkspartei, 22 für Linkspartei, 18 für Grüne, 15 für Christdemokraten (Wahl von 1994)

Im März 1996 trat der schwedische Regierungschef Ingvar Carlsson vom Amt des Ministerpräsidenten zurück. Sein Nachfolger wurde der bisherige Finanzminister Göran Persson, der von Carlsson auch den Parteivorsitz der Sozialdemokraten übernahm. Im Interessenstreit zwischen Anhängern des Wohlfahrtsstaates und Vertretern einer Reform des Staatshaushaltes galt der 47jährige EU-Befürworter Persson als Architekt einer Sparpolitik, mit der die sozialdemokratische Regierung das Land aus einer schweren Wirtschaftskrise führen wollte.
WIRTSCHAFT: Die umgebildete Regierung Persson kündigte im April 1996 eine Reihe von Maßnahmen zur Beseitigung des Haushaltsdefizits von 44 Mrd DM (10% des BIP) an, darunter die Einführung einer Energiesteuer, Kürzungen bei sozialen Leistungen (u. a. Wohnbeihilfen), Senkung der Militärausgaben und der Entwicklungshilfe. Mit Staatsausgabenin Höhe von 65% des BIP stand S. 1996 an der Spitze aller OECD-Länder. Die Regierung erwartete 1996 ein mäßiges BIP-Wachstum von bis zu 2% (1995: 2,3%). Sie plante die Arbeitslosigkeit von 7,7% (1995) bis 1998 auf 4% zu senken. Die Erreichung der Konvergenzkriterien für den Beitritt zur geplanten Europäischen Wirtschafts- und Währungsunion war zentrales Ziel der Wirtschafts- und Finanzpolitik.

Schweiz

Lage Europa, Karte S. 401, C 5	
Fläche 41 293 km² (WR 131)	
Einwohner 7,2 Mio (WR 90)	
Einwohner/km² 174 (1995)	
Bev.-Wachstum/Jahr 1,0% Ø	
Pkw.-Kennzeichen CH	

Hauptstadt Bern (135 000 Einwohner)

Sprache Deutsch, Französisch, Italienisch, Rätoromanisch

Religion Katholisch (47,2%), protestantisch (43,5%)

Währung 1 Schweizer Franken (sfr) = 100 Rappen

BSP/Kopf 37 930 $ (1994)	**Urbanisierung** 61%
Inflation 1,8% (1995)	**Alphabetisierung** 100%
Arbeitslos. 4,2% (1995)	**Einw. pro Arzt** 630

Reg.-Chef Bundesrat aus 7 gleichberechtigten Mitgliedern

Staatsob. Jean-Pascal Delamuraz (1996) * 1.4.1936

Staatsform Bundesstaat mit direktdemokrat. Elementen

Parlament Nationalrat mit 200 und Ständerat mit 46 für vier Jahre gewählten Abgeordneten; im Nationalrat 58 Sitze (Ständerat: 5) für Sozialdemokratische Partei, 45 (17) für Freisinnig-Demokrat. Partei, 34 (16) für Christlich-Demokratische. Volkspartei, 63 (8) für andere (Wahl vom Dez.1995)

Die positive Handelsbilanz mit einem Überschuß von 780 Mio sfr war 1995 eine wichtige Stütze der Konjunktur des nach der Wirtschaftsleistung pro Einwohner zweitreichsten Landes der Welt.

ANHALTENDES WACHSTUM: Die S. verzeichnete 1995 ein Wirtschaftswachstum in Höhe von 2,2%, für 1996 erwarteten Experten 2,7%. Die von der Regierung angestrebten Einzelverträge mit der EU kamen bis Mitte 1996 nicht zustande, da die EU Konzessionen bei der wirtschaftlichen Freizügigkeit und im Verkehr zur Bedingung machte, die 1995/96 bei der euroskeptischen Bevölkerung nicht durchsetzbar waren. Alternativ plante die Regierung eine engere Anbindung an andere Wirtschaftsgemeinschaften wie die nordamerikanische NAFTA, die mitteleuropäische CEFTA und die asiatische ASEAN. Der Außenhandel konzentrierte sich traditionell auf die EU-Staaten (1996: über 80%).

KOALITION FORTGESETZT: Im Dezember 1995 bestätigte die Bundesversammlung den amtierenden siebenköpfigen Bundesrat (Regierung) für weitere vier Jahre im Amt. Die Koalition aus Sozialdemokraten (SPS), Volkspartei (SVP), Freisinnigen Demokraten (FDP) und Christdemokraten (CVP) hatte bei den Parlamentswahlen im Oktober gesiegt, wobei jedoch nur SPS und SVP Stimmengewinne verzeichneten.

☆ Senegal

Lage Afrika, Karte S. 405, A 3	
Fläche 196 722 km² (WR 85)	
Einwohner 8,3 Mio (WR 84)	
Einwohner/km² 42 (1995)	
Bev.-Wachstum/Jahr 2,7% Ø	
Pkw.-Kennzeichen SN	

Hauptstadt Dakar (1,73 Mio Einwohner)

Sprache Französisch, Wolof, Stammesdialekte

Religion Moslemisch (94%), christlich (4,9%)

Währung CFA-Franc (FCFA)

BSP/Kopf 600 $ (1994)	**Urbanisierung** 42%
Inflation 32,3% (1994)	**Alphabetisierung** 33,1%
Arbeitslos. k. A.	**Einw. pro Arzt** 17 650

Reg.-Chef Habib Thiam (seit 1991) * 21.1.1933

Staatsob. Abdou Diouf (seit 1981) * 7.9.1935

Staatsform Präsidiale Republik

Parlament Nationalversammlung mit 120 für fünf Jahre gewählten Abgeordneten; 84 Sitze für Sozialistische Partei, 27 für Demokratische Partei, 9 für andere (Wahl von 1993)

Seychellen

Lage Afrika, Karte S. 405, F 5	
Fläche 455 km² (WR 177)	
Einwohner 73 000 (WR 180)	
Einwohner/km² 160 (1994)	
Bev.-Wachstum/Jahr 1,3% Ø	
Pkw.-Kennzeichen SY	

Hauptstadt Victoria (24 000 Einwohner)

Sprache Kreolisch, Englisch, Französisch

Religion Katholisch (88,6%), anglikan. (8,5%), hind. (0,4%)

Währung 1 Seychellen-Rupie (SR) = 100 Cents

BSP/Kopf 6680 $ (1994)	**Urbanisierung** 59%
Inflation 3,3% (1992)	**Alphabetisierung** 60%
Arbeitslos. k. A.	**Einw. pro Arzt** 992

Reg.-Chef France-Albert René (seit 1976) * 16.11.1935

Staatsob. France-Albert René (seit 1977) * 16.11.1935

Staatsform Unabhängige Republik im Commonwealth

Parlament Nationalversammlung mit 33 für fünf Jahre gewählten Abgeordneten; 28 Sitze für Sozialistische Partei (SPPF), 4 für Demokratische Partei (DP), 1 für Vereinte Opposition (Wahl von 1993)

 **Sierra Leone**

Lage Afrika, Karte S. 405, A 4	
Fläche 71 740 km² (WR 116)	
Einwohner 4,5 Mio (WR 109)	
Einwohner/km² 63 (1995)	
Bev.-Wachstum/Jahr 2,5% Ø	
Pkw.-Kennzeichen WAL	

Hauptstadt Freetown (470 000 Einwohner)

Sprache *Englisch,* sudanesische Sprachen, Krio

Religion Animist. (51,5%), moslem. (39,4%), christl. (8,1%)

Währung 1 Leone (LE) = 100 Cents

BSP/Kopf 260 $ (1994)	**Urbanisierung** 36%
Inflation 24,2% (1994)	**Alphabetisierung** 31,4%
Arbeitslos. k. A.	**Einw. pro Arzt** 13 150

Reg.-Chef Ahmed Tejan Kabbah (seit April 1996)

Staatsob. Ahmed Tejan Kabbah (seit April 1996)

Staatsform Präsidiale Republik im Commonwealth

Parlament Repräsentantenhaus mit 127 Abgeordneten; vertreten sind Sierra Leone People's Party (SLPP), United National People's Party (UNPP) und drei weitere Parteien (Wahl vom März 1996)

 Singapur

Lage Ostasien, Karte S. 408, B 5	
Fläche 618 km² (WR 175)	
Einwohner 2,8 Mio (WR 129)	
Einwohner/km² 4608 (1995)	
Bev.-Wachstum/Jahr 1,1% Ø	
Pkw.-Kennzeichen SGP	

Hauptstadt Singapur (2,87 Mio Einwohner)

Sprache Englisch, Malaiisch, Chinesisch, Tamil

Religion Buddh. Taoisten (53,9%), moslem. (15,4%)

Währung 1 Singapur-Dollar (S$) = 100 Cents

BSP/Kopf 22 500 $ (1994)	**Urbanisierung** 100%
Inflation 1,7% (1995)	**Alphabetisierung** 91,1%
Arbeitslos. 1,5% (1995)	**Einw. pro Arzt** 711

Reg.-Chef Goh Chok Tong (seit 1990) * 1941

Staatsob. Ong Teng Cheong (seit 1993) * 22.1.1936

Staatsform Parlamentarische Republik

Parlament Abgeordnetenhaus mit 81 für fünf Jahre gewählten Mitgliedern; 77 Sitze für People's Action Party, 3 für Singapore Democratic Party, 1 für Workers Party (Wahl von 1991)

 Slowakei

Lage Europa, Karte S. 401, D 5	
Fläche 49 012 km² (WR 126)	
Einwohner 5,4 Mio (WR 103)	
Einwohner/km² 109 (1995)	
Bev.-Wachstum/Jahr 0,4% Ø	
Pkw.-Kennzeichen SK	

Hauptstadt Bratislava (445 000 Einwohner)

Sprache *Slowakisch,* Ungarisch

Religion Kath. (60,3%), protestant. (7,9%), jüdisch

Währung 1 slowakische Krone (SK) = 100 Haleru

BSP/Kopf 2250 $ (1994)	**Urbanisierung** 59%
Inflation 9,9% (1995)	**Alphabetisierung** 100%
Arbeitslos. 13,8% (1995)	**Einw. pro Arzt** 290

Reg.-Chef Vladimír Mečiar (seit 1994) * 26.7.1942

Staatsob. Michal Kováč (seit 1993) * 5.8.1930

Staatsform Republik

Parlament Nationalrat mit 150 Abgeordneten; 61 Sitze für Nationalisten, 10 für Linke Demokraten, 17 für Ungar. Koalition, 17 für Christdem. 37 für andere (Wahl von 1994)

Die Wirtschaft in dem osteuropäischen Reformland entwickelte sich 1995/96 mit 6,6% Wachstum, sinkender Inflation (1995: 9,9%), einem Handelsbilanzüberschuß und seit Oktober 1995 konvertierbarer Währung anhaltend positiv.

MINDERHEITEN: Trotz ihres Beitritts zur Europaratskonvention zum Schutz von Minderheiten (September 1995) schränkte die S. die Rechte der ungarischen Minderheit (11% der Bevölkerung) weiter ein: Die Gebietsreform von Anfang März 1996 ordnete die mehrheitlich von Ungarn bewohnte Region durch neue Grenzziehungen verschiedenen Verwaltungseinheiten zu, so daß die Ungarn in keiner Einheit mehr als 30% stellten und daher ihre bisherigen Sonderrechte in den Selbstverwaltungsorganen verloren. Slowakisch wurde im November 1995 zur einzigen Amtssprache erhoben, der öffentliche Gebrauch der Minderheitensprache wurde unter Strafandrohung eingeschränkt.

MEINUNGSFREIHEIT GEFÄHRDET: Präsident Michal Kováč legte im April 1996 sein Veto gegen eine von der Regierung geplante Strafrechtsverschärfung ein. Opposition, Kirche und die Europäische Union hatten die mit dem Gesetz verbundenen Einschränkungen der Meinungs- und Versammlungsfreiheit scharf kritisiert. Bürgerrechtler zogen den Vergleich zu Gesetzen aus der Zeit des Kommunismus, mit denen das Regime jegliche Opposition unterdrückt hatte.

Slowenien

Lage Europa, Karte S. 401, D 6	
Fläche 20 256 km² (WR 150)	
Einwohner 1,9 Mio (WR 139)	
Einwohner/km² 96 (1995)	
Bev.-Wachstum/Jahr 0,7% Ø	
Pkw.-Kennzeichen SLO	

Hauptstadt Ljubljana (323 300 Einwohner)

Sprache Slowenisch

Religion Katholisch (90%), moslemisch (0,7%)

Währung 1 Tolar (SLT) = 100 Stotin

BSP/Kopf 7040 $ (1994)	**Urbanisierung** 64%
Inflation 8,6% (1995)	**Alphabetisierung** 99%
Arbeitslos. 13,8% (1995)	**Einw. pro Arzt** 496

Reg.-Chef Janez Drnovšek (seit 1992) * 17.5.1950

Staatsob. Milan Kučan (seit 1990) * 14.1.1941

Staatsform Republik

Parlament Staatsversammlung mit 90 Abgeordneten; 30 Sitze für LDS, 15 für SKD, 14 für ZLSD, 11 für SLS, 6 für SDS, 4 für DS, 4 für SNS, 6 für andere (Wahl von 1992)

Die Kämpfe zwischen somalischen Clanchefs, die 1991 gemeinsam als Rebellengruppe Vereinigter Somalischer Kongreß (USC) den Diktator Siad Barre gestürzt hatten, dauerten 1995/96 an. Verschiedene Milizen kontrollierten bis Mitte 1996 das Land. Die UNO warnte im März 1996 vor einer neuen Hungersnot. Die Friedenstruppen der UNO hatten S. nach nahezu erfolgloser Mission Anfang 1995 verlassen.

BÜRGERKRIEG: Die Milizen von General Mohamed Farah Aidid vom Clan der Habr Gedir eroberten im Februar 1996 weite Teile Südsomalias, darunter die Stadt Baidoa. Rund 200 000 Menschen flohen aus der Region in die Nachbarländer Äthiopien und Kenia. Im April 1996 brachen in der Hauptstadt Mogadischu neue Kämpfe aus.

Aidid hatte sich im Juni 1995 selbst zum Präsidenten ernannt und eine Regierung vorgestellt. Sein Rivale Ali Mahdi Mohamed vom Hawiye-Clan, ehemals USC-Führer, seit 1995 Anführer einer Allianz der Gegner Aidids, die diesen aus der Führung des USC ausschlossen, kontrollierte 1995/96 den Norden Mogadischus sowie zwei Enklaven im Süden. Auch Mahdi proklamierte sich zum Präsidenten der Republik. Einen weiteren Präsidententitel beanspruchte 1995 Mohamed Egal, der 1991 einseitig die Sezession der Nordprovinz Somaliland verkündet hatte.

Somalia

Lage Afrika, Karte S. 405, F 4	
Fläche 637 657 km² (WR 41)	
Einwohner 9,3 Mio (WR 79)	
Einwohner/km² 15 (1995)	
Bev.-Wachstum/Jahr 1,6% Ø	
Pkw.-Kennzeichen SP	

Hauptstadt Mogadischu (1,0 Mio Einwohner)

Sprache *Somali, Arabisch,* Englisch

Religion Moslemisch (99,8%), christlich (0,1%)

Währung 1 Somalia-Shilling (SoSh)

BSP/Kopf 638 $ (1993)	**Urbanisierung** 26%
Inflation 24,3% (1993)	**Alphabetisierung** 24%
Arbeitslos. k. A.	**Einw. pro Arzt** 19 071

Reg.-Chef Omar Arte Ghaleb (seit 1991) * 1930

Staatsob. Ali Mahdi Mohamed (seit 1991)

Staatsform Präsidiale Republik

Parlament Volksversammlung Ende 1991 aufgelöst

Spanien

Lage Europa, Karte S. 401, A 6	
Fläche 505 992 km² (WR 50)	
Einwohner 39,2 Mio (WR 28)	
Einwohner/km² 77 (1995)	
Bev.-Wachstum/Jahr 0,3% Ø	
Pkw.-Kennzeichen E	

Hauptstadt Madrid (2,9 Mio Einwohner)

Sprache Spanisch, Katalanisch, Baskisch, Galizisch

Religion Katholisch (97,0%), protestantisch (0,4%)

Währung Peseta (Pta)

BSP/Kopf 13 440 $ (1994)	**Urbanisierung** 76%
Inflation 4,8% (1995)	**Alphabetisierung** 97,1%
Arbeitslos. 22,7% (1995)	**Einw. pro Arzt** 257

Reg.-Chef José Maria Aznar (seit März 1996) * 25.2.1953

Staatsob. König Juan Carlos I. (seit 1975) * 5.1.1938

Staatsform Parlamentarische Monarchie

Parlament Cortes aus Abgeordnetenhaus mit 350 und Senat mit 208 für vier Jahre gewählten Abgeordneten; im Abgeordnetenhaus 156 Sitze für Konservative Volkspartei, 141 für Sozialisten, 21 für Vereinigte Linke, 16 für Katalanische Nationalpartei, 16 für andere (Wahl vom März 1996)

Hohe Arbeitslosigkeit und Gerüchte um die Verwicklung der Sozialisten in eine Terroraffäre trugen im März 1996 zum ersten Wahlsieg einer konservativen Partei seit 14 Jahren bei. Neuer Ministerpräsident als Nachfolger von Felipe González wurde der Spitzenkandidat der Konservativen Volkspartei (PP) → BIO José María Aznar.

PARLAMENTSWAHLEN: Die seit 1982 regierenden Sozialisten (PSOE) errangen 37,5% der Stimmen (141 Sitze) und verloren damit ihre Mehrheit an die PP, auf die 38,9% der Stimmen (156 Sitze) entfiel. Aznar bildete eine Minderheitsregierung, die wie zuvor die sozialistische Regierung unter González, die Unterstützung der größten Regionalpartei, der katalanischen Convergencia i Unió (CiU), suchte, obwohl die PP im Wahlkampf gegen die föderalistische Politik der Regionalpartei zu Felde gezogen war. Nach langwierigen Verhandlungen, in denen u.a. eine Verdoppelung der Finanzausstattung der autonomen Regionen aus den staatlichen Steuereinnahmen (30% statt 15%) vereinbart wurde, stimmte die konservative CiU Anfang Mai 1996 einer Zusammenarbeit mit der Regierung Aznar zu. Die PP schloß zudem Kooperationsverträge mit der Baskischen Nationalpartei (PNV) und der kanarischen Regionalpartei (CC). Sie verfügte damit über 181 der 350 Stimmen im Parlament.

KONSOLIDIERUNGSMASSNAHMEN: Vor dem Hintergrund einer hohen Staatsverschuldung plante die neue spanische Regierung die Privatisierung von Staatsbetrieben, durch deren Verkauf die Staatseinnahmen verbessert und Schulden abgebaut werden sollten. Über eine Deregulierung in Infrastrukturbereichen, insbes. bei Eisenbahn, Häfen, Fluggesellschaften, Telekommunikation sowie Energie- und Wasserwirtschaft, sollte darüber hinaus die konjunkturelle Entwicklung des Landes angekurbelt werden. Wichtigstes wirtschaftspolitisches Ziel blieb 1995/96 die Erfüllung der Konvergenzkriterien für die geplante EU-Wirtschafts- und Währungsunion (WWU). Das Defizit im Staatshaushalt von 5,8% des BIP (1995) soll bis 1997 auf die erforderlichen 3% gesenkt werden. Während die Inflationsrate 1995 mit 4,8% auf den niedrigsten Wert seit 1989 sank, zählte die Arbeitslosenquote von 22,7% zu den höchsten in Europa. Mit 65,9% lag auch die Staatsverschuldung deutlich über dem für die WWU erforderlichen Wert (60%).

TERRORAFFÄRE: Im Rahmen der Untersuchungen von Verbrechen, die von der Anti-ETA-Terroreinheit GAL in den 80er Jahren verübt worden waren, ermittelten die Behörden 1995/96 auch gegen sozialistische Politiker. Ministerpräsident González wurde im Mai 1996 für unschuldig erklärt.
→ A-Z ETA

Sri Lanka

Lage Asien, Karte S. 407, C 6	
Fläche 65 610 km² (WR 119)	
Einwohner 18,4 Mio (WR 49)	
Einwohner/km² 280 (1995)	
Bev.-Wachstum/Jahr 1,3% ∅	
Pkw.-Kennzeichen CL	
Hauptstadt Colombo (615 000 Einwohner)	
Sprache *Singhalesisch, Tamilisch,* Englisch	
Religion Buddh. (69,3%), hind. (15,5%), moslem. (7,6%)	
Währung 1 Sri-Lanka-Rupie (SLRe) = 100 Cents	
BSP/Kopf 640 $ (1994)	**Urbanisierung** 22%
Inflation 11,5% (1995)	**Alphabetisierung** 90,2%
Arbeitslos. 13,0% (1994)	**Einw. pro Arzt** 5870
Reg.-Chef Sirimavo Bandaranaike (seit 1994) * 1916	
Staatsob. Chandrika Kumaratunga (seit 1994) * 1945	
Staatsform Präsidiale Republik	
Parlament Nationalversammlung mit 225 für sechs Jahre gewählten Abgeordneten; 105 für People's Alliance, 94 für United National Party, 7 für Sri Lanka Muslim Congress, 19 für andere (Wahl von 1994)	

Im Kampf gegen tamilische Rebellen verhängte Präsidentin Chandrika Kumaratunga im April 1996 den Ausnahmezustand, der bis dahin nur in der Hauptstadt Colombo sowie in den umkämpften Gebieten im Norden und Osten gegolten hatte, über das gesamte Land. Die Opposition verurteilte den Schritt als Behinderung politischer Aktivitäten im Vorfeld der im Juni abgehaltenen Kommunalwahl, die im Vorjahr grundlos verschoben worden war.

BÜRGERKRIEG: Im November und Dezember 1995 eroberte die Regierungsarmee die Stadt Jaffna, eine Hochburg der Separatisten der tamilischen Minderheit (LTTE). Die Tamilen kämpfen für einen eigenen Staat im Norden Sri Lankas, weil sie sich von der singhalesischen Bevölkerungsmehrheit (74%) bedroht fühlen. Während die LTTE Anfang 1996 ihre Anschläge gegen zivile und militärische Ziele fortsetzte, unternahm die Regierung im April eine weitere Offensive zur Eroberung der Halbinsel Jaffna. Ca. 50 000 Menschen kamen seit 1983 in dem Bürgerkrieg ums Leben. Im Februar 1996 forderten die Tamilen den Einsatz internationaler Vermittler, um die im Vorjahr abgebrochenen Friedensverhandlungen mit der Regierung wiederzubeleben. Die Regierung in Colombo lehnte jedoch Vermittlungsangebote als Einmischung in innere Angelegenheiten ab.
→ A-Z Tamilen

Südafrika

Lage Afrika, Karte S. 405, D 7

Fläche 1,22 Mio km² (WR 24)

Einwohner 41,5 Mio (WR 27)

Einwohner/km² 34 (1995)

Bev.-Wachstum/Jahr 2,4% Ø

Pkw.-Kennzeichen ZA

Hauptstadt Pretoria (1,03 Mio Einwohner)

Sprache *Zulu, Xhosa, Afrikaans, Englisch,* Bantu-Sprachen

Religion Christl. (67,9%), hinduist. (1,3%), moslem. (1,1%)

Währung 1 Rand (R) = 100 Cents

BSP/Kopf 3040 $ (1994)	**Urbanisierung** 51%
Inflation 8,7% (1995)	**Alphabetisierung** 81,8%
Arbeitslos. 32,6% (1994)	**Einw. pro Arzt** 1271

Reg.-Chef Nelson Rolihlahla Mandela (seit 1994) * 1918

Staatsob. Nelson Rolihlahla Mandela (seit 1994) * 1918

Staatsform Republik

Parlament Abgeordnetenhaus mit 400 Mitgliedern; 252 Sitze für Afrikanischer Nationalkongreß, 82 für Nationalpartei, 43 für Inkatha-Freiheitspartei, 9 für Freiheitsfront, 7 für Demokratische Partei, 5 für Pan-Afrikanischer Kongreß, 2 für Christdemokratische Partei (Wahl von 1994)

Die insgesamt positive wirtschaftliche und politische Entwicklung in S. wurde 1995/96 durch Rassengegensätze, wachsende Kriminalität und anhaltende Gewalt unter schwarzen Volksgruppen beeinträchtigt. Im Juli 1996 kündigte Staatspräsident Nelson Mandela seinen Rücktritt zum Ende seiner Amtszeit (1999) an.
NEUE VERFASSUNG: Im Mai 1996 nahm die verfassunggebende Versammlung den Entwurf einer neuen Verfassung an. Der letzte von zahlreichen Kompromissen zwischen den stärksten politischen Kräften, dem Afrikanischen Nationalkongreß (ANC) und der gemäßigten weißen Nationalpartei (NP), beinhaltete den Verzicht der weißen Minderheit auf ausschließlich in Afrikaans gehaltenen Schulunterricht. Im Gegenzug wurde den Weißen der verstärkte Schutz von Eigentum zugebilligt. Nach Verabschiedung der Verfassung zog sich die NP aus der Übergangsregierung zurück. Sie gab ihr bis 1999 garantiertes Mitspracherecht auf und ging in die Opposition. Mandela (ANC) erklärte, er werde am gemeinsam eingeschlagenen Kurs festhalten. Die Inkatha-Freiheitspartei (IFP) der Zulu-Volksgruppe, die die verfassunggebende Versammlung seit 1995 boykottiert, lehnte eine Zustimmung zu dem Entwurf ab.
KOMMUNALWAHL: Wegen der zunehmenden politischen Gewalt in der Krisenprovinz Kwa Zulu/Natal, wo seit Mitte der 80er Jahre bei Kämpfen zwischen

dem ANC und der Zulu-Partei mehr als 14 000 Menschen getötet wurden, verschob die Regierung Anfang Mai 1996 die für Ende des Monats in der Krisenregion geplanten ersten demokratischen Kommunalwahlen um einen Monat. Bereits im November 1995 waren die Wahlen verschoben worden, weil sich die Parteien nicht über den Zuschnitt der Wahlkreise einigen konnten. Ein Vermittlungsversuch von Präsident Nelson Mandela, der die versammelten Häuptlinge zur Beendigung der Clan-Kämpfe aufrief, blieb erfolglos. In den anderen Provinzen, wo die Wahl planmäßig im November 1995 durchgeführt worden war, errang Mandelas ANC mehr als zwei Drittel der Stimmen.
VERGANGENHEITSBEWÄLTIGUNG: Im Zeichen der Versöhnung stand die Arbeit der Wahrheitskommission zur Aufdeckung der Verbrechen aus der Zeit der Apartheid, die im April 1996 unter Vorsitz von Bischof Desmond Tutu begann. Beteiligte an politischen Verbrechen, die vor der Kommission aussagen, sollen Amnestie erhalten, Opfer sollen entschädigt werden. Nicht alle Opfer waren bereit, zu verzeihen, viele forderten Sühne. Der ehemalige Verteidigungsminister Magnus Malan und elf andere Offiziere mußten sich ab März 1996 in einem Prozeß wegen Mordes verantworten. Sie hatten sich geweigert, vor der Kommission zur Wahrheitsfindung auszusagen.

 Sudan

Lage Afrika, Karte S. 405, E 3

Fläche 2 505 813 km² (WR 10)

Einwohner 28,1 Mio (WR 35)

Einwohner/km² 11,0 (1995)

Bev.-Wachstum/Jahr 2,7% Ø

Pkw.-Kennzeichen SUDAN

Hauptstadt Khartum (476 000 Einwohner)

Sprache *Arabisch,* Englisch, hamitische und nilot. Dialekte

Religion Moslem. (74,7%), animist. (17,1%), christl. (8,2%)

Währung 1 Sud. Pfund (sud £) = 100 Piastres

BSP/Kopf 400 $ (1992)	**Urbanisierung** 25%
Inflation 101% (1994)	**Alphabetisierung** 46,1%
Arbeitslos. k. A.	**Einw. pro Arzt** 9369

Reg.-Chef Umar Hassan Ahmad al-Baschir (seit 1989)

Staatsob. U. Hassan Ahmad al-Baschir (seit 1989) * 1944

Staatsform Republik

Parlament Verfassunggebende Versammlung seit Putsch 1989 aufgelöst, Übergangsparlament 300 Mitglieder (im Februar 1992 vom Staatsoberhaupt einberufen); freie Wahlen in einem Verfassungsdekret von 1993 angekündigt

In dem seit 1983 andauernden Bürgerkrieg zwischen dem islamisch-arabischen Norden des Landes und dem von christlichen und animistischen Schwarzafrikanern bewohnten Süden unterzeichneten die arabisch dominierte Regierung und die Bewegung für die Unabhängigkeit Südsudans (SSIA) sowie deren Miliz im April 1996 ein Abkommen über eine friedliche Lösung des Konflikts. Die Übereinkunft sieht u. a. ein Referendum über die politische Zukunft Südsudans vor. Die SSIA und ihre Miliz sind eine Abspaltung der Sudanesischen Volksbefreiungsarmee (SPLA), die den Vertrag als Verrat am Kampf um eine neue Autonomie des Südens ablehnte.

PRÄSIDENTSCHAFTSWAHLEN: Die von der Opposition boykottierte Wahl vom März 1996 bestätigte Militärmachthaber Omar el Beschir, der 1989 durch einen Putsch an die Macht gekommen war, mit 75,7% der Stimmen im Amt (Wahlbeteiligung 69%).

UNTERDRÜCKUNG: Die UNO warf Armee, Rebellenmilizionären und den paramilitärisch-religiösen Einheiten in einem Bericht vom März 1996 massive Menschenrechtsverletzungen vor, darunter Mord, Folter und Versklavung der Angehörigen ethnischer und religiöser Minderheiten. Der UN-Sicherheitsrat verurteilte das Regime zudem wegen Unterstützung internationaler terroristischer Aktivitäten vor allem mit islamisch-fundamentalistischem Hintergrund.

 Swasiland

Lage Afrika, Karte S. 405, D 7	
Fläche 17 364 km² (WR 153)	
Einwohner 855 000 (WR 151)	
Einwohner/km² 49 (1995)	
Bev.-Wachstum/Jahr 3,4% Ø	
Pkw.-Kennzeichen SD	

Hauptstadt Mbabane (38 300 Einwohner)

Sprache *Englisch,* Si-Swati

Religion Christl. (48,1%), trad. Rel. (28,9%), anim. (20,9%)

Währung 1 Lilangeni (E) = 100 Cents

BSP/Kopf 1100 $ (1994)	**Urbanisierung** 31%
Inflation 14,3% (1994)	**Alphabetisierung** 76,7%
Arbeitslos. k. A.	**Einw. pro Arzt** 7971

Reg.-Chef Prinz Mbilini Dlamini (seit 1993)

Staatsob. König Mswati III. (seit 1986) * April 1968

Staatsform Monarchie

Parlament Nationalversammlung mit 55 gewählten und 10 vom König ernannten; Senat mit 10 gewählten und 20 vom König ernannten Abgeordneten; nur beratende Funktion, politische Parteien verboten

---

 Surinam

Lage Südamerika, Karte S. 403, D 2	
Fläche 163 265 km² (WR 90)	
Einwohner 423 000 (WR 159)	
Einwohner/km² 3 (1995)	
Bev.-Wachstum/Jahr 1,1% Ø	
Pkw.-Kennzeichen SME	

Hauptstadt Paramaribo (200 000 Einwohner)

Sprache *Niederländisch,* Hindustani, Javanisch, Englisch

Religion Christlich (39,6%), hind. (26,0%), moslem. (18,6%)

Währung 1 Surinam-Gulden (Sf) = 100 Cents

BSP/Kopf 860 $ (1994)	**Urbanisierung** 50%
Inflation 357% (1994)	**Alphabetisierung** 93%
Arbeitslos. 20% (1993)	**Einw. pro Arzt** 1348

Reg.-Chef Jules Ajodhia (seit 1991)

Staatsob. Ronald R. Venetiaan (seit 1991) * 18.6.1936

Staatsform Präsidiale Republik

Parlament Nationalversammlung mit 51 für fünf Jahre gewählten Abgeordneten; 24 Sitze für die Front für Demokratie und Entwicklung, 16 für Nationaldemokratische Partei, 11 für andere (Wahl vom Mai 1996)

 Syrien

Lage Naher Osten, Karte S. 406, C 2	
Fläche 185 180 km² (WR 86)	
Einwohner 14,7 Mio (WR 57)	
Einwohner/km² 79 (1995)	
Bev.-Wachstum/Jahr 3,5% Ø	
Pkw.-Kennzeichen SYR	

Hauptstadt Damaskus (1,45 Mio Einwohner)

Sprache *Arabisch,* Kurdisch, Armenisch

Religion Moslemisch (88%), christlich (12%)

Währung 1 syr. Pfund (syr. £) = 100 Piastres

BSP/Kopf 1250 $ (1993)	**Urbanisierung** 52%
Inflation 9,2% (1994)	**Alphabetisierung** 70,8%
Arbeitslos. 6,8% (1991)	**Einw. pro Arzt** 1037

Reg.-Chef Mahmud Zubi (seit 1987) * 1938

Staatsob. Hafiz Assad (seit 1971) * 6.10.1930

Staatsform Präsidiale Republik

Parlament Volksversammlung mit 250 für vier Jahre gewählten Abgeordneten; 167 Sitze für die von der regierenden Baath-Partei dominierte Nationale Front, 83 für unabhängige Kandidaten (Wahl von 1994)

Die im Dezember 1995 aufgenommenen Friedensverhandlungen mit Israel, in deren Mittelpunkt die syrische Forderung nach einem vollständigen Rückzug Israels von den 1967 besetzten Golanhöhen stand, kamen bis Mitte 1996 zu keinem Ergebnis.

WESTORIENTIERUNG: Im März 1996 erklärte Präsident Hafiz Assad die Bereitschaft von S., Verhandlungen mit der EU über ein Kooperations- und Freihandelsabkommen aufzunehmen. Der autokratische Staat hatte zuvor die mit einem solchen Abkommen verbundene umfassende Reform und Liberalisierung der staatlich gelenkten syrischen Wirtschaft als Einmischung in innere Angelegenheiten abgelehnt. Ursache für die geplante Öffnung nach Westen ist u. a. die ungünstige Wirtschaftsentwicklung aufgrund rückläufiger Rohölexporte. Die Verschuldung des Landes wurde 1995 auf 125% des BIP geschätzt.

WASSERSORGEN: Im gemeinsamen Streit mit der Türkei über das Wasser von Euphrat und Tigris nahmen S. und Irak trotz traditioneller Rivalität im Februar 1996 Gespräche auf. Beide Länder forderten eine Vereinbarung zur gerechten Aufteilung des Wassers: Die Türkei plante 1996 den Bau von Staudämmen, welche die Wasserzufuhr zu den trockeneren Gebieten in S. und Irak drastisch verringern würden.

→ A-Z Nahost-Konflikt

Clan-Rivalitäten standen im Hintergrund der Meuterei usbekischer Militärführer, die den autokratischen Präsidenten Emomali Rachmanow (Führer der Kuljabi) im Februar 1996 zur Entlassung mehrerer Minister und des seit 1994 amtierenden Regierungschefs Dschamsched Karimow zwangen. Der als Reformer geltende Jachjo Asimow wurde neuer Ministerpräsident.

BÜRGERKRIEG: Der 1992 ebenfalls aufgrund von Clan-Rivalitäten ausgebrochene Bürgerkrieg zwischen der Regierung und islamischen Rebellen, die im Osten des Landes von Afghanistan aus kämpften, dauerte Mitte 1996 an. Rd. 20 000 vorwiegend russische GUS-Soldaten unterstützten dabei die moskautreue Autokratie des Ex-Kommunisten Rachmanow. Ein Waffenstillstand vom Dezember 1995 wurde nach Friedensverhandlungen im Februar 1996 nicht verlängert. Den Clan-Machtkämpfen fiel auch das im Februar 1996 ermordete geistliche Oberhaupt der Moslems, Mufti Fatchulla Schapirow, zum Opfer. Er hatte 1992 mit anderen Moslemführern gebrochen, um Rachmanow zu stützen. Islamische und nationaldemokratische Oppositionsparteien forderten einen „Rat der Nationalen Versöhnung", der allgemeine Wahlen organisieren sollte. Die UNO berichtete im März 1996 von einer drohenden Hungersnot in der vom Bürgerkrieg ruinierten, ärmsten ehemaligen Sowjetrepublik.

Tadschikistan

Lage Asien, Karte S. 407, C 4		
Fläche 143 100 km² (WR 92)		
Einwohner 6,1 Mio (WR 95)		
Einwohner/km² 43 (1995)		
Bev.-Wachstum/Jahr 2,9% ⌀		
Pkw.-Kennzeichen TD		
Hauptstadt Duschanbe (582 000 Einwohner)		
Sprache Tadschikisch, Russisch, Usbekisch		
Religion Moslemisch		
Währung 1 Tadschikischer Rubel (Rbl)		
BSP/Kopf 360 $ (1994)	**Urbanisierung** 32%	
Inflation 316% (1994)	**Alphabetisierung** 99,7%	
Arbeitslos. 1,8% (1994)	**Einw. pro Arzt** 430	
Reg.-Chef Jachjo Asimow (seit Feb. 1996) * 1947		
Staatsob. Emomali Rachmanow (seit 1994) * 1952		
Staatsform Republik		
Parlament 181 Abgeordnete, 60 Sitze für Kommunisten, 60 für Chefs von Kolchosen und region. Verwaltungen, Opposition nicht zugelassen (Wahl vom Febr./März 1995)		

Taiwan

Lage Ostasien, Karte S. 407, D 3		
Fläche 36 000 km² (WR 134)		
Einwohner 21,1 Mio (WR 45)		
Einwohner/km² 587 (1995)		
Bev.-Wachstum/Jahr 1,1% ⌀		
Pkw.-Kennzeichen RC		
Hauptstadt Taipeh (2,7 Mio Einwohner)		
Sprache Chinesisch, Fukien-Dialekte		
Religion Buddh. (44%), taoist. (33%), christl. (6,5%)		
Währung 1 Neuer Taiwan-Dollar (NT $) = 100 Cents		
BSP/Kopf 10 566 $ (1993)	**Urbanisierung** 75%	
Inflation 3,7% (1995)	**Alphabetisierung** 92%	
Arbeitslos. 1,8% (1995)	**Einw. pro Arzt** 802	
Reg.-Chef Lien Chan (seit 1993) * 27.8.1936		
Staatsob. Lee Teng-Hui (seit 1988) * 15.1.1923		
Staatsform Republik		
Parlament Legislativ-Yüan mit 164 Abgeordneten; 85 Sitze für KMT, 54 für Demokraten (DPP), 21 für Neue Partei (NP), 4 für Parteilose (Wahl vom Dezember 1995)		

Bei den ersten freien und direkten Präsidentschaftswahlen im März 1996 wurde Amtsinhaber Lee Teng-Hui mit 54% der Stimmen wiedergewählt (Wahlbeteiligung 76%). Lee, Kandidat der seit 1949 regierenden Kuomintang-Partei (KMT), trat für eine stärkere internationale Anerkennung der Inselrepublik und einen eigenen Sitz bei den Vereinten Nationen ein. Das westlich orientierte, marktwirtschaftlich organisierte T. ist formal eigenständig, gehört jedoch offiziell zur Volksrepublik China, die 1971 in die UNO aufgenommen wurde. Mitte 1996 wurde T. nur von 29 Staaten anerkannt.

CHINESISCHE DROHUNG: Nachdem im Präsidentschaftswahlkampf die Forderungen nach völliger taiwanesischer Unabhängigkeit lauter geworden waren, hielt China unmittelbar vor dem Urnengang provozierende militärische Manöver mit scharfer Munition in der Straße von Taiwan durch. Dabei wurden auch Raketentests durchgeführt, die wie Zielübungen auf taiwanesische Kernkraftwerke wirkten. Die USA sagten T. angesichts der chinesischen Drohgebärden Schutz bei einer eventuellen Invasion zu. Beobachtern zufolge fiel der Wahlsieg Lees wegen der Manöver höher aus als erwartet. Für April 1996 geplante taiwanesische Manöver vor dem chinesischen Festland verschob Lee auf Druck der USA.

Thailand

Lage Ostasien, Karte S. 408, B 4
Fläche 513 115 km² (WR 49)
Einwohner 58,8 Mio (WR 18)
Einwohner/km² 115 (1995)
Bev.-Wachstum/Jahr 1,6% Ø
Pkw.-Kennzeichen T
Hauptstadt Bangkok (5,62 Mio Einwohner)
Sprache Thai, Englisch, Chinesisch, regionale Idiome
Religion Buddh. (94,3%), moslem. (4,0%), christl. (0,5%)
Währung 1 Baht (B) = 100 Stangs

BSP/Kopf 2410 $ (1994)	**Urbanisierung** 20%
Inflation 5,8% (1995)	**Alphabetisierung** 93,8%
Arbeitslos. 3,3% (1995)	**Einw. pro Arzt** 4420

Reg.-Chef Banharn Silpa-archa (seit 1995) * 1932
Staatsob. König Rama IX. Bhumibol Adulayedej (seit 1946)
Staatsform Konstitutionelle Monarchie
Parlament Nationalversammlung mit 391 für fünf Jahre gewählten Abgeordneten; 92 Sitze für Chart Thai, 86 für Samakki Tham, 57 für New Aspiration, 53 für Chart Pattana, 23 für Palang Dharma, 80 für andere (Wahl vom Juli 1995)

Tansania

Lage Afrika, Karte S. 495, E 5
Fläche 883 749 km² (WR 32)
Einwohner 29,7 Mio (WR 32)
Einwohner/km² 34 (1995)
Bev.-Wachstum/Jahr 3,1% Ø
Pkw.-Kennzeichen EAT
Hauptstadt Dodoma (204 000 Einwohner)
Sprache Suaheli, Englisch, Stammessprachen
Religion Christlich (34%), moslemisch (33%)
Währung 1 Tanzania Shilling (TSh) = 100 Cents

BSP/Kopf 144 $ (1994)	**Urbanisierung** 24%
Inflation ca. 25% (1994)	**Alphabetisierung** 77,8%
Arbeitslos. 30–40% (1994)	**Einw. pro Arzt** 24 970

Reg.-Chef Frederick Sumaye (seit Nov. 1995)
Staatsob. Benjamin Mkapa (seit Nov. 1995) * 12.1.1938
Staatsform Präsidiale föderative Republik
Parlament Nationalversammlung mit 232 für fünf Jahre gewählten und 75 nach verschiedenen Verfahren ernannten Abgeordneten; 186 Sitze für Einheitspartei Revolutionäre Staatspartei, 24 für Bürgerliche Union, 16 für Komitee für Verfassungsreform, 6 für andere (Wahl vom Okt. 1995)

Togo

Lage Afrika, Karte S. 477, B 4
Fläche 56 785 km² (WR 122)
Einwohner 4,1 Mio (WR 115)
Einwohner/km² 73 (1995)
Bev.-Wachstum/Jahr 3,1% Ø
Pkw.-Kennzeichen RT
Hauptstadt Lomé (700 000 Einwohner)
Sprache Französisch, Ewe, Kabyè
Religion Animist. (50%), christl. (35%), moslem. (15%)
Währung CFA-Franc (FCFA)

BSP/Kopf 320 $ (1994)	**Urbanisierung** 31%
Inflation 41,4% (1995)	**Alphabetisierung** 51,7%
Arbeitslos. k. A.	**Einw. pro Arzt** 12 992

Reg.-Chef Edem Kodjo (seit April 1994) * 23.5.1938
Staatsob. Gnassingbé Eyadéma (seit 1967) * 26.12.1935
Staatsform Präsidiale Republik
Parlament Nationalversammlung mit 81 Abgeordneten; 34 Sitze für Comité d'action pour la Renouveau, 35 für Rassemblement du Peuple, 6 für Union togolaise pour la Démocratie, 3 für andere, 3 wurden nicht vergeben (Wahl von 1994)

Tonga

Lage Ozeanien, Karte S. 409, G 4	
Fläche 747 km² (WR 170)	
Einwohner 98 000 (WR 177)	
Einwohner/km² 131 (1994)	
Bev.-Wachstum/Jahr 0,8% Ø	
Pkw.-Kennzeichen k. A.	

Hauptstadt Nuku'alofa (21 000 Einwohner)

Sprache *Tonga,* Englisch

Religion Christlich (92%), Baha'i (4%)

Währung 1 Pa'anga (T$) = 100 Jenti

BSP/Kopf 1590 $ (1994)	**Urbanisierung** 31%
Inflation 3,0% (1993)	**Alphabetisierung** 93%
Arbeitslos. 13% (1989)	**Einw. pro Arzt** 2130

Reg.-Chef Baron Vaea von Houma (seit 1991) * 1921

Staatsob. König Taufa'ahau Tupou IV. (seit 1965) * 1918

Staatsform Konstitutionelle Monarchie im Commonwealth

Parlament Gesetzgebende Versammlung mit 31 für drei Jahre, darunter 9 vom Volk gewählten Abgeordneten, König und Kronrat aus 12 Personen, 9 von Adelsfamilien ernannten Abgeordneten, 6 für Bewegung für Demokratie, 3 für Unabhängige (Wahl von 1993)

 Tschad

Lage Afrika, Karte S. 405, C 3	
Fläche 1,28 Mio km² (WR 20)	
Einwohner 6,4 Mio (WR 94)	
Einwohner/km² 5 (1995)	
Bev.-Wachstum/Jahr 2,3% Ø	
Pkw.-Kennzeichen k. A.	

Hauptstadt N'Djaména (529 500 Einwohner)

Sprache Französisch, Arabisch

Religion Moslem. (40,4%), christl. (33%), animist. (26,6%)

Währung CFA-Franc (FCFA)

BSP/Kopf 180 $ (1994)	**Urbanisierung** 21%
Inflation 41,3% (1994)	**Alphabetisierung** 48,1%
Arbeitslos. k. A.	**Einw. pro Arzt** 29 410

Reg.-Chef Djimasta Koibla (seit 1995)

Staatsob. Idriss Déby (seit 1990) * 1952

Staatsform Präsidiale Republik

Parlament 57köpfiges Übergangsparlament von Nationalkonferenz gewählt (seit April 1993)

 Trinidad und Tobago

Lage Mittelam., Karte S. 404, H 4	
Fläche 5130 km² (WR 162)	
Einwohner 1,3 Mio (WR 147)	
Einwohner/km² 255 (1995)	
Bev.-Wachstum/Jahr 1,2% Ø	
Pkw.-Kennzeichen TT	

Hauptstadt Port of Spain (51 000 Einwohner)

Sprache *Englisch,* Patois, Spanisch, Französisch

Religion Christl. (70%), hinduist. (23%), mosl. (6%)

Währung 1 Trinidad-u.-Tobago-Dollar (TT$) = 100 Cents

BSP/Kopf 3740 $ (1993)	**Urbanisierung** 72%
Inflation ca. 3,8% (1995)	**Alphabetisierung** 97,9%
Arbeitslos. 16,4% (1995)	**Einw. pro Arzt** 1543

Reg.-Chef Basdeo Panday (seit Nov. 1995) * 1932

Staatsob. Noor Mohamed Hassanali (seit 1987) * 1918

Staatsform Präsidiale Republik im Commonwealth

Parlament Senat mit 31 vom Präsidenten ernannten und Repräsentantenhaus mit 36 für fünf Jahre gewählten Abgeordneten; 17 Sitze für Nationale Bewegung des Volkes, 17 für Vereinigter Nationalkongreß, 2 für Allianz für den Nationalen Wiederaufbau (Wahl vom November 1995)

  Tschechische Republik

Lage Europa, Karte S. 401, D 5	
Fläche 78 884 km² (WR 114)	
Einwohner 10,3 Mio (WR 72)	
Einwohner/km² 131 (1995)	
Bev.-Wachstum/Jahr 0,0% Ø	
Pkw.-Kennzeichen CZ	

Hauptstadt Prag (1,21 Mio Einwohner)

Sprache Tschechisch, Slowakisch

Religion Christl. (43,3%), konfessionslos (39,7%)

Währung 1 Krone = 100 Haleru

BSP/Kopf 3200 $ (1994)	**Urbanisierung** 65%
Inflation 9,1% (1995)	**Alphabetisierung** 100%
Arbeitslos. 2,9% (1995)	**Einw. pro Arzt** 270

Reg.-Chef Václav Klaus (seit 1993) * 19.6.1941

Staatsob. Václav Havel (seit 1993) * 5.10.1936

Staatsform Republik

Parlament Nationalrat mit 200 für vier Jahre gewählten Abgeordneten; 68 Sitze für konservative ODS, 22 für kommunistischen Linksblock, 61 für Sozialdemokraten, 16 für Liberalsoziale, 18 für Christdemokraten, 15 für andere (Wahl vom Mai/Juni 1996)

Bei der Parlamentswahl am 31. Mai und 1. Juni 1996, der ersten seit der Trennung von der Slowakei 1993, verlor die bürgerliche Regierungskoalition unter Ministerpräsident Václav Klaus ihre absolute Mehrheit. Klaus' Demokratische Bürgerpartei (ODS) blieb mit 29,6% trotz geringer Verluste stärkste Kraft im Prager Abgeordnetenhaus. Wahlsieger waren die Sozialdemokraten, die sich von 6,5% (1992) auf 26,4% der Stimmen steigerten und zweitstärkste Fraktion wurden. Im Juni 1996 bildete Klaus eine von den Sozialdemokraten geduldete Minderheitsregierung.

SENAT: Bis Juni 1996 fungierte der vor der Trennung von der Slowakei gewählte Landtag als Exekutive. Obwohl in der Verfassung vorgesehen, hatte die neue Republik keinen Senat gewählt. Gegen den Widerstand der regierenden ODS hielt Präsident Václav Havel an der 81 Mandate umfassenden zweiten Kammer fest und schlug den 15. November 1996 als Termin für deren Wahl vor. Die Trennung von der Parlamentswahl soll die Chance vergrößern, daß die Senatszusammensetzung von der des Parlaments abweicht.

WIRTSCHAFTSWACHSTUM: Nach der Überwindung der Anpassungskrise mit rückläufigen Wachstumsraten bis 1993 und einem erstmaligen Zuwachs von 2,6% (1994) erreichte die Wirtschaft 1995 ein BIP-Wachstum von 4,5%. Für 1996 erwarteten Experten 5,5%. Die Inflation sank 1995 auf 9,1% (1994: 10,2%). Trotz erheblicher Fluktuation der Arbeitskräfte blieb die Arbeitslosenrate 1995 mit 2,9% niedrig. Die Leistungsbilanz des Landes verschlechterte sich zwar durch den raschen Anstieg von Importen von einem geringen Überschuß 1994 auf 1 Mrd Dollar Defizit 1995. Rd. 60% waren jedoch Importe von Maschinen und moderner Technologie, die der weiteren Entwicklung der Wirtschaft dienten.

PRIVATISIERUNG ABGESCHLOSSEN: Nach Erfüllung seiner Aufgaben löste die Regierung im April 1996 das Privatisierungsministerium auf. In einer letzten Phase (bis Ende 1995) waren 3552 mittlere und größere Betriebe ganz oder teilweise privatisiert worden. Der Privatsektor erwirtschaftete Ende 1995 rd. 70% des BIP, womit die T. eine führende Stellung unter den osteuropäischen Reformländern einnahm. Der Staat behielt umfangreiche Beteiligungen an Großbanken und Schlüsselbetrieben in Industrie und Infrastruktur, von denen einige nach dem Willen der Regierung auf lange Sicht in staatlicher Hand bleiben sollten. Im November 1995 wurde die T. als erstes osteuropäisches Reformland in die OECD aufgenommen. Einen weiteren Schritt in Richtung europäische Integration stellte die im September 1995 erreichte volle Konvertierbarkeit der Währung dar. Im Januar 1996 beantragte die T. offiziell den Beitritt zur Europäischen Union.

 Tunesien

Lage Afrika, Karte S. 477, C 1

Fläche 163 610 km² (WR 89)

Einwohner 8,9 Mio (WR 81)

Einwohner/km² 54 (1995)

Bev.-Wachstum/Jahr 2,3% Ø

Pkw.-Kennzeichen TN

Hauptstadt Tunis (2,3 Mio Einwohner)

Sprache *Arabisch*, Tunesisch, Französisch

Religion Moslemisch (99,4%), christl. (0,3%), jüd. (0,1%)

Währung 1 Tunesischer Dinar (tD) = 1000 Millimes

BSP/Kopf 1790 $ (1994)	Urbanisierung 57%
Inflation 6% (1995)	Alphabetisierung 66,7%
Arbeitslos. 15% (1994)	Einw. pro Arzt 1540

Reg.-Chef Hamed Karoui (seit 1989) * 30.12.1927

Staatsob. Zain al-Abidin Ben Ali (seit 1987) * 3.9.1936

Staatsform Präsidiale Republik

Parlament Nationalversammlung mit 163 für fünf Jahre gewählten Abgeordneten; 144 Sitze für Sozialisten (RCD), 10 für Sozialistische Demokraten (MDS), 4 für Kommunisten (MR), 3 für Panarabische Unionisten (UDU), 2 für Radikale Reformer (PUP; Wahl von 1994)

 Türkei

Lage Naher Osten, Karte S. 406, B 1

Fläche 774 815 km² (WR 36)

Einwohner 61,9 Mio (WR 17)

Einwohner/km² 80 (1995)

Bev.-Wachstum/Jahr 2,1% Ø

Pkw.-Kennzeichen TR

Hauptstadt Ankara (2,6 Mio Einwohner)

Sprache *Türkisch*, Kurdisch

Religion Moslemisch (99,2%), christlich (0,3%)

Währung 1 Türkische Lira (TL) = 100 Kurus

BSP/Kopf 2500 $ (1994)	Urbanisierung 69%
Inflation 85% (1995)	Alphabetisierung 82,3%
Arbeitslos. 10,2% (1995)	Einw. pro Arzt 980

Reg.-Chef Neçmettin Erbakan (seit Juni 1996) * 1926

Staatsob. Süleyman Demirel (seit 1993) * 6.10.1924

Staatsform Parlamentarische Republik

Parlament Große Nationalversammlung mit 550 für fünf Jahre gewählten Abgeordneten; 158 Sitze für Wohlfahrtspartei, 135 für Partei des Rechten Weges, 132 für Mutterlandspartei, 75 für Demokratische Linkspartei, 50 für Republikanische Volkspartei (Wahl vom Dezember 1995)

Persönliche Gegensätze der Parteiführer ließen im Juni 1996 das Zweckbündnis zwischen der Mutterlandspartei (Anap) unter → BIO Mesut Yilmaz und der Partei des Rechten Weges (DYP) der bisherigen Ministerpräsidentin Tansu Çiller nach nur drei Monaten scheitern. Der Führer der islamisch-fundamentalistischen Wohlfahrtspartei (RP) und erste islamische Ministerpräsident der T. seit der Trennung von Kirche und Staat 1923, → BIO Neçmettin Erbakan, bildete im Juni eine Koalitionsregierung mit der DYP.

REGIERUNGSKRISE: Aus der Parlamentswahl im Dezember 1995 war Erbakans Wohlfahrtspartei als Siegerin hervorgegangen. Im Parlament stellte sie mit 158 Sitzen die stärkste Fraktion, verfügte jedoch nicht über die absolute Mehrheit. Nachdem Erbakan im Januar 1996 keinen Koalitionspartner zur Regierungsbildung gefunden hatte, schlossen sich Yilmaz und Çiller im März 1996 gegen die Islamisten zu einer Koalition zusammen. Auslöser der Krise, die im Juni zum Rücktritt von Yilmaz führte, war eine Entscheidung des Verfassungsgerichts, das die Abstimmung zur Einsetzung der Koalitionsregierung wegen eines Formfehlers für ungültig erklärte. Die von der RP mit Stimmen einzelner Anap-Abgeordneter erreichte Einsetzung eines Korruptions-Untersuchungsausschusses gegen Çiller hatte bereits zuvor die Gegensätze innerhalb der Regierung verschärft. Unter Korruptionsverdacht standen allerdings auch führende Vertreter der Islamisten.

KURDEN: Im April 1996 forderte der Europarat die türkische Regierung erneut auf, eine friedliche Lösung des Kurdenproblems zu suchen und ihre Truppen aus dem Norden des Irak abzuziehen, wohin die Armee den im Grenzgebiet zwischen T., Syrien und Irak lebenden Kurden gefolgt war. Dennoch setzte die T. Mitte 1996 ihre im Frühjahr begonnene Offensive gegen die Befreiungskämpfer der verbotenen Arbeiterpartei Kurdistans (PKK) fort, die mehr Autonomie für die Kurden fordert. Der seit 1987 in der Region geltende Ausnahmezustand wurde im März 1996 erneut verlängert.

AUSSENPOLITIK: Durch Vermittlung der USA wurde im Januar 1996 eine Eskalation zwischen griechischen und türkischen Truppen in der Ägäis abgewendet. Der Konflikt um Territorialansprüche betrifft Fischereirechte und vor allem die Ausbeutung der in der Ägäis vermuteten Bodenschätze. 1996 dauerten die Auseinandersetzungen mit Irak über die Nutzung des Wassers von Euphrat und Tigris an: Die T. plante den Bau zahlreicher Staudämme, welche die irakische Wasserversorgung gefährdeten. Trotz der Differenzen vereinbarten die Außenminister beider Länder im Mai 1996 ein Memorandum, das eine Kooperation in der Öl- und Gaswirtschaft vorsieht.

→ A-Z Kurden

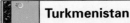

Turkmenistan

Lage Asien, Karte S. 407, B 3	
Fläche 488 100 km² (WR 51)	
Einwohner 4,1 Mio (WR 116)	
Einwohner/km² 8 (1995)	
Bev.-Wachstum/Jahr 2,4% Ø	
Pkw.-Kennzeichen TMN	
Hauptstadt Aschchabad (517 000 Einwohner)	
Sprache Turkmenisch	
Religion Moslemisch	
Währung 1 Manat = 100 Tenge	
BSP/Kopf 1230 $ (1992)	**Urbanisierung** 45%
Inflation 2397% (1994)	**Alphabetisierung** 99,7%
Arbeitslos. ca. 6–20% (1991)	**Einw. pro Arzt** 274
Reg.-Chef Separmurad Nijasow (seit 1992) * 19.2.1940	
Staatsob. Separmurad Nijasow (seit 1990) * 19.2.1940	
Staatsform Republik	
Parlament Majlis mit 50 für fünf Jahre gewählten Abgeordneten; 50 Sitze für Demokratische Partei DPT (Wahl von 1994)	

Tuvalu

Lage Ozeanien, Karte S. 409, F 3	
Fläche 26 km² (WR 189)	
Einwohner 9000 (WR 191)	
Einwohner/km² 346 (1994)	
Bev.-Wachstum/Jahr 2,2% Ø	
Pkw.-Kennzeichen k. A.	
Hauptstadt Vaiaku (3000 Einwohner)	
Sprache Tuvalu, Englisch	
Religion Protest. (96,9%), kath. (0,2%), adventist. (1,4%)	
Währung 1 Australischer Dollar (A$) = 100 Cents	
BSP/Kopf 2000 $ (1992)	**Urbanisierung** 34%
Inflation 2% (1992)	**Alphabetisierung** 95%
Arbeitslos. 4% (1989)	**Einw. pro Arzt** 2261
Reg.-Chef Kamuta Laa tasi (seit 1993)	
Staatsob. Königin Elizabeth II. (seit 1978) * 21.4.1926	
Staatsform Konstitutionelle Monarchie im Commonwealth	
Parlament Ältestenrat mit 12 für vier Jahre gewählten Abgeordneten; keine politischen Parteien im europäischen Sinn; traditionelle Familien- und Sippenverbände (Wahl von 1993)	

 Uganda

Lage Afrika, Karte S. 401, E 4

Fläche 241 038 km² (WR 77)

Einwohner 21,3 Mio (WR 44)

Einwohner/km² 88 (1995)

Bev.-Wachstum/Jahr 2,5% Ø

Pkw.-Kennzeichen EAU

Hauptstadt Kampala (773 000 Einwohner)

Sprache *Englisch, Swahili,* Luganda

Religion Katholisch (49,6%), protest. (28,7%), mosl. (6,6%)

Währung 1 Uganda-Shilling (USh) = 100 Cents

BSP/Kopf 190 $ (1993)	**Urbanisierung** 13%
Inflation 7,5% (1994)	**Alphabetisierung** 61,8%
Arbeitslos. k. A.	**Einw. pro Arzt** 20 300

Reg.-Chef Kintu Musoke (seit 1994)

Staatsob. Yoweri Museveni (seit 1986) * 1943

Staatsform Präsidiale Republik

Parlament Nationalversammlung mit 276 Sitzen; Mehrheit für Anhänger der Nationalen Widerstandsbewegung (NRM), Parteien nicht zugelassen (Wahl von Juni 1996)

Ukraine

Lage Europa, Karte S. 401, F 5

Fläche 603 700 km² (WR 43)

Einwohner 51,4 Mio (WR 23)

Einwohner/km² 85 (1995)

Bev.-Wachstum/Jahr 0,1% Ø

Pkw.-Kennzeichen UA

Hauptstadt Kiew (2,65 Mio Einwohner)

Sprache Ukrainisch, Russisch

Religion Ukrainisch-orthod., griechisch-kath., russ.-orthod.

Währung 1 Karbowanez

BSP/Kopf 1910 $ (1994)	**Urbanisierung** 70%
Inflation 181,6% (1995)	**Alphabetisierung** 98,8%
Arbeitslos. 1,5% (1995)	**Einw. pro Arzt** 220

Reg.-Chef Pawel Lasarenko (seit Mai 1996) * 1953

Staatsob. Leonid Kutschma (seit Juli 1994) * 1938

Staatsform Republik

Parlament Oberster Rat mit 338 für vier Jahre gewählten Abgeordneten, 86 Sitze für Kommunisten (KP), 20 für Nationaldemokraten (Ruch), 18 für Linke (BP), 14 für Sozialisten (SP), 8 für Nationaldemokraten (URP), 5 für Rechte (KUN), 170 für Parteilose, 17 für andere (Wahl von 1994)

Im Mai 1996 enthob Staatschef Leonid Kutschma Ministerpräsident Jewgenij Martschuk wegen angeblicher Unfähigkeit bei der Umsetzung der Wirtschaftsreformen seines Amtes und ersetzte ihn durch seinen Gefolgsmann, den bisherigen Vizepremier Pawel Lasarenko. Im Juni 1996 nahm das Parlament eine seit 1991 geplante neue Verfassung an, welche die Präsidialdemokratie festschreibt und Privateigentum zuläßt. Die Kritik der Opposition aus Kommunisten und anderen linken Parteien, die im Parlament die Mehrheit stellten, richtete sich gegen die autokratische Herrschaft von Kutschma, der im Juni 1995 im Rahmen einer sog. Verfassungsvereinbarung zusätzliche Vollmachten – u. a. das Recht zur Entlassung des Premiers – erhalten hatte. Mit Verweis auf diesen Vertrag unterstellte Kutschma im Oktober 1995 die Nationalgarde seinem alleinigen Kommando. Im April 1996 lehnte der Präsident einen von Rußland vorgeschlagenen Unionsvertrag ab und bekräftigte die Unabhängigkeit seines Landes.

WIRTSCHAFTSMISERE: Der marktwirtschaftliche Umbau der Volkswirtschaft wurde 1996 trotz andauernder Wirtschaftskrise fortgesetzt. Das BIP sank 1995 um über 20%, die Inflation ging 1995 auf 181,1% zurück (1994: 501%). Anfang 1996 waren ca. 50% der staatlichen Unternehmen privatisiert. Illegaler Handel mit Gutscheinen, Behinderung durch ehemalige kommunistische Kader und korrupte regionale Verwaltungen waren Ursachen für die geringe Beteiligung der Bevölkerung an der Privatisierung mittels Gutscheinen (42%).

TSCHERNOBYL: Im April 1996 fanden Gedenkveranstaltungen zum 10. Jahrestag der Reaktorkatastrophe von Tschernobyl statt. Noch intakte Teile des Unglücksreaktors blieben am Netz und erzeugten 1995 bis zu 7% des Strombedarfs der U. Nach langwierigen Verhandlungen unterzeichnete die U. Ende 1995 eine Erklärung über die Stillegung des Reaktors bis zum Jahr 2000. Westliche Industriestaaten sicherten im Gegenzug 2,3 Mrd Dollar Finanzhilfen für die Modernisierung von Kohlekraftwerken zu.

KRIM: Das Parlament der Krim wählte im Februar 1996 den von Präsident Kutschma vorgeschlagenen Arkady Demidenko zum Ministerpräsidenten des Halbinsel. Die Zentralregierung hatte im Vorjahr den separatistischen Präsidenten abgesetzt und die Verfassung der Halbinsel annulliert. Im April stimmte das Parlament der U. einer neuen Verfassung für die Krim zu, die der Halbinsel zwar das Recht zur Gesetzgebung verweigert, sie aber als autonome Republik anerkannt. Die ehemals sowjetische Schwarzmeerflotte im Krimhafen Sevastopol darf nach der neuen Verfassung der U. nur für eine Übergangszeit bestehen bleiben. Die Teilung der Flotte zwischen der U. und Rußland waren Mitte 1996 nicht endgültig geklärt.

→ A-Z Tschernobyl

Ungarn

Lage Europa, Karte S. 473, E 6	
Fläche 93 032 km² (WR 109)	
Einwohner 10,1 Mio (WR 76)	
Einwohner/km² 109 (1995)	
Bev.-Wachstum/Jahr −0,4% Ø	
Pkw.-Kennzeichen H	

Hauptstadt Budapest (1,99 Mio Einwohner)	
Sprache Ungarisch	
Religion Kath. (64,1%), protest. (23,3%), jüdisch (0,9%)	
Währung 1 Forint (Ft) = 100 Filler	

BSP/Kopf 3840 $ (1994)	Urbanisierung 65%
Inflation ca. 20% (1995)	Alphabetisierung 99,2%
Arbeitslos. 10,4% (1995)	Einw. pro Arzt 344

Reg.-Chef Gyula Horn (seit Juli 1994) * 5.7.1932	
Staatsob. Árpád Göncz (seit 1990) * 10 2.1922	
Staatsform Parlamentarische Republik	

Parlament Nationalversammlung mit 386 Abgeordneten; 209 Sitze für Sozialist. Partei, 69 Sitze für Freidemokraten, 19 für Demokrat. Forum, 25 für Kleinlandwirte-Partei, 22 für Christlich-Demokrat. Volkspartei, 20 für Junge Demokraten, 15 für Demokrat. Volkspartei, 6 für andere (Wahl von 1994)

Die Regierung des sozialistischen Ministerpräsidenten Gyula Horn, der im April 1996 als Vorsitzender seiner Partei bestätigt wurde, hielt 1995/96 an ihrem strikten Sparkurs fest. Im Mai 1996 wurde U. Mitglied der Organisation für wirtschaftliche Zusammenarbeit und Entwicklung (OECD). Das Land strebte den Beginn formeller Verhandlungen über den beantragten EU-Beitritt für Dezember 1998 an.

KONJUNKTUR: Mit ca. 13 Mrd Dollar (1989–1995) verbuchte U. nahezu die Hälfte der gesamten Auslandsinvestitionen in die osteuropäischen Reformstaaten für sich. Das BIP wuchs 1995 um 2%, Wirtschaftsexperten rechneten bis 1997 mit einer Steigerung auf 5% Wachstum. Das Handelsbilanzdefizit sank 1995 bei wachsendem Handelsvolumen auf 2,6% des BIP (1994: 3,7%). Die Privatisierung der Wirtschaft setzte sich im ersten Halbjahr 1996 mit dem Verkauf von 16 Großunternehmen fort (erwartete Einnahmen: 1 Mrd DM). Innenpolitischer Streit entbrannte Anfang 1996 darüber, ob die unerwartet hohen Privatisierungserlöse von 1995 (4,7 Mrd DM) zum Abbau der Auslandsschulden oder für Arbeitsbeschaffungsmaßnahmen eingesetzt werden sollten. Die Mehrheit der Bevölkerung mußte 1995 Einkommensverluste von ca. 10% hinnehmen und forderte Umfragen zufolge eine sozialverträglichere Ausgestaltung der Reformpolitik.

 Uruguay

Lage Südamerika, Karte S. 403, D 6	
Fläche 177 414 km² (WR 88)	
Einwohner 3,2 Mio (WR 126)	
Einwohner/km² 18 (1995)	
Bev.-Wachstum/Jahr 0,6% Ø	
Pkw.-Kennzeichen ROU	

Hauptstadt Montevideo (1,31 Mio Einwohner)	
Sprache Spanisch	
Religion Katholisch (66%), protest. (2%), jüdisch (0,8%)	
Währung 1 Peso Uruguayo = 100 Centésimos	

BSP/Kopf 4660 $ (1994)	Urbanisierung 90%
Inflation 35% (1995)	Alphabetisierung 97,3%
Arbeitslos. 11,8% (1995)	Einw. pro Arzt 341

Reg.-Chef Julio Maria Sanguinetti (seit März 1995) * 1936	
Staatsob. Julio Maria Sanguinetti (seit März 1995) * 1936	
Staatsform Präsidiale Republik	

Parlament Senat mit 30 und Abgeordnetenhaus mit 99 für fünf Jahre gewählten Abgeordneten; im Abgeordnetenhaus 34 Sitze für Colorados, 31 für Blancos, 30 für Frente Amplio, 4 für Nuevo Espacio (Wahl von 1994)

 USA

Lage Nordam., Karte S. 402, E 6	
Fläche 9 363 520 km² (WR 4)	
Einwohner 263,3 Mio (WR 3)	
Einwohner/km² 28,0 (1995)	
Bev.-Wachstum/Jahr 1,0% Ø	
Pkw.-Kennzeichen USA	

Hauptstadt Washington D. C. (626 000 Einwohner)	
Sprache Englisch	
Religion Protest. (52,7%), kathol. (26,2%), mosl. (1,9%)	
Währung 1 US-Dollar (US–$) = 100 Cents	

BSP/Kopf 25 880 $ (1994)	Urbanisierung 76%
Inflation 3,5% (1995)	Alphabetisierung 96%
Arbeitslos. 5,6% (1995)	Einw. pro Arzt 341

Reg.-Chef Bill Clinton (seit 1993) * 19.8.1946	
Staatsob. Bill Clinton (seit 1993) * 19.8.1946	
Staatsform Präsidiale Bundesrepublik	

Parlament Kongreß aus Senat mit 100 für sechs Jahre und Repräsentantenhaus mit 435 für zwei Jahre gewählten Abgeordneten; im Repräsentantenhaus 230 Sitze für Republikaner, 204 für Demokraten, 1 für Unabhängigen (Wahl von 1994)

Außenpolitische Erfolge verbuchte die demokratische Regierung unter Bill Clinton 1995/96 u. a. mit der Konflikvermittlung in Bosnien-Herzegowina und im Nahen Osten. Die Innenpolitik stand ganz im Zeichen der am 5. November 1996 stattfindenden Präsidentschaftswahlen. Angesichts günstiger Konjunktur und konturlosem Programm der Republikanischen Partei wurden Amtsinhaber Clinton Mitte 1996 die besten Wahlchancen eingeräumt. Bei den Vorwahlen der Republikaner setzte sich der 73jährige Senator → [BIO] Robert Dole gegen den als extrem konservativ geltenden Journalisten Pat Buchanan als Präsidentschaftskandidat durch.

KONJUNKTURMOTOR ARBEITSMARKT: Der seit 1992 andauernde konjunkturelle Aufschwung verlangsamte sich 1995: Die US-Wirtschaft verzeichnete ein Wachstum von 3,3% (1994: 4,1%). Für das Wahljahr 1996 wurde ein Zuwachs von 2,5% erwartet. Positiv wirkten sich ein niedriges Haushaltsdefizit von knapp 2% des BIP und ein Beschäftigungszuwachs von 8,5 Mio Arbeitsplätzen seit 1993 aus, der die Arbeitslosenquote 1995 auf den Tiefstand von 5,6% (1994: 6,1%) sinken ließ. Allein im ersten Halbjahr 1996 kamen 1,8 Mio neue Arbeitsplätze hinzu. Dabei nahmen die durchschnittliche Wochenarbeitszeit und die Überstunden zu, während die Stundenlöhne besonders in der verarbeitenden Industrie sanken und die Fluktuation auf dem Arbeitsmarkt wuchs.

Trotz Exportwachstums erreichte das Handelsbilanzdefizit mit 111 Mrd Dollar 1995 seinen höchsten Stand seit acht Jahren. Besonders im Warenaustausch mit den Partnern der seit zwei Jahren bestehenden Nordamerikanischen Freihandelszone NAFTA (Kanada und Mexiko) überstiegen 1995 die Importe die Exporte. Ursache war u. a. die aufgrund der niedrigeren Löhne erfolgte Produktionsverlagerung US-amerikanischer Firmen nach Mexiko.

HAUSHALTSKOMPROMISS: Nach rd. sieben Monaten beendeten Präsident und Kongreß im April 1996 ihren Machtkampf um den Haushalt für 1996. Die Arbeit der Behörden mußte währenddessen durch Übergangsgesetze finanziert werden. Im Kompromiß, der als Sieg des Präsidenten gewertet wurde, verhinderte Clinton durch sein Veto die von den Republikanern geplanten tiefen Einschnitte im Sozialetat. Der vom Präsidenten vorgelegte Haushaltsplan für 1997 strebte einen Ausgleich des Defizits bis zum Jahr 2002 bei gleichzeitiger Steigerung der Ausgaben für Umwelt, Erziehung und Ausbildung an. Nach einem im März 1996 verabschiedeten Gesetz soll der Präsident künftig einzelne Haushaltsposten ablehnen können, ohne mit seinem Veto den gesamten Haushalt zu blockieren.

ANTITERRORGESETZ: Zum verstärkten Kampf gegen den internationalen Terrorismus rief Clinton die Weltgemeinschaft nach einem Bombenattentat auf den US-Stützpunkt im saudiarabischen Dhahran im Juni 1996 auf, bei dem 19 US-Soldaten getötet worden waren. Ein Jahr nach dem rechtsextremistischen Terroranschlag auf ein Verwaltungsgebäude in Oklahoma, der 167 Todesopfer gefordert hatte, verabschiedete der US-Kongreß im April 1996 ein Gesetz, das zusätzliche finanzielle Mittel zur Abwehr terroristischer Aktivitäten bereitstellte und eine beschleunigte Vollstreckung von Todesurteilen vorsieht.

ILLEGALE EINWANDERUNG: Zur effektiveren Bekämpfung der illegalen Einwanderer (300 000–400 000 jährlich) beschloß der US-Kongreß im Mai 1996 die Verdoppelung der Grenzpolizei auf 10 000 Mann, höhere Strafen für Ausweisfälscher und Beschränkungen der Sozialleistungen für Flüchtlinge aus armen Ländern.

SANKTIONEN: Während die US-Regierung ihre wegen Menschenrechtsverletzungen verhängten Wirtschaftssanktionen gegen China bereits 1994 aus wirtschaftlichen Interessen aufgehoben hatte, verschärfte oder verlängerte der Kongreß 1996 die Maßnahmen gegen Libyen, Irak, Iran und Kuba. Im April 1996 bereitete der Kongreß ein Gesetz über Sanktionen gegen Iran und Libyen vor, das Strafmaßnahmen gegen Unternehmen aus Drittländern ermöglicht, die im Erdöl- und Erdgasbereich wirtschaftliche Kontakte zu diesen Ländern pflegen.

Usbekistan

Lage Asien, Karte S. 407, C 3	
Fläche 447 400 km² (WR 55)	
Einwohner 22,8 Mio (WR 40)	
Einwohner/km² 51 (1995)	
Bev.-Wachstum/Jahr 2,3% Ø	
Pkw.-Kennzeichen Usb	
Hauptstadt Taschkent (2,2 Mio Einwohner)	
Sprache *Usbekisch,* Russisch	
Religion Moslemisch	
Währung Usbekistan-Sum (U.S.)	

BSP/Kopf 960 $ (1994)	**Urbanisierung** 41%
Inflation 94% (1995)	**Alphabetisierung** 99,7%
Arbeitslos. ca. 15% (1995)	**Einw. pro Arzt** 280

Reg.-Chef Utkur Sultanow (seit März 1996) * 1939	
Staatsob. Islam Karimow (seit 1991) * 30.1.1938	
Staatsform Republik	
Parlament Oberster Sowjet mit 250 Sitzen; 243 für Kommunisten, 7 für Opposition (Wahl vom Dezember 1994/Januar 1995)	

Vanuatu

Lage Ozeanien, Karte S. 409, F 4	
Fläche 12 189 km² (WR 155)	
Einwohner 169 000 (WR 172)	
Einwohner/km² 14 (1995)	
Bev.-Wachstum/Jahr 2,5% Ø	
Pkw.-Kennzeichen k. A.	

Hauptstadt Port Vila (19 400 Einwohner)

Sprache *Englisch, Französisch,* Bislama

Religion Presbyt. (36,7%), angl. (15,1%), kath. (14,8%)

Währung 1 Vatu (VT) = 100 Centimes

BSP/Kopf 1150 $ (1994)	**Urbanisierung** 19%
Inflation 3% (1994)	**Alphabetisierung** 53%
Arbeitslos. k. A.	**Einw. pro Arzt** 7345

Reg.-Chef Maxime Carlot Korman (seit 1991) * 1942

Staatsob. Jean-Marie Leyé (seit 1994)

Staatsform Parlamentarische Republik im Commonwealth

Parlament Einkammerparlament mit 50 für vier Jahre gewählten Abgeordneten; 20 Sitze für Union des Partis Modérés (UPM), 10 für Vanuaaku Pati (VAP), 9 für National United Party (NUP), 4 für Parti progressiste mélasien, 1 für Tan Union, 2 nicht vergeben (Wahl von Dezember 1995)

Venezuela

Lage Südamerika, Karte S. 403, C 1	
Fläche 912 050 km² (WR 31)	
Einwohner 21,8 Mio (WR 43)	
Einwohner/km² 24 (1995)	
Bev.-Wachstum/Jahr 2,5% Ø	
Pkw.-Kennzeichen YV	

Hauptstadt Caracas (1,29 Mio Einwohner)

Sprache Spanisch, indianische Sprachen

Religion Katholisch (90%), protestantisch (8%)

Währung 1 Bolivar (vB) = 100 Céntimos

BSP/Kopf 2760 $ (1994)	**Urbanisierung** 93%
Inflation ca. 56,7% (1995)	**Alphabetisierung** 91,1%
Arbeitslos. 11,7% (1995)	**Einw. pro Arzt** 640

Reg.-Chef Rafael Caldera Rodriguez (seit 1994) * 1916

Staatsob. Rafael Caldera Rodriguez (seit 1994) * 1916

Staatsform Präsidiale Bundesrepublik

Parlament Senat mit 44 Vertretern und Abgeordnetenkammer mit 203 für fünf Jahre gewählten Abgeordneten; 55 für Demokratische Aktion, 53 für Christdemokraten, 40 für Radikale Sache, 26 für Nationale Konvergenz, 24 für Sozialistische Bewegung, 5 für andere (Wahl von 1993)

Vatikanstadt

Lage Europa, Karte S. 401, D 6	
Fläche 0,44 km² (WR 192)	
Einwohner 749 (WR 192)	
Einwohner/km² 1886 (1995)	
Bev.-Wachstum/Jahr k. A.	
Pkw.-Kennzeichen V	

Hauptstadt Vatikanstadt (749 Einwohner)

Sprache Lateinisch, Italienisch

Religion Katholisch

Währung Italienische Lira (Lit)

BSP/Kopf k. A.	**Urbanisierung** 100%
Inflation k. A.	**Alphabetisierung** 100%
Arbeitslos. k. A.	**Einw. pro Arzt** k. A.

Reg.-Chef Kardinalstaatssekr. Angelo Sodano (seit 1991)

Staatsob. Papst Johannes Paul II. (seit 1978) * 18.5.1920

Staatsform Souveränes Erzbistum, Wahlmonarchie

Vereinigte Arabische Emirate

Lage Naher Osten, Karte S. 406, F 4	
Fläche 83 600 km² (WR 113)	
Einwohner 1,9 Mio (WR 140)	
Einwohner/km² 23 (1995)	
Bev.-Wachstum/Jahr 3,3% Ø	
Pkw.-Kennzeichen UAE	

Hauptstadt Abu Dhabi (363 400 Einwohner)

Sprache *Arabisch,* Englisch, Hindi, Urdu, Farsi

Religion Moslemisch (94,9%), christlich (3,8%)

Währung 1 Dirham (DH) = 100 Fils

BSP/Kopf 21 430 $ (1993)	**Urbanisierung** 84%
Inflation ca. 6% (1995)	**Alphabetisierung** 79,2%
Arbeitslos. 2,0% (1995)	**Einw. pro Arzt** 1100

Reg.-Chef Scheich Maktum ibn Raschid al-Maktum (1979)

Staatsob. Scheich Said ibn Sultan An-Nahajan (seit 1971)

Staatsform Föderation von sieben Emiraten

Parlament Föderative Nationalversammlung mit 40 Mitgliedern, die von den Oberhäuptern der einzelnen Emirate für zwei Jahre ernannt werden, nur beratende Funktion, keine Parteien

★ Vietnam

Lage Ostasien, Karte S. 408, B 4
Fläche 331 689 km² (WR 64)
Einwohner 74,5 Mio (WR 13)
Einwohner/km² 225 (1995)
Bev.-Wachstum/Jahr 2,1% Ø
Pkw.-Kennzeichen VN
Hauptstadt Hanoi (3,1 Mio Einwohner)
Sprache Vietnamesisch
Religion Buddh. (55,3%), kathol. (7,0%), moslem. (1,0%)
Währung 1 Dong (D) = 10 Hào = 100 Xu

BSP/Kopf 200 $ (1994)	**Urbanisierung** 21%
Inflation ca. 12,7% (1995)	**Alphabetisierung** 93,7%
Arbeitslos. ca. 6,1% (1995)	**Einw. pro Arzt** 2300

Reg.-Chef Vo Van Kiet (seit 1991) * 23.11.1922
Staatsob. Le Duc Anh (seit 1992) * 1920
Staatsform Sozialistische Republik (seit 1980)
Parlament Nationalversammlung mit 395 für fünf Jahre gewählten Abgeordneten; sämtliche Sitze für Kandidaten der von der Kommunistischen Partei und Massenorganisation dominierten Einheitsliste (Wahl von 1992)

Im April 1996 eskalierte der Machtkampf zwischen der oppositionellen Volksfront Weißrußlands und den Ex-Kommunisten unter dem autokratisch regierenden Präsidenten Alexander Lukaschenko. Anhänger der Volksfront hatten aus Anlaß des 10. Jahrestages der Tschernobyl-Reaktorkatastrophe zu einem nicht genehmigten Marsch durch Minsk aufgerufen, den das Regime gewaltsam beendete. Wirtschaftsmisere, ausbleibende Reformen und Menschenrechtsverletzungen führten 1996 zur Einfrierung internationaler Kredite.

BEZIEHUNG ZU RUSSLAND: Der Widerstand richtete sich vor allem gegen die Aufgabe von Souveränitätsrechten, die eine von Lukaschenko angestrebte und von Teilen der Bevölkerung aufgrund der schweren Wirtschaftskrise unterstützte Vereinigung mit Rußland nach sich zöge. Das im April 1996 mit Rußland unterzeichnete Gründungsabkommen einer „Gemeinschaft Souveräner Republiken" enthielt Absichtserkärungen über eine engere politische Kooperation und eine Währungsunion.

POLITIKVERDROSSENHEIT: Erst im dritten Anlauf gelang es bei Nachwahlen im Dezember 1995, die Beschlußfähigkeit des Parlaments herzustellen. Bei den von Lukaschenko bekämpften Parlamentswahlen war im Mai 1995 (Nachwahlen im November) in zahlreichen Wahlkreisen nicht die vorgeschriebene Wahlbeteiligung von 50% erreicht worden.

☼ Weißrußland

Lage Europa, Karte S. 401, F 4
Fläche 207 600 km² (WR 83)
Einwohner 10,1 Mio (WR 74)
Einwohner/km² 49 (1995)
Bev.-Wachstum/Jahr 0,2% Ø
Pkw.-Kennzeichen BY
Hauptstadt Minsk (1,63 Mio Einwohner)
Sprache Weißrussisch, Russisch
Religion Russisch-orthodox (60%)
Währung 1 Weißrussischer Rubel = 100 Kopeken

BSP/Kopf 2160 $ (1994)	**Urbanisierung** 71%
Inflation 344% (1995)	**Alphabetisierung** 99,5%
Arbeitslos. 2,7% (1995)	**Einw. pro Arzt** 230

Reg.-Chef Michail Tschigir (seit 1994) * 1948
Staatsob. Alexander Lukaschenko (seit 1994) * 1954
Staatsform Republik
Parlament Oberster Sowjet mit 260 Abgeordneten, 42 Sitze für Kommunistische Partei, 33 für Agrar-Partei, 95 für Parteilose, 28 für andere, 62 nicht besetzt (Wahl vom Mai 1995, Nachwahlen im November und Dezember 1995)

☽ Zaïre

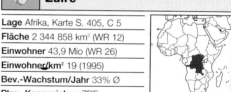

Lage Afrika, Karte S. 405, C 5
Fläche 2 344 858 km² (WR 12)
Einwohner 43,9 Mio (WR 26)
Einwohner/km² 19 (1995)
Bev.-Wachstum/Jahr 33% Ø
Pkw.-Kennzeichen ZRE
Hauptstadt Kinshasa (3,8 Mio Einwohner)
Sprache *Französisch*, Swahili, Luba, Kikongo, Lingola
Religion Katholisch (47,9%), protestantisch (28,7%)
Währung 1 Neuer Zaire (Z) = 100 Makuta

BSP/Kopf 130 $ (1992)	**Urbanisierung** 29%
Inflation 23 773% (1994)	**Alphabetisierung** 77,3%
Arbeitslos. 20-30% (1993)	**Einw. pro Arzt** 23 193

Reg.-Chef Joseph Kengo Wa Dondo (seit 1994) * 1935
Staatsob. Mobutu Sésé-Séko (seit 1965) * 14.10.1930
Staatsform Präsidiale Republik
Parlament Übergangsparlament 740 Mitglieder (seit 1994)

Zentralafrikanische Republik

Lage Afrika, Karte S. 405, D 4

Fläche 622 984 km² (WR 42)

Einwohner 3,2 Mio (WR 125)

Einwohner/km² 5 (1995)

Bev.-Wachstum/Jahr 2,4% Ø

Pkw.-Kennzeichen RCA

Hauptstadt Bangui (597 000 Einwohner)

Sprache *Französisch*, Sangho, Bantu, Sudansprachen

Religion Animistisch (57%), christlich (35%), moslem. (8%)

Währung CFA-Franc (FCFA)

BSP/Kopf 500 $ (1994)	**Urbanisierung** 39%
Inflation 24,6% (1994)	**Alphabetisierung** 60%
Arbeitslos. k. A.	**Einw. pro Arzt** 25 890

Reg.-Chef Jean-Paul Ngoupandé (seit Juni 1996)

Staatsob. Ange-Félix Patasse (seit 1993) * 25.1.1937

Staatsform Präsidiale Republik

Parlament Nationalversammlung mit 85 für fünf Jahre gewählten Abgeordneten; 34 Sitze für MLPC, 13 für RDC, 7 für FPP, 7 für PLD, 6 für ADP, 18 für andere (Wahl von 1993)

Präsident Robert Mugabe, seit 1980 autokratischer Herrscher in Z., wurde im März 1996 im Amt bestätigt. Weniger als ein Drittel der Wahlberechtigten (31,7%) nahmen an der von der Opposition boykottierten Wahl des einzigen Kandidaten teil, der 92,7% der Stimmen errang. Mugabe regiert mit Repressionen und staatlicher Kontrolle der Medien. Eine ernsthafte Oppositionsarbeit macht das Parteienfinanzierungsgesetz unmöglich, nach dem nur Mugabes ZANU-Partei (Afrikanische Nationalunion Zimbabwe) Mittel erhält. Forderungen nach einer Verfassungskonferenz für ein gerechteres Grundgesetz lehnte der Präsident 1995/96 ab. Außenpolitisch isoliert, blieben Z. Nordkorea und China als einzige Verbündete.

RÜCKZUG DER INVESTOREN: Trotz positiver Wirtschaftsentwicklung mit einem für 1996 erwarteten BIP-Wachstum von rd. 7% sowie Umstrukturierungsbemühungen zur Senkung des Haushaltsdefizits und der Inflationsrate blieben dringend benötigte ausländische Investitionen aus. Die Zurückhaltung der Investoren war eine Folge zunehmender Staatseingriffe in die Wirtschaft, wachsender Korruption und der den Rassenhaß schürenden Politik Mugabes. Der Präsident verschärfte Anfang 1996 seine Parolen gegen weiße Zimbabwer. Er plante, die Großfarmen der Weißen zu enteignen und in Gemeineigentum umzuwandeln.

Zimbabwe

Lage Afrika, Karte S. 405, D 6

Fläche 390 757 km² (WR 59)

Einwohner 11,3 Mio (WR 63)

Einwohner/km² 29 (1995)

Bev.-Wachstum/Jahr 3,0% Ø

Pkw.-Kennzeichen ZW

Hauptstadt Harare (1,18 Mio Einwohner)

Sprache Englisch, Bantu-Sprachen

Religion Animist. (40%), protest. (18%), afrik. Kirche (14%)

Währung 1 Zimbabwe-Dollar (Z$) = 100 Cents

BSP/Kopf 490 $ (1993)	**Urbanisierung** 32%
Inflation 22,3% (1994)	**Alphabetisierung** 85,1%
Arbeitslos. 44% (1994)	**Einw. pro Arzt** 7110

Reg.-Chef Robert Gabriel Mugabe (seit 1980) * 21.2.1925

Staatsob. Robert Gabriel Mugabe (seit 1987) * 21.2.1925

Staatsform Präsidiale Republik

Parlament Abgeordnetenhaus mit 30 ernannten und 120 für sechs Jahre gewählten Abgeordneten; unter den gewählten Mitgliedern 117 Sitze für Zimbabwe African National Union, 2 für Zimbabwe Unity Movement, 1 für Zanu-Ndonga (Wahl von 1990)

Zypern

Lage Naher Osten, Karte S. 407, B 2

Fläche 9251 km² (WR 160)

Einwohner 742 000 (WR 154)

Einwohner/km² 80 (1995)

Bev.-Wachstum/Jahr 1,1% Ø

Pkw.-Kennzeichen CY

Hauptstadt Nikosia (166 500 Einwohner)

Sprache *Griechisch, Türkisch,* Englisch

Religion Christlich (80%), moslemisch (18,6%)

Währung 1 Zypern-Pfund (Z£) = 100 Cents

BSP/Kopf 10 260 $ (1994)	**Urbanisierung** 54%
Inflation 4,7% (1994)	**Alphabetisierung** 95%
Arbeitslos. 2,7% (1994)	**Einw. pro Arzt** 476

Reg.-Chef Glafkos Klerides (seit 1993) * 24.4.1919

Staatsob. Glafkos Klerides (seit 1993) * 24.4.1919

Staatsform Präsidiale Republik

Parlament Repräsentantenhaus mit 80 für fünf Jahre gewählten Abgeordneten; 20 Sitze für Demokrat. Sammlung, 19 für Kommunisten, 10 für Demokrat. Partei, 5 für sozialist. Demokrat. Union, 2 für Freie Demokraten, 24 reservierte Sitze für türkische Zyprioten (Wahl vom Mai 1996)

Der Teil Bundesländer Deutschland enthält Informationen zu den 16 deutschen Ländern. Die Angaben konzentrieren sich auf politische und wirtschaftliche Entwicklungen im Berichtszeitraum von August 1995 bis Juli 1996. Jeder Artikel beginnt mit einer Zusammenstellung von Strukturdaten auf dem letztverfügbaren Stand, in Klammern ist die Rangstelle für Fläche und Einwohner innerhalb der Bundesrepublik Deutschland angegeben. Eine Tabelle nennt alle Regierungsmitglieder mit Parteizugehörigkeit und Amtsantrittsjahr.

Die deutschen Bundesländer

Rang	Land	Einw. (Mio)
1	Nordrhein-Westfalen	17,86
2	Bayern	11,98
3	Baden-Württemberg	10,23
4	Niedersachsen	7,65
5	Hessen	6,01
6	Sachsen	4,57
7	Rheinland-Pfalz	3,97
8	Berlin	3,44
9	Sachsen-Anhalt	2,80
10	Schleswig-Holstein	2,70
11	Brandenburg	2,54
12	Thüringen	2,52
13	Mecklenburg-Vorp.	1,83
14	Hamburg	1,71
15	Saarland	1,08
16	Bremen	0,68
	Insgesamt	81,57

Stand: 1996

Baden-Württemberg

Fläche 35 751 km² (Rang 3/D)

Einwohner 10,23 Mio (Rang 3/D)

Hauptstadt Stuttgart

Arbeitslosigkeit 7,4% (1995)

Inflation 1,9% (1995)

Reg.-Chef Erwin Teufel (CDU)

Parlament Landtag mit 155 für fünf Jahre gewählten Abgeordneten; 69 Sitze für CDU, 39 für SPD, 19 für Bündnis 90/Grüne, 14 für FDP, 14 für Republikaner (nächste Wahl: 2001)

Bei den Landtagswahlen am 24.3.1996 konnte die CDU unter Ministerpräsident → PER Erwin Teufel ihren Stimmenanteil leicht verbessern. Verlierer der Wahl war die SPD, die bisher in einer großen Koalition in der Regierungsverantwortung stand. Ihr Spitzenkandidat Dieter Spöri scheiterte auch beim dritten Anlauf auf das Amt des Ministerpräsidenten und beendete seine politische Karriere. Statt dessen stieg die FDP zum Regierungspartner der CDU auf. In der neuen Regierung sind die Liberalen mit ihrem Landesvorsitzenden Walter Döring als Wirtschaftsminister und mit Ulrich Groll als Justizminister vertreten.

LANDTAGSWAHLEN: Die CDU kam auf 41,3% (1992: 39,6%) und erhielt 69 (1992: 64) von 155 Mandaten. Die SPD verlor 4,3 Prozentpunkte; sie erreichte 25,1% und 39 Sitze (1992: 46). Bündnis 90/Die Grünen verbesserten sich auf 12,1% (1992: 9,5%) und sind künftig mit 19 Abgeordneten (1992: 13) im Landtag vertreten. Die FDP steigerte sich von 5,9% (1992) auf 9,6% und entsandte 14 Abgeordnete in den Landtag (1992: 8). Die Republikaner erreichten 9,1% (1992: 10,9%) und 14 Mandate (1992: 15). Die Wahlbeteiligung sank auf 67,6%, den niedrigsten Stand seit 36 Jahren (1992: 70,1%).

ABGEORDNETENZAHL: Mit 155 Abgeordneten ist der neue Landtag so groß wie nie zuvor. Zu den von der CDU erzielten 18 Überhangmandaten kommen 17 Ausgleichsmandate, von denen acht an die SPD, vier an Bündnis 90/Die Grünen, drei an die Republikaner und zwei an die FDP gehen. 1992 hatte es 14 Überhang- und zwölf Ausgleichsmandate gegeben.

WIRTSCHAFT: 1995 sank die Zahl der Erwerbstätigen um 29 000. Insgesamt gingen zwischen 1993 und 1995 ca. 200 000 Arbeitsplätze verloren. Das BIP wuchs 1995 real um 1,3% (1994: 2,4%) – ein Wert, den unter den alten Bundesländern nur Berlin unterschritt. Mit einer Pro-Kopf-Wirtschaftsleistung von 94 700 DM lag B. 1995 unter den großen Flächenlän-

dern an zweiter Stelle hinter Hessen. Im langjährigen Vergleich rangiert B. mit einer Steigerung des BIP um knapp 37% seit 1980 hinter Hessen (+52%) und Bayern (+46%) auf dem dritten Platz.

HAUSHALTSSPERRE: Um drohende Steuerausfälle auszugleichen, verhängte die Regierung im Januar 1996 eine Haushaltssperre, die eine Ausgabenbeschränkung auf 80% der Sachausgaben vorsieht. Diese Sperre wurde im Mai 1996 aufgrund neuer Schätzungen, wonach die Steuereinnahmen 1996 voraussichtlich 980 Mio DM unter dem geplanten Ansatz bleiben werden, noch verschärft. Neben einem absoluten Beförderungsstopp sollen bei Sachmitteln zusätzlich 750 Mio DM eingespart werden.

GRAF-UNTERSUCHUNGSAUSSCHUSS: Ein Untersuchungsausschuß des Landtags zum Steuerfall Steffi Graf kam im Januar 1996 zu dem Schluß, daß es keine Beweise für eine direkte politische Einflußnahme auf die Finanzverwaltung zugunsten von → PER Peter Graf, dem Manager und Vater des Tennisspielerin, gebe. Peter Graf war am 2.8.1995 unter dem Verdacht der Steuerhinterziehung verhaftet worden. Bei der mitregierenden SPD wie bei den Oppositionsparteien bestand allerdings der Eindruck, es habe im Fall Graf seitens der Finanzverwaltung eine Vorzugsbehandlung gegeben. In einer Landtagsdebatte im Februar 1996 wiesen Ministerpräsident Teufel und der zunächst der Einflußnahme zugunsten von Graf bezichtigte Finanzminister Gerhard Mayer-Vorfelder (CDU) alle Vorwürfe zurück.

DATENSCHUTZ: Ende 1995 schied die Datenschutzbeauftragte für B., Ruth Leuze, aus dem Amt. Die für ihr kritisches Engagement bekanntgewordene parteilose Juristin war seit 1980 in dieser Funktion tätig.

Baden-Württemberg: Regierung

Ressort	Name (Partei)	Amtsantritt
Ministerpräsident	Erwin Teufel (CDU)	1991
Wirtschaft und stellv. Ministerpräs.	Walter Döring (FDP)	1996
Inneres	Thomas Schäuble (CDU)	1996
Finanzen	Gerhard Mayer-Vorfelder (CDU)	1991
Soziales	Erwin Vetter (CDU)	1996
Justiz	Ulrich Groll (FDP)	1996
Kultur, Jugend und Sport	Annette Schavan (CDU)	1995
Wissenschaft, Forschung, Kunst	Klaus von Trotha (CDU)	1991
Ländlicher Raum	Gerdi Staiblin (CDU)	1996
Umwelt, Verkehr	Hermann Schaufler (CDU)	1992

Nach einem Konflikt mit Innenminister Frieder Birzele (SPD), dem sie Einmischung in ihren Bereich vorwarf, verzichtete Leuze auf eine dritte Amtsperiode.

VERKEHRSVERBÜNDE: Im Februar 1996 beschloß die Landesregierung ein Konzept für die finanzielle Förderung von Verkehrskooperationen. Neben den bislang geförderten Verkehrsverbünden im mittleren Neckarraum, im Rhein-Neckarraum, im Raum Karlsruhe und im Raum Freiburg sollen neue Kooperationen entstehen. Durch die engere Zusammenarbeit lokaler Verkehrsbetriebe erhofft sich die Landesregierung eine bessere Verkehrsbedienung und eine Senkung der Tarife. Zuschüsse zu den landesweit auf etwa 100 Mio DM geschätzten Kooperationskosten werden unter der Voraussetzung gewährt, daß ein kreisweiter, flächendeckender Verkehrsverbund entsteht, der auch den Schienenverkehr einbezieht.

STUTTGART 21: Ende 1995 unterzeichneten das Land B., der Bund, die Stadt Stuttgart und die Deutsche Bahn AG eine Vereinbarung über die Umgestaltung des Stuttgarter Hauptbahnhofs unter dem Motto „Stuttgart 21". Mit einem Kostenaufwand von mindestens 5 Mrd DM soll die Anlage, derzeit ein Kopfbahnhof, bis 2008 zu einem unterirdischen Durchgangsbahnhof umgebaut werden. Auf dem derzeitigen 100 ha großen oberirdischen Schienengelände ist der Bau von Wohnungen, Büros und Betrieben geplant.

Bayern

Fläche	70 550 km² (Rang 1/D)
Einwohner	11,98 Mio (Rang 2/D)
Hauptstadt	München
Arbeitslosigkeit	7,0% (1995)
Inflation	1,8% (1995)
Reg.-Chef	Edmund Stoiber (CSU)

Parlament Landtag mit 204 für vier Jahre gewählten Abgeordneten; 120 Sitze für CSU, 70 für SPD, 14 für Bündnis 90/Die Grünen (nächste Wahl: 1998)

Bei den Kommunalwahlen am 10.3.1996 konnte die CSU ihre Position als stärkste Partei leicht ausbauen. Die SPD verlor insbes. in den Großstädten und Ballungsgebieten. Dieser Trend setzte sich auch bei den Stichwahlen am 24.3.1996 fort. So wird die CSU in Nürnberg erstmals seit langem wieder den Oberbürgermeister stellen.

KOMMUNALWAHLEN: Die CSU erzielte 43,1% (1990: 42,5%), die SPD erhielt 25,7% (1990: 27,7%), Bündnis 90/Die Grünen kamen auf 6,9% (1990:

5,4%). Freie Wählergruppen konnten ihren Stimmenanteil von 11,9% auf 15,3% steigern, die FDP lag bei 1,6% (1990: 2,4%), die Republikaner bei 1,8% (1990: 5,3%).

KRUZIFIX-URTEIL: Am 10.8.1995 veröffentlichte das Bundesverfassungsgericht (BVG, Karlsruhe) ein Urteil, nach dem die Vorschrift der bayerischen Schulordnung für Volksschulen, daß in jedem Klassenzimmer ein Kruzifix aufzuhängen sei, verfassungswidrig ist. Zur Begründung verwies das BVG auf die im Grundgesetz garantierte Religionsfreiheit. Als Reaktion auf das Urteil verabschiedete der Landtag am 13.12.1995 mit absoluter CSU-Stimmenmehrheit ein neues Gesetz, das die Anbringung von Kruzifixen in Grund- und Hauptschulen weiterhin anordnet, jedoch eine „Widerspruchs-Regelung" enthält. Danach muß die Schulleitung in Konfliktfällen unter Berücksichtigung der Glaubensfreiheit des einzelnen und der religiösen Überzeugung der Mehrheit einen Ausgleich suchen. Das BVG-Urteil war durch ein anthroposophisch orientiertes Elternpaar angestoßen worden, das die Entfernung von Kreuzen in den Klassenzimmern seiner drei Kinder durchsetzen wollte.

MEHR BÜRGERBETEILIGUNG: Bei einem Volksentscheid über die Einführung eines Bürgerentscheids auf kommunaler Ebene am 1.10.1995 stimmten 57,8% der Wähler für den Gesetzentwurf der Bürgeraktion „Mehr Demokratie in Bayern", der einen Bürgerentscheid ohne große Hürden vorsieht; für den restriktiveren CSU-Entwurf votierten bei einer Wahlbeteiligung von 36,9% nur 38,7%. Das Gesetz, das daraufhin am 1.11.1995 in Kraft trat, legt ein Quorum von 10% für den Erfolg eines kommunalen Bürgerbegehrens fest; bei dem dann möglichen Bürgerentscheid genügt die einfache Mehrheit der Abstimmenden.

WAHLRECHT FÜR EU-AUSLÄNDER: Am 1.8.1995 trat eine Änderung des Wahlrechts in Kraft, nach der künftig Ausländer der EU an Kommunalwahlen teilnehmen und für Gemeinderatsmandate und Kreistage kandidieren können. Eine Wahl zum Bürgermeister oder Landrat ist jedoch nicht möglich. Die Regelung sieht keine automatische Eintragung von EU-Ausländern ins Wahlverzeichnis vor. Jeder EU-Ausländer, der an einer Kommunalwahl teilnehmen möchte, muß sich eigens in das Verzeichnis aufnehmen lassen und eine eidesstattliche Erklärung über den „Schwerpunkt seiner Lebensbeziehungen" abgeben.

REGIERUNGSUMBILDUNG: Im Oktober 1995 berief Ministerpräsident → ▐PER▌ Edmund Stoiber (CSU) den bisherigen Leiter der Staatskanzlei Erwin Huber (CSU) zum neuen Finanzminister. Der bisherige Amtsinhaber Georg von Waldenfels (CSU) wechselte in den Vorstand des Mischkonzerns VIAG (München).

Nachfolger Hubers wurde der frühere Staatssekretär im Bonner Finanzministerium, Kurt Faltlhauser (CSU). **FORSCHUNGSREAKTOR:** Am 9.4.1996 erteilte das Umweltministerium der Technischen Universität die erste Teilerrichtungsgenehmigung für den umstrittenen Forschungsreaktor FRM II in Garching, der mit hochangereichertem und damit kernwaffentauglichem Uran (HEU) betrieben werden soll. Vor allem die USA sehen ihre Bemühungen, die Weiterverbreitung und den Handel mit HEU zu unterbinden, unterlaufen.

WIRTSCHAFT: Gegenüber dem Vorjahr schwächte sich 1995 das Wirtschaftswachstum auf 1,6% ab (1994: 3,0%); es lag damit im Mittelfeld aller westdeutschen Flächenländer. Konjunkturimpulse gingen überwiegend vom Dienstleistungssektor mit einem realen Wachstum von 4,3% aus. Die Lage auf dem Arbeitsmarkt blieb angespannt. Die Zahl der Erwerbstätigen verringerte sich 1995 gegenüber 1994 um 0,5% und lag bei 5,48 Mio. Die Arbeitslosenquote von 7,0% (1995) ist die niedrigste aller Bundesländer.

KONKURSE: Die Zahl der Unternehmens- und Privatkonkurse stieg 1995 im Vergleich zum Vorjahr um 17,1%. Es wurden 3451 Anträge auf Eröffnung eines Konkursverfahrens gestellt. In 80% aller Fälle kam es jedoch mangels Masse nicht zu einer Eröffnung des Verfahrens. Die Gläubigerforderungen erhöhten sich gegenüber 1994 um 16,8% auf 4,3 Mrd DM.

UMWELTPAKT: Einen sog. Umweltpakt schlossen Ende 1995 Verbände der Wirtschaft und die Staatsregierung. Anknüpfend an die Beschlüsse der Umwelt-

konferenz von Rio de Janeiro/Brasilien 1992 soll die Vereinbarung eine ökologische und sozial verträgliche Entwicklung der Wirtschaft sichern. Schwerpunkte des Pakts sind Energieeinsparung, Abfallvermeidung und -verwertung, Einsatz nachwachsender Rohstoffe, Reduzierung der Emissionen sowie die Umsetzung der Öko-Audit-Verordnung der EU. Die Regierung will Betrieben, die nach dem Öko-Audit-System geprüft sind, Erleichterungen bei der Behördenkontrolle und bei Genehmigungsverfahren gewähren.

Berlin

Fläche 889 km² (Rang 14/D)	
Einwohner 3,44 Mio (Rang 8/D)	
Arbeitslos. 15,5% (West 1995) 14,6% (Ost 1995)	
Inflation 2,0% (West 1995) 3,0% (Ost 1995)	
Reg.-Chef Eberhard Diepgen (CDU)	

Parlament Abgeordnetenhaus mit 206 für vier Jahre gewählten Abgeordneten; 87 Sitze für CDU, 55 für SPD, 30 Bündnis 90/Grüne, 34 PDS (nächste Wahl: Herbst 1999)

Bei den Wahlen zum Abgeordnetenhaus am 22.10.1995 blieb die CDU trotz Verlusten stärkste Fraktion. Obwohl der kleinere Regierungspartner SPD eine empfindliche Niederlage erlitt, kam es zu einer Neuauflage der großen Koalition unter → PER Eberhard Diepgen (CDU) als Regierendem Bürgermeister. In einer Volksabstimmung votierte die Mehrheit der Berliner am 5.5.1996 für die geplante Fusion mit Brandenburg, da sich die Brandenburger jedoch dagegen entschieden, bleiben die Länder getrennt.

LÄNDERFUSION: Bei der Volksabstimmung stimmten 53,4% der Berliner für die Fusion von B. und Brandenburg, 45,7% votierten dagegen. In den Westbezirken gab es insgesamt einen Stimmenanteil von 58,7% für und von 40,3% gegen die Fusion, in den Ostbezirken übertraf die Zahl der Nein-Stimmen (45,7%) knapp die der Ja-Stimmen (44,4%). Nach dem Scheitern der Länderehe am Negativ-Votum der Brandenburger (62,7% Nein-Stimmen) wurde auf Vorschlag Diepgens ein Koordinierungsrat gebildet, um die Politik beider Länder aufeinander abzustimmen. Der Bürgermeister erklärte jedoch auch, daß die Wahrung der Interessen von B. wieder stärker in den Vordergrund rücken werde. Der Flucht von Privathaushalten und Gewerbebetrieben ins Umland solle entgegengewirkt werden.

Bayern: Regierung

Ressort	Name (Partei)	Amts- antritt
Ministerpräsident	Edmund Stoiber (CSU)	1993
Chef/Staatskanzlei	Kurt Faltlhauser (CSU)	1995
Inneres	Günther Beckstein (CSU)	1993
Justiz	Hermann Leeb (CSU)	1993
Unterricht, Kultus, Wissenschaft	Hans Zehetmair (CSU)	1986
Finanzen	Erwin Huber (CSU)	1995
Wirtschaft, Verkehr und Technologie	Otto Wiesheu (CSU)	1993
Ernährung, Land- wirtschaft, Forsten	Reinhold Bocklet (CSU)	1993
Arbeit u. Sozialord- nung, Familie, Frauen, Gesundheit	Barbara Stamm (CSU)	1994
Landesentwicklung und Umweltfragen	Thomas Goppel (CSU)	1994
Bundesangelegenh.	Ursula Männle (CSU)	1994

ABGEORDNETENHAUS-WAHLEN: Bei leichtem Stimmenrückgang für die CDU und starken Verlusten für die SPD gingen die Oppositionsparteien PDS und Bündnis 90/Die Grünen aus den Abgeordnetenhauswahlen am 22.10.1995 gestärkt hervor, während die FDP den Einzug ins Parlament deutlich verfehlte. Die CDU erhielt 37,4% (1990: 40,4%); die SPD kam auf 23,6% (1990: 30,4%); die PDS bekam 14,6% (1990: 9,2%); Bündnis 90/Die Grünen verbesserten ihr Ergebnis auf 13,2% (1990: 9,3%). Die FDP scheiterte mit 2,5% (1990: 7,1%, 18 Abgeordnete) an der Fünf-Prozent-Hürde. Im Ostteil der Stadt wurde die PDS mit 36,3% zur stärksten Partei vor CDU (23,6%), SPD (20,2%) und Bündnis 90/Die Grünen (10,0%).

BEZIRKSWAHLEN: Bei den gleichzeitig mit der Abgeordnetenhauswahl abgehaltenen Wahlen zu den Bezirksverordnetenversammlungen erhielt die CDU 36,0%, die SPD 26,2%, die PDS 15,0%, Bündnis 90/ Die Grünen 12,5% und die FDP 1,6%. In elf Westbezirken wurde die CDU stärkste Partei. Die SPD, die 1990 noch zehn Bezirke erobert hatte, gewann diesmal lediglich in den beiden Ostbezirken Köpenick und Weißensee. Die PDS erzielte in neun Ostbezirken die höchste Anzahl der Stimmen; im Westbezirk Kreuzberg lagen Bündnis 90/Die Grünen vorn.

LANDESREGIERUNG: Am 25.1.1996 wählte das Abgeordnetenhaus Eberhard Diepgen (CDU) mit 123 gegen 75 Stimmen erneut zum Regierenden Bürgermeister von B. Die Senatorinnen und Senatoren der von 15 auf zehn Ressorts verkleinerten Landesregierung werden je zur Hälfte von SPD und CDU gestellt. Die beiden Parteien hatten sich nach fast dreimonatigen Verhandlungen auf eine Fortsetzung der großen Koalition geeinigt.

VERFASSUNG: Mit einer Dreiviertelmehrheit stimmten die Wähler am 22.10.1995 für die neue Landesverfassung, die den Bürgern über Volksinitiativen, Volksbegehren und Volksentscheide größere Mitspracherechte einräumt. Die Verfassung enthält ferner erstmals einen Passus, der neben Ehe und Familie auch anderen auf Dauer angelegten Lebensgemeinschaften Schutz zusichert. Durch die Vereinigung von West- und Ost-B. war die Verfassungsreform notwendig geworden.

HAUSHALT: Der Nachtragshaushalt für 1996, den der CDU/SPD-Senat im März 1996 vorlegte, hat ein Gesamtvolumen von 42,3 Mrd DM, das ist etwa 1 Mrd DM weniger als im Vorjahr. Von den zugrunde gelegten Einnahmen stammen 17 Mrd DM aus Steuern, 6,7 Mrd DM aus dem Länderfinanzausgleich, 6,1 Mrd DM aus Kreditmarktmitteln und 12,5 Mrd DM aus sonstigen Einnahmen. Von den geplanten Ausgaben entfallen 21,7 Mrd DM auf konsumtive Sachaus-

Berlin: Regierung		
Ressort	Name (Partei)	Amts-antritt
Reg. Bürgermeister	Eberhard Diepgen (CDU)	1991
Bürgermeisterin, Senatorin für Arbeit und Frauen	Christine Bergmann (SPD)	1991
Bauen, Wohnen, Verkehr	Jürgen Klemann (CDU)	1996
Finanzen	Annette Fugmann-Heesing (SPD)	1996
Gesundheit und Soziales	Beate Hübner (CDU)	1996
Inneres	Jörg Schönbohm (CDU)	1996
Justiz	Lore M. Peschel-Gutzeit (SPD)	1994
Schule, Jugend, Sport	Ingrid Stahmer (SPD)	1996
Stadtentwicklung, Umweltschutz	Peter Strieder (SPD)	1996
Wirtschaft und Betriebe	Elmar Pieroth (CDU)	1996
Wissenschaft, Forschung, Kultur	Peter Radunski (CDU)	1996

gaben, 14,2 Mrd DM auf Personalkosten und 6,4 Mrd auf Investitionen.

SPARMASSNAHMEN: Im März 1996 verständigten sich CDU und SPD angesichts eines drohenden Fehlbetrages in Höhe von 5,3 Mrd DM für 1996 auf ein Bündel von einschneidenden Sparmaßnahmen bei den öffentlichen Ausgaben. Bis 1999 droht ein voraussichtliches Defizit von insgesamt 32 Mrd DM. Um die Lücken zu schließen, sollen künftig Sachausgaben in allen Bereichen gekürzt und die Ausgaben erhöht werden. U. a. ist vorgesehen, die Zahl der Studienplätze in B. von 115 000 auf 85 000 zu verringern. Im öffentlichen Dienst fallen in den kommenden Jahren insgesamt 22 000 Stellen weg; die Beförderung von Beamten wird um jeweils ein Jahr verschoben. Die Investitionen werden von 6,4 (1996) auf 5,6 Mrd DM verringert; von 1998 an erfolgt eine Erhöhung der Gewerbesteuer. Zur Sanierung des Haushalts ist ferner vorgesehen, bis 1999 Landesvermögen im Wert von 10 Mrd DM zu veräußern. Durch den Verkauf des Energiekonzerns Bewag rechnet das Land bereits für 1996 mit Einnahmen von 2 Mrd DM. Eine Reihe der vereinbarten Sparmaßnahmen wurden durch ein Haushaltsstrukturgesetz bis 1999 gesetzlich festgeschrieben.

FLUGHAFENAUSBAU: Nach jahrelangem Streit verständigten sich der Bund sowie die Länder B. und Brandenburg im Mai 1996 darauf, den Flughafen

Schönefeld zum Großflughafen für die Bundeshauptstadt und die nähere Umgebung auszubauen sowie auf einen neuen Flughafen im brandenburgischen Sperenberg zu verzichten. Geplant ist, den einstigen DDR-Hauptstadtflughafen Schönefeld bis zum Jahr 2010 für eine Kapazität von 20 Mio Passagieren pro Jahr auszulegen und eine dritte Start- und Landebahn einzurichten. Die innerstädtischen Flughäfen Tempelhof und Tegel sollen bis dahin geschlossen werden.

WECHSEL BEI FDP: Im Januar 1996 wählten die Delegierten des Landesparteitages der FDP den 30jährigen Bankkaufmann Martin Matz, der eher dem linken Flügel zugerechnet wird, als Nachfolger von Wirtschaftsminister Günter Rexrodt zum neuen Parteivorsitzenden. Rexrodt war nach der Wahlniederlage der FDP im Oktober 1995 zurückgetreten. Matz erhielt 170 der 330 Delegiertenstimmen. Der ebenfalls angetretene ehemalige Generalbundesanwalt Alexander von Stahl unterlag mit 114 Stimmen. Damit scheiterte sein Versuch, die FDP in B. auf einen Kurs rechts von der CDU zu bringen. Zuvor hatte der Parteitag mit großer Mehrheit Stahls sog. Berliner Manifest abgelehnt.

Brandenburg: Regierung

Ressort	Name (Partei)	Amts-antritt
Ministerpräsident	Manfred Stolpe (SPD)	1990
Inneres	Alwin Ziel (SPD)	1990
Justiz, Bundes- und Europaangelegenh.	Hans Otto Bräutigam (parteilos)	1990
Finanzen	Wilma Simon (SPD)	1995
Wirtschaft, Mittelstand, Technologie	Burkhard Dreher (SPD)	1994
Arbeit, Soziales, Gesundh., Frauen	Regine Hildebrandt (SPD)	1990
Ernährung, Landwirtschaft, Forsten	Edwin Zimmermann (SPD)	1990
Bildung, Jugend, Sport	Angelika Peter (SPD)	1994
Wissenschaft, Forschung, Kultur	Steffen Reiche (SPD)	1994
Umwelt, Naturschutz, Raumordn.	Matthias Platzeck (Bündnis 90/Die Grünen)	1990
Stadtentwicklung, Wohnen, Verkehr	Hartmut Meyer (SPD)	1993

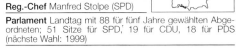

Brandenburg

Fläche 29 480 km² (Rang 5/D)	
Einwohner 2,54 Mio (Rang 11/D)	
Hauptstadt Potsdam	
Arbeitslosigkeit 14,2% (1995)	
Inflation 2,3% (1995)	
Reg.-Chef Manfred Stolpe (SPD)	

Parlament Landtag mit 88 für fünf Jahre gewählten Abgeordneten; 51 Sitze für SPD, 19 für CDU, 18 für PDS (nächste Wahl: 1999)

Die von den Regierungen B.s und Berlins u. a. wegen der erhofften Einsparungen in der Verwaltung befürwortete Fusion beider Länder ist mit dem Negativ-Votum der Brandenburger bei der Volksabstimmung am 5.5.1996 vorerst gescheitert. Die SPD-Fraktion im Potsdamer Landtag sprach Ministerpräsident ▸ [PER] Manfred Stolpe, der seit 1994 an der Spitze einer SPD-Alleinregierung steht, nach der Abstimmung mit 46 von 48 Stimmen das Vertrauen aus.

LÄNDERFUSION: Während die Berliner in der Volksabstimmung mit 53,4% die Länderehe befürworteten, votierten die Brandenburger mit deutlicher Mehrheit dagegen. Bei einer Wahlbeteiligung von 66,6% lehnten 62,7% die Vereinigung der Bundesländer ab, nur 36,6% stimmten dafür. Als Gründe für das Scheitern

des Referendums nannte Stolpe die Umbruchsituation nach der deutschen Vereinigung, Vorbehalte gegen Berlin aus der DDR- und aus neuerer Zeit, die gewachsene Identität der Brandenburger und die Politikverdrossenheit.

VERFASSUNGSKLAGE: Das Landesverfassungsgericht (Potsdam) hatte am 21.3.1996 die Klage der PDS-Landtagsabgeordneten gegen den Staatsvertrag zur Fusion zurückgewiesen. Die PDS hatte im Oktober 1995 eine Normenkontrollklage angestrengt, da sie durch den Neugliederungsvertrag die Verfassung B.s in mehreren Punkten verletzt sah. Das Verfassungsgericht schloß sich dieser Sichtweise nicht an und erklärte den eingeschlagenen Weg zur Länderfusion für verfassungsrechtlich unbedenklich.

VERZICHT AUF SPERENBERG: Nach fünfjährigem Streit verständigten sich der Bund sowie die Länder B. und Berlin im Mai 1996 darauf, den Flughafen Berlin-Schönefeld zum Großflughafen für die Bundeshauptstadt und die nähere Umgebung auszubauen und auf einen neuen Flughafen im brandenburgischen Sperenberg zu verzichten. Stolpe erklärte, er halte Sperenberg weiterhin für den besseren Flughafenstandort, der Bau sei jedoch von B. allein nicht finanzierbar.

NEUE FINANZMINISTERIN: Im Oktober 1995 trat Wilma Simon (SPD) die Nachfolge von Finanzminister Klaus-Dieter Kühbacher an, der Präsident der Landeszentralbank in Berlin geworden war. Simon war zuvor Staatsrätin bei der Behörde für Arbeit, Gesundheit und Soziales in Hamburg.

FINANZEN: Steuermindereinnahmen für 1995 in Höhe von 500 Mio DM und eine geschätzte Verringerung der Einnahmen für 1996 um 600 Mio DM veranlaßten Simon im Oktober 1995 zur Verhängung einer Haushaltssperre. Der Etat 1996 ist mit einem Gesamtvolumen von 19,8 Mrd DM im Vergleich zum Vorjahr um 2,9% reduziert, die Neuverschuldung sinkt von 2,9 Mrd DM (1995) auf 2,5 Mrd DM. Der Anteil der Investitionen macht mit 5,4 Mrd DM 27,3% des Etats aus. Im Mai verhängte Simon aufgrund zu erwartender Mindereinnahmen eine Ausgabensperre für 600 Mio DM.

SCHULFACH LER: Im März 1996 entschied der Potsdamer Landtag, beginnend mit dem Schuljahr 1996/97 anstelle des Religionsunterrichts das bekenntnisfreie Fach „Lebensgestaltung-Ethik-Religionskunde" (LER) als Pflichtfach für die Jahrgangsstufen fünf bis zehn an den Schulen einzuführen. Das Gesetz sieht allerdings die Möglichkeit der Befreiung von LER zugunsten der Teilnahme am konfessionell gebundenen Religionsunterricht vor, der weiterhin angeboten und vom Land finanziert wird. Sowohl die katholische Deutsche Bischofskonferenz als auch die Evangelische Kirche in Deutschland (EKD) erklärten, daß sie die Verfassungsbeschwerde ihrer Landeskirche bzw. der Bistümer gegen LER unterstützen wollten. Die CDU/CSU-Bundestagsfraktion will vor dem Bundesverfassungsgericht (Karlsruhe) gegen das LER-Gesetz klagen, da es gegen das Grundgesetz verstoße. Artikel 7 Absatz 3 legt fest, daß Religion ordentliches Schulfach ist. Landesrechtliche Abweichungen gelten nur für Bremen und den Westteil Berlins.

POLIZEIGESETZ: Der Landtag verabschiedete im März 1996 mit der einfachen Stimmenmehrheit der SPD ein Polizeigesetz. Es legalisiert ein frühzeitiges Abhören von Wohnungen (Großer Lauschangriff) und den Einsatz von verdeckten Ermittlern und V-Leuten. Personen, die den Anschein erwecken, sie könnten Straftaten begehen oder den Rechtsfrieden beeinträchtigen, können nach einer richterlichen Entscheidung bis zu vier Tage in Gewahrsam genommen werden.

STASI-ÜBERPRÜFUNG: Im September 1995 scheiterte die CDU mit einem Antrag im Landtag, einen Stasi-Beauftragten für B. zu berufen, wie es ihn in den anderen neuen Bundesländern bereits gibt. Der Landtag entschied ebenfalls, künftig bei Einstellungen im öffentlichen Dienst auf eine Regelanfrage bei der Gauck-Behörde für die Stasi-Akten zu verzichten. In Zukunft werden nur noch solche Bewerber hinsichtlich einer früheren Zusammenarbeit mit dem Ministerium für Staatssicherheit (MfS) überprüft, die für eine herausgehobene Tätigkeit vorgesehen sind, Leitungsfunktionen ausüben oder in sicherheitsempfindlichen Bereichen arbeiten. Über Personen, die am 1.12.1989

das 18. Lebensjahr noch nicht vollendet hatten, werden keine Nachforschungen angestellt.

GEWALTENTEILUNG: Aus Protest gegen eine Entscheidung des Landesverfassungsgerichts ersuchte im Januar 1996 der Verfassungsrichter Hans Herbert von Arnim um die Entbindung von seinem Amt. Das Gericht hatte es für zulässig erklärt, daß Beamte ein Mandat in Kommunalparlamenten wahrnehmen. Bisher galt auch auf kommunaler Ebene die Unvereinbarkeit von Amt und Mandat. Gemeinsam mit der Verfassungsrichterin Beate Harms-Ziegler hatte Arnim in einem Minderheitenvotum diesen Beschluß als Aushöhlung der Gewaltenteilung abgelehnt, da sich so Beamte künftig selber kontrollieren könnten.

Bremen

| **Fläche** 404 km² (Rang 16/D) |
| **Einwohner** 0,68 Mio (Rang 16/D) |
| **Arbeitslosigkeit** 14,0% (1995) |
| **Inflation** k. A. |
| **Reg.-Chef** Henning Scherf (SPD) |

Parlament Bürgerschaft mit 100 für vier Jahre gewählten Abgeordneten; 37 Sitze für SPD, 37 CDU, 14 Bündnis 90/Die Grünen, 12 Arbeit für Bremen u. Bremerhaven (nächste Wahl: 1999)

Insbesondere wirtschaftliche Strukturprobleme machen B. abhängig von finanziellen Zuwendungen anderer Stellen. So erhält die Hansestadt 1996 aus dem Länderfinanzausgleich 465 Mio DM sowie sog. Ergänzungszuweisungen des Bundes in Höhe von 330 Mio DM. Hinzu kommen Mittel aus dem EU-Regionalfonds sowie 1,8 Mrd DM, die nach einem Urteil des Bundesverfassungsgerichts (Karlsruhe) im Zeitraum von 1994 bis 1998 jährlich als Sonderzuweisung des Bundes an B. gehen. Das Gericht hatte dem Land 1992 eine Haushaltsnotlage bescheinigt, die es allein nicht bewältigen könne. Der Stadtstaat wird seit den Bürgerschaftswahlen 1995 von einer großen Koalition aus SPD und CDU unter Führung von Bürgermeister → PER Henning Scherf (SPD) regiert.

HAUSHALT: Der Etatentwurf für 1996 sieht bei einem Gesamtvolumen von 10,4 Mrd DM ein Defizit vor, das etwa der Sonderzuweisung des Bundes entspricht. Damit ist absehbar, daß die Bundeshilfe wiederum nicht, wie vorgeschrieben, zur Schuldentilgung, sondern für die normale Haushaltsdeckung genutzt wird. Das Ziel, bis 1999 den Schuldendienst von 25% auf

Bremen: Regierung

Ressort	Name (Partei)	Amts-antritt
Bürgermeister, Präs. des Senats, Kirchen, Justiz, Verfassung	Henning Scherf (SPD)	1995
Finanzen, Personal, Zweiter Bürgerm.	Ulrich Nölle (CDU)	1995
Inneres	Ralf H. Borttscheller (CDU)	1995
Wirtschaft, Mittel-stand, Technologie, Europa	Hartmut Perschau (CDU)	1995
Bildung, Wissen-schaft, Kunst, Sport	Bringfriede Kahrs (SPD)	1995
Frauen, Gesundheit, Jugend, Soziales, Umweltschutz	Christine Wischer (SPD)	1995
Bau, Verkehr und Stadtentwicklung	Bernt Schulte (CDU)	1995
Häfen, überreg. Ver-kehr, Außenhandel, Arbeit	Uwe Beckmeyer (SPD)	1991

13% der Steuereinnahmen zu senken, wird voraussichtlich nicht erreicht werden. Die Pro-Kopf-Verschuldung betrug 1995 ca. 25 000 DM, die Pro-Kopf-Haushaltsausgaben liegen 1996 bei voraussichtlich 15 250 DM (zum Vergleich: Hamburg 10 600 DM; Nordrhein-Westfalen 4900 DM).

INVESTITIONEN: Vertreter von Senat, Fraktionen und Parteien einigten sich im Februar 1996 auf die Durchführung von drei Bauprojekten, für die Finanzmittel in Höhe von mehr als 500 Mio DM bereitgestellt werden. Es handelt sich dabei um eine neue Straßenbahnlinie, um neue Messehallen und einen Tunnel, der eine bessere Verkehrsanbindung für eine Mercedes-Fabrik bringen soll. Alle drei Vorhaben waren vor dem Hintergrund der angespannten Finanzsituation umstritten.

VULKAN-KONKURS: Am 21.2.1996 beantragte der in B. ansässige Vulkan-Verbund zunächst ein Vergleichsverfahren. Allein 1995 hatte der größte deutsche Werftenkonzern Verluste in Höhe von 1 Mrd DM gemacht; Finanzhilfen der EU von ca. 720 Mio DM für die Ostwerften wurden dabei nicht ordnungsgemäß verwendet. Der Verbund beschäftigte an verschiedenen Standorten in Norddeutschland insgesamt 23 000 Menschen. Nachdem im März 1996 die Ostbetriebe in Rostock, Wismar und Stralsund aus dem Vulkan-Verbund herausgelöst worden waren, ging die Konzernmutter in B. am 1.5.1996 in Konkurs, da es nicht gelungen war, einen ausreichenden Forderungsverzicht der Gläubiger (65%) zu erhalten. Die 4300 Werf-

ten-Arbeitsplätze in Bremen und Bremerhaven sollen u. a. durch eine Beschäftigungsgesellschaft gerettet werden. Am 20.5.1996 beschloß die Bremer Bürgerschaft auf Antrag von Bündnis 90/Grüne und Arbeit für Bremen und Bremerhaven die Einsetzung eines parlamentarischen Untersuchungsausschusses, der sich mit den Verflechtungen zwischen der Landespolitik und dem Werftenkonzern befassen soll.

GLEICHSTELLUNGSGESETZ: Das in B. gültige Gleichstellungsgesetz war Anlaß für eine Entscheidung des Europäischen Gerichtshofs (EuGH, Luxemburg) vom 17.10.1995. Danach verstoßen Behörden, die bei Einstellungen unter gleichqualifizierten Bewerbern regelmäßig Frauen bevorzugen, um auf diese Weise einer generellen Benachteiligung des weiblichen Geschlechts entgegenzuwirken, gegen europäisches Recht. Das Gericht hatte über den Fall eines Bremer Gartenbauingenieurs zu befinden, der 1990 bei einer Beförderung an einer gleichqualifizierten Mitbewerberin gescheitert war, die unter Hinweis auf das Gleichstellungsgesetz den Zuschlag bekam. Nach einem Urteil des Bundesarbeitsgerichts vom März 1996, das der Entscheidung des EuGH folgte, will B. das Gleichstellungsgesetz ändern.

KOMMUNALWAHL BREMERHAVEN: Bei den Kommunalwahlen in dem zum Stadtstaat B. gehörenden Bremerhaven wurde im September 1995 die CDU mit 36,9% erstmals seit Kriegsende stärkste Fraktion. Die SPD rutschte in ihrer ehemaligen Hochburg um mehr als 10% auf 29,7% ab; Bündnis 90/Die Grünen erhielten 11,6%. Der rechtsextremen DVU gelang mit 5,7% (1991: 10,3%) erneut der Einzug in das Stadtparlament. Die FDP scheiterte mit 3,8% (1991: 9,6%) an der 5%-Klausel. Die SPD-Abspaltung Arbeit für Bremen und Bremerhaven (AfB) erzielte 7,7%. Im Oktober 1995 einigten sich CDU und SPD auf eine Koalition, die in der 48 köpfigen Stadtverordnetenversammlung mit 35 Abgeordneten über die Mehrheit verfügt.

Hamburg

Fläche 755 km² (Rang 15/D)	
Einwohner 1,71 Mio (Rang 14/D)	
Arbeitslosigkeit 10,7% (1995)	
Inflation k. A.	
Reg.-Chef H. Voscherau (SPD)	

Parlament Bürgerschaft mit 121 für vier Jahre gewählten Abgeordneten; 58 Sitze für SPD, 36 für CDU, 20 für Grüne/GAL, 5 für STATT Partei, 2 Fraktionslose (nächste Wahl: 1997)

Die seit den Bürgerschaftswahlen 1993 bestehende Regierungskooperation von SPD und STATT Partei überdauerte trotz interner Auseinandersetzungen beim kleineren Partner die erste Hälfte der Legislaturperiode. Eine Regierungskrise wegen der geplanten Bezirksverwaltungsreform konnte im April 1996 beigelegt werden. Der politische Handlungsspielraum von Bürgerschaft und Senat wird zusehends durch die Krise der öffentlichen Finanzen eingeengt.

HAUSHALT: Mit der Stimmenmehrheit von SPD und STATT Partei verabschiedete die Bürgerschaft am 13.12.1995 den Haushalt 1996. Er umfaßt Ausgaben in Höhe von 18,4 Mrd DM, was eine Steigerung gegenüber dem Vorjahr um 2,3% bedeutet. Eine Finanzierungslücke von 1,4 Mrd. DM soll durch den Verkauf städtischen Vermögens geschlossen werden. Am 26.3.1996 verhängte Finanzsenator Ortwin Runde (SPD) eine Haushaltssperre, da der Haushaltsabschluß für 1995 ein Defizit von 226 Mio DM aufwies.

BEZIRKSVERWALTUNGSREFORM: Am 23.4.1996 einigten sich SPD und STATT Partei auf einen Gesetzentwurf zur Verwaltungsreform. Ein Streit zwischen den Regierungspartnern über die Frage des Spielraums, der den sieben Bezirken für eigenständige Entscheidungen eingeräumt werden soll, wurde mit einer Kompromißformel beigelegt. Die STATT Partei befürwortete weitergehende Kompetenzen für die Bezirksverwaltungen, der Erste Bürgermeister → BIO Henning Voscherau (SPD) wollte die zentralen Eingriffsmöglichkeiten des Senats angesichts der Haushaltsprobleme möglichst erhalten.

VERFASSUNGSREFORM: Die Bürgerschaft beschloß im Juni 1996 eine Parlaments- und Verfassungsreform. Die neue Verfassung sieht eine Volksgesetzgebung mit Petitionen, Initiativen, Volksbegehren und Volksentscheiden vor sowie die Einführung einer Richtlinienkompetenz für den Bürgermeister. Ferner wurde in H. als letztem Bundesland das sog. Feierabendparlament abgeschafft. Abgeordnete haben künftig Anspruch auf ein angemessenes, ihre Unabhängigkeit sicherndes Entgelt. Vorgesehen sind pro Monat zu versteuernde Diäten in Höhe von 4000 sowie 600 DM Aufwandsentschädigung. Zuvor erhielten die Parlamentarier eine steuerfreie Aufwandsentschädigung von 1120 DM. Das Mandat bleibt jedoch mit einer Berufstätigkeit vereinbar.

VERLÄSSLICHE HALBTAGSGRUNDSCHULE: Mit der Einführung der verläßlichen Halbtagsgrundschule soll mit dem Schuljahr 1996/97 zunächst in drei Stadtteilen begonnen werden. Die Wochenstunden für Grundschüler sollen von derzeit 19 zunächst auf 23, im Endstadium auf 27 erhöht werden. Die Schüler sollen dann „verläßlich" von 8 bis 13 Uhr in der Schule sein

Hamburg: Regierung

Ressort	Name (Partei)	Amts-antritt
Erster Bürgermeister	Henning Voscherau (SPD)	1988
Wirtschaft, Zweiter Bürgermeister	Erhard Rittershaus[1] (parteilos)	1993
Inneres	Hartmuth Wrockläge (SPD)	1994
Finanzen	Ortwin Runde (SPD)	1993
Arbeit, Gesundheit und Soziales	Helgrit Fischer-Menzel (SPD)	1993
Justiz	Wolfgang Hoffmann-Riem (parteilos)[1]	1995
Wissenschaft und Forschung	Leonhard Hajen (SPD)	1991
Kultur, Gleichstell.	Christina Weiss (parteil.)	1991
Schule, Jugend und Berufsbildung	Rosemarie Raab (SPD)	1987
Umwelt	Fritz Vahrenholt (SPD)	1991
Bau	Eugen Wagner (SPD)	1983
Chef der Senats-kanzlei und Stadtentwicklung	Thomas Mirow (SPD)	1991

1) Von der STATT Partei nominiert

und dort auch spielen und essen. Gegen die Regelung, die bis zum Jahr 2000 flächendeckend gelten soll, haben einige Eltern Klage eingereicht. Für sie verstößt der Zwang, Kinder auch über die Unterrichtszeit zur Schule zu schicken, gegen ihr grundgesetzlich garantiertes Erziehungsrecht.

HAFENSTRASSE: Am 19.12.1995 beschloß der Senat, die zwölf umstrittenen Häuser an der Hafenstraße in St. Pauli für 2,04 Mio DM an die Genossenschaft „Alternativen am Elbufer" zu verkaufen, die sich zur zügigen Sanierung der Wohnungen verpflichtete. Damit endete der Konflikt, der 1981 mit der Besetzung der Häuser begonnen hatte.

HAFENERWEITERUNG: Die geplante Hafenerweiterung in Hamburg-Altenwerder wurde am 28.3.1996 vorerst gestoppt. Ein Anlieger hatte vor dem Verwaltungsgericht gegen den Planfeststellungsbeschluß des Amtes für Strom- und Hafenbau Klage eingereicht. Da das Gericht zu der Auffassung kam, daß die Klage erfolgreich sein könnte, müssen bis zu einer rechtskräftigen Entscheidung die bereits begonnenen Bauarbeiten ruhen. Das Gericht bemängelte vor allem, daß die als ökologische Ausgleichsmaßnahme geplante Wiedereröffnung der Alten Süderelbe in dem Planfeststellungsbeschluß in ihren Konsequenzen nicht ausreichend dargestellt sei. Ebenso fehle eine Umweltverträglichkeitsprüfung des Vorhabens.

ELBTUNNEL: Nachdem im Mai 1995 das Oberverwaltungsgericht Hamburg die Rechtmäßigkeit des Planfeststellungsverfahrens für den Bau einer vierten Elbtunnelröhre bestätigt hatte, wurden im Oktober 1995 Bauaufträge in Höhe von ca. 800 Mio DM an eine Arbeitsgemeinschaft von sechs Baukonzernen vergeben. Die 3 km lange Röhre mit zwei Fahrspuren und einer Standspur soll 2003 fertiggestellt sein und die Verkehrskapazität des überlasteten Elbtunnels erhöhen.

Hessen

Fläche 21 114 km² (Rang 7/D)	
Einwohner 6,01 Mio (Rang 5/D)	
Hauptstadt Wiesbaden	
Arbeitslosigkeit 8,4% (1995)	
Inflation 1,4% (1995)	
Reg.-Chef Hans Eichel (SPD)	

Parlament Landtag mit 120 für vier Jahre gewählten Abgeordneten; 45 Sitze für CDU, 44 für SPD, 13 für Bündnis 90/Grüne, 8 für FDP (nächste Wahl: 1999)

Seit den Landtagswahlen am 19.2.1995 regiert in Hessen eine Koalition von SPD und Bündnis 90/Die Grünen unter Ministerpräsident → PER Hans Eichel (SPD). Im September 1995 erklärte das Wahlprüfungsgericht, das zehn Einsprüche zu prüfen hatte, die Wahl für gültig. Es rügte jedoch, daß das Wahlergebnis bereits am 19.2. bekanntgegeben wurde, obwohl durch den Tod einer Direktkandidatin in einem Wahlkreis eine Nachwahl erforderlich war, die erst am 5.3.1995 erfolgte. Die Vorab-Bekanntgabe des Teilergebnisses verstoße gegen den Grundsatz der Wahlgleichheit, doch im vorliegenden Fall sei die Wahl dennoch gültig, da Auswirkungen auf die Sitzverteilung im Landtag nicht anzunehmen seien.

MISSTRAUENSANTRAG: Ein von der CDU-Landtagsfraktion eingebrachter Mißtrauensantrag gegen Ministerpräsident Eichel scheiterte am 1.2.1996. In offener Abstimmung stimmten alle 57 Abgeordneten der Regierungskoalition gegen den Antrag, während die 53 Abgeordneten der CDU und FDP ihn befürworteten. Auslöser des Vorstoßes waren Auseinandersetzungen in der Fraktion der Bündnisgrünen, die zum Rücktritt ihres Fraktionschefs Fritz Hertle geführt hatten. Sie wurden von der CDU-Fraktion als Zeichen für den Zerfall der rot-grünen Koalition gewertet.

HAUSHALT: Mit den Stimmen von SPD und Bündnis 90/Die Grünen verabschiedete der Landtag Ende Februar 1996 mit zweimonatiger Verspätung den Haushalt 1996. Er sieht Ausgaben von 37,2 Mrd DM vor, was gegenüber dem Haushaltsabschluß 1995 eine Steigerung um 0,7% bedeutet. Die Netto-Neuverschuldung beläuft sich auf 1,965 Mrd DM und ist damit etwas niedriger als 1995. Die Gesamtverschuldung steigt auf knapp 39 Mrd DM. Für 1996 ist im Landesdienst die Streichung von 570 Planstellen vorgesehen. Die Wiederbesetzungssperre von Landesstellen wurde von sechs auf zwölf Monate verlängert, Ausnahmen gelten für Justiz, Polizei und Schulwesen. Im März 1996 verhängte die Regierung eine 30%ige Ausgabensperre für Teile des Haushalts, um zu erwartenden Steuerausfällen zu begegnen.

LÄNDERFINANZAUSGLEICH: Hessen zahlte 1995 mit umgerechnet 537 DM pro Einwohner den höchsten Betrag aller Bundesländer für den Länderfinanzausgleich zugunsten finanzschwächerer Bundesländer. An zweiter Stelle folgt Baden-Württemberg mit 451 DM pro Einwohner. Mit einem realen BIP-Anstieg von 2,3% lag H. 1995 an erster Stelle unter den westdeutschen Bundesländern.

UMWELTMINISTERIN: Die Ministerin für Umwelt sowie für Jugend, Familie und Gesundheit, Iris Blaul (Bündnis 90/Die Grünen), trat am 20.9.1995 zurück. Als Nachfolgerin wurde am 10.10.1995 die frühere Frankfurter Gesundheitsdezernentin Margarethe Nimsch (Bündnis 90/Die Grünen) vereidigt. Hintergrund für den Rücktritt waren personalpolitische Querelen der Ministerin mit Staatssekretär Johannes Schädler, der nach wenigen Monaten Amtszeit in den vorzeitigen Ruhestand versetzt wurde. Blaul übernahm die Verantwortung für die Berufung Schädlers im Mai 1995.

Hessen: Regierung

Ressort	Name (Partei)	Amts-antritt
Ministerpräsident	Hans Eichel (SPD)	1991
Justiz und Europa-angelegenheiten, stellv. Ministerpräs.	Rupert von Plottnitz (Bündnis 90/Die Grünen)	1995
Inneres , Landwirt-schaft, Naturschutz	Gerhard Bökel (SPD)	1994
Finanzen	Karl Starzacher (SPD)	1995
Kultus	Hartmut Holzapfel (SPD)	1991
Wissenschaft und Kunst	Christine Hohmann-Dennhardt (SPD)	1995
Wirtschaft, Verkehr, Landesentwickl.	Lothar Klemm (SPD)	1995
Umwelt, Jugend, Familie, Gesundheit	Margarethe Nimsch (Bündnis 90/Die Grünen)	1995
Frauen, Arbeit, Soziales	Barbara Stolterfoht (SPD)	1995

SCHULGESETZ-KLAGE ABGEWIESEN: Der hessische Staatsgerichtshof (Wiesbaden) wies am 4.10.1995 die Einwände der CDU-Landtagsfraktion gegen das 1992 beschlossene und mit dem Schuljahr 1993/94 in Kraft getretene Schulgesetz zurück. Die CDU-Abgeordneten hatten gegen das Gesetz eine Normenkontrollklage erhoben, da ihrer Meinung nach Elternrechte verletzt würden, wenn es nicht in jedem Fall ein Alternativangebot zur integrierten Gesamtschule gäbe. Das Gericht stellte in seiner Grundsatzentscheidung fest, es sei verfassungsgemäß, wenn in Einzelfällen ein Landkreis oder eine kreisfreie Stadt ausschließlich Gesamtschulen anbiete, vorausgesetzt, es sei eine ordnungsgemäße Abstimmung mit den Nachbarkreisen erfolgt. Eine Bevorzugung der integrierten Gesamtschule vermochte der Staatsgerichtshof in dem Gesetz nicht zu erkennen. Auch die von der CDU als Entmündigung der Lehrer kritisierte Einrichtung von sog. Schulkonferenzen aus Vertretern der Eltern, Lehrer und Schüler mit weitreichenden Kompetenzen innerhalb des Schulbetriebes entspricht nach dem Urteil des Gerichtes der Verfassung.

Mecklenburg-Vorpommern

Fläche	23 170 km² (Rang 6/D)
Einwohner	1,83 Mio (Rang 13/D)
Hauptstadt	Schwerin
Arbeitslosigkeit	16,2% (1995)
Inflation	2,1% (1995)
Reg.-Chef	Berndt Seite (CDU)

Parlament Landtag mit 71 für vier Jahre gewählten Abgeordneten; 30 Sitze für CDU, 23 für SPD, 18 für PDS, (nächste Wahl: 1998)

Die große Koalition aus SPD und CDU, die unter Ministerpräsident → PER Berndt Seite (CDU) seit Oktober 1994 die Regierung in M. stellt, geriet im April 1996 in eine schwere Krise. Anlaß war die Beteiligung des Landes an den Kosten der Werftensanierung infolge des Zusammenbruchs des Bremer Vulkan-Verbundes.

REGIERUNGSKRISE: Landesfinanzministerin Bärbel Kleedehn (CDU) hatte in Bonn eine Regelung ausgehandelt, nach sich M. zu einem Drittel an den auf 1 Mrd geschätzten Kosten zur Sanierung der Werften beteiligt. Die SPD akzeptierte zwar den sachlichen Kompromiß, forderte gleichzeitig jedoch ultimativ den Rücktritt der Finanzministerin, da diese ihre Entscheidung ohne Rücksprache mit dem Kabinett

getroffen habe. Am 25.4.1996 einigte sich die Koalition statt dessen auf eine Regierungsumbildung, wobei u. a. Kleedehn ins Ministerium für Bau, Raumordnung und Umweltschutz wechselte und ihr schärfster Widersacher, der SPD-Landesvorsitzende Harald Ringstorff, das Wirtschaftsministerium aufgab. Er leitet künftig die SPD-Landtagsfraktion.

WERFTENKRISE: Nachdem der Vulkan-Verbund in Bremen am 21.2.1996 einen Vergleichsantrag gestellt hatte, wurden die zum Konzern gehörenden Werften in Wismar, Stralsund und Rostock im März 1996 aus dem Verbund herausgelöst und in einer neuen Dachgesellschaft zusammengefaßt, die gemeinsam von M. und der Bundesanstalt für vereinigungsbedingte Sonderaufgaben (BVS) getragen wird. Auf diese Weise sollen die Arbeitsplätze gesichert und den Betrieben das Überleben ermöglicht werden.

HAUSHALT: Im Januar 1996 billigte der Landtag in Schwerin mit den Stimmen der Regierungskoalition gegen die Stimmen der PDS den Haushalt 1996. Er sieht Gesamtausgaben in Höhe von 14,5 Mrd DM vor und liegt damit um 179 Mio DM unter dem Haushalt von 1995. Die größten Etatposten bleiben auch 1996 die Ausgaben für Investitionen und Investitionsförderung mit 3,9 Mrd DM.

MÜLLDEPONIE SCHÖNBERG: Im Dezember 1995 stimmte der Schweriner Landtag zwei neuen Verträgen über die Betreibung der Mülldeponie Schönberg zu. Künftig erhält die landeseigene Deponiegesellschaft IAG die volle politische und geschäftliche Kontrolle über die Deponie. Die neuen Betriebs- und Vermarktungsverträge zwischen der Gesellschaft und dem Abfallverbund aus VEBA-Konzern und dem Lübecker Unternehmer Hilmer, die am 1.1.1996 in Kraft traten, beinhalten auch eine finanzielle Besserstellung von M. Die Neuverhandlung der 1992 von einer CDU/FDP-Landesregierung geschlossenen Verträge hatte 1993 begonnen, nachdem der Landesrechnungshof in den Vereinbarungen Unregelmäßigkeiten zugunsten der privaten Vertragspartner entdeckt hatte.

NEUES SCHULGESETZ: Mit der Mehrheit der Stimmen von SPD und CDU verabschiedete der Schweriner Landtag am 24.4.1996 ein neues Schulgesetz. Es sieht u. a. die Aufnahme der Gesamtschule in das Regelschulsystem und die Einführung des 13. Schuljahres bis zum Abitur ab 2000 vor. M. ist nach Brandenburg das zweite ostdeutsche Bundesland, das die 13jährige Schulzeit für Gymnasiasten nach westdeutschem Muster einführt.

ARBEITSMARKT: 1995 wurden in M. im Rahmen entsprechender Programme insgesamt 3400 Existenzgründungen unterstützt. Bei 750 Investitionsvorhaben in der gewerblichen Wirtschaft gab es Zuschüsse bis

Mecklenburg-Vorpommern: Regierung		
Ressort	Name (Partei)	Amts-antritt
Ministerpräsident	Berndt Seite (CDU)	1992
Soziales und stellv. Ministerpräs.	Hinrich Kuessner (SPD)	1995
Inneres	Rudi Geil (CDU)	1993
Finanzen	Sigrid Keler (SPD)	1995
Justiz	Rolf Eggert (SPD)	1994
Landwirtschaft, Naturschutz	Martin Brick (CDU)	1990
Bau, Raumordnung und Umweltschutz	Bärbel Kleedehn (CDU)	1996
Wirtschaft	Jürgen Seidel (CDU)	1995
Kultur	Regine Marquardt (parteilos)	1994

zu einem Anteil von 35%. Durch diese Maßnahmen konnten 10 400 Arbeitsplätze gesichert werden. Im Rahmen arbeitsmarktpolitischer Fördermaßnahmen stellte das Land 1995 insgesamt 280 Mio DM zur Verfügung. Die entsprechenden Mittel werden für 1996 auf mehr als 300 Mio DM angehoben. Allerdings werden 1996 die Fördermittel vom Bund für Arbeitsmarktprogramme um 10% sinken, so daß im Vergleich zum Vorjahr ca. 2000 ABM-Stellen weniger zur Verfügung stehen werden.

STURMFLUT: Im November 1995 richtete eine Sturmflut an der Küste von M. Schäden in Höhe von mindestens 15 Mio DM an. Deiche und Dünen wurden an vielen Stellen schwer in Mitleidenschaft gezogen. Allein die Düne Neuhaus in Vorpommern wurde fast vollständig abgetragen. Nach Angaben des Umweltministeriums entsprechen große Teile der Küstensicherung entlang der Ostsee nicht den neuesten Anforderungen. Für eine grundlegende Modernisierung des Küstenschutzes sind Investitionen in Höhe von mindestens 500 Mio DM notwendig.

Niedersachsen

Fläche 47 600 km² (Rang 2/D)

Einwohner 7,65 Mio (Rang 4/D)

Hauptstadt Hannover

Arbeitslosigkeit 10,9% (1995)

Inflation k. A.

Reg.-Chef Gerhard Schröder (SPD)

Parlament Landtag mit 161 für vier Jahre gewählten Abgeordneten; 81 Sitze für SPD, 67 für CDU, 13 für Bündnis 90/Die Grünen (nächste Wahl: 1998)

Die von → PER Gerhard Schröder geführte SPD-Alleinregierung, die mit 81 von 161 Abgeordneten über eine knappe absolute Mehrheit im Landtag verfügt, steht vor schwierigen Finanzproblemen. Seit 1989 stieg die Neuverschuldung um 58,9%. Die Gesamtverschuldung beträgt rund 60 Mrd DM, die Schuldzinsen machen nahezu 14% des Etats aus.

ARBEITSZEIT-VERLÄNGERUNG: Ab 1996 müssen Niedersachsens Beamte wieder 40 Stunden in der Woche arbeiten. Dies sieht ein Beschluß der Landesregierung vom 5.9.1995 vor. Begründet wurde die Erhöhung um 1,5 Wochenstunden mit der schlechten Haushaltssituation. Die Verlängerung gilt nicht für die 62 000 Lehrer, deren Unterrichtsverpflichtung bereits im Vorjahr heraufgesetzt wurde.

EINSTELLUNGSSTOPP: Im Februar 1996 beschloß die Regierung einen Einstellungsstopp für alle Landesbehörden. Zur Begründung wurde auf die vorliegenden Steuerschätzungen verwiesen, die von erheblichen Mindereinnahmen des Landes für die kommenden Jahre ausgehen. Mit 42% des Landeshaushalts hat N. die höchste Personalkostenquote in Westdeutschland. Für 1997 war ein Etat von 40 Mrd DM geplant, der um 0,4% niedriger ausfiel als 1996.

SENKUNG DES WAHLALTERS: Als erstes Bundesland hat Niedersachsen das aktive Wahlrecht bei Kommunalwahlen von bislang 18 auf 16 Jahre gesenkt. Die entsprechenden Bestimmungen wurden vom Landtag am 8.11.1995 mit den Stimmen von SPD und Bündnis 90/Die Grünen gegen die der CDU beschlossen. Bei den Kommunalwahlen im Herbst 1996 können ca. 150 000 Jugendliche zwischen 16 und 18 Jahren erstmalig ihre Stimme abgeben.

KOMMUNALVERFASSUNG: Im März 1996 beschloß der Landtag gegen die Stimmen von CDU und Bündnis 90/Die Grünen eine neue Kommunalverfassung. Künftig wird die bisherige kommunale Doppelspitze aus ehrenamtlichem Landrat bzw. Bürgermeister einerseits und beamtetem Oberkreisdirektor bzw. Stadtdirektor andererseits ersetzt durch einen direkt gewählten Landrat bzw. (Ober-)Bürgermeister. Die Befürworter der neuen Verfassung, deren Einführung auch innerhalb der SPD umstritten war, erhoffen sich durch die direkte Wahl auf kommunaler Ebene eine Stärkung des demokratischen Elements. Die neue Verfassung verankert auch das Recht der Bürger, über Einwohnerantrag, Petition und Bürgerbegehren direkt auf die Kommunalpolitik Einfluß zu nehmen.

GRIEFAHN-UNTERSUCHUNGSAUSSCHUSS: Im Mai 1996 legten die Landtagsfraktionen ihre Abschlußberichte zum parlamentarischen Untersuchungsausschuß über die sog. Familienfilz-Affäre vor. Der Ausschuß war im Frühjahr 1996 nach Bekanntwerden von Vorwürfen, Umweltministerin Monika Griefahn (SPD) habe sich im Amt für Projekte ihres Ehemanns Michael Braungart eingesetzt, eingerichtet worden. Während die SPD-Fraktion in ihrem Bericht zu dem Ergebnis kam, daß Griefahn nicht versucht habe, Braungart und seinem EPEA-Umweltinstitut im Zusammenhang mit der Weltausstellung Expo 2000 Aufträge zu verschaffen, gelangten die CDU-Abgeordneten zu der Einschätzung, daß die SPD-Politikerin versucht habe, ihrem Ehemann wirtschaftliche Vorteile zu verschaffen.

EXPO 2000: Im Dezember 1995 erfolgte eine Einigung über das Konzept des sog. Themenparks, den zentralen Bereich der Weltausstellung Expo 2000, die vom 1.6.–31.10.2000 in Hannover stattfinden soll. Unter dem Generalthema der Expo, Mensch–Natur–Technik, sollen hier die sechs Themenpaare Gesundheit und Ernährung, Wohnen und Arbeiten, Umwelt und Entwicklung, Kommunikation und Information, Freizeit und Mobilität, Bildung und Kultur behandelt werden. **POLIZEIRECHT;** Als Reaktion auf die Punkerkrawalle bei den sog. Chaostagen in Hannover im August 1995 verabschiedete der Landtag im Mai 1996 gegen die Stimmen der CDU eine Verschärfung des Polizeirechts. Mittels einer Änderung des Gefahrenabwehrgesetzes wurde die Höchstdauer des Unterbindungsgewahrsams von bisher zwei auf vier Tage verlängert. Ferner wurde die Möglichkeit, vorbeugende Aufenthaltsverbote für Stadtteile oder ganze Städte zu verhängen, ausdrücklich in das Gesetz aufgenommen. Bisher war dies nur durch eine allgemeine Generalklausel im Polizeirecht gedeckt.

Nordrhein-Westfalen

Fläche 34 072 km² (Rang 4/D)	
Einwohner 17,86 Mio (Rang 1/D)	
Hauptstadt Düsseldorf	
Arbeitslosigkeit 10,6% (1995)	
Inflation 1,7% (1995)	
Reg.-Chef Johannes Rau (SPD)	

Parlament Landtag mit 221 für fünf Jahre gewählten Abgeordneten; 108 Sitze für SPD, 89 für CDU, 24 für Bündnis 90/Die Grünen (nächste Wahl: 2000)

Ein Bruch der rot-grünen Koalition, die das bevölkerungsreichste Bundesland unter der Führung von Ministerpräsident → [PER] Johannes Rau (SPD) seit 1995 regiert, konnte im März 1996 vermieden werden. Streitpunkt zwischen den Koalitionspartnern waren mehrere verkehrspolitische Projekte.

KOALITIONSKRISE: Am 20.3.1996 verabschiedete der Landtag in Düsseldorf mit den Stimmen von SPD und Bündnis 90/Die Grünen den Haushalt 1996. Er enthält auch 20 Mio DM für den Ausbau des Regionalflughafens Dortmund, dem die Bündnisgrünen zunächst zugunsten ökologischer Projekte die Zustimmung verweigern wollten. Strittig waren außerdem die ICE-Anbindung des Köln/Bonner-Flughafens, der Bau eines Autobahnteilstücks in Bochum und die Nachtflugerlaubnis für den Flughafen Köln/Bonn. Die Bündnisgrünen verzichteten nach wochenlangen koalitionsinternen Auseinandersetzungen schließlich auf ihre ultimativen Forderungen. Ein Landesparteitag entschied sich am 17.3.1996 mit Mehrheit für eine Fortsetzung der Koalition.

NACHTFLUG-BETRIEB: Das weltweit tätige Frachtunternehmen TNT Worldwide Express kündigte im Februar 1996 an, sein europäisches Verteilzentrum von Köln/Bonn ins belgische Lüttich verlegen zu wollen. Hintergrund für diese Entscheidung waren die koalitionsinternen Auseinandersetzungen über Nachtflugrechte auf dem Flughafen Köln/Bonn. In den Koalitionsvereinbarungen zwischen SPD und Bündnis 90/Die Grünen war festgelegt worden, daß nach Ablauf der bestehenden Regelung im Jahr 2002 eine nächtliche Kernruhezeit von zwei Stunden auf dem Flughafen eingeführt werden sollte. Dem Frachtunternehmen erschien dies nicht annehmbar. Der Flughafen wird bislang als einziger deutscher Frachtflughafen von interkontinentalen Frachtunternehmen angeflogen. TNT beschäftigt in Köln/Bonn 600 Arbeitskräfte. **HAUSHALT:** Wegen unerwartet hoher Zahlungen, die N. in den Länderfinanzausgleich zu entrichten hatte,

Niedersachsen: Regierung

Ressort	Name (Partei)	Amtsantritt
Ministerpräsident	Gerhard Schröder (SPD)	1990
Inneres, stellv. Ministerpräs.	Gerhard Glogowski (SPD)	1990
Finanzen	Hinrich Swieter (SPD)	1990
Soziales	Walter Hiller (SPD)	1990
Wirtschaft, Technologie, Verkehr	Peter Fischer (SPD)	1990
Justiz	Heidi Alm-Merk (SPD)	1990
Wissenschaft, Kultur	Helga Schuchardt (parteilos, für SPD)	1990
Kultus	Rolf Wernstedt (SPD)	1990
Ernährung, Landwirtschaft, Forsten	Karl-Heinz Funke (SPD)	1990
Umwelt	Monika Griefahn (SPD)	1990
Frauen	Christa Bührmann (SPD)	1994
Chef/Staatskanzlei	Willi Waike (SPD)	1994

verhängte Finanzminister Heinz Schleußer (SPD) im November 1995 eine Haushaltssperre. Insgesamt mußte das Land 1995 weniger Kredite aufnehmen, als ursprünglich geplant war. Die Nettokreditaufnahme blieb mit 6,1 Mrd DM um 240 Mio DM unter dem Etatentwurf. Der Haushalt für 1996 hat einen Gesamtumfang von etwa 88 Mrd DM. Ende Mai 1996 verhängte Finanzminister Schleußer nach dem Bekanntwerden der neuesten Steuerschätzungen erneut eine Haushaltssperre. Danach können die Landesministerien nur noch Vorhaben oder Anschaffungen finanzieren, zu denen sie gesetzlich oder aufgrund bestehender Verträge verpflichtet sind. Arbeitsmarktpolitische Maßnahmen blieben von der Haushaltsperre jedoch ausgenommen.

WAHLRECHT FÜR EU-AUSLÄNDER: Ab 1996 dürfen Ausländer aus EU-Staaten aktiv und passiv an Kommunalwahlen in N. teilnehmen und damit auch hauptamtliche Bürgermeister und Landräte werden. Auch an Bürgerbegehren und -entscheiden dürfen sie sich künftig beteiligen. Ein entsprechendes Gesetz verabschiedete der Düsseldorfer Landtag, einer EU-Richtlinie folgend, am 6.12.1995.

BRANDKATASTROPHE IN DÜSSELDORF: Bei einem schweren Brand auf dem Düsseldorfer Rhein-Ruhr Flughafen am 11.4.1996 starben 16 Menschen an Rauchvergiftung, zahlreiche weitere wurden verletzt. Der Sachschaden ging in die dreistellige Millionenhöhe. Die Katastrophe wurde vermutlich durch Schweißarbeiten an einer Dehnungsfuge der Zufahrt zur Abflughalle ausgelöst. Das Feuer, das dabei ausbrach, breitete sich wegen der PVC-Isolierung der dort verlegten Elektrokabel rasend schnell über die Zwischendecken im Flughafengebäude aus. Bei Luft- und Rußuntersuchungen nach dem Brand wurden Dioxin-Konzentrationen festgestellt, welche die zulässigen Grenzwerte teilweise um ein Vielfaches überschritten. Die Staatsanwaltschaft nahm Ermittlungen wegen fahrlässiger Tötung und fahrlässiger Brandstiftung auf. Sie verwies auf die Möglichkeit, daß Brandschutzmaßnahmen vernachlässigt worden seien, und auf die Tatsache, daß die Düsseldorfer Berufsfeuerwehr vom Flughafenpersonal eventuell zu spät alarmiert worden sei. Der Flughafenbetrieb in Düsseldorf wurde am 23.4.1996 in vier provisorischen Großzelten wiederaufgenommen.

Rheinland-Pfalz

Fläche 19 852 km² (Rang 9/D)

Einwohner 3,97 Mio (Rang 7/D)

Hauptstadt Mainz

Arbeitslosigkeit 8,5% (1995)

Inflation k. A.

Reg.-Chef Kurt Beck (SPD)

Parlament Landtag mit 101 für fünf Jahre gewählten Abgeordneten; 43 Sitze für SPD, 41 für CDU, 10 für FDP, 7 für Bündnis 90/Die Grünen (nächste Wahl: 2001)

Trotz deutlicher Verluste behauptete die SPD unter Ministerpräsident → [PER] Kurt Beck bei den Landtagswahlen am 24.3.1996 ihre Position als stärkste Partei. Die von Wirtschaftsminister Rainer Brüderle in den Wahlkampf geführte FDP stärkte mit einem Zugewinn von zwei Prozentpunkten ihre Stellung innerhalb der sozialliberalen Koalition. Die beiden Parteien hatten sich bereits vor den Wahlen im Grundsatz auf eine Fortführung des seit 1991 bestehenden Regierungsbündnisses verständigt. Die FDP hielt an ihrer Koalitionsaussage auch nach dem Urnengang fest, obwohl der Wahlausgang rechnerisch eine christlich-liberale Koalition ermöglicht hätte. Am 20.5.1996 wurde Kurt Beck vom Landtag in Mainz mit den Stimmen von SPD und FDP als Ministerpräsident bestätigt.

LANDTAGSWAHLEN: Die SPD erhielt 39,8% (1991: 44,8%) und ist mit 43 Abgeordneten (1991: 47) im Landtag vertreten. Auf die CDU entfielen 38,7% (1991: 38,7%) und 41 Sitze (1991: 40). Die FDP kam auf 8,9% (1991: 6,9%) und erhielt 10 Sitze (1991: 7).

Nordrhein-Westfalen: Regierung

Ressort	Name (Partei)	Amtsantritt
Ministerpräsident	Johannes Rau (SPD)	1978
Wohnen und Bauen, stellv. Ministerpräs.	Michael Vesper (Bündnis 90/Die Grünen)	1995
Inneres	Franz-Josef Kniola (SPD)	1995
Wirtschaft	Wolfgang Clement (SPD)	1995
Finanzen	Heinz Schleußer (SPD)	1988
Justiz	Fritz Behrens (SPD)	1995
Arbeit und Soziales	Axel Horstmann (SPD)	1995
Umwelt	Bärbel Höhn (Bündnis 90/Die Grünen)	1995
Wissenschaft	Anke Brunn (SPD)	1985
Stadtentwickl. Kultur, Sport	Ilse Brusis (SPD)	1995
Bundes- und Europafragen	Manfred Dammeyer (SPD)	1995
Gleichstellung von Mann und Frau	Ilse Ridder-Melchers (SPD)	1995
Schule, Weiterbild.	Gabriele Behler (SPD)	1995

Rheinland-Pfalz: Regierung

Ressort	Name (Partei)	Amts-antritt
Ministerpräsident	Kurt Beck (SPD)	1994
Wirtschaft, Verkehr, Landwirtschaft, stellv. Ministerpräs.	Rainer Brüderle (FDP)	1991
Inneres und Sport	Walter Zuber (SPD)	1991
Finanzen	Gernot Mittler (SPD)	1993
Justiz	Peter Caesar (FDP)	1991
Arbeit, Soziales, Gesundheit	Florian Gerster (SPD)	1994
Kultur, Jugend, Familie u. Frauen	Rose Götte (SPD)	1991
Umwelt und Forsten	Klaudia Martini (SPD)	1991
Bildung, Wissenschaft, Weiterbild.	Jürgen Zöllner (SPD)	1991

Bündnis 90/Die Grünen bekamen 6,9% (1991: 6,5%) und ziehen mit sieben Abgeordneten (1991: 7) in den Landtag von R. ein.

FINANZPROBLEME: In seiner Regierungserklärung am 20.5.1996 kündigte Beck wegen der prekären Finanzlage des Landes die Einführung einer Budgetierung der Personalausgaben an. Danach sollen die Ressorts zusätzliche Stellen nur noch einrichten dürfen, wenn sie an anderer Stelle eingespart werden. Mit einer Haushaltssperre und einer höheren Neuverschuldung sollen die zu erwartenden Steuermindereinnahmen in Höhe von 600 Mio DM für 1996 und 800 Mio DM für 1997 kompensiert werden.

VERFASSUNGSREFORM: Im September 1995 scheiterte vorerst das Vorhaben einer Reform der Landesverfassung, zu dem eine 1992 eingesetzte Kommission aus Vertretern von CDU, SPD und FDP Vorschläge ausarbeiten sollte. Sie konnte sich nicht über das weitere Vorgehen verständigen. Umstritten war vor allem die von der CDU hergestellte Verknüpfung der Verfassungsreform mit einer Verkleinerung des Parlaments von derzeit 101 auf 75 Abgeordnete (zuzüglich Überhangmandate).

KKW MÜHLHEIM-KÄRLICH: Umweltministerin Klaudia Martini (SPD) versuchte im Dezember 1995, den Streit um das seit 1988 wegen eines rechtsfehlerhaften Genehmigungsverfahrens stillgelegte Kernkraftwerk Mühlheim-Kärlich zu beenden. Das Oberverwaltungsgericht Koblenz hatte zuvor eine nachgeschobene neue Teilerrichtungsgenehmigung wieder aufgehoben. Martini forderte die Pächterin der Anlage, die RWE-Energie AG, daraufhin auf, weitere juristische Schritte zur Durchsetzung der Inbetriebnahme zu unterlassen. Über ein Schadenersatzverfahren zwischen dem Land und der RWE, dessen Streitwert auf 1,5 Mrd DM fest-

gesetzt wurde, steht eine Entscheidung des Bundesgerichtshofes (Karlsruhe) noch aus.

ENTSTAATLICHUNG: Das Land trennte sich im Dezember 1995 von einer Reihe von Beteiligungen am öffentlich-rechtlichen Versicherungswesen. So übernahm u. a. der r.-p. Sparkassen- und Giroverband die Landesanteile am Stammkapital der Provinzial-Versicherungsanstalten und an der Hessischen und Nassauischen Brandversicherungsanstalt. Die Erlöse von mehr als 400 Mio DM, die in Raten bis 1999 fällig werden, will das Land für Investitionen einsetzen.

PENSIONSFONDS: Im Oktober 1995 kündigte die Landesregierung die Schaffung eines Pensionsfonds für Beamte an. Für alle Landesbeamte, die nach dem 1.10.1996 eingestellt werden, sollen künftig von den Ressorts regelmäßig Kapitalrücklagen an den Fonds überwiesen werden. Für 1996 und 1997 sind Einmalzahlungen von jeweils 35 Mio DM vorgesehen, danach sollen die einzelnen Ministerien jährlich eine mit versicherungsmathematischen Methoden zu errechnende Rate an den Fonds abführen. Auf diesem Weg erhofft man sich eine Erleichterung bei der zukünftigen Finanzierung der absehbar steigenden Versorgungslasten. Derzeit belaufen sich die Leistungen für die 27 500 ehemaligen Beamten auf jährlich 1,4 Mrd DM, was einem Anteil von 19% am gesamten Personaletat oder ein Drittel der Ausgaben für aktive Beamte entspricht. Bis zum Jahr 2020 wird sich die Zahl der pensionierten Beamten auf 52 000 erhöhen; die Pensionszahlungen werden dann einen Personalkosten-Anteil von 32% ausmachen.

Saarland

Fläche 2570 km² (Rang 13/D)

Einwohner 1,08 Mio (Rang 15/D)

Hauptstadt Saarbrücken

Arbeitslosigkeit 11,7% (1995)

Inflation 1,6% (1995

Reg.-Chef Oskar Lafontaine (SPD)

Parlament Landtag mit 51 für fünf Jahre gewählten Abgeordneten; 27 Sitze für SPD, 21 für CDU, 3 für Bündnis 90/Die Grünen (nächste Wahl: 1999)

Seit 1985 steht Ministerpräsident → PER Oskar Lafontaine an der Spitze einer SPD-Alleinregierung im kleinsten deutschen Flächenstaat. Der Regierungschef, der seit dem 16.11.1995 auch Bundesvorsitzender der SPD ist, verzichtete im April 1996 auf das Amt des SPD-Landesvorsitzenden, das er 18 Jahre ausgeübt hatte. Zu seinem Nachfolger wählte die saarländische SPD auf einem Sonderparteitag am 22.4.1996 den Chef der SPD-Landtagsfraktion, Reinhard Klimmt.

HAUSHALT: Der Anfang November 1995 von Finanzministerin Christiane Krajewski vorgestellte Haushaltsentwurf für 1996 umfaßt ein Gesamtvolumen von 6,37 Mrd DM und weist eine Haushaltslücke von 571 Mio DM auf; das sind 23% weniger als im Vorjahr. Der Schuldenstand konnte 1995, vor allem durch Einsparungen bei den Personalausgaben, um 290 Mio DM gesenkt werden und soll sich bis Ende 1996 um 618 Mio DM auf voraussichtlich 13,24 Mrd DM verringern. 1996 erhält das Saarland die dritte Rate der vor dem Bundesverfassungsgericht (Karlsruhe) erstrittenen Haushaltshilfe zur Teilentschuldung vom Bund, die für den Zeitraum von 1994 bis 1998 ein Gesamtvolumen von 8 Mrd DM hat. Um die Ziele des Etats zu erreichen, erließ die Finanzministerin im Juni 1996 eine Haushaltssperre. Die Ministerien müssen 20% ihrer freien Mittel einsparen. Ausgenommen sind Investitionen zur Stärkung der Wirtschaftsstruktur und aus Fremdmitteln finanzierte Vorhaben.

INVESTITIONEN: Der Investitionshaushalt wurde 1996 um 43 Mio DM auf 660 Mio DM aufgestockt. 200 Mio DM davon sind für Maßnahmen der Wirtschaftsförderung vorgesehen, die der regionalen Strukturverbesserung dienen und zur Umgestaltung der einseitig auf die Montanindustrie ausgerichteten Regionen beitragen sollen. Die Kraftwerkskapazitäten betrugen 1995 knapp 3600 MW, wovon nur ein Drittel zur Eigenbedarfsdeckung benötigt wird.

HAUPTSCHULE: Mit den Stimmen von SPD und CDU gegen Bündnis 90/Die Grünen änderte der Landtag im Februar 1996 die Landesverfassung und schuf damit die Voraussetzung, die Hauptschule abzuschaffen. Der Artikel 27 verpflichtete die Regierung bislang, öffentliche Grund- und Hauptschulen von Amts wegen ein-

zurichten. Die Hauptschule, die zuletzt nur noch von 8% der Schüler besucht wurde, geht in der erweiterten Realschule auf, die an die Stelle der bisherigen Sekundar- und Realschule tritt. Der Bestand dieser erweiterten Realschule wird neben den Grundschulen, den Schulen für Behinderte, den Gesamtschulen, den Gymnasien und den berufsbildenden Schulen künftig in der Verfassung garantiert. Das Saarland ist nach der Änderung das einzige Land, das auch den Bestand der Gesamtschulen in der Verfassung schützt. Das Schulgesetz wird zum Schuljahr 1997/98 voll wirksam.

Sachsen

Fläche 18 412 km² (Rang 10/D)	
Einwohner 4,57 Mio (Rang 6/D)	
Hauptstadt Dresden	
Arbeitslosigkeit 14,4% (1995)	
Inflation 2,3% (1995)	
Reg.-Chef Kurt Biedenkopf (CDU)	
Parlament Landtag mit 120 für vier Jahre gewählten Abgeordneten; 77 Sitze für CDU, 22 für SPD, 21 für PDS (nächste Wahl: 1998)	

Seit der Landtagswahl im September 1994 stützt sich die zuvor schon allein regierende CDU mit Ministerpräsident → [PER] Kurt Biedenkopf auf eine noch deutlichere absolute Mehrheit im Landtag. Trotz einer Abschwächung im Vergleich zum Vorjahr erzielte S. 1995 die höchste Wachstumsrate aller Bundesländer.

WIRTSCHAFT: Das BIP erhöhte sich 1995 real um 7,7% (1994: 10,1%) auf insgesamt 109,4 Mrd DM (zum Vergleich: Die zweithöchste Rate erreichte Brandenburg mit 6,6%). Zum Anstieg trugen die gestiegene Wertschöpfung im verarbeitenden Gewerbe und in der Bauwirtschaft zu etwa zwei Dritteln bei. Die Zahl der Erwerbstätigen stieg 1995 um 2,7%. Die Produktivität lag im Durchschnitt aller Wirtschaftszweige bei 51,8% des westdeutschen Niveaus. Im Bereich Handwerk stieg die Produktivität auf 86% des Westniveaus an. Mit einer Handwerkerdichte von 7,8 Betrieben auf 1000 Einwohner übertraf S. 1995 den westdeutschen Durchschnitt (7,0).

HAUSHALT: Der Landtag verabschiedete am 15.12. 1995 den Landeshaushalt 1996. Mit einem Volumen von 31,7 Mrd DM blieb er um ca. 700 Mio DM unter dem ursprünglichen Haushaltsansatz. Etwa 25% der zugrunde gelegten Einnahmen stammen aus dem Länderfinanzausgleich und aus Zuschüssen des Bundes. Die Investitionsquote beträgt 1996 gut 30%, die Neu-

Saarland: Regierung		
Ressort	**Name (Partei)**	**Amtsantritt**
Ministerpräsident	Oskar Lafontaine (SPD)	1985
Inneres und Sport	Friedel Läpple (SPD)	1985
Wirtschaft und Finanzen	Christiane Krajewski (SPD)	1990
Justiz	Arno Walter (SPD)	1985
Bildung, Kultur, Wissenschaft	Diether Breitenbach (SPD)	1985
Frauen, Arbeit, Gesundheit, Soziales	Marianne Granz (SPD)	1990
Umwelt, Energie, Verkehr	Willy Leonhardt (SPD)	1994

Sachsen: Regierung

Ressort	Name (Partei)	Amts-antritt
Ministerpräsident	Kurt Biedenkopf (CDU)	1990
Inneres	Klaus Hardraht (parteilos)	1995
Justiz	Steffen Heitmann (CDU)	1990
Finanzen	Georg Milbradt (CDU)	1990
Soziales, Gesundheit, Familie	Hans Geisler (CDU)	1990
Wirtschaft, Arbeit	Kajo Schommer (CDU)	1990
Wissenschaft, Kunst	Hans Joachim Meyer (CDU)	1990
Landwirtschaft, Ernährung u. Forsten	Rolf Jähnichen (CDU)	1990
Umwelt	Arnold Vaatz (CDU)	1992
Kultus	Matthias Rößler (CDU)	1994
Gleichstellung	Friederike de Haas (CDU)	1994
Staatssekr. f. Bundes- und Europaangelegenheiten	Günter Ermisch (CDU)	1990

verschuldung knapp 2 Mrd DM. Im April 1996 verhängte Finanzminister Georg Milbradt (CDU) für einen Teil der Haushaltsmittel eine Ausgabensperre, da 1996 Mindereinnahmen in Höhe von 450 bis 500 Mio DM erwartet werden.

PRIVATRUNDFUNKGESETZ: Am 15.12.1995 wurde die umstrittene Novellierung des Privatrundfunkgesetzes mit der Mehrheit der CDU gegen die Stimmen von SPD und PDS vom Landtag verabschiedet. Das Gesetz sieht u. a. die Schaffung eines fünfköpfigen Medienrates vor. Er übernimmt weitgehend die Funktionen und Kompetenzen der bisherigen Versammlung der Landesmedienanstalt, die mit 34 Vertretern aus unterschiedlichen gesellschaftlichen Gruppen besetzt war. Zu seinem Aufgabenbereich gehört auch das Recht zur Erteilung und zum Widerruf von Sendelizenzen. Vier der fünf Mitglieder des Medienrates werden vom Landtag gewählt, eines von der Versammlung der Landesmedienanstalt. Gegen die Neuregelung, die Befürworter als personelle Straffung und Liberalisierung begrüßen, kündigte der Direktor der Landesmedienanstalt Verfassungsklage an, da er die grundgesetzlich garantierte Unabhängigkeit des Gremiums gefährdet sieht.

POLIZEIGESETZ: Im Mai 1996 erklärte das Landesverfassungsgericht (Leipzig) das sächsische Polizeigesetz in weiten Teilen für verfassungswidrig. Gegen das im April 1994 mit den Stimmen der CDU im Landtag verabschiedete Gesetz hatten die SPD-Fraktion und die damals noch im Landtag vertretenen Bündnis 90/Die Grünen Normenkontrollklage erhoben. Das Verfassungsgericht stellte nun u. a. fest, daß ein vor-

beugender Polizeigewahrsam von 14 Tagen allein zur Feststellung der Identität oder zur Durchsetzung eines Platzverweises nicht mit der Verfassung vereinbar sei. Der Vorfeldeinsatz nachrichtendienstlicher Mittel – Wanzen, Richtmikrophone, verdeckte Ermittler – zur Bekämpfung einfacher, nichtorganisierter Sach- oder Vermögenskriminalität sei ebensowenig verfassungskonform wie die Überwachung von Privatwohnungen von Personen, die nicht zum potentiellen Täterkreis gehören, oder die heimliche Überwachung mehrmals straffällig gewordener Personen. Das Polizeigesetz muß nun bis zum Abschluß der Legislaturperiode novelliert werden. Bis dahin ist Innenminister Klaus Hardraht gehalten, dem Landtag alljährlich einen Bericht über alle verdeckten Überwachungsaktionen vorzulegen. Der parteilose Hardraht war im September 1995 als Nachfolger des zurückgetretenen Heinz Eggert (CDU) zum Innenminister berufen worden.

KRIMINALITÄT: Die Zahl der Straftaten nahm 1995 gegenüber dem Vorjahr um 4,5% zu. Mit 8800 Straftaten pro 100 000 Einwohner lag S. damit über dem Durchschnitt der Länder. Die höchsten Kriminalitätsraten waren in Leipzig, Görlitz und Dresden zu verzeichnen. Abgenommen haben die Einbrüche und Autodiebstähle, die Zahl der Gewaltstraftaten erhöhte sich dagegen um 25%. Die gesamte Aufklärungsquote konnte auf 38,5% gesteigert werden. Hardraht kündigte die Schaffung von 800 neuen Stellen bei der Polizei an. Im Mai 1996 wurde eine Sonderkommission beim Landeskriminalamt zur Strafverfolgung der organisierten Kriminalität unter Vietnamesen gegründet.

CDU-VORSITZ: Auf einem Landesparteitag im Oktober 1995 wählte die sächsische CDU den bisherigen stellvertretenden Vorsitzenden Fritz Hähle zu ihrem neuen Parteichef. Hähle ist Nachfolger von Kurt Biedenkopf, der sich künftig auf das Amt des Ministerpräsidenten konzentrieren will.

Sachsen-Anhalt

Fläche 20 444 km² (Rang 8/D)

Einwohner 2,80 Mio (Rang 9/D)

Hauptstadt Magdeburg

Arbeitslosigkeit 16,5% (1995)

Inflation 1,8% (1995)

Reg.-Chef Reinhard Höppner (SPD)

Parlament Landtag mit 99 für vier Jahre gewählten Abgeordneten; 37 Sitze für CDU, 36 für SPD, 21 für PDS, 5 für Bündnis 90/Die Grünen (nächste Wahl: 1998)

Seit der Landtagswahl im Juli 1994 regiert in S. eine von der PDS tolerierte Minderheitsregierung aus SPD und Bündnis 90/Die Grünen unter Ministerpräsident → PER Reinhard Höppner (SPD). Das vielbeachtete Magdeburger Modell erwies sich als stabil.

CDU-KLAGE: Die CDU-Landtagsfraktion erhob im Februar 1996 beim Landesverfassungsgericht in Dessau ein Organstreitverfahren gegen den Landtag. Die CDU-Abgeordneten wollen der PDS-Fraktion den Oppositionsstatus aberkennen lassen, da diese fortlaufend die Minderheitskoalition aus SPD und Bündnis 90/Die Grünen unterstütze. Die Landesverfassung definiere jedoch in Artikel 48 die parlamentarische Opposition als „die Fraktion und die Abgeordneten des Landtags, die die Regierung nicht stützen". Gespräche zwischen den Landesvorständen von SPD und CDU über Möglichkeiten für eine gemeinsame Bewältigung der schwierigen Wirtschaftslage wurden im Mai 1996 ergebnislos abgebrochen.

KOMMUNALABGABENGESETZ: Bei der Novellierung des Kommunalabgabengesetzes im April 1996 stimmte erstmals die CDU-Fraktion einem Vorhaben der Minderheitskoalition zu. Zuvor hatte die Regierung sämtliche Vorlagen mit Hilfe der PDS verabschiedet. Im Fall des Kommunalabgabengesetzes, das die landesrechtliche Grundlage für die Erhebung von Gebühren und Abgaben durch Kommunen und Zweckverbände regelt, hatte die PDS dem Gesetzentwurf der Regierungskoalition die Zustimmung verweigert, da sie eine Begrenzung der Abgaben nach sozialen Kriterien nicht durchsetzen konnte. Mit der Novellierung soll den Kommunen ein größerer Spielraum bei der Gestaltung ihrer Abgabensatzungen und den Bürgern eine stärkeres Mitspracherecht eingeräumt werden.

HAUSHALT: Im Dezember 1995 verabschiedete der Landtag in Magdeburg mit den Stimmen der Regierungskoalition sowie einigen Stimmen der PDS den Haushalt 1996. Vorgesehen sind Ausgaben in einer Gesamthöhe von 20,9 Mrd DM. Gegenüber 1995 bedeutet dies eine Verringerung des Haushaltsvolumens um 3,9%. Der ursprüngliche Etatentwurf vom September 1995 hatte wegen der zu erwartenden Steuerausfälle noch einmal um 600 Mio DM reduziert werden müssen. Die Neuverschuldung steigt 1996 um 190 Mio DM auf insgesamt knapp 2 Mrd DM. Die Investitionsquote liegt 1996 bei 27,7%.

SCHULGESETZ: Im Oktober 1995 verabschiedete der Landtag mit den Stimmen der rot-grünen Koalition und der PDS ein neues Schulgesetz, das die Einführung einer zweijährigen Pflicht-Förderstufe vom 5. Schuljahr an und die Einführung eines 13. Schuljahrs am Gymnasium beinhaltet. Das Parlament verwarf einen Antrag der CDU, wegen einer – zu spät eingereichten – Volksinitiative gegen das Gesetz die abschließende Beratung zu verschieben. Die von der CDU mitinitiierte, von 36 000 Personen unterschriebene Volksinitiative lehnt die Einführung der Förderstufe als Vernichtung von Bildungschancen ab.

WAHLRECHT: Nach einem Beschluß des Landtages vom September 1995 erhalten Bürger aus den Staaten der EU das aktive und passive Wahlrecht bei Kommunalwahlen. Sie können sich künftig auch an Volksbegehren und Volksentscheiden beteiligen. Betroffen von dieser Regelung sind in S. ca. 800 EU-Ausländer.

REGIERUNGSUMBILDUNG: Nach Vorwürfen, er habe sein Amt zur persönlichen Vorteilsnahme mißbraucht, erklärte Landwirtschaftsminister Helmut Rehhahn (SPD) im Mai seinen Rücktritt. Rehhahn wurde angelastet, kraft seines Ministeramts die Rückzahlung von über 300 000 DM unzulässig in Anspruch genommenen Fördergeldern verhindert zu haben. Sein Ressort übernahm Umweltministerin Heidrun Heidecke.

Sachsen-Anhalt: Regierung

Ressort	Name (Partei)	Amts-antritt
Ministerpräsident	Reinhard Höppner (SPD)	1994
Umwelt, Land-wirtschaft, Raum-ordnung	Heidrun Heidecke (Bündnis 90/Die Grünen)	1994
Inneres	Manfred Püchel (SPD)	1994
Finanzen	Wolfgang Schaefer (SPD)	1994
Arbeit, Soziales, Gesundheit	Gerlinde Kuppe (SPD)	1994
Wirtschaft und Technologie	Klaus Schucht (SPD)	1995
Kultus	Karl-Heinz Reck (SPD)	1994
Wohnungswesen, Städtebau, Verkehr	Jürgen Heyer (SPD)	1994
Justiz	Karin Schubert (SPD)	1994

Schleswig-Holstein

Fläche 15 738 km² (Rang 12/D)

Einwohner 2,70 Mio (Rang 10/D)

Hauptstadt Kiel

Arbeitslosigkeit 9,1% (1995)

Inflation k. A.

Reg.-Chefin Heide Simonis (SPD)

Parlament Landtag mit 75 für vier Jahre gewählten Abgeordneten: 33 Sitze für SPD, 30 für CDU, 6 für Bündnis 90/Die Grünen, 4 für FDP, 2 für SSW (nächste Wahl: 2000)

Trotz starker Einbußen bei den Landtagswahlen am 24.3.1996 blieb die SPD die stärkste Partei im Kieler Landtag. Sie ist allerdings für die Regierungsbildung auf einen Koalitionspartner angewiesen. Nach langwierigen Verhandlungen kam Mitte Mai 1996 ein Koalitionsvertrag zwischen SPD und Bündnis 90/Die Grünen zustande, der von den Landesparteitagen beider Partner gebilligt wurde. Am 22.5.1996 wurde → [PER] Heide Simonis (SPD) mit den Stimmen der Koalitionsparteien sowie des Südschleswigschen Wählerverbandes vom Landtag erneut zur Ministerpräsidentin gewählt. In der Frage der umstrittenen Ostsee-Autobahn A 20 erkannte Bündnis 90/Die Grünen die Zuständigkeit des Bundes an, konnte jedoch genauere Umweltverträglichkeitsprüfungen durchsetzen.

VERLUSTE FÜR SPD: Bei den Landtagswahlen am 24.3.1996 zogen Bündnis 90/Die Grünen erstmals ins Landesparlament ein. Sie erreichten 8,1% (1992: 4,97%) und sechs Mandate. Die SPD erhielt lediglich 39,8% (1992: 46,2%) und 33 Mandate (1992: 45). Die CDU verbesserte ihr Ergebnis um 3,4 Prozentpunkte und kam auf 37,2% (1992: 33,8%). Sie zog mit 30 Abgeordneten (1992: 32) in den Landtag ein. Die FDP schaffte erneut den Sprung über die 5%-Hürde. Auf sie entfielen 5,7% der Stimmen (1992: 5,6%) und vier Mandate (1992: 5). Der Südschleswigsche Wählerverband (SSW) ist künftig mit zwei statt einem Abgeordneten vertreten. Die Partei der dänischen Minderheit, die nicht an die 5-%-Klausel gebunden ist, verbesserte ihr Ergebnis von 1,9% (1992) auf 2,5%.

LANDTAG: Gegen eine Reduzierung der Zahl der Abgeordneten von den gesetzlich vorgeschriebenen 75 auf 50 sprach sich der Landtag im September 1995 aus. In der Debatte, die eine Volksinitiative des Bundes der Steuerzahler erzwungen hatte, waren die Fraktionen darüber einig, daß die Abgeordnetenzahl von 75 künftig nicht überschritten werden sollte; der Landtag gehörten in der Legislaturperiode von 1992 bis 1996 infolge von Überhang- und Ausgleichsmandaten 89 Abgeordnete an.

NEUE KOMMUNALVERFASSUNG: Mit den Stimmen der SPD verabschiedete der Landtag am 6.12.1995 eine neue Kommunalverfassung, die eine direkte Wahl der hauptamtlichen Bürgermeister und Landräte sowie die Abschaffung des Magistrats vorsieht. Die Verfassung wird z. T. bereits 1996 in Kraft treten, die erste Direktwahl ist jedoch erst für 1998 vorgesehen.

PERSONALVERTRETUNGSRECHT: Das Bundesverfassungsgericht (Karlsruhe) veröffentlichte im Oktober 1995 seine Entscheidung, wonach die 1990 per Gesetz erheblich erweiterte Mitbestimmung der Personalvertretungen im öffentlichen Dienst von S. in wesentlichen Punkten verfassungswidrig ist. Das

Schleswig-Holstein: Regierung		
Ressort	Name (Partei)	Amtsantritt
Ministerpräsidentin	Heide Simonis (SPD)	1993
Umwelt, Natur und Forsten, stellv. Ministerpräs.	Rainder Steenblock (Bündnis 90/Die Grünen)	1996
Justiz, Bundes- und Europaangelegenh.	Gerd Walter (SPD)	1992
Inneres	Ekkehard Wienholtz (SPD)	1995
Finanzen, Energie	Claus Möller (SPD)	1993
Wirtschaft, Technologie, Verkehr	Peer Steinbrück (SPD)	1993
Landwirtschaft, Ernährung, Tourismus	Hans Wiesen (SPD)	1988
Arbeit, Gesundheit, Soziales	Heide Moser (SPD)	1993
Bildung, Wissensch. Forschung, Kultur	Gisela Böhrk (SPD)	1988
Frauen, Wohnungsbau, Jugend	Angelika Birk (Bündnis 90/Die Grünen)	1996

Gericht entsprach damit der Normenkontrollklage von 282 Abgeordneten der CDU/CSU-Fraktion im Bundestag. Die Richter kritisierten die zu weit gehende Zustimmungspflicht des Personalrats und dessen umfassende Beteiligung an allen innerdienstlichen Maßnahmen, die sich auf die Beschäftigten auswirken.

SCHUBLADEN-AFFÄRE: Im Oktober 1995 legte der Untersuchungsausschuß des Landtages einen Berichtsentwurf zur sog. Schubladen-Affäre vor. Die Ausschußmitglieder kamen zu dem Schluß, daß der damalige SPD-Spitzenkandidat Björn Engholm wesentlich früher als zuvor behauptet über die gegen ihn gerichteten Machenschaften des Barschel-Medienreferenten Reiner Pfeiffer im Landtagswahlkampf 1987 informiert war. Der Ausschuß bezweifelte auch die Aussage des ehemaligen SPD-Landesvorsitzenden Günther Jansen, er habe 1988 allein aus sozialen Motiven 40 000 DM an Pfeiffer gezahlt. Vielmehr sei zu vermuten, daß Pfeiffer mit dem Hinweis, er könne die Öffentlichkeit über die Falschaussage Engholms informieren, Druck auf die Landes-SPD ausgeübt habe.

WIRTSCHAFT: Das BIP erhöhte sich 1995 gegenüber dem Vorjahr um 2,5%. Die Steigerungsrate lag damit über dem Durchschnitt der westlichen Bundesländer. Als wachstumsfördernd erwies sich vor allem die Bauwirtschaft, die ihre Umsätze gegenüber 1994 steigern konnte. Zum Teil ging das Wirtschaftswachstum auch auf das Wiederanfahren der Atomkraftwerke in Krümmel (Herbst 1994) und in Brunsbüttel (Juni 1995) zurück. Mit einer Arbeitslosenrate von 9,1% lag

Thüringen

S. jedoch knapp unterhalb des Durchschnitts der westlichen Bundesländer (9,3%). Schwerpunkte der Wirtschaftsförderung waren 1995 die Unterstützung von 25 Gewerbegebieten mit 34 Mio DM. Für Projekte des Strukturwandels im ländlichen Raum wurden mehr als 37 Mio DM bewilligt.

Thüringen

Fläche	16 171 km² (Rang 11/D)
Einwohner	2,52 Mio (Rang 12/D)
Hauptstadt	Erfurt
Arbeitslosigkeit	15,0% (1995)
Inflation	1,7% (1995)
Reg.-Chef	Bernhard Vogel (CDU)

Parlament Landtag mit 88 für fünf Jahre gewählten Abgeordneten; 42 Sitze für CDU, 29 für SPD, 17 für PDS (nächste Wahl: 1999)

Seit November 1994 wird T. von einer großen Koalition aus SPD und CDU unter Führung von Ministerpräsident → PER Bernhard Vogel (CDU) regiert. Hoffnungen auf eine Fortsetzung der positiven Wirtschaftsentwicklung erfüllten sich 1995 nicht im erwarteten Umfang. Das BIP wuchs nur um knapp 5% auf 43 Mrd DM. T. verlor damit seine Spitzenposition innerhalb der ostdeutschen Länder an Sachsen (7,7%). 1995 wurden in T. infolge der abgeschwächten Konjunktur staatliche Fördergelder in Höhe von 800 Mio DM, die bereits bewilligt und reserviert waren, von den betreffenden Unternehmen nicht abgerufen.

HAUSHALT: Im Dezember 1995 verabschiedete der Landtag mit den Stimmen von CDU und SPD den Haushalt 1996. Er umfaßt mit einem Volumen von 18,9 Mrd DM. Der ursprünglich vorgesehene Umfang mußte auf der Basis neuer Steuerschätzungen, die geringere Einnahmen prognostizierten, um rund 500 Mio DM gekürzt werden. Die stärksten Kürzungen gab es im Etat des Sozialministeriums mit über 300 Mio DM, bei der Wohnungs- und Städtebauförderung mit fast 200 Mio DM und im Landwirtschafts- und Umweltministerium mit ca. 60 Mio DM. Die Kreditfinanzierungsquote beträgt knapp 10%, die Investitionsquote ist von knapp 33% auf 30% gesunken. Die Gesamtschulden des Landes erhöhen sich durch den Haushalt auf mehr als 13 Mrd DM.

GEBIETSREFORM: Die 1993 mit der Verkündung der Kommunalneuordnung eingeleitete Gemeindegebietsreform steht vor dem Abschluß. Einen Gesetzentwurf zur Reform verabschiedete das Kabinett im März

1996. Statt der ursprünglich mehr als 1700 Gemeinden, die bei der Wiedererrichtung des zersplitterten Freistaates T. 1990 bestanden, wird es künftig nur noch 253 kommunale Einheiten geben. Zu diesen gehören neben fünf kreisfreien Städten 123 Gemeinden, die keiner Verwaltungsgemeinschaft angehören und mindestens 3000 Einwohner zählen, sowie 95 Verwaltungsgemeinschaften kleinerer Gemeinden; diese Gemeinschaften müssen insgesamt mindestens 5000 Einwohner haben.

RECHTSEXTREMISMUS: Die Zahl rechtsextremistischer Straftaten stieg 1995 erheblich an. Sie erhöhte sich gegenüber dem Vorjahr um 250 auf insgesamt 733 Delikte. Dabei ging der Anteil fremdenfeindlicher Straftaten zurück, während Konflikte zwischen rechts- und linksgerichteten Gruppierungen zunahmen. In diesem Bereich war auch eine zunehmende Gewalttätigkeit zu registrieren.

SPD-FÜHRUNGSWECHSEL: Auf dem SPD-Landesparteitag im März 1996 wählten die Delegierten mit 204 von 215 abgegebenen Stimmen Innenminister Richard Dewes zum neuen Landesvorsitzenden. Er ist Nachfolger von Wissenschaftsminister Gerd Schuchardt, der nach parteiinterner Kritik, die SPD habe sich unter seiner Führung gegenüber dem Koalitionspartner CDU nicht genügend profiliert, nicht mehr kandidierte. Im Gegensatz zu seinem Vorgänger erklärte Dewes die PDS prinzipiell für koalitionsfähig. **NEUER CDU-FRAKTIONSCHEF:** Im November 1995 wurde Christian Köckert zum neuen CDU-Fraktionschef im Landtag gewählt. Der gelernte Theologe, der dem Parlament seit 1994 angehört, setzte sich in einer Kampfabstimmung mit 23 gegen 19 Stimmen gegen den bisherigen Amtsinhaber Jörg Schwäblein durch.

Thüringen: Regierung

Ressort	Name (Partei)	Amts- antritt
Ministerpräsident	Bernhard Vogel (CDU)	1992
Wissenschaft, Forschung, Kultur, stellv. Ministerpräs.	Gerd Schuchardt (SPD)	1994
Wirtschaft, Infrastr.	Franz Schuster (CDU)	1994
Inneres	Richard Dewes (SPD)	1994
Finanzen	Andreas Trautvetter (CDU)	1994
Justiz, Europa	Otto Kretschmer (SPD)	1994
Kultus	Dieter Althaus (CDU)	1992
Landwirtschaft, Umwelt	Volker Sklenar (CDU)	1990
Soziales, Gesundh.	Irene Ellenberger (SPD)	1994
Bundesangelegenh. (Staatskanzlei)	Christine Lieberknecht (CDU)	1994

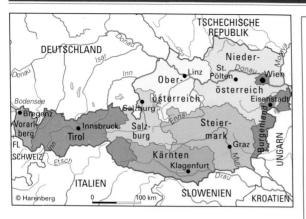

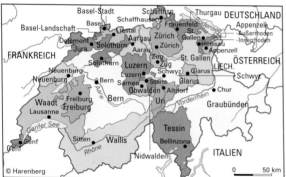

Der Teil österreichische Bundesländer und Schweizer Kantone enthält Informationen zu den neun österreichischen Ländern und 26 Schweizer Kantonen und Halbkantonen. Die Angaben konzentrieren sich auf politische und wirtschaftliche Entwicklungen im Berichtszeitraum von August 1995 bis Juli 1996. Jeder Artikel beginnt mit einer Zusammenstellung der Strukturdaten auf dem letztverfügbaren Stand, in Klammern ist die Rangstelle für Fläche und Einwohner innerhalb des Staates angegeben. Inflationsraten werden in Österreich und in der Schweiz auf Bundesländer-Ebene bzw. auf kantonaler Ebene nicht erhoben.

Für jedes österreichische Bundesland nennt eine Tabelle alle Regierungsmitglieder. Für die Schweiz geben die Regierungstabellen Auskunft über die Regierungsmitglieder der fünf Stadtkantone. Die Angabe Amtssprache informiert über die landsmannschaftliche Ausrichtung des Kantons.

Burgenland

Burgenland

Fläche 3965 km² (Rang 7/A)

Einwohner 274 334 (Rang 9/A)

Hauptstadt Eisenstadt

Arbeitslosigkeit 7,8% (1995)

Landeshauptmann Karl Stix (SPÖ) * 24.10.1939

Parlament Landtag mit 36 für fünf Jahre gewählten Abgeordneten; 17 Sitze für SPÖ, 14 für ÖVP, 5 für FPÖ (nächste Wahl: 2001)

Am 2. 6. 1996 fanden im B. Landtagswahlen statt, die schwere Verluste für die SPÖ, geringere Verluste für die ÖVP und Gewinne für die FPÖ brachten. Für letztere bedeutet dies den Gewinn von einem Mandat im Landtag und einen Sitz in der Landesregierung. Von 178 500 gültigen Stimmen entfielen 44,48% auf die SPÖ (−3,66%), 36,02% auf die ÖVP (−2,17%) und 14,57% auf die FPÖ (+4,83%). Weder die Grünen noch das Liberale Forum erreichten die minimale Stimmenanzahl für den Einzug in den Landtag. Am 27.6.1996 wurde Landeshauptmann → PER Karl Stix (SPÖ) mit den 31 Stimmen von SPÖ und ÖVP vom Landtag im Amt bestätigt.

EUROPÄISCHE UNION: Wie alle anderen EU-Länder mit Ziel-1-Gebieten (Förderung von Regionen mit erheblichem Entwicklungsrückstand) hatte auch das B. Startschwierigkeiten bei der Formulierung der Projekte für Förderungsvorhaben. Daher wurde von seiten der Wirtschaftskammer B. ein Informationspool installiert, um Förderungs-Know-how weiterzugeben. Die endgültige Genehmigung der Projekte erfolgte im Oktober 1995, wobei Wirtschaftsparks und Betriebsansiedlungen Priorität erhielten. In Verhandlungen mit der zuständigen EU-Kommissarin Monika Wulf-Mathies erreichte das Land, daß nicht − wie von der EU vorgeschrieben − 20% der Förderung zur Verbesserung von Humanressourcen (strukturelle Arbeitsmarktverbesserung), sondern nur 17,5% ausgegeben werden. Dieser Prozentsatz soll im nächsten Jahr ausgeglichen werden. Argumentiert wurde mit dem burgenländischen Leitprojekt, der Errichtung des Lyocell Faserwerks der Lenzing AG, das nicht nur Arbeitsplätze am Standort schafft, sondern weitere Dienstleistungsbetriebe auf Dauer mit Arbeit versorgt.

ENERGIE: Das angekündigte Pilotprojekt zur Gewinnung von Windenergie fand einen endgültigen Standort in der Gemeinde Zurndorf. Seit November 1995 ist die Finanzierung gesichert, von den 87,5 Mio öS (12,35 Mio DM) entfallen je 50% auf die EU und 50% auf den freien Kapitalmarkt. Die Anlage in der windreichen Parndorfer Platte, besteht aus zehn Propellern und wird 4000 Haushalte mit Strom versorgen.

GRUNDVERTEILUNG: Ein Achtel des burgenländischen Grundbesitzes befand sich 1996 im Eigentum der Familie Esterházy. Diese 45 000 ha im Wert von 15 Mrd öS (2,15 Mrd DM) setzen sich aus Forstbesitz, Seegründen im Ufer-Schilfgürtel des Neusiedler-Sees und zu geringen Teilen aus Ackerland und Weingütern zusammen. Am 1.10.1996 geht ein Teil des Besitzes an den Neffen der Fürstin Melinda, Haupterbin des verstorbenen Paul Esterházy, über. Ein weiterer Teil, darunter Burg Forchtenstein, wird in eine gemeinnützige Stiftung mit karitativen und kulturellen Aufgaben umgewandelt.

WIRTSCHAFT: Die Felix Austria Nahrungsmittelwerke, eine Tochtergesellschaft des norwegischen Orkla-Konzerns, wurden 1996 zur zentraleuropäischen Drehscheibe des Unternehmens aufgewertet. Diese Food-Gruppe mit 20 000 Mitarbeitern und 47 Mrd öS (6,7 Mrd DM) Umsatz wird vom B. aus als Mischkonzern mit einem breiten Nahrungsmittelangebot tätig sein.

Burgenland: Regierung

Ressort	Name (Partei)	Amtsantritt
Landeshauptmann und Finanzen	Karl Stix (SPÖ)	1991
Gemeinden, Jugend, stellv. Landeshauptmann	Gerhard Jellasitz (ÖVP)	1993
Wirtschaft, Verkehr	Eduard Ehrenhöfler (ÖVP)	1987
Krankenanstalten, Wohnbau, Raumordnung	Hermann Fister (SPÖ)	1991
Bauwesen	Josef Tauber (SPÖ)	1993
Land- und Forstwirtschaft	Paul Rittsteuer (ÖVP)	1987
Kultur, Gesundheit, Soziales	Christa Prets (SPÖ)	1994

Kärnten

Fläche 9533 km² (Rang 5/A)

Einwohner 560 994 (Rang 6/A)

Hauptstadt Klagenfurt

Arbeitslosigkeit 8,5% (1995)

Landeshauptmann Christof Zernatto (ÖVP) * 11.6.1949

Parlament Landtag mit 36 für fünf Jahre gewählten Abgeordneten; 14 Sitze für SPÖ, 13 für F, 9 für ÖVP (nächste Wahl: 1999)

Um den Termin für die Kärntner Gemeinderatswahlen, die für März 1997 geplant sind, war in der ersten Jahreshälfte 1996 ein innenpolitischer Streit entbrannt. Die SPÖ hätte diese Wahlen gern mit den Wahlen für das Europaparlament am 13.10.1996 verbunden. Eine Entscheidung war Mitte 1996 noch nicht gefallen. Die drei großen Parteien hielten sich noch wegen der Nominierung ihrer Kandidaten für die Nachfolge des seit 24 Jahren amtierenden Klagenfurter Bürgermeisters Leopold Guggenberger (ÖVP) bedeckt.

EUROPÄISCHE UNION: Die Landesregierung informierte Anfang 1996 alle Bürgermeister über die EU-Aktionsprogramme in K., die außerhalb von Ziel-5b-(Strukturanpassung ländlicher Gebiete)-Förderungen und den Leitprogrammen Interreg und Leader stehen. Für die Aktionsprogramme sind 1997 etwa 50–60 Mio öS (7–8,5 Mio DM) verfügbar. Hinsichtlich der 5b-Programme setzte die Landeslandwirtschaftskammer regionale Beraterteams ein, die die Gemeinden über die Durchführung der Programme unterwies. Bis 1999 stehen 840 Mio öS (120 Mio DM) zur Verfügung.

ENERGIEPOLITIK: Beruhend auf einem Beschluß der Landesregierung vom Oktober 1995, verkaufte das Bundesland 3% der Aktien der Kelag (Kärntner Elektrizitäts AG) an die Verbundgesellschaft (gesamtstaatliche Elektrizitätsgesellschaft), die bereits ein Aktienpaket von 33% hält. Fünf Kärntner Städte hatten bis Mitte 1996 ihre Kelag-Anteile veräußert, darunter die Stadt Villach, die damit zu einer der reichsten Kommunen Österreichs wurde. Villach will das Geld in einen Zukunftsfonds für wirtschaftsbelebende Investitionen einbringen.

ARBEITSMARKT: Im Januar 1996 wurde in Villach Österreichs erstes grenzüberschreitendes „Arbeitsamt" eröffnet. Dieses von der EU geförderte EURES-(European Employment Service)-Projekt ist eine Initiative von K. und der italienischen Region Friaul. Es werden national, regional und international innerhalb der EU Arbeitsplätze vermittelt. Jährlich trägt die EU zu den Kosten dieser Initiative 2,5 Mio öS (375 000 DM) bei.

ANSIEDLUNGSGESELLSCHAFT: Um Betriebsansiedlungen zu fördern, wurde die Betreibergesellschaft Technologieland Kärnten (TLK) eingerichtet. Mit dem digitalen Standort-Informationssystem „Kissy" sollen ausländische Investoren gewonnen und Zulieferstrukturen abfragbar sein. Auch ein Internet-Server zur Nutzung weltweiter Datennetze wurde installiert. Um einen guten Zugang zur Forschung zu haben, ging die TLK eine Partnerschaft mit der Montanuniversität Leoben ein.

Niederösterreich

Fläche 19 173 km² (Rang 1/A)	
Einwohner 1,52 Mio (Rang 2/A)	
Hauptstadt St. Pölten	
Arbeitslosigkeit 6,4% (1995)	
Landeshauptmann Erwin Pröll (ÖVP) * 24.12.1946	
Parlament Landtag mit 56 für fünf Jahre gewählten Abgeordneten; 26 Sitze für ÖVP, 20 für SPÖ, 7 für F, 3 für Liberales Forum (nächste Wahl: 1998)	

Kärnten: Regierung

Ressort	Name (Partei)	Amts-antritt
Landeshauptmann, Finanzen, Personal	Christof Zernatto (ÖVP)	1991
Gesundh., Schulen, Sport, Kultur, stellv. Landeshauptmann	Michael Ausserwinkler (SPÖ)	1994
Verkehr, Straßen, Tourism., Gewerbe, Wirtschaftsförd., stellv. Landeshaupt.	Karl-Heinz Grasser (F)	1994
Soziales, Familie, Kindergärten	Karin Achatz (SPÖ)	1990
Land-, Forstwirtsch., Energie	Robert Lutschounig (ÖVP)	1994
Natur, Umwelt	Elisabeth Sickl (F)	1994
Raumordnung, Wohnungen, Straßen, Gemeinden	Dietfried Haller (SPÖ)	1994

Alle Aktivitäten des Landes standen 1995/96 im Zeichen des „Millenniums". Vor 1000 Jahren im November des Jahres 996 wurde in einer Urkunde, in der Königsland in der Gegend von Neuhofen an der Ybbs dem Freisinger Bischof zum Geschenk gemacht wurde, erstmals der Name „Ostarrichi" (Österreich) erwähnt.

JAHRTAUSENDFEIER: Unter dem Titel „Ostarrichi–Österreich 996–1996. Menschen, Mythen, Meilensteine" fand in Neuhofen an der Ybbs und in St. Pölten eine Ausstellung statt, die sich mit der Geschichte der letzten 1000 Jahre beschäftigt. Zahlreiche andere Veranstaltungen stehen im Zeichen dieses Jubiläums.

LANDESHAUPTSTADT ST. PÖLTEN: Als offizieller Umzugstermin von Landesbehörden aus Wien in die neue Hauptstadt St. Pölten war der 15. 11. 1996, der Jahrestag des Landespatrons St. Leopold, geplant. Kulturelle Einrichtungen wie das Landesmuseum oder

Niederösterreich: Regierung		
Ressort	Name (Partei)	Amts-antritt
Landeshauptmann Personal, Inneres, Straßenbau, Kultur	Erwin Pröll (ÖVP)	1992
Kunst, Sport, Jugend, Frauen, stellv. Landeshauptmann[1]	Liese Prokop (ÖVP)	1981
Bauwesen, Gemein-den, Berufsschulen stellv. Landeshaupt.[2]	Ernst Höger (SPÖ)	1980
Finanzen	Edmund Freibauer (ÖVP)	1992
Umwelt, Landwirt-schaft	Franz Blochberger (ÖVP)	1981
Wirtschaft, Fremden-verkehr	Ernest Gabmann (ÖVP)	1992
Soziales, Schulen	Traude Votruba (SPÖ)	1981
Gesundheit, Natur-schutz, Jugend	Ewald Wagner (SPÖ)	1991
Wasser, Baurecht, Veranstaltung, Film	Hans-Jörg Schimanek (F)	1993

1) stellv. Landeshauptmann seit 1992; 2) stellv. Landes-hauptmann seit 1986

die Landesbibliothek begannen im Herbst 1996 mit dem Umzug in Neubauten im St. Pöltner Regierungs-viertel.

WOHNUNGSBAU: Im Rahmen einer für die Jahre 1993–2002 geplanten Wohnbauoffensive vergab das Land für 1996 Förderungen für insgesamt 16 500 Wohnungen. Das gesamte Investitionsvolumen beträgt 12,5 Mrd öS (1,8 Mrd DM). Der größte Bedarf besteht südlich von Wien.

ENERGIE: Im Donaukraftwerk Ybbs-Persenbeug ging im Februar 1996 die siebte Turbine ans Netz. Das Pro-jekt ist eine Weltneuheit, da erstmals eine große Kaplan-Turbine in ein Kraftwerk dieser Dimension eingebaut wurde, ohne die Stromproduktion zu unter-brechen. In einer Bauzeit von drei Jahren wurde Euro-pas größte Turbine mit einem Kostenaufwand von 1,2 Mrd öS (172 Mio DM) installiert. Sie hat eine Lei-stung von 48 MW. Im November 1995 ging bei Kilb nahe St. Pölten eine Windkraftanlage in Betrieb, die eine Jahresleistung von 400 000 kWh erbringen wird. Mit einer Investition von 3,8 Mio öS (545 000 DM) kann der Jahresverbrauch von etwa 100 Einfamilien-häusern gedeckt werden.

DONAU: Im Juni 1996 wurde in Krems ein Damm-schutzbau an der Donau fertiggestellt, der die beiden Städte Krems und Stein hochwassersicher machen soll. Die Kosten für das Bauwerk betrugen 160 Mio

öS (23 Mio DM). Am 13.4.1996 nahm die Brandner-Schiffahrt GmbH mit dem Schiff „MS Austria" in der Wachau die Personenschiffahrt auf. Das Unternehmen will den Ausflugsverkehr in der Wachau wieder beleben.

BETRIEBSANSIEDLUNGEN: Mit Hilfe der nieder-österreichischen Betriebsansiedlungs- und Regionali-sierungsgesellschaft Eco Plus siedelten sich 1995 25 Betriebe aus dem Ausland mit 570 Mitarbeitern im Land an. Für die ausländischen Interessenten waren vor allem die Verkehrssituation, die Bereitstellung von Data Highways und die Vereinfachung von Behörden-wegen für ihre Entscheidung maßgeblich.

Oberösterreich

Fläche 11 979 km² (Rang 4/A)

Einwohner 1,39 Mio (Rang 3/A)

Hauptstadt Linz

Arbeitslosigkeit 5,1% (1995)

Landeshauptmann Josef Pühringer (ÖVP) * 30.10.1949

Parlament Landtag mit 56 für sechs Jahre gewählten Abgeordneten; 26 Sitze für ÖVP, 19 für SPÖ, 11 für F (nächste Wahl: 1997)

Das beherrschende Thema 1996 war der Streit um die Bewilligung des Wasserkraftwerks Lambach an der Traun. Umweltschützer hatten die Traunauen besetzt, als die Bauarbeiten im Januar 1996 begannen. Die Landespolitiker bestanden weiterhin auf der umwelt-freundlichen Energie aus Wasserkraft.

WASSERKRAFTWERK: Im April 1996 verfügte der Verwaltungsgerichtshof einen vorläufigen Baustopp, da beim Wasserrechtsverfahren ein formaler Fehler eingetreten war. Die Bauwirtschaft verwies auf die hohe Arbeitslosenzahlen in ihrem Sektor und verlang-te von der Regierung eine Fortsetzung der Baumaß-nahmen. Umweltschützer wandten sich gegen den Bau des Kraftwerks, da die Traunauen Rastplätze für die jährlichen Vogelzüge bilden.

HAUSHALT: Das im Oktober 1995 vom Finanzlandes-rat Christoph Leitl (ÖVP) im Landtag präsentierte Budget wurde im Landtag fast einstimmig beschlos-sen. Es sieht eine Reduktion des Defizits des Landes-haushalts von 5 Mrd öS (715 Mio DM) auf 1,5 Mrd öS (215 Mio DM) vor.

ARBEITSLOSIGKEIT: Im Oktober 1995 lag O. mit einer Arbeitslosenrate von 4,6% deutlich unter dem Bundesdurchschnitt von 6,2%. Um der Erwerbslosig-keit in der Bauwirtschaft gegenzusteuern, beschloß die Landesregierung die Realisierung von 63 Wohnbauprojekten mit insgesamt 1718 Wohnungen. Für das gesamte Projekt werden 2 Mrd öS (275 Mio DM) veranlagt. Außerdem zeichnet sich durch den Trend zur Selbständigkeit – die oberösterreichische Wirtschaftskammer zählte 1995 gegenüber dem Vorjahr 1131 neue Mitglieder – eine weitere Entlastung des Arbeitsmarktes ab.

INDUSTRIE: Die VA Stahl rechnete 1995 mit einem Gewinn von 3,3 Mrd öS (485 Mio DM). Solche Großkonzerne fungierten 1996 als Exportlokomotiven, die mittelständischen Betrieben Aufträge verschafften. Der Papierhersteller Steyrermühl schrieb 1995 wieder schwarze Zahlen. 1994 gab es ein Minus von 330 Mio öS (48,5 Mio DM). Für 1995 erwartete das Unternehmen eine Verbesserung um 480 Mio öS (69 Mio DM). 1996 soll wieder eine Dividende ausgeschüttet werden. Das Motorenwerk Steyr hat 1996 seine vierte Ausbaustufe abgeschlossen. Bereits Ende 1995 begannen die Bauarbeiten für die fünfte Ausbaustufe. Mit einem Aufwand von 3 Mrd öS (435 Mio DM) werden 150 neue Arbeitsplätze geschaffen. 1995 wurden im Werk Steyr 430 000 Triebwerke und Motoren erzeugt.

KONKURS: Der Brillenhersteller Optyl-Carrera in Traun hatte schon 1994 wirtschaftliche Schwierigkeiten. Der Konkurs wurde durch die persönliche Intervention von Bundeskanzler Franz Vranitzky (SPÖ) verhindert. 1996 droht erneut der Konkurs. Davon sind 300 Arbeitsplätze betroffen. Die Gemeinde Traun bemühte sich um eine Umschulung der Arbeiter für den Fensterhersteller Internorm.

NATURSCHUTZ: In der zweiten Jahreshälfte 1995 begannen die Arbeiten für den ersten oberösterreichischen Naturpark Rechberg (Bezirk Perg) mit einer Größe von 426 ha. Am Nationalfeiertag 1996 (26. 10.) war die Eröffnung des Nationalparks Kalkalpen geplant. Die Kosten werden zu je 50% vom Land O. und vom Bund getragen. Im Rahmen des EU-Life-Programmes wird O. gemeinsam mit Bayern ein Projekt Unterer Inn einreichen. Für kleinere Naturschutzprojekte, wie die Anlage von Biotopen oder die Erhaltung von Kleingewässern, stehen aus EU- und Bundesmitteln zusätzlich 6,7 Mio öS (960 000 DM) zur Verfügung. Für die Liste Natura 2000, jene Gebiete, die bis 2004 unter Naturschutz stehen sollen, nannte O. insgesamt zwölf Gebiete mit einer Gesamtfläche von 16 500 ha, darunter das Naturschutzgebiet Dachstein.

NOSTALGIEBAHN: Auf der Strecke zwischen Gmunden und Budweis, wo ab 1832 die erste österreichische Pferdeschienenbahn verkehrte, werden mit EU-Mitteln Streckenteile und Gebäude revitalisiert. In Kerschbaum entsteht ein Bahnhofsmuseum, ein Teil der alten Trasse wird für Kutschenfahrten wiederhergestellt. Alte Viadukte werden restauriert. Das Projekt

Oberösterreich: Regierung		
Ressort	**Name (Partei)**	**Amtsantritt**
Landeshauptmann, Kultur, Presse, Bildung, Kultus, Sport	Josef Pühringer (ÖVP)	1995
Finanzen, Gewerbe, Wirtschaft, stellv. Landeshauptmann[1]	Christoph Leitl (ÖVP)	1990
Gemeinden, Lebensmittelpolizei, stellv. Landeshauptm.[1]	Fritz Hochmair (SPÖ)	1982
Veterinärwesen, Wasserbau, -recht	Hans Achatz (F)	1991
Jugendwohlf., Sanitätsd., Sozialhilfe Sozialvers., Verkehr	Josef Ackerl (SPÖ)	1995
Land- u. Forstwirtschaft	Leopold Hofinger (ÖVP)	1978
Wohnungswesen, Naturschutz, Verwaltungspolizei	Barbara Prammer (SPÖ)	1995
Umwelt, Zivildienst, Jugendförd., Frauen	Walter Aichinger (ÖVP)	1995
Hoch-, Straßenbau, Baurecht, Familie	Franz Hiesl (ÖVP)	1995

1) stellv. Landeshauptmann seit 1995

Salzburg

Fläche 7154 km² (Rang 6/A)
Einwohner 506 080 (Rang 7/A)
Hauptstadt Salzburg
Arbeitslosigkeit 4,2% (1995)
Landeshauptmann Franz Schausberger (ÖVP) * 5.2.1950
Parlament Landtag mit 36 für fünf Jahre gewählten Abgeordneten; 14 Sitze für ÖVP, 11 für SPÖ, 8 für F, 3 für Bürgerliste (nächste Wahl: 1999)

Am 22.2.1996 kündigte der bisherige Landeshauptmann Hans Katschthaler überraschend seinen Rücktritt an, wobei er gleichzeitig den Klubobmann der ÖVP, → PER Franz Schausberger, als seinen Nachfolger den Parteigremien empfahl. Bisher galt der stellvertretende Landeshauptmann und Finanzlandesrat Arno Gasteiger (ÖVP) als möglicher Nachfolger. Dem neuen Landeshauptmann bleiben fast drei Jahre, um sich auf die nächsten Landtagswahlen vorzubereiten. Am 24.4.1996 wurde der Universitätsdozent für Geschichte mit 30 von 35 abgegebenen Stimmen im Landtag gewählt, ÖVP und FPÖ stimmten für Schausberger, die SPÖ hatte die Stimmabgabe freigegeben. Nur die Bürgerliste stimmte gegen den Kandidaten.

REGIERUNGSZIELE: Als Prioritäten seiner künftigen Arbeit bezeichnete der neue Landeshauptmann den Kampf gegen die Arbeitslosigkeit und die Stärkung der Wirtschaftskraft des Bundeslandes. Zu seinen weiteren Zielen zählt die Reduzierung der Neuverschuldung bis 1999, die Förderung des Technologiebereichs und der Telekommunikation sowie ein Einstellungsstopp bei den Landesbeamten zur Unterstützung des Sparkurses. Sein Verhältnis zur FPÖ, die seine Wahl unterstützt hatte, will Schausberger auf die Zusammenarbeit in Sachfragen beschränken.

BUDGET: Finanzlandesrat Arno Gasteiger legte dem Landtag einen Haushalt zur Beschlußfassung vor, der einen Gesamtrahmen von 18 Mrd öS (2,5 Mrd DM) umfaßt. Die Neuverschuldung beträgt 460 Mio ÖS (65 Mio DM).

STADTERWEITERUNG: Die Stadt Salzburg wird in die Erschließung der sog. Stiegl-Gründe im Westen der Stadt nahe dem Flughafen 2 Mrd öS (275 Mio DM) investieren. Ein neuer Stadtteil mit 600 Wohnungen soll auf dem Areal der ehemaligen Betriebsfläche von Mercedes Österreich entstehen. Der Spatenstich für das Wohnbauprojekt wird 1998 erfolgen.

WERBEKAMPAGNE: 2,5 Mio öS (350 000 DM) investierte die Stadt Salzburg 1995/96 in eine Werbekampagne, um österreichische und bayerische Kunden zum Einkauf in der Stadt zu bewegen. Salzburg reagierte damit auf den zunehmenden Kaufkraftabfluß nach Bayern, der Mitte der 90er Jahre etwa 2 Mrd öS (285 Mio DM) betrug. Allein die Stadt Freilassing im bayerischen Grenzraum kam auf denselben Handelsumsatz wie Salzburg.

SKITOURISMUS: Die Skiregionen S. verzeichneten in der Wintersaison 1995/96 einen deutlichen Zuwachs von Touristen aus den osteuropäischen Ländern und der Türkei. In der Skisaison landet einmal wöchentlich eine Maschine aus Moskau, viermal wöchentlich trifft ein Flugzeug aus Istanbul ein.

FACHHOCHSCHULE: Im September 1996 wurde im Technologiezentrum Salzburg ein neuer Fachhochschullehrgang „Multi.Media.Art" eingerichtet. Seit Herbst 1995 wird eine Ausbildung für Telekommunikationstechnik und -systeme angeboten, die mit der Ausbildung zum Internet-Ingenieur abgeschlossen werden kann. Ein weiterer Lehrgang für Telekommunikations- und Betriebswirtschaft befindet sich in der Konzeptphase.

Steiermark

Fläche 16 387 km² (Rang 2/A)	
Einwohner 1,21 Mio (Rang 4/A)	
Hauptstadt Graz	
Arbeitslosigkeit 8,2% (1995)	
Landeshauptmann Waltraud Klasnic (ÖVP) * 27.10.1945	
Parlament Landtag mit 56 für fünf Jahre gewählten Abgeordneten; 21 Sitze für ÖVP, 21 für SPÖ, 10 für FPÖ, 2 für Liberale, 2 für Grüne (nächste Wahl: 2000)	

Nach der Nationalratswahl vom 17.12.1995, bei der die ÖVP in der St. fünf Mandate verlor, trat Landeshauptmann Josef Krainer (ÖVP) zurück. Am 23.1.1996 wählte der Landtag mit → PER Waltraud Klasnic (ÖVP) zum ersten Mal in Österreich eine Frau zur Leiterin einer Landesregierung.

LANDESHAUPTFRAU: Die bisherige Wirtschaftslandesrätin Klasnic übernahm auch die Obmannstelle in der Landes-ÖVP. Ihre Wahl erfolgte mit 33 zu 21 Stimmen bei zwei Enthaltungen. Sie wurde mit Unterstützung der FPÖ und der Liberalen gewählt. Die SPÖ gab ihre Stimmen dem sozialdemokratischen Landesparteiobmann Peter Schachner-Blazizek.

Salzburg: Regierung		
Ressort	**Name (Partei)**	**Amtsantritt**
Landeshauptmann Personal-, Rechtsfragen, Bildung	Franz Schausberger (ÖVP)	1996
Wohnungswesen, Soz. Verwaltung, stellv. Landeshaupt.	Gerhard Buchleitner (SPÖ)	1989
Jugendförd., Finanzen, Energie, stellv. Landeshauptm.[1]	Arno Gasteiger (ÖVP)	1984
Bau-, Straßen-, Energierecht, Raumordnung	Karl Schnell (F)	1992
Wasserrecht, Bauwesen, Verkehr, Kultur, Umwelt	Othmar Raus (SPÖ)	1984
Land- u. Forstwirtschaft, Arbeitsrecht,	Rupert Wolfgruber (ÖVP)	1991
Gesundheit, Naturschutz, Jugendwohlf.	Robert Thaller (FPÖ)	1994

1) Stellv. Landeshauptmann seit 1989

Steiermark: Regierung

Ressort	Name (Partei)	Amts-antritt
Landeshauptmann, Kultur, Gemeinden	Waltraud Klasnic (ÖVP)	1996
Pflichtschulen, Forschung, stellv. Landeshauptm.	Peter Schachner-Blazizek (SPÖ)	1990
Wirtschaft, stellv. Landeshauptmann	Herbert Paierl (ÖVP)	1996
Personal, Sport, Naturschutz	Gerhard Hirschmann (ÖVP)	1993
Land-, Forstwirtsch.	Erich Pöltl (ÖVP)	1993
Finanzen	Hans-Joachim Ressel (SPÖ)	1991
Wohnbau, Landes-planung	Michael Schmid (F)	1991
Gesundheit,	Günter Dörflinger (SPÖ)	1996
Soziales	Anna Rieder (SPÖ)	1994

WASSERSTREIT: 1996 schwebte zwischen Wien und der St. ein Gebührenstreit um Wasser. St. verlangt für jeden Kubikmeter Wasser aus der St. eine Gebühr. Da die Quellen der Zweiten Wiener Hochquellenwasserleitung auf steirischem Boden im Hochschwabgebiet liegen, die Gründe sich aber im Besitz der Stadt Wien befinden, ist eine längere Auseinandersetzung um zweistellige Millionbeträge zu erwarten.

REGIONALFLUGHAFEN GRAZ: Der Flughafen Graz-Thalerhof, der modernste Regionalflughafen in Österreich, wies 1995 gegenüber dem Vorjahr einen Passagierzuwachs von 8,8% auf. Bei Charterflügen stieg die Zahl der Fluggäste um 15,7 Prozentpunkte. Seit September 1995 besteht in Graz eine von der Flughafenbetriebsgesellschaft und der AUA (Austrian Airlines) betriebene Österreichische Luftfahrtsschule (Aviation Training Center Austria GmbH) zur Ausbildung von qualifiziertem Personal für die Zivil- und Militärluftfahrt.

Tirol

Fläche	12 648 km² (Rang 3/A)
Einwohner	658 312 (Rang 5/A)
Hauptstadt	Innsbruck
Arbeitslosigkeit	5,8% (1995)

Landeshauptmann W. Weingartner (ÖVP) * 7.2.1937

Parlament Landtag mit 36 für fünf Jahre gewählten Abgeordneten; 19 Sitze für ÖVP, 7 für SPÖ, 6 für F, 4 für die Grüne Alternative (nächste Wahl: 1999)

Gegen den Land- und Forstwirtschaftsminister Ferdinand Eberle (ÖVP) leiteten die Behörden Anfang 1996 Vorerhebungen wegen Amtsmißbrauchs ein. Eberle hatte widerrechtlich Grundverkäufe land- und forstwirtschaftlichen Bodens an einen Unternehmer genehmigt.

GRUNDVERKEHR-AFFÄRE: Laut Grundverkehrsgesetz durfte der Verkauf dieser Grundstücke nur an Bauern genehmigt werden. Mitte 1995 lehnte der Landtag mit den Stimmen der ÖVP einen Mißtrauensantrag gegen Eberle ab. Erstmals seit 1945 war ein solcher Antrag gegen ein Regierungsmitglied eingebracht worden.

EUROPÄISCHE UNION: Um die jährlichen Einkommensverluste der Tiroler Bauern in Höhe von 700 Mio öS (100 Mio DM) durch den Beitritt zur EU abzufangen, werden jährlich bis 1999 Förderungen in der gleichen Höhe geleistet. 1995 wurden 15 000 Förderungswerber von Mitarbeitern der Tiroler Landwirtschaftskammer beraten.

VERKEHR: Im September 1995 begannen die Detailplanungen für den viergleisigen Ausbau der bisher zweigleisigen Bahnstrecke Baumkirchen (östlich von Innsbruck) und Wörgl. Die 40 km lange Strecke soll die Straßen vom Güterverkehr entlasten. Die Kosten betragen 16 Mrd öS (2,3 Mrd DM). An ihnen beteiligt sich die EU mit 450 Mio öS (65 Mio DM).

ZILLERTALBAHN: Die im Besitz von 26 Gemeinden befindliche Zillertalbahn, eines der rentabelsten Bahnunternehmen Österreichs, beschloß ein für fünf

Tirol: Regierung

Ressort	Name (Partei)	Amts-antritt
Landeshauptmann, Außenbeziehungen, Tourismus, Personal	Wendelin Weingartner (ÖVP)	1993
Finanzen, Land-, Forstwirt., Natursch., stellv. L.-Hauptm.	Ferdinand Eberle (ÖVP)	1994
Soziales und Straßenpolizei, Stellv. Landeshauptmann	Herbert Prock (SPÖ)	1994
Wirtschaft, Raumordnung, Gemeinden	Konrad Streiter (ÖVP)	1994
Gesundheit, Familie, Frauen, Wohnbau	Elisabeth Zanon (ÖVP)	1994
Umwelt, Abfallwirtschaft	Eva Lichtenberger (Grüne)	1994
Verkehr, Straßenbau	Johannes Lugger (F)	1991
Kultur, Wohnbauförd. Erwachsenenbild., Schulen, Sport	Fritz Astl (ÖVP)	1989

Jahre laufendes Investitionsprogramm in Höhe von 120 Mio öS (17,5 Mio DM), an dem sich der Bund und das Land T. zu 50% bzw. zu 25% beteiligen sollen. Das Programm sieht die Anschaffung von neuen Triebwagen und die Installierung eines zentral schaltbaren Weichensystems vor.

INDUSTRIE: Die Aktien der Jenbacher Werke verloren zwischen September und Dezember 1995 ca. 25% ihres Wertes. 1995 war der Umsatz von 3,5 Mrd öS (500 Mio DM, 1994) auf 2,1 Mrd öS (300 Mio DM) geschrumpft. Ursache für die Entwicklung war die Änderung der Produktionsschwerpunkte. Das Waggongeschäft ging zurück, während die Auftragslage bei Blockheizkraftwerken stieg. Diese ökologischen Kraftwerke, die auch mit Biogas betrieben werden können, sollen nach Südostasien exportiert werden.

Vorarlberg: Regierung

Ressort	Name (Partei)	Amts-antritt
Landeshauptmann, Wirtschaft, Personal, Europa, Außenbez.	Martin Purtscher (ÖVP)	1987
Landesstatthalter, Finanzen, Gesetzgeb.	Herbert Sausgruber (ÖVP)	1989
Verkehr, Raumpla-nung, Baurecht	Manfred Rein (ÖVP)	1984
Bau, Abfallwirtsch., Gewässerschutz	Hubert Gorbach (F)	1993
Kultur, Sozialwesen, Sport	Hans-Peter Bischof (ÖVP)	1993
Landwirtschaft, Umwelt	Erich Schwärzler (ÖVP)	1993
Schule, Wissensch. Jugend, Familie	Eva Maria Waibel (ÖVP)	1995

Vorarlberg

Fläche 2601 km² (Rang 8/A)

Einwohner 343 109 (Rang 8/A)

Hauptstadt Bregenz

Arbeitslosigkeit 5,3% (1995)

Landeshauptmann Martin Purtscher (ÖVP) * 12.11.1928

Parlament Landtag mit 36 für fünf Jahre gewählten Abgeordneten; 20 Sitze für ÖVP, 7 für F, 6 für SPÖ, 3 für Grüne, (nächste Wahl: 1999)

Zu innenpolitischem Streit führte der Erwerb eines großen Aktienpakets der Elektrizitätsgesellschaft Illwerke durch das Land V. Die SPÖ warf der ÖVP eine unklare Finanzierung dieser Transaktion vor.

ILLWERKE: Nachdem der Nationalrat mit einem Ermächtigungsgesetz dem Finanzministerium eine Bewilligung erteilt hatte, die Bundesanteile an den Illwerken zu verkaufen, beschloß der Landtag in einer Sondersitzung am 8.11.1995 den Ankauf von 70% der Anteile an den Illwerken. Das Land besaß bereits 25%, weitere 4,5% befinden sich im Besitz der Schweizer Finelektra. Die restlichen 0,5% sind Streubesitz. Nach sieben Jahren Verhandlungen wurde der Kauf zu einem Preis von 3,68 Mrd öS (525 Mio DM) abgeschlossen. Die Finanzierung erfolgte über eine Beteiligungs- und Finanzierungsgesellschaft des Landes, die Aufbringung der Mittel erfolgte durch Rückstellungen aus den Budgets der letzten Jahre.

GENERATIONSWECHSEL IN DER LANDES-SPÖ: Elmar Mayer löste im November 1995 Karl Falschlunger als Landesparteiobmann der SPÖ ab. Mayer will die SPÖ im Land wieder zur zweitstärksten Kraft

machen. Er setzte sich für ein neues Parteistatut für die Arbeit der Landespartei ein.

BUDGET: Finanzlandesrat Herbert Sausgruber (ÖVP) legte dem Landtag zu Jahresende ein Budget für 1996 vor, das keine Neuverschuldung vorsieht. Damit hat V. seit elf Jahren keine neuen Schulden gemacht. Verzichte der einzelnen Landesressorts in Höhe von 2 Mrd öS (285 Mio DM) ermöglichten das Sparbudget. Landeshauptmann Purtscher (ÖVP), für das Landespersonal zuständig, will aus Ersparnisgründen zwei Drittel der frei werdenden Stellen nicht wieder besetzen. Damit soll der Personalstand auf unter 4000 sinken. Außerdem haben Kostensenkungen im Krankenhausbereich Einsparungen gebracht. 1995 lag die jährliche Kostensteigerung noch bei 10%, 1996 soll sie 1% betragen.

EUROPÄISCHE UNION: Immer mehr Schweizer Firmen, die Kontakte in die EU suchen, weichen auf V. aus. Steuervorteile und die im Vergleich zur Schweiz um 20% niedrigeren österreichischen Lohnkosten, machten V. 1996 bereits für 51 schweizerische Unternehmen attraktiv. Nach dem EU-Beitritt Österreichs war in der V. Textilindustrie eine Erholung erkennbar. Die Wettbewerbsgleichheit innerhalb der EU führte dazu, daß 1995 der Produktionswert nur um 1,4% sank. 1994 lag dieser Wert bei 4%, 1993 bei 14%.

BREGENZER FESTSPIELE: Im Sommer 1996 fand das 50-Jahr-Jubiläum der Bregenzer Festspiele statt. 1946 erfolgte der Start mit einer Aufführung der Oper Bastien und Bastienne von Wolfgang Amadeus Mozart. Bis Mitte der 90er Jahre hatte sich Bregenz ein spezielles Spielplanprofil erarbeitet. Selten gespielte Opern stehen immer wieder im Mittelpunkt des Festivals.

Wien

Fläche 415 km² (Rang 9/A)

Einwohner 1,59 Mio (Rang 1/A)

Hauptstadt Wien

Arbeitslosigkeit 7,3% (1995)

Landeshauptmann Michael Häupl (SPÖ) * 14.9.1949

Parlament Landtag mit 100 für fünf Jahre gewählten Abgeordneten; 52 Sitze für SPÖ, 23 für F, 18 für ÖVP, 7 für Grüne (nächste Wahl: 1996)

Im Herbst 1995 bestimmte der Entwurf für ein neues Wahlrecht des zuständigen Stadtrates Johann Hatzl (SPÖ) die politische Diskussion im kleinsten österreichischen Bundesland. Der Entwurf bevorzugte die SPÖ und benachteiligte die kleinen Parteien.

WAHLRECHT: Da für Oktober 1996 in Wien Landtagswahlen geplant waren, kam der Debatte erhöhte Bedeutung zu. Alle drei Oppositionsparteien, ÖVP, Freiheitliche und Grüne, stellten sich gegen den Entwurf. Auf Druck von Bürgermeister → PER Michael Häupl (SPÖ), der um seine Popularität fürchtete, zog Hatzl den Entwurf zurück.

BUDGET: Im November 1995 präsentierte Stadtrat Josef Edlinger (SPÖ) ein Budget, in dem 133,9 Mrd öS (19 Mrd DM) projektierte Ausgaben Einnahmen von 120,5 Mrd öS (17 Mrd DM) gegenüberstehen. Dies ergibt ein Defizit von 13,9 Mrd öS (2 Mrd.DM). Das Defizit konnte gegenüber dem Vorjahr um 1,3 Mrd öS (200 Mio DM) gesenkt werden konnte. Der jährliche Schuldendienst von W. betrug Mitte der 90er Jahre etwa 9 Mrd öS (1,3 Mrd DM).

30-MILLIARDEN-PAKET: Im Mai 1996 einigten sich Bund und Wien auf ein Paket von 30 Mrd öS (4,3 Mrd DM) für infrastrukturelle Projekte in den nächsten zehn Jahren. Vor allem U- und S-Bahnen werden ausgebaut, ebenso vordringliche Straßenbauprojekte. Auf dem ehemaligen EXPO-Gelände an der Donau soll ein Universitätsneubau entstehen und die nötige Sanierung des Gebäudes der Graphischen Sammlung Albertina in Angriff genommen werden. Ein weiterer Schwerpunkt ist die Sanierung und Neuerrichtung von Schulen. Der Bund beteiligt sich mit 10 Mrd öS (1,4 Mrd. DM) an den Kosten des Pakets.

RING: Anfang 1996 erhielt das Sanierungsprojekt „Gürtel Plus" die Zustimmung der EU-Behörden. Mit etwa einem Drittel Unterstützung durch die EU – der Rest wird von Wien, dem Bund und privaten Geldgebern aufgewandt – wird ein umfassendes Sanierungsprojekt für den Straßenzug finanziert, der die Stadt wie ein Ring umgibt (Kosten: 1 Mrd öS; 130 Mio DM).

Neben der Revitalisierung des Straßenzuges sollen neue Wohnbauten entstehen und brachliegende ehemalige Produktionsstätten in den benachbarten Bezirken, die einen hohen Ausländeranteil an der Bevölkerung aufweisen, wieder genutzt werden.

NATIONALPARK: Nach 20 Jahren Vorarbeiten verabschiedete der Wiener Landtag am 13.5.1996 das Nationalparkgesetz. Wenn Niederösterreich und der Nationalrat ihrerseits die nötigen Gesetze rechtzeitig beschließen, kann der Nationalpark Donau-Auen wie geplant im „Jahr der Nationalparks" am 26.10.1996 eröffnet werden. Der 11 500 ha große Park reicht von der Wiener Lobau bis nach Hainburg.

FLUGHAFEN SCHWECHAT: Der Wiener Flughafen eröffnete im März 1996 den sog. Pier West. Mit einem Aufwand von 1 Mrd öS (140 Mio DM) wurden in zwei Jahren Bauzeit zwölf neue Andockstellen für Flugzeuge errichtet.

TOURISMUS: Trotz eines allgemeinen Rückgangs des Fremdenverkehrs in Österreich konnte die Hauptstadt 1995 mit ca. 7 Mio Übernachtungen ein Plus von 2,1% gegenüber 1994 aufweisen. Bundesweit gingen die Übernachtungszahlen um 4,3% zurück.

BEVÖLKERUNGSENTWICKLUNG: Die Wiener Bevölkerungszahl ist weiterhin rückläufig, während die Abwanderung ins W. Umland weiter anhält. Prognosen gehen von einer Abwanderung bis 2011 um 20% aus. Da vor allem junge Leute die Hauptstadt verlassen, wird der Anteil älterer Menschen an der Bevölkerung steigen.

Wien: Regierung

Ressort	Name (Partei)	Amtsantritt
Landeshauptmann u. Bürgermeister	Michael Häupl (SPÖ)	1994
Finanzen u. Wirtschaft, Vizebürgerm.	Rudolf Edlinger (SPÖ)	1994
Bildung, Jugend, Familie, Soziales, Frauen, Vizebürgerm.	Grete Laska (SPÖ)	1994
Wohnbau	Werner Faymann (SPÖ)	1994
Umwelt, Verkehr	Fritz Svihalek (SPÖ)	1994
Inneres, Personal, öffentl. Verkehr	Johann Hatzl (SPÖ)	1979
Gesundheit,	Sepp Rieder (SPÖ)	1990
Stadtplanung, Außenbeziehungen	Hannes Swoboda (SPÖ)	1988
Kultur	Ursula Pasterk (SPÖ)	1987

Nicht amtsführ. Stadträte: Christoph Chorherr (Grüne), Lothar Gintersdorfer (F), Bernh. Görg (ÖVP), Maria Hampel-Fuchs (ÖVP), Hilmar Kabas (F), Karin Landauer (F)

Aargau

Fläche 1404 km² (Rang 10/CH)

Einwohner 528 000 (Rang 4/CH)

Hauptstadt Aarau

Arbeitslosigkeit 2,9% (1995)

Amtssprache Deutsch

Regierungschef Silvio Bircher (SPS) * 25.9.1945

Parlament Großer Rat mit 200 für vier Jahre gewählten Abgeordneten; 44 Sitze für SPS, 41 für FDP, 36 für SVP, 35 für CVP, 19 für FP, 8 für EVP, 7 für GP, 5 für LdU, 3 für SD, 2 für Sonstige (nächste Wahl: 1997)

Die Landsgemeinde, die offene Versammlung aller Stimmberechtigten, stimmte am 28.4.1996 der Verkleinerung der Regierung von neun auf sieben Mitglieder zu. Die Ämter des Armleutsäckelmeisters (Armenfürsorge) und des Zeugherrn (Militär) wurden aufgelöst. Zur Nachfolgerin des zurückgetretenen Charly Fässler wurde Ruth Metzler-Arnold (beide CVP) gewählt. Sie ist die erste Frau in der Regierung von A. Frau Metzler übernimmt das Amt des Säckelmeisters (Finanzministerium). Das Stimm- und Wahlrecht für Frauen ist im Kanton A. 1990 aufgrund eines Beschlusses des Bundesgerichts in Lausanne und gegen den Widerstand der Innerrhoder Männer eingeführt worden.

Anläßlich des 10. Todestags von Rudolf Hess, des ehemaligen Stellvertreters Adolf Hitlers, versammelten sich am 20.8.1995 rund 250 Rechtsradikale aus dem In- und Ausland in der Stadt Aarau und ihrem Umland. Obwohl sich die Teilnehmer durch Sieg-Heil-Rufe, den Hitlergruß und das Mitführen nationalsozialistischer Symbole als Neonazis zu erkennen gegeben hatten, schritt die Polizei nicht ein. Rassistische Äußerungen stehen in der Schweiz seit 1994 unter Strafe.

Appenzell-Außerrhoden

Fläche 242 km² (Rang 23/CH)

Einwohner 53 300 (Rang 21/CH)

Hauptstadt Herisau

Arbeitslosigkeit 1,9% (1995)

Amtssprache Deutsch

Regierungschef Hans Höhener (FDP) * 4.1.1947

Parlament Kantonsrat mit 65 für drei Jahre gewählten Abgeordneten; an der Wahl nehmen keine Parteien teil, die große Mehrheit der Abgeordneten ist jedoch der Freisinnig-Demokratischen Partei (FDP) zuzurechnen

Appenzell-Innerrhoden

Fläche 172 km² (Rang 25/CH)

Einwohner 14 800 (Rang 26/CH)

Hauptstadt Appenzell

Arbeitslosigkeit 0,8% (1995)

Amtssprache Deutsch

Regierungschef Carlo Schmid (CVP) * 11.3.1950

Parlament Großer Rat mit 46 für vier Jahre gewählten Abgeordneten; an der Wahl nehmen keine Parteien teil, die Abgeordneten können jedoch weitestgehend der Christlich-demokratischen Volkspartei (CVP) zugerechnet werden.

Basel-Landschaft

Fläche 517 km² (Rang 18/CH)

Einwohner 252 100 (Rang 10/CH)

Hauptstadt Liestal

Arbeitslosigkeit 3,0% (1995)

Amtssprache Deutsch

Regierungschef Andreas Koellreuter (FDP) * 15.10.1947

Parlament Landrat mit 90 für vier Jahre gewählten Abgeordneten; 25 Sitze für FDP, 24 für SPS, 13 für CVP, 11 für SVP, 7 für SD, 6 für GP, 4 für EVP (nächste Wahl: 1999)

Basel-Stadt

Fläche 37 km² (Rang 26/CH)

Einwohner 195 400 (Rang 14/CH)

Hauptstadt Basel

Arbeitslosigkeit 4,9% (1995)

Amtssprache Deutsch

Regierungschef Jörg Schild (FDP) * 31.3.1946

Parlament Großer Rat mit 130 für vier Jahre gewählten Abgeordneten; 32 Sitze für SPS, 21 für FDP, 17 für LDP, 15 für CVP, 10 für DSP, 8 für SD, 6 für EVP, 6 für POB, 5 für Frauenliste, 3 für FP, 3 für GP, 3 für LdU, 1 für PdA (nächste Wahl: 1996)

Am 2.6.1995 trat der Bischof des Bistums Basel, Hansjörg Vogel, von seinem Amt zurück, nachdem seine bevorstehende Vaterschaft bekannt geworden war. Am 6.1.1996 wurde der Luzerner Theologieprofessor Kurt Koch von Papst Johannes Paul II. in Rom zu Vogels Nachfolger geweiht. Die Chemie-Unternehmen Ciba und Sandoz schlossen sich am 24.4.1996 zu

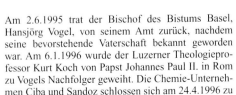

Basel-Stadt: Regierung

Ressort	Name (Partei)	Amts-antritt
Regierungspräs.[1], Polizei- u. Militär	Jörg Schild (FDP)	1992
Erziehung	Hans-Rudolf Striebel (FDP)	1984
Justiz	Hans Martin Tschudi (DSP)	1994
Finanzen	Ueli Vischer (LDP)	1992
Bauwesen	Christoph Stutz (CVP)	1992
Gesundheit	Veronica Schaller (SPS)	1992
Wirtschaft, Soziales	Mathias Feldges (SPS)	1984

1) Regierungspräsident seit 1995

dem neuen Konzern Novartis zusammen. Dieser wird hinter der britischen Glaxo Wellcome der weltweit zweitgrößte Chemiekonzern sein.

BISCHOF: Vogel war am 4.4.1994 zum Bischof von Basel gewählt worden. Der Rücktritt des als Hoffnungsträger für eine erneuerte Kirche geltenden Bischofs ließ die Diskussion über die Notwendigkeit des Zölibats neu aufleben. Das Domkapitel einigte sich am 20.8.1995 auf Koch als neuen Bischof. Am 6.12.1995 wurde die Wahl vom Vatikan bestätigt. Gemäß dem Konkordat von 1828 besitzt das Domkapitel des Bistums das Recht, den Bischof – vorbehaltlich der Zustimmung durch den Papst – selbst zu wählen.

CHEMIEINDUSTRIE: Novartis wird hauptsächlich in den Bereichen Pharmazeutik, Landwirtschaft sowie Ernährung tätig sein und voraussichtlich einen Umsatz von über 26 Mrd sfr (31,2 Mrd DM) erzielen. Durch die größte Fusion aller Zeiten werden welt- weit 10 000 Stellen abgebaut, davon 30% in der Schweiz. Mit den Konzernen Novartis und Hoffmann-La Roche ist B. der bedeutendste Chemiestandort der Schweiz.

Bern

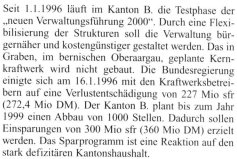

Fläche	5962 km² (Rang 2/CH)
Einwohner	941 200 (Rang 2/CH)
Hauptstadt	Bern
Arbeitslosigkeit	3,5% (1995)
Amtssprache	Deutsch, Französisch
Regierungschef	Hans Lauri (SVP) * 26.10.1944

Parlament Großer Rat mit 200 für vier Jahre gewählten Abgeordneten; 71 Sitze für SVP, 54 für SPS, 35 für FDP, 10 für GP, 7 für EVP, 6 für FP, 5 für GB, 3 für CVP, 3 für EDU, 2 für LdU, 2 für SD, 2 für Sonstige (nächste Wahl: 1998)

Seit 1.1.1996 läuft im Kanton B. die Testphase der „neuen Verwaltungsführung 2000". Durch eine Flexibilisierung der Strukturen soll die Verwaltung bürgernäher und kostengünstiger gestaltet werden. Das in Graben, im bernischen Oberaargau, geplante Kernkraftwerk wird nicht gebaut. Die Bundesregierung einigte sich am 16.1.1996 mit den Kraftwerksbetreibern auf eine Verlustentschädigung von 227 Mio sfr (272,4 Mio DM). Der Kanton B. plant bis zum Jahr 1999 einen Abbau von 1000 Stellen. Dadurch sollen Einsparungen von 300 Mio sfr (360 Mio DM) erzielt werden. Das Sparprogramm ist eine Reaktion auf den stark defizitären Kantonshaushalt.

REORGANISATION DER VERWALTUNG: Der vierjährige Versuch umfaßt sieben Verwaltungsstellen mit 2600 Kantonsangestellten. Angestrebt wird eine klarere Trennung zwischen Staatsleitung und Verwaltungsführung. Den einzelnen Verwaltungsstellen werden von den politischen Behörden nur noch die Leistungen vorgegeben, die sie zu erbringen haben, und die dafür benötigten Mittel in Form von Globalkrediten zur Verfügung gestellt. Die Verwaltungsstellen können sich selber organisieren und über den zweckmäßigsten Einsatz ihrer Finanzmittel selbst entscheiden. Administrative Leerläufe sollen damit vermieden werden. Das Projekt ist das erste seiner Art in der Schweiz.

KERNKRAFTWERK: Die Bundesbehörden hatten das Projekt 1972 provisorisch bewilligt, jedoch nicht als vordringlich eingestuft. 1990 nahm die Schweizer Bevölkerung unter dem Eindruck der Reaktorkatastrophe von Tschernobyl (Ukraine) eine Volksinitiative an, die einen auf zehn Jahre befristeten Bau- und Bewilligungsstopp für Atomanlagen forderte. Darauf reichte die Kernkraftwerk Graben AG, mit den Bernischen Kraftwerken als Hauptteilhaber, eine Klage auf eine Entschädigungssumme von 300 Mio sfr (360 Mio DM) ein, die am 4.11.1994 vom Bundesgericht in Lausanne als rechtmäßig anerkannt wurde.

SPARPROGRAMM: Die Regierung stellte das vierte Programm zur Sanierung der Staatsfinanzen am 28.3.1996 der Öffentlichkeit vor. Es sieht Einsparungen bei allen Ressorts vor. Mit einer geplanten Reduktion von 130 Mio sfr (156 Mio DM) ist der Gesundheits- und Fürsorgebereich am stärksten betroffen. Die Staatsrechnung 1995 schloß mit einem Defizit von 351 Mio sfr (421,2 Mio DM), die Schulden des Kantons belaufen sich auf 7,1 Mrd sfr (8,52 Mrd DM). Die drei bisherigen Sparpakete haben Einsparungen von 500 Mio sfr (600 Mio DM) und 300 Arbeitsplätzen gebracht. Für die Jahre 1997–1999 ist ein jährliches Defizit von 300–400 Mio sfr (360–480 Mio DM) vorgesehen.

Bern: Regierung		
Ressort	Name (Partei)	Amts-antritt
Reg.-Präsident[1], Finanzen	Hans Lauri (SVP)	1994
Volkswirtschaft	Elisabeth Zölch (SVS)	1994
Justiz, Gemeinde, Kirchen	Mario Annoni (FDP)	1990
Bau, Verkehr, Energie	Dori Schaer (SPS)	1992
Gesundh., Fürsorge	Hermann Fehr (SPS)	1990
Polizei, Militär	Peter Widmer (FDP)	1990
Erziehung	Peter Schmidt (SVP)	1979

1) Regierungspräsident seit 1996

Freiburg

Fläche 1670 km² (Rang 8/CH)

Einwohner 224 900 (Rang 12/CH)

Hauptstadt Freiburg/Fribourg

Arbeitslosigkeit 5,2% (1995)

Amtssprache Französisch, Deutsch

Regierungschef Ruth Lüthi (SPS) * 14.9.1947

Parlament Großer Rat/Grand Conseil mit 130 für fünf Jahre gewählten Abgeordneten; 46 Sitze für CVP, 29 für SPS, 24 für FDP, 10 für SVP, 9 für CSP, 7 für DSP, 4 für GP, 1 für Sonstige (nächste Wahl: 1996)

Am 9.11.1995 wurde der Benediktiner Amédée Grab vom Vatikan zum neuen Bischof der Diözese Lausanne, Genf und F. ernannt. Der 65jährige Malteserritter ersetzt den im März 1995 aus Altersgründen zurückgetretenen Pierre Mamie. Am 3.4.1996 legten die Untersuchungsbehörden der Kantone F., Wallis und Genf in F. den Abschlußbericht über die Todesfälle innerhalb der Sonnentempler-Sekte vor. In der Nacht vom 4. auf den 5.10.1994 waren in Cheiry und bei Salvan (Wallis) 48 Mitglieder der Sekte umgekommen.

BISCHOFSWAHL: Im Gegensatz zur Diözese Basel besitzt das Bistum Lausanne, Genf und F. kein ortskirchliches Bischofswahlrecht. Der Bischof wird vom Papst ernannt. Das Bistum Lausanne, Genf und F., mit Sitz in F., umfaßt neben den Kantonen Waadt, Genf und F. auch den Kanton Neuenburg.

SONNENTEMPLER-SEKTE: Nach Ansicht der Untersuchungsrichter war der Kollektivtod der Sektenmitglieder seit Anfang der 90er Jahre geplant. Nur etwa 15 Sonnentempler waren freiwillig zu dieser sog. Reise zum Planeten Sirius bereit. Die übrigen müssen als ermordet angesehen werden.

Genf

Fläche 284 km² (Rang 21/CH)

Einwohner 396 000 (Rang 6/CH)

Hauptstadt Genf/Genève

Arbeitslosigkeit 6,9% (1995)

Amtssprache Französisch

Regierungschef Guy-Olivier Segond (FDP) * 14.9.1945

Parlament Großer Rat/Grand Conseil mit 100 für vier Jahre gewählten Abgeordneten; 28 Sitze für LPS, 21 für PdA, 15 für FDP, 15 für SPS, 13 für CVP, 8 für GP (nächste Wahl: 1997)

Aus Anlaß eines Defilees der Genfer Militärtruppen kam es am 21.11.1995 zu stundenlangen Ausschreitungen zwischen linksautonomen Gruppen und der Polizei. Dem Ereignis wohnten über 10 000 Zuschauer bei. Mehrere Personen wurden verletzt, der Sachschaden geht in die Millionenhöhe. Wissenschaftlern des Europäischen Forschungszentrums für Nuklearphysik (CERN) in G. ist Ende 1995 erstmalig der Nachweis von sog. Antimaterie gelungen. Die gewonnenen Erkenntnisse könnten die bisherigen physikalischen Lehrsätze revolutionieren und eine neue Sicht auf die Entstehung des Universums vermitteln. Die nationale Fluggesellschaft Swissair streicht ab November 1996 die vom Flughafen G.-Cointrin ausgehenden Interkontinentalverbindungen zugunsten des Flughafens Zürich-Kloten.

MILITÄRPARADE: Das Defilee des hauptsächlich aus Genfer Truppen bestehenden Infanterieregiments 3 war bereits im Vorfeld von der Gruppe für eine Schweiz ohne Armee (GSoA) heftig kritisiert worden. Die Friedensaktivisten hatten sich auf einen Demonstrationsumzug am 18.11.1995 beschränkt und auf eine Großkundgebung zum Zeitpunkt der Parade verzichtet. Die Ordnungskräfte sprachen von den schlimmsten Auseinandersetzungen seit den Protesten gegen die Zusammenkunft der antikommunistischen Weltliga in G. im Jahr 1988. Im Jahr 1989 hatte G. als einziger Kanton neben dem Kanton Jura mit 50,35% einer Volksinitiative zugestimmt, welche die Abschaffung der Schweizer Armee anstrebte. Am 29.4.1996 lancierte die GSoA in G. eine Volksinitiative, welche die Regierung des Kantons zur Reduktion der Militärausgaben und zur zivilen Nutzung der Armeeareale verpflichten will.

KERNFORSCHUNG: Die Erzeugung der Antimaterie wurde durch die Zusammenführung eines Antiprotons und eines Antielektrons erreicht, die in dem unterirdischen, 27 km langen Beschleunigungsring des CERN

Genf: Regierung

Ressort	Name (Partei)	Amtsantritt
Regierungspräs.[1], Soziales, Gesundh.	Guy-Olivier Segond (FDP)	1989
Finanzen, Militär	Olivier Vodoz (LPS)	1989
Erziehung	Martine Brunschwig-Graf (LPS)	1993
Justiz, Polizei	Gérard Ramseyer (FDP)	1993
Bauwesen	Philippe Joye (CVP)	1993
Inneres, Gemeinden, Landwirtsch.	Claude Haegi (LPS)	1989
Wirtschaft	Jean-Philippe Maitre (CVP)	1985

1) Regierungspräsident seit 1996

miteinander verschmolzen wurden. Die 40 Milliardstel einer Sekunde lang bestehende Antimaterie wurde in Gammastrahlung umgewandelt und konnte so indirekt nachgewiesen werden. Der Begriff der Antimaterie leitet sich aus der Theorie von der Entstehung des Universums her. Er bezeichnet die mit der Materie identischen Teilchen mit entgegengesetzter elektrischer Ladung. Der Nachweis von Antimaterie ist schwierig, da sie sich beim Kontakt mit Materie selbst in Materie umwandelt.

FLUGHAFEN: Nach dem am 4.4.1996 vom Verwaltungsrat der Swissair bekanntgegebenen Beschluß werden lediglich die Verbindungen nach New York/USA, Washington/USA und Tunis/Tunesien weiterhin von G. aus bedient. Der Genfer Volkswirtschaftsdirektor Jean-Philippe Maitre (CVP) gab darauf seinen sofortigen Rücktritt aus dem Verwaltungsrat der Swissair bekannt. Die Restrukturierung ist Folge der Rationalisierungsmaßnahmen bei der Swissair. Der Flughafen Cointrin hat für G. eine große wirtschaftliche Bedeutung. G. ist Sitz internationaler Organisationen sowie zahlreicher Großbanken und Konzerne.

Glarus

Fläche 684 km² (Rang 17/CH)

Einwohner 39 500 (Rang 22/CH)

Hauptstadt Glarus

Arbeitslosigkeit 2,0% (1995)

Amtssprache Deutsch

Regierungschef Christoph Stüssi (SVP) * 25.1.1938

Parlament Landrat mit 80 für vier Jahre gewählten Abgeordneten; 23 Sitze für FDP, 23 für SVP, 15 für CVP, 15 für SPS, 3 für GP, 1 für Sonstige (nächste Wahl: 1998)

Zum Nachfolger für das aus Altersgründen zurückgetretenen Regierungsmitglied Fritz Weber (FDP) wurde am 10.3.1996 sein Parteikollege Willy Kamm gewählt. Die beiden gegen Kamm kandidierenden Frauen, Doris Hösli-Lampe (CVP) und Madeleine Kuhn-Baer (FDP), erreichten die notwendige absolute Mehrheit nicht. Damit scheiterte der Versuch der CVP, ihren 1994 an die SPS verlorenen zweiten Regierungsratssitz auf Kosten der FDP zurückzugewinnen.

Graubünden

Fläche 7106 km² (Rang 1/CH)

Einwohner 184 900 (Rang 15/CH)

Hauptstadt Chur

Arbeitslosigkeit 2,0% (1995)

Amtssprache Deutsch, Rätoro., Ital.

Regierungschef Joachim Caluori (CVP) * 2.11.1931

Parlament Großer Rat mit 120 für drei Jahre gewählten Abgeordneten; 42 Sitze für SVP, 39 für CVP, 24 für FDP, 8 für SPS, 3 für CSP, 2 für DSP, 2 für Sonstige (nächste Wahl: 1997)

Die Gemeinden Vrin und Sumvitg sowie der Kanton G. erhalten vom Bund während 40 Jahren jährlich insgesamt 900 000 sfr (1 080 000 DM) für den Verzicht auf ein Wasserkraftwerk in der Greina-Hochebene. Das Gebiet wird von der Bundesregierung als schützenswerte Landschaft von nationaler Bedeutung eingestuft. Nach einer Unternehmensanalyse der Rhätischen Bahn (RhB) ist die Erhaltung der Bahn gefährdet, wenn die Beiträge von Bund und Kanton in den nächsten vier Jahren nicht deutlich angehoben werden.

WASSERKRAFTWERK: Die Konzession für die Errichtung eines Wasserkraftwerks war von den Gemeinden 1959 erteilt und vom Kanton 1962 genehmigt worden. Angesichts des Widerstands gegen die Zerstörung der Hochgebirgslandschaft verzichteten die Nordostschweizerischen Kraftwerke (NOK) 1986 auf ihr Vorhaben. Am 17.5.1992 wurde ein eidgenössischen Volksabstimmung ein Gesetz angenommen, das Kompensationszahlungen zugunsten des Schutzes naturbelassener Landschaften einführte.

BAHN: Die Studie rechnet bis 1999 mit einem jährlichen Einsparungspotential von bis zu 10 Mio sfr (12 Mio DM). Um die RhB zu erhalten, müßten Bund und Kanton einen Mehraufwand von bis zu 100 Mio sfr (120 Mio DM) übernehmen. Für 1996 hat die RhB zum zweiten Mal ein Notbudget verabschiedet. Es rechnet mit einem Defizit von 3,2 Mio sfr (3,84 Mio DM).

Jura

Fläche 837 km² (Rang 14/CH)	
Einwohner 69 300 (Rang 20/CH)	
Hauptstadt Delémont	
Arbeitslosigkeit 5,4% (1995)	
Amtssprache Französisch	

Regierungschef Claude Hàche (SPS) * 20.12.1952

Parlament Parlement mit 60 für vier Jahre gewählten Abgeordneten; 22 Sitze für CVP, 15 für FDP, 12 für SPS, 8 für CSP, 2 für Combat socialiste, 1 für SVP (n. Wahl: 1998)

Luzern

Fläche 1492 km² (Rang 9/CH)	
Einwohner 340 300 (Rang 7/CH)	
Hauptstadt Luzern	
Arbeitslosigkeit 3,2% (1995)	
Amtssprache Deutsch	

Regierungschef Klaus Fellmann (CVP) * 19.9.1941

Parlament Großer Rat mit 170 für vier Jahre gew. Abgeordneten; 76 Sitze für CVP, 51 für FDP, 18 für SPS, 11 für Grünes Bündnis, 11 für SVP, 3 für Sonstige (n. Wahl: 1999)

In der städtischen Volksabstimmung vom 10.3.1996 wurde ein Kredit von 19,35 Mio sfr (23,22 Mio DM) für die Erhaltung des sog. Bourbaki-Panoramas (Rundbild) von über 80% der Stimmberechtigten angenommen. Das von Edouard Castres geschaffene 40 Meter lange Gemälde gehört zu den Denkmälern von nationaler Bedeutung. Bei den Kommunalwahlen in der Stadt L. vom 5.5.1996 zog die erstmals kandidierende SVP ins Stadtparlament ein. Ihre Mandatsge-

Luzern: Regierung

Ressort	Name (Partei)	Amts-antritt
Schultheiß[1], Gesundheit, Sozial.	Klaus Fellmann (CVP)	1987
Bauwesen	Max Pfister (FDP)	1995
Erziehung und Kult.	Brigitte Mürner (CVP)	1987
Finanzen	Kurt Meyer (CVP)	1995
Justiz	Paul Huber (SPS)	1987
Militär, Polizei, Umweltschutz	Ulrich Fässler (FDP)	1989
Volkswirtschaft	Anton Schwingruber (CVP)	1995

1) Schultheiß seit 1995

winne gingen zu Lasten von FDP und CVP. Mit Irene Hartmann (FDP) ist erstmals eine Frau in der Stadtregierung vertreten.

KUNSTKREDIT: Das Panoramabild wird in ein Geschäfts- und Kulturzentrum integriert. Zu den Kosten für seine Restaurierung tragen auch Sammelaktionen des privaten Vereins zur Erhaltung des Bourbaki-Panoramas bei. Das Gemälde bezieht sich auf den Deutsch-Französischen Krieg von 1870/71. Es stellt den Übertritt der geschlagenen französischen Ostarmee unter General Charles Bourbaki in die neutrale Schweiz dar und die humanitäre Hilfe durch den jungen schweizerischen Bundesstaat und das 1856 in Genf gegründete Rote Kreuz.

KOMMUNALWAHLEN: Bei der Wahl in den Stadtrat wurden drei der fünf Regierungsmitglieder wiedergewählt. Zum Stadtpräsidenten wurde Urs W. Studer (parteilos) gewählt. Er war von einer Mitte-Links-Koalition unterstützt worden und setzte sich gegen den Kandidaten der FDP, Peter Studer, durch. Bei den Wahlen zum Stadtparlament gewann die rechtsbürgerliche SVP vier Mandate. Gewinne errangen auch SPS und Grüne, während die Unabhängige Frauenliste ausschied. Stärkste Fraktion bleibt die FDP mit zwölf Sitzen.

Neuenburg

Fläche 796 km² (Rang 15/CH)	
Einwohner 165 000 (Rang 16/CH)	
Hauptstadt Neuenburg/Neuchâtel	
Arbeitslosigkeit 5,8% (1995)	
Amtssprache Französisch	

Regierungschef Pierre Dubois (SPS) * 22.10.1938

Parlament Großer Rat/Grand Conseil mit 115 für vier Jahre gewählten Abgeordneten; 39 Sitze für SPS, 38 für LP, 29 für FDP, 5 für GP, 4 für PdA (nächste Wahl: 1997)

Nidwalden

Fläche 276 km² (Rang 22/CH)	
Einwohner 36 600 (Rang 23/CH)	
Hauptstadt Stans	
Arbeitslosigkeit 2,1% (1995)	
Amtssprache Deutsch	

Regierungschef Hanspeter Käslin (CVP) * 19.9.1933

Parlament Landrat mit 60 für vier Jahre gewählten Abgeordneten; 33 Sitze für CVP, 21 für FDP, 6 für Grüne Partei Demokratisches Nidwalden (nächste Wahl: 1998)

Im ersten Wahlgang der Ersatzwahl für den in den Nationalrat (Bundesparlament) gewählten ehemaligen Regierungsrat Edi Engelberger (FDP) vom 10.3.1996 erreichte keiner der drei Kandidaten für den Regierungsrat die absolute Mehrheit. Die Stimmbeteiligung lag bei 42%. Da außer dem amtierenden Landratspräsidenten Paul Niederberger (CVP) kein weiterer Bewerber für den zweiten Wahlgang kandidierte, wurde Niederberger in stiller Wahl, d. h. unter Ausschluß der Öffentlichkeit, in die Regierung aufgenommen. Die Exekutive besteht aus sechs Mitgliedern der CVP und drei der FDP.

Obwalden

Fläche 492 km² (Rang 19/CH)	
Einwohner 31 100 (Rang 25/CH)	
Hauptstadt Sarnen	
Arbeitslosigkeit 1,7% (1995)	
Amtssprache Deutsch	

Regierungschef Anton Röthlin (FDP) * 21.8.1941

Parlament Kantonsrat mit 55 für vier Jahre gewählten Abgeordneten; 27 Sitze für CVP, 14 für FDP, 10 für CSP, 4 für Sonstige (nächste Wahl: 1998)

Die Landsgemeinde, die offene Versammlung der stimmberechtigten Bevölkerung des Kantons, wählte am 28.4.1996 Hans Matter von der CSP zum neuen Regierungsrat. Matter setzte sich gegen den Kandidaten der CVP, Adrian Imfeld, durch. Damit verliert die CVP ihre Mehrheit in der siebenköpfigen Regierung des Kantons. Matter ist Nachfolger des in das eidgenössische Parlament gewählten Baudirektors Adalbert Durrer (CVP).

Die Neuwahl des Kantonsparlaments vom 4.2.1996 brachte einen Triumph für die Schweizerische Volkspartei (SVP). Die rechtsbürgerliche Partei nahm zum ersten Mal an einer Großratswahl teil. Sie erreichte auf Anhieb 14 der 180 Sitze im Großen Rat und wurde damit zur viertstärksten politischen Kraft. Bei den Regierungsratswahlen vom 10.3.1996 verlor die FDP einen Sitz an die SPS. Damit wurde die seit 1911 bestehende parteipolitische Zusammensetzung der Regierung erstmals geändert. Im Thermalkurort Bad Ragaz wurde am 27.3.1996 das erste Zentrum für traditionelle chinesische Medizin (TCM) in der Schweiz eröffnet. Das TCM ist die zweite offizielle Ausbildungsstätte chinesischer Heilkunst in Europa.

WAHLEN: Der Erfolg der SVP ging zu Lasten der anderen Rechtsparteien, Autopartei (AP) und Schweizer Demokraten (SD). Dadurch bleiben die Kräfteverhältnisse im Parlament weitgehend gewahrt. Die AP verlor neun ihrer 19 Sitze, die SD schieden ganz aus. Gewinne konnte auch die SPS verbuchen, die ihre Sitzzahl um vier auf 34 Mandate steigerte. Die übrigen Parteien mußten, bis auf die EVP, Verluste hinnehmen. Bei der Wahl in die Regierung erreichten vier der nochmals kandidierenden Regierungsräte ihre Wiederwahl. Neu gewählt wurden Anton Grüninger und Rita Roos von der CVP sowie Kathrin Hilber (SPS). Damit sind erstmals zwei Frauen in der Exekutive vertreten. Die Wahlbeteiligung erreichte 37,1% bzw. 28,9%.

ALTERNATIVMEDIZIN: Das TCM ist eine Aktiengesellschaft, der verschiedene Persönlichkeiten aus Medizin und Wirtschaft sowie die Gemeinde Bad Ragaz angehören. Es steht unter dem Patronat der Volksrepublik China und wird von der Weltgesundheitsorganisation (WHO) in Genf mit unterstützt. Mitte 1996 arbeiteten zehn Personen im TCM, darunter vier chinesische Fachleute.

St. Gallen

Fläche 2015 km² (Rang 6/CH)	
Einwohner 442 700 (Rang 5/CH)	
Hauptstadt Sankt Gallen	
Arbeitslosigkeit 2,8% (1995)	
Amtssprache Deutsch	

Regierungschef Hans Rohrer (SPS) * 1.11.1936

Parlament Großer Rat mit 180 für vier Jahre gewählten Abgeordneten; 66 Sitze für CVP, 44 für FDP, 34 für SPS, 14 für SVP, 10 für AP, 7 für LdU, 3 für GP, 2 für EVP, (nächste Wahl: 2000)

Schaffhausen

Fläche 298 km² (Rang 20/CH)	
Einwohner 74 100 (Rang 19/CH)	
Hauptstadt Schaffhausen	
Arbeitslosigkeit 3,8% (1995)	
Amtssprache Deutsch	

Regierungschef Hans-Peter Lenherr (FDP) * 17.7.1948

Parlament Großer Rat mit 80 für vier Jahre gewählten Abgeordneten; 20 Sitze für SPS, 19 für SVP, 17 für FDP, 7 für FP, 5 für CVP, 5 für SLP, 3 für GP, 1 für EVP, 1 für Grünes Bündnis, 2 für Sonstige (nächste Wahl: 1996)

Schwyz

Fläche 907 km² (Rang 13/CH)

Einwohner 122 300 (Rang 17/CH)

Hauptstadt Schwyz

Arbeitslosigkeit 2,0% (1995)

Amtssprache Deutsch

Regierungschef Egon Bruhin (FDP) * 29.1.1940

Parlament Kantonsrat mit 100 auf vier Jahre gewählten Abgeordneten; 46 Sitze für CVP, 29 für FDP, 12 für SPS, 12 für SVP, 1 für Kritisches Forum (nächste Wahl: 2000)

Bei den Wahlen in die Regierung des Kantons S. wurde im ersten Wahlgang vom 21.4.1996 einzig Finanzdirektor Franz Marty (CVP) wiedergewählt. Im zweiten Wahlgang vom 19.5.1996 wurden die vier nochmals kandidierenden Regierungsmitglieder in ihrem Amt bestätigt. Nicht gewählt wurde die offizielle Kandidatin der CVP, Gerda Bachmann. Damit ist keine Frau mehr in der Exekutive vertreten. Bei den Parlamentswahlen vom 21.4.1996 konnte die rechtsbürgerliche Schweizerische Volkspartei (SVP) ihre Mandatszahl von fünf auf zwölf Sitze steigern. Alle übrigen Parteien mußten Verluste hinnehmen. Die Wahlbeteiligung lag bei 31,8%.

Solothurn

Fläche 791 km² (Rang 16/CH)

Einwohner 238 900 (Rang 11/CH)

Hauptstadt Solothurn

Arbeitslosigkeit 3,5% (1995)

Amtssprache Deutsch

Regierungschef Thomas Wallner (CVP) * 22.9.1938

Parlament Kantonsrat mit 144 für vier Jahre gewählten Abgeordneten; 54 Sitze für FDP, 39 für CVP, 36 für SPS, 8 für GP, 7 für FP (nächste Wahl: 1997)

Am 22.10.1995 wurde Christian Wanner (FDP) zum neuen Regierungsrat gewählt. Er übernimmt das Finanzministerium und ersetzt seinen vorzeitig zurückgetretenen Parteikollegen Fritz Schneider. Die Wahlbeteiligung lag mit 27,6% ungewöhnlich tief. Etwa 20% der Wähler enthielten sich der Stimme. Dies wurde als Vertrauensverlust der Bevölkerung in die Regierung gewertet. Die Solothurner Exekutive hatte als Aufsichtsbehörde die Verluste der Kantonalbank (90 Mio sfr; 108 Mio DM), die zu deren Auflösung führte, mitzuverantworten.

Tessin

Fläche 2811 km² (Rang 5/CH)

Einwohner 305 400 (Rang 8/CH)

Hauptstadt Bellinzona

Arbeitslosigkeit 6,7% (1995)

Amtssprache Italienisch

Regierungschef Petro Martinelli (PSU) * 6.2.1934

Parlament Großer Rat/Gran Consilio mit 90 für vier Jahre gewählten Abgeordneten; 30 Sitze für FDP, 25 für CVP, 16 für Lega dei Ticinesi, 15 für SPS, 4 für Sonstige (nächste Wahl: 1999)

Am 10.9.1995 wurde Giuseppe Torti zum neuen Bischof von Lugano geweiht. Er folgt dem im März 1995 verstorbenen Eugenio Corecco nach. Nach dem Urteil eines US-amerikanischen Gerichts muß der Kanton T. nicht die Schadensumme von über 125 Mrd $ (180 Mrd DM) wegen des Konkurses der Interchange Bank (Chiasso) 1967 zahlen. Der Kanton T. hat das Urteil wegen gravierender Formfehler erfolgreich angefochten. Bei den Kommunalwahlen vom 28.4.1996 konnten die drei etablierten Parteien auf Kosten der Lega dei Ticinesi Stimmen hinzugewinnen. Die 1991 gegründete Protestpartei hatte bei den Gemeindewahlen 1992 auf Anhieb 18% der Stimmen gewonnen.

BISCHOFSWAHL: Der 67jährige Torti war vom Vatikan am 9.6.1995 als neuer Bischof bestätigt worden. Torti gilt als Repräsentant einer offenen Kirche. Das Bistum Lugano umfaßt den Kanton T.

BANKEN-AFFÄRE: Durch den Konkurs der Interchange Bank hatte ein amerikanischer Großinvestor 600 Mio $ verloren. Im Gegensatz zu den zuständigen Schweizer Instanzen bestätigte das Gericht von Kings County (New York) im Oktober 1994 die Forderungen der Erben inkl. der seit dem Konkurs angefallenen Verzugszinsen von 1% pro Woche. Am 28.2.1996 hob das US-amerikanische Bundesgericht in New York das erstinstanzliche Urteil auf und wies am 23.4.1996 die Klage der Erben mit der Begründung ab, daß US-Gerichte in dieser Angelegenheit nicht zuständig seien.

KOMMUNALWAHLEN: In 160 der 245 Gemeinden wurde die Regierung neu gewählt. Die FDP behauptete sich als stärkste politische Kraft. In den Exekutiven der beiden größten Städte, Lugano und Bellinzona, ist die CVP wieder vertreten. Bei den Wahlen in die Gemeindeparlamente gewann die FDP 51 Mandate hinzu und stellt neu 1351 Delegierte. Die Lega verlor 59 ihrer 276 Mandate. Im T. besitzen 160 der 245 Gemeinden ein Kommunalparlament, in 148 Gemeinden fanden Wahlen statt.

Thurgau

Fläche 1013 km² (Rang 12/CH)

Einwohner 223 500 (Rang 13/CH)

Hauptstadt Frauenfeld

Arbeitslosigkeit 2,6% (1995)

Amtssprache Deutsch

Regierungschef Philipp Stähelin (CVP) * 2.4.1944

Parlament Großer Rat mit 130 für vier Jahre gewählten Abgeordneten; 38 Sitze für SVP, 25 für CVP, 25 für FDP, 20 für SPS, 11 für GP, 7 für FP, 4 für EVP (nächste Wahl: 2000)

Am 22.2.1996 beschloß die Bundesregierung, die „Seelinie" zwischen Schaffhausen und Rorschach am schweizerischen Bodenseeufer der Mittelthurgaubahn (MThB) zu übertragen. Damit wird erstmals eine Bahnlinie der Schweizerischen Bundesbahnen (SBB) an eine Regionalbahn vergeben. Bei der Wahl vom 10.3.1996 blieb die parteipolitische Zusammensetzung der Regierung erhalten. Mit Vreni Schawalder (SPS) wurde erstmals eine Frau in die fünfköpfige Exekutive gewählt. Die Parlamentswahlen vom 21.4.1996 brachten einen Erfolg der Schweizerischen Volkspartei (SVP).

BAHNKONZEPT: Die Infrastruktur der Bahnlinie wird von der MThB für zehn Jahre gemietet. Die Übergabe der Strecke war frühestens für 1998 geplant. Die MThB betreibt neben ihrer Stammlinie Wil–Konstanz auch die im deutschen Bundesland Baden-Württemberg gelegene Strecke von Singen nach Engen.

WAHLEN: Neben Schawalder wurde Hans Peter Ruprecht (SVP) neu in die Regierung gewählt. Bei den Parlamentswahlen gewann die SVP sechs Mandate hinzu. Auch FDP und Grüne konnten ihre Sitzzahlen erhöhen. Verluste mußten die SPS, die CVP, die Freiheitspartei und die Evangelische Volkspartei hinnehmen.

Uri

Fläche 1075 km² (Rang 11/CH)

Einwohner 36 000 (Rang 24/CH)

Hauptstadt Altdorf

Arbeitslosigkeit 1,6% (1995)

Amtssprache Deutsch

Regierungschef Hansruedi Stadler (CVP) * 6.8.1953

Parlament Landrat mit 64 für vier Jahre gewählten Abgeordneten; 37 Sitze für CVP, 19 für FDP, 8 für SPS (nächste Wahl: 2000)

Die Regierungsratswahl vom 10.3.1996 ergab keine parteipolitischen Veränderungen. Die CVP stellt weiterhin vier der sieben Regierungssitze, die FDP zwei und die SPS einen. Mit der Anwältin Gabi Huber (FDP) zieht erstmals eine Frau in die Regierung ein. Bei den am gleichen Tag abgehaltenen Parlamentswahlen erzielten die bürgerlichen Parteien CVP und FDP auf Kosten der SPS leichte Gewinne. Die Grüne Bewegung Uri hatte auf eine Teilnahme an der Wahl verzichtet. In U. bilden die 20 Gemeinden des Kantons jeweils eigenständige Wahlkreise. In den zwölf kleineren Gemeinden gilt der Majorz (Mehrheitswahlrecht). Die Wahlbeteiligung erreichte 42,4%.

Waadt

Fläche 3219 km² (Rang 4/CH)

Einwohner 606 000 (Rang 3/CH)

Hauptstadt Lausanne

Arbeitslosigkeit 7,0% (1995)

Amtssprache Französisch

Regierungschef Daniel Schmutz (SPS) * 6.6.1943

Parlament Großer Rat/Grand Conseil mit 200 für vier Jahre gewählten Abgeordneten; 68 Sitze für FDP, 55 für SPS, 41 für LP, 17 für SVP, 10 für GP, 7 für PdA, 2 für Sonstige (nächste Wahl: 1998)

Infolge zweier Affären trat Minister Pierre-François Veillon (SVP) am 17.3.1996 zurück. Auf einer Kundgebung am 2.3.1996 hatten etwa 2000 Personen seinen Rücktritt gefordert. Zu seinem Nachfolger wurde am 9.6.1996 Josef Zisyadis (PdA) gewählt. Der Sohn griechischer Einwanderer ist der erste Vertreter der kommunistischen Partei der Arbeit in der Regierung.

REGIERUNGSKRISE: Finanzminister Veillon war durch eine großzügige Spesenabrechnung seiner Amtsstelle gegenüber einer französischen Beraterfirma, welche Möglichkeiten zur Umsetzung des von der Regierung beschlossenen Sparprogramms erarbeiten sollte, in die Kritik geraten. Das Sparprogramm sieht jährliche Einsparungen von 230 Mio sfr (276 Mio DM) vor, die u. a. durch drastische soziale Einschnitte erreicht werden sollen. Aufgrund dieser Affäre wurde die Regierung am 7.3.1996 umgebildet, wobei Veillon das Justizressort übernahm. Der neue Finanzminister Charles Favre (FDP) stellte nach seiner Amtsübernahme Unregelmäßigkeiten bei der Verbuchung von Quellensteuern in der Höhe von 64 Mio sfr (76,8 Mio DM) fest, worauf Veillons zurücktrat.

REGIERUNGSRATSWAHL: Im ersten Wahlgang am 12.5.1996 erhielt keiner der neun Kandidaten die not-

Wallis

wendige absolute Mehrheit. Im zweiten Wahlgang konnte sich Zysiadis gegen die beiden bürgerlichen Kandidaten durchsetzen. Er übernahm von seinem Vorgänger das Justiz- und Polizeiministerium.

Wallis

Fläche 5226 km² (Rang 3/CH)

Einwohner 271 500 (Rang 9/CH)

Hauptstadt Sitten/Sion

Arbeitslosigkeit 7,0% (1995)

Amtssprache Französisch, Deutsch

Regierungschef Sergo Sierro (FDP) * 24.7.1949

Parlament Großer Rat/Grand Conseil mit 130 für vier Jahre gewählten Abgeordneten; 61 Sitze für CVP, 34 für FDP, 16 für SPS, 14 für CSP, 5 für LP (nächste Wahl: 1997)

Zug

Fläche 238 km² (Rang 24/CH)

Einwohner 91 700 (Rang 18/CH)

Hauptstadt Zug

Arbeitslosigkeit 2,8% (1995)

Amtssprache Deutsch

Regierungschef Robert Bisig (CVP) * 3.6.1936

Parlament Kantonsrat mit 80 für vier Jahre gewählten Abgeordneten; 33 Sitze für CVP, 28 für FDP, 9 für SPS, 7 für GB/Alternative, 3 für SVP (nächste Wahl: 1998)

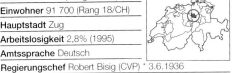

Zürich

Fläche 1728 km² (Rang 7/CH)

Einwohner 1,17 Mio (Rang 1/CH)

Hauptstadt Zürich

Arbeitslosigkeit 4,0% (1995)

Amtssprache Deutsch

Regierungschef Hans Hofmann (SVP) * 3.3.1939

Parlament Kantonsrat mit 180 für vier Jahre gewählten Abgeordneten; 46 Sitze für FDP, 45 für SPS, 40 für SVP, 16 für GP, 11 für CVP, 9 für EVP, 6 für LdU, 3 für FP, 3 für SD, 1 für Frauen machen Politik (nächste Wahl: 1999)

Am 23.9.1995 fanden in der Stadt Z. zwei Großkundgebungen für und gegen einen Beitritt der Schweiz zur Europäischen Union (EU) statt. Während die Veranstaltungen selbst friedlich verliefen, kam es in der Folge zu Straßenschlachten zwischen links- und rechtsextremen Gruppierungen sowie Polizeikräften. In der Ersatzwahl für den zum eidgenössischen Verkehrs- und Energieminister gewählten Moritz Leuenberger von der SPS wurde am 28.1.1996 sein Parteikollege Markus Notter in die Zürcher Kantonsregierung gewählt. Der 35jährige Notter, bisher Stadtpräsident von Dietikon und Abgeordneter im Kantonsparlament, übernahm von seinem Vorgänger die Ressorts des Innern und der Justiz.

STREIT UM EU-BEITRITT: Die Demonstration gegen einen Beitritt der Eidgenossenschaft zur Europäischen Union war von der Aktion für eine unabhängige und neutrale Schweiz (AUNS) organisiert worden, wurde aber von Parteien des rechten Randes mit unterstützt. An der Kundgebung nahmen über 10 000 Personen teil. Die AUNS ist eine national-konservativ ausgerichtete Organisation, die gegen den Beitritt der Schweiz zu internationalen Gremien wie der EU oder der UNO eintritt. Ihr Hauptrepräsentant ist der Zürcher Unternehmer und Nationalrat der Schweizerischen Volkspartei (SVP), Christoph Blocher. Die kurzfristig angesetzte Gegendemonstration der Sozialdemokratischen Partei der Stadt Z., an der auch Vertreter aus Kreisen der Wirtschaft und von bürgerlichen Parteien teilnahmen, konnte ebenfalls etwa 10 000 Menschen versammeln.

REGIERUNGSRATSWAHL: Im ersten Wahlgang vom 26.11.1995 erreichten weder der Kandidat der SVP, Rolf Gerber, noch Vreni Müller-Hemmi (SPS) die absolute Mehrheit. Die Sozialdemokratin verzichtete auf eine weitere Kandidatur. Nachdem die SPS am 9.1.1996 Markus Notter als Kandidaten für den zweiten Wahlgang aufgestellt hatte, trat auch Rolf Gerber von seiner Kandidatur zurück. Der Sozialdemokrat wurde ohne Gegenkandidat mit 78% der Stimmen gewählt. Die Wahlbeteiligung sank im zweiten Durchgang auf unter 16%. Mehr als 20% der abgegebenen Stimmzettel waren leer oder ungültig.

Zürich: Regierung

Ressort	Name (Partei)	Amtsantritt
Regierungspräs.[1], Öffentliche Bauten	Hans Hofmann (SVP)	1987
Inneres, Justiz	Markus Notter (SPS)	1996
Polizei, Militär	Rita Fuhrer (SVP)	1995
Finanzen	Eric Honegger (FDP)	1987
Volkswirtschaft	Ernst Hornberger (FDP)	1992
Gesundh., Fürsorge	Verena Diener (Grüne)	1995
Erziehungswesen	Ernst Buschor[2] (CVP)	1995

1) Regierungspräs. seit 1996; 2) Reg.mitglied seit 1993

526

Berlin

Berlin

☎ 0 30   ⌧ Bereich 10/12... 🚗 B

ℹ️ Martin-Luther-Str. 105, 10825 B.   ☎ 2123–4

Verkehr

🚗 403/1000 Einw. (48*)   P 2 DM je angef. 30 min

🛣 54 Anschlußstellen   🚃 96 IC-Züge/Tag

✈ Schönefeld, Tegel, Tempelhof (Vom Hbf.: 60 min)

P+R Mo–Sa; Umweltticket: 80 DM (Ost), 89 DM (West)

Index

👥 3 470 245 (1*)	⬜ 889,1 km² (1*)	🔢 3903 (2*)

Arbeitslose: 14,2%   Ausländer: 12,6%; davon Türken 31,6%

Schulden/Einwohner: 13 359 DM / Insgesamt: 46,4 Mrd DM (1*)

🏛 40   🎭 4   Uni 3 / Studenten: 110 091   Hochschulen: 14 / 29 583

Politik   CDU/SPD (seit 1990); 142 von 206 Sitzen

Partei	CDU	SPD	PDS	Grüne	FDP
1995: % / Sitze	37,4/87	23,6/55	14,6/34	13,2/30	2,5/–
1990: % / Sitze	40,4/101	30,4/76	9,2/23	9,3/23	7,1/18

Regierender Bürgermeister: Eberhard Diepgen (CDU, seit 1991; *1941)

Der alphabetisch geordnete Städteteil enthält Informationen zu den 50 größten Städten in Deutschland sowie zu den jeweils acht größten Städten in Österreich und in der Schweiz. Alle Orte sind direkt miteinander vergleichbar. Rangzahlen hinter den wichtigsten Daten (Einwohner, Fläche, Einwohner pro km², PKW pro 1000 Einwohner, Schulden) sind mit * markiert und erlauben eine sofortige Einordnung. Alle Daten wurden bei den Stadtverwaltungen ermittelt und sind auf dem aktuellsten Stand. Jede Städtetabelle gliedert sich in vier Teile:

▷ Zu den Grundinformationen gehören u. a. Kreiszugehörigkeit, Telefonvorwahl, Postleitzahlbereich sowie eine Kontaktadresse, über die Interessenten zusätzliche Informationen anfordern können

▷ Der Index nennt für jede Stadt die Kerndaten (Einwohner, Fläche, Einwohner pro km²) sowie aktuelle Angaben wie Arbeitslosenquote, Ausländeranteil an der Bevölkerung und Verschuldung pro Einwohner

▷ Die Rubrik Verkehr enthält Informationen zur Verkehrsanbindung und zeigt, wie umweltfreundlich jede Großstadt ist (Parkgebühren, P+R-Systeme, Umwelttickets für öffentliche Verkehrsmittel)

▷ Die Rubrik Politik nennt Regierungspartei(en) und (Ober-)Bürgermeister sowie die Ergebnisse der letzten beiden Kommunalwahlen. So werden politische Entwicklungen und Verschiebungen in der Parteienlandschaft jeder Großstadt deutlich.

SYMBOLE

☎   Telefonvorwahl

⌧   Postleitzahlbereich

🚗   Kfz-Kennzeichen

ℹ️   Informationsadresse

Verkehr

🚗   PKW-Dichte

P   Parkgebühren

🛣   Autobahn-Anschluß

🚃   Zugverbindungen (Fernverkehr)

✈   Nächster Flughafen

Index

👥   Einwohner

⬜   Fläche

🔢   Einwohner/km²

🏛   Theater

🎭   Oper

Uni   Universitäten

Aachen

Nordrhein-Westfalen, Reg.-Bez. Köln, Stadtkreis

☎ 02 41   ✉ Bereich 52...   🚗 AC

ℹ Atrium, Elisenbrunnen, 52062 A.   ☎ 1 80 29 61

Index

👥 254 383 (30*)   ▢ 160,8 km² (28*)   1582 (35*)

Arbeitslose: 14,2%   Ausländer: 13,2%; davon Türken 26,0%

Schulden/Einwohner: 4657 DM / Insgesamt: 1,18 Mrd DM (20*)

🏛 3   1   Uni 1 / Studenten: 35 197   Hochschulen: 3 / 8736

Verkehr

🚌 513/1000 Einw. (8*)   P 2 DM/h

🛣 12 Anschlußstellen   🚂 13 IC-Züge/Tag

✈ Köln-Bonn (Anfahrt vom Hbf.: 75 min)

P+R Sa; Umweltticket: Regenbg.-Ticket (58 DM/Monat)

Politik SPD/Grüne (seit 1989); 30 von 59 Sitzen

Partei	CDU	SPD	B.90/Gr.	FDP	REP
1994: % / Sitze	45,5/29	36,4/23	11,9/7	3,5/–	–/–
1989: % / Sitze	40,7/26	38,5/24	10,9/6	5,4/3	4,4/–

Oberbürgermeister: Jürgen Linden (SPD, seit 1989; *1947)

Augsburg

Bayern, Reg.-Bez. Schwaben, Stadtkreis

☎ 08 21   ✉ Bereich 86...   🚗 A

ℹ Bahnhofstraße 7, 86150 A.   ☎ 50 20 70

Index

👥 262 110 (28*)   ▢ 147,1 km² (32*)   1782 (32*)

Arbeitslose: 9,1%   Ausländer: 17,2%; davon Türken 36,7%

Schulden/Einwohner: 1982 DM / Insgesamt: 523 Mio DM (39*)

🏛 3   1   Uni 1 / Studenten: 14 925   Hochschulen: 1 / 3966

Verkehr

🚌 514/1000 Einw. (7*)   P 3 DM/h

🛣 4 Anschlußstellen   🚂 95 IC-Züge/Tag

✈ Augsburg (Anfahrt vom Hbf.: 30 min)

P+R Mo–Sa; Umweltticket: Umwelt-Abo (58 DM/Monat)

Politik CSU (seit 1990); 28 von 60 Sitzen; wechselnde Mehrheiten

Partei	CSU	SPD	B.90/Gr.	Freiheit	FDP	Sonstige
1996: % / Sitze	44,0/28	29,3/19	10,5/6	2,8/1	1,7/1	5,3/3
1990: % / Sitze	43,0/27	28,4/17	10,8/6	10,0/6	2,5/1	10,1/5

Oberbürgermeister: Peter Menacher (CSU, seit 1990; *1939)

Berlin

Berlin

☎ 0 30   ✉ Bereich 10/12...   🚗 B

ℹ Martin-Luther-Str. 105, 10825 B.   ☎ 2123–4

Index

👥 3 470 245 (1*)   ▢ 889,1 km² (1*)   3903 (2*)

Arbeitslose: 14,2%   Ausländer: 12,6%; davon Türken 31,6%

Schulden/Einwohner: 13 359 DM / Insgesamt: 46,4 Mrd DM (1*)

🏛 40   4   Uni 3 / Studenten: 110 091   Hochschulen: 14 / 29 583

Verkehr

🚌 403/1000 Einw. (48*)   P 2 DM je angef. 30 min

🛣 54 Anschlußstellen   🚂 96 IC-Züge/Tag

✈ Schönefeld, Tegel, Tempelhof (Vom Hbf.: 60 min)

P+R Mo–Sa; Umweltticket: 80 DM (Ost), 89 DM (West)

Politik CDU/SPD (seit 1990); 142 von 206 Sitzen

Partei	CDU	SPD	PDS	Grüne	FDP
1995: % / Sitze	37,4/87	23,6/55	14,6/34	13,2/30	2,5/–
1990: % / Sitze	40,4/101	30,4/76	9,2/23	9,3/23	7,1/18

Regierender Bürgermeister: Eberhard Diepgen (CDU, seit 1991; *1941)

Bielefeld

Nordrhein-Westfalen, Reg.-Bez. Detmold, Stadtkreis

☎ 05 21   ✉ Bereich 33...   🚗 BI

ℹ Niederwall 23, 33602 B.   ☎ 17 88 99

Index

👥 324 079 (18*)   ▢ 257,7 km² (9*)   1258 (44*)

Arbeitslose: 10,9%   Ausländer: 12,9%; davon Türken 44%

Schulden/Einwohner: 4387 DM / Insgesamt: 1,4 Mrd DM (14*)

🏛 3   1   Uni 1 / Studenten: 17 633   Hochschulen: 3 / 7182

Verkehr

🚌 482/1000 Einw. (9*)   P 1,50–2,50 DM/h

🛣 7 Anschlußstellen   🚂 36 IC-Züge/Tag

✈ Paderborn (45 km); Hannover (110 km)

P+R Mo–Sa; Umweltticket: Umweltabo (61 DM/Monat)

Politik SPD/Grüne (seit 1994); 36 von 65 Sitzen

Partei	SPD	CDU	B.90/Gr.	FDP	Sonstige
1994: % / Sitze	41,3/28	36,3/24	12,5/8	2,5/–	7,4/5
1989: % / Sitze	39,0/27	34,6/24	10,1/6	6,5/4	9,8/6

Oberbürgermeisterin: Angelika Dopheide (SPD, seit 1994; *1947)

Bochum

Nordrhein-Westfalen, Reg.-Bez. Arnsberg, Stadtkreis

☎ 02 34   ✉ Bereich 44...   🚗 BO

ℹ Bahnhofsplatz, 44728 B.   ☎ 1 30 31

Verkehr

🚌 439/1000 Einw. (35*)   P 1,50 DM/h

🛣 15 Anschlußstellen   🚆 66 IC-Züge/Tag

✈ Dortmund-Wickede (25 km); Düsseldorf (50 km)

P+R Mo–Sa; Umweltticket: Ticket 2000 (77 DM/M.)

Index

👥 406 676 (16*)   ▭ 145,4 km²(33*)   📊 2797 (7*)

Arbeitslose: 12,8%   Ausländer: 8,8%; davon Türken 39,5%

Schulden/Einwohner: 3193 DM / Insgesamt: 1,3 Mrd DM (16*)

🏛 1   🎭 –   Uni 1 / Studenten: 36 114   Hochschulen: 4 / 8354

Politik   SPD (seit 1946); 38 von 69 Sitzen

Partei	SPD	CDU	B.90/Gr.	FDP	·
1994: % / Sitze	50,5/38	29,4/22	12,6/9	1,7/–	
1989: % / Sitze	54,1/40	26,5/19	11,3/8	3,6/–	

Oberbürgermeister: Ernst Otto Stüber (SPD, seit 1994; *1940)

Bonn

Nordrhein-Westfalen, Reg.-Bez. Köln, Stadtkreis

☎ 02 28   ✉ Bereich 53...   🚗 BN

ℹ Münsterstraße 20, 53111 B.   ☎ 77 34 66/7

Verkehr

🚌 477/1000 Einw. (20*)   P bis 5 DM/h

🛣 17 Anschlußstellen   🚆 100 IC-Züge/Tag

✈ Köln-Bonn (Anfahrt vom Hbf.: Bus 670, 30 min)

P+R Mo–Sa; Umweltticket: 9-Uhr-Karte (52,30 DM/M.)

Index

👥 309 689 (20*)   ▭ 141,2 km²(36*)   📊 2217 (18*)

Arbeitslose: 8,2%   Ausländer: 12,8%; davon Türken 16,3%

Schulden/Einwohner: 4871 DM / Insgesamt: 1,51 Mrd DM (12*)

🏛 6   🎭 1   Uni 1 / Studenten: 36 200   Hochschulen: 2 / 400

Politik   SPD/Grüne (seit 1994); 36 von 67 Sitzen

Partei	CDU	SPD	B.90/Gr.	FDP	REP
1994: % / Sitze	41,1/31	35,3/26	13,6/10	4,6/–	0,3/–
1989: % / Sitze	40,5/32	30,5/24	11,1/9	9,5/6	4,9/–

Oberbürgermeisterin: Bärbel Dieckmann (SPD, seit 1994; *1949)

Braunschweig

Niedersachsen, Reg.-Bez. Braunschweig, Stadtkreis

☎ 05 31   ✉ Bereich 38...   🚗 BS

ℹ Bohlweg (Pavillon), 38100 B.   ☎ 273 55-30/1

Verkehr

🚌 498/1000 Einw. (14*)   P 2 DM/h

🛣 18 Anschlußstellen   🚆 75 IC-Züge/Tag

✈ BS-Waggum (10 km); Hannover (70 km)

P+R Umweltticket: City-Monatskarte (65 DM/Monat)

Index

👥 250 088 (31*)   ▭ 192,0 km²(21*)   📊 1302 (42*)

Arbeitslose: 12,3%   Ausländer: 6,9%; davon Türken 40,2%

Schulden/Einwohner: 3047 DM / Insgesamt: 762 Mio DM (27*)

🏛 8   🎭 4   Uni TU / Studenten: 15 285   Hochschulen: 3 / 2075

Politik   SPD/FDP/Grüne (seit 1991); 31 von 57 Sitzen

Partei	CDU	SPD	B.90/Gr.	FDP	Sonstige
1991: % / Sitze	43,7/25	40,5/23	8,8/5	5,7/3	1,3/1
1986: % / Sitze	44,8/25	42,3/24	7,6/4	3,5/2	1,8/1

Oberbürgermeister: Werner Steffens (SPD, seit 1991; *1937)

Bremen

Bremen

☎ 04 21   ✉ Bereich 28...   🚗 HB

ℹ Hillmannplatz 6, 28195 B.   ☎ 3 08 00 9

Verkehr

🚌 437/1000 Einw. (38*)   P 2-3 DM/h

🛣 10 Anschlußstellen   🚆 65 IC-Züge/Tag

✈ Bremen (Vom Hbf.: S 5, 20 min)

P+R Sa; Umweltticket: Bremer Karte (58 DM/Monat)

Index

👥 549 039 (10*)   ▭ 326,7 km²(4*)   📊 1681 (33*)

Arbeitslose: 13,6%   Ausländer: 12,3%; davon Türken 37,5%

Schulden für Land Bremen: 17,15 Mrd DM (3*)

🏛 3   🎭 1   Uni 1 / Studenten: 17 180   Hochschulen: 3 / 7662

Politik   SPD/CDU (seit 1995); 58 von 80 Sitzen

Partei	SPD	CDU	B.90/Gr.	AFB	FDP
1995: % / Sitze	33,4/29	32,6/29	13,1/12	10,7/10	3,4/–
1991: % / Sitze	38,3/32	31,4/26	11,9/10	–/–	9,6/8

Erster Bürgermeister: Henning Scherf (SPD, seit 1995; *1938)

Chemnitz

Index

👥 265 583 (25*)   ⬚ 141,5 km² (35*)   ⬚ 1877 (29*)

Sachsen, Reg.-Bez. Chemnitz, Kreis Chemnitz

☎ 03 71   ⌨ Bereich 09...   🅒 C

ℹ Rathausstr. 1, 09111 C.   ☎ 1 94 33

Arbeitslose: 14,3%   Ausländer: 1,9%; davon Vietnamesen 26%

Schulden/Einwohner: 2172 DM / Insgesamt: 577 Mio DM (36*)

🏛 2   📺 1   Uni 1 / Studenten: 5120

Verkehr

🚆 470/1000 Einw. (24*)   P 0,50–1 DM/h

🚗 3 Anschlußstellen   🚄 – IC-Züge/Tag

✈ Dresden-Klotzsche (80 km); Leipzig-Halle (90 km)

P·R – ; Nahverkehrskarte (45 DM/Monat)

Politik   SPD (seit 1994); 21 von 60 Sitzen; wechselnde Mehrheiten

Partei	SPD	CDU	PDS	B.90/Gr.	Sonstige
1994: % / Sitze	34,6/21	24,6/15	21,8/13	9,5/6	9,5/5
1990: % / Sitze	17,7/14	38,2/30	16,5/13	9,9/8	17,7/15

Oberbürgermeister: Peter Seifert (SPD, seit 1993; *1941)

Dortmund

Index

👥 601 537 (7*)   ⬚ 280,3 km² (7*)   ⬚ 2146 (22*)

Nordrhein-Westfalen, Reg.-Bez. Arnsberg, Stadtkreis

☎ 02 31   ⌨ Bereich 44...   🅓 DO

ℹ Königswall 20, 44137 D.   ☎ 14 03 41

Arbeitslose: 15,5%   Ausländer: 12,3%; davon Türken 33,1%

Schulden/Einwohner: 2499 DM / Insgesamt: 1,5 Mrd DM (13*)

🏛 2   📺 1   Uni 1 / Studenten: 25 389   Hochschulen: 1 / 9011

Verkehr

🚆 438/1000 Einw. (36*)   P 0,50–3 DM/h

🚗 12 Anschlußstellen   🚄 112 IC-Züge/Tag

✈ DO-Wickede (Vom Hbf.: Bus SB 47, 30 min)

P·R Do+Sa; Umweltticket: Ticket 2000 (77 DM/M.)

Politik   SPD (seit 1952); 46 von 83 Sitzen

Partei	SPD	CDU	B.90/Gr.	FDP	REP
1994: % / Sitze	51,4/46	30,4/27	12,2/10	2,1/–	1,9/–
1989: % / Sitze	52,9/47	25,7/23	9,8/8	3,9/–	6,3/5

Oberbürgermeister: Günter Samtlebe (SPD, seit 1973; *1926)

Dresden

Index

👥 464 688 (15*)   ⬚ 225,8 km² (13*)   ⬚ 2085 (24*)

Sachsen, Reg.-Bez. Dresden, Stadtkreis

☎ 03 51   ⌨ Bereich 01...   🅓 DD

ℹ Goetheallee 18, 01309 D.   ☎ 4 91 92-0

Arbeitslose: 13%   Ausländer: 2,7%; davon Polen 18,1%

Schulden/Einwohner: 2919 DM / Insgesamt: 1,3 Mrd DM (17*)

🏛 18   📺 1   Uni 1 / Studenten: 19 648   Hochschulen: 5 / 4325

Verkehr

🚆 484/1000 Einw. (18*)   P 1–2 DM/h

🚗 4 Anschlußstellen   🚄 26 IC-Züge/Tag

✈ DD-Klotzsche (Vom Hbf.: Bus City Liner, 40 min)

P·R –; Umweltticket: City-Card (44 DM/Monat)

Politik   CDU (seit 1990); 25 von 70 Sitzen; wechselnde Mehrheiten

Partei	CDU	PDS	SPD	B.90/Gr.	Sonstige
1994: % / Sitze	34,2/25	22,2/16	14,7/11	8,3/6	20,6/12
1990: % / Sitze	39,3/51	15,3/20	9,6/13	11,9/16	23,9/30

Oberbürgermeister: Herbert Wagner (CDU, seit 1990; *1948)

Duisburg

Index

👥 535 361 (11*)   ⬚ 232,8 km² (11*)   ⬚ 2300 (15*)

Nordrhein-Westfalen, Reg.-Bez. Düsseldorf, Stadtkreis

☎ 02 03   ⌨ Bereich 47...   🅓 DU

ℹ Königstraße 53, 47051 D.   ☎ 3 05 25 - 0

Arbeitslose: 15,8%   Ausländer: 16,5%; davon Türken 60%

Schulden/Einwohner: 3870 DM / Insgesamt: 2,1 Mrd DM (8*)

🏛 –   📺 1   Uni 1 / Studenten: 15 676   Hochschulen: 2 / 885

Verkehr

🚆 433/1000 Einw. (41*)   P 1–3 DM/h

🚗 35 Anschlußstellen   🚄 104 IC-Züge/Tag

✈ Düsseldorf (22 km); Dortmund (60 km)

P·R Mo–Fr; Umweltticket: Ticket 2000 (77 DM/Monat)

Politik   SPD (seit 1948); 46 von 75 Sitzen

Partei	SPD	CDU	B.90/Gr.	FDP
1994: % / Sitze	58,5/46	28,7/22	8,7/7	1,7/–
1989: % / Sitze	61,9/49	26,4/20	7,7/6	3,4/–

Oberbürgermeister: Josef Krings (SPD, seit 1975; *1926)

Düsseldorf

Index

👫 571 064 (8*)	☐ 217,0 km²(14*)	📏 2632 (11*)

Nordrhein-Westfalen, Reg.-Bez. Düsseldorf, Stadtkreis

☏ 02 11   ✉ Bereich 40...   🚗 D

ℹ Konrad-Adenauer-Platz, 40210 D.   ☏ 1 72 02 - 0

Arbeitslose: 12,2%   Ausländer: 15,7%; davon Türken 17,3%

Schulden/Einwohner: 6273 DM / Insgesamt: 3,6 Mrd DM (6*)

🏛 11   🎭 1   Uni 1 / Studenten: 19 174 Hochschulen: 4 / 11 075

Verkehr

🚌 498/1000 Einw. (13*)   P 1–4 DM/h

🚗 13 Anschlußstellen   🚄 95 IC-Züge/Tag

✈ Düsseldorf (Vom Hbf.: S 7, 11 min)

P+R Mo–Sa; Umweltticket: Ticket 2000 (77 DM/Monat)

Politik   SPD/Grüne (seit 1984); 48 von 83 Sitzen

Partei	SPD	CDU	B.90/Gr.	REP	FDP
1994: % / Sitze	41,5/37	39,7/35	12,7/11	1,8/–	3,8/–
1989: % / Sitze	39,7/33	37,5/32	9,9/8	6,2/5	6,0/5

Oberbürgermeisterin: Marie-Luise Smeets (SPD, 1994; *1936)

Erfurt

Index

👫 210 468 (38*)	☐ 269,0 km²(8*)	📏 782 (50*)

Thüringen, Stadtkreis

☏ 03 61   ✉ Bereich 99...   🚗 EF

ℹ Krämerbrücke 3, 99084 E.   ☏ 56 23 436

Arbeitslose: 15,5%   Ausländer: 1,3%; davon Vietnamesen 25,2%

Schulden/Einwohner: 1701 DM / Insgesamt: 358 Mio DM (46*)

🏛 4   🎭 1   Uni 1   Hochschulen: 3 / Studenten: 5265

Verkehr

🚌 406/1000 Einw. (47*)   P 2 DM/h

🚗 2 Anschlußstellen   🚄 17 IC-Züge/Tag

✈ EF-Bindersleben (Vom Hbf.: S 3/S 1, 20 min)

P+R 9; Umweltticket: 37,50 DM/Monat

Politik   CDU (seit 1990); 17 von 50 Sitzen; wechselnde Mehrheiten

Partei	CDU	SPD	PDS	B.90/Gr.	Sonstige
1994: % / Sitze	32,2/17	26,6/14	23,2/13	10,7/6	7,3/–
1990:% / Sitze	44,2/70	20,7/36	16,0/25	5,7/15	13,4/14

Oberbürgermeister: Manfred Ruge (CDU, seit 1990; *1945)

Essen

Index

👫 616 176 (6*)	☐ 210,3 km²(16*)	📏 2929 (5*)

Nordrhein-Westfalen, Reg.-Bez. Düsseldorf, Stadtkreis

☏ 02 01   ✉ Bereich 45...   🚗 E

ℹ Norbertstraße 2, 45127 E.   ☏ 72 44 - 401

Arbeitslose: 13,2%   Ausländer: 9,3%; davon Türken 32,2%

Schulden/Einwohner: 3202 DM / Insgesamt: 2,0 Mrd DM (10*)

🏛 4   🎭 1   Uni 1 / Studenten: 23 881

Verkehr

🚌 471/1000 Einw. (23*)   P 2 DM/h

🚗 17 Anschlußstellen   🚄 80 IC-Züge/Tag

✈ Düsseldorf (30 km); Dortmund (40 km)

P+R Mo–Sa; Umweltticket: Ticket 2000 (77 DM/M.)

Politik   SPD (seit 1956); 44 von 83 Sitzen

Partei	SPD	CDU	B.90/Gr.	FDP	
1994: % / Sitze	49,3/44	33,6/30	10,9/9	2,8/–	
1989: % / Sitze	50,5/43	32,4/28	9,8/8	5,1/4	

Oberbürgermeisterin: Annette Jäger (SPD, seit 1989; *1937)

Frankfurt/Main

Index

👫 653 298 (5*)	☐ 248,3 km²(10*)	📏 2631 (12*)

Hessen, Reg.-Bez. Darmstadt, Stadtkreis

☏ 0 69   ✉ Bereich 60–65...   🚗 F

ℹ Kaiserstraße 52, 60329 F.   ☏ 2 12-3 36 78

Arbeitslose: 8%   Ausländer: 29,1%; davon ehem. Jugosl. 24,6%

Schulden/Einwohner: 9612 DM / Insgesamt: 6,3 Mrd DM (4*)

🏛 7   🎭 1   Uni 1 / Studenten: 36 441 Hochschulen: 4 / 11 034

Verkehr

🚌 450/1000 Einw. (31*)   P 4 DM/h

🚗 26 Anschlußstellen   🚄 141 IC-Züge/Tag

✈ Frankfurt/M. (Anfahrt vom Hbf.: 12 min)

P+R Mo–So; Monatsticket: 96 DM/Monat

Politik   SPD/Grüne (seit 1989); 48 von 93 Sitzen

Partei	CDU	SPD	B.90/Gr.	REP	FDP
1993: % / Sitze	33,4/35	32,0/33	14,0/15	9,3/10	4,4/–
1989: % / Sitze	36,6/36	40,1/40	10,2/10	–/–	4,8/–

Oberbürgermeisterin: Petra Roth (CDU, seit 1995; *1944)

Freiburg/Breisgau

Baden-Württemberg, Reg.-Bez. Freiburg, Stadtkreis

☎ 07 61 　　⌨ Bereich 79... 　　🚗 FR

ℹ Rotteckring 14, 79098 F. 　　☎ 3 68 90 - 0

Index

👥 198 342 (40*) 　　▭ 153,0 km² (30*) 　　🚗 1296 (43*)

Arbeitslose: 9,7% 　　Ausländer: 11,5%; davon Italiener 13%

Schulden/Einwohner: 3142 DM / Insgesamt: 600 Mio DM (34*)

🏛 3 　🎭 1 　Uni 1 / Studenten: 23 000 　Hochschulen: 4 / 6400

Verkehr

🚌 418/1000 Einw. (45*) 　P 2–5 DM/h

🚊 3 Anschlußstellen 　🚆 42 IC-Züge/Tag

✈ Basel-Mulhouse-Freiburg (Anfahrt vom Hbf.: 45 min)

P+R Mo–Sa; Umweltticket: Regiokarte (59 DM/Monat)

Politik
SPD (seit 1984); 11 von 48 Sitzen; wechselnde Mehrheiten

Partei	CDU	B.90/Gr.	SPD	FDP	Sonstige
1994: % / Sitze	24,8/13	23,1/12	21,8/11	5,0/2	25,2/10
1989: % / Sitze	26,8/14	20,0/10	25,6/13	6,9/3	20,7/8

Oberbürgermeister: Rolf Böhme (SPD, seit 1982; *1934)

Gelsenkirchen

Nordrhein-Westfalen, Reg.-Bez. Münster, Stadtkreis

☎ 02 09 　　⌨ Bereich 45... 　　🚗 GE

ℹ Ebertstraße 19, 45879 G. 　　☎ 2 33 76

Index

👥 292 373 (21*) 　　▭ 104,8 km² (42*) 　　🚗 2789 (8*)

Arbeitslose: 15,4% 　　Ausländer: 14,11%; davon Türken 60,51%

Schulden/Einwohner: 2129 DM / Insgesamt: 622 Mio DM (30*)

🏛 – 　🎭 1 　Uni – 　Hochschulen: 2 / Studenten: 2556

Verkehr

🚌 467/1000 Einw. (25*) 　P 2 DM/h

🚊 37 Anschlußstellen 　🚆 13 IC-Züge/Tag

✈ Essen-Mülheim (15 km); Düsseldorf (50 km)

P+R Mo–Sa; Umweltticket: Ticket 2000 (77 DM/Monat)

Politik
SPD (seit 1946); 40 von 67 Sitzen

Partei	SPD	CDU	B.90/Gr.	FDP	Sonstige
1994: % / Sitze	55,7/40	28,9/20	9,8/7	1,4/–	3,9/–
1989: % / Sitze	53,0/38	25,9/18	9,5/6	2,5/–	7,4/5

Oberbürgermeister: Kurt Bartlewski (SPD, seit 1989; *1930)

Hagen

Nordrhein-Westfalen, Reg.-Bez. Arnsberg, Stadtkreis

☎ 0 23 31 　　⌨ Bereich 58... 　　🚗 HA

ℹ Rathaus, 58043 H. 　　☎ 207 - 33 83

Index

👥 214 317 (37*) 　　▭ 160,4 km² (29*) 　　🚗 1336 (40*)

Arbeitslose: 12,6% 　　Ausländer: 14,1%; davon Türken 35%

Schulden/Einwohner: 2419 DM / Insgesamt: 518 Mio DM (40*)

🏛 1 　🎭 – 　Uni 1 / Studenten: 54 630 　Hochschulen: 2 / 1371

Verkehr

🚌 413/1000 Einw. (46*) 　P 2 DM/h

🚊 7 Anschlußstellen 　🚆 33 IC-Züge/Tag

✈ Düsseldorf (Anfahrt vom Hbf.: 44 min)

P+R 6; Umweltticket: Ticket 2000 (77 DM/Monat)

Politik
SPD (seit 1994); 31 von 59 Sitzen

Partei	SPD	CDU	B.90/Gr.	FDP	REP
1994: % / Sitze	48,7/31	35,5/23	8,2/5	3,2/–	2,5/–
1989: % / Sitze	47,6/29	32,1/19	7,7/4	5,2/3	7,2/4

Oberbürgermeister: Dietmar Thieser (SPD, seit 1989; *1952)

Halle

Sachsen-Anhalt, Reg.-Bez. Halle, Stadtkreis

☎ 03 45 　　⌨ Bereich 06... 　　🚗 HAL

ℹ Steinweg 7, 06110 H. 　　☎ 2024700

Index

👥 289 349 (22*) 　　▭ 133,7 km² (38*) 　　🚗 2112 (23*)

Arbeitslose: 13,4% 　　Ausländer: 2,30%; davon Vietnamesen 18,2%

Schulden/Einwohner: 775 DM / Insgesamt: 218 Mio DM (48*)

🏛 3 　🎭 1 　Uni 1 / Studenten: 12 519 　Hochschulen: 1

Verkehr

🚌 390/1000 Einw. (49*) 　P 1–2 DM/h

🚊 2 Anschlußstellen 　🚆 5 IC-Züge/Tag

✈ Leipzig-Halle (Anfahrt vom Hbf.: Bus, 30 min)

P+R –; Umweltticket: Monatskarte (51 DM)

Politik
CDU (seit 1990); 13 von 56 Sitzen; wechselnde Mehrheiten

Partei	PDS	SPD	CDU	FDP	B.90/Gr.	Sonstige
1994: % / Sitze	26,0/15	24,7/14	23,3/13	9,0/5	6,3/3	10,7/6
1990: % / Sitze	17,2/28	21,8/35	32,2/51	12,2/20	14,2/22	2,4/4

Oberbürgermeister: Klaus Peter Rauen (CDU, seit 1991; *1935)

Hamburg

Hamburg

☎ 0 40   ⌨ Bereich 20–22...   ⌂ HH

ℹ Burchardstraße 14, 20095 H.   ☎ 3 00 51 - 0

Index

👥 1 708 685 (2*)	▭ 755,3 km² (2*)	📈 2262 (17*)

Arbeitslose: 11,7%   Ausländer: 14,8%; davon Türken 28,9%

Schulden/Einwohner: 15 000 / Land HH insgesamt: 25,6 Mrd DM (2*)

🏛 42   🎭 1   Uni 4 / Studenten: 49 206   Hochschulen: 5 / 15 157

Verkehr

🚌 418/1000 Einw. (43*)   P 1–4 DM/h

🚶 28 Anschlußstellen   🚆 131 IC+ICE-Züge/Tag

✈ HH-Fuhlsbüttel (Vom Hbf.: Flughafen, Bus, 30 min)

P+R Mo–Sa; Umweltticket: CC-Karte (64,50 DM/Monat)

Politik   SPD/STATT Partei (seit 1993); 63 von 118 Sitzen

Partei	SPD	CDU	B.90/Gr./GAL	STATT	FDP
1993: % / Sitze	40,4/58	25,1/36	13,5/19	5,6/5	4,2/–
1991: % / Sitze	48,0/61	35,1/44	7,2/9	–/–	5,4/7

Erster Bürgermeister: Henning Voscherau (SPD, seit 1988; *1941)

Hamm

Nordrhein-Westfalen, Reg.-Bez. Arnsberg, Stadtkreis

☎ 0 23 81   ⌨ Bereich 59...   ⌂ HAM

ℹ Bahnhofsplatz, 59065 H.   ☎ 2 85 25

Index

👥 189 422 (42*)	▭ 226,4 km² (12*)	📈 837 (49*)

Arbeitslose: 12,4%   Ausländer: 10,9%; davon Türken 57,3%

Schulden/Einwohner: 2261 DM / Insgesamt: 400 Mio DM (43*)

🏛 -   🎭 –   Uni –

Verkehr

🚌 498/1000 Einw. (15*)   P 2 DM/h

🚶 5 Anschlußstellen   🚆 40 IC-Züge/Tag

✈ Münster/Dortmund (Anfahrt vom Hbf.: 50 min)

P+R –; Umweltticket: Hammer Karte (57,50 DM/Monat)

Politik   SPD/Grüne (seit 1994); 30 von 59 Sitzen

Partei	SPD	CDU	B.90/Gr.	FWG	REP
1994: % / Sitze	41,5/26	42,1/26	6,6/4	5,2/3	1,9/–
1989: % / Sitze	45,2/29	35,8/22	7,1/4	–/–	7,1/4

Oberbürgermeister: Jürgen Wieland (SPD, seit 1994; *1936)

Hannover

Niedersachsen, Reg.-Bez. Hannover, Stadtkreis

☎ 05 11   ⌨ Bereich 30...   ⌂ H

ℹ Ernst-August-Platz 2, 30159 H.   ☎ 3 01 40

Index

👥 514 915 (12*)	▭ 204,1 km² (18*)	📈 2583 (13*)

Arbeitslose: 13%   Ausländer: 13,8%

Schulden/Einwohner: 3428 DM / Insgesamt: 1,8 Mrd DM (11*)

🏛 16   🎭 1   Uni 1 / Studenten: 31 571   Hochschulen: 5 / 12 962

Verkehr

🚌 453/1000 Einw. (29*)   P 2–4 DM/h

🚶 8 Anschlußstellen   🚆 90 IC-Züge/Tag

✈ H-Langenhagen (Vom Hbf.: Flughafen-Bus, 30 min)

P+R Mo–Sa; Umweltticket: Großraum-Ticket (80 DM)

Politik   SPD (seit 1949); 27 von 65 Sitzen; wechselnde Mehrheiten

Partei	SPD	CDU	Gr./GABL	FDP	REP	Sonstige
1991: % / Sitze	41,6/27	34,5/21	9,6/6	6,1/4	3,4/2	4,8/5
1986: % / Sitze	47,1/31	38,7/26	8,2/5	4,8/3	–/–	1,2/5

Oberbürgermeister: Herbert Schmalstieg (SPD, seit 1972; *1943)

Herne

☎ 02323   ⌨ Bereich 44...   ⌂ HER

ℹ Friedrich-Ebert-Platz 2, 44623 H.   ☎ 16 - 0

Index

👥 118 055 (50*)	▭ 51,4 km² (50*)	📈 3522 (3*)

Arbeitslose: 14,8%   Ausländer: 12,6%; davon Türken 59,2%

Schulden/Einwohner: 2042 DM / Insgesamt: 360 Mio DM (45*)

🏛 –   🎭 –   Uni –

Verkehr

🚌 496/1000 Einw. (16*)   P 1,50 DM/h

🚶 7 Anschlußstellen   🚆 - IC-Züge/Tag

✈ Dortmund-Wickede (Anfahrt vom Hbf.: Wanne-E.)

P+R Mo–Sa; Umweltticket: Ticket 2000 (77 DM)

Politik   SPD (seit 1948); 36 von 59 Sitzen

Partei	SPD	CDU	B.90/Gr.	REP	FDP
1994: % / Sitze	58,0/36	28,8/18	9,3/5	2,6/–	1,3/–
1989: % / Sitze	56,6/37	26,7/17	8,7/5	–/–	2,2/–

Oberbürgermeister: Wolfgang Becker (SPD, seit 1994; *1938)

Karlsruhe

Baden-Württemberg, Reg.-Bez. Karlsruhe, Stadtkreis

☎ 07 21   ⌧ Bereich 76...   🚗 KA

ℹ️ Bahnhofplatz 6, 76137 K.   ☎ 35 53 - 0

Verkehr

🚌 563/1000 Einw. (4*)   P 2–4 DM/h

🚈 9 Anschlußstellen   🚆 124 IC-Züge/Tag

✈ Stuttgart (85 km; Anfahrt vom Hbf.: 90 min)

P·R Mo–Sa; Umweltticket: Umwelt-Monatskarte (59 DM)

Index

👥 269 322 (24*)   ⬜ 173,5 km² (24*)   📊 1554 (36*)

Arbeitslose: 7,6%   Ausländer: 12,3%; davon Türken 20,5%

Schulden/Einwohner: 2266 DM / Insgesamt: 610 Mio DM (33*)

🏛 4   📋 1   Uni 1 / Studenten: 19 312   Hochschulen: 6 / 8978

Politik   CDU (seit 1975); 22 von 54 Sitzen; wechselnde Mehrheiten

Partei	CDU	SPD	B.90/Gr.	FDP	Sonstige
1994: % / Sitze	37,8/22	28,4/16	13,6/8	6,3/3	13,9/5
1989: % / Sitze	37,3/27	30,9/22	10,8/7	8,4/6	12,6/6

Oberbürgermeister: Gerhard Seiler (CDU, seit 1986; *1930)

Kassel

Hessen, Reg.-Bez. Kassel, Stadtkreis

☎ 05 61   ⌧ Bereich 34..   🚗 KS

ℹ️ Königsplatz 53, 34117 K.   ☎ 70 77 07

Verkehr

🚌 436/1000 Einw. (40*)   P 1 DM/h

🚈 7 Anschlußstellen   🚆 93 IC-Züge/Tag

✈ Kassel-Calden (25 km; Anfahrt vom Hbf.: 32 min)

P·R Mo–Sa; Umweltticket: –

Index

👥 201 500 (39*)   ⬜ 106,8 km² (41*)   📊 1887 (28*)

Arbeitslose: 16,5%   Ausländer: 14,7%; davon Türken 34,7%

Schulden/Einwohner: 4335 DM / Insgesamt: 874 Mio DM (24*)

🏛 2   📋 1   Uni 1 Hochschulen: 1 / Studenten: 17 821

Politik   CDU (seit 1993); 28 von 71 Sitzen; wechselnde Mehrheiten

Partei	CDU	SPD	B.90/Gr.	FDP	REP
1993: % / Sitze	36,9/28	29,8/22	14,0/11	7,7/6	5,4/4
1989: % / Sitze	29,5/21	50,5/36	12,3/9	6,6/5	–/–

Oberbürgermeister: Georg Lewandowski (CDU, seit 1993; *1944)

Kiel

Schleswig-Holstein, Stadtkreis

☎ 04 31   ⌧ Bereich 24...   🚗 KI

ℹ️ Sophienblatt 30, 24103 K.   ☎ 67 91 00

Verkehr

🚌 437/1000 Einw. (39*)   P 2 DM/h

🚈 1 Anschlußstelle   🚆 8 IC-Züge/Tag

✈ Kiel-Holtenau (Vom Hbf.: Bus 44, 30 min)

P·R – Umweltticket: (68 DM/Monat)

Index

👥 242 181 (33*)   ⬜ 111,9 km² (40*)   📊 2164 (21*)

Arbeitslose: 12,9%   Ausländer: 8,3%; davon Türken 41,7%

Schulden/Einwohner: 3070 DM / Insgesamt: 745 Mio DM (28*)

🏛 4   📋 1   Uni 1 / Studenten: 23 056   Hochschulen: 1 / 6270

Politik   SPD/Grüne (seit 1994); 28 von 49 Sitzen

Partei	SPD	CDU	B.90/Gr.	S-U-K	FDP
1994: % / Sitze	39,3/20	31,1/16	15,1/8	9,5/5	3,9/–
1990: % / Sitze	51,3/26	32,8/17	7,8/4	–/–	5,4/2

Oberbürgermeister: Otto Kelling (SPD, seit 1992; *1949)

Köln

Nordrhein-Westfalen, Reg.-Bez. Köln, Stadtkreis

☎ 02 21   ⌧ Bereich 50...   🚗 K

ℹ️ Unter Fettenhennen 19, 50667 K.   ☎ 2 21 - 33 40

Verkehr

🚌 437/1000 Einw. (37*)   P 4 DM/Std.

🚈 23 Anschlußstellen   🚆 139 IC-Züge/Tag

✈ Köln-Bonn (Vom Hbf.: Bus 170, 30 min)

P·R Mo–Sa; Umweltticket: (48,60 DM/Monat)

Index

👥 1 008 848 (4*)   ⬜ 405,1 km² (3*)   📊 2490 (14*)

Arbeitslose: 13,2%   Ausländer: 22,7%; davon Türken 42,7%

Schulden/Einwohner: 5183 DM / Insgesamt: 5,2 Mrd DM (5*)

🏛 32   📋 1   Uni 1 / Studenten: 52 722   Hochschulen: 8 / 26 204

Politik   SPD (seit 1956); 42 von 91 Sitzen; wechselnde Mehrheiten

Partei	SPD	CDU	B.90/Gr.	FDP	REP
1994: % / Sitze	42,5/42	33,9/33	16,2/16	3,5/–	0,7/–
1989: % / Sitze	42,1/41	30,5/30	11,7/11	7,0/6	7,4/7

Oberbürgermeister: Norbert Burger (SPD, seit 1980; *1932)

Krefeld

Nordrhein-Westfalen, Reg.-Bez. Düsseldorf, Stadtkreis

☎ 0 21 51   ✉ Bereich 47...   🚗 KR

ℹ Theaterplatz 1, 47798 K.   ☎ 2 92 90

Verkehr

🚌 453/1000 Einw. (30*)   P 2 DM/h

🚆 9 Anschlußstellen   🚆 – IC-Züge/Tag

✈ Düsseldorf (20 km)

P+R 8; Umweltticket: Ticket 2000 (77 DM/Monat)

Index

👥 246 041 (32*)   ⬜ 137,5 km²(37*)   📊 1795 (31*)

Arbeitslose: 13,4%   Ausländer: 15,1%; davon Türken 37,7%

Schulden/Einwohner: 3288 DM / Insgesamt: 820 Mio DM (25*)

🏛 1   🎭 1   Uni – Hochschulen: 1 / Studenten: 3686

Politik   CDU (seit 1994); 30 von 59 Sitzen

Partei	CDU	SPD	B.90/Gr.	FDP
1994: % / Sitze	46,8/30	36,2/23	9,4/6	3,0/–
1989: % / Sitze	42,6/26	39,6/25	8,2/5	5,8/3

Oberbürgermeister: Dieter Pützhofen (CDU, seit 1994; *1942)

Leipzig

Sachsen, Reg.-Bez. Leipzig, Kreis Leipzig

☎ 03 41   ✉ Bereich 04...   🚗 L

ℹ Sachsenplatz 1, 04109 L.   ☎ 7 10 40

Verkehr

🚌 346/1000 Einw. (50*)   P 1 DM/h

🚆 10 Anschlußstellen   🚆 31 IC-Züge/Tag

✈ Leipzig/Halle (Vom Hbf.: Flughafen-Bus, 30 min)

P+R tägl.; Umweltticket: Netzkarte (63 DM/Monat)

Index

👥 478 228 (14*)   ⬜ 153,0 km²(31*)   📊 3185 (4*)

Arbeitslose: 12,5%   Ausländer: 3,9%; davon Polen 23,4%

Schulden/Einwohner: 1878 DM / Insgesamt: 898 Mio DM (23*)

🏛 9   🎭 2   Uni 1 / Studenten: 18 387   Hochschulen: 5 / 5613

Politik   SPD/Grüne/CDU (seit 1990); 48 von 70 Sitzen

Partei	SPD	CDU	PDS	B.90/Gr.	FDP/BFD	Sonstige
1994: % / Sitze	29,9/21	23,4/17	22,9/16	13,8/10	3,4/2	6,5/4
1990: % / Sitze	35,3/45	26,8/34	13,0/17	11,2/15	5,3/7	8,4/10

Oberbürgermeister: Hinrich Lehmann-Grube (SPD, seit 1990; *1932)

Leverkusen

Nordrhein-Westfalen, Reg.-Bez. Köln, Stadtkreis

☎ 02 14   ✉ Bereich 51...   🚗 LEV

ℹ Weiherstr. 11, 51311 L.   ☎ 32 43 45

Verkehr

🚌 500/1000 Einw. (12*)   P 1–3 DM/h

🚆 4 Anschlußstellen   🚆 – IC-Züge/Tag

✈ Düsseldorf (25 km); Köln-Bonn (25 km)

P+R – ; Umweltticket: –

Index

👥 161 493 (48*)   ⬜ 78,8 km²(47*)   📊 2049 (25*)

Arbeitslose: 11,1%   Ausländer: 11,9%; davon ehem. Jugosl. 25,7%

Schulden/Einwohner: 2665 DM / Insgesamt: 400 Mio DM (44*)

🏛 –   🎭 –   Uni –

Politik   wechselnde Mehrheiten

Partei	SPD	CDU	B.90/Gr.	Bürgerl.	FDP	REP
1994: % / Sitze	37,4/24	37,1/24	10,0/6	8,8/5	3,9/–	2,0/–
1989: % / Sitze	41,4/25	37,2/23	7,9/4	–/–	7,2/4	6,4/3

Oberbürgermeister: Walter Mende (SPD, seit 1994; *1944)

Lübeck

Schleswig-Holstein, Stadtkreis

☎ 04 51   ✉ Bereich 235..   🚗 HL

ℹ Beckergrube 95, 23552 L.   ☎ 12-2 81 09

Verkehr

🚌 446/1000 Einw. (34*)   P 2–4 DM/h

🚆 5 Anschlußstellen   🚆 10 EC-Züge/Tag

✈ HH-Fuhlsbüttel (Anfahrt vom Hbf.: ca. 60 min)

P+R Sa; Umweltticket: Pfiffi-Bus (65 DM/Monat)

Index

👥 215 924 (36*)   ⬜ 214,1 km²(15*)   📊 1008 (47*)

Arbeitslose: 11,5%   Ausländer: 8,1%; davon Türken 37%

Schulden/Einwohner: 3800 DM / Insgesamt: 819 Mio DM (26*)

🏛 1   🎭 1   Uni 1 / Studenten: 1625   Hochschulen: 2 / 3390

Politik   SPD (seit 1990); 23 von 49 Sitzen; wechselnde Mehrheiten

Partei	SPD	CDU	B.90/Gr.	WIR.	fraktionsl.
1994: % / Sitze	41,3/23	31,7/18	10,5/5	6,1/2	–/1
1990: % / Sitze	45,1/24	38,4/21	5,5/2	–/–	–/–

Bürgermeister: Michel Bouteiller (SPD, seit 1988; *1943)

Ludwigshafen

Rheinland-Pfalz, Reg.-Bez. Rheinh.-Pfalz, Stadtkreis

☎ 06 21   ⊡ Bereich 67...   🚗 LU

ℹ Hauptbahnhof, 67059 L.   ☎ 51 20 35

Index		
👥 171 057 (45*)	⬛ 77,6 km² (48*)	🏞 2204 (20*)
Arbeitslose: 8,6%	Ausländer: 18,9%; davon Türken 31,6%	
Schulden/Einwohner: 3118 DM / Insgesamt: 533 Mio DM (38*)		
🏛 – Ⅴ – Uni – Hochschulen: 2 / Studenten: 2851		

Verkehr

🚌 456/1000 Einw. (27*)   P 2 DM/h

🚏 5 Anschlußstellen   🚆 4 IC-Züge/Tag

✈ Frankfurt/M. (Anfahrt vom Hbf.: 65 min)

P+R –; Umweltticket: –

Politik   SPD/Grüne (seit 1994); 34 von 60 Sitzen

Partei	SPD	CDU	B.90/Gr.	REP	FDP
1994: % / Sitze	45,0/29	33,9/22	7,0/5	5,6/4	2,5/–
1989: % / Sitze	53,2/33	28,3/18	7,1/4	3,1/2	3,5/2

Oberbürgermeister: Wolfgang Schulte (SPD, seit 1993; *1947)

Magdeburg

Sachsen-Anhalt, Magdeburg, Stadtkreis

☎ 03 91   ⊡ Bereich 39...   🚗 MD

ℹ Alter Markt, 39104 M.   ☎ 5 41 47 04

Index		
👥 257 775 (29*)	⬛ 192,9 km² (20*)	🏞 1379 (38*)
Arbeitslose: 16,4%	Ausländer: 2,4%; davon Vietnamesen 13,1%	
Schulden/Einwohner: 1276 DM / Insgesamt: 330 Mio DM (47*)		
🏛 5 Ⅴ – Uni 1 / Studenten: 5512 Hochschulen: 1/ 2150		

Verkehr

🚌 475/1000 Einw. (22*)   P 1 DM/h

🚏 3 Anschlußstellen   🚆 54 IC-Züge/Tag

✈ nur Kleinflugzeuge (Anfahrt vom Hbf.: 15 min)

P+R –; Umweltticket: Monats-Karte (57 DM/Monat)

Politik   SPD/Grüne (seit 1990); 24 von 56 Sitzen; wechselnde Mehrh.

Partei	SPD	CDU	PDS	B.90/Gr.	Sonstige
1994: % / Sitze	32,4/18	21,4/12	27,1/15	10,5/6	8,6/5
1990: % / Sitze	33,0/50	31,3/47	16,1/24	8,2/12	11,4/17

Oberbürgermeister: Willi Polte (SPD, seit 1990; *1938)

Mainz

Rheinland-Pfalz, Reg.-Bez. Rheinh.-Pfalz, Stadtkreis

☎ 0 61 31   ⊡ Bereich 55...   🚗 MZ

ℹ Bahnhofstraße 15, 55116 MZ   ☎ 2 86 21 - 0

Index		
👥 186 415 (43*)	⬛ 97,7 km² (44*)	🏞 1908 (27*)
Arbeitslose: 7,1%	Ausländer: 17,69%; davon Türken 20%	
Schulden/Einwohner: 2617 DM / Insgesamt: 488 Mio DM (11*)		
🏛 1 Ⅴ 1 Uni 1 / Studenten: 29 248 Hochschulen: 3 / 4476		

Verkehr

🚌 573/1000 Einw. (3*)   P 1–2 DM/h

🚏 8 Anschlußstellen   🚆 126 IC-Züge/Tag

✈ Frankfurt 27 km (Anfahrt vom Hbf.: S 14, 20 min)

P+R Mo-So; Umweltticket: Monatskarte 79 DM

Politik   SPD (seit 1948); 21 von 60 Sitzen; wechselnde Mehrheiten

Partei	CDU	SPD	B.90/Gr.	FDP	REP
1994: % / Sitze	39,0/25	33,8/21	11,6/7	7,3/5	3,8/2
1989: % / Sitze	33,5/21	40,6/26	12,0/7	7,6/5	2,7/–

Oberbürgermeister: Hermann-Hartmut Weyel (SPD, seit 1987; *1933)

Mannheim

Baden-Württemberg, Reg.-Bez. Karlsruhe, Stadtkreis

☎ 06 21   ⊡ Bereich 68...   🚗 MA

ℹ Kaiserring 10-16, 68161 M.   ☎ 10 10 11

Index		
👥 320 527 (19*)	⬛ 145,0 km² (34*)	🏞 2210 (19*)
Arbeitslose: 11,4%	Ausländer: 27,0%; davon –%	
Schulden/Einwohner: 4000 DM / Insgesamt: 1,3 Mrd DM (18*)		
🏛 1 Ⅴ 1 Uni 1 / Studenten: 12 000 Hochschulen: 6 / 6000		

Verkehr

🚌 448/1000 Einw. (32*)   P 2 DM/h

🚏 4 Anschlußstellen   🚆 130 IC-Züge/Tag

✈ Mannheim-Neuostheim; Frankfurt/M. (100 km)

P+R –; Umweltticket: –

Politik   SPD (seit 1966); 18 von 47 Sitzen; wechselnde Mehrheiten

Partei	SPD	CDU	B.90/Gr.	ML.	REP	FDP
1994: % / Sitze	35,3/18	32,4/17	12,9/6	6,3/3	5,3/2	3,1/1
1989: % / Sitze	33,1/17	26,7/14	10,9/5	11,9/5	8,8/3	4,7/2

Oberbürgermeister: Gerhard Widder (SPD, seit 1983; *1940)

Mönchengladbach

Nordrhein-Westfalen, Reg.-Bez. Düsseldorf, Stadtkreis

☎ 0 21 61/66   ✉ Bereich 41...   🚗 MG

ℹ️ Bismarckstraße 23, 41061 M.   ☎ 2 20 01

Verkehr

🚌 537/1000 Einw. (6*)   P 1–2 DM/h

🚆 10 Anschlußstellen   🚆 – IC-Züge/Tag

🛫 Mönchengladbach (Vom Hbf.: Bus 10, 16 min)

P+R Mo–Sa; Umweltticket: Ticket 2000 (77 DM/M.)

Index

👥 269 593 (23*)   ▢ 170,4 km² (25*)   📊 1582 (34*)

Arbeitslose: 11,9%   Ausländer: 10,2%; davon Türken 35,2%

Schulden/Einwohner: 3353 DM / Insgesamt: 903 Mio DM (22*)

🏛 1   🎭 1   Uni – Hochschulen: 1 / Studenten: 5560

Politik   CDU/SPD (seit 1989); 57 von 67 Sitzen

Partei	CDU	SPD	B.90/Gr.	FDP	REP
1994: % / Sitze	43,5/31	37,3/26	10,3/7	5,1/3	–/–
1989: % / Sitze	42,6/31	36,5/26	8,0/5	7,1/5	4,4/–

Oberbürgermeister: Heinz Feldhege (CDU, seit 1984; *1929)

Mülheim a. d. Ruhr

Nordrhein-Westfalen, Reg.-Bez. Düsseldorf, Stadtkreis

☎ 02 08   ✉ Bereich 45...   🚗 MH

ℹ️ Viktoriaplatz 17–19, 45468 M.   ☎ 4 55 99 02

Verkehr

🚌 500/1000 Einw. (11)   P 2 DM/h

🚆 10 Anschlußstellen   🚆 – IC-Züge/Tag

🛫 Essen/Mülheim (Anfahrt vom Hbf.: 5 km, 10 min)

P+R – ; Umweltticket: Ticket 2000 (77 DM/Monat)

Index

👥 176 774 (44*)   ▢ 91,3 km² (45*)   📊 1936 (26*)

Arbeitslose: 9,9%   Ausländer: 9,4%; davon Türken 36,1%

Schulden/Einwohner: 3200 DM / Insgesamt: 566 Mio DM (37*)

🏛 1   🎭 –   Uni –

Politik   CDU/Grüne (seit 1994); 33 von 59 Sitzen

Partei	SPD	CDU	B.90/Gr.	FDP	REP
1994: % / Sitze	40,7/26	37,4/24	14,7/9	3,7/–	1,2/–
1989: % / Sitze	50,0/31	28,8/17	12,3/7	6,6/4	–/–

Oberbürgermeister: Hans-Georg Specht (CDU, seit 1994; *1940)

München

Bayern, Reg.-Bez. Oberbayern, Stadtkreis

☎ 0 89   ✉ Bereich 80...   🚗 M

ℹ️ Sendlinger Straße 1, 80331 M.   ☎ 23 91 - 1

Verkehr

🚌 475/1000 Einw. (21*)   P 5 DM/h

🚆 38 Anschlußstellen   🚆 83 IC,EC,ICE-Züge/Tag

🛫 München (Anfahrt vom Hbf.: S 8; 45 min)

P+R Mo–Sa; Umweltticket: Grüne Karte (59–79 DM/Mo.)

Index

👥 1 324 208 (3*)   ▢ 310,5 km² (5*)   📊 4265 (1*)

Arbeitslose: 6,3%   Ausländer: 21,6%; davon ehem. Jugosl. 30,0%

Schulden/Einwohner: 2733 DM / Insgesamt: 3,4 Mrd DM (7*)

🏛 41   🎭 1   Uni 3 / Studenten: 82 344   Hochschulen: 5 / 2721

Politik   SPD/Grüne/Splittergr. (seit 1994); 43 von 80 Sitzen

Partei	CSU	SPD	B.90/Gr.	REP	FDP	Sonstige
1996: % / Sitze	37,9/32	37,4/31	9,6/8	2,1/1	3,3/2	9,7/6
1994: % / Sitze	35,5/30	34,4/29	10,1/9	5,1/4	4,2/3	10,7/5

Oberbürgermeister: Christian Ude (SPD, seit 1993; *1947)

Münster

Nordrhein-Westfalen, Reg.-Bez. Münster, Stadtkreis

☎ 02 51   ✉ Bereich 48...   🚗 MS

ℹ️ Klemensstr. 1, 48127 M.   ☎ 4 92 - 27 01

Verkehr

🚌 512/1000 Einw. (9*)   P 4 DM/h

🚆 2 Anschlußstellen   🚆 41 IC-Züge/Tag

🛫 MS/Osnabrück (Anfahrt vom Hbf.: Bus, 30 min)

P+R Mo–Sa; Umweltticket: Münsterkarte (55 DM/Monat)

Index

👥 265 025 (27*)   ▢ 302,8 km² (6*)   📊 875 (48*)

Arbeitslose: 8,4%   Ausländer: 7,3%; davon Türken 11,7%

Schulden/Einwohner: 2199 DM / Insgesamt: 583 Mio DM (35*)

🏛 4   🎭 1   Uni 1 / Studenten: 44 928   Hochschulen: 6 / 8585

Politik   CDU (seit 1984); 32 von 67 Sitzen; wechselnde Mehrheiten

Partei	CDU	SPD	B.90/Gr.	FDP
1994: % / Sitze	44,1/32	32,7/23	16,7/12	–/–
1989: % / Sitze	43,4/30	35,1/24	12,2/8	8,3/5

Oberbürgermeisterin: Marion Tüns (SPD, seit 1994; *1946)

Nürnberg

Bayern, Reg.-Bez. Mittelfranken, Stadtkreis

☏ 09 11   ✉ Bereich 90...   🚗 N

ℹ️ Hauptmarkt 18, 90403 N.   ☏ 23 36 - 35

Index						
👫 493 131 (13*)		⬜ 185,8 km² (22*)			📈 2654 (10*)	
Arbeitslose: 10,1%		Ausländer: 16,8%; davon Türken 29,8%				
Schulden/Einwohner: 3069 DM / Insgesamt: 1,32 Mrd DM (15*)						
🏛 5 🎭 1 Uni 1 / Studenten: 6491 Hochschulen: 3 / 9323						

Verkehr		Politik	CSU (seit 1996); 33 von 70 Sitzen; wechselnde Mehrheiten			
🚌 427/1000 Einw. (42*) P 5 DM/h Zentrum		Partei	CSU	SPD	B.90/Gr.	REP	FDP	Sonstige

Verkehr	Politik CSU (seit 1996); 33 von 70 Sitzen; wechselnde Mehrheiten					
🚌 427/1000 Einw. (42*) P 5 DM/h Zentrum	Partei	CSU	SPD	B.90/Gr.	REP	FDP	Sonstige
🚃 12 Anschlußstellen 🚄 88 IC-Züge/Tag	1996: % / Sitze	43,7/33	34,3/25	8,1/6	3,0/2	2,4/1	8,4/3
✈ Nürnberg (Vom Hbf.: Bus 20, 20 min)	1990: % / Sitze	36,3/26	43,1/32	8,3/6	6,7/4	3,4/2	2,1/–
P+R Mo–Sa; Umweltticket: MobiCard (81 DM/Monat)	Oberbürgermeister: Ludwig Scholz (CSU, seit 1996; *1937)					

Oberhausen

Nordrhein-Westfalen, Reg.-Bez. Düsseldorf, Stadtkreis

☏ 02 08   ✉ Bereich 46...   🚗 OB

ℹ️ Willy-Brandt-Platz 4, 46045 O.   ☏ 850 750

Index					
👫 224 563 (35*)		⬜ 77,0 km² (49*)		📈 2916 (6*)	
Arbeitslose: 14,8%		Ausländer: 15,7%; davon Türken 43%			
Schulden/Einwohner: 2732 DM / Insgesamt: 613 Mio DM (31*)					
🏛 1 🎭 – Uni –					

Verkehr	Politik SPD (seit 1952); 37 von 59 Sitzen				
🚌 504/1000 Einw. (10*) P 2 DM/h	Partei	SPD	CDU	B.90/Gr./Bunte Liste	FDP
🚃 15 Anschlußstellen 🚄 – IC-Züge/Tag	1994: % / Sitze	57,7/37	29,4/18	7,0/4	2,8/–
✈ Düsseldorf (30 km)	1989: % / Sitze	57,8/35	29,0/17	8,0/4	5,2/3
P+R –; Umweltticket: Ticket 2000 (77 DM/Monat)	Oberbürgermeister: Friedhelm van den Mond (SPD, seit 1979; *1932)				

Oldenburg

Niedersachsen, Reg.-Bez. Weser-Ems

☏ 04 41   ✉ Bereich 261...   🚗 OL

ℹ️ Informationszentrum Wallstr. 14   ☏ 235-22 35

Index					
👫 151 299 (49*)		⬜ 99,5 km² (43*)		📈 1501 (37*)	
Arbeitslose: 12,9%		Ausländer: 13,9%; davon Türken 36,3%			
Schulden/Einwohner: 3940 DM / Insgesamt: 698 Mio DM (29*)					
🏛 4 🎭 – Uni 1 / Studenten: 13 000 Hochschulen: 2					

Verkehr	Politik SPD (seit 1986); 20 von 45 Sitzen; wechselnde Mehrheiten				
🚌 548/1000 Einw. (5*) P 0–2 DM/h	Partei	SPD	CDU	Grüne	Olli	DKP
🚃 10 Anschlußstellen 🚄 2 IC-Züge/Tag	1991: % / Sitze	41,4/20	36,5/18	13,0/6	2,0/1	–/–
✈ Bremen (Anfahrt per PKW 30 min)	1986: % / Sitze	40,5/20	37,7/19	10,5/5	–/–	5,1/2
P+R Mo–Sa; Umweltticket: (58 DM/Mo.)	Oberbürgermeister: Dieter Holzapfel (SPD, seit 1991; *1938)				

Osnabrück

Niedersachsen, Reg.-Bez. Weser-Ems, Stadtkreis

☏ 05 41   ✉ Bereich 49...   🚗 OS

ℹ️ Krahnstr. 58, 49074 O.   ☏ 3 23 - 22 02

Index					
👫 161 934 (47*)		⬜ 119,8 km² (39*)		📈 1351 (39*)	
Arbeitslose: 12,0%		Ausländer: 10,1%; davon Türken 26,6%			
Schulden/Einwohner: 2748 DM / Insgesamt: 445 Mio DM (42*)					
🏛 2 🎭 1 Uni 1 / Studenten: 14 323 Hochschulen: 3 / 4889					

Verkehr	Politik SPD/Grüne (seit 1991); 27 von 51 Sitzen				
🚌 456/1000 Einw. (28*) P 2–3 DM/h	Partei	CDU	SPD	Grüne	FDP
🚃 13 Anschlußstellen 🚄 37 IC-Züge/Tag	1991: % / Sitze	41,0/21	40,7/21	11,7/6	6,6/3
✈ Münster/Osnabrück (Anfahrt vom Hbf.: Bus 35 min)	1986: % / Sitze	45,7/24	41,9/21	7,8/4	4,3/2
P+R – ; Umweltticket: Umweltabo (44 DM/Monat)	Oberbürgermeister: Hans-Jürgen Fip (SPD, seit 1991; *1940)				

Rostock

Mecklenburg-Vorpommern, Stadtkreis

☎ 03 81   ⌧ Bereich 18...   🚗 HRO

ℹ️ Schnickmannstr. 13/14, 18055 R.   ☎ 4 59 08 60

Verkehr

🚃 418/1000 Einw. (44*)   P 2 DM/h

🏃 4 Anschlußstellen   🚆 2 IC-Züge/Tag

🛬 Rostock-Laage (Anfahrt vom Hbf.: 25 min)

P+R Mo–Sa; Umweltticket: –

Index

👥 224 571 (34*)   ☐ 180,7 km² (23*)   📐 1243 (45*)

Arbeitslose: 15,8%   Ausländer: 2,0%; davon Rumänen 28,0%

Schulden/Einwohner: 953 DM / Insgesamt: 214 Mio DM (49*)

🏛 1   Ⅴ –   Uni 1 / Studenten: 8491   Hochschulen: 1 / 276

Politik   SPD/CDU (seit 1994); 27 von 53 Sitzen

Partei	PDS	SPD	CDU	Bünd. 90	Sonstige	FDP/BFD
1994: % / Sitze	33,2/20	27,3/16	18,3/11	10,7/6	10,5/–	–/–
1990: % / Sitze	22,8/30	28,0/37	22,8/30	13,5/17	8,2/10	4,5/6

Oberbürgermeister: Arno Pöker (SPD, seit 1995; *1959)

Saarbrücken

Saarland, Stadtverband Saarbrücken

☎ 06 81   ⌧ Bereich 61...   🚗 SB

ℹ️ Großherz.-Friedr.-Str. 1, 66111 S.   ☎ 9 05 - 12 25

Verkehr

🚃 579/1000 Einw. (2*)   P 2 DM/h

🏃 19 Anschlußstellen   🚆 8 IC-Züge/Tag

🛬 Saarbrücken-Ensheim (Anfahrt vom Hbf.: 20 min)

P+R Mo–Sa; Umweltticket: Zeit-Karte (61 DM/Monat)

Index

👥 189 483 (41*)   ☐ 167,1 km² (27*)   📐 1135 (46*)

Arbeitslose: 15,7%   Ausländer: 11,8%; davon Italiener 22,3%

Schulden/Einwohner: 3234 DM / Insgesamt: 613 Mio DM (32*)

🏛 1   Ⅴ –   Uni 1 / Studenten: 19 489   Hochschulen: 6 / 4507

Politik   SPD/FDP (seit 1994); 33 von 63 Sitzen

Partei	SPD	CDU	B.90/Gr.	FDP	REP
1994: % / Sitze	44,2/30	32,1/22	11,7/8	5,3/3	–/–
1989: % / Sitze	47,3/32	28,4/19	7,5/4	9,0/6	5,7/2

Oberbürgermeister: Hajo Hoffmann (SPD, seit 1991; *1945)

Solingen

Nordrhein-Westfalen, Reg.-Bez. Düsseldorf, Stadtkreis

☎ 02 12   ⌧ Bereich 42...   🚗 SG

ℹ️ Cronenberger Straße, 42651 S.   ☎ 2 90 - 23 33

Verkehr

🚃 586/1000 Einw. (1*)   P 1–2 DM/h

🏃 3 Anschlußstellen   🚆 35 IC-Züge/Tag

🛬 Düsseldorf (Anfahrt vom Hbf.: SG-Ohligs: 35 min)

P+R Mo–Sa; Umweltticket: Ticket 2000 (77 DM/Monat)

Index

👥 165 187 (46*)   ☐ 89,5 km² (46*)   📐 1847 (30*)

Arbeitslose: 9,9%   Ausländer: 14,6%; davon Türken 35,2%

Schulden/Einwohner: 1298 DM / Insgesamt: 214 Mio DM (50*)

🏛 –   Ⅴ –   Uni –

Politik   SPD/Grüne (seit 1989); 30 von 59 Sitzen

Partei	SPD	CDU	FDP	B.90/Gr.
1994: % / Sitze	41,3/25	40,0/25	6,8/4	8,3/5
1989: % / Sitze	41,6/26	34,6/22	12,0/7	7,4/4

Oberbürgermeister: Gerd Kaimer (SPD, seit 1984; *1926)

Stuttgart

Baden-Württemberg, Reg.-Bez. Stuttgart, Stadtkreis

☎ 07 11   ⌧ Bereich 70...   🚗 S

ℹ️ Königstraße 1A, 70173 S.   ☎ 22 28 - 240

Verkehr

🚃 489/1000 Einw. (17*)   P 1–4 DM/h

🏃 7 Anschlußstellen   🚆 97 IC-Züge/Tag

🛬 Stuttgart (Vom Hbf.: S 2, 3, 27 min)

P+R Mo–Sa; Umweltticket: –

Index

👥 563 543 (9*)   ☐ 207,3 km² (17*)   📐 2718 (9*)

Arbeitslose: 8,7%   Ausländer: 23,9%; davon ehem. Jugosl. 32,3%

Schulden/Einwohner: 3811 DM / Insgesamt: 2,1 Mrd DM (9*)

🏛 28   Ⅴ 1   Uni 2 / Studenten: 25 504   Hochschulen: 6 / 6282

Politik   CDU (seit 1974); 20 von 60 Sitzen; wechselnde Mehrheiten

Partei	CDU	SPD	B.90/Gr.	FDP	REP	Sonstige
1994: % / Sitze	31,4/20	26,2/16	17,3/11	7,5/4	7,2/4	10,5/5
1989: % / Sitze	31,2/20	28,3/18	12,4/7	10,2/6	9,5/6	5,4/3

Oberbürgermeister: Manfred Rommel (CDU, seit 1974; *1928)

Wiesbaden

Hessen, Reg.-Bez. Darmstadt, Stadtkreis

🕾 06 11　　📠 Bereich 65...　　🚗 WI

ℹ️ Marktstr. 6, 65028 W.　　🕾 1 72 97 80

Verkehr

🚌 461/1000 Einw. (26*)　 P 2 DM/h

🏍 10 Anschlußstellen　　🚆 6 IC-Züge/Tag

✈ Frankfurt/M. (28 km, Anfahrt vom Hbf.: 27 min)

P+R Mo-Sa; Umweltticket: Monatskarte (86 DM/Monat)

Index

👫 265 391 (26*)　　　▢ 203,9 km² (19*)　　🗺 1302 (41*)

Arbeitslose: 7,8%　　　Ausländer: 17,9 %; davon Türken 25,5%

Schulden/Einwohner: 4522 DM / Insgesamt: 1,2 Mrd DM (19*)

🏛 3　 📕 1　 Uni –　 Hochschulen: 1 / Studenten: 7972

Politik　SPD/CDU/FDP (seit 1993); 60 von 81 Sitzen

Partei	SPD	CDU	REP	B.90/Gr.	FDP	Sonstige
1993: % / Sitze	33,7/29	28,9/25	13,1/10	11,9/10	7,0/6	5,4/1
1989: % / Sitze	49,5/41	33,4/27	–/–	8,8/7	7,0/6	–/–

Oberbürgermeister: Achim Exner (SPD, seit 1985; *1944)

Wuppertal

Nordrhein-Westfalen, Reg.-Bez. Düsseldorf, Stadtkreis

🕾 02 02　　📠 Bereich 42...　　🚗 W

ℹ️ Infozentr. Döppersberg, 42103 W.　🕾 5 63 22 70

Verkehr

🚌 447/1000 Einw. (33*)　 P 2–3 DM/h

🏍 11 Anschlußstellen　　🚆 37 IC-Züge/Tag

✈ Düsseldorf (40 km, Anfahrt vom Hbf.: 60 min)

P+R Mo-Sa; Umweltticket: Ticket 2000 (77 DM/Monat)

Index

👫 384 991 (17*)　　　▢ 168,4 km² (26*)　　🗺 2287 (16*)

Arbeitslose: 11,0%　　　Ausländer: 13,9%; davon Türken 29,5%

Schulden/Einwohner: 2372 DM / Insgesamt: 913 Mio DM (21*)

🏛 2　 📕 1　 Uni 1 / Studenten: 17 851　 Hochschulen: 3 / 880

Politik　SPD/Grüne (seit 1994); 38 von 67 Sitzen

Partei	SPD	CDU	B.90/Gr.	FDP	Sonstige
1994: % / Sitze	40,5/30	39,1/29	11,6/8	4,6/–	4,2/–
1989: % / Sitze	44,3/32	32,8/23	9,4/6	9,5/6	4,0/–

Oberbürgermeisterin: Ursula Kraus (SPD, seit 1984; *1930)

Graz

Steiermark, Reg.-Bez. Graz, kreisfrei

☏ 03 16   ✉ 8010   🏁 G

ℹ Kaiserfeldgasse 15/IX, 8010 G.   ☏ 80 75 - 0

Verkehr

🚌 477/1000 Einw. (1*)   P 2,57 DM/h

🛤 3 Anschlußstellen   🚆 28 IC-Züge/Tag

✈ Graz (10 km; Anfahrt vom Hbf.: 12 min)

P+R Mo–Sa; Umweltticket: 37,10 DM/Monat

Index

🚶 243 157 (2*)   ▢ 127,6 km² (3*)   🗺 1806 (4*)

Arbeitslose: 4,0%   Ausländer: 5,0%; davon ehem. Jugosl. 42%

Schulden/Einwohner: 2050 DM / Insgesamt: 500 Mio DM (3*)

🏛 1   🎭 1   Uni 2 / Studenten: 47 040   Hochschulen: 1 / 1383

Politik   SPÖ (seit 1985); 21 von 56 Sitzen; wechselnde Mehrheiten

Partei	SPÖ	ÖVP	FPÖ	ALG	Sonstige
1993: % / Sitze	34,7/21	26,1/15	20,1/12	5,2/3	13,9/5
1988: % / Sitze	42,5/25	31,9/19	11,8/7	4,9/2	8,9/3

Bürgermeister: Alfred Stingl (SPÖ, seit 1985; *1939)

Innsbruck

Tirol, Reg.-Bez. Innsbruck-Stadt, kreisfrei

☏ 05 12   ✉ Bereich 60..   🏁 I

ℹ Burggraben 3, 6020 I.   ☏ 5 98 50

Verkehr

🚌 423/1000 Einw. (4*)   P 1,40 DM/h

🛤 3 Anschlußstellen   🚆 62 IC-Züge/Tag

✈ Innsbruck (5 km; Anfahrt vom Hbf.: 10 min)

P+R –; Umweltticket: Monatskarte (51 DM)

Index

🚶 118 112 (5*)   ▢ 105,0 km² (5*)   🗺 1125 (6*)

Arbeitslose: 5,2%   Ausländer: 11,6%; davon ehem. Jugosl. 3,9%

Schulden/Einwohner: 2912 DM / Insgesamt: 344 Mio DM (5*)

🏛 3   🎭 1   Uni 1 / Studenten: 27 692   Hochschulen: 1 /

Politik   Für Innsbruck/SPÖ/ÖVP/FPÖ/GRÜ (seit 1994); 38 v. 40 Sitzen

Partei	SPÖ	F. Innsb.	ÖVP	FPÖ	Sonstige
1994: % / Sitze	26,6/11	22,8/10	18,9/8	12,7/5	19,0/6
1989: % / Sitze	26,8/12	–/–	31,0/14	13,1/5	29,1/9

Bürgermeister: Herwig van Staa (Für Innsbruck, seit 1994; *1942)

Klagenfurt

Kärnten, Reg.-Bez. Klagenfurt-Stadt, kreisfrei

☏ 04 63   ✉ 9020   🏁 K

ℹ Rathaus, Neuer Platz 1, 9020 K.   ☏ 5 37 - 2 23

Verkehr

🚌 475/1000 Einw. (2*)   P 1,43 DM/h

🛤 1 Anschlußstelle   🚆 26 IC-Züge/Tag

✈ Klagenfurt Wörthersee (5 km vom Zentrum)

P+R –; Umweltticket (31,40 DM/Monat)

Index

🚶 90 608 (6*)   ▢ 120,1 km² (4*)   🗺 754 (7*)

Arbeitslose: 7,0%   Ausländer: 7,0%; davon ehemal. Jugosl. 66,4%

Schulden/Einwohner: 1935 DM / Insgesamt: 175,3 Mio DM (6*)

🏛 1   🎭 –   Uni 1 / Studenten: 5318

Politik   SPÖ/ÖVP/FPÖ (seit 1973); 43 von 45 Sitzen

Partei	SPÖ	ÖVP	FPÖ	VGÖ	Sonstige
1991: % / Sitze	40,2/19	31,3/14	21,2/10	4,2/2	3,2/–
1985: % / Sitze	38,3/18	46,8/22	9,9/4	4,2/1	2,7/–

Bürgermeister: Leopold Guggenberger (ÖVP, seit 1973; *1918)

Linz

Oberösterreich, Reg.-Bez. Linz, kreisfrei

☏ 07 32   ✉ Bereich 40..   🏁 L

ℹ Hauptplatz 5, 4020 L.   ☏ 7070/2939

Verkehr

🚌 414/1000 Einw. (5*)   P 1,40 DM/h

🛤 11 Anschlußstellen   🚆 50 IC-Züge/Tag

✈ Linz-Hörsching (17 km; Anfahrt vom Hbf.: 20 min)

P+R –; Umweltticket: Monatskarte (54 DM)

Index

🚶 212 595 (3*)   ▢ 96,1 km² (6*)   🗺 2212 (2*)

Arbeitslose: 5,5%   Ausländer: 10,7%; davon ehem. Jugosl. 51,3%

Schulden/Einwohner: 2120 DM / Insgesamt: 430,5 Mio DM (4*)

🏛 5   🎭 1   Uni 1 / Studenten: 25 527   Hochschulen: 2 / 831

Politik   SPÖ/ÖVP/FPÖ (seit 1991); 56 von 61 Sitzen

Partei	SPÖ	ÖVP	FPÖ	VGö	GAL	KPÖ
1991: % / Sitze	44,8/29	24,7/15	19,4/12	5,9/3	4,4/2	0,9/–
1985: % / Sitze	52,3/33	31,7/20	5,2/3	–/–	8,9/4	2,0/1

Bürgermeister: Franz Dobusch (SPÖ, seit 1988; *1951)

Salzburg

Salzburg		**Index**				
Salzburg, Reg.-Bez. Salzburg-Stadt, kreisfrei		143 910 (4*)		65,6 km² (7*)		2194 (3*)
		Arbeitslose: 1,7%		Ausländer: 17,6%; davon ehem. Jugosl. 52,6%		
☎ 06 62 Bereich 50... S		Schulden/Einwohner: 3771 DM / Insgesamt: 543 Mio DM (2*)				
Auerspergstraße 7, 5020 S. ☎ 88 987 - 0		33 4 Uni 1 / Studenten: 12 568 Hochschulen: 1 / 1710				

Verkehr		**Politik** ÖVP (seit 1992); 11 von 40 Sitzen; wechselnde Mehrheiten				
438/1000 Einw. (3*) P 2 DM/h		Partei	SPÖ	ÖVP	Bürgerliste	FPÖ	Sonstige
6 Anschlußstellen 47 IC-Züge/Tag	1992: % / Sitze	28,0/12	24,8/11	16,5/7	14,5/6	16,2/4
Salzburg (Anfahrt vom Hbf.: 30 min)	1987: % / Sitze	49,3/21	22,6/9	10,1/4	15,1/6	2,9/–
Mo–Sa; Umweltticket: 24 Stunden (4,30 DM)	Bürgermeister: Josef Dechant (ÖVP, seit 1992; *1942)					

Villach

Villach		**Index**				
Kärnten, Reg.-Bez. Villach-Stadt, kreisfrei		56 668 (8*)		134,8 km² (2*)		419 (8*)
		Arbeitslose: 9,7%		Ausländer: 8,32%; davon ehem. Jugosl. 46,6%		
☎ 0 42 42 Bereich 95.. VI		Schulden/Einwohner: 2216 DM / Insgesamt: 125,3 Mio DM (7*)				
Europaplatz 2, 9500 V. ☎ 2 44 44		2 – Uni –				

Verkehr		**Politik** SPÖ (seit 1949); 24 von 45 Sitzen				
232/1000 Einw. (7*) P 1,40 DM/h		Partei	SPÖ	FPÖ	ÖVP	Grüne	Sonstige
14 Anschlußstellen 14 IC-Züge/Tag	1991: % / Sitze	49,9/24	22,0/10	16,7/8	4,6/2	6,9/1
Klagenfurt (45 km; Anfahrt vom Hbf.: 30 min)	1985: % / Sitze	53,8/26	10,9/3	27,4/10	8,9/3	–/–
Mo–Sa; Umweltticket: –	Bürgermeister: Helmut Manzenreiter (SPÖ, seit 1987; *1946)					

Wels

Wels		**Index**				
Oberösterreich, Reg.-Bez. Wels-Stadt, kreisfrei		59 800 (7*)		46,0 km² (8*)		1300 (5*)
		Arbeitslose: 4,3%		Ausländer: 13%		
☎ 0 72 42 4600 WE		Schulden/Einwohner: k. A. / Insgesamt: k. A.				
Stadtplatz 55, 4600 W. ☎ 4 34 95		1 – Uni – Hochschulen: 1 / 209				

Verkehr		**Politik** SPÖ (seit 1985); 18 von 36 Sitzen			
k. A./1000 Einw. P 1,40 DM/h		Partei	SPÖ	ÖVP	FPÖ	GAL
3 Anschlußstellen 3 IC-Züge/Tag	1991: % / Sitze	49,2/18	21,4/8	21,1/8	5,8/2
Hörsching (25 km; Anfahrt vom Hbf.: 30 min)	1985: % / Sitze	54,5/21	30,8/12	6,6/2	6,9/1
–; Umweltticket: –	Bürgermeister: Karl Bregartner (SPÖ, seit 1982; *1933)				

Wien

Wien		**Index**				
Wien, Reg.-Bez. Wien, Kreis Wien-Stadt		1 636 399 (1*)		415,0 km² (1*)		3943 (1*)
		Arbeitslose: 7,3%		Ausländer: 18,4%; davon ehem. Jugosl. 42,7%		
☎ 0222 Bereich 1... W		Schulden/Einwohner: 4914 DM / Insgesamt: 8,04 Mrd DM (1*)				
Obere Augartenstraße 40 ☎ 2 11 14 - 0		13 3 Uni 5 / Studenten: 125 939 Hochschulen: 3 / 3748				

Verkehr		**Politik** SPÖ (seit 1918); 52 von 100 Sitzen				
363/1000 Einw. (6*) P 1,70–5,00 DM/h		Partei	SPÖ	FPÖ	ÖVP	Grüne	Sonstige
4 Anschlußstellen 104 IC-Züge/Tag	1991: % / Sitze	47,8/52	22,5/23	18,1/18	9,1/7	2,5/–
Wien-Schwechat (25 km, Anfahrt vom Hbf.: 35 min)	1987: % / Sitze	54,9/62	9,7/8	28,4/30	5,2/–	2,6/–
Mo–Sa; Monatskarte (71,50 DM)	Bürgermeister: Michael Häupl (SPÖ, seit 1994; *1949)					

Basel

Kanton Basel-Stadt

☎ 0 61   ✉ Bereich 40..   🚗 BS

ℹ Schifflände 5, 4001 B.   ☎ 2 61 50 50

Verkehr

🚌 298/1000 Einw. (7*)   P 1,22 DM/h

🚈 8 Anschlußstellen   🚆 78 IC-Züge/Tag

✈ Basel-Mulhouse (6 km; Anfahrt vom Hbf.: 15 min)

P+R –; Umweltticket (68,30 DM/Monat)

Index

🏘 176 000 (3*)   ▢ 23,9 km² (7*)   ⚥ 7400 (2*)

Arbeitslose: 4,7%   Ausländer: 28,2%; davon Italiener 23,5%

Schulden/Einwohner: 29 500 DM / Kanton und Stadt: 5,9 Mrd DM (1*)

🏛 4   🎭 1   Uni 1 / Studenten: 8031

Politik   SP (seit 1984); 32 von 130 Sitzen; wechselnde Mehrheiten

Partei	SP	FDP	LDP	CVP	DSP	Sonstige
1992: % / Sitze	22,2/32	15,1/21	12,1/17	10,2/15	7,8/10	32,7/35
1988: % / Sitze	18,3/27	13,9/19	11,0/15	10,6/15	8,2/9	38,0/45

Regierungspräsident: Jörg Schild (FDP, seit 1995; *1946)

Bern

Bern, Amtsbezirk Bern

☎ 0 31   ✉ Bereich 30...   🚗 BE

ℹ Hauptbahnhof, 3001 B.   ☎ 311 66 11

Verkehr

🚌 358/1000 Einw. (6*)   P 2,90 DM/h

🚈 4 Anschlußstellen   🚆 85 IC-Züge/Tag

✈ Zürich-Kloten (120 km), Genf-Cointrin (120 km)

P+R Mo–Sa; Umweltticket: Bäre-Abi (70 DM/Monat)

Index

🏘 131 046 (4*)   ▢ 51,6 km² (5*)   ⚥ 2550 (5*)

Arbeitslose: 4,9%   Ausländer: 19,3%; davon Italiener 26,0%

Schulden/Einwohner: k. A. / Insgesamt: k. A.

🏛 2   🎭 1   Uni 1 / Studenten: 10 200

Politik   Liste Rot-Grün-Mitte (seit 1992); 42 von 68 Sitzen

Partei	Parteien Liste Rot-Grün-Mitte	Parteien Bürgerliste
1992: % / Sitze	51,3/42	31,6/26
1988: % / Sitze	48,6/39	35,3/29

Stadtpräsident: Klaus Baumgartner (SP, seit 1993; *1937)

Genf

Genf, Reg.-Bez. Genf

☎ 0 22   ✉ Bereich 12...   🚗 GE

ℹ Place du Molard 4, 1204 G.   ☎ 311 99 70

Verkehr

🚌 488/1000 Einw. (2*)   P 0,5–2 DM/h

🚈 3 Anschlußstellen   🚆 65 IC-Züge/Tag

✈ Genf (6 km; Anfahrt vom Hbf.: 10 min)

P+R –; Umweltticket: Stadtticket (96 DM/Monat)

Index

🏘 176 372 (2*)   ▢ 15,86 km² (8*)   ⚥ 11 121 (1*)

Arbeitslose: 7,5%   Ausländer: 43,7%; davon Portugiesen 18,9%

Schulden/Einwohner: k. A. / Insgesamt: k. A.

🏛 22   🎭 1   Uni 1 / Studenten: 13 474

Politik   SPS/Linke Allianz/Grüne (seit 1995); 44 von 80 Sitzen

Partei	Liberale	SPS	Linke Allianz	FDP	Sonstige
1995: Sitze	19	18	18	9	16
1991: Sitze	21	15	14	10	20

Bürgermeister: Alain Vaissade (GPS, seit 1995; *1946)

Lausanne

Vaud, Reg.-Bez. Vaud, Kreis Lausanne

☎ 0 21   ✉ Bereich 10...   🚗 VD

ℹ Avenue de Rhodanie 2, 1000 L.   ☎ 6 17 14 27

Verkehr

🚌 413/1000 Einw. (3*)   P 1,20 DM/40 min

🚈 7 Anschlußstellen   🚆 42 IC-Züge/Tag

✈ Genf (75 km)

P+R Mo–So; Umweltticket: –

Index

🏘 125 562 (5*)   ▢ 54,8 km² (4*)   ⚥ 2133 (6*)

Arbeitslose: 11,3%   Ausländer: 32,8%; davon Italiener 19,1%

Schulden/Einwohner: 14 512 DM / Insgesamt: 1926 Mio DM (2*)

🏛 1   🎭 –   Uni 1 / Studenten: 8724   Hochschulen: 1 / 4229

Politik   SPS/GPS/Partei der Arbeit (seit 1994); 52 von 100 Sitzen

Partei	SPS	FDP	LDP	GPS	Sonstige
1993: Sitze	32	27	15	11	15
1989: Sitze	30	25	16	16	13

Bürgermeisterin: Yvette Jaggi (SPS, seit 1990; *1941)

Luzern

Luzern, Reg.-Bez. Luzern

☎ 0 41　　　⊡ Bereich 60..　　🅰 LU

ℹ Frankenstraße 1, 6002 L.　　☎ 410 71 71

Index

👥 62 662 (8*)	▢ 24,14 km²(6*)	📊 2596 (4*)

Arbeitslose: 3,0%　　Ausländer: 21,0%; davon –

Schulden/Einwohner: 1590 DM / Insgesamt: 98,9 Mio DM (6*)

🏛 1　🎓 –　Uni –

Verkehr

🚌 135/1000 Einw. (8*)　Ⓟ 2,50 DM/h

🛣 2 Anschlußstellen　🚆 8 IC-Züge/Tag

✈ Zürich-Kloten (60 km; Anfahrt vom Hbf.: 60 min)

P·R –; Umweltticket: –

Politik　LPL/SP/CVP/Grüne (seit 1996); 35 von 40 Sitzen

Partei	LPL	SP	CVP	Grüne	Übrige
1996: %	30,5	26,0	15,2	13,4	14,9
1991: %	35,6	20,5	22,0	12,5	9,4

Stadtpräsident: Urs W. Studer (ab 1. 9. 1996)

St. Gallen

St. Gallen, Reg.-Bez. St. Gallen

☎ 0 71　　　⊡ Bereich 90..　　🅰 SG

ℹ Bahnhofplatz 1a, 9001 St. G.　　☎ 229 37 37

Index

👥 71 455 (7*)	▢ 393,7 km²(1*)	📊 181 (8*)

Arbeitslose: 3,9%　　Ausländer: 25,8%; davon Italiener 6%

Schulden/Einwohner: 2707 DM / Insgesamt: 193,4 Mio DM (5*)

🏛 1　🎓 –　Uni 1 / Studenten: 3250　Hochschulen: 1

Verkehr

🚌 494/1000 Einw. (1*)　Ⓟ 2,30 DM/h

🛣 4 Anschlußstellen　🚆 16 IC-Züge/Tag

✈ Zürich-Kloten (85 km)

P·R Mo–So; Umweltticket: Stadtpass (58 DM/Monat)

Politik　CVP (seit 1972); 14 von 63 Sitzen; wechselnde Mehrheiten

Partei	CVP	FDP	SP	LdU	AP	Sonstige
1992: Sitze	14	14	11	7	7	10
1988: Sitze	19	4	10	7	5	9

Stadtammann: Heinz Christen (SP, seit 1981; *1941)

Winterthur

Zürich, Reg.-Bez. Winterthur

☎ 0 52　　　⊡ 8400　　🅰 ZH

ℹ Verkehrsbüro, 8401 W.　　☎ 2 12 00 88

Index

👥 90 000 (6*)	▢ 68,0 km²(3*)	📊 1319 (7*)

Arbeitslose: 4,0%　　Ausländer: 23%; davon Italiener 33,1%

Schulden/Einwohner: 2200 DM / Insgesamt: 196,7 Mio DM (4*)

🏛 4　🎓 –　Uni –

Verkehr

🚌 367/1000 Einw. (4*)　Ⓟ 1,10 DM/h

🛣 5 Anschlußstellen　🚆 64 IC-Züge/Tag

✈ Zürich-Kloten (15 km; Anfahrt vom Hbf.: 14 min)

P·R Mo–Sa; Umweltticket: –

Politik　k. A.

Partei	SP	FDP	SVP	CVP	EVP	Sonstige
1994: % / Sitze	29,0/18	20,7/12	12,9/8	8,0/5	7,1/5	22,3/12
1990: % / Sitze	27,3/17	17,4/11	9,9/6	8,7/5	9,1/5	27,6/16

Stadtpräsident: Martin Haas (FDP, seit 1990; *1935)

Zürich

Zürich, Reg.-Bez. Zürich

☎ 01　　　⊡ Bereich 80..　　🅰 ZH

ℹ Bahnhofsbrücke 1, 8001 Z.　　☎ 2 11 40 00

Index

👥 360 826 (1*)	▢ 91,9 km²(2*)	📊 3926 (3*)

Arbeitslose: 5,6%　　Ausländer: 28,1%; davon ehem. Jugosl. 24,2%

Schulden/Einwohner: 2302 DM / Insgesamt: 831 Mio DM (3*)

🏛 12　🎓 1　Uni 1 / Studenten: 16 415　Hochschulen: 1 / 11 730

Verkehr

🚌 364/1000 Einw. (5*)　Ⓟ 1,20 DM/h

🛣 12 Anschlußstellen　🚆 165 IC-Züge/Tag

✈ Zürich-Kloten (10 km; Anfahrt vom Hbf.: 10–15 min)

P·R Mo–Sa; Umweltticket: Regenbogenk. (81 DM/Monat)

Politik　SP (seit 1986); 43 von 125 Sitzen; wechselnde Mehrheiten

Partei	SP	FDP	SVP	CVP	Sonstige
1994: % / Sitze	34,4/43	22,4/28	15,2/19	8,0/10	20,0/25
1990: % / Sitze	37,6/47	20,0/25	5,6/7	9,6/12	27,2/34

Stadtpräsident: Josef Estermann (SP, seit 1990; *1947)

Afrikanische Entwicklungsbank

Abkürzung AfDB (African Development Bank, engl.)

Sitz Abijan/Côte d'Ivoire

Gründung 1963

Mitglieder 53 afrikanische und 26 nichtafrikanische Staaten

Präsident Omar Kabbaj/Marokko (seit 1995)

Funktion Entwicklungshilfe in Afrika

→ A-Z Entwicklungsländer → A-Z Entwicklungspolitik

APEC KAR

Name Asia-Pacific Economic Cooperation, engl.; asiatisch-pazifische wirtschaftliche Zusammenarbeit

Sitz Singapur

Gründung 1989

Mitglieder 18 Staaten im asiatisch-pazifischen Raum

Exekutivdirektor Shojiro Imanishi/Japan (seit 1995)

Funktion Errichtung einer Freihandelszone im asiatisch-pazifischen Raum

FREIHANDELSZONE: Auf einem Gipfeltreffen im November 1995 in Osaka/Japan bekräftigten die APEC-Staaten ihren Willen, bis zum Jahr 2020 eine Freihandelszone zu errichten. Am 1. 1. 1997 wollen sie auf freiwilliger Basis mit der Öffnung ihrer Märkte beginnen. Erschwert wird der wirtschaftliche Liberalisierungsprozeß durch das starke Wohlstandsgefälle zwischen den Mitgliedsländern und ihre unterschiedliche Wirtschaftsstruktur. Japan, Kanada und die USA zählen zu den reichen Industrienationen, während andere APEC-Staaten wie Chile, Malaysia und die Philippinen zu den Entwicklungs- bzw. Schwellenländern gehören. Daher besteht Uneinigkeit unter den APEC-Mitgliedern, wie das Freihandelsziel erreicht werden soll. Australien und Hongkong wollen alle Zölle und Handelshemmnisse rasch abbauen. Malaysia hingegen möchte die Freihandelszone auf Ostasien begrenzen und zum Schutz der heimischen Industrie Wirtschaftsbarrieren gegen Nordamerika errichten.

WACHSTUMSREGION: Der asiatisch-pazifische Raum gilt als Zukunftsmarkt. 1995 betrug das Wirtschaftswachstum in dieser Region 3,1%. Die Inflationsrate lag in den APEC-Mitgliedstaaten im Durchschnitt bei 4%. Für die nächsten fünf Jahre wird mit einer durchschnittlichen Wachstumsrate von 3,5% gerechnet. Bis 2000 soll sich die regionale Wirtschaft der APEC um insgesamt 20% ausdehnen. Die APEC übt mit ihren 2 Mrd Menschen, die mehr als 40% des Welthandels auf sich vereinigen, große Anziehungskraft auf andere Staaten aus. So wollen ihr u. a. Argentinien, Indien, Peru, Rußland und Sri Lanka beitreten.

APEC: Mitgliedstaaten

Alaska (USA)
KANADA
KOREA-SÜD
JAPAN
CHINA
TAIWAN
Hongkong (GB)
THAILAND
PHILIPPINEN
MALAY-SIA
BRUNEI
SINGAPUR
INDONESIEN
PAPUA-NEUGUINEA
VEREINIGTE STAATEN (USA)
Hawaii (USA)
MEXIKO
PAZIFISCHER OZEAN
AUSTRALIEN
NEUSEELAND
CHILE

© Harenberg

Arabische Liga: Mitglieder im Vergleich

Land	Einwohner Mio	Rang	BSP/Kopf[1] Dollar	Rang	Land	Einwohner Mio	Rang	BSP/Kopf[1] Dollar	Rang
Ägypten	62,9	1	720	13	Libyen	5,4	12	k.A.	
Algerien	27,9	3	1 650	8	Marokko	27,0	4	1 140	11
Bahrain	0,6	20	7 460	4	Mauretanien	2,3	14	480	15
Dschibuti	0,6	19	725	12	Oman	2,2	15	5 140	6
Irak	20,4	5	k.A.		Saudi-Arabien	17,9	6	7 050	5
Jemen	14,5	8	280	16	Somalia	9,3	9	725	12
Jordanien	5,4	11	1 440	9	Sudan	28,1	2	725	12
Katar	0,6	21	12 820	3	Syrien	14,7	7	1 250[2]	10
Komoren	0,7	18	510	14	Tunesien	8,9	10	1 790	7
Kuwait	1,5	17	19 420	2	VAE	1,9	16	23 000	1
Libanon	3,0	13	k.A.						

Stand: 1995; 1) Zahlen von 1994; 2) Zahl von 1993. Palästina (vertreten durch die PLO) ist Vollmitglied seit 1976;
Quellen: Atlaseco, Statistisches Bundesamt, Weltentwicklungsbericht 1996

Arabische Liga [TAB]

Name Liga der arabischen Staaten

Sitz Kairo/Ägypten

Gründung 1945

Mitglieder 21 arabische Staaten und Palästina

Generalsekretär Ismat Abd-al Majid/Ägypten (seit 1991)

Funktion Bündnis arabischer Staaten für politische, wirtschaftliche und kulturelle Zusammenarbeit

ASEAN [KAR] [TAB]

Name Association of South East Asian Nations, engl.; Vereinigung südostasiatischer Nationen

Sitz Jakarta/Indonesien

Gründung 1967

Mitglieder Brunei, Indonesien, Malaysia, Philippinen, Singapur, Thailand, Vietnam

Generalsekretär Dato Ajit Singh/Malaysia (seit 1993)

Funktion Förderung politischer, wirtschaftlicher und sozialer Zusammenarbeit zwischen den Mitgliedstaaten

ATOMWAFFENFREIE ZONE: Eine Konferenz der Regierungschefs der sieben ASEAN-Mitglieder erklärte im Dezember 1995 in Bangkok/Thailand ihre Region zur atomwaffenfreien Zone. Die Vereinbarung, der sich Kambodscha, Laos und Myanmar anschlossen, sieht den freiwilligen Verzicht auf Anwendung, Produktion und Lagerung von Kernwaffen vor. Zugleich forderte die Konferenz die Nuklearmächte (China, Frankreich, Großbritannien, Rußland und die USA) auf, die neue atomwaffenfreie Zone anzuerkennen. China meldete dagegen Vorbehalte an, weil sich das atomwaffenfreie Gebiet auch auf Kontinentalsockel und Wirtschaftszonen im Südchinesischen Meer erstrecken soll, die zwischen China und den Anrainern Malaysia, den Philippinen und Vietnam strittig sind.

Die USA weigerten sich mit dem Hinweis auf ihre Bündnisverpflichtungen gegenüber Thailand und den Philippinen, den Beschluß der ASEAN zu befolgen. **WIRTSCHAFTLICHE INTEGRATION:** Die Mitgliedstaaten einigten sich in Bangkok auf eine Vertiefung der wirtschaftlichen Zusammenarbeit, um im Wettbewerb mit Freihandelszonen (Europäischer Binnenmarkt, NAFTA) bestehen zu können. Sie unterzeichneten ein Abkommen zur Liberalisierung der Dienstleistungsindustrien und zum Schutz des geistigen Eigentums. Die asiatische Freihandelszone AFTA (ASEAN Free Trade Area; engl.), die die ASEAN-Wirtschaftsminister Ende 1994 beschlossen hatten, soll bis zum Jahr 2003 verwirklicht werden. Die Öffnung der Volkswirtschaften soll die Wachstumsdynamik in dieser Region über das Jahr 2000 hinaus sichern. Das BIP der sieben

ASEAN: Mitgliedstaaten

ASEAN: Mitglieder im Vergleich

Land	Fläche (km²)	Einw. (Mio)	BSP/Kopf[1] (Dollar)
Brunei	5 765	0,3	14 240
Indonesien	1 904 569	197,6	880
Malaysia	329 758	20,1	3 480
Philippinen	300 000	67,6	950
Singapur	618	2,8	22 500
Thailand	513 115	58,8	2 410
Vietnam	331 689	74,5	200

Stand: 1995; 1) Zahlen von 1994; Quellen: Statistisches Bundesamt, Weltentwicklungsbericht 1996

Länder stieg 1995 um durchschnittlich 8,1%. Für 1996 prognostizierten Experten eine durchschnittliche Zuwachsrate von 7,9%.

ASIATISCH-EUROPÄISCHER GIPFEL: In Bangkok trafen sich im März 1996 die Staats- und Regierungschefs der ASEAN-Staaten sowie von China, Japan und Korea-Süd zum ersten Mal mit den führenden Vertretern der EU-Staaten. Die Gipfelteilnehmer einigten sich darauf, die wirtschaftliche, wissenschaftliche und kulturelle Zusammenarbeit zwischen Europa und Asien zu vertiefen. Ein europäisch-asiatisches Wirtschaftsforum soll in Frankreich eröffnet werden. In Singapur soll eine Asien-Europa-Stiftung entstehen. Die Staaten vereinbarten, im kulturellen und wissenschaftlichen Bereich die Kontakte zu intensivieren und den Austausch von Studenten zu fördern. Für 1998 ist ein Folgetreffen in England vorgesehen.
→ A-Z Atomtests → A-Z Atomwaffen

Asiatische Entwicklungsbank
Abkürzung ADB (Asian Development Bank, engl.)
Sitz Manila/Philippinen
Gründung 1966
Mitglieder 42 asiatische und 16 nichtasiatische Staaten
Präsident Mitsuo Sato/Japan (seit 1993)
Funktion Entwicklungshilfe in Asien
→ A-Z Entwicklungsländer → A-Z Entwicklungspolitik

Bank für internationalen Zahlungsausgleich
Abkürzung BIZ
Sitz Basel/Schweiz
Gründung 1930
Mitglieder 34 Zentralbanken (Mitgliedschaften der Zentralbanken von Albanien und Jugoslawien ruhen)
Generaldirektor Andrew Crockett/Großbritannien (seit 1994)
Funktion Förderung der Zusammenarbeit der Mitgliedsbanken

BDA
Name Bundesvereinigung der Deutschen Arbeitgeberverbände
Sitz Köln
Gründung 1949
Aufbau 16 Landesverbände
Präsident Klaus Murmann (seit 1986), ab Januar 1997 voraussichtlich Dieter Hundt
Funktion Wahrung von sozialpolitischen Belangen der privaten Unternehmen in Deutschland
→ A-Z Bündnis für Arbeit

BDI
Name Bundesverband der deutschen Industrie
Sitz Köln
Gründung 1949
Aufbau 36 Fachverbände und rd. 500 Unterverbände
Präsident Hans-Olaf Henkel (seit 1994)
Funktion Vertretung der wirtschaftspolitischen Interessen der deutschen Industrie
→ A-Z Bündnis für Arbeit

Blockfreie Staaten
Name Non-aligned Movement (engl.)
Gründung 1961
Mitglieder 115 Staaten
Vorsitz Ernesto Samper/Kolumbien (seit 1995)
Funktion Interessenvertretung der Entwicklungsländer

Beim 11. Gipfeltreffen im Oktober 1995 in Cartagena/Kolumbien bekräftigten die B. ihre Forderung nach einer Reform der UNO. Um die Interessen der Entwicklungsländer besser vertreten zu können, verlangten sie mehr Entscheidungsgewalt im UNO-Sicherheitsrat, dem höchsten Entscheidungsgremium der UNO. Die Mitglieder sprachen sich in diesem Zusammenhang gegen das Vetorecht Chinas, Frankreichs, Großbritanniens, Rußlands und der USA aus. Die B., in denen rd. die Hälfte der Weltbevölkerung lebt, wollen ihre Organisation zu einem Nord-Süd-Diskussionsforum umformen. Es soll dazu beitragen, Fortschritte im Kampf gegen Armut und Kriege in der sog. Dritten Welt zu erzielen. Eritrea und Turkmenistan wurden in Cartagena in die Bewegung der B. aufgenommen.
→ A-Z Entwicklungsländer → A-Z Entwicklungspolitik

Bundesanstalt für Arbeit
Abkürzung BA
Sitz Nürnberg
Gründung 1927
Präsident Bernhard Jagoda (seit 1993)
Funktion Zentrale Bundesbehörde in Deutschland für Arbeitsvermittlung, Abwicklung der Arbeitslosenversicherung, Berufsberatung und Fortbildung

Die BA nahm 1995 fast 3,3 Mio Arbeitsvermittlungen vor. Dies waren 100 000 mehr als 1994 und rd. eine Mio mehr als 1989. Sie hat rd. 6,9 Mrd DM an Bundesmitteln benötigt. 1993 waren es noch 24,4 Mrd DM und 1994 10,2 Mrd DM. Die Einsparungen führte die BA auf den effizienteren Einsatz der Mittel zurück. Der Haushalt 1996 sieht Ausgaben in Höhe von 99,7 Mrd DM vor. Der Bundeszuschuß soll 4,3 Mrd DM betragen. Den größten Posten bildet mit 49,2 Mrd DM das Arbeitslosengeld. Auf die berufliche Fortbildung und Umschulung entfallen 15,7 Mrd DM (1995: 15,4 Mrd DM). Damit sollen insgesamt 500 000 Teilnehmer gefördert werden. 2,6 Mrd DM sind für die individuelle berufliche Ausbildung eingeplant. Für Arbeitsbeschaffungsmaßnahmen stehen 9,8 Mrd DM zur Verfügung.

→ A-Z Arbeitsbeschaffungsmaßnahmen → A-Z Arbeitslosenversicherung → A-Z Arbeitslosigkeit → A-Z Arbeitsmarkt → A-Z Arbeitsvermittlung

Bundesarbeitsgericht

Abkürzung BAG

Sitz Kassel

Gründung 1953

Präsident Thomas Dieterich (seit 1994)

Funktion Oberstes Bundesgericht in Deutschland auf dem Gebiet des Arbeitsrechts

Bundesbank, Deutsche [TAB]

Sitz Frankfurt/M.

Gründung 1957

Entscheidungsgremium Zentralbankrat, der sich aus Direktorium (Präsident, Vizepräsident, bis zu 6 Direktoren) und den Präsidenten der neun Landeszentralbanken zusammensetzt

Präsident Hans Tietmeyer (CDU) seit 1993

Funktion Inflationsbekämpfung, Förderung der wirtschaftlichen Entwicklung

Die B. ist die von Regierungsweisungen unabhängige Zentralbank (auch Notenbank) in Deutschland. Ihre Aufgabe ist es, die Inflation zu bekämpfen und für eine stabile Währung zu sorgen. Sie benutzt als Steuerungsinstrument u. a. die Leitzinsen, mit denen sie das allgemeine Zinsniveau beeinflußt. Ferner regelt sie den Geldumlauf und die Kreditversorgung der Wirtschaft, gibt die Banknoten heraus und ist für die Abwicklung des Zahlungsverkehrs verantwortlich. Durch An- bzw. Verkäufe von ausländischem Geld greift sie regulierend in das Weltwährungssystem ein. 1995 erwirtschaftete die B. einen Jahresüberschuß von 10,5 Mrd DM (1994: 10,9 Mrd DM). Von dem Gewinn führte die B. 9,5 Mrd DM zur Schuldentilgung an den Bund ab.

Bundesbank: Gewinnentwicklung

Jahr	Gewinn (Mrd DM)	Jahr	Gewinn (Mrd DM)
1981	13,1	1989	10,3
1982	11,3	1990	9,1
1983	11,8	1991	15,2
1984	13,2	1992	14,7
1985	12,9	1993	18,8
1986	7,8	1994	10,9
1987	0,3	1995	10,5
1988	11,5		

Quelle: Deutsche Bundesbank

Die B. nimmt am Europäischen Zentralbankensystem teil, das die Europäische Währungsunion vorbereitet.

→ A-Z Europäische Wirtschafts- und Währungsunion → A-Z Euro-Währung → A-Z Leitzinsen

Bundesfinanzhof

Abkürzung BFH

Sitz München

Gründung 1950

Präsident Klaus Offerhaus (seit 1994)

Funktion Oberstes Bundesgericht in Deutschland auf dem Gebiet des Finanzrechts

Bundesgerichtshof

Abkürzung BGH

Sitz Karlsruhe

Gründung 1950

Präsident Karlmann Geiß (seit 1996)

Funktion Oberstes Bundesgericht in Deutschland in Zivil- und Strafsachen

Bundesnachrichtendienst

Abkürzung BND

Sitz Pullach bei München

Gründung 1956

Präsident Hansjörg Geiger (seit 1996)

Ziel Beschaffung und Auswertung geheimer politischer, militärischer, wirtschaftlicher und wissenschaftlich-technischer Informationen aus dem Ausland

RÜCKTRITT: Im Februar 1996 trat Konrad Porzner von seinem Amt als Präsident des BND zurück. Als Grund galt die sog. Plutonium-Affäre. Im Sommer 1994 war auf dem Münchner Flughafen bei Schmugglern 363 g Plutonium beschlagnahmt worden. Der BND geriet in Verdacht, den Schmuggel veranlaßt zu haben. Vor dem Plutonium-Untersuchungsausschuß des Bundestages wies Porzner im Januar 1996 entsprechende Vorwürfe zurück. Zum Nachfolger wurde im Mai 1996 → PER Hansjörg Geiger bestimmt, der zuvor das Bundesamt für Verfassungsschutz leitete.

VERBRECHENSBEKÄMPFUNGSGESETZ: Mit einer einstweiligen Anordnung beschränkte das Bundesverfassungsgericht (BVG) im Sommer 1995 das Verbrechensbekämpfungsgesetz von 1994, das u. a. die Kompetenzen des BND beim Kampf gegen den Terrorismus und die organisierte Kriminalität erweiterte. Das BVG kritisierte eine Bestimmung, wonach der BND den internationalen, nicht leitungsgebundenen Telefonverkehr (Satellit, Richtfunk) fast unbegrenzt überwachen darf. Es entschied, daß Anhaltspunkte für eine Straftat nicht genügten, um gespeicherte Daten zu verwerten und an andere Sicherheitsbehörden weiterzuleiten. Eine allgemeine Überwachung des Fernsprechverkehrs sei nur dann erlaubt, wenn konkrete Tatsachen den Verdacht begründen, daß jemand eine Straftat plant, begeht oder begangen hat.
→ A-Z Plutonium → A-Z Bundesverfassungsgericht

Bundessozialgericht

Abkürzung BSG

Sitz Kassel

Gründung 1953

Präsident Matthias von Wulffen (seit 1995)

Funktion Oberstes Bundesgericht in Deutschland auf dem Gebiet des Sozialrechts

Bundesverwaltungsgericht

Abkürzung BVerwG

Sitz Berlin

Gründung 1952

Präsident Everhardt Franßen (seit 1991)

Funktion Oberstes Bundesorgan in Deutschland auf dem Gebiet des Verwaltungsrechts

CEFTA [TAB]

Name Central European Free Trade Association, engl.; mitteleuropäisches Freihandelsabkommen

Sitz ohne festen Sitz

Gründung 1993

Mitglieder Polen, Slowakei, Slowenien, Tschechische Republik, Ungarn

Vorsitz ohne Vorsitz

Ziele Errichtung einer Freihandelszone der Mitglieder, Aufnahme in die Europäische Union

Die CEFTA beruht auf der 1991 geschlossenen Visegrád-Allianz, die die politischen, militärischen und wirtschaftlichen Bestrebungen der Mitglieder zur Integration in die EU und NATO koordiniert.

BESEITIGUNG DER ZOLLSCHRANKEN: Die Regierungschefs der CEFTA vereinbarten im September 1995 auf ihrem Treffen in Brünn/Tschechische Republik, die Importzölle schneller abzubauen, als es bei der Gründung der CEFTA geplant war. 1996 wurden die Zölle für Güter wie Papier, Holz und Chemiepro-

CEFTA: Mitglieder im Vergleich

Land	Einwohner (Mio)	Fläche (km²)	BSP/Kopf[1] (Dollar)
Polen	38,4	323 250	2410
Slowakei	5,4	49 012	2250
Slowenien	1,9	20 256	7040
Tschech. Rep.	10,3	78 884	3200
Ungarn	10,1	93 032	3840

Stand: 1995; 1) Zahlen von 1994; Quellen: Statistisches Bundesamt, Weltentwicklungsbericht 1996

dukte abgeschafft. Anfang 1997 sollen die Zölle für die meisten Textilien, Stahl und verschiedene Stahlprodukte entfallen. Ab 1997 besteht für die meisten Industriegüter eine Freihandelszone zwischen den CEFTA-Staaten. Sie wird ein Jahr früher als geplant verwirklicht sein. Nur für wenige Produkte, z. B. für Autos, sollen die Zollsätze bis zur Jahrtausendwende aufrechterhalten bleiben.

ERWEITERUNG: Bei ihrem Treffen in Brünn ebneten die CEFTA-Staaten den Weg für die Aufnahme weiterer Länder in ihre Freihandelszone. Anfang 1996 wurde Slowenien vollwertiges Mitglied. Weitere Beitrittskandidaten sind Bulgarien, Estland, Lettland, Litauen und Rumänien. Voraussetzungen für die Aufnahme in die CEFTA sind ein Assoziationsvertrag oder ein adäquater Handelsvertrag mit der EU und die Mitgliedschaft in der Welthandelsorganisation WTO.
→ Europäische Union → NATO → WTO

CERN

Name Conseil Européen pour la Recherche Nucléaire, franz.; Europäischer Rat für Kernforschung

Sitz Genf/Schweiz

Gründung 1952

Aufbau 19 europäische Mitgliedstaaten

Generaldirektor Christopher Llewellyn Smith/Großbritannien (seit 1994)

Funktion Internationale Forschungsorganisation zur Zusammenarbeit auf dem Gebiet der Kern-, Hochenergie- und Teilchenphysik
→ A-Z Atomenergie → A-Z Kernfusion

CGB

Name Christlicher Gewerkschaftsbund Deutschlands

Sitz Bonn

Gründung 1959

Mitglieder 304 000 (Stand: 1995)

Vorsitzender Peter Konstroffer (seit 1991)

Funktion Gewerkschaft zur Vertretung christlich-sozialer Ordnungsvorstellungen mit dem Ziel einer Gesellschaftsordnung auf christlichen Grundwerten in Deutschland
→ A-Z Gewerkschaften

CIA

Name Central Intelligence Agency, engl.; Zentrale Nachrichtenbehörde

Sitz Washington D. C./USA

Gründung 1947

Direktor John Deutch (seit 1995)

Funktion Geheimdienst der USA

Commonwealth

Name Commonwealth of Nations, engl.; Gemeinschaft der Staaten des ehemaligen britischen Weltreichs

Sitz London/Großbritannien

Gründung 1931

Mitglieder 51 Staaten

Generalsekretär E. Chukwuemeka Anyaoku/Nigeria (seit 1993)

Ziel Vereinigung Großbritanniens, Australiens, Neuseelands und ihrer ehemaligen Kolonien zur Förderung politischer, wirtschaftlicher und kultureller Zusammenarbeit

MENSCHENRECHTE: Das C. will sich in den nächsten Jahren verstärkt der Förderung der Demokratie und der Menschenrechte in den Mitgliedstaaten widmen. Ein Generalsekretariat soll den C.-Ländern bei der Schaffung demokratischer Einrichtungen helfen. Eine aus acht Mitgliedern bestehende Ministergruppe wird den Regierungschefs über Verletzungen der Menschenrechte oder Verstöße gegen die Verfassungen der C.-Staaten berichten. Das C. setzt sich für die wirtschaftliche Entwicklung der ärmeren Länder ein, um die Herstellung demokratischer Verhältnisse zu unterstützen.

SUSPENDIERUNG NIGERIAS: Im November 1995 wurde auf dem Treffen der Staats- und Regierungschefs der C.-Länder in Auckland/Neuseeland die Mitgliedschaft Nigerias vorläufig aufgehoben. Die Staatengemeinschaft reagierte damit auf die Hinrichtung des nigerianischen Schriftstellers Ken Saro-Wiwa und acht weiterer Bürgerrechtler vom Volk der Ogoni. Sie forderte das Militärregime in Nigeria ultimativ auf, innerhalb von zwei Jahren demokratische Verhältnisse im Land herzustellen und für die Einhaltung der Menschenrechte zu sorgen. Andernfalls werde Nigeria aus dem C. ausgeschlossen.

→ A-Z Ogoni

DAG

Name Deutsche Angestellten-Gewerkschaft

Sitz Hamburg

Gründung 1949

Mitglieder 507 000 (Stand: 1995)

Vorsitzender Roland Issen (seit 1987)

Funktion Zusammenschluß aller Angestellten in Deutschland auf demokratischer Grundlage

→ A-Z Gewerkschaften

DBB

Name Deutscher Beamtenbund

Sitz Bonn

Gründung 1918 (Neugründung 1949)

Mitglieder 1 075 652 (Stand: 30. 9. 1995)

Vorsitzender Erhard Geyer (seit 1995)

Funktion Organisation zur Vertretung und Förderung berufsbedingter politischer, rechtlicher und sozialer Belange der Einzelmitglieder der Mitgliedsverbände

→ A-Z Gewerkschaften

DGB TAB

Name Deutscher Gewerkschaftsbund

Sitz Düsseldorf

Gründung 1949

Mitglieder 9,4 Mio (Stand: 1995)

Vorsitzender Dieter Schulte (seit 1994)

Funktion Dachorganisation für 15 Einzelgewerkschaften

MITGLIEDERSCHWUND: 1995 hielt der Mitgliederschwund beim DGB an. Die Zahl der Mitglieder sank in diesem Zeitraum um 382 000 auf rd. 9,4 Mio. Die meisten Mitglieder verlor die IG Metall (126 000), die mit rd. 2,9 Mio die größte Einzelgewerkschaft blieb. Den höchsten prozentualen Rückgang (5,7%) verzeichnete die ÖTV. 1991–1995 verlor der DGB insgesamt 2,4 Mio Mitglieder. Der Dachverband führt die sinkenden Zahlen auf die anhaltend hohe Erwerbslosigkeit zurück.

UMSTRUKTURIERUNG: Die durch den Mitgliederschwund bedingten Mindereinnahmen (1993–1995: −28 Mio DM) zwangen den DGB zu einer Straffung seiner Organisation. Im Januar 1996 erfolgte der Zusammenschluß der IG Bau-Steine-Erden mit der Gewerkschaft Gartenbau, Land- und Forstwirtschaft zur IG Bauen-Agrar-Umwelt. Im Oktober 1997 wollen die IG Chemie-Papier-Keramik und die IG Bergbau und Energie zur IG Bergbau-Chemie-Energie fusionieren. Im Juni 1996 gab die Gewerkschaft Textil-Bekleidung bekannt, 1998 mit der IG Metall fusionieren zu wollen. Der Umstrukturierungsprozeß wurde von Stellenabbau begleitet. Bis Ende 1995 strich der DGB rd. 300 Stellen in den Landesbezirken und 100 Stellen im Bundesvorstand.

GRUNDSATZPROGRAMM: Im März 1996 legte der DGB einen Entwurf für ein neues Grundsatzprogramm vor. Darin bekannte er sich zum ersten Mal zur sozialen Marktwirtschaft und zum bestehenden Demokratie-Modell in Deutschland. Weitere programmatische Neuerungen waren Forderungen nach einer sozialen und demokratischen Europäischen Union, nach der Gleichstellung der Geschlechter und nach einer sozial-ökologischen Reformstrategie. Der Entwurf gilt als Grundlage für die neue DGB-Verfassung, die das

DGB: Mitglieder Einzelgewerkschaften

Gewerkschaft	Mitglieder	Verluste seit 1991 (%)
IG Metall	2 869 469	20,8
Gew. Öffentliche Dienste, Transport u. Verkehr	1 770 789	17,2
IG Bauen-Agrar-Umwelt	724 829	20,5
IG Chemie, Papier, Keramik	723 240	17,5
Deutsche Postgew.	529 233	13,5
Gew. Handel, Banken und Versicherungen	522 696	29,1
Gew. der Eisenbahner Deutschlands	423 163	19,8
IG Bergbau und Energie	378 000	25,4
Gew. Nahrung-Genuß-Gaststätten	322 019	25,3
Gew. Erziehung und Wissenschaft	306 448	14,8
Gew. Textil-Bekleidung	216 288	37,9
IG Medien, Druck und Papier	206 323	15,7
Gew. der Polizei	198 897	1,0
Gew. Holz und Kunststoff	170 806	28,7
Gew. Leder	23 293	44,2

Stand: 31. 12. 1995; Quelle: Der Spiegel

EFTA: Mitglieder im Vergleich

Land	Einwohner (Mio)	Fläche (km²)	BSP/Kopf[1] (Dollar)
Island	0,3	103 000	24 630
Liechtenstein	0,03	160	35 000[2]
Norwegen	4,3	323 877	26 390
Schweiz	7,2	41 293	37 930

Stand: 1995; 1) 1994; 2) 1993; Quellen: Atlaseco, Statistisches Bundesamt, Weltentwicklungsbericht 1996

Auf einer Ministerkonferenz in Zermatt/Schweiz unterzeichneten die EFTA-Staaten im Dezember 1995 Handelsabkommen mit Estland, Lettland und Litauen. Die Verträge, die im Juni 1996 in Kraft traten, sehen den Freihandel für Industriegüter sowie für verarbeitete Landwirtschafts- und Fischereiprodukte vor. Mit diesen Abmachungen will die EFTA u. a. den marktwirtschaftlichen Umwandlungsprozeß in den drei baltischen Ländern wirkungsvoll fördern und den Freihandel im gesamten europäischen Raum vorantreiben. In Zermatt schlossen die EFTA-Staaten Kooperationsvereinbarungen mit den Mittelmeerstaaten Ägypten, Marokko und Tunesien. Mit den neuen Partnerstaaten sollen gemeinsame Ausschüsse gebildet werden, die Möglichkeiten einer Ausweitung und Liberalisierung der Handelsbeziehungen prüfen sollen. Das EFTA-Bündnis will dadurch dem Freihandel in diesen Ländern zum Durchbruch verhelfen und wieder an Gewicht gewinnen, nachdem sein Einfluß Anfang 1995 durch den EU-Beitritt der einstigen Mitgliedstaaten Finnland, Österreich und Schweden zurückgegangen war.

Grundsatzprogramm von 1981 ablösen soll. Die Verabschiedung des Entwurfes auf einem Reformkongreß in Dresden war für November 1996 geplant.
→ [A-Z] Arbeitslosigkeit [A-Z] → Bündnis für Arbeit → [A-Z] Gewerkschaften → [A-Z] Sozialstaat

ECOSOC

Name Economic and Social Council, engl.; Wirtschafts- und Sozialrat
Sitz New York/USA
Gründung 1945
Mitglieder 54 Staaten
Präsident Ahmad Kamal/Pakistan (seit 1995)
Funktion Unterorganisation der UNO zur Koordination im wirtschaftlichen und sozialen Bereich
→ UNO

EFTA [TAB]

Name European Free Trade Association, engl.; Europäische Freihandelsvereinigung
Sitz Genf/Schweiz
Gründung 1960
Mitglieder Island, Liechtenstein, Norwegen, Schweiz
Generalsekretär Kjartan Johannson/Island (seit 1994)
Funktion Förderung des Freihandels zwischen den Mitgliedern

EUREKA

Name European Research Coordination Agency, engl.; Europäische Agentur für Forschungskoordination
Sitz Brüssel/Belgien
Gründung 1985
Mitglieder 24 europäische Staaten und die EU
Vorsitzender Jacques Wautrequin/Belgien (seit 1995)
Funktion Internationale Organisation zur Forschungsförderung

Europäische Investitionsbank

Abkürzung EIB
Sitz Luxemburg
Gründung 1958
Mitglieder 15 EU-Staaten
Präsident Sir Brian Unwin/Großbritannien (seit 1993)
Funktion EU-Institution zur Finanzierung von Investitionen, die die europäische Einheit fördern
→ Europäische Union

[A-Z] Lexikon A-Z   [BIO] Biographien   [NEK] Nekrolog   551

Europäische Kommission [TAB]

Sitz Brüssel/Belgien
Gründung 1967
Kommissare 20
Präsident Jacques Santer/Luxemburg (seit 1995)
Funktion Ausführendes Organ der EU

Die E. überwacht die Einhaltung der EU-Rechtsvorschriften und -verträge. Sie erarbeitet Gesetzesvorschläge an den Ministerrat und führt seine Beschlüsse durch. In der Agrar-, Handels- und Wettbewerbspolitik sowie bei Kohle und Stahl ist die E. unabhängig von Weisungen des Rates. Sie handelt ausschließlich im Interesse der Gemeinschaft und nimmt keine Weisungen von Regierungen der Mitgliedstaaten entgegen. Sie kann mit Verordnungen geltendes Recht setzen, verwaltet Fonds und Programme der EU und damit den Großteil des Haushalts. Die E. vertritt die EU in den internationalen Organisationen. Sie unterhält Vertretungen in allen EU-Mitgliedsländern und Delegationen in rd. 100 weiteren Staaten. Die Kommissare der E. werden von den nationalen Regierungen nominiert und nach Zustimmung des Europäischen Parlamentes vom Europäischen Ministerrat (beschlußfassendes Organ der EU) für eine Amtszeit von fünf Jahren ernannt. Jedes EU-Mitglied stellt einen Kommissar, Deutschland, Frankreich, Großbritannien, Italien und Spanien zwei. Der Präsident der E. wird von den Staats- und Regierungschefs der EU gewählt. → Europäischer Gerichtshof → Europäischer Ministerrat → Europäischer Rat → Europäisches Parlament → Europäische Union → [A-Z] Bananen → [A-Z] EU-Haushalt → [A-Z] Europäische Wirtschafts- und Währungsunion → [A-Z] Euro-Währung → [A-Z] Fußball → [A-Z] Rinderwahnsinn

Europäische Kommission: Mitglieder

Name	Land	Zuständigkeiten
Jacques Santer	Luxemburg	Kommissionspräsident
Martin Bangemann	Deutschland	Gewerbliche Wirtschaft, Informationstechnologie, Telekommunikation
Ritt Bjerregard	Dänemark	Nukleare Sicherheit, Umwelt
Emma Bonino	Italien	Verbraucherpolitik, Amt für humanitäre Hilfe der Gemeinschaft (Echo), Fischerei
Sir Leon Brittan	Großbritannien	Nordamerika, Ostasien, Australien, Handel, WTO, OECD
Hans van den Broek	Niederlande	Gemeinsame Außen- und Sicherheitspolitik, Mittel- und Osteuropa, Türkei, Zypern, Malta
Edith Cresson	Frankreich	Wissenschaft, Forschung, Entwicklung, Bildung, Jugend
João de Deus Rogado Pinheiro	Portugal	Afrika, Karibik, Pazifik, Südafrika, Entwicklungshilfe, Lomé-Abkommen
Franz Fischler	Österreich	Landwirtschaft, Entwicklung des ländlichen Raums
Pádraig Flynn	Irland	Soziale Angelegenheiten, Beschäftigung, Beziehungen zum Wirtschafts- und Sozialausschuß
Anita Gradin	Schweden	Einwanderungsfragen, Finanzkontrolle, Ombudsmann, Betrugsbekämpfung
Neil Kinnock	Großbritannien	Verkehr
Erkki Antero Liikanen	Finnland	Haushalt, Personal und Verwaltung, Übersetzungsdienst, Datenverarbeitung
Manuel Marín	Spanien	Südlicher Mittelmeerraum, Naher und Mittlerer Osten, Lateinamerika, Asien, Entwicklungshilfe
Karel van Miert	Belgien	Wettbewerbspolitik
Mario Monti	Italien	Binnenmarkt, Finanzdienstleistungen und Integration im Finanzbereich, Zoll, Steuern
Marcelino Oreja Aguirre	Spanien	Europäisches Parlament, Information, Kultur und audiovisuelle Medien, institutionelle Angelegenheiten
Christos Papoutsis	Griechenland	Energie, Euratom-Versorgungsagentur, Tourismus
Yves-Thibault de Silguy	Frankreich	Wirtschaft und Finanzen, Währungsangelegenheiten, Kredit und Investitionen, Statistisches Amt
Monika Wulf-Mathies	Deutschland	Regionalpolitik, Ausschuß der Regionen, Kohäsionsfonds

Quelle: Europäische Kommission

Europäischer Gerichtshof

Abkürzung EuGH
Sitz Luxemburg
Gründung 1952
Mitglieder 15 Richter, neun Generalanwälte
Präsident Gil Carlos Rodríguez Iglesias/ Spanien (seit 1994)
Funktion Oberstes Organ der Rechtsprechung in der Europäischen Union

Der EuGH hat die Aufgabe, Gemeinschaftsrecht auszulegen und anzuwenden. Er verhandelt Klagen von Mitgliedstaaten, EU-Institutionen, Unternehmen und Einzelpersonen. Seine Urteile sind unanfechtbar. Richter und Generalanwälte werden für sechs Jahre von den Mitgliedsländern ernannt. Ein Gericht erster Instanz entlastet den EuGH seit 1988. Es ist zuständig für Klagen von Unternehmen im Bereich des Wettbewerbsrechts und für Streitigkeiten zwischen der EU und ihren Bediensteten.

→ Europäische Kommission →Europäischer Ministerrat → Europäischer Rat → Europäisches Parlament → Europäische Union → A-Z Fußball

Europäischer Ministerrat TAB

Name eigentl.: Rat der Union
Sitz Brüssel/Belgien, Luxemburg
Gründung 1967
Vorsitz Halbjährlicher Wechsel (1/1996: Italien, 2/1996: Irland, 1/1997: Niederlande, 2/1997: Luxemburg)
Funktion Beschlußfassendes Organ der Europäischen Union

Der E. besteht aus den jeweils für ein Sachgebiet zuständigen Ministern der Mitgliedstaaten. Der Großteil der Beschlüsse wird mit qualifizierter Mehrheit gefällt (62 von 87 Stimmen). Zur Verhinderung einer Mehrheitsentscheidung ist eine Sperrminorität von 26 Stimmen notwendig. Der E. tagt rd. 80mal im Jahr, entweder als Allgemeiner Rat der Außenminister oder als Fachministerrat. Er wird auf Antrag seines Präsiden-

ten, der Europäischen Kommission oder eines Mitgliedslandes einberufen.

→ Europäische Kommission → Europäischer Gerichtshof → Europäischer Rat → Europäisches Parlament → Europäische Union → A-Z Rinderwahnsinn

Europäischer Rat

Sitz Brüssel/Belgien, Luxemburg
Gründung 1974
Vorsitz Halbjährlicher Wechsel (1/1996: Italien, 2/1996: Irland, 1/1997: Niederlande, 2/1997: Luxemburg)
Funktion Höchstes beschlußfassendes Organ der Europäischen Union

Der E. setzt sich aus den Staats- und Regierungschefs der EU, den Präsidenten der Europäischen Kommission und des Europäischen Parlaments zusammen. Er tagt mindestens zweimal jährlich, um politische Grundsatzfragen zu besprechen (EU-Gipfel). Seine Schlußfolgerungen legen die Leitlinien für die weitere Entwicklung der EU sowie die Handlungsgrundlage für die europäischen Institutionen fest.

→ Europäische Kommission → Europäischer Gerichtshof → Europäischer Ministerrat → Europäisches Parlament → Europäische Union → A-Z Rinderwahnsinn.

Europäischer Rechnungshof

Abkürzung EuRH
Sitz Luxemburg
Gründung 1975
Zusammensetzung: 15 Mitglieder (ein Vertreter pro EU-Mitgliedstaat)
Präsident: Bernhard Friedmann/Deutschland (seit 1996)
Funktion: Prüfung der Rechtmäßigkeit aller Einnahmen und Ausgaben der Europäischen Union

Europäisches Markenamt

Sitz Alicante/Spanien
Gründung 1996
Zusammensetzung: rd. 250 Mitarbeiter aus den 15 EU-Mitgliedstaaten
Präsident: Jean-Claude Combaldieu/Frankreich (seit 1996)
Funktion: EU-Behörde zur Sicherung gewerblicher Schutzrechte und Markenzeichen

Europäisches Parlament GRA

Arbeitsorte Brüssel/Belgien, Luxemburg, Straßburg/Frankreich (Sitz)
Gründung 1958
Abgeordnete 626
Präsident Klaus Hänsch/Deutschland (seit 1994)
Funktion Organ zur Vertretung der Völker in der Europäischen Union

Europäischer Ministerrat: Stimmen

Land	Anzahl	Land	Anzahl
Deutschland	10	Portugal	5
Frankreich	10	Österreich	4
Großbritannien	10	Schweden	4
Italien	10	Dänemark	3
Spanien	8	Finnland	3
Belgien	5	Irland	3
Griechenland	5	Luxemburg	2
Niederlande	5	Insgesamt	87

Quelle: Europäische Kommission

Europäisches Parlament: Sitzverteilung

Sitze

Land	Sitze	Land	Sitze
Deutschland	99	Portugal	25
Frankreich	87	Schweden	22
Großbritannien	87	Österreich	21
Italien	87	Dänemark	16
Spanien	64	Finnland	16
Niederlande	31	Irland	15
Belgien	25	Luxemburg	6
Griechenland	25	Insgesamt	626

SPE	Sozialdemokraten
EVP-CD	Europäische Volkspartei
LIB	Liberale und Demokraten
KEUL/NGL	Europäische Unitaristische Linke
UFE	Union für Europa
Grüne	
EdN	Europa der Nationen (Rechte)
REA	Radikale Europäische Allianz (Regenbogenfraktion)
FL	Fraktionslose

EVP-CD 172
LIB 52
KEUL/NGL 31
UFE 56
Grüne 25
EdN 19
REA 19
FL 31
SPE 221

Stand: Januar 1996

© Harenberg

Das E. hat das Recht, zu Gesetzesvorschlägen der Europäischen Kommission Stellung zu nehmen. Die Kommission darf Empfehlungen und Änderungswünsche des E. nur in Ausnahmefällen zurückweisen. Mit absoluter Mehrheit kann das E. Vorschläge des Europäischen Ministerrats, des beschlußfassenden Organs der EU, ablehnen. Das e. stellt den Haushalt fest und kann den Entwurf des Ministerrats zurückweisen. In den Bereichen Bildung und Kultur, Binnenmarkt, Forschung, Gesundheit, transeuropäische Netze, Umwelt und Verbraucherschutz hat das E. Mitentscheidungsrechte. Wenn der Rat Änderungsanträge des Parlaments ablehnt, wird ein Vermittlungsausschuß angerufen. Erweiterungen der EU, internationalen und völkerrechtlichen Verträgen der EU mit Drittstaaten und der Ernennung der EU-Kommissare sowie des Kommissionspräsidenten muß das E. zustimmen.
→ Europäische Kommission → Europäischer Gerichtshof → Europäischer Ministerrat → Europäischer Rat → Europäische Union

Europäisches Währungsinstitut
Abkürzung EWI
Sitz Frankfurt/M.
Gründung 1994

Entscheidungsgremium Rat, zusammengesetzt aus EWI-Präsident und Präsidenten der nationalen Notenbanken
Präsident Alexandre Lamfalussy/Belgien (seit 1994); ab 1.7.1997 Willem Duisenberg/Niederlande
Funktion EU-Institution zur Vorbereitung der Europäischen Währungsunion
→ A-Z Europäische Wirtschafts- und Währungsunion

Europäische Union [GRA] [KAR] [TAB]
Abkürzung EU
Mitglieder 15 Staaten
Gründung 1993, entstanden aus der Europäischen Gemeinschaft (EG)
Vorsitz Halbjährlicher Wechsel (1/1996: Italien, 2/1996: Irland, 1/1997: Niederlande, 2/1997: Luxemburg)
Funktion Staatenzusammenschluß zum Aufbau einer gemeinsamen Außen- und Sicherheitspolitik, zur Förderung der Zusammenarbeit bei der Justiz- und Innenpolitik und zur Schaffung einer Währungsunion

Die EU ist der weltweit stärkste Binnenmarkt. Er umfaßt 371 Mio Einwohner mit einer Wirtschaftsleistung von 12 Billionen DM. Der Haushalt der EU stieg 1996 auf rd. 82 Mrd ECU (1995: 76 Mrd ECU). 1970–1995 erhöhte sich die Zahl der Beschäftigten bei den Organen der EU von rd. 9000 auf rd. 29 000.

Europäische Union: Größte Beitragszahler

Land	Beitragsverpflich-tungen (Mrd ECU)	Anteil am Budget (%)
Deutschland	22,30	29,3
Frankreich	13,57	17,9
Großbritannien	9,66	12,7
Italien	8,84	11,6
Spanien	4,82	6,3
Niederlande	4,39	5,8
Belgien	2,86	3,8
Österreich	2,05	2,7
Schweden	1,88	2,5
Dänemark	1,41	1,8
Portugal	1,11	1,5
Griechenland	1,07	1,4
Finnland	1,04	1,4
Irland	0,83	1,1
Luxemburg	0,17	0,2

Stand: 1995; Quelle: Europäische Kommission

Europäische Union: Erweiterung

EU-Mitglieder
Beitrittsgesuche
Stand: Mitte 1996
0   500 km   © Harenberg

TURINER REGIERUNGSKONFERENZ: Im März 1996 begann in Turin/Italien die Regierungskonferenz der Europäischen Union mit einem Treffen der Staats- und Regierungschefs. Bis Mitte 1997 wird die Konferenz einmal im Monat auf Ebene der Außenminister zusammenkommen, um über eine Reform des Maastrichter Vertrags von 1993 zu beraten und den Aufbau der EU zu überprüfen. Sie soll Vorschläge erarbeiten, wie die EU bürgernäher gestaltet werden könnte, und durch Regelungen zur gemeinsamen Außen- und Sicherheitspolitik sowie zu einer gemeinsamen Innenpolitik der EU-Staaten die politische Union fördern. Die Institutionen der EU, Europäische Kommission, Europäischer Rat und Europäisches Parlament, sollen reformiert werden, so daß sie auch nach einer möglichen Vergrößerung der EU funktionieren.

UNTERSCHIEDLICHE POSITIONEN: Deutschland und Frankreich wollen u. a. ein Prinzip der flexiblen Integration festlegen, durch das ein Europa unterschiedlicher Geschwindigkeit ermöglicht werden kann. EU-Staaten, die an Teilen der Gemeinschaftspolitik nicht teilnehmen wollen, sollen andere Mitglieder bei der weiteren Integration nicht behindern können. Im Ministerrat soll bei bedeutenden Entscheidungen wie Beitritt eines neuen Staates, Vertragsänderungen oder Aufnahme und Initiierung einer neuen Gemeinschaftspolitik vom Prinzip der Einstimmigkeit abgerückt werden. Großbritannien hingegen lehnt die weitere Integration der EU-Staaten ab und widersetzt sich der Übertragung von Souveränität an die Organe

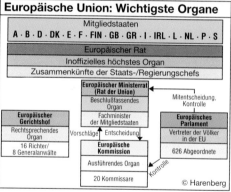

Europäische Union: Wichtigste Organe

Mitgliedstaaten
A · B · D · DK · E · F · FIN · GB · GR · I · IRL · L · NL · P · S

Europäischer Rat
Inoffizielles höchstes Organ
Zusammenkünfte der Staats-/Regierungschefs

Europäischer Ministerrat (Rat der Union)
Beschlußfassendes Organ — Mitentscheidung, Kontrolle

Europäischer Gerichtshof
Rechtsprechendes Organ
16 Richter/ 8 Generalanwälte

Fachminister der Mitgliedstaaten
Vorschläge / Entscheidung

Europäisches Parlament
Vertreter der Völker in der EU
626 Abgeordnete

Europäische Kommission
Ausführendes Organ
20 Kommissare

Kontrolle
© Harenberg

der Union. Strittig ist außerdem die Frage, ob und wieweit Bestimmungen zur Beschäftigungspolitik in einem neuen EU-Vertrag verankert werden sollen. Dänemark, Finnland und Schweden plädieren für die Aufnahme von Regeln und Verfahren zur Beschäftigungspolitik, während Deutschland die Ansicht vertritt, daß die Verantwortung in diesem Bereich nicht bei der EU, sondern bei den Mitgliedstaaten liege.

ERWEITERUNG: Im Dezember 1995 beschlossen die EU-Staats- und Regierungschefs auf einem Gipfeltreffen in Madrid/Spanien, ein halbes Jahr nach dem Ende der Turiner Regierungskonferenz Verhandlungen mit den ost- und mitteleuropäischen Reformstaaten über einen Beitritt zur Union aufzunehmen. Die Europäische Kommission soll nach dem für Mitte 1997 angestrebten Abschluß der Regierungskonferenz Einzelgutachten über die Befähigung der Antragsteller zur EU-Mitgliedschaft erstellen. Sie soll Vorschläge über die Finanzierung der Union sowie einen Gesamtbericht über die Auswirkungen der geplanten Erweiterung vorlegen. Zehn Staaten aus Mittel- und Osteuropa (Bulgarien, Estland, Lettland, Litauen, Polen, Rumänien, Slowakei, Slowenien, die Tschechische Republik und Ungarn) reichten Beitrittsgesuche bei der EU ein. Verhandlungen mit Zypern und Malta über eine Mitgliedschaft in der EU sind für Ende 1997 vorgesehen. Voraussetzungen für einen Beitritt sind eine demokratische und rechtsstaatliche Ordnung, die Achtung der Menschenrechte, der Schutz von nationalen Minderheiten, eine funktionsfähige Marktwirtschaft sowie die Einhaltung von EU-Mindeststandards bei der Sozialgesetzgebung und im Umweltschutz.

MITTELMEER: Auf einer Konferenz in Barcelona/Spanien einigten sich im November 1995 die EU-Mitglieder und zwölf Mittelmeer-Anrainer (Algerien, Ägypten, Israel, Jordanien, Libanon, Malta, Marokko, Palästina, Syrien, Türkei, Tunesien, Zypern) darauf, im politischen und kulturellen Bereich enger zusammenzuarbeiten und bis 2010 eine gemeinsame Freihandelszone zu errichten. Die sog. Erklärung von Barcelona sieht EU-Hilfsprogramme in Höhe von rd. 8,8 Mrd DM vor. Die Anrainer verpflichteten sich, demokratische und rechtsstaatliche Regeln zu befolgen. Auf gemeinsamen Konferenzen sollen Strategien zur Lösung der Energieprobleme und der Wasserknappheit in den Mittelmeerländern entwickelt werden.

TRANSATLANTISCHE AGENDA: Im Dezember 1995 unterzeichneten die EU und die USA eine Willenserklärung, die eine verstärkte Zusammenarbeit in den Bereichen Wirtschaft, Sicherheit und Verbrechensbekämpfung vorsieht. In der sog. transatlantischen Agenda verpflichteten sie sich, die Handelshemmnisse abzubauen und Maßnahmen zur Förderung des Wirtschaftswachstums und der Arbeitsplatzschaffung zu ergreifen. Die neue Vereinbarung ersetzt die europäisch-amerikanische Erklärung von 1990, die angesichts der Veränderungen im ehemaligen Ostblock als überholt betrachtet wurde.

→ ASEAN → Europäische Kommission → Europäischer Gerichtshof → Europäischer Ministerrat → Europäischer Rat → Europäisches Parlament → Mercosur → [A-Z] Bananen → [A-Z] EU-Konjunktur → [A-Z] Europäischer Binnenmarkt → [A-Z] Europäische Wirtschafts- und Währungsunion → [A-Z] Euro-Währung → [A-Z] Fußball → [A-Z] Rinderwahnsinn

Europarat

Sitz Straßburg/Frankreich
Gründung 1949
Mitglieder 40 europäische Staaten
Generalsekretär Daniel Tarschys/Schweden (seit 1994)
Funktion Förderung der Zusammenarbeit auf wirtschaftlichem, sozialem, kulturellem und wissenschaftlichem Gebiet, Stärkung der Demokratien in Osteuropa, Durchsetzung der Menschenrechte

Der E. ist kein Organ der Europäischen Union. Entscheidungsorgan des Staatenbundes ist das Komitee der Außenminister der Mitgliedstaaten. Der parlamentarischen Versammlung gehören 281 Abgeordnete aus den nationalen Parlamenten an. Mit dem Etat für 1996 in Höhe von 253 Mio DM (1995: 228 Mio DM) werden u. a. die demokratischen Institutionen in den osteuropäischen Staaten unterstützt.

NEUE MITGLIEDER: Im Februar 1996 wurde Rußland Mitglied des E. Rußland unterzeichnete die Europäische Menschenrechtskonvention und verpflichtete sich zur Übernahme der Antifolterkonvention, der Charta zur kommunalen Selbstverwaltung sowie der Rahmenkonvention zum Schutz nationaler Minderheiten ins russische Rechtssystem. Menschenrechtsorganisationen kritisierten die Entscheidung des E. wegen des russischen Vorgehens in Tschetschenien. Der E. hofft, durch seinen Beschluß größeren Einfluß auf die Menschenrechtssituation in Rußland ausüben zu können. Im Juli 1996 wurde Kroatien unter Vorbehalt als 40. Mitglied des E. aufgenommen. Dieser Beschluß kann revidiert werden, falls Kroatien nicht gewisse Forderungen wie z. B. die Erleichterung der Rückkehr von Flüchtlingen erfüllt. Im Januar 1996 wurden die USA als Beobachter in den E. aufgenommen. Die USA hatten den Beobachterstatus beantragt, um sich an den Tätigkeiten des E. beteiligen und dadurch die Stabilität in den neuen Demokratien Mittel- und Osteuropas fördern zu können.

→ [A-Z] Tschetschenien

Europol

Name Europäische Polizei, auch europäisches kriminalpolizeiliches Zentralamt
Sitz Den Haag/Niederlande
Gründung 1994
Mitglieder EU-Staaten
Koordinator Jürgen Storbeck/Deutschland (seit 1994)
Funktion Sammlung und Austausch von Daten zur grenzüberschreitenden Bekämpfung der Kriminalität in der EU

Im Juli 1995 unterzeichneten die 15 EU-Staaten in Brüssel die Konvention über die Errichtung von E. Die Konvention räumt E. keine eigenen Exekutivbefugnisse ein, sondern beschränkt ihre Tätigkeit auf die Aufgaben einer polizeilichen Zentralstelle. Sie soll Daten sammeln und austauschen, um die organisierte Kriminalität grenzüberschreitend bekämpfen zu können. Seit 1994 arbeitet lediglich eine Vorläuferorganisation von E. in Den Haag, weil die EU-Staaten die Konvention noch nicht ratifiziert haben. Grund dafür ist die Weigerung Großbritanniens, den Europäischen Gerichthof (EuGH) als oberste Rechtsprechungsinstanz bei der Auslegung der E.-Konvention anzuerkennen. Im Juni 1996 einigten sich die EU-Staaten auf einen Kompromiß, der den Mitgliedsländern die zügige Ratifizierung der Konvention ermöglichen soll. Der Kompromiß sieht vor, daß es den Staaten überlassen bleibt, ob sie ihren Gerichten die Möglichkeit einräumen, sich bei Auslegungsschwierigkeiten an den EuGH zu wenden. Während 14 Mitgliedstaaten voraussichtlich ihren Gerichten dieses Recht geben wollen, plant Großbritannien, dies nur seinen obersten Gerichten zuzugestehen.

FAO

Name Food and Agricultural Organization, engl.; Ernährungs- und Landwirtschaftsorganisation

Sitz Rom/Italien

Gründung 1945

Mitglieder 171 Staaten

Vorsitzender Jacques Diouf/Senegal (seit 1994)

Funktion Sonderorganisation der UNO zur Verbesserung der Ernährungslage und Förderung der Landwirtschaft

→ UNO

Golf-Kooperationsrat [TAB]

Name engl.: Gulf Cooperation Council, GCC

Sitz Riad/Saudi-Arabien

Gründung 1981

Mitglieder Bahrain, Katar, Kuwait, Oman, Saudi-Arabien, Vereinigte Arabische Emirate

Generalsekretär Jameel al-Hujelan/Saudi Arabien (seit 1996)

Funktion Bündnis arabischer Staaten für politische, militärische und wirtschaftliche Zusammenarbeit sowie Friedenssicherung in der Golfregion

TERRORISMUS UND UNRUHEN: Die Teilnehmer am 16. Gipfeltreffen des G. im Dezember 1995 in Maskat/Oman beschlossen, den Kampf gegen den Terrorismus in der Region zu verstärken. Die Mitgliedstaaten zeigten sich besorgt über Extremismus, Gewalt und soziale Unruhen. Sie reagierten damit auf einen Bombenanschlag in Riad im November 1995 und auf Unruhen der Bevölkerung in Bahrain. Der G. versprach, Bahrain bei der Bekämpfung der Unruhen zu unterstützen.

Golf-Kooperationsrat: Mitgliedervergleich

Land	Einwohner (Mio)	Fläche (km^2)	BSP/Kopf[1] (Dollar)
Bahrain	0,6	694	7 460
Katar	0,6	11 000	12 820
Kuwait	1,5	17 818	19 420
Oman	2,2	212 457	5 140
Saudi-Arabien	17,9	2 149 960	7 050
VAE	1,9	83 600	23 000

Stand: 1995; 1) Zahlen von 1994; Quellen: Atlaseco, Statistisches Bundesamt, Weltentwicklungsbericht 1996

DISHARMONIEN: Uneinigkeit herrschte im G. über die künftige Haltung zum Irak. Die Mitgliedstaaten forderten das Regime in Bagdad auf, die UNO-Resolutionen über Abrüstung und Wiedergutmachung nach dem Kuwait-Krieg zu erfüllen. Katar und die Vereinigten Arabischen Emirate plädierten für eine Versöhnung mit dem Irak. Zu einem Eklat kam es bei der Wahl des neuen Generalsekretärs des G. Der Emir von Katar, Scheich Hamad al Thani, blieb der Schlußsitzung fern, weil sein Kandidat Abdul Rahman al-Attijeh dem saudiarabischen Diplomaten Jameel al-Hujelan unterlag.

UNGELÖSTE FRAGEN: Keine Fortschritte erzielte der G. bei der geplanten Vereinheitlichung der Einfuhrzölle und im Kampf gegen die wachsende Arbeitslosigkeit in der Region. Die Vermittlung Saudi-Arabiens im Streit zwischen Bahrain und Katar um die beiden Golfinseln Hawar und Fasht ad-Dibal blieb erfolglos. Ohne Ergebnis endeten Gespräche zwischen Saudi-Arabien und Katar über die Ziehung der gemeinsamen Grenze. Der Streit zwischen Saudi-Arabien und Kuwait um den Verlauf der Meeresgrenzen wurde im November 1995 beigelegt.

Greenpeace

Sitz Amsterdam/Niederlande

Gründung 1970

Mitglieder 3,1 Mio (Stand: Dezember 1995)

Vorstandsvorsitzende Cornelia Durrant/England (seit 1996)

Geschäftsführer Thilo Bode/Deutschland (seit 1995)

Funktion Internationaler Verein für den aktiven Schutz von Natur und Umwelt

ATOMVERSUCHE: Aktionen von G. konnten die französischen Atomtests auf dem Mururoa-Atoll in Polynesien (Südpazifik) nicht verhindern. Die französische Marine enterte im September 1995 die G.-Schiffe „Rainbow Warrior II" und „MV Greenpeace", nachdem ein Hubschrauber der Umweltschutzorganisation in der Nähe der Sperrzone um das Atoll von Bord der „MS Greenpeace" aus gestartet war. Wegen der Beschlagnahme der „Manutea" vor dem französischen Atomtestgelände im Südpazifik verklagte G. Frankreich auf Schadenersatz. Vor einem kalifornischen Gericht verlangte die Organisation 1,4 Mio DM Entschädigung.

EINSPARUNGEN: G. mußte wegen sinkender Mitgliederzahlen und Umstrukturierungsmaßnahmen das Jahresbudget für 1996 kürzen. Der Etat betrug 25,9 Mio Dollar, 18% weniger als 1995. Weltweit sank die Mitgliederzahl der Organisation, die sich hauptsächlich über freiwillige Beiträge finanziert, 1995 auf 3,1 Mio. 1990 erreichte die Mitgliederzahl mit 4,8 Mio einen Höchststand. Der Geschäftsführer der Organisation, Thilo Bode, kündigte an, G. zu reformieren. Nach seinen Vorstellungen sollen die Landesverbände in Zukunft für eigene Kampagnen die Genehmigung der Zentrale in Amsterdam einholen.

→ A-Z Atomtests → A-Z Ölplattform

GUS

Name Gemeinschaft Unabhängiger Staaten, engl.: Commonwealth of Independent States, CIS

Sitz Ohne festen Sitz

Gründung 1991

Mitglieder Zwölf ehemal. Sowjetrepubliken

Höchstes Gremium Rat der Staatsoberhäupter

Funktion Bündnis für politische, wirtschaftliche, militärische und kulturelle Zusammenarbeit

WIRTSCHAFTLICHE ENTWICKLUNG: 1995 war das BIP in den meisten GUS-Staaten erneut rückläufig. Nach Angaben des Statistischen Komitees der GUS stieg es nur in Armenien (5,2%). Die anderen Staaten verzeichneten zum Teil erhebliche Rückgänge der Wirtschaftsleistung. Am stärksten sank das BIP im Vergleich zu 1994 in Aserbaidschan (−17,2%), Tadschikistan (−12,4%) und in der Ukraine (−12%). Vergleichsweise gering fiel die Rezession in Usbekistan (−1%) und Moldawien (−3%) aus.

RUSSISCH-UKRAINISCHE KOOPERATION: Die beiden GUS-Staaten Rußland und Ukraine vereinbarten im November 1995 eine enge militärische Zusammenarbeit. Sie unterzeichneten in Sotschi/Rußland 26 Abkommen und Protokolle. Die Staaten einigten sich u. a. auf den Verkauf 32 ukrainischer Atomraketen vom Typ SS-19 sowie 44 atomar bestückter Langstreckenbomber an Rußland. Im Gegenzug versprach Rußland, Einheiten der Schwarzmeerflotte an die Ukraine zu übergeben. Die Länder kamen überein, auf eine Änderung des Vertrages über konventionelle Streitkräfte in Europa (KSE) hinzuarbeiten.

SONDERUNION: Die ehemaligen Sowjetrepubliken Kasachstan, Kirgistan, Rußland und Weißrußland unterzeichneten im März 1996 in Moskau einen Integrationsvertrag für eine Gemeinschaft Integrierter Staaten (GIS). Er sieht die Schaffung einer Zollunion, den freien Verkehr von Waren und Dienstleistungen sowie Freizügigkeit für die Bürger der Vertragsstaaten vor. Das Abkommen enthält keine Angaben über die Fristen für den Vollzug der vorgesehenen Integrationsschritte. Nach eigenen Angaben orientierten sich die vier GUS-Staaten bei der Ausarbeitung der Vereinbarungen am Vorbild der EU. Experten sehen hingegen einen Zusammenhang zwischen dem Integrationsvertrag und einer zwei Wochen zuvor von der Duma (russisches Parlament) verabschiedeten Resolution, mit der die Mehrheit der russischen Abgeordneten die Wiederherstellung der Sowjetunion verlangt hatte. Führende Politiker fast aller GUS-Staaten lehnten den Beschluß der Duma ab.

→ A-Z Tschetschenien → A-Z KSE-Vertrag

IAEA

Name International Atomic Energy Agency, engl.; Internationale Atomenergie-Agentur

Sitz Wien/Österreich

Gründung 1956

Mitglieder 123 Staaten

Generalsekretär Hans Blix/Schweden (seit 1981)

Funktion Sonderorganisation der UNO zur weltweiten Kontrolle kerntechnischer Anlagen und des Atomwaffensperrvertrags

→ UNO

ICAO

Name International Civil Aviation Organization, engl.; Internationale Zivilluftfahrtorganisation

Sitz Montreal/Kanada

Gründung 1947

Mitglieder 184 Staaten

Generalsekretär Assad Kotaite/Libanon (seit 1995)

Funktion Sonderorganisation der UNO zur Förderung der internationalen zivilen Luftfahrt

→ UNO

IDA

Name International Development Association, engl.; Internationale Entwicklungsassoziation

Sitz Washington/USA

Gründung 1960

Mitglieder 157 Staaten

Vorsitzender James Wolfensohn/USA, Präsident der Weltbank seit 1995

Funktion Sonderorganisation der UNO zur Förderung der wirtschaftlichen Entwicklung der ärmsten Länder (Weltbank-Tochter)

→ UNO → Weltbank → A-Z Entwicklungsländer

→ A-Z Entwicklungspolitik

IEA

Name Internationale Energie-Agentur

Sitz Paris/Frankreich

Gründung 1974

Mitglieder 23 OECD-Staaten

Exekutivdirektor Robert Priddle/Großbritannien (seit 1994)

Funktion Organisation im Rahmen der OECD zur Sicherung der Energieversorgung (insbes. mit Erdöl) in den Mitgliedstaaten

→ OECD → [A-Z] Energieverbrauch → [A-Z] Energieversorgung → [A-Z] Erdöl

IFAD

Name International Fund for Agricultural Development, engl.; Internationaler Agrarentwicklungsfonds

Sitz Rom/Italien

Gründung 1974

Mitglieder 160 Staaten

Präsident Fawzi al-Sultan/Kuwait (seit 1993)

Funktion Sonderorganisation der UNO zur Förderung der landwirtschaftlichen Entwicklung und zur Verbesserung des Ernährungsstandes der ländlichen Bevölkerung

→ UNO

IFC

Name International Finance Corporation, engl.; Internationale Finanzgesellschaft

Sitz Washington/USA

Gründung 1956

Mitglieder 161 Staaten

Vorsitzender James Wolfensohn/USA, Präsident der Weltbank (seit 1995)

Funktion Sonderorganisation der UNO zur Förderung privater Investitionen in Entwicklungsländern

→ UNO → [A-Z] Entwicklungsländer → [A-Z] Entwicklungspolitik

ILO

Name International Labour Organization, engl.; Internationale Arbeitsorganisation

Sitz Genf/Schweiz

Gründung 1919 (Neugründung 1946)

Mitglieder 173 Staaten

Generaldirektor Michel Hansenne/Belgien (seit 1988)

Funktion Sonderorganisation der UNO zur Verbesserung der Lebens- und Arbeitsbedingungen und zur Erschließung neuer Beschäftigungsfelder

→ UNO

IMO

Name Intergovernmental Maritime Organization, engl.; Internationale Seeschiffahrtsorganisation

Sitz London/Großbritannien

Gründung 1948

Mitglieder 153 Staaten

Generalsekretär W. A. O'Neil/Kanada (seit 1990)

Funktion Sonderorganisation der UNO zur Beratung von Schiffahrtsfragen (Seesicherheit, Umweltschutz)

→ UNO

INCB

Name International Narcotics Control Board, engl.; Internationaler Drogenkontrollrat

Sitz Wien/Österreich

Gründung 1961

Mitglieder 13

Präsident Oskar Schröder/Deutschland (seit 1995)

Funktion Unterorganisation der UNO zur Überwachung der Einhaltung von Drogenkontrollmaßnahmen

→ UNO

Interamerikanische Entwicklungsbank

Abkürzung IDB (Interamerican Development Bank, engl.)

Sitz Washington/USA

Gründung 1963

Mitglieder 46 Staaten

Präsident Enrique V. Iglesias/Uruguay (seit 1988)

Funktion Entwicklungshilfeorganisation für Lateinamerika und die Karibik

1995 erreichten die Kredite der I. für lateinamerikanische und karibische Staaten mit 7,3 Mrd Dollar einen neuen Höchststand. Dadurch konnten im Vergleich zum Vorjahr 38% mehr Projekte für Finanzreformen, soziale Investitionen und Verbesserungen der Infrastruktur in den Mitgliedstaaten unterstützt werden. Hohe Kredite gingen 1995 an Mexiko (1 Mrd Dollar) und Argentinien (750 Mio Dollar), um die negativen Folgen ihrer Währungs- und Finanzkrisen zu mildern. Kolumbien erhielt einen Kredit in Höhe von 250 Mio Dollar zur Unterstützung der ärmsten Bevölkerungsschichten. Für die Verbesserung sanitärer Anlagen wurde Brasilien ein Darlehen in Höhe von 474 Mio Dollar bewilligt. Die I. hielt eine Erhöhung der Kredite für notwendig, weil in Lateinamerika und in der Karibik das Wirtschaftswachstum 1995 auf 0,6% (1994: 5%) sank.

Internationaler Gerichtshof

Name engl.: International Court of Justice, ICJ

Sitz Den Haag/Niederlande

Gründung 1945

Mitglieder 15 Richter

Präsident Mohammed Bedjaoui/Algerien (seit 1993)

Funktion Hauptrechtsprechungsorgan der UNO

→ UNO

Internationaler Währungsfonds

Abk. IWF (engl.: International Monetary Fund, IMF)

Sitz Washington/USA

Gründung 1944

Mitglieder 185 Staaten

Geschäftsführender Direktor Michel Camdessus/
Frankreich (seit 1987)

Ziel Überwachung des internationalen Währungssystems und Förderung der Entwicklungshilfe

SONDERZIEHUNGSRECHTE: Der IWF legte Anfang 1996 die Anteile der Währungen im Korb der Sonderziehungsrechte (SZR) neu fest. Ein SZR ist eine künstliche Währungseinheit, mit der der IWF die Kapitaleinzahlungen (Quoten) seiner Mitglieder und die Kredite sowie finanzielle Hilfen für die armen Länder berechnet. Nach der neuen Kalkulation hat der US-Dollar an einem SZR einen Anteil von 39%, die DM stellt 21% und der japanische Yen 18%. Das britische Pfund sowie der französische Franc gehen mit jeweils 11% in ein SZR ein. Die Neuberechnung war wegen der Währungsverschiebungen, insbes. der Schwäche des US-Dollars, notwendig geworden.

KNAPPE RESSOURCEN: Im April 1996 bezogen 79 Mitglieder des IWF Hilfe aus Programmen des Währungsfonds. 1986 lag die Zahl der Hilfsbedürftigen noch bei 40. Der IWF beschloß daher im Mai 1996, die knapp gewordenen Mittel aufzustocken. Dies soll hauptsächlich durch eine Verdopplung des Geldes aus den 1962 beschlossenen Allgemeinen Kreditvereinbarungen (AKV) erreicht werden. Zur Zeit kann der IWF im Rahmen der AKV bei der Zehnergruppe (die wichtigsten Industriestaaten – Belgien, Deutschland, Frankreich, Großbritannien, Italien, Japan, Kanada, Niederlande, Schweden und die USA sowie seit April 1984 auch die Schweiz) 17 Mrd SZR aufnehmen. Die Zehnergruppe will die Hälfte der Mittel für die Aufstockung auf 34 Mrd SZR zur Verfügung stellen. Die andere Hälfte der Kreditlinie wird von einer Ländergruppe übernommen, der u. a. Australien, Dänemark, Österreich, Saudi-Arabien und Spanien angehören. Einzelheiten des Abkommens sollen bis Herbst 1996 ausgearbeitet sein.

BOSNIEN-HERZEGOWINA: Im Dezember 1995 trat Bosnien-Herzegowina dem IWF bei. Die Finanzorganisation billigte dem vom Krieg zerstörten Land einen ersten Sonderkredit über 45 Mio Dollar zu. Nach Schätzungen der Weltbank werden knapp 5 Mrd Dollar benötigt, um die größten Kriegsschäden zu beheben, die medizinische Versorgung zu gewährleisten und die Schulen des Landes aufzubauen. Der IWF plant daher ein umfassendes Wirtschaftsreformprogramm für Bosnien-Herzegowina, das u. a. größere Kredite beinhalten soll.

KREDIT FÜR RUSSLAND: Der IWF gewährte Rußland im Februar 1996 einen Kredit in Höhe von 9 Mrd Dollar für eine Laufzeit von drei Jahren. Rußland erklärte sich dafür bereit, Zölle für Gas und Öl aufzuheben und sich um eine Verringerung des Haushaltsdefizites zu bemühen. Kritiker sahen in der Kreditvergabe die Absicht des IWF, den russischen Präsidenten Boris Jelzin mit Blick auf die Präsidentschaftswahlen im Juni 1996 zu unterstützen. Jelzin gilt im Westen als Garant für die Fortsetzung des wirtschaftlichen Reformkurses in Rußland.

→ Weltbank → A-Z Dollarkurs → A-Z Entwicklungsländer → A-Z Entwicklungspolitik

IPI

Name Internationales Presse Institut

Sitz Wien/Österreich

Gründung 1951

Mitglieder rd. 2000 aus 96 Ländern

Direktor Johann P. Fritz/Österreich (seit 1993)

Ziel Schutz der Pressefreiheit gegen staatliche Eingriffe und gegen Bedrohung durch totalitäre Systeme; freier Austausch von Nachrichten

→ A-Z Presse

ITU

Name International Telecommunication Union, engl.; Internationale Fernmeldeunion

Sitz Genf/Schweiz

Gründung 1865 (Neugründung 1947)

Mitglieder 185 Staaten

Generalsekretär Pekka Tarjanne/Finnland (seit 1989)

Funktion Sonderorganisation der UNO zur Förderung der Telekommunikation und des Funkwesens (inkl. Satellitenfunk)

→ UNO

Maghreb-Union

Name Gemeinschaft des Vereinigten Arabischen Maghreb (arab.; Westen), VAM

Gründung 1989

Mitglieder Algerien, Libyen, Marokko, Mauretanien, Tunesien

Generalsekretär Mohammed Amanou/Tunesien (seit 1991)

Funktion Zusammenarbeit in Handel, Industrie, Tourismus und Wissenschaft; Errichtung einer Freihandelszone

Mercosur [TAB]

Name Mercado Común del Cono Sur, span.; gemeinsamer Markt des südlichen Teils Amerikas

Sitz Montevideo/Uruguay

Gründung 1990

Mitglieder Argentinien, Brasilien, Paraguay, Uruguay

Vorsitz Präsidentenkonferenz

Ziel Freihandel unter Mitgliedern und Festlegung gemeinsamer Außenzölle

FREIHANDELSZONE: Die Mercosur-Mitglieder hoben im Januar 1995 85% der gegenseitigen Zölle auf. Dadurch stieg 1995 das Volumen des Handelsverkehrs innerhalb der Gemeinschaft um 25%. Der seit 1991 erfolgte schrittweise Abbau der Zollschranken zwischen den vier Staaten bewirkte eine stetige Zunahme des Handelsvolumens innerhalb der Gemeinschaft von 3,7 Mrd Dollar (1991) auf 15,6 Mrd Dollar (1995). Kritiker bemängelten das geringe Tempo bei der geplanten Harmonisierung von Wirtschaft, Handel und Verwaltung. Nach ihrer Auffassung erschwert insbes. das Fehlen supranationaler Institutionen die Zusammenarbeit der Mitglieder.

RAHMENABKOMMEN: Im Dezember 1995 unterzeichnete die Mercosur-Gruppe in Madrid/Spanien ein Rahmenabkommen mit der Europäischen Union (EU). Es sieht eine enge Zusammenarbeit zwischen dem Mercosur und der EU im wirtschaftlichen und wissenschaftlichen Bereich vor sowie die Verstärkung des politischen Dialogs. Fernziele sind die Schaffung einer interregionalen Assoziation und die Liberalisierung des Handels.

ERWEITERUNG: Im Juni 1996 verständigten sich Chile und die Mercosur-Gruppe auf ein Freihandelsabkommen, durch das Chile assoziiertes Mitglied des Mercosur wurde. Der Vertrag sieht vor, den Warenaustausch unter den fünf Partnerstaaten zu erleichtern und Chile schrittweise in die südamerikanische Wirtschaftsgemeinschaft einzubeziehen. Mit der Assoziierung Chiles wird der Mercosur-Wirtschaftsraum auf rd. 219 Mio Menschen mit einem BIP von 1,3 Bio Dollar (1995) erweitert. Die erfolgreichen Verhandlungen mit Chile sollen u. a. den gegenwärtigen Gesprächen über eine Mitgliedschaft Boliviens neue Impulse geben. Die Andenpakt-Staaten Venezuela und Peru bekundeten Interesse an einer engen Kooperation mit dem Mercosur.

MIGA

Name Multilateral Investment Guarantee Agency, engl.; Multilaterale Investitions-Garantie-Agentur

Sitz Washington/USA

Gründung 1985

Mitglieder 122 Staaten

Vorsitzender James Wolfensohn/USA, Präsident der Weltbank (seit 1995)

Funktion Sonderorganisation der UNO zur Sicherung privater Investitionen in Entwicklungsländern (Weltbank-Tochter)

→ UNO

Mercosur: Mitglieder im Vergleich

Land	Einwohner (Mio)	Fläche (km²)	BSP/Kopf[1] (Dollar)
Argentinien	34,6	2 780 400	8110
Brasilien	161,8	8 511 965	2970
Paraguay	5,0	406 752	1580
Uruguay	3,2	177 414	4660

Stand: 1995; 1) Zahlen von 1994; Quellen: Statistisches Bundesamt, Weltentwicklungsbericht 1996

NAFTA `TAB`

Name North American Free Trade Agreement, engl.; nordamerikanisches Freihandelsabkommen

Sitz ohne festen Sitz

Gründung 1994

Mitglieder Kanada, Mexiko, USA

Vorsitz ohne festen Vorsitz

Funktion Förderung des Handels zwischen den Mitgliedstaaten

1995/96 verschärfte sich in den USA die Kritik an dem nordamerikanischen Freihandelsabkommen. In beiden Kammern des Kongresses wurden im November 1995 gleichlautende Gesetzesvorlagen eingebracht, die auf eine Neuverhandlung bzw. eine Auflösung des Abkommens zielten. Die Initiatoren der Vorlage äußerten die Auffassung, daß in den USA durch das NAFTA seit 1994 rd. 225 000 Arbeitsplätze verlorengegangen seien. Die angebliche Verlagerung US-amerikanischer Arbeitsplätze in das Billiglohnland Mexiko wurde im US-Präsidentschaftswahlkampf insbes. von dem republikanischen Bewerber Pat Buchanan aufgegriffen, um Stimmung gegen das Abkommen zu machen.

NATO `GRA` `KAR` `TAB`

Name North Atlantic Treaty Organization, engl.; Organisation des Nordatlantik-Vertrags

Sitz Brüssel/Belgien

Gründung 1949

Mitglieder 14 europäische Staaten sowie die USA und Kanada

Generalsekretär Javier Solana/Spanien (seit 1995)

Funktion Militärbündnis zur gemeinsamen Verteidigung, Sicherung von Frieden und Freiheit

REFORM: Im Juni 1996 beschlossen die Außenminister der NATO auf ihrer Frühjahrssitzung in Berlin eine weitreichende Erneuerung des Bündnisses. Die NATO erklärte sich bereit, ihre Stäbe, Kommandostrukturen sowie ihre Führungs- und Aufklärungsmittel künftig auch der Westeuropäischen Union (WEU) zur Verfügung zu stellen, die zum Militärorgan der Europäischen Union ausgebaut werden soll. Die Reform sieht eine Straffung der Kommandostrukturen vor und

NAFTA: Mitglieder im Vergleich

Land	Einwohner (Mio)	Fläche (km²)	BSP/Kopf[1] (Dollar)
Kanada	29,5	9 970 610	19 510
Mexiko	93,7	1 958 201	4 180
USA	263,3	9 363 520	25 880

Stand: 1995; 1) Zahlen von 1994; Quellen: Statistisches Bundesamt, Weltentwicklungsbericht 1996

soll friedenstiftende Einsätze der NATO auch für den Fall ermöglichen, daß nur ein Teil der Mitgliedstaaten daran teilnehmen will.

FRANKREICH: Mitte 1996 erwog Frankreich die vollständige Rückkehr in die NATO. Bereits im Dezember 1995 kündigte Frankreich an, auf militärischem Gebiet wieder mit der NATO zusammenzuarbeiten und an den Beratungen des Militärausschusses sowie der anderen militärischen Organe teilzunehmen. Der aus den Stabschefs der Bündnisstaaten zusammengesetzte Militärausschuß ist unter der Oberhoheit der Verteidigungsminister das höchste militärische Gremium der Allianz. Er entwickelt die Verteidigungsstrategie der NATO und ist für die Planung militärischer Aktionen zuständig. 1966 hatte sich Frankreich aus der sog. militärischen Integration der NATO zurückgezogen, um die volle Souveränität über die französischen Atomstreitkräfte zu erhalten.

BOSNIEN: Mitte 1995 flogen NATO-Kampfbomber Luftangriffe gegen serbische Stellungen in Bosnien. Mit den von der UNO gebilligten Militäraktionen reagierte die NATO auf die Weigerung der bosnischen Serben, die schweren Waffen um Sarajevo abzuziehen. Im Dezember 1995 begann die NATO, eine rd. 55 000 Mann starke Truppe (IFOR) in Bosnien zu stationieren. Sie soll gemäß dem Friedensabkommen von Dayton den Ausbruch von neuen Feindseligkeiten zwischen Moslems, Kroaten und Serben verhindern. Neben den NATO-Partnern beteiligen sich u. a. Ägypten, Finnland, Malaysia, Pakistan, Polen, Rußland, Schweden und die Tschechische Republik an der IFOR. Mit rd. 20 000 Soldaten stellen die USA das größte Kontingent. Deutschland ist mit 4000 Soldaten in der Friedenstruppe vertreten.

OSTERWEITERUNG: Mitte 1996 blieben Zeitpunkt und Reihenfolge eines Beitritts der Staaten Mittel- und Osteuropas zur NATO unklar. Bulgarien, Estland, Lettland, Litauen, Polen, Rumänien, die Slowakei, die Tschechische Republik und Ungarn streben eine Mitgliedschaft in der NATO an, um sich gegen russisches Vormachtstreben zu schützen. Rußland widersetzte sich 1995/96 der Osterweiterung der NATO, weil es darin eine Verletzung seiner Sicherheitsinteressen erblickte. Vorbedingungen für einen Beitritt sind die demokratische Kontrolle der Streitkräfte, die friedliche Beilegung von Streitigkeiten mit den Nachbarstaaten und die Bereitschaft zur gemeinsamen Verteidigung durch die Allianz. Die NATO-Erweiterung soll zum EU-Beitritt parallel laufen. Über die Zulassung von Bewerbern entscheidet die Allianz allein, die Aufnahme muß von den Parlamenten aller NATO-Mitglieder gebilligt werden. Ein Vetorecht Rußlands wird nicht akzeptiert.

RÜCKTRITT: Im Oktober 1995 trat Willy Claes/Belgien von seinem Amt als Generalsekretär der NATO zurück. Er zog die Konsequenz aus dem Beschluß des belgischen Abgeordnetenhauses, einen Antrag auf Anklageerhebung gegen ihn wegen Korruption und Urkundenfälschung zuzulassen. Claes wird vorgeworfen, 1988 und 1989 als Wirtschaftsminister bei Rüstungsgeschäften einen italienischen Hubschrauberproduzenten und einen französischen Rüstungskonzern für Parteispenden bevorzugt zu haben. Nachfolger im Amt des NATO-Generalsekretärs wurde im Dezember 1995 Javier Solana/Spanien.

→ CEFTA   → Europäische Union   → OSZE   → WEU
→ A-Z Balkan-Konflikt   → A-Z Bundeswehr
→ A-Z KSE-Vertrag

NATO: Mitgliedervergleich mit WEU und EU

Land	Beitrittsjahr[1]		
	NATO	WEU	EG/EU
Belgien	1949	1954	1951/1958
Dänemark	1949	–[2]	1973
Deutschland	1955	1954	1951/1958
Finnland	–	–[2]	1995
Frankreich	1949	1954	1951/1958
Griechenland	1952	1992	1981
Großbritannien	1949	1954	1973
Irland	–	–[2]	1973
Island	1949	–[3]	–
Italien	1949	1954	1951/1958
Kanada	1949	–	–
Luxemburg	1949	1954	1951/1958
Niederlande	1949	1954	1951/1958
Norwegen	1949	–[3]	–
Österreich	–	–[2]	1995
Portugal	1949	1989	1986
Schweden	–	–[2]	1995
Spanien	1982	1989	1986
Türkei	1952	–[3]	–
USA	1949	–	–

1) Gründung von NATO 1949, WEU 1954, Europäischer Gemeinschaft für Kohle und Stahl (EGKS) 1951, Europäischer Wirtschaftsgemeinschaft (EWG) und Europäischer Atomgemeinschaft (EURATOM) 1958; 2) Beobachterstatus; 3) assoziierte Mitglieder ohne Stimmrecht

NATO: Organisation

Nordatlantikrat
Oberstes NATO-Organ aus den Außenministern der 16 NATO-Staaten. Tagt regulär im Frühjahr und im Dezember.

Militärausschuß[1]
Höchstes militärisches Organ aus den Stabschefs der Bündnispartner. Tagt regulär zweimal im Jahr.

Internationales Sekretariat
Geleitet vom Generalsekretär, zuständig für laufende Geschäfte

Ständiger NATO-Rat
NATO-Botschafter der 16 Mitglieder. Tagt wöchentlich.

Generalsekretariat

Ständiger Militärausschuß[1]
Militärisches Gremium vergleichbar dem ständigen NATO-Rat

Eurogroup
Koordination der europäischen Verteidigung

NATO-Planungsausschuß
Oberstes verteidigungspolitisches Planungsgremium
(ohne Frankreich)

Internationaler Militärstab
Ausführendes Organ des Militärausschusses aus etwa 300 Offizieren und Unteroffizieren
(ohne Frankreich)

Nukleare Planungsgruppe
Planungsgremium für Atomrüstung (ohne Frankreich, Island und Luxemburg)

Befehlsbereiche

| Europa | Atlantik | Kanada/USA |

Zivile Organisation

Mitglieder des Nordatlantischen Bündnisses

Militärische Organisation

Belgien, Dänemark, Deutschland, Frankreich, Griechenland, Großbritannien, Island, Italien, Kanada, Luxemburg, Niederlande, Norwegen, Portugal, Spanien, Türkei, USA

1) Rückkehr Frankreichs angekündigt

© Harenberg

OAS

Name Organization of American States, engl.; Organisation amerikanischer Staaten

Sitz Washington/USA

Gründung 1948

Mitglieder 34 Staaten Nord-, Mittel- und Südamerikas

Generalsekretär César Gaviría Trujillo/Kolumbien (seit 1994)

Funktion Bündnis amerikanischer Staaten für gemeinsame militärische Sicherung und friedliche Konfliktregelung

OAU

Name Organization for African Unity, engl.; Organisation für afrikanische Einheit

Sitz Addis Abeba/Äthiopien

Gründung 1963

Mitglieder 53 afrikanische Staaten

Generalsekretär Salim Ahmed Salim/Tansania (seit 1989)

Funktion Bündnis afrikanischer Staaten für eine Zusammenarbeit in Politik, Kultur, Wirtschaft und Wissenschaft

OECD

Name Organization for Economic Cooperation and Development, engl.; Organisation für wirtschaftliche Zusammenarbeit und Entwicklung

Sitz Paris/Frankreich

Gründung 1963

Mitglieder 27 Industriestaaten

Generalsekretär Donald Johnston/Kanada (seit 1996)

Funktion Koordination der Wirtschafts- und Entwicklungspolitik der Mitgliedstaaten

ERWEITERUNG: Im Dezember 1995 wurde die Tschechische Republik Mitglied der OECD. Die Pariser Organisation belohnte damit den erfolgreichen wirtschaftlichen Reformprozeß dieses Staates. Die Tschechische Republik war das erste Land aus dem ehemaligen Ostblock, das in die OECD aufgenommen wurde. Ungarn trat im Mai 1996 der Organisation bei. Die Aufnahme Polens sollte im Sommer 1996 erfolgen, der Beitritt der Slowakei ist für Anfang 1997 vorgesehen. Rußland stellte im Mai 1996 einen Auf-

NATO: Erweiterung

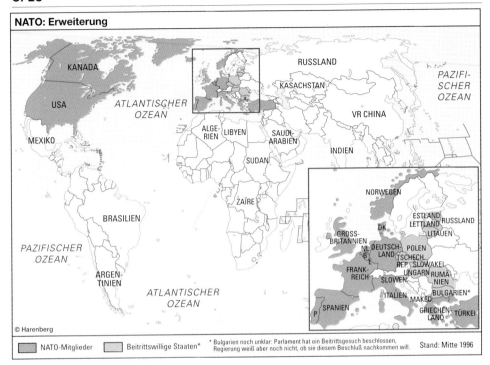

NATO-Mitglieder   Beitrittswillige Staaten*   * Bulgarien noch unklar: Parlament hat ein Beitrittsgesuch beschlossen, Regierung weiß aber noch nicht, ob sie diesem Beschluß nachkommen will.   Stand: Mitte 1996

© Harenberg

nahmeantrag. Für die ehemaligen Ostblockländer liegt die Bedeutung der Mitgliedschaft insbes. in den Kontaktmöglichkeiten zu den wirtschaftlichen Entscheidungsträgern der Industriestaaten und im Zugang zu dem wirtschaftswissenschaftlichen Know-how der OECD.

ZIELE: Der Entwicklungsausschuß der OECD beschloß im Mai 1996 auf einer Sitzung in Paris/Frankreich, den Kampf gegen die Armut auf der Welt zu verstärken. Bis 2015 soll die Kindersterblichkeit um 66% und die Müttersterblichkeit um 75% verringert werden. Die OECD will Maßnahmen gegen den Analphabetismus und zur Förderung des Umweltschutzes in den Entwicklungsländern ergreifen. Der armen Bevölkerung soll der Zugang zu Bildungseinrichtungen erleichtert werden. Der seit Juni 1996 amtierende Generalsekretär der OECD, Donald Johnston/Kanada, will sich in enger Zusammenarbeit mit der Welthandelsorganisation WTO für den freien Welthandel einsetzen und Widerstände in der Dritten Welt gegen die Liberalisierung der Märkte überwinden.
→ WTO → A-Z Entwicklungsländer → A-Z Entwicklungspolitik

OPEC TAB

Name Organization of Petroleum Exporting Countries, engl.; Organisation Erdöl exportierender Länder

Sitz Wien/Österreich

Gründung 1960

Mitglieder 12 Staaten

Generalsekretär Rilwanu Lukman/Nigeria (seit 1995)

Funktion Kartell zur Koordinierung der Erdölpolitik

FÖRDERQUOTEN: Im November 1995 beschlossen die Mitgliedstaaten des Erdölkartells OPEC, die 1993 festgelegte Ölförderquote von 24,52 Mio Barrel (engl.; Faß zu 159 l) pro Tag (b/d) bis zum 30. 6. 1996 beizubehalten. Ziel der Produktionsbeschränkung ist es, die Preise für Rohöl zu stabilisieren. Bisher haben die Mitglieder der Organisation die ihnen zustehenden Förderquoten zumeist überschritten. Im März 1996 lag die OPEC-Förderung um rd. 1,4 Mio b/d über der vereinbarten Obergrenze. Venezuela und Nigeria wurden wegen Verstöße gegen die festgeschriebene Fördermenge von den übrigen Mitgliedstaaten der OPEC kritisiert.

MARKTANTEILE: Die Internationale Energieagentur (IEA, Paris) bezifferte den Bedarf an OPEC-Rohöl für

OPEC: Erdölproduktion im Weltvergleich

Angaben	1973	1979	1986	1995
Förderung (Mio b/d)[1]	31	32	20	26
Weltanteil (%)	53	48	33	41
Weltölhandel (%)	86	82	58	62
Erlöse (Mrd $)	37	203	76	132

1) Faß pro Tag; Quelle: IEA, OPEC

1996 auf 25 Mio b/d (1995: 25,4 Mio b/d). Der Auslastungsgrad für die Produktionskapazitäten der Organisation wird dadurch 1996 voraussichtlich um 1% gegenüber dem Vorjahr auf 86% sinken. Der Anteil des OPEC-Öls am Weltbedarf ging 1979–1995 von 48% auf 41% zurück. Die Verkaufserlöse sanken im gleichen Zeitraum von 203 Mrd Dollar auf 132 Mrd Dollar. Die Absatzaussichten der OPEC werden für 1997 als ungünstig beurteilt, weil sich die Rohölförderung aus Quellen außerhalb der OPEC 1997 voraussichtlich auf 43,9 Mio b/d (1995: 40,6 Mio b/d) erhöhen wird. Das Kartell strebt daher eine enge Zusammenarbeit mit den großen Erdöllieferanten Großbritannien und Norwegen an, die beide nicht der OPEC angehören.
→ IEA → A-Z Energieverbrauch → A-Z Energieversorgung → A-Z Erdöl

Osteuropa-Bank

Name Europäische Bank für Wiederaufbau und Entwicklung, engl.: European Bank for Reconstruction and Development, EBRD
Sitz London/Großbritannien
Gründung 1990
Mitglieder 58 Staaten, die EU und die Europäische Investitionsbank
Präsident Jacques de Larosière/Frankreich (seit 1993)
Funktion Kreditvergabe und technische Hilfe (z. B. Entsendung von Beratern) für den Aufbau von Marktwirtschaften

KAPITALERHÖHUNG: Die Mitgliedsländer der O. beschlossen im April 1996 auf einer Tagung in Sofia/Bulgarien, durch Mehraufwendungen der Anteilseigner das Kapital des Instituts von 10 Mrd ECU auf 20 Mrd ECU zu erhöhen. Die Verdopplung des Kapitals soll wegen der angespannten Haushaltslage in vielen Mitgliedstaaten erst von April 1998 an wirksam werden und sich über einen Einzahlungszeitraum von zwölf Jahren erstrecken. Die größten Anteilseigner sind der USA (10% des Kapitals), Deutschland, Frankreich, Großbritannien, Italien und Japan (je 8,5%). Die Erhöhung der Mittel war durch den großen Finanzbedarf der osteuropäischen Staaten, die hohen Kosten für den Wiederaufbau in Bosnien-Herze-gowina und die problematische Lage vieler Banken in Ost-Mitteleuropa notwendig geworden.
PROJEKTE: 1995 billigte die O. insgesamt 2,86 Mrd ECU für 134 Projekte zur Stärkung der Finanzinstitute und zur Entwicklung der Infrastruktur in Ost-Mitteleuropas. Seit ihrer Gründung bewilligte sie 7,9 Mrd ECU für 368 Projekte. 355 Vorhaben im Umfang von 8,1 Mrd ECU sind geplant. Wegen der wirtschaftlichen Fortschritte in den Visegrád-Staaten (Polen, Slowakei, Slowenien, Tschechische Republik und Ungarn) beabsichtigt die O., in den nächsten Jahren ihre Aktivitäten auf die unterentwickelten Länder Rußland, Ukraine und die Staaten des Kaukasus zu konzentrieren. Bedingung für die Kreditvergabe sind die Demokratisierung sowie die wirtschaftliche Liberalisierung des Landes und die Rentabilität des Projektes.

OSZE

Name Organisation für Sicherheit und Zusammenarbeit in Europa
Mitglieder 55 Staaten
Gründung 1975 (unter dem Namen Konferenz für Sicherheit und Zusammenarbeit in Europa; KSZE)
Vorsitz: Schweiz (1996), Dänemark (1997), jährlicher Wechsel
Generalsekretär Giancarlo Aragano/Italien (seit 1996)
Funktion Regionalorganisation für Sicherheitspolitik, militärische Vertrauensbildung, Konfliktverhütung, Krisenmanagement, Durchsetzung von Menschen- und Bürgerrechten sowie wirtschaftliche, technische und ökologische Zusammenarbeit

Die OSZE ging im Januar 1995 aus der Konferenz für Sicherheit und Zusammenarbeit in Europa (KSZE) hervor. In der Namensänderung spiegelte sich der Wille der Mitgliedstaaten wider, die unregelmäßig tagende KSZE zu einer Organisation mit festen Strukturen umzuformen. Die OSZE setzte sich zum Ziel, mit ihren Institutionen Konflikte im Vorfeld zu entschärfen, die sich in Europa aus dem Zusammenbruch des Kommunismus sowie dem Zerfall der Sowjetunion ergaben.
BOSNIEN-HERZEGOWINA: Im Dezember 1995 beschloß der Ministerrat der OSZE auf einem Treffen in Budapest/Ungarn, Experten zur Vorbereitung und Durchführung freier Wahlen nach Bosnien-Herzegowina zu entsenden. Die Mission, der der amerikanische Diplomat Robert Frowick vorsteht, soll dort die Menschenrechtssituation überwachen, Verhandlungen über regionale Stabilität und Sicherheit leiten sowie Mechanismen zur Vertrauensbildung zwischen den verfeindeten Parteien einrichten. Die OSZE übernahm damit eine Schlüsselrolle bei der Umsetzung des Abkommens von Dayton. Dieser Vertrag bestimmt, daß bis spätestens Mitte September 1996 demokratische

Wahlen in dem vom Krieg zerrütteten Land stattfinden sollen.

SICHERHEITSARCHITEKTUR: Als eine wesentliche Aufgabe der nächsten Jahre sieht die OSZE die Ausarbeitung eines europäischen Sicherheitsmodells für das 21. Jahrhundert an. Umstritten ist dabei die Frage nach der zukünftigen Aufgabenteilung zwischen der OSZE und anderen Institutionen wie der NATO, dem Europarat, der WEU und der EU. Rußland vertritt die Ansicht, die NATO solle eher der OSZE untergeordnet statt nach Osten erweitert werden. Ungarn hingegen ist der Auffassung, daß es zwischen den verschiedenen Organisationen keine Rangfolge geben dürfe, sondern sie sich ergänzen sollten.

→ Europäische Union → Europarat → NATO → WEU → A-Z Balkankonflikt → A-Z Tschetschenien

Regionalausschuß

Abkürzung AdR (Ausschuß der Regionen)

Sitz Brüssel/Belgien

Gründung 1993

Mitglieder 222 Regionalvertreter der 15 EU-Staaten

Präsident Jacques Blanc/Frankreich (seit 1994)

Funktion Unabhängiges Organ zur Interessenvertretung und zur Stärkung des Zusammenhaltes der Regionen in der Europäischen Union

→ Europäische Union

Rotes Kreuz, Internationales

Abkürzung IRK

Sitz Genf/Schweiz

Gründung 1928

Mitglieder 169 Staaten

Präsident Cornelio Sommaruga/Schweiz (Präsident des Internationalen Komitees, IKRK, seit 1987)

Ziel Freiwillige Hilfsorganisation

Umweltagentur, Europäische

Sitz Kopenhagen/Dänemark

Gründung 1994

Aufbau EU-Behörde, rd. 100 Mitarbeiter

Exekutivdirektor Domingo Jiménez-Beltrán/Spanien (seit 1994)

Funktion Sammlung und Aufbereitung umweltbezogener Daten, die als Grundlage für politische Entscheidungen im Umweltschutz der Union dienen sollen

UNCTAD

Name United Nations Conference on Trade and Development, engl.; Handels- und Entwicklungskonferenz der Vereinten Nationen

Sitz Genf/Schweiz

Gründung 1964

Mitglieder 188 Staaten

Generalsekretär Rubens Ricupero/Brasilien (seit 1995)

Funktion Unterorganisation der UNO zur Förderung des internationalen Handels, insbes. mit den Entwicklungsländern

→ UNO → A-Z Entwicklungsländer → A-Z Entwicklungspolitik

UNDP

Name United Nations Development Programme, engl.; Entwicklungsprogramm der Vereinten Nationen

Sitz New York/USA

Gründung 1965

Mitglieder

Direktor James Gustave Speth/USA (seit 1994)

Funktion Unterorganisation der UNO zur Finanzierung und Koordination der technischen Hilfe für die Entwicklungsländer

→ UNO → A-Z Entwicklungsländer → A-Z Entwicklungspolitik

UNEP

Name United Nations Environment Programme, engl.; Umweltprogramm der Vereinten Nationen

Sitz Nairobi/Kenia

Gründung 1972

Mitglieder alle UNO-Staaten

Exekutivdirektorin Elizabeth Dowdeswell/Kanada (seit 1993)

Funktion Unterorganisation der UNO zur Koordination von Umweltschutzmaßnahmen und zur Beratung der Regierungen in der Dritten Welt

→ UNO

UNESCO

Name United Nations Educational, Scientific and Cultural Organization, engl.; Organisation der Vereinten Nationen für Erziehung, Wissenschaft und Kultur

Sitz Paris/Frankreich

Gründung 1945

Mitglieder 183 Staaten

Generaldirektor Federico Mayor Zaragoza/Spanien (seit 1987)

Funktion Sonderorganisation der UNO zur Förderung der Bildung und Kultur sowie der internat. Zusammenarbeit bei Erziehung, Wissenschaft und Information

→ UNO → A-Z Weltkultur- und Naturerbe

UNFPA

Name United Nations Fund for Population Activities, engl.; Bevölkerungsfonds der Vereinten Nationen

Sitz New York/USA

Gründung 1966 als United Nations Trust Fund for Population Activities

Exekutivdirektor Nafis Sadik/Pakistan (seit 1987)

Funktion Unterorganisation der UNO zur Förderung von

Familienplanung und Aufklärung über Zusammenhänge von Bevölkerungs- und Wirtschaftsentwicklung
→ UNO

UNHCR

Name United Nations High Commissioner for Refugees, engl.; Hoher Flüchtlingskommissar der Vereinten Nationen

Sitz Genf/Schweiz

Gründung 1949

Mitglieder –

Hochkommissarin Sadako Ogata/Japan (seit 1991)

Funktion Unterorganisation der UNO zur Hilfe für rassisch, religiös oder politisch verfolgte Flüchtlinge und Vertriebene

→ UNO → [A-Z] Flüchtlinge

UNICEF

Name United Nations International Childrens' Fund, engl.; Internationales Kinderhilfswerk der Vereinten Nationen

Sitz New York/USA

Gründung 1946

Mitglieder –

Exekutivdirektorin Carol Bellamy/USA (seit 1995)

Funktion Unterorganisation der UNO zur Versorgung von Kindern und Müttern mit Nahrungsmitteln, Kleidern, Medikamenten und medizinischer Betreuung

→ UNO → [A-Z] Kinderarbeit

UNIDO

Name United Nations Industrial Development Organization, engl.; Organisation der Vereinten Nationen für industrielle Entwicklung

Sitz Wien/Österreich

Gründung 1966

Mitglieder 169 Staaten

Generaldirektor Mauricio de Maria y Campos/Mexiko (seit 1993)

Funktion Sonderorganisation der UNO zur Förderung der industriellen Entwicklung vor allem in Entwicklungsländern

Die USA kündigten auf der 6. Generalkonferenz der UNIDO im Dezember 1995 in Wien an, Anfang 1997 aus der Organisation auszutreten. Die USA begründeten den Schritt mit der großen Bürokratie und der mangelnden Effizienz der UNIDO. Sie äußerten die Ansicht, daß die Ziele der Organisation von Unternehmen oder Einzelstaaten wirksamer gefördert werden könnten. Die USA sind mit 100 Mio Dollar (rd. 25% des UNIDO-Budget) der größte Beitragszahler der Organisation. Aufgrund des Austritts der USA verringerte die UNIDO ihren Personalbestand zwischen August 1995 und März 1996 von 991 auf 817 Mitarbeiter. Geplante Programme zur industriellen Entwick-

lung der Entwicklungsländer sollen ersatzlos gestrichen werden.

→ UNO → [A-Z] Entwicklungsländer → [A-Z] Entwicklungspolitik

UNO [GRA] [TAB]

Name United Nations Organization, engl.; Organisation der Vereinten Nationen

Sitz New York/USA

Gründung 1945

Mitglieder 185 Staaten

Generalsekretär Butros Butros-Ghali/Ägypten (seit 1992)

Funktion Staatenzusammenschluß zur Sicherung des Weltfriedens und zur Förderung der wirtschaftlichen und sozialen Entwicklung der ärmeren Länder

FINANZKRISE: 1995/96 verschärften sich die Finanzprobleme der UNO. Anfang Mai 1996 betrug die Schuldenlast der Weltorganisation etwa 200 Mio Dollar. Die Beitragsrückstände der Mitgliedstaaten beliefen sich auf rd. 2,8 Mrd Dollar. Der größte Schuldner sind mit 1,5 Mrd Dollar die USA, die eine Verringerung ihrer Beitragslasten und eine grundlegende Strukturreform der UNO verlangen. 39 der 185 UNO-Mitgliedstaaten verloren im Februar 1996 ihr Stimmrecht in der UNO-Vollversammlung, weil ihre Schulden bei der Weltorganisation zwei Jahresbeiträge überstiegen. Die Beiträge für das UNO-Budget berechnen sich nach der Wirtschaftsleistung (BSP) der Mitglieder. Generalsekretär → [PER] Butros-Ghali/Ägypten forderte die Staaten auf, ihre Schulden zu begleichen, weil andernfalls die UNO Ende 1996 zahlungsunfähig sei. Die Vereinten Nationen verfügen nicht über Mittel, ihre Mitglieder zur Zahlung der Schulden zuzwingen.

SPARMASSNAHMEN: Im April 1996 kündigte die UNO einschneidende Sparmaßnahmen an. Der geplante Kauf eines modernen Telekommunikationssystems für die Hauptverwaltung der Vereinten Nationen soll zurückgestellt und die Zahl der Publikationen der Wirtschaftskommission für Afrika reduziert werden. Bis 1997 sollen weitere 800 der rd. 10 000 Stellen bei der UNO abgebaut werden. 1995 waren bei den Vereinten Nationen 200 Stellen weggefallen. Der Abbau soll durch Entlassungen, Umstrukturierungen und frühzeitige Versetzungen von Mitarbeitern in den Ruhestand erfolgen.

MISSWIRTSCHAFT: Im Oktober 1995 legte der deutsche Diplomat Karl-Theodor Paschke, der im August 1994 von der Vollversammlung zum ersten UNO-Generalinspekteur gewählt worden war, einen Prüfungsbericht über Mißstände bei den Vereinten Nationen vor. In dem Bericht wurden Fälle von Desorganisation, Mißmanagement und Korruption aufgelistet, die zwischen November 1994 und Juni 1995 einen Schaden von 16,7 Mio Dollar verursachten. Paschke kritisierte die verkrustete Struktur der UNO, die die Kreativität der Mitarbeiter beeinträchtige und individuelle Initiativen bremse. Die Finanznot der UNO verhindere dringende Reformen.

JUBILÄUM: Anläßlich der Fünfzigjahrfeiern der UNO im Oktober 1995 in New York verabschiedeten die 185 Mitgliedstaaten eine Erklärung, in der sie sich zu den Idealen der Vereinten Nationen bekannten und zu einer umfassenden Reform der Weltorganisation aufriefen. Sie verlangten eine Vergrößerung des UNO-Sicherheitsrates und eine Überprüfung seiner Entscheidungswege. Die Transparenz bei der Arbeit des Sicherheitsrates soll erhöht und die Rolle des Wirtschafts- und Sozialrates (ECOSOC) gestärkt werden. Die UNO-Staaten verpflichteten sich, gegen Krieg, Armut, Umweltverschmutzung und Drogenhandel in der Welt vorzugehen sowie die wirtschaftliche und soziale Entwicklung der armen Länder zu fördern.

→ ECOSOC → NATO → [A-Z] Atomtests
→ [A-Z] Balkan-Konflikt → [A-Z] Bundeswehr
→ [A-Z] Kriegsverbrechertribunal → [A-Z] Landminen
→ [A-Z] Mega-Städte → [A-Z] UNO-Friedenstruppen

UNO: Größte Beitragszahler 1996

Land	Beitragsver-pflichtungen (Mio $)	Anteil am Budget (%)
USA	321	25,0
Japan	168	15,4
Deutschland	98	9,0
Frankreich	70	6,4
Großbritannien	58	5,3
Italien	57	5,2
Rußland	48	4,5
Kanada	34	3,1
Spanien	26	2,4

Zahlen gerundet, Quelle: UNO

UNPO

Name Unrepresented Nations' and Peoples' Organization, engl.; Organisation nichtrepräsentierter Nationen und Völker

Sitz Den Haag/Niederlande

Gründung 1991

Mitglieder 46 Nationen und Völker

Generalsekretär Michel van Walt van Prag/Niederlande (seit 1991)

Funktion Interessenvertretung von Nationen und Völkern, die in der UNO nicht oder nur unzureichend vertreten sind

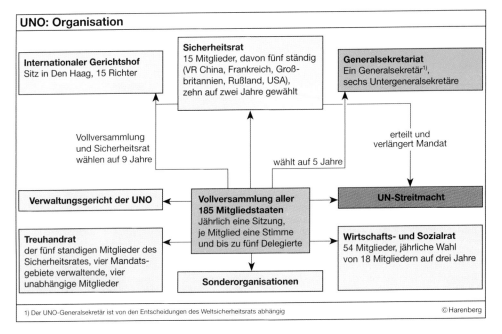

UNO: Organisation

Internationaler Gerichtshof
Sitz in Den Haag, 15 Richter

Sicherheitsrat
15 Mitglieder, davon fünf ständig (VR China, Frankreich, Großbritannien, Rußland, USA), zehn auf zwei Jahre gewählt

Generalsekretariat
Ein Generalsekretär[1]), sechs Untergeneralsekretäre

Vollversammlung und Sicherheitsrat wählen auf 9 Jahre

wählt auf 5 Jahre

erteilt und verlängert Mandat

Verwaltungsgericht der UNO

Vollversammlung aller 185 Mitgliedstaaten
Jährlich eine Sitzung, je Mitglied eine Stimme und bis zu fünf Delegierte

UN-Streitmacht

Treuhandrat
der fünf ständigen Mitglieder des Sicherheitsrates, vier Mandatsgebiete verwaltende, vier unabhängige Mitglieder

Sonderorganisationen

Wirtschafts- und Sozialrat
54 Mitglieder, jährliche Wahl von 18 Mitgliedern auf drei Jahre

1) Der UNO-Generalsekretär ist von den Entscheidungen des Weltsicherheitsrats abhängig

© Harenberg

UPU

Name Universal Postal Union, engl.; Weltpostverein
Sitz Bern/Schweiz
Gründung 1874 (Neugründung 1948)
Mitglieder 189 Staaten
Generaldirektor Thomas W. Leavy/USA (seit 1996)
Funktion Sonderorganisation der UNO zur Vervollkommnung der internationalen Postdienste
→ UNO

Weltbank

Name International Bank for Reconstruction and Development (engl.; Internationale Bank für Wiederaufbau und Entwicklung)
Abkürzung IBRD
Sitz Washington/USA
Gründung 1944
Mitglieder 178 Staaten
Präsident James Wolfensohn/USA (seit 1995)
Ziel Sonderorganisation der UNO zur Förderung der wirtschaftlichen Entwicklung in den Mitgliedsländern

Die W. fungiert als Makler zwischen privaten Banken und Entwicklungsländern. Sie nimmt günstige Kredite auf, die sie an Entwicklungsländer weitergibt, um Armut zu bekämpfen und Industrie sowie Umweltschutz zu fördern. Ihr Eigenkapital wird durch die Industriestaaten garantiert. Die Stimmrechte der Mitgliedstaaten richten sich nach der Höhe ihres Kapitals. Seit ihrem Bestehen finanzierte die W. rd. 6250 Projekte mit etwa 322 Mrd Dollar.

KREDITVERGABE: Das Kreditvolumen der Weltbank belief sich im Geschäftsjahr 1994/95 (Abschluß 30. 6.) auf 16,9 Mrd Dollar (1993/94: 14,2 Mrd Dollar). Die Zahl der finanzierten Projekte stieg im Vergleich zum Vorjahr von 124 auf 134. Bei der W.-Tochter International Development Association (IDA), die die ärmsten Entwicklungsländer mit hoch konzessionierten Darlehen versorgt, fielen im gleichen Zeitraum die Kreditzusagen von 6,6 Mrd Dollar für 104 Projekte auf 5,7 Mrd Dollar für 108 Projekte. Die Volksrepublik China war 1994/95 der größte Kreditnehmer. Sie erhielt von der W. bzw. der IDA Darlehen über rd. 3 Mrd Dollar. Danach folgten Mexiko (2,4 Mrd Dollar), Indien (2,1 Mrd Dollar), Rußland (1,7 Mrd Dollar) und Argentinien (1,4 Mrd Dollar).

NEUE STRATEGIE: Im August 1995 beschloß die W. den Rückzug aus dem umstrittenen Arun-Staudamm-Projekt in Nepal, das von Umweltorganisationen als ökologisch bedenklich beurteilt worden war. Der Präsident der W., James Wolfensohn, kündigte im März 1996 weitreichende Reformen an. In Zukunft will die W. in ihrer Projektarbeit den betroffenen Gruppen ein Mitspracherecht beim Entscheidungsprozeß einräu-

men. Nichtregierungsorganisationen, Vertreter des Privatsektors, Frauenorganisationen und Bürgergruppen sollen an den Projekten beteiligt werden. Die W. hofft, dadurch die Akzeptanz ihrer Vorhaben in den Entwicklungsländern zu erhöhen und das eigene Image zu verbessern.
→ IDA → [A-Z] Entwicklungsländer → [A-Z] Entwicklungspolitik

WEU: Mitgliedstaaten

- EU-Staaten mit WEU-Mitgliedschaft
- EU-Staaten ohne WEU-Mitgliedschaft
- Assoziierte Mitglieder der WEU
- Assoziierte Partner der WEU

© Harenberg

WEU [KAR]

Name Westeuropäische Union
Sitz Brüssel/Belgien
Gründung 1954
Mitglieder Zehn EU-Staaten
Generalsekretär José Cutileiro/Portugal (seit 1994)
Funktion Beistandspakt (militärischer Schutz durch NATO), europäische Integration; humanitäre, Friedens- und Militäreinsätze

Die WEU soll das Gewicht der europäischen Mitglieder der NATO erhöhen und zum Militärorgan der Europäischen Union ausgebaut werden. Großbritannien widersetzte sich 1995/96 einer Integration der WEU in die NATO. Es erklärte, die WEU nicht stärken zu wollen, um den Vorrang der NATO in Europa nicht in Frage zu stellen. Großbritannien befürchtet eine Schwächung der NATO, die die USA zum Austritt aus dem nordatlantischen Verteidigungsbündnis veranlassen könnte. **OSTSEE:** Die Parlamentarische Versammlung der WEU sprach sich im Dezember 1995 für die Einrichtung einer ständigen militärischen Einsatztruppe in

der Ostsee aus. Sie soll Grenzen kontrollieren, Fischerei- und Umweltschutzbestimmungen überwachen, an Rettungsdiensten teilnehmen und Friedensmissionen durchführen. Als mögliche Gründungsmitglieder wurden Dänemark, Deutschland, Estland, Lettland, Litauen und Polen genannt. Ziel des Vorstoßes ist es, den baltischen Staaten über eine enge militärische Zusammenarbeit die Integration in die WEU und die NATO zu ermöglichen. Rußland widersetzt sich bislang einem Beitritt der assoziierten Partner Estland, Lettland und Litauen zur WEU und zur NATO.
→ Europäische Union → NATO

WFP

Name World Food Programme, engl.; Welternährungsprogramm

Sitz Rom/Italien

Gründung 1961

Exekutivdirektorin Catherine Bertini/USA (seit 1993)

Funktion Unterorganisation der UNO zur Ernährungssicherheit und Nahrungsmittelnothilfe

→ UNO → A-Z Hunger

WHO

Name World Health Organization, engl.; Weltgesundheitsorganisation

Sitz Genf/Schweiz

Gründung 1948

Mitglieder 190 Staaten

Generaldirektor Hiroshi Nakajima/Japan (seit 1988)

Funktion Sonderorganisation der UNO zur Bekämpfung von Seuchen und Epidemien und zur Verbesserung der Gesundheitsversorgung

→ UNO

WIPO

Name World Intellectual Property Organization, engl.; Weltorganisation für geistiges Eigentum

Sitz Genf/Schweiz

Gründung 1967

Mitglieder 157 Staaten

Vorsitz Arpad Bogsch/USA, Generaldirektor seit 1973

Funktion Sonderorganisation der UNO zur Förderung des gewerblichen Rechtschutzes sowie des Urheberrechts

→ UNO

WMO

Name World Meteorological Organization, engl.; Weltorganisation für Meteorologie

Sitz Genf/Schweiz

Gründung 1951

Mitglieder 173 Staaten

Generalsekretär Godwin Obasi/Nigeria (seit 1984)

Funktion Sonderorganisation der UNO zur Kooperation bei der Errichtung von Stationsnetzen und meteorologischen Meßstellen

→ UNO

WTO

Name World Trade Organization, engl.; Welthandelsorganisation

Sitz Genf/Schweiz

Gründung 1995

Mitglieder 125 Staaten

Generaldirektor Renato Ruggiero/Italien (seit 1995)

Funktion Sonderorganisation der UNO zur Förderung und Überwachung des Welthandels

Nach einjähriger Koexistenz löste die WTO im Dezember 1995 das GATT (General Agreement on Tariffs and Trade, engl.; Allgemeines Zoll- und Handelsabkommen) ab. Sie bildet für alle seit Gründung des GATT (1947) geschlossenen Welthandelsabkommen, die ihre Gültigkeit behalten, den institutionellen Rahmen. Sie überwacht die Handelsregeln für Waren, multilaterale Verträge über den Austausch von Dienstleistungen sowie Abkommen über Patente und andere geistige Eigentumsrechte. Die WTO bezeichnete es 1995 als ihre Hauptaufgabe, die Umsetzung der 1994 gefaßten Beschlüsse (z. B. Senkung von Zöllen um durchschnittlich 40%) der 8. GATT-Welthandelsrunde (sog. Uruguay-Runde) zu beschleunigen.

FINANZDIENSTLEISTUNGEN: Im Juli 1995 einigten sich 76 Mitglieder der WTO auf eine Liberalisierung der internationalen Finanzmärkte. Die Übereinkunft sieht den vereinfachten Zugang von Banken und Versicherungen zu den Märkten der Vertragspartner vor. Die Zahl der an Ausländer ausgegebenen Lizenzen zur Eröffnung von Bank- und Versicherungsniederlassungen soll gesteigert werden. Das Abkommen gilt vorerst bis Ende 1997.

STREITFÄLLE: Im Januar 1996 wurde vor der Schiedsstelle der WTO ein Verfahren gegen Japan eröffnet. Die EU, Kanada und die USA wollen dadurch Japan zu einer Senkung seiner Zölle für importierte Spirituosen bewegen. Die EU kündigte im Februar 1996 an, in der WTO gegen Japan wegen Verletzung der Regeln auf dem Gebiet der Tonträgerproduktion vorzugehen. Die Europäische Kommission beklagte sich darüber, daß die japanischen Bestimmungen zum Schutz des geistigen Eigentums nicht die in der Zeit von 1946 bis 1971 produzierten Musikwerke erfaßten. Die EU will Japan in diesem Bereich zu einer Angleichung seines Rechts an die WTO-Regeln zwingen. Im Konflikt um das seit 1989 bestehende EU-Importverbot von hormonbehandeltem Rindfleisch aus den USA setzte die WTO im Mai 1996 einen Schlichtungsausschuß ein.

Juli 1995

Deutsche Bahn AG führt Kreditkarte ein

1.7.1995: Gemeinsam mit der Citibank bietet die Deutsche Bahn AG ihren Kunden eine neue BahnCard mit Kreditfunktion an. Es gibt drei Arten: Die DB/Citibank VISA BahnCard; die DB/Citibank Electron BahnCard und die alte BahnCard ohne jegliche Kredit- oder Zahlungsfunktionen. Durch den käuflichen Erwerb einer Bahncard, die Jahresgebühr für die 2. Klasse beträgt 220 bzw. 440 DM für die 1. Klasse, ermäßigt sich der Preis auf jedes Bahnticket um 50%.

Major als Kopf der Konservativen bestätigt

4.7.1995: Der britische Premierminister John Major bleibt auch weiterhin Chef der Konservativen Partei. Die Unterhausfraktion votiert mit 218 von 327 Stimmen für Major, auf den Gegenkandidaten John Redwood entfallen 89 Stimmen. 20 Abgeordnete enthalten sich der Stimme oder geben einen ungültigen Wahlzettel ab. Nach heftiger interner Kritik war Major am 22. Juni 1995 von seinem Amt als Parteichef zurückgetreten.

Benetton-Werbung in Deutschland verboten

6.7.1995: Der Bundesgerichtshof (Karlsruhe) erklärt drei Motive des italienischen Textilwarenherstellers Benetton für sitten- und wettbewerbswidrig. Nach Ansicht der Richter werden Gefühle des Verbrauchers in intensiver Weise zu kommerziellen Zwecken mißbraucht. Die beanstandeten Kampagnen zeigen eine in einem Ölteppich schwimmende Ente, Kinderarbeit in einem Entwicklungsland sowie ein menschliches Gesäß mit dem Aufdruck H.I.V.-POSITIVE.

Johannes Rau bleibt NRW-Ministerpräsident

6.7.1995: Der Nordrhein-westfälische Landtag wählt mit 129 von 220 Stimmen den Sozialdemokraten Johannes Rau erneut zum Ministerpräsidenten. Nach der Landtagswahl im Mai, die die SPD die absolute Mehrheit kostete, führt Rau ein rot-grünes Kabinett.

Steffi Graf wieder Königin von Wimbledon

8.7.1995: Die Brühlerin Steffi Graf siegt zum sechsten Mal im Tennisturnier von Wimbledon. Im Endspiel des Dameneinzels schlägt sie in drei Sätzen die Spanierin Arantxa Sanchez.

Friedensnobelpreisträgerin auf freiem Fuß

10.7.1995: Die Friedensnobelpreisträgerin des Jahres 1991, Auung San Suu Kyi, wird vom Militärregime in Myanmar ohne Auflagen aus dem Hausarrest entlassen. Die Junta in Rangun hatte die Isolation der bekannten Politikerin im Juli 1989 verfügt. In einem Interview bestätigt Auung San Suu Kyi, daß sie sich auch weiterhin für einen friedlichen Übergang zur Demokratie in ihrem Land einsetzen werde.

Urteile im Atom-Schmuggel-Prozeß

17.7.1995: Das Münchener Landgericht verurteilt drei Angeklagte – einen Kolumbianer und zwei Spanier – zu mehrjährigem Freiheitsentzug. Das bundesdeutsche Nachrichtenmagazin „Der Spiegel" wirft im Zusammenhang mit dem sog. Plutonium-Prozeß dem Bundesnachrichtendienst (BND) vor, den illegalen Import aus der Sowjetunion nach Deutschland selbst inszeniert zu haben.

Pop-Gruppe sorgt für Ohnmachtsanfälle

18.7.1995: Robbie Williams, der Sänger der britischen Pop-Band „Take That" teilt mit, daß er die Gruppe aus persönlichen Gründen verlassen werde. Vor allem weibliche Fans der Musiker reagieren auf die Ankündigung mit Hysterie und Selbstmordgedanken. Öffentliche Sorgentelefone sollen helfen, das Leid der internationalen Fangemeinde zu lindern.

Miguel Indurain gewinnt Tour de France

23.7.1995: Der spanische Radprofi Miguel Indurain siegt zum fünften Mal in Folge beim härtesten Straßenrennen der Welt. Bei seiner Zielankunft in Paris hat er auf den Zweitplazierten einen Vorsprung von 4:35 min. Das deutsche Telekom-Team kann durch Erich Zabel zwei Etappen gewinnen. Der Todessturz des italienischen Radsportlers Fabio Casartelli überschattet die 82. Tour de France.

Bombenterror in Paris

25.7.1995: Bei einem Bombenschlag im unterirdischen Pariser Bahnhof Saint-Michel werden sieben Fahrgäste getötet, mehr als hundert erleiden z. T. schwere Verletzungen. Nach Angaben der französischen Sicherheitsbehörden geht das Attentat auf das Konto radikaler algerischer Islamisten. In den nächsten Wochen wird Frankreich von einer Terrorwelle heimgesucht. Im September bekennt sich die Bewaffnete Islamische Gruppe (GIA) zu den Anschlägen.

Ozonfahrverbot tritt in Deutschland in Kraft

26.7.1995: Das bundeseinheitliche Ozongesetz führt in der Bundesrepublik bei erhöhten Meßwerten zu Fahrverboten. Tempolimits werden jedoch nicht beschlossen. Betroffen von dem neuen Gesetz sind Autos und Motorräder ohne Katalysator: Liegt der Ozonwert in der Luft über 240 mg/m³ stehen für die Halter dieser Fahrzeuge alle Räder still.

Deutsche Steuerzahler sparen Geld

31.7.1995: Der Vermittlungsausschuß zwischen Bundestag und Bundesrat billigt den ausgearbeiteten Kompromiß zum Jahressteuergesetz 1996. Insgesamt sollen die Bundesbürger um netto mehr als 19 Mrd DM entlastet werden. Zentrale Punkte des Gesetzes sind die Neuregelung des sog. steuerfreien Existenzminimums sowie des Familienlastenausgleichs.

August 1995

Stasi-Chef aus der Haft entlassen

1.8.1995: Erich Mielke, der frühere Leiter des Ministeriums für Staatssicherheit (Stasi) in Ost-Berlin, darf das Gefängnis vorzeitig verlassen. Ein Berliner Gericht verurteilte den jetzt 87jährigen im Oktober 1993 wegen eines im Jahr 1931 begangenen Mordes an zwei Berliner Polizisten zu sechs Jahren Freiheitsentzug. Mielke hat inklusive der Untersuchungshaft zwei Drittel seiner Strafe abgesessen. Kurz nach der Maueröffnung wurde Mielke verhaftet. In einem ersten Prozeß warf ihm die Anklage u. a. Amtsmißbrauch, Mitverantwortung für Schüsse an der innerdeutschen Grenze sowie Protektion der RAF in der DDR vor. Das Verfahren mußte aufgrund des schlechten Gesundheitszustandes des Stasi-Chefs eingestellt werden.

Vater von Steffi Graf festgenommen

2.8.1995: Peter Graf, der Vater der deutschen Tennisspielerin Steffi Graf, wird unter dem dringenden Verdacht der Steuerhinterziehung festgenommen. Die Sportler-Familie aus Brühl soll dem Fiskus vier Jahre lang eine Steuererklärung vorenthalten haben. Bei einer nachträglichen Einstufung wurden nur 7 statt der zu erwartenden 17 Mio DM entrichtet. Zudem soll Peter Graf Tarnfirmen illegal als Empfänger für Werbe- und Sponsorengelder eingeschaltet haben, um Steuern zu sparen. Aufgrund der Finanzaffäre beendet die Opel AG im Oktober ihre Werbepartnerschaft mit der mehrfachen Wimbledonsiegerin.

Kroaten erobern Serbische Republik Krajina

4.8.1995: Mit dem Feldzug „Oluja" (Gewittersturm) erobert die kroatische Armee in weniger als drei Tagen die von Serben ausgerufene Republik Krajina, deren Gebiet zu Kroatien gehört. Die Offensive löst eine Massenflucht in der Bevölkerung aus.

Hannover in der Gewalt von Punks

6.8.1995: Die dreitägigen „Chaostage 95" in Hannover eskalieren in gewalttätigen Auseinandersetzungen zwischen der Polizei und den rd. 1700 aus dem ganzen Bundesgebiet angereisten Punkern. Bei den blutigen Krawallen in der Innenstadt werden 240 Polizisten und über 200 Punker verletzt, Geschäfte werden geplündert. Sowohl die örtliche Polizeileitung als auch der niedersächsische Innenminister Gerhard Glogowski (SPD) geraten wegen taktischer Fehler beim Einsatz der Sicherheitskräfte in die Schlagzeilen der Kritik.

Schwiegersöhne Saddams setzen sich ab

8.8.1995: Hussein Kamel Hassan al-Majid und Saddam Kamel Hassan al Majid, die Schwiegersöhne des irakischen Staatspräsidenten Saddam Hussein, setzen sich nach Jordanien ab und bitten um politisches Asyl. In Bagdad werden die beiden Iraker in Abwesenheit zum Tode verurteilt. Bei ihrer Rückkehr Anfang 1996 in den Irak werden sie hingerichtet.

Ex-Ministerpräsident der DDR verurteilt

9.8.1995: Hans Modrow, ehemaliger SED-Bezirkschef in Dresden und nach der Maueröffnung DDR-Ministerpräsident, wird in einem Revisionsverfahren zu neun Monaten Freiheitsstrafe auf Bewährung sowie einer Geldbuße von 5000 DM verurteilt. Das Dresdner Landgericht sieht als erwiesen an, daß Modrow sich an der Fälschung der DDR-Kommunalwahlergebnisse vom Mai 1989 beteiligt hat.

Kein Kruzifix-Zwang an bayerischen Schulen

10.8.1995: Das Bundesverfassungsgericht entscheidet, daß in Volksschulklassenzimmern in Bayern das Anbringen von Kruzifixen gemäß § 13 Landesschulordnung verfassungswidrig sei. Die Richter begründen ihr Urteil u. a. mit der im Grundgesetz garantierten Freiheit des religiösen und weltanschaulichen Bekenntnisses. Die mit fünf von acht Stimmen gefällte sog. Kruzifix-Entscheidung sorgt für landesweite Diskussionen. Insbesondere die CSU und die katholische Kirche üben scharfe Kritik an dem Urteilsspruch.

Neue Einheitswerte für Grundeigentum

18.8.1995: Das Bundesverfassungsgericht erklärt, daß die bislang gültige Besteuerung von Grundvermögen verglichen mit anderen Vermögenswerten gegen den Gleichheitsgrundsatz des Grundgesetzes verstößt und damit verfassungswidrig sei. Bislang unterliegt die Besteuerung von Wohneigentum dem sog. Einheitswert aus dem Jahr 1964. Er liegt durchschnittlich bei 30% des üblichen Marktwertes einer Immobilie. Das Gericht fordert den Gesetzgeber auf, bis zum Jahresende 1996 eine Anpassung durchzuführen.

Peking schiebt Menschenrechtsaktivisten ab

24.8.1995: Der in den USA lebende chinesische Dissident Harry Wu wird kurz nach seiner Verurteilung in die Vereinigten Staaten abgeschoben. Harry Wu mußte China 1985 verlassen. Der Menschenrechtsaktivist wurde Mitte Juni bei der Einreise von Kasachstan nach China verhaftet. Ein Gericht in Wuhan verurteilte Wu u. a. wegen Spionage zu insgesamt 15 Jahren Haft. Die Abschiebung erfolgt auf diplomatische Intervention der US-Regierung.

Windows 95 mischt Computerwelt auf
24.8.1995: Nach mehrjähriger Entwicklungsarbeit startet der US-amerikanische Software-Gigant Microsoft Corp. den Verkauf seines neuen 32-Bit-Betriebssystems Windows 95. Unternehmenschef Bill Gates will bis Jahresende weltweit rund 20 Mio Exemplare verkaufen. Die Weiterentwicklung einer Kombination von MS-DOS und MS-Windows verspricht am PC schnelleres Arbeiten, eine einfachere Bedienung sowie vermehrte Anwendungen durch Mulimedia-Komponenten.

Größter NATO-Angriff auf bosnische Serben
30.8.1995: NATO-Kampfflugzeuge bombardieren Stellungen der Serben um Sarajevo und die muslimischen Enklaven Tuzla sowie Goražde. Ein weiteres Ziel ist die Serben-Hochburg Pale. Die Militärallianz reagiert damit auf den bosnisch-serbischen Artillerieangriff auf Sarajevo vom 28.8. In der Innenstadt der bosnischen Hauptstadt starben 37 Menschen, über 68 wurden verletzt.

September 1995

Musik-Größen auf ewig geehrt
2.9.1995: Die „Hall of Fame" wird in Cleveland (Ohio/USA) feierlich eingeweiht. Mehr als 200 000 Menschen wohnen dem Ereignis bei. Auf 14 000 m² präsentiert das Rock- und Pop-Museum Erinnerungen an internationale Stars der modernen Musik-Szene.

Weltfrauenkonferenz in Peking
4.9.1995: Die vierte Weltfrauenkonferenz der UNO beginnt in der chinesischen Hauptstadt. 10 000 Delegierte aus 189 Ländern beschließen zum Abschluß des Kongresses am 15.9. u. a. einen Aktionsplan für die internationale Durchsetzung der Rechte der Frauen.

Französischer Kernwaffentest im Südpazifik
5.9.1995: Die französische Regierung läßt trotz weltweiter Proteste 600 m unter dem Mururoa-Atoll im Südpazifik eine Atombombe zünden. Nach amtlichen Angaben tritt bei der sechs Versuche umfassenden Testreihe weder Radioaktivität aus, noch wird das vulkanische Fundament des Atolls beschädigt.

„Schimi" mit Coppa Volpi ausgezeichnet
9.9.1995: Götz George alias Tatort-Kommissar Horst Schimanski wird bei den 52. Internationalen Filmfestspielen in Venedig als bester Hauptdarsteller ausgezeichnet. Der Schauspieler erhält die internationale Ehrung Coppa Volpi für die Rolle des Massenmörders Fritz Haarmann in dem Film „Der Totmacher".

Papst erstmals am Kap der Guten Hoffnung
16.9.1995: Papst Johannes Paul II. würdigt bei seinem ersten Besuch in dem ehemaligen Apartheid-Staat Südafrika den friedlichen politischen Wandel des Landes. Vor 100 000 Gläubigen im Gosforth-Park in Pretoria sichert das Oberhaupt der römisch-katholischen Kirche die weitere Unterstützung der Kurie zu.

Bundestag beschließt Diätenerhöhung
21.9.1995: Der Bundestag beschließt mit 507 Stimmen von CDU/CSU und SPD die umstrittene Modifizierung der Abgeordnetenbezüge. Nach der Neuregelung werden die Diäten an die Bezüge der Obersten Bundesrichter (Gehaltsgruppe R 6) gekoppelt. Infolge scharfer öffentlicher Proteste versagt allerdings der Bundesrat am 13.10. seine erforderliche Zustimmung.

Rückzug Israels von der Westbank
28.9.1995: Der PLO-Chef Jasir Arafat und der israelische Ministerpräsident Yitzhak Rabin unterzeichnen in der US-Hauptstadt Washington das sog. Oslo-B-Abkommen, das den weitgehenden Rückzug der israelischen Armee aus dem zukünftig autonomen Westjordanland vorsieht. Außerdem regelt die Übereinkunft die Wahl einer palästinensischen Abgeordnetenkammer und den ungehinderten Zugang zu den Religionsstätten.

König Hussein II. von Jordanien, der israelische Ministerpräsident Yitzhak Rabin, US-Präsident Bill Clinton, PLO-Chef Jasir Arafat und der ägyptische Präsident Hosni Mubarak (v. l.) auf dem Weg zur Unterzeichnung des Autonomievertrags im Weißen Haus in Washington

Oktober 1995

Urteil im Simpson-Prozeß

3.10.1995: In einem der spektakulärsten Prozesse der US-amerikanischen Justizgeschichte wird der farbige Ex-Football-Star Orenthal James (O. J.) Simpson von einem Geschworenengericht in Los Angeles freigesprochen. Simpson war des Doppelmordes an seiner früheren Ehefrau und deren Freund angeklagt. Das Interesse der Öffentlichkeit wurde insbes. durch die TV-Live-Berichterstattung bis zur Hysterie geschürt.

„Schachmatt" in New York

11.10.1995: Der Russe Garri Kasparow bleibt Schachweltmeister. Mit dem Ergebnis von 10,5 zu 7,5 Punkten schlägt der Titelverteidiger in New York nach der 18. Partie den indischen Herausforderer Viswanathan Amand. Der WM-Neuling ist nur in den ersten Partien ein gleichwertiger Gegner für den Champion.

Haftstrafen im Solingen-Prozeß

13.10.1995: Der 6. Strafsenat des Oberlandesgerichts in Düsseldorf verurteilt vier Angeklagte wegen gemeinschaftlich begangenen fünffachen Mordes und 14fachen Mordversuches sowie besonders schwerer Brandstiftung zu mehrjährigen Gefängnis- bzw. Jugendstrafen. Nach 18monatiger Verhandlungsdauer sehen es die Richter als erwiesen an, daß die vier jungen Männer ein von Türken bewohntes Haus in Solingen im Mai 1993 in Brand gesetzt hatten. Bei dem Anschlag kamen sechs Bewohner ums Leben.

„Sir Henry" ist unschlagbar

14.10.1995: Henry Maske bleibt Weltmeister der IBF im Halbschwergewicht. Durch einen eindeutigen Punktsieg schlägt er in München seinen Herausforderer Graciano Rocchigiani. Erstmals trafen die beiden bundesdeutschen Boxer Ende Mai aufeinander. Hier konnte „Gentleman Maske" seinen Titel äußerst knapp gegen den Berliner Rocchigiani verteidigen.

Schwarze marschieren nach Washington

16.10.1995: Einem Aufruf des umstrittenen muslimischen Schwarzenführers Louis Farakhan folgend, beteiligen sich mehr als 400 000 schwarze US-Bürger am „Million Man March" nach Washington, um für eine Verbesserung ihrer Lebensbedingungen in den USA zu demonstrieren. Nach einer Statistik von 1994 sind rd. 12% der Schwarzen über 16 Jahre in den USA ohne berufliches Einkommen – die Quote der weißen Amerikaner liegt bei knapp der Hälfte. Fast jeder dritte schwarze Jugendliche hatte zudem erste Kontakte zu den Strafverfolgungsbehörden des Landes.

Christdemokraten ohne Frauenquote

18.10.1995: Der Bundesparteitag der Christlich-Demokratischen Union (CDU) in Karlsruhe stimmt gegen ein sog. „Frauenquorum" in der Partei. Für diese Form der „innerparteilichen Chancengleichheit" hatten sich u. a. Bundeskanzler Helmut Kohl und Bundestagspräsidentin Rita Süssmuth eingesetzt.

Claes stolpert über Schmiergeld-Skandal

20.10.1995: Der durch die sog. Augusta-Affäre in die öffentliche Kritik geratene NATO-Generalsekretär und sozialistische belgische Politiker Willy Claes gibt in Brüssel nach einjähriger Amtszeit seinen Rücktritt bekannt. Am Vortag hatte das belgische Parlament Claes' Immunität aufgehoben. Die NATO-Führung übernimmt der frühere spanische Außenminister Javier Solana Madariaga.

Kunstschätze versteigert

21.10.1995: Das britische Auktionshaus Sotheby's führt in Baden-Baden die größte Hausaktion des Jahrhunderts durch. Über 25 000 Kunstschätze aus dem Eigentum des Markgrafen Max von Baden erzielen bei der mehrtägigen Versteigerung einen Erlös von rd. 77,5 Mio DM.

„Schumi" bleibt in Pole-Position

22.10.1995: Der Kerpener Michael Schuhmacher bleibt Weltmeister der Formel 1. Durch seinen Sieg beim Großen Preis von Japan kann der Benetton-Pilot vorzeitig seinen Titel verteidigen. Ab der Rennsaison 1996 wechselt Schumacher zum italienischen Rennstall Ferrari. Der Zweijahresvertrag garantiert dem Deutschen nach Presseberichten ein jährliches Einkommen von geschätzten 35 Mio DM.

Bundeswehr feiert 40jährigen Geburtstag

26.10.1995: Mit einem Großen Zapfenstreich im Bonner Hofgarten begeht die Bundeswehr ihr 40jähriges Bestehen. Der Festakt im Beisein von Bundespräsident Roman Herzog und Bundeskanzler Helmut Kohl wird allerdings von rd. 2000 Demonstranten mit Pfiffen und Trillerpfeifen gestört – die „ungebetenen Gäste" nehmen Anstoß an dem 1813 von Preußen eingeführten Zeremoniell.

„Tron" bleibt Thron

27.10.1995: Auf eine begrenzte Rechtschreibreform der deutschen Sprache einigen sich in Lübeck die Ministerpräsidenten der Länder. Die Neuregelung soll sich allerdings „auf das Notwendigste" beschränken. Insbesondere die Eindeutschung von Fremdwörtern stößt auf Kritik und wird erneut überdacht.

Brandkatastrophe in U-Bahn-Tunnel
28.10.1995: Ein Feuer in einem U-Bahn-Schacht in Baku, der Hauptstadt von Aserbaidschan, fordert 289 Menschenleben. 269 Personen erleiden z. T. schwere Verletzungen. Durch einen technischen Defekt fängt der Motor eines U-Bahnwagens Feuer. Da der Fahrer den Zug im Tunnel anhält und sich die Türen durch den Stromausfall nicht öffnen lassen, ersticken oder verbrennen die Insassen bei lebendigem Leib.

Quebec bleibt bei Kanada
30.10.1995: Bei einer Volksabstimmung über die Selbständigkeit ihrer französischsprachigen Provinz entscheiden sich die Quebecer mit knapper Mehrheit für die weitere Union mit Kanada. Nach dem Referendum verspricht Premier Jean Chrétien eine politische Lösung zur Aussöhnung zwischen Quebec und der Zentralregierung in Ottawa.

November 1995

„Bündnis für Arbeit" vorgeschlagen
1.11.1995: Der Vorsitzende der Industriegewerkschaft Metall, Klaus Zwickel, fordert in Berlin neue Wege in der Tarifpolitik. Im Gegenzug für eine sog. Nullrunde bei Löhnen und Gehältern im Jahr 1997 sollen die Arbeitgeber u. a. in den nächsten drei Jahren 300 000 Arbeitsplätze schaffen. Die Regierung in Bonn ist aufgefordert, z. B. Kürzungen bei Arbeitslosenhilfe und Lohnfortzahlung zu vermeiden. Die Gewerkschaften erklären die Gespräche wegen des Festhaltens der Regierung am Sparpaket im April für gescheitert.

Yitzhak Rabin erschossen
4.11.1995: Im Rahmen einer Friedenskundgebung in Tel Aviv wird der israelische Regierungschef Yitzhak Rabin von einem rechtsradikalen Studenten durch mehrere Pistolenschüsse getötet. Der Attentäter, der israelische Jurastudent Yigal Amir, gibt nach seiner Verhaftung an, er habe „auf Geheiß Gottes" gehandelt. Rabin leitete während seiner Amtszeit den Friedensprozeß im Nahen Osten ein.

Erneuter Richterspruch zum Tucholsky-Zitat
7.11.1995: Das Bundesverfassungsgericht (Karlsruhe) konkretisiert das Soldatenurteil vom Herbst 1994. Die Richter stellen fest, daß die allgemeine Anwendung des Kurt-Tucholsky-Zitats „Soldaten sind Mörder" grundgesetzlich durch das Grundrecht auf freie Meinungsäußerung gedeckt ist. Sollte hingegen ein einzelner Soldat mit der Aussage tituliert werden, kann der Betreffende eine strafrechtliche Verfolgung wegen Beleidigung einleiten.

USA schickt Beamte nach Hause
14.11.1995: Der Konflikt um den US-Etat für 1995/96 zwischen Präsident Bill Clinton und dem republikanisch beherrschten Kongreß gipfelt im Zwangsurlaub für 800 000 Bundesbedienstete. Aus Geldmangel müssen Museen und Behörden vorübergehend schließen. Erst Ende November wird der Streit beigelegt.

Lafontaine neuer SPD-Chef
16.11.1995: Der SPD-Bundesparteitag in Mannheim wählt in einer Kampfabstimmung den saarländischen Ministerpräsidenten Oskar Lafontaine zum neuen Parteivorsitzenden. Der unterlegene Amtsinhaber Rudolf Scharping wird zu einem der fünf Stellvertreter gewählt. Die Niederlage Scharpings resultiert primär aus dem Unmut der Delegierten über seinen politischen Führungsstil. Auch nach der Abwahl bleibt der Pfälzer Vorsitzender der SPD-Bundestagsfraktion.

Laien machen Druck
19.11.1995: Etwa 1,5 Mio bundesdeutsche Katholiken haben das sog. KirchenVolksBegehren der Initiative „Wir sind Kirche" unterzeichnet. Die Unterschriftenaktion zur Reform der römisch-katholischen Kirche thematisiert u. a. die Gleichberechtigung der Frauen, eine positive Bewertung der Sexualität sowie die freie priesterliche Wahl in Fragen des Zölibats.

Boris Becker ATP-Weltmeister
19.11.1995: Zum dritten Mal nach 1988 und 1992 gewinnt Tennisprofi Boris Becker den Titel des ATP-Weltmeisters. In Frankfurt/Main schlägt der Leimener in drei Sätzen den US-Amerikaner Michael Chang. Für seinen Sieg kassiert der Tennisstar die Siegprämie von 1,2 Mio Dollar und klettert auf Platz vier der Tennis-Weltrangliste.

„Di" packt aus
20.11.1995: In einem mit Spannung erwarteten Fernsehinterview äußert sich Prinzessin Diana über ihre skandalerprobte Ehe mit dem britischen Thronfolger Charles. Rund 200 Mio Menschen in 112 Ländern verfolgen das Frage-und-Antwort-Spiel der BBC. Scheidungsgerüchten tritt Diana zur Beruhigung großer Teile der britischen Bevölkerung entgegen.

Pilzköpfe sind wieder da
20.11.1995: In London veröffentlichen die Beatles 15 Jahre nach der Ermordung John Lennons sowie 25 Jahre nach der Auflösung der Gruppe einen gemeinsamen Song. Der von John Lennon vor seinem Tod komponierte Titel „Free as a Bird" wurde von seinen ehemaligen Kollegen vollendet.

Frieden für Bosnien-Herzegowina

21.11.1995: Nach vier Jahren Krieg in Bosnien-Herzogowina unterzeichnen die Konfliktparteien im US-amerikanischen Dayton ein Friedensabkommen. Die Übereinkunft sieht u. a. den Erhalt Bosniens in seinen jetzigen Grenzen vor, 51% des Landes werden der muslimisch-kroatischen Föderation zugewiesen, die bosnisch-serbische Republik erhält 49%. Eine 55 000 Mann starke Friedenstruppe soll vor Ort die Einhaltung des Vertrages sichern.

Ehescheidung in Irland erlaubt

24.11.1995: Mit hauchdünner Mehrheit entscheiden sich die Iren in einem Referendum zur Streichung des Scheidungsverbots aus der Verfassung von 1937. Eheleute können jetzt die Trennung vor einem Gericht einleiten, wenn sie mindestens vier Jahre getrennt leben, die Versorgung der Partner und Kinder geregelt ist sowie keine Aussicht auf Versöhnung besteht.

Clinton besucht Belfast

30.11.1995: Bill Clinton trifft als erster US-amerikanischer Präsident zu einem Besuch in der nordirischen Hauptstadt Belfast ein. Der Führer der westlichen Supermacht will sich bei seinen Gesprächen um eine Verständigung zwischen Protestanten und Katholiken im nordirischen Bürgerkrieg bemühen. Die britische Regierung in London reagiert auf den Vermittlungsversuch mit einem Gesprächsangebot an Sinn-Féin, den politischen Arm der terroristischen Irisch-Republikanischen Armee.

Dezember 1995

„Fall Weimar" erhält dramatische Wende

4.12.1995: Das Oberlandesgericht in Frankfurt/Main entläßt Monika Weimar aus der Haft. Die jetzt 37jährige war in einem aufsehenerregenden Prozeß 1988 des Mordes an ihren Kindern für schuldig befunden worden. Neue Indizien deuten darauf hin, daß die für den damaligen Urteilsspruch mitausschlaggebenden Textilfasern nicht unbedingt am Tag der Tat übertragen worden sein mußten. Das Strafverfahren wird wiederaufgenommen.

Friedenseinsatz der Bundeswehr

6.12.1995: Der Bundestag in Bonn stimmt mit deutlicher Mehrheit für die Entsendung von 4000 deutschen Soldaten nach Bosnien-Herzegowina im Rahmen der NATO-Friedenstruppen (IFOR). Die Kosten für den einjährigen Einsatz belaufen sich auf ca. 700 Mio DM. Schon einen Tag später treffen die ersten beiden Bundeswehr-Offiziere in Sarajevo ein.

Verteidigungsminister Volker Rühe verabschiedet deutsche Sanitätssoldat/inn/en nach Split/Kroatien.

Sechsjähriger wird Pantschen-Lama

8.12.1995: Der sechsjährige Gyaincain Norbu besteigt im Tshilumpo-Kloster der tibetischen Stadt Shigatse den Thron des Pantschen-Lama. Die chinesisch kontrollierte Wahl erfolgte per Los unter drei Kandidaten. Norbu ist damit der zweithöchste Würdenträger des nationalen Buddhismus nach dem im Exil lebenden Dalai-Lama.

Axel Schulz verliert Titelkampf

9.12.1995: Durch einen äußerst umstrittenen Punktsieg verliert der Deutsche Axel Schulz in der Stuttgarter Schleyer-Halle den Titelkampf um die Schwergewichtsweltmeisterschaft der International Boxing Federation (IBF) gegen den Südafrikaner Frans Botha. Botha wird jedoch Anfang 1996 der Titel wegen Dopings entzogen.

Nobelpreis für deutsche Biologin

10.12.1995: In Stockholm wird die deutsche Entwicklungsbiologin Christiane Nüsslein-Vollhard mit dem Nobelpreis für Medizin ausgezeichnet. Die Direktorin des Max-Planck-Instituts in Tübingen teilt sich die Ehrung mit den US-amerikanischen Wissenschaftlern Eric F. Wieschaus und Edward B. Lewis. Das Nobel-Komitee würdigt mit dieser Entscheidung die Entdeckungen der drei Forscher auf dem Gebiet der genetischen Kontrolle früher Embryonalentwicklungen.

Euro heißt die neue Währung

16.12.1995: Das zweitägige Gipfeltreffen der EU-Staats- und Regierungschefs in der spanischen Hauptstadt Madrid beschließt, der gemeinsamen europäischen Währung den Namen Euro zu geben. Ab Januar 2002 ersetzt der Euro die nationalen Währungen, die alten Banknoten und Münzen verlieren dann ab Juli 2002 ihre Gültigkeit als Zahlungsmittel.

Wohlfahrtspartei als stärkste Kraft

24.12.1995: Bei den vorgezogenen Parlamentswahlen in der Türkei ist die islamisch-fundamentalistische Wohlfahrtspartei der Sieger mit 21,3% der Stimmen. Die Regierungsbildung in Ankara wird dadurch erschwert, daß die übrigen Parteien eine Koalition mit den Islamisten ablehnen. Parteiführer Neçmettin Erbakan propagiert u. a. den Austritt der Türkei aus der NATO und die stärkere Einbindung seines Landes in die islamische Welt.

Neuer Personalausweis ist Pflicht

31.12.1995: Der alte Personalausweis der DDR verliert mehr als fünf Jahre nach der deutschen Vereinigung seine Gültigkeit. Bis 24 Uhr sind die verbliebenen Inhaber des Dokuments aufgefordert, den neuen fälschungssicheren Personalausweis anzunehmen.

Januar 1996

Neue Telefontarife für Bundesbürger

1.1.1996: Die schon im Vorfeld kritisierte Neuordnung der Telefontarife tritt in Kraft. Nach der Telekom-Reform werden einige Ortsgespräche teurer, Fern- oder Auslandsgespräche allerdings z. T. preiswerter. Bedingt durch eine falsche EDV-Programmierung unterläuft der Telekom gleich zu Beginn ein Abrechnungsfehler. Der Fauxpas kostet das Unternehmen einen zweistelligen Millionenbetrag. Zum Juli 1996 werden die Telefontarife erneut geändert.

Herr der Lüfte

6.1.1996: Als erster Skispringer gewinnt Jens Weißflog die internationale Vier-Schanzen-Tournee zum viertenmal. Der mehrfache Olympiasieger und Weltmeister sichert sich den ersten Platz in der Gesamtwertung durch einen Sieg beim Abschlußspringen im österreichischen Bischofshofen.

Pop-Hochschule eröffnet

8.1.1996: In Liverpool/Großbritannien öffnet die erste europäische Pop-Universität ihre Pforten. Die offizielle Einweihungsfeier des „Liverpool Institute for Performing Arts" findet Ende des Monats statt. Gründer der außergewöhnlichen Hochschule ist der ehemalige Beatle Paul McCartney.

Honeckers Chef-Unterhändler verurteilt

9.1.1996: Wolfgang Vogel, zu Zeiten der DDR „Beauftragter für humanitäre Fragen", wird in Berlin zu einer Haftstrafe von zwei Jahren auf Bewährung wegen Erpressung, Beihilfe zur Erpressung und Meineides verurteilt. Die Richter sehen als erwiesen an, daß der Anwalt Druck auf ausreisewillige Mandanten ausgeübt hat, ihr Privatvermögen z. B. an die Stasi abzugeben. Bis zur Maueröffnung verhalf Vogel fast 300 000 Bürgern zur Ausreise in die Bundesrepublik.

Tschetschenen überfallen Krankenhaus

9.1.1996: Mehrere hundert schwerbewaffnete tschetschenische Freischärler überfallen die dagestanische Stadt Kisljar und bringen das örtliche Krankenhaus mit rd. 3000 Patienten in ihre Gewalt. Nach Verhandlungen mit der russischen Armee verlassen die Rebellen mit über 100 Geiseln einen Tag später per Bus Kisljar. In Pjerwomajskoje an der Grenze zu Tschetschenien kann der Konvoi von russischen Sicherheitskräften gestoppt werden. Am 15.1. stürmen russische Truppenverbände den Ort und zerstören ihn völlig. Ein Großteil der Geiseln wird befreit, Tschetschenen-Führer Salman Radujew gelingt die Flucht.

AEG gibt auf

17.1.1996: Das traditionsreiche deutsche Elektrounternehmen AEG wird als eigenständiger Konzern aufgelöst. Gemäß einer Entscheidung des Aufsichtsrates werden die zentralen Firmenbereiche Energieverteilung und Automatisierungstechnik an das französische Unternehmen Alcatel veräußert, die restlichen Geschäftsbereiche der AEG sollen künftig von Daimler-Benz weitergeführt werden.

Fatah klarer Wahlsieger

20.1.1996: Die Fatah-Liste von PLO-Chef Jasir Arafat gewinnt mit zwei Dritteln der zu vergebenden Mandate deutlich die Wahlen zum neuen Palästinenserrat. Arafat wird mit 88,1% der abgegebenen Stimmen zum ersten Ratspräsidenten gewählt. Die ersten demokratischen Wahlen sind Teil des sog. Autonomie-Abkommens zwischen israelischer Regierung und PLO.

Gedenken an Opfer des NS-Terrors

27.1.1996: Die Bundesrepublik Deutschland erinnert sich an die Millionen von Menschenleben, die die NS-Diktatur forderte. Der offizielle Gedenktag wurde von Bundespräsident Roman Herzog auf den 27.1. gelegt, weil an diesem Tag im Jahr 1945 das Konzentrationslager Auschwitz von der Roten Armee befreit wurde.

„La Fenice" Raub der Flammen

30.1.1996: Das 200 Jahre alte Opernhaus „La Fenice" in Venedig brennt kurz vor Ende der Renovierungsarbeiten bis auf die Grundmauern nieder. Unter anderem wurden in „La Fenice" die Verdi-Opern „Rigoletto" und „La traviata" uraufgeführt. Gutachten ergeben, daß der Brand absichtlich gelegt wurde.

Februar 1996

„Hühnerbaron" in Haft

1.2.1996: Der in der Öffentlichkeit als niedersächsischer „Hühnerbaron" bekannte Anton Pohlmann wird wegen gefährlicher Körperverletzung von der Polizei festgenommen. Pohlmann soll einen Angestellten angewiesen haben, das hochgiftige Nikotinsulfat ohne Schutzmaßnahmen in einer Legehennenbatterie zu versprühen, worauf der Mitarbeiter schwer erkrankte. Im Juni wird Pohlmann wegen unterlassener Hilfeleistung und Verstößen gegen Tierschutz-, Arznei- und Lebensmittelgesetz zu zwei Jahren Gefängnis auf Bewährung und 3,1 Mio DM Geldstrafe verurteilt. Pohlmann wurde beschuldigt, 6,9 Mio Eier mit Nikotinrückständen in den Handel gebracht zu haben.

SAT. 1 bleibt am Ball

3.2.1996: Die Bundesliga-Fernsehrechte bleiben weiterhin bei der Sportrechte-Agentur ISPR. Der Deutsche Fußball-Bund (DFB) verlängert den bestehenden Vertrag mit der Agentur um drei Jahre. Die ISPR zahlt für die TV-Lizenz insgesamt 540 Mio DM. Eine gemeinsame Offerte von ARD, ZDF und RTL über 550 Mio DM lehnte der DFB ab. Mit der Entscheidung ist gesichert, daß der Privatsender SAT. 1 bis zum Jahr 2000 „die schönste Nebensache der Welt" in die deutschen Wohnzimmer überträgt.

Flugzeugkatastrophe in der Karibik

6.2.1996: Eine Boeing 757 der türkischen Charterfluggesellschaft Birgen Air stürzt kurz nach dem Start vor der Nordküste der Dominikanischen Republik ins Meer. Bei dem Unglück kommen 189 Menschen ums Leben, darunter befinden sich 164 deutsche Urlauber. Die Absturzursache kann erst nach dem Auffinden der sog. Black-Box geklärt werden: Nach einem ersten Zwischenbericht der Experten des Bundesverkehrsministeriums führten ein technischer Defekt an der Maschine sowie menschliches Versagen des Piloten zur Katastrophe.

Koschnick gibt auf

7.2.1996: Der ehemalige Bürgermeister der Hansestadt Bremen und jetzige EU-Verwalter der bosnischen Stadt Mostar, der Sozialdemokrat Hans Koschnick, wird in seinem Dienstwagen von Kroaten angegriffen und beschossen. Hintergrund des Attentats ist die amtliche Festlegung der Verwaltungsbezirke der Stadt, nachdem sich Moslems und Kroaten in wochenlangen Gesprächen nicht auf eine gemeinsame Lösung einigen konnten. Ende Februar teilt Koschnick mit, daß er aufgrund der zurückliegenden Vorfälle seine Aufgabe in Mostar nur noch bis zur Ernennung eines Nachfolgers weiterführt.

Muster ist „Number One"

12.2.1996: Der österreichische Tennisprofi Thomas Muster wird erstmals in seiner Sportlerkarriere auf Platz eins der ATP-Weltrangliste der Herren geführt. Das blonde Konditionswunder löst den US-Amerikaner Andre Agassi ab.

Ölpest vor Wales

15.2.1996: Der liberianische Tanker „Sea Empress" läuft nordwestlich von Wales vor dem britischen Hafen von Milford Haven auf Grund. Die „Sea Empress" verliert in den nächsten Tagen mehr als 70 000 t Öl. Wegen schlechter Witterungsverhältnisse kann der Supertanker erst am 21.2. freigeschleppt werden. Trotz sofort eingeleiteter Sicherheitsmaßnahmen verunreinigt die Ölpest ökologisch wertvolle Küstenabschnitte, Tausende von Seevögeln fallen der Katastrophe zum Opfer.

„Vulkan" droht zu erlöschen

21.2.1996: Die Bremer Vulkan Verbund AG muß nach z. T. ungeklärten Milliardenverlusten den Vergleich beantragen. Aufgrund dieser Maßnahme kann beim mit 22 500 Beschäftigten größten deutschen Werftenverbund der Konkurs zunächst abgewendet werden. Die Staatsanwaltschaft ermittelt parallel gegen Verantwortliche des Unternehmens wegen Veruntreuung staatlicher Beihilfen in dreistelliger Millionenhöhe. Ihnen wird vorgeworfen, die Subventionen nicht zur vereinbarten Sanierung ostdeutscher Werften, sondern für die Unterstützung maroder Westbetriebe genutzt zu haben. Um Mitternacht zum Tag der Arbeit schlagen alle Rettungsversuche fehl: „Wegen Überschuldung" muß der Anschluß-Konkurs für vier Betriebe der Bremer Vulkan eingeleitet werden.

Die Vulkan-Krise beherrscht die 1.-Mai-Demo in Bremen.

Schneider am „Ort des Geschehens"

22.2.1996: Jürgen Schneider und seine Frau Claudia werden von den US-Behörden ausgeliefert. Bei der Ankunft in Frankfurt/Main wird der Immobilienspekulant verhaftet. 1994 flüchtete Jürgen Schneider nach dem Skandal-Zusammenbruch seines Immobilien-Imperiums aus Deutschland und hinterließ 6 Mrd DM Schulden. Das Ehepaar Schneider konnte erst im Mai 1995 im US-Bundesstaat Florida gestellt werden.

Rußland im Europarat

28.2.1996: Nach vierjährigen Verhandlungen ist Rußland 39. Mitglied im Europarat. Im französischen Straßburg unterzeichnet das Land die Europäische Menschenrechtskonvention sowie die Konvention über den Schutz vor Folter und über den Schutz nationaler Minderheiten. Aufgrund des Tschetschenien-Konflikts hatte der Europarat 1995 die Entscheidung bezüglich der Mitgliedschaft Rußlands vertagt.

Rekord im All

29.2.1996: Nach 180 Tagen im Weltraum kehrt der deutsche Astronaut Thomas Reiter in der Kapsel Sojus TM-22 von der russischen Raumstation Mir wohlbehalten zur Erde zurück. Damit ist Reiter länger als jeder andere nichtrussische Astronaut im All gewesen.

März 1996

Seizinger gewinnt Weltcup

6.3.1996: Durch einen dritten Platz beim letzten Saisonabfahrtsrennen im norwegischen Lillehammer sichert sich Katja Seizinger den Gesamtweltcup der alpinen Skirennläuferinnen. Nach Rosi Mittermaier 1976 ist Seizinger die zweite Deutsche, die bei der Endabrechnung im Gesamtklassement triumphiert.

Deutsche Touristin freigelassen

12.3.1996: Die deutsche Urlauberin Nicola Fleuchaus und die Schweizer Reiseleiterin Regula S. Siegfried werden nach Zahlung eines Lösegeldes freigelassen. Die beiden Europäerinnen wurden am 31.12.1995 in Costa Rica von bewaffneten Kidnappern des Kommandos „Viviana Gallardo" verschleppt. Der Entführungsfall sorgte international für Aufsehen, da mehrere Befreiungsversuche scheiterten.

Metro AG expandiert

14.3.1996: Die Asko Deutsche Kaufhaus AG, die Deutsche SB Kauf AG, die Kaufhof Holding sowie die Metro AG geben die Fusion ihrer Handelsunternehmen bekannt. Der neue Branchengigant Metro AG beschäftigt nach dem Firmenzusammenschluß etwa 190 000 Mitarbeiter und kann einen Jahresumsatz von 65 Mrd DM aufweisen.

Sarajevo wiedervereinigt

19.3.1996: Nach fast vier Jahren Bürgerkrieg ist die bosnische Hauptstadt Sarajevo nicht mehr geteilt. Sicherheitsorgane der moslemisch-kroatischen Föderation kontrollieren jetzt auch den letzten der fünf bislang von Serben besetzten Stadtteile.

Berlin und Brandenburg schließen Pakt

21.3.1996: Der Staatsvertrag zur beabsichtigten Fusion der Bundesländer Berlin und Brandenburg ist verfassungsgemäß. Das Landesverfassungsgericht Brandenburg weist mit dieser Entscheidung eine Klage von PDS-Landtagsabgeordneten zurück. Bei der Volksabstimmung am 5.5. entscheiden sich allerdings 62,7% der Abstimmungsberechtigten in Brandenburg gegen den Zusammenschluß.

„Braveheart" gewinnt fünf Oscars

25.3.1996: Die diesjährige Oscar-Preisverleihung in Los Angeles dominiert der Film „Braveheart". Insgesamt erhält die Produktion fünf Oscars. Mel Gibson erhält die Auszeichnung für die beste Regiearbeit. Als beste Hauptdarstellerin wird Susan Sarandon für ihre Rolle in „Dead Man Walking" geehrt, ihr männlicher Gegenpart ist Nicolas Cage („Leaving Las Vegas").

Exportverbot für britisches Rindfleisch

27.3.1996: Aufgrund einer Studie, die erstmals eine mögliche Verbindung zwischen der Rinderseuche BSE und der Creutzfeldt-Jacob-Krankheit beim Menschen einräumt, beschließt die Europäische Kommission bis auf weiteres ein Exportverbot für Rindfleisch aus Großbritannien in andere EU-Länder und sog. Drittstaaten. Die Bundesregierung hatte schon am 22.3. ein Importverbot verhängt. Anfang April einigen sich die Landwirtschaftsminister der EU gegen das Votum Londons auf einen umfassenden Maßnahmenkatalog zur Eindämmung der Rinderseuche. Demnach dürfen britische Rinder, die älter als 30 Monate sind, nicht mehr zum Verzehr geschlachtet werden, ihre Tierkörper müssen entsorgt werden. Im Mai 1996 lockert die EU das Exportverbot und erlaubt die Ausfuhr von Bullensamen, Talk und Gelatine.

Estonia-Opfer werden nicht geborgen

29.3.1996: Das Stockholmer Oberlandesgericht weist eine Klage von über 100 schwedischen und mehr als 30 estnischen Hinterbliebenen des Estonia-Fährunglücks zurück. Sie forderten die Bergung der über 700 Opfer im Wrack der am 28.9.1994 gesunkenen Ost-

Gehäutete Rinderkadaver warten auf ihre Verbrennung in einer Tierkörperbeseitigungsanlage.

seefähre Estonia. Beim Untergang des Schiffes waren 852 Personen ums Leben gekommen, 137 Menschen konnten gerettet werden. Anfang April beginnt die komplette Einbetonierung der Estonia – eine Bergung der Unglücksfähre kann aus technischen Gründen nicht durchgeführt werden.

Bankenriesen entstehen
31.3.1996: Zum größten US-amerikanischen Kreditinstitut fusionieren die Chase Manhattan Corp. und die Chemical Banking Corp. Einen Tag später wird der Zusammenschluß der japanischen Mitsubishi Bank und der Bank of Tokyo wirksam: Mit einer Bilanzsumme von rd. 1000 Mrd DM gilt die Bank of Tokyo-Mitsubishi als das weltweit größte Kreditinstitut.

April 1996

Weinpanscherverfahren eingestellt
5.4.1996: Das größte bundesdeutsche Verfahren im sog. Weinpanscherskandal gegen den angeklagten Weinkonzern Pieroth wird nach mehr als zehn Jahren endgültig eingestellt. Das Landgericht Koblenz stellte bereits im November letzten Jahres die Untersuchung gegen mehrere führende Angestellte des Unternehmens vorläufig ein. Ihnen wurde von der Staatsanwaltschaft vorgeworfen, seit Ende der 70er Jahre „edle Getränke" des Pieroth-Konzerns durch das Frostschutzmittel Glykol verunreinigt zu haben. Nach der Zahlung eines Bußgeldes in Millionenhöhe erhielt die Verfahrenseinstellung Ende März Rechtskraft.

Großbrand auf Düsseldorfer Airport
11.4.1996: Schweißarbeiten in der Zwischendecke des Ankunftsbereichs verursachen die bislang schwerste Brandkatastrophe auf einem bundesdeutschen Verkehrsflughafen. 16 Menschen kommen durch das Unglück auf dem größten nationalen Charter-Airport ums Leben. Der Flugbetrieb in Düsseldorf kann erst am 23.4. wieder aufgenommen werden.

Daimler-Benz in der Krise
11.4.1996: Einen Rekordverlust von 5,73 Mrd DM weist die Jahresbilanz 1995 des Stuttgarter Daimler-Benz-Konzerns auf. Allein die Verluste bei der niederländischen Unternehmenstochter Fokker und die Auflösung der AEG sorgen für ein Minus in Höhe von 3,9 Mrd DM. Auch die Aktionäre des schwäbischen Wirtschaftsgiganten spüren das schlechte betriebswirtschaftliche Ergebnis: Erstmals seit 45 Jahren zahlt Daimler-Benz keine Dividende.

Modernster Messekomplex Europas
12.4.1996: Nach fast dreijähriger Bauzeit wird die neue Leipziger Messe durch Bundespräsident Roman Herzog feierlich eröffnet. Die Investitionskosten für das modernste Ausstellungs- und Kongreßzentrum in Europa belaufen sich auf über 1 Mrd DM. Nach dem Zweiten Weltkrieg entwickelte sich die Leipziger Messe zum Knotenpunkt des multilateralen Ost-West-Handels; nach der deutschen Vereinigung büßte die Exposition ihren Stellenwert ein.

Schatz des Priamos sorgt für Aufsehen
15.4.1996: Mehr als 50 Jahre nach dem Ende des Zweiten Weltkriegs wird der Schatz des Priamos der Öffentlichkeit wieder zugänglich gemacht. 260 Stücke des 1873 von dem deutschen Archäologen Heinrich Schliemann in Kleinasien entdeckten Fundes können nun im Moskauer Puschkin-Museum bewundert werden. Die historische Ausnahmesammlung gelangte als sog. Beutekunst in die Tresorkammern der Sowjetunion. Seit Jahren verhandeln Bonn und Moskau über die Rückgabe des Kulturgutes, bislang allerdings ohne konkretes Ergebnis.

Ausgebrannter Flughafen-Terminal in Düsseldorf.

Olivenbaum siegt bei Parlamentswahlen

21.4.1996: Bei den italienischen Parlamentswahlen erringt das Mitte-Links-Bündnis „Ulivo" (Olivenbaum) einen klaren Sieg über die sog. Rechtsallianz um den früheren Ministerpräsidenten Silvio Berlusconi. „Olivenbaum" unter Führung Romano Prodis kommt einschließlich der Altkommunisten auf 319 von 630 Sitzen im Abgeordnetenhaus und 167 von 315 Mandaten im römischen Senat. Berlusconis Bündnis stellt dagegen nur 246 Parlamentarier und 117 Senatoren. Nach fast einem halben Jahrhundert übernimmt Italiens „Linke", darunter die ehemaligen Kommunisten (PDS), am 18.5. als 55. Nachkriegsregierung die politische Führung im Land.

Reemtsma freigelassen

26.4.1996: Nach 33 Tagen Geiselhaft wird der Hamburger Millionenerbe Jan Philipp Reemtsma von seinen Entführern gegen Zahlung von 30 Mio DM Lösegeld freigelassen. Die Täter hatten ihr Opfer am 25.3. vor seiner Villa in der Hansestadt überwältigt und verschleppt. Nach intensiven Ermittlungen unter Mithilfe der bundesdeutschen Öffentlichkeit können im Mai in Spanien zwei Hauptverdächtige verhaftet und nach Deutschland ausgeliefert werden – von dem Lösegeld fehlt allerdings jede Spur.

„König Otto" muß gehen

27.4.1996: Der FC Bayern München trennt sich nach der Niederlage gegen Aufsteiger Hansa Rostock von seinem Cheftrainer Otto Rehhagel. „König Otto" übernahm die sportliche Leitung an der Isar erst zu Saisonbeginn. Seit seines „Amtsantritts" beim deutschen Rekordmeister stand Rehhagel trotz sportlicher Erfolge – 2. Platz in der Fußball-Bundesliga und Einzug ins Finale des UEFA-Cups – im Zentrum der Kritik aus den Reihen des Vereins und der Medien. Bis zum Saisonende nimmt Präsident Franz Beckenbauer die Geschicke des sog. Dream-Teams in die Hand. Für die neue Spielzeit gibt Bayern München parallel zur Entlassung Rehhagels die Verpflichtung von Ex-Trainer Giovanni Trapattoni bekannt.

Massenmord in Australien

28.4.1996: Ein offenbar geistig gestörter Mann tötet in Port Arthur auf der Insel Tasmanien 35 Menschen. Die Polizei kann den Täter erst am folgenden Tag überwältigen. Als Reaktion auf den grausigsten Massenmord in der Geschichte des Landes einigen sich kurze Zeit später die Bundesstaaten auf ein nationales Verbot automatischer und halbautomatischer Feuerwaffen. Bis dato war der Schußwaffenbesitz in Australien je nach Bundesland unterschiedlich geregelt.

Mai 1996

Kriegsverbrecher-Prozeß beginnt

6.5.1996: Vor dem internationalen UN-Kriegsverbrecher-Tribunal für das ehemalige Jugoslawien im niederländischen Den Haag beginnt das erste Verfahren gegen einen der bislang 57 Angeklagten. Dem bosnischen Serben Dušan Tadić wird u. a. vorgeworfen, als Mitglied einer Gruppe mehrere kroatische und muslimische Gefangene getötet zu haben.

Borussia Dortmund holt den Meistertitel

18.5.1996: Erst am letzten Spieltag der Fußballbundesligasaison 1995/96 fällt die Entscheidung über UEFA-Cup-Teilnahme und Zweitklassigkeit; Titelverteidiger Borussia Dortmund stand durch sein Remis beim TSV 1860 München am vorherigen Wochenende schon vorzeitig als Meister fest. Für den UEFA-Cup haben sich Bayern München, Schalke 04, Borussia Mönchengladbach sowie der Hamburger SV qualifiziert. Absteigen in die 2. Bundesliga müssen der 1. FC Kaiserslautern, Eintracht Frankfurt und Uerdingen.

Internet läßt Kriminellen auffliegen

20.5.1996: Zum erstenmal in ihrer Geschichte kann die US-Bundespolizei FBI einen Tatverdächtigen mittels Internet fassen. Der in Guatemala-Stadt Verhaftete gehört nach Mitteilungen des FBI zu den zehn meistgesuchten Straftätern der Vereinigten Staaten. Der Fahndungserfolg gelang durch die Einspeisung des Bildes der gesuchten Person über home page ins Internet. Ein Internet-Surfer in Guatemala gab den Strafverfolgungsbehörden den entscheidenden Tip.

Likud stellt Ministerpräsidenten in Israel

29.5.1996: Mit einem Vorsprung von nur 49 500 Stimmen wird der Vorsitzende des oppositionellen rechten Likud-Blocks, Benjamin Netanjahu, mit 50,49 % zum Ministerpräsident gewählt. Auf den amtierenden Regierungschef Shimon Peres (Arbeitspartei), Nachfolger des ermordeten Yitzhak Rabin, entfallen 49,51 %. In einer ersten Stellungnahme stellt Netanjahu, daß er bemüht sein werde, den Friedensprozeß im Nahen Osten fortzusetzen. Der erstmalig direkt vom Volk gewählte Premier stellt am 18.6. sein 16köpfiges Koalitionskabinett vor.

Scheidung im Buckingham Palace

30.5.1996: Nach knapp zehn Jahren Ehe wird die Trennung von „Fergie" und Prinz Andrew, zweiter Sohn der britischen Königin Elizabeth II., in London amtlich besiegelt. Sechs Wochen nach dem einvernehmlichen Einreichen des Scheidungsantrages erhält das Scheitern der „königlichen Lebensgemeinschaft" nun per entsprechendem Dokument Rechtskraft. „Fergie", bürgerlich Sarah Ferguson, erhält u. a. eine Abfindung von 500 000 £ und darf sich weiterhin Herzogin von York nennen. Die Erziehung der beiden Kinder soll auch zukünftig gemeinschaftlich erfolgen.

Juni 1996

Fehlstart für Ariane
4.6.1996: Ariane 5, die neue europäische Trägerrakete, muß kurz nach dem Start zu ihrem Jungfernflug im französisch-guyanischen Kourou in etwa 5000 m Höhe durch die Bodenkontrolle gesprengt werden. Die Rakete war wegen eines Computerfehlers von der geplanten Flugbahn abgewichen. Ariane 5 sollte vier Forschungssatelliten ins All transportieren. Der Mißerfolg ist ein schwerer Rückschlag für das kommerzielle europäische Weltraumprogramm.

Flugkatastrophe bei „You 96"
6.6.1996: Beim bislang schwersten Unglück mit einem Bundeswehr-Hubschrauber kommen im Süden Dortmunds 13 Menschen, meist Teilnehmer der Dortmunder Jugendmesse „You 96", ums Leben. Ein 25jähriger Mann wird als einziger lebend aus dem Wrack der Bell UH 1 D geborgen, die in einem Waldstück nahe der A 45 aufschlägt und ausbrennt.

Eklat im „Ländle"
12.6.1996: Die Wiederwahl des baden-württembergischen Ministerpräsidenten Erwin Teufel (CDU) stößt auf ungeahnte Schwierigkeiten: Der Christdemokrat wird erst im zweiten Wahlgang in seinem Amt als Regierungschef bestätigt – ein Novum in der Landesgeschichte. Teufel verfehlte in der ersten Abstimmung die notwendige Mehrheit von 78 Stimmen um ein Ja-Votum. Nach dem Sieg bei den Landtagswahlen vom

Die siegreichen deutschen Fußballer dirigieren „la ola".

24.3. steht Teufel einer Koalition aus CDU und FDP vor, die im Parlament über 83 Sitze verfügt. Schon vor der Abstimmung kursierten Gerüchte, daß Teufels Wiederwahl u. U. auf Probleme stoßen könne – einige CDU-Abgcordnete brüskierten sich über die Personalpolitik im Zuge der Stuttgarter Kabinettsbildung.

Jelzin liegt in Führung
17.6.1996: Der russische Präsident Boris Jelzin entscheidet den ersten Wahlgang der russischen Präsidentenwahl knapp für sich: 35,02% stimmen für den Amtsinhaber, auf den Zweitplazierten, den Kommunisten Genadij Sjuganow, entfallen knapp 31,96%. In der notwendigen Stichwahl am 3.7.1996 siegt Jelzin mit 53,7% über seinen Herausforderer (40,4%).

Ladenschluß gerät ins Wanken
21.6.1996: Voraussichtlich ab November dürfen die Geschäfte in Deutschland länger offengehalten werden. Mit knapper Mehrheit billigt der Bundestag eine Liberalisierung des Ladenschlußgesetzes. Am 19.7. muß allerdings noch der Bundesrat sein Zustimmung geben. Die Lockerung des Ladenschlusses sieht vor, daß Geschäfte an Werktagen zwischen 6 und 20 Uhr, samstags zwischen 6 und 16 Uhr geöffnet haben. Die sog. langen Samstage sowie Donnerstage entfallen. Außerdem macht der Gesetzesentwurf den Sonntagsverkauf frischer Brötchen möglich.

Papst besucht Deutschland
21.6.1996: Papst Johannes Paul II. trifft auf dem Flugplatz Paderborn-Lippstadt zu seinem dritten Deutschlandbesuch nach 1980 und 1987 ein. Im Rahmen einer Messe im Berliner Olympiastadion am 23.6. spricht der Papst die in nationalsozialistischer Haft umgekommenen katholischen Geistlichen Bernhard Lichtenberg und Karl Leisner selig.

Bombenattentat auf US-Soldaten
26.6.1996: Bei einem Anschlag islamisch-fundamentalistischer Terroristen auf ein Kasernengelände nahe der saudi-arabischen Stadt Dhahran werden 19 US-Soldaten getötet und 386 Personen verletzt. Die Explosion eines mit 2,5 t Sprengstoff beladenenen Tanklastzugs läßt die Fassade eines achtstöckigen Wohngebäudes einstürzen.

Europas Fußball-Krone für Deutschland
30.6.1996: Die deutsche Mannschaft besiegt im Endspiel der Fußball-Europameisterschaft in England die Tschechische Republik mit 2:1 n. V. In einem hochdramatischen Halbfinale hat das deutsche Team England mit 6 : 5 nach Elfmeterschießen ausgeschaltet.

Gerard (Gerry) Adams

Nordirischer Sinn-Féin-Vorsitzender, * 5.10.1948 in Belfast. Mit der Beteiligung der Sinn Féin an den nordirischen Wahlen für ein Friedensforum am 30.5. 1996 öffnete A. die Perspektive für eine friedliche Lösung des Nordirland-Konflikts. Eine Teilnahme an den Friedensgesprächen wird Sinn Féin jedoch noch verweigert, weil die IRA, deren politischer Arm Sinn Féin ist, den 1994 einseitig verkündeten und zwischenzeitlich gebrochenen Waffenstillstand noch nicht erneuert hat. A., der einer katholischen Arbeiterfamilie mit langer Tradition im Kampf gegen die britische Vorherrschaft entstammt, war in den 70er Jahren mehrmals unter Terrorismusverdacht inhaftiert.

Gerd Albrecht

Deutscher Dirigent, * 19.7.1935 in Essen. Nach einem öffentlichen Eklat trat A. im Januar 1996 als Chefdirigent der Tschechischen Philharmonie Prag zurück. Seit seinem Dienstantritt als erster Ausländer an dem traditionsreichen Haus 1993 war der Deutsche umstritten. Die Konflikte eskalierten wegen seines eigenwilligen Führungsstils. A., der von Herbert von Karajan gefördert wurde, war Chefdirigent der Deutschen Oper in Berlin (1972–1975) und des Züricher Tonhallenorchesters (1975–1980). Nach Jahren als Gastdirigent an den großen Opernhäusern der Welt wurde er 1988 Generalmusikdirektor der Hamburgischen Staatsoper.

Franziska van Almsick

Deutsche Schwimmerin, * 5.4.1978 in Ost-Berlin. Im Dezember 1995 wählten die Sportjournalisten Deutschlands erfolgreichste Schwimmerin nach 1993 zum zweiten Mal zur Sportlerin des Jahres. Mit sieben Jahren Jüngste im Schwimm-Trainingszentrum der DDR, wurde sie systematisch aufgebaut und erschwamm sich als Elfjährige bei der Spartakiade neun Goldmedaillen. Mit vier Medaillen bei den Olympischen Spielen in Barcelona 1992 eröffnete sie eine Serie von Siegen und Rekorden. Als beste Europameisterin aller Zeiten gewann sie 1993 sechs, 1995 fünf Goldmedaillen.

Giulio Andreotti

Italienischer Politiker, * 14.1.1919 in Rom. Der über Jahrzehnte einflußreichste Politiker Italiens und siebenmalige italienische Ministerpräsident, einer der führenden Köpfe der Democrazia Cristiana (DC), steht seit September 1995 in Palermo (Sizilien) wegen Zusammenarbeit mit der Mafia vor Gericht. In Perugia (Umbrien) wurde er im Juli 1996 angeklagt, 1979 die Ermordung eines Journalisten angestiftet zu haben, der brisantes Material über A.s Verhalten bei der Entführung des ehemaligen Ministerpräsidenten Aldo Moro (DC) besessen haben soll.

Gerard Adams

Jasir Arafat

Präsident des Palästinensischen Rates, * 21.3.1929 in Jerusalem. Mit 88,1% der Stimmen bestätigten die Palästinenser bei ihrer ersten Präsidentenwahl in den Autonomiegebieten am 20.1.1996 die Politik des Chefs der Palästinensischen Befreiungsorganisation (PLO). Nach Jahren des Untergrundkampfes ist A. gegen heftige Widerstände im eigenen Lager bemüht, einen palästinensischen Staat durch Ausgleich mit Israel zu erreichen. Für den Abschluß eines Friedensabkommens mit Israel wurde er 1994 mit dem Friedensnobelpreis ausgezeichnet. A. unterstützt Israel im Kampf gegen den Terror, wendet sich jedoch gegen Kollektivbestrafungen der palästinensischen Bevölkerung. □ 1965 Gründer und Führer der Al-Fatah. □ 1969 Chef der PLO. □ 1988 Proklamation des „Unabhängigen Staates Palästina" im Exil. □ 1993 Anerkennung des Existenzrechts des Staates Israel. □ 1994 Chef der Autonomiebehörde in Gaza-Stadt. □ 1996 Präsident des Palästinensischen Rates.

Gerd Albrecht

Louise Arbour

Kanadische Richterin, * 10.2.1947 in Montreal. Im Februar 1996 berief UNO-Generalsekretär Butros Butros Ghali die Strafrechtsexpertin als Chefanklägerin des Kriegsverbrechertribunals in Den Haag/ Niederlande. Sie tritt im Oktober 1996 die Nachfolge des Südafrikaners Richard Goldstone an. Im Mai 1996 eröffnete der vom UNO-Sicherheitsrat einberufene Gerichtshof seinen ersten Prozeß gegen den bosnischen Serben Dušan Tadić.

Franziska van Almsick

Jasir Arafat

583

José María Aznar

Hartmut Bagger

Kurt Beck

Ludwig Averkamp

Deutscher katholischer Theologe und Erzbischof, * 16.2.1927 in Velen (Kreis Borken). Papst Johannes Paul II. berief A. 1995 zum ersten Erzbischof des Ende 1994 nach 1150 Jahren wieder gegründeten Bistums Hamburg, das Hamburg, Schleswig-Holstein und Mecklenburg umfaßt. 1973–1986 war A. Regionalbischof des Bistums Münster in Xanten, 1987–1995 Bischof von Osnabrück.

José María Aznar

Spanischer Ministerpräsident (Volkspartei, PP), * 25.2.1953 in Madrid. Bei den spanischen Parlamentswahlen im März 1996 siegte die PP mit Parteichef A. als Spitzenkandidaten. Durch die Bildung einer Minderheitsregierung, die auf die Unterstützung von Regionalparteien der Katalanen, Basken und Kanaren angewiesen ist, vollzog A. im Mai 1996 nach 14 Jahren sozialistischer Regierung unter Felipe González Márquez den Machtwechsel. In seinem Regierungsprogramm legte er das Schwergewicht auf Spaniens weitere Integration in die Europäische Union und die Bekämpfung der baskischen Untergrundorganisation ETA.

Hartmut Bagger

Generalinspekteur der Bundeswehr, * 1.7.1938 in Braunsberg (Ostpreußen). Am 8.2.1996 trat B. in der Nachfolge von Generalinspekteur Klaus Naumann sein Amt als ranghöchster Soldat der Bundeswehr und oberster militärischer Berater der Bundesregierung an. Seine militärische Karriere durchlief B., der seit 1958 in der Bundeswehr dient, in der Artillerie. 1990 stieg er mit dem Kommando über eine Panzerdivision zum Generalmajor auf, 1992 zum Generalleutnant und Stellvertreter des Inspekteurs des Heers. In dieses Amt berief ihn Verteidigungsminister Volker Rühe 1994.

Kurt Beck

Ministerpräsident von Rheinland-Pfalz (SPD), * 5.2.1949 in Bad Bergzabern. Der gelernte Elektromechaniker wurde 1979 Mitglied der SPD-Landtagsfraktion. Als deren Geschäftsführer (1985–1991) und Vorsitzender (1991–1993) schuf er die Grundlagen für den Aufstieg zum Regierungschef in der sozialliberalen Koalition als Nachfolger von Rudolf Scharping (1994). Den Neubeginn nutzte er zur Reduzierung der Landesministerien und zur Einleitung einer Verwaltungsreform. Obwohl die Landtagswahl am 24.3.1996 der SPD hohe Verluste einbrachte, konnte er mit der gestärkten FDP im Mai 1996 erneut die Regierung bilden.

Jürgen Becker

Deutscher Schriftsteller, * 10.7.1932 in Köln. 1995 wurde B. für sein poetisches Werk von außerordentlichem sprachkünstlerischem Rang der Heinrich-Böll-Preis verliehen, den er bereits 1968 (damals Literaturpreis der Stadt Köln) erhalten hatte. B., der neben Prosatexten auch Gedichtbände und zahlreiche Hörspiele veröffentlichte, reflektiert in seinen Werken historische und gesellschaftliche Veränderungen ("Ränder", 1968; "Die Tür zum Meer", 1983; "Die Gedichte", 1995). B. leitete u. a. den Suhrkamp-Theater-Verlag und 1974–1993 die Hörspielredaktion des Deutschlandfunks.

Silvio Berlusconi

Italienischer Politiker und Unternehmer, * 29.9.1936 in Mailand. Mit der Niederlage des von ihm angeführten rechten Parteienbündnisses Polo per le libertà (Pol für die Freiheiten) bei den Parlamentswahlen am 21.4.1996 verfehlte B. sein Ziel, erneut die Regierungsverantwortung zu übernehmen. Als Sieger der Parlamentswahlen im März 1994 an der Spitze der von ihm 1993 gegründeten Forza Italia wurde er 1994 Ministerpräsident, mußte aber nach nur acht Monaten wegen Korruptionsvorwürfen zurücktreten. Im Januar 1996 begann ein Korruptionsprozeß gegen ihn. B. ist Eigner des drittgrößten italienischen Privatkonzerns Fininvest und größter Medienmonopolist des Landes sowie seit 1986 Präsident und Großaktionär des Fußballvereins AC Mailand.

Kurt H. Biedenkopf

Ministerpräsident von Sachsen (CDU), * 28.1.1930 in Ludwigshafen. Mit der

Regierungsverantwortung in Sachsen übernahm B. 1990 als erster „Westpolitiker" ein hohes Amt in den neuen Bundesländern. Seine Erfolge beim Umbau der Wirtschaftsstruktur in dem hochindustrialisierten Gebiet der früheren DDR sicherten ihm nach der Landtagswahl im Oktober 1994 nach einem sensationellen Ergebnis für die CDU (58,1%) die Wiederwahl zum Chef einer CDU-Alleinregierung. In seiner Partei gilt der frühere Gesellschafts- und Wirtschaftswissenschaftler sowie Manager als Querdenker. Im Mai 1996 lehnte B., der einen grundlegenden Umbau des Rentensystems fordert und das Modell einer staatlich finanzierten Grundrente favorisiert, das Angebot von Bundeskanzler Helmut Kohl ab, in der Rentenkommission der Bundesregierung mitzuarbeiten.
☐ 1964–1970 Ordinarius bzw. Rektor an der Ruhr-Universität Bochum. ☐ 1971–1973 Geschäftsführer der Henkel GmbH (Düsseldorf). ☐ 1973–1977 Generalsekretär der CDU. ☐ 1976–1980 und 1987–1990 MdB.

Kurt H. Biedenkopf

Carl Bildt

Schwedischer Vorsitzender des internationalen Lenkungsausschusses und UNO-Beauftragter für den Wiederaufbau in Bosnien-Herzegowina, * 15.7.1949 in Halmstad. Am 9.9.1995 ernannten die 15 Staats- und Regierungschefs der EU den versierten Außen- und Sicherheitspolitiker B. zum Nachfolger des Briten David Owen als EU-Vermittler im früheren Jugoslawien. B. ist seit 1979 Reichstagsabgeordneter und seit 1986 Vorsitzender der konservativen Moderaten Sammlungspartei. 1991–1994 war er Ministerpräsident eines Vierparteien-Minderheitskabinetts und bereitete Schwedens Beitritt in die EU vor (1.1.1995). Als EU-Vermittler sorgte er für die Umsetzung des im Dezember 1995 in Paris unterzeichneten Dayton-Friedensabkommens für Bosnien-Herzegowina im zivilen Bereich.

Carl Bildt

András Bíro

Ungarischer Bürgerrechtler. B. wurde 1995 mit dem Alternativen Nobelpreis der Stiftung für verantwortungsbewußte Lebensführung (Right Livelihood Award) geehrt. Er gründete 1990 die Selbsthilfeorganisation „Hungarian Foundation for Self-Reliance". Mit ihren Selbsthilfeprojekten fördert sie basisdemokratische Bestrebungen, die gesellschaftliche Anerkennung und Integration von Minderheiten (u. a. der Roma) sowie Maßnahmen des Umweltschutzes.

Norbert Blüm

Bundesminister für Arbeit und Soziales (CDU), * 21.7.1935 in Rüsselsheim. Als dienstältester Minister vertritt B. im Kabinett aus Bundeskanzler Helmut Kohl eine Politik des Ausgleichs zwischen liberalen Forderungen nach einer Reduzierung der öffentlichen Leistungen und den Verpflichtungen des Staats gegenüber den sozial schwächeren Gruppen der Gesellschaft. 1994 setzte er die Pflegeversicherung durch, deren zweite Stufe zum 1.7. 1996 verwirklicht wurde. Unter seinem Vorsitz erarbeitete die im Mai 1996 eingesetzte Rentenkommission der Bundesregierung Vorschläge zur Anpassung des Rentensystems an die veränderten sozialen Bedingungen.
☐ seit 1950 CDU-Mitglied. ☐ 1972–1981 und seit 1983 MdB. ☐ 1977–1987 Vorsitzender der CDU-Sozialausschüsse. ☐ seit 1982 Bundesarbeitsminister. ☐ seit 1987 CDU-Vorsitzender in Nordrhein-Westfalen.

Friedrich Bohl

Minister im Bundeskanzleramt (CDU), * 5.3.1945 in Rosdorf (Niedersachsen). Seit 1970 gehörte der Jurist dem Hessischen Landtag an. 1980 wechselte er in den Bundestag. Als Obmann der CDU/CSU-Fraktion in parlamentarischen Untersuchungsausschüssen (Flick-Parteispenden-Skandal, U-Boot-Affäre) profilierte er sich. 1989 übernahm er das Amt des Parlamentarischen Geschäftsführers der CDU/CSU-Fraktion und gehört seitdem zum engsten Beraterkreis von Bundeskanzler Helmut Kohl. Seit 1991 ist er Bundesminister für besondere Aufgaben und Chef des Bundeskanzleramts.

Norbert Blüm

Sandrine Bonnaire

Französische Filmschauspielerin, * 31.5. 1967 in Clermont-Ferrand. 1995 wurde B. bei den Filmfestspielen in Venedig für ihre

Friedrich Bohl

585

schauspielerische Leistung in dem Film „Biester" (Regie: Claude Chabrol) gemeinsam mit Isabelle Huppert als beste Hauptdarstellerin ausgezeichnet. In dem Film verkörpert sie ein Dienstmädchen, das sich gegen seinen Arbeitgeber auflehnt. Auch in Filmen wie „Vogelfrei" (1985), für den sie einen César erhielt, und „Die Verlobung des Monsieur Hire" (1989) spielte sie eine Frau aus einfachen Verhältnissen, die versucht, aus Konflikten anderer Profit zu schlagen, dabei jedoch in den Sog der Gewalt gerät.

Jochen Borchert

Jochen Borchert

Bundesminister für Ernährung, Landwirtschaft und Forsten (CDU), * 25.4.1940 in Nahrstedt (Sachsen-Anhalt). Als profilierter Kommunalpolitiker zog der Landwirtschaftsmeister und Diplom-Ökonom 1980 in den Bundestag ein. Seit 1989 haushaltspolitischer Sprecher der CDU/ CSU-Fraktion, übernahm er 1993 das Bundeslandwirtschaftsministerium. Nach der Agrarsozialreform von 1995 besteht die zentrale Aufgabe seines Ressorts weiterhin in der Bewältigung des Strukturwandels der Landwirtschaft, insbesondere in Ostdeutschland.

Wolfgang Bötsch

Bundesminister für Post und Telekommunikation (CSU), * 8.9.1938 in Bad Kreuznach. Der Verwaltungsjurist wurde 1974 Mitglied des Bayerischen Landtags und zog 1976 in den Deutschen Bundestag ein. 1982–1989 war er Parlamentarischer Geschäftsführer der CDU/CSU-Bundestagsfraktion. Seit 1993 Kabinettsmitglied, führt er die nach der Grundgesetzänderung 1994 beschlossene Postreform II durch. Während die Monopole der Telekom bis Ende 1997 aufgegeben werden, beabsichtigt B. die Aufgabe des Briefmonopols durch die Deutsche Post AG erst für Ende 2002. Die Privatisierung von Postdienst, Postbank und Telekom wird sein Ressort hinfällig machen.

Wolfgang Bötsch

Ignatz Bubis

Butros Butros Ghali

Ägyptischer Generalsekretär der Vereinten Nationen, * 14.11.1922 in Kairo. Als erster Afrikaner bekleidet der Völkerrechtsprofessor seit 1992 das höchste Diplomatenamt der Welt. Der Sohn einer koptischen (christlichen) Großgrundbesitzerfamilie war unter Anwar as-Sadat als Staatssekretär im Außenministerium am Abschluß des Friedensvertrags mit Israel (1979) beteiligt. Angesichts einer weltweit steigenden Zahl von Regionalkonflikten versucht B., der wachsenden Bedeutung der UNO durch militärische Interventions- und Friedensmissionen gerecht zu werden (u. a. Ex-Jugoslawien 1991–1995, Kambodscha 1991–1993, Somalia 1992 bis 1995, Rwanda 1994, Haiti 1994). Seine Amtszeit läuft Ende 1996 aus.

Ignatz Bubis

Vorsitzender des Zentralrats der Juden in Deutschland, * 15.1.1927 in Breslau. B. wurde im April 1996 mit dem Theodor-Heuss-Preis ausgezeichnet. Während seine Eltern und Geschwister die nationalsozialistische Terrorherrschaft und den Holocaust nicht überlebten, wurde B. 1945 aus dem NS-Arbeitslager Tschenstochau durch die Rote Armee befreit. Mit seinem Engagement für Toleranz und gegen Fremdenfeindlichkeit erwarb er sich hohes Ansehen. Bei den Kommunalwahlen in Hessen 1997 ist er Spitzenkandidat der FDP in Frankfurt/M.

□ ab 1983 Vorstandsvorsitzender der Jüdischen Gemeinde in Frankfurt/M. □ seit 1992 Vorsitzender des Zentralrats der Juden in Deutschland.

Carmel Budiardjo

Britisch-indonesische Menschenrechtlerin, * 18.6.1925 in London. B. erhielt 1995 den Alternativen Nobelpreis der Stiftung für verantwortungsbewußte Lebensführung (Right Livelihood Award). Sie leitet die 1973 von ihr in London mitgegründete Organisation TAPOL (indonesische Bezeichnung für politische Gefangene), die Menschenrechtsverletzungen in Ost-Timor und West-Papua (Irian Jaya) durch das Suharto-Regime in Indonesien anprangert. B., die als Dozentin in Indonesien tätig war, saß selbst 1968–1971 ohne Gerichtsurteil im Gefängnis. Nach ihrer Entlassung wurde sie aus Indonesien ausgewiesen.

Nicolas Cage

Eigtl. Nicolas Coppola, US-amerikanischer Filmschauspieler, * 7.1.1964 in Long Beach (Kalifornien). Für seine Rolle in dem Alkoholikerdrama „Leaving Las Vegas" (1995, Regie: Mike Figgis) wurde C. 1996 mit dem Oscar als bester Hauptdarsteller ausgezeichnet. Der Film beschreibt den sozialen Abstieg und die Selbstzerstörung eines Alkoholikers. Der Neffe des Regisseurs Francis Ford Coppola verkörperte in seinen Filmrollen der 80er Jahre vor allem pathologisch-gewalttätige Charaktere. Zu seinen größten Erfolgen zählen „Rumble Fish" (1983), „Birdy" (1984), „Cotton Club" (1984) und „Wild at Heart" (1990).

Frank Castorf

Deutscher Theaterregisseur und Intendant, * 17.7.1951 in Ost-Berlin. Die Zeitschrift „Theater heute" ernannte C. zum Theaterregisseur des Jahres 1995 und zeichnete damit seine Regieleistung bei der Inszenierung des Stückes „Raststätte oder Sie machens alle" von Elfriede Jelinek am Deutschen Schauspielhaus Hamburg (Saison 1994/95) aus. Der Tabubruch bei der Darstellung sexueller Machtstrukturen auf der Bühne provoziert spontane Reaktionen beim Publikum. Mit seinen ausgefallenen Interpretationen – auch von Klassikern – profilierte sich der skandalfreudiger Erneuerer des deutschen Theaters als Intendant der Volksbühne Berlin (seit 1992) und durch Inszenierungen u. a. in Köln (1989) und Basel (1991).

Jacques René Chirac

Französischer Staatspräsident, * 29.11. 1932 in Paris. In seinem ersten Amtsjahr provozierte er mit dem Beginn einer Verwaltungs- und Sozialreform einen sechswöchigen Streik im öffentlichen Dienst. Die von ihm veranlaßte Wiederaufnahme von Atomtests im Südpazifik im Herbst 1995 rief heftige internationale Proteste hervor. Nach Abbruch der Versuchsserie im Januar 1996 sicherte C. die Unterzeichnung des Atomteststopp-Abkommens zu. Seit Mitte der 60er Jahre einer der führenden konservativen Politiker Frankreichs, reorganisierte er 1976 die gaullistische Bewegung (Rassemblement pour la République, RPR) und begründete mit ihr und dem Bürgermeisteramt von Paris (ab 1977) seine Machtposition. Nach zwei vergeblichen Anläufen 1981 und 1988 gewann er 1995 die Präsidentschaftswahlen. □ 1967 Deputierter der Neogaullisten. □ 1972/73, 1974 Landwirtschafts-, dann Innenminister. □ 1974–1976, 1986–1988 Premierminister. □ 1976–1980, 1982–1994 Vorsitzender der RPR; 1977–1995 Bürgermeister von Paris.

Frank Castorf

Wlodzimierz Cimoszewicz

Polnischer Ministerpräsident, * 13.9. 1950 in Warschau. C. übernahm nach dem Rücktritt des unter Spionageverdacht geratenen Józef Oleksy im Februar 1996 dessen Amt als Regierungschef einer Koalition der Demokratischen Linksallianz (SLD) und der ebenfalls linksstehenden Polnischen Bauernpartei (PSL). Der Bauernsohn und promovierte Jurist hatte der kommunistischen Partei bis zu ihrer Auflösung 1990 angehört. Seit 1990 profilierte er sich als einer der führenden postkommunistischen Politiker, trat der aus der KP hervorgegangenen Sozialdemokratischen Partei Polens, der tragenden Kraft der SLD, jedoch nicht bei. 1990 übernahm er den Fraktionsvorsitz der SLD, wurde 1993 Vizeministerpräsident und Justizminister. 1995 wechselte er ins Amt des Parlamentsvizepräsidenten.

Jacques René Chirac

Paul Josef Crutzen

Niederländischer Chemiker und Meteorologe, * 3.12.1933 in Amsterdam. C., der am Max-Planck-Institut für Chemie in Mainz arbeitet, erhielt 1995 für die Erforschung der Bildung und Zerstörung von Ozon in der Stratosphäre gemeinsam mit den beiden US-Amerikanern Frank Sherwood Rowland und Mario José Molina den Nobelpreis für Chemie. Mitte der 80er Jahre hatte C. nachgewiesen, daß das Ozonloch über der Antarktis durch extrem niedrige Temperaturen begünstigt wird. Aufsehen erregte auch seine Theorie vom nuklearen Winter: Die einem Atomkrieg folgende Verdunkelung der Sonne durch Brände würde mehr Menschen das Leben kosten als die Atomexplosionen selbst.

W. Cimoszewicz

Jean-Pascal
Delamuraz

Eberhard Diepgen

Antonio Di Pietro

Robert Dole

Jean-Pascal Delamuraz

Schweizer Bundespräsident 1996 (Freisinnig-Demokratische Partei, FDP), * 1.4. 1936 in Vevey am Genfer See. Am 13.12. 1995 wurde D. als Bundesrat für Wirtschaft von der Vereinigten Bundesversammlung für das Jahr 1996 zum Schweizer Bundespräsidenten gewählt. Nach 1989 übernahm er damit zum zweiten Mal das Amt des Regierungschefs. Seine politische Karriere begann er als FDP-Generalsekretär des Kantons Waadt (1965) und als Stadtrat von Lausanne (1970). Seit 1983 Wehrminister, wechselte er 1987 in das Volkswirtschaftsdepartement.

Eberhard Diepgen

Regierender Bürgermeister von Berlin (CDU), * 13.11.1941 in Berlin. Nach der Wahl zum Abgeordnetenhaus im Oktober 1995 trat D. am 25.1.1996 mit einer Neuauflage der Großen Koalition seine vierte Amtszeit an. 1996 ist ein Haushaltsdefizit von rd. 32 Mrd DM auszugleichen. Gleichzeitig müssen die Hauptprobleme der Metropole gelöst werden: Umstellung auf die Hauptstadtfunktion, Zusammenführung der ehemals geteilten Stadt, wachsende soziale Probleme. Die von D. gemeinsam mit Brandenburgs Ministerpräsident Manfred Stolpe betriebene Fusion beider Bundesländer scheiterte in der Volksabstimmung vom 5.5.1996.
□ seit 1971 Mitglied des Berliner Abgeordnetenhauses. □ seit 1983 Vorsitzender der Berliner CDU. □ 1984–1989 Regierender Bürgermeister von West-Berlin. □ seit 1991 Regierender Bürgermeister Gesamt-Berlins.

Lamberto Dini

Italienischer Außenminister, * 1.3.1931 in Florenz. D., 1979–1994 Generaldirektor der Bank von Italien, löste im Januar 1995 den zurückgetretenen italienischen Ministerpräsidenten Silvio Berlusconi ab, in dessen Kabinett der parteilose Währungsexperte Finanzminister war. In der Absicht, bis zu Neuwahlen wichtige Gesetzesvorhaben zu verabschieden und die Staatsfinanzen zu konsolidieren, bildete er eine Übergangsregierung aus nicht parteigebundenen Fachleuten. Bei den Parlamentswahlen am 21.4.1996 erzielte die von ihm neugegründete Partei Rinnovamento Italiano (Italienische Erneuerung) im Rahmen des Mitte-Links-Wahlbündnisses „Ulivo" (Olivenbaum) 4,3% der Stimmen. Unter Ministerpräsident Romano Prodi wurde D. Außenminister.

Antonio Di Pietro

Italienischer Minister für öffentliche Arbeiten (parteilos), * 2.10.1950 in Campobasso (Molise). Der frühere Mailänder Staatsanwalt übernahm im Mai 1996 im Kabinett der Mitte-Links-Regierung unter Romano Prodi das Ministerium für öffentliche Arbeiten. Als Chefermittler der Sonderkommission Mani pulite (Saubere Hände) in Mailand deckte er seit 1992 zahlreiche Korruptionsskandale auf, in die Spitzenpolitiker, führende Beamte und Wirtschaftsmanager verwickelt waren. Seitdem Symbolfigur des Kampfes für die Erneuerung Italiens, gab er Ende 1994 sein Amt als Staatsanwalt auf, als er gegen Ministerpräsident Silvio Berlusconi wegen Korruption ermittelte. 1995 geriet er selbst unter Korruptionsverdacht, wurde im Frühjahr 1996 jedoch rehabilitiert.

Robert (Bob) Dole

US-amerikanischer Präsidentschaftskandidat (Republikaner), * 22.7.1923 in Russell (Kansas). Seit 1968 Senator von Kansas, gewann D. mit zunehmender Orientierung an konservativen Positionen politischen Einfluß. 1980 wurde er Vorsitzender des Finanzausschusses im Senat, 1984 Fraktionsvorsitzender der Republikaner im Senat. 1992 löste er George Bush als Führer der Republikaner ab, die 1994 die Mehrheit in Senat und Repräsentantenhaus gewannen. Nach zwei vergeblichen Anläufen gegen Reagan und Bush setzte er sich im Frühjahr 1996 im Vorwahlkampf zur republikanischen Präsidentschaftskandidatur klar durch. Im Mai 1996 trat er als Senator zurück, um sich auf den Wahlkampf zu konzentrieren.

Hans Eichel

Hessischer Ministerpräsident (SPD), * 24.12.1941 in Kassel. E. begann seine politische Laufbahn als Kommunalpolitiker in Kassel, wo er 1975 Oberbürgermeister wurde. Als erster Bürgermeister erprobte er 1981 die Zusammenarbeit mit den Grünen. Seit 1989 Landesvorsitzender der SPD, löste er 1991 Walter Wallmann (CDU) als hessischen Ministerpräsidenten ab. Seine rot-grüne Koalitionsregierung wurde bei den Wahlen im Februar 1995 trotz Stimmenverlusten für die SPD bei Zugewinnen für Bündnis 90/Die Grünen bestätigt.

Neçmettin Erbakan

Türkischer Ministerpräsident, * 1926 in Sinop (Nordanatolien). Der seit 1969 politisch aktive Professor für Maschinenbau gründete 1983 die islamisch-fundamentalistische Wohlfahrtspartei (Refah Partisi, RP), die aus der Parlamentswahl im Dezember 1995 zwar als stärkste Gruppierung hervorging, von einer konservativen Minderheitskoalition unter Mesut Yilmaz jedoch in die Opposition verwiesen wurde. Nach dem schnellen Ende des Koalitionsbündnisses wurde E. als Vorsitzender der RP im Juni 1996 erster islamistische Ministerpräsident der Türkei. E. plädiert für den Austritt seines Landes aus der NATO und strebt u. a. eine islamische Wirtschaftsgemeinschaft mit den östlichen Nachbarstaaten an.

Reinhold Ewald

Deutscher Astronaut und Physiker, * 18.12.1956 in Mönchengladbach. Ende 1996 soll E., der seit Anfang der 90er Jahre in der deutsch-russischen Raumfahrtkooperation tätig ist, mit zwei russischen Kosmonauten an der Mir-96-Mission teilnehmen. Das Team wird sich 18 Tage in der Weltraumstation aufhalten, um medizinische Experimente durchzuführen. Erforscht werden sollen u. a die Schwerelosigkeit und ihre Auswirkungen auf den Menschen. Da die Veränderungen im Organismus Ähnlichkeit mit Krankheitsbildern wie Osteoporose, Bluthochdruck und Immunschwäche haben, erwartet man Rückschlüsse für die medizinische Praxis.

Franzobel

Eigtl. Stefan Griebel, österreichischer Schriftsteller, * 1.3.1967 in Vöcklabruck (Oberösterreich). F., der für seine Erzäh-

lung „Die Krautflut" 1995 den Ingeborg-Bachmann-Preis erhielt, gilt als einer der vielversprechendsten deutschsprachigen Nachwuchsschriftsteller. In seinen Texten, Experimenten mit dem Klang der Sprache, komponiert F. „Prosamusik". Dabei spielt er mit vielfältigen Zitaten. Am 30.5.1996 feierte sein Orchesterstück „Beuschelgeflecht" am Wiener Schauspielhaus Uraufführung.

Peter Frisch

Deutscher Präsident des Bundesamtes für Verfassungsschutz (BfV, Köln), * 21.4. 1935 in Reichenbach (Schlesien). Im Mai 1996 ernannte Bundesinnenminister Manfred Kanther F. zum Chef des deutschen Inlandsgeheimdienstes, dessen Vizepräsident dieser seit 1987 war. F. rückte an die Stelle des zum Präsidenten des Bundesnachrichtendienstes ernannten Hansjörg Geiger. Die Beamtenkarriere des Juristen und SPD-Mitgliedes F. hatte zuvor vom Bundesverwaltungsamt (1969/70) ins Bundesinnenministerium (1970–1975) und danach ins niedersächsische Innenministerium (1975–1987) geführt. Unter F.s Leitung war der niedersächsische Verfassungsschutz Ausgangspunkt mehrerer Geheimdienstskandale.

Bruno Ganz

Schweizer Theater- und Filmschaupieler, * 22.3.1941 in Zürich. Im Mai 1996 erhielt G. den von → [NEK] Josef Meinrad nach seinem Tod (18.2.1996) testamentarisch auf ihn übertragenen Iffland-Ring. Diese höchste Auszeichnung im deutschsprachigen Raum ehrt G. als besten Schauspieler deutscher Sprache. G. spielte in den 60er und 70er Jahren unter der Regie von Peter Zadek und Peter Stein u. a. an der Berliner Schaubühne. Später übernahm G. in Salzburg und München bedeutende Bühnenrollen in Klassikern und modernen Stücken (z. B. von Botho Strauß). Als sensibler Interpret problembeladener Charaktere wirkte er an zahlreichen Filmen mit (u. a. „Messer im Kopf", 1978, Regie R. Hauff; „Der Himmel über Berlin", 1988 und „In weiter Ferne, so nah", 1993, beide unter der Regie von Wim Wenders).

Hans Eichel

Bruno Ganz

William H. Gates

Götz George

Mel Gibson

Durs Grünbein

William (Bill) H. Gates

US-amerikanischer Unternehmer, * 28.10. 1955 in Seattle (Washington). Am 24.8. 1995 startete der Software-Konzern Microsoft Corp. den Verkauf des Betriebssystems für Personalcomputer Windows 95 mit dem Ziel, noch im gleichen Jahr bis zu 20 Mio Exemplare abzusetzen. 1975 hatte G. im Alter von 19 Jahren die Firma gegründet. Als er 1981 das Betriebssystem MS-DOS für den von IBM konstruierten ersten PC entwickelte, begann sein Aufstieg zum führenden Anbieter von Betriebssystemen (Weltmarktanteil 1994: 76%). 1995 wurde das Privatvermögen des reichsten Mannes der Welt auf 18 Mrd Dollar geschätzt. Mit dem Aufkauf der größten Fotoarchive der Welt (seit 1995) zielt G. auf die Errichtung eines Monopols im Welthandel mit digitalen Bildrechten. G. baute mit Microsoft Networks (MSN) einen eigenen Online-Dienst auf, der ins Internet integriert ist. Zu diesem Zweck erwarb er Ende 1995 die Lizenz für die Programmiersprache Java und vereinbarte im März 1996 die Kooperation mit dem größten US-amerikanischen Online-Dienst AOL.

Hansjörg Geiger

Deutscher Präsident des Bundesnachrichtendienstes (BND, Pullach), * 1.11.1942 in Brünn (Mähren). Im Mai 1996 wechselte der Präsident des Bundesamtes für Verfassungsschutz (BfV, Köln) an die Spitze des BND. Die Leitung des deutschen Auslandsnachrichtendienstes war durch den Rücktritt des in der Plutoniumaffäre glücklos operierenden Konrad Porzner (SPD) vakant geworden. Erst im Juli 1995 war der parteilose Jurist G. Chef des BfV geworden. Zuvor hatte er beim Bayerischen Datenschutzbeauftragten (1980–1990) und seit 1990 als Direktor der Berliner Stasi-Aktenverwaltung (sog. Gauck-Behörde) gearbeitet.

Götz George

Eigtl. Götz Schulz, deutscher Filmschauspieler, * 23.7.1938 in Berlin. Der Sohn von Heinrich George avancierte als rauhbeinig-unkonventioneller Ruhrgebiets-Kommissar Schimanski in der TV-Serie „Tatort" zum Fernsehstar. G. verfügt über ein breites Darstellungsspektrum: Er verkörpert mit derselben Intensität satirische Figuren („Schtonk", 1992) wie negativproblematische Charaktere, z. B. den KZ-Kommandanten Rudolf Höss („Aus einem deutschen Leben", 1977) oder den Massenmörder Fritz Haarmann („Der Totmacher", 1995). Für diese Rolle erhielt er 1995 den Goldenen Löwen in Venedig als bester Hauptdarsteller und im Mai 1996 den Bundesfilmpreis. Für seine Rolle in dem TV-Thriller „Der Sandmann" wurde G. 1996 mit dem Adolf-Grimme-Fernsehpreis in Gold ausgezeichnet.

Mel Gibson

US-amerikanisch-australischer Regisseur und Filmschauspieler, * 3.1.1956 in Peekskill (New York). Der Film „Braveheart", ein schottisches Ritterepos, in dem G. die Hauptrolle spielte und Regie führte, wurde 1996 mit fünf Oscars (u. a. für den besten Film und die beste Regie) ausgezeichnet. G. trat zuvor mit Action-Thrillern („Lethal weapon", 1987), Kriminalkomödien („Ein Vogel auf dem Drahtseil", 1989) und Westernsatiren („Maverick", 1994) hervor.

Peter Graf

Deutscher Sportmanager, * 18.6.1938 in Mannheim. G. managte bis 1995 seine Tochter Stefanie (Steffi) G., seit Mitte der 80er Jahre eine der besten Tennisspielerinnen der Welt. Im August 1995 wurde G. unter dem Vorwurf verhaftet, in ein international weitverzweigtes Unternehmensnetz 42 Mio DM Einnahmen aus Wettkämpfen und Sponsorenverträgen seiner Tochter geleitet und dabei rd. 20 Mio DM Steuern hinterzogen zu haben. Ein parlamentarischer Untersuchungsausschuß in Baden-Württemberg kam im Januar 1996 zu dem Ergebnis, daß die Familie G. durch die Steuerbehörden bevorzugt behandelt worden sei.

Durs Grünbein

Deutscher Schriftsteller, * 9.10.1962 in Dresden. Der Übersetzer, Essayist und Lyriker erhielt 1995 den Peter-Huchel- und den Georg-Büchner-Preis. G. wurde mit seinem Gedichtband „Schädelbasis-lektion" (1991) bekannt. Sein Buch „Fal-ten und Fallen" (1994) galt als literari-sches Ereignis des Jahres. In seinen Wer-ken setzt er sich mit deutsch-deutschen Themen, mit dem Zerfall der Sprache in Sinnlosigkeit, mit Großstadterfahrungen und Identitätsproblemen auseinander. Ent-deckt und gefördert von dem Berliner Dramatiker Heiner Müller, wurde G. 1995 in die Deutsche Akademie für Sprache und Dichtung aufgenommen.

António Manuel de Oliveira Guterres

Portugiesischer Ministerpräsident, * 30.4. 1949 in Lissabon. Nach zehn Jahren Alleinregierung der rechtsliberalen Sozi-aldemokraten gewann die Sozialistische Partei (PS) bei der Parlamentswahl am 1.10.1995 mit G. als Spitzenkandidat die relative Mehrheit. G. bildete daraufhin eine auf wechselnde Mehrheiten angewie-sene Minderheitsregierung. Der gelernte Elektroingenieur zog 1976 ins Parlament ein, übernahm 1992 in der Krise seiner Partei das Amt des Generalsekretärs, modernisierte das Programm und löste die PS aus der Abhängigkeit von ihrem Grün-dungsvater, dem Staatspräsidenten (1986–1996) Mario Soáres. Priorität hat für G. die Erfüllung der Maastricht-Kriterien, um den Beitritt Portugals zur Europäi-schen Währungsunion zu ermöglichen.

Ulrich Hartmann

Deutscher Industriemanager, * 7.8.1938 in Berlin. H., seit 1993 Vorstandsvorsit-zender der Veba AG, erweiterte die tradi-tionellen Bereiche des Konzerns, Energie, Chemie, Handel, Dienstleistungen, um die neue Branche der Telekommunikation (Vebacom). 1995 forcierte er eine enge Zusammenarbeit mit dem britischen Unternehmen Cable & Wireless zum Aus-bau des internationalen Telekommunikati-onsgeschäftes. C & W, dessen größter Ein-zelaktionär die Veba ist, beteiligte sich im Gegenzug an der Vebacom. H. ist selbst Vorstandsmitglied des britischen Unter-nehmens. Er machte sich als Manager bereits in den 80er Jahren, auch bei der PreussenElektra, einen Namen.

Ryutaro Hashimoto

Japanischer Ministerpräsident (Liberal-demokraten, LDP), * 29.7.1937 in Tokio. Am 11.1.1996 löste H. den Sozialdemo-kraten Tomichii Murayama im Amt des japanischen Regierungschefs ab. Als Parteiführer der LDP (seit 1995) setzt er die Koalition mit Sozialdemokraten (SDP) und der LDP-Abspaltung Sakigage fort. Seit 1963 Abgeordneter im Unter-haus, zwischen 1985 und 1991 Minister verschiedener Ressorts, wurde H. 1994 Handels- und Industrieminister. Im Streit mit den USA um die Autohandelsquoten (1995) konnte er einen Handelskrieg ver-meiden und bewies seine Durchsetzungs-fähigkeit auf internationalem Parkett. Als Ministerpräsident will er der Wirtschafts-macht Japan größeren Einfluß in der Welt-politik verschaffen, u. a. durch den ange-strebten ständigen Sitz im UNO-Sicher-heitsrat.

Ulrich Hartmann

Michael Häupl

Österreichischer Landeshauptmann und Bürgermeister von Wien (SPÖ), * 14.9. 1949 in Altlengbach (Niederösterreich). Ende 1994 löste der Chef der Wiener SPÖ (seit 1993) und bisherige Umweltstadtrat (seit 1988) den aus Altersgründen ausge-schiedenen populären Helmut Zilk als Landes- und Stadtoberhaupt ab. H. über-nahm seit 1983 als Mitglied des Wiener Landtages und Gemeinderates kommu-nalpolitische Aufgaben (bis 1988). Er stützt seine SPÖ-Alleinregierung auf die Mehrheit von vier Stimmen im Landtag (zugleich Gemeinderat), der am 13. 10. 1996 neu gewählt wird.

Ryutaro Hashimoto

Leander Haußmann

Deutscher Schauspieler und Regisseur, * 26.6.1959 in Quedlinburg. Seit 1995 ist H., der im gleichen Jahr von der Zeit-schrift „Theater heute" als herausragender Regisseur geehrt wurde, Intendant des Schauspielhauses Bochum. Aufsehen er-regte 1996 seine Inszenierung von Heiner Müllers „Germania 3 – Gespenster am toten Mann", das bislang wegen seiner komplizierten Sprache und Szenenfolge als unspielbar galt. Bekannt wurde H. durch seine Regiearbeit am Nationalthea-

Leander Haußmann

591

Seamus J. Heaney

Friedrich Hennemann

Richard Holbrooke

Reinhard Höppner

ter Weimar, insbes. durch die spektakuläre Interpretation von Henrik Ibsens „Nora" (1990). Seine Inszenierungen sind bunte, witzig-freche Adaptionen zumeist klassischer Werke.

Seamus Justin Heaney

Nordirischer Schriftsteller, * 13.4.1939 in Castledawson (Derry/Nordirland). Für sein Gesamtwerk wurde H., bedeutendster zeitgenössischer Schriftsteller Nordirlands, 1995 mit dem Literaturnobelpreis geehrt. Als geistiger Erbe von William Butler Yeats vermittelt er die sprachliche und kulturelle Tradition, die politischen Konflikte und die Landschaft seiner Heimat. Seine Essays („Die Herrschaft der Sprache", 1988) und Naturlyrik („Die Hagebuttenlaterne", 1987) prägt die Verbindung mystifizierender Naturbetrachtung mit der Reflexion politischer Gewalt.

Friedrich Hennemann

Deutscher Industriemanager, * 17.4.1936 in Worpswede. H., von 1987 bis November 1995 Vorstandsvorsitzender der Bremer Vulkan AG, wird für den spektakulären Konkurs des Unternehmens im Mai 1996 mitverantwortlich gemacht. Durch Ankäufe von Unternehmen anderer Branchen schuf H. ein unübersichtliches Firmenimperium, das in Liquiditätsprobleme geriet. Um Schulden zu verschleiern, die zuletzt rd. 1,5 Mrd DM betrugen, wurden 850 Mio DM Treuhandgelder, die zur Erhaltung von Schiffswerften in Wismar und Rostock bestimmt waren, offenbar in westdeutsche Standorte des Firmenimperiums verschoben. Mitte 1996 setzte die Bremer Bürgerschaft einen Untersuchungsausschuß zur Vulkan-Pleite ein.

Roman Herzog

Deutscher Bundespräsident, * 5.4.1934 in Landshut. Der CDU-Politiker wurde 1994 in das höchste deutsche Staatsamt gewählt. Der renommierte Verfassungsrechtler und ehemalige Präsident des Bundesverfassungsgerichts (BVG, Karlsruhe) ist der erste Bayer in diesem Amt. Mit seiner unkomplizierten Art und Bürgernähe löste er sich aus dem Schatten seines Vorgängers Richard von Weizsäcker.

□ 1966–1972 Professor in Berlin, dann in Speyer. □ 1970 Eintritt in die CDU. □ 1978 bis 1983 Kultusminister, dann Innenminister in Baden-Württemberg. □ 1987–1993 BVG-Präsident. □ seit 1994 Bundespräsident.

Richard Holbrooke

US-amerikanischer Diplomat, * 24.4. 1941 in New York. H. war US-amerikanischer Unterhändler des am 14. 12. 1995 in Paris unterzeichneten Dayton-Friedensabkommens für Bosnien, als dessen Architekt er gilt. Seit 1962 im Auswärtigen Dienst, beteiligte er sich an der Aushandlung des Waffenstillstands in Vietnam (1973). Präsident Bill Clinton berief ihn 1993 zum Botschafter in Bonn (bis 1994). Für 1996 kündigte H. sein Ausscheiden aus der Politik an, doch vermittelte er noch im Frühjahr 1996 im Konflikt zwischen Griechenland und der Türkei um eine unbewohnte Ägäis-Insel, der die NATO-Partner an den Rand einer militärischen Auseinandersetzung führte.

Ursula Höpfner

Deutsche Schauspielerin, * 19.12.1949 in Hannover. Für ihre Darstellung der „Mariedl" am Wiener Akademietheater in „Die Präsidentinnen", einer grellen Farce von Bernhard Schwab über drei alte Damen, wurde H. 1995 von der Zeitschrift „Theater heute" als Schauspielerin des Jahres ausgezeichnet. H. begann ihre Bühnenkarriere als Tänzerin in der Truppe von Hans Kresnik in Bremen. Als Schauspielerin wurde sie zunächst in klassischen Dramen als Tragödin bekannt. Als Hauptdarstellerin in Stücken und Regiearbeiten ihres Lebenspartners George Tabori verkörpert sie auch groteske Figuren. Neben zahlreichen Gastspielen arbeitet sie am Wiener Burg- und Akademietheater.

Reinhard Höppner

Ministerpräsident von Sachsen-Anhalt (SPD), * 2.12.1948 in Haldensleben bei Magdeburg. Der Mathematiker engagierte sich seit 1971 in der Leitung der Kirchenprovinz Sachsen der Evangelischen Kirche, 1980 wurde er Präses. 1989 trat er der SPD in der DDR bei, wurde Vizepräsident der DDR-Volkskammer und 1990 SPD-

Fraktionschef in Sachsen-Anhalt. Nach der vorgezogenen Landtagswahl 1994 wurde er zum Ministerpräsidenten gewählt und bildete mit Bündnis 90/Die Grünen eine Minderheitsregierung. Seine Bereitschaft, mit wechselnden Mehrheiten zu regieren und die Tolerierung durch die PDS in Kauf zu nehmen, führte zu einer Polarisierung der politischen Lager im Vorfeld der Bundestagswahl 1994.

John Winston Howard

Australischer Premierminister (Liberal Party), * 26.7.1939 in Earlwood (New South Wales). Durch einen triumphalen Sieg bei der Parlamentswahl am 2. 3. 1996 erzielte das von H. geführte Parteienbündnis aus Liberal Party und National Party nach 13jähriger Regierungszeit des Labor-Premierministers Paul Keating den Machtwechsel in Australien. Der neue Premier, seit 1974 Abgeordneter im Repräsentantenhaus, trat 1975 als Handelsminister erstmals ins Kabinett ein. 1977 wurde er Schatzminister (bis 1980). 1985–1989 schon einmal Parteivorsitzender und Oppositionsführer, setzte sich H. Ende 1995 in der Liberalen Partei erneut als Parteichef durch.

Dieter Hundt

Designierter Präsident der Bundesvereinigung Deutscher Arbeitgeberverbände (BDA), * 30.9.1938 in Esslingen. Der Vorsitzende der baden-württembergischen Metallarbeitgeber (seit 1988) soll 1996 Nachfolger von Klaus Murmann in der Führung der BDA werden. Zwischen 1990 und 1992 vereinbarte er mit der IG Metall die Pilotabschlüsse in der Metallindustrie im Tarifbezirk Nordwürttemberg-Nordbaden u. a. zur Einführung der 35-Stunden-Woche. Seitdem gilt der Tarifstratege als Mann des Dialogs, der sich zur sozialpolitischen Verantwortung der Unternehmer bekennt.

Tran Anh Hung

Vietnamesisch-französischer Filmregisseur, * 1962 in My Tho/Vietnam. Für seinen Film „Cyclo" wurde H. 1995 bei den Filmfestspielen in Venedig mit dem Goldenen Löwen prämiert. „Cyclo" porträtiert Ho-Tschi-Minh-Stadt, das ehemalige Saigon, als chaotisch-brodelnde Millionen-Metropole. 1993 feierte H. seinen ersten großen Erfolg mit dem Film „Der Duft der grünen Papaya". Er setzt sich in seinen Filmen mit dem Alltagsleben in Vietnam seit dem Kriegsende (1973) auseinander und zeigt den aktuellen Auflösungsprozeß des sozialistischen Systems.

Isabelle Huppert

Französische Filmschauspielerin, * 16.3. 1955 in Paris. Für ihre Rolle in dem Film „Biester" (1995, Regie: Claude Chabrol) wurde H. mit dem französischen Filmpreis César und – zusammen mit Sandrine Bonnaire – 1995 in Venedig als beste Hauptdarstellerin ausgezeichnet. Mit einer häufig auf minimale Bewegung reduzierten Mimik und Sprache verkörpert H. einen kühlen, distanzierten Frauentyp („Die Spitzenklöpplerin", 1977; „Eine Frauensache", 1988; „Malina" 1990; „Madame Bovary", 1991). Jean-Luc Godard und Claude Chabrol sind ihre bevorzugten Regisseure.

Miguel Induráin

Spanischer Radrennfahrer, * 16.7.1964 in Villava. I. ist der überragende Radrennfahrer der 90er Jahre. Neben dem zweimaligen Sieg beim Giro d'Italia (1992 und 1993) gewann er fünfmal in Folge – zuletzt 1995 – die Tour de France. Im Oktober 1995 erkämpfte er in Kolumbien sein erstes Weltmeister-Gold im Einzelzeitfahren über 43 km. Mit seinen Rekorderfolgen knüpft der Baske an die sensationellen Erfolge von Bernard Hinault in den 80er Jahren sowie von Jacques Anquetil und Eddy Merckx in den 60er und 70er Jahren an.

Alija Izetbegović

Präsident von Bosnien-Herzegowina (Partei der Demokratischen Aktion, PDA), * 8.8.1925 in Bosanski Samać. I. vertritt die bosnischen Moslems, größte Volksgruppe in der 1991–1995 vom Bürgerkrieg erschütterten Nachfolgerepublik Jugoslawiens. Faktisch ist seine Präsidentenmacht auf die moslemischen Gebiete beschränkt. Im Streit um die Aufteilung

John Winston Howard

Dieter Hundt

Isabelle Huppert

Alija Izetbegović

Johannes Paul II.

Manfred Kanther

des Landes zwischen Moslems, Serben und Kroaten suchte I. die Gesamtstaatlichkeit zu bewahren. Den Friedensschluß von Dayton Ende 1995 kann I. nur als Teilerfolg verbuchen, da die Serbische Republik und die in sich gespaltene kroatisch-moslemische Föderation weitgehende Autonomie zugesprochen bekamen. □ 1945–1948 Gefängnishaft. □ 1983–1988 Gefängnishaft wegen politischer Opposition. □ 1990 Wahlsieg der von I. geführten Partei der Demokratischen Aktion (PDA), Vorsitzender des Staatspräsidiums. □ 1994 Bildung eines kroatisch-muslimischen Bundesstaates.

Johannes Paul II.

Eigtl. Karol Wojtyla, Papst, * 18.5.1920 in Wadowice bei Krakau/Polen. J. ist der erste Pole und seit 1523 der erste Nichtitaliener auf dem Papststuhl (seit 1978). Er betont die päpstliche Autorität und vertritt konservative Standpunkte in Fragen des religiösen Kults, des Zölibats, der Ökumene und gegenüber kirchlichen Reformbewegungen. Seine strengen Vorstellungen zur Empfängnisverhütung sowie zur Rolle der Frau in Kirche und Gesellschaft riefen auch unter praktizierenden Katholiken Widerspruch hervor. 1995 enthob er den progressiven französischen Bischof Jacques Gaillot seines Amtes. Seine weltweite Präsenz dokumentiert er durch mehr Auslandsreisen als jeder Papst zuvor (72 bis Mitte 1996). Im Juni 1996 besuchte er zum dritten Mal Deutschland (u. a. Berlin).

Oliver Kalkofe

Deutscher Kabarettist, Entertainer und Autor, * 12.9.1965 in Hannover. K. wurde 1996 mit dem Spezial-Grimme-Preis ausgezeichnet. Gewürdigt wurden damit Idee und Realisation seiner TV-Serie „Kalkofes Mattscheibe". Diese knüpft an seine preisgekrönte Kultsendung bei Radio ffn „Frühstyxradio" an. In seinen Produktionen persifliert K. prominente Fernsehfiguren und kombiniert Elemente u.a. aus Werbespots, Talkshow und Volksmusik.

Manfred Kanther

Bundesminister des Innern (CDU), * 26.5.1939 in Schweidnitz an der Weistritz (Schlesien). 1957 aus der DDR in die Bundesrepublik übergesiedelt,

wurde der Jurist 1970 Geschäftsführer der CDU in Hessen und zog für sie 1974 in den Landtag ein. Seit 1970 auch Generalsekretär der hessischen CDU, hatte er großen Anteil am Erfolg seiner Partei bei der Landtagswahl 1987 und trat als Finanzminister ins Kabinett ein. Nach dessen Ablösung durch eine rot-grüne Koalitionsregierung 1991 übernahm er den Vorsitz der CDU-Fraktion, bis er im Juli 1993 zum Bundesinnenminister berufen wurde. Das Asylrechtsurteil des Bundesverfassungsgerichts vom Mai 1996 bestätigte weitgehend die Verfassungsmäßigkeit der 1993 durchgesetzten verschärften Neufassung des Asylrechts und seiner von K. verantworteten Anwendung.

Radovan Karadžić

Selbsternannter Präsident der serbischen Teilrepublik in Bosnien-Herzegowina, * 19.6.1945 in Petnici (Montenegro). Seit Juli 1995 steht K. unter der Anklage des Völkermords vor dem Internationalen Kriegsverbrechertribunal in Den Haag/Niederlande und wird ab dem 11.7.1996 mit internationalem Haftbefehl gesucht. Um seinen Rücktritt und seine Auslieferung zu erwirken, wurde die von ihm kontrollierte Serbische Republik von internationalen Hilfsgeldern für den Wiederaufbau ausgeschlossen. Trotz internationalen Drucks ließ sich K. im Juni 1996 als Vorsitzender der nationalistischen Serbischen Demokratischen Partei (SDS) wiederwählen, trat jedoch offiziell seine Vollmachten an seine Stellvertreterin Biljana Plavšić ab und will bei der Wahl in Bosnien-Herzegowina am 14.9.1996 nicht kandidieren. Im Krieg gegen Moslems und Kroaten kämpfte er für einen großserbischen Staat.

Mathieu Kassovitz

Französischer Filmregisseur und Schauspieler, * 1967. K.s Film „Haß" wurde 1995 in Cannes als beste Regiearbeit und im gleichen Jahr mit einem César als bester französischer Film ausgezeichnet. Indem K. Lebenssituation und Konflikte der Jugendlichen in den Pariser Vorstädten vorführt, spürt er den sozialen Ursachen für das Aufbrechen von Gewalt und Rassismus nach. Auch in seinem witzig-temporeichen Film „Métisse" (1994), in dem er selbst als Schauspieler auftritt, setzt sich K. mit dem Rassismus auseinander.

Ulrich Kersten

Deutscher Präsident des Bundeskriminalamts (BKA, Wiesbaden), * 19.4.1941 in Berlin. Am 27.3.1996 löste K. den bisherigen Chef des BKA, Hans-Ludwig Zachert, ab, der im Dissens mit Bundesinnenminister Manfred Kanther vorzeitig aus dem Amt schied. Mit K., zuvor Leiter der Abteilung Bundesgrenzschutz im Innenministerium (seit 1995), wurde erstmals ein Verwaltungsbeamter BKA-Chef, der nicht die Laufbahn eines Polizeivollzugsbeamten durchlaufen hat.

Klaus Kinkel

Bundesaußenminister (FDP), * 17.12. 1936 in Metzingen. Erst seit 1991 FDP-Mitglied, löste K. 1993 Otto Graf Lambsdorff als FDP-Parteivorsitzenden ab, gab dieses Amt angesichts schwerer Wahlniederlagen seiner Partei im Juni 1995 jedoch an Wolfgang Gerhardt ab. Als Außenminister bringt er das mit der deutschen Vereinigung gewonnene größere Gewicht der Bundesrepublik in die internationale Politik ein. Gegenüber den Vereinten Nationen wirbt er für den Anspruch Deutschlands auf einen ständigen Sitz im Weltsicherheitsrat.
□ 1974–1979 Chef des Planungsstabes im Auswärtigen Amt. □ 1979–1982 BND-Präsident. □ 1982–1991 Staatssekretär im Bundesjustizministerium. □ 1991/92 Bundesjustizminister. □ seit 1992 Außenminister.

Leo Kirch

Deutscher Medienunternehmer, * 21.10. 1926 in Würzburg. Seit Beginn der 80er Jahre im Privatfernsehen engagiert (u. a. SAT. 1), begann K. im Herbst 1995 mit Pilotprojekten den Einstieg in das digitale Fernsehen. Mitte 1996 startete K. mit dem von seiner Firmengruppe vertriebenen Decoder-System (sog. Set-Top-Box) digital zu empfangende Programme und trat damit in Konkurrenz zu einem von Bertelsmann geführten Konsortium. Mit der Beteiligung an dem Fernsehkonzern Mediaset SpA löste K. 1995 eine öffentliche Diskussion über die Medienkonzentration aus. Mediaset kontrolliert die drei privaten Fernsehsender Italiens und gehört zu wesentlichen Teilen dem früheren Ministerpräsidenten Silvio Berlusconi. Im Juli 1996 erwarb K. vom Weltfußballverband FIFA für rd. 3,4 Mrd DM die Fernsehübertragungsrechte für die Weltmeisterschaften 2002 und 2006 .

Sarah Kirsch

Deutsche Schriftstellerin, * 16.4.1935 in Limlingerode. K. wurde 1996 für ihr Gesamtwerk mit dem Georg-Büchner-Preis ausgezeichnet. Sie ist erst die vierte Frau, die diese Auszeichnung erhält in ihrer Natur- und Liebeslyrik (u. a. „Katzenleben", 1984; „Schneewärme", 1989; „Bodenlos", 1995) und ihren Prosawerken („Allerlei – Rauh", 1988) beschreibt sie in bildreicher Sprache die Beziehungen zwischen Mensch und Natur. K. lebte in der DDR, bis sie 1977 nach Protest gegen die Ausbürgerung Wolf Biermanns in die Bundesrepublik übersiedelte.

Waltraud Klasnic

Österreichische Landeshauptfrau der Steiermark (ÖVP), * 27.10.1945 in Graz. Mit K. führt seit dem 23.1.1996 erstmals eine Frau eine österreichische Landesregierung. Nach der Wahlniederlage der ÖVP bei den Landtagswahlen im Dezember 1995 und dem Rücktritt von Landeshauptmann Josef Krainer übernahm sie, bis dahin dessen Stellvertreterin (seit 1993) und Landesrätin für Wirtschaft, Tourismus und Verkehr (seit 1988), das Amt der Regierungschefin. Die politische Karriere der früheren Transportunternehmerin gründet auf ihrem Engagement in der Österreichischen Frauenbewegung und in der Kommunalpolitik seit Anfang der 70er Jahre. 1977–1981 war sie Mitglied des Bundesrates, 1981–1988 Abgeordnete im Steiermärkischen Landtag.

Thomas Klestil

Österreichischer Bundespräsident (ÖVP), * 4.11.1932 in Wien. Als Kandidat der Österreichischen Volkspartei (ÖVP) löste K. 1992 Kurt Waldheim als Bundespräsident ab. Ab 1959 gehörte der Wirtschafts-

Ulrich Kersten

Klaus Kinkel

Waltraud Klasnic

Thomas Klestil

Helmut Kohl

Aleksander
Kwaśniewski

Oskar Lafontaine

wissenschaftler dem diplomatischen Dienst an. Entschieden befürwortete er den Beitritt Österreichs zur Europäischen Union, der am 1.1.1995 erfolgte.

Jürgen Klinsmann

Deutscher Fußballspieler, * 30.7.1964 in Göppingen. 1995 wurde K., einer der erfolgreichsten deutschen Profisportler, Welttorschütze und in England als Fußballer des Jahres ausgezeichnet. In Deutschland war er von den Sportjournalisten 1989 und 1994 zum Fußballer des Jahres gewählt worden. Seit 1987 spielt er in der Nationalmannschaft, 1990 gewann er mit ihr den Weltmeistertitel, 1996 den Europameistertitel. 1984 startete er seine Bundesligakarriere beim VfB Stuttgart. 1989 trat er bei Inter Mailand (UEFA-Cup 1991) an, wechselte 1992 zum AS Monaco, 1994 zu Tottenham Hotspur. 1996 gewann er mit Bayern München (seit 1995) den UEFA-Cup. Mit 15 Treffern gelang ihm in dieser Saison ein neuer Rekord im Europapokal.

Fred Kogel

Deutscher TV-Programmgestalter, * 15.12. 1960 in Wiesbaden. K., der seine Karriere beim ZDF als Leiter der Abteilung „Unterhaltung" begonnen hatte, übernahm 1995 die Programmgeschäftsführung von SAT. 1. Im Wettbewerb um Zuschauerquoten und Werbeeinnahmen veränderte er die Struktur des Programms. Den Beginn des Hauptabendprogramms zog er – in Konkurrenz zur Tagesschau – auf 20 Uhr vor. Von anderen Sendern warb er erfolgreiche Entertainer ab, u. a. Thomas Gottschalk und Harald Schmidt.

Helmut Kohl

Deutscher Bundeskanzler (CDU), * 3.4. 1930 in Ludwigshafen. Seit der gesamtdeutschen Bundestagswahl 1990 ist K. der erste Kanzler des vereinigten Deutschland. Seitdem prägen Integrationsprobleme der neuen Bundesländer und die Wirtschaftskrise seine Innenpolitik. Außenpolitisch versteht er sich als treibende Kraft der europäischen Integration auf der Basis der deutsch-französischen Freundschaft und unter Einschluß der mittelosteuropäischen Staaten. Seit 1982 im Amt und damit Ende 1996 der am längsten regierende Kanzler der deutschen Demokratie, richtet K. sich, innerhalb der Regierungskoalition unumstritten, auf die Kandidatur für eine weitere Amtszeit ab 1998 ein.
□ 1947 Mitglied der CDU. □ 1966–1973 Vorsitzender der CDU in Rheinland-Pfalz. □ 1969–1976 Ministerpräsident von Rheinland-Pfalz. □ seit 1973 Bundesvorsitzender der CDU. □ 1976–1982 Vorsitzender der CDU/CSU-Bundestagsfraktion. □ seit 1982 Bundeskanzler. □ 1990 erster gesamtdeutscher Bundeskanzler. □ 1994 nach erneutem Wahlsieg Wiederauflage der Regierungskoalition von CDU/ CSU und FDP.

Aleksander Kwaśniewski

Polnischer Staatspräsident, * 15.11.1954 in Bialograd (Bezirk Koszalin). Seine Wahl am 19.11.1995 zum polnischen Präsidenten krönte K.s noch im kommunistischen System begonnene politische Karriere. Seit 1987 Jugend- und Sportminister, gehörte er fortan zur Führungsriege von Staat und Partei. Mit der politischen Wende 1990/91 setzte er sich an die Spitze der Reformkräfte, gründete die KP-Nachfolgepartei Sozialdemokratie der Republik Polen (SDRP) und führte sie 1993 in den Parlamentswahlen zum Sieg. Um die Überparteilichkeit seines Amtes zu demonstrieren, trat er am 25.11.1995 aus der SDRP aus. Wie sein Vorgänger Lech Walesa strebt K. den Beitritt Polens zur EU und zur NATO an.

Oskar Lafontaine

Ministerpräsident des Saarlands und Vorsitzender der SPD, * 16.9.1943 in Saarlouis. In einer überraschenden Kampfabstimmung um den Vorsitz der Partei setzte sich L. am 16.11.1995 gegen den glücklosen Amtsinhaber Rudolf Scharping durch – ein einmaliges Ereignis in der Geschichte der SPD. Seit 1985 ist L. saarländischer Regierungschef. Das Personalrevirement an der Spitze der SPD wurde von den Wählern zunächst nicht honoriert, wie sich beim schlechten Abschneiden der Partei bei den Landtagswahlen in drei Bundesländern (Baden-Württemberg, Rheinland-Pfalz, Schleswig-Holstein) am 24.3.1996 zeigte.

□ 1966 Eintritt in die SPD. □ 1974–1976 Bürgermeister/Oberbürgermeister von Saarbrücken. □ 1977–1996 Vorsitz der Saar-SPD. □ 1987–1995 stellvertretender Vorsitz der Bundes-SPD. □ 1990 Kanzlerkandidat trotz schwerer Verletzung durch ein Attentat. □ ab 1995 SPD-Bundesvorsitz

Ang Lee

Taiwanesisch-US-amerikanischer Filmregisseur, * 1954 in Taiwan. L.s Film „Sinn und Sinnlichkeit" (1995) wurde 1996 in Berlin mit dem Goldenen Bären ausgezeichnet. Die Adaption des Romans von Jane Austen – nach dem oscarprämierten Drehbuch von Emma Thompson – zeigt psychologisch genau das Aufeinandertreffen unterschiedlicher Temperamente. Bereits L.s Filme „Das Hochzeitsbankett" (1993) und „Eat Drink Man Woman" (1994) trugen ihm Oscar-Nominierungen ein. In ihnen zeichnet L. ein hintergründig-humorvolles Bild der Konflikte zwischen Menschen, Generationen, Kulturen.

Lee Teng-hui

Staatspräsident von Taiwan, * 15.1.1923 in Sanzhi. L.s Wahl am 23.3.1996 zum Staatschef der völkerrechtlich nicht anerkannten Inselrepublik Taiwan, dem ersten vom Volk gewählten Präsidenten in der chinesischen Geschichte, gab der Führung der Volksrepublik China Anlaß zu massiven militärischen Drohgebärden. Das Amt hatte L. als vom Parlament eingesetzter Vizepräsident nach dem Tod seines Vorgängers Chiang Ching-kuo bereits 1988 übernommen. Dieser hatte den Professor für Agrarwissenschaften als ersten gebürtigen Taiwanesen in die Regierung aufgenommen (1972–1978). Bei seinem Amtsantritt am 20. 5. 1996 bot L. der Volksrepublik China Versöhnungsgespräche an.

Edward B. Lewis

US-amerikanischer Biologe, * 20.5.1918 in Wilkes-Barre (Pennsylvania). L. erhielt 1995 – gemeinsam mit seinem Landsmann Eric Wieschaus und der Deutschen Christiane Nüsslein-Volhard – den Nobelpreis für Physiologie/Medizin. Während die beiden anderen Forscher die Gene der Fruchtfliege (Drosophila melanogaster) identifizierten und systematisierten, entdeckte L., auf welche Weise die Gene die Entwicklung der verschiedenen Körperteile steuern. L., der bereits seit den 40er Jahren die Gene der Bananenfliege untersucht, veröffentlichte 1978 zukunftsweisende Theorien über die genetische Kontrolle der frühen Embryonalentwicklung.

Ken Loach

Britischer Filmregisseur, * 17.6.1936 in Nuneaton. „Land and Freedom" von L. wurde 1995 mit dem europäischen Filmpreis Felix und als bester ausländischer Film mit dem französischen César ausgezeichnet. In ihm setzt sich L. mit der Geschichte des Spanischen Bürgerkriegs auseinander und porträtiert das Schicksal eines britischen Kämpfers der Internationalen Brigade, der zwischen die Fronten gerät. L. gehörte in den 70er und 80er Jahren zu den wichtigsten Vertretern des britischen Free Cinema, das sich sozialkritisch mit den Problemen und Lebensverhältnissen der ärmeren Bevölkerungsschichten in England beschäftigte.

Lee Teng-hui

Robert E. Lucas

US-amerikanischer Wirtschaftswissenschaftler, * 1937 in Yakima (Washington). L. erhielt für seine makroökonomischen Forschungen 1995 den Nobelpreis für Wirtschaftswissenschaften verliehen. Der Mitbegründer der neoliberalen Wirtschaftspolitik entwarf in den 70er Jahren die Theorie der „rationalen Erwartungen". Danach verhalten sich die Teilnehmer am Wirtschaftsprozeß so rational, daß sie ihren Interessen zuwiderlaufende staatliche Steuerungsversuche der Wirtschaft mittelfristig unterlaufen. Langfristige Konjunkturstrategien führten daher nicht zum erhofften Ziel.

Max von Baden

Eigtl. Maximilian Andreas Friedrich Gustav Ernst August Bernhard Markgraf von Baden, deutscher Markgraf, * 3.7.1933 auf Schloß Salem in Baden. Im Oktober 1995 ließ M. rd. 25 000 Kunstobjekte und Gebrauchsgegenstände aus dem Besitz des mit rd. 264 Mio DM verschuldeten Fürstenhauses versteigern. Die größte Hausauktion des Jahrhunderts,

Robert E. Lucas

Angela Merkel

durchgeführt vom Londoner Auktionshaus Sotheby's, erbrachte innerhalb von 17 Tagen 77,5 Mio DM. Der Staat Baden-Württemberg kaufte Kunstschätze für 30 Mio DM. Der Markgraf ist Oberhaupt der früheren badischen großherzoglichen Dynastie, die nach der Novemberrevolution 1918 abdanken mußte.

Angela Merkel

Bundesministerin für Umwelt, Naturschutz, Reaktorsicherheit (CDU), * 17.7. 1954 in Hamburg. M. machte im Auflösungsprozeß der DDR eine politische Blitzkarriere. Als Mitglied des Demokratischen Aufbruchs (DA, seit Ende 1989) wurde sie im März 1990 stellvertretende Regierungssprecherin der neugebildeten DDR-Regierung. Sie trat dann der CDU bei und gewann bei der ersten gesamtdeutschen Bundestagswahl am 2.12.1990 ein Direktmandat in Mecklenburg-Vorpommern. Im Januar 1991 wurde sie von Bundeskanzler Helmut Kohl zur Ministerin für Frauen und Jugend berufen. Bei der Kabinettsumbildung im November 1994 übernahm sie das Umweltministerium von Klaus Töpfer.

Slobodan Milošević

Präsident der Teilrepublik Serbien in der Bundesrepublik Jugoslawien, * 29.8. 1941 in Požarevac. Obwohl formell nur Oberhaupt der Teilrepublik, übt der Führer der serbischen Kommunisten (seit 1987) über die aus Serbien und Montenegro bestehende Restrepublik seit 1990 ein quasi-diktatorisches Regiment aus. 1989 beseitigte er die Autonomie des Kosovo und der Vojvodina und unterstützte im Bürgerkrieg im benachbarten Bosnien-Herzegowina die serbischen Separatisten unter Radovan Karadžić. Seine Mitwirkung am Friedensschluß für Bosnien-Herzegowina (14.12.1995) hob das internationale Renommee von M. und führte zur Aufhebung der UNO-Sanktionen und zur völkerrechtlichen Anerkennung der Bundesrepublik Jugoslawien.

Mario José Molina

Mexikanisch-US-amerikanischer Chemiker und Biophysiker, * 19.3.1943 in

Jürgen W. Möllemann

Mexiko-Stadt. M. erhielt 1995 gemeinsam mit Paul Crutzen und Frank Sherwood Rowland den Nobelpreis für Chemie. Die drei Wissenschaftler erforschen die chemischen Prozesse der Bildung und des Abbaus von Ozon. Mit Rowland hatte M. bereits 1974 den schädlichen Einfluß von Fluorchlorkohlenwasserstoffen (FCKW) auf den Strahlungsfilter Ozon in der Stratosphäre nachgewiesen. Ihre Erforschung der Ursachen des Ozonlochs führten – mit erheblicher zeitlicher Verzögerung – zu internationalen Vereinbarungen über ein Verbot ozonvernichtender Gase.

Jürgen W. Möllemann

FDP-Landesvorsitzender in NRW, * 15.7. 1945 in Augsburg. Mit seiner überraschenden Wiederwahl zum Chef der in Führungsquerelen verstrickten FDP-NRW am 27.4.1996 erlebte M. sein politisches Comeback. Unter dem Vorwurf der Vetternwirtschaft war er im Januar 1993 aus dem Kabinett von Bundeskanzler Helmut Kohl ausgeschieden, in dem er 1987 die Leitung des Bildungsministeriums, 1991 des Wirtschaftsministeriums übernommen hatte. Der nordrhein-westfälische Landesvorstand der FDP zwang ihn Ende 1994 zum Rücktritt vom Amt des Landesvorsitzenden, nachdem er heftige Kritik an der Parteiführung durch FDP-Chef Klaus Kinkel geäußert hatte.

José Rafael Moneo

Spanischer Architekt, * 1937 in Tudela (Navarra). M. erhielt 1996 mit dem Pritzker-Preis die höchste Auszeichnung für Architektur („Architektur-Nobelpreis"). Berühmt wurde er insbes. durch seine Museumsbauten (u. a. Nationalmuseum für römische Kunst in Merida/Spanien, 1985/86; Davis-Museum in Massachusetts/USA, 1993). M. ist dem Formenkanon der Klassischen Moderne verpflichtet, berücksichtigt aber auch lokale Traditionen. Er ist auch an den Planungen zur Gestaltung des Potsdamer Platzes in Berlin beteiligt.

Alanis Morissette

Kanadische Popmusikerin und Komponistin, * 1.6.1974 in Ottawa. M. wurde 1996 mit vier Grammys ausgezeichnet. Gewürdigt wurde u. a. ihr Album „Jagged Little Pill", mit dem sie 1994 ihren internationalen Durchbruch erzielte. Bereits mit elf Jahren nahm sie ihre erste Single auf und wirkte in einer TV-Serie mit. Auf ihren ersten beiden, noch in Kanada produzierten Alben präsentierte sie Pop- und Tanzmusik mit elektronischer Instrumentierung. Die selbstverfaßten, oft autobiographischen Texte drücken auf humorvolle Art das Lebensgefühl amerikanischer Teenager Anfang der 90er Jahre aus.

Hasan Muratović

Ministerpräsident von Bosnien-Herzegowina, * 11.4.1940 in Cude bei Olovo. Am 30.1.1996 ernannte Staatspräsident Alija Izetbegović M. zum Nachfolger des zurückgetretenen Regierungschefs Haris Silajdžić. In dessen Kabinett hatte der Moslem seit 1992 verschiedene Ministerämter inne, zuletzt war er für die Beziehungen zur UNO zuständig. Nach dem Friedensschluß von Dayton (unterzeichnet in Paris am 14.12.1995) ist die von ihm geleitete Regierung nur noch für die Außenbeziehungen, die Justiz und die Währung des Gesamtstaates sowie für die Flüchtlinge zuständig. Ihr gehören sechs von der Partei der Demokratischen Aktion (SDA) gestellte Minister an.

Thomas Muster

Österreichischer Tennisprofi, * 2.10.1967 in Leibnitz. Als „Herr der Sandplätze" führte M. 1995 die ATP-Saisonliste an und rückte auf Platz 3 der Weltrangliste vor – Krönung einer der mit 35 Turniersiegen längsten Serien in der Geschichte dieses Sports. Mit seinem ersten Turniersieg in Hilversum 1986 schob sich M. in die internationale Spitzenriege der Tennisstars, 1988 eroberte er Platz 6 der ATP-Liste. Wie sein deutscher Konkurrent Boris Becker ist M. als Spitzenverdiener von Prämien (1995: rd. 4,3 Mio DM) und Werbehonoraren inzwischen Staatsbürger des „Steuerparadieses" Monaco.

Gerhard Neipp

Vorstandsvorsitzender der Ruhrkohle AG, * 16.8.1939 in Trossingen. Am 1.1.1995 übernahm N., bis dahin stellvertretender Chef der Fried. Krupp AG (seit 1992), die Regie über den größten deutschen Kohlekonzern (Umsatz: rd. 25,5 Mrd DM). Von Beruf Konstrukteur, begann N. seine Managerkarriere im Textilmaschinenbau. 1978 stieg er zum Vorstandsmitglied der MAN AG auf, 1983 wechselte er in den Vorstand der Fried. Krupp AG. Als Chef der Hoesch AG (1992) organisierte er die „Elefantenhochzeit" beider Großkonzerne (1992). Die von ihm geplante Fusion der Ruhrkohle AG mit den Saarbergwerken führt zu einem faktisch den gesamten deutschen Kohlebergbau umfassenden Konzern.

Hasan Muratović

Benjamin Netanjahu

Israelischer Ministerpräsident (Likud), * 21.10.1949 in Jerusalem. Mit 26 000 Stimmen Vorsprung vor Amtsinhaber Shimon Peres entschied N. am 29.5.1996 die ersten Direktwahlen zum Regierungschef in Israel für sich (50,5%). N., 1984–1988 UNO-Botschafter Israels, zog 1988 für den rechtskonservativen Likud-Block ins Parlament ein. Als Leiter der israelischen Delegation bei der ersten Nahost-Friedenskonferenz in Madrid 1991 begründete er seinen Aufstieg an die Likud-Spitze 1993. Ohne die Bildung einer großen Koalition ist der bis dahin jüngste Regierungschef Israels auf die Zusammenarbeit mit radikalreligiösen und nationalistischen Parteien angewiesen. Die Abkommen mit der PLO will er jedoch einhalten und den Friedensprozeß mit neuen Schwerpunkten fortsetzen.

Gerhard Neipp

Claudia Nolte

Bundesministerin für Familie, Senioren, Frauen und Jugend (CDU), * 7.2.1966 in Rostock. Als jüngstes Kabinettsmitglied in der Geschichte der Bundesrepublik holte Bundeskanzler Helmut Kohl die 28jährige Diplomingenieurin Ende 1994 in sein Kabinett. Während der Wende in der DDR hatte sie sich zunächst in der Bürgerrechtsbewegung Neues Forum engagiert. 1990 trat sie in die thüringische CDU ein, für die sie nach der ersten freien Wahl in der DDR im März 1990 mit einem Direktmandat als Abgeordnete in

Benjamin Netanjahu

Claudia Nolte

die Volkskammer einzog. Am 3.10.1990 wurde sie Mitglied des ersten gesamtdeutschen Bundestags. Als Abtreibungsgegnerin lehnte sie den Mitte 1995 vom Bundestag beschlossenen Kompromiß zum Schwangerschaftsabbruch strikt ab.

Christiane Nüsslein-Volhard

Deutsche Biologin, * 20.10.1942 in Magdeburg. Als erste Deutsche erhielt N. 1995 – gemeinsam mit den US-Amerikanern Edward B. Lewis und Eric Wieschaus – den Nobelpreis für Physiologie/Medizin. N. identifizierte und systematisierte zusammen mit den beiden anderen Forschern die Gene, die die Anlage und Entwicklung der verschiedenen Körperteile steuern. Obwohl sich ihre Forschungen auf die Fruchtfliege (Drosophila melanogaster) bezogen, können die Erkenntnisse auch auf höhere Organismen bis hin zum Menschen übertragen werden. N. ist Direktorin des Tübinger Max-Planck-Instituts für Entwicklungsbiologie und lehrt u. a. an der Universität Tübingen.

Abdullah (Apo) Öcalan

Generalsekretär der Arbeiterpartei Kurdistans (PKK), * 1949 in Halfeti bei Sanliurfa. Sein linksextremistisches Konzept der gewaltsamen kurdischen Selbstbefreiung von der türkischen Vorherrschaft entwarf Ö. während seines Studiums in Ankara. Seit 1984 bringt er als Führer der PKK im türkischen Kurdistan mit Bürgerkriegsaktionen das türkische Militär in Bedrängnis. Terroranschläge auf Ausländer in türkischen Urlaubsgebieten und gewaltsame Protestaktionen seiner Sympathisanten im Ausland gehören zu Mitteln seiner Politik. In Deutschland besitzt die PKK unter den rd. 500 000 Kurden eine starke politische Basis. Im Mai 1996 dementierte Ö., mit Selbstmordanschlägen in Deutschland und der Ermordung deutscher Politiker gedroht zu haben.

Sean Penn

US-amerikanischer Schauspieler und Filmregisseur, * 17.8.1961 in Burbank (Kalifornien). Bei den Berliner Filmfestspielen 1996 erhielt P. für seine eindringliche Darstellung eines zum Tode Verur-

Sean Penn

Shimon Peres

teilten in „Dead Man Walking" (Regie: Tim Robbins, Oscar für die Hauptdarstellerin Susan Sarandon) einen Silbernen Bären. P. machte sich in den 80er Jahren in Filmen wie „Colors" (1988) einen Namen. Er galt als Enfant terrible des US-amerikanischen Films, wozu auch seine skandalumwitterte Ehe mit Madonna beitrug. 1991 begann er mit „Indian Runner" eine zweite Karriere als Regisseur.

Shimon Peres

Eigtl. Shimon Persky, israelischer Ministerpräsident (Mapai) 1995/96, * 15.8. 1923 in Wolocyn (Ostpolen, heute Rußland). Die knappe Niederlage bei den ersten Direktwahlen des Regierungschefs in Israel am 29.5.1996 bedeutet eine Zäsur im Aussöhnungsprozeß mit den Palästinensern, als dessen eigentlicher Architekt P. gilt. Nach der Ermordung → [NEK] Yitzhak Rabins am 4.11.1995 übernahm P. die Regierungsverantwortung. Schon in den 80er Jahren Ministerpräsident und Außenminister einer großen Koalition der Arbeiterpartei (Mapai) mit dem rechtsorientierten Likud-Block, stellte er die Weichen für den Frieden im Nahen Osten. Als Außenminister unterzeichnete er das Gaza-Jericho-Abkommen (1993), das zur Autonomie der besetzten palästinensischen Gebiete führte. □ 1933 Auswanderung nach Palästina. □ 1969–1979 Ministerämter. □ seit 1977 Vorsitzender der Mapai. □ 1984–1986 Ministerpräsident. □ 1986–1988 Außenminister. □ 1988–1990 Finanzminister. □ 1992–1995 Außenminister. □ 1994 Friedensnobelpreis. □ 1995/96 Ministerpräsident.

Ricardo Pérez Casado

Spanischer Administrator der Europäischen Union für Mostar, * 27.10.1945 in Valencia. P. wurde von den 15 Mitgliedstaaten der EU zum Nachfolger des im April 1996 zurückgetretenen Deutschen Hans Koschnick ernannt. Seit dem 22.4. 1996 faktisch Bürgermeister der geteilten Hauptstadt der Herzegowina, besteht seine Hauptaufgabe im Wiederaufbau der im Bürgerkrieg zwischen Kroaten und Moslems schwer beschädigten Stadt und in der Zusammenführung der verfeindeten Volksgruppen. Die ersten gemeinsamen

Wahlen in der Stadt fanden Ende Juni 1996 statt. P.s Mandat läuft bis Ende 1996. 1979–1988 war P., Mitglied der Sozialistischen Arbeiterpartei (PSOE), Bürgermeister von Valencia.

Martin Lewis Perl

US-amerikanischer Physiker, * 24.6.1927 in New York. Für bahnbrechende Leistungen im Bereich der Leptonenphysik erhielt P. 1995 – gemeinsam mit Frederick Reines – den Nobelpreis für Physik. P. widmet sich der Erforschung der kleinsten Bestandteile der Natur, die bis jetzt noch nicht vollständig nachweisbar sind. Mit der Entdeckung des Tauon fand P. den ersten Hinweis auf die Existenz einer weiteren Gruppe elementarer Bausteine und schuf damit neue Voraussetzungen für die Leptonenphysik.

Göran Persson

Schwedischer Ministerpräsident (Sozialdemokratische Partei), * 20.1.1949 in Vingåker. Als dominierende Persönlichkeit seiner Partei wurde P. am 15.3.1996 zum neuen Parteichef gekürt und übernahm anschließend das Amt des schwedischen Regierungschefs. Seinen politischen Aufstieg hatte er als Kommunalpolitiker begründet. 1989 wurde er Bildungs- und Kulturminister, seit 1991 prägte er als wirtschafts- und finanzpolitischer Experte seiner Partei deren Politik in der Opposition. Nach dem Wahlsieg der Sozialdemokraten 1994 trat der überzeugte Europäer als Finanzminister in die Minderheitsregierung des Ministerpräsidenten Ingvar Carlsson ein.

Uta Pippig

Deutsche Langstreckenläuferin, * 7.9.1965 in Leipzig. Mit ihrem dritten Sieg in Folge und als erste Frau überhaupt lief sich P. beim 100. Jubiläumslauf des legendären Boston-Marathon am 15.4.1996 in die Annalen des Langstreckenlaufs. Die in der DDR aufgewachsene und seit 1991 in den USA) lebende Athletin begeistert die lauffreudigen Amerikaner durch ihre sportlichen Erfolge und ihre natürliche Ausstrahlung. Beim Boston-Marathon 1994 erzielte sie die drittschnellste je von einer Frau gelaufene Marathon-Zeit (2:21,45 Stunden).

René Préval

Staatspräsident von Haiti, * 17.1.1943 in Fond-des-Nègres. Als Kandidat der regierenden Organisation Politique Lavalas (OLP) ging P. mit 87,9% der Stimmen als Sieger aus den Präsidentschaftswahlen am 17.12.1995 hervor und löste am 7.2.1996 Jean-Bertrand Aristide als Staatsoberhaupt der Haitianer ab. Als Gegner des Diktators François Duvalier verließ P. 1963 das Land. Seit 1982 wieder in Haiti, schloß er sich der von Aristide geführten Opposition an.

Jewgenij M. Primakow

Russischer Außenminister, * 29.10.1929 in Kiew/Ukraine. Der russische Präsident Boris Jelzin berief den bisherigen Chef der russischen Auslandsaufklärung (seit 1991) am 9.1.1996 zum Nachfolger von Außenminister Andrej Kosyrew. P., ein international renommierter Nahost-Experte und Wirtschaftswissenschaftler, hatte bereits in der Sowjetunion politische Karriere gemacht. Er avancierte zum Berater des letzten sowjetschen Staats- und KP-Chefs, Michail Gorbatschow, und wurde 1989 Mitglied im Zentralkomitee der KPdSU. Als Vertreter eines eher konservativen Kurses betont er die Behauptung russischer Positionen gegenüber dem Westen und die Führungsrolle Rußlands im Kreis der GUS-Staaten.

Romano Prodi

Italienischer Ministerpräsident (parteilos), * 9.8.1939 in Sandiano (Reggio Emilia). Am 18.5.1996 trat der Professor für Wirtschaftswissenschaften sein Amt als Chef der 55. Nachkriegsregierung Italiens an. Das von ihm organisierte Mitte-Links-Wahlbündnis „Ulivo" (Olivenbaum) hatte er am 21.4.1996 zum Wahlsieg geführt. Regierungserfahrung hatte P. 1978/79 als Industrieminister in einer Regierung Giulio Andreottis gesammelt. 1982–1989 und 1993/94 war er Präsident und Sanierer der wirtschaftlich zerrütteten Staatsholding IRI (Institut für industriellen Wiederaufbau). Die Regierung des überzeugten

Göran Persson

René Préval

Jewgenij M. Primakow

Romano Prodi

Europäers und politischen Pragmatikers wird gestützt vom linken Flügel der ehemaligen Christdemokraten, der Demokratischen Linkspartei PDS, mehreren Splitterparteien und den Neokommunisten.

Erwin Pröll

Landeshauptmann von Niederösterreich (ÖVP), * 24.12.1946 in Radlbrunn bei Ziersdorf (Niederösterreich). Der Agrarexperte wurde im Alter von 33 Jahren 1980 zum Landesrat für Landwirtschaft berufen, 1981 zum Finanzlandesrat und stellvertretenden Landeshauptmann. In der ÖVP, wo er ökologische Akzente setzte, wurde er 1991 stellvertretender Bundesobmann. 1992 übernahm er die Führung der niederösterreichischen ÖVP und wurde vom Landtag zum Landeshauptmann gewählt. 1996 will er die Übersiedlung der Landesbehörden mit etwa 3000 Beamten von Wien in die neue Hauptstadt St. Pölten abschließen.

Josef Pühringer

Landeshauptmann von Oberösterreich (ÖVP), * 30.10.1949 in Linz (Oberösterreich). Im März 1995 löste der einen Monat zuvor zum Landesparteichef gewählte P. den zurückgetretenen Landeshauptmann Josef Ratzenböck (ÖVP) in der Führung der Landesregierung ab. P. engagierte sich in der Kommunalpolitik in Traun und zog 1979 für die ÖVP in den Oberösterreichischen Landtag ein. 1986/87 war er Landesparteisekretär, bis er 1987 in die Regierung eintrat und als Landesrat die Verantwortung für die Bereiche Kultur, Sport, Umweltschutz und Straßenbau übernahm. Diese Ressorts leitete er nach seiner Wahl zum stellvertretenden Landeshauptmann 1990 weiter, Umweltschutz und Straßenbau gab er als Regierungschef 1995 ab.

Martin Purtscher

Landeshauptmann von Vorarlberg (ÖVP), * 12.11.1928 in Thüringen (Vorarlberg). Seit 1987 steht der Jurist an der Spitze des seit 1945 von der ÖVP regierten Bundeslandes. Unter seiner Führung konnte sich die Partei auch bei den Landtagswahlen 1994 mit 49,9% der Stimmen als stärkste

Kraft behaupten. Seit 1964 Mitglied des Landtags, war P. 1974–1987 dessen Präsident. In der ÖVP und auf internationaler Ebene profilierte er sich als entschiedener Befürworter des EU-Beitritts Österreichs.

Johannes Rau

Deutscher Politiker (SPD), * 16.1.1931 in Wuppertal. Der Sozialdemokrat ist seit 1978 Ministerpräsident in Nordrhein-Westfalen, dem einwohnerstärksten deutschen Bundesland. Nach dem Verlust der absoluten Mehrheit bei der Landtagswahl im Mai 1995 führt er eine rot-grüne Koalition. Seine Popularität verdankt der Predigersohn neben Bürgernähe und Kompromißfähigkeit dem Bemühen um die wirtschaftliche Umstrukturierung der Kohle- und Stahlregion. 1987 trat er als SPD-Kanzlerkandidat gegen Helmut Kohl an, unterlag dabei aber ebenso wie 1994 bei der Wahl zum Bundespräsidenten seinem Gegenkandidaten Roman Herzog.

Jan Philipp Reemtsma

Deutscher Literaturwissenschaftler und Mäzen, * 26.11.1952 in Hamburg. Mit der Zahlung von rd. 33 Mio DM, der höchsten in Deutschland je aufgebrachten Lösegeldsumme, endete am 27.4.1996 die Entführung von R. Während der gesamten Zeit der fünf Wochen dauernden Entführung verzichteten die Medien auf eine Berichterstattung über den Fall. R. ist Erbe des Gründers der gleichnamigen Zigarettenfabrik, seines Großvaters Bernhard R. Nach dem Verkauf seines Konzernanteils für 300 Mio DM (1980) verlegte er sich auf die Förderung der deutschen Literatur und der kritischen Sozialwissenschaft. 1984 gründete er das Hamburger Institut für Sozialforschung. Ende Mai 1996 wurden zwei der mutmaßlichen Entführer gefaßt.

Otto Rehhagel

Deutscher Fußballtrainer, * 9.8.1938 in Essen. Im April 1996 fand mit der Entlassung R.s als Trainer von Bayern München nach nur neun Monaten Amtszeit eine der spektakulärsten Kündigungen der deutschen Fußballgeschichte statt. Obwohl einer der erfolgreichsten Trainer seit

Johannes Rau

Jan Philipp Reemtsma

Bestehen der Bundesliga, war R. mit seinem Führungsstil in München auf Widerstand gestoßen. In seiner 14jährigen Tätigkeit bei Werder Bremen hatte er nationale und internationale Erfolge erzielt.

Frederick Reines

US-amerikanischer Physiker, * 16.3.1918 in Paterson (New Jersey). 1995 wurde R. gemeinsam mit seinem Landsmann Martin Lewis Perl mit dem Nobelpreis für Physik geehrt. Seit Mitte der 40er Jahre widmet sich R. der Erforschung der kleinsten Bausteine der Natur. Es gelang ihm, die Existenz des Neutrinos nachzuweisen. R.s Erkenntnis ermöglicht ein neues Verständnis der Leptonenphysik.

Thomas Reiter

Deutscher Astronaut, * 23.5.1958 in Frankfurt/M. Mit 179 Tagen in der russischen Raumstation Mir hielt sich R. länger als jeder andere westeuropäische Astronaut im Weltraum auf (3.9.1995 bis 29.2.1996). Mit zwei russischen Kollegen stellte R. die erste Mannschaft der von Rußland und der European Space Agency (ESA) gemeinsam durchgeführten Euromir-95-Mission. Als erster ESA-Astronaut führte R. einen Außenbordeinsatz aus, als erster Europäer unternahm er zwei Weltraumspaziergänge.

Günter Rexrodt

Bundeswirtschaftsminister (FDP), * 12.9. 1941 in Berlin. Nach dem Rücktritt von Jürgen Möllemann (FDP) als Bundeswirtschaftsminister trat R. am 21.1.1993 in das Kabinett von Bundeskanzler Helmut Kohl ein. Mit seiner von wirtschaftsliberalen Prinzipien geprägten Politik geriet er im Zeichen der sich verschärfenden ökonomischen Probleme in Deutschland unter Beschuß der Opposition. Nach der Niederlage der Berliner FDP bei der Landtagswahl am 22.10.1995 trat er als Landesvorsitzender zurück. Mitte 1996 erkrankte R. schwer an Malaria.

Joseph Rotblat

Polnisch-britischer Physiker, * 4.11.1908 in Warschau. 1995 wurde R. und seiner Organisation „Internationale Pugwash-Konferenzen" der Friedensnobelpreis verliehen. R. hatte am Bau der ersten Atombombe mitgearbeitet und wurde angesichts der Folgen des Abwurfs zum Atomwaffengegner. Er erforschte die Wirkung der Atomstrahlung und arbeitete in der von Albert Einstein und Bertrand Russell begründeten Anti-Atomwaffenvereinigung mit, deren Präsident er seit 1988 ist. Die nach ihrem ersten Tagungsort benannte Pugwash-Konferenz hatte großen Anteil am Zustandekommen des Atomteststoppabkommens 1963, des Atomwaffensperrvertrags 1968 und des B-Waffenabkommens 1972.

Frank Sherwood Rowland

US-amerikanischer Chemiker, * 28.6. 1927 in Delaware (Ohio). 1995 erhielt R. zusammen mit Paul Crutzen und Mario José Molina den Nobelpreis für Chemie. Gemeinsam war es den drei Forschern gelungen, die chemischen Prozesse der Bildung und des Abbaus von Ozon zu erklären, eines maßgeblichen, die Erde vor Strahlung aus dem Weltraum schützenden Bestandteils der Stratosphäre. Als wesentliche Ursache des sog. Ozonlochs wiesen sie umweltschädliches Verhalten der Menschen nach. Die Ausdünnung des Strahlungsfilters Ozon in der Stratosphäre kann schwere gesundheitliche Störungen (u. a. Hautkrebs) verursachen und gefährdet das Leben auf der Erde.

Volker Rühe

Bundesminister der Verteidigung (CDU), * 25.9.1942 in Hamburg-Harburg. R. trat 1992 als Nachfolger von Gerhard Stoltenberg in das Kabinett von Bundeskanzler Helmut Kohl ein. Mit dem militärischen Engagement Deutschlands bei internationalen friedenssichernden Aufgaben außerhalb des NATO-Bereichs führte er ein neues Element in die deutsche Verteidigungspolitik ein. Sie dokumentiert sich im Einsatz der Bundeswehr bei der Durchsetzung des UNO-Flugverbots über Bosnien-Herzegowina (1992–1995), in der UNO-Mission in Somalia (1993/94) und bei der militärischen Umsetzung des Friedensabkommens für Bosnien durch die Ifor-Friedenstruppe auf dem Balkan (1995/96).

Frederick Reines

Günter Rexrodt

Joseph Rotblat

Volker Rühe

Jürgen Rüttgers

Jürgen Rüttgers

Bundesminister für Bildung, Wissenschaft, Forschung und Technologie (CDU), * 26.6.1951 in Köln. Der Jurist zog 1987 über die CDU-Landesliste in den Bundestag ein und wurde 1989 in die Geschäftsführung der CDU/CSU-Fraktion berufen. Nach den Bundestagswahlen 1994 berief ihn Bundeskanzler Helmut Kohl an die Spitze des neugeschaffenen „Zukunftsministeriums". Sein Plan, den Darlehensanteil für Studenten nach dem Bundesausbildungsförderungsgesetz (BAföG) als zu verzinsenden Kredit über eine Privatbank abwickeln zu lassen, scheiterte im Juni 1996.

Juan Antonio Samaranch

Spanischer Präsident des Internationalen Olympischen Komitees (IOC), * 17.7. 1920 in Barcelona. 1980 übernahm S. das höchste internationale Sportfunktionärsamt. 1966 in das IOC berufen, wurde er 1967 Vorsitzender des spanischen Nationalen Olympischen Komitees, 1968 Protokollchef, 1974 Vizepräsident des IOC. In seiner 1993 verlängerten Amtszeit als IOC-Präsident wurden die Amateurbestimmungen gelockert, das IOC etablierte sich durch zunehmende Vermarktung der Spiele als Weltwirtschaftsunternehmen.

Juan Antonio
Samaranch

Jorge Fernando Branco de Sampaio

Portugiesischer Staatspräsident, * 18.9. 1939 in Lissabon. Nach seinem Sieg bei den Präsidentschaftswahlen im Januar 1996 trat S. am 9.3.1996 die Nachfolge von Staatschef Mario Soáres an. Seine Anwartschaft auf dieses Amt hatte er sich als populärer Bürgermeister von Lissabon (1989–1996) erworben. 1978 trat S. in die Sozialistische Partei ein, deren Generalsekretär er 1989 wurde. Mit António Guterres, seit Oktober 1995 Regierungschef, bildet S. nun ein sozialistisches Zweigespann in der Staatsführung.

Jacques Santer

Luxemburgischer Präsident der Europäischen Kommission, * 18.5.1937 in Wasserbillig. Anfang 1995 trat S. die Nachfolge des Franzosen Jacques Delors im Amt

Jacques Santer

des ranghöchsten EU-Politikers an. Zuvor hatte er 1984–1994 als Ministerpräsident Luxemburgs eine Koalitionsregierung aus der von ihm geführten konservativen Christlich-Sozialen Volkspartei (CSV) und der Luxemburgischen Sozialistischen Arbeiterpartei geleitet. 1975–1979 war S. Vizepräsident des Europäischen Parlaments, 1979–1984 Arbeits-, Sozial- und Finanzminister von Luxemburg. Unter seiner Regie soll das Projekt der Europäischen Wirtschafts- und Währungsunion bis zur Jahrtausendwende Wirklichkeit werden.

Susan Sarandon

US-amerikanische Filmschauspielerin, * 4.10.1946 in New York. S. erhielt 1996 den Oscar als beste Hauptdarstellerin für ihre Rolle in dem Film „Dead Man Walking" (1995, Regie: Tim Robbins), in dem sie sensibel und eindringlich eine Nonne spielt, die einen zum Tode Verurteilten betreut. Ihren ersten großen Erfolg feierte S. mit der zum Kultfilm avancierten Komödie „The Rocky Horror Picture Show" (1975). Prägend wurde für sie die Zusammenarbeit mit dem Regisseur Louis Malle („Pretty Baby", 1977; „Atlantic City", 1980). Weitere große Rollen spielte sie in „Thelma und Louise" (1991) und in „Der Klient" (1994).

Hans Joachim Schädlich

Deutscher Schriftsteller, * 8.10.1935 in Reichenbach (Vogtland). S., der 1996 mit dem Kleist-Preis ausgezeichnet wurde, beschäftigt sich in seinen Werken mit deutsch-deutschen Themen (u. a. „Schott", Roman, 1992). 1977 nach seinem Protest gegen die Ausbürgerung Wolf Biermanns selbst aus der DDR ausgewiesen, stand zunächst die Auseinandersetzung mit der Kluft zwischen Mensch und Staat im Mittelpunkt seines Schaffens. Der 1977 erschienene Prosaband „Versuchte Nähe" wurde von der westdeutschen Kritik als literarisches Ereignis gefeiert. 1992 erhielt S. den Heinrich-Böll-Preis.

Franz Schausberger

Landeshauptmann von Salzburg (ÖVP), * 5.2.1950 in Steyr (Oberösterreich). Am

24.4.1996 trat S. die Nachfolge des zurückgetretenen Landeshauptmanns Hans Katschthaler an. Zuvor Klubobmann (Fraktionschef, seit 1989) seiner Partei im Salzburger Landtag, übernahm S. zugleich den Vorsitz der Landespartei. 1979 zog er als Abgeordneter in den Salzburger Landtag ein. S. führt eine Landesregierung, in der ÖVP, SPÖ und Freiheitliche vertreten sind.

Henning Scherf

Präsident des Bremer Senats (SPD), * 31.10.1938 in Bremen. S. zog 1971 in die Bremer Bürgerschaft ein und übernahm 1972 den Vorsitz der Landes-SPD (bis 1978). Seit 1978 Senator verschiedener Ressorts, bewahrte er sein Image als Repräsentant der Parteilinken und behauptete sich als stellvertretender Parteivorsitzender (seit 1985). Nach herben Verlusten für die SPD bei der Bürgerschaftswahl im Mai 1995 und dem Rücktritt von Bürgermeister Klaus Wedemeier setzte sich S. als Kandidat seiner Partei durch und bildete im Juli 1995 einen Senat mit der CDU. Der Konkurs des Bremer Vulkan-Werftenverbunds im Mai 1996 stürzte den Stadtstaat in seine schwerste Wirtschaftskrise der Nachkriegszeit.

Annemarie Schimmel

Deutsche Islamwissenschaftlerin und Orientalistin, * 7.4.1922 in Erfurt. 1995 wurde S. für ihr Lebenswerk und ihren Beitrag zur Verständigung zwischen den Religionen der Friedenspreis des Deutschen Buchhandels verliehen. Ihr Verständnis für den von Ayatollah Khomeini 1989 gegen den englisch-indischen Schriftsteller Salman Rushdie erlassenen Mordaufruf löste noch vor der Preisverleihung einen Eklat aus. S., die u. a. in Harvard und in New York lehrte, befaßt sich insbes. mit der islamischen Mystik und machte viele Schriften durch Übersetzungen erstmals zugänglich.

Einar Schleef

Deutscher Regisseur und Autor, * 17.1. 1944 in Sangershausen (Thüringen). 1995 erhielt S. den Mülheimer Dramatikerpreis und wurde von der Zeitschrift „Theater

heute" als Theaterautor des Jahres ausgezeichnet. In seinen grell-provokanten Inszenierungen stellt S., der bis 1976 in der DDR lebte, Bezüge zum Faschismus und zur deutsch-deutschen Geschichte her. Seine Interpretation des „Götz von Berlichingen" (1989) in Frankfurt/M. war ebenso umstritten wie seine Inszenierung des Stücks „Wessis in Weimar" von Rolf Hochhuth in Berlin (1993).

Franz Schausberger

Edzard Schmidt-Jortzig

Bundesminister der Justiz (FDP), * 8.10. 1941 in Berlin. Nach dem Rücktritt von Sabine Leutheusser-Schnarrenberger (FDP) als Justizministerin Ende 1995 trat der Kieler Verfassungsrechtler S. am 17.1. 1996 ihre Nachfolge an. Seit 1988 Mitglied der FDP, zog er 1994 in den Bundestag ein. Im innerparteilichen Konflikt um den sog. großen Lauschangriff vertrat S. eine vermittelnde pragmatische Position.

Jürgen Schneider

Deutscher Immobilienhändler, * 30.4. 1934 in Frankfurt/M. Im Februar 1996 lieferten die US-amerikanischen Justizbehörden am 18.5.1995 in Miami (Florida/USA) verhafteten S. nach Deutschland aus. 1994 hatte S., der sich durch spektakuläre Restaurierungen repräsentativer Bauten einen Namen gemacht hatte, einen der größten Firmenkonkurse der deutschen Wirtschaftsgeschichte verursacht. Wenige Tage vor Eröffnung des Konkursverfahrens tauchte er unter und hinterließ rd. 5–7 Mrd DM Schulden. Durch Täuschung von Banken und ein ausgeklügeltes Finanzsystem soll sich S. Kredite erschwindelt haben. Die Deutsche Bank sah sich Vorwürfen ausgesetzt, S.s Bonität nicht ausreichend geprüft zu haben.

Henning Scherf

Jürgen E. Schrempp

Vorstandsvorsitzender der Daimler-Benz-AG, * 15.9.1944 in Freiburg/Br. Seit Mai 1995 leitet S. den größten deutschen Industriekonzern. S. hatte bei Daimler-Benz eine Kfz-Mechanikerlehre absolviert und war nach seinem Diplomingenieursexamen dorthin zurückgekehrt. 1980 stieg er in die Geschäftsführung auf und über-

Edzard Schmidt-Jortzig

Jürgen E. Schrempp

Gerhard Schröder

Dieter Schulte

Horst Seehofer

Berndt Seite

nahm 1989 die Leitung der Daimler-Tochter Dasa. Sein Versuch, mit ihr die deutsche Luft- und Raumfahrtindustrie auf dem Weltmarkt zu etablieren, scheiterte. Nach der schwersten Krise des Unternehmens in der Nachkriegszeit (Umsatz 1995: 104 Mrd DM, Verlust: 5,7 Mrd DM) und erstmaligem Ausfall einer Dividendenzahlung kündigte S. für das Geschäftsjahr 1996 wieder Gewinne an.

Gerhard Schröder

Ministerpräsident von Niedersachsen (SPD), * 7.4.1944 in Mossenberg (Westfalen). Seit Mitte 1994 stützt S., der zuvor (ab 1990) eine Koalitionsregierung von SPD und Grünen geführt hatte, sein SPD-Kabinett auf die absolute Mehrheit von einer Stimme im Landesparlament. Im Arbeitermilieu aufgewachsen, ist der Rechtsanwalt seit 1963 Mitglied der SPD. 1978–1980 war er Bundesvorsitzender der Jungsozialisten, 1980–1986 saß er im Bundestag. Mit dem Ziel, Wirtschaft und Gesellschaft zu modernisieren, fordert er eine unternehmerfreundlichere Wirtschaftspolitik seiner Partei.

Dieter Schulte

Vorsitzender des Deutschen Gewerkschaftsbundes (DGB), * 13.1.1940 in Duisburg. Am 14. 6. 1994 berief der 15. Ordentliche Bundeskongreß des DGB S. als Nachfolger des verstorbenen Heinz-Werner Meyer zum DGB-Vorsitzenden. Der gelernte Maurer trat 1959 der IG Metall, 1972 der SPD bei und durchlief eine Gewerkschaftskarriere. Seit 1990 Vorsitzender des Gesamtbetriebsrats bei Thyssen, stieg er unter dem IG-Metall-Vorsitzenden Franz Steinkühler 1991 in den geschäftsführenden Gewerkschaftsvorstand auf. Am 5.3.1996 legte S. den Entwurf für ein neues DGB-Grundsatzprogramm vor, der schon im Vorfeld des DGB-Bundeskongresses im November 1996 ein geteiltes Echo hervorrief.

Michael Schumacher

Deutscher Formel-1-Pilot, * 3.1.1969 in Hermülheim. Die Ehrung als Sportler des Jahres 1995 durch die deutschen Sportjournalisten krönte das erfolgreichste

Rennjahr des Automobil-Champions. 1994 erster deutscher Formel-1-Weltmeister, fuhr S. im Folgejahr den Titel erneut ein. Mit 15 Jahren wurde er Deutscher Meister, mit 18 Europameister der Junioren in der Kart-Rennklasse. 1991 wechselte der gelernte Kfz-Mechaniker von Mercedes-Benz zu Benetton. 1995 engagierte Ferrari S. für 1996 und 1997 (geschätztes Jahresgehalt: 35 Mio DM). Am 2. 6. 1996 gewann er auf Ferrari den Grand Prix von Spanien.

Horst Seehofer

Bundesminister für Gesundheit (CSU), * 4.7.1949 in Ingolstadt. Seit 1971 Mitglied der CSU und seit 1980 im Bundestag, wurde S. im Mai 1992 ins Kabinett von Helmut Kohl berufen. Mit der 1993 in Kraft getretenen zweiten Stufe der Gesundheitsreform schrieb er für rd. 70% der Leistungen der Gesetzlichen Krankenversicherungen Ausgabenbeschränkungen fest. Die im Mai 1996 vom Bundestag in erster Lesung verabschiedete dritte Stufe verpflichtet die gesetzlich Versicherten zur teilweisen Selbstübernahme der Heilungskosten.

Berndt Seite

Ministerpräsident von Mecklenburg-Vorpommern (CDU), * 22.4.1944 in Hahnswalde (Schlesien). Mit einer Regierungsumbildung endete im April 1996 die Zerreißprobe der von S. geführten Regierung. Die bislang schwerste Krise der Koalition von CDU und SPD (seit 1994) war durch eigenmächtiges Vorgehen der Finanzministerin Bärbel Kleedehn (CDU) ausgelöst und von S.s Stellvertreter Harald Ringstorff (SPD) betrieben worden. S. gründete während der politischen Wende in der DDR eine Gruppe der Bürgerrechtsbewegung Neues Forum. 1990 schloß er sich der CDU an. Seit 1991 Generalsekretär der Landes-CDU, wurde er 1992 Regierungschef in einer Koalition mit der FDP.

Haris Silajdžić

Moslemischer Politiker in Bosnien-Herzegowina, * 1945 in Sarajevo. Im Januar 1996 trat S. von seinem Amt als Ministerpräsident der Gesamtrepublik (seit 1993)

und als Regierungschef der Föderation der Moslems und Kroaten in Bosnien zurück. Zugleich verließ er die regierende Partei der Demokratischen Aktion (SDA), der er sich 1990 angeschlossen hatte. Nach dem Friedensschluß von Dayton am 14.12.1995 protestierte S. vergeblich gegen den von Präsident Alija Izetbegović verfolgten Kurs, der seiner Ansicht nach auf das Auseinanderbrechen Bosnien-Herzegowinas hinausläuft. Demgegenüber vertritt er das Konzept eines einheitlichen multiethnischen demokratischen Staates Bosnien-Herzegowina. S. gründete im April 1996 die Partei für Bosnien-Herzegowina und erklärte seine Kandidatur für das Präsidentenamt bei den für den 14.9.1996 angesetzten Wahlen.

Kostas Simitis

Griechischer Ministerpräsident (Panhellenische Sozialistische Bewegung, PASOK), * 23.6.1936 in Athen. Der Jurist und Wirtschaftsexperte trat im Januar 1996 das Erbe des zurückgetretenen Ministerpräsidenten → NEK Andreas Papandreou an. Unter der Herrschaft der Junta ging S. nach Deutschland ins Exil (1969–1974). 1981–1987 Kabinettsmitglied, übernahm er 1993 das Industrieministerium. Nach Differenzen mit Papandreou trat er im September 1995 zurück. Im Juni 1996 wurde S. zum Vorsitzenden der PASOK gewählt. Als Mitbegründer der Partei (1974) sowie als Reformer und überzeugter Europäer verkörpert er für die Griechen gleichermaßen politische Kontinuität wie Chance zum Neubeginn.

Mary May Simon

Kanadische Politikerin, * 20.8.1947 in George River (Quebec). Die Mitbegründerin des seit 1996 bestehenden Arktischen Rates, einer Initiative von acht Arktisstaaten zum Schutz der Polarzone, ist selbst mütterlicherseits Inuit (Eskimo). S. wuchs im arktischen Norden Quebecs auf und setzte sich nach ihrem Studium in den USA für die Rechte der Ureinwohner ein. Ihr Lebenslauf prädestinierte sie zur Mittlerin zwischen Weißen und Inuit. Sie ist seit 1994 Arktisbotschafterin im kanadischen Außenministerium.

Heide Simonis

Ministerpräsidentin von Schleswig-Holstein (SPD), * 4.7.1943 in Bonn. S. wurde im Mai 1993 zur ersten Regierungschefin eines deutschen Bundeslandes gewählt und konnte ihr Amt nach der Landtagswahl am 24.3.1996 in einer Koalition mit Bündnis 90/Die Grünen behaupten. Die Volkswirtin, seit 1969 SPD-Mitglied und zunächst in der schleswig-holsteinischen Kommunalpolitik aktiv, zog 1976 in den Bundestag ein. Sie profilierte sich als Finanzpolitikerin und wurde 1988 Finanzministerin in Schleswig-Holstein. Pragmatischer Regierungsstil, straffe Haushaltspolitik und ihre Forderung nach umfassender Reform des Beamtenrechts verschafften ihr auch jenseits traditioneller SPD-Wählerschichten Respekt.

O. J. Simpson

Eigtl. Orenthal James Simpson, US-amerikanischer Sportler und Schauspieler, * 9.7.1947 in San Francisco (Kalifornien). Angeklagt, im Juni 1994 seine weiße Ex-Frau und ihren Begleiter ermordet zu haben, wurde der schwarze Star des US-amerikanischen Football am 3.10.1995 freigesprochen. Das spektakuläre Strafverfahren wurde von den Medien als „Jahrhundertprozeß" in bislang ungekannter Manier ausgeschlachtet. TV-Life-Sendungen berichteten aus der Verhandlung, noch vor Ende des Prozesses entstand ein Film über den Mordfall. Vor dem Hintergrund der wieder aufgeflammten Rassismus-Diskussion ist das Urteil in den USA heftig umstritten, zumal zahlreiche Indizien gegen S. vorlagen.

Sulak Sivaraksa

Thailändischer Bürgerrechtler, * 27.3. 1933. S. wurde 1995 mit dem Alternativen Nobelpreis der Stiftung für verantwortungsbewußte Lebensführung (Right Livelihood Award) ausgezeichnet. Er setzt sich für ein entwicklungspolitisches Modell ein, das Abschied von der westlichen Konsumorientierung nimmt und auf spirituell-ganzheitlicher Basis die örtlichen Kulturen und Traditionen berücksichtigt. Als einer der Repräsentanten der Menschenrechtsbewegung in Thailand wurde

Haris Silajdžić

Kostas Simitis

Heide Simonis

O. J. Simpson

Gennadij A. Sjuganow

Javier Solana
Madariaga

Ron Sommer

Carl-Dieter Spranger

S. 1991 von der Regierung ins Exil gezwungen. Er kehrte 1992 zurück und gründete das internationale Netzwerk „Alternativen zum Konsumismus".

Gennadij A. Sjuganow

Vorsitzender der KP Rußlands, * 26.6. 1944 in Orjol (Zentralrußland). Bei der Präsidentenwahl im Juni/Juli 1996 unterlag S. als aussichtsreichster Herausforderer dem Amtsinhaber Boris Jelzin. Obwohl S. als Politiker ohne charismatische Ausstrahlung gilt, bot ihm der Aufstieg seiner Partei zur stärksten parlamentarischen Kraft in der Duma Ende 1995 (22%) eine günstige Ausgangsposition. In der Umbruchphase der Sowjetunion stützte er die Opposition gegen den Reformkurs Michail Gorbatschows, ohne sich am fehlgeschlagenen Putsch 1991 direkt zu beteiligen. Als Führer der russischen KP (seit 1993) ging er – auch im Bündnis mit den Nationalisten – in Frontstellung gegen Präsident Jelzin.

Javier Solana Madariaga

Spanischer Generalsekretär der NATO, * 14.7.1942 in Madrid. Nach dem Rücktritt des in eine Bestechungsaffäre verwickelten belgischen NATO-Generalsekretärs Willy Claes übertrugen die Außenminister der 16 NATO-Staaten am 5.12.1995 S. das höchste politische Amt des Bündnisses. Der Physiker trat nach langjährigem Vorsitz der Sozialistischen Arbeiterpartei (PSOE) 1982 als Kultusminister in die Regierung von Felipe González ein und gehörte ihr seitdem mit unterschiedlichen Ressorts an, seit 1992 als Außenminister. Anfangs als Pazifist noch entschiedener Gegner der NATO, setzte er 1986 gemeinsam mit González in seiner Partei eine realpolitische Wende durch. Heute gehört er zu den engagierten Befürwortern einer Osterweiterung der NATO.

Ron Sommer

Vorstandsvorsitzender der Deutschen Telekom AG, * 29.7.1949 in Haifa/Israel. In Israel als Sohn eines Russen und einer Ungarin geboren, wuchs S. in Wien auf. 1979 in den Vorstand des Paderborner Nixdorf-Konzerns berufen, wechselte der Mathematiker ein Jahr später zur deutschen Zentrale des Elektronikkonzerns Sony, dessen Leitung er in Deutschland 1986, in den USA 1991, für Europa 1993 übernahm. Seit 1995 Chef der Deutschen Telekom als Nachfolger von Helmut Ricke richtet er das Unternehmen mit High-Tech-Investitionen (digitales Fernsehen u. a.), internen Umstrukturierungen und einer Reform der Telefongebühren auf den europäischen Wettbewerb ein. Zugleich bereitet er es auf den für November 1996 geplanten Gang an die Börse vor.

Friedrich Späth

Deutscher Industriemanager, * 9.2.1936 in Gilsbach (Siegerland). S. wurde im September 1995 als Nachfolger von Klaus Liesen zum Vorstandsvorsitzenden des Energiekonzerns Ruhrgas AG ernannt und trat Mitte 1996 sein Amt als Chef des größten europäischen Erdgasversorgers an (Umsatz 1995: rd. 14 Mrd DM, Beschäftigte: rd. 11 000, Marktanteil in Deutschland: rd. 70%). S. begann 1965 als Jurist seine Karriere in diesem Unternehmen, 1976 stieg er in den Firmenvorstand auf. Bis zu seiner Amtsübernahme leitete er das Ressort Gasverkauf. Nach Fertigstellung der Europipe, mit der seit Ende 1995 Erdgas aus dem norwegischen Trollfeld nach Norddeutschland geliefert wird (Kosten: rd. 3,3 Mrd DM), plant Ruhrgas den Bau einer Paralleltrasse mit der gleichen Kapazität (rd. 13 Mrd m^3).

Carl-Dieter Spranger

Bundesminister für wirtschaftliche Zusammenarbeit und Entwicklung (CSU), * 28.3.1939 in Leipzig. Nach der ersten gesamtdeutschen Bundestagswahl 1990 trat S. als Entwicklungshilfeminister in das Kabinett von Bundeskanzler Helmut Kohl ein. Bis dahin hatte sich der Parlamentarische Staatssekretär im Innenministerium (seit 1982) vor allem als Experte in Fragen der inneren Sicherheit profiliert. Unter dem Druck der angespannten Haushaltslage vollzog S. 1993 die Abkehr vom sog. Gießkannenprinzip in der Entwicklungshilfe. Seither orientiert er die Vergabe der Mittel stärker an Kriterien der Effizienz und politischen Prioritäten. 1995 kürzte er die Zahl der Empfängerländer gegenüber dem Vorjahr um elf auf 57.

Karl Stix

Österreichischer Landeshauptmann von Burgenland (SPÖ), * 24.10.1939 in Wiener Neustadt (Niederösterreich). S. war 1962–1966 Bezirks-, 1966–1983 Landesparteisekretär der SPÖ. Ab 1975 Abgeordneter im Burgenländischen Landtag, übernahm er dort 1977 das Amt des Klubobmanns (Fraktionsvorsitzender) der SPÖ, bis er 1982 als Landesrat für Finanzen in die Regierung eintrat. Als Chef der Landespartei und stellvertretender SPÖ-Vorsitzender 1991 zum Landeshauptmann gewählt, regiert er das Bundesland mit einer Koalition von SPÖ und ÖVP und verantwortet selbst das Finanzressort. Bei den Landtagswahlen am 2. 6. 1996 konnte er als Spitzenkandidat seiner Partei trotz erheblicher Stimmenverluste (–3,7 Prozentpunkte) sein Amt behaupten.

Edmund Stoiber

Bayerischer Ministerpräsident (CSU), * 28.9.1941 in Oberaudorf. 1974 zog S. in den Bayerischen Landtag ein. 1978 bis 1983 CSU-Generalsekretär, leitete er 1982–1986 die Bayerische Staatskanzlei. Seit 1988 Innenminister im Kabinett von Max Streibl, löste er diesen im Mai 1993 als Regierungschef ab. Bei der Landtagswahl im September 1994 konnte er als CSU-Spitzenkandidat mit 52,8% die absolute Mehrheit behaupten. Die eigenständige Position Bayerns unterstrich S. 1995/96 mit seiner Kritik an Urteilen des Bundesverfassungsgerichts. Nach dem Urteil zum § 218 StGB und dem sog. Kruzifixurteil schuf er bayerisches Sonderrecht. Vom 1.11.1995 bis zum 31.10.1996 ist S. Bundesratspräsident.

Manfred Stolpe

Ministerpräsident von Brandenburg (SPD), * 16.5.1936 in Stettin. Das negative Votum der Brandenburger am 5. 5. 1996 zur Fusion ihres Bundeslandes mit Berlin wertete S., der dieses Projekt energisch vorangetrieben hatte, als persönliche Niederlage; ein Vertrauensvotum des Parlaments hielt ihn im Amt. Seit der Landtagswahl 1994 führt S. eine auf die absolute Mehrheit gestützte SPD-Alleinregierung. Seine jahrelangen Kontakte als Konsistorialpräsident der Evangelischen Kirche zur Staatssicherheit der DDR, die S. in ihren Akten als Inoffizieller Mitarbeiter (IM) führte, lösten 1991 eine Diskussion über das Verhältnis der Kirche zur DDR-Spitze und die Glaubwürdigkeit der Unterlagen aus.

Edmund Stoiber

□ 1969 Sekretär des Bundes der Evangelischen Kirchen in der DDR. □ 1982 Konsistorialpräsident. □ 1990 Eintritt in die SPD. □ seit 1990 Ministerpräsident.

Dušan Tadić

Bosnisch-serbischer Angeklagter vor dem UNO-Kriegsverbrechertribunal für das frühere Jugoslawien in Den Haag/Niederlande, * 1.10.1955. Seit Mai 1996 muß sich T. im ersten Hauptverfahren vor dem ersten internationalen Kriegsverbrecher-Sondergericht seit den alliierten Gerichtshöfen in Nürnberg und Tokio 1945/46 verantworten. Die Anklage legt dem früheren Kommandanten Völkermord, Verbrechen gegen die Menschlichkeit und schwere Verstöße gegen das Kriegsrecht im bosnischen Bürgerkrieg zur Last. Er soll u. a. als Oberaufseher in den Lagern Omarska und Keraterm im Nordwesten Bosniens die Ermordung moslemischer und kroatischer Zivilisten angeordnet oder selbst begangen haben. T. wurde 1994 in München festgenommen und im April 1995 an den Gerichtshof in Den Haag überstellt.

Manfred Stolpe

Erwin Teufel

Ministerpräsident von Baden-Württemberg (CDU), * 4.9.1939 in Rottweil. Am 12.6.1996 trat T. als Chef einer Koalitionsregierung mit der FDP seine dritte Amtszeit an. Erst im zweiten Wahlgang konnte er eine Mehrheit im Landtag finden. 1991 hatte er von Lothar Späth die Ämter des Ministerpräsidenten und Landesvorsitzenden der CDU übernommen. Im Alter von 25 Jahren 1964 in Spaichingen zum damals jüngsten Bürgermeister der Bundesrepublik gewählt, zog der Diplom-Verwaltungswirt 1972 in den Landtag ein. 1978 übernahm er die CDU-

Erwin Teufel

Emma Thompson

Klaus Töpfer

Franjo Tudjman

Fraktionsführung. Nach Verlusten für die CDU bei den Landtagswahlen 1992 bildete er eine Große Koalition mit der SPD, die er nach den Landtagswahlen im März 1996 zugunsten einer Zusammenarbeit mit der erstarkten FDP aufgab.

Emma Thompson

Britische Schauspielerin, * 15.4.1959 in London. T.s von Sprachwitz und hintergründigem Humor geprägte Drehbuchfassung des Romans „Sinn und Sinnlichkeit" von Jane Austen wurde 1996 mit einem Oscar geehrt. In dem preisgekrönten Film (Regie: Ang Lee) spielt sie außerdem eine Hauptrolle. International bekannt wurde T. Ende der 80er Jahre durch filmische Shakespeare-Interpretationen, die sie gemeinsam mit ihrem damaligen Ehemann Kenneth Branagh umsetzte („Heinrich V.", 1988; „Viel Lärm um Nichts", 1992). Sie gilt als wandlungsfähige Schauspielerin, die durch sprachliche Eleganz brilliert. Für ihre Rolle in „Wiedersehen in Howards End" (1992, Regie: James Ivory) erhielt sie 1993 einen Oscar als beste Hauptdarstellerin.

Klaus Töpfer

Bundesbauminister (CDU), * 29.7.1938 in Waldenburg (Schlesien). Der Professor für Raumforschung und Landesplanung an der Universität Hannover, seit 1972 Mitglied der CDU, wurde 1978 Staatssekretär in Rheinland-Pfalz, wo er 1985 als Umwelt- und Gesundheitsminister in die Landesregierung eintrat. 1987 von Bundeskanzler Helmut Kohl an die Spitze des Ministeriums für Umwelt, Naturschutz und Reaktorsicherheit berufen, befaßte er sich insbes. mit den Folgen der Reaktorkatastrophe von Tschernobyl. 1989 richtete er das Bundesamt für Strahlenschutz ein. Nach der Bundestagswahl 1994 wurde T. das Bundesbauministerium übertragen. Zu seinen Hauptaufgaben zählen der Umbau Berlins zur Regierungsmetropole und die Vorbereitung des Regierungsumzugs an die Spree.

Lars van Trier

Dänischer Filmregisseur und Drehbuchautor, * 1956. T. erhielt 1996 in Cannes den Großen Preis der Jury für seinen Film „Breaking The Waves" (1995), eine tragische Liebesgeschichte in sensibel fotografierten Bildern. Ebenfalls 1996 wurde seine vierteilige TV-Krankenhausserie „Geister" mit dem Adolf-Grimme-Preis in Gold ausgezeichnet. Mit den Mitteln des schwarzen Humors, unorthodoxen Kameraführungen und Bildschnitten kreierte T. eine rasante Persiflage auf themenverwandte TV-Seifenopern. Weitere mit Preisen ausgezeichnete Produktionen von T. waren u. a. „Nocturne" (1981), „Medea" (1988) und „Europa" (1991).

Franjo Tudjman

Kroatischer Staatspräsident, * 14.5.1922 in Veliko Trgovišće bei Zagreb. 1991 führte ehemalige Armeegeneral T. Kroatien in die Unabhängigkeit und in den Bürgerkrieg im zerfallenden Jugoslawien. Im August 1995 ließ er die 1991 von Kroatien abgespaltene „Republik Serbische Krajina" durch die Armee zerschlagen. Das von ihm am 14.12.1995 in Paris mitunterzeichnete Dayton-Friedensabkommen für Bosnien sichert ihm dominierenden Einfluß auf die Region. Wegen mangelnder Zusammenarbeit mit dem Kriegsverbrechertribunal in Den Haag/Niederlande lehnte der Europarat die Aufnahme Kroatiens im Mai 1996 ab.
□ 1971–1981 mehrmals in politischer Haft wegen Forderungen nach mehr Eigenständigkeit für Kroatien. □ 1989 Gründung der Kroatischen Demokratischen Gemeinschaft (HDZ). □ 1990 Wahlsieg der HDZ, Übernahme des Präsidentenamtes (1992 bestätigt). □ 1995 erneuter Wahlsieg der HDZ.

Mike Tyson

US-amerikanischer Boxer, * 30.6.1966 in New York. Im März 1996 erkämpfte sich T. gegen den Briten Frank Bruno durch einen K. o.-Sieg in der dritten Runde den Weltmeistertitel (WBC-Version) im Schwergewicht zurück (Gage: 5 Mio Dollar). Es war sein dritter Kampf und Sieg nach vorzeitiger Entlassung aus dem Gefängnis 1995. Wegen Vergewaltigung war T. 1992 zu sechs Jahren Haft verurteilt worden. Von 1986 bis zu seiner überraschenden Niederlage 1990 gegen James Douglas war er schon einmal Champion aller Klassen. 37 seiner bislang 43 Siege errang er vor Ablauf der Distanz durch k. o. oder Abbruch. Sein Ziel war der Meistertitel aller drei konkurrierenden Boxweltverbände.

Mario Vargas Llosa

Peruanischer Schriftsteller, * 28.3.1936 in Arequipa. V., einem der Hauptvertreter der „Nueva Novela" (Neuer Roman), wurde 1996 der Friedenspreis des Deutschen Buchhandels zugesprochen. In seinen Werken beschreibt er die politischen und gesellschaftlichen Verhältnisse in Südamerika (u. a. „Der Krieg am Ende der Welt", 1981; „Lob der Stiefmutter", 1988). Seine Romane zeichnen sich durch schonungslose Analyse der Mißstände, einen nahezu lyrischen Stil und häufige Wechsel der Erzählperspektive aus. 1990 kandidierte V. erfolglos für das Amt des peruanischen Staatspräsidenten.

Jacques Villeneuve

Kanadischer Formel-1-Pilot, * 9.4.1971 in St-Jean d'Iberville (Quebec). V., der 1996 als Neuling in der Formel 1 u. a. durch seinen Sieg auf dem Nürburgring für Aufsehen sorgte, stammt aus einer berühmten Rennfahrerfamilie. Im Unterschied zu seinem Vater Gilles V., der 1982 beim Training für den Großen Preis von Belgien tödlich verunglückte, gilt V. nicht als Draufgänger, sondern als Computerfreak, der den Einsatz technischer Berechnungsmöglichkeiten zu optimieren versteht. Fans des Automobilrennsports glauben, daß V. sich in den Zweikampf zwischen den derzeit Weltbesten Michael Schumacher (Deutschland) und Damon Hill (Großbritannien) einschalten kann.

Kaspar Villiger

Bundespräsident der Schweiz 1995 (FDP), * 5.2.1941 in Pfeffikon (Kanton Luzern). Die Schweizer Bundesversammlung wählte V. 1994 für 1995 turnusgemäß in das jährlich neu zu besetzende Amt des Schweizer Staatsoberhaupts. Der frühere Unternehmer wurde als Mitglied der Freisinnig-Demokratischen Partei (FDP) 1982 in den Nationalrat, 1987 in den Ständerat gewählt. Im Bundesrat (seit 1989) über-

nahm er das Verteidigungsressort und führte eine umfassende Armeereform durch.

Bernhard Vogel

Ministerpräsident von Thüringen (CDU), * 19.12.1932 in Göttingen. V. wurde 1976 als Nachfolger von Helmut Kohl Chef der Landesregierung von Rheinland-Pfalz. Der Politologe hatte sich zuvor als Kultusminister (1967–1976) profiliert. Wegen Popularitätsverlusten der CDU 1988 als Landesparteivorsitzender (seit 1974) abgewählt, gab V. auch das Amt des Regierungschefs auf. 1992 trat er an die Spitze der durch den Rücktritt von Ministerpräsident Josef Duchač (CDU) in die Krise geratenen Regierung sowie der Landes-CDU von Thüringen (als Parteichef bestätigt im November 1994). Das Ausscheiden des bisherigen Koalitionspartners FDP aus dem Parlament im Ergebnis der Landtagswahl 1994 zwang ihn zur Bildung einer Koalition mit der SPD.

Dieter H. Vogel

Vorstandsvorsitzender der Thyssen AG, * 14.11.1941 in Eger (heute Tschechische Republik). Am 22.3.1996 übernahm der Vize-Vorstandschef (seit 1991) die Führung des zehntgrößten deutschen Industrieunternehmens (Umsatz 1995: 39 Mrd DM), das nach der schweren Stahlkrise 1995 wieder in die Gewinnzone steuerte. An diesem Erfolg, der rd. 25 000 Arbeitsplätze kostete, war V. auch als Chef des Tochterunternehmens Thyssen-Handelsunion (seit 1986) wesentlich beteiligt. Der Diplomingenieur begann seine Managerkarriere 1970 im Vorstand der Bertelsmann AG, die ihm 1973 die technische Leitung von Mohndruck übertrug. 1975 wechselte er zu den Pegulan-Werken, die er bis 1979 sanierte.

Henning Voscherau

Erster Bürgermeister von Hamburg (SPD), * 13.8.1941 in Hamburg. V. gehört der SPD seit 1966 an und ist seit 1974 Mitglied der Hamburger Bürgerschaft. 1982 übernahm er den Vorsitz der SPD-Fraktion (bis 1987). 1988 löste er Klaus von Dohnanyi als Senatschef des Stadt-

Kaspar Villiger

Bernhard Vogel

Dieter H. Vogel

Henning Voscherau

Franz Vranitzky

Theo Waigel

Ulrich Wickert

Lars Windhorst

staats Hamburg in einer SPD/FDP-Koalition ab. Der SPD-Erfolg bei der Bürgerschaftswahl 1991 ermöglichte ihm die Fortführung seines Amtes bei Alleinregierung seiner Partei. Schwere Stimmenverluste bei den Neuwahlen 1993 führten V. in die Zusammenarbeit mit der STATT Partei. Im Juni 1996 beschloß das Parlament eine Verfassungsreform, die u. a. die Stellung des Ersten Bürgermeisters stärkt.

Franz Vranitzky

Österreichischer Bundeskanzler (SPÖ), * 4.10.1937 in Wien. Überraschend konnte V. als Vorsitzender (seit 1988) und Spitzenkandidat der SPÖ bei den vorgezogenen Neuwahlen am 17.12.1995 die Position seiner Partei als stärkste politische Kraft in Österreich auf 38,3% ausbauen. Trotz des Bruchs der großen Koalition mit der ÖVP im Oktober 1995 wegen des Konflikts um die Sanierung des Haushalts erneuerte er im März 1996 das Regierungsbündnis. V., der als Bankmanager 1984 zum Bundesfinanzminister berufen und 1986 Regierungschef wurde, trat damit seine vierte Amtszeit an.

Theodor (Theo) Waigel

Bundesfinanzminister (CSU), * 22.4. 1939 in Oberrohr bei Krumbach (Schwaben). 1989 übergab Bundeskanzler Helmut Kohl dem Schwaben das Finanzressort. Sein Sparkurs, den er zur Finanzierung der Folgekosten der deutschen Einheit 1990 bei gleichzeitiger Konsolidierung des Bundeshaushalts seit Anfang der 90er Jahre einschlug, verfehlte sein Ziel. Aufgrund der durch die Wirtschaftskrise bedingten Steuerausfälle betrug die durch Kreditaufnahme zu schließende Deckungslücke im Bundeshaushalt Mitte 1996 rd. 70 Mrd DM. Die Opposition kritisiert das Fehlen eines Sanierungskonzepts für die Bundesfinanzen.
□ 1960 Eintritt in die CSU. □ seit 1972 MdB. □ 1982–1989 Vorsitzender der CSU-Landesgruppe im Bundestag. □ seit 1988 CSU-Vorsitzender. □ seit 1989 Bundesfinanzminister.

Wendelin Weingartner

Österreichischer Landeshauptmann von Tirol (ÖVP), * 7.2.1937 in Innsbruck. Als

Quereinsteiger 1989 zum Finanzlandesrat in Tirol berufen, begann W., zuvor Direktor der Hypobank (ab 1984), eine politische Blitzkarriere. 1991 wurde er zum Landesparteiobmann der Tiroler Volkspartei, 1993 zum Nachfolger von Alois Partl als Landeshauptmann gewählt und nach der Landtagswahl 1994 im Amt bestätigt. Selbst zuständig für die Ressorts Außenbeziehungen, Tourismus und Personal, führt er ein Kabinett, in dem ÖVP, SPÖ, Freiheitliche und Grüne vertreten sind. Für 2006 will er zum dritten Mal die Austragung der Winterolympiade (nach 1964 und 1976) nach Innsbruck holen.

Ulrich Wickert

Deutscher Fernsehjournalist, * 2.12.1942 in Tokio. W.s Buch über politische Moral, „Der Ehrliche ist der Dumme" (1995), eroberte auf Anhieb Platz 1 der Sachbuch-Bestsellerliste. Er mußte sich jedoch den Vorwurf gefallen lassen, als Autor zu firmieren, obwohl er nur Herausgeberleistungen erbrachte. Zugleich wurde kritisiert, daß W. sein Renommee als „Tagesthemen"-Moderator (seit 1991) einsetze, um bezahlte Werbung zu betreiben. Als ARD-Korrespondent in Paris profilierte sich W. als Kenner von Geschichte, Politik und Kultur Frankreichs. Seine Fähigkeit, schwierige Sachverhalte leicht verständlich darzustellen und sie mit Ironie, Humor und Charme zu präsentieren, machte ihn zum Medienstar.

Eric F. Wieschaus

US-amerikanischer Biologe, * 7.6.1947. Für die Erforschung der Gene im Rahmen der Embryonalentwicklung der Fruchtfliege Drosophila erhielt W. 1995 zusammen mit der deutschen Forscherin Christiane Nüsslein-Volhard und dem US-Amerikaner Edward B. Lewis den Nobelpreis für Physiologie/Medizin. Ihnen gelang die Bestimmung der einzelnen Gene und ihrer Funktion für die Entwicklung der Körperteile. W. lehrt als Professor an der Princeton-Universität.

Lars Windhorst

Deutscher Unternehmer, * 22.11.1976 in Rahden (Westfalen). Mit elf Jahren schrieb und verkaufte er Softwareprogramme, mit 14 Jahren importierte er elektronische Bauteile aus Südostasien, mit 16 Jahren gründete er eine Firma. Die exakt durchorganisierte Unternehmensgruppe (u. a. Windhorst Electronics) des Jungstars der deutschen Wirtschaft machte 1994 einen Umsatz von 80 Mio DM, der sich 1995 auf 180 Mio DM steigerte. Konzentriert auf das Geschäft mit Asien, das er von Hongkong aus betreibt, operiert W. mit 21 Firmen. Außer im Elektronikhandel ist er aktiv im Industriehandel, im Bau- und Immobilienbereich sowie im Finanzservice.

Matthias Wissmann

Bundesverkehrsminister (CDU), * 15.4. 1949 in Ludwigsburg am Neckar. Im Januar 1993 mit dem Bundesforschungsministerium betraut, wechselte W. wenige Monate später ins Verkehrsressort. Neben der Privatisierung von Bundes- und Reichsbahn zur Bahn AG setzte W. mehrere technologische Großprojekte auf sein Programm. Ihre Umsetzung will er durch Mobilisierung von Privatinvestitionen gewährleisten, so u. a. beim Bau der umstrittenen Transrapid-Trasse von Hamburg nach Berlin.
□ 1968 Eintritt in die CDU. □ 1973–1983 Vorsitzender der Jungen Union. □ seit 1976 MdB. □ 1983–1993 wirtschaftspolitischer Sprecher der CDU/ CSU-Fraktion im Bundestag. □ seit 1993 Bundesminister.

Stevie Wonder

Eigtl. Steveland Morris Judkins, US-amerikanischer Rockmusiker, * 13.5.1950 in Saginaw (Michigan). 1995 wurde W. für sein Lebenswerk mit einem Grammy geehrt. Der von Geburt an blinde Musiker wurde bereits Anfang der 60er Jahre als Kinder-Popstar berühmt. Seitdem zählt er als Song-Schreiber, Multi-Instrumentalist, Arrangeur und Produzent weltweit zu den einflußreichsten Popmusikern. Neben traditionellen Elementen integriert er auch elektronische Klänge in seine Kompositionen. W. erhielt zahlreiche Preise, darunter mehrere Grammys und einen Oscar für seinen Filmsong „I just called to say I love you" (1984).

Mark Matthias Wössner

Deutscher Wirtschaftsmanager, * 14.10. 1938 in Berlin. Im Herbst 1995 stieg W., seit 1983 Vorstandsvorsitzender der Bertelsmann AG, des drittgrößten Medienkonzerns der Welt, zusammen mit dem Partner America Online in den europäischen Online-Markt ein. Zugleich forciert er die Einführung des digitalen Fernsehens. In Konkurrenz mit der Unternehmensgruppe von Leo Kirch, die ein eigenes Decoder-System (sog. Set-Top-Box) entwickelte, favorisierte W. das von Bertelsmann und Telekom entwickelte Seca-System. Im Mai 1996 gründete Bertelsmann u. a. mit der Telekom und der zu Daimler-Benz gehörenden Debis die auf dem Pay-TV- Markt operierende Multimedia-Betriebsgesellschaft (MMBG), der auch ARD, ZDF und RTL beitraten.

Harry Hongda Wu

Sino-US-amerikanischer Menschenrechtsaktivist, * 8.2.1938 in China. Bei seiner Einreise nach China im Juni 1995 verhaftet, wurde der US-Bürger im August 1995 durch ein Gericht in Wuhan/ China zu 15 Jahren Haft verurteilt und wenige Stunden nach seiner Verurteilung in die USA abgeschoben. Das Verfahren – die Anklage lautete auf Spionage, Diebstahl von Staatsgeheimnissen und Amtsanmaßung – hatte die Beziehungen zwischen China und den USA belastet. 1985 war W., von Beruf Geologe, aus China in die USA ausgereist, nachdem er 1957–1979 als politischer Gefangener inhaftiert gewesen war. Seit Anfang der 90er Jahre war er mehrmals nach China gereist, um Informationen über die Verfolgung Oppositioneller, politische Straflager und Menschenrechtsverstöße zu sammeln.

Martin Wuttke

Deutscher Schauspieler und Intendant, * 8.2.1962 in Gelsenkirchen. Für seine bis zur Groteske gesteigerte Darstellung der Titelfigur im Stück von Bertolt Brecht „Der aufhaltsame Aufstieg des Arturo Ui" wurde W. 1995 von der Zeitschrift „Theater heute" zum Schauspieler des Jahres gewählt. Seinen ersten großen Erfolg fei-

Matthias Wissmann

Mark M. Wössner

Harry Hongda Wu

Martin Wuttke

erte er mit der Rolle des „Hamlet" am Frankfurter Schauspielhaus. Hier begann auch seine Zusammenarbeit mit dem Regisseur Einar Schleef. Nach Engagements u. a. in Stuttgart und Hamburg wechselte er zum Berliner Ensemble unter der Leitung von → NEK Heiner Müller und avancierte zum Theaterstar. W.s Karriere fand ihre Fortsetzung, als er Anfang 1996 die Nachfolge Müllers als Intendant des Berliner Ensembles antrat.

Mesut Yilmaz

Mesut Yilmaz

Türkischer Ministerpräsident (bis Juni 1996), * 6.11.1947 in Istanbul. Obwohl die von ihm seit 1991 geführte national-liberale Mutterlandspartei (ANAP) bei den Parlamentswahlen am 24.12.1995 nur den dritten Platz belegte, trat Y. im März 1996 an die Spitze der Regierung. In diesem Amt löste er Tansu Çiller ab und bildete mit ihrer Partei des Rechten Weges (DYP) eine Koalitionsregierung, um den Machtantritt der islamistischen Wohlfahrtspartei (RP) zu verhindern. Doch schon im Juni 1996 kündigte Tansu Çiller die Koalition zugunsten einer Zusammenarbeit mit Necmettin Erbakan auf, dem Vorsitzenden der Wohlfahrtspartei. Y., 1987–1990 Außenminister, war bereits 1991 nach nur fünf Monaten im Amt des Regierungschefs gescheitert.

Leyla Zana

Kurdisch-türkische Politikerin, * 3.5. 1961 bei Diyabakir. Im November 1995 wurde Z. vom Europäischen Parlament mit dem Sacharow-Preis für geistige Freiheit geehrt. Als erste Kurdin kam sie 1991 als Abgeordnete der mittlerweile verbotenen Demokratie-Partei ins türkische Parlament und wurde zur Symbolfigur des kurdischen Freiheitskampfes in der Türkei. Im Unterschied zur Kurdischen Arbeiterpartei (PKK) Abdullah Öcalans tritt sie für eine friedliche Lösung und „die Brüderlichkeit von Türken und Kurden in der Türkei" ein. 1994 wurde sie inhaftiert und zu 15 Jahren Haft verurteilt.

Christof Zernatto

Österreichischer Landeshauptmann von Kärnten (ÖVP), * 11.6.1949 in Wolfsberg

(Kärnten). Der Jurist und Unternehmer gehörte 1986–1989 als Abgeordneter dem Nationalrat an. 1989 wurde er Landesparteiobmann der ÖVP und in der Koalition mit der FPÖ Jörg Haiders Landeshauptmann-Stellvertreter in Kärnten. Nach der Abwahl Haiders wurde Z. 1991 Landeshauptmann und brachte damit erstmals seit 1945 die ÖVP an die Führung von Kärnten. Nach den Landtagswahlen 1994 konnte Z., der eine Koalition mit der SPÖ und der FPÖ (seit 1995: Die Freiheitlichen) bildete, sein Amt knapp behaupten. Er ist zugleich zuständig für die Ressorts Finanzen und Personal.

Hans Zimmer

Deutsch-britischer Filmkomponist, * 12.9.1957 in Frankfurt/M. Z. komponierte die Musik für über 50 Filme. Einige davon gehören zu den bedeutendsten Produktionen der letzten zehn Jahre, u. a. „Der letzte Kaiser" (1987), „Rain Man" (1988) und „König der Löwen" (1994), für dessen musikalische Untermalung Z. einen Oscar erhielt. Die Filmmusik zu „Crimson Tide" (1995) wurde mit einem Grammy ausgezeichnet. Z.s Musik vollzieht nicht nur das szenische Geschehen nach, sondern setzt ihm innovative, überraschende Kontrapunkte entgegen und erlangt so dramaturgische Bedeutung.

Klaus Zwickel

Deutscher Gewerkschafter, * 31.5.1939 in Heilbronn. Z., seit 1993 Erster Vorsitzender der IG Metall, rief am 31.10.1995 Arbeitgeberverbände und die Bundesregierung zum sog. Bündnis für Arbeit auf. Die Gewerkschaften seien zu tarifpolitischen Opfern bereit, wenn dies zur Bekämpfung der Arbeitslosigkeit beitrage und auch die anderen in der Wirtschaft Verantwortlichen ihren Beitrag leisteten. Angesichts der Reaktionen im Arbeitgeberlager und des Sparprogramms der Bundesregierung erklärte Z. seine Initiative im Mai 1996 für faktisch gescheitert. Z. begann seine Gewerkschaftskarriere als Werkzeugmacher und profilierte sich als Tarifpolitiker in Baden-Württemberg. Er ist auch Präsident des internationalen Metallgewerkschaftsbundes.

Klaus Zwickel

Tomas Gutiérrez Alea

Kubanischer Regisseur, * 11.12.1928 in Havanna, † 9.4.1996 in Havanna (Krebs). Filme wie „Tod eines Bürokraten" (1966) und „Erinnerungen an die Unterentwicklung" (1968) machten A. in den 60er Jahren zu Kubas bekanntestem Filmregisseur. A. sympathisierte zwar von Anfang an mit der sozialistischen Revolution Fidel Castros, verlor aber nie den Blick für die Widersprüche des Systems. Seine von Toleranz geprägte politische Haltung zeigt sich v. a. in dem mehrfach ausgezeichneten Film „Erdbeer und Schokolade" (1993). A. erzählt darin mit schwarzem Humor und viel Sinn für Nuancen die Geschichte einer Freundschaft zwischen einem regimetreuen Heterosexuellen und einem regimekritischen Homosexuellen.

Kingsley Amis

Britischer Schriftsteller, * 16.4.1922 in London, † 22.10.1995 in London. Mit seinem eingängigen Stil, seinem Witz und seiner satirischen Gesellschaftskritik zählte A. zu den vielgelesenen Schriftstellern Großbritanniens. Seinen Ruhm begündete der Roman „Glück für Jim" (1954), der den spießigen Universitätsbetrieb einer walisischen Kleinstadt karikiert. A., der zunächst der rebellierenden literarischen Jugend um John Osborne angehörte, wechselte in den Folgejahren ins konservative Lager über. Für den hintergründigen Roman „Die alten Teufel" (1986) erhielt A. den Booker-Preis, die höchste literarische Auszeichnung der englischsprachigen Welt.

Martin Balsam

US-amerikanischer Schauspieler, * 4.11. 1919 in New York, †13.2.1996 in Rom (Schlaganfall). Der Schüler des berühmten US-amerikanischen Regisseurs Elia Kazan war sowohl auf der Bühne als auch bei Film und Fernsehen ein vielgefragter Charakterdarsteller. Einem breiten Publikum wurde er durch seine Mitwirkung in Filmklassikern wie „Die zwölf Geschworenen" (1957) oder „Psycho" (1960) bekannt. 1965 erhielt er für seine schauspielerische Leistung in Fred Coes Komödie „A thousand Clown" den Oscar als bester Nebendarsteller. In den letzten Jahren war B. häufig in italienischen Produktionen wie Martin Scorseses Gangsterdrama „Kap der Angst" (1991) zu sehen.

Ruth Berghaus

Deutsche Regisseurin, * 2.7.1927 in Dresden, † 25.1.1996 in Zeuthen. Die Grande Dame des Regietheaters war für ihre noch im kleinsten Detail präzisen und ausdrucksstarken Inszenierungen berühmt. Geprägt von ihrer Tanz- und Choreographieausbildung, besaß sie ein Gespür für Bewegungsabläufe. Stets auf der Suche nach der tieferen Bedeutungsschicht eines Werkes, wählte sie häufig anspruchsvolle Bilder und Chiffren, die vom Zuschauer z. T. nur schwer zu entschlüsseln waren. Die Frau des Komponisten Paul Dessau und Vertraute Bertolt Brechts erregte v. a. mit ihren oft provokativen Opernszenierungen internationales Aufsehen.
□ 1951–1954: Choreographin an der Gret-Palucca-Schule in Dresden und an verschiedenen Ostberliner Bühnen □ 1962: Beitritt zur SED □ ab 1967: Regisseurin beim Berliner Ensemble □ 1970–1977: Intendantin des Berliner Ensembles □ seit 1977: Regisseurin an der Deutschen Oper in Ostberlin, daneben zahlreiche Gastverpflichtungen, u. a. in Frankfurt/Main, Hamburg, Wien, Paris, Basel und Zürich.

Gottfried Bermann Fischer

Deutscher Verleger, * 31.7.1897 in Gleiwitz/Oberschlesien, † 17.9.1995 in Camaiore/Italien. B. übernahm 1934 nach dem Tod seines Schwiegervaters Samuel Fischer dessen 1886 gegründeten S. Fischer-Verlag und rettete ihn vor dem Zugriff der Nationalsozialisten. Als er 1935 wegen seiner jüdischen Herkunft emigrieren mußte, gründete er zunächst in Wien, dann in Stockholm und New York neue Verlagssitze. Im Exil publizierte B. zahlreiche Werke von Schriftstellern, die im nationalsozialistischen Deutschland unerwünscht waren (u. a. Thomas Mann). Auch in Deutschland blieb der Fischer-Verlag aktiv (Peter Suhrkamp). In den 50er Jahren machte sich B. mit der „Fischer-Bibliothek", in der anspruchsvolle Literatur in Taschenbuchausgaben erschien, einen Namen.

Kingsley Amis 1986

Martin Balsam

Ruth Berghaus 1986

Gottfried Bermann Fischer

Günther Bialas 1982

Harold Brodkey 1991

Joseph Brodsky 1987

Gerd Bucerius 1983

Günter Bialas

Deutscher Komponist, * 19.7.1907 in Bielschowitz/Oberschlesien, † 8.7.1995 in Glonn/Oberbayern. B. galt als Nestor der deutschen Komponisten. Musikalisch orientierte er sich an Paul Hindemith, Igor Strawinsky und Karl Amadeus Hartmann; der atonalen Tonsprache stand B. skeptisch gegenüber. Seine Kompositionen zeichnen sich durch einen klaren Stil ohne jede Effekthascherei aus. Hauptwerke des angesehenen Musikpädagogen sind die drei Opern „Hero und Leander" (1966), „Die Geschichte von Aucassin und Nicolette" (1969) und „Der gestiefelte Kater" (1975). Das mehrstimmige Werk „Gesang von Tieren" (1949) ist eine Vertonung afrikanischer Texte.

Hans Blumenberg

Deutscher Philosoph, * 13.7.1920 in Lübeck, † 28.3.1996 in Altenberge. B. gehörte zu den bedeutendsten deutschen Denkern nach Martin Heidegger und Theodor W. Adorno. Der äußerst belesene Autor beschäftigte sich mit der Philosophie der Renaissance und Neuzeit sowie der Geschichts- und Kulturphilosophie. Sein Ansatz geht davon aus, daß alle Philosophie letztlich im metaphorischen Denken gründet. Eindimensionale Erklärungen bewußt vermeidend, stellte B. Mythen, Metaphern und Denkfiguren wie den Schiffbruch, die Welt als Buch oder die Höhle in den Mittelpunkt seiner philosophischen Überlegungen.

□ 1960: „Die Legitimität der Neuzeit"; „Paradigmen zu einer Metaphorologie" □ 1970–1985: Professor an der Universität Münster □ 1979: „Arbeit am Mythos" □ 1981: „Die Lesbarkeit der Welt" □ 1988: „Matthäuspassion".

Harold Brodkey

US-amerikanischer Schriftsteller, * 25.10. 1930 in Staunton (Illinois/USA), † 26.1. 1996 in New York (Aids). Der Sohn russisch-jüdischer Emigranten galt seit dem Erscheinen seiner Erzählungen „Erste Liebe und andere Sorgen" (1958) als Wunderkind der US-amerikanischen Literaturszene. 1991 legte B. den von verschiedenen Verlegern jahrelang angekündigten Roman „Die flüchtige Seele" vor

– eine Art Bewußtseinsprotokoll, in dem der Autor akribisch seiner Kindheit und Jugend nachspürt. Mit dieser extremen Subjektivität schuf B. eine neue Form autobiographischer Darstellung. Seelische Zustände schildert auch sein Venedig-Roman „Profane Freundschaft" (1994), der eine homoerotische Liebesgeschichte vor dem Hintergrund des herannahenden Faschismus erzählt.

Joseph Brodsky

Russisch-amerikanischer Schriftsteller, * 24.5.1940 in Leningrad, † 28.1.1996 in New York (Herzversagen). Für die formale Brillanz und sprachliche Schönheit seiner Lyrik wurde B., der von vielen als der größte russische Dichter der Gegenwart angesehen wird, 1987 mit dem Literatur-Nobelpreis ausgezeichnet. Schon seine Jugendgedichte handeln von den großen Fragen der Metaphysik wie Einsamkeit und Tod. Als Reaktion auf seine Verfolgung in der Stalin-Ära fanden später zunehmend politische Themen Eingang in sein Werk. B. war 1964 wegen „parasitären Lebenswandels" zu fünf Jahren Verbannung und Zwangsarbeit in Sibirien verurteilt worden. Nach seiner Ausbürgerung 1972 siedelte er in die USA über, wo er an verschiedenen Universitäten lehrte und 1991 mit dem Ehrentitel „poeta laureatus" („Lorbeerbekränzter Dichter") ausgezeichnet wurde.

Gerd Bucerius

Deutscher Verleger, * 19.5.1906 in Hamm, † 29.9.1995 in Hamburg. B. gehörte zu den herausragenden Verlegerpersönlichkeiten der Nachkriegsgeschichte. Sein Name ist v. a. eng mit der Wochenzeitung „Die Zeit" verbunden, die er 1946 mitgründete und ab 1957 allein verlegte. Der promovierte Jurist und Politiker schrieb selbst regelmäßig Artikel zum aktuellen Tagesgeschehen und war an zahlreichen anderen Zeitschriften beteiligt (u. a. „stern", „Spiegel" und „Wirschaftswoche"). 1965 schloß er sich mit den Verlegern John Jahr und Richard Gruner zum Großverlag Gruner + Jahr zusammen, dem damals nach dem Springer-Verlag zweitgrößten deutschen Pressekonzern.

1973 gab er seine Anteile an den Bertelsmann-Verlag ab und erhielt im Gegenzug 11,5% der Bertelsmann-Aktien.
□ 1947–1949: Mitglied des Frankfurter Wirtschaftsrats □ 1949–1962: CDU-Abgeordneter im Bundestag □ 1951: Kauf der Mehrheitsanteile des „stern" □ 1969: Loslösung der „Zeit" aus dem Gruner + Jahr-Verlag □ 1973: Übertragung der „Zeit"-Titelrechte an eine Stiftung □ 1983: Altbundeskanzler Helmut Schmidt wird Mitherausgeber der „Zeit".

Subrahmanyan Chandrasekhar

US-amerikanischer Physiker. * 19.10. 1910 in Lahore (heute: Pakistan), † 21.8. 1995 in Chicago. C. gehörte zu den bedeutendsten Astrophysikern der Welt. In den 30er Jahren gewann er richtungweisende Erkenntnisse über das Verhalten sterbender Sterne. Ausgehend von der Quanten- und Relativitätstheorie führte er den mathematischen Beweis, daß eine bestimmte Gruppe von kleinen Fixsternen mit außergewöhnlicher Dichte am Ende – wenn ihre Energie verbraucht ist – zu planetengroßen sog. Weißen Zwergen degeneriert. Sterne, deren Masse größer als das 1,44fache unserer Sonne ist, verwandelten sich hingegen entweder in einer Supernova-Explosion zu sog. Neutronensternen, die die extrem hohe Dichte des Atomkerns besitzen, oder hinterließen nur die sog. Schwarzen Löcher. 1983 erhielt C. den Physik-Nobelpreis.

Don Cherry

US-amerikanischer Jazzmusiker, * 18.11. 1936 Oklahoma City (Oklahoma/USA), † 19.10.1995 in Málaga/Spanien (Leberleiden). C. war eine der schillerndsten Figuren der US-amerikanischen Jazzszene der späten 50er und 60er Jahre. Gemeinsam mit dem Saxophonisten Ornette Coleman und dem Pianisten Cecil Taylor entwickelte er den Free Jazz, die Loslösung des Jazz von festen Metren und Harmonien; Phantasie und Experiment traten an die Stelle unserer Regeln. Reisen nach Afrika und Asien ließen C. ab 1970 auch Anregungen aus anderen Kulturkreisen aufnehmen. Seither trat er nicht nur mit international bekannten Jazzgrößen, sondern auch mit außereuropäischen Volksmusikern auf.

Godtfred Kirk Christiansen

Dänischer Unternehmer, * 8.7.1920 in Billund, † 13.7.1995 in Billund. C. verwandelte die kleine Spielzeugfabrik, die er von seinem Vater übernommen hatte, in eines der größten europäischen Spielzeugunternehmen. Der Firmenname Lego entstand aus den dänischen Wörtern „leg godt" (spiel gut). Mit der Erfindung des Plastik-Legoklotzes legte C. 1953 den Grundstein zu seinem weltweiten Erfolg. Heute beschäftigt das Familienunternehmen rd. 9000 Mitarbeiter in 27 Ländern der Erde. Die aus Legosteinen gebaute Miniaturwelt Legoland in Billund/Jütland ist eine Touristenattraktion in Dänemark.

Subrahmanyan Chandrasekhar 1983

Willi Daume

Deutscher Sportfunktionär, * 24.5.1913 in Hückeswagen, † 20.5.1996 in München (Krebs). Der langjährige Präsident des Deutschen Sportbunds und des Nationalen Olympischen Komitees (NOK) war für den deutschen Sport nach dem Zweiten Weltkrieg prägend. Höhepunkt seiner Laufbahn als Sportfunktionär war die Planung und Organisation der Olympischen Spiele in München 1972. Lange Zeit als aussichtsreicher Kandidat für die Präsidentschaft beim Internationalen Olympischen Komitee (IOC) geltend, mußte D. 1980 als Mitglied eines Unterzeichnerstaats des Boykotts der Olympischen Spiele in Moskau dem Spanier Juan Antonio Samaranch den Vortritt lassen.
□ 1936: Olympiateilnehmer in Berlin (Basketball) □ seit 1949: NOK-Mitglied □ 1949–1955: Präsident des Deutschen Handball-Bundes □ 1956–9191 IOC-Mitglied □ 1961–1992: Präsident des NOK □ 1972–1976 Vizepräsident des IOC □ 1979–1989: Präsident der Deutschen Olympischen Gesellschaft □ 1989–1991: Vorsitzender der Stiftung Deutsche Sporthilfe □ seit 1988: Präsident des Internationalen Komitees für Fair Play.

Don Cherry 1968

Dschochar Dudajew

Tschetschenischer Politiker und General, * 15.4.1944 in Perwomajskoje/Kasachstan, † 21.4.1996 bei Gechi-Tschu (Luftangriff). Der ehemalige General der

Willi Daume 1980

Marguerite Duras 1990

Fritz Eckhardt 1982

Alfred Eisenstaedt
1978

Michael Ende 1994

Sowjetarmee stand seit der russischen Invasion in Tschetschenien (1994) an der Spitze des militärischen Widerstands, den er zuletzt aus dem Untergrund leitete. 1991 hatte D. einseitig die Unabhängigkeit Tschetscheniens von der russischen Föderation erklärt und kurze Zeit später die Präsidentenwahlen gewonnen. Als Staatsoberhaupt verlor er u. a. wegen seines diktatorischen Regierungsstils rasch an Ansehen bei seinen Landsleuten, konnte sich aber trotz mehrerer, von Moskau unterstützter Umsturzversuche bis 1995 an der Macht halten. Beim Einmarsch der russischen Truppen erwies er sich überraschend als hervorragender Guerilla und wurde zum Symbol nationaler Freiheit. Die von ihm geführten politischen Verhandlungen mit der russischen Seite blieben ohne Erfolg.

Marguerite Duras

Französische Schriftstellerin, * 4.4.1914 in Gia Dinh/Vietnam, † 3.4.1996 in Paris. D. war eine der bedeutendsten französischen Schriftstellerinnen der Nachkriegszeit. Für ihren autobiographisch gefärbten Altersroman „Der Liebhaber" (1984), der die Liebesgeschichte zwischen einer 15jährigen Kolonialfranzösin und einem reichen, älteren Chinesen schildert, erhielt sie den Goncourt-Preis. In ihren mehr als 20 Romanen, Theaterstücken, Drehbüchern und Filmen erprobte D. seit den 50er Jahren experimentelle Stilformen.

Fritz Eckhardt

Österreichischer Schauspieler und Autor, * 30.11.1907 in Linz, † 31.12.1995 in Klosterneuburg bei Wien. Als schwergewichtiger, grantelnder „Tatort"-Inspektor Marek, der ständig mit sich selbst und dem Behördenapparat haderte, wurde E. einem Millionenpublikum bekannt. Auch als Hauptdarsteller in den Serien „Wenn der Vater mit dem Sohne" und „Hallo – Hotel Sacher ... Portier!" hatte er großen Erfolg. Der Sohn eines Theaterdirektors schrieb zahlreiche Fernseh-Drehbücher und Theaterstücke. Als Kabarettautor arbeitete er u. a. für die Wiener Kleinkunstbühne „Der liebe Augustin".

Alfred Eisenstaedt

US-amerikanischer Fotograf deutscher Herkunft, * 6.12.1898 in Dierschau, † 23.8.1995 auf Martha's Vineyard (Massachusetts/USA). Seit den 20er Jahren machte sich E. mit einem ebenso sachlichen wie einfühlsamen Fotostil einen Namen. Er porträtierte angesehene Persönlichkeiten wie Thomas Mann, Albert Einstein oder Winston Churchill, verstand es aber auch, Machtmenschen wie Mussolini oder Goebbels mit den Mitteln seiner Fotografie zu entlarven. E., der 1935 wegen seines jüdischen Glaubens nach New York emigrierte, war einer der Mitbegründer des amerikanischen Fotojournalismus. Für die Illustrierte „Life" produzierte er mehr als 2500 Bildreportagen.

Michael Ende

Deutscher Schriftsteller, * 12.11.1929 in Garmisch-Partenkirchen, † 28.8.1995 in Filderstadt-Bonlanden (Krebs). Mit seinen abenteuerlich-phantastischen Erzählungen für Kinder (u. a. „Jim Knopf und Lukas der Lokomotivführer", 1960) erreichte E. Millionenauflagen. Die auch von Erwachsenen gelesenen Kunstmärchen „Momo" (1973, verfilmt 1986, Regie: J. Schaaf) und „Die unendliche Geschichte" (1979, verfilmt 1983, Regie: W. Petersen) setzen der technokratischen Realität die Kraft der Utopie entgegen.

Jens Feddersen

Deutscher Journalist, * 30.1.1928 in Coburg, † 28.5.1996 in Essen. Der mit vielen Auszeichnungen geehrte F. gehörte zu den profiliertesten Journalisten der Nachkriegszeit. Als 33jähriger wurde er Chefredakteur der Neuen Ruhr-Zeitung (NRZ), die sich unter seiner Leitung (bis 1993) als lebendige Regionalzeitung behaupten konnte. Die Einheit Deutschlands und das Bündnis zwischen Europa und den USA standen thematisch im Mittelpunkt seiner journalistischen Arbeit.

Ella Fitzgerald

US-amerikanische Jazzsängerin, * 25.4. 1918 in Newport News (Virginia/USA), † 15.6.1996 in Los Angeles (Kalifornien/ USA). Die First Lady des Jazz verfügte über eine einzigartige, vom Swing über den Bop bis zum Pop reichende Repertoirevielfalt, die ihre Musikalität und Improvisationsfähigkeit zum Ausdruck brachte. 1934 bei einem Sängerwettbewerb entdeckt, trat sie mit Jazz-Größen wie Louis Armstrong, Duke Ellington und Benny Goodman auf.

□ 1938: Erster großer Erfolg mit dem verjazzten Kinderreim „A tisket, a tasket" □ Ab 1946: Zusammenarbeit mit dem Jazz-Manager Norman Granz; regelmäßige Europa-Tourneen □ 1961: Von der US-Schallplattenindustrie als beste Sängerin ausgezeichnet □ 1966: „Mack the knife" (LP) □ 1967: „Best" (LP) □ 1975: „Ella in London" (LP).

Reinhard Furrer

Deutscher Physiker und Astronaut, * 25.11.1940 in Wörgl/Tirol, † 9.9.1995 in Berlin (Flugzeugabsturz). F. nahm 1985 als dritter deutscher Astronaut an einem Flug ins All teil. Sein sechstägiger Aufenthalt in der US-Raumfähre „Challenger", die das europäische Weltraumlabor „Spacelab" an Bord hatte, ging als erste rein deutsche wissenschaftliche Mission in die Geschichte der Weltraumfahrt ein. Während der 112 Erdumrundungen untersuchten F. und zwei weitere Astronauten die Auswirkungen der Schwerelosigkeit auf die Materialverarbeitung, auf das Wachstum von Kristallen, auf biologische Anordnungen und auf den menschlichen Organismus. F., der als Professor für Weltraumtechnologie in Berlin tätig war, verunglückte bei einer historischen Flugschau in einer alten Propellermaschine.

Sergej Grinkow

Russischer Eiskunstläufer, * 4.2.1967 in Moskau, † 20.11.1995 in Lake Placid (New York/USA) (Herzversagen). Gemeinsam mit seiner Partnerin Ekaterina Gordejewa bildete G. eines der erfolgreichsten Paare der Eiskunstlauf-Geschichte. Mit synchronisierten Bewegungen und perfekten Hebefiguren sicherte sich das Duo zweimal bei Olympischen Spielen die Goldmedaille (1988, 1994). Darüber hinaus errangen die beiden Sportler 1986–1990 vier Weltmeister- und zwei Europameistertitel. G., der seine

nur 1,48 m große und 35 kg schwere Paarlauf-Partnerin 1991 heiratete, hatte sich zu Beginn seiner Karriere von Kritikern den Vorwurf des „Kinderweitwurfs" gefallen lassen müssen.

Duane Hanson

US-amerikanischer Bildhauer, * 17.1. 1925 in Alexandria (Minnesota/USA), † 6.1.1996 in Boca Raton (Florida/USA) (Krebs). Mit seinen aus Polyester und Fiberglas gefertigten, lebenden Personen täuschend ähnlichen Objekten gehörte H. zu den wichtigsten Vertretern der zeitgenössischen figurativen Plastik. Anregungen der Pop-art aufgreifend, war H. Ende der 60er Jahre durch sozialkritisch angelegte Provokationen wie die „Obdachlosen von Bowery" (1969/70) bekannt geworden. Später verlegte er sich auf die Darstellung typischer Vertreter der US-amerikanischen Mittelklasse (z. B. Männer mit Bierbäuchen).

Bernhard Heiliger

Deutscher Bildhauer, * 11.11.1915 in Stettin, † 25.10.1995 in Berlin. Mit seinen überwiegend in Berlin aufgestellten, abstrakten Skulpturen aus Eisen, Aluminium und Abfallmaterialien gehört H. zu den wichtigsten Vertretern der zeitgenössischen Metallplastik. Themen seiner vielfach monumentalen Arbeiten sind z. B. die Spannung zwischen Natur und Technik oder das Phänomen der Schwerelosigkeit. H. hatte in den 50er Jahren mit figurativer Plastik begonnen. Er modellierte zahlreiche Köpfe von Politikern (u. a. Ernst Reuter und Theodor Heuss). Internationale Anerkennung fanden seine sieben Meter hohe „Flamme" auf dem Berliner Ernst-Reuter-Platz (1963) und die Freiplastiken „Echo I" und „Echo II" vor der Berliner Philharmonie (1986/87).

Brigitte Helm

Eigentlich Eva Gisela Schittenhelm, deutsche Schauspielerin, * 17.3.1906 in Berlin, † 11.6.1996 in Ascona/USA (Herzversagen). Schon ihr erstes Engagement, die Hauptrolle in Fritz Langs Filmklassiker „Metropolis" (1925/26) machte H. zum UFA-Star und legte sie auf die Rolle des

Ella Fitzgerald 1954

Reinhard Furrer 1987

Duane Hanson 1991

Bernhard Heiliger

Fritz Huschke von
Hanstein 1975

Gene Kelly

Hermann Kesten

Krzysztof Kieslowski
1994

Vamps fest. Nach Aufkommen des Ton-
films erhielt die Schauspielerin nur noch
zweitklassige Angebote und zog sich 1935
aus dem Filmgeschäft zurück.

Robert Hersant

Französischer Verleger, * 31.1.1920 in
Vertou bei Nantes, † 21.4.1996 in Paris.
H. leitete den größten französischen Pres-
severlag, zu dem mehr als 40 Zeitungen
und Zeitschriften gehören. Die Hersant-
Gruppe umfaßt u. a. die konservative
Tageszeitung „Le Figaro" (Auflage 1996:
rd. 370 000), das Boulevard-Blatt „France
Soir" sowie zahlreiche Regional- und
Lokalzeitungen. Von 1987 bis 1990 zählte
auch der von François Mitterrand gegründete Privatfernsehkanal „Le Cinq" zu seiner Mediengruppe. Obgleich H. immer
wieder vorgeworfen wurde, eine unerlaubte Monopolstellung auf dem Zeitungs-
markt einzunehmen, tolerierten auch die
sozialistischen Regierungen seinen wachsenden publizistischen Einfluß. Seit 1984
war H. Europa-Abgeordneter für liberal-
konservative Bündnisse in Straßburg.

Fritz Huschke von Hanstein

Deutscher Autorennfahrer und Motor-
sport-Manager, * 3.1.1911 in Halle/Saale,
† 5.3.1996 in Stuttgart. H. war in den
30er, 40er und 50er Jahren einer der
erfolgreichsten deutschen Autorennfahrer.
Seinen größten Triumph feierte er 1940,
als er mit Walter Bäumler im BMW-328
Coupé das legendäre Mille Miglia
gewann. Als Rennleiter der Firma Porsche
(1952–1972) betreute er große Fahrer wie
Stirling Moss, Wolfgang Graf Berghe von
Trips und Jochen Rindt. In seiner Ära
siegte Porsche bei Rennen in Le Mans, in
Monza, bei der Targa Florio und der Pan-
americana. H. setzte sich als Sportmanager bereits für Sicherheitsmaßnahmen
(Helme und Gurte) im Autorennen ein, als
dies allgemein noch unpopulär war.

Horst Janssen

Deutscher Zeichner und Grafiker,
* 14.11.1929 in Hamburg, † 31.8.1995 in
Hamburg (Folgen eines Schlaganfalls). J.
war einer der bekanntesten und produktiv-
sten Zeichner der Gegenwart. Er galt als

eigenwilliger Außenseiter, der sich nicht
um wechselnde Kunstströmungen küm-
merte und ausschließlich seinen eigenen
Stil verfolgte. Seine mehr als 1000 Selbst-
porträts bezeichnete J. als „Gesichtsland-
schaften". In ihnen spiegeln sich psychische Extremzustände wie Angst und
Depression wider.

Gene Kelly

US-amerikanischer Tänzer und Choreo-
graph, * 23.8.1912 in Pittsburgh (Pennsyl-
vania/USA), † 2.2.1996 in Los Angeles
(Kalifornien/USA, Folgen eines Schlaganfalls). Neben Fred Astaire zählte K. in
den 50er Jahren zu den überragenden Vertretern des amerikanischen Filmmusicals.
Während sein Rivale sich auf der Bühne
durch Leichtigkeit und Eleganz auszeich-
nete, verkörperte K. den robusten Tänzer-
typ. Der mit acht Oscars ausgezeichnete
Musikfilm „Ein Amerikaner in Paris"
(1951), in dem K. sowohl choreographier-
te als auch die Hauptrolle tanzte, gehört
zu den Meilensteinen des Genres. Mit
dem Musical „Singin' in the rain" (1952)
gelang ihm ein weiterer Welterfolg.

Hermann Kesten

Deutscher Schriftsteller, * 28.1.1900 in
Nürnberg, † 3.5.1996 in Basel. K. gehört
zu der Gruppe deutscher Schriftsteller,
die, von den Nationalsozialisten verfolgt,
ihre Hauptwerke in der Emigration schrieben. Nach dem Zweiten Weltkrieg kam er
nur selten nach Deutschland, spielte aber
dennoch eine bedeutende Rolle im Litera-
turbetrieb der BRD. Als Präsident des
deutschen PEN-Zentrums (1972–1976)
und in seinen satirisch-zeitkritischen
Romanen trat K. für die Freiheit des Den-
kens ein. Sein berühmtester Roman „Die
Kinder von Guernica" (1938) entstand
unter dem unmittelbaren Eindruck der
deutschen Bombardierungen baskischer
Städte während des Spanischen Bürgerkriegs. 1974 erhielt K. den Büchner-Preis.

Krzysztof Kieslowski

Polnischer Regisseur, * 27.6.1941 in Warschau, † 13.3.1996 in Warschau (Herzinfarkt). K. war einer der großen Regisseure des zeitgenössischen europäischen

Kinos. Den internationalen Durchbruch schaffte er mit dem Fernsehzyklus „Dekalog" (1988). In zehn rd. einstündigen Episoden, die jeweils an eines der biblischen Gebote anknüpfen, erzählt K. lakonisch und zugleich unnachgiebig von den Verletzungen, die Menschen einander zufügen können. Bei aller Härte der Bilder enthält sich der vom Dokumentarfilm kommende Regisseur aber jeder moralischen Verurteilung. Für den im Zusammenhang mit der Serie entstandenen Kinofilm „Ein kurzer Film über das Töten" (1988), ein Appell gegen die Todesstrafe, erhielt der Regisseur den Europäischen Filmpreis.

Wolfgang Koeppen

Deutscher Schriftsteller, * 23.6.1906 in Greifswald, † 15.3.1996 in München. K. war einer der bedeutendsten Erzähler der deutschen Nachkriegsliteratur. Den Höhepunkt seines Schaffens erreichte er mit der Romantrilogie „Tauben im Gras" (1951), „Das Treibhaus" (1953) und „Der Tod in Rom" (1954). In dieser ersten großen literarischen Auseinandersetzung mit der frühen Bundesrepublik kritisierte K. die Verdrängung der nationalsozialistischen Vergangenheit im Land des Wirtschaftswunders. Auf formaler Ebene führte er Erzählformen der westeuropäischen Moderne wie die Montagetechnik und den inneren Monolog in die deutsche Erzählprosa ein. Nach den Deutschland-Romanen publizierte K. vorwiegend kürzere Erzählungen und Reiseschilderungen.

Rainer Kunad

Deutscher Komponist, * 24.10.1936 in Chemnitz, † 17.7.1995 in Reutlingen (Herzversagen). K. griff in seinen Werken verschiedene Richtungen der Musik des 20. Jahrhunderts auf, blieb aber in seiner Tonsprache letztlich Traditionalist. Er schrieb vor allem Opern (u. a. „Sabellicus", UA 1974 und „Vincent", UA 1979) und Oratorien. In den 70er Jahren in der DDR noch vielfach offiziell geehrt, geriet K. in den 80er Jahren zunehmend in Konflikt mit der Regierung seines Landes. Grund war in erster Linie seine Hinwendung zu geistlichen Themen wie der

Offenbarung des Johannes, die er in einem Zyklus von drei Oratorien vertonte. 1984 siedelte K. in die BRD über.
□ 1960–1972: Leiter der Schauspielmusik in Dresden □ 1973–1984: Komponist der Deutschen Staatsoper Berlin □ 1978–1984: Professur für Komposition und Vokalsinfonik an der Musikhochschule Dresden.

Pilar Lorengar

Spanische Sopranistin, * 16.1.1928 in Saragossa, † 2.6.1996 in Berlin. Ausgehend von der Städtischen (Deutschen) Oper Berlin, deren Ensemble sie 30 Jahre lang bis zu ihrem Bühnenabschied 1989 angehörte, startete L. ihre Weltkarriere mit Mozart-, Verdi- und Puccini-Partien. Als Pamina, Donna Elvira, Mimi, Tosca, Butterfly, Violetta und Elsa feierte sie große Erfolge in Salzburg, Wien, San Francisco, an der Mailänder Scala und der Metropolitan Opera in New York.

Léo Malet

Französischer Schriftsteller, * 7.3.1909 in Montpellier, † 3.3.1996 in Paris. M., der mit Salvador Dalí und René Magritte befreundet war, führte surrealistische Stilmittel wie Traumsequenzen in den Kriminalroman ein. Der „Vater des schwarzen Kriminalromans" wurde durch seine literarische Erfindung, den Detektiv Nestor Burma, berühmt, der bei einem Großteil seiner fast 50 Romane im Mittelpunkt des Geschehens steht. Sein Held zeichnet sich weniger durch Scharfsinn als durch seinen Erfolg bei Frauen aus. Ab 1954 widmete M. 15 Pariser Stadtteilen in der Serie „Neue Geheimnisse von Paris" jeweils einen eigenen Krimi.

Louis Malle

Französischer Regisseur, * 30.10.1932 in Thuméries/Frankreich, † 23.11.1995 in Beverly Hills (Kalifornien/USA, Krebs). Mit jedem seiner Filme betrat M., einer der bedeutendsten Regisseure der Gegenwart, hinsichtlich des Genres und des Erzählstils Neuland. Sein Werk umfaßt u. a. Thriller („Fahrstuhl zum Schafott", 1957), Revolutionskomödien („Viva Maria", 1965) und theaternahe Konversationsstücke („Onkel Wanja", 1984). M. griff vielfach gesellschaftliche Tabuthe-

Wolfgang Koeppen

Pilar Lorengar

Louis Malle

Ernest Mandel 1978

Axel Manthey 1983

Dean Martin 1980

Josef Meinrad 1988

men auf: „Herzflimmern" (1971) erzählt eine Mutter-Sohn-Inzestgeschichte, „Lacombe Lucien" (1973) behandelt die Kollaboration im Vichy-Frankreich. Sein autobiographisch gefärbter Film „Auf Wiedersehen Kinder" (1987) wurde mit neun Césars und dem Goldenen Löwen von Venedig ausgezeichnet.

Ernest Mandel

Belgischer Wirtschaftswissenschaftler und Politologe, * 4.4.1923 in Frankfurt/Main, † 20.7.1995 in Brüssel (Herzinfarkt). Der Verfasser der „Marxistischen Wirtschaftstheorie" (1962) galt als führender Ökonom der Linken. In seinen Schriften wandte er sich ebenso gegen den „Staatskapitalismus" des Ostblocks wie gegen den westlichen „Spätkapitalismus". Wegen seiner Mitgliedschaft in Trotzkis „Vierter Internationale" verbrachte M. die letzten Kriegsjahre in deutschen KZs. Seit 1971 Dozent, später Ordinarius an der Universität in Brüssel, hielt M. zahlreiche Gastvorträge in den USA und vielen westeuropäischen Ländern. In der Zeit der Pariser Studentenrevolte wurde er zu einer Leitfigur der 68er Generation. In Deutschland kam es 1972 zum Streit um seine Person, als der Berliner Senat ihm wegen seiner politischen Ansichten einen Lehrstuhl versagte.

Axel Manthey

Deutscher Bühnenbildner und Regisseur. * 10.4.1945 in Güntersberge, † 28.10.1995 in Tübingen (Aids). Die Theaterästhetik der 80er Jahre wurde von M. entscheidend mitbestimmt. Seine Bühnenbilder, häufig aus leuchtend-großflächigen Elementen zusammengesetzt, waren bewußt antiillustrativ angelegt und ließen dem Zuschauer Raum für eigene Assoziationen. In der Kölner Inszenierung von Molières „Menschenfeind" (1982) bestand die Bühne aus einer riesigen Treppe, auf der die von Wahnideen getriebenen Figuren auf und nieder hasteten. Seit 1983 führte M. immer häufiger auch Regie.

Dean Martin

US-amerikanischer Schauspieler und Sänger, * 17.6.1917 in Steubenville (Ohio/USA), † 25.12.1995 in Los Angeles (Kalifornien/USA). Mit seinem Partner Jerry Lewis, der allein in 16 Filmen an seiner Seite spielte, bildete M. in den 50er Jahren ein beliebtes Komikerduo. Auch als Showsänger und Entertainer hatte er großen Erfolg. In Komödien wie „Küß mich Dummkopf" (1964, Regie: Billy Wilder) verkörperte M. den lässig-melancholischen Playboy. Eine seiner Starrollen war der Sheriff in dem Western „Rio Bravo" (1959, Regie: Howard Hawks), in dem M. auch den Titelsong sang.

James Meade

Britischer Wirtschaftswissenschaftler, * 23.6.1907 in Swanage (Dorset), † 22.12.1995 in Cambridge. Mit seiner zweibändigen „Theorie der internationalen Wirtschaftspolitik" (1951/53) schuf M. ein Standardwerk über die komplexen Zusammenhänge der Weltwirtschaftsordnung. Er befürwortete darin bei schlechter Wirtschaftslage sowohl finanz- wie währungspolitische Maßnahmen des Staates. Als Verfechter einer sozial gerechten Weltwirtschaftsordnung sprach er sich auch für Handelsbeschränkungen in Gesellschaften aus, die noch nicht über eine funktionierende Marktwirtschaft verfügen. Für seine grundlegenden Arbeiten wurde M. 1977 mit dem Nobelpreis für Wirtschaftswissenschaften ausgezeichnet. □ 1937–1940: Wirtschaftsberater beim Völkerbund in Genf □ 1940–1947: Leitende Tätigkeiten im Wirtschaftsressort der britischen Regierung □ 1947–1956: Professor für Handelsrecht in London □ 1957–1974 Professor für Wirtschaftspolitik und Volkswirtschaft in Cambridge.

Josef Meinrad

Österreichischer Schauspieler, * 21.4.1913 in Wien, † 18.2.1996 in Großgmain bei Salzburg. Der große Burgtheater-Schauspieler war wegen der Würde berühmt, die er selbst noch den zweifelhaftesten Charakteren verlieh. Zum Publikumsliebling wurde er vor allem durch seine Rollen in Raimund- und Nestroystücken, doch reichte die Bandbreite seiner Darstellungskunst von William Shakespeare über den Kapuzinermönch im „Wallenstein" bis hin zum „Mann von La Mancha".

□ 1936: Bühnendebüt an der Wiener Komödie □ seit 1947: Mitglied des Wiener Burgtheaters □ 1953: Holzapfel in „Viel Lärm um Nichts" (Shakespeare) □ 1959: Titelrolle in „Der Schwierige" (Hugo von Hofmannsthal"); Auszeichnung mit dem Ifflandring □ 1973: Ehrenmitglied des Wiener Burgtheaters □ 1983: Rolle des späteren Papstes Johannes Paul I. in dem Fernsehspiel „Ihr ergebener Luciani".

François Mitterrand

Französischer Politiker, * 26.10.1916 in Jarnac bei Charente, † 8.1.1996 in Paris (Krebs). 14 Jahre lang prägte der Sozialist als Staatspräsident die französische Politik (1981–1995). Während seiner ersten Amtsjahre regierte erstmals ein linkes Bündnis aus Sozialisten und Kommunisten in Paris. Mit ihnen realisierte M. ein Reformprogramm, das u. a. die Verstaatlichung zahlreicher Banken und Unternehmen umfaßte. Als sich 1983 eine Wirtschaftskrise abzeichnete, schwenkte er auf einen pragmatischen Kurs mit z. T. drastischen Sparmaßnahmen um. Seine Kompromißbereitschaft ließ ihn auch den Sieg der Konservativen bei den Parlamentswahlen von 1986 und 1993 überstehen. In der Zusammenarbeit mit den bürgerlichen Regierungen von Jacques Chirac und Edouard Balladur profilierte er sich als weitsichtiger Staatsmann und Schrittmacher der europäischen Einigung.
□ 1940/41: Deutscher Kriegsgefangener □ 1942–1944: Im Widerstand □ 1946–1958, 1962–1981: Abgeordneter der Nationalversammlung □ 1950/51: Überseeminister □ 1954/55: Innenminister □ 1956/57: Justizminister □ 1959–1962: Senator □ 1965 und 1974: Niederlage bei Präsidentschaftswahlen als Kandidat linker Bündnisse □ 1971–1980: Generalsekretär der neugegründeten Sozialistischen Partei (PS).

Heiner Müller

Deutscher Schriftsteller, * 9.1.1929 in Eppendorf/Sachsen, † 30.12.1995 in Berlin (Krebs). M., einer der bedeutendsten deutschsprachigen Dramatiker der Gegenwart, leitete eine radikale Veränderung des Theaters ein. Vor allem seine neueren Bühnenstücke erfordern eine hohe Insze-

nierungskunst, denn sie leben ausschließlich von der Kraft der Sprache, während eine Handlung kaum mehr vorhanden ist. Der Geschichtspessimist M. befaßte sich in seinen Texten ebenso mit dem Nationalsozialismus wie mit der Entwicklung der DDR und dem kalten Krieg zwischen Ost und West. Daß die Analyse der verschiedenen politischen Systeme bei ihm stets in Katastrophenszenarien mündete, trug ihm zahlreiche Aufführungsverbote von seiten der SED ein.
□ 1956: „Der Lohndrücker" □ 1968: „Philoktet" □ 1979: „Hamletmaschine" □ 1985: „Wolokolamsker Chaussee I und II" □ Ab 1980: Eigene Inszenierungen (z. T. mit Robert Wilson) □ Ab 1992: Leitung des Berliner Ensembles; Erinnerungsbuch „Krieg ohne Schlacht – Leben in zwei Diktaturen").

Gerry Mulligan

US-amerikanischer Jazzmusiker, * 26.4. 1927 in New York, † 19.1.1996 in Darien (Connecticut/USA) (Folgen einer Knieoperation). Der Baritonsaxophonist M. wirkte als Solist, Bandleader und Arrangeur stilprägend für den Cool Jazz, der nach dem wilden Aufbruch des Bebop der frühen 50er Jahre stärker auf Präzision und feste Formen setzte. Eines der wichtigsten Dokumente dieser Phase des Jazz ist das Album „Birth of the Cool" (1950), für das M. einen Großteil der Arrangements schrieb. In den von ihm ab 1952 in Los Angeles geleiteten Bläserquintetten etablierte er das Baritonsaxophon erstmalig als Soloinstrument. Bis dahin hatte es vorwiegend als harmonische Stütze im Bläsersatz von Big Bands gedient. M., mit Musikern der unterschiedlichsten Stilrichtungen wie Johnny Hodges, Thelonious Monk oder Astor Piazzolla auftrat, prägte bis weit in die 70er Jahre den Jazz.

Aziz Nesin

Türkischer Schriftsteller, * 20.12.1915 in Konstantinopel, † 6.7.1995 in Çesme. N. gehörte zu den populärsten Schriftstellern seines Landes. In seinen mehr als 100 Romanen wie in Gedichten, Essays und Theaterstücken erwies er sich als Meister der Satire. Wegen seines Engagements für Demokratie und Menschenrechte ver-

François Mitterrand

Heiner Müller 1994

Gerry Mulligan 1982

Aziz Nesin 1993

Václav Neumann 1967

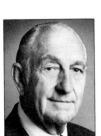

David Packard

Yitzhak Rabin 1992

Jürgen Scheller 1982

brachte N. insgesamt fünfeinhalb Jahre im Gefängnis. In den letzten Jahren wurde er zur Zielscheibe radikaler islamischer Fundamentalisten, die es ihm übelnahmen, daß er eine Übersetzung der „Satanischen Verse" von Salman Rushdie ins Türkische angeregt hatte. Das Buch, das 1989 den iranischen Staatschef Ruhollah Khomeini dazu veranlaßt hatte, zur Ermordung des britisch-indischen Schriftstellers aufzurufen, wird von vielen Muslimen als Skandal empfunden.

Václav Neumann

Tschechischer Dirigent, * 29.9.1920 in Prag, † 2.9.1995 in Wien. Der langjährige Leiter der Tschechischen Philharmonie sah sich in erster Linie als Musikvermittler; Starallüren waren ihm fremd. Den Kern seines Repertoires bildeten slawische Komponisten wie Dvořák, Smetana oder Martinů. Operndirigent feierte er in den 50er Jahren an der Berliner Komischen Oper vor allem mit Janáček-Opern Erfolge. N. empfand als Künstler auch politische Verantwortung: Auf die Niederschlagung des „Prager Frühlings" (1968), an der sich auch Truppen der DDR beteiligt hatten, reagierte er mit der Niederlegung seiner damaligen Ämter als Generalmusikdirektor der Leipziger Oper wie als Gewandhauskapellmeister.

David Packard

US-amerikanischer Unternehmer, * 7.9. 1912 in Pueblo (Colorado/USA), † 26.3. 1996 in San José (Kalifornien/USA) (Lungenentzündung). Zusammen mit seinem Partner William Hewlett baute P. ab 1938 aus bescheidenen Anfängen eines der weltweit führenden Elektronik-Unternehmen auf (Jahresumsatz 1995: 31,5 Mrd. DM). Die Firmengründer entwickelten nach dem Zweiten Weltkrieg einen Unternehmensstil, der als „HP-Way" bekannt geworden ist und sich v. a. durch einen engen Kontakt zwischen Geschäftsleitung und Mitarbeitern aller Hierarchieebenen auszeichnet. Wegen seiner Managerqualitäten wurde P. 1969 für zwei Jahre zum stellvertretenden Verteidigungsminister in der Regierung von US-Präsident Richard Nixon berufen.

Andreas Papandreou

Griechischer Politiker, * 5.2.1919 auf Chios, † 23.6.1996 in Athen (Herzanfall). Mit einer eigenen Mischung von Sozialismus und Nationalismus setzte der charismatische Parteiführer und populistische Vollblutpolitiker innenpolitisch Zeichen bei der Liberalisierung der griechischen Gesellschaft. Sein außenpolitischer Kurs führte zeitweise zu Konflikten mit der EG bzw. EU und der NATO.
□ 1940: Emigration in die USA □ 1946–1961 Dozent und Prof. in den USA □ 1961 Rückkehr nach Griechenland □ 1964–1967 Parlamentsmitglied und 1964/65 Minister in der Regierung seines Vaters Georgios □ 1967–1974 Haft und Exil □ 1974 Gründer und Führer der Panhellenischen Sozialistischen Bewegung (PASOK) □ 1981–1989 und 1993–1996 Ministerpräsident.

Yitzhak Rabin

Israelischer Politiker und General, * 1.3. 1922 in Jerusalem, † 4.11.1995 in Tel Aviv (Attentat). Rabin war einer der entscheidenden Akteure im Nahost-Friedensprozeß und eröffnete als Ministerpräsident (ab 1992) mit der Unterzeichnung des Gaza-Jericho-Abkommens (1993) eine neue Ära in den israelisch-palästinensischen Beziehungen. Der in seiner Amtszeit geschlossene Friedensvertrag zwischen Israel und Jordanien beendete den seit 1948 herrschenden Kriegszustand. R. hatte sich vom unnachgiebigen Militär, der 1967 als Generalstabschef im Fünf-Tage-Krieg für militärische Operationen verantwortlich war, zum Verfechter der politischen Aussöhnung gewandelt. R. wurde von einem rechtsextremistischen israelischen Terroristen ermordet.
□ ab 1940: Mitglied der Palmach (Eliteeinheit der jüdischen Miliz) □ ab 1944: Kampf gegen britische Mandatstruppen □ 1948/49: Brigadekommandeur im israelisch-arabischen Krieg □ 1952/53: Militärische Ausbildung in Großbritannien □ 1965–1967: Generalstabschef □ 1967–1973: Botschafter in den USA □ 1973: Arbeitsminister □ 1974–1977: Ministerpräsident □ 1984–1990: Verteidigungsminister □ 1994: Friedensnobelpreis.

Jürgen Scheller

Deutscher Kabarettist, * 21.8.1922 in Potsdam, † 31.3.1996 in München

(Krebs). Dem deutschen Fernsehpublikum war S. vor allem als Kabarettist der Münchner „Lach- und Schießgesellschaft" bekannt, deren Glanzzeit er von 1961 bis 1973 mitprägte. Mit seiner charmanten Art wirkte er auch bei den politischen Satiren wie ein Gentleman, der beinahe unabsichtlich die anderen verspottet. S. gestaltete darüber hinaus mehrere Soloprogramme als Entertainer, übernahm Spielfilmrollen, moderierte Sendungen wie das Jugendquiz „Drei-Länder-Spiel" und produzierte Schallplatten.

Gisela Schlüter

Deutsche Schauspielerin und Kabarettistin. * 6.6.1914 in Berlin, † 28.10.1995 in Mittenwald (Folgen eines Schlaganfalls). Mit kabarettistischer Schlagfertigkeit und Blödeleien eroberte sich S. seit Ende der 60er Jahre einen festen Platz im deutschen Unterhaltungsfernsehen. Die TV-Show „Zwischenmahlzeit" (1967–1982) der „Quasselstrippe der Nation" lebte auch von Schlüters Fähigkeit zur Selbstironie.

Helmut Schön

Deutscher Fußballspieler und Bundestrainer, * 15.9.1915 in Dresden, † 23.2.1996 in Wiesbaden. S. war der erfolgreichste Trainer der deutschen Fußballnationalmannschaft. In seiner Ära verbuchte die deutsche Nationalelf 87 Siege, trennte sich 31mal unentschieden und verlor nur 21 Begegnungen. Glanzpunkte seiner Bundestrainer-Karriere (1964–1978) waren der Gewinn der Weltmeisterschaft in München 1974 und der Europameisterschaft 1972. S. verfolgte die Strategie, jeden Spieler auf dem Feld möglichst selbständig agieren zu lassen. Dem Nachfolger Sepp Herbergers standen überragende Spielerpersönlichkeiten wie Franz Beckenbauer, Uwe Seeler, Sepp Maier und Gerd Müller zur Seite.

Friedrich Schütter

Deutscher Schauspieler und Theaterleiter, * 4.1.1921, † 17.9.1995 in Hamburg (Krebs). Mehr als 40 Jahre lang leitete S. das von ihm mitgegründete, private Ernst-Deutsch-Theater in Hamburg. S. wollte mit dieser Bühne vor allem zur politischen Aufklärung beitragen. Daher enthielt sein Spielplan zeitkritische Stücke u. a. von Bertolt Brecht, Peter Weiss, Arthur Miller und Pavel Kohout. Als Schauspieler beeindruckte S. z. B. in der Rolle des General Harras in Carl Zuckmayers „Des Teufels General" (1980). Dem Fernsehpublikum war er durch seine Synchronisationsarbeiten bekannt (u. a. lieh er Ben Cartwright in der Western-Serie „Bonanza" seine Stimme).

Gisela Schlüter 1983

Stephen Spender

Englischer Schriftsteller, * 28.2.1909 in London, † 6.7.1995 in London. Bei S., der in den 20er Jahren zu dem linksintellektuellen Kreis um den Dichter Hugh Auden gehört hatte, war die literarische Tätigkeit stets mit politischem Engagement gepaart. Seine Sympathie für die kommunistische Idee veranlaßte ihn zur Teilnahme am Spanischen Bürgerkrieg (1936–1939) auf seiten der Republikaner gegen General Franco. In dem Erinnerungsband „Europäischer Zeuge" (1946) schildert er die Erfahrungen, die er als Mitglied der Alliierten Kontrollkommission beim Aufbau demokratischer Institutionen im Nachkriegsdeutschland sammelte. S. schrieb insgesamt zehn Gedichtbände, Prosa und Autobiographisches.

Helmut Schön 1970

Thomas Strittmatter

Deutscher Schriftsteller, * 18.12.1961 in St. Georgen, † 29.8.1995 in Berlin (Herzversagen). S. galt als einer der begabtesten Schriftsteller der jüngeren Gegenwart. Bereits mit seinen ersten Bühnenstücken „Viehjud Levi" (1983) und „Der Polenweiher" (1984), die von Menschen im Schwarzwald während des Nationalsozialismus erzählen, erwies er sich als Könner auf dem Gebiet des modernen kritischen Volkstheaters. Der ausgebildete Maler und Graphiker schuf atmosphärisch dichte Heimatstücke, die in ihrer Bedeutung weit über den Rahmen der Provinz hinauswiesen. S. machte zu Beginn der 90er Jahre als Drehbuchautor eine zweite Karriere.

Friedrich Schütter 1990

Käte Strobel

Deutsche Politikerin, * 23.7.1907 in Nürnberg, † 26.3.1996 in Nürnberg. Von

Thomas Strittmatter

Käthe Strobel 1992

Wim Thoelke 1989

Eugene Paul Wigner 1960

Konrad Zuse 1995

ihrem 18. Lebensjahr an bis ins hohe Alter in SPD und Gewerkschaft engagiert, galt S. in ihrer Partei als moralische Autorität. Nach dem Zweiten Weltkrieg wurde die Schuhmachertochter Mitglied des SPD-Vorstands und zog 1949 in den ersten Bundestag ein, in dem sie sich zunächst Fragen der Landwirtschaft und des Verbraucherschutzes widmete. Bei der Bildung der Großen Koalition 1966 übernahm S. das Gesundheitsministerium, das sie, erweitert um die Bereiche Jugend und Familie, auch im sozialliberalen Kabinett Willy Brandts behielt. In ihre Amtszeit fiel u. a. die Reform des Jugendwohlfahrtsgesetzes. Darüber hinaus bemühte sie sich um Erleichterung des Zugangs zu Schwangerschaftsverhütungsmitteln.

Wim Thoelke

Deutscher Fernsehmoderator, * 9.5.1927 in Mülheim/Ruhr, † 26.11.1995 in Wiesbaden (Herzversagen). T., der zunächst Sendungen wie „heute" oder „Die Sportschau" für das ZDF moderierte, wurde beim deutschen Fernsehpublikum v. a. als Showmaster von Quizsendungen populär. Dem Ratespiel „Drei mal Neun (1970) folgte 1974 „Der große Preis", der sich bis 1992 halten konnte und Einschaltquoten bis zu 65% erreichte. Zu dem Erfolg der Show trugen u. a. die von Loriot gezeichneten Trickfiguren Wum und Wendelin bei. Während ihres 18jährigen Bestehens spielte die Sendung 3 Mrd DM zugunsten der „Aktion Sorgenkind" ein.

Ernest Thomas Walton

Irischer Physiker, 6.10.1903 in Dungarvan (Waterford), † 25.6.1995 in Belfast. Zusammen mit dem Physiker John Cockcroft war es W. 1932 erstmals gelungen, ein Atom durch Beschuß von künstlich beschleunigten Protonen zu spalten. Die beiden hatten hierfür ab 1929 den ersten Kaskadengenerator entwickelt, der durch eine Reihenschaltung von Kondensatoren und Gleichrichtern elektrische Hochspannung für die Beschleunigung geladener atomarer Teilchen liefert. Für seine Pionierleistungen auf dem Gebiet der Kernspaltung erhielt W. 1951 den Physik-Nobelpreis.

Eugene Paul Wigner

US-amerikanischer Physiker, * 17.11. 1902 in Budapest, † 1.1.1995 in Princeton (New Jersey/USA). Zusammen mit zwei anderen Physikern überredete W. 1939 Albert Einstein zu dem historischen Brief an Präsident Roosevelt über die Möglichkeiten der Energiegewinnung aus Uran. W. war dann auch maßgeblich an der Entwicklung der US-amerikanischen Atombombe beteiligt. Später setzte er sich für die friedliche Nutzung der Kernenergie ein. Mit bahnbrechenden Arbeiten zum Aufbau des Atomkerns war W. in den 20er Jahren zu einem der Begründer der Quantenphysik geworden. 1963 erhielt er den Physik-Nobelpreis.

Isang Yun

Koreanischer Komponist, * 17.9.1917 Tongyong (Korea-Süd), † 3.11.1995 in Berlin. In seinen Kompositionen verband Y. Elemente der europäischen Avantgarde (z. B. Zwölftonmusik) mit chinesisch-koreanischen Traditionen. Der in seiner Heimat wegen angeblicher Spionage für Korea-Nord zu lebenslanger Haft verurteilte Künstler siedelte 1969 nach Deutschland über; kurz darauf wurde er an die Berliner Musikhochschule berufen. Y. schrieb Opern (u. a. „Sim Tjong", 1972), fünf Sinfonien (1983–87), Kammer- und Vokalmusik (u. a. das nach einem altchinesischen Grabspruch entstandene Werk „Memory", 1974).

Konrad Zuse

Deutscher Ingenieur, * 22.6.1910 in Berlin, † 18.12.1995 in Hünfeld. Umständliche statistische Berechnungen brachten den Bauingenieur und „Vater" des Computers 1938 auf die Idee, eine Rechenmaschine zu konstruieren. Sein erster, von ihm „Z1" genannter Automat arbeitete bereits nach dem binären Prinzip, das noch immer die Grundlage der Computertechnik darstellt. In den Nachfolgemodellen führte Z. u. a. die erste Programmsteuerung eines Computers ein. Wirtschaftlich zahlten sich die Erfindungen, für die er nie ein Patent erhielt, für Z. nicht aus: 1964 mußte er seine Rechenanlagenfirma an einen Großkonzern verkaufen.

Abkürzungsverzeichnis

Abk.	Abkürzung
Abs.	Absatz
AG	Aktiengesellschaft
Art.	Artikel
Az.	Aktenzeichen
BGB	Bürgerliches Gesetzbuch
Bio	Billion
BIP	Bruttoinlandsprodukt-
BRT	Bruttoregistertonnen
BSP	Bruttosozialprodukt
bzw.	beziehungsweise
C	Celsius
ca.	circa
CDU	Christlich-Demokratische Union
CSU	Christlich-Soziale Union
CVP	Christlich-Demokratische Volkspartei
DAG	Deutsche Angestellten Gewerkschaft
DDR	Deutsche Demokratische Republik
DGB	Deutscher Gewerkschaftsbund
d. h.	das heißt
DM	Deutsche Mark
Dr.	Doktor
ECU	Europäische Währungseinheit
EU	Europäische Union
engl.	englisch
e. V.	eingetragener Verein
F	Die Freiheitlichen
FDP	Freie Demokratische Partei
FPÖ	Freiheitliche Partei Österreichs
franz.	französisch
GB	Gigabyte
GG	Grundgesetz
ggf.	gegebenenfalls
GmbH	Gesellschaft mit beschränkter Haftung
GUS	Gemeinschaft Unabhängiger Staaten
GW	Gigawatt

h	Stunde
griech.	griechisch
ha	Hektar
i. d. R.	in der Regel
IG	Industriegewerkschaft
inkl.	inklusive
insbes.	insbesondere
ital.	italienisch
IWF	Internationaler Währungsfonds
J	Joule
Jh.	Jahrhundert
k. A.	keine Angabe
KB	Kilobyte
kcal	Kilokalorien
Kfz	Kraftfahrzeug
kJ	Kilojoule
km	Kilometer
kW	Kilowatt
l	Liter
lat.	lateinisch
LKW	Lastkraftwagen
lt.	laut
m	Meter
MB	Megabyte
MdB	Mitgl. d. Bundestags
MdL	Mitgl. d. Landtags
mg	Milligramm
MHz	Megahertz
min	Minute
Mio	Million
MJ	Megajoule
mm	Millimeter
Mrd	Milliarde
MW	Megawatt
NATO	Organisation des Nordatlantik-Vertrages
NRW	Nordrhein-Westfalen
OECD	Organisation für wirtschaftliche Zusammenarbeit und Entwicklung
OPEC	Organisation Erdöl exportierender Länder
öS	Österreichischer Schilling
OSZE	Organisation für Sicherheit und Zusammenarbeit in Europa
ÖVP	Österreichische Volkspartei
PDS	Partei des demokratischen Sozialismus

Pf	Pfennig
PKW	Personenkraftwagen
PLO	Palästinensische Befreiungsorganisation
rd.	rund
russ.	russisch
sec	Sekunde
sfr	Schweizer Franken
SKE	Steinkohleeinheit
sog.	sogenannt
span.	spanisch
SED	Sozialistische Einheitspartei Deutschlands
SPD	Sozialdemokratische Partei Deutschlands
SPÖ	Sozialdemokratische Partei Österreichs
SPS	Sozialdemokratische Partei der Schweiz
StGB	Strafgesetzbuch
SVP	Schweizer Volkspartei
TA	Technische Anleitung
u. a.	unter anderem/ und andere
UdSSR	Union der Sozialistischen Sowjetrepubliken
UKW	Ultrakurzwelle
UNO	Vereinte Nationen
USA	Vereinigte Staaten von Amerika
VR	Volksrepublik
W	Watt
WEB	Weltentwicklungsbericht
z. B.	zum Beispiel
z. T.	zum Teil

Das Sachregister verzeichnet alle Stichwörter, die im Lexikon zu finden sind, mit einer **halbfett** gesetzten Seitenangabe. Wichtige Begriffe, die im Text behandelt werden, sind mit der entsprechenden Seitenzahl genannt.

Das Personenregister enthält alle Namen, die im Lexikon auftauchen. Personen, die mit einer Biographie vorgestellt werden, haben einen **halbfetten** Eintrag.

Sachregister

Personenregister

Bildquellenverzeichnis